昆明年鉴

KUNMING YEARBOOK 2017

昆 明 市 人 民 政 府　主 办
昆明市地方志编纂委员会办公室 编

云南民族出版社
·昆明·

图书在版编目（CIP）数据

昆明年鉴·2017 / 昆明市地方志编纂委员会办公室编. — 昆明 : 云南民族出版社, 2017.9
ISBN 978-7-5367-7618-0

Ⅰ.①昆… Ⅱ.①昆… Ⅲ.①昆明—2017—年鉴
Ⅳ.①Z527.41

中国版本图书馆CIP数据核字（2017）第251155号

责任编辑：王　梓　段　波

昆明年鉴 2017 KUNMING YEARBOOK

书　　名：昆明年鉴·2017
作　　者：昆明市地方志编纂委员会办公室 编
出版发行：云南民族出版社
地　　址：昆明市环城西路170号云南民族大厦5楼
邮　　编：655032
印　　刷：昆明鹰达印刷有限公司
开　　本：889mm × 1194mm　1/16
成品尺寸：210mm × 285mm
印　　张：35.5
字　　数：1200千
版　　次：2017年10月第1版
印　　次：2017年10月第1次
印　　数：0001~1500
定　　价：360.00元（含光盘）
ISBN 978-7-5367-7618-0

2017 KUNMING YEARBOOK

撰稿人员

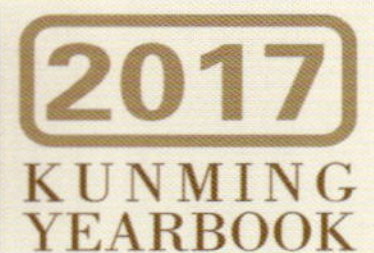

（按部类顺序排列）

李　震　苏　甦　李红卓　李远芳　俎洪生　晏延花　廖海滨
李　莉　查思竹　蔡　洪　莫柳节　王明谷　李鹏飞　周耀标
字应军　尹丽花　祁俊娴　付红彬　陈湘榆　姚　伟　陈　琦
尹鸽娅　李　浩　易新群　彭文怡　陈　敏　孙一丹　罗林麟
盘继斌　张高燕　阮云鹤　杨仁福　董菁菁　张　敏　韩　波
王　俊　王　英　李　萍　李　丹　蔡英雄　牟显福　刘成玉
刘新云　蒋春胜　白　燕　吴立群　陈　健　胡　艺　何　鑫
李　飞　柳　润　强　蕊　聂本娆　卢云春　杜瑜丽　王淼淼
陈　璞　王雁凌　张君华　唐荣华　熊若妤　林　竹　李玉梅
李　虎　董　燕　郭绍华　谭　清　方　源　王　重　袁春梅
杨若诚　李　峰　王　颖　高　超　李星城　钟　鑫　代静琳
邬　江　李　平　殷　亮　陈黎燕　余结兵　张俊斌　钟文友
邓　宁　刘一鸥　周　航　潘娅婷　崔松云　杨绍琼　杨富刚
宋永东　赵庆元　李妍慧　顾建英　蔡　明　张　芸　李　严
宋延宁　伍　艳　王立荣　林　涛　李佳燕　曾　筹　张　云
张进松　韩小艳　李向松　杨连国　曾艳萍　文继承　刀培凤
聂东丽　俞学云　王　俪　李志宝　徐守云　杨加祥　刘世生
鲁建宏　孟舒毅　李巧梅

昆明
年鉴

编辑说明

一、《昆明年鉴》是昆明市人民政府主办的地方综合年鉴，是系统反映昆明市情的大型年刊，是集知识、信息、资料为一体的公报性、资料性、权威性工具书。

二、本年鉴由全市各县（市、区）、各开发(度假)区、各部委办局、各人民团体及有关驻昆单位撰稿，昆明市地方志编纂委员会办公室《昆明年鉴》编辑部编辑。

三、本年鉴旨在逐年全面系统地记载昆明市经济社会发展历史进程，为海内外了解昆明、建设昆明提供信息资料。

四、本年鉴全面系统地反映2016年在市委、市政府的坚强领导下，全市贯彻党的十八大和十八届三中、四中、五中、六中全会精神，全面落实习近平总书记系列重要讲话和考察云南重要讲话精神，坚持以“五位一体”总体布局和“四个全面”战略布局为统领，在全省率先全面建成小康社会，加快建设区域性国际中心城市的征程中，取得的经济社会发展成就。

五、本年鉴设特载、综述、大事记、政治、军事、政法、经济管理、农林水利、工业・非公经济、交通运输、城乡建设与管理、环境保护、现代新昆明建设・开发区建设、信息・通信、财政・税务、商业、烟草、金融、对外经济贸易、旅游・风景区、科学研究、教育・文化、新闻媒体、卫生・体育、社会、人物、县（市、区）概况、附录、索引等29个部类。

六、本年鉴采用分类编辑法，以条目为主体，分一、二、三级目。一级目为大类，如城乡建设与管理、工业、农林水利等；二级目排在一级目之下，如城乡建设与管理下设城乡规划与管理、园林・绿化等；三级目为撰写单元(条目)，用黑体字加【 】做标识。

七、本年鉴主要数据由市统计局提供。

八、本年鉴提供目录和索引两种检索方法，目录在卷首，索引在卷尾。目录编排到条目；索引采用主题分析法，按主题词首字音序排列。

九、本年鉴在编辑过程中得到各级领导、各有关单位和社会各界的协助支持，在此谨表谢忱。

《昆明年鉴》编辑部

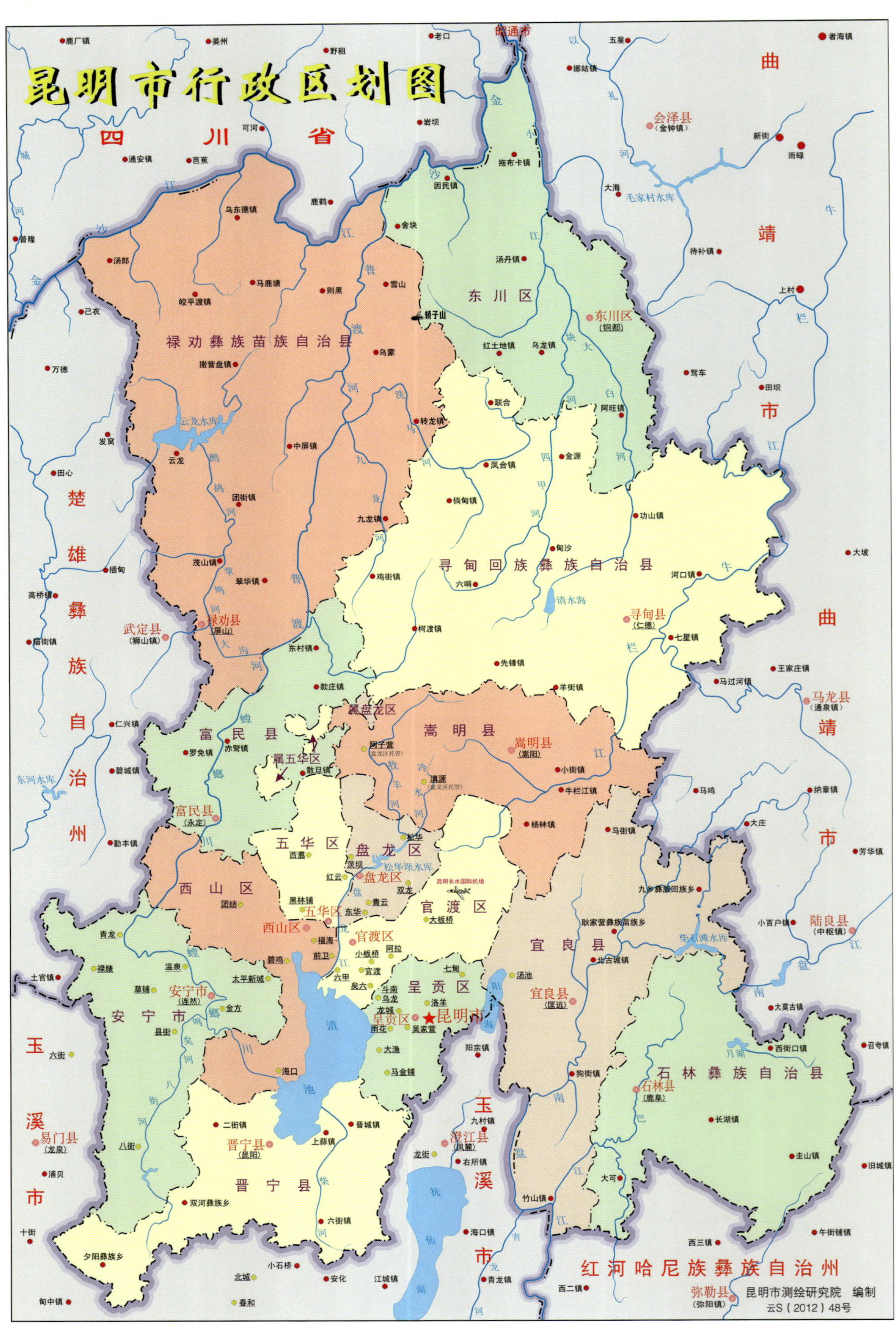
昆明市行政区划图
四川省
楚雄彝族自治州
曲靖市
玉溪市
红河哈尼族彝族自治州
禄劝彝族苗族自治县
东川区
寻甸回族彝族自治县
富民县
嵩明县
五华区
盘龙区
西山区
官渡区
呈贡区
安宁市
宜良县
石林彝族自治县
晋宁县
昆明市
滇池
阳宗海
抚仙湖
昆明长水国际机场
昆明市测绘研究院 编制
云S（2012）48号

昆明年鉴

昆明市经济指标对比图

生产总值（亿元）

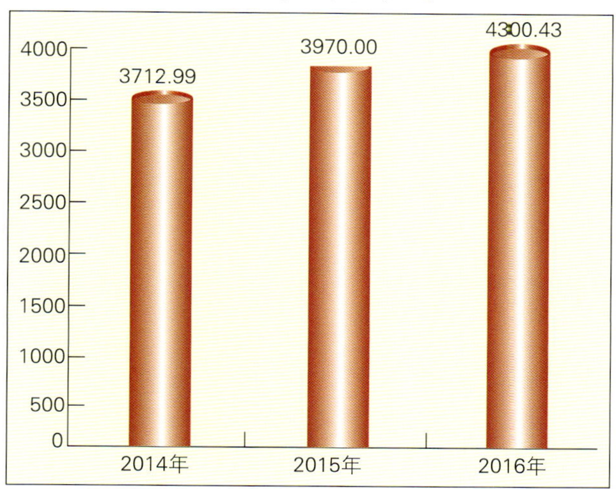

生产总值构成（%）

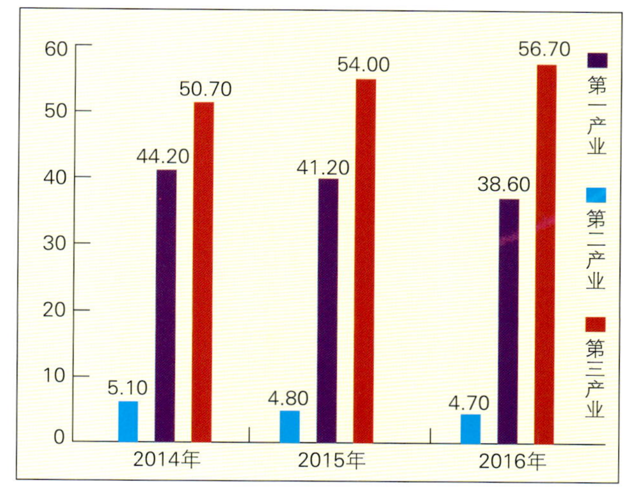

社会消费品零售总额（亿元）

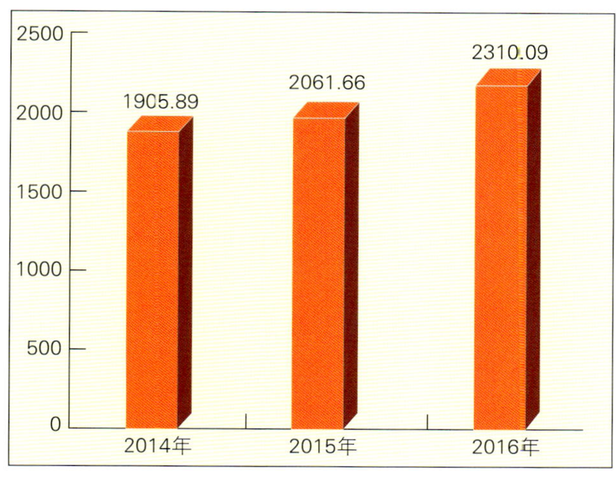

公共财政预算收入（亿元）

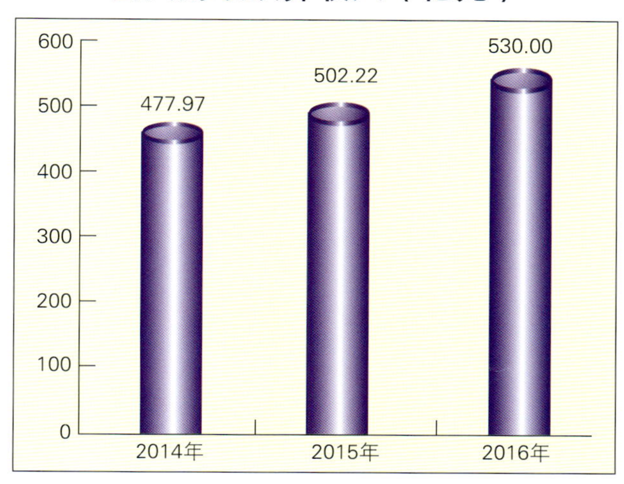

城乡居民收入（元）

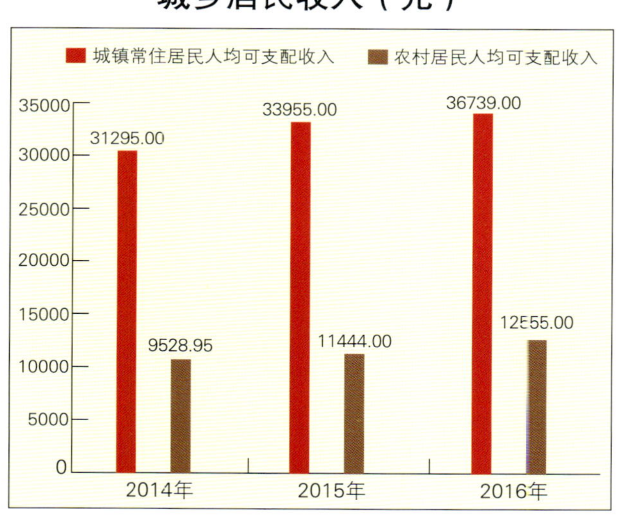

规模以上固定资产投资（亿元）

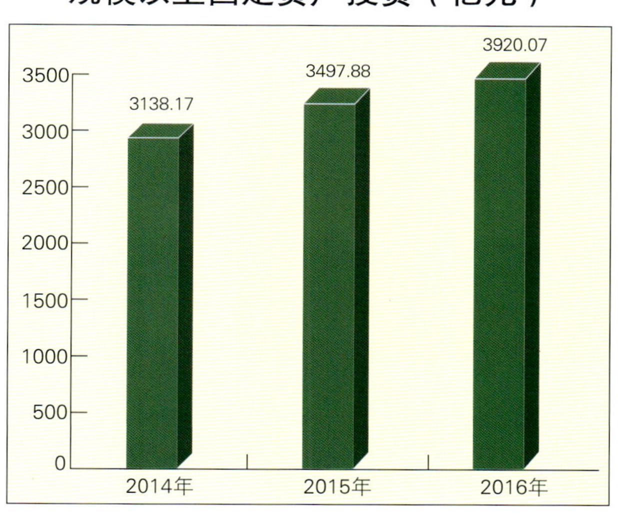

数字昆明（2016）

土地面积：21 012.54平方千米

所辖县（市、区）：14个

常住人口：672.80万人

户籍人口：559.79万人

地区生产总值：4300.43亿元

第一产业增加值：200.51亿元

第二产业增加值：1660.46亿元

第三产业增加值：2439.46亿元

三次产业构成：4.7：38.6：56.7

商品零售价格总指数：100.80%

居民消费价值总指数：101.70%

公共财政预算收入：530.00亿元

公共财政预算支出：689.14亿元

农林牧渔业总产值：349.69亿元

规模以上工业增加值：4.50%

规模以上工业利税总额：398.29亿元

规模以上固定资产投资总额：3920.07亿元

房地产开发投资：1530.50亿元

房屋施工面积：9518.45万平方米

房屋竣工面积：468.97万平方米

商品房销售面积：1530.50万平方米

商品房销售额：1520.87亿元

社会消费品零售总额：2310.09亿元

进出口贸易总额：66.81亿美元

进口贸易总额：25.48亿美元

出口贸易总额：41.33亿美元

实际利用外资额：7.40亿美元

货物周转量：149.23亿吨千米

客运周转量：68.58亿人千米

旅游业总收入：1073.53亿元

国际旅游外汇收入：4.40亿美元

接待海外旅游者：123.47万人（次）

国家A级景区（点）：26家

5A级旅游景区：1家

4A级旅游景区：11家

金融机构人民币各项存款余额：12655.68亿元

金融机构人民币各项贷款余额：13520.32亿元

住户存款余额（本外币，汇率6.49）：4124.21亿元

住户贷款余额（人民币）：2325.29亿元

数字昆明（2016）

普通高等学校（含成人高等教育2所）：44所

初中：194所

普通高中：106所

中等专业学校：78所

小学：937所

专利申请量：14290件

专利授权量：6350件

市属公共图书馆：15个

广播电视台：10座

博物馆（含挂牌博物馆）：121个

经营性文艺表演团体：37个

业余文艺表演团体：2895个

公交企业：19家

公交运营车辆：9395辆

公交线路：1137条

城乡公交通达率：97.90%

乡镇通班车率：100%

建制村通班车率：95.80%

城市公交日均运送旅客：218.81万人次

医疗卫生事业机构：4755个

医疗卫生机构病床数：62724张

执业医师和执业助理医师：26099人

城镇常住居民人均可支配收入：36739.00元

城镇居民人均消费性支出：23429.53元

农村常住居民人均可支配收入：12555.00元

农村居民人均消费性支出：10481.05元

城市居民人均住房建筑面积：43.76平方米

农村居民人均住房面积：48.18平方米

人口出生率：11.55‰

人口死亡率：5.03‰

人口自然增长率（常住人口）：6.52‰

综合节育率：86.57‰

城乡居民社会养老保险参保人数：209.07万人

城乡居民参加医疗保险人数：383.10万人

城镇职工参加失业保险职工：96.82万人

城镇新增就业人员：13.74万人

城镇下岗失业人员再就业：3.89万人

城镇登记失业率：3.12%

农村劳动力转移培训：15.75万人次

农村劳动力转移就业：17.15万人次

高铁开通

2016年12月28日，沪昆客运专线昆明南—贵阳北段、云桂铁路昆明南—百色段通车运营。（李琰　摄）

昆明南站西广场　（邢广利　摄）

重点旅客候车厅　（杜文蕾　摄）

昆明南站　（邢广利　摄）

高铁开通

外国游客乘坐“春城号”文化旅游高铁列车
（黄晓松　摄）

志愿者引导乘客刷票进站乘坐高铁
（黄晓松　摄）

“春城号”文化旅游高铁列车于2017年2月22日首发　（黄晓松　摄）

G4136次列车驶出昆明南站　（邢广利　摄）

扶贫攻坚

2016年7月11日，省委常委、组织部长李小三率队到禄劝县调研。

2016年4月8日，省委常委、市委书记程连元，市长王喜良率队到禄劝县调研林下经济发展及特色经济林种植情况。

扶贫攻坚

2016年12月9日，全市扶贫开发与基层党建“双推进”工作座谈会在禄劝县召开。

2016年7月12日，省委常委、市委书记程连元到禄劝县则黑乡民安乐村委会讲授党课。

禄劝县则黑乡拖木嘎提水工程施工现场

（本版图片由市扶贫办供稿）

扶贫攻坚

市领导调研倘甸和轿子山“两区”扶贫工作

昆明倘甸和轿子山“两区”2016年扶贫开发工作会召开

东川区阿拉乡人工菌种植

东川区乌龙镇大村子宜居农房

（本版图片由市扶贫办供稿）

扶贫攻坚

入户调查

看望留守老人

2016年3月15日，昆明市农村劳动力赴北京市朝阳区转移就业暨送岗下乡招聘会在禄劝县撒营盘镇举行。

寻甸县鲁冲养鸡场

寻甸县塘子街道香瓜种植

（本版图片由市扶贫办供稿）

水源区建设

松华坝水库　（市水务局　供稿）

清水海

水源区建设

柴石滩水库 （市水务局 供稿）

云龙水库（鲁文学 摄）

2016上合昆明国际马拉松

上合（上海合作组织）昆明国际马拉松是中国田径协会、云南省体育局、云南省人民政府外事办公室、昆明市人民政府联合主办的大型体育赛事，对提升云南省、昆明市的知名度和影响力，打造云南省面向上合18个国家和南亚东南亚的文化名片具有十分重要的意义。赛事分设全程马拉松、半程马拉松、10千米跑、迷你马拉松（5千米）及家庭亲子跑5大项目。

上合昆明国际马拉松作为上合组织成员18个国家体育文化展示的重要平台，从多角度向活动参与者推广上合组织各个国家的特色文化，推动多国文化交流融合互动。在本届上合国际马拉松赛上，参赛选手众多，项目内容丰富，沿途线路风景优美。期间，主办方在比赛沿线安排了呈现多个少数民族文化的特色表演，向所有参加马拉松的各国代表和民众展现多姿多彩的民族文化和世界文化。

上合昆明国际马拉松比赛期间，省委常委、市委书记程连元与上合组织秘书长阿利莫夫为友谊林揭牌。（李海曦　摄）

2016上合昆明国际马拉松

起跑现场　（杨赋　摄）

亲子跑　（杜文蕾　摄）

这个选手有创意　（杜文蕾　摄）

全程马拉松赛男子组颁奖仪式　（李海曦　摄）

奖杯与奖牌　（李海曦　摄）

2016昆明高原国际半程马拉松赛

领导集体发令开跑　（王俊星　摄）

昆明高原国际半程马拉松赛自2012年举办以来，已逐渐成为展示城市形象、打造城市名片、提升城市地位、扩大城市影响、叫响城市品牌的重要平台。2016昆明高原国际半程马拉松赛于2016年2月28日举行。赛事规模扩大至20000人，并搭建了国际化的赛事官网报名平台，吸引超过2000人的外地选手参加，有不少国外非专业选手报名参加赛事，赛事在品牌度、国际化、专业化、市场化、媒体传播等方面均有大幅提升。中央电视台首次全程直播，观众人数较往年大幅增加，受到各界的一致好评。

2016昆明高原国际半程马拉松赛被中国田径协会评选为“金牌赛事”。

2016年2月18日，2016昆明高原半程马拉松赛赛前新闻发布会在市体育馆召开。昆马组委会代表为赞助商颁发赞助商合作牌匾。　（杜文蕾　摄）

蝴蝶打扮的选手　（王俊星　摄）

2016昆明高原国际半程马拉松赛

专业女子组第一名跑过终点　（赵伟　摄）

残疾运动员奋力跑过终点　（昆明日报社　供稿）

起点　（孟祝斌　摄）

国家级非物质文化遗产项目及传承人

多年来，昆明市文化馆承担着全市民族民间传统文化资源的普查、申报以及保护、传承工作。2007年，挂牌成立“昆明市非物质文化遗产保护中心”。2009年起，昆明市每年安排100万左右财政资金用于非物质文化遗产保护专项工作，并落实对市级代表性传承人的传承补助。至2016年底，补贴标准为国家级传承人每人每年20000元，省级每人每年5000元，市级每人每年3000元。

截至2016年12月，昆明市非物质文化遗产四级项目名录共计589项，其中国家级项目7项，省级项目49项，市级项目265项，县级项目322项；共认定命名项目代表性传承人579人，其中国家级传承人2人（去世1人），省级传承人107人（去世36人），市级传承人162人（去世11人），县级传承人308人；省级传承基地4个，市级传承基地14个，市级非物质文化遗产传承示范学校6所；已建成的展示馆（室）7个，传习馆（所）、传承点14个，传统文化博物馆1个。

国家级非物质文化传承人——王玉芳

《阿诗玛》传唱者王玉芳

王玉芳，女，彝族（撒尼人），1941年出生于石林县长湖镇宜政村。除彝族撒尼人的经典民歌外，还熟练掌握彝族撒尼语几种版本、几种演唱形式的口传叙事长诗《阿诗玛》。2008年被命名为国家级非物质文化遗产文化传承人。

民间文学《阿诗玛》

口传叙事长诗《阿诗玛》是撒尼人世代相传的民间创作，从各个方面反映撒尼人的生产生活方式、丰富多彩的民间信仰和伦理道德。被列为首批国家级非物质文化遗产代表作名录。

阿诗玛版本（一）

阿诗玛版本（二）

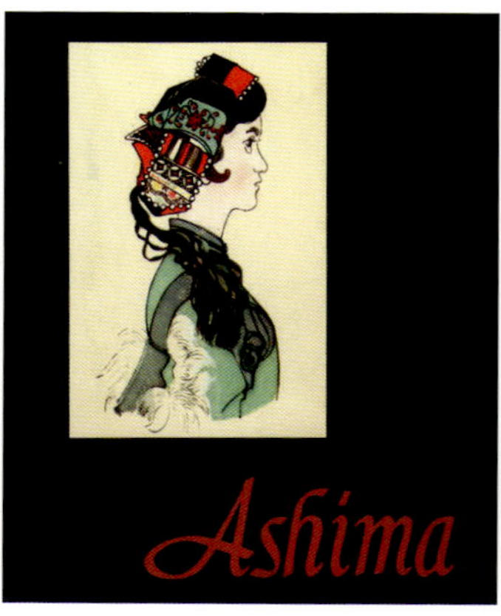

阿诗玛版本（三）

阿诗玛版本（四）

（本版图文由市非遗中心供稿）

国家级非物质文化遗产项目及传承人

传统美术“彝族（撒尼）刺绣”

彝族（撒尼）姑娘挑花图　（杨新民　摄）

省级传承人毕跃英绣品　（昂贵　摄）

彝族（撒尼）祖传绣品——大围腰（昂继忠　摄）

传统戏剧“滇剧”

滇剧《孟丽君》剧照

省级传承人汪美珠在《杨排风》中饰杨排风

滇剧下乡演出深受欢迎

新编历史剧《钱南园》剧照

（本版图片除署名外由市非遗中心供稿）

国家级非物质文化遗产项目及传承人

传统舞蹈“彝族三弦舞”

石林火把节期间，省级传承人毕光明展示彝族传统三弦舞。

小巴茅村群众跳大三弦舞

石林县圭山镇大糯黑村民跳起大三弦舞迎送式快三舞步

毕光明与徒弟市级传承人毕星态练习传统彝族三弦舞动作

传承人普照光在月湖本村教中青年跳彝族三弦传统舞蹈

传统体育“彝族摔跤”

传承人李有贵的徒弟活跃在彝族传统摔跤上比赛场

摔跤比赛

摔跤比赛

（本版摄影　许华）

国家级非物质文化遗产项目及传承人

传统戏剧“关索戏”

每年正月十六都要在宜良县阳宗镇沿街表演关索戏

国家级项目“关索戏”表演团队

“关索戏”面具

传统医药“昆中药传统中药制剂”

1958年，张元昆师傅杨德生在旧时昆明著名中药铺福林堂泛丸。

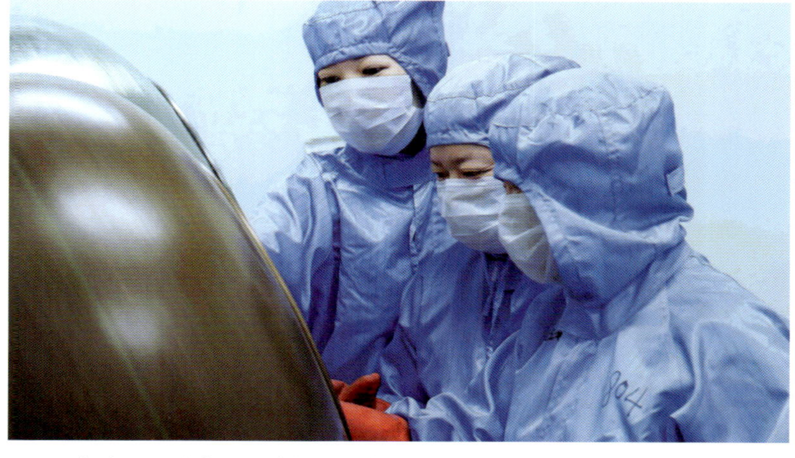

2015年张元昆（左一）在指导徒弟姜秀英（中）、孙明华（右一）起模

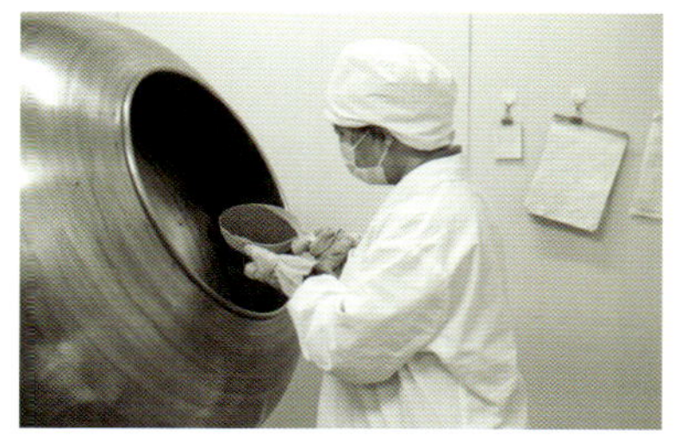

1995年，张元昆在检查丸剂的起模情况。

昆中药的代表药——清肺化痰丸

（本版图片由市非遗中心供稿）

省级非物质文化遗产项目及传承人

传统技艺　晋宁区、官渡区“乌铜走银”

晋宁区省级传承人袁万里在錾刻图案

晋宁区“乌铜走银”香炉

“乌铜走银”香炉

“乌铜走银”酒壶

传统技艺 昆明市“斑铜制作技艺”

2005年，昆明市斑铜厂销售部陈列室展品。

传统戏剧 昆明市“花灯”

花灯小戏《小姐与长工》

花灯小戏《小姨妹过河》

花灯舞蹈《红红绿绿》

（本版图片由市非遗中心供稿）

省级非物质文化遗产项目及传承人

传统音乐　昆明市“洞经音乐”

昆明洞经音乐

昆明洞经乐队在表演

宜良县洞经乐团

传统音乐　昆明市“昆明调”

山歌小调演唱

对　歌

民间文学　寻甸县《昭莠俭与高帕施》

传承人马惠成在给村民们讲述苗族述事长诗《昭莠俭和高帕施》

苗族述事长诗《昭莠俭和高帕施》陈列馆

（本版图片由市非遗中心供稿）

省级非物质文化遗产项目及传承人

传统技艺 官渡区“云子（围棋）”

“云子”的滴子成型过程 （王刚 摄）

“云子”产品及其包装 （王刚 摄）

传统技艺 宜良县“宜良烧鸭制作”

宜良烧鸭省级传承人兰学成

宜良烧鸭

云南省文化厅为宜良烧鸭传习馆授牌

传统技艺 禄劝县“羊毛花毡印染”

省级传承人代宗义绘制花毡

染好的花毡图案精美、色泽鲜艳

在父亲代宗义的指导下，儿子代学昌把染毡的技艺传承下来。

（本版图片由市非遗中心供稿）

省级非物质文化遗产项目及传承人

传统技艺 嵩明县“汉族刺绣”

嵩明汉族刺绣传承人杨凤仙

杨凤仙作品《大鱼帽与枇杷树》

传统技艺 呈贡区“菱角编制技艺”

菱角编制传承人王桂英参加老街庙会
（胡荣梅 摄）

草编菱角绣球 （钟玲 摄）

传统美术 晋宁区“晋城镇圣贤画”

圣贤画传承人罗德洪

罗德洪绘制的圣贤画

晋宁圣贤画

（本版照片除署名外由市非遗中心供稿）

省级非物质文化遗产项目及传承人

传统技艺 嵩明县“杨林肥酒”

20世纪50年代杨林肥酒

20世纪80年代杨林肥酒

20世纪90年代杨林肥酒

肥酒储藏仓库

肥酒蒸馏中

传统技艺 五华区“宝翰轩字画装裱修复”

宝翰轩的滇裱技艺

宝翰轩修复的古旧字画

传统技艺 五华区“天宝斋制墨”

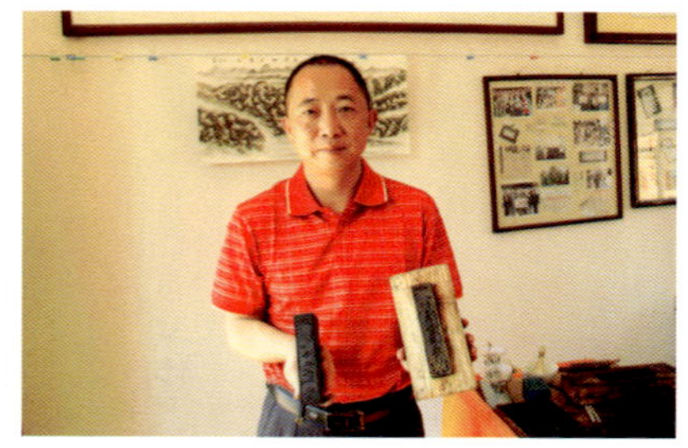
天宝斋制墨传承人李玉霖

天宝斋的墨

天宝斋的产品

（本版图片由市非遗中心供稿）

省级非物质文化遗产项目及传承人

传统技艺 五华区“吉庆祥云腿月饼制作技艺”

吉庆祥生产的滇式传统云腿月饼

吉庆祥云腿月饼制作

传统美术 昆明市“剪纸”

省级剪纸传承人张月仙

省级剪纸传承人汪元

剪纸爱好者向传承人高庆请教民间剪纸技艺

昆明民间剪纸——福寿图（佛手、寿桃）

呈贡剪纸团花——富贵吉祥

昆明民间剪纸——丹凤朝阳

传统美术 盘龙区 官渡区“彩扎”

盘龙区省级传承人段发科彩扎制作

官渡区省级传承人徐仁安

徐仁安彩扎的板凳龙

（本版图片由市非遗中心供稿）

省级非物质文化遗产项目及传承人

传统美术 禄劝县“彝族刺绣”

禄劝县彝族刺绣省级传承人游定美

禄劝彝族刺绣

金鸡熬鱼(带四角花)

传统美术 嵩明县“面塑”

省级传承人梁俊利制作的大型面塑作品《老街印象》

民俗 晋宁区“宝峰调子会”

宝峰调子会

晋宁宝峰调子会吸引全省民间歌手前来对调

（本版图片由市非遗中心供稿）

省级非物质文化遗产项目及传承人

民俗 宜良县、阳宗海旅游度假区“大香会”

宜良古城大香会

阳宗海旅游度假区阳宗镇在每年正月十六举行大香会活动

民俗 盘龙区“金殿庙会”

历史悠久的金殿庙会在每年大年初一举行

金殿庙会上的花灯演出

民俗 西山区“‘三月三’耍西山”

民族文化展演活动

民俗活动

（本版图片由市非遗中心供稿）

省级非物质文化遗产项目及传承人

民俗 寻甸县“彝族服饰”

寻甸县白彝服饰（男装）

寻甸县白彝服饰（女装）

寻甸县干彝服饰

传统体育 五华区“沙式武术”

沙国政为某部队指战员表演沙氏武术旧照

沙氏武馆的传承人与NBA球星交流太极拳

（本版图片由市非遗中心供稿）

省级非物质文化遗产项目及传承人

传统医药 盘龙区“朱氏正骨疗法”

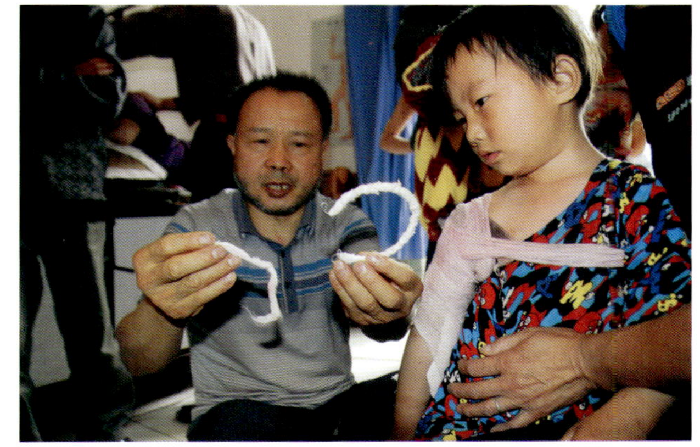

朱氏正骨疗法通过祖传的定位工具帮助患者接骨复位

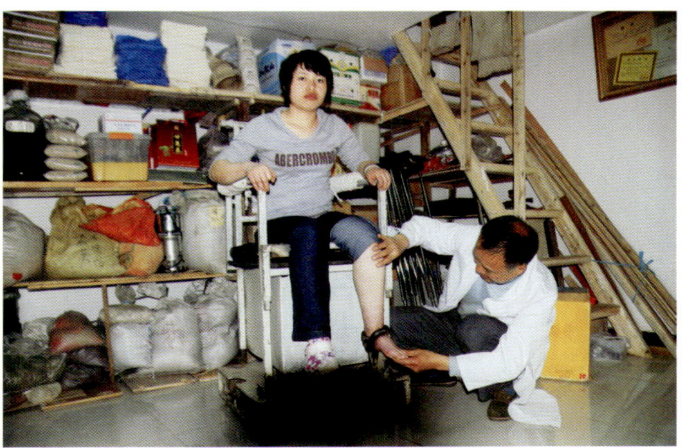

多功能复位接骨椅获得设计专利

传统音乐 石林县“彝族乐器”

石林县维则村老年古乐队

市级传承人昂仕和在吹奏唢呐

市级传承人普云高在吹奏古乐

（本版图片由市非遗中心供稿）

昆明市方志馆

昆明市方志馆隶属昆明市地方志办公室，为昆明市收藏、展示、开发利用地方文献的公共平台，是昆明市重要的文化基础设施，系云南省首个州市级方志馆。该馆集收集、庋藏、查阅、编研、咨询、展示、交流诸功能于一体，具有开放式、服务性、公众化特征。2013年，由市政府立项投资，租赁大观楼公园内的东园水榭改造而成，场馆建筑面积500余平方米。2014年建成开放。设置有展览厅、阅览室、书库、会议室、编研中心和数据室等。馆内现藏有各类志书、年鉴、地方文献及市情资料3万余册，免费供公众查阅。

昆明市方志馆的建成，对增强城市的文化软实力，深化昆明历史文化内涵和底蕴，提高文化竞争力，推动“文化昆明”建设，具有重要的作用。

（本版摄影　彭建）

目录 CONTENTS

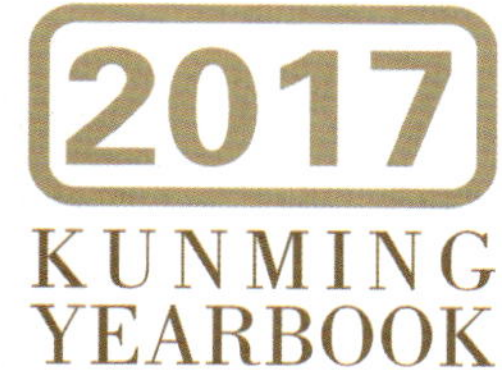

特 载

综 述

大事记

政 治

中国共产党昆明市委员会

办公厅

组织工作

宣传工作

机关党建

统一战线

机构编制管理

保密工作

党史工作

老干部工作

精神文明建设

中国共产党昆明市纪律检查委员会

昆明市人民代表大会常务委员会

昆明市人民政府

办公厅

机关事务管理

农　业

林　业

水　务

工业・非公经济

综　述

装备制造工业

原材料工业

消费品工业

煤炭业

电力工业

安全生产监督管理

城乡建设与管理

综　述

城乡规划与管理

园林・绿化

国土资源管理

城市管理与执法

住房建设

燃气・煤气

城市供水

城市节水

测　绘

城建档案

环境保护

环境保护

滇池保护

环境监测科研

现代新昆明建设 开发区建设

昆明呈贡新区

昆明国家高新技术产业开发区

昆明国家经济技术开发区

昆明滇池国家旅游度假区

昆明空港经济区

嵩明杨林经济技术开发区

昆明阳宗海风景名胜区

昆明倘甸产业园和轿子山旅游风景区

信息·通信

信息产业

邮　政

中国联通

中国移动

财政·税务

财　政

国　税

地 税

商 业

商业贸易

供销合作

粮 食

烟 草

烟草专卖

红云红河烟草（集团）有限责任公司

金 融

综 述

中国工商银行云南省分行营业部

建设银行云南省分行营业部

中国农业银行云南省分行营业部

交通银行云南省分行

富滇银行

昆明市农村信用合作社联合社

中国人民财产保险股份有限公司昆明市分公司

中国人寿保险股份有限公司昆明分公司

中国太平洋财产保险股份有限公司云南分公司

中国太平洋人寿保险股份有限公司云南分公司

对外贸易

招商引资

对外贸易

出入境检验检疫

昆明海关

旅游·风景区

旅游

云南民族村

石林风景名胜区

九乡风景名胜区

昆明世博园

科学研究

科学技术

科学普及

文 化

文学艺术

档 案

文物及博物馆

新闻媒体

广播电视和新闻出版版权

广播电视播报

昆广网络运营

报业传媒

卫生·体育

卫 生

昆明市红十字会

计划生育关怀

体　育

社　会

城乡居民生活综述

城镇居民收入

农村居民收入

民　族

宗　教

人　物

特 载

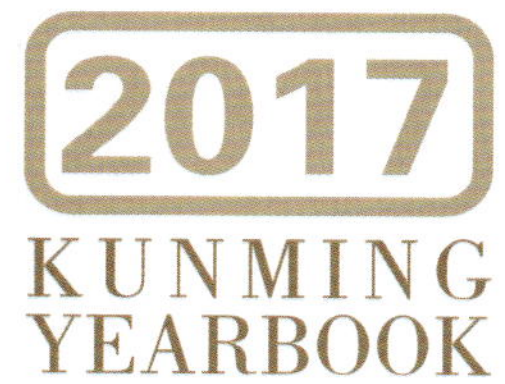

全面从严治党　加快建成小康 奋力推动区域性国际中心城市建设

——2017年1月13日在中共昆明市委十一届二次全体会议上的报告

程连元

同志们：

这次全会的主要任务是：深入贯彻落实习近平总书记系列重要讲话和考察云南重要讲话精神，按照党的十八届六中全会、中央经济工作会议、省第十次党代会、市第十一次党代会的安排部署，回顾总结2016年工作，研究部署2017年任务，团结动员全市广大党员、各族干部群众，全面从严治党，加快建成小康，奋力推动区域性国际中心城市建设。现在，受市委常委会委托，我向全会做报告。

一、务实苦干，攻坚克难，“十三五”实现良好开局

2016年，市委团结带领全市广大党员干部和各族群众，奋力拼搏、务实苦干，推动全市经济、政治、文化、社会、生态文明建设取得新进展，全面从严治党取得新成效，实现了“十三五”良好开局。

过去的一年，我们谋长远、重全局，精心绘就发展新蓝图。把昆明的发展置于全省、全国及国际化大格局中来思考和谋划，作出了一系列事关全局和长远的决策部署。提出了市委关于制定昆明市国民经济和社会发展第十三个五年规划的建议，编制完成昆明市国民经济和社会发展“十三五”规划纲要，明确了全市“十三五”时期的奋斗目标、主要任务和工作举措，为“十三五”各专项规划的编制提供了基本遵循。成功召开市第十一次党代会，选举产生新一届市委和市纪委，确立了“加快建设立足西南、面向全国、辐射南亚东南亚的区域性国际中心城市”的奋斗目标，明确了着力打造“一个枢纽”、全力当好“两个龙头”、积极搭建“三个平台”、加快建设“四个中心”、全面提升“五个品牌”的工作思路，以及“九个坚持、九个注重”的工作举措，开启了加快建设区域性国际中心城市的新征程。

过去的一年，我们调结构、促转型，综合实力迈上新台阶。把稳增长作为首要任务，出台稳增长46条、提振实体经济19条等政策措施，经济运行逐季向好、企稳回升。设立昆明合作发展基金，争取国家专项建设基金189亿元，推广PPP模式，完成规模以上固定资产投资3 953.4亿元。建立“五个一”工作协调机制，编制19个产业规划，推动“188”重点产业加快发展。发布大健康发展规划，成功举办“2016昆明大健康国际高峰论坛”“第76届全国药品交易会”等会展活动。全域旅游发展战略深入实施，旅游总收入突破千亿元。深入推进文化建设和产业发展“510”工程，建成15个文化创意产业园区，凤凰纵横文旅等11个文产项目顺利落地，金鼎文创园升级为国家级广告产业园，成功举办郑和国际文化旅游节、慕尼黑国际啤酒节等文化活动。呈贡信息产业园建设提速，云上云~云南省信息化中心、浪潮昆明云计算产业园等项目加快推进，中兴通讯等40家企业入驻云上小镇“大数据双创基地”，中宣液态金属等195家企业入驻“云大启迪K栈众创空间”。市区融合发展不断深化，昆明综合保税区当年开工、当年建成，滇中新区汽车产业园建设全面启动，中关村~电子城（昆明）科技产业园、昆明新能源汽车工程技术中心、北汽昆明新能源汽车生产基地、东风云汽搬迁升级改造等项目开工建设，中石油云南1 300万吨炼油项目正式试车，中铁电建大型盾构机项目正式投产。高新区、经开区、度假区等园区不断发展壮大，安宁工业园区成为全省首个千亿级产能工业园区，官渡区成为全省首家地区生产总值过千亿元的县区。全市预计实现地区生产总值4 285亿元，增长8.5%；一般公共预算收入530亿元，增长5.5%。

过去的一年，我们深改革、扩开放，动力活力得到新增强。供给侧结构性改革扎实推进，化解煤炭产能28万吨、钢铁产能150万吨，房地产库存同比下降23.9%，政

府性债务成本明显降低，企业税负总体减轻，基础设施、公共服务等短板加快补齐，“三去一降一补”取得明显成效。农村土地承包经营权确权登记颁证稳步推进，国有林场改革取得实质性进展。国企国资、行政体制、商事制度、生态、民生、社会等领域改革成效明显，党政机关公务用车制度改革全面完成。成立投资服务中心，出台改善投资环境政策，实施政务服务第三方评价，搭建市场主体信用信息服务监管平台，营商环境明显改善。创立“昆明创业创新联盟”和“昆明‘双创’学院”，建立创客合作银行，设立7家“双创”政策先行先试点，申报为全国小微企业创业创新基地示范城市。国家高新技术企业突破700家，知识产权专利申请和授权量突破2万件，全社会研发经费占GDP比重达到2.1%。对接首都资源，举办“昆明市·滇中新区开放合作推介会”“北京朝阳高端人才昆明行”等活动，在招商引资、产业协作等方面取得实质性成果。成功举办第4届南博会、第14届农交会、上合昆明国际马拉松赛、中华龙舟赛等重大活动，亚洲财富论坛永久性会址落户昆明。与英国利物浦市建立战略合作伙伴关系，法国、德国等15国在昆设立签证中心，对全球51个国家和地区入境人员实现72小时过境免签。昆蓉欧班列双向稳定开行，昆明至巴基斯坦卡拉奇国际货运班列开通，跨境多式联运通道建设取得突破。大健康3D打印产业园、昆明电子商务（物流）产业园等项目签约落地。引进市外到位资金915亿元，实际利用外资7.4亿美元。

过去的一年，我们抓统筹、提品质，城乡面貌呈现新变化。城市总体规划（2011~2020年）获国务院批复，滇池流域地区基本完成“多规合一”，城乡规划水平明显提升。呈贡新区开发建设步伐加快，晋宁撤县设区获国务院批复，草海、巫家坝、老螺蛳湾等片区重点项目重新启动。“公交都市”建设有序推进，地下综合管廊、公共自行车等项目加快建设。以“五网”为重点的基础设施建设深入推进，黄马高速主线完工，呈澄高速、联大立交建成通车，宜良至石林、石林至泸西、东川至格勒等6条高速公路启动建设，全市在建高速公路16条、659.8公里，在建国省道5条、215公里。铁路东南环线、昆玉线和沪昆、云桂高铁建成通车。地铁1、2号线首期和1号线支线平稳运行，1号线西北延长线、2号线（二期）、3号线、4号线、5号线、6号线（二期）加快建设，7号线、8号线、安宁线、嵩明线试验段和9号线PPP项目开工，在建地铁项目8个。昆明长水国际机场旅客吞吐量约4 200万人次，居全国第五位。滇池保护治理成效明显，一批重大项目顺利实施，河（段）长制深化完善，纳入“国考”的16条入滇池河道水质全部达标，环滇池湿地获“中国最美湿地”称号，草海和外海水质明显提升，滇池总体水质达到Ⅴ类，通过国家年度考核。阳宗海水质总体达到Ⅲ类，全市集中式饮用水源地水质稳定达标。城乡人居环境提升工作全面启动，拆除临违建筑433万平方米，新建、改造城市公厕1 427座并免费向市民开放，新增城市绿地544.9公顷、新增造林26.7万亩，建成85个省级美丽宜居乡村示范村。主城空气质量优良率为98.9%，达到国家二级标准。全国文明城市创建工作稳步推进，市民文明素质、城市文明程度不断提升。

过去的一年，我们补短板、惠民生，群众福祉获得新改善。按照“两出两进两对接一提升”和“七个一批”的脱贫攻坚工作思路，整合扶贫资源，加大与北京市朝阳区的对接力度，通过企业帮扶、对口帮扶、劳务输出等多种方式，携手开展精准扶贫，取得积极成效，减少建档立卡贫困人口6.26万人、完成年初目标的104.4%，减少边缘贫困人口7.5万人，66个贫困村、6个贫困乡出列，禄劝县顺利脱贫摘帽。实施教育优先发展战略，北京世青、青苗、芳草地等学校来昆开办5所国际学校，河北衡水中学等5所学校在昆合作开办11所分校，北京清华附中、北京八十中、湖北黄冈中学等优质学校决定在昆合作办学，制定实施乡村教师扶持计划等政策鼓励教师在乡村学校贡献才智，全市所有乡镇均实现有1所以上公办幼儿园目标，五华、盘龙等8个县区率先在县域内实现义务教育基本均衡。覆盖城乡的公共医疗卫生体系基本建立，医保实现跨省异地就医即时结算，成为国家医养结合试点城市。开展“北京朝阳和昆明医疗合作在行动”，引进北京中医医院、中日友好医院等8家医院在昆合作办医，优质医疗资源不断扩大。社会保障体系更加完善，社会保险参保率稳定在96%以上。民生支出占一般公共预算支出比重达到72.6%，一批群众关注的民生项目顺利推进，新增城镇就业13.5万人，农村劳动力转移就业15.7万人，完成48.8万户居民天然气置换，新增养老床位3 047张，实施农村危房改造和抗震安居工程2.6万户，基本建成保障性安居工程2万套，分配公租房10 227套，3万件“五小水利”工程投入使用，城镇和农村常住居民人均可支配收入分别达到36 875元、12 588元，增长8.6%、10%，群众的幸福感和满意度不断提升。

过去的一年，我们强治理、保稳定，依法治市走出新路子。深入推进平安昆明、法治昆明建设，切实提高社会治理精细化水平。健全完善解决群众诉求的“四级联动”工作机制，积极化解各领域矛盾纠纷，全市信访总量大幅下降。加强群防群治，深化网格化服务管理，探索建立流动人口和出租房管理新模式，深入整治治安突出问题。深化立体化治安防控体系建设，打造情指一体合成作战指挥体系，组建“春城骑警队”，不断提升快速应急处置能力。保持对违法犯罪活动的严打高压态势，深入开展打击“黑拐枪”“盗抢骗”“黄赌毒”和电信网络诈骗等专项行动，坚决防止发生暴恐事件，全市刑事警情数下降10.3%、破案数上升5.1%，群众安全感不断提升。启动实施禁毒三年行动计划，扎实开展禁毒防艾工作。健全突发事件应对机制，持续开展重点领域安全隐患排查整治，较大事故起数和死亡人数同比下降60%，安全生产形势总体平稳。

过去的一年，我们转作风、从严管，管党治党取得新成效。“两学一做”学习教育深入开展，思想政治建设持续加强。意识形态工作责任制全面落实，舆论导向把握有力，精神文明建设成效明显。深入开展“基层党建推进年”活动，完成市县乡党委和村（社区）“两委”换届，整顿提升1 008个软弱涣散基层党组织，非公经济组织、社会组织党组织覆盖率大幅提高到81.2%、94.2%，扶贫开发与基层党建“双推进”取得新成效。坚持正确选人用人导向，深入整治“为官不为”，注重干部实绩和基层经历，从基层一线新提拔处级干部88名，占新提拔处级干部的46.6%。压紧压实“两个责任”，坚决整治“四风”问题，持续深化“六个严禁”专项整治，启动市县巡察，保持惩治腐败高压态势，全市纪检监察机关共立案592件、结案509件、处分575人，移送司法机关15人。实践运用监督执纪“四种形态”，市委常委带头开展诫勉谈话，使用谈话函询方式处置问题线索1 720件、1 988人，占问题线索总数的79.6%，“红红脸、出出汗”逐步成为常态。人大、政府、政协工作富有成效，统战、民族宗教、老干部、双拥、国防后备力量建设等工作不断加强，各民主党派、工商联、群团组织作用进一步发挥，民主政治建设取得新成绩。

在此，我代表中共昆明市委，向所有关心、支持和参与昆明改革发展的同志们、朋友们，表示衷心的感谢，致以崇高的敬意！

同时，我们也要看到，昆明的发展仍然存在一些差距和不足，主要是：经济综合实力还不够强，发展质量效益还不够好，城市功能品质还不够优，城乡统筹水平还不够高，民生改善步伐还不够快，党风廉政建设和反腐败斗争任务依然艰巨。根本原因在于干部队伍干事创业的“精气神”不足，一些党员干部不注重学习、不勤于思考、不重视研究、不勇于作为、不善于创新、不狠抓落实。主要表现为：在思想理念上，一些党员干部精神懈怠、标准不高，开放意识不强，思想理念跟不上时代发展步伐；在能力素质上，一些党员干部不想学、不愿学、不会学，推动发展想不出“金点子”，解决问题拿不出“好招数”；在作风行动上，一些党员干部作风漂浮、松松垮垮，说得多、做得少，浮于表面，只求过得去、不求过得硬；在担当有为上，一些党员干部缺乏事业心和责任感，慢作为、不作为，不愿担当、不敢担当、不能担当；在遵规守纪上，一些党员干部纪律规矩意识不强，有令不行、有禁不止，少数党员干部公权私用、贪赃枉法，走上了违纪违法的不归路。对于这些问题，必须保持清醒头脑，切实加以解决。

二、认清形势，明晰思路，进一步增强推动昆明改革发展的责任感和紧迫感

党的十八大以来，习近平总书记科学把握世情国情党情新变化，提出了一系列治国理政新理念新思想新战略，党的十八届六中全会对新形势下全面从严治党作出重大部署，中央经济工作会议明确了2017年经济工作的总体要求和重点任务，省第十次党代会提出了今后五年全省工作的发展战略和路径方向。省委希望昆明当好全省经济社会发展的火车头、当好创新驱动的新引擎、成为人才集聚的新高地，要求昆明坚持全面从严治党、营造良好的政治生态和干事创业环境。中央、省委的决策部署，为我们做好各项工作提供了根本遵循和行动指南。

全市各级党组织和广大党员，必须把党中央和省委要求与昆明实际结合起来，在关键领域和重点环节持续发力，加快培育新动能、拓展新空间、形成新优势。一是要加快推动发展意识从“要我加速增长”向“我要加速增长”转变。当前，昆明经济社会发展已经到了需要全面发力、跨越崛起的重要阶段。必须坚持“赛马场上选良驹、比武场上挑良将”，引导全市党员干部在目标追求上自加压力、提高标准，在工作作风上敢于担当、勇于奉献，在合作共事上精诚团结、众志成城，各级班子成员要开拓进取、迎难而上，营造干事创业的浓厚氛围，凝聚推动发展的强大合力。二是要加快推动增长动力从“要素驱动”向“创新驱动”转变。长期以来，昆明的经济增长主要依靠要素驱动，投资对经济增长的贡献率保持在70%的高位水平。新常态下，拼投入、高消耗、粗放型发展所积累的矛盾集中显现，依靠要素扩张的发展方式已无法适应发展要求。必须深入实施创新驱动战略，系统推进以科技创新为引领的全面创新，让创新成为转型升级、跨越发展的源头活水。三是要加快推动产业结构从“传统产业主导”向“新兴产业引领”转变。昆明产业结构不合理、传统产业占比大、企业竞争实力弱，粗放型增长特征明显。随着要素成本增加，资源环境约束趋紧，现有产业发展的不可持续性正在加剧。必须坚定不移走转型升级之路，做大做强优势产业，培育壮大新兴产业，改造提升传统产业，提高产业层次和水平，夯实跨越发展的产业支撑。四是要加快推动城市发展从“外延式扩张”向“内涵式提升”转变。在新型城镇化建设进程中，我们高消耗、快扩张、低效率的城市发展模式带来的问题日益凸显，城市规划建设、管理体制、环境质量、公共服务等方面，都难以满足发展的要求，亟待发展转型和空间重构。必须牢固树立“精明增长”“紧凑城市”“集约用地”理念，推动城市发展从“外延式扩张”向“内涵式提升”转变，提高城市发展的

持续性、宜居性。五是要加快推动社会治理从“单一治理”向“多元共治”转变。随着改革开放的不断深入，经济体制、社会结构、利益格局深入调整，人们的思想观念深刻变化，社会治理与经济社会发展不相适应的矛盾问题日益突出。必须推动社会治理从单纯依靠政府管理向政府主导下的多元主体协同治理转变，从单纯依靠行政管理向注重协调、协商、合作转变，依靠群众的智慧和力量，开创社会治理新局面。六是要加快推动管党治党从“宽松软”向“严紧硬”转变。过去一段时期，昆明在管党治党上不同程度存在失之于宽、失之于松、失之于软的问题，破坏了党的团结和集中统一，损害了党内政治生态和党的形象，影响了党和人民事业发展。必须牢固树立不管党治党就是严重失职、管党治党不力就是渎职的意识，层层压实责任，级级传导压力，推动管党治党从“宽松软”走向“严紧硬”，为经济社会发展提供坚强政治保障。

综合分析面临的形势和任务，2017年，全市工作的总体要求是：深入贯彻习近平总书记系列重要讲话和考察云南重要讲话精神，按照党的十八届六中全会、中央经济工作会议、省第十次党代会、市第十一次党代会的安排部署，统筹推进“五位一体”总体布局和协调推进“四个全面”战略布局，牢固树立和贯彻落实新发展理念，加强和改善党对经济工作的领导，实施“发展动能转换、主导产业培育、城乡品质提升、民生福祉增进、软硬环境优化、美好家园共建”六大行动，加快在全省率先全面建成小康社会，奋力推动区域性国际中心城市建设。2017年，全市经济社会发展的主要预期目标建议为：地区生产总值增长8.5%以上，一般公共预算收入增长5%。

三、突出重点，全面发力，奋力推动区域性国际中心城市建设

2017年，全市各级党组织和广大党员要围绕区域性国际中心城市建设的阶段性目标，抓住工作重点，实施“六大行动”，推动区域性国际中心城市建设开创新局面。

（一）突出改革开放的重点领域，实施“发展动能转换行动”，充分激发推动发展的动力活力。依靠改革开放，立足创新驱动，培育新的发展动力，形成推动发展的新引擎。要全面深化改革。以供给侧结构性改革为主线，推进“三去一降一补”。在去产能方面，有效化解过剩产能，稳步处置“僵尸企业”，着力拓展需求空间，推动去产能取得实质性进展。在去库存方面，强化房地产市场引导，加快住房制度改革，激发农业转移人口、外来人口购房需求，将商品房库存控制在合理区间。在去杠杆方面，加强政府性债务风险、企业债务风险和金融风险防控，拓宽融资渠道，提高直接融资比重。在降成本方面，精准发力，落实政策，降低企业生产要素成本、税负成本、制度性交易成本，助力实体经济轻装上阵。在补短板方面，聚焦基础设施建设、公共服务、脱贫攻坚等领域，加大投入，补齐短板，满足群众多样化需求。同时，统筹推进国企国资、产权保护、财税金融、投资融资、科技创新、行政审批、社会事业等各领域改革，狠抓改革督察落实，确保改革有的放矢、精准发力。要扩大对外开放。高标准建设昆明综合保税区和保税物流中心，统筹推进铁路口岸规划与申报、跨境电商综合试验区创建、跨境人民币结算等工作，提升昆交会、旅交会等展会影响力，构建一批区域性公共事务平台、商务活动平台、协调联动平台。优化外贸结构，加大市场开拓力度，促进内外贸融合发展。围绕“188”重点产业，突出抓好战略性新兴产业、龙头企业、重大项目引进工作，确保实际利用外资6亿美元以上，引进市外到位资金900亿元以上。完善市区融合发展工作机制，合力推动北汽新能源汽车、东风云汽等重大项目加快建设。要优化投资结构。围绕“五网”建设、产业培育、民生保障等重点领域，包装储备、开工建设、建成投产一批重大项目。重点抓好省“四个一百”项目，实施300项市级重点项目、2 110项固定资产投资支撑项目。完善政府投资决策、实施和监管体系，提升资本运作水平，提高投资效益。要推动创业创新。探索“研究院+孵化器+资本”产业培育模式，设立“科技创投基金”和科技银行，促进人才、资金等创新要素向大健康、人工智能、新能源等产业集聚，组织开展100项重点科技创新项目，加快建设国家创新型城市。开展第三方科技成果评价、技术转移和技术交易，促进高新技术成果转化。打造一批“双创”示范基地，加快建设国家小微企业创业创新基地示范城市。确保科技进步贡献率达到50%以上，高新技术企业产值及营业收入增长16%以上。要打造人才高地。实施高层次人才引进工程，重点引进大健康、大数据、高新制造业等产业紧缺人才，科技、教育、卫生等领域高层次人才。加大应用型人才培养力度，建成昆明技师学院，推进昆明公共实训基地建设，打造面向全省及南亚东南亚技能人才培训示范基地。建立健全以培养、评价、使用、激励为主要内容的政策措施，对人才创业创新给予资金扶持，在子女入学、医疗保险、证照办理、人才公寓申购申租等方面提供优质服务，吸引更多人才来昆发展。要激发市场活力。制定实施市场准入负面清单、分级分类监管等制度，简政放权，放管结合，优化服务。推进旅游休闲、教育文化、养老健康等方面消费，培育电子商务、网络购物等新兴消费业态，推动居民消费结构升级。挖掘存量用地指标，提高土地利用效率，探索多样化投融资模式，破解民营企业用地难、融资难问题。

（二）把握转型升级的主攻方向，实施“主导产业培育行动”，不断夯实加快发展的产业支撑。坚持稳中求进总基调，牢牢把握发展这个硬道理，基于大生态、依托

大数据，重点发展大健康、大旅游、大文创，加快发展现代服务业、高新制造业、战略性新兴产业，推动全市经济社会跨越发展。要重点发展大健康。围绕建设“中国健康之城”，全力打造“六个中心”，着力构建“3456”大健康生态圈，将大健康培育成昆明发展的新动能。聚焦生物医药、养生养老、健康食品、健康旅游、健康文化等领域，培育一批重点企业，引进一批具有引领作用的龙头项目。系统策划、组织和举办一批以大健康为主题的高端论坛、主题活动、会议会展，加快创建国家大健康示范区，树立昆明在大健康领域的话语权。确保健康产业增加值增长15%。要提速发展大旅游。强化全域旅游发展理念，完善旅游产业发展规划体系，构建“一心一圈三片五廊”旅游发展格局。加快旅游产业与其他产业融合发展，推动旅游产业链向纵深拓展。抓住高铁入昆的历史机遇，开发高铁旅游产品，打造高铁旅游线路。改善旅游基础设施，完善智慧旅游公共服务体系，营造便捷、安全、舒适、文明的旅游环境。开展多种形式的旅游推广营销，占领旅游市场制高点。确保旅游总收入增长30%。要突破发展大文创。深入推进文化建设和产业发展“510”工程，加快构建“1+2+4”文化创意产业结构。完善文化市场体系，培育骨干文化企业，建设公共文化服务平台，利用老旧工业厂房转型建设文化创意产业园区，推动文化创意产业与旅游、大健康等重点产业和金融、科技等相关要素深度融合。整合现有文化资源和节庆活动、体育竞赛项目，提高文化的辐射力和影响力。确保文化创意产业增加值增长15%。要加快发展大数据产业。推进大数据中心建设，抓好呈贡信息产业园和中关村・电子城（昆明）科技产业园建设，引进和培育一批云计算、移动互联网、服务外包、电子商务等骨干企业。加快建设面向不同需求的大数据交换、共享体系，创新大数据应用及服务模式，做大做强数字经济。推进大数据与传统产业融合，构建大数据“1+N”产业体系。确保信息产业规模突破200亿元。要着力构建现代产业体系。加快生产性服务业发展，推动生活性服务业向精细化、高品质转变。引进一批金融机构来昆设立区域总部，争取一批国际合作合资机构、外资机构、科研机构落户昆明，加快发展会展经济、信息经济、分享经济、互联网经济。确保服务业增加值增长9.5%以上。深入实施“4+4”工业产业发展计划，推动传统产业改造提升，培育壮大先进装备制造、生物医药、电子信息、新材料等新兴产业，推进工业向质量效益好、创新能力强、绿色节能环保方向发展。确保规模以上工业增加值增长5%。推进农业供给侧结构性改革，培育新型经营主体和服务主体，改善基础设施和装备条件，提升农业组织化程度，大力发展高品质、高附加值、高集约度、高科技的高原特色都市现代农业。确保农业增加值增长5%。要增强园区载体的吸引力。优化园区布局，明确主导产业，形成差别竞争、有序发展的良好格局。支持高新区、昆明经开区、杨林经开区等园区加快发展，打造“创新驱动引领区”“产业提速增效区”。按照“链式发展、产业集群”的思路，围绕战略性新兴产业，建设一批专业化特色产业基地。创新园区管理模式，促进投融资渠道多元化，推进园区基础设施及生产生活配套设施建设，提升园区的承载力和吸引力。

（三）围绕春城花都的形象定位，实施“城乡品质提升行动”，持续增强唯美昆明的独特魅力。坚持节约紧凑、绿色发展的思路，不断提升城乡内涵品质，努力把昆明建设成为祖国西南的靓丽明珠。要展现现代城市的高品位。全面推进县区“多规合一”，积极稳妥推进城市更新改造，开展翠湖周边环境整治，扩大城市“微改造”试点，持续推进草海、巫家坝、滇池国际会展中心等重点片区开发建设。加快打造城市生态走廊，大力推进棚户区、老旧小区改造，统筹推进地下综合管廊建设，力争纳入国家海绵城市建设试点。加强历史文化街区、文物古迹、古镇名村等的保护、修复和合理利用，延续城市历史文脉。提速呈贡新区开发建设，完善学校、医院、商场等公共服务设施，优化公共交通体系和人居环境，进一步聚集“人气”“商气”，推进现代化科教创新新城建设取得新进展。推动晋宁撤县设区后融入主城进程，加快把晋宁打造成为面向南亚东南亚的国际旅游康养新区、古滇郑和文化名城。要推进“五网”基础设施建设。加快昆泸、寻沾、武倘寻、机场北等高速公路建设，确保绕城高速宜良至澄江段建成通车，完成鸣泉收费站外迁工程。启动金马路延长线等106条城市道路建设，加快老城至呈贡第二快速通道建设。确保地铁3号线、6号线（一期）同步开通试运营，加快1号线西北延长线、2号线（二期）、4号线、5号线、6号线（二期）、9号线等项目建设。配合推进长水机场第二航站楼建设。加快充电站、充电桩和加气站建设，完成主城区天然气置换。加强农田水利设施建设，提速柴石滩大型灌区工程，建设“五小水利”工程3万件。完善互联网基础设施、服务平台、保障体系，加快打造区域性国际通信枢纽。要打造美丽乡村的新样板。因地制宜、因村施策，科学统筹好房屋改造、道路建设、环境整治、村庄绿化等工作，建设各美其美的美丽宜居乡村。实施230个自然村600公里路面硬化工程，完成2.1万户农村危房改造和抗震安居工程、200个美丽宜居乡村建设任务。要彰显绿色生态的好形象。抓好滇池湖滨生态建设、村庄污水治理等工作，推进草海及周边水环境整治提升，全面深化河（段）长制，启动实施第十三污水处理厂、新宝象河综合整治等项目，确保滇池水质持续改善。加强松华坝、清水海、云龙水库、牛栏江等水源地保护。大力开展公园绿地建设提升和绿化造林，推进“五采区”植被修复，确保新增城市绿地200公顷，新增造林54万亩。严控扬尘污染，确保全市空气质量总体达到国家二级考核标准，进一步擦亮城市“绿色名片”。争创省级生态文明市，加快创建国家生态文明建设示范区。要促进管理服务的精细化。建立覆盖市、区、街道、社区的网格一体化城市管理与社会治理信息网络，加快智慧政务、智慧交通、智慧城管、智慧社区等建设步伐，提升城市管理智能化水平。推进“公交都市”创建，启动机动车出行诱导系统建设，新增机动车泊位2万个，缓解出行难、停车难问题。要提高城乡统筹的协调性。推进呈贡区国家中小城市综合改革试点，完成安宁、东川、宜良统筹城乡发展试点工作。因地制宜抓好县城和小城镇建设，加快教育、文化、卫生、水、电、路、气等公共服务设施向农村延伸，改善农村生产生活条件。完善和落实农民进城落户优惠政策，有序推进农业转移人口市民化，新增城镇户籍人口10万人，确保全市户籍人口城镇化率达到65%。

（四）践行为民服务的根本宗旨，实施“民生福祉增进行动”，着力提升人民群众的幸福感和满意度。把保障和改善民生作为一切工作的出发点、落脚点，让改革发展成果惠及更多群众。要全力推进精准脱贫攻坚。巩固禄劝脱贫成果，建立稳定脱贫长效机制，加速县域经济和产业发展，做好脱贫群众跟踪服务、稳效增收工作，持续巩固脱贫成效。聚焦东川、寻甸及其他地区贫困人口，落实好精准扶贫、精准脱贫任务，坚决打赢脱贫攻坚战。对建档立卡贫困人口来一次“回头看”，摸清底数，完善信息，确保让贫困群众得到支持和帮助。有效整合各级各类扶贫资金，因地制宜实施扶贫项目，逐村逐户制定帮扶计划和减贫计划，切实提高脱贫攻坚的精准度。选派好驻村工作队、新农村指导员和第一书记，选聘优秀高校毕业生到贫困村工作，确保每个贫困村每个贫困户都有帮扶责任人。年内，减少6万建档立卡贫困人口，确保60个贫困村和6个贫困乡出列，寻甸县实现脱贫摘帽，东川区脱贫攻坚取得决定性成果。要大力提升公共服务水平。实施高校毕业生就业创业促进计划、鼓励农民工返乡创业三年行动计划，做好下岗失业人员、失地农民等群体就业工作，新增城镇就业10万人以上，完成农村劳动力转移培训15万人次、转移就业12万人。落实教育优先发展战略，加大开放办教育力度，推动名校、名师、名长“三名工程”，引进国内外优质教育资源到昆合作办学，确保东川、呈贡、宜良、嵩明、禄劝、寻甸6个县区实现县域内义务教育基本均衡，全市省一级示范幼儿园达到158所，省一级高（完）中达到32所，省级以上重点中等职业学校达到19所。深化医药卫生体制改革，推进乡镇卫生院标准化建设，落实分级诊疗制度，组织实施好“关爱妇女儿童健康行动”，加快建设国家医养结合试点城市，让群众享受到安全有效、方便价廉的基本医疗服务。深入实施全民参保计划，力争各项社会保险参保新增10万人，参保覆盖率保持在96%以上。加强城乡低保和社会救助工作，加快发展社会福利和慈善事业。基本建成城镇保障性安居工程2万套，解决5.6万人住房困难问题。打造城市社区“15分钟体育健身圈”，完善农村公共体育基础设施，推动各类体育场馆设施开放利用。要确保社会和谐安宁。完善社会矛盾纠纷排查预警和调处化解综合机制，加大信访积案排查化解力度，有序解决群众合法诉求。推进治安防控体系建设，加强流动人口服务管理，开展打击“盗抢骗”“黑拐枪”“黄赌毒”“食药环”和电信网络诈骗等专项行动，统筹推进打击暴力恐怖、宗教极端、暴恐音视频等违法犯罪行为，深化禁毒防艾工作，稳步提升群众安全感。建立完善互联网安全工作机制，增强网络安全防控能力。抓好矿山、危险化学品、消防、交通、校园等领域安全监管，推进国家食品安全示范城市创建，防范和遏制重特大安全事故发生。

（五）找准影响发展的现实问题，实施“软硬环境优化行动”，加快扩大昆明的美誉度和影响力。牢固树立环境是第一竞争力的意识，优化软硬环境，扩大昆明的美誉度和影响力。要打造宜居宜业的城乡环境。深入开展“四治三改一拆一增”，加快推进已启动拆迁的208个城中村改造，实施54个旧住宅区、2个旧厂区改造，严控违法违规建筑增量，减少存量。大力实施城市绿化带建设与养护提升、街道环境综合整治、夜景照明系统升级等工程，完成广福路等8条景观大道提升工作，争创国家生态园林城市。深入实施“七改三清”环境整治行动，抓好农村养殖圈舍、炉灶、厕所改造等工作，推进农村生活垃圾和重点村庄污水治理，建成7个绿色村庄、91个生活垃圾整治示范村，确保乡镇生活垃圾处理设施覆盖率达到98.9%，村庄生活垃圾有效治理率达到73.5%，争当全省第一。要打造优质高效的政务环境。推进“互联网+政务服务+公共资源交易”工作，完善网上审批服务大厅及公共资源交易平台功能，打造政务服务“一张网”。继续做好投资项目集中审批、中介超市等工作，充分发挥昆明市投资服务中心作用，对重点投资项目进行全程代办、审批协调、流程优化、跟踪指导。推进政府部门间数据信息互联互通和充分共享，建设高效运行的服务型政府。优化第三方评价指标，拓展评价对象范围，运用好评价结果，促进投资环境改善。结合昆明实际制定出台支持企业发展的财政、金融、税收、人才等政策，把昆明打造成为政策洼地、投资福地。要打造公正严明的法治环境。建立健全“菜单式普法”工作机制，深化“法律六进”活动，增强干部群众的法律意识和法治观念。深化司法体制改革，推进司法规范化建设，促进司法公正。切实解决越权执法、野蛮执法、徇私枉法等问题，坚决查处职务犯罪和侵犯投资者合法权益的案件，规范和提高行政执法水平。加强执法队伍建设，完善监督管理机制，以公正严明的法治环境保障持续健康发展。要打造规范有序的市场环境。推进“放管服”改革，破除制约企业和群众办事创业的体制机制障碍，促进各类市场主体公平竞争。加快构建事中事后监管体系，依法严厉打击侵犯知识产权、制售假冒伪劣商品、偷税、骗税等行为。建立完善守信联合激励和失信联合惩戒机制，推进政务诚信、商务诚信和社会诚信建设，营造诚实守信、公平有序、充满活力的市场环境。要打造健康向上的人文环境。持续开展“道德模范”“昆明好人”“最美家庭”选树活动，推动志愿服务制度化常态化，提升市民文明素质和城市文明程度，争创全国文明城市。深化“基层公共文化服务包”建设，加快市文化艺术中心等标志性文体设施项目建设，提升公共文化服务水平。扶持文艺精品创作，打造城市文化品牌，丰富城市文化内涵。组织开展好赴越南、老挝、缅甸、法国、瑞士等对外文化体育交流活动，创新对外宣传方式，扩大昆明的知名度和美誉度。

（六）树立团结奋斗的思想共识，实施“美好家园共建行动”，切实凝聚齐心协力促跨越的强大合力。充分发挥党总揽全局、协调各方的领导核心作用，团结和凝聚各方面力量，形成推动昆明发展的强大合力。要积极稳妥加强民主政治建设。抓好人大、政府、政协换届选举工作。支持人大及其常委会依法行使职权，制定、修订《昆明市机动车排气污染防治条例》《昆明市城市排水管理条例》等地方性法规，完善各级政府重大决策出台向本级人大报告制度，构建省、市、县“三级”人大代表履职平台，抓好立法、决定、监督、任免等各项工作。支持人民政协履行职能，做好年度拟出台地方性法规和部门规章的专题协商，聚焦产业发展、改革开放、脱贫攻坚等开展调研视察，建立“昆明政商直通车”线上线下平台，推进政治协商、民主监督、参政议政制度化、规范化、程序化。巩固和发展爱国统一战线，发挥好各民主党派、工商联和无党派人士服务发展的积极作用，以及工会、共青团、妇联等群团组织桥梁纽带作用，扩大人民群众有序政治参与。加强国防教育和国防后备力量建设，巩固发展军政军民紧密团结的良好局面。要加快培育多元社会治理主体。充分发挥企事业单位在资源、技术、人才等方面的优势，调动他们参与社会治理的积极性。完善政府购买服务机制，发挥好社会组织在矛盾调解、社区矫正、青少年教育管理等方面的积极作用。健全基层民主决策、民主治理机制，构筑起全社会共同治理公共安全的网络联系和信任关系，做到知风化险、规避风险。要扎实推进民族团结进步宗教和谐稳定。深入开展民族团结进步创建“六进”活动，加快推进“十县百乡千村万户”示范创建工程，大力实施民族文化“双百”工程，加强城市少数民族流动人口管理服务，推进民族聚居地区“民族团结示范”创建全覆盖。全面开展“和谐寺观”及平安宗教活动场所创建，组织开展“宗教政策法规学习月”活动，积极稳妥处理宗教领域突出问题，坚决抵御境外利用宗教进行渗透，促进宗教领域和谐稳定。

四、全面从严治党，净化政治生态，为加快建设区域性国际中心城市提供坚强政治保障和组织保障

全面从严治党永远在路上，从“宽松软”到“严紧硬”是一个长期的过程，必须在坚持中深化、在深化中坚持，保持坚强政治定力，坚定不移把全面从严治党引向深入。

一要以思想政治建设为基础，铸就绝对忠诚的政治品格。党员干部只有补足精神上的“钙”，坚定理想信念，才会正气充盈、邪气不侵。要加强理想信念学习教育，深入开展党史国史、世情国情教育，把学习贯彻习近平总书记系列重要讲话和考察云南重要讲话精神引向深入。要深入推进学习型党组织建设，发挥好党委中心组学习的示范带动作用和各级党校的主阵地作用，推动理论学习常态化。要广泛开展党员领导干部专题培训和学习交流，深入开展向杨善洲、高德荣等先进典型学习活动，组织党员干部到井冈山、延安、善洲干部学院等地开展党性教育。要严格落实意识形态工作责任制，健全意识形态领域情况分析研判、预警和处置机制，抓好各个领域意识形态阵地建设，坚决抵制错误思潮和错误言论，牢牢掌握意识形态的主导权话语权。要提升新形势下新闻舆论工作的能力水平，推动传统媒体与新兴媒体融合发展，推进党务、政务新媒体平台建设，加快构建舆论引导新格局。

二要以严肃纪律规矩为关键，完善管党治党的治本之策。纪律是党的生命，是管党治党的重器。要严明政治纪律和政治规矩，坚决维护中央权威，维护党的集中统一，确保中央、省委决策部署在昆明落地生根。要贯彻落实《关于新形势下党内政治生活的若干准则》，全面落实“三会一课”、民主生活会、组织生活会、党员领导干部双重组织生活、谈心谈话、民主评议党员、党员固定活动日等制度，严格执行党员按月足额交纳党费制度，增强党内政治生活的政治性、原则性、时代性、战斗性。要严格执行民主集中制，规范落实“三重一大”事项集体决策制度，市委带头修订完善市委工作规则、常委会议事规则，各级党组织加快建立健全党委（党组）工作规则、议事规则和决策机制，做到科学、民主、依法决策。要坚持纪律面前人人平等，遵守纪律无条件，执行纪律无例外，查处违纪无禁区，建立执行政治纪律和政治规矩专项监督检查机制，对不讲政治纪律和政治规矩、造成恶劣影响的，一律先停职再调查处理，坚决防止出现“破窗效应”。

三要以强化监督管理为重点，打造推动发展的骨干力量。党要管党，首先要管好干部；从严治党，关键要从

严治吏。要坚持正确的选人用人导向，强化选人用人全过程、各环节监督，加大干部实践锻炼、交流轮岗力度，打造政治强、懂专业、善治理、敢担当、作风正的干部队伍。要健全完善精准识别干部机制，更加注重选拔基层一线干部，更加注重选拔实绩突出、作风过硬的干部，更加注重选拔敢于担当、勇于创新的干部，做到选贤任能、用当其时、知人善任、人尽其才。要完善干部监督联席会议等制度，加强对干部的日常管理，突出对“一把手”的监督，严格执行领导干部个人有关事项报告制度，多渠道了解掌握干部的精神状态、工作作风、行为举止、廉洁自律等情况，着力解决“重选轻管”问题。要坚持教育激励与监督追责并重，加大“为官不为”专项整治力度，推进干部能上能下，制定支持党员干部干事创业容错纠错机制和对诬告陷害行为处理办法等制度，为敢于担当者担当，着力凝聚干事创业的正能量。

四要以创新基层党建为载体，筑牢固本强基的战斗堡垒。夯实基层工作，加强基层党组织建设，是全面从严治党的重要基础。要创新农村基层党组织设置，深入开展党建扶贫“双推进”工作，加强乡村基层党组织带头人队伍建设，增强农村基层党组织整体功能。要推行社区“大党委”制，加大区域化党建力度，规范社区工作和服务事项，提升社区基层党组织社会治理能力。要强化部门党组（党委）落实机关党建目标责任制，建立机关事业单位基层党建责任清单、项目清单和考评清单，解决机关党建“灯下黑”问题。要加强和改善党对国有企业的领导，加强和改进国有企业党的建设，提升企业基层党组织服务改革发展、服务生产经营、服务党员职工的实效。要加强大中专院校基层党组织建设，推进中小学校党组织和党的工作全覆盖，增强党组织政治功能，充分发挥政治核心作用。要深入开展非公经济组织和社会组织党建工作提升行动，实现党的组织和党的工作全覆盖，促进“两类”组织党建工作制度化、规范化。要提高党员发展质量，做好流动党员工作，稳妥慎重处置不合格党员，加强对党员的管理。

五要以党风廉政建设为抓手，构建风清气正的政治生态。党风廉政建设和反腐败斗争只有“进行时”，没有“休止符”。要综合运用暗访、查处、追责、曝光等多种手段，加大对违反中央八项规定精神和各种隐性、变异“四风”问题的查处力度，推进作风建设常态化、长效化。要坚持反腐败无禁区、全覆盖、零容忍，把握“三个重要时间节点”，紧盯“三类重点人”，坚决减少腐败存量，重点遏制腐败增量。要推动反腐肃贪向基层延伸，严肃查处涉及农村集体“三资”管理、惠农补贴、低保资金管理使用等方面的腐败问题，让群众感受到反腐倡廉的实际成效。要实践运用好监督执纪“四种形态”，加强日常教育、管理和监督，发现苗头马上提醒，触犯纪律及时处理，将“四种形态”贯穿于党员干部的日常管理和监督执纪问责全过程。要进一步深化政治巡察，综合运用常规巡察、专项巡察、巡察“回头看”“点穴式”巡察、“1托N”等方式，增强巡察的针对性和有效性。要经常性开展示范教育、警示教育和岗位廉政教育，着力培育廉洁文化，在各层面、各领域形成尊廉崇洁的价值导向和社会风尚，努力建设“清风昆明”。

六要以管党责任落实为保障，巩固全面从严的常态格局。市委常委班子成员要以身作则、率先垂范、以上率下，做全面从严治党的表率。各级党组织要认真落实市委关于党风廉政建设“两个责任”“1+7”系列制度，层层传导压力，逐级压实责任。各级党委（党组）书记要严格履行第一责任人责任，管好自己、接受监督，抓好班子、带好队伍。党委（党组）领导班子成员要认真履行“一岗双责”，抓好分管领域的党建工作。各级纪委要持续深化“三转”，聚焦主责主业，敢于担当、敢于监督、敢于负责；严格落实监督执纪工作规则，进一步严格工作规程，自觉接受党内和社会监督，建设一支让党放心、人民信赖的纪检干部队伍。各级党的工作部门要切实抓好职责范围内的党建工作。要健全考核指标、考核内容、考核方式，把全面从严治党责任落实情况，作为领导班子和领导干部综合考核的重要内容，把考核结果作为领导班子建设和领导干部选拔任用的重要依据。要完善问责制度，紧紧盯住党的领导弱化、党的建设缺失、全面从严治党不力、维护党的纪律不严等方面加大问责力度，以问责常态化促进履职到位。

同志们，奋进的号角让人激情澎湃，美好的愿景令人豪情满怀。让我们更加紧密地团结在以习近平同志为核心的党中央周围，在省委的坚强领导下，全面从严治党，加快建成小康，奋力推动区域性国际中心城市建设，以优异成绩迎接党的十九大胜利召开！

政府工作报告

——2017年3月19日在昆明市第十四届人民代表大会第一次会议上

王喜良

各位代表：

我代表市人民政府，向大会报告工作，请予审议，并请各位政协委员提出意见。

一、2016年及市第十三届人民政府工作回顾

过去的一年，在省委、省政府和市委的坚强领导下，在市人大及其常委会和市政协的监督支持下，我们坚持稳中求进，积极推进供给侧结构性改革，攻坚克难、真抓实干，圆满完成了市十三届人大七次会议确定的目标任务，实现了“十三五”良好开局。全市实现地区生产总值4 300亿元，增长8.5%，其中，一、二、三产业增加值分别增长6%、7.6%、9.3%；一般公共预算收入530亿元，增长5.5%；城镇和农村常住居民人均可支配收入分别达36 739元、12 555元，分别增长8.2%、9.7%。主要抓了7个方面的工作。

（一）全力以赴稳增长，经济发展稳中有进。坚持把稳增长作为首要任务，认真贯彻落实国家、省稳增长政策，及时出台市稳增长46条、提振实体经济19条等举措，经济运行逐季向好、企稳回升。加大力度增投资。狠抓项目前期工作，市县共安排项目前期费4.6亿元，固定资产投资三年滚动计划项目库不断充实。落实投资包保责任制、定期会办制、现场办公制，协调解决建设难题，黄马高速等121个在建项目加快推进。构建多元化投融资格局，推动设立500亿元昆明合作发展基金、750亿元“五网”建设基金，争取国家专项建设基金116.7亿元，新增政府债券44.6亿元，启动福宜高速公路等14个总投资652亿元的PPP示范项目。全市规模以上固定资产投资3 920亿元，增长12.1%。挖掘潜力扩消费。加快发展农村电商、跨境电商，消费新热点新业态不断涌现，阿里巴巴·昆明产业带平台、宜良农村淘宝、石林乐村淘上线运营，禄劝成为国家级电子商务进农村综合示范县，社会消费品零售总额2 310亿元，增长12.1%。全域旅游提速发展，安宁奥特莱斯风情小镇一期等建成开业，古滇文化旅游名城获评“国家级生态旅游示范区”，旅游总收入突破千亿元，达1 073.5亿元、增长48.4%。成为国家“十三五”服务业综合改革试点城市、国家文化消费试点城市。千方百计扶工业。通过“股权+债权”“财园助企贷”等方式，破解企业融资难融资贵问题，落实企业帮扶资金超过14亿元，成立13个市级工作组结对帮扶重点企业，昆宝电缆等103户重点企业恢复生产或扩大生产。空港科技创新园等51个亿元以上项目开工，昆客搬迁技改等45个项目竣工，中石油云南炼油项目点火试车，新建投产规模以上工业企业52户，规模以上工业增加值增长4.5%。提质增效促农业。蔬菜、花卉、中药材、烤烟等特色产业效益持续增长，新建西山自耕农庄等都市农庄9座，新增省级农业龙头企业15户，10个重点农业园区产值达30亿元，增长9.1%。提振信心稳地产。实施房地产健康发展24条措施，建立促进房地产业发展联动机制，设立200亿元保障房以购代建基金，保障性安居工程货币化安置3 000套，房地产投资完成1 530.5亿元，增长5.5%，商品房销售面积达1 521万平方米，增长16.5%。

（二）实施创新驱动，新动能加快形成。结构调整步伐加快。启动“188”重点产业建设，编制了19个重点产业规划，出台了实施意见，建立了“五个一”工作机制，全市产业发展和结构调整的方向重点更加明确。电子信息、生物医药、先进装备制造业增加值分别增长32.2%、21.7%、8%，均高于一般工业增速。新兴产业培育壮大。呈贡信息产业园完成投资17亿元，云南省信息化中心、浪潮昆明云计算产业园等项目加快建设，中兴通讯等40个项目签约入驻。举办昆明大健康国际高峰论坛，发布大健康产业发展规划，宝相健康产业园启动建设，成为国家医养结合试点城市。金鼎科技园成为国家级广告产业园，凤凰纵横文旅等11个项目落地，C86山茶坊文化艺术园等项目建成。楼宇总部经济加快发展，中铁建西南总部、中国铜业等企业总部落户昆明。创业创新蓬勃发展。组建双创联盟，建立创客合作银行，与昆明理工大学等5所高校共建双创学院，云上小镇建设初见成效，建成国家级、省级大学生创业示范园23个，省级众创空间、市级新型双创孵化园26个，猪八戒网、清华启迪等一批知名双创企业落户昆明，成功申报为全国小微企业创业创新基地示范城市，呈贡区、经开区等列入全省首批双创示范基地。新认定高新技术企业126家，高技术制造业增加值增长

17.8%。专利申请和授权量突破2万件，全社会研发投入占GDP比重达2.1%。

（三）全面发力“五网”建设，承载能力不断增强。启动“五网”建设五年大会战，实施项目205项，完成投资791.4亿元。成为全国首批综合交通枢纽示范城市。路网加快建设。石林至泸西等6条高速公路开工，呈澄、小龙高速建成通车，绕城高速东南段、功东高速等顺利推进，在建高速公路项目16个、659公里。地铁1号线呈贡支线投入运营，1号线西北延线、2号线二期、3号线、4号线、5号线、6号线二期、9号线一期加快建设，在建里程137公里。7号线、8号线、嵩明线、安宁线试验段动工。联大立交通车，完成王家营等4座立交改造提升，主城交通连接更加顺畅便捷。航空网加密延伸。长水机场综合交通枢纽建设稳步推进，东川、安宁等4个通用机场启动建设，新增国内外航线24条。能源网加快推进。建成天然气支线管道10公里、城市燃气管道145公里，完成天然气置换48.8万户。建成新能源汽车充电桩1 014个。富民金铜盆、寻甸苏撒坡等风电场项目竣工。水网不断完善。鱼龙、箐门口等9件中小型水库开工建设，完成532件农村饮水安全巩固提升工程，16万人受益，3万件“五小水利”工程投入使用，新增和改善灌溉面积8.8万亩。互联网覆盖提升。昆明国际通信枢纽加快建设，城区20M宽带互联网覆盖率超过80%，行政村宽带光纤覆盖率超过90%，4G网络基本覆盖。

（四）加强人居环境建设，城市品质不断提升。规划体系进一步完善。《昆明市城市总体规划（2011~2020年）》获国务院批复，编制《昆明“十三五”城乡发展规划》《翠湖周边历史文化片区整治提升规划》等专项规划，滇池流域地区基本完成“多规合一”工作。开发建设有序推进。草海、巫家坝等重点片区规划建设有序推进。呈贡新区功能不断完善。重新启动16个城中村改造项目。新开工城市道路91条，续建126条，完成道路综合整治19条，主城区新增停车泊位2.2万个。城乡人居环境提升工作全面开展。统筹推进“四治三改一拆一增”“七改三清”环境整治，推行环卫一体化试点，拆除临违建筑433万平方米，新建改造城市和农村公厕1 606座，1 188座城市公厕免费开放。新增城市绿地544.9公顷，新增造林26.7万亩。建成77个乡镇农村污水收集处理设施，完成通村公路路面硬化1 186公里、路基改造438公里，建成85个省级美丽宜居乡村示范村。主城区空气质量优良率达98.9%，万元生产总值能耗下降9%以上。水环境整治取得新成效。滇池保护治理完成投资24.3亿元，新建污水管网109公里，退塘还湖960亩，底泥疏浚75万立方米，纳入国考的12条入滇河道水质全部达标，滇池治理取得国家年度考核良好成绩，水质由劣Ⅴ类提升为Ⅴ类，为20年来最好水平。阳宗海水质总体达Ⅲ类，牛栏江出境断面平均水质达Ⅱ类。

（五）深入推进改革开放，发展活力得到释放。供给侧结构性改革扎实推进。化解煤炭产能28万吨、钢铁产能150万吨。商品房库存下降23.9%，住宅去库存周期进一步缩短。与17家金融机构建立银政战略合作关系。置换债券610亿元，综合融资成本3%，实施过渡性融资300多亿元，综合融资成本控制在6%以下，债务期限结构不断优化，融资成本明显降低。成立昆明售电有限公司，市场化交易电量153亿千瓦时，实实在在为昆明的企业降低用电成本约19亿元。关键环节改革取得实效。深化“放管服”改革，出台38条创造一流投资服务环境措施，实施政务服务第三方评价，行政审批网上服务大厅、投资审批中介超市、市场主体信用信息服务监管平台上线运行，成为国家公共资源交易电子化招投标试点城市。“双随机、一公开”全面推行。寻甸县、嵩明县信用联社在全省首批改制成为农商银行。完成党政机关公务用车改革。“五证合一、一照一码”登记制度全面实施。启动不动产统一登记。农村土地承包经营权确权登记颁证工作持续深入，国有林场改革取得实效。文化、社会、生态等领域改革有序推进。开放水平不断提升。成功举办“昆明市·滇中新区开放合作推介会”等系列活动，大健康3D打印产业园等一批优质项目签约落地，引进市外到位资金915.3亿元，增长10.5%，实际利用外资7.4亿美元，增长54.7%。开放平台载体进一步夯实，昆明综合保税区一年建成，即将迎接国家封关验收。昆蓉欧班列双向开行，中亚铁海联运国际货运班列开通，跨境多式联运通道建设取得突破。成功举办第4届南博会、第14届中国农交会、第74届中国药交会、中印瑜伽大会等重大活动。法国、德国等15国在昆设立签证中心。亚洲财富论坛永久落户昆明。

（六）补齐民生短板，人民生活不断改善。加大财政民生投入，民生支出达500亿元，占一般公共预算支出的72.6%。脱贫攻坚有力推进。切实抓好“七个一批”精准扶贫精准脱贫措施，深入开展“挂包帮”“转走访”，筹集各类扶贫资金95.4亿元，实施整乡推进13个、整村推进98个，建设宜居农房1万户、易地搬迁5 652户，实施农村危房改造和抗震安居工程2.6万户，减少建档立卡贫困人口53 977人，66个贫困村和6个贫困乡出列，贫困发生率从2015年的5.73%降为3.75%，禄劝县达到脱贫摘帽标准。社会保障不断加强。切实做好化解过剩产能企业职工安置、高校毕业生就业等工作，新增城镇就业13.5万人，城镇登记失业率为3.11%。农村低保标准与扶贫标准两线合一，社会保险参保覆盖率达96%。启动建设城乡社区居家养老服务中心38个，新增养老床位3 047张。建成保障性安居工程2万套，分配公租房14 159套。社会事业明显进步。盘龙、石林等6县区通过国家验收，实现义务教育均衡。组建昆明铁道职业技术学院。引进名校工作取得突破，北京世青、青苗等学校来昆开办5所国际学校，清华附中、黄冈中学、衡水中学等5所学校在昆合作开办11所分校，13所学校与北京建立合作办学机制。资助贫困家庭学生30.4万人次，补助资金达4亿元，适龄少年儿童就学得到有效保障。引进北京中医医院、中日友好医院等8家医院在昆合作办医，新昆华医院建成使用，云南阜外心血管病医院基本建成，优质医疗资源不断扩大。完成7个乡镇卫生院、61个村卫生室标准化建设。全面两孩政策有序实施，人口自然增长率为6.21‰。成功举办上海合作组织昆明国际马拉松赛、高原国际半程马拉松赛、滇池中华龙舟大赛等重大赛事，进一步提升了昆明的国际形象。社会大局和谐稳定。创新立体化社会治安防控体系，推行村（社区）网格化服务管理，县乡村三级矛盾纠纷调解组织作用充分发挥。严厉打击黑拐枪、黄赌毒、网络犯罪、金融诈骗等犯罪活动。组建“春城骑警”，快速反应处置能力得到提升，获得市民好评。安全生产形势总体稳定，较大事故起数下降55.6%。人民群众安全感、幸福感进一步提升。

（七）推进市区融合发展，滇中新区建设提速。市区一体化发展步伐加快，滇中新区一年打基础目标任务圆满完成，实现“1+1>2”的作用。体制机制全面融合。积极构建昆明统筹、新区管理的规划管理体系，协同编制了重点片区等40余项专项规划。理顺市、新区、三县（市）区财政管理体制，国土、环保等7个部门加挂新区管理机构牌子，原来由新区管理的908项社会管理职责全部移交昆明市。产业建设协同推进。东风云汽搬迁技改、昆明新能源汽车工程技术中心等一批重大项目落户新区，浙商产业园、中关村科技产业园启动建设，临空产业园建设稳步推进。基础设施共建共享。实施嵩昆路、机场北高速等69个综合交通基础设施项目，长嵩大道、新320国道（空港段）等20条道路建成通车，新区骨架路网逐步成型成网，综合交通基础设施建设投资完成216.4亿元、增长230%，新区规模以上固定资产投资完成717.1亿元、增长32.7%。

各位代表！六年来，市第十三届人民政府在省委省政府和市委的坚强领导下，在市人大及其常委会和市政协的监督支持下，全面贯彻党的十八大和十八届三中、四中、五中、六中全会精神，深入学习贯彻习近平总书记系列重要讲话和考察云南重要讲话精神，统筹推进“五位一体”总体布局，协调推进“四个全面”战略布局，努力当好全省经济社会发展的排头兵和火车头，圆满完成了本届政府确定的各项目标任务，为在全省率先全面建成小康社会奠定了坚实基础。

我们聚焦产业发展，聚力结构调整，综合实力不断增强。突出产业强市，加快转型升级，新型工业化提速，现代服务业壮大，高原都市现代农业蓬勃发展。地区生产总值年均增长10.9%，实现翻番。一般公共预算收入、规模以上固定资产投资、社会消费品零售总额实现倍增。三次产业结构由2010年的5.5：42.4：52.1调整为4.7：38.6：56.7，服务业成为经济转型的新引擎。培育了近50家产值超10亿元的企业，云南白药、云内动力等一批企业成长为行业龙头。官渡区经济总量在全省县区率先突破千亿，安宁市进入全国县域经济百强县，高新区、经开区跻身千亿园区行列，安宁工业园成为全省首个千亿级产能工业园区。

我们致力城乡统筹，促进协同并进，城乡面貌日益改善。优化城市布局，强化基础支撑，加强城市管理，城乡建设取得新进展。呈贡、晋宁撤县设区，滇池国际会展中心、北部山水新区等城市片区加快崛起，城市发展迈进“滇池时代”。以综合交通为重点的基础设施取得重大突破，绕城高速内环实现闭合，“环线+射线”骨干路网基本建成，地铁运营里程达64.3公里，沪昆高铁、云桂铁路建成通车，昆明进入高铁时代，长水国际机场成为国家第四大门户枢纽机场，区域性国际综合枢纽初具雏形。美丽宜居乡村建设深入推进，实现乡乡通油路、村村通公路、乡乡通公交。常住人口城镇化率从64%提高到71.05%。荣获“国家卫生城市”“国家节水型城市”称号。

我们主动服务国家战略，拓展开放格局，战略地位更加凸显。致力深化国际国内区域合作，打造开放平台，提高对外开放的层次和水平，昆明成为“一带一路”重要节点城市、国家对外开放战略前沿。滇中新区成为国家级新区，杨林工业园、阳宗海风景区升级为国家级园区。昆曼国际大通道全线贯通，中缅油气管道全面建成，南博会、旅交会等平台影响力日益扩大。孟加拉国等7国在昆设立领事馆，与印度加尔各答等21个城市缔结国际友城，南亚东南亚友城数位列全国第一。昆明的国际知名度、美誉度、影响力显著提升。

我们坚持问题导向，全面深化改革，发展活力竞相进发。落实中央顶层设计，围绕发展难点、群众关切，蹄急步稳推进改革，一些重点领域和关键环节改革取得重大成效，形成了全国公共资源交易体制改革的“昆明样本”、基层公共文化服务包的“昆明模式”、户籍制度改革的“昆明做法”、医师多点执业的“昆明实践”、社区治理和服务创新的“昆明探索”。呈贡中小城市综合改革等18项改革任务列为国家级试点。全民参保登记工作经验在全国推广。国企分类监管、薪酬制度、混合所有制改革走在全国前列。政府权责清单向社会公布，行政审批事项进一步减少，审批效率提速63%。

我们狠抓滇池治理，加强污染防治，生态建设成效明显。坚持生态优先，加强环境保护，走好可持续发展道路。全面实施以“六大工程”为主的滇池保护治理工程，以四个层次为主的截污治污系统基本建成，河道综合整治成效明显，牛栏江—滇池补水工程建成通水，实现了“与湖争水”向“还水于湖”的历史性转变，滇池由重度富营养转变为中度富营养，滇池水质企稳向好。滇池湖滨3 600公顷“中国最美湿地”扮靓春城。森林覆盖率达50.55%，成为“国家园林城市”“国家森林城市”。主城区空气质量优良率保持在95%以上，“春城绿”“昆明蓝”已成为城市靓丽名片。

我们着力补齐短板，加大惠民力度，群众福祉稳步提升。持续加大民生投入，办好惠民实事，一般公共预算支出的70%以上用于民生。城乡居民收入年均分别增长11.5%和13.7%，高于经济增速，收入比从3.3∶1缩小到2.93∶1。举全市之力打好脱贫攻坚战，23万贫困群众摆脱贫困，贫困发生率从15.2%下降到3.75%。累计新增城镇就业75万人、农村劳动力转移就业135万人次。学前三年教育基本普及，义务教育均衡化加快发展，民办教育突破发展。四级公共文化场所和服务项目全部免费开放。覆盖城乡的公共医疗卫生体系基本建立。统筹城乡居民的基本医疗保险制度、大病保险制度、基本养老保险制度实现全覆盖。解决了105万住房困难人员的住房问题，城镇住房保障率高于全国平均水平。军民融合发展，连续保持“全国双拥模范城”荣誉。社会治安防控体系建设持续加强，安全生产、食品药品监管体系不断健全，社会大局保持和谐稳定。

我们加快转变职能，持续改进作风，服务环境逐步改善。坚持依法行政、从严治政、廉洁勤政，政府自身建设不断加强。依法接受市人大及其常委会的法律监督和工作监督，主动接受市政协的民主监督，积极接受社会监督。累计提请市人大常委会审议制定18件、修订20件、废止3件地方性法规，累计办理人大代表建议1 837件、政协提案2 867件，制定修订政府规章34件。持之以恒纠正“四风”，深入践行忠诚干净担当。“政府提效率，企业增效益”活动深入开展。加强行政监察、审计监督，严肃查处违纪违法行为，一批腐败分子受到严惩。民族宗教、防震减灾、档案史志、港澳台侨、社会救助等事业取得新进步。

各位代表！奋斗充满艰辛，成绩来之不易，这是党中央国务院亲切关怀的结果，是省委省政府和市委坚强领导的结果，是全市干部群众团结奋斗的结果。在此，我代表市人民政府，向全市各族人民，向市人大代表和政协委员，向各民主党派、工商联、无党派人士、各人民团体和社会各界人士，向中央驻昆单位和省级各部门，向驻昆解放军和武警部队官兵，向关心支持昆明发展的各界友人，表示衷心的感谢和崇高的敬意！

在充分肯定成绩的同时，我们也清醒地认识到，昆明的经济社会发展还存在许多困难和问题，主要表现在：一是经济总量不大，发展速度不快，创新能力不强，与一些省会城市相比，工业投资占比较小，新兴产业发展滞后，经济总量差距持续拉大。二是城市规划水平不高，重形式轻内涵、重编制轻执行，城市建设缺乏统筹谋划、功能布局不合理、特色不鲜明，基础设施欠账较多，城市管理较为粗放，数字化管理、精细化管理水平不高，交通拥堵等问题突出，马路市场、乱搭乱建等现象依然存在，一些市民的文明素质有待进一步提高，创建全国文明城市工作仍有较大差距。区域发展不平衡，城乡发展差距大，资源环境约束趋紧，滇池保护治理任重道远。三是政务服务环境有待进一步优化，功能和流程不完善，行政审批尚未真正实现并联审批，“互联网+政务服务”推进缓慢，企业、群众办事难的问题仍然突出。四是社会事业发展滞后，公共服务供给总量不足，脱贫攻坚任务艰巨，改善民生面临新的挑战。社会治理水平不高，群防群治工作薄弱，社会矛盾多发，维护社会安全稳定压力较大。

特别是作风建设还有差距，政府自身建设仍需大力加强。有的干部争先进位意识淡薄，创新意识不强。有的干部不作为慢作为不会为，“推、拖、滑、绕、躲”等现象依然突出，不愿担当、不敢担当，抓落实不力。有的干部法治意识不强，运用法治思维和法治方式管理经济社会事务水平不高。有的干部纪律意识、规矩意识不强，“四风”问题禁而不绝，一些领域腐败问题时有发生。对此，我们必须高度重视，直面问题，认真整改，欢迎人大代表、政协委员监督，全力以赴做好政府工作，不负人民重托。

二、今后五年的基本思路和目标任务

今后五年是昆明在全省率先全面建成小康社会决战决胜的关键时期。习近平总书记考察云南重要讲话，为昆明发展提供了根本遵循和行动指南。李克强总理到云南考察，对昆明工作作出重要指示。省委、省政府要求昆明当好全省经济社会发展排头兵、火车头。市第十一次党代会绘制了建设立足西南、面向全国、辐射南亚东南亚的区域性国际中心城市的宏伟蓝图。我们必须牢记使命，勇于担当，砥砺奋进，努力把宏伟蓝图变成美好现实，谱写昆明跨越发展的新篇章。

今后五年政府工作的指导思想是：高举中国特色社会主义伟大旗帜，以邓小平理论、“三个代表”重要思想和科学发展观为指导，深入贯彻习近平总书记系列重要讲话和考察云南重要讲话精神，坚持“五位一体”总体布局和“四个全面”战略布局，贯彻创新、协调、绿色、开放、共享“五大发展理念”，主动服务和融入国家发展战略，当好云南经济社会发展的排头兵和火车头，在全省率先全面建成小康社会，加快建设立足西南、面向全国、辐射南亚东南亚的区域性国际中心城市。

今后五年经济社会发展主要目标是：到2021年，全市地区生产总值达到7 000亿元以上，城镇常住居民人均可支配收入年均增长9%，农村常住居民人均可支配收入年均增长10%。确保2020年以前，全市贫困人口全面脱贫，在全省率先全面建成小康社会。通过五年的努力，全市开放程度明显提高，综合实力明显增强，区域引领、带动和辐射作用明显提升，为建设区域性国际中心城市奠定坚实基础。

为实现上述目标，我们要紧紧围绕市委提出的“打造一个枢纽、当好两个龙头、搭建三个平台、建设四个中心、提升五个品牌”的战略部署，重点抓好七个方面的工作。

一是加快建设区域性国际经济贸易中心和金融服务中心，当好全省发展的火车头。坚持进位争先、跨越发展，推进“188”重点产业发展，在全省的经济首位度提升到三分之一，在全国省会城市排名只进不退。实施“4+4”工业转型升级行动计划，构建工业发展新体系，打造国家先进制造业基地。加快发展大健康、大旅游、大文创产业，打造中国健康之城、国际旅游城市、西部最具竞争力的文化创意之都。做大做强跨境人民币结算业务，提升金融服务能力。积极发展大数据、大服务，推动服务业扩量增质，建设面向南亚东南亚的现代服务业高地。大力发展高原都市现代农业，走出一条市场开放、产出高效、产品安全、资源节约、环境友好的高原都市现代农业发展道路。

二是加快建设区域性科技创新中心，当好全省创新驱动的新引擎。加快科技创新，扩大科技开放，对接国际国内创新资源，推动双创蓬勃发展，促进产业链、创新链、人才链、资金链、政策链集聚，创建高新区国家自主创新示范区，建设国家创新型城市。依托产业集聚人才，创新机制培养人才，优化环境留住人才，打造全省人才集聚新高地。深化供给侧结构性改革，推动重点领域和关键环节改革取得突破，构建有利于加快发展的体制机制，在全省全面深化改革中发挥引领示范作用。

三是加快建设西南开放门户，打造面向南亚东南亚的开放新高地。主动服务和融入“一带一路”、长江经济带国家战略，构建对内对外开放新格局，当好引领云南和我国西南地区与南亚东南亚开放合作的龙头。深化与南亚东南亚地区经济、社会、文化交流，密切与京津冀、长三角、珠三角、成渝等重点区域合作。辐射带动滇中城市经济圈一体化发展，逐步形成“昆明服务+周边制造”模式。深入推进与滇中新区融合发展，共同打造全省重要的经济增长极。加快昆明综合保税区等开放功能区建设，加强国际友城务实交流合作，提升南博会等重大展会功能。积极构建区域性公共事务平台、商务活动平台、协调联动平台，提升昆明在我国与周边国家交往合作中的地位和影响。

四是加快建设区域性国际综合枢纽，打造和谐宜居的现代化城市。坚持量水发展、以水定城，统筹城市核心区、功能拓展区、生态涵养区协同发展，构建“两核一极两区六廊”城市格局。打好“五网”建设五年大会战，高速公路通车总里程超过1 000公里，实现市内县县通高速、滇中城市双高速。建成地铁1至6号线和9号线，运营里程超过236公里，力争实现250公里，地铁网络基本形成。建设长水机场综合交通枢纽，推动通用航空产业综合示范区发展，打造国际航空都会。统筹建设油气管网、输配电网络，形成跨区域能源枢纽。推进“云上云”行动计划，完善信息基础设施，建成区域性国际通信枢纽。构建以滇中引水为骨干、中小型水源工程为支撑、水系连通工程为纽带的供水安全保障网。加强城市管理和服务体系智能化建设，提升城市治理水平。

五是加快建设区域性人文交流中心，彰显历史文化名城魅力。实施文化品牌战略，加快文化产业转型升级，大力发展广播影视、数字创意、云媒体服务等新业态，推动文化创意产业与旅游度假、会展博览等产业融合。加大历史文化名城保护力度，加强非物质文化遗产保护传承。健全现代公共文化服务体系，推进文化馆、图书馆、博物馆、体育馆、科技馆建设。提高市民文明素质和城市文明程度，争创全国文明城市。加大城市推介力度，提升文化影响力。

六是加快建设世界春城花都，打造宜居宜业的魅力家园。大力开展城乡园林绿化，深入实施植树造林、退耕还林、天然林保护工程，加强“五采区”、石漠化和水土流失区域生态治理，全面实施大气、土壤、水污染防治行动计划，实现生态环境明显改善。滇池保护治理取得突破，外海水质稳定达到Ⅳ类，草海水质稳定达到Ⅴ类，湖体富营养水平明显降低。深入开展生态修复城市修补工作和“四治三改一拆一增”“七改三清”环境整治，改善城乡人居环境。争创国家生态园林城市、中国人居环境奖、国家环保模范城市及国家生态文明建设示范区。

七是加快推进城乡统筹发展，持续提升人民群众获得感幸福感。加大对贫困人口和贫困区域的扶持力度，贫困县区如期脱贫摘帽。建立增收脱贫长效机制，确保脱帽不脱政策、脱贫不脱帮扶，巩固脱贫攻坚成效。全面改善农村生产生活条件，自然村公路通达率达到100%，城乡公交覆盖率达到100%。实施更加积极的就业创业政策，年均新增城镇就业10万人以上。织密社会保障网，建立城乡一体的社会保障体系。依法推进公益和慈善事业健康发展。健全住房保障制度，新就业职工住房困难问题得到有效缓解，外来务工人员居住条件得到明显改善。努力办好公平普惠、优质多样、充满活力、人民满意的教育，构建与区域性国际中心城市相匹配的教育体系。坚持健康让生活更幸福的理念，加快建设中国昆明大健康产业示范区，力争综合医疗水平达到西部一流。推动民族地区加快发展，成为民族团结进步示范区建设的引领和标杆。

三、2017年的主要工作

今年是全面贯彻落实省第十次党代会、市第十一次党代会精神，开启建设区域性国际中心城市新征程的关键一年。我们要按照中央经济工作会、省委十届二次全会、市委十一届二次全会的安排部署，坚持稳中求进、进中求快、快中求好，以推进供给侧结构性改革为主线，以“发展动能转换、主导产业培育、城乡品质提升、民生福祉增进、软硬环境优化、美好家园共建”六大行动为抓手，持续改进作风，狠抓工作落实，奋力推动区域性国际中心城市建设迈出坚实步伐。

今年经济社会发展主要预期目标建议为：地区生产总值增长9%左右，一般公共预算收入增长5%以上，规模以上固定资产投资增长12%，社会消费品零售总额增长12%，城镇和农村常住居民人均可支配收入分别增长8.5%和9.5%，居民消费价格涨幅控制在3%左右，城镇登记失业率控制在4%以内，人口自然增长率控制在7.2‰以内，完成省下达的节能减排目标任务。

围绕上述目标，应重点抓好以下十个方面的工作。

（一）打好工业经济攻坚战，大力振兴实体经济

坚决稳住存量。全力支持云铜、云冶、昆钢等优势企业优化产品结构，确保有色冶金行业增长7%。支持和鼓励磷复肥生产企业产品向专用肥、特种肥方向发展，确保化工行业增长5%。抓好烟叶复烤企业生产调度，力争烟叶复烤行业增长10%，确保烟草行业增速与2016年持平。

积极扩大增量。新增52户新建投产入规企业，培育80户小升规企业，抓好50个以上新建项目投产并形成增量，确保中石油云南炼油项目上半年投产。实施100项重点技改项目、100项重点工业和信息化投资项目，完成工业投资664亿元。加快以食品、饮料、农特产品等为重点的非烟轻工产业转型，确保增长17%以上。推动昆明新能源汽车工程技术中心、东风云汽搬迁技改项目建设，支持3D打印、高端数控机床等智能制造装备发展，装备工业增长15%。

夯实园区载体。强化工业园区基础设施建设，完成基础设施投资120亿元。支持工业园区引入国内外战略投资者、专业化园区运营商合作办园。提高园区发展质量，加大招商履约率落地率、税收对财政贡献率、规模工业增加值占比、新增工业项目投入产出等指标的考核力度。支持园区管理模式改革，激发园区活力。力争园区规模以上工业增加值增长8.5%。

实施精准帮扶。市领导结对帮扶100户重点企业，建立市、县两级联动机制，降低企业停产减产面。扩大市级工业引导基金规模，形成不低于10亿元的资金池，采取“债权+股权”等方式，滚动扶持企业发展。用好小微企业应急贷款周转资金，支持小微企业按时还贷、续贷。完善项目审批绿色通道制度，强化用地保障，降低工业用地成本。新增规模以上工业企业60户，确保规模以上工业增加值增长7%以上。

（二）打好服务经济攻坚战，推动服务业提质增效

着力发展大健康大旅游大文创大数据。抓好大健康产业发展规划组织实施，积极推进部省市共建“中国昆明大健康产业示范区”，加快宝相健康产业园等重点项目建设，确保大健康产业增加值增长15%。深入推进全域旅游，开发高铁旅游产品，加强智慧旅游基础建设。5月中旬开工建设万达文化旅游城和昆明未来城项目，总投资600亿元以上，古滇文化旅游名城项目力争完成投资100亿元，推动环滇池旅游文化健康项目陆续开工。抓好轿子山风景区等68个项目，推进石林国家全域旅游示范县建设，提升世博园、民族村等景区品质，重拳整治旅游市场秩序，确保旅游总收入增长30%。深入实施文化建设和产业发展“510工程”，推进国家文化消费试点城市建设，抓好春雨路沿线老旧厂区转型等项目，确保文化创意产业增加值增长15%。深入推进“云上云”行动计划，加快呈贡信息产业园、中关村电子城（昆明）科技产业园等重点项目建设，确保浪潮云计算产业园投入运行，启动“云上小镇”二期三期建设，确保信息产业规模突破200亿元。

加快服务业载体建设。完善商业网点布局，推进老螺蛳湾片区、东风广场中央商务区等商业集聚区开发，推动电子商务进农村、进社区。分类推进商品交易市场疏解，完成明波家具市场、东聚五金机电建材城等18个市场搬迁，合理布局农贸市场。推动在昆设立人民币对非主要国际储备货币外汇交易中心，组建昆明农商银行。加快呈贡新区、巫家坝片区、北京路沿线等总部楼宇集聚区建设，争取一批国内外合作机构、企业总部、科研机构落户昆明。

创新服务业发展机制。建立“十三五”服务业综合改革试点推进机制，细化落实试点方案，确保按期完成试点任务。加大对服务业的支持力度，整合财政扶持资金，设立服务业发展引导资金，放宽市场准入，落实税收、价格等优惠政策，强化土地、人才等要素保障，为服务业发展营造良好环境，提升“昆明服务”品牌影响力。

（三）突出项目支撑，着力扩大有效投资

强化招商引资。把招商引资作为跨越发展的重中之重、政府工作的第一要事，解决好拿什么招商、招什么样的商、谁来招商、如何招商等问题。落实招商引资奖励政策，注重精准招商、以商招商、中介招商、产业链招商，瞄准世界500强、中国500强，争取引进一批大企业、大项目，确保引进市外到位资金1 000亿元以上，实际利用外资8亿美元以上。

突出项目带动。抓好项目前期工作，跟踪对接国家和省产业政策和投资方向，充实完善三年滚动投资计划，形成5 000亿元投资规模的项目库，建成PPP项目申报动态储备库。充分利用昆明合作基金、产业发展基金、以购代建基金，继续安排25亿元“五网”建设专项资金，积极争取中央预算内投资项目资金、国家专项建设基金、省重点项目投资基金等资金支持。加强前三批鼓励社会资本投资项目跟踪管理，发布第四批项目，吸引社会资本加大投入。以产业转型、基础设施、公共服务等为重点，实施市级重点项目325个。落实好国家和省稳定房地产市场的各项政策，确保房地产投资完成1 650亿元以上、增长8%以上。

推动项目落地。优化项目审批流程，提高项目审批效率。完善投资包保责任制、项目会办制、现场办公制等制度，有效破解项目建设难题，合理布局项目新增建设用地，依法加快土地出让，抓好纳入省“四个一百”、市级重点项目建设。制定项目开工年度计划，以开工时限倒逼前期工作，力争计划新开工项目在三季度前全部开工。

（四）打好脱贫攻坚战，提升城乡协调发展水平

深入实施精准扶贫精准脱贫。按照脱贫攻坚高质量、增收可持续的要求，认真开展“挂包帮”“转走访”，落实好“七个一批”工作举措，整体推进贫困地区脱贫攻坚，完成2.1万户农村危房改造和抗震安居工程建设，启动实施易地搬迁4 111户、宜居农房建设3万户以上。计划寻甸县退出贫困县名单、6个贫困乡和67个贫困村出列、6万建档立卡贫困人口脱贫。

加快发展高原都市现代农业。推进农业供给侧结构性改革，稳定粮食生产，保障菜篮子供应，提升畜牧、烤烟、中药材等优势特色产业发展质量，增加绿色优质农产品供给。支持组建“云花集团”，做大做强“云花”产业。新建宜良冬林苑等8座以上都市农庄，建设马金铺现代农业示范园等5个以上农业园区。扶持发展农民专业合作经济组织15个，实现农业龙头企业销售收入640亿元以上。

加速新型城镇化建设。深入推进呈贡区国家中小城市综合改革试点，完成安宁、东川、宜良统筹城乡发展试点工作。新增城镇户籍人口10万人，户籍人口城镇化率达到65%。启动农村公路硬化工程800公里以上、永久性保留自然村公路路基改建工程500公里以上。新建气象公共信息电子显示屏600块，覆盖所有乡镇、行政村和60%以上自然村。完成200个美丽宜居乡村建设任务，推进80个左右美丽宜居乡村省级重点村建设，争取20个村列入国家级传统村落名录、20个村进入省级示范村名录，创建2个民族团结进步示范乡镇、5个民族团结进步示范村（社区），建成18个特色小镇和历史文化名镇。

（五）更加注重改革开放，增强发展活力

推动供给侧结构性改革。积极稳妥去产能，完成国家和省下达的去产能目标任务，巩固钢铁、煤炭去产能成果。更多运用市场化、法治化手段，推动企业兼并重组、破产清算、调整产品结构，有效处置“僵尸企业”。发展租赁市场，激发外来购房需求，有序化解商品房库存，销售面积超过1 200万平方米。严格政府债务余额限额管理，加大债务置换力度，优化债务期限结构，降低融资成本。深入开展降低企业成本行动，力争全年电力用户市场化交易电量超过200亿千瓦时，为昆明企业节约用电成本30亿元以上。安排1 000万元专项补助资金，对重点企业给予物流运费补助。落实减税降费政策，进一步降低生产要素和制度性交易成本，符合条件的工业项目免缴坝区耕地质量补偿费。聚焦基础设施、公共服务、脱贫攻坚、生态环境等领域，加大投入，补齐短板，满足群众多样化需求。

深化重点领域和关键环节改革。深化国有企业改革，推进市政公用企业健康发展，完善投融资公司资本布局，明确管理服务类企业功能定位，转变产业类企业发展方式，推动国有资本证券化、企业股权多元化，稳步发展混合所有制经济。深化财税体制改革，实施新一轮市对县财政管理体制，探索在县区实行国地税联合办税工作机制。基本完成农村土地承包经营权确权登记颁证工作，抓好农村土地所有权承包权经营权“三权分置”改革。加快国家集体林业综合改革试验示范区建设，完成国有林场改革任务。推进农业水价综合改革。

积极扩大对外开放。确保昆明综合保税区封关运行，高新保税物流中心、腾俊国际陆港保税物流中心通过封关验收。统筹推进铁路口岸规划与申报、跨境电商综合试验区创建、省级服务外包示范城市争创等工作。落实进出口贸易政策，实现进出口贸易总额增长10%以上。新缔结国际友城1座，新增1个国家在昆设立签证中心，争取澜湄旅游城市合作联盟及中国—上合组织青年交流中心落户昆明。配合省办好“2017商洽会”、国际旅交会。

推动创业创新。开展科技创新要素集聚和科技创新产业培育工程，组织开展重点科技创新项目100项。实施科技创新平台倍增计划，新增重点实验室8个、工程技术研究中心15个、院士工作站5个、产业技术创新战略联盟6个，新增各级企业技术中心30家以上。新增高新技术企业80家。深入推进小微企业创业创新基地城市示范建设，创建2个新型双创孵化园，科技企业孵化器新增面积50万平方米。实施科技服务业发展倍增计划，培育300个、引进30个科技服务机构。开展质量提升行动，加强全面质量管理，创建成为全国质量强市示范城市。全面落实促进民营企业发展、民间投资扩大的政策措施，加强民营企业合法权益保护，推动民营企业梯队成长，提振民营企业发展信心。

（六）打好“五网”建设大会战，强化基础支撑

推进综合交通建设。加快福宜、寻沾、武倘寻等16个高速公路项目建设，绕城高速宜良至澄江段建成试通车，昆明至玉溪率先实现双高速。完成鸣泉收费站外迁工程，实现昆玉高速主城至马金铺免费通行。启动建设金马路延长线等102条城市道路，开工建设古滇路官渡段、昆武高速入城段等城市地下综合管廊。加快地铁4、5、9号线等11个在建项目建设，确保3号线、6号线一期投入运行，形成“十字”主干线网。配合做好渝昆高铁开工建设，完成昆明南站配套设施收尾工作。启动建设长水机场综合交通枢纽，全力支持第二航站楼建设。

推进能源和信息基础设施建设。建设19个充电站、2 400个充电桩。全面完成主城区天然气置换，启动燃气下乡工作，加快富民、石林天然气支线建设。加强智慧城市基础设施建设，启动智慧交通、城市一卡通、平安城市、智慧治理等领域的建设。加快无线网络建设，实现全市4G网络城乡全覆盖。推进城市老旧小区、商业建筑光纤入户改造提升。

推进水利工程建设。加快柴石滩水库大型灌区工程建设，完成年度投资7亿元。全力推进6件中型水源工程建设，确保海马箐、真金万水库灌区工程完工。实施大平滩等14件小型水源工程。新建核桃箐等6件重点水源工程。启动10万人农村饮水安全巩固提升工程，建设五小水利工程3万件。

（七）打好城乡人居环境建设攻坚战，努力提升宜居品质

强化规划引领。开展新一轮城市总体规划修编准备工作，完成《昆明2050城市发展战略规划》、“1+2+X”综合交通枢纽规划等重点规划编制，全面推进县区“多规合一”工作。编制昆明市城市设计导则，指导全市城市设计工作。加强城市天际线、生态红线保护，突出城市片区功能定位。确保昆明规划馆新馆建成。

加快重点片区建设。实施翠湖周边提升改造，推进草海、巫家坝、官渡文化生态新城、滇池国际会展中心等重点片区开发建设。提速呈贡新区建设，加快完善新区路网，聚集新区人气、商气。制定支持晋宁撤县设区后的发展政策，推动晋宁区尽快融入主城。加强历史文化街区、文物古迹、古镇名村保护修复与合理利用，推动云南陆军讲武堂、胡志明旧居等文物保护利用，延续城市历史文脉。

提升人居环境质量。强力推进生态修复城市修补和城乡“四治三改一拆一增”，分类推进城中村改造，实施54个旧住宅区、16个旧厂区改造。依法拆除违法违规建筑，完成465万平方米治理任务。完成广福路等39条主要城市道路景观提升改造。推进海绵城市建设，力争列入国家试点。新增城市绿地330.3公顷，实施营造林54万亩。开展第二次污染源普查，整改中央环保督察反馈问题，强化建设工地扬尘管理及机动车污染防治，环境空气质量总体保持优良，守住“昆明蓝”“春城绿”。抓好“七改三清”，加快农村环卫设施建设，开工17个乡镇供水设施项目，县级以上主要集中式饮用水水源地水质达标率达95%，乡镇生活垃圾处理设施覆盖率达到98.9%，78.9%的村庄生活垃圾得到有效治理，每个县区建成1个生活垃圾整治示范乡镇，每个乡镇建成1个生活垃圾整治示范村、卫生户厕示范村、公厕建设示范村。让全市人民群众每年都能看到昆明的新变化、昆明的新进步。

加强城市管理。建立覆盖市、区、街道、社区网格一体化社会治理信息网络。加大“治堵”力度，加快发展智慧交通，优化城市道路交通组织，启动机动车出行诱导系统建设，新增机动车泊位2万个。推进“公交都市”创建，加快构建“快线+普线+支线”公交线网，建设公交专用道17.7公里，中心城区公共交通机动化出行分担率达57%以上。投放公共自行车1.5万辆，规范共享自行车管理，努力解决好市民出行“最先和最后一公里”问题。

加强滇池保护治理。启动十三、十四污水处理厂、新宝象河提升整治等7类滇池治理项目，完成投资33.1亿元以上。全面深化河长制，加大不达标河道综合治理力度，加强支次沟渠综合治理，推行河道生态补偿机制，消除滇池流域河道黑臭现象。实施主城污水处理厂水质提升提标，完善环湖截污东岸、南岸配套收集系统及集镇污水处理站配套管网系统，新建2座容量为3.8万立方米的雨污水调蓄池。

（八）提升基本公共服务水平，持续增进民生福祉

做好就业服务。实施好高校毕业生就业创业促进计划、鼓励农民工返乡创业三年行动计划，做好化解过剩产能行业的职工安置工作。新增城镇就业10万人以上，困难高校毕业生就业率保持100%。开展城乡劳动力职业技能培训3万人。完成农村劳动力转移培训15万人次、转移就业13万人次。

完善社会保障体系。深化医保支付方式改革，开展生育保险和职工基本医疗保险合并试点，扩大城镇职工和城乡居民社会保险覆盖面，各项社会保险参保新增10万人，参保覆盖率保持在96%以上。加大城乡低保、特困人员供养、医疗救助和临时救助力度，做到应保尽保。基本建成城镇保障性安居工程2.1万套，解决5.6万人的住房困难问题。启动建设社区居家养老服务中心30个、民办养老机构4个，新增各类养老床位3 000张。

推进公共服务均等化。统筹推进城乡义务教育一体化发展，东川、呈贡、宜良、嵩明、禄劝、寻甸6个县区实现义务教育均衡发展目标。推进名校、名师、名校长“三名”工程建设，引进清华附中、北京八十中、黄冈中学等7所名校到昆明办学，筹办好昆明西南联大研究院附属学校。完善农村留守儿童关爱服务体系，实现符合寄宿规定的农村留守儿童学生80%在校寄宿，初中100%在校寄宿。完善昆明公共文化服务包内容，加大公共文化体育基础设施建设力度，推进县级“五馆”及基层综合性文化服务中心建设。实施贫困地区5 000户直播卫星户户通工程。推进农村公共体育基础设施建设，实现城乡体育设施全覆盖，办好第十三届世界龙舟锦标赛、市第十一届少数民族传统体育运动会。完成10个乡镇卫生院标准化建设。推进分级诊疗制度建设，推动医疗资源下沉基层，社区卫生服务机构家庭医生服务签约率达到30%。实施基层中医药服务能力提升工程和中医药发展行动计划、“关爱妇女儿童健康行动”，推进流动人口基本卫生计生均等化服务，加快建设国家医养结合试点城市。

维护社会和谐稳定。加大群防群治工作力度，集中开展打击盗抢骗、电信网络犯罪、涉车犯罪等专项行动，深化反恐、禁毒、防艾等工作，严厉打击校园欺凌、暴力等违法犯罪行为。夯实社区基础治理，完善矛盾纠纷多元化调处机制，压实信访责任，加大信访积案排查化解力度，有序解决群众合法诉求。在主城区50%以上的农贸市场规范配置公平秤，维护市场秩序。大力清理整顿市场环境，让市民满意。进一步夯实安全生产基础，强化企业主体责任，坚决防范遏制重特大事故发生。深入践行社会主义核心价值观，全面推进全国文明城市创建工作。争创国家食品安全示范城市。依法管理宗教事务，促进民族团结进步。推动军民融合深度发展，做好双拥共建工作，支持驻昆部队改革建设。

坚持民生为要，继续办好10件惠民实事。

（九）推动市区融合发展，加速打造全省增长极

完善融合发展机制。建立完善与滇中新区的重大项目推进、投资分析联报、信息沟通等工作机制。强化规划引领，加快推进与新区各专项规划的无缝对接。创新社会治理，统筹做好新区的教育卫生、就业社保、综治维稳等工作，促进新区社会和谐。加快构建与新区差别竞争、错位发展、互促互进的发展新格局。

共同推动项目建设。全方位对接新区基础设施和产业发展，合力推进嵩昆路、哨关路、机场北高速、武易高速和轨道交通等重大项目建设，推动基础设施互联互通、共建共享。举全市和新区之力，合力推进先进装备制造、汽车产业园、浙商产业园等重大项目，着力打造市区融合发展的精品工程、示范项目。

（十）全面加强政府自身建设，更好为人民服务

依法行政，接受监督。把法治理念贯穿政府工作全过程，严格按照法定权限和程序用权履责。自觉接受市人大及其常委会法律监督、工作监督和市政协民主监督，认真执行重大事项向市人大常委会报告制度，切实做好人大常委会审议意见、人大代表建议和政协提案办理工作。提高政府规章立法质量，依法做好政府规章和规范性文件备案工作。完善落实法律顾问制度。持续推进行政执法体制机制改革，推动跨部门、跨行业综合执法，解决多头执法、重复检查问题，形成部门联合、随机抽查、按标监管的一次到位机制。落实行政执法责任制，推行行政执法公示制度。

优质服务，提升效能。按照群众和企业到政府办事“最多跑一次”的理念和目标，构建一流发展软环境，不达目的不罢休。从与企业和人民群众生产生活关系最紧密的领域和事项做起，分批制定“最多跑一次”事项，成熟一批公布一批，逐步实现全覆盖。推进市县政务服务中心“一窗受理、集成服务”改革，实行前台综合受理、后台分类审批、统一窗口出件，避免群众和企业在不同部门之间来回奔波，大力降低制度性交易成本。推进“互联网+政务服务+公共资源交易+综合监管”，全面实现便民服务事项“在线咨询、网上办理、证照快递送达”的“零上门”。加快“昆明政务服务”移动客户端建设，推动更多审批事项和便民服务通过互联网办理。继续精减行政事业收费，加快形成覆盖行政许可、行政处罚、行政征收、行政裁决、行政服务等领域的“一次办结”机制。继续削减行政许可事项，推进政府核准投资项目目录“瘦身”。充分发挥昆明投资服务中心作用，全面实行招商引资项目审批手续全程代办。优化政务服务环境第三方评价指标，拓展评价对象范围，运用好评价结果。加快构建“亲”“清”新型政商关系，健全“政商直通车”机制，积极主动为企业提供“保姆式、大棚式”服务，当好高效“服务员”。

从严治政，保持清廉。牢固树立政治意识、大局意识、核心意识、看齐意识，在思想上政治上行动上始终同以习近平同志为核心的党中央保持高度一致，把党中央国务院、省委省政府和市委各项决策部署落到实处。强化责任担当，营造良好干事创业氛围，建立容错纠错机制，激励想干事的人，保护敢做事的人。严格落实党风廉政建设主体责任和“一岗双责”，强化行政监察和审计监督，坚决惩治公共资源交易、扶贫攻坚、矿产资源、土地出让等重要领域违法违规行为。严格财经纪律，严控“三公”经费，把每一分钱都花在刀刃上，用政府的“紧日子”换取群众和企业的“好日子”。

各位代表！我们骄傲地拥有“昆明蓝”，要同心同德、齐心协力，创造昆明跨越发展的春天。让我们更加紧密地团结在以习近平同志为核心的党中央周围，在省委、省政府和市委的坚强领导下，撸起袖子加油干，凝心聚力抓落实，为在全省率先全面建成小康社会，为把昆明加快建设成为区域性国际中心城市而努力奋斗，以优异成绩迎接党的十九大胜利召开！

昆明市人民代表大会常务委员会工作报告

——2017年3月21日在昆明市第十四届人民代表大会第一次会议上

拉玛·兴高

各位代表：

我受昆明市第十三届人大常委会的委托，向大会报告工作，请予审议。

六年工作回顾

根据云南省第十二届人大常委会第二十二次会议决定，昆明市人民代表大会的换届选举，由2016年调整到2017年进行。

2011年1月，市十三届人大常委会依法选举产生以来，在中共昆明市委的坚强领导下，全面贯彻党的十八大和十八届三中、四中、五中、六中全会精神以及习近平总书记系列重要讲话和考察云南重要讲话精神，始终坚持党的领导、人民当家做主和依法治国有机统一，紧紧围绕省市委决策部署和全市中心工作，不忘初心，依法履职，为推动全市改革发展稳定，在全省率先全面建成小康社会，加快建设区域性国际中心城市做出了积极贡献。

过去的六年，常委会重特色、提质量，立法工作稳步前行。认真贯彻立法法，深入开展立法调研，科学优选立法项目，不断提高立法质量，制定了一批有效管用、具有昆明特色的地方性法规，共制定法规18件，修订20件，废止3件。围绕全市经济社会发展，制定发展规划、会展业促进、就业促进、知识产权促进与保护、节约能源、再生资源回收管理、滇池国家旅游度假区条例，修订高新技术产业开发区、经济技术开发区、旅游业监察等条例，有效发挥了法规对经济社会发展的引领推动作用。围绕城乡规划、建设和管理，制定城市管理综合行政执法、城市地下管线管理、城市轨道交通管理、公共汽车客运、消防、雷电灾害防御条例，修订道路交通安全、燃气管理、城市市容和环境卫生管理等条例，为提升城市治理能力和水平奠定了法治基础。围绕生态环境保护，制定清水海保护条例，修订城镇绿化、机动车排气污染防治等条例，筑牢我市持续发展生态基础。围绕保障和改善民生，制定学校安全、中小学生体质健康促进、民办教育促进、保障残疾人合法权益条例，为人民共享发展成果做出制度安排。围绕民族文化传承和保护，积极加强对民族自治县民族立法工作的指导，制定民族自治县立法工作指导办法，及时协调解决《云南省石林彝族自治县石林喀斯特世界自然遗产地保护条例》和《云南省禄劝彝族苗族自治县文化遗产保护条例》在立法工作中出现的困难和问题，确保两个单行条例顺利完成和推进。围绕推进法治政府建设，认真组织开展人工影响天气管理办法、环滇池生态区保护规定、城乡规划管理技术规定等38件政府规范性文件的备案审查，保障政府规范性文件不与现行法律、法规相抵触，公民、法人和其他组织的合法权益不受侵害。

立法工作中，常委会始终坚持“不抵触、有特色、可操作”的原则，健全市委领导、人大主导、政府协同、各方配合、公众参与的立法工作机制，依法立法、科学立法、民主立法。一是积极发挥常委会立法主导作用，科学编制立法规划和立法计划，严把法规立项关。二是紧紧把握立法前调研、立法中论证、立法后评价等关键环节，加强对涉及复杂利益关系立法问题的协调，确保法规内容科学合理，切实防止部门利益法制化。三是注重发挥代表在立法中的作用，借助立法专家库智囊优势，广泛听取各方意见，不断扩大人民群众立法参与度，提高立法决策的科学性、民主性。四是坚持“立、改、废”并重，及时修订或者废止与上位法不相一致的法规，切实维护国家法制统一。

过去的六年，常委会抓重点、促发展，监督工作卓有成效。认真贯彻监督法，紧紧围绕市委中心工作和全市发展大局，综合施策，精准发力，切实加大对市委重大决策部署贯彻落实、全市重点工作任务推进和社会民生事业改善的监督力度，确保监督工作更有针对性、更具实效性。共听取和审议“一府两院”专项工作报告48次，开展执法检查21次，开展专题询问5次，组织工作视察和专题调研251次。听取和审议专项工作报告，对“十二五”规划纲要中期评估、政府年度预算管理、城市轨道交通建设、文化发展繁荣、生态湿地建设、“一府两院”依法行政、公正司法等方面的专项工作提出审议意见，督促有关方面改进工作；组织开展执法检查，对民族区域自治法、归侨侨眷权益保护法、道路交通安全条例、农村扶贫开发条例、城镇绿化条例等法律法规的执行情况提出审议意见，督促政府研究解决有关问题，努力确保法律法规在市域范围内得到有效施行；组织开展工作视察，对事关全市经济社会发展和人民群众关心关注的城市管理、社会保障、工业发展、园区建设、招商引资、供给侧改革、就学就医就业等方面的重点工作持续开展跟踪监督，推动市委决策部署和人代会确定的目标任务顺利完成；组织开展专题询问，对通村公路硬化、学前教育、城市管理、滇池治理、脱贫攻坚等涉及民生的重大工作开展专题询问，督促政府加大工作力度，促进经济社会发展和民生改善。组织开展司法监督，对市“两院”审判工作、执行工作、刑罚执行监督、查办预防职务犯罪、执法规范化建设和司法改革试点等工作进行调研视察，督促市“两院”公正司法，促进社会公平正义。

监督工作中，常委会紧扣经济发展和社会民生，突出监督重点，增强监督实效，着力推动热点难点问题的解决。一是聚焦重大项目建设，促进经济社会发展。每年围绕市委确定的重大项目、重大产业、重大基础设施建设、重大招商引资和重大民生工程进展情况，积极组织开展现场视察检查，督促政府及相关部门全力抓好年度目标任务和重点工作的推进落实。二是聚焦滇池综合治理，持续推进生态建设。多次组织部分省市人大代表、省级相关部门领导和专家，对滇池入湖河道水质、环湖截污、环湖生态湿地建设、河道综合治理和水源地保护情况开展集中视察，有力推动截污治污、河道整治、内源治理、生态修复等工作的落实。三是聚焦脱贫攻坚摘帽，着力增加民生福祉。紧紧围绕市委关于禄劝2016年脱贫摘帽和市人大常委会牵头对口帮扶寻甸脱贫攻坚的部署要求，常委会成立扶贫工作领导小组和办公室，多次组织开展执法检查、调研视察，多次召开推进会、协调会和座谈会，督促解决脱贫攻坚中的实际问题，促进市委脱贫攻坚的决策部署得到贯彻落实。积极争取各方扶贫资金，推动贫困村基础设施改善和产业发展。关注少数民族贫困地区教育脱贫，协调推动开办“民族班”“阿诗玛班”，帮助提高乡村教师待遇。邀请北京市朝阳区人大和企业家，组织发动省市人大代表和社会各界力量参与挂钩帮扶。四是聚焦群众关注热点，积极回应社会关切。听取和审议公立医院改革、分级诊疗专项工作报告，专题调研医疗卫生工作，有力推进全市医疗卫生事业健康发展。连续几年对全市食品药品安全工作进行集中视察和专题调研，推动食品药品检验检测机构建设，督促抓好种养殖业、生产加工、销售流通环节监管，加强农村食品安全治理，努力确保人民群众“舌尖上的安全”。五是聚焦全域旅游发展，推动产业转型升级。按照市委“188”重点产业旅游业发展工作部署，建立了由常委会主要领导牵头、班子成员参加的全市旅游重大项目督查工作机制，督促解决旅游产业推进过程中存在的困难和问题，推动全市旅游产业健康发展。先后对五华区翠湖片区、世博新区核心片区、寻甸凤龙湾风景区、宜良九乡风景区、晋宁古滇文化旅游名城、倘甸轿子山和红土地景区、安宁和石林海洋世界等旅游产业发展进行调研督查，督促提升旅游产业高度、探索保护开发途径，推进全域旅游发展。六是聚焦社会综治维稳，推进平安昆明建设。对全市社会治安防控体系、解决群众诉求“四级联动”以及执法规范化工作开展视察，转办督办人民群众来信来访2 645件（人次），努力化解社会矛盾，维护人民群众合法权益，促进社会和谐稳定。

过去的六年，常委会讲规范、议大事，决定任免依法有序。认真贯彻落实党的十八届三中全会关于“健全人大讨论决定重大事项制度”的要求，修订市人大常委会讨论决定重大事项规定，坚持谋全局、议大事，及时对带有全局性、根本性、长远性的重大事项，依法做出相关决议决定，通过法定程序把市委的主张转化为全市人民的共同意志和自觉行动，从制度上保证市委重大决策部署贯彻落实。六年来，共依法做出决议决定70项。做出在全市开展第七个五年法治宣传教育的决议，推进全面依法治市；做出批准市级财政决算、新增政府债务安排、财政专项预算调整及政府债务限额、滇中新区2016年特许经营权转让收入安排及预算调整等决议，保障经济社会发展；做出批准融资用于土地收储、回购配建经适房和廉租房、脱贫攻坚、棚户区改造等决定，推动重大项目建设；做出加快推进雨水、污水和城乡垃圾资源化利用，病险水库除险加固工作的决议，推进昆明生态建设；做出撤销晋宁县设立晋宁区行政区划调整的决议，推动城乡一体化发展；批准授予为中国抗战胜利做出卓越贡献的美国二战老兵及遗属共17人“昆明市荣誉市民”称号，做出与加拿大本拿比市、土耳其安塔利亚市、尼泊尔博克拉市等8个城市建立友好城市的决定，扩大对外交往。

人事任免工作中，常委会始终坚持党管干部与人大依法任免相统一，严格执行任前法律知识考试、任职发言、颁发任命书、宪法宣誓等制度，强化任职人员的宪法意识和法治观念。六年来，共依法任免市级国家机关工作人员652人次，其中任383人次，免269人次，保证了省、市委人事安排的顺利实现和地方国家机关的有序运转。

过去的六年，常委会强服务、谋民利，代表作用充分发挥。认真贯彻执行代表法，充分尊重代表主体地位，通过完善制度机制、搭建活动平台、创新活动主题、强化服务保障，不断加强和改进代表工作，代表知情知政更加全面，履职尽责更加主动，作用发挥更加充分。一是强化代表服务保障。科学制定培训规划和计划，组织开展代表履职培训1 100人次；坚持每年两次向代表通报重大事项和重要工作，邀请79名省人大代表、安排716人次市人大代表列席常委会会议，扩大代表对常委会工作的参与度，保障代表的知情权。二是积极组织代表活动。组织代表开展专题调研、集中视察、持证视察和小组活动434次，提出意见建议1 078条，督促“一府两院”改进工作，代表活动成效更加明显。三是坚持“双联”工作制度。坚持和完善常委会组成人员联系基层代表、代表联系群众“双联”制度，认真收集整理代表和群众意见建议，通过《代表之声》及时上报市委、反馈“一府两院”。四是加大代表建议督办力度。督促政府设立代表建议办理专项资金，建立健全代表议案建议督办机制，切实增强代表建议办理实效。六年来，审议、办理代表议案10件，办结代表建议2 019件，重点建议32件，一大批事关全市发展稳定，社会关注、群众关切的热点难点问题得到有效解决，代表履职成效赢得普遍赞誉和广泛好评。

认真贯彻执行选举法，坚持党的领导，充分发扬民主，严格依法办事，依法有序推进换届选举工作，确保换届选举风清气正。报请市委批转关于做好全市县乡两级人大换届选举工作的实施意见。在全省率先应用云南省人大选举任免系统进行县乡人大换届选举选民登记。建立常委会班子成员联系指导县（市）区人大换届选举工作机制，加强对县乡两级人大换届选举工作的联系指导。依法选举产生市人大代表457名，县区人大代表2 956名，乡镇人大代表3 599名，代表结构更趋合理，素质更为优良。

过去的六年，常委会破难题、拓发展，改革创新成效明显。认真贯彻落实党的十八届三中全会关于“推动人民代表大会制度与时俱进”的要求，努力破解人大工作难题，推进人大工作机制创新。六年来，共完成科学发展决策咨询课题研究39个、民主法治领域人大改革任务30项，取得一批理论成果、制度成果和实践成果。一是创新立法工作机制。制定出台地方立法规划、年度立法计划、法规草案公开征求意见的工作规定，地方立法工作公众意见表达和公众意见采纳情况反馈工作规定，完善立法起草论证协调审议机制的意见，进一步拓展公民有序参与立法途径，积极促进改革决策与立法决策的深度融合；修订完善地方立法专家库管理办法，与省地方立法研究院暨昆明理工大学联合共建昆明市地方立法评估与咨询服务基地，探索委托第三方立法，进一步提高地方立法的科学性、民主性。二是创新监督工作机制。制定专项工作评议办法，制定修订专题询问办法，推进专题询问的规范化、常态化，监督工作取得良好的社会效果；加强预决算审查监督，逐步实现对预算从编制、执行到绩效管理的全过程监督；按照全口径预决算管理和“市区融合发展”的要求，及时将滇中新区财政收支及经济运行情况纳入监督范围；制定审计查出问题整改工作监督办法，2015、2016年连续两年专题听取市人民政府市级预算执行和其他财政收支审计查出问题整改情况的报告，督促抓好审计查出问题的整改。三是创新代表工作机制。制定代表联系群众工作办法、代表视察办法、代表辞职暂行办法、代表履职管理办法，规范代表履职行为，增强代表履职实效；制定省市县三级人大代表联动工作意见，密切三级人大代表间联系，促进各级人大代表联系群众，及时反映群众诉求，推动群众关注问题的解决。四是创新基层人大工作机制。认真贯彻中央、省委关于加强县乡人大工作和建设的文件精神，报请市委制定印发了加强和改进人大工作的实施意见，为新形势下加强全市人大工作提供了重要遵循；指导县（市）区人大设立专门委员会，进一步规范常委会工作机构；积极探索完善街道人大工作机制，制定人大街道工委工作办法，为人大街道工委开展工作提供了制度支撑；指导帮助五华区建立51个人大代表工作站，基层人大工作和建设迈上新台阶。五是创新对外交流合作机制。围绕“一带一路”建设，积极开展对外交往工作，巩固拓展与泰国曼谷市议会及其他国外城市议会的交流与合作；倡议发起建立滇中城市经济圈五州市人大工作合作机制，组织召开合作机制第一次会议，昆明、曲靖、玉溪、楚雄、红河五州市人大常委会共同签订合作备忘录，携手推进五州市人大信息工作平台和立法监督联动机制建设，为滇中城市经济圈一体化发展提供坚强的法制保障和注入新的动力，开启协调、联动、高效、融合发展新篇章。

过去的六年，常委会重学习、强素质，自身建设不断加强。深入贯彻党的十八大以来关于全面从严治党要求，扎实开展党的群众路线教育实践活动、“三严三实”和“忠诚干净担当”专题教育、“两学一做”学习教育，自觉以党的创新理论成果武装头脑、指导工作，常委会依法履职能力和机关服务保障水平明显提高。一是严守党的政治纪律和政治规矩，严格执行中央八项规定精神和廉政准则，深入推进党风廉政建设，坚决反对“四风”，人大机关作风建设取得新成效。二是严格执行常委会议事规则和组成人员守则，坚持重大事项、重大问题集体研究，努力做到科学决策、民主决策，确保权力运行依法务实高效。三是着力加强干部队伍建设，优化常委会和专门委员会组成人员结构，加强人大干部考录遴选、挂职锻炼、交流提拔使用，为常委会履职和人大工作注入生机和活力。四是加强人大宣传信息工作，制定出台关于加强和改进人大宣传信息工作的实施意见，全面加强全市人大系统信息化平台建设，积极开展“互联网+人大工作”，发挥新兴媒体作用，讲好人大故事，传播人大声音，增强人大工作社会影响力。五是大力加强机关文化建设，以开展创先争优和创建文明机关活动为契机，着力促进机关工作提质增效，常委会机关连续获得省级文明单位荣誉称号。

各位代表，六年来的实践，使我们对坚持和完善人民代表大会制度，做好地方人大工作有了更加深切的体会：第一，必须坚持党的领导，保证正确政治方向。只有讲政治、守规矩，切实增强政治意识、大局意识、核心意识、看齐意识，在思想上政治上行动上同党中央保持高度一致，把党的领导贯穿于人大工作的各方面和全过程，才能保证人大工作正确的政治方向。第二，必须坚持围绕中心，服务全市发展大局。只有紧紧围绕中央和省市委重大决策部署，以推动全市经济社会发展和民主法治建设为己任，做到与市委思想同心、目标同向、工作同步，人大工作才能有所作为、大有作为。第三，必须坚持依法履职，严守法定程序要求。只有坚持依法行使职权，正确处理监督与支持的关系，选好角度、掌握尺度、把握力度，既敢于监督又善于监督，人大工作才能更好地体现广大人民群众的共同意志，更加具有凝聚力和权威性。第四，必须坚持联系群众，发挥代表主体作用。只有坚持群众利益至上，密切常委会与代表的联系，完善代表联系群众制度，倾听群众呼声，代表群众意志，维护群众利益，人大工作才能得到全市各族人民的肯定和支持。第五，必须坚持改革创新，加强自身建设。只有不断研究新情况，解决新问题，创新工作方式方法和制度机制，人大工作才能与时俱进，保持强大的生机与活力。

各位代表，过去的六年，是我市民主法治建设扎实推进的六年，是人大工作为昆明经济社会发展做出积极贡献的六年。我们的每一个进步，都是市委正确领导的结果；我们的每一项成绩，都离不开全体市人大代表、常委会组成人员、市人大各专门委员会、常委会各工作机构和机关全体同志的认真履职、辛勤努力，都离不开市人民政府、市中级人民法院、市人民检察院和各县（市）区人大常委会的密切配合、积极协同，更离不开社会各界和全市各族人民的关心帮助、热情支持。在此，我谨代表市十三届人大常委会，向大家表示衷心的感谢和崇高的敬意！

在总结成绩和经验的同时，我们也清醒地看到，常委会工作还存在一些差距和不足，主要是：地方立法的针对性和有效性还需进一步增强，出台的条例和决议决定执行的监督检查力度还需进一步加大，常委会自身建设还需进一步加强。这些问题，有待在今后工作中采取有效措施，努力加以解决。

今后工作建议

各位代表，今天的昆明，既处于攻坚克难、转型升级的关键阶段，更处于大有可为、大有作为的重要战略机遇期。市第十一次党代会提出的“率先小康，加快建设区域性国际中心城市”奋斗目标，开启了昆明跨越崛起的新征程。新的发展形势对人大工作提出了新的工作要求，本次大会即将选举产生的新一届市人大常委会，要深入贯彻习近平总书记系列重要讲话和考察云南重要讲话精神，紧紧围绕市委决策部署，按照“五位一体”总体布局和“四个全面”战略布局，坚持新发展理念，依法履职，积极作为，为促进全市经济社会发展提供有力保障。建议新一届人大常委会要着力抓好以下几方面工作。

一、着力在立法工作上提升质量、体现特色。紧紧围绕昆明改革建设发展需要，坚持急需先立、质量为上、特色为重，突出城市建设管理、生态环境保护、历史文化保护等重点，科学统筹安排立法项目，研究编制五年立法规划和年度立法计划。深入推进科学立法、民主立法，健全立法工作机制，畅通公众参与立法途径，加强改进立法协商，加快建设基层立法联系点，积极探索委托第三方起草法规草案模式。强化立法主导，深入立法调研，找准立法重点，着力在针对性、特色性、可操作性上下功夫，不断提升立法质量，为昆明经济社会发展提供有力法制保障。

二、着力在监督工作上服务大局、增强实效。紧紧围绕市第十一次党代会确定的目标任务和“十三五”规划，紧扣建设区域性国际中心城市，抓住影响我市改革发展稳定的产业发展、市区融合、科技创新、滇池治理、脱贫攻坚、社会事业发展和法律法规实施等方面重点工作，科学研究制定监督工作计划。找准履行监督职能与服务中心工作的切入点和结合点，强化预算决算审查监督和司法监督，强化法律法规和决议决定执行情况的监督，逐步健全监督工作机制，不断完善监督工作方式方法，加大监督力度，锲而不舍、积极作为，善做善成、务求实效，努力促进经济持续健康发展和社会大局稳定。

三、着力在代表工作上完善机制、激发活力。进一步加强和改进代表工作，加强代表履职培训，不断强化代表为民依法履职意识，努力提高代表为群众代言、为人民履职、为百姓排忧的能力和水平。加强联系代表制度建设，密切代表与选民、选举单位的联系，推动常委会组成人员联系代表、代表联系群众常态化。完善代表履职监督管理工作机制，强化代表服务、激励和保障机制，建立健全代表履职服务平台，深化代表主题活动，改进活动组织方式，增强实际效果。探索加强开发（度假）区人大工作，设立机构人员，明确工作职责，依法开展代表活动，配合做好代表选举工作。完善和创新代表建议办理工作机制，加大代表建议督办力度，切实提高解决率和满意率，全方位发挥代表主体作用。

四、着力在自身建设上从严要求、提升能力。严格执行《关于新形势下党内政治生活的若干准则》和《中国共产党党内监督条例》，严守党的政治纪律和政治规矩，按照全面从严治党的要求，加强机关党的建设和党风廉政建设，树立清正廉洁为民的人大机关形象。认真贯彻深化改革工作要求，加强制度建设，完善工作机制，推动人大工作创新发展。不断巩固“三严三实”“两学一做”等专题教育成果，坚持民主集中制，集体行使职权，进一步增强履职能力，加强人大制度理论和人大工作实践创新，加强对基层人大工作的联系和指导，进一步提升履职水平，使人大工作永葆创新发展的旺盛生机活力。

各位代表，回顾过去，我们倍感欣慰；展望未来，我们信心满怀。让我们更加紧密团结在以习近平同志为核心的党中央周围，在中共昆明市委的坚强领导下，凝心聚力，砥砺前行，依法履职，扎实工作，不断开创我市人大工作的新局面，为在全省率先全面建成小康社会，加快区域性国际中心城市建设做出新的更大贡献，以优异成绩迎接党的十九大胜利召开！

KUNMING
YEARBOOK

中国人民政治协商会议
昆明市第十二届委员会常务委员会
工 作 报 告

——2017年3月18日在政协昆明市第十三届委员会第一次会议上

熊瑞丽

各位委员：

我代表中国人民政治协商会议昆明市第十二届委员会常务委员会，向大会报告工作，请予审议。

一、十二届政协工作回顾

市政协第十二届常委会任期的六年，是我市全面完成“十二五”规划和实现“十三五”规划良好开局的六年，也是我市政协事业开拓创新、奋发有为、富有成效的六年。六年来，在中共昆明市委的坚强领导下，市政协常委会以邓小平理论、“三个代表”重要思想、科学发展观为指导，深入贯彻中共十八大、十八届三中、四中、五中、六中全会和习近平总书记系列重要讲话精神，团结带领全市广大政协委员高举爱国主义、社会主义旗帜，牢牢把握团结和民主两大主题，认真履行政治协商、民主监督、参政议政职能，较好地发挥了协调关系、汇聚力量、建言献策、服务大局的作用，为推动我市经济社会平稳较快发展做出了积极贡献。

（一）凝聚思想共识，政治基础更加巩固

六年来，常委会把坚持中国特色社会主义作为人民政协巩固共同思想政治基础的主轴，毫不动摇地坚持中国共产党的领导，自觉把中共中央、省委、市委的决策部署贯彻到政协工作中，确保人民政协事业沿着正确方向发展。

着力巩固共同政治基础。常委会通过政协全会、常委会议、主席会议、中心组学习、专题学习等方式，组织政协委员和政协参加单位，深入学习贯彻习近平总书记系列重要讲话和在庆祝中国人民政治协商会议成立65周年大会上的重要讲话精神，牢固树立政治意识、大局意识、核心意识、看齐意识，始终在思想上、政治上、行动上同以习近平同志为核心的党中央保持高度一致。团结引导广大政协委员和各族各界人士，切实把思想和行动统一到统筹推进“五位一体”总体布局、协调推进“四个全面”战略布局和促进“五大发展理念”的落实上来，统一到“民族团结进步示范区、生态文明建设排头兵、面向南亚东南亚的辐射中心”的发展定位上来，统一到“在全省率先全面建成小康社会、加快区域性国际中心城市建设”的奋斗目标上来。

始终坚持党委坚强领导。中共昆明市委把政协工作作为全局工作的重要组成部分，不断加强和改善对政协工作的领导，先后出台了关于加强人民政协政治协商制度建设、协商民主建设的实施意见，为政协履职提供了制度保障。适时召开市委政协工作会议，研究部署新形势下的政协工作。不断拓宽知情明政的渠道，请市政协领导参加全市重要会议和重要活动，定期向市政协通报重要工作。尊重和保障委员履职的民主权利，为委员履职提供了良好条件。加强政协干部队伍建设，为政协开展工作提供组织保障。党委重视、政府支持、政协努力、各方配合的政协工作格局得到不断巩固。

（二）始终围绕中心，协商民主成效显著

六年来，市政协充分发挥协商民主重要渠道和专门机构的作用，健全协商机制，拓展协商内容，丰富协商形式，增加协商密度，协商建言取得了显著成效。

围绕全局性工作开展重点协商。坚持协商于决策之前，对涉及全市发展的全局性工作、重大人事事项，市领导到政协进行重点协商。在市委全会召开前，市政协组织委员对全会报告进行协商，市委主要领导到会听取意见。每年市“两会”前，市政协召开《政府工作报告》协商会，市政府主要领导到会听取意见建议。全会期间，举行政府工作报告及其他报告协商会、界别联组协商会，对

"一府两院"工作报告和计划、财政报告进行协商，市党政主要领导率班子成员和部门负责同志到会听取意见。对市政协全会后整理形成的委员意见，市委、市政府领导高度重视，及时做出批示督促落实。

围绕重要工作开展专题协商。市政协不断拓展协商民主渠道，充分运用常委会议、主席会议和各种专题会议等形式，开展多层次、多渠道的民主协商工作。召开议政性常委会议18次，对世界知名旅游城市建设、行政审批制度改革、调结构转方式、重点产业发展等工作进行了专题协商。常委会议对加快我市产业发展提出32条意见建议，被吸纳转化为政策措施。召开议政性主席会议40次，听取市政府及有关部门工作情况的通报，对国民经济和社会发展计划、财政预决算执行情况、产业培育提升、国有企业改革、公益文化设施建设、人才工作、供给侧结构性改革进行深入协商。召开专题协商会议，就招商引资、轨道交通建设、滇池污染治理、医疗卫生改革、学前教育发展、和谐社会建设等工作开展协商建言。聚焦"十三五"规划编制，围绕"十三五"规划纲要和工业、交通、文化、环保等19个专项规划，与市政府及有关部门进行了20多次协商，很多有价值的意见建议为编制部门采纳。

加强工作联动开展对口协商。各专门委员会与市政府对口部门开展多种形式的对口协商，为经济社会发展建言献策。先后对农村产权制度改革、工业跨越发展、国家创新型试点城市建设、全域城镇化目标考核、小微企业金融服务、教育均衡发展、民营医院发展、民族宗教等工作开展了200多次对口协商。针对即将出台的地方性法规、政府规章，与有关部门深入协商。先后就昆明市发展规划条例、再生资源回收利用管理条例、清水海保护条例、就业促进条例、生猪屠宰管理条例等48项地方性法规进行立法协商；就城市轨道交通管理、历史文化名城保护、闲置土地处置、社会组织建设等54项行政规章，进行了专项协商，对我市科学民主立法起到了促进作用。

创新工作机制开展提案协商。不断完善提案工作制度，初步构建了"五联合"提案工作机制，全面实施重点提案"五办"制度，做到立案提案件件面商、集体提案上门面商、重点提案专题面商，将协商贯穿于提案办理的全过程，促进了提案质量、办理质量和服务质量的"三提升"。六年共立案2 956件提案，办结率100%。强化提案对工作的推进和成果转化，使一批建议转化为规划，一批建议得到有效落实，一批议而未决的问题得到解决。市政协提案办理协商的经验，在全国政协提案办理协商工作座谈会上进行了交流。

激发履职活力开展界别协商。注重发挥界别的独特优势和作用，围绕企业征信体系建设、特色美食产业发展、中小学撤点并校、民营医院发展、城镇职工医疗保险、预防青少年违法犯罪、基层法庭建设等，开展形式多样的界别履职活动。在对义务教育教师队伍建设情况进行的界别协商中，提出了改进教职工编制管理办法、完善轮岗交流、强化教师培训、提高乡村教师生活补助等意见建议得到采纳。在科技人才队伍建设的协商中，委员们提出完善人才政策、加强研发平台建设、建立高端人才引进机制等建议，为职能部门制定政策提供了参考。

（三）聚焦重点难点，民主监督务实推进

六年来，常委会围绕市委决策部署的落实和人民群众关注的热点问题，完善监督机制，探索监督形式，不断提升民主监督的实效。

扎实开展专项监督。把专项监督作为政协民主监督的重要形式，每年开展多项监督工作。先后对病险水库除险加固、保障性住房建设、非物质文化遗产保护、城市民族工作、石林台湾农民创业园建设、中小学幼儿园布局布点、牛栏江水环境治理等工作开展了70多项专项监督，推动了相关问题的解决和落实。在对主城区企业"退二进三"专项监督中，提出要强化统筹协调、加快搬迁项目的规划和土地处置、完善土地储备专项资金制度、加强搬迁企业进园区等方面的意见建议。在对中小学幼儿园区域布局布点实施情况进行专项督查后，提出教育均衡发展等建议，得到有关部门的重视，在工作中得到落实。

认真做好重点督查。先后对全市重要工作推进情况、重大政策文件落实情况进行了多次重点督查。市政协组成多个督查组，先后对我市"188"重点产业发展情况、中长期人才发展工作落实情况等开展了督查，提出改进工作的意见，促进了相关问题的解决。对全市113项重大产业项目推进情况的重点督查中，提出要解决好规划滞后、用地不落实、资金不到位、园区建设基础薄弱等问题的具体意见建议，推动了项目进展。市政协领导带队，先后12次对《关于加快民营经济发展的实施意见》等我市出台的数百个创新性文件和制度的落实情况进行了重点督查，针对文件"落实难"问题，提出了明确牵头单位、强化部门联动、细化相关政策等有针对性的建议，促进了工作落实。

深入反映社情民意。重视发挥社情民意"直通车"的独特作用，广泛动员委员，了解民意，收集社情，反映情况，共收集社情民意信息2 854条，编印《社情民意反映》466期，专报市级领导参阅103篇，32件得到省市领导批示。其中，关于大板桥农村公路"村村通"拖欠工程款引发群体性连年上访的社情民意专报，得到市委主要领导批示，有效促进了这一国家信访局重点督办信访案件的解决。关于加快根治城市内涝淹水、推进产业上山、开辟金沙江中段航运、协同扶贫攻坚、城区公厕免费等社情民意，经与有关部门沟通协商，使反映的问题得到解决。

拓展民主监督领域。市政协组织委员参加对市级机关各部门行风评议、年度目标管理考核等工作。为26个市级部门和单位选派92名特约监督员、监察员、审计员和陪审员，选派1 200余人次政协委员参加了各类听证会、论证会，对市级国家机关及其工作人员的工作进行民主监督。对市人口和计划生育委员会、市林业局、市环保局、市法制办等部门工作进行民主评议，帮助改进工作。

（四）坚持履职为民，参政议政富有成效

六年来，常委会为委员履职创造条件，组织委员开展形式多样的调研视察活动，积极建睿智之言、献务实之策。

深入开展专题调研。坚持深入基层、深入群众、深入实际，在一线发现问题，提出意见建议。先后组织对产业集群发展、呈贡新区建设、创建国家卫生城市、集体林权制度配套改革、农村土地承包经营权确权颁证、普通高中特色化发展、保障性住房建设、公立医院改革、司法体制改革试点、社区矫正等工作，开展了197次专题调研，形成一批质量较高的调研报告。其中，多个调研报告得到市委、市政府领导批示，不少意见建议得到有关部门的采纳和吸收。加快工业产业集群发展的专题调研，指出昆明应重点打造15个产业集群，提出编制集群发展规划、延伸产业链条、强化自主创新等8个方面的建议，写入了188重点产业发展规划。

认真组织专项视察。围绕重要决策、重大项目建设等，组织专项视察活动138次，涉及信息产业发展、倘甸产业园区建设、农村山区公路建设、呈贡新火车南站周边配套设施建设、公立医院改革、社会养老保险、廉租房建设、基层矛盾纠纷化解、非物质文化遗产保护等多项工作，形成了一批针对性强的视察报告，有的得到领导批示，有的引起了职能部门重视，有的引起了社会关注，不少意见建议转化为工作措施和政策。2016年春，针对主城区绿化树木大面积遭受冻害的紧急情况，市政协立即组织委员进行视察，提出了及时更换冻死的苗木、淘汰不适宜树种等建议，促使主城区冻死树木一年内得到更换，并促进了园林植物推荐名录的修订。围绕房地产去库存，在对盘龙区温馨家庭助老服务中心调研的基础上，市政协广泛听取意见，提出我市应打破制度障碍、先行试点、完善政策等利用库存商品房建设养老机构的建议，被吸收采纳到市委、市政府推动供给侧结构性改革、促进产业转型升级的文件中。

有的放矢提出建议案。市政协每年针对发展中遇到的一些难点问题，提出建议案，为党委、政府提供决策参考。先后形成了常委会议《关于对我市“十三五”规划的建议案》，主席会议关于推动高校毕业生就业创业、推动文化事业繁荣文化产业发展、加强牛栏江（昆明段）水环境治理建立生态环境保护长效机制等7个建议案。《关于加快呈贡区征地拆迁农民回迁安置房建设的建议案》提出，要高位统筹、理顺管理、加快项目建设等意见建议，市党政主要领导高度重视，召开专题会议研究，600多户、4 000余人的搬迁安置问题得到妥善解决。

市政协还针对一些深层次问题，进行前瞻性研究。开展了加快昆（明）玉（溪）红（河）旅游文化产业经济带建设、文化创意产业发展、城市少数民族公共服务体系建设、发挥民主党派在政协履职中的作用等34个决策咨询课题研究，为科学决策、民主决策提供了重要参考。

（五）发挥政协优势，为经济社会发展献计出力

六年来，常委会积极履职，勇于担当，做好有关专项工作，努力为全市经济社会发展贡献政协力量。

强力助推扶贫攻坚。组织动员广大政协委员和政协干部，围绕精准扶贫目标，为帮扶产业发展、促进劳务输出贡献智慧和力量。认真抓好市政协承担的牵头51个市级单位挂钩东川区6个乡镇、70个贫困村的帮扶工作。市政协加强与东川和挂钩单位的对接，主席、副主席多次深入乡村，参与制定扶贫规划，协调资金，督促项目实施。先后召开联席会议12次，督促挂钩帮扶单位落实任务，协调资金1.6亿多元，推进项目100多个。2016年，市政协与北京朝阳区政协携手助推东川脱贫，通过医疗器械捐助、技术骨干赴京培训、派出专家巡诊等方式对东川区进行帮扶。围绕产业扶贫形成专题报告，为我市扶贫工作建言献策，并向省级层面争取政策支持。

推动翠湖历史文化片区综合整治提升。多年来，市政协就云南陆军讲武堂旧址的保护持续建言，得到省委领导高度重视，2016年3月决定将讲武堂旧址交由昆明市统一规划管理，使长期以来讲武堂旧址多头管理的“老大难”问题得到有效解决。按照市委安排，市政协牵头协调翠湖片区改造提升工作，我们立足讲好“翠湖”故事，做好文化文章，多次召开专题协商会，听取各方意见，促进了《翠湖周边历史文化片区整治提升规划》的出台，使政协委员的建言献策变为规划蓝图。

积极参与生态文明建设。参与滇池治理的环湖截污、水体置换、生态建设等工作，组织湖滨生态建设、面山植被修复等勘察和调研20多次，参与拟定《关于对滇池流域面山“五采区”重点区域植被修复工作的指导意见》《关于深入推进滇池湖滨生态建设工作的意见》等政策，有力地推进了滇池治理工作。去年11月以来，市政协组织对滇池流域“五采区”治理工作开展了深入调研，形成专题调研报告，提出高位统筹、规划先行、落实责任等8项建议，市委、市政府主要领导高度重视，要求认真研究调研报告，提出工作方案和具体措施，推进“五采区”治理工作。

加强区域合作与交流。面对高铁时代的到来，市政协加强与南宁、贵阳政协联系，围绕旅游经济发展搭建交流合作平台。2016年，三市政协主席第一次联席会议在贵阳举行，推动三地政府签订《旅游产业发展合作框架协议》，促成三地企业建立区域信息共享、客源互送等机制，促进区域合作发展。市政协联合曲靖、玉溪、楚雄、红河政协，建立五州市政协合作机制，先后召开了8次会议，围绕滇中经济区产业布局一体化、滇中城市群建设、园区经济、旅游文化产业发展等主题建言献策，促进滇中经济区融合发展。

此外，按照市委的统一部署，市政协还参与了对口联系乡镇、重点企业、重点工程和招商引资重大项目、结对帮扶等专项工作，市政协领导认真落实挂钩联系制度，到所挂钩乡镇、企业调研恳谈，帮助协调解决困难和问题。担任“河长”的市政协领导，积极履行“河长”职责，认真开展巡河、督促检查工作。

（六）坚持团结民主，统一战线广泛拓展

六年来，常委会发挥统战功能，团结各民主党派、有关人民团体和各族各界人士，为昆明加快发展凝聚人心、汇聚力量。

加强与各党派、团体的团结协作。认真贯彻长期共存、互相监督、肝胆相照、荣辱与共的方针，加强与市级各民主党派、工商联、有关人民团体的交流联系，发挥党派专业人才荟萃优势，围绕我市中心工作，组织开展联合调研、专题协商、议政建言活动。邀请党派团体参加市政协有关会议，多渠道通报情况、征询意见，为更好履职搭建知情明政平台。鼓励在政协各种会议上以党派、团体名义发表意见、提出建议。重点办理党派、团体提案，助推社情民意反映。帮助解决实际困难和问题，为他们工作创造便利条件。

促进民族团结宗教和顺。认真贯彻党的民族宗教政策，先后就民族地区扶贫开发、城市民族团结示范社区建设等进行调研视察，推动民族地区经济社会发展。加强与民族宗教界委员和代表人士的联系，推动和谐寺观教堂创建，帮助督促落实宗教教职人员的社会保障，协助爱国宗教团体解决实际困难，促进民族团结宗教和顺。

积极加强对外联谊。发挥海外联谊会、政协之友联谊会的桥梁作用，密切与港澳台侨和非公经济人士的联系，广交海内外朋友。“请进来”和“走出去”相结合，邀请驻昆异地商会负责人参加政协全会，邀请港澳台侨人士来昆考察，通过在香港举行昆港情·桑梓谊——昆明形象展示等系列活动，多渠道宣传推介昆明，搭建招商引资、纳才引智平台，促进我市对外交流。

发挥优势开展主题活动。发挥协调关系、联系各方的优势，组织了全市各族各界纪念辛亥革命暨昆明重九起义100周年、护国起义100周年、聂耳诞辰100周年、西南联大建校75周年、市政协成立60周年等系列主题庆典活动，组织召开纪念大会、学术研讨会，编辑出版纪念文集、画册，协助制作《护国风云》等电视文献片。通过这些主题活动，弘扬爱国主义精神，汇聚改革发展力量。

发挥文史工作的独特作用。征编出版《昆明文史资料选辑》第53—61辑，编辑出版《古滇国》等书，征编《新中国云南人才建设史料·昆明卷》《昆明文史资料集萃》和“红色系列”图书分别获云南政协首届优秀文史图书一等奖，充分发挥文史资料“存史、资政、团结、育人”的作用。开展文化遗产、名人故居、名人资源、名镇名村、地名资源等专题调研视察和课题研究，推动历史文化名城保护与开发。由市政协领导任组长的地名街名命名工作顾问组，为普吉路等103条街路、春融街等116个地铁站、金汁河公园等366个绿地提供命名参考，增强了昆明地名街名的历史文化特色。

（七）加强自身建设，不断提高履职水平

六年来，市政协注重强化机关的思想建设、制度建设、作风建设，政协工作的制度化、规范化、程序化水平不断提升。

注重思想理论武装。市政协始终把学习摆在重要位置，通过党组中心组带头学，常委会议、主席会议、机关会议集中学，委员培训、界别活动专题学等形式，组织引导广大政协委员、政协参加单位和政协工作者，深入学习中国特色社会主义理论和人民政协理论知识以及市委重要决策部署，把握其内涵和要义，提高做好政协工作的素质和能力，始终与市委在政治上同向、思想上同心、工作上同步。

深入推进作风建设。认真开展党的群众路线教育实践活动、“三严三实”专题教育和“两学一做”学习教育，建设忠诚干净担当的政协干部队伍，增强做好政协工作的责任感和使命感。严格落实中央八项规定和省、市实施细则，结合政协实际，建立健全作风建设长效机制，机关工作作风明显转变。推进和谐机关建设，市政协机关被评为省级文明单位。

有序推进制度创新。常委会注重制度建设，着力推进政协工作制度化、规范化、程序化。参与中共昆明市委关于加强人民政协政治协商制度建设、社会主义协商民主建设、人民政协协商民主建设等规范性文件的制定，扎实推进中央和省、市委关于加强社会主义协商民主建设等文件精神的贯彻落实。修订市政协《提案工作条例》《重点提案工作规则》，健全完善市政协与法检两院工作联系、市政协专委会与党政工作部门对口联系等制度，制定和完善市政协全体会议、委员履职、界别工作、专题调研和视察等规范性文件，为政协更好地履行职能提供制度保障。

夯实政协履职基础。按照“懂政协、会协商、善议政”的要求，发挥委员主体作用和专委会基础作用。通过举办委员培训班、调研考察、情况通报会等方式，加强委员学习培训，使委员更好地知情明政，提高履职水平。在委员中开展提出一件提案、参加一项调研视察活动、提出一个工作建议、反映一条社情民意、为贫困弱势群体献一

份爱心的“五个一”活动，引导委员履职尽责。在市政协增设民族宗教委员会、委员联络工作委员会，健全专委会工作机制，促进了专委会基础作用的发挥。

探索基层工作机制。与各县（市）区政协联动，在委员较为集中的乡镇、街道、社区、企事业单位设立“政协委员之家”，在具备条件的街道办事处、乡镇设立县（市）区政协工作联络组，畅通基层群众利益诉求表达渠道。全市已建成“政协委员之家”116个，政协委员联络组（工作站）35个，开展了内容丰富的活动，委员联系群众更加紧密。

增强新闻宣传实效。紧扣市政协履职活动开展专题报道、深度报道，唱响政协声音，讲好委员故事，展现履职成果。在《人民政协报》头版头条和重要版面刊登了《民主监督的昆明实践》等40余篇文章，在省、市级媒体上刊登2 000余篇（条）新闻报道和理论文章，营造了良好的履职氛围。

各位委员，总结过去六年的工作，我们深刻认识到，做好政协工作：必须始终坚持中国共产党的领导，才能沿着正确的方向不断前进；必须始终坚持团结民主两大主题，才能最大限度地为我市的改革发展凝聚共识、汇聚力量；必须始终坚持围绕中心、服务大局，才能有所作为、大有可为；必须始终坚持履职为民，才能使议政建言更有针对性、实效性；必须始终坚持开拓创新，才能使政协工作充满生机和活力。

成绩来之不易，经验弥足珍贵。各位委员，过去六年常委会工作所取得的成绩，是中共昆明市委正确领导的结果，是市人大、市政府和社会各界大力支持的结果，是全体政协委员、政协各参加单位团结奋进、共同努力的结果。在此，我代表十二届市政协常委会表示衷心的感谢！

各位委员，我们清醒地认识到，与市委的要求和人民群众的期望相比，我们的工作还存在差距和不足，主要表现在：建言献策前瞻性、专业性不够，民主监督工作实效性不强，政协工作制度化、规范化、程序化建设还有待加强等。这些问题，需要在今后的工作中重视、切实解决。

二、对十三届政协的工作建议

各位委员，今后五年是我市凝心聚力、砥砺前行，全面完成“十三五”规划，在全省率先全面建成小康社会的决胜时期，也将是我市政协事业继往开来、大有可为的五年。十三届市政协要以邓小平理论、“三个代表”重要思想、科学发展观为指导，贯彻落实党的十八大，十八届三中、四中、五中、六中全会精神，深入贯彻习近平总书记系列重要讲话精神，坚决维护以习近平同志为核心的党中央权威，在中共昆明市委的坚强领导下，紧紧围绕全市中心工作，坚持团结和民主两大主题，认真履行政治协商、民主监督和参政议政职能，为推动昆明区域性国际中心城市建设和经济社会发展做出新贡献。

（一）坚定正确方向，思想引领要有新高度

市政协要带领广大委员和各参加单位，深入学习习近平总书记系列重要讲话精神和治国理政新理念新思想新战略，增强政治意识、大局意识、核心意识、看齐意识，坚定道路自信、理论自信、制度自信、文化自信，巩固人民政协团结奋斗的共同思想政治基础。要加强政治引领，把迎接十九大、学习贯彻十九大精神作为贯穿十三届政协履职的重大政治任务切实抓好。要认真学习人民政协理论，深刻领会中共中央关于加强人民政协工作的重要文件精神，准确把握人民政协性质、地位、职能和作用，增强做好新形势下人民政协工作的责任感和使命感。要深刻领会和全面把握市第十一次党代会和十一届二次全会精神，把各民主党派、人民团体、各族各界的思想和行动统一到市委的决策部署上来，凝聚推动全市发展新共识，始终做到与党委同心同向、同心同行、同心同力。

（二）围绕中心大局，协商民主要有新成效

要充分发挥人民政协作为协商民主重要渠道和专门协商机构的作用，加强政协协商与党委、政府工作的有效衔接，健全成果采纳落实反馈等机制，更加灵活、经常性开展专题协商、对口协商、界别协商、提案办理协商，探索基层协商的有效途径，构建全方位、多层次、常态化的协商格局。要依托互联网平台，探索网络议政和远程协商，拓宽网络民意通道，扩大政协协商参与面。要以深化供给侧结构性改革为主线，围绕振兴实体经济、产业发展、农村产权制度改革、自主创新、全域旅游、农村电子商务发展等开展专题协商；要以改善民生为切入点，围绕房地产去库存、交通解堵、生态环境整治、医疗卫生、食品安全等问题协商建言。要聚焦扶贫攻坚重大决策部署，动员各级政协组织和广大政协委员发挥优势，为我市在教育扶贫、医疗扶贫、产业扶贫、精准脱贫等方面贡献智慧和力量。认真做好牵头组织有关单位挂钩帮扶东川脱贫工作，确保东川如期脱贫。

（三）推动工作落实，民主监督要有新举措

人民政协的民主监督是我国社会主义监督体系的重要组成部分。政协委员是党委政府和人民群众沟通的桥梁与纽带。要认真落实中共中央《关于加强和改进人民政协民主监督工作的意见》，鼓励和引导广大政协委员当好界别代言人，敢于监督、善于监督，将民主监督贯穿于履职全过程。市政协和广大委员，要着力对重要决策、重大政策、重点工作的落实和推进情况开展监督，重点选取党政关注、群众关心的热点、难点问题，如统筹城乡发展、社会治理创新、健全社会保障体系、看病难看病贵、教育均衡发展、软环境建设、落实“河长制”、脱贫攻坚政策落

实、惠民政策实施等工作，开展民主监督，收集反映社情民意，推动工作进展，促进政策落实，为增进民生福祉发声出力。要强化问题导向，抓住主要矛盾，及时反映改革过程中遇到的新矛盾新问题，坚持在监督中参与服务，在服务中开展监督，协助党委政府更好地化解社会矛盾，维护社会稳定，为改革发展添助力、增合力。

（四）聚焦改革发展，参政议政要有新水平

市第十一次党代会和市委十一届二次全会为昆明未来发展描绘了蓝图。十三届市政协要按照在全省率先全面建成小康社会，加快建设区域性国际中心城市的目标，着力打造“一个枢纽”、全力当好“两个龙头”、积极搭建“三个平台”、加快建设“四个中心”、全面提升“五个品牌”、实施“六大行动”的要求，聚焦昆明的改革开放和跨越发展，积极投身经济建设、社会发展的主战场，积极建睿智之言、献务实之策。要以深化改革为切入点，围绕供给侧结构性改革、推进“三去一降一补”、支持“大众创业、万众创新”等方面，积极开展调研视察，为加快发展动能转换提出有针对性的意见建议。要围绕产业转型升级，就加快大健康、大旅游、大文创、大数据等重点领域产业发展，进行务实的议政建言。要围绕经济贸易中心、科技创新中心、金融服务中心、人文交流中心“四个中心”建设，提出提案、建议案。要关注城市品质提升、文化昆明建设，继续为“春城花都”打造、基础设施“五网”建设、翠湖历史文化片区整治提升、滇池流域“五采区”治理等献计出力。

（五）汇聚发展合力，团结民主要有新作为

大团结、大联合是政协组织的重要特征。要不断加强与政协委员的联系，充分调动政协委员的履职积极性，为推动昆明经济社会发展建言、献计、出力。要进一步加强与各民主党派、工商联、有关人民团体和无党派人士的联系与合作，建立健全各种联系沟通、联动调研、联合监督、联谊座谈等机制，积极为各民主党派、工商联、人民团体、无党派人士参政议政创造条件，更好地发挥他们在政协工作中的积极作用。要切实做好新的社会阶层代表人士的团结工作，加强与民族宗教界代表人士的沟通联系，加强港澳台同胞和海外侨胞的联络联谊，积极引导政协委员和海外滇籍人士关心昆明、宣传昆明、投资昆明，为经贸洽谈、招才引智、人文交流铺路搭桥。

（六）勇于开拓创新，自身建设要有新加强

打铁还需自身硬，服务要有真本事。要认真贯彻落实十八届六中全会精神，切实发挥党组在政协工作中的核心领导作用，全面落实从严治党主体责任。要着力打造“懂政协、会协商、善议政”的政协委员队伍和“想干事、能干事、干成事”的机关干部队伍，不断加强政协自身建设，提高政协履职创新能力。要进一步探索专委会工作的新途径、新方法，发挥专委会在调研视察、提案工作、联系界别、联络委员中的基础作用，筑牢政协履职根基。要进一步加强政协机关思想、组织、制度、作风建设，增强机关干部爱岗敬业、乐于奉献的使命感和责任感，推动政协工作务实、有序、创新、高效的开展。要加强与全国政协、省政协的纵向联系，加强与各州市政协、省外城市政协的横向交流，取长补短，推进工作。加强对各县（市）区政协工作的指导，构建上下互动平台，全面推动我市政协事业向前发展。

各位委员，美好蓝图令人鼓舞，崇高使命催人奋进。让我们高举中国特色社会主义伟大旗帜，紧密团结在以习近平同志为核心的中共中央周围，在中共昆明市委的坚强领导下，不忘初心，继往开来，团结奋进，扎实工作，努力开创我市政协事业发展新局面，为在全省率先全面建成小康社会、奋力推动区域性国际中心城市建设而努力奋斗！

强化使命担当　忠诚履行职责
坚定不移推动全面从严治党向纵深发展

——2017年1月22日在中国共产党昆明市第十一届纪律检查委员会第二次全体会议上的工作报告

杨金莹

同志们：

我代表中国共产党昆明市第十一届纪律检查委员会常务委员会向第二次全体会议做工作报告，请予审议。

这次全会的主要任务是：学习贯彻党的十八届六中全会和习近平总书记重要讲话精神，深入贯彻十八届中央纪委七次全会、省纪委十届二次全会及市委十一届二次全会精神，总结2016年纪律检查工作，部署2017年任务。市委对这次全会十分重视，市委常委会专题学习了十八届中央纪委七次全会和省纪委十届二次全会精神，研究了我市党风廉政建设和反腐败工作。今天上午，省委常委、市委书记程连元同志做了重要讲话。我们要坚决贯彻落实中央、省委、市委和上级纪委的决策部署，忠诚履行党章赋予的神圣职责，发挥好党内监督专责机关的作用，坚定不移推动昆明市全面从严治党向纵深发展。

一、2016年工作回顾

2016年，全市各级纪检监察机关深入学习贯彻党的十八届六中全会精神和习近平总书记系列重要讲话精神，按照十八届中央纪委六次全会、省纪委九届八次全会的工作部署，聚焦监督执纪问责，着力推动管党治党从"宽松软"走向"严紧硬"，纪检监察工作迈出新步伐，全市党风廉政建设和反腐败工作取得新成效。

（一）强化责任担当，全面从严治党的思想自觉和行动自觉进一步增强

进一步坚定立场和方向。各级纪检监察机关扎实开展"两学一做"学习教育，主动把思想摆进去、把工作摆进去、把自己摆进去，深刻领会习近平总书记系列重要讲话的主要精神和思想内涵，把握全面从严治党的新部署新要求，站稳政治立场，强化责任担当，增强"四个意识"，自觉在思想上政治上行动上同以习近平同志为核心的党中央保持高度一致，坚决维护党中央权威，坚决维护党的团结统一。市纪委常委班子带头开展学习、交流思想体会、讲授专题党课，常委会9次开展专题学习，常委班子成员参加支部学习和集中学习70余次，全市各级纪检监察干部在学习中进一步提高了政治站位、保持了政治定力。

深入开展党章党规党纪教育。在全市开展党章党规"进党校、进课堂、进媒体"和党章党规知识竞赛活动。建成昆明市纪律教育基地，2万余名党员干部到基地接受党章党规党纪教育。将党风廉政教育纳入领导干部培训日、党校（院）主体班次培训内容，开设党风廉政专题教育讲座50讲，5 000多名党员干部受到教育。改版升级昆明市党风廉政网，充分利用好掌上春城APP、昆明信息港等互联网资源，编印《画说党纪》《图解党纪》宣传资料，在昆明日报开设《严明党的纪律，高悬规矩戒尺》和《学思讲谈》专栏，教育引导党员干部守纪律、讲规矩、知敬畏。充分挖掘昆明本地的传统文化、知名人物的思想内涵、名胜古迹的廉洁元素，进行创造性转化和创新性发展，以"清风春城"为主题，打造地铁"市级行政中心·清风站"，营造浓厚的廉洁文化氛围。

党内监督专责机关作用进一步发挥。认真组织全市党风廉政建设责任制半年抽查和年终检查考核，对2015年考评为基本合格的5家单位党政主要领导和纪委书记进行诫勉谈话并督促整改。市纪委领导围绕责任落实和廉洁自律等内容约谈县（市）区、市级部门党政主要负责人和纪委书记64人次。对8批294名新提拔和交流的县处级领导干部进行任前廉政谈话并签订廉政承诺书，5 125名科级以上党政主要负责人在市县（区）两级纪委全会及年度党风廉政建设责任制考核会上进行述责述廉。严把"党风廉政意见回复"关，办理回复干部廉洁自律征求意见函3 974人次。组织2 296名县处级领导干部报告个人有关事项，

183名市管干部报备了个人操办婚丧喜庆事宜。在全市实行领导班子及领导干部落实党风廉政建设主体责任纪实制度，针对领导班子、班子主要负责人和班子成员分类明确履责要素，印制发放主体责任《纪实本》和《纪实手册》，促使市管党员领导干部“心中明责、照单履责”。以问责倒逼责任落实，追究落实主体责任或监督责任不力的领导干部33名。

启动市县两级巡察。制定下发《关于建立巡察制度开展巡察工作的实施意见》《巡察工作实施办法（试行）》和《关于开展首轮巡察工作的实施方案》，成立市县两级巡察工作领导小组，组建62个巡察组，对67个单位开展首轮巡察。其中，市委派出6个巡察组，对市公安局、市财政局、市规划局等6个部门和单位开展巡察，首轮巡察取得阶段性成效，政治巡察的震慑作用和治本功能初步显现。

（二）坚持把纪律挺在前面，实践运用监督执纪“四种形态”

深入实践监督执纪“四种形态”。制定《关于落实全面从严治党主体责任实践“四种形态”的实施意见》和《关于落实全面从严治党主体责任运用监督执纪第一种形态的暂行办法》等制度，将实践运用监督执纪“四种形态”具体化、规范化、制度化。严格分类处置问题线索，扩大谈话函询覆盖面，着力用好第一种形态。使用谈话函询方式处置问题线索1 720件涉及1 988人，占问题线索总数的79.6%，对688个轻微违纪问题进行了适当处理，对反映失实的880名党员干部予以澄清，“红红脸、出出汗”逐步成为常态；党纪轻处分和组织调整289人，占处分人数的54.2%，成为多数；党纪重处分、做出重大职务调整229人，占处分人数的42.9%，逐步成为少数；开除党籍并移送司法机关15人，占受处分人数的2.9%，成为极少数，实践运用“四种形态”的成效初步显现。

创新监督执纪工作方式。落实廉情分析报告制度，定期对信访举报、纪律审查、问责处理等情况进行分析研判，查找问题根源，提出对策建议，实施精准防范。建立第三方评价制度，聘请第三方评价机构在全市范围内开展政务服务综合评价，将评价结果进行通报，将问题进行反馈并督促整改，评价结果纳入综合目标考核内容。树立“互联网思维”，运用“制度+科技”的手段助力监督执纪，通过互联网实现公开“两个责任”清单、动态监督提醒责任落实、量化考评落实效果，强化日常监督和过程监督。

（三）坚持抓常抓细抓长，干部作风持续改进

抓好干部作风日常监督。紧盯“四风”问题新情况、新动向，集中开展贯彻执行中央八项规定精神监督检查和纠治“四风”问题“回头看”工作。查处违反中央八项规定精神和“四风”方面的问题57个，问责处理77人。两次通报查处的典型案例13起，涉及24人。办好政风行风“春城热线”节目，49个部门领导走进直播间接听群众诉求702件，回复率100%，满意率95%。

深入开展专项纪律检查。结合治理“不作为乱作为”，组成8个专项纪律检查组围绕稳增长、脱贫攻坚、滇池治理、“五网”建设、防汛工作等重点任务落实情况开展专项纪律检查，有力促进了中央和省市各项决策部署的贯彻落实。全市自查整改“不作为、乱作为”问题383个，建章立制148个，约谈166人，追究责任400人。对中央环保督察组反馈的问题认真进行调查处理，追究相关责任人65人。加强对执行换届纪律情况的监督检查和督促指导，查处违反换届纪律行为6件42人。

持续深化专项整治。深化“六个严禁”专项整治，发现问题541件涉及593人，整改完成442件，追究责任511人。持续开展“小金库”问题专项整治，立案查处10件。在全市集中清理整顿领导干部在社会组织、企业兼职问题，进一步规范领导干部兼职行为。

（四）坚持有腐必反、有贪必肃，不敢腐的震慑效应得到强化

坚持高压惩腐不放松。突出“三类重点人”，把握“三个重要时间节点”，严惩违规违纪行为。全市各级纪检监察机关接受信访举报3 434件次，处置问题线索2 159件，立案592件（其中县处级30人、乡科级115人、其他447人），结案509件，处分575人，移送司法机关15人，通过执纪审查挽回经济损失2 267.41万元。严肃查处了李军坡、张云生、赵臻、徐晓春、王学海等一批严重违纪典型案件。

紧盯群众身边的“四风”和腐败问题。畅通群众诉求渠道，纪检监察机关“五级联动”与全市纪检监察政法信访“四级联动”工作信息平台受理问题72670 件，办结率和满意率均在99%以上。各级纪检监察机关查处群众身边的“四风”和腐败问题63件，处理155人。开展扶贫领域存在问题专项纪律检查，对发现的28个问题涉及的80名相关责任人进行了责任追究。扶贫领域、集体“三资”管理、民生领域、征地拆迁等方面的违规违纪问题得到有效遏制。

进一步规范执纪审查工作。严格落实问题线索五类处置方式，认真落实“两级集体排查”研判线索机制和“日清、周转、月报、季结”的线索管理工作机制，市纪委召开18次书记办公会排查处置问题线索201件，实现线索处置动态“清零”。坚持纪在法前、纪严于法，对违纪问题查清主要违纪事实后及时处理或移交司法机关，违纪案件的执纪审查时间同比减少5天。加强涉案款物管理，实行案件审理集中把关，规范问责事项办理。严格落实执纪审查安全工作责任制，逐级签订《执纪审查安全责任书》，坚守执纪审查安全底线。

（五）深化“学思讲谈、践悟行动”，努力打造过硬纪检监察干部队伍

深入推进“三转”。结合市、县、乡三级纪委换届工作，选优配强各级纪委领导班子和纪检监察干部。完成县（市）区纪委内设机构改革调整工作，从事执纪审查的部门和人员分别达到30%和60%以上。按照专职从事纪检工作的人员不少于3名的要求配齐乡镇纪检专干，基层监督执纪力量得到进一步加强。

开设“学思讲堂”。采取邀请纪检监察系统领导授课、专家学者专题讲授、机关干部轮流讲课、外出考察学习等方式，围绕“思、述、听、评、结、考、践、悟”八个环节进行团队学习、知识分享，形成学而思、思而践、践而悟的闭合链条，纪检监察干部监督执纪问责的能力和水平进一步提高。

强化自身监督。严格落实《昆明市纪检监察干部监督工作暂行办法》，对纪检监察干部坚持从严教育、从严管理、从严监督，严防“灯下黑”。纪检监察干部监督部门受理反映纪检监察干部的信访件28件29人次，给予提醒谈话24人，问责1人，党政纪处分4人。

认真开展“挂包帮、转走访”工作。市纪委下派4名驻村工作队员入驻挂包村开展工作，组织162名机关党员干部到东川区和寻甸县的四个村帮扶困难群众167户476名，协调和投入帮扶资金共计990余万元，帮助解决基础设施建设等实际问题10余个。

在看到成绩的同时，我们必须清醒地认识到，全市党风廉政建设和反腐败斗争形势依然严峻复杂。有的党组织领导作用弱化，政治责任担当不够，执行党章党规党纪不力，对党员干部的监督管理宽松软，运用“四种形态”特别是第一种形态还有差距；有的党员领导干部无视纪律规矩，搞上有政策、下有对策，有令不行、有禁不止，对相关制度规定不学习、不执行，任性而为；有的党员干部不担当、不负责，不作为、慢作为，纪律松弛、作风散漫，干事创业的“精气神”不足；少数党员干部仍然不收敛不收手，违反中央八项规定精神的行为禁而不绝，“四风”问题日趋隐蔽复杂，顶风违纪行为时有发生；优亲厚友、截留挪用、“雁过拔毛”等群众身边的不正之风和腐败问题依然不同程度存在；少数纪检监察机关聚焦主责主业不够，缺位越位错位，监督执纪问责职能弱化，有的纪检监察干部作风不严不实，甚至执纪违纪。这些问题，我们必须高度重视，采取有效措施认真加以解决。

回顾2016年工作，使我们更加深刻地体会和认识到，深入推进全面从严治党，要坚持思想引领，牢固树立“四个意识”，坚决贯彻执行党中央决策部署，坚决维护好党的纪律；要坚守责任担当，坚持以上率下，一级抓一级、层层抓落实，使党委履行主体责任、纪委履行监督责任成为自觉；要保持惩治腐败高压态势，做到有案必查、有腐必反、有贪必肃，坚持零容忍、无禁区、全覆盖，让腐败行为无处藏身；要实践运用好监督执纪“四种形态”，做到真管真严、敢管敢严、长管长严；要持之以恒抓作风，严查顶风违纪行为，坚决防止“四风”问题反弹回潮，让中央八项规定精神落地生根；要坚持与时俱进和改革创新，在思想上、理念上、工作上紧跟中央步伐，推进纪检监察工作不断取得新成效。我们要以习近平总书记重要讲话精神为指南，认真落实总书记提出的“坚持高标准和守底线相统一、坚持抓惩治和抓责任相统一、坚持查找问题和深化改革相统一、坚持选人用人和严格管理相统一”的要求，以新的认识指导新的实践，始终在常和长、严和实、深和细上下功夫，不断推动全面从严治党向纵深发展。

二、2017年工作部署

今年是全面贯彻落实党的十八届六中全会、省第十次党代会和市第十一次党代会精神的开局之年，党的十九大将在下半年召开，扎实推进全面从严治党、做好纪律检查工作意义重大。今年工作的总体要求是：全面贯彻党的十八大和十八届三中、四中、五中、六中全会和十八届中央纪委七次全会精神，深入学习贯彻习近平总书记系列重要讲话和考察云南重要讲话精神，认真落实省委十届二次全会和市委十一届二次全会的安排部署，统筹推进“五位一体”总体布局，协调推进“四个全面”战略布局，坚决维护以习近平同志为核心的党中央权威，严肃党内政治生活，强化党内监督，聚焦监督执纪问责，驰而不息纠正“四风”，保持惩治腐败高压态势，维护好党内政治生态，推动全面从严治党向纵深发展。打铁还需自身硬，必须扎紧制度笼子，严格执行监督执纪工作规则，加强各级纪委领导班子和干部队伍建设，用担当诠释忠诚，为在全省率先全面建成小康社会，奋力推动区域性国际中心城市建设提供坚强的政治和纪律保障。

（一）认真贯彻落实党的十八届六中全会精神，把全面从严治党的决策部署变为实际行动

深入贯彻落实党的十八届六中全会精神。全市各级党组织和纪检监察机关要把学习贯彻党的十八届六中全会、中央纪委七次全会、省委十届二次全会、省纪委十届二次全会和市委十一届二次全会精神作为重要政治任务，切实增强“四个意识”，坚定政治方向，提高政治站位，不折不扣执行《关于新形势下党内政治生活的若干准则》和《中国共产党党内监督条例》。把学习贯彻中央精神与昆明实际结合起来，落实好省委《关于认真贯彻党的十八届六中全会精神深入推进全面从严治党的决定》和市委实施意见。全市各级纪检监察机关要在维护良好政治生态方面充分发挥作用，既带头执行党内政治生活若干准则和监督条例等党内法规制度，又加强监督检查，把各项党内法规制度贯彻执行情况纳入巡察内容，推动党内法规的贯彻执行。

着力严肃党内政治生活。督促各级党组织严肃党内政治生活，坚持把党内政治生活作为党组织教育管理党员和党员进行党性锻炼的主要平台，增强党内政治生活的政治性、时代性、原则性、战斗性。坚决防止和纠正党的意识、党员意识淡化，不按组织程序办事，纪律规矩意识不强，甚至顶风违纪的行为；坚决防止和纠正制度虚设，程序空转，用权任性，该报告的不报告、该请示的不请示，甚至不执行民主集中制，搞“一言堂”的行为；坚决防止和纠正在执行中央和上级的决策部署时搞变通、做选择、打折扣，甚至有令不行、有禁不止的行为；坚决防止和纠正会上不说、会后乱说，当面不说、背后乱说，台上一套、台下一套，甚至搞团团伙伙、拉帮结派等行为。强化纪律规矩执行情况的监督检查，对不守纪律、不讲规矩的一律严肃处理，决不姑息。坚决做到党中央提倡的坚决响应、党中央决定的坚决执行、党中央禁止的坚决不做，确保全市各级党组织和全体党员思想统一、步调一致、令行禁止。

严把干部选用政治关廉洁关。认真落实中央关于干部选拔任用中“纪检监察机关意见必听、线索具体的信访举报必查”的要求，对政治上有问题的干部一票否决。认真梳理领导干部问题，健全完善廉政档案，严把“党风廉政意见回复”关，防止干部“带病提拔”“带病上岗”。加强换届纪律监督，严格落实“九个严禁、九个一律”要求，严肃查处买官卖官、拉票贿选等问题，营造风清气正的政治生态。

（二）强化党内监督的严肃性，扎紧制度笼子

督促推动权力公开透明规范运行。突出问题导向，坚持标本兼治，强化源头防治，从容易滋生腐败问题的重点领域、重要岗位、关键环节入手，加强监督，推动落实权力清单制度，公开权力运行过程和结果，做到权力运行实时记录、全程留痕、倒查有据，让权力在阳光下运行、在监督下规范，着力构建“不能腐”的体制机制。

突出“关键少数”。加强对党的领导机关和领导干部特别是主要领导干部的监督，强化纪委对同级党委特别是常委会委员的监督，落实党委常委会（或党组）议事规则和决策程序，落实“一把手”监督办法。上级纪委要把下级“一把手”和班子成员纳入监督重点，发现问题线索及时处置。同级纪委要定期将同级领导班子成员特别是“一把手”落实主体责任、执行民主集中制、廉洁自律等情况向上级纪委报告。

健全监督体系和机制。准确把握强化党内监督的总体要求、主要内容、重点对象、各类主体及职责，以党的领导机关和领导干部为重点，建立健全党委（党组）全面监督、纪律检查机关专责监督、党的工作部门职能监督、党的基层组织日常监督、党员民主监督的党内监督体系。在推进纪检和监察体制改革的同时，探索内部机构改革。创新组织制度，调整内设机构，将执纪监督和执纪审查部门职责分开，使执纪监督、执纪审查、案件审理各环节相互协调、相互制约。

（三）久久为功、锲而不舍，坚决打好作风建设攻坚战持久战

经常抓、抓经常。继续以中央八项规定精神的贯彻落实为抓手，看住重要节点，聚焦“关键少数”，综合运用暗访、查处、追责、曝光等多种手段，加大对违反八项规定精神和各种隐性、变异“四风”问题的查处力度。把反对“四风”情况作为领导干部述责述廉、民主生活会对照检查的内容，自查自纠，开展批评和自我批评。对巡察、信访和执纪审查中发现的“四风”问题线索认真处置。把顶风违纪列为执纪审查的重点，对不收手、不知止，规避组织监督，以及隐形变异“四风”问题露头就打、深挖细查，坚决防止反弹回潮。对执纪审查对象存在“四风”问题的，要先于其他问题查处和通报。从解决“四风”问题和领导干部不严不实问题延伸下去，努力改进思想作风、学风、工作作风、领导作风、干部生活作风，以优良党风带动社风民风。

推进作风建设常态化长效化。督促各级各部门紧密联系实际，认真检查中央八项规定精神相关制度措施执行情况，认真梳理发现的新情况、新问题，修订相关制度和措施，增强针对性，提高执行效果。充分利用新兴媒体，丰富监督手段，拓宽群众参与作风监督的渠道，建立微信公众号和“作风问题一键拍”手机客户端，形成“人人可监督”“人人可举报”的监督模式，让监督无处不在，让违规违纪行为无处藏身，推进作风建设制度化、常态化、长效化。

坚定文化自信，打造“清风昆明”。坚持以社会主义核心价值观为引领，加强党内政治文化建设。开展优良传统和作风教育，增强党员干部文化自觉和文化自信，依靠文化自信坚定理想信念，以文化自信支撑政治定力。进一步推进党章党规党纪学习宣传教育，积极利用微博、微信、手机客户端、互联网等新兴媒体对广大党员开展纪律规矩教育，采取信息、动漫、图片、微影视等方式阐释党纪党规，使党员干部明底线、知敬畏、守纪律。充分挖掘中华民族优秀传统文化中廉洁思想的当代价值，特别是昆明本地的传统文化、知名人物的思想内涵，进行创造性转化和创新性发展，融入城市环境提升建设中，打造廉洁教育新亮点，谋划好地铁“青莲站”廉洁文化主题站点建设，使廉洁文化熔铸城市精神、彰显城市形象。

加大干部作风治理力度。认真落实市委十一届二次全会部署要求，坚持把教育激励同严格监督结合起来，加大专项治理力度，破除“庸懒散”、提振“精气神”，努力营造干事创业的良好氛围。针对一些干部“满足现状，不思进取”的突出问题，强化教育引导、改进考评机制，奖勤罚懒，奖优罚劣，充分激发党员干部的荣誉感和责任感。针对一些干部“不求有功，但求无过”的突出问题，探索建立容错纠错防错机制，制定诬告陷害行为处理办法，为大胆创新者松绑、为锐意改革者护航、为敢想敢干者撑腰，调动干部干事创业的积极性和主动性。针对一些干部“推、拖、滑、绕、躲”等“不作为、慢作为”的突出问题，建立作风建设满意度第三方评价制度，强化评价结果运用。加强对党员领导干部和职能部门行使权力和履职情况的监督检查，以严格的监督、严厉的问责确保党员干部守责、担责、尽责。

（四）坚定旗帜立场，巩固反腐败斗争压倒性态势

坚持力度不减、节奏不变。要持续保持高压态势，坚决减少腐败存量，重点遏制增量。以执纪必严、越往后越严为导向，突出执纪监督的特点和重点，加强问题线索研判和处置，把握“三个重要时间节点”，盯紧“三类重点人”。进一步发挥好各级反腐败协调小组的作用，不断完善线索移送、信息共享、应急联动等组织协调机制，增强反腐败工作合力。把严明审查纪律与加大纪律审查力度放到同等重要的位置，严把纪律审查的事实关、证据关、定性关、量纪关、程序关，完善安全审查制度和措施，提高依纪依法惩治腐败能力。深入剖析严重违纪违法典型案例，查找问题症结，堵塞监管漏洞。系统整理、充分利用违纪干部的忏悔录，能公开的都要公开，把违纪干部的忏悔录印发发案单位，作为领导班子民主生活会的反面教材，用身边事教育身边人。在各级党校开设警示教育课程，发挥查处一案、教育一片的作用。

将“四种形态”贯穿于监督执纪全过程。抓好《关于落实全面从严治党主体责任实践“四种形态”的实施意见》和《关于落实全面从严治党主体责任运用监督执纪第一种形态的暂行办法》的贯彻落实，从信访受理、线索处置、执纪审查、执纪审理等具体工作入手，推动“四种形态”实施运用更加具体化、规范化、制度化。在运用好第一种形态强化日常监督执纪上下功夫，对反映的一般性问题及时同本人见面，谈话提醒、约谈函询，让“红红脸、出出汗”成为常态。进一步规范谈话函询审批和报告制度，谈话由纪检机关相关负责人或者承办部门主要负责人进行，也可以委托被谈话人所在党委（党组）主要负责人进行。严格把握执纪尺度标准，该教育挽救的教育挽救，该深查细纠的绝不放过。对反映不实的予以澄清；对如实说明且属一般性问题的批评教育，予以了结；对不如实说明、欺骗组织的严肃处理。在对违纪党员干部的审查中，要让审查对象重温入党誓词、重读入党志愿书，使其更深刻地认识自己的错误。以《纪检监察机关监督执纪“四种形态”统计指标体系（试行）》为指导，以问题线索为起点，以处理结果为统计依据，准确汇总纪检监察机关对有问题线索反映的党员干部开展监督执纪情况，进一步提升把握政策的能力和水平。

（五）推进巡察和派驻监督，实现党内监督全覆盖

深化巡察监督。科学制定十一届市委巡察工作五年规划，合理安排好2017年巡察工作任务。建立巡察工作联动、巡察质量考评和巡察成果综合运用机制，完善工作运行、内部管理、监督制约、督导检查等制度。改进巡察的组织形式和方式方法，综合运用常规巡察、专项巡察、巡察“回头看”“点穴式”巡察、延伸巡察、“一托N”等方式，增强巡察工作的针对性和有效性。扩大巡察覆盖面，加强对问题反映集中县乡的督查，维护广大群众切身利益。加强对被巡察党组织和党的领导干部坚定理想信念宗旨、落实党的路线方针政策、坚持党管干部原则、选对人用好人等情况的巡察监督，提高精准发现问题的能力。加大巡察反馈和整改落实的公开力度，督促被巡察党组织主动认领责任，做到条条要整改、件件有着落，充分发挥巡察利剑震慑遏制治本作用。

强化派驻监督。采取单独派驻和综合派驻的方式，推进纪委向市一级党和国家机关派驻全覆盖，切实增强“派”的权威和“驻”的优势，发挥好派驻机构“探头”作用。加强对被监督单位领导班子及其成员、其他领导干部的监督，发现问题应及时向派出机关和被监督单位党组织报告，认真负责调查处置，对需要问责的提出建议。加强对派出（驻）机构的领导，定期约谈派出（驻）机构负责人，督促落实好监督责任。派出（驻）机构要定期向派出机关汇报工作，对应发现的问题没有发现、发现问题不报告不处置的必须严肃追究责任。

（六）用好问责利器，夯实管党治党责任

推动管党治党责任深入落实。各级纪检机关要切实承担起管党治党的监督责任，把主体责任落实情况作为巡察和监督执纪的重点，持续传导管党治党的责任和压力，督促各级党组织把严的要求贯穿到管党治党的各方面，特别注重加强日常管理监督，从具体问题管起、抓起，解决好本地区本部门本单位党内政治生活中存在的突出问题，用严明的纪律管住全体党员，让党员干部习惯在相互提醒和督促中进步。坚持以考促建，进一步完善党风廉政建设责任制检查考核机制，强化全面从严治党的责任和要求，改进考核的内容和标准。坚持和完善主要领导干部向纪委全会述责述廉制度，严格述责述廉报告的审查程序，增强质询提问的针对性，把述责述廉结果作为领导干部考核、奖惩和选拔任用的重要参考依据。通过党委常委会（或党组）扩大会、纪委全会、党风廉政建设责任制检查考核、民主生活会（组织生活会）述责述廉等，把党政主要领导、领导班子成员以及各级领导干部全部纳入述责述廉范围，实现述责述廉全覆盖。

以问责倒逼责任落实。严格贯彻落实《中国共产党问责条例》和省委《实施办法》，针对当前一些干部“推、拖、滑、绕、躲”的突出问题，勇于铁面问责，坚决防止把层层传导压力变成层层推卸责任。对党的领导弱化、党的建设缺失、从严治党责任落实不到位的，对维护党的政治纪律和政治规矩失责、贯彻中央八项规定精神不力、选人用人问题突出、腐败问题严重、不作为乱作为的，要敢于碰硬、敢于问责，定期报告问责情况、曝光典型问题，让问责成为强化管党治党的鲜明特征。突出管党治党政治责任，对在党的建设和党的事业中失职失责的党组织和党的领导干部，严肃追究主体责任、监督责任和领导责任。

（七）严厉整治侵害群众利益的不正之风和腐败问题，为打赢脱贫攻坚战提供保障

加强扶贫领域监督执纪问责。紧紧围绕脱贫攻坚主战场这个重点地区、基层干部这个重点人群、资金管理和使用这个重点问题，畅通信访举报渠道，加强梳理排查，强化交办和督办，扎实推进反映扶贫领域涉嫌违纪问题信访举报督办工作。开展扶贫领域专项整治，坚决查处“小官大贪”、侵占挪用、克扣强占、向扶贫等民生款物伸手等侵害群众利益的问题。建立脱贫攻坚抽查工作机制，定期对贫困村“两委”落实脱贫攻坚任务情况、精准扶贫、驻村工作队员在岗情况及帮扶措施、帮扶项目落实等情况进行随机抽查，推动脱贫攻坚政策措施落到实处。

推动反腐肃贪向基层延伸。健全基层纪委执纪审查工作机制，督促县乡党委、纪委发挥关键作用，强化对村（居）务监督委员会工作的指导，完善“村案乡办”“乡案县审”“交叉检（审）查”等基层纪委执纪审查工作机制，消除基层执纪审查空白点。把查处侵害群众利益的不正之风和腐败问题作为主要工作任务，集中整治和查处农村集体“三资”管理、惠农补贴、低保资金管理使用等方面存在的“雁过拔毛”、优亲厚友、贪占挪用、虚报冒领等不正之风和腐败行为，定期曝光典型违纪问题。对反映相关问题信访举报较多的地区，以及办理不力、进展缓慢的地区，要约谈相关负责人，传导责任和压力。对顶着不办、压着不查、徇私舞弊、弄虚作假的，要依纪依规严肃处理。

（八）以担当诠释忠诚，建设一支让党放心、人民信赖的纪检监察干部队伍

树起严格自律标杆。各级纪检监察机关和纪检监察干部要牢固树立“四个自信”，切实增强“四个意识”，坚持把思想摆进去、把工作摆进去、把自己摆进去，以铁的信仰立身，以铁的纪律律己，以铁的担当尽责，做对党忠诚的卫士、个人干净的模范、敢于担当的先锋。各级纪委班子特别是主要负责人要以身作则、率先垂范，更加坚定地维护以习近平同志为核心的党中央权威，更加扎实地把中央、省委、市委和上级纪委各项决策部署落到实处，带头做坚定理想信念的表率、严守政治纪律的表率、发扬党内民主的表率、加强作风建设的表率、敢于担当责任的表率、维护班子团结的表率、坚守清正廉洁的表率。各级纪委书记（纪检组长）既要自身正、敢担当、言传身教，又要加强日常管理和监督，领好班子，带好队伍。

严格执行监督执纪工作规则。打铁还需自身硬，执纪者更要受监督。要把纪委的自我监督与党内监督、社会监督有机结合起来，构建日臻完善的监督和制衡体系，确保权力不被滥用。规范工作规程，落实请示报告制度，加强管理监督，严控自由裁量权，执纪审查的各个环节都必须有记录、留痕迹。各级纪委要全面清理和规范纪律审查工作的相关制度规定，密切联系实际，找准风险点和薄弱环节，健全完善内部监督制约机制，加强关键环节管控，重点管好室主任，规范审查组组长权限，严格审核执纪审查方案、调查事项和措施，加强涉案资料和款物的管理，把监督执纪的权力关进制度笼子。针对一些核查难、定性难、量纪难问题，建立纪律审查专家组咨询制度，使执纪审查的定性量纪更为精准。建立纪检监察干部约谈、家访制度，加强内部监督。发挥好纪检监察干部监督室的职能作用，对不担当、不负责的，必须调整岗位；对不忠诚、不干净的，必须严肃查办；对执纪违纪、失职失责造成严重后果的，既要追究当事人责任，也要追究领导责任。

提升“学思践悟”能力。进一步巩固深化“两学一做”学习教育成果，持续深化“学思讲谈、践悟行动”，围绕“经验反思和问题导向”，采取“走出去、引进来”的方式，加大培训力度，到先进发达地区考察学习，邀请专家学者、领导和社会名流进行专题讲座，汲取经验、形成概念、反思不足、付诸实践。坚守职责定位，聚焦主责主业，提高政治素质、职业素养，转变理念思路，改进工作方式，不断提高思想政治工作水平和业务能力。拓宽纪检监察干部选用视野，真正把政治强、作风硬、德才兼备、敢于担当的优秀干部选拔进纪检监察队伍。进一步畅通纪检监察干部进出渠道，推进系统内外交流，不断增强干部队伍的生机活力，全面提升履职能力。

同志们，推进全面从严治党，强化党内监督，将党风廉政建设和反腐败斗争不断引向深入，责任重大、任务艰巨、使命光荣。我们要紧密团结在以习近平同志为核心的党中央周围，在省纪委和市委的坚强领导下，保持坚强政治定力，强化使命担当，忠诚履行职责，坚定不移推动全面从严治党向纵深发展，以优异成绩迎接党的十九大胜利召开。

2016年昆明市组织机构及负责人名录

2017 KUNMING YEARBOOK

中共昆明市委

书　　记　程连元
副 书 记　王喜良
　　　　　刘　智（2月起）
　　　　　应永生（至3月）
　　　　　拉玛·兴高（至2月）
　　　　　何　刚（5月起）
常　　委　王敏正（至6月）
　　　　　鲁　斌（5月起）
　　　　　杨金莹（3月起）
　　　　　保建彬（9月起）
　　　　　方兴国（至8月）
　　　　　杨　皕（2月起）
　　　　　柳文炜
　　　　　金幼和
　　　　　王　宇（2~12月）
　　　　　盛高举（至5月）
　　　　　蒋朝忠（9月起）
　　　　　常树奇（挂职）
　　　　　李志工（挂职，3月起）
　　　　　邢敦忠（挂职，3月起）
秘 书 长　柳文炜
副秘书长　张先宝（至5月）
　　　　　肖　樱（至2月）
　　　　　徐正林
　　　　　李福军（至11月）
　　　　　宋晓林
　　　　　张树宝（挂职）
　　　　　张士华（挂职）
　　　　　连文胜（挂职）
　　　　　陈铸武
　　　　　杜　文（4月起）
　　　　　毕绍刚（5月起）
　　　　　蔡德生（4月起）
　　　　　高宇明（5月起）

昆明市人大常委会

主　　任　杨远翔（至1月）
　　　　　拉玛·兴高（1月起）
副 主 任　金志伟
　　　　　夏　静
　　　　　戚永宏
　　　　　郭子贞
　　　　　马凤伦
秘 书 长　吴庆昆
副秘书长　赵兴旺（至6月）
　　　　　叶亚光
　　　　　孟少波（至8月）
　　　　　李庆平
　　　　　崔　猛
　　　　　李忠华（6月起）

昆明市人民政府

市　　长　王喜良
常务副市长　何　刚（至6月）
　　　　　保建彬（6月起）
副 市 长　王道兴
　　　　　孟庆红
　　　　　阮凤斌（至6月）
　　　　　王　宇（至4月）
　　　　　杨　皕（至2月）
　　　　　王建颖（4月起）
　　　　　刀　勇（4月起）
　　　　　王春燕
　　　　　赵学农
　　　　　吴　涛
　　　　　关清华（挂职，至2月）
　　　　　李志工（挂职，4月起）
　　　　　邢敦忠（挂职，4月起）
　　　　　刘　兵（挂职）
　　　　　陈小男（挂职）
　　　　　龚晓坤（挂职）
　　　　　李茂忠（挂职，12月起）
　　　　　孙　涛（挂职，12月起）
市长助理　李河流（至6月）
秘 书 长　胡炜彤
副秘书长　夏俊松（至3月）
　　　　　李　江
　　　　　林远辉
　　　　　王国亮
　　　　　李绍俊（至1月）
　　　　　陈树发
　　　　　孙　杰（至6月）
　　　　　郭志宏
　　　　　陈　江
　　　　　甘　红（挂职）
　　　　　吴忠林（6月起）
　　　　　陈　汉（8月起）
　　　　　王亚芳
　　　　　沃　磊（至5月）
　　　　　高　庚（3月起）
　　　　　余明锋（挂职，8月起）

政协昆明市委员会

主　　席　田云翔（至1月）
　　　　　熊瑞丽（1月起）
副 主 席　张建伟
　　　　　汪叶菊
　　　　　杨品才
　　　　　常　敏
　　　　　朱　燕
秘 书 长　周　忻
副秘书长　刘志军（至9月）
　　　　　许绍忠（3月起）
　　　　　鲁云宏
　　　　　谭爱苹（9月起）
　　　　　王家志
　　　　　李　鸿
　　　　　李云周（9月起）

昆明市纪委

书　　记　应永生（至3月）
　　　　　杨金莹（3月起）
副 书 记　王敏俊（至5月）
　　　　　熊　坚（7月起）
　　　　　周红斌（至2月）
　　　　　李寿志
　　　　　郑　楠（7月起）
常　　委　应永生（至3月）
　　　　　杨金莹（3月起）
　　　　　王敏俊（至5月）
　　　　　沃　磊（4月起）
　　　　　熊　坚（7月起）
　　　　　周红斌（至2月）
　　　　　李寿志
　　　　　郑　楠
　　　　　段增华
　　　　　王晓军
　　　　　张津华（4月起）
　　　　　土绍芳（9月起）

市中级人民法院

院　　长　罗朝峰（至6月）
代 院 长　董国权（8月起）
副 院 长　尹德坤（至4月）
　　　　　董　林（至4月）
　　　　　安　静
　　　　　周传彪
　　　　　夏静良
　　　　　路晓琨（4月起）

市人民检察院

检 察 长　王亚锋
副检察长　毕春华
　　　　　李云峰
　　　　　赵　明
　　　　　张　黎
　　　　　王凯石

城郊地区人民检察院

检 察 长　彭君明

反贪局

局　　长　绪　伟（12月起）

市委各部委办局

办公厅

主　　任　张先宝（至5月）
副 主 任　曾　清
　　　　　张　伟（至2月）
　　　　　杜　文（至4月）
　　　　　任碧成（5月起）
　　　　　赵　龙（8月起）

机要局

局　　长　王　琳
副 局 长　房文利

保密局

局　　长　王建荣
副 局 长　黄玉林

农办（市统筹城乡办）

主　　任　蔡德生（4月起）
副 主 任　刘正海
　　　　　何艳波
　　　　　魏　乾（12月起）

组织部

部　　长　鲁　斌（5月起）
　　　　　盛高举（至5月）
常务副部长　武　斌
副 部 长　张玉宁（兼）
　　　　　姚振康（兼）
　　　　　杨爱武
　　　　　李文斌（2月起）
部务委员　戚本福（至2月）
　　　　　李文斌（至2月）
　　　　　郑传贵（2月起）
　　　　　李晋红（2月起）

光伏产业发督导组

组　　长　郭红波（至9月）
办公室主任　张　雷

人才工作领导小组办公室

副 主 任　李晋红

党员教育中心

主　　任　廖助宁（至12月）

非公有制经济组织和社会组织工作委员会

书　　记　杨爱武
专职副书记　司朝明
　　　　　赵　武

老干局

局　　长　张玉宁
副 局 长　张　宏
　　　　　崔云聪
　　　　　唐晓越

宣传部

部　　长　金幼和
常务副部长　杨凤华
副 部 长　冯　皓（至11月）
　　　　　马　谦
部务委员　陈　波
　　　　　黄　杰

外宣办（市政府新闻办）

主　　任　黄　杰（9月起）
副 主 任　黄凤昆（至1月）

文明办

主　　任　杨凤华（兼，至8月）
　　　　　冯　皓（8~11月）
副 主 任　陈志强（至8月）
　　　　　王文萍
　　　　　王雁鹏（12月起）

文产办

专职副主任　普跃英

网信办

副 主 任　吴豫昆

统战部

部　　长　杨　茴（2月起）
常务副部长　毕昆闽
副 部 长　蔡永福

贾玉华
黄世建（至5月）
毕小忠（5~11月）
部务委员 应江辉
尹朝晖（1月起）

台办

主　　任 冯美琼
副 主 任 高云龙

政法委

书　　记 拉玛·兴高（至2月）
王　宇（2月起）
常务副书记 刘文义（至5月）
郎　佳（5月起）
副 书 记 郎　佳（至5月）
朱彬彬
郭沫彪（5月起）
刀　勇（兼，5月起）
罗朝峰（兼，至6月）
董国权（兼，12月起）
王亚锋
委务委员 董嘉毅
欧阳咏梅（2月起）

市依法治市办

主　　任 拉玛·兴高（兼，至2月）
王　宇（兼，2月起）
副 主 任 谭宜波

市综治办

主　　任 刘文义（兼，至5月）
郭沫彪（兼，5月起）
副 主 任 祝建昆
毛映红

市委610办

主　　任 吴　疆
副 主 任 夏　佳

市维稳办

专职副主任 杨晓红（至5月）
副 主 任 彭海滨（5月起）

党校

校　　长 应永生（兼，至5月）
刘　智（兼，5月起）
常务副校长 范光华
副 校 长 蔡　杰
许绍忠（至2月）
陈向红
顾　巍
李启斌（5月起）
党委书记 范光华
副 书 记 苏秀琼

政研室

主　　任 陈　涛（4月起）
副 主 任 易建华（至9月）
陈　涛（至4月）
李　玥
田东山（5月起）

编办

主　　任 唐　琪
常务副主任 陈一杰
专职副主任 王　昆
赵春泉（8月起）

事业单位登记管理局

局　　长 郭加强

市级机关工委

书　　记 陈光辉
副 书 记 夏惠琼
唐继文

党史研究室

主　　任 张丽仙
副 主 任 田东山（至5月）
赵国华

信访局

局　　长 王国亮
副 局 长 杨四毅（至11月）
杨　薇
柯旭波
张光明（兼）
韩　扬（5月起）

市人大各机构

办公厅

主　　任 赵兴旺（至4月）
李庆平（4月起）
副 主 任 胡思明
何金典（至6月）
胡建军（6月起）

法制委员会（法制工作委员会）

主任委员 兰　昆
副主任委员 程悦亮
杨　棱
翁　磊（6月起）

内务司法委员会（内务司法工作委员会）

主任委员 王有祥（至12月）
刘文义（12月起）
副主任委员 王　骏
刘文义（6~12月）
张翼昆（12月起）

财政经济委员会（财政经济工作委员会）

主任委员 赵　飞
副主任委员 吴卫东

城乡建设环境保护委员会（城乡建设环境保护工作委员会）

主任委员 汪天祥（至6月）
副主任委员 陈卫芳
柳　伟（6月起）
申开银（6月起）

教育科学文化卫生工作委员会

主　　任 寸　东
副 主 任 王本晋（至6月）
杨建平
汪明涛（12月起）

民族宗教工作委员会

主　　任 丁　伟
副 主 任 段跃红
马　责（6月起）

人事代表工作委员会
主　　任　李建平
副 主 任　曹长福（至4月）
　　　　　张昆丽
　　　　　艾树祥（4月起）

农业工作委员会
主　　任　马慈明
副 主 任　杨　凤
　　　　　马留安（6月起）

外事华侨工作委员会
主　　任　周　凡
副 主 任　陈　敏

研究室
主　　任　李庆平（至4月）
　　　　　王本晋（6月起）

市政府各委办局

办公厅
主　　任　夏俊松（至3月）
副 主 任　周学庆（至12月）
　　　　　厉鸿华
　　　　　罗　峻
　　　　　符光曙（8月起）

市长热线办
主　　任　张立涛
副 主 任　张仲才
　　　　　王智明

接待办
主　　任　宋晓林（至4月）
副 主 任　杨秀峰
　　　　　郭琴贤

市志办
主　　任　严宏纲（至5月）
　　　　　母正荣（5月起）
副 主 任　字应军
　　　　　李　洪

参事室
主　　任　汪云兰
副 主 任　杨　武

发展和改革委员会
主　　任　李肇圣
副 主 任　田　斌
　　　　　戴惠明
　　　　　耿　链
　　　　　毕绍刚（至6月）
　　　　　杨泽松（6月起）
总经济师　高淑霞

粮食局
局　　长　张丽琼（至6月）
　　　　　杨文志（6月起）
副 局 长　潘建刚
　　　　　高玉英
　　　　　杨亚娟
党委书记　张丽琼（至5月）
　　　　　杨文志（5月起）
副 书 记　常顺启

工业和信息化委员会
主　　任　陈　浩
副 主 任　杨新文（至10月）
　　　　　罗　云
　　　　　锁良勇
　　　　　周正和
　　　　　钱树森（8月起）
　　　　　杨中华（挂职，8月起）
　　　　　马　钰（挂职，8月起）
　　　　　和松华（10月起）
总经济师　李建书
总工程师　阳书文

无线电管理委员会
专职副主任　和松华（至10月）
　　　　　　杨国泰（10月起）

教育局
局　　长　刘绍安
副 局 长　穆仁早
　　　　　李瑞林
　　　　　方　宁
　　　　　龚利春
　　　　　蒋坚桥
　　　　　赵灿东（挂职）
　　　　　董　萍（挂职）
党委书记　刘绍安
副 书 记　鲁再国

教育督导团办公室
主　　任　孙　晖

招生考试院
院　　长　张文伟

科学技术局
局　　长　刘燕琨（至11月）
　　　　　谭翔浔（11月起）
副 局 长　马文森（至10月）
　　　　　翟　斌
　　　　　成小兵
　　　　　周　康
党组书记　马文森（至9月）
　　　　　谭翔浔（9月起）

知识产权局
局　　长　叶　明

民族宗教事务委员会
主　　任　李忠德
副 主 任　陈　浩
　　　　　土绍芳（至10月）
　　　　　夏　梦
　　　　　刀福东（10月起）

公安局
局　　长　王　宇（至4月）
　　　　　刀　勇（4月起）
副 局 长　王　伟
　　　　　杨劲松
　　　　　杜俊超
　　　　　张玉明
　　　　　杨建军
　　　　　徐　猛
　　　　　陈汝波（兼，至6月）
　　　　　史云峰（3月起）
党委书记　王　宇（至4月）
　　　　　刀　勇（4月起）
副 书 记　王　伟（至12月）

史云峰（2月起）
阚书泉

交警支队
支 队 长　黄忠伟（4月起）
副支队长　杨 明
毕 伟
袁满荣
缪永春（4月起）
政　　委　金志锋

消防支队
支 队 长　李庆渝
副支队长　刘关能
曹 卿
周 华
政　　委　赵 俊
副 政 委　李 平

监察局
局　　长　王敏俊（至6月）
熊 坚（8月起）
副 局 长　周红玉
段增华

财政局
局　　长　和丽川（至4月）
副 局 长　徐毅清（3月起）
焦振华（至12月）
陈 静
徐郑峰
龙小海（至6月）
邹荣付
邓文敏
陈 杰（挂职，8月起）
魏云辉（12月起）

民政局
局　　长　张正平
副 局 长　马正权
林 华
吴智峰
马金华
党委书记　张正平
副 书 记　桂辉武

双拥办
专职副主任　仲 华

司法局
局　　长　刘婉秋（至12月）
孙跃文（12月起）
副 局 长　李继华
陈 波
赵 勇
袁 玲
党委书记　刘婉秋（至11月）
孙跃文（11月起）
副 书 记　李继华
宋 玫

人力资源和社会保障局
局　　长　姚振康
副 局 长　张 庆（至10月）
闫晓陵
杨 雄
何文明
黄 梅

军培中心
主　　任　闫晓陵
副 主 任　许玉文
梁 平（6月起）

社会保险局
局　　长　杨学勇

医保中心
主　　任　李卫明

人才服务中心
主　　任　贾诏勋（7月起）

就业局
局　　长　龚成杰

劳动仲裁院
院　　长　王 静

外专局
局　　长　郭越媛

公务员局
副 局 长　吴 俊

城乡居民养老保险局
局　　长　赵贤锋（12月起）

劳动监察支队
队　　长　王正军

国土资源局
局　　长　周兴舜（至8月）
王 涛（8月起）
副 局 长　陈茂林（至8月）
赵 宏
刘 宁
胡光普
谢 卫（4月起）
陈晓东（8月起）
党委书记　周兴舜（至8月）
王 涛（8月起）
副 书 记　刘 翔

国土执法支队
支 队 长　魏黎明
副支队长　高 原
蒙 斌（8月起）
政　　委　郭嵘桦

环境保护局
局　　长　刘跃进
副 局 长　高志刚
虎 龙
肖 丁
和 矛
陈 嵩

住房和城乡建设局
局　　长　陈 伟（至6月）
李 彤（6月起）
副 局 长　何毅刚
马文瑜（6月起）
李 波
朵 雯
刘 鲁
党委书记　陈 伟（至5月）
李 彤（5月起）

副书记　莫映珠

交通运输局

局长　高中建
副局长　赵毅
陈勇
袁俊
吴永芳（至6月）
任有贵
钱允江（兼）
彭伟（12月起）
党委书记　张姝
副书记　姜登锟
总工程师　游苇

农业局

局长　蔡德生（至4月）
郭增敏（4月起）
副局长　鲁秉泉（至6月）
倪森
习再兰
王昆华（3月起）
杨朝云（6月起）
党委书记　蔡德生（至4月）
郭增敏（4月起）
副书记　贺丽君（至4月）
刘建斌（4月起）

林业局

局长　曾令衡
副局长　杨国荣
杨景先
张建坤
耿成兴

防火办

主任　荣佑林
常务副指挥长　曾令衡
专职副指挥长　耿成兴

森林公安局

局长　王翊
副局长　雷刚
邹彧
政治处主任　张明慧（至12月）
陈国清（12月起）

绿化办

专职副主任　马陆章

轿子山管理局

局长　张映华
副局长　马玉春
蒋儒坤（至5月）
徐正雄（5月起）

园林绿化局

局长　焦延田
副局长　李建安
高朝俊
王兵（6月起）
党委书记　焦延田
副书记　涂国尧

水务局

局长　储汝明
副局长　王顺伟
龚询木
刘锐钢
杨金仑
总工程师　邱云生

防汛抗旱指挥部办公室

主任　武德方

商务局

局长　李云周（至8月）
徐增雄（8月起）
副局长　李笠菲（3月起）
董锦元
潘加智（至6月）
完同良
黄焰

商务行政执法支队

支队长　张革胜

投资促进局

局长　桂春
副局长　谭爱苹（兼，至10月）
张宗能
骆晓林
孙晓强
党组书记　谭爱苹（至9月）

中共昆明市外地驻昆机构工委

书记　谭爱苹（兼，至9月）
副书记　何英
完同良（12月起）

招商引资考核办公室

主任　桂春（兼，1月起）
副主任　史任川（5月起）
郑传贵（至3月）
张宗能（至1月）

文化广播电视体育局

局长　戴彬
副局长　李安民
徐艳波（至6月）
朱金玉
李燕
谷少华（10月起）
李继刚（12月起）
党委书记　赵健吾
副书记　潘锐云

卫生计生委员会

主任　龚志龙
副主任　李华生
马涛
马红军
李凌
秦芸（至6月）
张必明
党委书记　龚志龙
副书记　赵永勤

卫生计生综合执法局

局长　李红飙（8月起）
党委书记　李红飙（8月起）

审计局

局长　李冰晶
副局长　林英
后文杰
王雷
总审计师　陈林

党组书记　蔡　刚（4月起）

旅发委
主　　任　岳为民（6月起）
副 主 任　林克俭
　　　　　王　军
　　　　　付一民

旅游监察支队
支 队 长　张　波

安全生产监督管理局
局　　长　潘开平（至12月）
　　　　　张洪安（12月起）
副 局 长　杨振武
　　　　　王厚江
　　　　　李光勇

安全生产监察支队
支 队 长　李洪平

食品药品监督管理局
局　　长　李　勤（3月起）
副 局 长　李　勤（至3月）
　　　　　李勤裕
　　　　　张云海
　　　　　王庆华

统计局
局　　长　吕　志（至3月）
　　　　　吴　波（5月起）
副 局 长　袁　勤
　　　　　张　蕾
　　　　　詹绍洪（5月起）
　　　　　黄海风
　　　　　王光玉（至1月）
总统计师　白雄文

规划局
局　　长　尹旭东（至6月）
　　　　　李　亮（6月起）
副 局 长　牟　辉
　　　　　林　卫
　　　　　敖　梅
　　　　　陈　汉（至8月）
　　　　　朱　妣（挂职，至6月）
党委书记　尹旭东（至5月）
　　　　　李　亮（5月起）
副 书 记　杜凤春
总规划师　王维柱（12月起）

城市管理综合行政执法局
局　　长　陈剑平
副 局 长　邓卫东
　　　　　龙　苗
　　　　　王　俊
　　　　　蒋　波（6月起）

城市管理综合行政执法支队
支 队 长　邓卫东
政　　委　朱靖文
总工程师　余仕富（8月起）

滇池管理局（滇池保护委员会办公室）
局　　长　柳　伟（至6月）
　　　　　尹家屏（6月起）
副 局 长　王延春（至8月）
　　　　　王丽华
　　　　　赵志德
　　　　　但文德
　　　　　陈志强（8月起）

滇池管理综合行政执法总队
总 队 长　董建平
政　　委　张立力

外事侨务办
主　　任　杨志华（4月起）
副 主 任　许昌明
　　　　　张晓明
　　　　　何云屏

国资委
主　　任　李　强
副 主 任　王晓静（至12月）
　　　　　薛　高
　　　　　李　辉（至10月）
　　　　　高明媛（12月起）
党委书记　李　强
副 书 记　程学昆

研究室
主　　任　孙　宏
副 主 任　张鸿飞
　　　　　陈琨宏
　　　　　朱尧绯（5月起）

法制办
主　　任　刘　毅
副 主 任　汪　敏
　　　　　明　晓（至6月）
　　　　　魏　巍（6月起）
　　　　　朱广祥

金融办
主　　任　左　晖
副 主 任　陈　晓（至3月）
　　　　　付　文
　　　　　董　姣
　　　　　杨晖宇（8月起）
　　　　　淡　燚（挂职，8月起）
党组书记　常树奇（2月起）

扶贫办
主　　任　杨　凡
副 主 任　李　文（至10月）
　　　　　薛光文（9月起）
　　　　　张连荣
　　　　　程幼昆（10月起）

人防办
主　　任　陈国慧（10月起）
副 主 任　刘寿华（主持工作，至10月）
　　　　　张　慧

政务服务管理局
局　　长　李　江（兼）
副 局 长　张洪安（至12月）
　　　　　王　佳（至12月）
　　　　　姚燕梅
　　　　　杨俊杰

档案局（馆）
局(馆)长　李　蔚
副局(馆)长　李蜀昆
　　　　　刘毅秋

防震减灾局
局　　长　勒树才

副 局 长　毕小忠（至8月）
　　蒋静蓉

供销社

主　　任　张文俊
副 主 任　林　颖（8月起）
　　蒋　伟
党委书记　张文俊
副 书 记　罗燕平
　　林　颖（至8月）

移民开发局

局　　长　王彦平（5月起）
副 局 长　杨　力
　　韩小艳

机关事务管理局

局　　长　冉德涛（至3月）
　　肖　樱（3月起）
副 局 长　杨　勇
　　朱绍格
　　苏建民
　　徐　春

市公共资源交易监管会办公室

主　　任　张洪安（至12月）
　　李　江（兼，12月起）
副 主 任　杨俊杰

烤烟办

主　　任　李德荣

测绘管理中心

主　　任　赵　宏
副 主 任　吴俐民

市政协各机构

办公厅

副 主 任　周建新
　　苏国有（至7月）
　　杨武振

提案委员会

主　　任　何　燕
副 主 任　孙美丽
　　汪云兰（兼）
　　李为民（兼）

经济科技委员会

主　　任　李昆敏
副 主 任　张海峰
　　苟光清（兼）
　　倪　森（兼）
　　翟　斌（兼）
　　张学平（兼）

城乡建设环境保护委员会

主　　任　李旭东
副 主 任　王学斌
　　吕　志（3月起）
　　何　毅（兼）
　　牟　辉（兼）

教文卫体委员会

主　　任　李云保
副 主 任　李　云
　　梁永实（兼）
　　尹　俊（兼）

社会法制委员会

主　　任　李旭升
副 主 任　卢志强
　　朱树位（兼）
　　董　林（兼）

民族宗教委员会

主　　任　木志群

文史委员会

主　　任　徐力争
副 主 任　张丽琼（7月起）
　　张　骞
　　李安民（兼）
　　李永坤（兼）
　　王　波（兼）

联络委员会

主　　任　王雄伟
副 主 任　庞博河（7月起）
　　王明瑶
　　蔡永福（兼）

研究室

主　　任　苏国有（7月起）
副 主 任　黄爱玲
　　冯月波

驻昆有关单位

工商行政管理局

局　　长　湛　江（至12月）
　　潘开平（12月起）
副 局 长　姜　柯
　　陆　弋
　　邓永斌
　　张学平（至6月）
　　张建华
纪检组长　刘玉珍（4月起）

质量技术监督局

局　　长　赵　文
副 局 长　顾云顺（6月起）
　　梁承波
　　金　明
纪检组长　王会元

国税局

局　　长　陈志平
副 局 长　董　野
　　范一非
　　王　斌
　　丁　昆

地税局

局　　长　周　权
副 局 长　袁　忠
　　康　焰
　　管彦军
　　杨春龙

邮政管理局

局　　长　钱允江

气象局

局　　长　李文祥
副 局 长　赵元茂
　　　　　王占良

水文水资源局

局　　长　肖　林

昆明供电局

局　　长　汤寿泉
副 局 长　杨　斌
　　　　　罗小强
　　　　　吉德志
　　　　　李永辉
党委书记　汤寿泉

住房公积金管理中心

主　　任　饶利萍
副 主 任　余茂先
　　　　　李志华
　　　　　杨克军
　　　　　段　兴

国家统计局昆明调查队

队　　长　黄　斌
副 队 长　李　苇

新闻单位、大专院校

昆明报业传媒集团

董 事 长　姚　宏
党委书记　姚　宏
副 书 记　钱丽雯（1月起）

昆明日报社

总　　编　姚　宏
副 总 编　闵晓阳
　　　　　刘光平
　　　　　彭　涛

昆明信息港管委会

主　　任　张稼文

昆明广播电视台

董 事 长　房旭东
总 经 理　罗　飙

昆明广播电视网络有限责任公司

执行董事　王建义（至5月）
　　　　　和向东（5～11月）
总 经 理　田　文
常务副总经理　史　为
副总经理　罗　焰
　　　　　谢　进
　　　　　马　黎（5月起）
党委书记　和向东（5～11月）
副 书 记　邹金凯

昆明学院

院　　长　何　华（至9月）
　　　　　黎素梅（10月起）
副 院 长　李　翔（至11月）
　　　　　熊　晶
　　　　　董建华
　　　　　郭　华
　　　　　李　立（兼）
　　　　　马银海（6月起）
　　　　　沈　凡（11月起）
党委书记　陈世波
副 书 记　何　华（至9月）
　　　　　黎素梅（10月起）
　　　　　孙　勇（至11月）
　　　　　李祖武（11月起）
　　　　　李媛芬（至11月）

国有企业

烟草专卖局

局　　长　吴永明
副 局 长　陈　智
党委书记　吴永明
纪委书记　普国荣

烟草公司

经　　理　吴永明
副 经 理　郭　宏
　　　　　杨永平
　　　　　邓光新
　　　　　郑志新（至6月）

自来水集团公司

董 事 长　施　伟
副董事长　王炤平
总 经 理　白新玉
副总经理　王承坤
　　　　　纳安如
　　　　　方　勇
　　　　　陈　刚
党委书记　施　伟
副 书 记　王炤平

公交（集团）有限责任公司

董 事 长　苗献军
总 经 理　闫　忠（5月起）
副总经理　陈瑞生
　　　　　闫　忠（至5月）
　　　　　姜　犹
　　　　　徐　昆
党委书记　苗献军
副 书 记　吴　艳

煤气（集团）控股有限公司

董 事 长　文　勇
副董事长　莫绍波（至9月）
总 经 理　高永生
副总经理　李志强
　　　　　樊兴祥
党委书记　陈　华

开发（度假）区

昆明高新技术产业开发区管委会

主　　任　王敏正（至6月）
　　　　　陈　勇（6月起）
常务副主任　郭　松
副 主 任　赵戍军
　　　　　裴演兵
　　　　　赵小平（至10月）
党工委书记　苏　宇
副 书 记　郭　松（至9月）
　　　　　陈　勇（8月起）
　　　　　陈全季
　　　　　何云虹

纪工委书记　陈全季

昆明经济技术开发区管委会

主　　任　张　宁（至4月）
　　　　　李河流（5月起）
副 主 任　谭翔浔（至10月）
　　　　　宋　栋
　　　　　孟光寿
　　　　　李丕方
　　　　　李蔚玲（至10月）
党工委副书记　张　宁（至5月）
　　　　　李河流（8月起）
　　　　　王富昌
　　　　　赵兴旺（5月起）
纪工委书记　赵兴旺（5月起）

昆明滇池国家旅游度假区管委会

主　　任　罗建宾
副 主 任　王月冲
　　　　　蔡正东
　　　　　杨明俊
　　　　　李　诚
党工委书记　罗建宾
副 书 记　王桂泽
　　　　　陈思瑾
纪工委书记　陈思瑾

呈贡新区管委会

主　　任　周峰越（至6月）
　　　　　尹旭东（6月起）
第一副主任　尹家屏（至6月）
　　　　　张先宝（6月起）
常务副主任　李荣华
副 主 任　李俊民
　　　　　杨　云
党工委书记　王春燕（兼）
常务副书记　周峰越（至5月）
　　　　　尹旭东（5月起）
副 书 记　尹家屏（至5月）
　　　　　张先宝（5月起）
　　　　　李荣华

昆明阳宗海管委会

主　　任　陈国惠（至9月）
副 主 任　肖向飞
　　　　　高建明
　　　　　金炯平
　　　　　巨春良
党工委书记　袁培文
副 书 记　陈国惠（至9月）
　　　　　高建明
　　　　　孙继华

昆明倘甸产业园区和轿子山旅游开发区管委会

副 主 任　张映华
　　　　　程幼昆（至9月）
　　　　　肖真雷
　　　　　汪洪忠
　　　　　杨正龙
党工委书记　朱家健
副 书 记　昝　辉
纪工委书记　杨树斌

嵩明杨林经济开发区管委会

主　　任　杨相来（5月起）
专职副主任　李绍文
副 主 任　杨明和
　　　　　李永山
党工委书记　杨相来（5月起）

民主党派

民革市委

主任委员　朱　燕
副主任委员　李为民

民盟市委

主任委员　夏　静（兼）
副主任委员　孙　骥（兼）
　　　　　叶　明（兼）
　　　　　赵　坚（兼）
　　　　　郭鹏群（兼）
　　　　　李　霞

民建市委

主任委员　高中建（兼）
副主任委员　钟　华
　　　　　张汉举（兼）
　　　　　詹亚平（兼）
　　　　　石　磊（兼）

民进市委

主任委员　王　键（兼）
副主任委员　余　平
　　　　　谢家放（兼）

农工党市委

主任委员　杨品才（至11月）
　　　　　马　涛（11月起）
副主任委员　徐　辉
　　　　　解嘉鸿（兼，至11月）
　　　　　张明华（兼，至11月）
　　　　　戴　彬（兼）
　　　　　马　俊（兼，11月起）
　　　　　吴继昆（兼，11月起）

致公党市委

主任委员　李冰晶
副主任委员　黄秋苹
　　　　　王延春（兼）
　　　　　蔡燕华（兼）
　　　　　谷　欣（兼）
　　　　　李　蔚（兼）

九三学社市委

主任委员　常　敏（兼）
副主任委员　王云伟
　　　　　倪　森（兼）
　　　　　陈增会（兼）
　　　　　秦亚洁（兼）

群众团体

总工会

主　　席　戚永宏
常务副主席　赵涤群
副 主 席　李　祥
　　　　　李恪林
　　　　　李俊涛
　　　　　刘　辉
党组书记　赵涤群

团市委

书　　记　欧明锋（至5月）
　　　　　郝国栋（5月起）
副 书 记　姚海利（至2月）

黄　斌（4月起）
林　勤（11月起）
王又丫（12月起）

妇联

主　　席　杨文惠
常务副主席　万星宪
副 主 席　王朝晖
王学艳
李　霞（至1月）
张玉宁（兼）
毕春华（兼）
李　兰（兼）
金卫华（兼）
吕　卉（兼）

社科联

主　　席　梁永实
副 主 席　李自明（至9月）
李　燕（12月起）
赵　勇

社科院

院　　长　梁永实

科协

主　　席　齐　江
副 主 席　徐绍忠（至5月）
张学华
李小昆
何文林（5月起）

文联

主　　席　王　蓉
副 主 席　李永坤
姚晓怡（5月起）

工商联（总商会）

主　　席　董　林（2月起）
常务副主席　蔡永福
副 主 席　訾贵金
范莉华（1月起）
颜　语（兼）
赵云焜（兼）
王安康（兼）
阮鸿献（兼）
李云锁（兼）
任剑峥（兼）
苏平森（兼）
吴建国（兼）
沈长虹（兼）
黄春荣（兼）
林剑峰（兼）
林时营（兼）
张金炉（兼）
袁永忠（兼）
梁　夏（兼）
金伟东（兼）
傅晋利（兼）
杨新文（兼）

侨联

主　　席　朱　燕
副 主 席　毕娇娇
杨玺生
党组书记　贾玉华（至4月）

台联

会　　长　冯美琼（兼）
副 会 长　万　方（1月起）

残联

理 事 长　杨国泰（至10月）
马文森（10月起）
副理事长　庞　文
聂　晶

红十字会

会　　长　杨　硒（兼，至2月）
王建颖（兼，8月起）
常务副会长　陈　泓
副 会 长　冯　浩
张琳林

市人口和计划生育协会

常务副会长　尹　俊
秘 书 长　杨　玫（至9月）
潇　潇（9月起）

金融系统

工商银行云南省分行营业部

总 经 理　刘健雄
副总经理　张建刚
李　燕
阙红瑛
蒋威力
王　庆
纪委书记　闻玉璧

农业银行云南省分行营业部

总 经 理　郝云康
副总经理　蒋学才
戴　晔
张　辉
党委书记　郝云康
副 书 记　蒋学才
纪委书记　王庆清（至5月）
刘　昆（5月起）

建设银行云南省分行营业部

总 经 理　董晓威
副总经理　普　跃
许　颖（10月起）
马锦林（至3月）
刘　宁
党委书记　董晓威
纪委书记　马锦林（至3月）
孙绍洪（3月起）

交通银行云南省分行

行　　长　李大军
副 行 长　李智斌
陈志拴
吴伟海
周　东
张　颖
党委书记　李大军
纪委书记　陈志拴

富滇银行

董 事 长　夏　蜀
副董事长　卢　云
监 事 长　任建洋

行　　长　杨　敏
副 行 长　曹艳丽
　　　　　孔彩梅
　　　　　代　军
党委书记　夏　蜀
副 书 记　杨　敏
　　　　　余汝兴
纪委书记　许　峰

昆明市农村信用合作联社

理 事 长　陈永岗（7月起）
主　　任　李艳坤
副 主 任　赵　跃（至7月）
　　　　　何大海
　　　　　张继明（至7月）
　　　　　应红诚（10月起）
党委书记　章　林（至4月）
　　　　　陈永岗（8月起）
副 书 记　陈永岗（至7月）
　　　　　李艳坤
纪委书记　高　峰
监 事 长　高　峰

中国人民财产保险公司昆明市分公司

总 经 理　杨　卫
副总经理　夏　霖
　　　　　杨云龙
　　　　　刘　非（至3月）
　　　　　吴　莉
　　　　　季慧旻
党委书记　杨　卫
纪委书记　夏　霖

中国人寿保险公司昆明市分公司

总 经 理　江　芹
副总经理　傅　强
　　　　　易　嘉（至6月）
　　　　　王紫江
　　　　　俞　晓（9月起）
党委书记　江　芹
纪委书记　易　嘉（至6月）
　　　　　俞　晓（9月起）

中国太平洋财产保险股份有限公司云南分公司

总 经 理　余兴鹏（至3月）
副总经理　李　鸿（3月起）
　　　　　王　德
　　　　　李兴明
党委书记　余兴鹏
纪委书记　王　德

中国太平洋人寿保险股份有限公司云南分公司

总 经 理　尹建宏
副总经理　郭漫江
　　　　　蔡金泉
　　　　　管　昕（5月起）
　　　　　张　蓉（9月起）

县（市、区）

五华区

区委书记　吕天云
副 书 记　李　彤（至5月）
　　　　　陈　伟（5月起）
　　　　　孙　杰（5月起）
　　　　　邓　博（挂职，至4月）
人大常委会主任　苏天福
副 主 任　许萍森
　　　　　吕毅平
　　　　　孙　骥
　　　　　余　彦
区　　长　李　彤（至5月）
代理区长　陈　伟（5月起）
副 区 长　陈　伟（至5月）
　　　　　陈　净（5月起）
　　　　　张亚明（至5月）
　　　　　赵　臻（至5月）
　　　　　期丽琼
　　　　　郭　颖（5月起）
　　　　　李　伊
　　　　　徐晓春（至5月）
　　　　　涂力军（5月起）
政协主席　凡　群
副 主 席　王　勇
　　　　　布艳芬
　　　　　靳　宇
　　　　　陈达祥
纪委书记　李加德（至4月）
　　　　　马汝恒（4月起）

盘龙区

区委书记　吴　涛（至2月）
　　　　　夏俊松（2月起）
副 书 记　梁　崑
　　　　　陈世保（挂职，至4月）
　　　　　朱　滔（2月起）
人大常委会主任　汪宏昌
副 主 任　张家琪
　　　　　赵云昆
　　　　　肖　毅
　　　　　张云燕
区　　长　梁　崑（2月起）
代理区长　梁　崑（至2月）
常务副区长　庞博河（至6月）
副 区 长　陈瑞斌（至5月）
　　　　　李建明（至5月）
　　　　　敖文昆（5月起）
　　　　　易迎霞
　　　　　钱宏俊
　　　　　段　超（6月起）
　　　　　张学平（6月起）
政协主席　陶建宇
副 主 席　喻星源
　　　　　刘少军
　　　　　武　梅
　　　　　陈雁兵
纪委书记　李　宁（2月起）

官渡区

区委书记　杨志华（至2月）
　　　　　和丽川（2月起）
副 书 记　王　忠（至5月）
　　　　　李旭东（5月起）
　　　　　赵春泉（至5月）
　　　　　易　辉（挂职，至4月）
人大常委会主任　毕惠芝
副 主 任　郭玉英
　　　　　丁健琳
　　　　　路四明
　　　　　李洑生
区　　长　王　忠
常务副区长　李旭东（至6月）
　　　　　赵　昆（6月起）
副 区 长　张汉举
　　　　　李　宁（至2月）
　　　　　储云川

李　进
周　乐
政协主席　刘利升
副 主 席　董　明
石玲红
李政章
李　武
纪委书记　谭先权（至2月）
张　竞（2月起）

西山区

区委书记　赵学农（至2月）
周红斌（2月起）
副 书 记　郭希林
蔡　刚（至4月）
陈瑞斌（4月起）
莫　安（挂职，至4月）
人大常委会主任　李　增
副 主 任　刘　伟
谢劲松（至5月）
李金义
孔　卫
区　　长　郭希林
常务副区长　李汝林
副 区 长　吴韵梅
李克坚（至6月）
田　峰
杨正山（至6月）
彭杜平（6月起）
陈　晓（3月起）
朱显福（6月起）
殷磊民（6月起）
政协主席　章　震
副 主 席　李正良
李天才
舒静涛
赵钰梅
纪委书记　张　竞（至2月）
谭先权（2月起）

呈贡区

区委书记　周峰越（至5月）
尹旭东（5月起）
副 书 记　尹家屏（至5月）
张先宝（5月起）
王彦平（至4月）
金　晶（挂职，至2月）
徐贵明（4月起）
人大常委会主任　陈庆鸿
副 主 任　赵　芳
邱绍萍
尹　宏
张明华
区　　长　尹家屏（至6月）
常务副区长　徐贵明（至4月）
杨　飞（4月起）
副 区 长　张先宝（6月起）
李俊民
黄忠伟（至4月）
韩　扬（至6月）
王　丹
王　兵（至6月）
李　然（挂职，至7月）
肖为民（4月起）
浦　泰（6月起）
潘　劲（6月起）
政协主席　朱理学
副 主 席　沙　敏
杨莲芝
杨旭海
杨跃云
纪委书记　钟启锋（至4月）
蒋　楠（4月起）

东川区

区委书记　张之亮（2月起）
副 书 记　胡江辉（至5月，7月起）
徐增雄（5～7月）
尹加华（至5月）
欧明锋（5月起）
黄　俊（挂职，至2月）
尹为志（挂职，2月起）
人大常委会主任　李增平
副 主 任　邹　康
马　俊
吴云惠
陈勤龙
区　　长　胡江辉（8月起）
代理区长　徐增雄（5～7月）
常务副区长　高宇明（至5月）
副 区 长　朱显福（至4月）
朱绍彬
李德鸿（5月起）
李思禾
杨　伟
郝国栋（至5月）
何金典（5月起）
张忠慧（挂职）
桂俊煜（挂职）
政协主席　张家福
副 主 席　孙庆辉
邹跃云
孙　熔
雷　斌
纪委书记　张　晖（至4月）
安　彬（4月起）

安宁市

市委书记　王　冰（2月起）
副 书 记　王剑辉（至5月）
王　迅（5月起）
王胜章
张必广（挂职，至4月）
人大常委会主任　尹贵生
副 主 任　李国祥
洪雯静（兼，至6月）
蔡志勇
王　燕
市　　长　王剑辉（至6月）
代理市长　王　迅（6月起）
常务副市长　魏　乾
副 市 长　李笠菲（至3月）
梅　林（至5月）
刀福东
葛　宁（至6月）
张宏斌
威本福（3月起）
杨蔚玲（9月起）
马　伟（5月起）
政协主席　耿玉立
副 主 席　曹忠昌
王　梅
夏荣生
李玉平
纪委书记　韩春华

晋宁县

县委书记 张之亮（至2月）
傅　希（2月起）
副书记 岳为民（至5月）
汪明涛（5～12月）
李福军（12月起）
刘中政
杨家晔（挂职，至2月）
人大常委会主任 李飞鸿
副主任 夏维林
李德政
赵丽娟
县长 岳为民（至5月）
代理县长 汪明涛（5～12月）
李福军（12月起）
常务副县长 陈海彦（5月起）
副县长 张剑扬
李绍荣（8月起）
普娅馨
侯晓冰
高　庚（至3月）
吕　丰
王远勤（挂职，至7月）
林　枫（挂职，8月起）
政协主席 普鸿昌
副主席 李树功
肖子建
杨望城（3月起）
纪委书记 刘建斌（至4月）
范今颖（4月起）

富民县

县委书记 李　康
副书记 周开龙
李绍鹏
刘　蓉（挂职，至4月）
人大常委会主任 杨　超
副主任 徐世荣
张向阳
李灿辉（至12月）
张玉美
县长 周开龙
副县长 朱　伟
茹春荣（3月起）
徐玫娟
刘建军
郑志伟（至8月）
李有科
黄　媛（8月起）
李　辉（8月起）
贺　葳（挂职，至8月）
政协主席 杨红映（1月起）
副主席 杨映红（至1月）
熊　军
唐洪发
彭跃东
纪委书记 余利鸿

宜良县

县委书记 傅　希（至3月）
应亥宗（3月起）
副书记 李绍俊（1月起）
陈　春（至2月）
李　军（挂职，至4月）
张　攀（2月起）
人大常委会主任 张贵平
副主任 许正斌
张　寿
杨云章
李秀英
县长 李绍俊（2月起）
代理县长 李绍俊（1～2月）
副县长 段　富（至5月）
马明良（5月起）
浦　泰（至5月）
杨万洪（2月起）
王昆华（至2月）
张继帅（5月起）
杨红云
李跃忠
马丽波
赵　彬
李宏波（挂职，至8月）
李显东（8月起）
政协主席 李　鸿
副主席 毕树荣
赵丽玲（至5月）
李奉钢
王　刚
纪委书记 杨万洪（至2月）
景碧昆（2月起）

嵩明县

县委书记 杨相来
副书记 徐毅清（至2月）
王秀江
潘加智（5月起）
杨江海（至4月）
人大常委会主任 姚富正
副主任 李自金
洪志伟
杨晓影
普菊珍
县长 徐毅清（至2月）
代理县长 王秀江（5月起）
副县长 涂力军（至4月）
董　辉
张津华（至4月）
施晓玲（至2月）
徐正灿（挂职，至7月）
杨泽松
李正德（5月起）
李友华（4月起）
胡国海（4月起）
昌　宏（6月起）
艾发伟（4月起）
政协主席 李俊彪
副主席 王金友
毛绍荣（至5月）
张　和（至5月）
桂志芬
纪委书记 刘玉珍（至4月）
王玉萍（4月起）

石林彝族自治县

县委书记 王　冰（至2月）
冉德涛（2月起）
副书记 张勤勋
汪明涛（至5月）
黄世建（5月起）
人大常委会主任 张忠贵
副主任 杨春宝
毕宏志
毕福祥
王　虹
县长 张勤勋
常务副县长 余　春
副县长 张　伟（4月起）

苏云波
毕富兴
殷 瑕
伏思良（4月起）
政协主席 者培仙
副 主 席 刘琴龙
潘华光
潘佳良
李 湖
纪委书记 周美英（至4月）
张 晖（4月起）

禄劝彝族苗族自治县

县委书记 焦 林
副 书 记 李开德
赵志良
查洁贵（挂职，至3月）
廖新研（3月起）
人大常委会主任 张光文
副 主 任 朱淑芬
吴明泽
张成武
刘琴芬
县 长 李开德
常务副县长 杨文志（至5月）
段庆颖（5月起）
副 县 长 马 责（至5月）
昌 宏（至4月）
钱树森（至9月）
张继帅（至5月）
李菊艳
张大福（5月起）
钟佳文（5月起）
管 琼（挂职）
辜清华（挂职）
吕怀玉
政协主席 张庆学
副 主 席 张 怡
赵 明
钟佳文（至5月）
张运平（5月起）
王永云
纪委书记 周定龙

寻甸回族彝族自治县

县委书记 何建升
副 书 记 唐 琪（至1月）
马 郡
甘 涌（挂职，至2月）
普建勇（2月起）
杨蜀军（挂职，2月起）
人大常委会主任 黄宝金
副 主 任 赵文富
杨朝旺
张光凤
马留安（至5月）
县 长 唐 琪（至1月）
马 郡（2月起）
代理县长 马 郡（1～2月）
常务副县长 吴忠林（至5月）
副 县 长 马 郡（1～2月）
方正平
徐正权
刘 龚
李东华
杨智斌
蔡峥嵘（挂职，至8月）
段智颖（挂职）
郭 沁（5月起）
成志东（5月起）
陈 猛（8月起）
储 琰（挂职，11月起）
政协主席 肖正坤
副 主 席 周利辉
张永萍（至5月）
马仲敏
赵德伟
纪委书记 董国新

柴石滩地区水资源管理局

局 长 李红兵
副 局 长 张为国
罗 琦

掌鸠河引水供水工程建设管理局

局 长 王道兴（兼）
常务副局长 施 伟

石林风景区管理局

局 长 周林春

（资料由撰稿单位提供，方玉红整理，市委组织部审核。）

2017 KUNMING YEARBOOK

综　述

◆责任编辑　方玉红

自然地理

昆明位于云南省中部地区，东经102° 10′~103° 40′，北纬24° 23′ 至 26° 33′；南北长 237.5千米，东西宽152 千米，总面积21 012.54 平方千米；是云南省的省会，西南地区的中心城市之一；是中国面向东南亚、南亚乃至中东、南欧、非洲的前沿和门户，具有“东连黔桂通沿海，北经川渝进中原，南下越老达泰柬，西接缅甸连印巴”的独特区位优势。

市域地处云贵高原，总体地势北部高，南部低，由北向南呈阶梯状逐渐降低。中部隆起，东西两侧较低。以湖盆岩溶高原地貌形态为主，红色山原地貌次之。大部分地区海拔在 1 500~2 800 米之间。城区坐落在滇池坝子，海拔1 891米，三面环山，南濒滇池，湖光山色交相辉映。

昆明属低纬度高原山地季风气候，冬无严寒，夏无酷暑，四季如春，年平均气温 15℃左右，年均日照2 200小时左右，无霜期240天以上，年均降水约1 000毫米。鲜花常年开放，草木四季常青，是著名的“春城”“花城”，是休闲、旅游、度假、居住的理想之地。

自然资源

矿藏资源主要有磷、盐、铁、钛、煤、石英砂、黏土、硅石、铜等，以磷、盐矿最为丰富，磷矿探明储量 22.77亿吨，昆阳磷矿为全国三大磷矿之一，岩盐储量12.22亿吨，芒硝储量 19.08亿吨，东川是中国六大产铜基地之一。

昆明植物资源丰富，分布着亚热带常绿阔叶林、针阔混交林、温带针叶林、高山灌丛和草甸等不同类型的植被。有 400多个传统花卉品种。近年来，大量花卉新品种在昆明广为播种。

昆明属高原红壤地区，主要有红壤土、紫色土和水稻土3种。

市域界于金沙江、南盘江和元江的分水岭地带，河流分属三大水系。有滇池、阳宗海等高原淡水湖泊及众多大小河流。多年平均地表水资源量 64.95 亿立方米。滇池为中国第六大淡水湖，面积约 300 平方千米。

地热资源分布较广，出露的温泉有 50多处。日照时间长，阳光充足，太阳能资源比较丰富。境内湖、山、石、洞、泉、瀑布、花卉、古树、园林名胜、文物古迹、风土人情等独具特色，极富魅力。

（字应军）

行政区划

经国务院2016年11月24日批复同意，晋宁县撤县设区，原辖区不变。根据经济社会发展和管理的需要，经市委、市政府研究批准，自12月13日起，原石林县鹿阜街道办事处析置为鹿阜、石林、板桥3个街道办事处；原寻甸县仁德街道办事处析置为仁德、塘子、金锁3个街道办事处。截至2016年末，昆明市辖7个区、1个县级市、6个县（含3个民族自治县）；74个街道办事处、43个镇、16个乡（含4个民族乡），共133个乡、镇、街道办事处。其中五华、盘龙、官渡、西山、呈贡区各设10个街道办事处；晋宁区设1个街道办事处、4个镇、2个民族乡；东川区设1个街道办事处、6个镇、1个乡；安宁市设9个街道办事处；富民县设1个街道办事处、5个镇；宜良县设2个街道办事处、4个镇、2个民族乡；嵩明县设3个街道办事处、3个镇；石林县设3个街道办事处、3个镇、1个乡；禄劝县设1个街道办事处、9个镇、6个乡；寻甸县设3个街道办事处、9个镇、4个乡。昆明市设国家级经济技术开发区（托管阿拉、洛羊街道办事处）、高新技术开发区（托管马金铺街道办事处）、滇池旅游度假区（托管大渔街道办事处及前卫、福海街道办事处的部分地区）；省级阳宗海风景名胜区（托管七甸、汤池街道办事处及玉溪市澄江县阳宗镇）、倘甸产业园区和轿子山旅游开发区（托管转龙、红土地、倘甸、凤和镇及舍块、乌蒙、雪山、联合、金源乡）。盘龙区托管滇源、阿子营街道办事处。安宁市、嵩明县（不含滇源、阿子营街道办事处）、官渡区大板桥街道办事处继续交由省政府滇中经济聚集区托管（共11个街道办事处、3个镇）。凡托管的县（市）、乡（镇、街道）原区划隶属关系不变。

2016年末昆明市行政区划表

县（市）区	所辖街道办事处、乡、镇
五华区	华山、护国、大观、龙翔、莲华、丰宁、红云、黑林铺、普吉、西翥10个街道办事处
盘龙区	拓东、鼓楼、东华、联盟、金辰、青云、龙泉、茨坝、双龙、松华10个街道办事处
官渡区	关上、吴井、金马、太和、官渡、小板桥、大板桥、矣六、六甲、阿拉10个街道办事处
西山区	西苑、金碧、永昌、前卫、福海、棕树营、马街、海口、碧鸡、团结10个街道办事处
东川区	铜都街道办事处，汤丹、因民、阿旺、乌龙、拖不卡、红土地6个镇，舍块乡
呈贡区	龙城、斗南、吴家营、乌龙、洛龙、雨花、马金铺、洛羊、大渔、七甸10个街道办事处
晋宁区	昆阳街道办事处，晋城、二街、上蒜、六街4个镇，双河彝族、夕阳彝族2个民族乡
安宁市	连然、金方、八街、县街、太平新城、温泉、草铺、青龙、禄脿9个街道办事处
富民县	永定街道办事处，罗免、赤鹫、东村、款庄、散旦5个镇
宜良县	匡远、汤池2个街道办事处，北古城、狗街、马街、竹山4个镇，耿家营彝族苗族、九乡彝族回族2个民族乡
嵩明县	嵩阳、滇源、阿子营3个街道办事处，小街、杨林、牛栏江3个镇
石林彝族自治县	鹿阜、石林、板桥3个街道办事处，西街口、长湖、圭山3个镇，大可乡
禄劝彝族苗族自治县	屏山街道办事处，撒营盘、茂山、翠华、团结、中屏、皎平、乌东德、九龙、转龙9个镇，云龙、汤郎、马鹿塘、则黑、乌蒙、雪山6个乡
寻甸回族彝族自治县	仁德、塘子、金锁3个街道办事处，羊街、柯渡、倘甸、功山、河口、七星、先锋、鸡街、凤合9个镇，六哨、甸沙、联合、金源4个乡
高新技术产业开发区	托管呈贡区马金铺街道办事处
经济技术开发区	托管官渡区阿拉街道办事处、
	呈贡区洛羊街道办事处
滇池旅游度假区	托管呈贡区大渔街道办事处及官渡区前卫、福海街道办事处的部分地区
阳宗海风景名胜区	托管呈贡区七甸街道办事处、宜良县汤池街道办事处、玉溪市澄江县阳宗镇
倘甸产业园区和轿子山旅游开发区	托管东川区红土地镇、舍块乡，禄劝县转龙镇、乌蒙乡、雪山乡，寻甸县倘甸镇、凤合镇、联合乡、金源乡

（曾　筹）

人口与民族

2016年末，全市常住人口为672.80万人，比上年末增加5.10万人；户籍人口为559.79万人，其中非农业人口319.26万人，农业人口240.53万人，城镇人口比重57.03%；人口自然增长率6.21‰。

昆明市有3个自治县，4个民族乡，333个少数民族聚居村。截至2016年底，少数民族户籍人口886 904人，较2016年增加13 281人，占全市户籍总人口的15.84%，增加0.12个百分点。有54个民族成分（56个民族成分中无塔吉克族、珞巴族），9个世居少数民族（分别是彝族、回族、白族、苗族、傈僳族、壮族、傣族、哈尼族、布依族），人口排序第一是彝族，有463 122人，占少数民族人口的52.22%；第二是回族，有166 204人，占少数民族人口的18.74%；第三是白族，有86 873人，占少数民族人口的9.80%；第四是苗族，有55 960人，占少数民族人口的6.31%；第五是傈僳族，有20 511人，占少数民族人口的2.31%；第六是壮族，有17 354人，占少数民族人口的1.96%；第七是哈尼族，有16 470人，占少数民族人口的1.86%；第八是傣族，有15 968人，占少数民族人口的1.81%；人口最少的依然是布依族，有4 910人，占少数民族人口的0.55%。民族地区占全市面积的57%，全市少数民族依然呈现分布广、大分散、小聚居的特点。

（市民委）

气　候

2016年，昆明地区气温较常年偏高，降水量偏多，日照略少，全年降水充沛，光热资源相对充足。年内冬季雨雪过程较多，部分县区最低气温破历史同期纪录。全市雨季正常，汛期降水量偏少，但后汛期降水量偏多，库塘蓄水条件较好。2016年冬季低温雨雪、夏季阴雨寡照天气对农作物生长影响较大，属平偏丰年景。

气象灾害：低温雨雪。2015年冬季（2015年12月~2016年2月）呈现“两头冷中间暖”的特征，全市气温较常年同期偏低，降水量偏多。2016年，冬季出现低温雨雪冰冻天气，1月下旬昆明主城区出现连续3天最低气温低于0℃，过程最低气温达-4.5℃，24日，昆明主城区、嵩明、呈贡、晋宁、安宁、太华山等县区的最低气温打破1980年以来1月份历史同期纪录。低温天气给全市的供水和园林绿化及农作物等方面带来严重影响。

强对流天气。2016年春、夏季昆明地区大风、冰雹等强对流天气较多，出现频次高，强度强，影响范围广，造成的损失严重。灾害主要集中在4月、7月、8月，造成房屋损坏和烤烟等农作物严重受灾。

暴雨洪涝。2016年雨季于5月下旬开始，较常年属正常，于9月下旬至11月上旬结束，较常年属特早至特晚。5~10月全市平均降水量为821毫米，较常年偏多22毫米，偏多幅度为3%。全市在整个雨季（5~10月）因暴雨洪涝造成近100余间房屋损毁，农作物受灾2 000公顷，1人死亡。因强降水造成多地桥梁路段塌方损毁，电力、水利等基础设施受损严重，多人因山体滑坡和泥石流而转移安置。

（市气象局）

经济社会发展状况

2016年，在市委市政府的坚强领导下，全市上下深入贯彻习近平总书记系列重要讲话和考察云南重要讲话精神，坚持稳中求进工作总基调，深入贯彻落实新发展理念，主动把握和引领经济发展新常态，扎实推进供给侧结构性改革，落实“三去一降一补”五大任务，着力稳增长、促改革、调结构、惠民生、防风险，全市经济运行总体平稳、稳中有进，“十三五”开局良好。

全市地区生产总值（GDP）4 300.43亿元，按可比价计算，同比增长8.50%。其中：第一产业增加值200.51亿元，增长6.00%；第二产业增加值1 660.46亿元，增长7.60%；第三产业增加值2 439.46亿元，增长9.30%。第一产业对全市经济增长的贡献率为3.40%，拉动全市GDP增长0.30个百分点；第二产业对全市经济增长的贡献率为36%，拉动全市GDP增长3.10个百分点；第三产业对全市经济增长的贡献率为60.60%，拉动全市GDP增长5.10个百分点。三次产业结构为4.7：38.6：56.7。全年经济运行呈现逐季向好态势，1~4季度，全市地区生产总值累计分别增长6.40%、6.40%、7.50%和8.50%。全市人均GDP 64 162元，增长7.60%。

全市非公有制经济实现增加值2 014.15亿元，按可比价计算，同比增长8.90%，增速高于全市GDP增速0.40个百分点。非公有制经济增加值占全市GDP比重为46.80%，较上年提高0.20个百分点。

全市农林牧渔业及农林牧渔服务业增加值207.22亿元，同比增长6%。全市农林牧渔业及农林牧渔服务业总产值349.69亿元，增长6%。其中，农业增长5.80%，林业增长29.40%，牧业增长4.50%，渔业增长7.90%，农林牧渔服务业增长3.80%。全年农作物总播种面积27.45万公顷，同比增长0.90%。粮食产量124.84万吨，增长1%；蔬菜产量286.78万吨，增长5.60%；鲜切花产量50.64亿枝，增长2%；肉类总产量59.53万吨，增长4.90%。

全市规模以上工业增加值同比增长4.50%，其中轻工业增长3.50%，重工业增长5.50%。从经济类型看，国有及国有控股企业增长1.90%，股份制企业增长4.30%，外商及港澳台商投资企业下降0.50%，集体企业增长73.50%，股份合作企业下降22.50%，其他经济类型企业增长1.40%。从企业规模看，大型企业增长0.90%，中型企业增长4.70%，小型企业增长12.60%，微型企业下降7.70%。从工业三大门类看，采矿业工业增加值增长5%；制造业增加值增长2%，电力、热力、燃气和水的生产和供应业工业增加值增长7.70%。从主要工业品产量看，水泥1 889.37万吨，增长3.70%，磷矿石2 253.53万吨，下降14.50%，卷烟846.04万支，下降4.30%，10种有色金属85.66万吨，增长3.60%。全市规模以上工业综合能源消费量1 395.96万吨标准煤，下降7%。规模以上工业增加值能耗下降11%，规模以上工业企业用电量下降3.70%。

全市规模以上固定资产投资3 920.07亿元，同比增长12.10%。其中，第一产业投资53.63亿元，增长50.70%；第二产业投资630.11亿元，下降2.50%；第三产业投资3 236.33亿元，增长14.90%。全年房地产开发投资1 530.50亿元，增长5.50%；基础设施投资978.79亿元，增长19.50%。全年商品房销售面积1 520.87万平方米，增长16.50%；待售面积723.07万平方米，下降1.80%。全年建筑业总产值2 446.49亿元，同比增长18.10%。

全年社会消费品零售总额2 310.09亿元，同比增长12.10%。其中限额以上单位消费品零售额1 233.63亿元，增长11.80%。从经营单位所在地看，城镇消费品市场零售额2 201.42亿元，增长11.80%；乡村消费品市场零售额108.66亿元，增长18%。从消费形态看，商品零售1 976.70亿元，增长11.90%；餐饮收入333.39亿元，增长13%。

全年共接待国内外游客10 113.61万人次，同比增长46.30%。实现旅游业总收入1 073.53亿元，同比增长

48.40%。其中接待国内游客9 990.14万人次，增长47%，实现国内旅游收入1 043.79亿元，增长49.90%；接待入境旅游者123.47万人次，增长7.80%，实现旅游外汇收入48 201.48万美元，增长9.50%。

全年进出口总额66.81亿美元，同比下降45.80%。其中出口41.33亿美元，下降56.20%；进口25.48亿美元，下降11.70%。

12月末，全市金融机构人民币存款余额12 655.68亿元，比年初增加810.12亿元，同比增长6.80%。其中：住户存款余额增长7.50%，非金融企业存款余额增长10.20%，广义政府存款增长2.50%。金融机构人民币贷款余额13 520.32亿元，比年初增加1 580.11亿元，增长13.20%。其中住户贷款增长4.20%，非金融企业及机关团体贷款增长15.50%。

全年一般公共预算收入530.00亿元，同比增长5.50%。其中税收收入377.38亿元，下降5.60%。全市主体税种中，国内增值税增长71.20%，营业税下降55.10%，企业所得税增长2.60%，个人所得税增长17.20%。全市一般公共预算支出689.14亿元，增长9 10%。其中，教育支出增长17.70%；科学技术支出增长4.80%；社会保障和就业支出增长10.50%；医疗卫生和计划生育支出增长6.80%；城乡社区支出增长12.60%；交通运输支出增长4.30%；住房保障支出增长10.50%。

全年居民消费价格累计上涨1.70%。其中，食品烟酒类上涨3.10%，衣着类上涨0.60%，居住类上涨2.90%，生活用品及服务类上涨0.40%，交通和通信类下降0.30%，教育文化和娱乐类下降0.60%，医疗保健类上涨1.50%，其他用品和服务类上涨3.90%。全市工业生产者出产价格累计下降2.20%，工业生产者购进价格累计下降2.40%。

全市城镇常住居民人居可支配收入36 739元，同比增长8.20%；农村常住居民人均可支配收入12 555元，增长9.70%。城乡居民人均收入倍差缩小为2.93。

（市统计局）

2017 KUNMING YEARBOOK

大事记

◆责任编辑　李　震

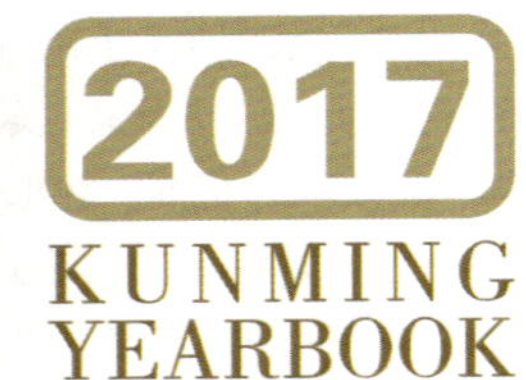

2016年10件大事

1.“云上云”行动计划首批重点项目开工

1月7日，云南省“云上云”行动计划首批重点项目在呈贡信息产业园开工建设。云南省委、省政府决定实施加快信息化和信息产业发展的“云上云”行动计划，并把建设呈贡信息产业园作为全省信息化和信息产业发展的重点，着力将其打造成全省信息产业的核心聚集区。计划到2020年，将呈贡信息产业园建设成为产业聚集、企业集群、生态友好、创新引领的信息产业发展高地，努力建设具有国际影响力的云计算大数据中心、区域信息服务中心、跨境电子商务中心、大众创业万众创新的示范区。

2. 2016上合昆明国际马拉松赛

12月17日，2016上合（上海合作组织）昆明国际马拉松赛举行，来自世界25个国家的1.6万余名选手参加。此次赛事是上合组织支持云南经济社会发展的首个合作项目，是庆祝上合组织成立15周年的一项具有重要意义的活动。昆明市以此次赛事为契机，充分发挥区位、资源、开放等优势，主动服务和融入“一带一路”等国家发展战略，加快建设区域性国际中心城市，搭建与上合组织成员国在经济、文化、商贸、旅游等方面多边交流合作平台。

3.昆明市、滇中新区开放合作推介会在京举行

3月1日，云南省昆明市、滇中新区开放合作推介会在北京举行。省委书记、省人大常委会主任李纪恒出席会议，省委副书记、省长陈豪致辞，北京市委常委、副市长陈刚致辞，程连元作推介发言，北京市朝阳区委书记吴桂英致辞。推介会围绕主动服务和融入国家发展战略，加快建设区域性国际中心城市这一主题，就基础设施、总部经济、先进制造业、生物医药、电子信息产业、房地产业等重点产业进行推介，广泛寻求合作机会。会上50个项目参加集中签约，协议总金额达8 916亿元，签约项目涵盖基础设施、金融服务、电子信息、节能环保等多个领域。程连元、王喜良、王敏正、何刚等昆明市领导分别与投资企业代表签约。

4.昆明市启动不动产统一登记发证

6月30日，昆明市举行不动产统一登记发证启动仪式，市委副书记、市长王喜良向一位市民颁发编号为0000001不动产权证，标志着昆明市不动产统一登记、发证和登记证明工作全面启动。2016年6月29日17：00起，市国土、住建、林业部门停止受理土地、房屋、林权登记业务；6月29日17：00前受理的业务按原办理规则审核颁发权利证书；6月30日起，市、县（市）区不动产登记（分）中心统一受理和办理土地、房屋、林权等不动产登记业务。整合不动产登记，建立不动产统一登记制度，实施不动产统一登记，是国务院机构改革和职能转变方案的重要内容。

5.晋宁撤县设区获国务院批复

2016年11月16日，国务院批准晋宁撤县设区。晋宁成为继盘龙、五华、官渡、西山、东川、呈贡之后昆明市的第七个区。近年来，晋宁先后创建全国文明县城、国家园林县城、国家卫生县城，古滇文化旅游名城项目创建“国家生态旅游示范区”，晋宁工业园区获“省级高新技术开发区”。连续两次获得“中国避暑休闲十佳县”称号，连续两届被评全国科技进步考核先进县，连续两年进入云南省县域经济发展十强县。获“最美中国旅游目的地城市”、“2016百佳深呼吸小城”、云南省生态文明县、双拥模范县、教育工作先进县等称号。

6.2016昆明大健康国际高峰论坛

12月13~14日，以“共筑中国健康之城、健康让生活更幸福”为主题2016昆明大健康国际高峰论坛在昆明世纪金源大酒店举行。第十一届全国人大常委会副委员长、原国务委员、原全国妇联主席、中国健康管理协会荣誉会长陈至立致信祝贺。市委书记程连元等出席论坛开幕式。市长王

喜良做主旨发言。期间，举行“健康——让生活更幸福”主题论坛、高峰对话、专题论坛、昆明大健康项目路演、圆桌论坛等一系列活动，发布《昆明市大健康发展规划（2016—2025）》，助推昆明生物医药、医疗健康服务、康体养生等产业发展，进一步提升昆明在海内外大健康和养生旅游领域的知名度和影响力。

7.云南高铁正式通车运营

12月28日上午，省委、省政府和中国铁路总公司5省区市高铁通车运营仪式在昆明南站举行。省委书记陈豪宣布通车运营，省委副书记、代省长阮成发出席会议并致辞，省委常委、省政府副省长刘慧晏主持仪式。上海、广东、广西、贵州四省（市）区领导，李秀领、程连元、王喜良、何刚等省市参加仪式。沪昆客专、云桂铁路是国家中长期铁路网规划“八纵八横”高铁主通道重要组成部分，是云南省通往中东部，长三角、珠三角地区便捷大通道。其中，沪昆客专途经上海、浙江、江西、湖南、贵州、云南六省市，全长2 252千米；云桂铁路线路经云南昆明市、红河州、文山州至广西百色，最终到达南宁东站，正线全长710千米，与南宁至广州铁路共同形成昆明至广州的快速铁路通道。两条专线的通车运营，标志着云南高铁从无到有，连入全路高铁大通道、大网络。

8. 省委、省政府到昆调研并召开推动昆明市改革发展座谈会

1月9~11日，省委书记李纪恒率队到昆调研昆明市改革发展相关工作，省委常委、省政府党组成员、省委高校党工委书记李培，市委书记程连元，市委副书记、代市长王喜良陪同调研。11日下午，省委、省政府在昆明市召开推动昆明市改革发展座谈会。省委书记李纪恒出席会议并讲话，省长陈豪主持会议。会议要求，昆明市要紧紧围绕习近平总书记给云南发展提出的“三个战略定位”，按照“五位一体”总体布局和“四个全面”战略布局的要求，崇尚创新、注重协调、倡导绿色、厚植开放、推动共享，主动服务并融入国家发展战略，当好全省经济社会发展火车头，加快建设区域性国际中心城市，为闯出一条跨越式发展路子、与全国同步全面建成小康社会，谱写好中国梦的云南篇章做出新的更大贡献。

9.中国村·电子城（昆明）科技产业园项目启动

12月1日，中国村·电子城（昆明）科技产业园项目在滇中新区管委会临空产业园启动。省委常委、市委书记程连元宣布项目启动。云南省人大常委会副主任王树芬，云南省政协副主席高峰绍祥，中关村科技园区管委会主任郭洪，北京电子控股有限责任公司党委书记、董事长王岩，北京电子城投资开发集团股份有限公司党委书记、副董事长、总裁龚晓青，市领导王喜良、何刚、拉玛·兴高、熊瑞丽、保建彬、柳文炜出席启动仪式。该项目位于昆明市空港经济区核心区，总用地面积约1 700亩，建设用地约1 200亩，总建设规模约85万平方米，项目直接投资及拉动投资在60亿元人民币以上。该项目定位为面向东盟及南亚的集现代高科技产业、高端制造、研发、科技服务及综合配套为一体的“互联网+”智能科技园区，将重点引进、承接中关村产业转移的科技企业，以东盟及南亚为市场的现代科技制造企业，对临空经济有需求的现代科技企业，承接华东、华南发展动力强劲的产业转移科技企业，重点打造现代高端制造、现代科技服务、生命健康装备、临空关联产业等“四大板块”。项目建成后主要承接中关村、长三角、珠三角等地区高新技术产业转移。

10.第十一届全球孔子大会在昆明举行

12月10日，第十一届全球孔子学院大会在昆明举行。国务院副总理、孔子学院总部理事会主席刘延东出席并致辞，为全球孔子学院先进个人和先进单位颁奖。来自140个国家和地区的大学校长、孔子学院代表共2 200多人出席大会。本届大会以“创新、合作、包容、共享”为主题，坚持目标和问题导向，广泛凝聚各国智慧，以改革和创新精神，内涵发展，提升质量，推动孔子学院发展再上新的台阶。期间，大会举办“孔子学院和‘一带一路’建设”“孔子学院服务大学发展的经验和挑战”等7个校长论坛和“院长和师资队伍质量”“汉语教材各语种全覆盖”等7个院长论坛。召开了中医、太极等中华文化对外交流座谈会、孔子学院和“一带一路”建设圆桌论坛等系列活动。

2016年大事记

1月

1日，2016年第九届昆明海鸥文化节开幕。

5日，市政府与省铁投公司签订昆明新南站西广场项目投资合作协议。云南省铁路和高速公路建设工作督导组组长梁公卿，昆明市领导王喜良、王春燕等参加签约仪式。

7日，云南省“云上云”行动计划首批重点项目在呈贡信息产业

园开工建设。李纪恒、陈豪、钟勉、王喜良、柳文炜等省市领导参加开工仪式。

同日，中国昆明收藏品及工艺品博览会在昆明国际会展中心开幕。

同日，中华全国总工会书记处书记、党组成员赵世洪带领全国总工会慰问团到昆明为困难职工“送温暖”。

8日，拜耳滇虹在高新区马金铺新建的中西药工厂启用。

9~10日，外交部原部长、中国公共外交协会会长李肇星到昆明考察。

9~11日，省委书记李纪恒率队到昆明调研昆明市改革发展相关工作。李江、李培、程连元、王喜良等省市领导陪同调研。

12~16日，政协昆明市十二届六次会议召开。在开幕式上，市政协主席田云翔代表政协昆明市第十二届委员会常务委员会做题为《为建设区域性国际中心城市 在全省率先全面建设小康社会作出新贡献》工作报告。在第二次全体会议上，通过关于接受田云翔辞去市政协主席职务的决定。大会补选产生政协昆明市第十二届委员会主席，熊瑞丽当选。在闭幕式上，市委书记程连元作讲话。

13~18日，昆明市第十三届人民代表大会第七次会议召开。市委副书记、代市长王喜良代表市人民政府作《政府工作报告》。在17日的第三次全体会议上，大会以无记名投票方式，选举拉玛·兴高为市人大常委会主任，王喜良为昆明市人民政府市长。18日，大会完成各项议程后闭幕，市委书记程连元作讲话。

15~17日，中国（昆明）国际金融产业博览会暨投资理财、创业创新峰会在昆明国际会展中心举办。

16日，金殿名胜区第28届山茶花展开幕。

18日，昆明市政府、滇中新区管委会和中冶集团签署战略合作框架协议，三方将共同推进昆明城市地下综合管廊项目规划、设计、投资、建设、运营和维护工作。

同日，市长王喜良会见中国铁路工程总公司党委常委、中国中铁股份有限公司副总裁、总工程师刘辉一行。双方就中国中铁、中铁工程装备集团有限公司在昆投资建厂有关事项深入交换意见。副市长王春燕、刘兵，市政府秘书长胡炜彤参加会见。

同日，首届中国民族文化创意产业发展论坛暨彝族药文化高端论坛在昆明举行

18日，昆明市政府与中国烹饪协会举行“昆明市申报世界美食之都”座谈会。

20日，昆明市在禄劝县召开精准扶贫精准脱贫工作推进会，专题研究禄劝县“六个一”精准脱贫工作。

21日，市长王喜良主持召开市政府第107次常务会。会议审议并原则通过《关于高原特色农业园区建设的实施方案》。

26日，昆明市政府与国家开发银行云南省分行签订战略合作协议。国家开发银行云南省分行行长洪正华，昆明市领导王喜良、龚晓坤、何刚、胡炜彤等参加签约仪式。

同日，省政府滇池水污染防治专家督导组调研滇池草海及周边水环境提升综合整治情况。

29日，市政府与中信银行昆明分行签订战略合作协议。市长王喜良，市委常委常树奇，副市长龚晓坤，市政府秘书长胡炜彤参加签约仪式。

31日，市委书记程连元率队到空港经济区调研重大基础设施、重点片区和重大产业项目建设情况。相关市领导参加调研。

2月

2日，呈贡至澄江高速试通车。

3日，市委书记程连元率队调研三峡集团乌东德水电站建设情况。市领导柳文炜、常树奇、阮凤斌参加调研。

同日，市长王喜良会见碧桂园集团助理总裁吕宏伟一行。副市长王春燕、市政府秘书长胡炜彤参加会见。

16日，市长王喜良会见中国中车股份有限公司总裁奚国华一行。副市长吴涛、市长助理李河流、市政府秘书长胡炜彤参加会见。

同日，云南省2015年党风廉政建设责任制检查考核第五考核组到昆明市进行检查考核。

17日，禄劝彝族苗族自治县脱贫摘帽第一个“百日会战”动员大会召开。

23日，昆明市总工会第十五次代表大会开幕。王喜良、拉玛·兴高、熊瑞丽等市领导出席会议。

同日，副市长龚晓坤会见澳大利亚驻成都总领事郭南希一行。双方就今后如何推进深度合作进行深入交流。

25日，副市长赵学农会见英国利物浦市副市长、市议员盖瑞·米勒一行，并与利浦市签署友好合作关系协议。

26日，国务院批复同意昆明出口加工区整合优化为昆明综合保税区。

27日，市委、市政府召开2016年滇池水污染防治及草海治理攻坚工作推进会。

同日，市长王喜良会见香港恒隆地产董事总经理陈南禄一行，双方就恒隆广场项目的推进进行沟通。副市长王春燕、赵学农参加会见。

27~28日，由中新社云南分社和昆明市委宣传部共同举办的“行走中国”东南亚、港澳台华文媒体

昆明行活动在昆明举行。

28日，由中国田径协会、云南省体育局、昆明市人民政府主办的2016年昆明高原国际半程马拉松赛举行，共有1.8万名选手报名参赛，市长王喜良主持开跑仪式并致辞，市委书记程连元宣布比赛开始。国家体育总局田径运动管理中心副主任王大伟，省体育局局长何池康及昆明市领导应永生、拉玛·兴高、熊瑞丽等出席开幕式。

同日，昆明阳宗海国家级旅游度假区挂牌。

3月

1日，云南省昆明市、滇中新区开放合作推介会在北京举行。本次推介会签约50个项目，协议总金额8 916亿元。

3~4日，“2016昆明报业传媒集团全媒体走基层”活动启动，首站为“走进禄劝，走进禄劝贫困户”。

4日，省委常委、省纪委书记张硕辅调研督查滇池水资源保护和流域绿化工作，市领导应永生、王道兴陪同调研。

5日，以“我们的节日，百姓的舞台”为宗旨的“中国梦·春舞大地”2016年春城文化节在南屏步行街启动。

10日，云南滇中新区举行揭牌仪式，正式挂牌。省委常委、市委书记、滇中新区党工委书记、管委会主任程连元和市委常委、常务副市长、滇中新区党工委副书记、管委会副主任何刚为滇中新区党工委、管委会揭牌。保建彬、柳文炜、王春燕、吴涛等市领导参加揭牌仪式。

15日，市委书记、滇中新区党工委书记、管委会主任程连元率队到部分驻昆重点工业企业进行调研。王敏正、何刚、柳文炜、赵学农、陈小男等市领导参加调研。

16日，昆明市官渡区普自村在建工地发生坍塌事故。此次事故造成2人死亡，30人受伤。

17日，市委书记程连元到昆明市第一人民医院，看望慰问在官渡区普自村工地坍塌事故中受伤人员。杨皕、柳文炜等市领导陪同看望慰问。

同日，昆明市召开临违建筑综合整治电视电话会议，通报“3·16”官渡区普自村在建工地坍塌事故相关情况。

27日，祥鹏航空 开通昆明往返银川航线。

同日，昆明市和法国格拉斯市缔结友好城市关系。

31日，昆明市召开呈贡新区暨昆明呈贡信息产业园区招商推进会议，现场签约15个项目，总金额达446亿元。王喜良、王春燕、陈小男等市领导出席推介会。

同日，昆明市五华区与重庆猪八戒网络有限公司签订项目合作执行协议。王喜良、金幼和、陈小男、胡炜彤等市领导出席签约仪式。

同日，副市长吴涛会见捷克驻成都总领事诺子博先生。

4月

6日，昆明综合保税区项目启动。

同日，省委常委、市委书记程连元在昆明会见德国海德堡市市长艾卡特·伍尔茨纳一行，双方就进一步密切关系，加强交流合作，实现共同发展进行广泛沟通交流。柳文炜、孟庆红等市领导参加会见。

同日，广州市副市长、市公安局党委书记、局长谢晓丹率广州市公安局警务合作交流团到昆明市公安局进行警务合作交流座谈。

8日，市委书记程连元、市长王喜良率队到禄劝县调研并召开现场推进会。拉玛·兴高、熊瑞丽、何刚、柳文炜、阮凤斌、胡炜彤等市领导参加调研及相关活动。

同日，市长王喜良会见芬兰于韦斯屈莱市市长蒂姆·科伊维斯托。双方共同签署合作谅解备忘录。市政府秘书长胡炜彤参加会见。

9日，北京创业板董事长俱乐部部分成员到昆明考察，并与昆明市领导座谈交流。程连元、王喜良、柳文炜、阮凤斌、刘兵、陈小男、胡炜彤等市领导参加座谈。

10日，“昆明寻甸·朝阳东风”对口帮扶暨招商引资推介会在北京举行。推介会上共有16个项目集中签约，协议总金额180.55亿元。

同日，昆明市召开“两学一做”学习教育工作座谈会，深入学习贯彻习近平总书记关于“两学一做”学习教育重要指示精神。

11日，昆明地铁1号线呈贡支线实现双线贯通。

11~15日，市委书记程连元率队赴广州、深圳、杭州就城市规划建设管理、产业发展、园区建设等方面工作进行考察学习。

13日，呈贡区开展“省市联动·绿化昆明·共建春城”义务植树活动。

同日，“东山再起 川流不息”东川开放合作推介会在昆明举行。推介会签约总金额17.045亿元。

14日，市政府与光大银行昆明分行签署战略合作协议。王喜良、何刚、邢敦忠、龚晓坤、胡炜彤等市领导参加签约仪式。

18日，中国社会科学院国家金融与发展实验室和昆明市政府共同主办的2016国家金融与发展（昆明）国际峰会在昆明举行。

同日，昆明市—朝阳区高端人才合作峰会在昆明举行。

同日，北京市朝阳区党政代表团到昆明考察，并与昆明市领导就双方进一步深化合作进行交流座谈。

同日，云南省贵金属新材料控

股集团有限公司在昆明挂牌成立。

18~19日，市人大常委会分5个视察组对36条出入滇河道综合整治工作情况进行视察。

20日，市委书记程连元在昆明会见瑞士苏黎世市政府代表团一行，双方就进一步深化合作，推动友城关系向更深层次发展，实现互利共赢进行深入交流。市领导柳文炜、李志工参加会见。

同日，昆明国家广告产业园在园区新媒体演示中心举行揭牌仪式。

21日，贵阳市党政代表团到昆明考察，双方举行交流座谈会。

22日，“美丽春城　书香昆明”全民阅读系列活动启动。

23~24日，北京经济技术开发区考察团到昆明市和滇中新区考察交流，三方召开了交流座谈会。

26日，昆明市纪律教育基地揭牌仪式在市委党校举行。程连元、刘智、杨金莹等市领导出席揭牌仪式。

27日，中共昆明市委十届八全体会议举行。

28日，市长王喜良会见雅仁和教育集团董事局主席严介和、华佗建设集团董事局主席严宝车一行，双方就今后投资昆明进行交流。市政府秘书长胡炜彤及市级有关部门负责人参加会见。

28日至5月3日，2016中国东川泥石流国际汽车越野赛暨全国汽车越野锦标赛东川站开赛。

同日，市委副书记刘智带队调研宜良县实施“2221”工程、建设农业强县工作情况。

同日，副市长孟庆红会见“活力澳门推广周・云南昆明”组委会一行，就“活力澳门”基本情况、昆澳双方合作等问题进行交流。

30日，第三届昆明旅游文化博览会在昆明世博园旅游区开幕。

5月

3日，省市党政军义务植树暨“省市联动・绿化昆明・共建春城”植树活动在昆明呈贡白龙潭山举行。相关省市领导参加植树活动。

3~5日，北京朝阳区政协帮扶考察团对东川区进行扶贫开发考察调研。

5日，市委书记程连元在昆明会见英国驻华大使吴百纳一行。双方就进一步加强交流与合作，实现共赢发展进行友好会谈。英国驻重庆总领事洪婷娜，市委常委、副市长李志工参加会见。

6日，昆明5月份项目集中开工仪式在阳宗海管委会七甸工业园区高科技轨道专用电缆项目现场举行。王喜良、刘智、拉玛・兴高、熊瑞丽、何刚等市领导参加活动。

同日，市长王喜良会见湖南省永州市委副书记、市长易佳良率队的永州市政府代表团，双方就两市下步发展合作作进一步交流。

同日，昆明—永州航线旅游推介会在昆明举行。

9日，省委副书记钟勉率队实地调研昆明市禄劝县脱贫摘帽、高原特色农业发展等工作情况。市委副书记刘智、副市长阮凤斌陪同调研。

10日，滇中新区举行云南中核空港建设投资有限公司揭牌成立暨昆明综合保税区研发商务中心、空港招商大厦及创业中心、航空物流产业园土地收储及配套路网、空港10号路项目奠基启动仪式。

10~11日，省委常委、省纪委书记张硕辅率省纪委第一检查组，对昆明“五大基础设施网络”建设进行专项纪律检查。

11~12日，市人大常委会主任拉玛・兴高率队到四川省凉山州，考察两州合作建设的金东大桥、皎平渡大桥和禄会高速建设情况。

12日，市长王喜良会见量子太平洋集团所属的KENON LODINGS LTD. 战略投资副总裁BARAK COHEN一行。

16日，昆明市与中国航天科工集团公司签署战略合作框架协议。中国航天科工集团董事长高红卫，昆明市领导程连元、何刚、柳文炜、刘兵、胡炜彤等参加签约仪式。

18日，市长王喜良在昆会见印度驻华使馆公使博渡及来自印度18位瑜伽大师。中国驻印度大使馆参赞郭斌，市委常委、副市长李志工参加会见。

18~22日，中印瑜伽大会在昆明举办。

19日，市政府与中国建设银行云南省分行签署合作协议，设立昆明创客合作银行。

19~20日，中国残联党组书记、理事长鲁勇一行到昆明开展加快推进残疾人小康进程专项调研。副市长王道兴，市、区残联负责人陪同调研。

20日，昆明市召开“五大基础设施网络”建设动员大会。

23日，市长王喜良会见新希望集团董事长刘永好一行。双方就新希望集团在昆明投资发展进行交流。孟庆红、王春燕、胡炜彤等市领导参加会见。

同日，全省首批警务自助服务终端在昆明启用。

25日，市委副书记刘智及市委常委、昆明警备区政委方兴国率昆明市慰问团走访慰问中国人民解放军海军昆明舰。

26日，2016年昆明大健康产业（生物医药）发展论坛在昆明举行。

同日，市人大常委会组成5个视察组对昆明主城饮用水源地保护开展集中视察。

27日，市长王喜良会见富士康科技集团副总经理郑光杰一行。双方就全力推进富士康云南项目在高新区落地建设进行沟通。王敏正、赵学农、胡炜彤等市领导参加会见。

31日，昆明轨道交通5号线开工建设。

6月

1日，《昆明市环滇池生态区保护规定》施行。

同日，2016“创意昆明”主题系列活动启幕。

2日，昆明国际佛教文化艺术用品博览会暨首届中国·昆明国际民族商品博览会在昆明国际会展中心开幕。

3日，市长王喜良会见中星微电子集团总裁金兆玮一行。副市长陈小男、市政府秘书长胡炜彤参加会见。

4日，“活力澳门推广周·云南昆明”在昆明国际会展中心开幕。

4~6日，中组部、团中央选派到云南的第16批“博士服务团”调研考察组一行到昆明调研。

9日，“迎南博、保平安”应急处置演练暨安保誓师大会在昆明举行。

10日，第5届云（南）台（湾）会在昆明开幕。云台会签约40个项目，协议金额140亿元。

同日，GMS经济走廊省长论坛在昆明举行。

11日，第十四届东盟华商大会在昆明开幕。

同日，2016中国·南亚东南亚艺术周开幕式暨第七届湄公河文学奖颁奖典礼在昆明举行。

12~17日，第4届中国—南博会暨第24届中国进出口商品交易会在昆明滇池国际会展中心举行。活动期间共签订利用内资项目495个，签约金额（含意向协议）8 611.89亿元，比上届增长18.7%。

12日，第十一届中国—南亚商务论坛在昆明举行。

同日，昆明—友城旅游合作与发展研讨会在昆举办。

13日，市长王喜良会见上海建工集团股份有限公司党委书记、董事长徐征一行。双方就上海建工昆明项目落地进行沟通与交流。何刚、胡炜彤等市领导参加会见。

同日，市委、市政府，滇中新区党工委、管委会在呈贡市级行政中心昆明会堂举行第4届中国—南博会暨第24届中国进出口商品交易会项目签约仪式，签订招商引资项目120个，总金额4 181.3亿元人民币。程连元、王喜良、刘智、何刚、拉玛·兴高、熊瑞丽等市领导出席签约仪式。

同日，第4届中国—南博会暨第24届中国进出口商品交易会昆明市重点项目集中开工仪式在昆明市高新区马金铺举行。开工133个重点项目，总投资630亿元。

同日，驻北京市朝阳区世界500强企业代表一行到昆考察并举行座谈会，程连元、王喜良、何刚、左广、柳文炜、刘兵、陈小男等市领导出席座谈会。

13~16日，首届云南国际人才交流会在昆明举行。

14日，市委书记、滇中新区党工委书记程连元会见ABB集团中国董事长一行，双方就如何进一步加强合作进行交流。

16日，市长王喜良会见富滇银行董事长、党委书记夏蜀一行。双方就今后加深富滇银行与昆明市政府合作，进一步促进经济社会发展交换意见，并签署战略合作协议。何刚、邢敦忠、胡炜彤等市领导及富滇银行相关负责人参加座谈会。

20日，省滇池水污染综合防治督导组组长晏友琼、副组长高晓宇率队调研昆明市重点饮水源区保护工作并召开工作会。

21日，全市首个青少年毒品预防教育基地在五华区揭牌。

24日，市长王喜良会见南光（集团）有限公司董事长许开程一行。双方签署扶贫合作发展战略框架协议。

25日，第四届诺贝尔奖经济学家中国峰会在昆明举行。

28日，“永远跟党走——昆明市纪念中国共产党成立95周年歌咏晚会”在呈贡市级行政中心昆明会堂举行。

29日，市长王喜良会见保加利亚驻上海总领事迪米特尔·阿巴基叶夫一行。双方就促成保加利亚直航昆明、设立保加利亚昆明签证中心及缔结友城等方面进行沟通交流。副市长赵学农、刘兵参加活动。

30日，昆明市举行不动产统一登记发证启动仪式。

7月

1日，市政府与省城投集团、诺仕达集团签署战略合作协议，共同推进七彩云南·古滇文化旅游名城文化旅游城市服务区建设。刘平、王喜良、金幼和、王道兴、胡炜彤等省市领导参加签约仪式。

2~4日，“2016昆明世界生态城市与屋顶绿化大会”在昆明举办。

3日，昆明市级机关“关爱滇池·春城志愿者在行动”活动启动仪式在海埂公园阳光大草坪举行。

4日，中国—东盟自贸区商务门户网站升级上线。

5日，纪念李公朴、闻一多殉难70周年大会在昆明举行。

6日，“耿家盛同志先进事迹报告会”在市级行政中心昆明会堂举行。

7日，北汽集团党委书记、董事长徐和谊一行到昆明考察。双方就进一步加强合作，共同推动昆明新能源汽车产业加快发展进行深入交流。程连元、王喜良、柳文炜、刘兵、陈小男、胡炜彤等市领导参加座谈。

同日，市长王喜良与中国工程院副院长刘旭等参加滇池治理评估座谈会的专家组举行座谈。副市长王道兴、滇中新区管委会副主任徐进、市政府秘书长胡炜彤参加座谈。

10~17日，2016中国昆明泛亚石博会在昆明国际会展中心举行。

11~17日，2016中国·昆明郑和国际文化旅游节在晋宁县举行。

12日，市委书记程连元率队到禄劝县则黑乡调研脱贫攻坚工作情况。相关市领导参加调研。

同日，纪念吴征镒百年诞辰系列活动在中国科学院昆明植物研究所举行。

16日，昆明市与清华大学正式签署环境科技合作协议。清华大学副校长薛其坤，昆明市领导程连元、王喜良、柳文炜、金幼和、王道兴、胡炜彤等参加签约仪式。

18~20日，贵阳市人大常委会党组书记、主任李忠率贵阳市人大代表团一行到昆明考察旅游产业发展和市县乡人大换届选举工作，就社会经济发展及改进人大工作进行交流。

21日，昆明空港经济区管委会与云南能投空港建设投资有限公司举行滇中新区空港商务区李其片区区域综合开发项目投资合作协议签约仪式。

同日，2016中国（昆明）国际新能源车展在昆明国际会展中心开幕。

22日，云南滇中新区管委会与北京城建集团举行滇中新区空港大道（中段）PPP项目签约仪式。市领导程连元、柳文炜、刘兵、李树勇参加签约仪式。

26日，昆明市召开中央第七环境保护督察组督察昆明市工作见面会。中央第七环境保护督察组相关领导，昆明市领导拉玛·兴高、杨金莹、胡炜彤等参加会议。

27日，2016年中国石林国际火把狂欢节暨第三届中国石林情歌节启幕。

29日，昆明市连续第七次荣获全国“双拥模范城”。

8月

4日，省政府与浙商总会合作项目签约仪式在昆明举行。本次活动中昆明市及滇中新区签约资金305亿元。

同日，市政府与云南白药集团股份有限公司举行中药材产业扶贫战略合作协议签约仪式。云南白药控股有限公司总裁王明辉，市领导王喜良、赵学农、胡炜彤等出席签约仪式。

5日，浙商总会代表团一行到昆明市寻甸回族彝族自治县考察脱贫攻坚工作。市委常委、市委统战部部长杨皕，副市长赵学农陪同考察。

同日，“加强东西协作 助力脱贫攻坚论坛”在昆明举行。

6日，省委副书记、省长陈豪在滇中新区管委会主持召开滇中新区规划建设汇报会。王喜良、何刚、保建彬、李树勇、徐进、谢添才等昆明市和滇中新区领导参加会议。

10日，市长王喜良率队到省发改委对接工作并召开座谈会。副市长吴涛、市政府秘书长胡炜彤参加座谈。

10~15日，创意云南2016文化产业博览会在昆明国际会展中心举行。

11日，第三届中国国际（云南）文化旅游投资洽谈会暨文化产业合作签约仪式在昆明举行。

15日，市长王喜良率队到云南白药集团实地调研，听取企业生产经营情况反映，研究协调企业反映的相关问题，服务企业发展。保建彬、王春燕、刘兵、胡炜彤等市领导参加调研。

17日，“召存信同志先进事迹报告会”在昆明举行。

18日，市委书记、滇中新区党工委书记程连元率队到云南省工业投资控股集团有限责任公司调研。柳文炜、保建彬、王建颖、刘兵、陈小男等市领导参加调研及座谈。

19日，滇中城市经济圈五州市人大工作合作机制第一次会议在昆明召开。

同日，英国签证昆明中心揭幕。

23日，市长王喜良在昆会见德国德中艺术设计交流协会秘书长郭健一行。双方就进一步加强交流合作，实现互利共赢进行广泛沟通交流。柳文炜、李志工、刘兵等市领导参加会见。

24日，市政府与云南能投集团签订全面战略合作框架协议。云南能投集团党委书记、董事长段文泉，市领导王喜良、陈小男、胡炜彤等出席签字仪式。

同日，全国政协经济委员会副主任陈锡文、岳洪福率专题调研组来昆调研“健全现代农业科技推广体系”。

25日，中国共产党昆明市第十届委员会第九次全体会议召开。

25~26日，市委书记程连元率昆明市党政代表团赴迪庆藏族自治州考察，参加2016昆迪对口帮扶合作座谈会。

31日，2016中国景德镇国际陶瓷博览会新闻发布暨旅游推介会在昆明举行。

9月

1日，昆明市与北京文投集团战略合作框架协议签约仪式暨座谈会在昆明举行。

2日，北京市顺义区党政代表团到昆明考察。昆明市领导程连元、刘智、金幼和、王道兴、孟庆红、王春燕、赵学农、吴涛等陪同考察。

4日，昆明聂耳交响乐团2016~2017音乐季开幕式音乐会在春城剧院举行。

5日，市政府与云南农业大学签订合作框架协议。

同日，市委书记程连元在昆明会见北京市朝阳区政协帮扶考察团一行。

6日，市长王喜良一行到云上云·云南省信息化中心（首期）项目实地调研。

8日，昆明市与昆明舰签订城舰共建协议。市领导程连元、王喜良、刘智、蒋朝忠、赵学农，昆明舰舰长李朝辉、指导员刘建强等出席签约仪式。

8~10日，中国共产党昆明市第十一次代表大会在昆明举行。经无记名投票，程连元当选为昆明市委书记，王喜良、刘智当选为市委副书记，鲁斌、杨金莹、王宇、保建彬、杨皕、柳文炜、金幼和、蒋朝忠当选为市委常委。会议通过市纪委十一届一次全体会议选举结果报告，通过《中国共产党昆明市第十一届委员会第一次全体会议公报》。

11日，市委书记程连元率领新一届市委、市纪委班子成员，到昆明市博物馆参观昆明市经济社会发展回顾与展望主题展。王喜良、刘智、何刚、拉玛·兴高、熊瑞丽，以及市委常委、市委委员、候补委员、市纪委委员、不是市委委员的副厅级以上领导参观主题展。

12日，市委书记程连元率队调研全市基础教育工作情况。柳文炜、王建颖等市领导参加调研。

12~14日，国家科技重大专项专家组到昆明考察。

16日，首届“慕尼黑啤酒节——昆明之旅”在昆明国际会展中心开幕。

20日，昆明综合保税区管委会、昆明综合保税区开发营运管理有限责任公司与河南省进口物资公共保税中心集团有限公司在昆明签署战略合作框架协议。市领导程连元、王喜良、保建彬、邢敦忠、陈小男、胡炜彤，中国民族证券有限责任公司党委书记、董事长岳文海，中国跨境电子商务协会会长、河南省进口物资公共保税中心集团有限公司总裁徐平出席签约仪式。

21日，市政府与上海览海控股（集团）有限公司在昆签署战略合作框架协议。市领导保建彬、常树奇、邢敦忠、王建颖、龚晓坤、胡炜彤，览海控股（集团）董事、党委书记石福梁等相关负责人参加签约仪式。

22日，第一届中国国际金属峰会在昆明举行。

23日，呈贡联大立交建成通车。

同日，首届阿里巴巴乡村文化节暨县域文化博览会在昆明滇池国际会展中心开幕。

24~25日，中华龙舟大赛（昆明·滇池站）在昆明海埂大坝滇池草海水域举行。

25日，嵩明18个项目集中开工，总投资金额达50亿元。

28~29日，教育部部长陈宝生率领国务院第三次大督查第十五督查组到昆明开展督查。程连元、鲁斌、保建彬、王道兴、孟庆红、王建颖、胡炜彤等市领导陪同督查。

30日，云南省暨昆明市公祭烈士活动举行。程连元、王喜良、何刚、拉玛·兴高、熊瑞丽等参加公祭活动。

10月

7日，南昆客专百色至昆明南段全线联调联试。

10日，市长王喜良率队调研昆明中车轨道交通装备有限公司。市政府秘书长胡炜彤参加调研。

12日，昆明市、泸州市、昭通市在昆签订港口物流发展合作协议。云南省省委常委、昆明市委书记、滇中新区党工委书记程连元，泸州市委书记蒋辅义、昭通市委常委、副市长沈文海出席签约仪式。

同日，晋宁举行2016年“攻坚会战”项目集中签约及开工仪式。集中签约项目5个，预计投资额160亿元；集中开工项目11个，预计总投资约43亿元。

同日，2016年全国双创活动周云南分会场在昆明五华区科技产业园启幕。

13日，第六届中国云南·昆明国际珠宝展在昆明国际会展中心开幕。

14日，市委书记程连元到昆明学院作形势政策报告。

15日，“万水千山只等闲——纪念中国工农红军长征胜利八十周年历史题材绘画作品展”在昆明市博物馆开幕。

18日，昆明市纪念中国工农红军长征胜利80周年音乐会——大型声乐套曲《长征组歌》在呈贡市级行政中心昆明会堂举行。

19日，省旅游文化产业发展督导组组长刘平率督导组一行到昆明市检查指导重点旅游项目推进工作。

20日，云南省纪念红军长征胜利80周年大会在昆明举行。

21日，内蒙古自治区包头市党政代表团到昆考察。程连元、刘智、金幼和等陪同考察。

24日，英国利物浦市代表团到昆明访问，并参加昆明市与利物浦市友好合作备忘录签字仪式。市委书记程连元出席签字仪式，王喜良和利物浦市长乔·安德森共同签署友好合作备忘录，李志工参加签约仪式。

25日，昆明综合保税区专场招商推介会在深圳举行。

27日，市长王喜良会见广发

银行总行副行长宗乐新一行。保建彬、邢敦忠、胡炜彤等市领导参加会见。

27~29日，2016年西部国际矿业展在昆明国际会展中心举办。

28日，市长王喜良率队到滇池国家旅游度假区调研并召开座谈会。市政府秘书长胡炜彤参加调研。

11月

2日，市长王喜良会见渣打银行（中国）有限公司首席执行总裁张晓蕾女士一行。左广、龚晓坤、胡炜彤等市领导参加会见。

3日，市长王喜良与中兴通讯股份有限公司副总裁苏晞一行座谈，并就智慧城市建设以及进一步深入合作进行深入交流，副市长陈小男参加座谈。

4日，市委书记程连元会见来访的日本藤泽市代表团一行，双方就进一步深化友城交流合作，推动友城关系再上新台阶进行深入交流。

同日，昆明市举行昆明呈贡信息产业园区项目签约仪式。市长王喜良参加签约仪式并致辞，副市长陈小男代表市政府与7家企业签订合作协议。

同日，2016年第十四届中国国际农产品交易会省部长推介品牌农产品专场在昆明举行。

5日，市委书记程连元在昆明会见前来参加第十四届中国国际农产品交易会暨第十二届昆明国际农产品博览会的斯里兰卡农业部部长桑萨·阿鲁威海尔。

同日，昆明市举行首届“艇进滇池”赛艇友谊赛。

同日，中国—中东欧国家农业部长会议暨国际农业经贸合作论坛在昆明举行。

5~8日，第十四届中国国际农产品交易会暨第十二届昆明泛亚国际农业博览会在昆明举办。

6日，市委书记程连元在昆明会见越南农业与农村发展部副部长武文心一行。

同日，云南高原特色现代农业国际合作高峰论坛在昆明举行。

9日，市长王喜良会见融创中国控股有限公司董事会主席孙宏斌一行。双方就进一步加强合作，共同推动昆明城市建设和房地产行业发展进行深入交流，副市长王春燕参加会见。

同日，市委书记程连元主持召开昆明市委贯彻落实党的十八届六中全会精神座谈会，鲁斌、杨金莹、王宇、柳文炜、金幼和等市领导参加会议。

11日，云南省学习贯彻党的十八届六中全会精神中央宣讲团宣讲报告会在昆明举行。

11~12日，内蒙古自治区巴彦淖尔市委书记段志强率领党政代表团到昆明就城市规划建设管理等方面进行交流考察。

13~19日，第26届世界咖啡科学大会在昆明举行。

15日，2016首届澜沧江—湄公河次区域国家商品博览会开幕式暨主题论坛在昆明滇池国际会展中心启幕。

15~20日，2016首届澜沧江—湄公河次区域国家商品博览会在昆明清池国际会展中心举办。

22日，首届滇中艺术年展在云南陆军讲武堂开幕。

23日，昆明—悉尼洲际航线开通。

24日，昆明市与中国科学院昆明分院举行工作座谈会暨战略合作协议签约仪式。程连元、王喜良、柳文炜、王建颖、王春燕、胡炜彤等市领导与中国科学院副院长、院士张亚平，中国科学院昆明分院院长李德珠参加签约仪式。

25日，市委书记程连元率队调研滇池及草海水环境提升整治工作。

29日，昆明市政府召开广东经贸投资考察团项目对接座谈会。

30日，昆明—卡拉奇国际货运班列首发。

同日，云南省旅游购物退货监理中心在昆明成立。

12月

1日，中关村·电子城（昆明）科技产业园项目在滇中新区临空产业园启动。

同日，昆明市政府与云南省农村信用社联合社签署战略合作协议。

同日，全国妇联书记处书记杨柳率队对昆明市妇女创业就业企业进行调研。

1~2日，北京电影学院党委书记侯光明一行到昆明调研考察，并分别与昆明市、云南艺术学院签署战略合作协议。

2~4日，第76届全国药品交易会在昆明滇池国际会展中心举行。

3日，2016中国（昆明）健康养生美食节“健康养生论坛”在昆明滇池国际会展中心举行。

7日，北京市人大常委会党组副书记、副主任牛有成带队到昆明市考察文化和旅游产业发展情况。昆明市领导程连元、拉玛·兴高、柳文炜陪同考察。

9日，市委书记程连元率队到禄劝县调研扶贫开发与基层党建“双推进”工作，并召开座谈会，刘智、鲁斌等市领导参加座谈会。

10日，第十一届全球孔子大会在昆明举行。国务院副总理、孔子学院总部理事会主席刘延东出席并致辞，为全球孔子学院先进个人和先进单位颁奖。省委常委、市委书记程连元等出席大会。

同日，中国基础软硬件网络空间研讨会在昆明召开。

12日，首届“南方丝绸之路发展论坛”在昆明启幕。

13~14日，“2016昆明大健康

国际高峰论坛”在昆明世纪金源大饭店举行。

16日，市委书记、滇中新区党工委书记程连元率队到挂钩联系民营企业开展实地调研，并召开座谈会。柳文炜、王春燕、陈小男等市领导参加调研或座谈。

同日，昆明客车制造有限公司举行首批120辆公交车交车仪式。王喜良、陈小男、胡炜彤等市领导出席交车仪式，并参加公司新产品推介活动。

17日，2016上合昆明国际马拉松赛在海埂会堂举行。上合组织秘书长拉·阿利莫夫以及哈萨克斯坦驻华大使怒雷舍夫、俄罗斯驻华大使杰尼索夫、乌兹别克斯坦驻华大使库尔巴诺夫等，昆明市领导程连元、王喜良等领导出席开幕式。

18日，昆明市举行重点高速公路集中开工暨项目启动仪式。

同日，石林彝族自治县举行成立60周年大会。

21日，“龙泉探梅”第二十一届昆明梅花节在昆明市黑龙潭公园启幕。

26日，第三届科技入滇对接会在昆明海埂会堂召开。

同日，地铁1号线支线开通载客试运营。

同日，东风云南汽车有限公司整体搬迁升级改造项目奠基仪式在滇中新区嵩明杨林经济技术开发区举行。

27日，云南滇中新区汽车产业园暨昆明新能源汽车工程技术中心项目在嵩明县杨林经开区举行启动仪式。

28日，省委、省政府和中国铁路总公司在昆明呈贡新区昆明南火车站举行5省区市高铁通车运营仪式。上海、广东、广西、贵州四省（市）区领导，云南省领导李秀领、程连元、李邑飞、张太原、李文荣、张百如、丁绍祥、李春林、何金平，昆明市领导王喜良、何刚等参加仪式。

同日，沪昆客专昆明南至贵阳北段、云桂铁路昆明南至百色段正式通车。

29日，昆明市举行轨道交通9号线PPP项目暨7号线、8号线、安宁线、嵩明线试验段开工仪式。

同日，2017昆明新年音乐会在昆明剧院举行。

30日，“2016昆明环滇池高原自行车邀请赛”在昆明举行。

政　治

◆责任编辑　杨端如　陈智容

中国共产党昆明市委员会

【重要会议】　市委常委会议全年召开市委常委会议35次，讨论研究议题187项。严格贯彻落实民主集中制，在重大事项决策、重要干部任免、重要项目安排、大额度资金使用等方面坚持集体讨论，广开言路、集思广益，依靠集体智慧和科学程序决策。

【市委全面深化改革领导小组会议】　全年召开市委全面深化改革领导小组会议7次，会议传达中央和省委全面深化改革领导小组会议精神，研究审议相关改革方案，签订2016年度全面深化改革工作目标责任书。

【市委常委参加县（市、区）“三严三实”专题民主生活会】　1月8~20日，市委常委分别参加14个县（市）区、5个开发（度假）区“三严三实”专题民主生活会并对2015年度落实党风廉政建设工作进行检查督导。

【省委、省政府推动昆明市改革发展座谈会】　1月11日，省委、省政府召开推动昆明市改革座谈会。省委书记、省人大常委会主任李纪恒出席并讲话，省委副书记、省长陈豪主持，省委副书记钟勉、省政协主席罗正富出席会议，李江、孟苏铁、赵金、李培、张百如、高峰、和段琪、丁绍祥、刘慧晏、张祖林、董华、刘平、高树勋、李小三、李邑飞、白保兴，程连元、王喜良、应永生、拉玛·兴高、杨远翔、田云翔等省、市领导出席。

【市委中心组第一次学习】　1月12日，市委召开2016年市委中心组第一次学习，邀请外交部原部长、中国公共外交协会会长李肇星作国家“一带一路”战略专题辅导，程连元主持集中学习，应永生、拉玛·兴高、杨远翔、田云翔等领导干部、滇中新区领导班子成员及市级相关部门主要负责人参加学习。

【党的群团工作会议】　1月28日，市委召开党的群团工作会议，程连元出席并讲话，王喜良主持，应永生、熊瑞丽、王敏正、方兴国、柳文炜、金幼和参加。

【市委经济工作会议】　2月2日，市委召开市委经济工作会议，程连元出席并讲话，王喜良安排部署2016年经济工作，应永生主持，何刚通报2015年各县（市）区、各开发（度假）区主要指标、招商引资及有关工作完成情况，拉玛·兴高、熊瑞丽、王敏正、方兴国、柳文炜、盛高举、金幼和参加。

【全市组织工作会议】　2月4日，市委召开全市组织工作会议，程连元出席并讲话，王喜良主持，应永生代表市委与市直部门、县（市）区签订2016年党建目标责任书，盛高举传达全国、全省组织部长会议精神，熊瑞丽、王敏正、方兴国、柳文炜、金幼和参加。

【市委议军会暨市国防动员委员会第九次全体会议】　2月4日，市委召开议军会暨市国防动员委员会第九次全体会议，程连元出席并讲话，王喜良主持并传达省委议军会暨省国动委第十一次全会精神，方兴国对党管武装述职进行点评，蒋朝忠代表警备区党委作国防动员和后备力量建设工作报告，应永生、熊瑞丽、王敏正、何刚、柳文炜、盛高举、金幼和、阮凤斌、吴涛参加。

【滇池水污染防治暨草海治理攻坚工作推进会】　2月27日，市委、市政府召开2016年滇池水污染防治暨草海治理攻坚工作推进会议，省政府滇池水污染防治督导组组长晏友琼、程连元出席并讲话，王喜良主持并与部分责任单位签订目标责任书，王道兴通报2015年滇池目标任务考核情况并安排部署2016年工作，省政府滇池水污染防治督导组副组长高晓宇、秘书长程政宁，刘智、应永生、拉玛·兴高、熊瑞丽等市级领导参加。

【全省检查考评昆明市综合汇报会】　3月21日，市委、市政府召开2015年全省检查考评昆明市综合汇报会，程连元出席会议并讲话，省第一检查考评组组长、省委宣传部副部长何祖坤出席会议并讲话，王喜良汇报2015年度工作情况，应永生主持，拉玛·兴高、熊瑞丽、金幼和等领导参加。

【市委农村工作会议】　4月7日，召开市委农村工作会议，传达学习中央和省委农村工作会议精神，回顾总结“十二五”时期“三农”工作，分析当前形势，安排部署“十三五”时期及2016年“三农”工作任务。程连元出席会议并讲话，王喜良传达中央和省委农村工作会议精神，刘智主持，拉玛·兴高、熊瑞丽、柳文炜、盛高举等参加。

【禄劝县脱贫攻坚现场推进会】 4月8日，程连元、王喜良赴禄劝调研并召开扶贫攻坚会，刘智、拉玛·兴高、熊瑞丽、何刚、柳文炜等参加。

【“两学一做”学习教育工作座谈会】 4月10日，召开“两学一做”学习教育工作座谈会，深入学习贯彻习近平总书记关于“两学一做”学习教育重要指示精神，迅速贯彻落实中央和省“两学一做”学习教育工作座谈会精神，安排部署学习教育各项任务。程连元出席会议并讲话，王喜良主持。拉玛·兴高、熊瑞丽等领导参加。盛高举传达习近平总书记的重要指示精神和中央、全省“两学一做”学习教育工作座谈会精神。

【市委十届八次全会】 4月27日，中共昆明市委十届八次全体会议举行，市委常委会主持会议，全会听取盛高举对《中共昆明市委十届八次全体会议决议（草案）》所作说明，表决通过《关于召开中国共产党昆明市第十一次代表大会的决议》。

【市委全体（扩大）会议】 7月4日，程连元主持召开市委全体（扩大）会议，传达学习习近平总书记“七一”重要讲话精神，王喜良、刘智、何刚、拉玛·兴高、熊瑞丽等参加。

【全市县乡人大换届工作会】 7月6日，召开全市县乡人大换届工作会议。程连元出席会议并讲话，王喜良主持，拉玛·兴高、杨金莹、杨皕、金幼和等参加。

【市委中心组第二次理论学习】 7月20日，市委举行2016年中心组第二次理论学习，专题学习习近平总书记“七一”重要讲话精神，程连元主持，会议邀请省委党校副校长欧黎明教授作专题辅导，王喜良、刘智、何刚、熊瑞丽作重点发言，市委、市人大常委会、市政府、市政协领导，在职副厅级以上领导干部参加。

【2016年上半年经济工作会】 7月20日，市委、市政府召开2016年上半年经济工作会。程连元、王喜良出席会议并讲话，刘智主持，何刚、拉玛·兴高、熊瑞丽等市委、市人大常委会、市政府、市政协领导及滇中新区领导出席。

【市委十届九次全会】 8月25日，中国共产党昆明市第十届委员会第九次全体会议召开。市委常委会主持会议。程连元代表市委常委会作讲话。十届市委委员，不是市委委员的市级领导，不是市委委员的县（市）区委书记、县（市）区长参会。

【市第十一次党代会】 9月8~10日，中国共产党昆明市第十一次代表大会隆重召开。程连元代表中国共产党昆明市第十届委员会向大会作报告，市纪律检查委员会书面向大会作工作报告。大会召开期间，先后召开4次全体会议、6次主席团会议、5次主席团常务委员会会议。大会选举产生中国共产党昆明市第十一届委员会委员、候补委员、市纪委委员和昆明市出席省第十次党代会代表，审议通过市委工作报告《决议》（草案）和市纪委工作报告《决议》（草案）。市第十一次党代会代表出席；不是市第十一次党代会代表的担任过实职正厅级的离退休党员老领导、老红军、老八路，不是市第十一次党代会代表的厅级党员领导，不是市第十一次党代会代表的十届市委委员、纪委委员，不是市第十一次党代会代表的拟提名为十一届市委委员、候补委员、纪委委员的候选人预备人选，不是市第十一次党代会代表的市委、市人大常委会、市政府、市政协副秘书长，市人大、市政协各专（工）委主任，市属部委办局党员主要负责人列席；市级民主党派、工商联主要负责人、部分无党派人士，部分在昆的中管、省管企业负责人，部分在昆的大中专院校负责人受邀参加。

【市委十一届一次全会】 9月10日，市委召开中共昆明市委十一届一次全体会议。会议选出中国共产党昆明市第十一届委员会常委、书记、副书记。程连元当选为市委书记，王喜良、刘智当选为市委副书记，鲁斌、杨金莹、王宇、保建彬、杨皕、柳文炜、金幼和、蒋朝忠当选为市委常委。

【全市教育工作大会】 9月21日，市委、市政府召开全市教育工作大会。程连元出席并讲话，刘智主持，拉玛·兴高、熊瑞丽等参加。

【全市2016年产业发展大会】 9月21日，市委、市政府召开全市2016年产业发展大会。程连元出席并讲话，刘智主持，王喜良、何刚、拉玛·兴高、熊瑞丽等参加。

【全市城市规划建设管理工作会】 9月28日，市委、市政府召开全市城市规划建设管理工作会暨城乡人居环境提升行动电视电话会议。程连元出席并讲话，刘智主持，熊瑞丽、鲁斌、杨金莹、杨皕、金幼和、李志工等参加。

【市委贯彻落实党的十八届六中全会精神座谈会】 11月9日，程连元主持召开昆明市委贯彻落实党的十八届六中全会精神座谈会，鲁斌、杨金莹、王宇、柳文炜、金幼和等参加。

【市委中心组第四次理论学习】 11月14~16日，市委举行2016年中心组第四次理论学习，围绕“学习贯彻党的十八届六中全会精神”主题进行学习研讨。程连元主持，王喜良、刘智、何刚、拉玛·兴高、熊瑞丽作重点发言。市委中心组成员，其他在职副厅级以上领导干部参加。

【市级各民主党派、工商联、有关人民团体专题调研协商座谈会】 11月30日，市委召开市级各民主党派、工商联、有关人民团体专题调研协商座谈会，听取2016年度各项专题调研成果。程连元出席并讲话。王喜良、刘智、拉玛·兴高、熊瑞丽、柳文炜到会听取意见，杨䶮主持。

【全市宗教工作会议】 12月15日，召开全市宗教工作会议。程连元出席并讲话，王喜良主持，杨䶮通报全市宗教工作情况，拉玛·兴高、熊瑞丽等市领导参加。

【市委中心组第五次理论学习】 12月26~28日，市委举行2016年中心组第五次理论学习，程连元主持，刘智、何刚、拉玛·兴高、熊瑞丽等市委中心组成员参加。

【重要调研】 1月9~11日，省委书记、省人大常委会主任李纪恒率队到寻甸县、东川区、安宁市、五华区、高新区等地调研我市改革发展相关工作，省委常委、常务副省长李江，省委常委、省委高校党工委书记李培，省委常委、市委书记程连元及市领导王喜良、拉玛·兴高、柳文炜陪同。

1月20日，省政府副省长刘慧晏到东川区调研，市领导何刚陪同。

2月3日，市委书记程连元赴禄劝调研三峡集团乌东德水电站并召开座谈会，柳文炜、常树奇、阮凤斌参加。

2月5日，程连元率队到东华新迎农贸市场、市第七自来水厂、昆仑燃气有限公司蓝龙潭储备站检查节日市场、民生保障和安全生产工作，柳文炜、孟庆红参加。

2月23日，最高人民法院常务副院长沈德咏到市中级人民法院调研，市领导程连元、拉玛·兴高陪同。

3月9日，程连元到市疾病预防控制中心、市儿童医院南市区新院区等地调研卫生工作，杨䶮参加。

3月15日，程连元到昆明钢铁控股有限公司、云南天安化工有限公司等地调研驻昆重点工业企业，王敏正、何刚、柳文炜、赵学农、陈小男参加。

3月15日，程连元到长虫山右营森林检查站和长虫山瞭望台检查森林防火工作，柳文炜、阮凤斌参加检查。

4月23日，程连元率队调研滇池治理工作，柳文炜参加。

4月25日，程连元率队调研城市园林绿化建设工作。

6月7日，程连元、王喜良率队现场检查第四届南博会我市组织筹备工作，刘智、柳文炜、金幼和、孟庆红、刀勇参加。

7月11日，程连元调研滇池面山绿化工作，柳文炜参加。

7月12日，程连元到禄劝县则黑乡调研脱贫攻坚，在民安乐村委会为当地基层党员讲党课，刘智、鲁斌、柳文炜参加。

7月19日，程连元调研滇池保护治理工作，柳文炜参加。

8月14日，程连元视察创意云南2016文化产业博览会昆明馆，金幼和陪同。

8月18日，程连元率队到云南省工业投资控股集团有限责任公司调研，柳文炜等参加。

8月30日，程连元率队调研滇中新区临空产业园征地拆迁工作，何刚参加。

9月12日，程连元调研基础教育工作，柳文炜、王建颖参加。

9月25日，程连元调研滇池治理工作，王道兴参加。

10月26日，程连元率队调研倘甸和轿子山两区，刘智、柳文炜参加。

11月25日，程连元率队调研滇池及草海水环境提升整治工作。

12月9日，程连元率队到禄劝县调研扶贫开发与基层党建“双推进”工作，并召开座谈会，刘智、鲁斌参加。

12月16日，程连元率队到挂钩联系民营企业开展调研，柳文炜参加。

【重要活动】 1月7日，云南省“云上云”行动计划首批重点项目在呈贡信息产业园开工建设，省委书记、省人大常委会主任李纪恒宣布开工，省委副书记、省长陈豪主持，省委副书记钟勉、省政协主席罗正富、工业和信息化部部长刘利华出席，程连元作表态发言，李江、赵金、张百如、和段琪、刘慧晏、董华、李邑飞，王喜良、柳文炜、王春燕、刘兵、陈小男等省、市领导参加。

1月29日，市委宣传部与云南广播电视台举行《一带一路看昆明》栏目开播暨战略合作协议签字仪式，省委常委、省委宣传部部长赵金，省委常委、昆明市委书记程连元，云南广播电视台党委书记、台长蔺斯鹰及市领导柳文炜、金幼和出席。

2月2日，程连元走访慰问驻昆部队，方兴国、柳文炜、戚永宏参加。

2月2~5日，市委、市人大常委会、市政府、市政协领导班子成员率队开展2016年春节走访慰问系列活动。

3月1日，云南省昆明市、滇中新区开放合作推介会在北京举行。省委书记、省人大常委会主任李纪恒出席，省委副书记、省长陈豪致辞，北京市委常委、副市长陈刚致辞，省委常委、昆明市委书记程连元作推介发言，北京市朝阳区委书记吴桂英致辞，昆明市委常委、市委秘书长柳文炜主持推进会，昆明市副市长刘兵介绍签约项目情况，昆明市领导程连元、王喜良、王敏正、何刚分别与投资企业代表签约。

3月27日，昆明市和法国格拉斯市建立友好城市关系签字仪式在昆明举行，市委书记程连元出席，市长王喜良与法国格拉斯市长杰罗姆·维奥签署协议，市领导孟庆红、刘兵参加。

4月11~15日，市委书记程连元率队赴广州、深圳、杭州就城市规划建设管理、产业发展、园区建设等方面工作进行考察学习。考察学习期间，广东省委副书记、深圳市委书记马兴瑞，深圳市委副书记、市长许勤，浙江省委常委、杭州市委书记赵一德等领导分别与考察团交流座谈或陪同考察。昆明市领导刘智、柳文炜等参加全程考察；何刚、保建彬等参加深圳市考察；金幼和等参加杭州市考察。

4月18日，2016国家金融与发展（昆明）国际峰会在昆明举行，昆明市委书记程连元与中国社会科学院原副院长、国家金融与发展实验室理事长李扬，北京市朝阳区委书记吴桂英、区人大常委会主任陈宏志、区政协主席谢莹等出席，昆明市委副书记刘智主持，市委常委、副市长何刚致辞，市领导拉玛·兴高、熊瑞丽等出席。

5月3日，省市党政军义务植树暨“省市联动·绿化昆明·共建春城”植树活动在昆明呈贡白龙潭山举行。省委常委会、省人大常委会、省政府、省政协、省委政法委、省检察院以及省军区、77200部队、武警云南省总队、省公安边防总队、武警云南森林总队等党政军领导，市领导王喜良、拉玛·兴高、熊瑞丽等参加。

5月16日，昆明市与中国航天科工集团公司签署战略合作框架协议。市委书记程连元和中国航天科工集团董事长高红卫出席并致辞，市委常委、副市长何刚主持，市委常委、市委秘书长柳文炜等参加。

6月12日，第4届中国—南亚博览会暨第24届中国昆明进出口商品交易会在昆明滇池国际会展中心开幕。中央政治局委员、国务院副总理汪洋出席并作主旨演讲，省委书记、省人大常委会主任李纪恒致欢迎辞，省委副书记、省长陈豪主持。钟勉、罗正富、李江、赵金、张硕辅、杨光跃、程连元、李邑飞、张百如等省领导出席。市领导王喜良、刘智、何刚、拉玛·兴高、熊瑞丽参加。

6月12日，昆明—友城旅游合作与发展研讨会在昆举办。省委常委、昆明市委书记程连元出席并致辞，昆明市市长王喜良，缅甸曼德勒市市长耶伦，国家旅游局原副局长、中国前驻意大利大使程文栋，泰国清迈市副市长纳初迪·维丽亚迪洛坦，中国旅游报社社长高舜礼，印度观察家基金中国项目主管拉克哈哈里·查特吉分别作主旨演讲，缅甸驻昆明总领事馆领事杜惠玛莱出席，市领导柳文炜、李志工、孟庆红参加。

7月16日，昆明市与清华大学签署环境科技合作协议，省委常委、昆明市委书记程连元出席并讲话，中国工程院院士、清华大学副校长薛其坤出席并致辞，王喜良代表市政府与清华大学签订合作协议，市领导柳文炜、金幼和参加。

7月26日，昆明市举行庆祝中国人民解放军建军89周年暨军事日活动。何刚、鲁斌、杨皕、李志工、邢敦忠等参加。

8月25~26日，省委常委、昆明市委书记程连元率昆明市党政代表团赴迪庆藏族自治州考察，并参加2016昆迪对口帮扶合作座谈会。昆明市市长王喜良与迪庆州州长齐建新签订《“十三五”昆迪友好合作框架协议》，昆明市委副书记刘智向迪庆州委副书记、香格里拉市委书记余胜祥递交2016年帮扶援助资金牌匾，迪庆州委常委、副州长刘新生介绍昆迪合作情况，香格里拉市介绍对口帮扶有关情况。昆明市领导拉玛·兴高、熊瑞丽、柳文炜、金幼和等参加。

9月8日，昆明市与海军“昆明舰”签订城舰共建协议，市领导程连元、王喜良、刘智等出席。

9月11日，程连元率队参观昆明市经济社会发展回顾与展望主题展。王喜良、刘智、何刚、拉玛·兴高、熊瑞丽，以及市委常委、市委委员、候补委员、市纪委委员、不是市委委员的副厅级以上领导参加。

9月21日，市政府与上海览海控股（集团）有限公司在昆签署战略合作框架协议。省委常委、市委书记程连元出席签约仪式，市长王喜良签署战略合作框架协议，市委副书记刘智主持。保建彬、常树奇、邢敦忠等参加。

9月30日，云南省暨昆明市公祭烈士活动举行，程连元、王喜良、何刚、拉玛·兴高、熊瑞丽等参加。

10月12日，昆明市、泸州市、昭通市在昆签订港口物流发展合作协议。省委常委、昆明市委书记程连元，泸州市委书记蒋辅义出席，昆明市市长王喜良，泸州市委副书记、市长刘强，昭通市委副书记、市长郭大进共同签订协议，邢敦忠主持。

10月14日，程连元到昆明学院作形势政策报告。

10月18日，昆明纪念红军长征胜利80周年音乐会在呈贡市级行政中心举行。市领导程连元、王喜良、拉玛·兴高、杨金莹、王宇、金幼和、蒋朝忠、李志工、邢敦忠等观看演出。

11月24日，昆明市与中国科学院昆明分院举行工作座谈会暨战略合作协议签约仪式。省委常委、昆明市委书记程连元与中国科学院副院长、院士张亚平共同出席，昆明市市长王喜良与中国科学院昆明分院院长李德珠签署战略合作协议。

12月1日，中国村·电子城（昆

明）科技产业园项目在滇中新区管委会临空产业园启动。省委常委、昆明市委书记程连元宣布项目启动。省人大常委会副主任王树芬，省政协副主席丁绍祥，中关村科技园区管委会主任郭洪，北京电子控股有限责任公司党委书记、董事长王岩，北京电子城投资开发集团股份有限公司党委书记、副董事长、总裁龚晓青，市领导王喜良、何刚、拉玛·兴高、熊瑞丽、保建彬、柳文炜出席。

12月2日，第76届全国药品交易会、中国健康营养博览会和第16届中国国际保健博览会暨2016中国（昆明）保健节在昆明滇池国际会展中心拉开帷幕。中国医药集团总公司总经理佘鲁林、中国医药集团总公司（国药励展）党委副书记（董事长）杨柳，昆明市领导程连元、王喜良、刘智、何刚、拉玛·兴高、熊瑞丽、柳文炜等参加。

12月10日，第十一届全球孔子大会在昆明举行。国务院副总理、孔子学院总部理事会主席刘延东出席并致辞，为全球孔子学院先进个人和先进单位颁奖。省委常委、昆明市委书记程连元等市领导出席。

12月14日，2016年昆明大健康国际高峰论坛在昆明世纪金源大酒店举行。第十一届全国人大常委会副委员长、原国务委员、原全国妇联主席、中国健康管理协会荣誉会长陈至立致信祝贺。程连元等出席论坛开幕式。昆明市市长王喜良作主旨发言，并发布《昆明市大健康发展规划》，市委副书记刘智主持开幕式。市领导何刚、熊瑞丽、保建彬、柳文炜参加开幕式。

12月17日，2016上合昆明国际马拉松赛在海埂会堂举行。上合组织秘书长拉·阿利莫夫以及哈萨克斯坦驻华大使怒雷舍夫、俄罗斯驻华大使杰尼索夫、乌兹别克斯坦驻华大使库尔巴诺夫等，程连元、王喜良等领导出席开幕式，共同为比赛鸣枪发令。开幕式结束后，举行“云南昆明上合友谊纪念林”石碑揭幕仪式。

12月18日，昆明市举行重点高速公路集中开工暨项目启动仪式。市委书记程连元宣布项目启动，市长王喜良致辞，副市长吴涛主持。市领导刘智、何刚、拉玛·兴高、熊瑞丽、柳文炜等省级相关部门负责人参加。

12月18日，石林彝族自治县举行成立60周年大会。国家、省相关代表团到会祝贺，王喜良代表市委、市人大常委会、市政府、市政协，向石林县委、县政府赠送锦旗并致辞。市领导拉玛·兴高、熊瑞丽、杨皕、柳文炜等出席。

12月28日，省委、省政府和中国铁路总公司举行5省区市高铁通车运营仪式。省委书记陈豪宣布通车运营，省委副书记、代省长阮成发出席并致辞，省委常委、省政府副省长刘慧晏主持。上海、广东、广西、贵州四省（市）区领导，省领导李秀领、程连元、李邑飞、张太原、李文荣、张百如、丁绍祥、李春林、何金平，市领导王喜良、何刚等参加。

【重要接待】 1月9~10日，外交部原部长、中国公共外交协会会长李肇星到昆考察，市领导金幼和陪同。

4月21日，贵州省贵阳市党政代表团到昆考察，并举行交流座谈会。省委常委、昆明市委书记程连元出席并讲话，昆明市领导刘智、拉玛·兴高、熊瑞丽、保建彬、柳文炜等参加。

4月23~24日，北京经济技术开发区考察团到昆明市和滇中新区考察交流，并举行座谈会，三方签订战略合作框架协议。省委常委、昆明市委书记程连元与北京大兴区委副书记、副区长、北京经开区管委会主任梁胜出席并讲话，市领导柳文炜等参加。

6月13日，驻北京市朝阳区世界500强企业代表一行到昆考察并举行座谈会，昆明市领导程连元、王喜良、何刚、左广、柳文炜、刘兵、陈小男出席。

7月5—6日，中共中央政治局委员、广东省委书记胡春华，广东省委副书记、省长朱小丹率领广东省党政代表团赴云南考察。云南省委书记李纪恒，省委副书记、省长陈豪陪同参加有关活动，省委常委、昆明市委书记程连元出席有关活动，昆明市领导王喜良、柳文炜、王道兴陪同在昆期间考察。

9月2日，北京市顺义区党政代表团到昆考察。昆明市领导程连元、刘智、金幼和、王道兴、孟庆红、王春燕、赵学农、吴涛等陪同。

10月21日，内蒙古自治区包头市党政代表团到昆考察。昆明市领导程连元、刘智、金幼和等陪同。

10月24日，英国利物浦市代表团到昆访问，并参加昆明市与利物浦市友好合作备忘录签字仪式。市委书记程连元出席签字仪式，昆明市长王喜良和利物浦市长乔·安德森共同签署友好合作备忘录，昆明市领导李志工参加。

12月7日，北京市人大常委会党组副书记、副主任牛有成带队到昆明市考察文化和旅游产业发展情况。市领导程连元、拉玛·兴高、柳文炜陪同。

（市委办公厅）

办公厅

【以文辅政】 坚持以文辅政、以文咨政，紧扣市委中心工作和阶段性重点任务，做到谋划在前、服务在先，努力当好市委的“参谋部”和“智囊团”。突出文稿服务。聚焦政治性、严谨性、指导性，完成市第十一次党代会报告、市委十一届二次全会报告等各类文稿800多篇100余万字。特别是市第十一次党代会报告起草工作，全程经过县区调研、借鉴外地经验、征询部门基层意见、专家论证、市委主要领导亲自修改等一系列程序，在多次调研、层层把关、反复修改的基础上成稿，得到全市上下的一致认可。抓好公文审核和法规服务。严把政治关、法律关、文字关、格式关，制作9个环节20个要点的公文办理清单，形成从催办、签收登记初审、承办、审核、印制发文、报备到存档的一整套工作流程体系。完成中华人民共和国成立以来至2012年市委规范性文件清理工作，收集整理县（市）区党委报备文件573份。深入开展调查研究。牢牢抓住牵动全局的关键点、领导的关注点、社会矛盾的突出点和群众意见的聚焦点，深入基层、深入实际、深入群众开展综合调研、专题调研，形成《昆明产业结构演变与升级设想》等30余篇调研报告，大健康产业发展对策研究、区域性国际金融中心建设等一批调研成果转化为市委决策。

【综合协调】 完善《中共昆明市委办公厅常委办工作实务》等制度，严格按照中央八项规定和省、市有关要求，坚持前瞻性、预见性、主动性，做到思考在前、谋划在前、准备在前、服务在前，圆满完成中央、省领导到昆考察调研，市、县党代会组织筹备，晋宁撤县设区报批及旅交会、农交会等200余次重大会议活动的服务保障工作。

【督促检查】 充分发挥落实市委中心工作的“牛鼻子”作用，使真劲、动真格，真督实查，推动中央和省、市委重大决策部署及重要批示指示精神落地生根、开花结果。积极服务好10个由市级领导担任组长、副组长的稳增长督查工作组，深入县区开展宣传指导、督促检查、协调服务和包保落实，开展集中督查活动50次，督促县区解决问题45项，帮助解决问题82项，并及时对县区和开发（度假）园区提出的154个问题进行交办，有力推动政策落实、项目推进和生产发展。对市委常委会议明确的涉及稳增长、扶贫攻坚、人居环境提升、滇池治理等231项工作任务进行分解立项督查，做到分解立项100%、督查督办100%、结果反馈100%。

【信息服务】 紧紧围绕全市工作重点、改革发展难点、群众关注热点和重大突发性事件组织信息编报，突出时效性、准确性和权威性，真正当好党委的“千里眼”和“顺风耳”。坚持中心导向。编报《昆明信息》105期，上报省办信息118期5 542条、中办信息16期111条、《专报信息》122期。《昆明市委召开中心组理论学习会议深入学习贯彻落实习近平总书记“七一”重要讲话精神》《昆明市党政代表团赴广州深圳杭州考察学习情况报告》等多篇信息得到省委、市委领导批示肯定。坚持情报导向。充分发挥网络舆情类信息、问题建议类信息服务工作大局、服务决策、服务基层的重要作用，《我市抗日战争遗址亟待保护和修缮》等一批问题建议类信息得到关注、促进问题解决；《泛亚投资者春节期间“维权”活动情况》《南博会前夕我市存在的不安定因素和突出隐患》等预警信息得到批示，推动隐患排除和问题解决。信息工作在中办244个直报点和省内各州市量化考评中稳居前列。

【深化改革】 充分发挥深改办统筹、谋划、协调、督促、落实的作用，推动各项改革任务有序开展。通过签订改革目标责任书、建立改革任务“五张清单”、实行“五个一批”推进落实机制、建立“44555”督察工作体系等做法，形成推进全面深化改革的“昆明经验”，得到中央和省委改革办的肯定推广。同时，创新举措，扎实推进各领域改革，积极探索户籍制度改革的“昆明做法”，为全国大中城市建立积分落户制度提供经验借鉴；推进社会治理和服务创新的“昆明探索”，增强社区服务精准程度，提升政务服务便民水平；建立解决群众诉求四级联动的“昆明机制”，实现打通服务联系群众“最后一千米”；开展医师多点执业的“昆明实践”，有效推动优质医师资源纵向和横向的合理流动，实现患者、医师和医疗机构三方共赢。

【服务保障】 突出服务保障，按照“加强政务、合并内务、理顺事务”的原则，不断提升运行保障质量和水平，形成科学、规范、优质、高效的工作运行保障机制，为机关高效运转提供坚实基础和有利条件。规范公务接待，按照“热情周到、规范节俭”的原则，切实提升接待水平，完成接待498批1万余人次，较好地完成各项接待服务保障任务。加强机要保密工作，荣获全国保密工作先进集体称号，有效发挥机要通信、保密工作的生命线、指挥线和保障线的重要作用。狠抓三农工作，大力推进新农村和美丽乡村建设，农村人居环境明显改善，农村生活水平显著提升。同时，不断改进财务管理、公务用车、应急处置、老干、档案管理等工作，后勤服务管理水平进一步提升，推进机关工作高效运转。

【作风建设】 在全市率先启动“两学一做”学习教育，通过理论中心组学习、专题党课、辅导讲学、交流互学、同事评学等多种形式，读原著、学原文、悟原理，16个党支部开展集中学习221次，省级、市级领导干部及厅班子成员参加理论中心组研讨或专题讨论58人次、讲党课55次，邀请专家学者讲党课4次，广大干部职工理想信念进一步坚定，精神“钙质”补足充盈。坚决落实上级规定要求，忠实践行“五个必须”，坚决反对“七个有之”，继续深入开展“四风”突出问题和“为官不为”专项整治，严格执行“三重一大”工作事项末位表态制度、重大事项请示报告和外出报备制度。严格落实“一岗双责”，逐层与支部签订党建目标责任书，与分管处室、代管单位签订党风廉政建设责任书，绘制部门权力运行流程图139个，开展廉政专题党课1次，约谈厅班子成员和代管单位主要负责人10人，开展任前廉洁谈话14人、诫勉谈话1人，线索排查1次，签订“六个严禁”承诺书82人次。2016年，没有违纪违法现象发生。

【自身建设】 狠抓业务建设，创新学习方式方法，在全省党办系统中率先开展“岗位练兵、业务提升”活动，举办手写速记、计算机汉字录入等竞赛，进一步检验和巩固“两学一做”学习教育成果，为加快区域性国际中心城市建设提供坚强的党办系统人才队伍保障。组织开展全市党办系统业务骨干专题培训10余期，特别是赴中国井冈山干部学院学习培训在全市党办系统中反响强烈，收到较好效果。加强干部队伍建设，坚持正确的用人导向，创新选人用人机制，交流任职、民主推荐县处级领导干部17名，选拔任用科级领导干部22名，干部流动更加顺畅，有效促进干部职工迅速成长。突出机关文化建设，开展丰富多彩的机关文化活动，组建篮球、足球、桥牌队，开办道德讲堂、文化长廊，形成团结紧张、严肃活泼的工作氛围，历史上第一次获得市级机关职工气排球比赛冠军，连续5届创建为云南省文明单位。扎实开展脱贫攻坚，选派4名骨干同志下驻倘甸两区2个挂钩村，组织厅内138名党员定点挂钩倘甸和轿子山两区贫困户，协调立项投入1 000万元，单位直接投入100万元，动员社会力量投入20万元，援助物资折款28.86万元，帮助群众解决一批饮水安全、道路交通、产业发展等方面的实际困难和问题。

（市委办公厅）

组织工作

【学习教育】 突出以上率下。上报《市委常委开展“两学一做”学习教育工作建议》，市级领导班子开展理论中心组学习34次，厅级党员领导干部参加集中研讨、支部学习、讲党课等达599人次。全市县处级、乡科级领导干部参加各类主题党日活动分别累计达1.65万人次、6.81万人次。突出分类施策。分类制定农村、社区、党政机关等8个指导意见，分领域遴选出8个基层支部典型《学习教育计划》印发基层学习借鉴。面向基层组织开展优秀党课课件评选和党委（党组）书记理论文章征集活动。市级举办党务骨干培训示范班12期1 500余人次，县级党委分类开展党务骨干培训1.50万人次。突出精准督查。以3个督导组、9个随机调研组为基础，市级组织开展4轮督查调研。各县（市）区、开发（度假）园区和市属部门累计开展调研督查668次，随机抽查2 535个基层党组织。突出学做结合。在农村围绕“双带一帮扶”，注重把致富能手培养成党员、把党员培养成致富能手、把党员致富能手培养成村组干部。在社区围绕“三亮一树”，制定社区党建工作32项基本服务和30项自选服务内容，全面推行“网格化服务”。在国有企业围绕“四强四优”，开展党员业务技能大比拼活动。在“两类”组织围绕“双亮双强”，建立党员联系服务职工制度。在机关围绕“双联共建”，制定出台《关于加强和改进机关党建的实施意见》，组织4.37万机关在职党员到社区报到，1 200名机关干部投身“滇池志愿者”行动。

【组织建设】 制定《“基层党建推进年”具体方案》，明确5方面19项重点工作任务和措施，确保中组部“7项基层党建重点任务”和省“7项党建重点任务”落到实处，推动基层党建全面进步、全面过硬。抓实主业主责，全面构建党建责任体系。紧紧抓住主体责任这个“牛鼻子”，认真落实抓基层党建首要责任，着力在构建“纵向到底、横向到边，职级明确、责任到人”的工作责任体系上下功夫。分类制定县（市）区委书记、市直机关党委（党组）书记《抓基层党建工作责任清单》，逐级推动党组织书记认真对照问题清单制定整改方案，年底述职时照单“交账”。坚持把书记抓基层党建纳入年度考核、市委巡察的重要内容，并把考核结果同干部业绩评价、提拔使用、年终奖励挂钩。强化科学统筹，分领域提升基

2016年5月，市委组织部部长鲁斌到石林县台湾农民创业园调研基层党建工作。
（市委组织部　供稿）

层党建。在全省率先出台关于社会组织和园区非公党建工作的2个意见，出台《关于全面深化国有企业改革的实施意见》等8个政策性文件，明确市“四班子”领导挂钩联系市属国有企业，定期召开例会助推国企党建。组织全市200余名市县领导干部、102个党政机关和企事业单位挂包172个贫困村，近4万名干部结对帮扶20.75万贫困人口。深入实施“覆盖提升行动”，非公经济组织和社会组织党组织覆盖率分别达到81.20%和92.80%。突出服务功能，深入推进基层党建与脱贫攻坚“双推进”。组建390支驻村扶贫工作队，选派驻村扶贫工作队员1 802名，172个建档立卡贫困村均实现驻村工作队和第一书记配备全覆盖；严格驻村队员管理，全年召回不合格、不履职、不发挥作用的工作队员82名。在换届后及时举办乡镇党委和村（社）“两委”成员培训班132期，培训乡镇党委班子成员1 237人次、村（社）“两委”班子成员1.88万人次。充分发挥“基层党员带领群众创业致富贷款”和强基惠农“股份合作经济”撬动作用，不断发展壮大村级集体经济，累计发放创业贷款6 372万元，实现了172个省级建档立卡贫困村强基惠农“股份合作经济”全覆盖。着力补齐短板，切实增强基层党建基础支撑。投入2.20亿元，按照400平方米标准，对374个村级活动场所进行达标建设。投入1.55亿元，新建社区场所56个、修缮和整改提升107个，社区场所面积平均达到500平方米以上。累计投入建管经费1 100余万元，规范化建成28个覆盖区域的党群活动服务中心。累计投入2 800余万元，改造提升1 811个综合服务平台站点，推进111项服务事项进平台，累计办结各类服务22.60万件。市财政每年投入970万元，作为村（社）干部工作津贴。严格落实“两类”组织党建经费税前列支等制度，对全市性社会组织党组织和园区新建非公企业党组织进行5 000~50 000元不等的启动经费补助。建立《软弱涣散基层党组织整顿台账》，1 008个软弱涣散党组织全部完成整顿提升。

【干部队伍建设】 坚持正确用人导向，着力打造坚强有力的执政骨干。严格按照好干部标准和“三严三实”要求，突出忠诚干净担当、不让老实人吃亏、从基层一线培养选拔干部的选人用人导向，大力选拔政治强、懂专业、善治理、敢担当、作风正的干部。共向市委常委会呈报干部任免议题11次，任免干部581人次。不断加强后备干部队伍建设，完成83家市直单位后备干部专题调研。抓好干部教育培训，举办市级主体班次43个、培训干部6 000余人次。制定《昆明市关于规范选派干部挂职锻炼工作有关问题的通知》，选派32名干部分别到省外、上级部门和脱贫攻坚一线挂职锻炼。做好公务员队伍管理，全市招考录用公务员468人，公开遴选152名公务员到市级机关等工作。严格干部任免程序，不折不扣落实党管干部各项规定。严格动议提名关、民主推荐关、考察考核关、讨论决定关，落实任免干部常委会前征求分管领导意见机制，干部选拔任用工作做到“凡提四必”。坚持干部档案“凡提必审”，严格对干部的“三龄两历一身份”进行审核，完成2 152人次县处级干部人事档案审核任务。坚持个人有关事项“凡提必核”，受理2 443名干部个人有关事项集中报告，对847名干部个人有关事项进行随机抽查和重点核实。坚持纪检监察机关意见“凡提必听”，做到没有征求纪检监察部门意见的，不提交市委常委会研究讨论。坚持反映违规违纪问题线索具体、有可查性的信访举报“凡提必查”，认真落实干部考察公示和任前公示制度，对反映的问题及时进行核查。抓好换届风气监督，着力营造风清气正的换届环境。始终把换届工作纪律和规矩挺在前面，把思想政治教育贯穿换届工作始终，对换届中的不正之风“零容忍”，以铁的纪律保证14个县（市）区、60个乡镇党委和1 644个村（社）“两委”换届工作风清气正。市委与各县（市）区党委签订《昆明市换届纪律责任书》，广泛开展专题谈心谈话，保证换届工作有序健康平稳开展。认真落实“四必看”“八必谈”工作要求，广泛宣传换届纪律，切实增强广大党员干部抵制不正之风、严守换届纪律的思想自觉和行动自觉。下派14个换届工作指导和换届风气督查组，成立3个督导组，聘请35名特约监督员，始终保持

2016年6月，市委组织部部长鲁斌到“两区”倘甸镇鲁嘎村慰问农村老党员。
（市委组织部 供稿）

对换届中不正之风的高压态势，发现一起、坚决查处一起。强化干部日常管理，推动从严治吏各项措施落到实处。始终把从严从实管理干部作为干部工作的主线，把干部监督工作贯穿干部选拔任用、教育管理全过程、各环节，着力形成从严管理监督干部的新常态。持续开展超职数配备干部问题整改，消化超配干部2 824人，圆满完成“三超两乱”整治任务。制定《昆明市治理“为官不为”实施办法》，建立经济社会发展目标季度完成情况与干部组织处理相结合的机制。开展清理整顿领导干部在社会组织和企业兼职工作。持续深化“六个严禁”专项整治。严格出国（境）审批管理，因私出国（境）管理工作进一步规范。充分发挥“12380”电话、信访、网络和短信“四位一体”综合举报受理平台作用，受理举报件80件，查核率100％。

【人才工作】 强化工作机制。调整人才工作领导小组，由省委常委、市委书记程连元同志任组长，建立高位推动人才工作机制。出台《市委、市政府关于推进体制机制创新加强人才工作的实施意见》，规范创新创业平台建设、人才培养模式等工作。制定《昆明市“十三五”期间人才培养引进工作方案（2016~2020）》《昆明市高层次人才创新创业创优示范基地建设意见》等，确保人才工作按时间节点、任务目标有序推进。成立由30家在昆高校、5家科研院所、5家相关企业组成的“昆明——高校发展合作联盟”，促进昆明与驻昆高校深度合作。落实人才规划。围绕市委、市政府中心工作，以高层次创新创业人才和高素质技能人才队伍建设为重点，统筹推进各类人才队伍建设。共引进和培养高层次紧缺急需人才1 601名，新增高技能人才8 012人，选拔第13批昆明市中青年学术和技术带头人及后备人选59名。完成海外高层次人才“三五工程”和创新创业人才项目“551计划”的评选，5人入选“三五工程”，2个项目入选“551计划”。评选认定院士工作站11个、市科技创新团队15个、重点实验室6家和工程技术研究中心11个。组织开展人才工作扶持项目评选，立项扶持项目67个，投入扶持资金320万元。突出工作重点。举办“北京朝阳高端人才昆明行”系列活动，邀请包括2名院士在内的100多名高端人才访问昆明，签署教育、科技、高校联盟、人力资源4项合作协议。继续联合市总工会、市人社局组织开展职工“七十二行技术大练兵”活动，全面提升人才竞争优势。组织开展国家“千人计划”、第四届“兴滇人才奖”、省首批专家基层科研工作站等工程的人选推荐工作。加大人才工作宣传力度，做好园区人才队伍、高技能人才队伍、高层次人才队伍的建设、引进、培养和服务方面的宣传活动，营造尊重人才、爱惜人才、使用人才的良好环境。

（苏　甦）

宣传工作

【理论武装】开展市委中心组理论学习5次，编发学习参阅资料10期，推荐干部理论学习书目3批次。对县处级领导干部和乡镇（街道）党政正职进行专题培训，共订阅《习近平总书记系列重要讲话读本》30多万册。组织市级领导、专家学者组成理论宣讲团，深入基层开展十八届六中全会、市党代会精神等主题宣讲近174场次，直接受众6万余人。开辟专栏、专题、专版、网页，全面广泛深入宣传习近平总书记重要讲话、十八届六中全会精神，累计刊发、播报各类学习贯彻落实新闻宣传报道2 000余篇。新型特色智库建设取得新进展，完成市委、市政府重大决策咨询课题1项，省级重点调研课题1项，市级决策咨询课题2项，宣传部重点课题14项，编印内刊《昆明宣传》6期，推出一批理论研究成果和通俗理论读物，全民阅读等活动持续开展。

【舆论引导】 组织开展市第十一次党代会等重要会议的宣传报道60余次，组织省、市媒体采访报道第4届南博会等市委、市政府的重要活动220余次，推出“回顾十二五、展望十三五”等主题宣传系列报道15余组，重点新闻报道1 200余篇（条）。组织开展全媒体走基层活动，蹲点县（市）区、乡镇（街道），走村入户，深入挖掘新闻亮点，集中推出系列报道，提升了主题宣传的影响力。组织开展庆祝建党95周年、纪念长征胜利80周年系列活动，营造浓厚热烈的社会氛围。积极

全市宣传思想文化工作会议　　（市委宣传部　供稿）

应对突发事件正面引导舆论，有效处置“官渡区普自村在建工地垮塌”等突发事件，并对10余起舆论热点事件进行正面引导。坚持问题导向开展舆论监督，全年编发《舆论监督通报》200期。聚焦“五大城市品牌”，加强与中央、省级媒体合作交流，组织开展南博会、“上合马拉松”等8个国家级主题外宣活动，举办南亚东南亚媒体昆明行交流活动，在云南电视台推出《一带一路看昆明》外宣栏目。全年在中央和省级主流新闻媒体刊播昆明正面外宣稿件1.79万篇（条）；邀请中央10家主要新闻媒体到禄劝县开展10天的脱贫摘帽专题采访报道；吸引英国、法国、意大利、韩国等国家和地区主流媒体前来采访报道。荣获“中国十大文化品牌城市”“2016中国十佳绿色生态旅游城市”“2016中国最具魅力宜居宜业宜游旅游城市”等称号，城市形象持续提升。

【强化正面网络舆论引导】 打造“网上信息港”，创新整合全市政府网站。高位统筹创新管网办网模式，依托昆明信息港平台，整合党政机关网站，倾力打造统一的新闻宣传、舆论引导、政务服务、网络文化及其他综合性互联网服务平台和信息化建设服务机构品牌。策划组织网络主题宣传活动20余次，网络媒体登载（转载）稿件2.33万篇（条），打造“掌上春城”“无线昆明”“i昆明”等APP，推出“指尖问事”“指尖办事”服务项目，打通为民服务“最后一千米”。积极推进党务政务信息公开新闻发布工作，举办新闻发布会110场。“昆明发布”微博微信全年发布信息8 770篇，累计阅读量3 315万次。荣获“2016移动政务影响力十佳城市”，昆明政务微博传播力指数居全国前十，政务新媒体影响力跻身全国一流阵营。深入推进媒体融合发展，积极构建集门户网站、“两微一端”“手机报”、户外新媒体等于一体的全媒体传播体系，精准投放、快速推送、深度渗透的新媒体矩阵初具规模。打造昆明新闻“中央厨房”，以“掌上春城”“手机报”等移动客户端为龙头，建设集新闻发布、政策解读、信息服务、宣传引导为一体的微博微信公众号集群，形成覆盖面广、影响力大的昆明新媒体传播格局。积极推进依法管网治网，强化网上舆情监测、分析、研判和管控引导，创新网络舆情工作机制。出台《网络舆情管理暂行办法》《网络舆情应急处置暂行办法》《昆明市重大事项舆情风险评估暂行办法》等一系列制度性文件，细化和规范互联网信息管理和舆情应对处置工作。全年编发各类舆情产品790余期，向中央网信办、省委宣传部报送各类舆情信息8 000余条。

【核心价值观宣传教育】 新建社会主义核心价值观主题公园、广场、街道38个，新增固化公益广告设施1 000多个、沿街各类公益广告宣传20余万平方米。实施“点亮春城”工程，在主城区设置24字固化宣传标语牌500余条（块），其中约400条（块）能在夜间点亮。深入开展精神文明创建设活动，开展创建文明社区、文明家庭、文明行业、文明单位、文明村镇和文明户活动，新申报考评合格的市级文明单位218个、市级文明村43个、市级文明社区36个、文明家庭10户。建成乡村学校少年宫73所，倡导文明餐桌、文明旅游、文明祭扫，文明城市、文明村镇、文明单位、文明家庭、文明校园创建活动与提升城乡人居环境工作同频共振，创建为民、创建惠民宗旨得到强化，群众知晓率、参与率、支持率显著提高。顺利完成2016年全国城市文明公共指数测评工作，为2017年争创全国文明城市打下坚实基础。深入开展公民思想道德建设，广泛开展先进典型学习活动，以“发现和褒扬身边的好人好事”为导向，整合规范管理各行业先进典型评选活动，提高群众参与度、加大典型宣传力度。共评选表彰“昆明好人”101人、“最美昆明人”10人，10人入选“中国好人”，组织开展道德模范与身边好人现场交流活动1次，组织开展先进典型宣讲活动30余场次。扎实做好未成年人思想道德建设工作，利用重要时间节点开展爱国主义、集体主义和中国传统美德教育。组织开展形式多样的志愿服务活动，以生活化、基层化、具体化的办法，吸引群众广泛参与，增强互动效果。全市注册志愿者超过61万人，主城区注册志愿者人数占常住人口比例达10%以上，组织大型志愿服务活动21次，健全完善组织协调、注册培训、活动运行、服务记录、回馈激励等机制，有效整合资源，提高服务效率，形成了以环卫行动、便民行动、文明行动、平安行动、文化行动、爱心行动六大主题为主的志愿服务品牌。

【文化建设长足发展】 大力实施文化引领发展战略，努力推进国际人文交流中心建设。研究编制《昆明市文化创意产业发展规划（2016~2020）》《加快昆明文化创意产业发展的实施意见》《昆明市文艺事业发展“十三五”规划》《中共昆明市委关于加强文艺工作的实施意见》等11个配套文件，初步形成政策支撑体系。实施园区建设、项目带动、文化“走出去”三大工程，着力打造公共服务、政策创新、资金扶持、宣传推广、招商引资五大平台，推动文化创意产业不断向高端化、品牌化、特色化、国际化4个方向发展。文创产业增加值220亿元，增速14.60%。建成文化创意产业园区18个，入驻企业700余家，其中省级文化创意产业园区13个。实施以文化创意产业园区、文化旅游主题公园、标志性文体设施、文化旅游体育（节庆）活动品牌、特色历史文化街区为核心的文化建设和产业发展“510”

工程，以项目带动产业发展。积极推进文艺精品创作生产，努力营造符合春城气质的艺术氛围，重塑昆明文化的精神品格。加大创作规划扶持力度，打造培育扶持、评价奖励、展示推介、交流合作、文艺评论“五个平台”，推进名牌、名作、名人工程。扶持市级文艺精品项目50余个，资助资金697万元，推出《大河苍流静》《茶马古道》《郑和》等文艺精品。

【意识形态工作机制健全】 成立以市委书记任组长，市委副书记，市委常委、宣传部部长任副组长，各相关单位负责人为成员的市委意识形态工作领导小组。认真履行领导小组办公室职责，加强统筹协调，全面推动意识形态责任制落到实处。制定印发《党委（党工委、党组）意识形态工作责任制实施细则》，对抓意识形态工作的责任内容、责任落实、责任追究进行明确和细化。牵头组织召开市委党委（党工委、党组）意识形态工作责任制座谈会。加强意识形态领域分析研判和监督执纪，开展意识形态领域情况分析研判4次，代市委起草上、下半年意识形态工作情况报告报省委，起草《关于当前我市意识形态领域的情况通报》在县处级以上党员领导中进行通报，牵头组织开展贯彻落实意识形态责任制专项督察2次，对14个县（市）区、5个开发（度假）园区、市级重点部门落实意识形态责任制工作进行督促指导，办理意识形态信访件1件。及时梳理总结贯彻落实意识形态责任制工作的特色亮点，得到省领导的肯定批示，作为典型经验转发各州市学习借鉴。

（市委宣传部）

机关党建

【理论武装】 2016年市级机关工委认真落实市委《党委（党组）意识形态责任制实施细则》，把习近平总书记系列重要讲话和党的十八届三中、四中、五中、六中全会精神的学习作为机关思想政治建设的首要政治任务。开展5次中心组理论学习，“两学一做”和“学习统战工作条例”等4次专题党课，集中学习28次。开展2016年机关文化月系列活动。举办4期《机关大课堂》知识讲座，举办纪念中国共产党建党95周年歌咏比赛及晚会；举办主题为“学党章党规做合格党员”的市级机关演讲比赛；与市委宣传部和市档案局（馆）在昆明会堂共同举办“红星照耀中国——外国记者眼中的中国共产党人”主题巡回展；推进廉政文化进机关活动，组织机关干部观看《永远在路上》教育片。制定《市级机关工委2016年法治宣传教育工作方案》；完成2013~2015年昆明市“法律九进示范点”的复核检查工作，参加市普法办对2016年昆明市“法律九进示范点”新申报单位的考核工作；配合市普法办完成昆明市“七五”普法中期抽查和2016年昆明市法制宣传教育工作年度检查。“昆明机关党建网”刊载机关党建信息190条，机关工委微博粉丝3 600余人，发布博文1 200条。

【组织建设】 组织召开2016年机关党建工作会，总结2015年机关党建工作，安排部署2016年机关党建工作。与75个直属党组织签订《2016年市级机关党建目标考核责任书》。开展“基层党建推进年”活动。召开“市级机关基层党建推进年部署会”，安排部署机关基层党建15项重点任务，抓实基层党建“五整治一整顿”“四个项目化”管理工作。组成交叉督查组对机关基层党建15项重点任务落实情况开展交叉督查。编印《市级机关党建工作规程》，编辑印发《市级机关党支部工作手册》800余册，发至每个党支部。举办1期148人参加的入党积极分子、入党发展对象培训班，1期136人参加的“市级机关新党员培训班”，发展新党员68名。认真落实扶贫攻坚“挂包帮”“转走访”、扶贫攻坚与基层党建“双推进”、在职党员进社区等工作。74家单位共选派驻村队员254名，挂联村158个，其中省级建档立卡贫困行政村91个，市级贫困村47个，既是省级贫困村又是市级贫困村20个。挂联建档立卡贫困户6 845户，贫困对象2.30万人。帮扶资金6 504.80万元，实施一批基础设施、产业发展等帮扶项目。确定“三型”党组织示范点创建单位12个，编印《机关服务型党组织典型案例》。开展“昆明跨越当先锋 机关党建走前头”活动。制订《关于在市级机关开展纪念建党95周年系列活动的实施方案》，开展在职党员进社区进村组为民服务活动、纪念建党95周年歌咏演讲比赛、“学《党章》温誓词”活动、关爱帮扶困难党员行动、交心谈心活动、有意义的党日活动、“合格党员标准”大讨论等7项系列活动。牵头与市委宣传部、市文广体局联合举办“昆明市纪念中国共产党建党95周年歌咏比赛”和歌咏晚会，共计93家单位的75支代表队4 600人参加比赛。下发《关于在市级机关开展“机关联系农村基层、党员干部联系贫困群众、机关党支部与贫困村党支部结对共建，机关党建与脱贫攻坚双推进”活动的实施方案》，开展“两联系一共建双推进”活动。开展机关精品党课评选活动。开展机关党员志愿服务活动，与市委目督办一起组织机关党员干部职工开展“关爱滇池·春城志愿者在行动”志愿服务活动，83家市级机关单位近1 200名干部职工组成47支志愿服务队，把每月第一个周六作为志愿服务日，开展关爱滇池志愿活动。抓好基层党建“有效提升”党组织创建工作和软弱涣散党组织整顿，工委领导包保联系29个“后进”党组织，指导和督促落实整顿措施，29个后进党组织全部整顿到位。指导流动党员党委利用网上党支部、QQ群、微信等方式，加强对流动党员的管理和教育。完善党内激励、关怀、帮扶机制，春节期间下拨党费8.24万元、“七一”前夕下拨党费8.08万元，走访慰问机关困难党员和老党员，向机关生活困难党员、重病党员发放关爱党员资金1.25万元。完成市第十一次党代会80名代表的选举和省第十次党代会代表的提名推荐工作。指导20个任期届满的市级机关党组织开展换届选举工作，完成50个党组织负责人调整审批。举办2期市级机关党支部书记培训班，培训机关支部书记315人，举办105人参加的“井冈山干部进修学院—昆明市市级机关党组织书记领导力提升研修班”。落实《昆明市市级机关工委指导县区机关党（工）委业务工作的实施意见》，召开县区机关党建工作联席会，落实《市级机关工委领导联系县区机关党（工）委制度》。

【党风廉政建设】 全面落实班子主体责任。班子召开5次党风廉政建设工作专题会议，严格执行《市级机关工委会议事决策规则》和《市级机关工委“三重一大”事项决策办法》。落实班子主要责任人责任。主要责任人与班子成员、班子成员与分管部门领导层层签订落实党风廉政建设工作责任书，按照《昆明市党政正职监督办法（试行）》要求，做到“四个不直接分管”和末位表态。严格执行《党政领导干部选拔任用工作条例》，选拔任用干部。认真履行“一岗双责”，对分管部门的干部职工进行监督、教育；与分管部门研究党风廉政建设工作；强化党风廉政建设宣传教育。开展纪律作风专项整治。落实市纪委《关于严厉查处收送“红包”、滥发奖金行为的补充通知》《关于严格规范领导干部办理婚丧喜庆事宜暂行办法的通知》等文件，开展党员领导干部和党员承诺、“六个严禁”专项整治，签订“昆明市严禁领导干部收送红包承诺书”。严格执行中央八项规定和省委实施细则、市委实施办法，严格执行领导干部报告个人有关事项报告制度。

【“两学一做”学习教育】 发挥机关党建网、微博、宣传栏作用，营造学习教育的氛围。与市委组织部联合制发《关于全市机关党员“学党章党规、学系列讲话，做合格党员”学习教育的指导意见》。联合举办“全市机关事业单位两学一做学习教育基层党务骨干示范培训班”，培训党务骨干140余人。制定《关于在市级机关“两学一做”学习教育中开展“五整治一整顿”工作的方案》，联合组成专项调研督查组，对所有市级机关单位“四个项目化”集中整治、学习贯彻七一重要讲话精神开展专项督查，对基层党组织按期换届工作提前1个月下发提醒催办通知，督促到届党组织按期换届。贯彻落实《中共昆明市委关于加强和改进机关党的建设的实施意见》。成功创建市级文明单位。

【群团工作】 组织举办市级机关计算机技能大比武、“浓情五月，幸福相约”大型交友联谊会、第十五届保龄球比赛、“魅力工会、和谐机关”象棋比赛、气排球比赛；开展“职工之家”建设、关爱困难职工送温暖活动。开展“做好事做善事做志愿者，争做新时代活雷锋”，“燃亮青春，服务南博，保护滇池”五四青年志愿活动、“奔跑吧青春·相约五月”联谊活动、“让爱流动”家庭互动活动；开展“五四红旗团委”“五四红旗团支部”创建活动。组织开展庆祝三八妇女节系列活动。验收市级“巾帼文明示范岗”10个；召开机关妇女工作会暨庆祝三八妇女节活动，共70余人参加；开展寻找“最美家庭”活动暨好家风好家训征集展示活动、好家风好家训报告会，开展“巾帼文明示范岗”创建活动。

（李红卓）

统一战线

【贯彻落实中央、省委重大决策部署】 开展对中央、省委统战工作会议精神和《中国共产党统一战线工作条例（试行）》贯彻落实专项督查，向省委督查组作专题汇报。召开市委统战工作领导小组第一次会议，审议通过并印发《贯彻落实中央、省委、市委统战工作会议精神和〈中国共产党统一战线工作条例（试行）〉重点工作规划（2015~2017年）》《中共昆明市委统一战线工作领导小组2016年工作要点及计划》《中共昆明市委统一战线工作领导小组工作规则》和《中共昆明市委统一战线工作领导小组办公室工作细则》4个文件。学习贯彻统战理论方针政策，将统战理论方针政策纳入2016年市委中心组第四次理论学习内容和党校（行政学院）教学内容，把《巩固发展最广泛的爱国统一战线——中央统战工作会议精神及中国共产党统一战线工作条例（试行）解答》一书作为市委中心组理论学习资料。将中央和省市委统战工作会议精神、全国宗教工作会议精神、市委民族工作会议精神等材料编印成册发市委统一战线工作领导小组成员学习。召开全市统战部长联系会议，14县（市）区、5个开发（度假）园区统战部长围绕学习贯彻全省统战部长会议精神，畅所欲言，深入交流。

【服务中心工作】 开展凝聚共识行动，维护和谐团结。深入学习习近平总书记系列重要讲话和考察云南重要讲话精神，巩固思想政治共识。举办6支队伍培训班6次，培训500多人次，支持各民主党派、无党派人士深入开展坚持和发展中国特色社会主义学习实践活动，推进非公经济人士开展以诚信守法增强发展活力为主题的理想信念教育实践活动，进一步增强中国特色社会主义道路、理论、制度和文化自信。开展凝聚智慧行动，推动民主科学决策。落实政党协商制度，召开情况通报会、协商座谈会6次，就重大问题与民主党派进行协商。组织市级各民主党派、工商联、有关人民团体围绕市委、市政府中心工作完成11个重点调研课题，并与市委、市政府进行专题协商。民主党派负责人共24人次列席市政府常务会议，政府相关部门与民主党派协商联系更具针对性、实效性。引导党外政协委员认真履职，在政协会上提出集体提案90个、个人提案150个。开展“走千企、解难题，访百商、增信心”大调研大走访活动，收集整理有代表性、典型性问题24个向市政府汇报。开展凝聚力量行动，服务改革发展。助推民营经济发展，组织300多户民营企业、商会参加南博会、孟中印缅经济走廊商会合作联盟会议等经贸活动；通过“贷免扶补”扶持1 800人、“两个10万元”微型企业扶持创业1 116户；向金融机构推介26家企业的融资项目，协调解决侵害民企合法权益案件20多件。聚力脱贫攻坚，积极向上争取，禄劝县被确定为由中央统战部指导、云南省实施的“凝心聚力‘十三五’同心共筑中国心”大型医疗公益活动唯一县；积极开展“百企帮百村”精准扶贫行动和光彩事业帮扶行动，协调投入资金325.30万元；挂钩帮扶禄劝县屏山街道克梯村和马鹿塘乡普福村，协调立项、部门投入和动员社会力量共捐助资金591.30万元；市侨联投入和动员社会力量共捐助倘甸两区骂秧村129.28万元；市台联协调投入资金和物资合计81.70万元到东川区阿旺镇鲁纳村。支持市级各民主党派开展社会服务活动，各级党派组织和成员向社会捐资捐物累计达448万元。累计创建民族团结进步示范点27个，建设全省“十县百乡千村万户示范创建工程”点12个，妥善处理涉及民族宗教工作领域的热点、难点问题20起。

【港澳台海外统战工作】 加强经贸合作，促成6个昆台经贸合作项目在第五届“云台会”上签约，依托台创园共建创意农业园区，推进做好云台工业园和“海峡两岸青年创业基地”创建工作；成功举办“云港澳台青年双创云南活动周”“两岸青年七彩云南联谊活动周”等重要活动。密切联谊交流，充分发挥昆明侨商联合会等平台载体作用，与香港、澳门的云南同乡社团负责人及杰出青年开展联谊交流；组团出访越南、缅甸、柬埔寨，向缅甸云华师范学院捐赠3 000余册华文图书，命名首个海外“昆明书屋”；邀请台湾政要和重要团组24批437人次来昆交流，组织24个团组352人赴台交流。打造统战文化品牌，整合“西南联大”“云南陆军讲武堂”等独特统战文化资源，打造“龙泉古镇”等统战文化创意片区，塑造“南侨颂”交响合唱音乐品牌，推进“南侨机工历史文化社区”爱国主义教育基地和昆明飞虎队纪念馆建设，推动国际文化交流，扩大昆明在南亚、东南亚华侨华人的文化认同和影响。

【统战工作创新】 推动网络统战工作全面开展，改版升级“昆明统一战线网”，实现网站、微博和微信平台之间的数据统一管理，开启“互联网+大数据+统战”新格局，初步形成统战工作“三位一体”的网络宣传格局。探索建立新的社会阶层人士工作机制，深入开展新的社会阶层情况调研，掌握基础数据，形成《昆明市新的社会阶层人士调研报告》，报省委统战部；建立由市委统战部牵头、市级相关部门组成的昆明市新的社会阶层人士工作联席会议制度。在全省率先制定《昆明市特约人员管理办法》，对司法机关和政府部门特约人员的推荐、选聘和管理等进行规范和归口管理。坚持问题导向，在破解难题中推进工作，研究制定《关于加强商会协会党建工作的实施意见》，率先完成156家商协会党组织覆盖率达100%的目标任务；为全市招商引资、促进民营经济发展牵线搭桥。为海外联络工作制定新规范，组织力量，开展港澳台海外统战工作调研，在调研基础上制定下发《关于进一步加强港澳台海外统战工作的实施意见》。为市政协、市工商联换届工作把好政策关，与市委组织部、市政协党组共同修订《政协委员协商产生办法》《政协委员界别名额分配方案》，并报市委常委会议研究同意，促进工作制度化、规范化；精心安排，周密组织，推进政协委员协商产生工作，为市政协换届做好准备；报市委常委会议研究同意，制定出台《工商联（商会）2017年换届工作的实施意见》《工商联换届方案》，指导市、县（市）区做好工商联换届准备工作；服务型商会建设工作经验在中国统一战线杂志刊登推广。民族宗教工作、多党合作工作走在全省前列，在全国有声音，向省委统战部争取统战专项资金80万元用于加强和改进新形势下宗教工作，宗教工作经验在全省宗教工作会议上作大会交流；在全国城市民族工作会议上向全国书面介绍城市民族工作主要做法及成效；《落实协商民主制度 提高政党协商水平》被《中国统一战线》刊登采用，向全国推广。

（李远芳）

机构编制管理

【调整权责清单】 经市政府第105次常务会议审议通过，市政府35个工作部门和4个政府直属事业单位共向社会公布行政职权6 829项，责任事项5.70万余项。制定《昆明市行政许可项目目录管理办法》，印发《昆明市行政审批制度改革工作领导小组办公室关于市政府部门权力清单和责任清单实施调整有关事项的函》，明晰权责清单的调整情形和调整程序，对权力实施主体申请增加、取消、下放、变更政府权力事项做出具体规定。

【精简行政审批事项】 对市级部门2013年以来精简行政审批事项情况进行清理统计，市级部门共计承接114项行政审批事项，其中33项作为新增项目列入承接省级行政审批目录清单，其余81项目合并已有项目进行实施；取消行政审批事项38项，下放行政审批事项5项，调整行政审批事项12项。2016年取消行政许可7项，市级行政许可项目保留74项，承接省级下放行政许可项目保留53项。

【推进政府职能转变】 拟定并报市政府印发《昆明市人民政府关于进一步转变政府职能加强事中事后监管工作的实施意见》，督促各行使权力单位落实事中事后监管责任，由“重审批、轻监管”逐步向“宽准入、严监管”转变，推动政府职能向创造良好发展环境、提供优质公共服务、维护社会公平正义转变。

【清理规范行政审批中介服务】 经报市政府发布《关于清理规范市政府部门行政审批中介服务事项的决定》，对61项市政府部门行政审批中介服务事项做出清理决定，同时在市政府及其各部门门户网站公布。

【迎检“放、管、服”改革专项督查】 做好国务院第三次大督查第十五督查组对我市“放、管、服”改革专项督查的迎检工作，制定迎检方案，起草汇报材料，准备工作台账。经过为期两天的专项督查，督查组充分肯定我市“放、管、服”改革各项工作取得的成绩。

【建成并运行网上办事大厅】 牵头与市政务服务局、市工信委在市级行政中心综合楼举行昆明市行政审批网上服务大厅开通仪式新闻发布会，同时开通微信公众号：“昆明政务服务”。网上服务大厅覆盖市本级、14个县（市）区及5个开发（度假）园区；事项入驻达到2 953项，其中市本级235项，县区2 718项。

【推进“双随机一公开”监管】 设立市“双随机一公开”推进工作组，拟定并报请市政府办公厅印发《关于加快推进双随机一公开监管工作的通知》。经过梳理—汇总—审查，公布权责清单的39个市政府部门中有35个部门梳理出随机抽查事项共计296项，涵盖所有市场监管部门和其他行政执法部门，达到100%全覆盖。《昆明市政府部门随机抽查事项清单》通过市政府审批，已在云南机构编制网平台对外发布。

【构建机构编制实名制系统】 推进昆明市机构编制实名制网络管理系统建设，加强与市级网信、机要、保密、工信等部门的沟通协调，强化对14个县（市）区系统建设工作的帮助和指导。完成市本级及14个县（市）区实名制系统软、硬件产品的集成、联通测试、测评申请和测评工作，实现省、市、县三级联网运行。

【规范机构编制管理】 全面启用实名制网络管理系统，开展市级单位的用编审批、用职数审核、出（入）编登记及工资统发审核，实现机构编制实名制管理工作“四清两对应”，共审核办理各类事项500余项。依据机构编制管理的新指标体系设计《昆明市机构编制实名制管理手册》，作为各单位的机构编制“户口簿”，准确记载单位基本情况、机构编制和实有人员动态情况，并附载机构编制管理工作的相关法规政策文件。按计划对市本级600多家机关事业单位开展手册核发工作。

【推进控编减编】 核准下达14个县（市）区5类编制总量，印发《昆明市控编减编工作方案》，对各县（市）区的控编减编工作进行指导并对上报方案进行批复。制定《关于切实加强机构编制管理严格落实控编减编要求的通知》，印发《机构编制管理工作情况考核内容和评分标准》。配合市军转办、退伍士兵安置办做好两类人员的安置计划下达工作。

【调整优化政府工作部门设置】 完成市卫计委、市人力资源和社会保障局、市旅发委等涉及改革调整五个部门的“三定”规定；进一步调整优化市政府部分工作部门设置；配合滇中新区完成机构编制调整等工作；完成昆明综合保税区管委会机构设置申报工作；完成设立市公安局旅游警察支队、人口管理支队等机构编制事项。

【调整园区管理机构设置】 经报市政府常务会、市委常委会研究，向省委编办报请审批19个园区管理机构。撤销西山国家级风景名胜区管委会、盘龙区水源自然生态保护区管委会、寻甸县清水海水源保护区管委会、禄劝县云龙水库水源保护区管委会等4个园区管理机构，分别成立西山国家级风景名胜区管理局、盘龙区松华坝水库水源保护区管理局、寻甸县清水海水库水源保护区管理局、禄劝县云龙水库水源保护区管理局，统一明确为副处级事业单位。以昆编文号行文，将西翥生态旅游实验区管委会、盘龙都市产业园管委会、官渡文化生态新城管委会、东川乌龙新区管委会、安宁温泉旅游度假区管委会、石林城乡一体化先行区管委会、寻甸凤龙湾文化旅游产业园区管委会和昆明滇池西岸开发建设管委会等8个园区管理机构牌子调整加挂到相应县（市、区）政府或市级投资主体单位。

【指导县区机构编制改革调整】 推进县级市场监管体制改革，完成14县（市、区）市场监督管理局的“三定”工作。各县（市、区）市场监管局完成组建挂牌，正常履职。调整县级群团使用事业编制，同意10个县（市）区从事业单位事业编制总量中调整共计141名到群团机关使用的事业编制总量内。指导县（市）区做好县级纪检监察机关内设机构调整、规范县（市）区人大及其常委会工作机构设置、规范设置县级巡察办、调整县级党委农村工作综合部门设置、做好县级保密机构设置的方案研究起草等工作。针对呈贡新区人员编制方面存在严重不足的问题，为呈贡区增核行政编制61名、事业编制353名。创新编制管理新方式，并报市编委研究从市级行政周转编制中暂借38名给呈贡区使用，三年内由市级收回。

【稳妥推进事业单位分类改革】 推进事业单位分类改革工作，开展承担行政职能事业单位摸底统计梳理工作，严格机构编制管理，逐步压缩从事生产经营活动事业单位编制，继续加大对职能消失弱化、相同相近事业单位的撤并整合力度。做好教育、水库大型灌区和自然资源保护区等关系民生的职能部门机构编制和职能调整。在完成市教育局所属事业单位人员编制动态调整的基础上，进一步完善教师培训机制，加强学生资助管理工作及推进中小学教师资格制度改革，分别在市教科院加挂市基础教育质量监测中心、昆明西南联大研究院牌子；在昆明广播电视大学加挂市教师培训中心牌子；在市人才服务中心教育分中心加挂市教师资格认定中心牌子。

【严格事业单位登记管理制度】 完成336家事业单位年度报告审查，受理4家新设立事业单位开办资金申请，发布事业单位登记管理年度报告公告336条、变更公告80条、重新申领证书公告2条、新设立公告8条，审核入驻中介机构9家事业单位信息。随机抽取3家事业单位法人公示信息实地核查。以进一步完善事业单位法人考核指标体系、考评程序和考评办法，形成以绩效评估方式对事业单位实行动态监督管理，抽取完成对20家事业单位的绩效评估工作。

【开展统一社会信用代码赋码和换证】 启动机关、群团和事业单位法人统一社会信用代码赋码和换证工作，换发统一社会信用代码事业单位法人证书336份，办理市级机关、群团统一社会信用代码证书77份。

【开展网上名称管理】 开展机关事业单位中文域名注册和网站挂标工作，完成中文域名注册665家，单位网站标示申请通过199家。

（市委编办）

保密工作

【概况】 2016年，市保密局荣获“全国保密工作先进集体”称号，受到人社部和国家保密局的表彰，成为全省唯一获此荣誉的集体。昆明市《保密工作》通联工作连续四年荣获全国地级市第一名，分别被国家保密局、省保密局评为学刊用刊先进单位。完成昆明市保密综合业务网建设（一期）项目验收。完成身份认证注册申请、审批和市保密综合业务网接入省级业务网联网工作，完成12个县（市、区）系统接入电子政务内网及市—县（市、区）保密综合业务网连调连试，基本完成二期项目网站集群、门户网站、工作数据库、决策支持系统等应用的基础开发。完成《“十三五”时期昆明市保密事业发展规划》《中共昆明市委关于加强和改进保密工作的实施意见》《昆明市保护国家秘密应急预案》等文件的初稿草拟工作。

【宣传教育】 组织全市保密业务培训班2期，各县（市、区）、机关单位共1 200余人参训。持续开展“保密法制宣传月”活动。组织开展保密委主任讲授保密党课21场次，受训人员达3 125人。组织编印发放《昆明市保密教育宣传挂图》3 500套、《计算机信息系统保密防护常识》2万册。配合开展“岗位练兵”机要和保密业务工作专题讲座，邀请省保密局戚桥海局长对全市各机关单位办公厅（室）共450人进行集中授课。举办全市保密工作经验交流会，组织59个市级机关单位共62人到市中级人民法院进行现场学习交流。组织全市党政机关、企事业单位干部职工4.20万人认真收看云南电视台《法治在线——以案释法》第13期栏目。

【保密技术防范】 顺利完成互联网门户网站等保密检查任务。在606家单位自检自查的基础上，利用“互联网出口监测检查平台”等对门户网站、政务微博、微信公众号、邮件传输等应用信息进行检查。完成涉密网络测评工作。参与市检察院、市纪委、市委组织部、市委编办的涉密网络测评工作。完成全省政府系统安全电子公文交换信息网络系统昆明市政府节点物理环境、网络情况核实和终端检测工作。共检查政务信息公开网站2 974个次，检查公开信息4.5万余条，市级行政中心互联网出口信息甄别3万余条，未发现涉密信息。为市级保密重点单位配备信息清除工具1套，市县区保密部门配备专用检查工具15套，信息安全交换中间机7台、保密文件柜5个等相关保密专用设备，实现保密技术检查工具应用的全覆盖；完成市级党政机关信息公开门户网站检查系统升级工作，将原C/S构架系统升级为B/S构架，优化检测程序，全面提升系统工作效率。

【依法管理】 开展保密工作目标责任季度检查，注意过程督查。对全市136家考核单位进行全覆盖检查，其中12家单位接受检查2次。共检查计算机876台，发出限期整改通知书12份，提出整改意见100余条。对9家存在严重泄密隐患的单位提出整改意见。组织开展保密自查自评专项督查工作，分别对14个县（市、区）、5个开发（度假）园区、28个党群机关、57个市级机关单位及21个涉密单位（国企）开展专项检查，对发现的突出问题及时督促整改。圆满完成对全市淘汰报废或按照规定不能继续使用的涉密计算机、移动存储介质、传真机、复印机等通信和办公自动化设备的销毁处置工作。共计销毁台式计算机存储硬盘1 496个。监督指导各单位销毁涉及国家秘密或高敏感工作信息的文件资料、书刊等纸质载体近300吨。

（市保密局）

党史工作

【党史工作规划】 围绕中央、省、市关于对新形势下党史工作的总要求，根据市第十一次党代会提出的目标要求，依据《中央党史研究室2016~2020年工作规划》和《云南省2016~2020年党史工作规划》，注重规划的科学性、合理性和完整性，结合昆明党史工作实际，认真组织调研，广泛征求意见，反复进行研究，精心编制，形成科学合理的《市委党史研究室2016~2020年工作规划》，并以市委办公厅名义行文下发，为“十三五”时期昆明党史工作谋好篇、布好局。

【党史研究】 克服困难，集中力量，九易其稿，高质量地完成全面、客观地记述从1950年至1978年间昆明29年的地方党史《中国共产党昆明历史》第二卷的编撰出版；开展新时期历史资料征编工作，完成以“关爱滇池”为主题的《口述昆明（第十辑）暨滇池记忆》一书的征集和编撰出版；完成“云南省昆明市抗日战争时期人口伤亡和财产损失”课题调研成果后续编辑工作；开展《昆明红色记忆》编撰工作，把该书编成精品，作为学习地方党史的简明读本，文稿已经省委党史研究室审读通过；开展《中国共产党昆明历史》（第三卷）的先期工作，编辑其相关资料《中共昆明历史大事记（1978~2002）》。与市档案局合作，拟定工作方案，查阅24年的历史档案资料，形成第一稿、第二稿；完成《昆明妇联简史（1926~2015年）》昆明89年妇女运动史的编撰工作；完成《中共昆明市委执政纪要》年度编辑出版；完成《中国共产党昆明历史大事记》年度编辑出版；完成《昆明市红军长征革命遗址现状和保护建议方案》上报市委；积极推进地方党史基本著作研究编纂工作，到晋宁、官渡、富民参加审稿会，提出修改意见，提出反馈结果，对五华、盘龙、寻甸、石林采取送学上门、提供资料、专题讲授等形式帮助二卷提纲的撰写。

【党史宣传教育】 征集整理23篇红军长征过昆明的小故事，登载于《云岭先锋》期刊；撰写纪念红军长征胜利80周年专题纪念文章《一座矗立在昆明的精神丰碑——纪念红军长征胜利80周年》，以市委名义在《昆明日报》刊登；撰写纪念中国共产党成立95周年暨昆明党组织建立90周年专题纪念文章《追寻梦想之路》，并在昆明日报刊出；联合市社科联、昆明中共党史学会以“弘扬长征精神，决胜全面小康”为主题开展纪念红军长征胜利80周年征文活动，征到文稿365篇，挑选优秀作品编印征文选集；与昆明信息港合作，设计开发“纪念红军长征胜利80周年知识答题”和“重走中央红军过昆明长征路”手机客户端，让广大干部群众通过微博、微信、扫二维码多种方式参与；协调相关单位做好朱德嫡孙、空军指挥学院副院长朱和平少将、空军首任司令员刘亚楼之子刘煜滨等老一辈革命家后代及家属走进皎平渡，开展追寻朱德等老一辈革命家率领中央红军抢渡金沙江遗址的活动。

【“讲好党的故事，讲好昆明故事”主题活动】 派出熟悉地方党史的人员为机关、企业等单位开展“讲好党的故事”活动，突出历史与现实结合，宣讲地方党史；与市委党校合作，共同编写《红色基因代代传——红色家书家风及优秀共产党人事迹选》；联合昆明信息港开展“学党史、感党恩、跟党走”的党史宣传教育活动；组织党员分别到黑龙潭烈士陵园祭扫烈士墓、柯渡镇红军纪念馆、六甲红军烈士墓开展重温入党志愿、入党誓词和向党旗宣誓等活动；与市委老干局配合，开展纪念红军长征过昆明80周年活动；在《昆明党史》期刊上开设《党史故事》专栏。

【革命遗址保护】 继续加大革命遗址保护宣传力度，修建完善石林英烈榜、改扩建东川区烈士陵园、修建红军长征过富民纪念碑、修建晋宁长松山烈士纪念园纪念碑、修缮安宁市革命历史教育展览馆等。

【创新工作】 与云南大学合作助推党史工作新跨越的特色亮点工作，被中央党史研究室《中国共产党历史网》列为典型经验面向全国交流，得到省委常委、市委书记程连元，市委常委、组织部部长鲁斌的充分肯定；中央党史研究室主任曲青山一行，到昆明调研并对昆明市党史工作取得的成绩给予充分肯定和鼓励；市党史研究室被省人社厅、省委党史研究室评为“全省党史部门先进集体”；对市委执政纪要的改版提升工作，在全省做经验交流发言。

（纽洪生）

老干部工作

【离退休干部概况】 至2016年底，离休干部1 893人（党员1 441人），其中，红军时期2人、抗战前期31人、抗战后期82人、解放战争时期

1 778人；行政机关584人、事业单位455人、企业854人；年龄70~79岁2人、80岁以上1 891人；待遇为正省单项（医疗）待遇1人、副省单项（医疗）待遇3人、正厅级2人、副厅级64人、正县（处）级172人、副县（处）级924人、享受正副科级待遇189人，享受其他待遇的538人。退休干部6.01万人，其中，行政机关1.45万人、事业单位3.09万人、企业1.47万人；待遇为正厅级35人、副厅级100人、正县级1 513人、副县级5 099人、正副科（乡）级以下5.34万人。

【领导重视老干部工作】 市委、市政府高度重视老干部工作，重要会议、重大活动邀请老干部参加，重大决策、重大部署听取老干部意见。市委书记程连元带头向离退休干部通报经济社会发展情况，听取离退休干部对《中国共产党昆明市第十一次代表大会报告（征求意见稿）》的意见建议。红军长征胜利80周年之际，市委书记程连元、市长王喜良分别率队走访慰问老红军、老干部，春节、建党节、敬老节等重大节日，市级四班子领导集体看望慰问老干部。强化工作目标管理，制定《昆明市离退休干部工作目标管理责任制考核办法（试行）》，老干部工作列入党建工作目标考核，离退休干部党员学习教育经费列入财政预算，市县老干部局局长全部兼任同级党委组织部副部长，上下形成尊重老干部、关心老干部、重视老干部工作的良好氛围。

【全市老干部工作会议】 3月4日，组织召开2016年全市老干部工作会，市委常委、组织部长盛高举出席并对进一步做好新形势下离退休干部工作提出具体要求，市委组织部副部长、老干部局局长张玉宁向参会人员传达中央办公厅、国务院办公厅《关于进一步加强和改进离退休干部工作的意见》和全国老干部局长会、全省老干部工作会精神，回顾总结2015年工作，安排部署2016年工作任务，与各县（市、区）签订2016年离退休干部工作目标管理责任书。

【离退休干部“两项”建设】 在离退休干部中扎实开展“两学一做”学习教育，制定下发《昆明市离退休干部党员“两学一做”学习教育指导意见》，向离退休干部党员发出《昆明市离退休干部党员“两学一做”学习教育倡议书》，号召广大离退休干部党员争做理想信念坚定的先锋表率、文明遵规守纪的先锋表率、拥护改革发展的先锋表率、增添正能量的先锋表率，在全省、全市率先启动离退休干部“两学一做”学习教育。贯彻落实中央关于“更加注重加强教育引导”的要求，强化离退休干部思想政治引领。通过专题通报会、形势报告会、理论培训班等形式，组织广大离退休干部深入学习党的十八届三中、四中、五中、六中全会，习近平总书记系列重要讲话，省委九届十二次全会和市第十一次党代会精神，引导广大离退休干部增强“四个自信”，强化“四个意识”，在思想上政治上行动上同以习近平同志为核心的党中央保持高度一致。结合“两学一做”学习教育，组织市级机关副县实职以上离退休干部800余人到市委党校集中学习，开创离退休干部进党校集中学习的历史。在县（市）区开展工作试点，积极探索老干部工作转型发展新路径，在五华区探索建立“区离退休干部党校+街道分校+社区党课+支部（学习小组）”工作新模式；在官渡区老年大学开辟红色课堂、红色讲堂、红色活动室、红色影室，对离退休干部进行离休不离党、退休不褪色、永远跟党走的红色教育；在西山区开展“春城敬老爱心服务站”建设，打造“云岭·春城敬老爱心服务”品牌；在离退休干部社团建立党组织，加强党对涉老社团的领导。

【为党的事业增添正能量活动】 组织离退休干部开展以“展示阳光心态、体验美好生活、畅谈发展变化”为主要内容的正能量活动。制定出台《关于进一步在全市开展为党和人民的事业增添正能量活动的实施意见》《2016年度全市离退休干部进一步开展“为党和人民的事业增添正能量”活动工作方案》，采用“意见+方案”的工作方式，指导基层深入、扎实开展正能量活动。组织开展参观水质净化厂、古滇文化旅游名城、嵩明首届花博会等老干部体验美好生活活动；举办“松鹤杯”柔力球比赛、时装比赛、象棋比赛等展示夕阳风采

中组部老干部局副局长杨保平一行调研指导昆明老干部工作

（市委老干局　供稿）

活动；举办纪念建党95周年文艺演出和红军长征胜利80周年系列活动，以诗、书、画、影、演等传播社会主义核心价值观、传递向上向善精神力量；组织开展“向召存信同志学习活动”“为党的事业增添正能量，做最美老干部”倡议签名活动、“保护母亲湖·迎接南博会”志愿活动等。充分利用网络、刊物、微信、易信等信息平台宣传先进典型，引导老同志向先进学习、向中心聚力、向大局聚焦，涌现出众多离退休干部先进典型。

【落实老干部政治待遇】 认真落实离退休干部政治待遇“八项”制度，健全完善《在职领导干部联系同级老干部制度》，召开离退休干部情况通报会5次，程连元、王喜良、刘智、鲁斌等领导亲自看望慰问老干部，为老领导通报情况；落实老干部参观考察制度，组织老干部就近就地参观考察2次、健康疗养1次；走访、看望13名省外易地安置离休干部及遗属。

【落实老干部生活待遇】 继续保持离退休干部离退休（金）费100%社会化发放，离休干部各项生活待遇100%落实。加大对困难离退休干部的帮扶力度，春节、建党节、敬老节走访慰问特困老干部及遗属415人次，发放慰问金23万余元；看望慰问生病住院市级老领导25人次；代表组织临终关爱离休干部83起；办理来信来访67件，积极为老干部解难事、办实事、做好事。不断完善“四就近”工作平台，充分利用社区资源做好离退休干部服务工作，为1 311名离休干部配备122名助老员。

【扶贫解困工作】 建立离退休干部特殊困难帮扶机制，特困帮扶资金纳入财政预算，及时解决离退休干部生活中的特殊困难，将建国初期参加工作的退休干部列为重点帮扶对象，加大对困难离退休干部的帮扶力度。争取省级特困补助经费7万元，市级财政配套补助7万元拨付东川区、寻甸县、禄劝县，以解决特困补助资金不足的困难；争取省级困难党员经费4万元、市委组织部困难党员经费20万元，拨付各市级单位和14县（市、区）作为特困党员补助金，帮助老干部解决生活实际困难。

【老年大学建设】 昆明老年大学校本部开设11个系、60个专业、220个班级，招收学员1.01万人次；呈贡校区开设31个专业、70个班级，招收学员2 344人次。建成市、县老年大学16所，校舍面积6.33万平方米；乡镇（街道）老年大学分校186所；村（社）老年学校445所，实现老年大学县乡全覆盖，社区老年大学覆盖率达52%，老年学员10万余人，占户籍老年人口总数的10%。昆明老年大学、嵩明县老年大学争创为省级老年大学示范校，五华区、官渡区、嵩明县、石林县、宜良县老年大学考核评定为市级示范校。中国老年大学协会“第三龄大学在世界上的历史与发展专题研讨会”在昆召开，昆明老年大学代表中国老年大学协会，在国际老年大学协会第98届理事会和“第三龄大学”在世界的历史与发展国际研讨会作交流发言。

昆明老年大学代表在国际老年大学协会第98届理事会上做交流发言
（市委老干局　供稿）

【老干部活动中心建设】 共有市、县两级老干部活动中心15个，配备专职工作人员75人，活动场地总建筑面积4.95万平方米，日均参加活动人数5 345人；基层老干部活动室133个，总建筑面积约2.49万平方米，日均参加活动人数5 479人。各级老干部活动中心（室）充分发挥阵地作用，以文体娱乐活动丰富老同志精神文化生活。市老干部活动中心举办象棋比赛、麻将比赛、服饰比赛、桥牌队式赛大型文体比赛4次，承办市级机关“魅力工会和谐机关”象棋比赛，开展“送春联”和“文艺下乡”活动。市老干部诗词协会、市老干部书画协会、市老干部桥牌协会、老战士合唱团等离退休干部社团活动累计达400余次，参与活动的老同志达到千余人次。市老干部活动中心、市级机关干休所引入物业管理，推行亲情式、精细化服务，开展送温暖、送关爱、送学习、送医疗、送祝福、送慰藉等“六送”活动，让住所老干部“政治上有人关心、组织上有人管理、生活上有人照顾、精神上有人慰藉”。

（晏廷花）

精神文明建设

【宣传教育】 深入宣讲阐释社会主义核心价值观。通过道德讲堂、座谈交流等方式，面向干部群众开展宣讲解读38场次。市属媒体在重要版面、重要时段开设专题专栏18个。市属各网站在首页常年展示核心价值观12个主题词，昆明文明网常年开设社会主义核心价值观专题。组织实施“点亮春城”公益广告宣传活动，设置24字固化宣传标语牌1 000余块，其中400余块能在夜间点亮。建设社会主义核心价值观示范点和主题公共场所18个，设置宣传展板2 200多块、各类“遵德守礼”提示牌9 000多处。依托图书馆、文化馆、少年宫、爱国主义教育基地设置社会主义核心价值观宣传栏（牌）100余处。打造核心价值观主题“文化墙”，制作社会主义核心价值观公益广告20余万平方米，在交通十字路口设置社会主义核心价值观公益宣传牌4 000余块。充分运用影视剧、小说、诗词、戏曲、歌舞等文艺形式，生动活泼地传播社会主义核心价值观，扶持创作市级文艺精品50部。继续深化“我们的节日”主题活动，以春节、元宵、清明、端午、中秋为节点，组织5次主题活动。

【诚信建设】 开展诚信宣传教育活动3次，在媒体宣传和曝光诚实守信正反面典型4次。召开建立统一的社会信用管理制度的专题研究会，完善诚信“红黑榜”发布制度，推动构建守信联合激励和失信联合惩戒机制。

【思想道德建设】 评选“昆明好人”50名，10人荣登“中国好人榜”。广泛开展“最美家庭”“最美志愿者”“最美警察”“最美昆明人”“美德少年”“春城蓝盾卫士”等最美人物选树活动。先后开展先进典型进机关、进学校、进社区、进军营、进农村宣讲活动30余场次，组织道德模范与身边好人现场交流活动，表彰学习全国道德模范、“昆明好人”。落实帮扶生活困难道德模范40户。设立“善行义举榜”和“道德红黄榜”2 000余处。组织道德讲堂活动5 000余场次。举办“学雷锋活动月”“邻里文化节”“知书识礼读书月”“孝老爱亲活动周”“全民健身”等主题活动20余场，联合妇联开展“我的价值观、我的中国梦”好家风·好家训巡讲活动1 000余场。充分发挥学校主阵地和主渠道作用，组织开展清明祭英烈、六一美德少年学习评选、七一童心向党、十一向国旗敬礼等“我的中国梦”主题教育实践活动100余场次。开展中华经典诵读活动80场次。对宜良县狗街镇华兴小学少年宫等7所优秀乡村学校少年宫予以表彰，共建成49所乡村学校少年宫。

【精神文明创建活动】 深化文明城市创建。召开市文明委工作会议和创建全国文明城市动员大会。细化指标任务188项，拟定《创建全国文明城市工作方案》。结合提升城乡人居环境工程，对不文明行为进行3次专项整治。开设“创建全国文明城市和提升人居环境监督曝光台”，曝光1 500余条次城市不文明行为。顺利完成2016年全国城市文明程度公共指数测评工作。深化文明小城镇和文明村（社区）创建。开展文明（村）社区创建活动，评选表彰市级文明村52个、文明社区66个、文明小城镇1个。深化文明单位创建。评选表彰市级文明单位681个，推出12个文明单位标兵，开展3次观摩交流和风采展示活动。组织1 260个单位开展结对帮扶乡村文明创建工作。积极开展窗口服务行业创建活动，在3个窗口行业组织示范点建设。深化文明家庭创建。深入开展“星级文明户”“五好文明家庭”等创建活动，评选出10户文明家庭。开展“寻找最美家庭”活动，寻找和宣传好父母、好儿女、好媳妇、好公婆、好丈夫、好妻子6人，推荐入选首届全国文明家庭2户。

【行为规范建设】 做好各类公约、民约、规范、规则、团体章程的修订完善工作，设置各类公约（规范）8 000余处，开展规范守则教育实践活动13次。将社会主义核心价值观融入升旗仪式、成年仪式、入党入团入队仪式等礼仪制度，组织活动9次。召开1次专题会，专题研究加强村民议事会、道德评议会、红白理事会等群众组织建设，发挥其在民间事务中的调解、监督和服务作用。积极培育新乡贤文化。在石林县、宜良县和晋宁县开展前期调研，摸排建立乡贤档案，确立3个试点村，建成1个“示范文化祠堂”。扎实推进文明餐桌行动。印制发放宣传册20万份，在媒体播发公益广告2 000多条次，对1万多个餐饮单位进行检查整治。组织文明餐桌行动启动仪式等活动，对餐饮酒店服务员、食堂工作人员进行餐桌文明礼仪培训8次，在1 000个餐饮单位开展服务承诺活动和文明用餐奖励活动。在800个机关单位食堂推行文明节约用餐提示制度。扎实推进文明旅游行动。建立昆明市文明旅游工作联席会议制度，制作发放宣传资料1万多份。开展3次专题宣传。联合景区、商家组织旅游志愿者1 000多人，促进旅游志愿服务常态开展。推进旅游厕所建设管理，推进“文明公厕”示范建设，加强厕所文明引导，培育群众文明如厕习惯。

【志愿服务】 城区各区注册志愿者人数占常住人口比例达10%以上，全市注册志愿者超过61万人，注册志愿者每年人均参加志愿服务时间达25个小时以上。在大部分社区开设“爱心食堂”。组织“3·15学雷锋志愿服务日”“12·5国际志愿者日”等大型集中志愿服务活动6次，关爱滇池、关爱环卫工人等专题志愿服务活动15次。探索建立“积分公益”“时间银行”等嘉许回馈制度。

（廖海滨）

中国共产党昆明市纪律检查委员会

【市纪委十届九次全会】 1月28日，市纪委召开十届九次全会，程连元出席并讲话，应永生主持并传达十八届中央纪委六次全会和省纪委九届八次全会精神，总结2015年全市党风廉政建设和反腐败工作，部署2016年工作任务。王喜良、拉玛·兴高、熊瑞丽、王敏正、何刚、方兴国、柳文炜、盛高举、金幼和、常树奇等市级领导参加。

【全面从严治党】 进一步坚定立场和方向。市纪委常委班子带头开展学习、交流思想体会、讲授专题党课，常委会9次开展专题学习，常委班子成员参加支部学习和集中学习70余次，各级纪检监察干部在学习中进一步提高了政治站位，保持了政治定力。

深入开展党章党规党纪教育。开展党章党规“进党校、进课堂、进媒体”和党章党规知识竞赛活动。建成昆明市纪律教育基地，2万余名党员干部到基地接受党章党规党纪教育。将党风廉政教育纳入领导干部培训日、党校（院）主体班次培训内容，开设党风廉政专题教育讲座50讲，5 000多名党员干部受到教育。改版升级昆明市党风廉政网，充分利用好掌上春城APP、昆明信息港等互联网资源，编印《画说党纪》《图解党纪》宣传资料，在《昆明日报》开设《严明党的纪律、高悬规矩戒尺》和《学思讲谈》专栏，教育引导党员干部守纪律、讲规矩、知敬畏。充分挖掘昆明本地的传统文化、知名人物的思想内涵、名胜古迹的廉洁元素，进行创造性转化和创新性发展，以“清风春城”为主题，打造地铁“市级行政中心·清风站”，营造浓厚的廉洁文化氛围。

党内监督专责机关作用进一步发挥。认真组织党风廉政建设责任制半年抽查和年终检查考核，对2015年考评为基本合格的5家单位党政主要领导和纪委书记进行诫勉谈话并督促整改。市纪委领导围绕责任落实和廉洁自律等内容约谈县（市、区）、市级部门党政主要负责人和纪委书记64人次。对8批294名新提拔和交流的县处级领导干部进行任前廉政谈话并签订廉政承诺书，5 125名科级以上党政主要负责人在市、县（市、区）两级纪委全会及年度党风廉政建设责任制考核会上进行述责述廉。严把“党风廉政意见回复”关，办理回复干部廉洁自律征求意见函3 974人次。组织2 296名县处级领导干部报告个人有关事项，183名市管干部报备个人操办婚丧喜庆事宜。实行领导班子及领导干部落实党风廉政建设主体责任纪实制度，针对领导班子、班子主要负责人和班子成员分类明确履责要素，印制发放主体责任《纪实本》和《纪实手册》，促使市管党员领导干部“心中明责，照单履责”。以问责倒逼责任落实，追究落实主体责任或监督责任不力的领导干部33名。

启动市县两级巡察。制定下发《关于建立巡察制度开展巡察工作的实施意见》《巡察工作实施办法（试行）》和《关于开展首轮巡察工作的实施方案》，成立市县两级巡察工作领导小组，组建62个巡察组，对67个单位开展首轮巡察。其中，市委派出6个巡察组，对市公安局、市财政局、市规划局等6个部门和单位开展巡察，首轮巡察取得阶段性成效，政治巡察的震慑作用和治本功能初步显现。

【监督执纪】 深入实践监督执纪“四种形态”。制定《关于落实全面从严治党主体责任实践“四种形态”的实施意见》《关于落实全面从严治党主体责任运用监督执纪第一种形态的暂行办法》等制度，将实践运用监督执纪“四种形态”具体化、规范化、制度化。严格分类处置问题线索，扩大谈话函询覆盖面，着力用好第一种形态。使用谈话函询方式处置问题线索1 720件涉及1 988人，占问题线索总数的79.60%，对688个轻微违纪问题进行适当处理，对反映失实的880名党员干部予以澄清，“红红脸、出出汗”逐步成为常态；党纪轻处分和组织调整289人，占处分人数的54.20%，成为多数；党纪重处分、做出重大职务调整229人，占处分人数的42.90%，逐步成为少数；开除党籍并移送司法机关15人，占受处分人数的2.90%，成为极少数，实践运用“四种形态”的成效初步显现。

创新监督执纪工作方式。落实廉情分析报告制度，定期对信访举报、纪律审查、问责处理等情况进行分析研判，查找问题根源，提出对策建议，实施精准防范。建立第三方评价制度，聘请第三方评价机构开展政务服务综合评价，将评价结果进行通报，将问题进行反馈并督促整改，评价结果纳入综合目标考核内容。树立“互联网思维”，运用“制度+科技”的手段助力监督执纪，通过互联网实现公开“两个责任”清单、动态监督提醒责任落实、量化考评落实效果，强化日常监督和过程监督。

【正风肃纪】 抓好干部作风日常监督。紧盯“四风”问题新情况、新动向，集中开展贯彻执行中央八项规定精神监督检查和纠治“四风”问题“回头看”工作。查处违反中央八项规定精神和“四风”方面的问题57

个，问责处理77人。两次通报查处的典型案例13起，涉及24人。办好政风行风“春城热线”节目，49个部门领导走进直播间接听群众诉求702件，回复率100%，满意率95%。

深入开展专项纪律检查。结合治理“不作为乱作为”，组成8个专项纪律检查组，围绕稳增长、脱贫攻坚、滇池治理、“五网”建设、防汛工作等重点任务落实情况开展专项纪律检查，有力促进中央和省市各项决策部署的贯彻落实。自查整改“不作为、乱作为”问题383个，建章立制148个，约谈166人，追究责任400人。对中央环保督察组反馈的问题认真进行调查处理，追究相关责任人65人。加强对执行换届纪律情况的监督检查和督促指导，查处违反换届纪律行为6件42人。

持续深化专项整治。深化“六个严禁”专项整治，发现问题541件涉及593人，整改完成442件，追究责任511人。持续开展“小金库”问题专项整治，立案查处10件。集中清理整顿领导干部在社会组织、企业兼职问题，进一步规范领导干部兼职行为。

【惩治腐败】 坚持高压惩腐不放松。突出“三类重点人”，把握“三个重要时间节点”，严惩违规违纪行为。接受信访举报3 434件次，处置问题线索2 159件，立案592件（其中县处级30人、乡科级115人、其他447人），结案509件，处分575人，移送司法机关15人，挽回经济损失2 267.41万元。严肃查处李军坡、张云生、赵臻、徐晓春、王学海等一批严重违纪典型案件。

紧盯群众身边的“四风”和腐败问题。畅通群众诉求渠道，纪检监察机关“五级联动”与纪检监察政法信访“四级联动”工作信息平台受理问题7.27万件，办结率和满意率均在99%以上。查处群众身边的“四风”和腐败问题63件，处理155人。开展扶贫领域存在问题专项纪律检查，对发现的28个问题涉及的80名相关责任人进行责任追究。扶贫领域、集体“三资”管理、民生领域、征地拆迁等方面的违规违纪问题得到了有效遏制。

进一步规范执纪审查工作。严格落实问题线索五类处置方式，认真落实“两级集体排查”研判线索机制和“日清、周转、月报、季结”的线索管理工作机制，市纪委召开18次书记办公会排查处置问题线索201件，实现线索处置动态“清零”。坚持纪在法前、纪严于法，对违纪问题查清主要违纪事实后及时处理或移交司法机关，违纪案件的执纪审查时间同比减少5天。加强涉案款物管理，实行案件审理集中把关，规范问责事项办理。严格落实执纪审查安全工作责任制，逐级签订《执纪审查安全责任书》，坚守执纪审查安全底线。

【队伍建设】 深入推进“三转”。结合市、县、乡三级纪委换届工作，选优配强各级纪委领导班子和纪检监察干部。完成县（市）区纪委内设机构改革调整工作，从事执纪审查的部门和人员分别达到30%和60%以上。按照专职从事纪检工作的人员不少于3名的要求配齐乡镇纪检专干，基层监督执纪力量得到进一步加强。开设“学思讲堂”。采取邀请纪检监察系统领导授课、专家学者专题讲授、机关干部轮流讲课、外出考察学习等方式，围绕“思、述、听、评、结、考、践、悟”8个环节进行团队学习、知识分享，形成学而思、思而践、践而悟的闭合链条，纪检监察干部监督执纪问责的能力和水平进一步提高。强化自身监督。严格落实《昆明市纪检监察干部监督工作暂行办法》，对纪检监察干部坚持从严教育、从严管理、从严监督，严防“灯下黑”。纪检监察干部监督部门受理反映纪检监察干部的信访件28件29人次，给予提醒谈话24人、问责1人、党政纪处分4人。认真开展“挂包帮、转走访”工作。下派4名驻村工作队员入驻挂包村开展工作，组织162名机关党员干部到东川区和寻甸县的4个村帮扶困难群众167户476名，协调和投入帮扶资金共计990余万元，帮助解决基础设施建设等实际问题10余个。

（市纪委）

2017 KUNMING YEARBOOK

昆明市人民代表大会常务委员会

【市十三届人大七次会议】 市十三届人大七次会议于2016年1月13~18日在昆明国际会展中心召开。会议应出席代表440名，实际到会395名。昆明市的十二届全国人大代表、昆明市选举产生的云南省第十二届人大代表，市委有关部门负责人，市人大常委会有关人员，市政府和市“两院”有关领导、部门负责人，部分县（市）区委、人大常委会、政府及部分人民团体负责人，部分驻昆单位、企业负责人等列席会议。市政协委员列席听取政府工作报告。大会邀请市级民主党派、工商联、侨联、台联负责人参加开幕式。部分昆明市民经申请旁听会议。

会议听取和审议昆明市人民政府工作报告、昆明市国民经济和社会发展第十三个五年规划纲要、昆明市人民代表大会常务委员会工作报告、昆明市中级人民法院工作报告和昆明市人民检察院工作报告；审查和批准昆明市2015年国民经济和社会发展计划执行情况与2016年国民经济和社会发展计划草案的报告，批准昆明市2016年国民经济和社会发展计划；审查和批准昆明市2015年地方财政预算执行情况和2016年地方财政预算草案的报告，批准昆明市2016年市级财政预算；做出相关决议。

依法选举拉玛·兴高为昆明市第十三届人大常委会主任，王喜良为昆明市人民政府市长，赵学农、吴涛为昆明市人民政府副市长，王亚峰为昆明市人民检察院检察长，马慈明、兰昆、蒋朝忠为昆明市人大常委会委员。

会议收到10名以上代表联名提出的议案17件。其中，城乡建设环境保护方面2件；财政经济方面4件；教育科学文化卫生方面1件；农业方面2件；内务司法方面6件；民族宗教方面2件。经大会主席团审议决定，将上述议案转为代表建议、批评和意见处理。会议期间，还收到代表提出的建议、批评和意见260件，按有关规定由大会秘书处交由有关部门和组织办理。

【市十三届人大常委会第三十六次会议】 市十三届人大常委会第三十六次会议于2016年2月25日举行。会议审议通过《昆明市人大常委会2016年度工作要点》《昆明市人大常委会2016年度会议议题安排》《昆明市人大常委会2016年度立法计划》，听取和审议《昆明市人民政府关于提请审议批准2015年全市和市级政府债务限额的议案》，做出《昆明市人大常委会关于批准〈昆明市人民政府关于提请审议批准2015年全市和市级政府债务限额的议案〉的决定》。会议还审议通过人事任免事项。

2016年1月17日，在市十三届人大第七次会议上选举出的国家工作人员进行宪法宣誓。（市人大研究室　供稿）

【市十三届人大常委会第三十七次会议】 市十三届人大常委会第三十七次会议于2016年4月27日举行。会议传达十二届全国人大第四次会议精神，听取和审议废止《昆明市执法责任制条例》的议案、说明和审查结果的报告，听取和审议市人大常委会执法检查组对市人民政府贯彻执行《昆明市城镇绿化条例》情况的执法检查报告并提出审议意见，听取和审议市人大常委会主任会议关于提请确认许可对市十三届人大代表李路琼采取强制措施的议案，表决通过《市人大常委会关于废止〈昆明市执法责任制条例〉的决定》《昆明市人大常委会关于确认许可对市十三届人大代表李路琼采取强制措施并暂时停止其执行代表职务的决定》以及人事任免事项。

【市十三届人大常委会第三十八次会议】 市第十三届人大常委会第三十八次会议于2016年6月28~30日举行。会议听取和审议《市十三届人大常委会代表资格审查委员会关于代表变动情况和补选代表的代表资格审查报告（草案）》《昆明市旅游业监察条例（修订草案）》议案、说明和审议意见报告；听取和审议《市人民政府关于推进公共文化体育基础设施建设的专项工作报告》《昆明市节约能源条例》执法检查报告和《云南省农村扶贫开发条例》执法检查报告并提出审议意见；围绕全市扶贫开发工作推进情况开展专题询问；表决通过《市十三届人大常委会代表资格审查委员会关于代表变动情况和补选代表的代表资格审查报告》以及人事任免事项。

【市十三届人大常委会第三十九次会议】 市十三届人大常委会第三十九次会议于2016年8月29~31日举行。会议听取和审议《昆明市学校安全条例（草案）》《昆明市河道管理条例（修订草案）》议案、说明和审议意见的报告，《昆明市旅游业监察条例（修订草案）》的审议结果的报告，《昆明市户外广告管理条例修正案（草案）》的议案、说明；听取和审议《昆明市2016年上半年国民经济和社会发展计划执行情况的报告》《昆明市2015年度地方财政决算以及2016年上半年财政预算执行情况的报告》《关于昆明市2015年度市级预算执行和其他财政收支的审计工作报告》《昆明市人民政府关于预算绩效管理实施情况的专项工作报告》并提出审议意见；听取和审议《昆明市2015年度地方财政决算的报告》《昆明市人民政府关于2016年新增政府债务安排、财政专项预算调整方案（草案）及政府债务限额的报告》以及审查结果的报告；听取和审议《昆明市人民政府关于提请审议批准三年脱贫攻坚项目政府购买服务合同资金列入财政预算安排的议案》和审议意见的报告；听取《昆明市人民政府关于脱贫攻坚资金筹措和资金落实情况的报告》；听取和审议《昆明市人民政府关于滇池综合整治情况的专项工作报告》《昆明市人民政府关于“五小水利”工程建设情况的专项工作报告》、关于对我市贯彻执行《中华人民共和国妇女权益保障法》《昆明市道路交通安全条例》情况的执法检查报告并提出审议意见；听取和审议《昆明市人民政府关于提请审议昆明市和日本高山市建立友好城市关系的议案》《昆明市人民代表大会代表辞职暂行办法》及说明；表决通过《昆明市旅游业监察条例（修订）》《昆明市人民代表大会常务委员会关于修改〈昆明市户外广告管理条例〉的决定》《昆明市人大常委会关于批准昆明市2015年度市级财政决算的决议》《昆明市人大常委会关于批准〈昆明市人民政府关于提请审议批准三年脱贫攻坚项目政府购买服务合同资金列入财政预算安排的议案〉的决定》《昆明市人大常委会关于批准昆明市2016年新增政府债务安排、财政专项预算调整方案及政府债务限额的决议》《昆明市人民代表大会代表辞职暂行办法》《昆明市人大常委会关于昆明市与日本高山市建立友好城市关系的决定》以及人事任免事项。此外，会议还就滇池综合整治情况开展专题询问。

【市十三届人大常委会第四十次会议】 市第十三届人大常委会第四十次会议于2016年10月31日至11月1日举行。会议听取和审议《昆明市学校安全条例（草案）》《昆明市河道管理条例（修订草案）》的审议结果报告，听取和审议《昆明市中级人民法院关于开展司法体制改革试点工作的专项工作报告》《昆明市人民检察院关于开展司法体制改革试点工作的专项工作报告》《昆明市人民政府关于推进分级诊疗的专项工作报告》《昆明市城乡规划条例》的执法检查报告、《云南滇中新区2016年1~9月经济运行和财政收支情况的报告》并提出审议意见，听取和审议《昆明市人民政府关于提请审议在全市开展第七个五年法治宣传教育工作的议案》说明及审议意见报告，通报《关于省人大执法检查组对我市贯彻实施道路交通安全“一法一条例”存在问题及整改意见的情况报告》（书面），听取和审议《关于提请确认许可对市十三届人大代表杜敏采取强制措施的议案》，听取和审议《关于昆明市第十四届人民代表大会代表名额分配方案（草案）》及说明，表决通过《昆明市学校安全条例》《昆明市河道管理条例（修订）》《昆明市人民代表大会常务委员会专题询问办法（修订）》《昆明市人民代表大会常务委员会专项工作评议暂行办法》《昆明市人民代表大会常务委员会关于在全市开展第七个五年法治宣传教育的决议》《昆明市人大常委会关于确认许可对市十三届人大代表杜敏采取强制措施并暂时停止其执行代表职务的决定》《昆明市第十四届人民代表大会代表名额分配方案》以及人事任免事项，通过任命人员进行宪法宣誓仪式。

【市十三届人大常委会第四十一次会议】 市十三届人大常委会第四十一次会议于2016年12月9日举行。会议补选拉玛·兴高为云南省第十二届人民代表大会代表。

【市十三届人大常委会第四十二次会议】 市十三届人大常委会第四十二次会议于2016年12月27日举行。会议听取和审议《昆明市人民政府关于2015年度昆明市市级预算执行和其他财政收支审计查出问题整改情况的报告》《昆明市人民政府关于办理市十三届人大七次会议代表建议工作的情况汇报》《昆明市人大常委会人事代表工作委员会关于昆明市第十三届人大七次会议代表建议、批评和意见办理情况的报告》，审议《关于组织部分市人大常委会组成人员、市人大代表对市十三届人大七次会议代表建议办理情况进行检查的报告（书面）》，听取和审议《昆明市人民政府关于云南滇中新区2016年特许经营权转让收入安排及预算调整方案（草案）的报告》及审查报告，《昆明市人民政府关于提请审议昆明市与捷克奥洛莫茨市建立友好城市关系的议案》及说明，《昆明市人大常委会主任会议关于提请确认许可对市十三届人大代表陈增学采取强制措施的议案》，会议表决通过《昆明市人大常委会关于批准〈昆明市人民政府关于云南滇中新区2016年特许经营权转让收入安排及预算调整方案〉的决议》《昆明市人大常委会关于昆明市与捷克奥洛莫茨市建立友好城市关系的决定》和《昆明市人大常委会关于确认许可对市十三届人大代表陈增学采取强制措施并暂时停止其执行代表职务的决定》以及人事任免事项。

【市十三届人大常委会第四十三次会议】 市十三届人大常委会第四十三次会议于2017年3月6日举行。会议听取和审议《昆明市人大常委会关于召开昆明市第十四届人民代表大会第一次会议的决定（草案）》及说明，《昆明市人民代表大会常务委员会工作报告（草案）》及说明，《关于昆明市第十四届人民代表大会代表的代表资格审查报告》《昆明市第十四届人民代表大会第一次会议主席团和秘书长等几个名单（草案）》及说明，《关于提请审议设立昆明市人民代表大会教育科学文化卫生委员会的议案》及说明，表决通过《关于召开昆明市第十四届人民代表大会第一次会议的决定》《昆明市人民代表大会常务委员会工作报告》，并决定报告人；《昆明市人民代表大会常务委员会关于批准〈昆明市第十三届人民代表大会常务委员会代表资格审查委员会关于昆明市第十四届人民代表大会代表的代表资格审查报告〉的决议》《昆明市第十四届人民代表大会第一次会议主席团和秘书长名单（草案）》《昆明市第十四届人民代表大会第一次会议列席人员名单》《昆明市人大会常委会关于提请设立昆明市人民代表大会教育科学文化卫生委员会的决定》以及人事任免事项。

【立法工作】 注重发挥地方立法对昆明改革建设发展的引领和保障作用，坚持科学立法、民主立法，突出昆明地方特色，不断提高立法质量，2016年共制定、修订、废止五件地方性法规，组织开展13件立法项目调研。

为强化学校安全工作，制定《昆明市学校安全条例》；为进一步规范旅游市场秩序，修订《昆明市旅游业监察条例》；为加强昆明市河道管理，保护和改善水环境，修订《昆明市河道管理条例》；为有效发挥户外广告在宣传城市形象、加强精神文明建设等方面作用，修订《昆明市户外广告管理条例》；为进一步维护法制统一，废止《昆明市执法责任制条例》。不断完善地方立法机制，修订《昆明市人大常委会地方立法专家库管理办法》，调整充实立法专家库人员，与云南地方立法研究院合作，建立昆明市地方立法评估与咨询服务基地；制定《昆明市人大常委会民族自治县立法工作指导办法》，加强对自治县民族立法工作的指导，及时协调解决立法工作中出现的困难和问题，《云南省石林彝族自治县石林喀斯特世界自然遗产地保护条例》和《云南省禄劝彝族苗族自治县文化遗产保护条例》按期完成，实现昆明市民族自治地方立法历史性突破，为全面推进依法治市提供有力的制度支撑。

【监督工作】 认真贯彻执行监督法，紧紧围绕市委中心工作和全市发展大局，突出重点、精准发力，不断加大监督力度，切实提高监督的针对性、实效性。全年共听取和审议专项工作报告12次，组织专题询问两次，执法检查六次，专题视察和调研40余次，围绕扶贫开发、滇池综合治理、重大项目建设、旅游业发展、道路交通安全、司法改革试点、食品药品安全监管、治安防控体系建设、流动人口及出租房屋管理等工作，综合运用多种监督方式加大监督力度，切实维护人民群众切身利益，有力推动了市委重大决策部署贯彻落实和社会民生事业改善，促进“一府两院”依法行政、公正司法。对滇池治理和脱贫攻坚工作开展专题询问，完成《昆明市环滇池生态区保护规定》《昆明市城乡规划管理技术规定》《昆明市建筑消防设施检测维修保养管理规定》等五件政府规范性文件的备案审查工作。

积极改进监督方式，注重监督实效，建立全市人大系统首个预算审查咨询专家库，探索部门预算决算分类调研和审查机制，制定《关于预算审查前听取人大代表和社会各界建议的暂行办法》《对审计查出问题整改工作的监督办法》《专项工作评议暂行办法》，修订《专题询问办法》《执法检查工作办法》，增强监督的规范化和实效性。

【重大事项决定和人事任免】 按照抓

2016年8月30日，市十三届人大常委会第三十九次会议就全市滇池综合整治情况向市政府及有关部门开展专题询问。 （市人大研究室 供稿）

大事、议大事的原则，严格依法审议涉及全市改革发展稳定的重大事项。2016年，做出关于在全市开展第七个五年法治宣传教育，新增政府债务安排，财政专项预算调整方案及政府债务限额，昆明市与日本高山市、捷克奥洛莫茨市建立友好城市关系等决议决定19项，为推进依法治市、保障经济运行、扩大对外交流发挥积极作用。

始终坚持党管干部与常委会依法行使任免权相统一，2016年，共依法任免地方国家机关工作人员158人次，其中任88人，免70人，组织新任命人员进行宪法宣誓。

【代表工作】 常委会党组始终注重发挥代表主体作用，不断完善代表工作机制，切实加强服务保障，为代表知情知政、履职尽责创造条件。组织代表共140余人开展学习培训，不断提高代表的履职素养；组织开展60次代表小组活动，4次持证视察，19次专业代表小组活动，积极提出意见建议，督促“一府两院”改进工作。学习借鉴朝阳区等外地人大工作经验，建立省、市、县三级代表联动机制，制定《关于加强三级人大代表联动，增强代表履职实效的实施意见》，切实增强代表联系。组织召开两次重大事项情况通报会，通报滇池治理、扶贫攻坚、全市经济运行情况和食品安全卫生等方面情况，邀请120名代表列席常委会会议，扩大代表对常委会工作的参与度，充分发挥代表作用。强化代表议案审议和代表建议办理，班子成员牵头主抓督办催办，全年开展两次跟踪检查，首次对部分承办单位办理代表建议工作进行测评，主动公开公布审议情况和办理结果，自觉接受人民群众监督。加强代表履职管理，探索建立不能履职和不称职代表退出机制，制定《昆明市人民代表大会代表辞职暂行办法》和《昆明市人民代表大会代表履职管理办法》，认真做好代表履职平台建设，切实提高代表履职实效。加强工作指导，指导五华区人大常委会在全区51个选（片）区建立人大代表工作站，代表在沟通民心、反映民意、集中民智、汇聚民力中的作用更加明显。切实加强对县乡人大换届选举工作的指导和督查，率先接入省人大选民登记系统，全面推行选民登记信息化录入，确保全市县乡人大换届选举有序进行。

【扶贫工作】 常委会党组始终把扶贫攻坚作为监督工作重点和第一民生工程，认真贯彻落实中央、省市委有关安排部署，思想同心、目标同向、行动同步。高位统筹，专门成立扶贫工作领导小组，由常委会主任任组长，其他班子成员为副组长，分管副主任兼任扶贫工作领导小组办公室主任，专题研究和推进扶贫工作。围绕脱贫攻坚组织开展五次专题调研、两次执法检查、一次集中视察、一次重大事项通报会、一次专题询问、五场座谈会、四次推进会和两次协调会，邀请300余名省市人大代表参加扶贫活动，推动一大批问题的解决。切实履行好对口帮扶寻甸脱贫攻坚牵头责任，定期召开脱贫攻坚推进会，每月深入贫困村开展督查和走访，邀请北京市朝阳区人大和企业家对寻甸县扶贫工作开展帮扶指导，争取500万元专项扶持资金，中国泛海集团捐赠寻甸县特色产业园区额秧村光伏农业扶贫项目443.6万元。着力解决好“扶哪些”“怎么扶”的问题，围绕实施“七个一批”工程，组织驻昆部队、大中专院校、科研院所、民营企业和社会个人参与挂钩帮扶。积极争取各方支持资金2 500余万元，推动禄劝县交通、水利项目前期工作及则黑乡贫困户发展养殖产业；协调中国泛海控股集团与寻甸县政府签订为该县2 000名大学生每人每年提供5 000元的学业资助协议（共5年）；协调省农垦集团在寻甸县开展马铃薯深加工工厂、农特产品加工园区和乡村新型商业中心建设项目；协调昆一中、云大附中、民大附中专门面向贫困地区和少数民族学生开办“民族班”“阿诗玛班”，共招生4个班；协调帮助提高乡村教师待遇，市政府已下发文件实施。

2016年11月11日，市人大常委会在寻甸县文化中心报告厅举行“朝阳区人大、昆明市人大帮扶寻甸县决战脱贫摘帽启动仪式”。（市人大研究室 供稿）

【理论研究和改革创新】 常委会党组紧紧围绕党中央和省市委全面深化改革重大决策部署，紧密结合人大职能特点，坚持问题导向，着眼破解难题，努力推动人民代表大会制度理

2016年9月22日，市人大常委会主任拉玛·兴高率队专题调研寻甸县脱贫工作推进情况。
（市人大研究室　供稿）

论与实践创新。夯实理论基础。完成专项工作评议、人大协商民主、乡镇（街道）人大工作等七个课题研究，其中一半的理论研究实现成果转化，为市委提供决策咨询，推动人大工作实践创新。落实改革任务。在市委改革办的领导下，加强调研论证，大胆探索创新，扎实牵头开展民主法制领域改革工作，完成建立预算审查前广泛听取人大代表和社会各界意见建议的机制；开展执法检查工作研究，健全完善相关制度；深入开展立法协商，充实调整立法咨询专家库，健全完善专家库管理办法；制定实施人大及其常委会选举或者决定任命的国家工作人员正式就职时公开向宪法宣誓制度、指导自治地方制定（修订）民族立法程序规定五项改革目标任务，形成一批重要制度性成果，确保改革成果最大限度应用于工作、服务于实践。创新工作机制。围绕省、市委滇中城市经济圈一体化发展战略目标，倡议发起建立滇中城市经济圈五州市人大合作机制。2016年8月19日，合作机制第一次会议在昆明召开，昆明、曲靖、玉溪、楚雄、红河五州市人大常委会共同签署《滇中城市经济圈五州市人大工作合作机制备忘录》，在人大信息化建设方面已取得实效，在生态环境保护联动监督方面取得进展，稳定的人大工作合作机制将为滇中城市经济圈一体化发展提供坚强的法制保障和新的强大动力。

市人大常委会行使四项职权情况概览

（一）地方立法

形式	条例名称
制定	《昆明市学校安全条例》
修订	《昆明市旅游业监察条例》《昆明市河道管理条例》《昆明市户外广告管理条例》
废止	《昆明市执法责任制条例》
立法调研	《昆明市城市房屋租赁管理条例》《昆明市非物质文化遗产保护条例》《昆明市流动人口管理条例（修订）》《昆明市城乡规划条例（修订）》《昆明市城市排水管理条例（修订）》
立法前期调研	《昆明市电动自行车管理条例》《昆明市公共资源交易监督管理条例》《昆明市不动产登记条例》《昆明市气象灾害防御条例》《昆明市企业工资支付条例（修订）》《昆明市城市轨道交通管理条例（修订）》《昆明市计量监督管理条例（修订）》《昆明市轿子雪山保护和管理条例（修订）》
立法后评价	《昆明市九乡风景名胜区保护条例》

（二）重要监督工作

形式	时间	内容	审议意见（工作建议）
执法检查	3月21日	检查《昆明市城镇绿化条例》贯彻执行情况	4月27日，市十三届人大常委会（以下简称“常委会”）第三十七次会议听取和审议执法检查报告后，提出审议意见：加强宣传教育，营造良好社会氛围；加大资金投入，多渠道筹措绿化资金；加强队伍建设，提高城镇绿化水平；加大执法力度，依法治绿护绿；认真总结经验教训，做好植物冻害灾后处置和养护。
	4月21~22日	检查《云南省农村扶贫开发条例》贯彻执行情况	6月28日，常委会第三十八次会议听取和审议执法检查报告后，提出审议意见：深化认识，全力推进，举全市之力打赢扶贫攻坚战；深入宣传，强化观念，进一步提高贫困群众脱贫增收意识；查找问题，补齐短板，确保精准扶贫精准脱贫取得实效；加大投入，加强监管，进一步提高扶贫资金到位率；聚焦重点，多措并举，全面实施精准扶贫精准脱贫工程；充实力量，规范管理，加强扶贫队伍建设。
	5月23~24日	检查《昆明市节约能源条例》贯彻执行情况	6月28日，常委会第三十八次会议听取和审议执法检查报告后，提出审议意见：加强宣传，提高认识，为节能工作营造良好的社会氛围；加大产业结构调整力度，加快淘汰落后产能，发挥科技创新对节能的引领支撑作用，着力从源头上推进“结构节能”；健全配套政策措施，完善节能监察机构，切实提高监管水平。
	8月2日	检查《中华人民共和国妇女权益保障法》贯彻执行情况	8月31日，常委会第三十九次会议听取和审议执法检查报告后，提出审议意见：进一步加大宣传教育，营造良好社会氛围；进一步加大贯彻落实力度，依法保障妇女权益；进一步加强协调联动，形成维权工作合力；进一步突出维权重点，切实保障农村妇女权益；进一步强化反家暴工作，促进社会和谐稳定。
	8月3~4日	检查《昆明市道路交通安全条例》贯彻执行情况	8月31日，常委会第三十九次会议听取和审议执法检查报告后，提出审议意见：进一步加强宣传教育工作，提高全民的道路交通安全意识；进一步加强道路交通规划，推进道路设施建设；进一步加大对道路交通安全设施的投入力度，提高道路交通管理信息化水平；进一步强化交通秩序管理，依法加大管理力度；进一步加强调查研究，有效规范管理电动自行车；进一步加强执法队伍建设，提高管理和服务水平。
	10月9日	检查《昆明市城乡规划条例》贯彻执行情况	10月31日，常委会第四十次会议听取和审议执法检查报告后，提出审议意见：继续加大学习宣传力度；大力提高规划编制水平；切实做好规划基础保障工作；严厉打击违法违规建设行为；加大法定规划的公众参与和监督；做好条例修订前期各项准备工作。
听取和审议专项工作报告	6月28日	听取和审议《市人民政府关于推进公共文化体育基础设施建设的专项工作报告》	常委会第三十八次会议听取和审议专项工作报告后，提出审议意见：科学规划公共文化体育基础设施；加大公共文化体育基础设施建设和管理力度；推动公共文化体育基础设施为群众提供精准服务；完善公共文化体育基础设施建设的保障措施；进一步加大宣传力度。
	8月31日	听取和审议《市人民政府关于2016年上半年国民经济和社会发展计划执行情况的报告》	常委会第三十九次会议听取和审议专项工作报告后，提出审议意见：正确研判全市经济形势，落实好各项稳增长政策措施，确保完成全年目标任务；科学、合理、客观地制定2017年国民经济和社会发展各项指标任务；积极推进供给侧结构性改革，进一步加大对高新产业、民营企业和小微企业的扶持力度，积极培育未来的支柱产业，同时要加快对传统产业的技术改造，提升产业附加值；要加大重点项目推进力度，确保项目建设尽快投产达效；要把增加政府有效投资作为一项重要举措，强化重点领域投资，优化投资结构；加大扶贫攻坚力度，加快扶贫项目推进，确保扶贫项目取得实效；不断加大监督监管力度，建立奖惩机制，有效提升执行力，为推进各项目标任务顺利完成做出积极努力。
		听取和审议《昆明市2016年上半年财政预算执行情况的报告》	常委会第三十九次会议听取和审议专项工作报告后，提出审议意见：积极应对各种不利因素的影响，科学合理地安排下半年财税工作；全面实施“营改增”等结构性减税政策，大力扶持高新技术企业、中小微企业和民营经济的发展；依法加强税收征管，要继续优化财政收支结构，加快推进财税体制改革，深入实施预算绩效管理改革；尽快将地方政府性债务分类纳入全口径预算管理，建立健全地方政府性债务风险预警、防控和应急处置机制；进一步加大扶贫资金投入力度，全力支持脱贫攻坚项目的有效实施。

续表

形式	时间	内容	审议意见（工作建议）
听取和审议专项工作报告		听取和审议《市人民政府关于2015年度昆明市市级预算执行和其他财政收支审计工作报告》	常委会第三十九次会议听取和审议专项工作报告后，提出审议意见：要进一步加强对预算编制、执行、决算和重点支出、政府性债务、重大政策实施、重大项目建设及其绩效的审计监督；要建立健全审计整改的长效机制，不断加大对违法违规问题的追责、问责和审计整改力度；各被审单位要切实提高整改工作的实效，切实规范各项经济管理行为；要继续推进审计公开，规范和细化审计结果和整改情况的公开内容，充分发挥社会和舆论的监督作用，确保审计查出的问题整改到位；进一步加强审计工作队伍建设，逐步提高审计工作的效率和质量；要尽快核实数字、更正错误，并将更正以后的报告文本重新提交市人大常委会。
		听取和审议《市人民政府关于昆明市预算绩效管理工作实施情况的报告》	常委会第三十九次会议听取和审议专项工作报告后，提出审议意见：要进一步加大对预算绩效管理的宣传，提高对绩效管理的认识；要全力推进预算绩效管理实现全覆盖，增强绩效评价的针对性，完善绩效评价体系，不断提高绩效管理效率；要积极引入第三方评价；要切实提高绩效评价结果运用，健全和完善预算绩效管理的问责机制；要逐步建立和完善预算绩效管理联动机制；要加大预算绩效管理培训力度，提高预算绩效管理工作水平。
		听取和审议《市人民政府关于滇池综合整治情况专项工作报告》	常委会第三十九次会议听取和审议专项工作报告后，提出审议意见：坚定信心，牢固树立“打持久战”和“打硬战”的思想；突出重点，深入推进河道水环境综合整治工作；建管并重，切实提高滇池环湖生态湿地的管理水平；统筹实施，提高污水收集和处理能力；多措并举，进一步加强农业农村面源污染防治；明确责任，紧盯工作目标落实；全民动员，营造爱滇护滇良好氛围。
		听取和审议《市人民政府关于全市“五小水利”工程建设情况的专项工作报告》	常委会第三十九次会议听取和审议专项工作报告后，提出审议意见：加强组织保障，进一步强化“五小水利”工程建设的领导；加强实施保障，进一步补齐水利基础设施建设薄弱短板；加强制度保障，进一步建立健全“五小水利”工程长效管理机制；加强投入保障，进一步加大“五小水利”工程建设的资金投入和整合力度；加强法规保障，进一步加大水利方面法律法规宣传力度。
	10月31日至11月1日	听取和审议《市中级人民法院关于开展司法体制改革试点工作的专项工作报告》	常委会第四十次会议听取和审议专项工作报告后，提出审议意见：凝心聚力，形成共识，进一步增强司法体制改革工作的责任感、使命感和紧迫感；坚持党的领导和人大监督；统一权责，扎实推进司法责任制改革；加强调查研究，完善改革配套措施，积极构建与司法体制相配套的保障制度；市中级人民法院要加强对基层法院开展司法体制改革试点工作的指导。
		听取和审议《市人民检察院关于开展司法体制改革试点工作的专项工作报告》	常委会第四十次会议听取和审议专项工作报告后，提出审议意见：深化认识，积极作为，扎实推进司法体制改革工作；坚持党的领导和人大监督；抓住重点，突破难点，完善司法责任制，确保检察机关司法体制改革试点工作高效推进；着力加强司法队伍建设，提升检察队伍的尊荣感；市人民检察院要加强对基层检察院开展司法体制改革试点工作的指导。
		听取和审议《市人民政府关于推进分级诊疗的专项工作报告》	常委会第四十次会议听取和审议专项工作报告后，提出审议意见：加强组织领导，稳步推进分级诊疗；强化基层医疗机构服务能力建设；完善政策和操作规范；推进“三医”信息化建设；加强双向转诊协同；加强分级诊疗的政策宣传。
		听取和审议《云南滇中新区2016年1-9月经济运行和财政收支情况的报告》	常委会第四十次会议听取和审议专项工作报告后，提出审议意见：进一步提高思想认识，认真研究推进市区一体化融合发展的措施；要积极推进供给侧结构性改革，加快产业结构优化调整，着力培育一批战略新兴支柱产业，同时要加快对传统产业的技术改造；加快推进招商引资项目落地和开工建设；依法加强收入征管，严格支出执行，确保全面完成全年预算目标；全面实施“营改增”等结构性减税政策，促进中小企业健康发展。

续表

形式	时间	内容	审议意见（工作建议）
	12月27日	听取和审议《市人民政府关于2015年度昆明市市级预算执行和其他财政收支审计查出问题整改情况的报告》	常委会第四十二次会议听取和审议报告后，提出审议意见：进一步提高对历史遗留问题的重视力度，认真研究对策措施予以解决；完善审计整改工作制度，加大对审计查出问题的跟踪落实力度，强化监督，避免屡审屡犯；结合实际，突出重点，科学谋划2017年审计工作；要切实将做好审计查出问题整改工作作为落实和推动预算管理改革的重要举措，提高预算管理能力和水平；加大问责力度和督办力度，提升审计监督的效力。
专题询问	6月29日	扶贫开发工作推进情况	常委会第三十八次会议以联组会议的形式，对市人民政府关于我市扶贫开发工作推进情况进行专题询问。16位常委会组成人员围绕因病致贫、因学致贫、产业脱贫、低保兜底、边缘贫困人口脱贫、道路硬化等方面，现场提出20多个问题，到会的市政府相关部门负责人均结合工作开展情况，客观真实、简明扼要作回答，为常委会更加准确地对《云南省农村扶贫开发条例》执法检查报告提出审议意见提供依据，同时，推动政府进一步理清扶贫思路，查找问题，补齐短板，破解瓶颈。
	8月30日	滇池综合整治情况	常委会第三十九次会议以联组会议的形式，对市人民政府关于滇池综合整治情况进行专题询问。常委会组成人员围绕滇池保护治理总体思路、落实河（段）长责任制、“河道三包”责任制、湿地建设、草海水环境整治提升、水源区保护等方面20多个问题进行询问，市人民政府副市长王道兴及相关部门负责人现场进行回答。常委会组成人员通过与市政府分管领导、市级相关部门和县区的负责同志现场对话、互动和交流，更为全面、客观、真实地掌握我市滇池综合整治情况，强化市政府、有关部门和县区的责任，对认真研究解决滇池治理中的重大问题、更好地推进滇池综合整治起到积极的督促作用。
重要视察	4月11~12日	食品药品安全监管工作	3个视察组在实地查看和走访17个种植养殖基地、食品药品生产经营企业、市县检验检测机构、集中供餐单位和食品药品销售门市、农贸市场、疫苗批发和使用接种点后，集中听取市政府及食品药品监管、农业、公安、财政等部门的专题汇报，结合视察情况，视察组成员提出：加强宣传工作的组织领导，夯实食品药品安全社会共治基础；加强食品药品监管体系建设，落实监管责任；加大财政资金投入，构建与区域性国际城市相适应的检验检测体系；创新监管方式，确保食品药品监管全覆盖；严格依法监管，坚决打击食品药品生产经营违法犯罪行为；完善制度体系，加快食品安全监管法制化规范化建设等具体建议。
	5月20日	社会治安防控体系建设、解决群众诉求“四级联动”以及执法规范化三项工作	5个调研组在听取五华、盘龙、西山、官渡、呈贡等5个区的情况汇报后，实地察看32个涉及“三项工作”的场所和单位，并集中召开汇报会，听取“一府两院”及相关职能部门对推进“三项工作”的情况汇报。调研组成员对“三项工作”的成绩给予肯定的同时，指出存在的问题，提出要统一思想，加强领导，保证工作的延续性；要进一步加强社会治安防控体系建设，增强人民群众安全感和满意度；要进一步推进“四级联动”工作，有效预防和化解社会矛盾；要进一步深入开展执法规范化建设，全面推进依法治市等建议。
	12月20~28日	“一府两院”工作报告中明确的3个方面10项重点工作任务完成情况	3个视察组分别了解到教育科技文化卫生、城乡规划建设环境保护、农业林业工作等3个方面大部分目标任务已完成或超额完成，对于个别今年没有完工、明年续建的项目，视察组提出要引起高度重视，采取有效措施，做好工作衔接，加大跟踪督办力度，确保项目尽快推进落实，同时针对3个方面工作提出8条具体建议。

续表

形式	时间	内容	审议意见（工作建议）
专题调研	5月6日	呈贡新区教育资源配置情况	调研组实地查看呈贡区第一幼儿园、呈贡区斗南学校、云南师大附中呈贡校区等10所学校，听取呈贡区政府、市教育局、规划局、财政局的专题汇报，针对调研中了解到的学校规划布局规模难以满足划片就近入学的需要等问题，调研组建议：要进一步加强领导；要高起点规划布局教育资源；要切实做到高质量办学；要做到高水平管理；要多渠道宣传呈贡区教育资源情况。
	5月17~18日	禄劝县2016年脱贫摘帽工作推进情况	调研组集中听取禄劝县政府和则黑、马鹿塘、撒营盘、汤郎等四个乡镇的汇报后，就如何扶持建档立卡贫困人口发展养殖产业实现快速脱贫进行专题讨论，形成具体明确的畜禽养殖产业发展帮扶实施意见。会后，分两个组分别到则黑、马鹿塘这两个省级贫困乡调研，实地查看交通水利基础设施和宜居农房建设情况，走访部分贫困户，查看产业扶贫工作情况，提出把思想进一步统一到完成目标任务上来；加快产业发展和基础设施、宜居农房建设进度；加大资金统筹投入力度；加强对产业合作社的规范管理等脱贫措施和工作思路。
	7月14日	医疗卫生工作情况	调研组实地查看昆明医科大学第一附属医院呈贡医院、昆明市中医院呈贡医院、呈贡区吴家营社区卫生服务中心、昆明市传染病医院、延安医院、云南昆明血液中心、昆明市第一人民医院北市区医院（甘美医院）等7家医疗机构，对推进公立医院改革、迁建医院运行情况、项目建设、中医针灸推拿特色医疗、基本公共卫生服务和医师多点执业情况等进行调研，集中听取市卫计委的汇报，座谈听取市发改委、市财政局、规划局、人社局、国土局、国资委和医疗卫生机构的工作意见，提出优化医疗资源配置，建立和完善决策、执行、监督机制，加快建立“三医”联动机制，大力提升医疗服务水平，加大医疗卫生信息化建设和医疗用血保障力度等意见和建议。
	7月21~22日	主城区城中村违法建设整治情况	调研组分别到盘龙、五华、官渡、西山、呈贡、经开区的城中村进行实地察看，了解群众诉求，听取市政府、市属相关部门及主城五区和高新、经开、度假区关于城中村违法建设整治情况的汇报。针对城中村违法建设突出、屡禁不止，呈现出“阶段式”反复的问题，调研组提出高位统筹，保持打击违建行为的高压态势；加强部门联动，切实形成整治合力；严肃法纪追究，强化责任考核；坚持层级管理，充分发挥基层组织的作用；查清底数，严格执行补偿标准；从实际出发，切实解决群众实际住房需求；完善制度，为整治违法建设行为提供法制保障；加大法制宣传力度，营造良好舆论氛围等建议。
	7月11~12日	倘甸和轿子山两区旅游产业发展情况	调研组听取两区工作情况和规划建设情况汇报，实地察看落霞沟片区基础设施改造、倘甸洗勺花道人间项目、转龙平安湖项目，转龙镇缩泉、中山楼、蒋家大院等景点和轿子山景区。座谈听取世博集团轿子山公司等企业的有关项目情况介绍及省、市政府各有关部门意见建议。针对旅游产业要素配套滞后等问题，调研组提出旅游产业要提升新高度；保护开发要摸索新途径；用地基建要再出新实招；经营合作要立足新起点；政府服务要跟上新形势等建议。

（三）讨论决定重大事项

序号	决议决定名称	通过日期	常委会
1	关于批准《昆明市人民政府关于提请审议批准2015年全市和市级政府债务限额的议案》的决议	2月25日	第三十六次会议
2	关于废止《昆明市执法责任制条例》的决定	4月27日	第三十七次会议
3	关于确认许可对市十三届人大代表李路琼采取强制措施并暂时停止其执行代表职务的决定	4月27日	第三十七次会议
4	关于接受罗朝峰同志辞去昆明市中级人民法院院长职务的决定	6月30日	第三十八次会议
5	关于接受汪天祥同志辞去昆明市人大城乡建设环境保护委员会主任委员职务的决定	6月30日	第三十八次会议
6	关于修改《昆明市户外广告管理条例》的决定	8月31日	第三十九次会议
7	关于批准昆明市2015年度市级财政决算的决议	8月31日	第三十九次会议
8	关于批准《昆明市人民政府关于提请审议批准三年脱贫攻坚项目政府购买服务合同资金列入财政预算安排的议案》的决定	8月31日	第三十九次会议
9	关于批准昆明市2016年新增政府债务安排、财政专项预算调整方案及政府债务限额的决议	8月31日	第三十九次会议
10	关于昆明市与日本高山市建立友好城市关系的决定	8月31日	第三十九次会议
11	关于在全市开展第七个五年法治宣传教育的决议	11月1日	第四十次会议
12	关于确认许可对市十三届人大代表杜敏采取强制措施并暂时停止其执行代表职务的决定	11月1日	第四十次会议
13	关于批准《昆明市人民政府关于云南滇中新区2016年特许经营权转让收入安排及预算调整方案（草案）》的决议	12月27日	第四十二次会议
14	关于昆明市与捷克奥洛莫茨市建立友好城市关系的决定	12月27日	第四十二次会议
15	关于接受王有祥同志辞去昆明市人大内务司法委员会主任委员职务的决定	12月27日	第四十二次会议
16	关于确认许可对市十三届人大代表陈增学采取强制措施并暂时停止其执行代表职务的决定	12月27日	第四十二次会议
17	关于召开市十四届人大一次会议的决定	2017年3月6日	第四十三次会议
18	关于批准《昆明市第十三届人民代表大会常务委员会代表资格审查委员会关于昆明市第十四届人民代表大会代表的代表资格审查报告》的决议	2017年3月6日	第四十三次会议
19	关于提请设立昆明市人民代表大会教育科学文化卫生委员会的决定	2017年3月6日	第四十三次会议

（四）人事任免

通过时间	姓 名	任命职务	姓 名	免去职务
2月25日昆明市十三届人大常委会第三十六次会议	刘珉语	昆明市中级人民法院审判员、审判委员会委员	关清华	昆明市人民政府副市长
	杨竹芳	禄劝县人民检察院检察长	杨 丽	昆明市人民政府副市长
	宁 啸	昆明市人民检察院检察员		
4月27日昆明市十三届人大常委会第三十七次会议	李庆平	昆明市人大常委会办公厅主任	赵兴旺	昆明市人大常委会办公厅主任
			曹长福	昆明市人大常委会人事代表工作委员会副主任
	艾树祥	昆明市人大常委会人事代表工作委员会副主任	李庆平	昆明市人大常委会研究室主任
	王建颖	昆明市人民政府副市长	王 宇	昆明市人民政府副市长，市公安局局长
	刀 勇	昆明市人民政府副市长，市公安局局长		
	李志工	昆明市人民政府副市长		
	邢敦忠	昆明市人民政府副市长	和丽川	昆明市财政局局长
	徐毅清	昆明市财政局局长		
	杨志华	昆明市人民政府外事侨务办公室主任	蔡德生	昆明市农业局局长
	郭增敏	昆明市农业局局长		
	路晓琨	昆明市中级人民法院副院长	尹德坤	昆明市中级人民法院副院长、审判委员会委员、审判员
			董 林	昆明市中级人民法院副院长、审判委员会委员、审判员
	余 锋	昆明市中级人民法院民事审判第一庭副庭长	李 晖	昆明市中级人民法院审判委员会委员、审判员
			赵慧忠	昆明市中级人民法院民事审判第一庭副庭长
	赵慧忠	昆明市中级人民法院立案二庭副庭长	余 锋	昆明市中级人民法院民事审判第三庭副庭长
			陈 林	昆明市中级人民法院审判员
			江一民	昆明市人民检察院检察员
			沈万明	昆明市人民检察院检察员
			景碧昆	昆明市富民县人民检察院检察长

续表

<table>
<tr><th>通过时间</th><th>姓 名</th><th>任命职务</th><th>姓 名</th><th>免去职务</th></tr>
<tr><td rowspan="17">6月30日昆明市十三届人大常委会第三十八次会议</td><td>刘文义</td><td>昆明市人大内务司法委员会副主任委员</td><td rowspan="3">赵兴旺</td><td rowspan="3">昆明市人大常委会副秘书长</td></tr>
<tr><td>柳 伟</td><td>昆明市人大城乡建设环境保护委员会副主任委员</td></tr>
<tr><td>王本晋</td><td>昆明市人大常委会研究室主任</td></tr>
<tr><td>马 责</td><td>昆明市人大常委会民族宗教工作委员会副主任</td><td rowspan="3">何金典</td><td rowspan="3">昆明市人大常委会办公厅副主任</td></tr>
<tr><td>马留安</td><td>昆明市人大常委会农业工作委员会副主任</td></tr>
<tr><td>申开银</td><td>昆明市人大城乡建设环境保护委员会副主任委员</td></tr>
<tr><td>翁 磊</td><td>昆明市人大法制委员会副主任委员</td><td rowspan="3">王本晋</td><td rowspan="3">昆明市人大常委会教科文卫工作委员会副主任</td></tr>
<tr><td>李忠华</td><td>昆明市人大常委会副秘书长</td></tr>
<tr><td>胡建军</td><td>昆明市人大常委会办公厅副主任</td></tr>
<tr><td rowspan="2">保建彬</td><td rowspan="2">昆明市人民政府副市长</td><td>何 刚</td><td>昆明市人民政府副市长</td></tr>
<tr><td>阮凤斌</td><td>昆明市人民政府副市长</td></tr>
<tr><td rowspan="2">李 亮</td><td rowspan="2">昆明市规划局局长</td><td>尹旭东</td><td>昆明市规划局局长</td></tr>
<tr><td>陈 伟</td><td>昆明市住房和城乡建设局局长</td></tr>
<tr><td>李 彤</td><td>昆明市住房和城乡建设局局长</td><td>王敏俊</td><td>昆明市监察局局长</td></tr>
<tr><td rowspan="3"></td><td rowspan="3"></td><td>陈 超</td><td>昆明市中级人民法院刑事审判第二庭副庭长</td></tr>
<tr><td>马 勇</td><td>昆明市中级人民法院行政审判庭副庭长</td></tr>
<tr><td>范今颖</td><td>昆明市中级人民法院审判员</td></tr>
<tr><td rowspan="8">8月31日昆明市十三届人大常委会第三十九次会议</td><td></td><td></td><td>孟少波</td><td>昆明市人大常委会副秘书长</td></tr>
<tr><td>熊 坚</td><td>昆明市监察局局长</td><td rowspan="2">李云周</td><td rowspan="2">昆明市商务局局长</td></tr>
<tr><td>徐增雄</td><td>昆明市商务和投资促进局局长</td></tr>
<tr><td>董国权</td><td>昆明市中级人民法院副院长，决定其为代理院长</td><td></td><td></td></tr>
<tr><td rowspan="4">张建波</td><td rowspan="4">昆明市城郊地区人民检察院检察委员会委员、副检察长</td><td>柏安云</td><td>昆明市人民检察院检察委员会委员、检察员</td></tr>
<tr><td>白 宇</td><td>昆明市人民检察院检察员</td></tr>
<tr><td>林 红</td><td>昆明市人民检察院检察员</td></tr>
<tr><td>杨 飞</td><td>昆明市人民检察院检察员</td></tr>
<tr><td rowspan="20">11月1日昆明市十三届人大常委会第四十次会议</td><td>谭翔浔</td><td>昆明市科学技术局局长</td><td>刘燕琨</td><td>昆明市科学技术局局长</td></tr>
<tr><td>邓林春</td><td>昆明市中级人民法院审判员</td><td rowspan="19">苏静巍</td><td rowspan="19">昆明市中级人民法院审判员</td></tr>
<tr><td>古维贤</td><td>昆明市中级人民法院审判员</td></tr>
<tr><td>李 希</td><td>昆明市中级人民法院审判员</td></tr>
<tr><td>李 娜</td><td>昆明市中级人民法院审判员</td></tr>
<tr><td>李 鸿</td><td>昆明市中级人民法院审判员</td></tr>
<tr><td>李 锋</td><td>昆明市中级人民法院审判员</td></tr>
<tr><td>李 蕊</td><td>昆明市中级人民法院审判员</td></tr>
<tr><td>汪丹丹</td><td>昆明市中级人民法院审判员</td></tr>
<tr><td>张 锐</td><td>昆明市中级人民法院审判员</td></tr>
<tr><td>张金科</td><td>昆明市中级人民法院审判员</td></tr>
<tr><td>范 丽</td><td>昆明市中级人民法院审判员</td></tr>
<tr><td>罗增龙</td><td>昆明市中级人民法院审判员</td></tr>
<tr><td>荆 瑛</td><td>昆明市中级人民法院审判员</td></tr>
<tr><td>侯 佳</td><td>昆明市中级人民法院审判员</td></tr>
<tr><td>姚 丹</td><td>昆明市中级人民法院审判员</td></tr>
<tr><td>高雁海</td><td>昆明市中级人民法院审判员</td></tr>
<tr><td>符圆圆</td><td>昆明市中级人民法院审判员</td></tr>
<tr><td>褚玉春</td><td>昆明市中级人民法院审判员</td></tr>
</table>

续表

<table>
<tr><th>通过时间</th><th>姓 名</th><th>任命职务</th><th>姓 名</th><th>免去职务</th></tr>
<tr><td rowspan="16">12月27日昆明市十三届人大常委会第四十二次会议</td><td>刘文义</td><td>昆明市人大常委会内务司法工作委员会主任</td><td rowspan="3">刘文义</td><td rowspan="3">昆明市人大内务司法委员会副主任委员</td></tr>
<tr><td>汪明涛</td><td>昆明市人大常委会教科文卫工作委员会副主任</td></tr>
<tr><td>张翼昆</td><td>昆明市人大常委会内务司法工作委员会副主任</td></tr>
<tr><td>李茂忠</td><td>昆明市人民政府副市长</td><td rowspan="3">刘婉秋</td><td rowspan="3">昆明市司法局局长</td></tr>
<tr><td>孙 涛</td><td>昆明市人民政府副市长</td></tr>
<tr><td>孙跃文</td><td>昆明市司法局局长</td></tr>
<tr><td>施 浩</td><td>昆明市人民检察院检察员</td><td rowspan="2">胡云湘</td><td rowspan="2">昆明市人民检察院检察员</td></tr>
<tr><td>刘凤翔</td><td>昆明市人民检察院检察员</td></tr>
<tr><td>马锐萍</td><td>昆明市人民检察院检察员</td><td rowspan="2">周志靖</td><td rowspan="2">昆明市人民检察院检察员</td></tr>
<tr><td>梅廷婷</td><td>昆明市人民检察院检察员</td></tr>
<tr><td>高晨曦</td><td>昆明市人民检察院检察员</td><td rowspan="2">丁 渡</td><td rowspan="2">昆明市人民检察院检察员</td></tr>
<tr><td>丁 义</td><td>昆明市人民检察院检察员</td></tr>
<tr><td>薛 莲</td><td>昆明市人民检察院检察员</td><td rowspan="2">崔庆林</td><td rowspan="2">西山区人民检察院检察长</td></tr>
<tr><td>钱正驹</td><td>昆明市人民检察院检察员</td></tr>
<tr><td>罗 旭</td><td>昆明市人民检察院检察员</td><td rowspan="2">肖 洁</td><td rowspan="2">安宁市人民检察院检察长</td></tr>
<tr><td>王 娟</td><td>昆明市人民检察院检察员</td></tr>
<tr><td rowspan="13">2017年3月6日昆明市十三届人大常委会第四十三次会议</td><td>马 责</td><td>昆明市人大常委会副秘书长</td><td rowspan="3">马 责</td><td rowspan="3">昆明市人大常委会民族宗教工作委员会副主任</td></tr>
<tr><td>张丽仙</td><td>昆明市人大常委会民族宗教工作委员会副主任</td></tr>
<tr><td>董华祥</td><td>昆明市人大常委会财政经济工作委员会副主任</td></tr>
<tr><td>洪维智</td><td>昆明市人民政府副市长</td><td>孟庆红</td><td>昆明市人民政府副市长</td></tr>
<tr><td>张立志</td><td>昆明市中级人民法院副院长</td><td>张国维</td><td>昆明市中级人民法院审判委员会委员、审判员</td></tr>
<tr><td>杨 帆</td><td>昆明市中级人民法院刑事审判第一庭副庭长</td><td>杨 帆</td><td>昆明市中级人民法院刑事审判第二庭副庭长</td></tr>
<tr><td>屈艳婷</td><td>昆明市中级人民法院刑事审判第二庭副庭长</td><td>屈艳婷</td><td>昆明市中级人民法院未成年人案件审判庭副庭长</td></tr>
<tr><td>吕 强</td><td>昆明市中级人民法院民事审判第一庭副庭长</td><td>吕 强</td><td>昆明市中级人民法院民事审判第二庭副庭长</td></tr>
<tr><td>蔡 涛</td><td>昆明市中级人民法院民事审判第二庭副庭长</td><td>蔡 涛</td><td>昆明市中级人民法院知识产权审判庭副庭长</td></tr>
<tr><td>何海燕</td><td>昆明市中级人民法院民事审判第二庭副庭长</td><td>何海燕</td><td>昆明市中级人民法院民事审判第三庭副庭长</td></tr>
<tr><td>刘昕光</td><td>昆明市中级人民法院民事审判第三庭副庭长</td><td>刘昕光</td><td>昆明市中级人民法院民事审判第一庭副庭长</td></tr>
<tr><td>代晓明</td><td>昆明市中级人民法院民事审判第四庭副庭长</td><td>代晓明</td><td>昆明市中级人民法院民事审判第二庭副庭长</td></tr>
<tr><td>周 迅</td><td>昆明市中级人民法院民事审判第五庭副庭长</td><td>周 迅</td><td>昆明市中级人民法院民事审判第四庭副庭长</td></tr>
</table>

续表

<table>
<tr><th>通过时间</th><th>姓 名</th><th>任命职务</th><th>姓 名</th><th>免去职务</th></tr>
<tr><td rowspan="17">2017年3月6日昆明市十三届人大常委会第四十三次会议</td><td>华 虹</td><td>昆明市中级人民法院未成年人案件审判庭副庭长</td><td>华 虹</td><td>昆明市中级人民法院行政审判庭副庭长</td></tr>
<tr><td>马 芸</td><td>昆明市中级人民法院知识产权审判庭副庭长</td><td>彭亚一</td><td>昆明市中级人民法院刑事审判第一庭副庭长、审判员</td></tr>
<tr><td>李能熊</td><td>昆明市中级人民法院知识产权审判庭副庭长</td><td>李能熊</td><td>昆明市中级人民法院民事审判第四庭副庭长</td></tr>
<tr><td>杨 越</td><td>昆明市中级人民法院环境资源审判庭副庭长</td><td rowspan="2">杨 越</td><td rowspan="2">昆明市中级人民法院知识产权审判庭副庭长</td></tr>
<tr><td>曾蕙菁</td><td>昆明市中级人民法院行政审判庭副庭长</td></tr>
<tr><td>黄 红</td><td>昆明市中级人民法院行政审判庭副庭长</td><td>黄 红</td><td>昆明市中级人民法院立案一庭副庭长</td></tr>
<tr><td>池向初</td><td>昆明市中级人民法院审判监督庭副庭长</td><td>池向初</td><td>昆明市中级人民法院刑事审判第一庭副庭长</td></tr>
<tr><td rowspan="5">绪 伟</td><td rowspan="5">昆明市人民检察院检察员、检察委员会委员</td><td>王凯石</td><td>昆明市人民检察院副检察长、检察委员会委员、检察员</td></tr>
<tr><td>王家寿</td><td>昆明市人民检察院检察委员会委员、检察员</td></tr>
<tr><td>常 敏</td><td>昆明市人民检察院检察员</td></tr>
<tr><td>马 伟</td><td>昆明市人民检察院检察员</td></tr>
<tr><td>朱 立</td><td>昆明市人民检察院检察员</td></tr>
<tr><td rowspan="5">尹晓宁</td><td rowspan="5">昆明市人民检察院检察委员会委员</td><td>徐 勇</td><td>东川区人民检察院检察长</td></tr>
<tr><td>李庆华</td><td>呈贡区人民检察院检察长</td></tr>
<tr><td>孙跃文</td><td>晋宁县人民检察院检察长</td></tr>
<tr><td>绪 伟</td><td>宜良县人民检察院检察长</td></tr>
<tr><td>贾永强</td><td>嵩明县人民检察院检察长</td></tr>
</table>

（李 莉 查思竹）

昆明市人民政府

【“云上云”行动计划首批重点项目开工】 1月7日，云南省“云上云”行动计划首批重点项目在呈贡信息产业园开工建设。云南省委、省政府认真贯彻中央有关精神，紧密结合云南实际，决定实施“云上云”行动计划，研究制定一系列加快信息化和信息产业发展的指导性文件和配套政策，并把建设呈贡信息产业园作为全省信息化和信息产业发展的重点，着力打造全省信息产业的核心聚集区。到2020年，将呈贡信息产业园建设成为产业聚集、企业集群、生态友好、创新引领的信息产业发展高地，努力建设具有国际影响力的云计算大数据中心、区域信息服务中心、跨境电子商务中心、大众创业万众创新的示范区。

【省委、省政府到昆调研】 1月9~11日，省委书记李纪恒率队到昆调研昆明市改革发展相关工作，省委常委、省政府党组成员、省委高校党工委书记李培，市委书记程连元，市委副书记、代市长王喜良陪同调研。11日下午，省委、省政府在昆明市召开推动昆明市改革发展座谈会。省委书记李纪恒出席会议并讲话，省长陈豪主持会议。会议要求，昆明市要紧紧围绕习近平总书记给云南发展提出的“三个战略定位”，按照“五位一体”总体布局和“四个全面”战略布局的要求，崇尚创新、注重协调、倡导绿色、厚植开放、推动共享，主动服务并融入国家发展战略，当好全省经济社会发展火车头，加快建设区域性国际中心城市，为闯出一条跨越式发展路子、与全国同步全面建成小康社会，谱写好中国梦的云南篇章做出新的更大贡献。

【滇池水污染防治暨草海治理攻坚工作推进会】 2月27日，昆明市召开2016年滇池水污染防治暨草海治理攻坚工作推进会，总结“十二五”以来滇池治理情况，安排部署2016年乃至“十三五”时期滇池治理各项工作。“十三五”时期，昆明市将把滇池治理纳入城市治理体系，切实提高滇池治理的科学化水平，稳步提升滇池水体水质，力争早日重现水清岸绿河畅的美丽风采。

【昆明国际马拉松赛】 2月28日，2016中国农业银行昆明高原国际半程马拉松赛在金马碧鸡坊鸣枪开跑，共有1.8万余名国内外马拉松运动员及跑步爱好者参加本场体育盛会。12月17日，2016上合昆明国际马拉松赛在海埂会堂鸣枪开跑，来自世界25个国家的1.6万余名选手奔跑在美丽的滇池湖畔。此次赛事是上合组织支持云南经济社会发展的首个合作项目，是庆祝上合组织成立15周年的一项具有重要意义的活动。昆明市以此次赛事为契机，充分发挥区位、资源、开放等优势，主动服务和融入“一带一路”等国家发展战略，加快建设区域性国际中心城市，搭建与上合组织成员国在经济、文化、商贸、旅游等方面多边交流合作平台。

【昆明市、滇中新区开放合作推介会】 3月1日，昆明市、滇中新区开放合作推介会在北京举行。推介会由昆明市委、市政府、滇中新区党工委、管委会联合举办。围绕主动服务和融入国家发展战略，加快建设区域性国际中心城市这一主题，就基础设施、总部经济、先进制造业、生物医药、电子信息产业、房地产业等重点产业进行推介，广泛寻求合作机会。推介会共邀请120家在京国际国内重点企业出席，会上共50个项目参加集中签约，协议总金额达8 916亿元，签约项目涵盖基础设施、金融服务、电子信息、节能环保等多个领域。

【昆明市和法国格拉斯市建立友城关系】 3月28日，昆明市和法国格拉斯市建立友好城市关系签字仪式在昆明举行，两市正式缔结友好城市关系。双方将在平等互利的基础上，共同促进两市人民之间的友好交往和经贸往来，积极开展经济、文化、教育、科技、旅游等各个领域的交流与合作。截至2016年底，昆明市正式签约的国际友城数达21对，在全国27个省会城市中排名第七，在西部10省（区）省会排名第三。

【省市党政军义务植树活动】 5月3日，昆明市开展2016年党政军义务植树暨“省市联动·绿化昆明·共建春城”植树活动，活动在呈贡区设1个主植树场地，14个县（市、区）及5个开发（度假）区设23个分植树场地，共4 665人参加植树活动，植树2 824亩。“省市联动·绿化昆明·共建春城”植树活动自2015年5月29日正式启动，计划用三年的时间，在昆明及滇中产业新区的主城区、滇池面山、主要交通道路沿线、入滇池河道沿岸等处绿化植树55 339亩，建成生态宜居的国家森林城市，成为人均绿地面积和城市生态环境位于全国前列的省会城市。

【2016中国（昆明）·印度瑜伽大会】 5月18~22日，昆明市政府主办的“2016中国（昆明）·印度瑜伽大会”在昆明海埂会堂举办。大会以“与世界友好相处 春天的城市 春天的瑜伽”为主题，涵盖开幕式、大师瑜伽课程、瑜伽进社区、有机健康食材展等内容，由印度政府钦点的5大流派18位继承者和传承人，利用4天时间给来自全国各地的瑜伽爱好者传授50堂100小时的课程。

【“五大基础设施网络”建设动员

大会】 5月20日，昆明市召开“五大基础设施网络”建设动员大会，明确把五网建设作为头等大事来抓，坚定信心、抢抓机遇、苦干实干，迅速按下快进键、跑出加速度，全力推动“五网”建设取得新突破。2016年昆明市计划实施“五网”建设项目205项，完成投资89亿元。重点抓好重点公路项目建设、轨道交通建设、鸣泉收费站外迁、高铁开通准备工作等四项工作。“十三五”期间，昆明市计划实施路网、航空网、能源网、水网、互联网五网项目317项，总投资10 276亿元，计划完成投资6 402亿元。

【第四届南博会暨第二十四届昆交会】 6月12~17日，为期6天的第四届南博会暨第二十四届昆交会在昆明滇池国际会展中心顺利举办。共有89个国家和地区、国内29个省（区、市）和5 000余家企业参展会展，展馆数量由上届的13个增至18个，展览面积由上届的13万平方米增至18万平方米，展位数达到8 000个，为历届最高。共约80万人次入场参观，会展现场商品销售3.38亿元。会展期间，签订利用内资项目495个，签约金额（含意向协议）8 611.89亿元，比上届增长18.7%。外经贸成效和签约（含意向协议）1 580.63亿元，比上届增长1.2%。其中，利用外资621.98亿元，比上届增长4.7%；外贸790.69亿元，比上届增长1.2%；对外投资167.96亿元，比上届增长0.4%。

【纪念中国共产党成立95周年歌咏比赛及晚会】 为纪念中国共产党成立95周年，激发全市人民的爱国爱党热情，昆明市在“七一”建党节来临之前，举办昆明市纪念中国共产党成立95周年歌咏比赛。比赛采取“统一主题、统一部署、分级举办、分级负责”的形式，在各县（市）区、各国家级和省级开发（度假）区同时开展。市级机关（含云南滇中新区）、教育系统、卫生系统、市属国有企业共计93家单位75支代表队4 600人参加歌咏比赛的初赛，最终31支代表队胜出进入决赛。6月25日，歌咏比赛决赛在昆明会堂举行。6月28日，《永远跟党走》歌咏晚会在呈贡行政中心昆明会堂举行。

【启动不动产统一登记发证】 6月30日，昆明市举行不动产统一登记发证启动仪式，市委副书记、市长王喜良向一位市民颁发编号为0000001的不动产权证，标志着昆明市不动产统一登记、发证和登记证明工作全面启动。2016年6月29日17：00起，市国土、住建、林业部门停止受理土地、房屋、林权登记业务；6月29日17：00前受理的业务按原办理规则审核颁发权利证书；6月30日起，市、县（市）区不动产登记（分）中心统一受理和办理土地、房屋、林权等不动产登记业务。

【中华龙舟大赛（昆明·滇池站）】 9月24~25日，中华龙舟大赛（昆明·滇池站）在昆明滇池草海举行，来自广东、四川、江苏、海南、新疆等地的33支顶尖龙舟队参加比赛。赛事以“观滇池龙舟竞渡，展高原明珠风采”为主题，展示灿烂丰富的滇池文明及滇池治理成果，呼吁保护高原“母亲湖”滇池。大赛诞生于2011年4月，是目前国内规格最高、竞技水平最高、影响力最大、奖金总额最高的顶级龙舟赛事。这是昆明首次举办中国规格最高、竞技水平最高、影响力最大的顶级龙舟赛事。

【昆明市、泸州市、昭通市签订港口物流发展合作协议】 10月12日，昆明市、泸州市、昭通市在昆明签订港口物流发展合作协议。协议签订后，三市将充分发挥昆明区域性物流中心、昭通资源富集与滇东北交通中心枢纽、泸州水运口岸优势，进一步深化港口物流合作发展，加强在物流基础设施建设、物流产业发展等方面的合作，打通昆明—昭通—泸州物流通道，主动服务和融入“一带一路”、长江经济带等国家战略，凝聚发展共识、协调区域发展。

【第十四届中国国际农产品交易会暨第十二届昆明国际农业博览会】 11月5日，由农业部和云南省人民政府共同主办的第十四届中国国际农产品交易会暨第十二届昆明国际农业博览会在云南省昆明市开幕。第十四届中国国际农交会以“供给改革、产业融合、绿色共享、创新发展”为主题，以现代农业成就展示、农业交流合作、农业贸易洽谈为主要内容，努力打造符合“市场化、专业化、国际化、品牌化、信息化”要求的高品质农业贸易和交流平台。农交会与昆明国际农业博览会一同举行，展出面积约7万平方米，参展团组45个，包括33个省级展团、国际展团和扶贫、农村金融服务创新、农产品地理标志、农垦、农药、渔业、畜牧、土传病虫害防控、休闲农业、花卉和农机等11个专业展团，近3 000家企业参展。国际展区有来自中东欧、东南亚、南亚等地区以及法国、德国、俄罗斯、澳大利亚、巴西、韩国等36个国家参展，境外参展企业300余家。其中，波兰、斯洛文尼亚、巴西、德国、法国、马来西亚、匈牙利等国均以国家展团参展。本次农交会国际展区面积、参展国家、国际采购商数量均创历史之最，展会邀请200多位国际采购商到会，其中全球重点采购商达40位。

【首届“艇进滇池”赛艇友谊赛】 11月5日，“艇进滇池深潜杯赛艇友谊赛”在海埂大坝滇池草海水域启动，来自全国各地的七支赛艇队伍参加比赛，近距离感受滇池的优美环境。本次赛艇运动在滇池举行，有利于推动滇池水质治理，促进全民参与水保护，提升滇池区域环境和吸引力。市委副书记、市长王喜良与赛事组委会荣誉主任、万科集团董事会主席王石共同为该赛事活动揭幕。

【第76届全国药品交易会】 12月2~4日，第76届全国药品交易会、中国健康营养博览会和第16届中国国际保健博览会暨2016中国（昆明）保健节在昆明滇池国际会展中心举办。本届展会整体规模达9万平方米以上，设置3 900个展位，参展企业2 000余家。展会共使用滇池国际会展中心2号至12号共11个展馆，展出产品覆盖10多个大类、300多个小类的数万个品种，涵盖化学药、中成药、中药材、中药饮片、OTC、生物制药、保健食品、进口功能食品、健康食品、特殊医学用途配方食品、传统滋补养生、家用医疗器械、合同定制服务、互联网+医药等。展会期间，开展10多场高峰论坛和研讨会，带来100余场专题演讲。

【2016昆明大健康国际高峰论坛】 12月13~14日，以“共筑中国健康之城、健康让生活更幸福”为主题的2016昆明大健康国际高峰论坛隆重举行，国内外专家学者齐聚一堂，共同为昆明加快建设“中国健康之城”出谋划策、献智献力。期间，举行“健康——让生活更幸福”主题论坛、高峰对话、专题论坛、昆明大健康项目路演、圆桌论坛等一系列活动，发布《昆明市大健康发展规划（2016~2025）》，助推昆明生物医药、医疗健康服务、康体养生等产业的发展，进一步提升昆明在海内外大健康和养生旅游领域的知名度和影响力。

【沪昆客专昆明南至贵阳北段、云桂铁路昆明南至百色段通车】 12月28日上午10时，首趟沪昆客专昆明南—贵阳北段动车、云桂铁路昆明南—百色段动车驶出昆明南火车站。沪昆客专、云桂铁路是国家中长期铁路网规划“八纵八横”高铁主通道重要组成部分，是云南省通往中东部，长三角、珠三角地区便捷大通道。其中，沪昆客专途经上海、浙江、江西、湖南、贵州、云南六省市，全长2 252千米；云桂铁路线路经云南昆明市、红河州、文山州至广西百色，最终到达南宁东站，正线全长710千米，与南宁至广州铁路共同形成昆明至广州的快速铁路通道。两条专线的通车运营，标志着云南高铁从无到有，连入全路高铁大通道、大网络。

【市政府常务会议】 2016年，市政府坚持依法决策、科学决策、民主决策，共召开23次常务会议。会议结合昆明市发展的实际需要，主要研究政府职能转变、政府自身建设、稳增长促发展政策、滇池保护治理、土地管理、城市运行、城市规划、城市建设、城市管理、地铁建设、财政资金管理、人才工作、党风廉政建设、安全生产、社会保障、招商引资、五大基础设施网络建设、教育工作、工业发展、房地产业发展、旅游产业发展、会展业发展、现代物流业发展、优化政务服务环境、简政放权、新能源汽车产业发展、军民融合深度发展、服务外包产业发展、国有企业管理、流动人口服务管理、都市农庄建设、地方政府债务、城中村改造、园区建设、投融资、城市地下综合管廊规划建设、建筑消防管理、灾害天气监测预警、棚户区改造、综合保税区建设、社会救助、菜市场建设、水污染防治、经济适用住房售后管理、学校安全、户外广告管理、总部经济发展、楼宇经济发展、粮食流通产业发展、国有林场改革、工业产业布局、智慧城市建设、公共自行车服务系统建设、质量强市、跨境电子商务、昆明历史文化名城保护、公务用车制度改革、人才发展体制机制改革、重大行政决策程序、不动产产权登记等重要工作和事项。研究讨论《昆明市人民政府“三重一大”集体决策工作制度》《昆明市城乡规划管理技术规定（修订）》《昆明市行政机关法律顾问制度实施办法》《昆明市稳增长促发展若干政策措施》《昆明市建筑消防设施检测维修保养管理规定》《昆明市环滇池生态区保护规定（草案）》《昆明市新建扩建居住区配套教育设施建设管理的规定》《昆明市主城区公共排水设施运行维护及监督管理办法（试行）》《关于推进五大基础设施网络建设五年大会战的实施意见》《昆明市主城饮用水源区扶持补助办法》《关于进一步支持工业企业发展若干政策措施的通知》《昆明市国有企业分类监管的实施意见》《昆明服务和融入“一带一路”战略的实施意见》《关于推进全市旅游产业发展的实施意见》《昆明市人民政府关于创造一流投资服务环境的若干意见》《昆明市会展业发展规划（2016~2020）》《昆明市房地产“去库存”若干意见》《关于进一步做好土地供应服务保障工作的实施意见》《昆明市学校安全条例（草案）》《昆明市户外广告管理条例修正案（草案）》《关于加快昆明房地产业发展的实施意见》《昆明市河道管理条例（修订草案）》《昆明市加快总部经济发展支持政策（试行）》《昆明市楼宇经济支持政策（试行）》《关于进一步加强城市规划建设管理工作的实施意见》《昆明市加快技能人才队伍建设与现代技工教育发展实施意见》《昆明市人民政府重大行政决策程序规定（修订草案）》等重要法规、规章和规范性文件。

【十三届政府第七次全体（扩大）会议暨全市安全生产工作会议】 1月21日召开，主题是深入贯彻落实党的十八届五中全会、中央经济工作会议、中央城市工作会议以及省委九届十二次全会、省委省政府推动昆明改革发展座谈会精神，按照市委十届七次全会、市“两会”安排部署，进一步统一思想，坚定信心，细化目标，强化措施，狠抓落实，确保全面完成经济社会发展各项目标任务。同时，对全市安全生产工作进行再动员、再部署、再要求，坚守安全底线，以铁的决心、铁的纪律、铁的标准落实安全监管责任，推动全市安全生产形势持续好转，切实维护人民群众生命财产安全，切实维护社会和谐稳定。

【政府令】 4月29日印发第136号政府令，公布《昆明市环滇池生态区保护规定》，自2016年6月1日施行。滇池一级保护区和环湖路临湖一侧以内的滇池二级保护区中的禁止建设区内从事相关活动的单位和个人应当遵守本规定。

5月4日印发第135号政府令，公布《昆明市城乡规划管理技术规定（2016版）》，自2016年6月10日起施行。适用于《昆明城市总体规划》确定的城市规划区范围内的城乡规划、设计与建设、管理等相关活动，其他各县（市）区参照本规定执行。2012年8月10日起施行的《昆明市城乡规划管理技术规定》（昆明市人民政府令第114号）同时废止。

【公告】 1月6日印发《昆明市人民政府关于公布昆明市市级行政许可项目的公告》（昆明市人民政府公告第89号）。为进一步深化昆明市行政审批制度改革，转变政府职能，优化发展环境，促进全市经济社会又好又快发展，市政府组织有关部门重新清理市级行政许可项目，决定保留22个市级行政部门的75项行政许可项目，自公布之日起施行。昆明市人民政府关于公布昆明市市级行政审批项目的公告》（市政府公告2015年第86号）同时废止。

6月15日印发《昆明市建筑消防设施检测维修保养管理规定》（昆明市人民政府公告第90号），本市行政区域内的建筑消防设施检测、维修、保养活动适用本规定。自2016年8月1日起施行。

8月19日印发《昆明市社会救助实施办法》（昆明市人民政府公告第91号），本市行政区域内的社会救助工作适用本办法。自2016年10月1日起施行。

10月31日公布《昆明市加强协调劳动关系三方机制的若干规定》（昆明市人民政府公告第92号），适用于市、县（市）区人力资源和社会保障行政部门会同工会、企业联合会和工商业联合会等企业代表组织组成的三方机制，共同研究解决有关劳动关系重大问题的活动。自2016年12月1日起施行。

【通知·意见】 1月6日印发《昆明市人民政府关于进一步做好新形势下就业创业工作的实施意见》，在深入实施就业优先战略、大力推进创业带动就业、统筹做好高校毕业生等重点群体就业、加强职业和创业培训、提升公共就业创业服务质量、加强组织领导等方面做出安排部署。

1月6日印发《昆明市人民政府关于调整市级部门承接省级下放行政许可项目目录的通知》。为进一步深化昆明市行政审批制度改革，市政府组织有关部门重新清理市级部门承接省级下放行政许可项目，共涉及20个部门58项。昆明市人民政府关于调整市级部门承接省级下放行政审批项目目录的通知》（昆政发〔2015〕14号）同时废止。

1月25日印发《昆明市人民政府关于印发昆明市人民政府“三重一大”集体决策工作制度的通知》，在市政府“三重一大”事项主要内容、决策程序、监督管理、责任追究等方面做出明确规定，确保科学决策、民主决策、依法决策。

2月23日印发《昆明市人民政府关于印发昆明市行政机关法律顾问制度实施办法的通知》，市、县（市、区）人民政府及其工作部门、乡（镇）人民政府、街道办事处实施法律顾问制度，适用本办法。

2月29日印发《昆明市人民政府关于印发昆明市稳增长促发展若干政策措施的通知》，在提高项目审批效率、加快推进项目建设、强化项目建设资金保障、加快发展高原特色现代农业、鼓励企业扩销促产、降低企业生产经营成本、积极稳妥化解过剩产能、支持工业企业技术改造、培育发展新兴工业产业、加快服务业发展步伐、培育发展规模企业、促进房地产市场稳定发展、努力降低商品房库存、切实加强土地保障、扩大社会消费需求、促进创业创新、帮助企业缓解融资困难、加强对外开放合作、实施社保优惠政策、切实抓好贯彻落实等20个方面提出46条政策措施，施行期为一年。

3月21日印发《昆明市人民政府关于2016年度森林高火险期有关事项的通告》，昆明市2016年度森林防火期为2015年12月1日至2016年5月31日，其中2016年2月1日至4月30日为森林高火险期。

4月14日印发《昆明市人民政府关于进一步加快昆明金融产业园区建设和发展的意见》，对昆明金融产业园区的发展目标、规划范围、主要措施等做出安排部署。

4月19日印发《昆明市人民政府关于印发昆明市主城区公共排水设施运行维护及监督管理办法（试行）的通知》，在排水技术审查、公共排水设施验收接管、运营维护及监督管理、排水设施运行维护经费等方面做出具体规定。

6月3日印发《昆明市人民政府关于进一步支持工业企业稳定发展的通知》，在缓解企业资金短缺困难、降低生产经营成本、企业拓展市场、工业人才引进等方面做出安排部署。

6月28日印发《昆明市人民政府关于昆明市实施不动产统一登记的通告》，对不动产统一登记机构、业务类型等做出明确规定。

7月5日印发《昆明市人民政府关于创造一流投资服务环境的若干意见》，在提升行政审批服务水平、加大市场准入服务力度、扩大政策公开服务效果、提高招商引资服务质量、强化项目落地服务保障、突出人力资源服务重点、营造良好社会环境、健全工作推进机制等方面做出安排部署。

8月16日印发《昆明市人民政府关于进一步做好土地供应服务保障工作的实施意见》，在促进房地产用地结构优化调整、实行灵活多样的工业用地政策、积极盘活存量用地、简化审批和资产处置程序、规范供地方式和用地标准、严格土地出让合同及划拨决定书管理等方面做出明确规定。

8月16日印发《昆明市人民政府关于清理规范市政府部门行政审批中介服务事项的决定》。为进一步深化昆明市行政审批制度改革，推进简政放权、放管结合、优化服务，加快政府职能转变，促进中介服务市场健康有序发展，市政府清理规范61项市政府部门行政审批中介服务事项。

8月18日印发《昆明市人民政府关于房地产去库存的若干意见》，在支持新兴产业发展、鼓励以购代建和货币化安置、落实税收优惠政策、奖励补贴政策、加强规划土地调控、加大金融和住房公积金支持力度、大力发展租赁市场等方面做出安排部署，施行期一年。

9月30日印发《昆明市人民政府关于加快物流业发展的实施意见》，在加快物流业发展总体要求、发展重点、重点任务、保障措施等方面做出安排部署。

10月18日印发《昆明市人民政府关于印发昆明市加快总部经济发展支持政策（试行）的通知》。为积极吸引国内外大型企业来昆明市设立企业总部，加快总部经济发展，市政府制定加快总部经济发展支持政策（试行），自发文之日起执行，至2018年12月31日止。

10月18日印发《昆明市人民政府关于印发昆明市加快楼宇经济发展支持政策（试行）的通知》。为促进昆明市楼宇经济繁荣发展，鼓励商务楼宇去库存，市政府制定加快楼宇经济发展支持政策（试行），自发文之日起执行，至2018年12月31日止。

10月19日印发《昆明市人民政府关于印发支持昆明综合保税区发展的若干政策（试行）的通知》，昆明综保区（区块一和区块二）适用本政策。在昆明市域范围内设立的其他海关特殊监管区，可参照本政策执行。自昆明综合保税区正式通过国家验收、封关运行之日起开始执行，试行期为二年。

11月9日印发《昆明市人民政府关于进一步加强昆明长水国际机场净空保护的通告》，就进一步加强昆明长水国际机场净空保护区域安全保护有关事项做出明确规定。

11月10日印发《昆明市人民政府关于印发支持呈贡信息产业园发展的若干政策措施（试行）的通知》，在政策适用范围、准入条件、财税政策扶持、土地供应保障、入园项目扶持、人才培养引进、融资渠道拓展、体制机制保障等方面做出安排部署。

11月22日印发《昆明市人民政府关于印发昆明市社会资金参与土地一级开发整理项目的办法（修订）的通知》，在社会资金参与土地一级开发整理项目的准入领域和条件、社会投资人的选择和确定、参与模式、投资回报、投资保障和退出机制等方面做出具体规定。

12月9日印发《昆明市人民政府关于贯彻落实〈中国制造2025〉的实施意见》，在昆明市贯彻落实《中国制造2025》、发展制造业的总体要求、重点领域、重点工程、工作措施等方面做出安排部署。

12月30日印发《昆明市人民政府关于加强认证认可工作的实施意见》，在进一步加强认证认可工作的总体要求、工作重点、保障措施等方面做出安排部署。

12月30日印发《昆明市人民政府关于贯彻落实慈善法促进慈善事业健康发展的实施意见》，在全市慈善事业健康发展的指导思想、目标任务、基本原则、重点工作、保障措施等方面做出安排部署。

【表彰·奖励】 1月7日印发《昆明市人民政府关于表彰奖励2015年见义勇为先进个人和先进群体的决定》，对冯建平等12名见义勇为先进个人和王东清等1个先进群体予以表彰奖励。

4月26日印发《昆明市人民政府关于表彰获得2015年第五届昆明市市长质量奖及提名奖荣誉称号企业的通知》，授予云南鸿翔一心堂药业（集团）股份有限公司、昆明中药厂有限公司、昆明市儿童医院“2015年第五届昆明市市长质量奖”荣誉称号；授予昆明市延安医院、昆明中天达玻璃钢开发有限公司“2015年第五届昆明市市长质量奖提名奖”称号。

6月19日印发《昆明市人民政府关于表彰荣获2015年度云南名牌产品称号企业的通知》，对红云红河（烟草）集团有限公司等89家荣获“云南名牌产品”称号的企业进行通报表彰。

9月8日印发《昆明市人民政府关于认定昆明市第十二届杰出园丁和优秀园丁的通知》，认定李碧松等10名教师为昆明市第十二届“杰出园丁”，刘宾等100名教师为昆明市第十二届“优秀园丁”。

11月21日印发《昆明市人民政府关于确认何佳等50名同志为第九批昆明市有突出贡献优秀专业技术人员的通报》，确认何佳等50位同志为第九批“昆明市有突出贡献优秀专业技术人员”。

办公厅

【自身建设】 2016年，办公厅加强领导、落实责任，扎实有序推进“两学一做”学习教育、“基层党建推进年”和学习贯彻党的十八届六中全会精神等各项重点工作，组织全厅干部开展并参加各种培训，严格执行干部选拔任用条例有关规定，大力加强自身建设。厅党组主要负责人为厅党组学习教育“第一责任人”，坚持每周例会制度推进“两学一做”等各项工作。及时印发《“两学一做”学习教育实施方案》和《“两学一做”学习教育计划安排表》，4次召开党组中心学习组会议，并先后邀请专家开展学习辅导讲座。市政府领导讲授党课19次，参加所在支部学习56人次；县处级以上领导干部讲授党课22次，参加所在支部学习107人次；厅属各支部每月组织1次集中学习、每个季度开展1次专题学习研讨。推进基层党建工作，严格落实“三会一课”制度，按要求开展好换届工作。认真排查2008年4月以来党费交纳情况，所有党员均按规定及时交纳党费。

高度重视党风廉政建设工作，制定下发《市政府办公厅2016年领导班子落实党风廉政建设主体责任清单》和《市政府办公厅2016年党风廉政建设责任制工作任务分解》。办公厅党组和班子成员开展廉政谈话或与分管联系部门主要负责人进行廉政提醒谈话50余次；班子成员向办公厅党组汇报分管范围党员干部重要情况两次；听取分管联系部门主要负责人汇报落实党风廉政建设责任制情况40余次；党组班子成员主动汇报落实党风廉政建设责任制分工任务情况20余次，党组班子成员参加党组中心组理论学习、参加所在党支部“两学一做”学习教育和组织生活会100余人次。党组班子成员亲自与分管联系部门研究布置党风廉政建设工作20次、签订落实党风廉政建设责任书179份、开展监督检查20次。

严格执行干部选拔任用条例有关规定，按程序选拔出25名干部走上科级领导岗位，完成3名干部科级非领导职务晋升，4名公务员公开遴选和四名公务员调入工作。组织领导干部参加各级调训，30名副县以上领导干部参加领导干部学习贯彻党的十八届五中全会精神专题研讨班，两名副县以上领导干部参加新进党委班子和新提拔县处级领导干部培训班，1名正科级干部参加第20期中青年干部培训班。组织全厅干部职工参加各类培训，53人参加全市保密业务全员培训班，6人参加任职培训，4人参加公务员初任培训，1人参加市公务员管理工作者综合能力素质提升培训，1人参加市外事干部培训。加强对办公厅借用、借调及新调入人员的安全保密培训。推荐两人作为全市干部教育培训师资库人选。组织80余名干部参加云南省干部在线学习，200余名干部参加3次普法考试，参考率和及格率均为100%。

【调查研究】 围绕市委、市政府中心工作，针对全市经济稳增长、创新驱动、“五网建设”、供给侧结构性改革、社会事业发展、滇池治理、扶贫攻坚、城乡规划建设、房地产发展等重点、热点和难点问题，深入开展调查研究。组织并会同有关部门认真贯彻落实国家、省各项政策措施，结合昆明实际对稳增长、提振实体经济、促进工业经济企稳回升、“188”重点产业建设、全域旅游、大健康产业发展、改善投资服务环境、城市人居环境、保障和改善民生、房地产健康发展等重大问题开展大量调查，深入研究设立昆明合作发展基金、“五网”建设基金、保障房以购代建基金，滇池国际会展中心、黄马高速等121个项目的疑难问题，昆药生物医药科技园、空港科技创新园、云天化炼油基地动力站等工业企业开工建设，综合交通建设、能源网和水网建设、互联网建设等“五网”建设，供给侧结构性改革、“三去一降一补”工作、产业招商及大项目引进、昆明综合保税区建设，滇池为重点的水环境整治、城市环境整治、美丽宜居乡村建设、环滇池湿地建设，“挂包帮、转走访”“七个一批”精准扶贫精准脱贫措施等脱贫攻坚工作，社会保险、农村低保、增加就业岗位等社会保障工作，义务教育均衡发展、医保跨省异地就医即时结算、社会治安防控等问题，形成一批高质量的调研报告，为市委、市政府决策提供参考和依据，有的形成文件正式印发全市执行，较好地发挥参谋和助手的作用。

【综合协调】 积极发挥市政府办公厅作为市政府综合协调机构的职能职责作用，圆满完成市政府领导的调研、座谈、会见、走访慰问、公务接待、招商推介、论坛会展等事务活动的服务协调。协调有关部门成功举办第四届南博会、第十四届中国国际农产品交易会等重大会展，成功举办“2016中国（昆明）瑜伽大会”“2016中华龙舟大赛（昆明·滇池站）”“2016上合昆明国际马拉松赛”等重大赛事。主动加强与市级有关部门的协调和沟通，先后参与完成市“两会”、市政府全会、市政府常务会议、政府专题工作会议、市政府系统办公室主任会议等多次全市性重要会议的筹备和服务，合理安排会议议程，保证会议顺利召开。同时，在昆明主城北部污水处理厂及雨水收集调蓄池规划建设、南绕城高速公路用地手续办理及路灯照明系统验收移交、推进2016年天然气置换工作、云龙水库一级保护区移民安置项目工程建设、第三方涉税信息交换平台建设、昆明滇池国际会展中心项目建设、2016年城市防汛排涝工程、昆玉高速公路鸣泉收费站外迁工作、加快实施推进滇池治理重点工程项目、全市2016年棚户区改造工作、协调推进呈贡新区部分重大项目建设、海绵城市建设推进、昆明综合保税区建设、火车新南站及其周边配套设施规划建设、2016年汛期水情雨情预测和城市防汛有关工作、昆明综合交通枢纽规划及推进轨道交通相关线路前期工作、草海片区开发建设、“七彩云南·古滇文化旅游名城”项目建设推进、昆明市不动产统一登记工作、昆明市小微企业创业创新基地城市示范三年实施方案及工作分工、2016中华龙舟大赛（昆明滇池站）、控制性详细规划数据入库工作、昆明市提升城乡人居环境行动、高铁建设、滇中引水工程（昆明段）开工项目用地等问题的处理中，根据工作需要，积极开展综合协调和调研工作，发挥参谋助手作用。

【督办工作】 紧扣政府工作实际，不断完善督查体系建设，创新督查方法和手段，加大重点工作督查力度，强化绩效考核，较好地促进政府决策部署的推进落实。突出省市党委政府决策部署的督查落实，围绕省、市《政府工作报告》、稳增长政策措施、重大建设项目等进行细化分解，立项开展督查督办。突出市政府常务会决策事项、市长批示件的办理落实。对2016年度22次常务会研究的233项事项和52项通报事项进行分解督办，下发立项分解督查通知，分解督办事项409项；认真及时对市长批示件进行立项分解、跟踪督办、建立台账、完成销号，做到100%交办、100%催办、100%反馈。突出以项目建设为重点的专项督促检查。对2016年度 15次市政府重点项目会办会确定事项，下发督办、催办通知18期，督办重点项目88个194项。对261项市级重点建设项目、市10件惠民实事开展专项督查。跟踪督办轨道交通建设项目、昆明南站配套工程、主城区停车泊位建设、城市公厕和旅游厕所建设等重点工作。突出目标管理考核工作。完成2015年度市政府系统58家单位的目标考核和目标考核奖励兑现工作。编制下达市级行政管理部门2016年主要工作目标，将省委、省政府下达给昆明市的重要工作任务、《市委全会报告》及《政府工作报告》确定的年度经济社会发展主要指标、重点项目等重点工作逐项分解、细化、量化到57家责任部门，共制定下达年度主要工作目标任务2 297项。突出建议提案办理的督促工作，全年共完成省、市人大代表建议和政协提案办理809件，办结率100%。强化协调联系，配合做好市人大常委会的专项检查和市政协的视察工作。

【应急工作】 深入探索昆明应急管理建设发展模式，以“预防与应急并重，常态与非常态相结合”为原则，以“一案三制”建设为基础，不断推动应急管理工作向规范化、标准化、专业化发展。加强应急管理体制建设，全市共建成应急管理机构406个，县级政府应急管理体制建设取得全面突破。制定各级各类应急预案24 215个，逐步形成程序合法、内容完整、审核严格、科学可行的应急预案管理机制。以基层和社会应急队伍建设为重点，全市共建成各级各类应急队伍2 440余支，9万余人。将红十字会等社会救援力量纳入全市应急队伍体系，全面发挥社会应急力量在辅助救援、应急宣传等方面的功能。积极开展应急综合演练，全年共组织各级各类应急演练14 121次，参与人数54万余人。多措并举推动应急科普宣教工作，“昆明应急”微信公众号发布信息近400条，关注人数超过12 000人，全年组织应急宣传活动3 650余次，发放各类知识手册115余万册、宣传资料234万余份，制作宣传展板5 500余块，应急宣传动画片6部，普及公共安全知识360余万人次。启动“智慧应急”体系建设，构建上下贯通、左右融合，集预警发布、信息收集、指挥协调、辅助决策、宣传演练、公众服务为一体的信息化应急系统。协调处置“1·23”雨雪冰冻灾害、普自村“3·16”在建工程垮塌、“8·10”地铁施工工人被困、“9·14”云桂铁路施工列车相撞、“9·26”东川区阿旺镇山体滑坡等影响重大的突发事件，维护社会稳定。

【公文处理】 以提高公文质量和实效性为核心，准确、及时、安全、规范的做好公文办理工作。认真履行职责，不断规范全市政府系统公文办理工作，制发《昆明市人民政府办公厅关于进一步规范请示性公文有关规定的通知》《昆明市人民政府办公厅关于进一步加强上级来文办理工作的通知》《昆明市人民政府办公厅关于向省级行文不再使用“重要情况专报”的通知》等文件，促进全市政府系统公文办理工作进一步规范化、制度化和程序化。结合实际，采取实地培训、集中授课等形式多样的方式对全市政府系统公文办理工作进行业务指导，并按期督促检查。严格把关，精简文件，全年下发正式文件602份。其中：政府令2件；政府公告4件；昆政发82件；昆政复84件；昆政文57件；昆政函86件；昆政办208件；昆政办文52件；昆政办函27件。深化政务公开，编发《昆明市人民政府公报》12期、《昆明市人民政府办公厅通讯》11期，及时在政府网站主页及微信公众号上发布。

【政务信息】 加强对全市政务信息工作的统筹指导，制定下发《昆明市人民政府办公厅关于做好2016年政务信息工作的通知》。全年刊发《政务简讯》《政务要情》《政务工作通讯》等信息刊物234期，供领导参阅，《政务要情》获市政府主要领导批示22期。共向国务院办公厅报送信息20余条，向省政府办公厅报送信息900余条，专报信息150余条。《昆明市积极探索医养结合工作的经验做法、面临问题和工作建议》被国务院办公厅采用，并被国务院领导批示；《呈贡区以优质教育资源吸引人气聚集》被省政府办公厅采用，并被省委书记陈豪批示。制发《关于全面推进全市政务公开工作的实施意见》《昆明市2016年政务公开工作要点》等文件，组织开展全市政务公开工作培训。按照"五公开"要求扎实推进重点领域政府信息公开，积极开展政策解读，进一步加强政务公开工作监督考核，全面推进昆明市政务公开工作。积极稳妥处理好公民依申请信息公开，努力做好市政府办公厅政务微博、门户网站和市政府公报微信号运营管理。截至2016年12月底，市政府办公厅微博共发布博文1 602条，门户网站发布信息2 664条，公报微信号发布昆明市人民政府公报12期。办公自动化完成"即时通讯系统"和"移动信息平台"部署工作，并正式启用。做好办公厅网络运行维护保障工作，全年未发生一起因网络故障影响办公厅工作的情况。按季度及时开展信息系统和信息设备专项自检自查工作，在2015年配备涉密（秘密）计算机的基础上，配备15台涉密（秘密）计算机专用打印机，保障办公厅正常办公，加强涉密信息管理。

【扶贫攻坚】 按照市委、市政府总体部署安排，始终聚焦扶贫工作的重点，认真开展扶贫攻坚"挂包帮"对口帮扶工作。严格落实扶贫开发工作党政"一把手"负责制，成立以市政府秘书长、办公厅党组书记胡炜彤为组长的"精准扶贫精准脱贫"工作领导小组，设立办公厅扶贫办，全厅179名挂钩包户干部和6名驻村工作队员，对口禄劝县则黑乡民安乐村委会和马鹿塘乡赊角村委会共计218户建档立卡贫困户的脱贫攻坚工作，制定完善帮扶计划和一户一册帮扶措施。

2016年，办公厅争取、协调、计划、投入项目33个，合计资金为704.4万元。其中：办公厅直接投入或协调经费用于走访慰问贫困户、扶持养猪（鸡）合作社建设、捐资助学、基层党建等项目18个，合计资金为88.91万元，已完成16个项目。通过横向、纵向联络协调相关行业部门立项投入项目15个。全年厅党组班子成员21人次深入贫困村贫困户开展调研。共组织完成党的基本路线和关于农村工作有关政策宣传33次，普法知识宣讲26次，种养殖知识培训八次，劳动者技能培训7次，创业培训六次，共计300余人次。结对帮扶贫困群众的住房难、就业难、行路难、饮水难、增收难、上学难、看病难等问题得到较好解决。

（市政府办公厅办文处）

机关事务管理

【服务保障】 2016年，市级机关事务管理局不断提高服务保障质量和水平，为确保机关高效运转提供优质服务和保障。完成市级行政中心新一轮物业招标及合同签订工作；修订完善物业管理服务制度和标准，加强对外包企业履行合同情况进行管理和考核；及时受理和督促整改相关物管服务投诉；2016年度物管服务平均满意率为97.3%。餐饮中心依据《中华人民共和国食品安全法》加强对行政中心各食堂监督管理；组织员工开展岗位练兵活动；邀请市、区食品药品监管部门对行政中心所辖食堂的食品卫生安全进行检查，全年未发生食品安全责任事故，餐饮服务平均满意率为92.2%。制定《会议服务标准手册》，严格会议保障和考核机制，会务保障进一步规范；完成市级四机关会议保障3 261次；昆明会堂完成"北京朝阳区高端人才昆明行"、2016年国家金融与发展（昆明）国际峰会、纪念中国共产党成立95周年歌咏比赛和歌咏晚会、市第十一次党代会等各类会议及演出活动1 340次。市级行政中心设施（设备）总计巡查事项16 167起，维修处理10 983次，报修1 632件，保障市级行政中心各项设施设备有序运行。

【公务用车】 认真履行公务用车制度改革领导小组成员单位职责，研究制订《昆明市公务用车制度改革实施方案》《昆明市市本级党政机关公务用车制度改革车辆处置实施方案》《昆明市市级公务用车保障服务平台组建方案》和《昆明市市本级应急及综合服务公务用车平台运行管理暂行规定》；按照昆明市第十三届政府第124次常务会议决定，依据昆明市公务用车制度改革领导小组办公室《关于印发〈昆明市市本级公务用车制度改革车辆处置方案〉的通知》，完成昆明市市本级党政机关公务用车制度改革取消车辆共计648辆注入昆明中北交通旅游（集团）有限责任公司，资产评估总价值为2 343.06万元。2016年，审批购置16辆特种专业技术用车；全年安全行车近65万千米。

2016年6月，昆明市纪念中国共产党成立95周年歌咏比赛在昆明会堂举行。
（市级机关事务管理局 供稿）

【安全工作】 市级行政中心“消防安全、治安防范”工作作为专项目标任务分别列入市级党群部门、市级行政管理部门年度目标管理考核体系。与驻行政中心110余家单位签订《2016年度社会治安和消防安全责任书》；研究制定《安保服务考核实施办法》《昆明市市级行政中心车辆停放管理办法》，对市级行政中心停车位及交通标识（牌）进行重新规范；建立市级行政中心安全联络员和安保服务义务监督员制度，组织驻市级行政中心各部、委、办、局及外包服务单位120人开展消防安全业务、治安防范和信访维稳业务工作培训；2016年，完成“一卡通”授权8 000余人次，年审10 300人次，完成4 100张车辆通行证的制作和换发工作，办理新增人员落户76人次，门禁、道闸系统维修200次，消防及监控设施设备维护80次，配合相关部门处置上访1 548起26 987人次，出动安保力量7 740人次。绿化基地按照森林法和省市森林防火条例规定，盘查登记入山人员2 500余人次，收缴火种1 200余件，发放宣传材料1 500余份，清理防火隔离带10余千米，实现森林防火零火情目标。

【政府采购】 贯彻《采购法》和《政府采购法实施条例》，修订完善《电子化采购流程》。2016年，完成政府采购131次，采购预算为10 141.02万元，采购成交金额为9 198.09万元，共节约资金942.93万元，节约率为9.3%。

【节能工作】 制定完善2016年公共机构节能工作考核标准；将“能源审计”和“节水型单位创建”两项重点工作纳入全市公共机构节能年度目标考核。完成八个公共机构能源审计和10个公共机构“节水型单位”创建。围绕“节能领跑 绿色发展”和“绿色发展 低碳创新”主题，开展公共节能宣传教育活动，昆明广播电视台、昆明日报等新闻媒体对昆明市公共机构节能工作成效和经验进行宣传报道。根据国家和省有关部门的部署，组织完成昆明市相关节能产品信息的搜集、上报工作。

【房产管理】 完成市级机关办公用房清理腾退统计上报工作。完成周转房、博士公寓的维修工作及日常保障工作；完成15名机关工作人员共34万余元住房补贴发放工作。完成69项房地账面资产清理核查工作。完成大树营、月牙塘等小区自1995年以来积存的维修金核定、测算及分配工作。

【资产管理】 认真执行财经纪律与财务管理有关规定，实行预算管理，发挥财政资金使用效益，按要求在局门户网站对2016年部门预算及“三公”经费预算和2015年决算及“三公”经费决算进行公开。完成茶花宾馆维修翻新工程竣工结算审计工作，项目审减金额410万元，审减率达20%；完成单位年度新增固定资产登记上报工作；完成地方企业国有资产统计报表的填报、汇总及上报工作。

【经营单位】 茶花宾馆积极应对市场竞争，克服各种干扰，做好职工队伍思想稳定工作，客房入住率达90%左右。昆厦物业公司注重加强员工培训，积极拓展物业服务，不断提升服务质量，满意率达95%。文印中心重视做好职工稳定工作，完成印刷品合同订单产值197万元。机关服务总公司主动应对市场变化，积极做好铺面经营管理，确保国有资产保值增值。

【党建工作】 认真落实党建工作各项制度，对党员实行积分制教育管理；对局机关党委书记进行调整，对局机关党委专职副书记人选进行明确，对5个处室负责人和6个党支部书记进行调整交流，局机关工会完成换届选举。机关第三党支部被市级机关工委授予“市级机关第二批服务型党组织示范点”。积极推进“文明机关”和“文明单位”建设，继2013年后，再次被市委、市政府授予“市级文明单位”称号。组织参加建党95周年歌咏比赛，在全市75支参赛队中，获“三等奖”。

【教育培训】 组织市级机关、各县（市）区及管理局相关处（室）人员共53人在北京大学举办1期“2016年度全市后勤管理综合能力提升专题培训班”；组织党员领导干部20余人次参加省、市“领导干部培训日”活动；组织70余名副科以上领导干部到市委党校廉政教育警示基地接受警示教育；组织局机关、局属单位共120

2016年11月，签订扶贫三方协议。

（市级机关事务管理局 供稿）

2016年11月，市级机关事务管理局为扶贫点引入电商企业。

（市级机关事务管理局　供稿）

余人举办1期公文写作业务培训班；组织8家单位3个等级、14个工种20余名工人参加市工人技术等级培训。

【扶贫工作】 按照市委、市政府关于开展对口帮扶要求，选派4名干部进驻扶贫点开展工作，局领导先后10余次率相关部门（单位）负责人共80余人（次）深入挂钩扶贫点、贫困户家中开展调研；开展城乡结对帮扶活动，11个党支部先后组织150余人次到扶贫点开展宣传、帮扶、走访和联谊活动。对168户建档立卡贫困户实施产业扶贫，按照2 000元/户的标准，共计拨付资金33.6万元予以产业帮扶，2016年已实现贫困户脱贫16户。为改善多合村基础设施，拨付资金6.15万元，协调市级相关部门投入基础设施建设资金18万元。为解决帮扶地区农产品销售问题，帮助寻甸县羊街镇多合村引入乐村淘电商企业；管理局下属机关服务总公司与寻甸县政府、云南农垦高原特色农业有限公司签订扶贫攻坚战略合作三方协议，并在行政中心进行农特产品展销。对寻甸县羊街镇多合村完小和寻甸县先锋镇窑上村完小开展教育扶贫，协调昆明衡水试验中学与多合村完小开展结对帮扶活动，为22名建档立卡贫困户学生捐赠学习用品1.2万元及电脑、图书等学习用品。

（蔡　洪）

政务服务管理

【概况】 2016年，昆明市政务服务系统秉承“提升政务服务质量，改善投资环境，服务昆明经济发展”的理念，坚持“高效、规范、便民、服务”的宗旨，以优化投资服务环境为目标，不断加强政务服务中心建设和公共资源交易监督管理工作，建设服务型政府。全年全市各级中心共接办件689万件，办结率达99.9%以上，提供各类咨询870余万件，办结率100%；市公共资源交易中心完成工程建设项目2 622个，成交额234.46亿元，节约投资约27.96亿元；完成政府采购项目929个，成交额490.78亿元，节约财政预算资金约55.62亿元；完成土地使用权122宗地块的交易，成交额112.97亿元。全市各级公共资源交易中心交易总额达825.53亿元，取得较好的社会效应和经济效益。2016年9月，国务院第三次大督查第十五督查组在云南开展专项督察，充分肯定昆明市政务服务工作，认为昆明市“放管服”改革工作领导高度重视，政策落实到位，措施具体有力，改革成效明显。

【第三方评价体系建设】 为进一步落实简政放权要求，以政府提效能促企业增效益，提升政务服务工作绩效，2016年8月，按照管评分离的原则，昆明市引入第三方评价机构，以推进重大项目建设和提升政务服务质量为重点，以季度评价为周期，在全市范围内启动政务服务第三方评价。整项工作精心谋划，高位推动。市委书记程连元作重要批示，市政府成立由市长王喜良任组长，市委组织部长鲁斌和市政府常务副市长保建彬任副组长的领导小组，统筹安排工作。市政务服务局成立专项工作组，起草并上报市政府印发《昆明市政务服务综合评价体系建设工作实施方案》。开展《昆明市政务服务综合评价体系建设》课题研究，以理论研究指导评价体系建设实践。坚持创新思路，扎实推进，按照管评分离原则，由第三方机构独立全程开展评价。坚持问题导向，通过对问题搜集和企业反馈，促使政府部门不断修正行为，提升服务质量。根据第三方评价结果形成的第一期《昆明政务要情参阅》和《一把手必读》分别送达市委、市政府领导和各委办局主要领导。评价成果出台后，在各县（市、区）、市级各委办局引起较强反响。报请市委、市政府印发《昆明市政务服务第三方评价结果应用方案》，评价结果将作为年度考核专项目标，列入全市目标考核范围。并将连续三年持续推动工作开展，逐步形成第三方评价长效机制。

【“互联网+政务服务”工作】 昆明市行政审批网上服务大厅于2016年5月12日正式上线运行。实现审批事项集中管理、审批服务集中提供、审批证照分步共享、审批信息集中公开，办事群众只需通过网上服务大厅即可在线提交办事材料，避免各个部门之间互相推诿的情况；通过网上服务大厅，各级政府部门行政权力清单、部门责任清单等均在网上动态发布，接受公众的质询和监督；通过建设效能监督平台，对网上审批全程跟踪，使权力在阳光下运行。2016年，网上大厅全部入驻事项4 247项，全市共受理事项119 088件，收到网上大厅满意度评价信息1 291条，评价星级均为五星级即非常满意。举办昆明市“互联网+政务服务”专题培训班，按照2016年干部教育培训市级主体班次计划，在市委组织部的指导下，利用全国知名高校资源举办培训，进一步增强领导干部工作能力。建设昆明市行政审批联审视频系统并顺利运行，覆盖市本级、14个县（市）区、6个分中心和5个开发（度假）园区，进一步提高重点投资项目和多部门协调审批工作效率。推动“互联网+党务+政务”工作，将昆明市云岭先锋党建综合服务平台与政务服务平台融合，对平台便民服务功能进行升级完善，通过构建数据接口服务方式，实现与昆明市政务服务“行政审批业务系统”业务数据共享。将网上大厅与昆明市公共资源电子化交易平台进行对接互联，实现行政审批和公共资源交易数据连接共享。探索“互联网+昆明政务服务”新模式，推动政务服务“一号一窗一网”核心内容建设，用智慧政务的主动性、精准性、便捷性，提高群众办事的满意度。昆明市“互联网+政务服务”示范工程建设方案已上报国家发改委待审批。

【投资项目集中审批和中介超市运行】 将全市“投资项目在线审批监管平台”入口统一到“昆明市行政审批网上大厅”，逐步对不同市级部门的各类业务系统进行整合；统一服务平台，按照“就近申报、分送相关、限时办结、三级联动”的原则，依托统一接件窗口，项目业主选择就近进行报件；建立“零报备”制度，要求项目登记数量为“零”的县区书面说明原因；实行月报制度，每月初形成工作简报，对上月全市各级中心投资项目集中审批工作进行通报；强化年终考核，出台量化考核制度，考核结果以10%的权重计入年底目标考核范围。2016年，全市共受理投资项目2 966项，涉及投资概算8 825.81亿元，开展并联审批项目392个，联动项目203个，代办项目54个，按时办结率98.23%。建立昆明市投资审批中介超市。2016年6月17日，昆明市20家（含市本级）投资审批中介超市全部提前建成上线运行。采取整合现有资源，统筹建设中介超市的做法，有效节约建设成本，加快建设进度，确保各级中介超市按时建成，在不增加场地、人员和设备的情况下，实现资源共建共享互用。报请市政府常务会研究并下发《昆明市投资审批中介超市管理办法》，建立中介超市工作月通报制度，每月将各责任单位工作情况向全市通报，强化日常管理。2016年，全市中介超市平台发布公告1 225个，占全省的12.68%；公开选取1 188个，占全省的12.7%；签约项目951个，占全省的11.8%；履约结束462个，占全省的11%。

【筹备昆明市投资服务中心】 按照省委常委、省纪委书记张硕辅的指示和省委常委、昆明市委书记程连元的批示，为认真做好投资项目“全程式服务”，2016年，市政务管理局根据中央、省、市深化行政审批制度改革精神，全力进行成立昆明市投资服务中心的筹备工作，以完善政务服务体系，优化投资发展环境，缩短投资项目审批周期，提高行政审批效率，全力推进“188”重点产业发展，对全市投资项目开展全程式无偿代办工作，为投资者提供优质、高效、便捷的审批服务及投资者后期所需相关跟进服务，促进昆明经济社会发展。2017年1月22日，昆明市投资服务中心正式挂牌成立。

【公共资源交易监管】 按照《昆明市公共资源交易管理办法》规定，认真执行监督制度和规则，对进场参与招投标活动的评标专家、代理机构及交易中心服务人员进行监督管理。2016年，项目开评标现场处理问题完成率达100%。昆明市被国家发改委批准为全国电子化招标投标试点城市。2016年1月，昆明市公共资源电子化交易系统通过国家信息安全认证中心的检测认证；2017年1月17日，发改委、工信部、住建部、商务部等六部委在北京对昆明、深圳等9个全国性试点工作完成情况进行验收。2016年，昆明市圆满完成试点各项工作任务，成为中央党校教学实践

市政务服务中心　公共资源交易中心

（市政务管理局　供稿）

基地，《公共资源交易领域改革的昆明样板》在中央党校《学习时报》刊发，并作为党校主体班次教学案例，起到良好的试点示范效应，昆明市在改革探索中推出的“互联网+政务服务+公共资源交易+综合监管”新模式，获得发改委等部门的认可和好评。加强评标专家库日常动态维护管理。按程序做好申请入库评标专家的日常管理及不良行为记录，实行评标全过程监控。随机抽取人民监督员，参与市级公共资源交易项目的开评标现场监督，确保交易公平公正。认真受理、审查并处理招投中出现的串通投标、弄虚作假、无故放弃中标等严重违法违规行为。2016年，共收到涉及招投标各类投诉69件，其中市纪委等相关部门转来19件。经审查，不予受理7件，进行调查核实62件。经调查核实，不予支持的7件，轻微违规进行纠正的53件，严重违法违规并进行处理的1件，移交县区处理的1件，有力地维护交易秩序。按继续有效、进行修订、应予废止3个类别对全市公共资源交易规则进行清理。2016年，共清理规范性文件31份。其中，市政府文件11份；市监管委文件10份；市公管局文件10份。经清理，继续有效7份，单件修改16份，应予废止8件。率先在全省实现远程异地评标。至年底，昆明市公共资源交易中心及安宁市、石林县分中心远程同步开展项目评标，实现省市县“三级四地”同步联动。

2017年1月11日，在云南省公共资源交易中心，昆明市公共资源交易中心及安宁市、石林县分中心远程同步开展项目评标，实现省市县“三级四地”同步联动。

（莫柳节）

信访工作

【概况】 2016年，全市县以上党政机关信访总量3.8万件次，比2015年同比下降60%。其中，来访8 301批，同比下降68%；来访34 443人次，同比下降59%；来信3 279件，同比下降66%。市信访局接待处理信访总量9 596件次，同比下降29%。其中，来信4 409件，同比上升107%；来访1 210批7 310人次，同比批次和人次分别下降27%和35%；接待集体上访259批6 044人次，同比批次和人次分别下降39%和34%。到省集体上访118批2 447人次，同比批次和人次分别下降20%和32%。进京非正常上访共114批125人次，与2015年的157批273人次相比，批次和人次分别下降27%和54%。2016年，全市信访总量、进京非正常上访人次、到省、市集体访人次实现“四个大幅下降”。坚持律师参与接访制度，全年组织24家律师事务所律师208人次定期到市委、市政府设立的信访接待场所接待信访群众412批4 196人次，免费提供法律咨询、宣传法规政策，引导信访人依法、理性维权。

【加强组织领导】 市委、市政府高度重视信访工作，主要领导多次听取信访工作汇报，亲自带头包案化解疑难复杂信访问题，多次就信访维稳工作做出重要批示和指示，市委常委会议、市政府常务会议多次专题研究全市信访维稳工作，解决实际困难和问题。根据市委领导1月15日的批示要求，经过排查梳理，市信访局与市维稳办确定约谈范围建议并书面上报市监察局，由市监察局和市政府目督办对相关县区和市属部门进行约谈。为贯彻中央和省信访工作决策部署，安排布置2016年信访工作和全国“两会”期间信访维稳工作，2月22日召开全市信访工作会议，安排布置2016年信访工作和全国“两会”期间信访维稳工作。市委原副书记、政法委书记拉玛·兴高等市级分管领导出席会议并做重要讲话。3月11日，市联办召开专题工作会，研究部署全市“化解信访积案集中攻坚”推进工作，进一步明确工作任务、时间和责任。市委、市政府高度重视省第十次党代会、市第十一次党代会及“南博会”期间信访维稳工作，提前召开专题会议，深入分析形势，周密安排部署，明确领导责任，制定工作预案，强化工作落实，安排部署会议期间的信访维稳工作，成立信访工作领导小组，负责会议期间信访工作的组织领导，指挥协调处理发生到场馆或省市集体上访事件，督促责任单位化解和解决突出维稳信访案件。

【畅通信访渠道】 结合开展“两学一做”学习教育活动，继续深入推进领导干部接访下访活动，应用视频接访系统，配合做好纪检监察政法信访解决群众诉求“四级联动”工作，不断拓宽信访诉求渠道，强化把接访下访作为转变工作作风，做好群众工作的载体，把视频接访系统、“四级联动”建设作为推进信访工作信息化的重要手段。市领导带动示范，各级领导干部以定点接访、重点约访、带案下访等方式，面对面做群众工作，将工作重点放到协调解决疑难问题、包案化解积案上，有针对性地解决群众反映强烈的问题。2016年，全市县（市、区）领导干部1 601人接待上访群众1 824批9 416人次，市属部门领导585人次接待上访群众679批4 316人次，市信访局领导局长接待日共接待信访人339批1 144人次。自视频接访系统投入运行后，出台《昆明市视频接访工作实施办法》，坚持实行值守和市信访局领导视频接访制度，并把视频接访情况录入信访信息系统，进一步规范运行。2016年，全市各级领导干部通过视频接访系统接访群众共72批83人次。加强网上信访信息系统建设，“四级联动”平台全面铺开，不断提高信访事项及时受理率、按期办结率、群众满意率。在省信访局指导下，经过昆明市各级各部门的共同努力，全市开通使用云南省信访信息系统共计939家。其中，市直单位71家；县区19家；乡镇（街道）132家；县属单位717家。通过“云南省信访信息录入百日会战”，全市各级各部门针对漏登的信访事项、缺失的信访信息，及时进行补录。新系统使用情况总体正常，录入率为100%。

2016年5月24日，中央信访工作联合督查组听取昆明市信访工作汇报。
（市信访局　供稿）

【全力化解积案】 市领导带头包案，把积案化解作为重要工作抓好抓实。2016年，按照中央和省的部署，昆明市委、市政府高度重视开展领导包案和信访积案集中攻坚工作，市委书记程连元、市长王喜良批示提出工作要求，并带头包案处理信访重点案件。在2月22日召开的全市信访工作会议上下发《2016年度信访工作积案化解工作方案》；在3月11日召开的市联办专题研究推进信访积案化解工作会上对119件信访积案进行集中交办。各县（市、区）排查梳理交办253件积案。省委办公厅文件明确昆明市为责任主体的重要信访案件50件，其中省委常委、昆明市委书记程连元包案化解3件，副省长、公安厅长张太原包案化解47件。省委常委、市委书记程连元和市长王喜良带头包案，其余信访案件按照分管工作，由市级8名领导分别包案，市委常委、政法委书记王宇，副市长、市公安局局长刀勇包案化解9件涉法涉诉案件。省委、省政府明确2名省领导包案化解的昆明市50件重要信访案件，案件全部办结，其中11件信访案件涉及信访群众实现罢访息诉，5件终结备案，其余均依法、依政策提出明确的处理方案；市级交办的119件，办结44件；各县（市、区）和市级部门自行排查梳理253件，办结137件。坚持矛盾纠纷排查化解常态化、制度化、长期化，把可能引发信访问题的苗头和其他不稳定因素全部纳入视线，特别加强对重点地区、重点问题、重点人员的滚动摸排，确保不留死角盲点。对排查出的问题，坚持一个问题、一名领导、一套班子、一个方案、一抓到底，严格落实化解责任，明确包案领导、责任单位和责任人员，限期妥善化解，切实把问题解决在属地，化解在萌芽状态，真正做到“发现得早、化解得了、控制得住、处理得好”。2016年，全市共排查矛盾纠纷1 410件，化解544件，化解率39%。

【规范基础业务】 深入开展“信访法治建设年”活动，推进涉法涉诉信访改革，落实通过法定途径分类处理信访诉求和引导群众依法逐级走访办法，将涉及民商事、行政、刑事等诉讼权利救济的信访事项从普通信访事项中分离出来，由政法机关依法处理；对可导入法律渠道解决的信访案件，引导信访人通过诉讼、仲裁和复议途径处理；纵向上明晰各层级责任，横向上明确归口关系，进一步明确信访受理范围和层级职责。全面规范办信、接访、网上信访、督查督办、办理、复查、复核等业务规则，优化流程、完善机制，提高业务工作规范化和标准化水平。配合政法机关、公安机关大力开展非正常上访专项治理，加大对群体上访的管控力度，与市政法委、市公安局、市检察院联合出台《昆明市关于依法处理信访活动中违法犯罪行为的实施意见》，合力维护信访秩序。市信访局与辖区石龙湖派出所协商，协调派驻四名协警，长期负责市级行政中心维护信访秩序。

【加强督查督办】 进一步加大统筹督查信访事项工作力度，加强督查督办，提高督查工作效能和权威，加大解决和化解信访突出问题力度，加强对热点信访事项的督查督办。由市信联办牵头，市纪委、市委市政府两个目督办共同参与，对久拖不决、群众反映强烈、社会关注度高的重大疑难信访问题，对发生或可能发生大规模集体上访、以及进京非访的责任单位党政主要领导，进行联合督办。全年共联合督办119件突出信访问题。2016年5月和7月，中央信访工作督查组和省委信访维稳工作联合督查组分别到昆明进行督导检查信访工作，对昆明市的信访工作给予充分肯定。

（王明谷）

市长热线

【概况】 2016年，市长热线办通过电话“12345”、书记工作电

2016年3月，市长王喜良接听群众来电。
（市长热线办　供稿）

话“63197977”、市长工作电话“63166500”、书记电子信箱、市长电子信箱、市长热线电子信箱、“昆明市长”新浪微博、“昆明12345市长热线”新浪微博及邮政渠道共接收群众来电（件）88万余个（件）（不包括县市区联动热线独立受理件）。其中，书记工作电话1 630件；市长工作电话508件；书记电子信箱邮件2 426件；市长电子信箱邮件4 482件；市长热线电子信箱邮件4 878件。全年办结率、群众受理满意率均达99%以上。全年共有12位市政府领导参加“市政府领导接听活动”，共接听群众来电156个，回答32位网友的在线提问，办结率和反馈率均达100%。市长热线对3 800余件群众反映的疑难案件进行督办，联合各职能部门到现场处理问题29次，局长（主任）接待日巡查14次，覆盖38个职能部门，编发各类信息350余期，获得市领导批示8件。

【政务微博微信】　截至2016年12月31日，“昆明市长”微博自开通以来共发布微博903条，拥有粉丝91万余人。2016年“昆明市长”编写发布博文156条，新增博文阅读量337万余次，网友评论、@给“昆明市长”的微博6.1万余条，共受理网友反映的民生问题1 466件，对其中具有明确诉求的1 271件进行交办，已办结1 264件，办结率99.4%。

2016年，“昆明12345市长热线”微博共发布博文2 660条，回复网友评论9 000余次，办理反映明确的民生类问题2 349件。完成“昆明市政府领导接听日”微直播12次，开展工作动态等微话题活动9次。

2016年6月28日“昆明12345市长热线”微信公众号正式上线，内容涵盖市政府领导接听市长热线及其办理结果公示、近期办理情况、经济民生、文体科教等。截至2016年底，市长热线微信公众号已推出24期共计118篇微信稿，粉丝数为5 000余人，微信阅读总量突破四万次。

2016年1月20日，由人民日报、新浪微博、新浪网联合举办的“倾听·对话·服务——2016政务V影响力峰会”在广州召开，会上对优秀政务微博机构及个人进行表彰。“@昆明市长”荣获“全国十佳惠民公职人员”，“@昆明12345市长热线”荣获“倾听·对话·服务”特别贡献奖。

【加大督办力度】　将3 800件群众反映的重点、疑难件列为督办件，针对群众反映问题的疑难程度和紧急程度，有针对性地联合各职能部门到现场处理问题29次。通过督办督查工作，解决人民群众反映的大量热点、难点问题，使市长热线与各网络单位和市民拉近距离，提高群众满意率，提升市长热线的民生品牌。

【局长（主任）接待日】　加大对“局长（主任）接待日”工作的巡查力度，全年共巡查14次，范围覆盖38个职能部门。对巡查中存在的问题及时进行批评指正，对极少数部门无人接待或接待不规范的情况进行通报，确保“局长（主任）接待日”各项措施落实到位，杜绝形式主义。

【96128专线工作】　充分发挥12345与96128平台整合的优势，利用整合后的高效人力资源、信息资源、行政资源，打造品牌化的96128专线。2016年，96128专线昆明市平台（含12345热线）累计受理群众来电444 161个，转接昆明市电话16 563个，转接成功16 563个，转接成功率100%。

【支部工作】　2016年，市长热线办党支部以“两学一做”学习教育为契机，紧扣学习教育主题，继续抓好支部党建工作。先后开展13次集中学习，组织全办党员认真学习党史、党章，中国共产党廉洁自律准则、中国共产党纪律处分条例、中国共产党问责条例等党内法规以及习近平总书记系列重要讲话精神。认真开展领导讲党课活动。积极开展“两学一做”党员活动日专题学习讨论活动。2016年7月20日，市长热线办党支部与呈贡柏枝营社区党支部联合组织党员组织实地参观昆明市纪律教育基地，进一步强化党员的党性、法纪、廉洁意识。2016年4月，市长热线办党支部组织全办党员干部深入禄劝县则黑乡民安乐村委会开展扶贫调研和回访工作，进一步分析扶贫发展中的困难和问题，找准致贫根源，研究扶贫发展措施。11月15日，市长热线办主任带领热线办相关处室工作人员，深入到禄劝县则黑乡民安乐村委会开展结对帮扶走访活动，走访慰问结对帮扶贫困户，进一步了解对口帮扶的贫困农户生产、生活改善情况以及危房改造建设情况。

【学习培训】 2016年10月，市长热线办与上海交通大学国际与公共事务学院联合组织举办“2016年昆明市市长热线网络单位经办人员培训班”，学习借鉴国内发达城市的热线工作经验和发展理念。通过走出去的培训学习，拓宽基层办件人员的眼界和视野，学到先进的工作经验和发展理念，提高基层热线干部的综合素质和履职能力，调动大家的工作热情和积极性，受到各网络单位的一致认可与好评。

（李鹏飞）

人事管理

【公务员考录】 2016年，昆明市各级机关共计划考试录用公务员634人。其中，公安系统定向公安院校毕业生招录166人；面向社会考试录用468人。面向社会考试录用中，党群部门招录92人（含法院系统36人，检察院系统27人，其他党群部门29人），政府部门招录376人（含公安机关40人，其他政府部门336人）。2016年，共有23 072名考生报考昆明市公务员岗位，平均报考比例为49：1，高于全省40：1的平均报考比例，也高于2015年昆明市31：1的平均报考比例，报考人数最多的岗位是五华区教育局的教育管理岗位，招1人，有793人报考。4月23日，按照全省统一安排，昆明市（昆明考区），设18个考点，625个考场，承担18 680名考生的笔试工作。7月17~19日，在云南警官学院完成面试工作，8月全市各招录单位完成体检、考察、公示等后续考录程序，9月开始办理录用手续。截至2016年12月，政府机关已办理完成529人的录用手续。

【公务员培训】 对2015年新招录的506名公务员（含公安）开展初任培训；对2015年市级机关新晋升为正、副科级领导职务公务员开展任职培训，来自市级党政机关的149名科级公务员进行为期10天的脱产培训；对县（市）区、开发（度假）园区及市级各部委办局科级非领导职务及以下共284名公务员开展基层公务员理想信念教育示范培训。在全市行政机关公务员中开展以学习党的十八大，十八届三中、四中、五中全会精神及习近平总书记系列重要讲话等时政理论、《中国共产党廉洁自律准则》《中国共产党纪律处分条例》等廉政规定、宪法及新颁布的法律法规和依法行政等法律知识及扶贫攻坚战略、生态文明建设、公务员职业道德建设工程等相关知识为重点的通用能力培训。培训方式以网络学习为主，专题培训和专门业务培训为补充，共计培训1.6万名科级（含）以下公务员。全年共上报培训内容（计划）300余个，共计培训公务员3万人次。配合省厅完成3期人口较少民族暨“直过民族”村干部的对口培训任务，组织怒江州、迪庆州、楚雄州、玉溪市和普洱市等地州的150余名少数民族公务员和基层干部到呈贡、经开区等地进行现场教学，为参训学员提供信息、技术交流和经验借鉴参考。

【公务员考核奖励任免】 完成市级行政机关各单位（部门）2015年年度考核为优秀的公务员嘉奖、记三等功审核备案工作，完成52家单位绩效考核备案工作，全市应参加绩效考核公务员31 635人（不含工勤、市直党群部门），实际参加考核31 411人。2015年全市公务员考核优秀等次优秀4 906人，称职等次24 615人，基本称职17人，不称职25人，不定等次814人，未参加考核62人。核定市级行政机关非领导职数25家，完成晋升非领导职务59人，晋升领导职务171人，领导职务转任98人，免职56人，转正定级167人。印发《关于开展县以下机关公务员职务与职级并行制度实施情况调研评估的通知》，对全市职务职级并行制度实施情况进行总结梳理和查缺补漏。指导市级行政机关开展科级领导干部民主推荐，完成23家单位民主推荐干部方案的审核批复。按照《云南省党政机关贯彻厉行节约反对浪费条例实施细则》和省评比达标表彰工作领导小组办公室《关于清理评比达标表彰工作情况的通知》要求，严格控制评比达标表彰奖励工作，完成18个先进单位、70名先进个人的推荐工作。起草并以市政府办公厅名义印发《昆明市人民政府实行宪法宣誓制度实施方案》。

【事业单位招聘】 2016年，全市事业单位计划面向社会和大中专毕业生公开招聘工作人员1 939人，其中市属单位计划招聘539人，县区属事业单位计划招聘1 400人。各市属事业单位和县区经公开招聘考试，1 631名人员办理聘用手续。根据省人社厅指令性分配给昆明市事业单位定向招聘110名“三支一扶”“特岗教师”“大学生村官”“西部志愿者”四类生的计划，经笔试、资格复审、面试、体检环节确定57名拟聘用人员，9月1日报到上岗。全市2016年共计12家事业单位公开选调27名工作人员。全市事业单位逐步启用“云南省事业单位岗位设置管理系统”，先期实现事业单位岗位设置、岗位变动、人员聘用等信息化管理、无纸化办公。截至12月31日，通过该系统审核完成1 178家次市属事业单位岗位聘用变动、认定，审核完成38家市属事业单位岗位设置。根据中央、省、市公务用车制度改革有关要求，配合相关部门完成县（市）区及市属党政机关（含参照公务员法管理的事业单位）公车制度改革方案，平稳分流安置52家市属政府机关219名司勤人员。全市20家市属事业单位通过竞争上岗（民主推荐）聘任35名工作人员到科级领导岗位。按照昆明市人员调配相关规定审核把关，为89名市属事业单位工作人员办理调动手续。在全市范围内开展14场次的事业单位考试考官培训，拥有涵盖事业单位各行各业的公开招聘（选调）考试考官4 000余名，初步建立起事业单位考试考官库，规范事业单位考务行为。对全市87 071名事业单位在职人员情况进行详细统计并上报省人力资源和社会保障厅。

【军队转业干部安置】 2016年，按照《省委、省政府关于做好深化国防和军队改革期间军队转业干部安置工作的实施意见》和《昆明市计划分配军队转业干部安置办法》，经过军地双方共同努力，完成云南省下达昆明市114名计划分配军队转业干部（其中团职干部18名，营以下及专业技术干部96名）和5名随调配偶的安置任务。健全领导责任制，强化协作联动，把军转安置工作纳入党政领导干部的目标管理，军地双方和地方各级部门相互支持，相互配合，各司其职，各尽其责，主动地做好各项政策的衔接、配套和落实。把单位岗位需要和军队转业干部专业特长结合起来，以机关和参照公务员法管理单位为主，按照统筹兼顾的原则合理确定各单位安置岗位，共提供团级军转干部岗位45个；营以下及专业技术干部岗位142个。部队移交部门对到昆明市安置的军队转业干部进行考核，考核成绩经军队转业干部本人签字认可后，在部队进行公示。省、市统一组织符合在昆明市主城区安置的专业技术和营级（及以下）职务军队转业干部的《行政能力测试》和《申论》两个科目的考试，将考核考试成绩和排名情况，在网上进行公布和公示。10月14日，在昆明市人力资源中心组织召开报名大会，军转干部与接收单位双方见面，现场报名。10月25日，在2016年昆明市计划分配军队转业干部选岗大会上，军队转业干部按照个人考核考试总成绩高低，依次进行公开选岗，军转干部与市人大、政协、纪委、部队移交部门和安置部门现场签署《选岗确认书》。安置工作各个环节、各个步骤做到公开、公正、透明。完成自主择业军队转业干部退役金两次调整补发和每月按时足额发放工作。圆满完成2016年451名自主择业人员的接收报到工作，为新增451名自主择业军转干部申办银行账户，办理退役金发放卡。组织2015年接收安置的自主择业军队转业干部报名参加网络课堂培训，有213人报名参加培训；开展2016年自主择业军队转业干部个性化培训，共开设了中式烹调、珠宝玉石鉴定与营销2个专业4个班次培训，共培训自主择业军队转业干部141人；分两期组织2016年新增451名自主择业军队转业干部开展创业就业及适应性培训。组织全市各县（市）区、各国家级和省级开发（度假）园区自主择业军队转业干部管理服务部门工作人员共59人，对全国自主择业军队转业干部管理服务信息平台和云南省自主择业军队转业干部服务平台的操作使用进行培训。开展对在外地居住、创业、就业的自主择业军队转业干部完成年度登记、确认。在春节、“八一”期间为全市自主择业军队转业干部每人每个节日各配套100元慰问资金；组织召开2016年自主择业军队转业干部一、二等功臣、行政师职干部和创就业先进代表春节、建军节座谈会；走访慰问重特病和住院人员120人，两个节日市级财政共投入慰问金67万多元。

（周耀标）

人才队伍建设

【人才引进】 全年全市共引进培养各类人才1 600余人，其中引进博士165人，硕士242人，副高以上职称411人，兑现引进人才生活补助和租房补助249.6万元。组织实施重大人才引进工程，开通“三五工程”和“551计划”工作热线电话，经过组织报名、专家评审、现场答辩、实地评估、领导小组审议、公告等程序，四个人才项目入选“三五工程”，分别获得扶持资金80万元；3个人才项目入选“551计划”，分别获得扶持资金50万元，总计兑现优惠扶持资金470万元。起草《昆明市促进高层次人才创新创业实施办法》，编制完成全市2016年度海外高层次人才需求目录、紧缺急需人才需求目录和项目需求目录，在相关新闻媒体和网络上进行发布。对全市174户人力资源中介服务机构和省人社厅移交下放人力资源中介服务机构进行年检，收集职业中介机构和人才中介机构信息，建立全市人力资源中介服务机构信息库。

【人才服务】 全年校园服务工作站先后发放各类宣传材料1.9万多份，举办各类校园专场招聘会22场，提供岗位信息14 980余条，提供高校毕业生就业指导服务6 000余人次，办理离校未就业高校毕业生登记手续3 680人，档案转接3 000份；开通昆明市县（市）区高校毕业生就业登记网上办理功能（经开区除外），配合完成2016年全国春季高校毕业生就业服务月活动、2016年全国高校毕业生就业网络联盟夏季联合招聘周以及“千企万岗，挖潜增岗”等专项服务活动；为12 306名高校毕业生办理就业登记手续。严格执行流动人员人事档案接收告知承诺制、取消收取人事关系及档案保管费、集体户管理收费；全年接收档案1.5万份，转出档案4 098份，个人材料归档463份，提供档案查阅、复印相关信息780余次；签订单位人事代理协议70份，办理个人委托人事代理1 218件，出具政审证明、存档证明等各类委托人事代理证明1 620份，接受人事代理综合业务政策咨询近3万人次。开通计算机考试证书邮寄服务；组织职称外语考试、云南省招录公务员考试等6

项人事考试，接受137家企事业单位的考务工作委托，完成104个笔试考试科目及124个面试科目的试题命制工作，全年考试人数共106 899人；受理全国社会工作者、经济师、执业药师等各类执（职）业资格证书办证申请2 000余人，发放各类合格证书1.1万余本；2016年共有17家单位通过人才服务中心的网上报名系统进行报名，报名人数20 043人。累计为云南省1 550名留学人员办理学历、学位认证；组织召开两场留学人员专场招聘会，进场企业200余家，求职者1 000余人。加强人才合理流动，组织在昆企业赴武汉、北京、重庆、济南、沈阳、西安、银川、南昌等地参加第四届全国跨区域高校毕业生巡回招聘活动；赴上海参加2016年上海春季人才交流洽谈会暨长三角地区高校毕业生择业招聘会。10月22日在昆明理工大学呈贡校区组织召开第四届全国高校毕业生（秋季）跨区域巡回招聘“昆明站”活动。组织省内外企业共计521家，提供岗位10 000余个，进场人数近3万人，直接签约300余人。加强对各类流动人员的管理和服务，查找到571名失联党员，对失联党员数较多的16个涣散党支部进行整改；完成五个党总支，41个党支部的换届和流动党委的换届工作；建立“网上党支部”管理平台；办理各类组织关系接收385人，转出组织关系173人；8家流动基层工会会员人数近3 600人。

【专业技术人才】 开展优秀专业技术人才选拔和职称评审，指导54个评委会完成评审任务，审核推荐评审高级职称5 969人、中级职称4 562人。全面推开昆明市中小学教师职称制度改革，推荐参加全省评审正高级教师35人（其中省级学校8人）；推荐副高级教师3 430人，评审通过3 153人；推荐一级教师2 157人，评审通过2 153人。小学和幼儿园教师副高级职称实现零突破，小学教师副高级职称人数增加1 832人；幼儿园教师副高级职称增加141人。中学教师副高级职称增加1 059人。开展2016年度“享受国务院政府特殊津贴”（“国贴”）、“云南省有突出贡献优秀专业技术人才”（“省突”）、“享受省政府特殊津贴”（“省贴”）及第九批“昆明市有突出贡献优秀专业技术人员”（“市突”）人选推荐选拔工作，经国家人社部评选确定“国贴”两人，经全省评选报省政府确定“省突”8人、“省贴”6人入选，报经市政府确定“市突”50人。开展第六批博士后工作扶持站评审工作，新设昆明信诺莱伯科技有限公司、云南省高校都市型现代农业工程研究中心、昆明市环境科学研究院等3家博士后工作扶持站。推荐3家单位申报

2016年副高级以上专业技术人员数量及分类

专业类别	副高级	正高级
高校教师	910	238
中专教师	334	—
中学教师	7 658	—
小学教师	1 688	—
技校教师	23	—
自然科学研究	38	23
社会科学研究	12	3
工程技术	7 001	300
卫生	2 148	581
农业	911	26
经济	363	—
会计（审计）	178	—
统计	44	—

续表

专业类别	副高级	正高级
档案	44	—
新闻	92	16
文物博物	17	—
出版	10	2
图书	130	9
工艺美术	1	1
教练员	26	—
翻译	2	1
艺术	49	2
播音	14	—
律师、公证	14	10
实验技术	44	—
小计	21 733	1 214
合计	22 947	

为全省第三批专家基层科研工作站。

【技能人才】 2016年新增高技能人才13 897人。其中，高级工12 496人；技师325人；高级技师76人。完成全市202所民办培训学校年检，合格 172所，不合格30所。全年昆明市民办职业培训机构投入培训经费81 276.7万元；培训学员125 637人。其中，劳动预备制学员6 017人；失业人员8 474人；农村劳动者55 371人；在职职工34 874人；其他人员17 330人。结业人数110 129人，其中，取得初级职业资格56 903人；中级职业资格21 290人；高级职业资格12 429人；技师资格656人；高级技师资格273人。实现就业人数为83 410人。完成2016年昆明五所技工学校招生任务共3 100名，其中昆明高级技工学校1 200名。开展“名艺传承·匠心独具——申报‘世界美食之都’昆明市名匠在行动”主题活动；开展第三届昆明市名匠暨昆明市名匠工作室评审，评选出毛平等15名“第三届昆明市名匠”，昆明云内动力股份有限公司等15家“第三届昆明市名匠工作室”；开展昆明地区职工“七十二行技术大练兵、三百六十行出状元”竞赛，2016年昆明地区滇菜烹调师、滇式面点师技能大赛，第六届昆明市旅游行业职业技能大赛。在昆明公交集团有限责任公司、昆明地铁运营有限公司开展昆明市新技师培训；举办2016年昆明市名匠工作室师资培训；组织全市优秀高技能人才和高技能人才工作者41人赴杭州千培中心学习培训，为企业培养针对性强、实用性强的高技能人才。开展朝阳区与昆明市就业扶贫职业技能培训，4～5月选送昆明市五所技工学校38名教师和20名学生到北京市工业技师学院参加一体化师资培训及国家技能大赛赛前集训，10月输送32名老师到北京工业技师学院培训。完成2016年度“云岭首席技师”初评及申报工作，昆明地铁运营有限公司杨振宇、云南乌铜走银文化产业有限公司金永才等4人评选为2016年度“云岭首席技师”。7月15日，举办主题为“技能成就梦想”的“世界青年技能日”宣传活动；以学习耿家盛为切入点，编辑印刷《昆明名匠》宣传册。

（周耀标）

参事室·文史研究馆

【队伍建设】　严格按照选聘办法规定条件和程序，全面掌握全市专家队伍信息，从符合选聘条件的人才中吸纳参事，为市政府推荐优质智囊。2016年3月29日，在参事聘任工作会上，市长王喜良向尹红旗等8名新聘参事颁发聘书，向胡开林等7人颁发续聘证书，并要求参事、馆员牢固树立不畏艰辛、求实存真的精神，深入实际、深入基层、深入群众，调查研究，扑下身子、沉下心思，察实情，讲真话，多在“深”上下功夫，多在“实”上做文章，为政府领导民主决策、科学决策服务。

【培训交流】　为提高参事履职能力，2016年先后对参事、馆员进行两次集中业务培训。组织部分参事、馆员和机关干部参加由国参举办的第七期全国政府参事研修班、“全国政府参事论坛”交流会、全国政府参事业务培训班、外事专办员培训班等。协助省政府参事室，先后参与国务院参事室和北京市政府参事室来昆考察滇池治理工作。

【建言献策】　组成4个专题调研组，在选题上下功夫、在调研情况分析梳理上下功夫、在建议质量上下功夫、在政策把握上下功夫，针对生态创建、高原特色农业、养老产业、智慧旅游等4个方面课题，分别进行专题调查研究。组织4个调研组与市、县（区）相关单位和部门开展座谈6次，到基层走访调研16次，召开调研和文稿分析会17次。专题召开课题调研推进会2次，听取课题进展情况，为调研组提供必要的服务工作，围绕中心工作发挥智囊优势，做好调研的服务保障工作，高质量完成调查研究工作。全年编纂发行《参政咨询》2期，参事、馆员共向市政府上报《参事馆员建议》13期。上报的建议、建言均得到批转办理和反馈。大部分参事建议被内部刊物《参政咨询》采用。

【扶贫工作】　先后6次组织参事、馆员到禄劝县马鹿塘乡赊角村进行扶贫调研及回访工作，通过文史馆员捐赠书画作品、争取企业合作等多种途径，为结对帮扶贫困户送上价值3 000多元的慰问物资和6万元的扶贫资金。包户帮扶干部与对应的帮扶户进行面谈回访，摸清各户致贫原因，并根据帮扶户的意愿商讨因户施策的帮扶计划。调研组在座谈和实地调研的基础上，向马鹿塘乡政府和赊角村委会提出具体工作建议，并形成调研报告。

【采风写生】　全年在10个领域内开展调研、采风、写生20余次。针对昆明生态建设和地域文化保护与发展、民族文化传承和保护、历史遗迹更名与保护、昆明历史博物馆建设等多项内容，赴昆明各县（市、区）及普洱、芒市、腾冲等地开展调查研究及采风写生，增强馆员对文化内涵的认识，促进昆明市与其他州市的文化交流。

【传承昆明文化】　经过精心筹备，昆明市文史馆在文林美术馆举办以“传承与守望”主题系列馆员个人书画展览，分期展出王鹏程、魏祖佑、罗建华等三位馆员作品，邀请众多业内人士到场参观交流。活动在馆员中起到示范带动作用，调动馆员的参与热情和创作热情，树立文史馆社会形象。

【交流学习】　主动提供《昆明市人民政府公报》《昆明经济》《昆明统战》等资料供参事馆员学习参考。在《参政咨询》刊物上开辟专栏，供参事馆员交流。2016年，参事、馆员和机关干部参与上级业务培训及交流会议10余次，组织部分参事馆员与吉林省文史研究馆、南昌市政府参事室、成都市政府参事室等单位进行座谈，现场进行书画创作，交流经验做法。组织参事、馆员参与“两会”等重要工作会议，增进参事、馆员对中心工作的了解，为参事、馆员加强交流、履行职责、发挥作用搭建平台。

【海外联系】　利用参事、馆员社会实践联系广、海外关系多的特点，积极开展形式多样的联谊活动，不断拓展海外联谊空间。组织馆员参加“中华文化四海行——走进澳门”系列文化活动、“文史翰墨——第三届中华诗书画展”等活动，展出馆员书画作品，与统战人士开展笔会交流，增进感情。同时，积极参加涉侨、涉台、涉外工作联系会，主动学习外单位统战联谊工作方法。与各民主党派、台联、侨联、工商联保持长期联系，通过座谈会、茶话会、联欢会等形式加强联络，增进感情。

【学术交流】　年内，何磊馆员应邀参加广州“孙中山与民主革命策源地广州”学术会，提交《孙中山〈建国方略〉对当前现代化建设启示》论文并作专题发言，受到与会者好评。石鹏飞馆员参加“中央文史馆第三届国学论坛会”，提交《中华智慧的当代启示——知古不知今谓之盲古，知今不知古谓之陆沉》论文并作发言。戈叔亚馆员参与昆明市政府、讲武堂举办的“中国远征军图片展”筹划撰稿审稿工作；参加凤凰电视台拍摄的纪录片《寻访英烈——“公路巨子”邹岳生》的拍摄采访工作，该片已经在凤凰电视台播出；参加云南省委统战部组织的将滞留在缅北的远征军部分遗骨迁移腾冲安葬的“忠魂归国”活动，担任侨联“华商基金会”和云南省归国华侨联合会顾问。胡晓幸馆员的作品参展“中俄国际水彩交流展”，获得好评；在2017“美国水彩画协会第150周年纪念国际年展”上，参展作品获高风奖牌，获奖金1 750美元。参事馆员积极参加形式多样的海外联谊活动，进一步扩大参事、馆员的社会影响力，为推动中华文化和昆明地方文化走出去起到积极作用。

（参事室）

地方志工作

【概况】 2016年，昆明市地方志工作以扎实推进第二轮修志工作为重点，把二轮修志工作作为重中之重，采取强力措施，加大二轮修志工作的推进力度，同时全面推进年鉴编辑、地情信息服务、方志馆建设、史志文化宣传、方志网站建设等各项业务，取得丰硕成果。在市志编修方面，立足全市实际，制定完善推进方案，明确任务分工，把责任落实到岗、细化到人，强力冲刺市志编修，至年底，完成《昆明市志（1978～2005）》编修工作，交付出版。县（市）区志编修方面，至2016年，禄劝县、嵩明县、石林县、安宁市、呈贡区、宜良县、富民县完成二轮志书出版，《寻甸回族彝族自治县志》完成终审验收，《五华区志》完成送审稿初审，《盘龙区志》《官渡区志》完成总纂，其余《西山区志》《晋宁县志》《东川区志》编修稳步推进。市、县两级地方综合年鉴全覆盖，均实现当年鉴编辑、当年出版。

【《昆明市志（1978～2005）》交付印刷出版】 《昆明市志（1978～2005）》编修于2005年全面启动，经各方努力，2015年完成终审稿。2015年3月终审会议进行终审，并经云南省地方志办公室审查验收。终审会后，市志办集中全办业务骨干，并聘请多名专家会战，再对近千条审稿会意见和其他形式收集到的书面意见、建议进行归纳、分析、研究、取舍，形成修改完善的计划，明确修改的时间、内容、方法、步骤和人员安排。在具体的修改过程中又分三条战线同时进行：一是志书处处长率员利用投影仪挂图作战，分册逐字逐句修改；二是由执行主编一支笔统稿，对全书进行体例规范、内容调整、史实审查、文字把关；三是安排专人负责补充资料的收集及有疑问地方、人名、时间的核查。在此基础上，修改班子又综合三方意见，集中统一修改，形成定稿。与此同时，协调印刷出版的公开招标事宜，严格按规定的程序完成市志出版印刷的招标。招标完成后，市志办及时将形成定稿的6个分册交印刷厂进行排版，形成印刷校样。为尽最大可能减少错误，在校对环节通过多渠道进行把关。一是每册外聘两名人员分头从头到尾精校；二是修改班子组织校对；三是市志办领导及其他处室人员全部参与读校。之后，集中三方修改意见，到印刷厂统一修改。

2016年12月，6册700多万字《昆明市志（1978～2005）》正式交付云南人民出版社，进入印刷出版程序。

【《昆明年鉴》编纂再上新台阶】 为把《昆明年鉴》打造成反映时代特征、体现昆明特色的精品年鉴，在2016年版《昆明年鉴》编辑中，提前谋划，早作安排，坚持高起点谋划、高标准定位、高效率推进，开拓创新，精心编纂。为体现年鉴的权威性，在年鉴内容的设计上，注重选择题材的年度感，信息知识的密集感，资料数据的权威感，服务功能的鉴戒感，重新调整和充实内容，对全市年度的新变化、新进展和新成就予以重点反映。突出特点，呈现亮点，在彩页中集中专题宣传全国较有影响的环滇池15个湿地。2016年版《昆明年鉴》采取全彩印刷，装帧精美、图文并茂，突出时代特色、年度特色和地方特色，已于2016年10月公开出版发行。昆明市已实现市、县两级综合年鉴全覆盖，实现一年一鉴、当年公开出版。《昆明年鉴》多次获得全国年鉴出版质量评比城市年鉴综合一等奖。

【《昆明史志》突出特色】 《昆明史志》创刊以来，一直以编辑质量高、区域特色浓、作者群广泛、可读性强、具有较高学术价值而得到省内外史志界的好评。2016年在继续保持特色的前提下，在栏目设计、稿件选择、图片登载方面进行优化，使刊物的时代气息更加突出，反响较好。此外，结合纪念中国共产党成立90周年、纪念红军长征胜利80周年活动，组织、刊载一批有关党史、革命史的文章，反响较好。

【地情服务呈现新亮点】 昆明市志办把地情资料开发利用工作当成方志事业的重要基础工程来抓。广泛征集开发，扎实打牢基础，科学开展研究，系统组织编纂。努力在研究深度上下功夫，在研究成果上求创新，充分发挥地情资料在领导决策、招商引资、项目论证、形象推介等方面的独到优势，积极为昆明市经济社会发展服务。一是大力宣传昆明历史文化。年内，继续编印《昆明历史简介》《昆明市全国重点文物保护单位概览》等地情资料小册子，免费向社会、机关发放。二是提供高质量的信息服务。年内为市委、市政府机关、领导提供高质量的市情资料，市情咨询服务30余次。三是史志文化进党校。2016年4月，市志办副主任字应军应邀到昆明市委党校授课，专题介绍昆明历史文化。四是加强方志网站建设。在昆明市地方志网站的建设和管理上下功夫。调整网站栏目设置，充实丰富网站内容，努力挖掘地方文化、历史人文等潜在价值，及时报道最新方志工作动态，使网站成为服务全市经济社会发展，服务广大人民群众的窗口。

【县（市、区）志办主任会】　2016年7月7日，昆明市县（市、区）志办主任会召开，市志办全体人员、14个县（市）区志办主任及有关人员50余人参加会议。会议由昆明市志办副主任李洪主持。

此次会议是在《全国地方志事业发展规划纲要（2015–2020年）》和《云南省地方志事业发展规划纲要（2016–2020年》颁布实施的背景下召开的。会议回顾上半年工作开展及贯彻落实《纲要》的情况，梳理查找存在的问题，提出解决应对的办法。14个县（市、区）志办主任分别作工作汇报交流，市志办副主任字应军对各县（市、区）工作进行点评和指导。市志办主任母正荣对下半年全市地方志工作做安排部署，提出目标和要求。

【寻甸县志通过审查验收】　2016年11月23日，寻甸县政府召开《寻甸回族彝族自治县志（1978～2005）》审稿会，云南省志办副主任袁丽萍，州市县区志书处处长赵芳，昆明市志办主任母正荣，副主任字应军、李洪及昆明市13个县（市、区）志办主任出席会议，寻甸县委书记何健升、县长马郡、县人大常委会主任黄宝金、县政协主席肖正坤，县委常委、县委组织部部长李勇，县委常委、县委办公室主任张应良，居住县城担任过实职正县级老领导和明确为正县级的老领导及县委办、政府办、财政局等编委会成员单位负责人及县史志办全体干部职工共50余人参加评审。

会议由县人民政府副县长郭沁主持，县委书记何健升出席会议并致辞，县史志办主任猫良坤汇报二轮县志续修情况。寻甸县有关部门就统战、民族、宗教、保密、外事侨务、问题发表审稿意见；县离退休领导代表、市属县（市、区）志办代表、省志办州市县区志书处处长赵芳、市志办副主任字应军分别发表审稿意见。省志办副主任袁丽萍、市志办主任母正荣代表省、市志办分别讲话。与会人员本着认真负责的态度，围绕县志送审稿的结构、内容、体例、编排等展开讨论，认真查找存在的问题和不足，并就存在的问题提出修改意见和建议。市志办副主任字应军宣读市志办审查验收意见，认为该志内容丰富，资料翔实，主线清晰，记述准确、客观，篇目设置合理、领属得当，行文规范，文风朴实、严谨，有较高质量。通过审查，同意验收。

《寻甸回族彝族自治县志（1978～2005）》2006年启动，2013年底完成130万字的初稿，后根据收集到的意见和建议，数易其稿，至2016年6月完成106万字的送审稿。全书共设26章115节611目106万字，系统反映寻甸县自改革开放以来至2005年之间的自然、政治、经济、文化、社会的历史与现状。

【东川区史志办参加地方史、党史宣讲活动】　2016年是中国共产党诞辰95周年和红军长征胜利80周年。7月1日建党节前后，东川区史志办主任刘荣为全区入党积极分子培训班、老干部读书班举办东川地方党史、地方历史讲座2场，听众达200余名。通过一个个生动的事例、一段段辉煌的历史讲解，大家对东川悠久厚重的铜文化历史、党领导东川人民开发东川、建设东川的发展历程有了更深一步的了解，激发了广大干部群众学习历史、热爱东川的热情和信心。东川史志办还将派人到区讲师团，参加党史、国史的宣讲。

【安宁市史志办推进史志育人工作】　结合纪念建党95周年暨红军长征顺利80周年活动，2016年，安宁市史志办利用安宁市革命历史教育展览馆，开展党史育人活动。该展览馆位于安宁市革命老区乡镇——八街街道大龙洞村，于2008年10月8日建成并投入使用至今，一直发挥着党史育人的功效。

“七一”建党期间，来自省滇剧院、云南中石化公司、昆明中铁公司、安宁市供销社、安宁市电视台、安宁市云化社区、安宁市极乐社区、八街街道、安宁市职教园区管委会、安宁市劳动就业局、安宁市地税局、建行安宁支行、安宁市交警大队、安宁公路管理段、安宁市老年大学等32个单位320余人到安宁市革命历史教育展览馆参观并接受党史教育。其中安宁市史志办派人专场讲解5场240余人次。

【《康熙路南州志》整理出版】　经过石林县史志办的长期努力，石林县历史上第一部地方志《康熙路南州志》2016年12月整理出版。

该书由清朝澄江府路南州知州金廷献主持编纂，于康熙五十一年（公元1712年）刊印出版。该书只有国家图书馆独家藏有原版善本，民国十六年（公元1927年）路南县根据杨一波的抄本刊刻过整理本。

2015年，县史志办获得国家图书馆的影印件，并在此基础上进行整理出版。新整理本采用原文影印、简体标点、校注同页对照的方式进行整理排版，并由云南人民出版社出版，为石林地方古籍的保护利用做出有益的探索。

【石林县举办“方志文化进校园”活动】　为贯彻落实国务院办公厅《全国地方志事业发展规划纲要（2015~2020年）》，将“修志为用”作为地方志工作的基本原则，努力发挥地方志资源在地方公共文化服务中的重要作用，推动方志文化进机关、进农村、进社区、进校园、进企业、进军营，促进城乡方志文化建设，培育地方历史记忆，2016年1月29日，石林县史志办与县教育局在石林一中举办“方志文化进校园”赠书活动。

本次活动共向县内20所中小学赠送《路南彝族自治县志》《石林彝族自治县志（1989~2000）》《云南石林旧志集成》《中国国情丛书路南卷》《石林阿诗玛文化发展史》《汉夷杂区社会研究》和《石林年鉴》7种县情图书，本次赠书总量为1 392册，按原书定价总值32.35万元。

【《富民县志（1993~2005）》出版】 2016年1月，《富民县志（1993~2005）》由云南人民出版社出版。富民县二轮修志起步之初，历经曲折，步履缓慢，2010年起县委县政府加大推进力度，加快编修进度，通过全体修志工作者的不懈努力，几易其稿，2015年9月24日召开终审会议，通过市级地方志部门的审定验收。此后，县志集中各方力量进行修改、订正、校对，2016年1月正式出版。该志内容包括概述、大事记、自然环境、政区、人口、民族 宗教、体制改革、综合经济管理、工商行政管理、农业、林业、水利、烟草、工业、乡镇企业、商贸、交通运输、邮政电信、国土资源管理、城乡建设与环境保护、财政、税务、金融、政党、群团、政权、政务、政协、政法、军事、民政、人事劳动、教育、科学技术、文化 体育旅游、医疗卫生、人物简介、人物表、附录等部类，130万字。客观、系统地记述1993~2005年富民县的自然及政治、经济、文化、社会等方面的情况。

【石林县史志办探索地方志记录新途径】 为适应现代科技社会发展的新需要，探索地方志记录方式的新途径，尝试地方志从纸质文献向影视文献的发展，充分利用现代科技发展的条件，让人们利用地方志理论和资源，制作出更多扎根本土的纪录片来，不断丰富地方志的记录方式，满足人民群众不断增长的文化生活需要。石林县史志办公室利用各种有利条件，积极组织开展地方志纪录片的拍摄培训。

培训工作从2015年4月份正式启动。首批参加培训的是县内对民族文化有兴趣、有摄影摄像基础的10多个志愿者。志办出面邀请国内影视人类学理论素养高、纪录片实际拍摄制作和培训经验丰富的专家，到石林送教上门，以打造一支本土的纪录片摄制者队伍。培训分理论学习、数码摄像机使用、后期电脑剪辑合成3个部分。培训采取理论与实践紧密结合的方法，每个学员确定一个拍摄主题，在老师辅导下边学习边实践，经过将近1年的学习，完成自己的纪录片制作。2016年初，全部培训结束，第一批纪录片制作完成。

在2016年广西民族志影展上，石林县史志办推送2部作品参展。经评选，高毕有拍摄的《撵瘟神》获优秀影片奖，刘世生拍摄的《光明的心弦》获文化遗产贡献奖。

【寻甸县志办举办“纪念红军长征胜利80周年”图片展】 2016年10月22日，寻甸县由寻甸县文体广电旅游局、寻甸县史志办及寻甸县文学艺术界联合会三家共同主办的“纪念红军长征胜利80周年”图片展在红军长征柯渡纪念馆隆重举行。

寻甸是红军长征经过昆明的重要县区之一。1935年4月、1936年4月，中央红军和红二、六军团先后路过寻甸，中央红军发布了重要的4.29渡江令，在柯渡镇丹桂村周恩来副主席对抢渡金沙江进行部署，红二、六军团在今先锋镇境内进行了艰苦卓绝的六甲阻击战。本次展览共分7个板块，每一幅图片都承载了一段中央红军和红二、六军团过寻甸的光辉历史，主办方通过精心制作一幅幅摄影图片展板，艺术地再现、展示和歌颂中国共产党率领红军长征过寻甸的光辉历史。举办展览是为了铭记红军丰功伟绩，弘扬伟大长征精神，深入进行爱国主义教育和革命传统教育。

【石林县重视村志编修工作】 石林县高度重视村志编修工作，将编修乡镇志和村志纳入工作内容，要求在“十三五”期间完成所有乡镇志的编纂，并在村志的编纂出版上取得实实在在的效果。从2016年开始，石林县乡村志的编修将纳入乡镇工作“十个一”工程全面推进，县人民政府要求，编修工作要做到“五结合”“五突出”，即把村镇志编纂与认识乡情村情结合起来，与展示乡镇风采结合起来，与创建名镇名村和发展乡村旅游结合起来，与传承优秀民族文化结合起来，与培育名优产业结合起来；突出本村镇的特色亮点，突出优秀传统文化事项的收集整理，突出乡土人才的记述，突出民族特色文化的展示，突出为产业发展服务，以志书的编纂促进村镇经济社会的发展。

2016年底，石林县第一部村志《北山村志》正式出版。北山村是著名的屯堡历史文化村，建村的历史超过600年。北山村也是革命历史文化村，是中国共产党领导的人民政权路南县临时人民政府成立地。该村历史悠久、文化丰厚、人杰地灵。该志全面收集记录了北山村自然、经济、政治、文化、社会方方面面的历史和现状，是认识北山历史、了解石林地情的重要地方文献。

（字应军）

中国人民政治协商会议昆明市委员会

【政协昆明市第十二届委员会第六次会议】 政协昆明市第十二届委员会第六次会议于1月12~16日在市级行政中心昆明会堂召开，大会应出席委员466人，实到委员412人。大会执行主席田云翔、熊瑞丽、张建伟、汪叶菊、杨品才、常敏、朱燕、周忻在主席台前排就座。昆明市委书记程连元，市委副书记、代市长王喜良，市委副书记、市纪委书记应永生，市委副书记、市委政法委书记拉玛·兴高，市人大常委会主任杨远翔等领导在主席台就座。中共昆明市委、市人大常委会、市政府、市政协、市中级人民法院、市人民检察院、市产业发展督导协调组、昆明警备区、武警昆明市支队、昆明高新技术产业开发区、昆明经济技术开发区、昆明滇池国家旅游度假区、昆明学院、市委党校的领导，部分原市级老领导，市级各民主党派、工商联、有关人民团体的负责人，市政协常委在主席台就座。开幕大会由市政协常务副主席、大会执行主席张建伟主持，闭幕大会由市政协主席熊瑞丽主持。市政协主席田云翔代表政协昆明市第十二届委员会常务委员会做工作报告，市政协副主席杨品才向大会做提案工作情况报告。会议听取和审议《中国人民政治协商会议昆明市第十二届委员会常务委员会工作报告》《中国人民政治协商会议昆明市第十二届委员会常务委员会关于十二届五次会议以来提案工作情况的报告》。听取和协商《政府工作报告》，协商《昆明市国民经济和社会发展第十三个五年规划纲要（草案）》《昆明市2015年国民经济和社会发展计划执行情况与2016年国民经济和社会发展计划草案的报告》《昆明市2015年地方财政预算执行情况和2016年地方财政预算草案的报告》《昆明市中级人民法院工作报告》和《昆明市人民检察院工作报告》。举行工商经济、城乡建设环境保护、社会事业、法院和检察院工作四个专题界别联组协商会。会议选举熊瑞丽为政协昆明市第十二届委员会主席。闭幕会上，中共昆明市委书记程连元到会作重要讲话。本次会议共收到提案441件，经审查立案404件。

【常委会议】 第二十六次常委会 1月14日下午，全会期间，市政协召开第十二届委员会第二十六次会议。会议应到常委会组成人员68名，实到66名。会议由市政协主席田云翔主持。市委常委、市委统战部部长、市政协党组书记熊瑞丽，市政协副主席汪叶菊、杨品才、常敏、朱燕，市政协秘书长周忻出席会议。会议听取《中共昆明市委关于田云翔不再担任职务的说明》；提出《政协昆明市第十二届委员会第六次会议关于接受田云翔同志辞去昆明市政协主席职务的决定（草案）》；提出《政协昆明市第十二届委员会第六次会议选举办法（草案）》；听取《中共昆明市委关于补选政协昆明市第十二届委员会主席候选人建议名单的说明》；提出《补选政协昆明市第十二届委员会主席候选人建议名单（草案）》；提出《政协昆明市第十二届委员会第六次会议选举大会总监票人、监票人建议名单（草案）》。以上建议名单和各项草案将提交各委员小组进行讨论，并酝酿协商。

第二十七次常委会 1月15日下午，全会期间，市政协召开第十二届委员会第二十七次会议。会议应到常务委员会组成人员68人，实到55人。会议由市政协常务副主席张建伟主持。市政协主席田云翔，市委常委、市委统战部部长、市政协党组书记熊瑞丽，市政协副主席汪叶菊、杨品才、常敏、朱燕，市政协秘书长周忻出席会议。十二届六次会议大会副秘书长、各工作组组长，各委员讨论小组的召集人列席会议。会议听取审议《政协昆明市第十二届委员会常务委员会工作报告》情况的报告；听取审议《政协昆明市第十二届委员会常务委员会关于十二届五次会议以来提案工作情况报告》的报告；听取《政协昆明市第十二届委员会第六次会议期间提案收集情况的报告》。会议听取并表决通过《政协昆明市第十二届委员会第六次会议关于接受田云翔辞去昆明市政协主席职务的决定（草案）》；表决通过《政协昆明市第十二届委员会第六次会议选举办法（草案）》；表决通过《补选政协昆明市第十二届委员会主席正式候选人名单（草案）》；表决通过《政协昆明市第十二届委员会第六次会议选举大会总监票人、监票人名单（草案）》；表决通过《政协昆明市第十二届委员会第六次会议决议（草案）》。

第二十八次常委会 3月18日，市政协召开第十二届委员会常务委员会第二十八次会议，会期1天。会议应到常务委员会组成人员68人，实到52人。市政协主席熊瑞丽主持会议。市政协副主席张建伟、汪叶菊、杨品才、常敏，秘书长周忻，市政协常委、部分委员出席会议。会议传达全国政协十二届四次会议精神，审议《政协昆明市委员会2016年工作要点》《政协昆明市委员会2016年重点协商工作计划》，审议政协昆明市第十二届委员会提案委员会关于十二届六次会议提案审查情况的报告，审议市政协2016年专门委员会、办公厅、研究室工作计划（书面），协商通过有关人事事项。

第二十九次常委会 7月26日，市政协召开第十二届委员会常务委员会第二十九次会议和全体委员情况通报会，会期一天。会议应到常务委员会组成人员68人，实到50人。上午全体委员情况通报会由市政协常务副主席张建伟主持，下午常务委员会第二十九次会议由市政协主席熊瑞丽、副主席常敏分别主持。市政协主席熊瑞丽，副主席张建伟、汪叶菊、杨品才、常敏、朱燕，秘书长周忻，市政协常委全程出席会议，政协委员出席上午会议。会议听取市政府关于我市2016年上半年经济运行情况通报，听取市纪委关于全市党风廉政建设及反腐败工作情况通报，听取市中级人民法院2016年上半年工作情况通报，听取市人民检察院2016年上半年工作情况通报。审议通过《政协昆明市委员会委员履职工作规则》（草案），协商通过有关人事事项。

第三十次常委会　9月26日，市政协召开第十二届委员会常务委员会第三十次会议，会期一天。会议应到常务委员会组成人员68人，实到58人。上午的会议由市政协副主席朱燕主持，下午的会议由市政协副主席张建伟主持。市政协主席熊瑞丽、副主席张建伟、汪叶菊、常敏、朱燕，市政协秘书长周忻，市政协常委、部分委员出席会议，市产业发展督导组、滇中新区管委会、市委和市政府相关职能部门的负责人列席会议。会议听取市政府关于推进我市重点产业发展工作情况的通报，委员们围绕“优化产业结构、着力推进我市重点产业发展”主题议政建言，九位市政协常委、委员代表，从不同角度、不同领域，围绕服务全市重点产业发展，从促进物流业降本增效、特色生物医药、信息产业、提升改造传统产业、发展非公医疗、扶持中等职业教育、旅游产业发展、鼓励民营经济参与重点产业发展以及深化科技体制改革九个方面，提出针对性强、富有建设性的意见建议。会议协商通过有关人事事项。

【助推陆军讲武堂翠湖片区改造提升】　云南陆军讲武堂旧址是全国重点文物保护单位，因历史原因，讲武堂旧址被多方管理，极大地制约旧址的保护、利用工作。10多年来，昆明市政协就云南陆军讲武堂旧址的保护持续建言，年初，市政协提出的建议，得到省委主要领导的高度重视，并做出批示。3月，省委、省政府决定将讲武堂旧址交由昆明市统一规划管理，使长期以来讲武堂旧址多头管理的“老大难”问题得到有效解决。按照市委的安排，市政协协调协助省市区相关部门对陆军讲武堂翠湖片区的改造提升进行规划，市政协多次召开专题协商会，围绕讲好“翠湖”故事，做好文化文章，提出改造提升的意见建议。该片区的提升改造在市政协的推动下，由纸上建言到成为规划再到合力推进，已形成《翠湖周边历史文化片区整治提升规划》。

【调研文化创意产业】　2016年3月以来，市政协主席熊瑞丽率队多次对昆明市文化创意产业发展情况进行调研。调研组深入五华区、经开区、呈贡区，详细参观了解企业或工作室的发展现状以及需要协调解决的问题。调研组认为，文化引领战略是昆明市的发展战略之一，是实现聚合力、兴产业的关键。建议加大培育力度，扶持一批带动能力强的龙头企业，发挥聚集效应，促进园区特色化发展；利用地缘优势，提升昆明文化产业的外向度，创新驱动，激活昆明独特的民族文化资源，聚集供给侧改革，为文创产业发展注入新的动力；加大人才工作力度，为文创产业发展提供强劲支持；加强动态管理，形成持续推动产业发展的长效机制。

【视察遭遇冻害的城市绿化】　2015年冬至2016年春，昆明遭遇30多年不遇的极端寒潮天气，对昆明主城区的绿化植物、地被、园林景观等造成巨大冻害。3月份，由常务副主席张建伟率队进行紧急重点视察，实地察看5个主城区情况，通过实地查看，委员们提出，昆明市要严格落实“绿色图章”审批制度，继续完善《昆明城市园林植物推荐名录》，建立省、市、区三级联动机制，尽快着手绿化恢复工作，尽快拟定城市绿化苗木推荐指导手册，建立苗木的引入机制和退出机制，同时保护好古树名木。视察报告引起市委、市政府高度重视，市委书记程连元迅速做出批示，要求市政府相关部门尽快落实建议，并“研究城市公共空间绿化养护的体制机制、标准规范、责任制和经费保障，确保绿化更适合昆明、更为昆明添彩、更为百姓欢迎”。市政府立即行动，迅速加快恢复受冻害的城市园林绿化景观，逐步

市政协领导调研昆明市文化创意产业发展情况

（从学　摄）

增加“绿量”并发布《昆明城市园林植物推荐名录（2016年）》。

【调研基层矛盾纠纷多元化化解机制】 3月以来，市政协视察组深入部分县（市、区），就昆明市基层矛盾纠纷多元化解机制建设情况进行重点视察。视察组通过实地走访，对昆明市基层司法所建设及人民调解工作开展情况、存在的困难、需要解决的问题进行详细了解。视察组提出加强领导着力健全矛盾纠纷多元化解大格局，完善制度着力加强矛盾纠纷多元化解工作机制，强化抓手着力完善矛盾纠纷多元化解体系，夯实基础着力加强多元矛盾纠纷化解的平台和队伍建设，注重创新着力探索多元化矛盾纠纷化解的有效方式，加强和创新社会治理从源头预防和减少社会矛盾纠纷等意见建议。

【助推脱贫攻坚】 市政协充分发挥优势，围绕精准扶贫目标，为东川脱贫积极贡献智慧和力量。2016年，为确保市政协挂钩点阿旺镇脱贫摘帽，市政协领导多次率队实地调研，选派驻村帮扶队员和机关干部深入乡村摸实情、明家底、结穷亲。从办公经费中“挤”出200万元，筹集扶贫资金130.2万元，帮助修建水、电、路等基础设施，帮助农村鸡、羊等养殖和甜脆李子等种植项目。认真抓好牵头的51个市级单位挂钩东川区6个乡镇、70个贫困村的帮扶工作。主席、副主席多次参与制定扶贫规划，协调资金，督促项目实施。先后召开联席会议12次，督促挂钩帮扶单位落实任务，协调资金1.6亿多元，推进项目100多个。积极引进北京朝阳区政协力量对口支援东川，争取到扶贫资金69.6万元以及50万元专项资金，在劳务输出、对口医疗帮扶、资金扶持、产业合作等方面取得实质性的成果。

【探索“养老+房地产去库存”新模式】 市政协通过调研、主席会议，对昆明市探索“以库存商品房建养老机构”新模式进行协商建言。大家认为，利用库存商品房建设养老机构可以促进房地产商品房去库存与加快养老机构建设实现双赢，激发市场活力，推动供给侧改革和“三去一降一补”。市政协主席熊瑞丽提出从三方面引导社会资本进入养老产业，第一是坚持以问题为导向，发挥政协“智库”和议政建言的优势，找准制约我市养老产业发展的关键点、难点，进行深入剖析研究；第二是加强民政、住建、消防等相关部门的配合，学习借鉴外地先进的经验和做法，凝聚各方力量，大力助推社会力量兴办养老机构；第三是制订好养老服务行业中长期规划，完善相关法律法规，开拓市场化运作、政府购买服务的竞争机制，相关部门应从温馨家庭助老服务中心试点项目入手，尝试突破制度瓶颈，先行先试。

2016年9月，北京市朝阳区政协组织政协委员向东川区进行捐赠。（市政协 供稿）

【调研石林旅游产业发展】 10月，市政协对云桂高铁开通后，石林旅游产业发展的相关问题进行调研。调研组一行深入大叠水景区、云桂高铁阿诗玛站等地，察看景区景点规划建设和管理运营情况。委员们认为，云桂高铁和沪昆高铁将于2016年年底开通，将给石林旅游带来新的机遇和挑战。建议要将石林县域作为一个大景区来规划和建设，抓好重点项目、重点景区建设，抓好旅游产品的开发，打造完整的旅游产业链，积极推进旅游产业与其他产业、领域的融合，打造全域旅游、全业旅游、全年旅游的升级版，推动石林旅游由“景点时代”向“全域旅游时代”转变。市政协副主席张建伟强调石林全域旅游发展，要立足民族团结进步示范区、生态文明建设排头兵、面向南亚东南亚辐射中心谋划大旅游发展新格局，把民族团结进步示范区、“生态美县”建设作为县域经济发展战略之一。

【出台委员履职工作机制】 市政协第二十九次常委会议审议通过《政协昆明市委员会委员履职工作规则（试行）》，该《规则》进一步推进市政协工作制度化、规范化、程序化，提高政协组织的科学化水平，并为充分发挥委员的主体作用，进一步提高履职成效，提供重要的制度保障。《规则》从履职内容、履职方式、履职保障、履职管理等方面对委员履职作规定。在履职方式上，《规则》明确委员以参加政协会议，提交提案、参加视察、考察、调研、反映社情民意信息、大会发言、参加界别活动等进行履职。围绕加强委员履职管理，《规则》从规范委员履职行为，严格会议和活动请假制度、严肃会风会纪等方面规定具体要求。

【发挥重点提案的示范引领作用】 市政协充分发挥重点提案的示范带动作用，以办理落实为抓手，以点带面，整体推进，更好地服务发展、助推民生改善。2016年，从立案的426件提案中，遴选出加大昆明市产业扶贫力度着力提高贫困地区自我发展能力、加快昆明城市配送体系建设、历史性城市景观的传承与创新等7件作为重点提案。10月中旬，市政协主席、副主席率队对7件重点提案的办理情况开展督办调研。督办组认为，7件重点提案紧扣昆明发展、紧贴群众关切，可行性强。市政府领导高度重视，在分管副市长领办、市政协领导督办下，各承办单位狠抓落实，在办理过程中，主动加强与提案人的协商沟通，共同开展调研、协商，听取意见，达成共识。在工作中，吸纳提案建议，制定相关的政策和意见措施，使提案办理落在实处，取得明显成效。

附：2016年度重点提案简介及优秀提案名单

一、关于加大我市产业扶贫力度，着力提高贫困地区自我发展能力的建议

提 案 人：民进昆明市委

承办单位：昆明市人民政府扶贫开发办公室

主要内容：针对我市扶贫工作存在的问题，民进昆明市委提出高位推进产业扶贫工作，成立由市扶贫办牵头，市委农办、发改、农业、林业、水务、商务等部门领导和贫困县区领导参加的贫困地区产业发展推进联席会议制度，研究产业扶贫的相关政策措施、产业发展规划、扶持资源整合。督促贫困地区以产业培育发展为扶贫工作重点，结合当地实际大力发展高原特色农业。加大对国家省市扶贫政策的梳理宣传，加强对全市参与扶贫工作领导干部的培训教育，提升扶贫攻坚队伍战斗力；制定全市贫困地区扶贫产业发展规划，把产业扶贫纳入各贫困县区“十三五”发展规划，从区域资源环境实际出发，提出切实可行的县、乡镇、村产业发展规划；加大贫困地区项目资金整合力度，市、县（市、区）财政预算要重点支持产业开发示范乡（村）建设。调动省市各部门在项目、资金、技术、信息等方面的优势，加大对省财政为每个贫困村安排的专项扶持资金的配套力度，拓宽产业扶贫的筹资渠道，鼓励企业和民间资金扶持贫困地区产业发展。坚持市、县（市、区）部门对口帮扶的方式，集中力量扶持产业示范村、重点村建设；强化科技支撑，提升劳动力素质。由市扶贫办牵头教育、科技、财政等部门研究提出针对贫困地区科技、职业教育扶持的政策措施，鼓励和支持各类科研机构深入贫困地区开展产业发展科技项目研究、技术支撑、科普培训。加强贫困地区劳动力及初中后、高中后回乡学生的职业教育，通过对农民的培训促进产业发展；创新机制体制，为产业扶贫提供保障。在贫困县（区）实行领导干部亲自抓扶贫产业发展。通过制定区域发展优惠政策，引导和推进贫困地区农户开展土地流转，发展多种形式的适度规模经营。引导贫困群众积极调整种植结构，大力发展特色优势种植业。进一步健全和完善农业产业服务体系，解除农民发展特色产业的后顾之忧等建议。

二、关于加快昆明城市配送体系建设的建议

提 案 人：昆明市政协经科委

主办单位：昆明市商务与投资促进局

协办单位：昆明市公安局、昆明市交运局

主要内容：针对近年来昆明城市配送发展存在规划滞后、配送基础设施建设缓慢、管理和服务方面的问题，市政协经科委提出要借鉴成都、重庆经验，尽快开展城市共同配送试点工作。在大力加快分拨中心、配送中心、末端配送网点三级城市配送网络建设的同时，推动城市配送由自营配送向社会化配送转变；要优化车辆通行政策，提升城市配送效率。市公安、交运、商务等有关部门应加强对城市配送工作研究，从根本上解决困扰物流配送的“客改货”问题；要建立由政府牵头，有关部门、行业协会、各配送企业共同参加的全市统一的城市配送信息公共平台——昆明市物流信息公共服务网，实现昆明市城市配送信息的数据共用、信息互通、资源共享等建议。

三、关于历史性城市景观的传承与创新的建议

提 案 人：陈文委员

主办单位：昆明市规划局

协办单位：昆明市文广体育局

主要内容：随着国家“一带一路”战略的推进，昆明不仅要积极投入其“产经通衢”的建设，更要主动融入其“文化之带、文明之路”，突显深厚文化底蕴和独特城市魅力。借鉴联合国亚太遗产中心最新的“历史性城镇景观（HUL）”的遗产管理方法，在城市建设中注重融入地域文化元素，陈文提出要加强落实昆明历史文化名城保护规划内容，通过对昆明历史文脉、地域文化、人文和自然景观的全方位解读，挖掘具有不同历史功能的民族性、多元性、建筑类型代表性的历史聚落，全面展现丰富多样的历史聚落遗产。从市域与环滇池地区、历史城区、历史文化街区、文物保护单位、非物质文化遗产保护等方面，将文化元素纳入分区分层次保护中，确保地域文化特色能够在城市发展中得以体现，完善昆明城市整体品质；梳理城市空间环境特征，构建系统性、多样性、开放性的特色建筑分类体系。从昆明城市空间形态出发，明确代表昆明本土文化的特色建筑的

特征与类型，提出建筑风貌特色分区。从物质空间要素的角度出发，完善历史文化街区特色风貌的导引；编制《城市特色风貌控制导则》，针对各类特色建筑分区从宏观层面的整体风貌定位、中观层面的街巷（道）空间引导、微观层面的建筑要素引导进行导引；加强非物质文化遗产保护，在城市建设中着力非物质文化遗产与物质空间的结合，弘扬历史文化资源，并运用历史性城镇景观理论指导文化遗产的保护传承，使更多的人了解并参与到非物质文化遗产的保护中；建立多学科多方跨界平台合作模式，构建信息和资源整合的多方参与模式，实施全方位全过程的公众参与机制，共同描绘昆明发展蓝图等建议。

四、关于加强县区级医院全科医学人才培养，推进分级诊疗制度落实的建议

提 案 人：农工民主党昆明市委

承办单位：昆明市卫计委

主要内容：为提升昆明市市县区级医院及基层医疗技术水平，完善县区级医院与昆明市三甲医院的协作指导关系，推动县区医院医疗技术全科医学人才培养和学术发展，推进分级诊疗制度落实，农工民主党昆明市委提出由市卫计委牵头组织市医学会相关学术分会，建立昆明市三甲医院特别是作为全科医师培训基地的三甲医院，率先成立全科医学科，用全科的理念和教学实践，对口帮扶县区医院提升服务能力的合作协作关系，制定“十三五”期间对县区医院全科医学人才培养规划，促进县区级医院人才、技术、学科建设和县区级医院综合服务能力的提高；按《昆明市公立医院综合改革试点实施方案》要求，深化医疗联合体分工协作模式，实施“精准帮扶”培训培养，通过“走下去——三甲医院专家指导培训，请上来——基层医生进修培训计划，建纽带——搭建对口帮扶平台”等协作方式，分阶段有步骤地推进基层全科医学人才培训培养，提升服务技能和水平，使三甲优质资源下得去，县区二级医院人才留得住，基层全科医学水平和服务质量上得来，分级诊疗得落实；积极探索通过三级医院与县区级二级及乡镇一级医院建立托管式城乡一体化合作模式，推动省、市、县（市、区）及乡镇三级医院分级诊疗合理分工，突破传统意义上的“对口帮扶”，依靠三甲优质先进的管理理念、医疗技术、骨干人才、科技信息等纽带平台的合作，实现城市医院的人、财、物下沉，提升县（市、区）全科医学和服务能力，以满足城乡群众在分级诊疗过程中医疗和健康需求等建议。

五、关于将呈贡健康产业培育为我市发展新引擎的建议

提 案 人：九三学社昆明市委

三办单位：昆明市呈贡区人民政府

主要内容：为加快推进呈贡新区健康产业的发展，九三学社昆明市委提出要充分利用昆明气候、空气和生物资源优势，以更大的气魄将大力发展健康产业确定为“十三五”期间重点发展战略性新兴产业；学习借鉴贵阳贵安新区共建国家大数据产业发展集聚区、苏州环球国际健康产业园等其他城市特色产业园获批的经验，理清上报审批的途径，力争将呈贡新区健康产业园先申报为省级第一家健康产业园，并进而升级为国家级健康产业园，争取国家和省的政策和资金支持；做好健康产业园的规划和基础设施建设，搞好入园企业服务，制定和落实建立行政审批一站式快捷服务通道、鼓励发展健康产业新技术新业务新模式、对中小企业给予银行贷款政策支持和税费减免优惠、对新建健康产业项目给予土地使用优惠、鼓励技术创新与应用创新、对具有重大市场意义的新技术新应用给予创新发明奖励、鼓励企业投身大健康产业等优惠政策；依托云南白药集团，以商招商，加快有影响力的健康产业企业在园区集聚、落地、投产。充分挖掘潜力，完善和提高呈贡区医疗健康业软硬件质量，树立养生旅游品牌，提高健康服务产业和医疗保健产业在旅游消费中的比重；充分发挥大学城中相关高校在生物医药等健康产业方面的研发能力，积极探索研发成果转化途径，将更多的研发成果及时在园区转化为生产力。支持云南民族大学申办全国最大的瑜伽培训学院和养生基地，鼓励云南大学大力加强高原生物医药与保健食品研发和生产，支持云南中医学院积极探索中医药在慢病康复、健康养老、康复理疗等领域的应用。鼓励在园区发展酒店式旅游医疗医院；设立春城健康产业发展研究院，为昆明健康产业发展提供国内外最新的权威资讯以及高质量的研究成果，对呈贡区健康产业规划及实施进行评估，对企业给予行业发展指导和培训服务。举办具有全国影响力的春城健康产业论坛，开设春城健康产业网，促进行业互动融合创新发展等建议。

六、关于进一步规范和发展行业协会商会组织的建议

提 案 人：民革昆明市委

承办单位：昆明市民政局

主要内容：针对近年来昆明市行业协会商会发展中存在的问题，民革昆明市委建议：成立由市政府领导牵头，民政局、工商联、财政局等部门为成员的规范和发展行业协会商会领导小组，统筹协调昆明市行业协会商会发展事宜，规范和发展全市行业协会商会组织；规范行业协会商会管理体制，加强各政府职能部门的管理与指导职能，民政部门不但要依法负责行业协会商会的登记管理，指导行业协会商会的换届选举、制度建设、党的建设、参政议政、培训交流等，还要做好与工商联等原行业协会商会主管部门的工作衔接，有效发挥政府相关职能部门和工商联各自的工作职能和积极性，促进昆明市行业协会商会工作水平的整体提高；落实行

业协会商会基本职能，构建政府与行业协会商会的新型关系。要形成政府部门职能的转移机制，将政府部门承担的行业标准制定、行业信息披露、资质资格认定、检验检测、行业评优评奖、出具产品原产地证明等职能，逐步移交、委托和授权给行业协会商会。要形成政府向行业协会商会购买服务的机制，行业调查、统计、规划、培训、考核等工作，行业内重大的投资、改造、开发项目可行性的前期论证，以及对项目的责任监督，依法委托行业协会商会完成，并建立相应的购买服务制度。要形成政府有关部门与行业协会商会定期沟通的机制，政府及有关部门要及时了解各个行业的发展情况，听取行业协会商会对政府工作的建议。同时让行业协会商会及时了解政府各个阶段的重点工作，使其能够更好地配合，服务于经济建设和社会发展；单独设立促进行业协会商会发展专项资金，同时定期对行业协会商会工作进行绩效评估，对贡献大的行业协会商会予以奖励，对经费确实有困难的行业协会商会给予一定补助。加大对行业协会商会创办的行业创新服务中心、行业电子商务平台、行业信息中心等行业服务机构的扶持力度，弥补大多数行业协会商会经费的不足，通过“扶持一点”（行业协会商会）达到“带动一片”（一个行业）的目的。

七、关于进一步加强机动车污染防治工作的建议

提 案 人：民盟昆明市委

主办单位：昆明市环保局

协办单位：昆明市工信委、昆明市公安局

主要内容：针对近年来昆明市机动车保有量大幅增长，空气质量问题日益突出，市民对空气质量的诉求也日益增加的问题，民盟昆明市委提出建议：严格执行国家规定的机动车污染排放标准，在本市办理注册登记的机动车，公安机关交通管理部门按照国家机动车环保目录库进行审核，对未达到国Ⅳ标准的车型不予办理注册登记。外地转入昆明市辖区的机动车，按照新车注册登记的有关规定执行。各机动车销售企业不得销售不符合相关要求的车辆；加强机动车污染排放检测，从事机动车环保检验的机构应当严格按照相关法律、法规和技术规范对机动车进行排气检测，定期开展比对试验和设备校准，确保检验信息真实、可靠，并对出具的检验报告负责；加快“黄标车”淘汰速度，采用分阶段、分区域、分步骤的实施方式，逐步扩大限行区域，并出台“黄标车”提前淘汰补偿政策，加快“黄标车”及老旧车辆淘汰速度；开展机动车抽测检查，环境保护行政主管部门应开展大型运营车辆排气污染物抽测工作，组织对公交车、环卫车、渣土车进行停放地抽检，对不合格排放标准的车辆下发限期治理通知书，督促其进行维修治理，复检合格后才能上路行驶；加强监督管理，采用定期或不定期的方式对各环保检验机构进行监督检查，要求各环检机构必须按照法律法规和技术规范正常开展环保检测，保证机动车排放检测的真实性、公正性和准确性；建立健全昆明市机动车管理协作机制，制定《昆明市机动车管理暂行办法》的政府规章，规定将公安机关车辆管理部门车辆注册、转入、转出、注销等管理步骤与环保部门机动车管理相关工作协作进行制度明确，将交通运输营运车辆管理与公安、工信、环保等部门相关管理工作协作制度予以明确，将工信部门车辆拆解管理与公安、环保等部门相关管理工作协作制度予以明确，将机动车生产企业车辆监管与公安、环保等部门相关管理工作协作制度予以明确。

市政协2016年度优秀提案目录（40件）

序号	提案号	提案人	案由
1	126008	市政协民族宗教委	关于加大少数民族地区扶贫力度的建议
2	126032	钱晓燕	关于及早规划昆明城市水资源的建议
3	126042	民盟昆明市委	关于进一步加强机动车污染防治工作的建议
4	126050	卢胜祥	关于加快园区标准化厂房、仓库市政基础设施建设的建议
5	126059	苏国辉	关于设立昆明市民营企业投诉中心的建议
6	126067	张建伟	关于加强扶持全市供销社系统农村电商发展的建议
7	126069	昆明市台湾同胞联谊会	关于借鉴成都经验，在我市农村开展协商民主与基层治理的建议
8	126087	韩　洁	关于加强我市人民监督员制度建设的建议
9	126109	致公党昆明市委	关于完善科技创新引导机制的建议
10	126121	鲍春华	关于规范小区内各网络运营商无规则乱拉网线的建议

续表

序号	提案号	提案人	案由
11	126133	民革昆明市委	关于进一步规范和发展行业协会商会组织的建议
12	126138	刘家屹	关于把东川区提升为省级、国家“石漠化治理重点县（区）”的建议
13	126154	许歆滢 张修明 张富强	关于在昆明市开展互联网医疗试点工作的建议
14	126155	陈 敏	关于打造三条国际知名的环滇池功能大通道的建议
15	126170	蔡燕华	关于及早模拟疏流昆明火车新南站旅客的建议
16	126178	市政协经济科技委	关于加快昆明城市配送体系建设的建议
17	126188	台盟昆明市总支	关于加大针对老年人电信诈骗的打击和预防力度的建议
18	126189	台盟昆明市总支	关于对昆明市地下排水管网进行科学管理和规划的建议
19	126196	市政协社法委	关于加强养老护理员培训工作的建议
20	126198	张金炉	关于清理整治昆明城区违章建筑的建议
21	126207	农工民主党昆明市委	关于加强县区级医院全科医学人才培养，推进分级诊疗制度落实的建议
22	126214	余映廷	关于尽快立法加强对电动自行车管理的建议
23	126216	陈 文	关于历史性城市景观的传承与创新的建议
24	126218	刘 庆	关于加强我市老年代步车管理的建议
25	126221	张 宏	关于将昆禄公路西北三环至富民县城段纳入城市一级干道建设的建议
26	126237	昆明市工商联	关于引导鼓励支持全市民营企业加快实施“走出去”战略的建议
27	126245	王春雷	关于在学前教育中加入中国传统节日内容的建议
28	126250	彭 磊	关于加强昆明传统村落保护的建议
29	126259	苏承爽	关于加大金融体制改革力度，着力支持民营企业发展的建议
30	126266	昆明市归国华侨联合会	关于在昆明西山“南洋华侨机工抗日纪念碑”周围建立英名碑墙等纪念设施的建议
31	126275	九三学社昆明市委	关于将呈贡健康产业培育为我市发展新引擎的建议
32	126284	市政协教文卫体委	对我市义务教育学校教师队伍建设的建议
33	126292	刘亚南	关于加快昆明乡村旅游转型升级促进农民增收致富的建议
34	126299	昆明市政协文史委	关于开展系列活动纪念孙中山诞辰150周年的建议
35	126358	民进昆明市委	关于加大我市产业扶贫力度，着力提高贫困地区自我发展能力的建议
36	126372	民建昆明市委	关于充分发掘呈贡新区的文化内涵，提高新区文化品位的建议
37	126391	林怡平	关于优化昆明市交通管理缓解道路拥堵的建议
38	126392	李勇（新知）	关于重视和支持文化企业走出去发展的建议
39	126408	刘利升	关于将群众文化体育基础设施作为硬性指标列入规划编制的建议
40	126420	徐承谦	关于加强对我市行道树保护管理的建议

（尹丽花）

民主党派·工商联

中国国民党革命委员会昆明市委员会

【思想教育】 2016年，民革昆明市委以“坚持和发展中国特色社会主义学习实践活动”为主线，以纪念孙中山先生诞辰150周年为契机，全面加强思想建设。5月，积极配合民革省委工作，从各基层组织高标准选拔10个在活动中开展较好的基层组织报送民革省委参评优秀基层组织。7月，民革省委在成立60周年大会上表彰民革昆明市委选送的9个优秀基层组织。同月，民革昆明市委召开2016年第二季度基层支部主委扩大会暨坚持和发展中国特色社会主义学习实践活动中期经验交流会。9月，为贯彻民革中央“观故居，走多党合作之路”的精神，组织部分常委、委员和支委赴福建、广东两地参观孙中山先生故乡和民革前辈陈绍宽、何香凝等人的故居开展学习、考察活动。

及时学习贯彻中央、省、市委重要会议精神。1月，召开理论中心组学习会，专题学习民革中央十二届四次全会精神和中共昆明市委十届七次全会精神。7月，召开机关全会议，学习习近平总书记在庆祝中国共产党成立95周年大会上的讲话精神。9月，召开民革市委基层组织会议，对中共昆明市委十一次党代会精神进行传达。10月，传达学习贯彻中共中央十八届六中全会精神。12月，召开常委会议，对中共云南省第十次党代会精神进行传达，并就学习贯彻进行安排和部署。

精心策划和组织纪念活动。以孙中山先生150周年诞辰为契机，经过科学谋划、周密部署，积极组织开展“四个一”的系列纪念活动。组织党员参观孙中山故居；举办主题为“孙中山·近代中国·云南”研讨会，并出版一本高水平的专刊；召开一场纪念大会，挑选出优秀党员将自己传承孙中山“爱国、革命、不断进步”精神与“博爱”思想和实践的事迹，通过视频采访和现场互动的方式向全体党员展示；经精心筹备，多方协调，在洛龙公园落成一座孙中山先生塑像，是全省首个孙中山户外塑像。全国人大原副委员长、民革中央主席周铁农专门题写了“中山文化园”五个大字。民革市委将以此为基点，准备用三至五年的时间，打造“中山文化园”，使之成为昆明市民革党员思想建设与传承教育的基地和载体。

2016年11月，民革昆明市委纪念孙中山先生诞辰150周年大会。

（民革市委 供稿）

2016年，民革昆明市委与昆明电视台、昆明日报、云南政协报、昆明信息港进行有效沟通，举办大型活动时都逐一邀请各媒体参与报道，拓宽宣传渠道，增强宣传效果。继续以《昆明民革》刊物为平台，用图文并茂的杂志形式更为直观地展现昆明民革工作动态和党员风貌，全年共采用稿件160余篇，多篇报道获民革中央、团结报社、民革云南省委、云南省政协报等官方网站、刊物采用或转载。

【组织建设】 市委会领导班子始终坚持民主集中，分工负责，各尽其职，相互支持的优良传统，坚持定期召开主委会议、常委会议。市委会把发展壮大有民革特色的高素质人才队伍工作放在重要位置，并将发展党员初审权和考察权下沉到基层组织。截至2016年底，全市有党员986人，男531人，女455人。一年来共发展新党员39人，平均年龄37.5岁。其中博士1人；硕士 4人；本科学历34人。市委结合党员的实际情况，创新干部培养推荐方式，加强与党员本职工作单位的联系。在各县（市、区）政协换届工作中，向相关部门推荐民革后备干部22人。4月，民革昆明市委精心挑选29名后备干部前往浙江大学培训学习，培训采取专题教学和现场教学的方式进行，提高全市民革组织后备干部的综合素质、工作水平和领导能力，推动民革昆明市委的队伍建设。创新组织生活形式，各基层委、总支、支部根据自身特点，组织党员参加学习中国共产党十八届五中、六中全会精神讲座、送温暖献爱心、关爱抗战老兵等形式多样的主题活动。机关制度建设日趋完善。11月，在民革全国机关工作暨先进集体先进个人表彰会上，民革昆明市委机关获评民革全国机关工作先进集体。

【参政议政】　2016年，市委会认真履行参政党职能，参政议政取得新成果。在年初召开的“两会”上，市委会向市政协十二届六次会议提交集体提案五件，市委会集体提案《关于进一步规范和发展行业协会商会组织的建议》，被市政协列为重点提案。围绕中共昆明市委、市政府的中心工作，市委会完成年度调研课题《昆明市社区矫正工作的对策建议》，并在12月的调研成果汇报会上得到中共市委、市政府领导的肯定。市委会积极支持各基层组织做好参政议政工作。7月，市委会召开基层调研课题汇报会，在会上，各基层组织以PPT的形式作课题汇报，现场评选出1个一等奖、2个二等奖和5个参与奖。

【祖国统一联谊工作】　2016年，市委会发挥自身优势，结合实际开展促进祖国和平统一工作。10月，以民革昆明市委主委朱燕为首的一行15人赴台参访，并在回昆后形成课题报告，为昆台两地高层次交流交往发挥积极作用。11月，民革市委接待台湾台东县荣东协会参访团一行10人赴昆明、大理、腾冲访问交流。期间召开座谈会，在充满亲情、同胞情和民族情的氛围中，结合自身的工作实际，就两岸经济、文化、教育等共同关心的话题进行深入交流。

【社会服务工作】　2016年，民革昆明市委推动社会服务工作再上一个新台阶。推进民革昆明市委扶贫点——石林县鹿阜街道办事处水塘铺村的扶贫工作。在2015年投资基础上，2016年又投入资金3万元，民革市委领导赴北京向民革中央领导汇报情况并取得支持和肯定。4月，民革市委领导协调邀请民革中央郑建邦副主席和民革中央联络部有关领导及台湾中华农业暨水利发展协会一行20位台湾农业专家赴石林县考察扶贫项目。

积极参加市委统战部组织的社会服务活动。6月，民革市委由专职副主委带队，派出3名医疗专家和药业企业家参加由市委统战部组织的到禄劝县屏山街道克梯村的社会服务活动，取得良好的社会效益。继续开展各种捐赠活动。1月，直属基层委员会与西山基层委员会联合举行爱心捐赠活动，将价值1.60万余元的服装200余件，捐赠给禄劝县则黑乡荨麻箐村。9月，中共云南省妇幼保健院党委和民革盘龙基层委共同开展同心同行扶贫攻坚，送医送药义诊活动，将卫生扶贫送到省级贫困村昆明市盘龙区滇源镇三转弯村，将价值5 000元的药品和健康教育材料发送给村民。9月，安宁总支看望慰问抗战老兵九人。10月，民革昆明市委理论委、市一院总支和西山基层委积极参加西山区“统一战线同心行，民主党派、工商联进社区”的社会服务活动，联合组成医疗小分队到西山区团结乡龙潭社区和小村居委会为村民进行义诊，共发放价值千元共15个品种的常用药，发放健康宣传册1 000多份，接诊700多名村民。12月，五华基层委和市一院总支联合到五华区西翥迤六小学和西翥沙朗举行送医、送药、义诊及送温暖“三下乡”的社会服务活动。

【制度建设】　建立健全民主党派内部监督机制。2016年，民革昆明市委第一届内部监督委员会积极履行职责，认真探索规律，逐步建立机制，稳步开展工作，取得初步成效。2016年内部监督委员会工作报告在七届五次全会上向市委委员进行汇报，并通过审议。

（祁俊娴）

民革昆明市委开展“观故居，走多党合作之路”活动

（民革市委　供稿）

中国民主同盟昆明市委员会

【思想建设】　认真学习中共十八届五中、六中全会、习近平总书记系列讲话精神，召开深入开展坚持和发展中国特色社会主义学习实践活动中期推进会，通过专题学习、常委会、中心组学习会，提高政治把握能力、参政议政能力、组织领导能力、合作共事能力、解决自身问题能力，坚定中国特色社会主义的道路自信、理论自信、制度自信和文化自信。

开展“三学一做”学习活动。以学习习近平总书记系列重要讲话、学盟史盟章、学法律法规、做合格盟员为内容开展“三学一做”活动。结合活动组织“三学一做”活动知识竞赛。下发《中华人民共和国义务教育法》《中国民主同盟章程》《中华人民共和国宪法》《中国共产党统一战线工作条例（试行）》《民盟历史》到各基层单位和盟员。

按两年一次评选民盟红烛机制，2016年创新机制与昆明市教育局联合进行第二届民盟红烛的评选活动，评选第二届“昆明十佳民盟红烛”10名、提名奖10名、入围奖10名。采用宣讲先进事迹、访谈先进人物的形式于9月28日召开宣讲会，用“一舞一品一诗一歌”4个由盟员自创自编自导自演的主题节目，展现民盟红烛故事，唱响红烛精神，总结烛光行动十年成效。出版《第二届民盟红烛》专刊。

以组织妇女节、教师节、敬老节等重大节日为契机，以“幸福女性出彩人生”为主题举办民盟讲坛，弘扬社会主义核心价值观。以“书法会友 绘画怡情”为主题举办敬老节活动，传递爱老、孝亲的社会主义正能量。通过开展主题实践活动，增强理论学习效果。深化传统教育，增强盟员政治自觉。在中国民主同盟成立75周年暨李公朴、闻一多殉难70周年之际，举办“我与民盟”“我心中的李公朴、闻一多”“传承先辈精神，学习身边榜样”征文活动，在民盟昆明市委盟务干部培训班上召开“薪火相传·同心同行”主题班会，承办统一战线系统龙泉古镇文化建设主题调研活动，提出在“闻一多公园”“魁阁”挂牌成立统一战线学习教育基地的建议。全年接待到民盟传统教育基地魁阁参观学习的各省、市盟组织150余人次。

举办提升宣传技能讲座，调整《昆明盟讯》编委会组成人员，组建宣传专委会，利用“一刊、一公众号、一信息平台”加强思想宣传工作。民盟昆明市委荣获民盟中央坚持和发展中国特色社会主义学习实践活动先进集体殊荣，荣获民盟云南省委反映社情民意先进集体称号和中共昆明市委统战部信息工作先进集体二等奖。

【组织建设】 夏静继续担任民盟中央委员、民盟中央监督委员会委员、民盟云南省委常委。修订、制定主委会、常委会、全委会议事规则，确保重大决策、大额经费开支、重大人事调整等事项民主决策。建立健全对领导班子、常委、委员的考核体系，建立履职情况登记、通报、备案制度。专委会实行二级设置构架，监督专委会、参政议政专委会作为盟市委的一级专委会，在一级专委会下设11个二级专委会，主要开展监督职能、参政建言、活动组织等工作。由常委担任专委会主任、副主任。

成立全国首个闻一多支部，在天外天律师事务所成立首个“法律志愿者服务站”，对符合“盟员之家”创建条件的盘龙区文化支部、呈贡区支部、盟市委机关支部、西山区科技支部和昆明学院二支部进行“盟员之家”授牌。

全年共发展新盟员33人，学历均为大专以上。其中，硕士6人；博士1人；中高级以上职称20人；平均年龄40岁；主界别25人；非主界别8人。现有盟员1 971人，其中中高级职称1 459人，文化、教育、科技界别1 417人。

举办70余位盟务骨干参加的盟务干部培训班，以中国共产党建党95周年习近平总书记“七一”重要讲话精神为重要理论学习内容，开设《盟务干部履职素养》等课程进行培训。验收示范支部创建工作。由盟市委监督专委会和组织处成立督查考核小组，实地走访和查看工作台账相结合，对18个示范试点支部的各项工作进行细化和量化，评选出6个示范支部进行表彰，并在全盟宣传、推广示范支部先进工作理念和工作方法，助推基层盟组织规范化发展。

【参政议政】 制定出台《民盟昆明市委“十三五”时期参政议政规划》，在市级民主党派中首家制定该类规划。召开120名参政议政骨干参加的参政议政暨专委会工作推进会，指导安宁、盘龙、五华基层委开展结构化主题研讨活动。与昆明市教育局、市科技局联合召开2016年对口联系会议。完成6个重点课题和六个提案课题。《打造“西南联大”文化品牌，提升昆明城市文化品质对策研究》重点课题向中共昆明市委进行协商汇报，得到书记市长的肯定。《面向东南亚投资法律风险防控》列为盟省委与州市合作课题，《昆明市大学生创业现状及发展研究》申报立项昆明市决策咨询中心课题，《本土文化符号对城市形象传播研究》和《自闭症儿童生存状况调查》列为昆明市社科规划课题。《把昆明打造成区域性生物医药产业总部的建议》被市委政研室2016年度第十期《决策内参》采用并报市委市政府主要领导参阅，该建议得到省委常委、市委书记程连元批示。《呈贡大学新区文化传承创新发展对策研究》获得市政协课题研究类优秀论文奖。“两会”期间提交市政协十二届六次会议集体提案11件，提交个人提案37件，提交代表建议3件，3件提案被评为市政协2015年度优秀提案。区级基层组织向本级政协会议提交集体提案26件，提交代表建议五件，提交委员提案100多件，4件获区优秀提案表彰。其中《关于进一步加强机动车污染防治工作的建议》列为市政协主席督办提案，《关于加快发展农村电商助推扶贫攻坚的建议》被列为省十二届人大四次会议七件重点督办的代表建议之一。《打造西南联大文化品牌，提升城市文化品质的建议》列为2016年市人大重点建议。《关于制定电动自行车管理条例的建议》列入2016年市政府立法计划。盟市委领导和盟员骨干、专家参加市政府常务会、市政协主席会以及各类专题协商和调研视察活动，参加民盟中央“第七届民生论坛”“第四届教育论坛”“首届经济论坛”“民盟西部城市盟务工作会”、省政协“留守儿童专题协商会”、市委统战部“调研座谈会”等论坛和会议研讨活动的征稿，投稿65篇次。聚焦昆明市文化引领战略，以“西南联大与昆明文化建设”为主题，联合云南师范大学西南联大博物馆共同组织高层次议政建言咨询会议，邀请盟内外高层次专家学者以及省市部门领导共同为充分发挥西南联大历史文化资源，提升昆明城市文化品质建言，专家观点在协商汇报中得到应用，得到市委书记和市长的肯定。

2016年5月，民盟志愿者在行动。

（民盟市委 供稿）

【社会服务】 “同心·烛光行动工程”。拨付3万元扶贫款到寻甸县柯渡镇乐朗村作为“挂包帮”项目经费，联合民建昆明市委到乐朗村开展同心帮扶活动，向乐朗小学捐赠被子等4件套48套，全部解决住校生冬季御寒问题，捐赠电脑1台，资助6个贫困学生助学金每学期3 000元。为禄劝县翠华镇兴隆村小学捐赠“爱心书屋”和文具，免费给学生体检，为学校新建围墙。民盟“烛光行动志愿者”到禄劝县屏山中学及附近乡镇对10所中学师生进行薄弱科目、学业水平考前辅导，培训师生740人次。

“同心·社区服务工程”。到“民盟黄丝带帮教基地”“黄丝带安置帮教基地”省第三女子、五华监狱开展技能培训、进行心理疏导、法律知识讲座，对女子服刑人员进行“时装秀”专业辅导，对监区文化活动“狱园新装”服装设计大赛提供艺术指导。帮助社区矫正和刑释人员回归社会。联合民盟云南省委、云南省妇女联合会、云南省人民检察院举行“心怀梦想 走向新生”庆祝“三八”国际劳动妇女节联合帮教活动，共同向云南省第一、第三女子监狱和云南省未成年人管教所捐助10余万元的书籍、医疗用品、体育器材等，开展专题讲座、法律咨询800人次。以文化、科技、卫生“三下乡”活动为依托，参与统一战线“同心”助力脱贫攻坚活动，到禄劝县屏山镇克梯村围绕脱贫攻坚、精准扶贫进行调研，并开展义诊、送医送药、法制宣传及法律、农业、科技咨询等服务活动，赠送82个家庭医疗应急药箱等物资。

同心帮扶活动

（民盟市委 供稿）

同心法律服务工程。围绕依法治市的要求，开展民盟法律宣讲团进校园、进企业、进社区活动，在昆明学院讲授“身边的宪法阳光”、为昆明市妇女干部宣讲《反家庭暴力法》、为东方航空食品有限公司讲授《食品安全法》、为昆明机场员工做法律知识进企业讲座，共600余人听讲。

民盟志愿者行动。举行“保护母亲湖民盟青年志愿者在行动”主题活动，盟市委九支民盟志愿者服务队近90人到滇池实地调研、清除垃圾，开启民盟昆明市委保护母亲湖系列活动。由盟员、中国音乐家协会会员彝族歌唱家普德明总策划，以民盟昆明市委为主的“民主党派文化志愿者音乐会”在楚雄州双柏县、姚安县激情上演，免费为禄丰县、易门县、双柏县近1 000名观众演出。

与民盟云南省委等联合承办昆明市第26届环卫工人节暨“关爱环卫工·医疗送健康”公益活动。推动知识产权进校园工作。

（付红彬）

中国民主建国会昆明市委员会

【思想建设】 以开展坚持和发展中国特色社会主义学习实践活动为主线，抓好领导班子和骨干成员的理论学习，按照活动实施方案的总体部署，通过主委会、常委会、全委会、理论中心组会议和机关办公会等方式，及时贯彻学习中共十八大及十八届历次全会精神、《中国共产党统一战线工作条例（试行）》以及中共中央、省、市委重要会议精神，组织学习习近平总书记在全国政协、民建工商联界别委员联组会议上的重要讲话精神，进一步加强思想建设工作。通过举办新会员培训班对统战方针政策、民建会章、会史进行专题培训，加强对多党合作理论及党派知识的学习和认知。以网站、会刊《昆明民讯》为阵地，大力宣传新时期统战政策、理论和知识，弘扬社会主义核心价值观。

【民建昆明市委成立60周年纪念活动】 举办“四个一”活动：召开纪念中国民主建国会昆明市委员会成立60周年纪念表彰大会；编印发行“纪念民建昆明市委成立60周年宣传片”、《昆明民建会史》和《昆明民建风采集》；表彰一批先进集体、优秀会员；组织一台由会员自创、自导、自演的文艺晚会。通过活动使广大会员进一步认识民建作为参政党的性质、地位、职能和任务，深入了解市委会60年的光辉历程，传承老一辈的政治信念，弘扬老一辈的优良传统，总结民建发展经验，增强广大会员的集体荣誉感和组织的凝聚力。

【组织建设】 全年发展会员25人，发展率2.9%，平均年龄36岁。截至2016年12月底，全市共有会员885名，平均年龄56.7岁。其中，经济界会员722人，占82%；企业高级管理人员132人，占15%；大专以上学历666人，占75%；研究生以上学历46人，占5.2%；具有中高级职称369人，占42%；实职副处及以上9人；省、市、区三级人大代表和政协委员91人次。按照干部任免相关规定，调整任命机关3名中层干部，调入一名公务员进一步充实机关工作人员队伍。各专委会积极开展各具特色的主题活动，在参与市委会重点课题调研、动员会员企业家参与社会公益事业，关心关爱老会员及妇女青年工作等方面发挥重要作用，为推动会的整体工作做出积极贡献。妇委会组织130余名女会员开展以调研走访会员企业——锦苑花卉为主题的庆祝“三八”国际劳动妇女节活动；青工委组织60多名青年会员到云南省气象博物馆参观学习，开展“普及气象知识，缅怀气象事业前辈”为主题的爱国主义教育活动；重阳节前夕，老龄委组织会内企业——云南寿生堂生物工程有限公司，开展慰问和举办“老年食疗养生与制作讲座”活动，全市100余名65岁以上老年会员参加活动。

2016年7月，中国民主建国会昆明市委成立60周年纪念大会。
（民建市委　供稿）

【参政议政】 完成《完善昆明市涉案未成年人观护教育对策研究》调研报告并向中共昆明市委等四套班子作专题汇报；全年共提交省、市、区集体和个人提案144件，向市政协提交集体提案9件，其中《关于充分发掘呈贡新区的文化内涵提高新区文化品位的建议》等3件被评为优秀提案。民建市委支持和指导各基层组织、各专委会聚焦全市经济社会发展中的热点、难点、关键点，开展调查研究，形成《关于滇剧保护与传承的分析和建议》《昆明公益性公墓建设和发展的调研》等10篇针对性和操作性较强的调研报告。广泛搜集会员反映的社情和民意，其中《关于民主党派参与立法协商的建议》等四篇社情民意被市政协采用，有效地促进了市委会参政议政工作。

【社会服务】 积极参与市委统战部牵头组织的脱贫攻坚工作，结合自身特点，由民建市委组织或联合各基层支部开展送医、送科技、送文化“下乡”活动、“同心”帮扶活动七次。如到禄劝县雪山乡学校为贫困师生捐款捐物3万元；到寻甸县联合乡开展爱心义诊活动；民建与民盟联合开展文化教育扶贫，在寻甸县柯渡镇乐朗完小开展帮扶活动等。据不完全统计，2016年民建市委及各基层组织在社会服务方面捐资捐物资金投入30余万元，为贫困村民免费看病、送药和提供咨询服务，受益群众达1 200余人。

2016年9月，民建市委组织调研云南咖啡交易中心。

（民建市委 供稿）

【对外联系】 2月，与来昆交流学习的民建兰州市委开展会务学习交流。9月，走访民建普洱市委、民建玉溪市委，就基层组织建设发展、社会服务先进经验、参政议政工作开展交流学习。9月25日，高中建主委带队调研落户异地会员曹荣根的企业——云南咖啡交易中心，并积极与当地政府联系，为企业发展牵线搭桥，营造环境。11月8日，国务院副总理张高丽到云南调研绿色经济实验示范区，专程来到云南咖啡交易中心调研，调研后张高丽副总理给予高度评价："没想到云南有这么好的平台，希望企业把这个平台打造好，不仅要辐射本省还要辐射老挝、越南、缅甸等东南亚地区，做好示范带头作用。"

【表彰情况】 2016年，在民建中央参政议政工作会议上，民建昆明市委被评为全国先进集体。在纪念民建云南省委成立60周年大会上，民建昆明市委四个基层组织被授予"全省先进集体"称号，52名会员被授予"全省优秀会员"称号。在民建云南省委宣传工作评比中，民建昆明市委理论研究工作荣获"优秀组织奖"，其中有两篇理论稿件荣获"重点理论研究课题优秀成果二等奖"。

（陈湘榆）

中国民主促进会昆明市委员会

【自身建设】 2016年，民进市委向各级基层组织下发《关于学习贯彻中央统战工作会议精神的通知》《关于学习贯彻中共昆明市第十一次党代会精神的通知》等相关文件，通过中心组学习、网上在线学习、主题教育活动、撰写体会文章等多种方式进行学习，组织会员参加民进省委、市委统战部举办的各种学习培训活动，参加培训人数达100余人次。按照民进中央和省委会的要求，制订坚持中国特色社会主义制度学习实践活动方案，明确指导思想、活动目的、主要任务和基本原则，认真开展"六个一"系列活动，即召开学习实践活动推进会；举行"我身边的先进会员"事迹宣讲；举行"不忘初心正道行"诗歌朗诵会；召开学习工作经验交流会；开展专题理论学习征文活动；征集"我与民进"原创诗歌散文作品等活动。5月18日，组织昆明民进书画院在云南讲武堂博物馆举办中国远征军主题展暨浴血滇西——滇西抗战历史性绘画展。10月15日，昆明市委宣传部、昆明市委统战部和民进昆明市委共司主办的"万水千山只等闲——纪念中国工农红军长征胜利八十周年历史题材绘画作品展"在昆明市博物馆开展。11月21日，昆明民进书画院23位画家将35件作品捐赠给寻甸回族彝族自治县红军长征柯渡纪念馆，作品将永久存放于寻甸柯渡镇丹桂村红军纪念馆内向社会展出。11月12日，市委会在莲花池水上舞台举行"不忘初心正道行"大型诗歌朗诵会暨"我身边的先进"宣讲活动，诗会朗诵表演的节目作品全部由民进会员创作。

2016年，编发《昆明民进》会刊4期共5万余字，编辑出版昆明民进第八次代表大会《昆明民进》专刊、《同心幸福列车快乐行》图文专刊、刊发相关新闻报道、发表学习心得和理论文章150余篇。扩大《昆明民进》的交流面，与全国80个省市民进组织进行会刊交流。积极与各类宣传媒体保持联系，加强合作，向民进中央网、云南民进网、市委统战部和市政协报送宣传信息120余条，先后在民进中央网站、《云南民进》《昆明日报》《云南政协报》《昆明政协》《昆明统战》上登载消息和通讯文章100余篇。启动建立"民进e家"互动交流微信平台，开展微信平台参政议政火花贴行动，制作民进微信平台宣传彩页，利用微信发送新闻信息和建言献策80余篇。

2016年，民进市委完成安宁总支、昆一中支部，五华、盘龙、西山、官渡4个区级基层委员会的换届工作，完善《基层组织横向联系交流制度》，筹备并成立民进市委"老龄会员联络工作委员会"。研究制定《民进昆明市委2016~2020年组织发展规划纲要》。在充分保持民进教育文化界别特色的基础上，注意吸纳其他领域的优秀人才加入民进，全年共发展109名新会员。截至2016年底，全市共有民进会员1 550人。

【参政议政】 2016年，昆明市"两会"上民进市委报送《关于加强我市基层政府法治能力建设的建议》等八件集体提案，其中《关于加大我市产业扶贫力度，着力提高贫困地区自我发展能力的建议》被市政协主席会议确定为2016年全市7件主席督办提案之一。组织开展5个调研课题，其中《关于昆明市贫困地区学前教育发展的对策建议》经市委政研室确定为2016年市政府决策咨询立项课题，《关于发展众创空间　促进我省新型孵化器发展的对策研究》《关于我省精准扶贫中增加贫困户资产性收益的对策研究》课题被民进省委列为省级重点调研课题，《昆明高铁旅游发展对策研究》《昆明市法院系统诉讼服务中心信息化建设调研》作为市委会重点调研课题。

民进各基层组织完成6个专题调研报告，即五华基层委《昆明市及滇中产业新区光伏能源利用的调研》、盘龙基层委《关于推进水源区职教精准扶贫的对策研究》、官渡基层委《关于完善官渡区广卫片区交通基础设施的调研报告》、西山基层委《滇池西岸民族宗教与旅游环线的探索》、昆明学院总支《昆明市社区管理现状调查及政府责任定位研究》、参政议政委员会《昆明市农业科技人才队伍建设调研》。

民进市委与《云南政协报》共同举办“再现昆明水城风貌”和“昆明高铁旅游发展”两个主题论坛，引起媒体的高度关注，网易、凤凰网、云南网、云南电视台、春城晚报、云南政协报、都市时报等国内十余家主流媒体对本次活动进行大量报道，促使社会各界关心关注昆明的城市规划和建设。由民进市委与市旅发委联合组成《关于昆明高铁旅游发展对策研究》调研课题组前往长沙和贵阳，通过对沪昆高铁沿线节点城市发展高铁旅游的对比研究，为昆明市乃至云南省发展高铁旅游提出切实可行的路径建议。

民进市委围绕全市扶贫攻坚工作，选准贫困农村发展中的薄弱环节确定参政议政调研课题，通过调研向党委、政府提出有关扶贫工作的建议意见，促进贫困地区加快发展。如围绕贫困地区的公共文化服务体系建设情况开展调研，提出《关于加强我市贫困乡村公共文化服务体系建设的建议》。

【社会服务】 2016年，民进市委积极开展“同心·春暖”送爱心活动。民进市委和盘龙基层委持续对松华坝水源保护区的三转弯村及小学进行捐赠帮扶，向三转弯小学捐款捐物价值3万元，组织普瑞眼科医院专家对全体师生和村民进行眼科义诊；邀请民进会员、扎染非遗传承人杨成为农村学生进行扎染知识讲课，传授扎染技术。民进五华区基层委和金融支部为五华区西翥办事处的瓦恭小学和厂口学校150名山区贫困小学生分别捐赠150床崭新的毛毯和800双棉袜，价值2万余元。

3月，民进市委文化专委会联合会员企业昆明善凡文化公司分别在西山区书林二小、五华区红旗小学明苑校区开展“同心·送健康”儿童肾脏病健康宣传暨现场义诊活动。两所学校一年级、二年级的教师和家长共计600人参与此次活动。6月，分别举办“同心·民进幸福列车”大型亲子活动及“同心·民进幸福列车”少儿书画展，现场开展爱心慈善义卖活动，现场共计拍得1.26万元。全部所得善款悉数捐赠给昆明周边贫困学校，用于改善当地困难学生的学习生活状况。为贫困地区禄劝县翠华镇大松园小学筹集帮困助学资金2.5万元，向学校73位小学生捐赠御寒冬衣冬鞋，帮助贫困农村学生温暖过冬。7月，民进市委和各基层组织发动组织会员开展献爱心帮扶活动，向罹患重病的女教师肖美仙捐助医疗费31 730元爱心善款，金融支部向患淋巴肿瘤的8岁小学生姜柏鉴捐款16 000元。11月，民进市委“同心·送健康”青少年爱眼护眼公益行动在五华区海源小学正式启动，民进市委协同昆明普瑞眼科医院指派专业眼科医生携带检查仪器走进校园，涵盖小板桥中学、昆二十一中、云溪小学、官渡二中等八所学校，为5 000余名贫困山区学生和外来务工子女免费开展义诊和眼科体检筛查，建立眼科健康档案。免费为各学校贫困的近视学生免费验配赠送近视眼镜，并提供免费检查验光配镜服务，活动共计提供眼镜2 000副，价值60万元。

（民进市委）

中国致公党昆明市委员会

【思想建设】 深入学习贯彻中共十八大，十八届五中、六中全会、习近平总书记系列重要讲话、中央统战工作会议、《中国共产党统一战线工作条例（试行）》、致公党中央十四届四中全会及中共昆明市委全会的精神，持续推动坚持和发展中国特色社会主义学习实践活动深入开展，积极实施“人才兴党”战略，推进自身建设。3月，召开中心组理论学习会议。6月，组织市委会各级负责人赴麻栗坡学习“老山精神”，召开坚持和发展中国特色社会主义学习实践活动中期推进会，进行理想信念现场教育。7月，以“中国梦·侨海情”宣讲活动为契机，在全市党员中进行强化多党合作理论学习培训。

【参政议政】 2016年，昆明市致公党被致公党中央确定为参政议政联系点；在各级“两会”上，市致公党共提交建议、提案71件。其中，关于制定《昆明市旧货市场与交易管理条例》《云南省燃气管理条例》和关于修订《云南省促进民族自治地方科学技术进步条例》的建议，分别被省市人大会议审查为议案；《关于市级行政中心呈贡新区配套住宅区成立社区居委会的建议》《关于对我市园林绿化和生态建设的建议》被评为市政协优秀提案。被评为区政协重点督办提案1件；被评为区政协优秀提案7件。申报立项调研课题26个。《加速整合提升五华区历史文化资源优势促进世界知名旅游城市核心区建设》获区课题调研二等奖。李冰晶主委关于《昆明市融资担保行业发展对策建议》调研成果的专题汇报，得到市委书记程连元的肯定。承担并完成致公党省委会《关于加强云南省禁毒防艾工作的调研》。市致公党关于《昆明市加快非国有博物馆发展的对策研究》调研报告，受到市政府的重视，分管副市长在批示中认为建议翔实具体，操作性强，要求相关部门尽快拟定并上报关于“昆明市促进非国有博物馆发展实施方案”。

市致公党7个基层组织和30名党员分别被评为致公党云南省委参政议政工作先进集体和个人；两位党员被聘为特约监督员。

【组织工作】　市致公党召开六届五次全体（扩大）会议，选举增补余志明、陈达娅、冯潇、阳正伟4人为市委会委员，阮勇、余志明2人为市委会常委。监督领导小组成员通过参加全委会和常委会，掌握市致公党的决策程序和执行效率，把党内监督工作引向深入。各专委会发挥职能，妇委会在“三八”妇女节，特邀专家为全体党员作《常见急救技能和方法》专题讲座，并利用模拟人现场指导党员进行心肺复苏实践。青工委会和经联络委，以“五四”青年节为契机，到石林县和宜良县开展文化交流和联谊活动。老龄委组织开展以“我的致公岁月”为主题的敬老节活动。

广大党员立足本职，勤奋工作，1名党员担任主要领导的单位荣获全国粮食生产先进单位；两名党员执排并担任指挥的合唱团获昆明市学生艺术节二等奖等奖项；1名党员的诗文朗诵荣获区级二等奖；1名党员的《“小人”的轨迹：“阉党”与晚明政治》获红云园丁奖；1名党员获北京大学访问学者科研成果奖，其承担的国家自然科学基金课题有关磷铝酸盐、氯硅酸盐荧光粉及其制备方法获国家知识产权局专利；1名党员发表多篇论文，被破格晋升为教授；3名党员分别前往泰国、马来西亚、缅甸、美国进行交流、支教，传播民间音乐、舞蹈、乐器，扩大民族文化影响力；多名党员同志被所在单位授予“先进个人”等称号。2016年共发展新党员35人，截至12月底，共有党员597人。

创新工作机制，市致公党常委会议和大型活动由基层委员会具体轮流承办，以锻炼基层组织班子成员团结协作共事能力。市委会多次接待寻甸村民有关林权补偿信访，促成地方政府召开调解会，结束近六年的信访活动，维护社会稳定；盘龙三支部、西山一支部、西山四支部联合组织参观党员经营的生态农业种植基地；西山二支部组织参观紫云青鸟云南文化创意博览园；五华一支部组织考察农村生态园；五华四支部开展南侨机工抗战历史文化调研活动；西山区基层委资助昭通鲁甸地震灾区贫困生；五华区基层委“多彩致公”合唱团深入社区开展活动；官渡基层委组织慰问老党员和参观党员企业；昆明学院基层委开展插花、品茶等丰富有趣的活动。

【宣传工作】　编辑发行《昆明致公》两期，向《昆明日报》《昆明政协》《昆明统战》、云南致公省委网站等媒体报送各类信息、简讯社情民意307条。其中在“昆明致公”微信公众号发布32条，致公党中央采用18条，致公党云南省委网站采用65条，“云南致公”微信公众号采用48条，多篇简讯信息被人民政协网、中国网、昆明政协网、昆明日报、党派纵横微信公众号等媒体采用。在《昆明统战》杂志上刊登文章、在《昆明统战信息》《建言献策》刊物上刊登信息累计采用达12条（篇）。着力提升“聚文工程”品牌项目的打造。“南侨颂”合唱团应海南省政府邀请到海南大学进行演出，与海南省外侨办和文昌市外侨办进行交流；南侨机工学会团队和“穿越抗战滇缅路，重温远征爱国之旅”创新旅游项目在第二届云南省暨第五届中国双创大赛、第三届省留学人员创新创业园分别获团队二等奖和优秀创业成果奖。昆明市致公党五个基层组织和12名党员分别被

致公党市委组织相关会员赴麻栗坡开展学习实践活动

（致公党市委　供稿）

评为致公党云南省委宣传思想工作先进集体和个人。

【联谊工作】 市致公党邀请海外侨团参加南博会，共同关注祖国建设。派员参加2016年昆明市“涉侨、涉台、涉外”工作联系会议、昆明市首届“侨胞日”暨纪念昆明市侨联成立六十周年活动、昆明市人力资源和社会保障局组织的“2016中国海外人才交流大会暨第18届中国留学人员广州科技交流会”。

【社会服务工作】 在市致公党的协助下，争取到云南省财政厅扶贫项目资金100万元，用于扶贫挂钩联系点禄劝县克梯村建设文化活动室，为禄劝县攻坚脱贫摘帽再做实事。为五华区红十字会协调落实生命安全健康体验基地建设、香港博爱家园等项目资金171万元。经市致公党牵线，致公党上海黄浦区委向禄劝县克梯村小学捐赠共计价值3万元的电脑、学习用具、优秀教师奖金和图书；省委妇委会为西山区团结谷律中心学校捐赠苹果电脑3台，图书1批，共价值5万元。继续争取2 000美金用于援建官渡东华社区和寻甸县河口中学两个健华图书馆。组织参加中共昆明市委统战部组织的“助力禄劝县脱贫攻坚走进克梯村”民情恳谈会和农业种植指导等社会服务活动。

青工委和经济联络委联合向圭山镇健华图书馆捐赠图书600余册；经联委向圭山镇文广中心捐赠价值近4 000元的舞蹈服装，以丰富农村文化生活；官渡基层委在“社区文化大舞台”暨民主党派社会服务系列活动中荣获“优秀组织奖”，受到区委统战部表彰；官渡基层委一名党员向凤庆县郭大寨彝族白族乡卡思村小学和贫困学生捐赠价值一万余元的教学用品、衣物和食品；西山基层委承办区“统一战线同心行 民主党派进社区”社会服务活动。

【机关工作】 努力创建机关文化走廊，在市委统战部主持的对全市民主党派机关的考核中连续两年考核结果评定为优秀，在市级民主党派机关中首家通过区级文明单位的评审。机关干部职工积极参加各种学习培训，机关干部认真完成在线学习任务，全员通过云南省2016年度国家工作人员非党员在线学法考试。机关处室负责人参加致公党中央召开的地方委员会工作经验交流会。严格按照《公务员法》及有关规定对机关干部职工进行年终考核。1人获致公党中央表彰；两人获致公党省委表彰。

（姚　伟）

中国农工民主党昆明市委员会

【思想建设】 加强思想理论建设是农工党昆明市委各项工作的根本保证。市委会始终把思想理论建设摆在各项工作的首要位置，不断夯实与中国共产党团结奋斗的共同思想政治基础。组织各基层支部党员开展十八届三中、四中、五中、六中全会精神专题学习，学习习近平总书记系列重要讲话精神。通过举办报告会、党员培训、座谈会等形式，开展“学党章、学党史、学精神”三学教育活动，开展“三八”巾帼行、“五四”青年节活动等特色鲜明、主题新颖的主题活动。加强统战文化建设，先后为农工党东川区健康户外运动基地、阳宗海风景名胜区非物质文化传承基地挂牌。

【参政议政】 市委会领导应邀参加市委、市政府召开的协商会、座谈会、通报会60余次，就重大事项进行协商，对制定昆明市“十三五”规划和政治建设、经济建设、文化建设、社会建设、生态文明建设等重大问题提出的意见和建议得到充分采纳。在政府部门担任实职的党员领导直接参与政府的决策和管理；党员中的各级人大代表、政协委员以及“特约员”，认真履行职能，提出许多有价值的意见和建议，得到各级党委和政府的采纳。

2016年，农工党昆明市各级组织和人大代表、政协委员共提交建议和提案73件。《加强县区级医院全科医学人才培养，推进分级诊疗制度落实的建议》被列为市政协主席督办重点提案；《关于大力发展社区医养结合养老服务机构的调研报告》被评为市政协“优秀调研视察报告”；《昆明公共自行车服务方兴未艾，政协委员建议借鉴经验》被评为市政协“好新闻”；《进一步完善昆明市基本医疗保险监管机制》获市政协“好公文”表彰。市委会联合东川区人大提出的《昆明户外运动产业发展对策研究》被“市级决策咨询研究课题”立项，形成调研报告、决策咨询报告各一篇，11月30日在全市各民主党派、人民团体调研成果汇报会上专题向中共昆明市委、市政府主要领导进行汇报，程连元书记给予高度评价：“农工党昆明市委研究课题是昆明市打造健康之城的战略构想的重要组成部分，课题观念新，思路清，在深入分析全省、全市户外运动产业发展的现状、趋势以及自身优势和不足的基础上提出很好的对策建议，会后请市文广体局以此为基础，提出行动计划，报政府批准执行。”

【社会服务】 市委会按照发挥优势，突出重点，量力而行、尽力而为的原则，以关心和改善民生为基本点，以关注和促进扶贫攻坚工作、基层医疗卫生建设和服务社会群众为重点，不断创新方式，拓展工作范围，社会服务取得优异成绩。重点做好扶贫攻坚工作。为曾挂钩扶贫过的东川区拖布卡镇、“两区”红土地镇的农村安居房、活动场地、健身器材、农村人畜饮水等项目多方呼吁、跟进项目，确保资金落实到位、项目建成投入使用。市委会专门拨付5万元用于寻甸县挂钩扶贫点基础设施建设和农村人居环境改善工作。参加市政协、市委统战部组织的“我为扶贫攻坚出一份力”“基本工资一日捐”活动等。坚持开展惯例常态活动。组织开展“国际科学与和平周”“中国环境与健康宣传周”活动。参与市委统战部组织的社会服务“扶贫攻坚禄劝行”活动，组织专家医疗队赴禄劝县开展扶贫义诊、送医送药大型社会服务活动。赴五华区红云社区、盘龙区滇源镇、官渡区小哨乡、西山区团结街道等地开展活动。立足于充分发挥基层组织的作用和党员在卫生、科技方面的优势，开展以科技、健康、卫生为主题的“三下乡”活动，为群众提供医疗义诊、科普咨询、文艺演出、法律普及、卫生保健等方面的服务，受到社会的广泛赞扬。2016年，共组织专家160余人次，免费诊治患者800余名，发放价值8万余元的药品，发放健康教育宣传资料4 000余份。农工党员孙铭为滇中引水工程个人捐款5万元。

【组织建设】 召开中国农工民主党昆明市第六次代表大会，选举马涛担任第六届委员会主任委员，圆满完成市委会换届工作。截至2016年12月31日，全市有农工党员867名，党员平均年龄53岁。有4个区委（基层委员会），八个总支部委员会，32个支部委员会，共43个基层组织。中高级职称722名，占党员总数的83%；大专以上学历671人，占党员总数的77%；医卫界547人，占党员总数的63%；女党员582人，占党员总数的67%。有各级人大代表、政协委员60名。

（陈 琦）

2016年7月，农工党市委为基层卫生院（村室）捐赠爱心药箱。

（农工党市委 供稿）

九三学社昆明市委员会

【思想建设】 2016年，坚持把思想建设放在各项工作的首位，把坚持和发展中国特色社会主义作为对全市社员思想教育活动的聚焦点、着力点和落脚点。围绕深入学习贯彻中共十八届六中全会精神、习近平总书记“七一”讲话精神、中共昆明市委第十一次党代会精神等，全面提高社员的思想觉悟和政党意识。举办迎新春学术报告会，邀请省社会主义学院钟瑞华教授进行中央统战工作会议精神专题学习讲座；在九三学社昆明市委成立31周年的庆祝会上，邀请中科院昆明分院副院长周杰进行《科学发展趋势》专题学习讲座；社昆明市委邀请社中央常委、九三学社创始人许德珩嫡孙许进教授作题为《我对九三学社的几点认识》的社史专题讲座。3场报告会丰富广大社员中央统战工作的知识，突出九三学社崇尚科学精神的党派特色，增长社员在社史方面的知识，均有二百多名社员踊跃参加学习。组织12名新社员参加与九三学社云南省委联合举办的新社员暨骨干社员培训班；组织社昆明市委25名机关干部、基层委员会主委和专委会主任赴浙江大学进行培训，学习发达地区的先进经验，开阔视野，提高社务工作能力；组织26名社员参加中共昆明市委统战部组织的各民主党派、有关人民团体暑期干部培训班，提高社员的参政议政、履职创新的能力。创新政治学习方式。除每次全委会、常委会、主委会传达学习国家、省、市重大会议精神外，在2016年的组织工作会上，社昆明市委改变以往传统的学习方式，通过视频学习的方式传达习近平总书记“七一”讲话精神，并结合学习中共昆明市党代会精神，各位主委和副主委谈各自的学习体会，提高政治学习的吸引力。

【组织建设】 九三学社昆明市第七届委员会产生后，及时进行新一届各专委会的组建工作；同时认真抓好基层组织发展和换届工作，为各基层组织和各专委会的工作打下良好基础。新一届专委会组织结构搭建完成后，各专委会积极履职，主动开展活动。为庆祝三八国际妇女节，活跃女社员的组织生活，社妇女委策划组织到石林万家欢农业生态示范园开展妇女节专题活动；社老龄委组织老龄社员到嵩明晨农农博园考察活动，邀请医学专家为老社员作健康保健知识精彩讲座；五四青年节，社青年委组织

10名青年骨干社员参加昆明市统战部举办的登谷堆山活动，增强青年骨干社员的凝聚力。为迎接“南博会”，社青年委组织一次以“迎南博，我们在行动”为主题的“种花添绿”行动，为“南博会”增色添彩；社顾问委召开两次工作会议，围绕如何使九三学社组织更好发展建言献策。10月，社老龄委组织110多名老龄社员到青裕社区养老服务中心参加社昆明市委重阳节活动，庆祝敬老节并加强与老社员的沟通交流，同时作健康专题讲座。增强基层组织活力。九三学社盘龙区委、五华区委委员赴普洱市九三学社支社调研，与普洱市九三学社支社交流工作经验，探索九三学社基层组织工作发展新思路。跨区域的基层组织活动增进两地社员之间的友谊，并为九三学社组织的发展提供新活力。社昆明市委热情接待九三学社红河州委和玉溪市委的联合跨区域交流学习和调研，交流社昆明市委东川社会主义核心价值观学习实践基地建设经验。九三学社西山区、东川区、官渡区委及安宁市、呈贡区支社根据各自的特色和资源优势组织丰富多彩的组织活动，在活动中大胆创新，提高活动质量，增强组织活动的吸引力。有序推进基层组织换届工作。2016年，社昆明市委审批通过27位新社员加入九三学社，是近5年来审批新社员最多的一年，并大胆探索新社员入社仪式，组织新社员学习社章社史，宣读《九三学社成立宣言》，使各位新社员有更强的归属感，更快地融入九三学社组织中来。参政议政队伍进一步加强。结合昆明市区人大、政协换届工作安排，社昆明市委认真研究、反复协商和推荐，向昆明市及各（县））区提出九三学社界别人大代表和政协委员的推荐名单，使九三学社昆明市委参政议政队伍得到加强。开展横向交流。赴杭州与九三学社杭州市委员会座谈交流社务工作，学习发达地区的先进经验；配合社省委接待九三学社天津市委员会的调研组，帮助协调对斗南花卉产业的调研。机关作风明显改善。2016年，社昆明市委机关团结协作，做好参谋、管理、服务三项工作，办文办会办事效率不断提升。认真完成社中央机关文化试点建设、“科学之光”揭牌仪式等各种会议和大型活动的组织准备工作，积极参与或协助各基层组织开展调研工作，并为现场调研提供工作支持；完成社省委、中共昆明市委统战部以及昆明市政府安排的各项工作任务；认真落实社昆明市委机关2016年目标任务的考核。落实社内监督。社昆明市委监督委员会不断创新工作机制，强化监督力度，重点对社昆明市委常委会、全委会、征求领导班子意见民主座谈会等进行工作监督，并重点对社西山区、社东川区和呈贡支社的换届工作进行全程监督；通过组织工作考评会对社昆明市委各基层组织领导班子和各专委会的履职工作情况进行监督，促进社昆明市委各级组织依照规章程序，规范开展工作。社员熊鹰获“云岭工匠”称号，社员段伟获“昆明市科学技术领军人才”称号，社员何峰被评为昆明市有突出贡献的专业技术人员，社员常敏、王蜀、邵抚民、陈云进荣获昆明市人民政府科技进步三等奖，社员唐翀、杨春艳荣获昆明市科学技术三等奖。

【参政议政】 2016年，社昆明市委进一步加强参政议政和政治协商工作，积极参加中国共产党领导的政治协商，按照调研课题选题机制、调研实施机制、调研课题成果转化机制、奖励机制规范参政议政工作。深入开展政治协商。社昆明市委主要领导积极参与中共昆明市委第十一次党代会报告和政府工作报告的高层协商，就报告内容提出具体修改意见和建议，并参加中共昆明市委、市政府重大事项决策前专题协商工作，提出意见和建议。在2016年市级各民主党派、工商联、有关人民团体专题调研协商座谈会上，社昆明市委重点课题《将健康产业培育成昆明经济发展新引擎的对策研究》受到中共昆明市委程连元书记的高度关注，认为调研成果“站位高、内容实，与市委、市政府发展思路不谋而合”。提案质量显著提高。在政协昆明市第十二届委员会第六次会上共提交《关于加快盘龙江绿轴建设，彰显昆明城市品质的建议》等九件集体提案。其中《关于将呈贡健康产业培育为我市发展新引擎的建议》被市政协列为2016年主席督办的重点提案，受到呈贡区政府的高度重视，提案的办理促进呈贡健康产业园的审批和园区规划的修改完善。提案《关于加快盘龙江绿轴建设，彰显昆明城市品质的建议》和《关于推进昆明市精神病患群体救助，保障社会安全的建议》分别受到提案主办单位市规划局和市卫生局的高度重视，认为提案调研扎实、问题分析得准、建议可行，办理过程会同多部门一起面商，共同推进提案成果的转化和落实。社昆明市委从各基层组织征集到的36件调研课题中，评审和推荐出13个重点课题。其中，《云南省农村三产融合的对策研究》中标社省委课题；《昆明市创建“世界美食之都”对策研究》中标市决策咨询课题；《供给侧结构性改革背景下加快昆明市生产性服务业发展研究》中标市社科规划课题；《将健康产业培育成昆明产业发展新引擎的对策研究》中标市委统战部课题。《昆明市创建“世界美食之都”对策研究》的课题研究成果，在结题评审会上，得到各位专家和决策咨询中心领导的一致好评。界别活动成果得到市领导批示。积极组织九三学社届别委员参与市政协的专题协商及调研活动，在界别组调研中，针对市高级技工学校（中专）在向省人社厅申报升格昆明技师学院（大专）过程中遇到的问题，及时形成书面报告，向中共昆明市委主要领导反映并提出具体建议，报告得到中共昆明市委主要领导批示。建言献策成绩显著。社员段伟受国土资源部不

九三学社市委开展2016年决策咨询课题《昆明市创建世界美食之都对策研究》调研
（九三学社市委　供稿）

动产登记中心邀请，为深化我国不动产登记制度改革建言献策；社员、昆明市政府参事陈增会完成的《发挥气候资源优势做优昆明高原特色农业对策研究》课题成果获得中共昆明市委、市政府领导批示；社员陈云进论文《云南农业土壤重金属污染防治对策初探》荣获社省委第五届参政议政论坛优秀论文奖；社昆明市委以“凝聚民主党派力量，关注气象事业发展”为主题召开各民主党派工作联系会，为昆明市气象事业发展建言献策。深入开展议政活动。2016年，社昆明市委每月由一位常委确定议政主题，并通知广大社员自愿参加议政日活动，已开展九次议政日活动，社员参政议政能力和水平不断提高。多层次参与民主监督。社昆明市委现有16名社员分别担任市监察局特邀监察员、市人民检察院特邀检察员、市人民检察院人民监督员、市公共资源交易人民监督员，盘龙区、西山区、官渡区、东川区人民检察院特邀检察员，积极参与各项督查和监督工作，充分发挥我社民主监督职能。

【宣传工作】　2016年，社昆明市委在文化宣传方面大胆创新，积极引进新媒体宣传手段，九三学社党派文化展示、微信宣传平台建设和《昆明九三》社刊恢复等工作成效显著。社省委曾华主委和市委统战部杨硒部长在走访调研社昆明市委时均对九三学社昆明市委文化建设工作给予高度评价。社内文化建设上新台阶。年初，经过精心组织宣传展示的内容和图片，并多次认真审阅修改后，在机关社员活动室和走廊设立宣传板20块，展示九三学社简介、发展历程、先贤照片、九三楷模，以及九三学社昆明市委的组织建设、参政履职、社会服务、杰出人才等情况，并制作《九三学社昆明市委成立30周年》专题宣传片。积极适应新媒体宣传浪潮，加强宣传工作，注册启用《昆明九三》微信公众平台，使社务工作及活动信息及时传递到社员和统战部门，全年共发布社务信息122篇，关注人数234人，取得良好的宣传交流效果。恢复《昆明九三》社刊。在“传承办刊、开放办刊、创新办刊”三大理念的指引下，由各基层组织推荐精兵强将组成编委会，充分发挥编委会作用，制订编辑工作方案及稿件奖励办法，凝聚集体智慧，精心办好《昆明九三》社刊。信息报送工作创造新纪录。2016年社昆明市委向社云南省委、中共昆明市委统战部、昆明市政协报送信息142篇。其中，社中央采用85篇，采用率和总篇数均创下了社昆明市委新高；中共昆明市委统战部采用14篇，完成2016年宣传信息目标考核任务。按照市政协文史委的工作要求，完成《新中国云南人才建设史料·九三学社昆明市委员会卷》和《百年回族人物》九三社员的编辑报送工作。社员文艺作品取得好成绩。组织社员参加社中央《中国面孔·中国梦》摄影作品征集活动，多幅作品成功入选；组织社员参加市政协第三届书画、摄影作品展，一人获书法绘画组一等奖，一人获摄影组一等奖，二人获摄影组二等奖，二人获摄影组三等奖。

【社会服务】　一季度，社昆明市委到倘甸和轿子山两区管委会红土地镇龙树村开展慰问扶贫活动，检查捐赠20万元修建的村内20盏太阳能路灯，送去三吨优质玉米种，重点走访两户挂钩帮扶贫困户。二季度，组织有关专家参加昆明市统一战线助力禄劝脱贫攻坚·走进克梯村社会服务活动，为克梯村100余名农民咨询、宣传农业方面、法律方面的知识，同时发放各种咨询、宣传材料200余份。三季度，再次深入龙树村走访挂钩帮扶贫困户，检查扶贫工作的落实情况，并帮助解决龙树村委会团结自然村活动室配套设施项目所需资金3万元。9月，赴东川区拖布卡镇格勒村大田坝小学举行捐资助学活动，向10名困难学生捐助助学金一万元。四季度，“科学之光”社会服务活动在五华区黑林铺社区假日城市广场隆重举行，活动围绕“关注药品安全，关爱身体健康”主题开展，活动共发放电子秤200余台，各种宣传册、单800余

九三学社市委"科学之光"社会服务活动在黑林铺社区举行
（九三学社市委　供稿）

份，送出慰问金1 500元、慰问品600余元，把社会服务送到社区，把服务工作落到实处。为深入开展坚持和发展中国特色社会主义学习实践活动，突出九三学社崇尚科学的特色，搭建社省、市、区三级"同心工程"活动平台，社云南省委、社昆明市委联合在昆明学院滇池流域生态文化博物馆建立"科学之光"教育基地。11月8日，"科学之光"教育基地正式挂牌，形成九三学社社会服务履职新的平台和品牌。

（尹鸽娅）

昆明市工商联（总商会）

【思想政治工作】　2016年，全市工商联通过召开执委会、常委会，举办宣讲培训、专题座谈、辅导报告、学习解读等形式，多层次、多阶段组织广大非公经济人士和工商联干部，深入学习贯彻党的十八届五中、六中全会精神，学习贯彻习近平总书记在全国政协民建、工商联界别委员联组会上的重要讲话精神，学习贯彻中央和省、市委重要会议精神，切实把广大非公经济人士的思想认识统一到中央和省、市委的决策部署上来，为昆明改革发展凝聚人心、汇聚力量。

制定下发《昆明市以守法诚信坚定信心为重点　深入开展非公有制经济人士理想信念教育实践活动实施意见》，在完成好规定动作的同时，结合昆明实际，重点开展"民营企业守法诚信好故事"征集、守法诚信大讨论、"走千企、访百商"、光彩事业禄劝行等十大重点活动。组织参加以"滇商梦、企业魂"为主题的省民营企业演讲比赛，取得团体第一、选手一个第一、两个第二的好成绩。

【参政议政】　在全市工商联开展"走千企、解难题，访百商、增信心"大调研大走访活动，向省工商联、市政府上报21户民营企业反映的具有代表性、典型性问题24个，市政府王喜良市长亲自批示，并交涉及县区、部门办理。完成《关于新常态下我市非公经济发展中存在的困难和问题及对策建议》《推进民营企业参与我市PPP项目的对策建议》等五个重点调研课题。认真组织非公经济人士参政议政，在市政协十二届六次全会上提交《关于促进全市房地产业持续健康发展的建议》等集体提案7个，报送社情民意信息14篇。

【政策服务】　积极推动政企协商交流，为构建"亲、清"政商关系积极努力。为民营企业、商会组织整理编印《促进民营经济发展政策汇编》；将全市PPP政策及项目印发市工商联执委，推动政府与社会资本合作；定期通过市工商联网站、微信、微博平台，对各项政策措施进行宣传、解读，提高民营企业对政策的知晓度。获得市政府授权，完成促进昆明市民营经济发展政策措施落实情况第三方评估调研工作。

【经济服务】　先后组织300多户民营企业、商会分别参加南博会、农交会、孟中印缅经济走廊商会合作联盟第一次会议、昆明市与美国丹佛市缔结友好城市30年座谈会、韩国—云南经济合作商贸洽谈会、"昆港情、桑梓谊"昆明推介活动、云台商贸合作对接会等经贸活动。组织部分民营企业家到文莱、新加坡和马来西亚学习考察。组织开展驻昆商会东川行、富民行、宜良行、走进阳宗海、走进倘甸两区活动，助推县域经济、民营经济、园区经济发展。加强对创业的指导、培训、帮扶力度，通过"贷免扶补"扶持1 800人、"两个10万元"微型企业扶持创业1 116户。

【宣传服务】　加强与媒体联系，宣传非公经济先进典型，被中华工商联时报选用发稿七篇，并被中华工商时报社评选为"2016年度全国民营经济宣传工作先进单位"。推荐并采访黄龙集团、凯旋利集团、隆昌商会等八家民企和商会，在云南新闻联播"加快发展民营经济"栏目中播出。编印《昆明商会》会刊4期，发行7 200

册；发布网站信息169条，微博信息1 650条、微信信息240条。

【融资服务】　联合市金融办举办驻昆金融机构经济形势通报暨合作项目推介会，推介雄风集团、同丰医药等26家企业的融资项目；协调民生银行、建设银行参加阳宗海工商联执委会暨银商座谈会；组织50名企业家参加2016昆明金融与发展研究院专题研讨会和金融大讲堂活动。积极向市委、市政府建言献策，提出关于经济新常态下破解民营企业融资难问题的七项建议，探寻建立“过桥资金”等模式，帮助民营企业最大限度减少抽贷、限贷、压贷的不利影响。

【法律服务】　进一步理顺工作机制，整合政法部门力量，成立昆明市民营企业法律维权领导小组，组长由市委常委、市委政法委书记担任，成员单位由市委政法委、市中院、市检察院、市公安局、市司法局、市工商联组成。联合市政府目督办、市政府法制办，在市工商联成立昆明市民营企业投诉中心。协调解决退还中天建设集团农民工工资保证金、福建湄洲湾北岸商会会员企业恢复生产经营秩序等侵害民企合法权益案件20多件。进一步深化与司法、劳动和法院等部门的协调配合，积极推进商会调解组织建设。

【商会党建】　在市工商联组建昆明市商会协会党委，研究制订《关于加强商会协会党建工作的实施意见》。按照集中力量、攻坚克难、补齐“短板”、确保80%、力争100%全覆盖的工作思路，通过查找一批、亮出一批、接转一批的“三个一”摸排办法，采取单独组建、原籍组建、源头组建、联合组建的“四建”方法，指导条件成熟的商会成立党组织。通过努力，到11月30日，实现156家商协会党组织全覆盖。

【商会服务】　指导凤庆商会、德宏商会、安徽亳州商会、永州商会、华坪商会、南京六合商会等六家商会成立，指导山东菏泽商会、浙江黄岩商会、昭通商会等12家商会完成换届。在深圳经理进修学院举办53人参加为期一周的驻昆商会会长培训班。分别以新形势下商会党建、新时期商会组织发展为主题，举办两次驻昆商会秘书长联谊会。继续推进平安商会创建活动，指导县区、园区开展平安商会创建，完成2015年度19家平安商会复核，动员26家商会申报2016年度平安商会。

【精准扶贫】　贯彻落实全国、全省开展“万企帮万村”精准扶贫行动要求，结合昆明市脱贫摘帽的总体目标，制定印发《昆明市“百企（商）帮百村”精准扶贫行动方案》，召开动员部署会，发出《党有号召　民企有行动——“百企（商）帮百村”精准扶贫行动倡议书》。通过组织动员，全市共有207家企业、商会参与帮扶活动，签订结对帮扶协议172份，实现全市172个建档立卡贫困村帮扶工作“全覆盖”。企业、商会计划投入资金3 990余万元，到位资金2 468.3万元，帮扶建档立卡贫困户922户，帮扶建档立卡贫困人口4 522人。

【光彩事业】　组织实施经开区阿拉乡河岸村活动场所建设等光彩项目五个，投入资金47.3万元。开展光彩事业禄劝行活动，在禄劝县中屏镇召开精准扶贫村企对接会。组织八家商会、企业参加“中国光彩事业德宏行”活动。

【“挂包帮、转走访”工作】　制定挂钩联系倘甸两区金源乡妥托村精准脱贫帮扶计划，安排两名工作队员驻村帮扶，先后六次由会领导带队、机关全体干部参加到妥托村走访调研，完成139户贫困户遍访工作，结对贫困户27户。实施核桃树种植、山羊养殖两项精准扶贫计划，帮助妥托村建设电教室一个，留守儿童阅览室一个，截至11月底，向妥托村投入帮扶资金20多万元。

【非公经济代表人士队伍建设】　不断壮大优化会员队伍，发展新会员537户，会员总数达到17 003户，其中企业会员13 886户。举办昆明市民营企业家浙江大学高级研修班、驻昆商会会长深圳异地培训班、非公经济人士代表培训班、首期新生代非公经济人士培训班，共257名非公经济人士参加培训；组织100多名非公经济人士、工商联干部参加省工商联在清华大学、浙江大学、深圳大学、中山大学、滇商学院的专题培训班。开展“送培训进县区”活动5场，共600多人次参训。

【自身建设】　2016年，召开市工商联十一届五次执委会和六次、七次常委会，对企业家副主席（副会长）和常委进行履职测评考核，调整增补十一届执委20名、常委10名。配合市委及市委统战部制订工商联2017年换届实施意见，制定市工商联换届筹备工作方案，启动换届筹备工作。继续推进“五好”县级工商联建设，五华区、呈贡区、盘龙区工商联被评为全国、省级“五好”，昆明市全国“五好”县级工商联达六家。围绕党要管党、从严治党主线，以“基层党建推进年”为契机，深入开展“两学一做”学习教育，党员干部作风持续改进，机关自身建设不断提高。圆满通过市级文明单位创建复核，获评省级档案工作规范化管理示范单位、市级“法律九进”示范点。

（李　浩）

群众团体

总工会

【概况】 2016年，昆明市总工会在紧紧围绕中心、服务大局，统筹推进思想引领、建功立业、权益维护、扶贫帮困、组织建设以及自身建设，各项工作取得新进展、呈现出新气象，荣获全国“安康杯”竞赛优秀组织单位等三个中央、国家部委奖项和全省农民工工作先进集体等八个省级奖项；市总机关继续保持“省级文明单位”荣誉。工会干部教育培训等五项工作在全国进行经验交流；市总工会班子在市直部门领导班子考核中被评为十个“好的领导班子”之一。6月23日，中共中央政治局委员、全国人大常委会副委员长、全国总工会主席李建国在云南昆明视察时，对昆明工会工作给予“很带劲、很扎实、很有创意、很有特色”的高度评价。

【开展“一活动一工程”】 扎实推进“春城职工跨越发展先锋活动”。推荐产生全国五一劳动奖状、奖章、工人先锋号4个，省级五一劳动奖状、奖章、工人先锋号19个。持续开展“72行大练兵·360行出状元”技术技能竞赛活动，吸引83个工种的近十万名职工参与，从中评选出79名“技术状元”、94名“优秀技术能手”和216名“技术能手”，并命名昆明市五一劳动奖状单位28个、五一劳动奖章个人75名、工人先锋号297个。评选和命名4个市级“劳模创新工作室”、5个“技师工作站”、10名“创新能手”、10对“师徒结对”和100名“金牌工人”。举办首届“昆明工匠”选树活动，命名表彰10名具有示范带动作用的“昆明工匠”。深入实施“春城职工素质建设工程”。在全国率先建成“三网络一平台”，组织1.3万名干部职工参加在线学习。共组织3 769名职工参加各类高技能人才提升培训，组织13 681名职工参加“春城职工素质建设工程”培训班学习，组织81 649名农民工接受引导性培训，超额完成省总下达任务。开展职工技术创新活动。在全市企事业单位中广泛开展“五小”岗位创新活动，实现技术革新3 517项，发明创造202项，总结推广先进操作法291项，提出合理化建议6 502条。在省总工会举办的职工创新创意成果展中荣获突出贡献奖。

【履行维权维稳职能】 加大“两书”推广力度。2016年发出“意见书”1 050份，已累计发出5 200多份，涉及事项件件有落实、事事有回音，《工人日报》等主流媒体作深入追踪报道。加大劳动关系矛盾调处力度。先后参与调处沃尔玛、可口可乐公司、昆明平板玻璃厂等20多家企业因综合工时制改革、股权转让、改制等原因引发的职工群体性事件，通过座谈沟通、劝慰引导等方式，有效化解纠纷，切实维护稳定。加大工资集体协商力度。紧扣供给侧结构性改革中就业、收入等新情况，及时推出“工资集体协商推动职工技能素质提升”等四项创新举措，得到全总、省总工会高度评价。全市已有20个行业、50个区域、510家企业落实四项创新措施；工资集体协商总体覆盖企业46 826户、职工93.8万名，覆盖面达91%。加大法律援助工作力度。全年办结诉讼、仲裁类法律援助案件54件，提供法律咨询服务950件次。加大保稳定工作力度。针对经济下行压力持续、企业效益下滑等新情况，坚持以保岗位、保就业、保收入为着力点，引导职工与企业共渡难关、共谋发展。高度关注供给侧结构性改革过程中出现的新问题，深入实地开展调研，积极为转岗分流职工提供技能培训、推荐就业岗位。加大职工信访工作力度。全年接待各类人员81 089人次，接待并处理职工（农民工）上访11 416件，接听热线电话4 220个，向昆明市联办、省总工会报送预警预报专报7件，从源头上杜绝恶性、群体性事件在属地发生。

【拓展服务职工载体】 健全完善服务机制。继续深化“千名工会干部走进千家企业牵手万名职工”“下基层，进企业，学劳模，访职工，办实事”活动，不断拓展“四个一四关爱”“五个一联系”覆盖面，构建起联系和服务职工群众的长效机制。精心打造服务品牌。积极推动各县（市）区帮扶分中心完善职能，10个县（市）区帮扶分中心通过省总考核验收完成转型升级。全年共筹措各类帮扶资金3 135万元，慰问、帮扶、救助困难职工（农民工）44 468人次；持续开展医疗互助活动，为83 006名职工提供补助 5 826万元。大力推行普惠服务。全面加强“工惠卡”宣传推广力度，开展线上线下活动130余场次，发卡量突破52万张，激活率42%；发展合作商户235家近2 600个网点；实现“工惠卡”实名制发放大病救助、困难补助费等帮扶救助资金。开展创业就业援助服务。紧贴下岗失业人员、进城务工人员、转岗分流人员需求，举办“春风行动”、民营企业招聘周和劳务交流会12期，成功推荐2 173人就业；发放“贷免扶补”160笔1 526万元，发放创业担保贷款2 067笔19 740.9万元。全力帮助困难职工解困脱困。研究制定《关于困难职工解困脱困工作的实施意见》，按照“摸清底数、精准识别、一户一档、因户施策、精准帮扶”的工作思路，通过实施“5个2”创业创富工程以及就业援助、医疗互助、大病救助等举措，使全市建档困难职工减少7 833户。切实关爱劳模

昆明市工会第十五次代表大会于2016年2月22~24日在昆明召开

（市总工会　供稿）

和女职工身心健康。为50名全国劳模发放“三金”93.23万元，为604名省部级和市级困难劳模发放补助197.56万元；组织53名省部级以上劳模出省疗休养，组织190名一线职工到省总工会工人疗养院疗养；组织全市200名劳模和3 041名困难女职工（女农民工）进行免费体检。

【繁荣职工文化事业】 深化“中国梦·劳动美”主题教育，制作昆明工会宣传片、《昆明工匠》纪录片在昆明电视台连续播出。组织职工文艺会演活动。开展“劳动托起中国梦”主题职工文艺会演活动，吸引全市180多家基层工会3 000多名职工参加。举办庆祝建党95周年文艺晚会，开展送演出进基层活动，丰富职工群众文化生活。举办劳模先进人物事迹报告会。举办全国劳模、全国最美职工耿家盛先进事迹昆明专场报告会，组织首批“昆明工匠”先后到县（市）区、企业进行宣讲。开展“和谐家庭·好家风”建设系列活动。选树100户昆明市和谐家庭；在全市女职工中选树50名建功立业标兵岗，50名建功立业标兵；举办第四届“书香三八”读书主题活动；举办64场“我们的价值观·我们的中国梦”昆明市好家风好家训走进企业巡讲报告会。

市总工会第十五次代表大会参会代表投票

（市总工会　供稿）

【全面加强自身建设】 深入贯彻中央群团工作会议精神，积极做好工会组织改革的探索和准备。圆满完成市总工会换届。昆明市工会第十五次代表大会选举产生新一届领导班子，勾画今后5年昆明工运事业蓝图，为在新起点上不断开创昆明工会工作新局面奠定坚实的思想基础和组织基础。做好建会入会工作。全市拥有基层工会53 292个，会员1369 564人，建会率98.96%，入会率98.48%。农民工会员达566 658人，入会率98.32%。加强基层规范化建设，全市“六有”建设率达65%。着力加强教育培训。举办两期共435人参加的工会干部岗位培训班，并组织近百名工会领导干部参加在西安交通大学、延安干部学院举办的专题研修班。开展扶贫攻坚。组织以“爱心传递梦想”为主题的职工书画义拍捐赠扶贫公益活动，将义拍所得款项捐献给禄劝县用于扶贫脱贫工作。在挂钩的寻甸县七星镇高田村和河口镇米德卡村，累计投入及协调各类扶贫资金350万元，通过推动养殖种植、实施村庄道路硬化、推进坝塘除险加固、实行整村易地搬迁等方式，带动贫困群众逐步实现脱贫增收。

（市总工会）

妇女联合会

【概况】 2016年，市妇联以保持和增强妇联组织政治性、先进性、群众性为目标，以服务率先全面建成小康社会为主线，以联系和服务广大妇女群众为根本，凝聚全市各级妇联组织的力量，顺利完成市妇联十五届三次执委会确定的工作任务，荣获2016年度全国妇女新闻宣传阵地建设先进单位、“第八届云南省五好文明家庭创建活动先进协调组织（单位）”、昆明市法治文化示范点等荣誉称号。

【舆论宣传】 大力宣传妇女先进典

型和妇女工作经验，在全国、省、市级电视、广播、报纸、网络等媒体宣传报道213篇，制作《媒体看妇联》专辑，发布政务微博1 236条，微博平均阅读量为1 500人次。《中国妇女报》《昆明日报》头版多次报道昆明市妇联特色亮点工作，市妇联工作首次在中华女性网英文网进行宣传。启动妇联系统网络及新媒体改革工作，加强市妇联官方网站、微博、微信公众号“昆明女声”建设，建网络宣传员队伍330人，网评员队伍5人，形成上下联动的强大宣传矩阵。大力培树和宣传新时期先进妇女典型，制作微视频《因爱而聚》，在《昆明日报》开辟专栏，用身边的家庭故事启迪妇女。由市妇联制作的展示昆明市巾帼志愿者风采的纪录片《滇池的女儿》在央视播出，并获国务院妇儿工委办、全国妇联宣传部、中国电视艺术家协会“第七届女性题材优秀电视作品一类作品”奖。

【家庭文明建设】 在全省率先启动第三届寻找“最美家庭”活动，242户家庭参与市级评选，102万人次参与点赞投票，各类媒体报道53篇，最终评选出杨洪彬等10户家庭为第三届昆明市“最美家庭”，龙正学等10户家庭为第三届昆明市“最美家庭”提名奖。由市妇联推荐的龙光元、杨洪彬、李东升3户家庭荣获全国、云南省“最美家庭”荣誉称号；王兰兰、杨金山、李永洪3户家庭荣获全国“五好文明家庭”荣誉称号。举行“最美家庭”故事会大赛，通过层层角逐，25组选手参加市级大赛。开展好家风好家训征集展示活动，征集作品645件，家风家训213条，全家福114篇，举办“我爱我家”优秀作品展。实施“贤内助”文明家庭建设工程，举办构建和谐家庭知识讲座，邀请市级机关县处级干部家属聆听讲座。举行“我们的价值观，我们的中国梦”好家风好家训巡讲，组织43名市级巡讲员巡讲1 008场次，听众达151 115人，扩大和拓展“最美家庭”等先进典型的示范引领作用和榜样效应。举办家教知识进机关、进学校、进社区、进农村巡回讲座71场，听众近20 000人；开展“双合格”家庭教育主题实践活动，发挥社区（村）家长学校阵地作用，培训家长27 960名，构建覆盖城乡的家庭教育指导服务体系。

【促进创业就业】 积极向上争取项目、资金、政策，向2 541人发放小额担保贷款2.3 857亿元，其中女性1 821人，17 046万元。向750人发放“贷免扶补”创业贷款6 851万元，其中女性562人，5 129万元。推荐46户劳动密集型小企业获得贷款5 490万元；实施“两个10万元”微型企业培育工程，扶持微型企业490户。举办“春风送岗位”女性就业专场招聘会暨妇女创业就业援助“五送”活动，提供岗位1 800个，达成求职意向458人。创建市级“巾帼文明示范岗”40个，制定下发《昆明市妇女联合会创业导师管理办法（试行）》，创新市妇联就业创业工作机制。由市妇联成立的昆明妇女创业创新示范中心成功申报成为云南省级众创空间、云南省“巾帼创新业示范基地”、云南省“女大学生创业就业实践基地”、昆明市新型创业创新孵化服务园区。中心目前入驻企业72家，实现企业营业收入5 800万元，为企业募集投资发展资金3 000万元，先后接待创业咨询3 692人，项目对接381起，接待全国、省、市各类学习考察团50批。

【素质提升工程】 全市各级妇联广泛开展各类妇女实用技术和创业就业培训，参训妇女达34 762人。其中，“巾帼致富带头人”培训134期，培训妇女7 175人；“巾帼创新业带头人”培训61期，培训妇女3 126人；“女农民创业技能”培训200期，培训妇女14 143人；服务行业技能培训113期，培训妇女6 579人；女大学生创业就业培训15期，培训女大学生451人；小微企业负责人培训6期，培训女企业主369人；建档立卡贫困妇女开展培训44期，培训2 919人。举办清华大学现代女性企业家经济管理高级研修班，培训女企业家54名。深入开展干部教育培训，先后举办100人参训的社会工作骨干培训班、240人参训的乡镇妇联主席培训班、103人参训的“两新组织”干部培训班、51人参训的中央党校县处级领导干部能力提升培训班、80人参训的北京大学第二十期妇女干部培训班，全方位、多层面扩大干部教育工作覆盖面。

【维护妇女权益】 扎实开展“建设法治中国·巾帼在行动”，大力宣传妇女儿童维权法律法规，发放“妇女法律维权知识包”2.8万份、维权信息卡2万份、维权法律宣传手册3万本、维权海报880张，开展法制宣传活动54场。制定出台《昆明市妇联关于建立健全妇女儿童权益纠纷人民调解委员会的实施办法（试行）》。召开学习宣传《反家庭暴力法》座谈会，迎接省、市人大对《妇女权益保障法》的两次执法检查。创建妇女儿童法律援助中心（维权岗）38个、“平安家庭”（零家庭暴力）示范社区（村）40个。完成儿童之家、群团改革、家庭鹅场等专题督导与调研，报送妇女舆情12期，为市委、市政府提供决策参考。发挥12338妇女维权热线和市、县、乡、村四级信访网络的联动作用，共接访2 692件次，处理率99%，回复“帮教信”244封，为畅通基层妇女诉求渠道、化解基层矛盾发挥积极作用。

【惠民实事项目】 发放妇女发展循环金100万元，在富民县4个自然村扶持150户农户。实施“双百工程”，培育100个“家庭鹅场”和50户农户每户种植100亩地膜高产玉米，实现户均增收8 000元。大力扶持以“巾帼创新业示范基地”“女大学生创业就业实践基地”为龙头的各类“妇字号”基地，大力发展“家庭农场”、手工制作、农副产品加工等二、三产业，确保实现精准扶贫。探索“公司+协会+基地+妇女”的产业发展模式，积极引进推广水产养殖、蔬菜种植、手工刺绣、编织等适合贫困妇女、留守妇女就地就近就业和居家就业的特色项目。结合开展“挂包帮，转走访”，完善建档立卡工作，依托“母亲水窖·安全饮水计划”“两癌（乳腺癌、宫颈癌）”免费筛查救助项目、“农村贫困单亲母亲安居住房援建项目”等民生项目，共争取到全国、省级项目资金180万元，地方政府配套资金200万元，惠及4万多名贫困妇女儿童。

【巾帼志愿服务】 下发《关于2016年开展巾帼志愿服务活动的通知》，要求全市妇联组织充分发挥巾帼志愿者作用，开展“保护滇池巾帼行动”、关爱弱势妇女、儿童、老人、“讲文明树新风”等志愿服务活动。组织八个县区妇联开展“省市联动、绿化昆明、共建春城”义务植树活动，3 000名志愿者和200户志愿家庭先后48次参加入湖河道的清理和滇池保护宣传活动。倡导绿色环保生活，印制并发放《保护滇池巾帼行动》家庭公约1万份；组织基层妇女干部、妇女群众收看《滇池的女儿》宣传片52场。与团市委联合开展“保护滇池知识竞赛”5场，线上线下广泛宣传滇池治理相关知识，组织群众3 500人次积极参与答题，提升和巩固活动效果。积极向省妇联、市文明办推荐100个最美志愿者、100个最佳志愿服务组织、100个最佳志愿服务项目、100个最美志愿服务社区。其中西山区滇池打捞队荣获全国妇联“优秀巾帼志愿者（队伍）”称号。

【联系妇女群众】 坚持妇女代表活动制度，以代表团、执委小组等多种活动形式，组织开展市级妇代会代表活动，把“一次代表”转变为“一届代表”，架起妇联组织与广大妇女群众之间沟通联系的桥梁和纽带。“三八”节期间，昆明市妇联由领导班子成员带队，组成四个工作组，以基层“妇女之家”为阵地广泛开展“下基层、访妇情、办实事”活动，宣传党的路线方针政策，倾听妇女群众心声，与1 380名妇女群众、基层妇联干部共同学习中央、省、市重要会议精神，并走访慰问100名因病或受自然灾害致贫的贫困母亲及家庭。

【扩大交流合作】 组织21名从事民族特色手工艺品、农特产品、花卉、茶叶种植和经销、家政服务、居家养老等经营项目的本土小微女企业家组成“昆明市妇联女企业家代表团”到北京市朝阳区开展企业实地观摩、招商推介等活动，与朝阳区女企业家协会签订合作协议，借助朝阳区发展优势，推动两地在妇女创业创新领域的合作和发展。连续两年与市博览局联合，组织11家女性非遗传承人和民族手工艺企业赴意大利米兰参加国际（米兰）手工艺品展销会，让昆明女企业家及产品走向世界。接待越南、孟加拉、缅甸等三个国家的昆明总领事来访以及上海市妇联和昭通、楚雄等10个州市妇联的考察交流。

【创新儿童工作】 探索“三社联动”模式，实施以儿童之家为依托的社区儿童保护体系建设示范项目，投入福彩公益金170万元，建设市级儿童之家示范点34个；带动各级各类资金500万元，建成社区儿童之家295个。先后投入12万元资金，建“母爱10平方”标准化示范点57个，并通过联合国儿基会认证，占全省建成数的67%。以第67个“六一”国际儿童节为契机，开展关爱留守、流动儿童的“同悦书香·携手成长”主题系列庆“六一”活动，组织开展亲子阅读、阅读分享会、国防知识进校园、爱心图书捐赠等活动，让广大儿童感受阅读魅力，倡导全社会进一步关心关爱农村留守儿童的健康成长。

【基层组织建设】 编印下发《昆明市村级妇联组织换届选举工作规范》，推动全市女性进村（社区）“两委”和村（社区）妇联组织换届选举工作。在全市基层组织集中换届选举中，紧抓政策契机，全力推进女性进村（社区）“两委”工作，顺利实现村妇代会主任、社区妇联主席100%进入村（社区）“两委”的目标，村民委员会成员中女性比例达25%，居民委员会成员中女性比例达45%，村（居）委会主任女性比例达16%，书记、正副主任中女性比例达25%。坚持“党建带妇建、妇建服务于党建”，推动各县（市）区、开发（度假）园区市级“妇女之家”示范点建设。

（易新群）

共青团市委

【概况】 2016年，共青团昆明市委扎实推进各项工作，圆满完成年初制定的各项任务。截至2016年12月，昆明市共有14~28周岁户籍青少年1 084 187人，共青团员275 748人，共有少年队员628 794人，全市基层团组织8 707个，其中“两新”团组织3 010个。

【围绕中心主动作为】 动员青年投身”三创”工作。充分发挥共青团组织优势，服务全市青年创新创业创优工作。成功举办“3C空间”——“创青春”云南青年创新创业大赛昆明分赛活动，88个创业项目参赛，37个项目入围云南省总决赛；深入推进“贷免扶补”“创业担保贷款”“两个10万元”微型企业培育工程等工作，全年扶持青年创业1 900人；积极推荐5家企业获批成为昆明市高校毕业生就业见习基地，推荐300余名青年上岗见习，与昆明理工大学联合举办2016昆明“见习助就业·牵手毕业生”主题活动；与市人社局、市总工会等联合举办“昆滇银行服务观察暨职业技能大赛”，培养职业青年创优意识，立足岗位积极进取。

组织青年助力扶贫攻坚。以“挂包帮、转走访”为主要抓手，派出三名驻村工作队员抓好对寻甸县鸡街镇极乐村和东川区拖布卡镇象鼻村的定点精准扶贫工作。以培养青年脱贫生力军为核心，深入实施青春助力扶贫五大工程，即“青春领航工程”“青春助业工程”“青春圆梦工程”“青春关爱工程”“青春志愿工程”，扎实开展农村青年电商培育工程，共在11个县（市、区）先后开展青年电商培训16场，培训1 458人；开展“两后生”劳动力培训18期，投入资金5.5万元，培训1 910人；分别开展农村劳动力转移培训与转移就业培训90期和4期，转移培训和转移就业培训分别为7 636人和180人；深入推进农村青年创业致富“领头雁”培养计划，开展致富带头人培训17期，投入资金10.6万元，培训375人。

引导青年参与扮靓春城活动。领导和组织市青年志愿者服务指导中心，围绕昆明和谐社会建设，发动16万团员青年注册成为志愿者，组建1 302个志愿服务组织、公益慈善类组织和社会服务机构，志愿服务时长累计达281 164小时。相继开展关爱留守儿童“燃亮号”云南流动教室、“3·5学雷锋志愿日”、五四青年节、六一助残阳光行动、8月团员青年无偿献血月、“9·22”无车日绿色出行、第四届南博会、团员青年无偿献血志愿活动、第十二届农交会、“12·5”国际志愿者日滇池治理志愿服务活动等志愿服务活动。围绕“扮靓昆明·保护滇池”主题，打造7条“共青团治理滇池示范河道”，组织动员万余名志愿者组建扮靓昆明志愿者队伍，组成巡河志愿者队伍开展保护滇池志愿巡河近千次。

组织青年参与社会管理。团市委积极承接政府购买社会服务，保障青少年事务社会工作有序发展。分别向昆明市红嘴鸥青少年事务服务中心和昆明12355青少年服务台购买“七彩云”项目和未成年人心理帮扶项目，开展涉案未成年人司法保护和心理帮扶工作，并承担全市合适成年人的管理、培训和委派工作。加强与市中院、市检察院的合作，承接其对附条件不起诉未成年人的监督考察帮教、对涉诉未成年人的心理干预和社会背景调查等工作，共对7名附条件不起诉未成年人进行考察帮扶，对涉诉未成年人心理干预230余人次，完成社会背景调查10份，得到法检部门的充分肯定。

【汇聚力量提升影响力】 深入学习贯彻市委十届九次全会、市第十一次党代会精神，围绕习近平总书记“七一”重要讲话精神，以“面向未来，面对挑战，不忘初心，继续前进”为主题，举办“巨幕演说家——昆明共青团青年论坛”。广泛开展“我的中国梦”、社会主义核心价值观系列主题实践活动，引导青年崇德向善，弘扬社会正能量。深入开展“向上向善好青年”“乡村好青年”评选活动，树立青年榜样模范，用先进事迹感召广大青年，将社会主义核心价值观内化于心、外化于行。充分利用共青团网络宣传矩阵进行舆情监测，借助共青团网络舆情导控平台实时掌握网络舆情，实现意识形态问题及时发现、处置和控制。组建全市共青团系统320名网络宣传员骨干队伍。昆明共青团官方网站共发布信息1 800条，开辟网站专题专栏24个，浏览量达53 286次；新浪、腾讯官方微博发布信息5 988条，粉丝人数63 689人；官方微信、微信公众号发布信息500条，粉丝人数18 572人，86万名网友进行阅读、转发及讨论，有效扩大新媒体运用对网络青年的影响力。与市文明办率先在全省联合制定《昆明市青年文明号星级评定动态管理办法》，加强全市青年文明号创建工作，对青年文明号实行三星、四星、五星星级评定，并对青年文明号的评定范围、评定条件和评定办法等进行详细规定。积极开展国家级、省级青年文明号推荐工作，共接收全市各行各业申报集体176家，初步评定三星级青年文明号集体90家、四星级青年文明号集体40家、五星级青年文明号集体8家。在全市共青团系统内大力推进“青年之声”网络互动社交平台建设，组织社会各领域专家入驻，反映青年呼声，回应青年诉求。昆明共青团系统“青年之声”互动社交平台已入驻专家1 100余名，平台访问量达500万余次，提问数达到25 000条。

【服务青少年成长成才】 借助市青基会平台，开展青少年疾病救助、贫困帮扶、素质教育、团队支持、爱心助学等形式多样、社会急需的公益项目，如“遇见孩子新未来”随迁儿童帮扶与陪伴项目、“一路童行”困境儿童月捐计划、“团团营”青年组织支持项目、“爱心总动员”开心宝贝迎六一等。2016年，全市各县区希望工程助学项目总善款达1 301.22元，帮助贫困学生2 577名；昆明青基会全年累计筹款521.74万元，开展公益项目7个系列，公益活动30余次；直接服务困境青少年达7万余人，间接服务人数达20万余人。积极构建青少年司法保护配套工作体系，联合社管综治办、公、检、法、司等部门出台《关于进一步建立和完善办理未成年人刑事案件配套工作体系的实施意见》等三个青少年司法保护文件，并制定《合适成年人操作指引》对合适成年人工作进一步完善。逐步建立“团干部＋社工＋青年志愿者”的青少年权益服务运行模式，深入“警营”、少年法庭、青少年法制教育基地等场所，运用体验式教育的方法和手段开展活动。积极创建示范性青少年综合服务平台“青年之家”，全年已建成“青年之家”35个，青年活动阵地172个，打造五华、官渡、寻甸三个省级“青年之家”示范点。支持培育社工机构，在成立昆明市红嘴鸥青少年事务服务中心后，相继培育成立县区青少年社工机构13家，组建专兼职青少年事务社工队伍100余人。委托红嘴鸥事务中心建立“常青藤之家”关上中心区社区、金殿中学（工读学校）、五华区看守所和昆明市未成年人（汇合）观护教育基地、市看守所、龙翔街道、虹山中路社区等6个社会工作站。

【团建工作】 认真贯彻落实《中共昆明市委关于加强和改进党的群团工作的实施意见》和市委书记程连元在市委党的群团工作会议上的重要讲话精神，探索开展昆明共青团改革试点。及时召开传达学习《共青团中央改革方案》精神专题会议，组织深化改革调研座谈会，专题研究和学习借鉴上海、重庆共青团改革试点方案和相关经验，形成昆明共青团改革实施方案初稿。将“两学一做”学习教育纳入落实从严治党主体责任内容。7月6日，邀请全国著名男高音歌唱家孙毅来昆为团市委党员及部分昆明青年讲授党课。11月16日，邀请市纪委第七纪工委书记李兴国作党风廉政建设专题讲座。为加强团干部作风建设，大力开展团干部“三个直接”即最直接联系青年、最直接引导青年、最直接服务青年活动。深入基层，走进青年，全市“1+100”团干部直接联系青年工作数据库已录入团干部669名，联系青年22 964名，实现每名专职团干部、挂职团干部、县级（含）以上团的领导机关兼职干部经常性联系不少于100名不同领域的团员青年，乡镇级团干部经常性联系不少于10名不同领域的团员青年。加强全市共青团干部队伍建设，团市委与市委组织部联合制定印发《关于加强新时期共青团干部队伍建设的意见》，在团干部的选拔配备、团干部的教育管理、团干部的转岗输送等三个方面做出明确规定，提出具体要求。坚持正确用人导向，2016年，团市委机关采用民主推荐方式提拔使用科级干部5名，推荐3名正科级干部赴基层乡镇街道挂职两年，3名干部赴团市委挂钩扶贫点任驻村扶贫工作队员，1名科级干部转岗。以全面加强基层组织建设、加强团干部能力建设为重点，对市、县、乡及村级共青团干部开展教育培训共计18期、培训1 800余人次，培训对象参训率为90%以上。

（彭文怡）

2016年12月，昆明市召开青联九届一次全会暨学联第十二次代表大会。

（团市委　供稿）

台湾同胞联谊会

【党建工作】 按照市委的有关要求和市委统战部机关党委部署，有序开展“两学一做”学习教育。市台联领导班子成员带头示范，增强学习效果，认真开展“五整治、一整顿”专项工作，建立党员积分管理制度，开展党支部的分类定级工作。坚持“固定党日”，强化学习教育。市台联以“小型、灵活、务实”为原则，通过学习研讨、上党课、重温入党誓词、影视教育、廉政教育、结对帮扶、志愿服务、文体活动等多种形式，切实让党日活动成为教育党员的载体，成为市台联党支部和党员发挥作用的平台。市台联党支部被统战部机关党委评为好的党支部。

充分发挥市台联党支部的战斗堡垒作用。2016年，市台联党支部任期届满，选举产生市台联机关党支部新一届委员。加强制度建设，做到工作有部署、有检查、有落实，建立健全谈话机制，坚持“三会一课”制度。采取集中学与个人学相结合、召开专题研讨和座谈会、组织观看录像、电影、听报告、写心得等方法，提高学习效能，使机关党员职工的思想觉悟不断提高，观念理念不断转变。

【党风廉政建设】 把党风廉政建设和反腐败工作放在工作的重中之重，围绕中央、省、市委、市政府的要求，认真贯彻落实中央、省、市委关于预防惩治腐败和党风廉政建设的各项规定。落实领导班子和领导班子成员的“一岗双责”及党风廉政建设责任制，签订责任书，分解落实责任。学习贯彻落实中央“八项规定”“六项禁令”、反对“四风”主要内容、《廉政准则》以及省委“实施办法”和市委“实施细则”，坚持党务公开、政务公开，认真贯彻落实廉政风险防范管理工作。严格贯彻落实《党政领导干部选拔任用制度》的有关规定，严格按照组织人事相关规定，完成机关中层干部晋升工作。认真开展公务用车及“小金库”专项治理工作，按期召开党员领导干部民主生活会，不断改进工作作风。

2016年7月，第十三届两岸青年七彩云南联谊活动周。

（普中华　摄）

【昆台交流工作】　2016年7月7～13日，由昆明市台湾同胞联谊会和台湾中国大陆研究文教基金会联合主办的第十三届“两岸青年七彩云南联谊活动周”活动在昆明、大理、丽江举行。来自台湾中原大学、东海大学、联合大学、台湾大学、南投高中等16所大中学校的20名师生与昆明的青年学生开展交流联谊活动。在昆明学院进行的创新性体验式交流过程中，市委常委、市委统战部部长杨皕出席并致辞。该活动自2004年启动以来，已圆满举办12届。11月25～29日，“云港澳台青年双创云南活动周”在昆明、玉溪举行，百余名港澳青年代表、台湾青年代表、昆明青年企业家代表和台资企业青年台胞代表参加活动。市台联配合市台办组织和开展活动。活动期间，举行“云港澳台青年圆桌会议”“凝心聚力‘十三五’云港澳台青年助力昆明扶贫攻坚”签约仪式，云港台青年交流促进会、台湾天晴能源集团云南天晶能源有限公司、台湾慈济慈善事业基金会等3家企业分别与禄劝县和东川区签订3项爱心捐赠协议，为昆明市经济社会发展以及扶贫攻坚工作增添新动力。省委常委、市委书记程连元，市委常委、统战部长杨皕参加系列活动。市台联积极参与“昆明市商业管理及知识产权保护交流团”赴台参访。参访中市台联与中国青年大陆研究文教基金会就深入做好两岸青年交流联谊工作达成共识。

【为台服务】　认真开展领导干部公务电话接听工作，受理台胞台属来信来访6件7人次，做到件件有答复，事事有回音。全年无集体上访、投诉事件发生，无到上级有关部门投诉事件发生。与市台办共同组成慰问组，赴14个县（市、区）开展以“新春慰问 情暖人心”为主题的2016年新春慰问活动，走访县区涉台工作对象和困难台胞台属276户，走访慰问重点工作对象、老党员、退休老同志，共发放慰问金7万元。组织召开“昆明市第七次台胞台属代表大会”，近300名台胞台属参加会议，选举产生市台联新一届理事会及班子成员；组织召开市台联七届一次、二次理事会以及第七届一次、二次常务理事会等。牵头组织召开2016年一季度“涉侨涉台涉外”工作联系会，召开县区台联工作联系会。开展“学习贯彻市第十一次党代会精神宣讲暨爱国主义教育观影”活动，邀请市委党校赵培

2016年2月4~6日，昆明市台联第七次代表大会召开。

（市台联　供稿）

章副教授为全市近300名台胞台属做市第十一次党代会精神宣讲；组织市台联第七届理事会的理事赴禄劝县皎平渡开展重走长征路爱国主义教育活动；开展“重阳敬老慰问活动”。开展以“和谐之家爱相随·两岸同胞情谊深”为主题，庆祝昆明市台联成立三十周年的六大系列活动。加强宣传工作，编写《台联简讯》14期、《扶贫专报》12期、《廉政信息》10篇、《党支部工作信息》14期。加强网络宣传工作，及时更新“昆台网”和“昆明台联之家”微博工作信息。在网站上发布信息30篇，发布微博477条，其中原创微博437条。

【参政议政】　突出台联界别特色，提交提案43件，其中集体提案11件，委员个人提案32件。提交社情民意23件，其中有9件被市政协以政协专报的形式向市委、市政协领导及有关部门报送，为党委、政府科学决策提供参考。上报省政协社情民意两件。组织开展形式多样的界别委员活动。召开2016年参政议政工作会两次。组织开展台联界别政协委员专题活动。深入开展课题调研及制度创新工作，坚持“深入调研、征求意见、实事求是、修改完善”的原则，完成九篇调研报告、三个制度创新性文件。

【“挂包帮　转走访”工作】　2016年，市台联为“挂包帮　转走访”工作联系点东川区阿旺镇鲁纳村引进香菇种植项目1个；向困难村民发放慰问金2.8万元；捐赠办公用品一批；下拨扶贫款五万元；协调资金10万元；动员社会力量帮扶贫困户，得到市慈善总会对生病贫困户1.6万元的资金帮助；协调爱心企业捐赠价值1万元的常用药品，市台联捐赠价值0.9万元的药品；协调市慈善总会捐赠各类服装7 000余件及76件旅行箱等爱心物资；协调动员台湾慈济慈善事业基金会对274户贫困户1 200人发放冬令物资，包括内衣裤1 200套、棉袄1 125件、棉被526床、食用油526瓶、大米18 000千克。

（市台联）

归国华侨联合会

【党建工作】　抓好“两学一做”学习教育工作。市侨联党组多次召开学习研讨会，党组主要负责人、领导班子成员带头讲授专题党课，参加党支部的集中学习和固定党日活动。召开侨联工作务虚会、党组学习会，开展基层调研，认真查找问题。完成机关党支部换届工作，推进党的基层组织党建工作。

【宣传工作】　探索“网上侨联”建设，以编辑出版《昆侨之窗》为基础，每月更新昆明侨联网站，及时报道昆明市侨联工作动态；每天发布政务微博10条，原创率100%；开通“昆明侨联”微信公众号，提供侨联工作、涉侨政策、新侨创业等资讯，互联网+侨联的工作实践不断丰富。

【昆明形象展示推介】　联合市委统战部、云南旅港同乡会承办在香港国际会展中心举行的“昆明形象展示系列推介活动”，昆明市政协主席熊瑞丽，市委常委、市委统战部部长杨皕，副市长孟庆红等市级领导随团出访。活动以昆明推介宣传、昆明发展成就图片展、昆明特色产品展及昆明文化展演为载体，将昆明形象展示与侨团活动有机结合，传递对在港同胞的关心和问候，借助海外华侨华人、侨团侨领的独特优势，广泛汇聚人脉，加强对外宣传力度，扩大昆明建设区域性国际中心城市的影响力。组织推荐侨资企业参加第十四届东盟华商会、第二十届西洽会以及中国侨联创新创业成果展，挖掘商机，开展对接合作。

【依法维护侨益】　2016年接待来信来访群众50余人次，接收办理信访件8起，办结8起，办结率为100%。加强涉侨单位信访协作机制，健全与公检法司等部门的合作机制，完善市侨联法律顾问委员会案情通报制度，维护归侨侨眷合法权益。继续聘请市侨联法律顾问，为归侨侨眷提供法律服务。组织干部参加中国侨联“法治中国·你我同行”侨界群众法治学习活动，制作并向基层侨联发放普法用品，编印侨法宣传册等普法资料。开展“七五”普法教育工作，全市各级侨联普遍专题部署侨法学习和宣传工作，做到与业务工作同部署、同检查、同落实。推动侨界群众自觉遵法学法守法用法，有序参政议政。

【参政议政】　围绕侨界群众普遍关注的“一带一路”建设、新侨创新创业、侨文化保护等热点问题，深入开展调研，在政协昆明市第十二届委员会第六次会议上，先后提交集体提案九个，侨界政协委员个人提案八个。发挥“侨界政协委员之家”作用，组织委员开展学习交流、调研视察、收集和反映社情民意等经常性活动，实践基层协商民主。以《昆明市侨务引智的现状与发展对策研究》为题开展决策咨询课题研究，吸引更多海外资金、技术和人才参与昆明的开发建设，发展对外经贸合作。

【丰富侨联工作内涵】　由市委常委、市委统战部长杨皕率领的“昆明市海外联谊代表团”出访缅甸。在曼德勒期间，向缅甸曼德勒云华师范学院捐赠价值10万元、近3 000册图书，并举行捐赠图书暨“昆明书屋”挂牌仪式。这是昆明市首次在海外建立“昆明书屋”。结合昆明市侨联成立60周年，开展昆明市首届“侨胞日”暨纪念昆明市侨联成立60周年大会系列活动，《春城侨海情——昆明归侨口述录》一书首发；组织“魅力侨情”文艺会演，演出印尼归侨联谊会、缅甸归侨联谊会、越柬老归侨

2016年11月，《春城侨海情——昆明归侨口述录》出版发行。（市侨联 供稿）

联谊会、东南亚留学生代表等编排的反映昆明独特侨情文化的歌舞节目；“知侨法、护侨益、聚侨心、促和谐”侨法宣传及法律咨询活动现场为100余人次提供服务；昆明眼科医院、昆明友谊医院现场进行爱心义诊、送医送药活动；云南万润利商贸有限公司等侨资企业在现场设置商品展位，展示在昆侨商奋发有为，报效祖国的时代风采。顺应归侨侨眷文化需求，将“老归侨口述历史”活动推向深入，在中国华侨华人历史研究所的全额资助下，由中国华侨出版社正式出版发行《春城侨海情——昆明归侨口述录》。该书收录了20世纪30～60年代回到昆明的13位老归侨及其后人在国外、回国及定居后的经历，展现老归侨在祖国建设各个时期的爱国奉献精神，探讨和总结他们的特殊人生历程。该书系中国华侨历史学会地方侨史文丛之一，也是云南省首部归侨口述史。举办2016首届“昆明—蒙特利公园市夏令营”，组织10名中学生代表赴美参观亨庭顿图书馆、钱学森母校等，给昆明青少年提供带有游学目的文化之旅。

【汇聚侨界爱心】 发挥传统公益品牌优势参与社会建设，争取“美国妈妈联谊会”先后向禄劝县、五华区、盘龙区和倘甸两区五所贫困山区学校捐赠价值10万元的多媒体教学设备，对禄劝第一中学、民族实验中学共90名贫困学生捐资9万元。多次深入挂钩扶贫点——倘甸镇骂秧村开展“挂包帮、转走访”工作，争取市水务局拨付115万元用于该村水利工程项目建设。市侨联法律顾问为村民提供免费义诊和法律咨询服务，全年累计走访33户贫困户100人次，为22名贫困学生发放助学金2.2万元，发放慰问金（款物）折合人民币9.19万元。联合市委统战部开展“送温暖、献爱心”活动，对95户侨界知名人士、困难归侨侨眷等进行慰问。开展“侨心系民生”义诊活动，联合昆明友谊医院先后深入盘龙区金星社区、五华区莲花池公园社区及倘甸镇骂秧村，为2 100人次居民免费送医送药并提供健康咨询。开展“归侨侨眷喜看新昆明”系列活动，组织归侨侨眷代表近百人参观盘龙区城市建设，了解昆明在滇池治理、城市发展、文化传承等方面的工作，感受新昆明发展的丰硕成果。参与打造“南侨机工历史文化社区”建设，把爱国华侨抗战史和爱国主义精神带到百姓身边。

（陈 敏）

昆明市首届“侨胞日”暨纪念昆明市侨联成立六十周年庆典（市侨联 供稿）

外事侨务

【缔结国际友好关系】 2016年3月27日，昆明市人民政府市长王喜良与法国格拉斯市市长杰罗姆·维奥共同签署《中华人民共和国昆明市和法兰西共和国格拉斯市建立友好城市关系协议书》，昆明市国际友城增至21对。在友城数量上，截至2016年12月31日，昆明市共计缔结国际友城21对。其中，亚洲11对，欧洲4对，美洲3对，大洋洲2对，非洲1对。缔结友好交流城市17对，数量位于全国前列、西部第三。在友城区域分布上，与南亚东南亚城市缔结友城10对、友好交流城市5对，占全市对外缔结友城数的52%，位列全国第一。2016年，昆明市再次荣获“国际友好城市交流合作奖”，系昆明市第五次荣获该奖项。

2016年，市政府第118次常务会、市人大常委会第39次会议及市政府第125次常务会、市人大常委会第42次会议分别通过昆明市与日本高山市、昆明市与捷克奥洛莫兹市缔结友好城市的申请。相关材料已正式上报省友协、全国友协。同时，继续建立和推进与保加利亚索菲亚市、阿根廷圣塔菲市、法国南锡市、马来西亚马六甲市的友城缔结工作。

【国际友城交流与合作】 2016年，昆明市认真开展友城经贸、文化、教育、科技、医疗、环保等领域交流与合作，成绩显著。

高层出访交流。5月2～5日，市委书记程连元出访德国海德堡，加强昆明与海德堡友好关系。7月10~14日，市政府市长王喜良率团出访以色列，出席“滇以合作论坛”，探讨双方在新能源汽车、高科技农业等方面的合作。市委常委、副市长李志工7月3～5日出访友城土耳其安塔利亚、6月28日至7月2日出访友城英国利物浦，11月21至24日出访德国杜塞尔多夫，并开展“蓝色集装箱”主题宣传活动。9月21～25日，副市长王春燕出访友城日本藤泽，出席两市结谊35周年庆祝活动。副市长王建颖8月24～27日出访友城美国丹佛，出席昆明丹佛结谊30周年庆典活动，8月28至31日出访日本高山，与高山市签署合作谅解备忘录。7月25日至8月1日，市政府副秘书长王亚芳出访保加利亚，就与索菲亚市建议友好关系进行商讨，并实地调研昆明市产投收购保加利亚航空相关事宜。

2016年7月，昆明市与利物浦市合作备忘录签字仪式。
（市外侨办　供稿）

友城互动合作。昆明—苏黎世。4月13日，瑞士苏黎世规划专家在昆举办“城市规划专题讲座”。4月17～21日，瑞士苏黎世市长科琳娜·茅赫率代表团对昆明市进行友好访问，促进两市技术合作加入中瑞两国政府签署的“中瑞低碳城市合作”框架，进一步深化两市作为友城典范的合作关系。4月18日，昆明市组织金融、医疗、机械制造等企业与苏黎世企业家举行“昆明·苏黎世经贸洽谈会”。10月20日，通过昆苏友城关系，瑞士驻华使馆查斐参赞一行来昆访问，就推进中瑞低碳城市合作项目进行磋商。11月7～11日，苏黎世技术代表团一行访问昆明，进行2016年度第二次技术咨询工作。11月7～9日，通过昆苏友城关系，瑞士驻华大使馆查斐参赞一行访问昆明，就昆明市关上中心低碳城市合作项目进行最后调研并达成一致意见。昆明—于韦斯屈莱。4月7～9日，芬兰于韦斯屈莱市市长、议长及市董事局主席代表团一行对昆明市进行友好访问，并签署《昆明市与于韦斯屈莱市合作谅解备忘录》。4月8日，于韦斯屈莱市经贸代表团与云南建筑科学研究院、云南航天工程物探检测有限公司进行座谈交流；于韦斯屈莱市VRT公司与昆明市滇管局就滇池水底声纳探测技术工作进行合作探讨；于韦斯屈莱市莱碧奥科技公司与昆明市克林轻工机械（集团）股份有限公司就酒精废液制沼气和汽电联产以及废弃物生物沼气两个项目发展达成初步合作意向。4月9日，于韦斯屈莱市BioGTS科技公司就清洁技术、垃圾处理和能源技术与昆明市相关企业进行交流合作；于韦斯屈莱市代表团一行访问昆明学院，就两校教师互派、留学生交流以及养老护理及制定养老护理标准和教师培训项目进行商谈。昆明—藤泽。1月22～24日，昆明市5名选手赴日本藤泽市参加马拉松大会。6月26～29日，藤泽市政府代表团一行访问昆明，就两市结谊35周年事宜进行面谈。11月3~6日，藤泽市市长铃木恒夫一行访问昆明，并出席昆明·藤泽缔结友好城市35周年庆祝活动。11月5日，昆明市、藤泽市在昆共同举办‘中日文化交流展”，庆祝昆明藤泽结谊35周年，期间展示两市书法、摄影、青少年绘画、日本茶道、花道以及昆明非物质文化遗产。昆明—丹佛。11月9～12日，美国丹佛市议长艾尔巴斯·布鲁克斯一行访问昆明，并出席昆明·丹佛缔结友好城市30周年庆祝活动。11月11日，昆明市、丹佛市在昆共同举办“昆明·丹佛结谊30周年纪念活动”，昆明市中美文化交流使者、女高音歌唱家廖琪玉率苗族农民合唱团演出飞虎队故事改编的歌剧。昆明—奥洛莫茨。4月底，昆明市花卉产业联合会及相关企业代表团赴捷克奥洛莫茨参加奥洛莫茨花卉展览。6月26日，昆明市4名运动员赴奥洛莫茨参加马拉松比赛。8月底，接受九名奥洛莫兹医院医生到昆明市中医院进行为期6周的培训。与其他友城。6月9～12日，缅甸曼德勒市市长耶伦、泰国清迈市副市长访问昆明，并参加第四届南博会，出席“昆明友城旅游合作与发展研讨会”。本次研讨会以“友城旅游合作与交流”为主题，聚焦友城旅游便利化问题，通过主旨演讲、高端对话等形式进行深入的探讨交流，为友城合作提供宝贵经验，创造更加广阔的发展空间和共赢之路。昆明市委书记程连元、市长王喜良出席大会并发言。会上通过《昆明倡议》，此系昆明市首次在南博会期间举行沿线国家城市国际会议，为加快发展与南亚东南亚友城合作机制奠定坚实基础。

2016年5月，市委书记程连元会见澳大利亚驻成都总领事。
（市外侨办　供稿）

【与外国驻华使领馆的交往合作】　与驻华使领馆沟通联系38次。与驻昆明涉外机构协作，举办“2016中国（昆明）·印度瑜伽大会”“英国·昆明周”“印度·昆明周”“缅甸·昆明周”等双边节庆、文化交流活动。2016年，15个国家签证中心落户昆明，分别为：意大利、法国、德国、奥地利、比利时、克罗地亚、捷克、芬兰、希腊、西班牙、瑞典、英国、荷兰、匈牙利、马来西亚。

【对外民间友好交往】　共接待来自18个国家的友好团体、组织及友好人士共32批次354人。其中，美国、加拿大、日本、韩国、新西兰共计8批次60人；法国、瑞士、德国、英国、意大利共计7批次53人；以色列、印度、斯里兰卡、尼泊尔、缅甸、泰国、越南、老挝等8国共计17批次241人。民间友好交往方向侧重于南亚东南亚，共有8国17批次241人来访，其中缅甸7批次70人。

【外事礼宾接待】　2016年，参与、配合在昆举办的第四届南博会、2016中国（昆明）·印度国际瑜伽大会、第十四届中国国际农产品交易会暨第十二届昆明泛亚国际农业博览会、第八届泰国节、昆明高原国际半程马拉松赛、上合昆明国际马拉松赛、格兰芬多国际自行车节、2016东川国际泥石流汽车越野拉力赛、第二届云南名特小吃暨民族饮食文化节等大型涉外活动20余起，接待12个国家和地区党宾、国宾、驻华使节、重要侨社侨领及各专业类型团组35批354人次，承接国家、省、市重要外事接待32起，并打造两个外事参观点。

【因公出国（境）管理】　坚持因事组团、因事派人原则，共申报获批因公出访计划75批402人次，配合国家“一带一路”建设，不计入限量规定的越、老、缅、泰、柬、孟6国共计54批322人。国家外专局批复培训项目计划12批93人。截至2016年12月20日，全市审核、审批因公出国（境）团组数为计划内54批260人，计划外72批193人（包含不限量范围自组19批81人，省组6批10人，省外2批7人）。在科学管理，严格派出，因事定人，科学规划基础上，制定《关于文明出行的意见》《中共昆明市委办公厅 昆明市人民政府办公厅关于进一步加强全市因公出国（境）经费审控、人员政审和任务审批的通知》。

【涉外管理工作】　坚持“归口管理、授权有限”的原则，加强对全市涉外工作和涉外部门的规范化管理，探索建立健全涉外应急、涉外案件和外媒管理的机制，拟定《昆明市涉外应急处置预案》《昆明市涉外事件处置程序》和《外国记者在昆采访管理规定》等规范性文件。加强对境外NGO组织、防恐、反邪等工作的管控和引导，与省、市“610”办合作，利用昆明市友城、友侨的独特优势，开展防恐、反邪宣传工作。

【港澳事务工作】　探索与香港贸发局、澳门经贸局、香港特区驻粤办、旅港旅澳云南同乡会合作与交流渠道，加大昆明市与港澳政府部门在公务员培训、中小学生交流和实质性项目的合作力度。2016年，已就2017

2016年5月，2016中国（昆明）中印国际瑜伽大会开幕。
（市外侨办　供稿）

昆明市公务员赴港培训、港澳中小学与昆明市中小学缔结友好校际关系及2017香港—昆明周等合作交流项目与对方取得初步共识。

【外交外事知识培训】　根据中共昆明市委组织部2016年度干部培训计划安排，9月6～12日，与复旦大学合作举办“昆明市外事干部培训班”。昆明市14个县（市、区）、经济开发区，市属各有关委办局和昆明学院共62名专（兼）职外事专办员参加培训。培训课程形式包括理论讲解、专题辅导、实例研讨及分组讨论等；课程内容包括邀请知名专家教授、上海市外办领导围绕“两学一做”与社会主义核心价值观践行、公共外交与国家对外形象战略、“一带一路”与中国经济发展新战略、从历史与地缘政治看亚太国际关系格局、世界政治格局及外交形式、网络时代政府的公共危机管理与媒体应对、外事工作如何更好服务国家总体外交和地方经济社会发展等主题进行集中授课，中间穿插实地参观中共一大会址、考察上海国际化社区及自贸区建设现场教学。

【侨务工作】　7月17日，“南侨机工历史文化社区”在五华区大观街道新闻里社区挂牌成立。该社区以昆明唯一健在的南桥机工罗开湖老人为原型，打造全省乃至全国范围内唯一以抗战历史为主题、富有爱国教育、云南特色、国际影响的文化社区。5月27日和10月20日，官渡区关上中心区社区和盘龙区明通巷社区分别挂牌成立“昆明市侨法宣传角”。“侨法宣传角”作为侨法宣传阵地和为侨服务平台，发挥社区侨务工作示范带头作用。2016年，继续构建昆明“涉侨高层次人才库”，已吸收进入人才库60名。4月9～22日，接待参加“华裔青少年寻根之旅”夏令营活动的缅、泰两国青少年100人。10月26～29日，承办“2016·昆明·缅甸侨社‘云华杯’”。12月4～20日，安排新加坡创价学会16名交流人员到昆明市东川区汤丹中学进行交流。2016年，共受理42件次涉侨信访件，妥善处理涉及医疗保险、回国定居、房产赔偿、“文革”冤案及孩子入学等问题。以切实维护归侨侨眷合理合法利益为目的，真心实意帮助归侨侨眷解决实际问题。全年侨务信访办结率达95%。继续推行“双百计划”。全年共计对全市428户次散居贫困归侨侨眷进行帮扶慰问，使用市级财政资金43.74万元。

（市外侨办）

政策·经济研究·咨询

政策研究

【重要文稿起草】　2016年，市委政研室参与或牵头起草市委、市政府重要文件五篇，包括《关于培育发展新型村级集体经济提高农民组织化程度的意见》《昆明市委市政府关于贯彻落实创新驱动发展战略的实施意见》《昆明市在深化国有企业改革中坚持党的领导加强党的建设的实施意见》《市委重大决策部署督办落实和市委领导同志批交办件办理工作规定》《昆明市人民政府办公厅关于加快推进农村产权流转交易市场建设的通知》。起草或参与起草重要文稿11篇，包括昆明市第十一次代表大会上的报告、市委书记程连元在全市旅游产业发展推进会上的讲话、程连元在全市城市规划建设管理工作会议上的讲话、程连元在“2016国家金融与发展（昆明）国际峰会”总结发言、程连元在2015年度全省检查考评汇报会上的讲话、市委副书记刘智在昆明建设区域性国际中心城市——问题·路径研讨会上的发言、刘智在全市国企党建工作推进会上的讲话、全省2015年度综合考评汇报提纲、程连元在中央主要新闻媒体采访会上的发言及采访稿件、贯彻落实纪恒书记昆明调研重要讲话精神情况报告、关于贯彻落实习近平总书记考察云南重要讲话精神的情况报告。

【专题调研文稿撰写】　围绕市委十届七次全会提出的工作任务，紧扣领导关心、社会关注、群众关切的现实问题，深入基层、深入一线开展调查研究，形成一批专题调研报告，包括《昆明加快大健康产业发展对策研究》《承接主城功能转移推动跨越发展对策研究》《昆明泛亚农村产权交易所调研报告》《昆明市全面建成小康社会指标体系专项研究报告》《2016年全市上半年经济运行情况分析》等15篇调研报告；《昆明市服务和融入国家战略推动区域合作对策研究》《昆明市建设科技创新中心对策研究》《昆明市打造数据铁笼对策研究》《昆明市提高农民组织化程度对策研究》4个决策咨询中心课题；《决策内参》19篇，其中《关于加快昆明市农村产权交易平台建设的几点建议》《关于昆明市提升农民组织化程度的建议》《实施“品质强市”战略助推供给侧结构性改革的建议》《打造“昆明北部健康谷”的政策建议》《省市联动共筑“中国健康之城”的建议》等10篇《决策内参》获得多位市级领导肯定性批示12次，获批示内参占52.6%，内参质量显著提升。在省级刊物发表文章5篇。其中《昆明市全面建成小康社会的主要难点分析》在《云南农村经济》2016年第5期发表；《转变昆明市粮食生产方式的思路与对策》在《云南农村经济》2016年第5期发表；《省内四州市发展集体经济的调研报告》在《云南调研》2016年第24期发表；《昆明打造城市综合体提升城市品质探讨》在《社会主义论坛》2016年第10期发表。

【书刊编辑】 充分利用信息服务载体，为领导科学决策提供准确、快捷、具有参考价值的信息服务。编印完成《昆明市情手册（2016年版）》《昆明市2015年调研文选——谋事之基》和6期《昆明政研》双月刊。在原有刊物基础上，编印《市委书记动态》，得到市委领导肯定。所编刊物多层面、宽领域地反映全市工作情况，及时传递外地信息，为市领导从不同角度掌握上情、了解外情、知晓内情，做好决策，发挥重要作用。

【党群口决策咨询研究】 2016年，市委政研室统筹组织党群口完成昆明市科学发展决策咨询中心定向委托的《昆明市加快新兴服务业发展对策研究》《新形势下昆明市发挥人民陪审员作用对策研究》《昆明市侨务引智的现状与发展对策研究》等课题35个，成果转化率75%以上。

【工作亮点】 紧紧围绕市委中心工作开展大健康调研，集中力量，广泛深入研究，形成一批调研成果，包括《把呈贡区打造成全省大健康示范区的对策建议》《把昆明打造成为区域生物医药产业总部的建议》《打造"昆明北部健康谷"的政策建议》《省市联动共筑"中国健康之城"的建议》四篇决策内参，得到市委、市政府主要领导及其他市级领导的肯定性批示；撰写《昆明加快大健康产业发展对策研究》调研报告，在云南日报公开发行的刊物《影响力》第181期发表，积极推广昆明加快发展大健康产业的工作经验和方法，着力提高昆明市打造"中国健康之城"在全省乃至全国的影响力。决策内参《省市联动共筑"中国健康之城"的建议》，紧扣市第十次党代会提出的打造"中国健康之城"目标，从昆明加快普及健康生活、优化健康服务、完善健康保障、建设健康环境、发展健康产业入手，通过对贵阳市推动大健康与大数据、大生态、大旅游融合创新发展，促进大健康产业技术创新、业态创新、模式创新和体制机制创新的分析和借鉴，提出以改革创新为动力，以大健康产业集聚融合为路径，省市联动合力打造"中国健康之城"的对策建议。深入调研撰写的决策内参《关于加快昆明市农村产权交易平台建设的几点建议》，引起市委、市政府领导高度重视，转化为《昆明市人民政府办公厅关于加快推进农村产权流转交易市场建设的通知》这一制度性、规范性文件，文件全面采纳决策内参的意见建议。

（孙一丹）

经济研究

【重要文稿起草】 2016年，按照市政府安排，市政府研究室完成2016年《政府工作报告》起草工作。起草工作以严谨认真的态度，开展广泛深入的调查研究，加强与各县区、开发（度假）区、市级各部门的联系，做好与财政、计划两个报告的数据、项目等对接。经过多次征求意见、反复修改论证，按时限要求圆满完成起草工作。报告得到市领导和市"两会"与会人员的充分肯定。全年完成市委、市政府交办的文件和领导讲话稿等各类重要文稿起草45篇，部分文稿得到市领导的充分肯定。

【重大课题调研】 围绕全市经济社会发展中的热点、难点问题，深入开展调查研究，多方听取意见建议，充分借鉴外地成功经验，提出符合昆明实际的相关对策和工作建议。完成《赴成都市学习考察城市规划建设工作调研报告》《关于昆明自身发展优势劣势的调研报告》《昆明发展所处阶段的分析调研报告》《加快昆明产业转型发展 提高城市综合竞争力调研报告》《昆明市少数民族流动人口创业与就业情况调研报告——以社区为例》《关于加强电动自行车管理调研报告》《新时期昆明市主城社区"互联网+基层党建"调研报告》《加快推进昆明市农村公共服务建设的调研报告》八篇调研报告，部分成果得到各相关部门的肯定和采纳，为科学决策提供依据。

【深化改革工作】 着力抓改革、促工作，通过开展各类课题研究工作，积极推进新型智库建设工作，加强与市属专业智库、党政机关智库、高校智库及社会智库的联系和合作，取得较好的改革成效。积极配合市发改委，完成"主动融入和服务'一带一路'、长江经济带、京津冀协同发展、滇中经济圈等重大战略，积极参与构建区域互动合作机制"的改革任务。制定昆明市决策咨询专家管理办法。推进各类智库协调发展，在昆明市改革发展的重点领域建设两到三个具有专业性、示范性、引领性的重点智库。研究制定智库评估、智库合作及课题招标、委托办法等相关配套制度。配合市财政局制定《昆明市市级课题经费管理办法》。

【书刊编辑发行】 完成《昆明经济》编辑发行工作，全年共编发《昆明经济》6期。完成《2016·昆明·政府工作报告汇编》《2015·昆明市决策咨询研究成果汇编》《昆明市人民政府研究室2015年重要文稿汇编》等书籍的编辑发行工作。完成2016年《中国城市年鉴》《云南经济年鉴》《昆明年鉴》的经济研究、决策咨询条目编撰以及《昆明日报》等报刊相关专题约稿。

【挂钩扶贫工作】 围绕寻甸县"2017年脱贫摘帽"增收致富目标，

落实“挂包帮、转走访”工作各项安排，动员全室力量参与扶贫攻坚工作。结合自身工作职能，为挂钩扶贫村太阳能路灯安装、灌溉沟渠修复、路面硬化、教育基础设施改善等项目协调争取上百万元预算资金，并制定发展规划，撰写精准扶贫调研报告。自主投入经费49.43万元，主要用于挂钩贫困镇村发展规划课题研究、基础设施改善、教育扶持等方面工作，较为圆满地完成全年各项扶贫攻坚任务。

【建议提案办理】 高度重视人大代表建议、政协提案办理工作，完成市人大《关于进一步发挥国际友好城市在昆明区域化国际城市建设中作用的建议》、市政协《关于发展昆明特色健康产业的建议》提案、《关于推进以“大健康”为主题实施产业融合发展的建议》等三项人大代表建议和政协提案的答复；协助完成市人大《关于逐步推进我市国际化社区建设的建议》，省政协《关于发挥昆明滇中城市经济圈“中央处理器”作用的提案》。办复率、面商率、满意率均达100%。

（罗林麟）

咨询工作

【市决策咨询中心工作】 2016年，按照“中心统揽，归口管理”的工作模式，进一步强化市决策咨询中心在课题征集、筛选、立项、管理和经费统筹等方面的统揽作用，课题立项充分考虑成果的转化应用，调动和发挥市委政策研究室、市人大常委会研究室、市政府研究室、市政协研究室4个归口管理部门的积极性，围绕市委、市政府中心工作，动员各方面的力量，扎实开展工作。全年共组织近百家市级部门、在昆高校和科研机构，完成课题研究125项。其中，年度计划课题110项（党群口35项、人大口6项、政府口64项、政协口5项）；市委、市政府立项重大研究课题11项；按照市领导的批示，结合新形势、新任务，新增课题4项。抓质量，严格落实课题研究中期论证、结题评审“双评审”制度，课题质量把关的关口前移，加大中期检查力度，每个课题都由管理部门邀请专家，就研究方向、重点、思路、对策措施等进行严格把关。组织召开年度决策咨询研究工作会议，进一步明确课题研究方式、方法和关键环节，帮助课题组清理研究思路，突出问题导向，突出抓好课题研究质量和成果转化率，课题研究质量进一步提高，研究成果转化率达65%以上。抓规范，结合管理工作实际，不断对课题管理的相关办法进行完善，对课题管理过程进行规范。抓运用，课题成果转化抓好结题管理制度落实，每个课题都要求要形成文件，或报送市领导的参阅件。

【咨询研究】 按照抓规范、提质量、促实效的要求，加大对课题研究的管理服务力度，促进研究质量和成果转化率的提升。《昆明市乡镇（街道、工业园区）安全生产监管执法力量建设对策研究》《昆明市行业协会商会与行政机关脱钩改革对策研究》《昆明市加快科技服务业发展对策研究》《昆明市完善规范性文件合法性审查制度研究》《昆明市政务服务综合评价体系研究》等10项课题研究成果形成市委市政府文件下发执行。《昆明市网络商品交易监管主体现状研究》《昆明市优秀师资队伍培养管理对策研究》《昆明市粮食应急配送体系建设对策研究》《昆明市加快“互联网+农业”发展对策研究》等8项研究成果形成部门文件下发执行。《智能交通背景下昆明市加快停车产业发展对策研究》《昆明市优化旅游客运运力配置对策研究》《发挥气候资源优势做优昆明高原特色农业对策研究》《昆明市传统戏曲文化保护发展对策研究》等26项研究成果形成《决策调研报告》，有的成果得到市领导的批示认可，进入决策。完成《2015·昆明市决策咨询研究成果汇编》编印发行工作。

【咨询建议】 做好服务，加强联系，充分发挥由22名国家有关部委领导和专家组成的昆明市科学发展决策咨询特聘顾问和90名省内知名专家组成的昆明市科学发展决策咨询专家的智力优势，及时为特聘顾问、咨询专家寄送市委全会、市“两会”、市委工作会、市委中心组理论学习会等重大会议讲话稿和有关市情材料，便于专家了解市情。定期或不定期召开专家组会议、专家组长会议，向专家介绍市委、市政府领导关注的重大问题，为专家有针对性地建言献策提供参考。 特聘顾问和咨询专家积极为市委、市政府决策建言献策，编辑报送《决策咨询建议》9期。报送的《对东川区精准扶贫精准脱贫的几点建议》《加快提升昆明城乡人居环境的建议》《关于滇中新区打造全省跨越发展新范式的几点建议》《对我市实行产业精准招商的6条建议》《提升昆明城市文化品质的对策建议》等建议得到多位市级领导的批示认可，进入决策。

【咨询论证】 围绕市委、市政府中心工作和昆明经济社会发展的重点、难点问题，借助市科学发展决策咨询专家和市政府咨询委员智力资源，组织专家对市级决策咨询研究重大课题进行评审论证近千人次。《昆明市加强企业信用监管对策研究》《昆明市公共地理信息资源共享对策研究》《新常态下昆明市加强流动人口管理对策研究》《智能交通背景下昆明市加快停车产业发展对策研究》《昆明市加强“滇中一体化”跨区域公共安全管理对策研究》《昆明市绿证培训促精准脱贫对策研究》等一批课题，经过专家咨询论证，得到充实完善，进入决策。

（盘继斌）

军　事

◆责任编辑　陈智容

昆明警备区

【思想政治建设】　认真学习贯彻习近平主席系列重要讲话精神，围绕习近平主席“七一”重要讲话“不忘初心、继续前进”的鲜明主题，引导始终坚守理想信念，不断坚定“四个自信”，走好新的长征路。学习十八届六中全会公报，集中开展讨论交流，推动广大党员全面准确掌握全会精神。结合实际制定《昆明警备区加强党委中心组（带机关）理论学习的办法》，突出抓好党委中心组带机关4个专题的理论学习。组织全区干部开展每月读一书活动，不断提升理论素养。积极开展宣传报道，全区部队在军内外各级媒体上稿400多篇条，制作墙报、橱窗100余期。

扎实开展改革强军教育。开展“新体制新职能新使命”大讨论和“政治工作发挥生命线作用”大讨论，选定预备役通信团主题教育先行试点，组织“坚定改革强军意志、投身改革强军实践”主题实践活动和“坚决服从改革大局”专题教育，完成5个“军营微课”课件制作，不断深化“合编合力合心”教育，采取全区统一集中的方式组织主题教育专题授课，全区官兵职工政治意识、大局意识、核心意识、看齐意识不断增强，保持各项工作和建设的正确方向。组织讨论交流10次，撰写心得体会300多篇。

务实组织“两学一做”活动。警备区党委坚持把学习教育活动作为党建工作的龙头任务，充分发挥牵头抓总作用，加强组织协调，全区各级党组织精心安排，扎实推进，动员部署、支部书记培训、定诺审诺亮诺践诺评诺、专题组织生活会、民主评议党员、形势分析、讨论交流、党课辅导、思想汇报等步骤一项不落。警备区主要领导集中给全区党员讲党课10次，全区支部书记、副书记累计讲党课72次，鼓励普通党员讲党课30次。特别是针对军委指出的“5个方面不足”，根据省军区《关于深入推进“两学一做”学习教育的意见》，结合实际从提高思想认识、强化领导带头、严格学习要求、抓实规定动作、丰富实践载体、营造浓厚氛围、硬化落实措施等7个方面制定具体落实的措施，取得阶段性成效。

【备战训练】　靠前主动备战。着眼警备区使命任务，修订完善各类方案预案。全面规范值班秩序，严格落实作战值班日、周、月例报制度，强化值班首长坐班和每日交接班制度。建立完善以昆明市国动委指挥所野外机动指挥系统为核心，连接市政府指挥大厅、公安、武警机动指挥系统的应急通信体系，提升遂行非战争军事行动能力。投入200余万元，协调市应急办、市林业局等单位，为14支应急民兵分队配备应急救援设备、森林防火和抢险救灾物资器材。常委两次带队进行战备检查，结合大项任务备勤时机，进行不打招呼实案化战备拉动四次，全区官兵职工备战能力进一步加强。国防动员部已通过昆明市国动委指挥所野外机动指挥系统评审，并向军委科技委推荐参加2016年军队科技进步三等奖的评选。

拓展抓实训练。常态化做好抢险救灾、应急处突备勤训练。4～5月，组织预备役通信团、人武部应急分队共3 000余名民兵预备役人员开展森林防火备勤训练任务。5月，按照“集中时间、统一安排、同步实施、分级组织”的方式，采取理论辅导、集中训练、小结讲评的方式，集中开展师团首长机关军事训练并考核。6月，高标准迎接省军区半年军事训练考核督查。对五华、安宁、禄劝、预备役通信团4家单位进行半年

体能测试

（昆明警备区　供稿）

军事训练抽考督查。全区干部、战士一人不漏参加年终军事训练考核。指导预备役通信团开展野外驻训和通信专业骨干集训。雨季期间，组织14个县（市、区）人武部和预备役通信团各100名民兵预备役人员开展防汛抗洪救灾备勤。11月，组织官渡、西山区人武部和昆钢民兵高炮分队检验性实弹考核。有效履职强能。新年伊始，出动官兵、职工和民兵预备役人员千余人组织战备拉动演练，各团级单位平均组织45千米的摩托化行军拉动，23千米的山地徒步行军拉练。6月，出动民兵参与南博会应急处置演练。8月，与市政府在嵩明县联合组织“2016平安嵩明”抗震救灾综合演练，嵩明县、寻甸县、盘龙区、宜良县、阳宗海风景区和市抗震救灾指挥部成员单位、军警部队3 000余人同步参与演练。10月，三批次共组织千余名现役及民兵预备役人员参加省军区和本级组织的天宫二号与神舟十一号飞船陆上应急搜救演练。

【党风廉政建设】 深入拓展长效机制。1月，根据省军区指示要求，及时制定和落实《警备区党委机关学习贯彻中央军委国防动员部〈关于切实做好省军区（警备区）划归中央军委国防动员部领导管理后有关工作的通知〉的17条措施》。6月，师团两级党委班子召开党委（常委）民主生活会，认真搞好党性分析，开展批评与自我批评，研究加强党委班子自身建设的措施。结合警备区实际，制定《警备区领导机关保障工作若干规定》《昆明警备区财经管理规定》《昆明警备区物资采购管理规定》《昆明警备区营房管理规定》等制度，不断巩固拓展作风建设成果。西山、东川、官渡人武部和预备役通信团应急物资采购按规定组织开展。从严开展廉洁征兵工作检查和责任追查。2016年共受理办结各类信访举报6件。

扎实开展肃清工作。11月，党委专题会议研究制定《昆明警备区全面彻底肃清郭伯雄徐才厚流毒影响深入推进党风廉政建设和反腐败斗争实施方案》。各团级单位和机关各部及时制定实施计划，确保每一项内容、每一个环节、每一名人员的落实。11月10~25日，警备区师团两级扎实开展全面彻底肃清郭伯雄徐才厚流毒影响专题学习教育，集中5天时间组织观看《永远在路上》党风廉政建设专题片，对9份违纪违法案件和问题再次组织学习，深刻汲取教训。围绕军委明确的“12个重大是非问题”，17个团级单位党委书记或副书记作交流发言。

从严抓好专项整治。根据省军区通知要求，完成“四个监管系统”建设配合工作。组织对17个团级单位开展财经执法巡查和财务大清查“回头看”，进一步规范后勤秩序。对全区公用银行账户进行清理清查，确保银行账户资金安全。制订《昆明警备区全面停止有偿服务工作实施方案》，成立昆明警备区全面停止有偿服务工作领导小组，采取倒排时间表、列出任务清单、建立问题台账等方法，开展相关工作。全区可控托底项目52个全部关停，完成率100%。军委后勤保障部、省军区全面停止有偿服务工作领导小组到警备区检查调研和现地核实时给予充分肯定。

【基层建设】 党委4次专题召开议训议教议管议保议装会议，对部队备战训练、思想教育、安全管理、后勤保障和装备保障形势进行分析，提出具体要求。组织34名党支部书记培训，进一步规范“七项制度”的落实。党委承诺为基层办10件实事已全部落地见效，特别是开展的“理财进军营、法律进军营、健康进军营”活动深受全区官兵职工欢迎，部队内部关系更加纯洁和谐。干休所“三勤、五心”服务竞赛活动得到老干部好评。大力宣扬先进典型，“七一”前夕，5个基层党组织、8名优秀党务工作者和15名优秀共产党员受到表彰，预备役通信团、市交战办副主任马东山分别受到省国动委表彰。

常委带队组织开展“三检查一调研”活动，帮助基层解决具体困难。西山区人武部顺利实现搬迁，宜良县人武部完成后期配套设施建设，禄劝县人武部启动国防动员指挥中心建设。投入300余万元，完成西山区、官渡区人武部炮库建设，完成警备区综合仓库、集资房整治，完成干休所和机关公寓楼太阳能设施维修，完成营区天然气使用安全检查改造。1月，在对全市乡（镇、街道）武装部进行达标验收的基础上，下发《基层武装部达标建设检查验收情况通报》，指导各单位抓好达标建设巩固延伸工作取得实效。指导五华区、盘龙区人武部扎实抓好云南省县（市、区）人武部营区文化环境试点建设，拟制《云南省县（市、区）人武部营区文化环境建设规范（征求意见稿）》，试点建设各项工作基本完成。对全市“青年民兵之家”规范建设进行统一，做到有活动室、有规范的会议桌凳、有书柜图书（或电子图书）、有多功能综合播放机（含影视教育资料）、有文化活动场所和民兵文艺分队、有牌子和挂图，全部达到A类标准。

针对部队类型多、团级单位多，职工多、分布散、岗位杂，所处环境复杂，“两个以外”管理难度大等特点，采取远的拉近管、散的集中管、暗的透明管、杂的合并管，区分类型、区分人员、区分时段抓实两个经常性工作。坚持全区每周视频大交班、了解掌握全区部队人员在位和主要工作开展情况，每天早点名常委站排头、值班首长统筹当天工作。坚持每周三晚理论学习，每周一、四出操，每周二、四教唱歌，每月教会一首革命歌曲，树立良好形象。严格按照程序标准组织完成满服役期战士的选晋退工作。干休所听广播、看新闻看报纸“一听两看”坚持好，老干部文体活动开展丰富多彩。

【后勤装备综合保障】 依据备战要求、驻地特点，通过边实践边修订逐步完善各类方案，做到保障计划与部队担负任务相适应，与完成多样化军事任务相一致。完成机关本级及西山、呈贡、宜良、寻甸、预备役通信团等五个单位财务人员监交。采取以工代训的方式，对新上岗财务人员进行业务轮训。组织开展交通安全教育活动，完成军车年检及驾照年审。组织开展第28个爱国卫生月活动。完成第二批省级应急物资招投标采购，节约资金67 672元，节约率6.77%。9月，迎接军委审计署驻南部战区审计局南宁审计中心工作组一行10人，对党委班子成员开展为期11天的经济责任审计。

编报“十二五”装备经费使用情况及“十三五”装备经费使用规划。安全顺利完成民兵武器装备仓库布局调整规范，重新核对全区武器装备的编号和弹药的数量，统一配发枪柜、零弹柜和各种登记本、标签。协调对接完成全区第三批14个民兵武器装备仓库安防系统建设工作。强化和规范全区枪弹动用审批、动态使用管理、定期维护保养、按规督导检查，按计划请领和配发武器装备。安全顺利圆满完成超期储存的地爆器材的上交工作。加强本级民兵综合仓库硬件和软件升级改造，对强弱电系统、消防系统、安防系统进行升级，对防雷系统、值班室、岗亭和消防器材室进行改造，高标准做好迎接军委国防动员部和省军区组织的武器装备安全管理督导检查。

【党管武装工作】 年初召开中共昆明市委议军会暨市国动委第九次全体会议，传达学习省委议军会暨省国动委第十一次全会主要精神，研究解决全市国防动员和后备力量建设中的困难和问题，报告国防动员和后备力量建设情况，讲评人武部党委第一书记、预备役通信团第一政委履行党管武装职责情况。14个县（市、区）相继召开议军会和国动委全会，研究贯彻落实省、市议军会和国动委全会精神。及时增补10个县（市、区）人武部党委第一书记，规范任职工作，组织任前谈话、召开大会宣布任职通知。10位第一书记和预备役通信团第一政委履职尽责、作用明显，进一步促进全市党管武装和预备役工作深入发展。调整8名主官进入同级常委班子，确保参与地方工作的连续性。

【兵员征集】 以兵役登记为抓手，以精准发动为重点，以典型宣传为助推，多级发力，深入动员，精准对接，征兵报名率、上站率、合格率较往年均有较大提升。积极探索推进大学生征集工作，组队前往武汉市征兵办公室学习考察，创建征兵政治考核档案，联合市政府出台《关于抓好2016年大学生跨区对口征集工作的通知》，组织大学生征兵集中宣传报名、军营体验日、高校征兵文艺巡演、大学生退役复学典型宣讲、国防和军队建设专题讲座等系列活动100余场次，圆满完成新兵征集和直招士官招收任务。抓好廉洁征兵工作，广泛宣讲发放监督卡，按级负责签订责任书，加强监管设立巡视组，退兵倒查抓好“回头看”，征兵全程监管扎实有效。

【民兵整组训练】 启动国防动员“十三五”规划编制。召开基干民兵省级重点分队建设推进会，明确28支重点分队建设要求。五华、安宁两个民兵分队受邀参加省军区重点民兵分队授装仪式。深入抓好接装管装工作，组织分队集中开展新装备操作使用培训，收到良好效果。深入开展非公有制企业武装部和民兵预备役分队清查和考评验收工作，进一步纯洁队伍，规范秩序。扎实开展年度民兵预备役组织整顿工作，加大重点分队配装、训练力度，进一步规范滇中物资储备中心建设。完成年度国防动员潜力调查，统计潜力数据100余万条，动员能力持续增强。第2季度，采取查阅资料、现地核实、走访调查等相结合的方式，对驻地相关社会资源逐个进行调查，梳理汇总上万条数据资料信息，切实了解掌握全市乡镇以上行政区后勤保障潜力底数，为部队有效履行使命任务提供强有力的保障支撑。中美两军人道主义救援减灾联合演练和第十二次研讨交流活动中，官渡人武部认真遴选80名群众参加联合演训，第14集团军政治部为此专门发函感谢。

征兵宣传

（昆明警备区 供稿）

民兵高炮分队实弹射击

（昆明警备区　供稿）

【双拥共建工作】　配合昆明市争创“第七届全国双拥模范城”，成立昆明市军民融合深度发展领导小组，牵头编制《昆明市军民融合深度发展“十三五”规划》《昆明新时期双拥工作十三五规划》，推动军民融合全面协调可持续发展。在嵩明东方时尚驾校创建全国第一家“军魂教育融入国民建设示范点”。向地方人社部门投送随军家属求职登记表11份，为15名军人子女协调解决入学入托问题。审核发放驻昆部队干部随军家属未就业期间生活补助。扎实开展精准脱贫攻坚，围绕发挥部队优势、完善基础设施、推动经济发展、解决急难问题4个方向，采取产业化帮扶、农民转移就业帮扶、集中资金整村推进等措施，共投入资金298万元，启动并落实“七个一批”援建项目33个，为两个市级挂钩帮扶点、14个县级挂钩帮扶点新修入村道路七条、完成道路硬化7 745平方米，安装太阳能路灯65盏，新建抗旱蓄水池八座，新建乡村文化活动室、救助站5个，推广农村产业帮扶项目6个、组织105名民兵致富骨干参加种养技能培训两场次，结对帮扶43个贫困户，59名贫困学生，有效带动当地群众增收脱贫。

【应急处突任务】　全年共动用民兵预备役人员5 302人次，执行抢险救灾任务5次，社会维稳任务4次，战备演练4次，挽回地方经济损失3 000余万元。1月23日，紧急出动预备役通信团和5城区人武部民兵预备役官兵1 200余人，奋战36小时，出色完成长水机场扫雪除冰任务，受到省军区和市委、市政府高度肯定。3月，完成呈贡梁王山等4起森林火灾扑救任务。6月，在预备役通信团、官渡人武部参与“南博会”安保演练基础上，组织民兵预备役人员1 900名，协助地方做好“南博会”期间社会面巡逻防控和应急处置工作。高标准完成东川泥石流国际汽车越野赛、石林县60周年县庆安保任务。

【全民国防教育】　以纪念红军长征胜利80周年为契机，联合市委宣传部、人民团体、驻昆高校等单位和部门，以组织书画展、国防知识有奖问答等方式，开展第16个全民国防教育日和国家公祭日纪念活动。长期在昆明市10座人行天桥的LED显示屏上滚动播出国防教育宣传标语。定期组织所属民兵预备役人员开展政治教育，发挥昆明地区红色资源丰富的优势，广泛开展“重走长征路”“重温长征故事”和唱红歌活动。利用新兵征集时机，深入高中和大专院校组织讲座宣传国防知识100场次，不断增强全民国防观念。3批次组织市中青班、工信委、财政局干部职工300余人在基地开展国防教育专题集训。

（昆明警备区）

消防安全

【火灾概况】　2016年，全市共发生火灾807起，死亡8人，受伤9人，直接财产损失4 806.1万元。与2015年相比，火灾起数上升29.3%，死亡人数下降42.9%，受伤人数上升28.6%，直接财产损失上升168.6%，火灾“四项指标”三升一降。

【灭火救援】　2016年，全市消防部队共接处警4 528起。其中，火警1 135起；抢险救援1 912起；社会救助1 361起；其他120起。出动消防车辆7 484辆次、人员42 993人次。抢救被困人员1 394人，疏散人员3 061人，抢救财产价值6 173.5万元。

【政治建警】　将改革强警和“两学一做”学习教育贯穿全年，深入开展十八届六中全会精神学习，把“四个意识”转化为高举旗帜、维护核心、看齐追随的实际行动。集中组织“三亮一诺”“三述一评”、专题民主生活会等学习活动，承办全省消防部队滇中政治工作协作区和“两学一做”知识竞赛，取得团体和个人第一名成绩。深入学习习近平总书记在纪念红军长征胜利80周年大会上的讲话精神，组织开展重走长征路、重温入党誓词、阅读长征书籍等“七个一”系列活动。不断深化政治教员队伍建设，建立基层政工干部轮流备课评比机制，组织“微党课”评选活动，开展全市消防部队政治教员比武和等级评定，荣获全省消防部队优秀政治教员评选活动第一名。2016年，支队党委班子被省公安厅表彰为“好班子”，两位主官被表彰为“好主官”。

2016年3月，消防官兵处置在建工地坍塌事故。
（市消防支队　供稿）

【廉洁治警】　严格落实党委主体责任和纪委监督责任，开展重点领域问题清理整治"回头看"专项行动，对消防执法腐败、"三清"工作等重点领域问题进行再清理、再检查、再整改，对装备物资采购、基建项目招投标和集体竞价等资金使用环节进行全程监督。加大信访举报查处力度，坚持快查快结，凡实名举报或线索具体、可查性强的一律查清，综合运用监督执纪"四种形态"先后对有违纪违规行为和负有领导责任的156人次给予通报批评、问责处理、诫勉谈话或纪律处分，维护纪律和制度权威，整肃部队风纪，营造风清气正良好氛围。

【消防力量建设】　高标准组建高层建筑、地下建筑、石油化工、地震救援4支省级专业救援队和山岳、水域、危险化学品、交通事故救援等17支市级专业救援队，编制11类专业救援训练手册，制定11个灾害事故救援类型预案，救援队伍结构更加合理、响应更加迅速、处置更加科学。新建13支乡镇政府专职消防队，政府专职消防队建设全部达标；全市60%的乡镇（街道）消防安全网格实现规范管理，组建区域联防协作组织191个，213个派出所均组建消防警组，警组人员达1 024人，人员、装备、管理均达到要求。建立微型消防站3 352个，有微型站消防员16 000余人，2 681个微型站纳入支队统一指挥调度体系。2016年，全市消防警组共检查单位40万余家次，发现隐患18万余条，对发现的1 900余起隐患进行行政处罚；微型消防站共巡查发现和消除火灾隐患3 543条，成功扑救初起火灾252起。

【社会面火灾防控】　全面实行行业单位消防安全标准化、规范化管理，制定下发行业部门消防安全标准化管理规定，以100家一级重点单位为试点，打造培育行业管理样板单位。开展重点单位自我管理达标活动，深入推进"户籍化"管理和"四个能力"建设，落实"七加一"措施和消防安全评估工作。全市保安员消防安全培训率达100%，消防控制室操作人员持证上岗率达85%以上，重点单位责任人、管理人"三提示"和员工"一懂三会"知晓率达100%。新增市政消火栓1 665个，设置市政供水管网的建成区市政消火栓补建率达到100%。主动服务中石油云南炼化项目、滇池国际会展中心、高铁新南站等36个省市重点项目，开通绿色通道，成立技术服务小组实施现场办公，实地检查工地40余次，召开技术交流会20余次，帮助企业解决问题100余条，确保重点项目顺利推进。认真开展夏季消防检查和冬春火灾防控工作，紧紧围绕"三合一""多合一"场所、临时违章建筑、养老院、福利院、学校、连片村寨等场所开展专项整治。出色完成"南博会""农博会"、世界杯外围赛、马拉松赛等240余场次重大消防安全保卫任务。2016年，全市消防部队检查单位4.9万余家，督促整改火灾隐患或违法行为7万余处，下发责令改正通知书2.9万余份，临时查封157起，责令"三停"227家，罚款1 199.66万元，保持火灾隐患排查整治的高压态势。特别在临危建筑消防安全专项整治行动中，组建执法队深入一线，强化"两清两断"措施，集中推动拆临拆违，对全市18起涉火刑事案件进行重点督办，全市共拆除清空临违建筑31万平方米，清理违规住人4 500余人，清理危化品200余件，有效遏制临违建筑火灾多发的势头。

【灭火救援能力建设】　坚持战斗力标准，采取"临机设情、全员全装"的方式，对793家重点单位进行"六熟悉"，对501家重点单位开展灭火救援实战演练。积极推进消防安全重点单位数字化灭火救援预案制作，依托航拍、全景技术自主研发VR系统全景数字化预案，实现网上"六熟悉"和"火场还原"等功能，极大提升灭火救援数字化预案效能。按照"固化训练科目、分段推进实施、强化分级培训、督导考核讲评"实战化训练原则，开展为期3个月的执勤岗位大练兵活动，西昌路、东华、经开3个中队代表支队参加全省实战化练兵大比武活动，分别位列第一、第三、第六名，并荣获团体第二名。按照"组织指挥层级化"和"力量调派模块化"工作思路，先后修制《烟花爆竹集中销售储存燃放场所火灾等级调派编成》《防洪排涝事故救援等级调派编成》和《重特大火灾事故现场指挥部运行实施方案》《地震救援指

2016年11月，119消防日系列宣传活动启动仪式。
（市消防支队 供稿）

挥部工作方案》等灭火救援作战指挥程序和规定，统一支队、大（中）队灭火救援指挥和力量调派模式，落实作战和行政并行值班机制，全面推行火场指挥长制度，进一步优化和完善全勤值班和全勤指挥分级响应措施，灭火救援指挥体系向“科学化、制度化、规范化”迈出坚实步伐。坚定“信息主导警务、科技服务实战”的理念，不断探索信息化深度运用，构建“全天候、全过程、全覆盖”的通信保障体系。支队配备卫星通信先导车、4G专网图传等先进系统，所有中队完成350兆数字对讲机、数字头盔对讲机、4G图像传输系统，指挥调度网双链路备份、远程营区监控系统建设等升级改造项目。开展灭火救援指挥平台及终端建设，实现路线规划导航、环境图像资源、3D预案、重点单位及水源等灾害事故现场信息资源“汇集、查询、共享”功能，信息化支撑实战化能力大幅提升。

【夯实基层基础】 创新财务审批监管方式，在全省消防部队率先推出大队级单位重大经费开支网上财务审批备案制度，确保资金使用“阳光决策、科学理财、保障有序”。本着“精简高效、科学规划、适度超前”的原则，立足实际需要积极筹建全市消防部队营房建设项目。新建消防站4个，完成征地项目2个，完成大中队营房维修改造项目21个。以战斗力标准引领装备建设，开展石油化工区、大空间大跨度建筑、高层建筑及地下空间等重点区域装备建设评估论证工作，制订“十三五”期间装备建设规划和年度实施计划，全面落实“四个一”基本作战车辆单元配备；装备全进口路轨两用消防车、进口底盘消防车等消防执勤车辆16辆、工程机械车8辆，储备灭火药剂275吨；配备各类装备器材13 500件（套），落实1 000万元美贷项目经费，用于购置高精尖车辆装备。为解决化工火灾及高层建筑火灾灭火难题，新购置两辆72米高喷消防车，有效填补昆明消防部队高层及石油化工灭火救援装备的空白，支队装备结构更加合理，功能全面升级。按照“反应迅速、社会联动、保障有力”的思路，配水质净化车1台、储备消防器材装备3 530件套；与油料供给、车辆修理、饮食保障、物资保障、医疗救护、灭火药剂、运输车辆、工程机械等9家社会联勤单位签订保障协议，与辖区灭火剂储存单位建立应急联系机制，战勤保障体系社会化工作不断完善。

【英模事迹】 赵云松，男，汉族，中共党员，云南大理人，1986年10月出生，毕业于云南师范大学。2009年6月入伍，武警上尉警衔，现任武警昆明市消防支队特勤大队二中队副营职副中队长，挂职任官渡大队凉亭中队中队长。

2016年8月27日16时许，昆明市消防支队官渡大队凉亭中队接到群众求救，1名男童掉入路边排水涵洞中。接到报警后，赵云松立即带领官兵赶赴现场救援。男童落水地点为在建路面下的排水涵洞，洞口宽度不足2米，水深近2米，积水面距洞顶只有10多厘米，洞内到处是碎石、钢筋。在救援地形条件十分复杂的情况下，赵云松同志奋不顾身，舍生忘死，第一时间跳入涵洞积水中，潜入水底经过反复摸索探寻终于将落水男童打捞上岸。此时落水小孩已经没有呼吸，赵云松丝毫没有放弃，在“120”急

2016年9月，中石油云南炼化项目灭火救援实战演练。
（市消防支队 供稿）

救车到达之前，凭借着自己掌握的急救知识和实战经验，经过十多分钟的不懈努力，成功将男童从死神手里面救回来，挽救了一个幼小的生命，得到社会各界的高度赞扬。

赵云松2016年先后被昆明市文明委、云南省文明委评为“昆明好人”“云南好人”，2017年1季度入选中央文明委主办的中国好人榜，评为“见义勇为好人”。被省公安厅记二等功一次。

（市消防支队）

人民防空

【落实轨道交通建设兼顾人防需求】 指导、督促轨道交通建设项目落实防护要求，以轨道交通为重要组成部分，积极推动昆明市地下人防工程互连互通，提高城市综合防护能力。在轨道交通1号线西北延、2号线二期、3号线二期兼顾人防工程初步设计阶段即介入审查。邀请地铁人防工程全国知名专家召开轨道交通1号线西北延、2号线二期、3号线二期兼顾人防工程初步设计审查专家会进行评审，下达1号线西北延、2号线二期、3号线二期兼顾人防工程初步设计审查意见，并督促办理后续施工图审查手续。对在建的3号线，按照工程进度，进行现场质量监督和服务工作，对检查中出现的问题及时下达《整改通知》，确保工程的顺利实施。按照轨道交通建设进度，完成1号线支线人防工程验收工作。昆明市主城区地下人防工程互连互通、连片成网建设迈出关键一步。

【引入社会资金助力中心城区防护】 结合轨道交通及城市道路综合整治提升，同步推进社会投资人防工程建设项目。组织社会投资人对白云路地下管线、交通组织、地质情况和周边单位、住户等情况进行详细调查，并多次与轨道公司进行协商，组织编制完成《白云路人防工程与轨道交通白云路站接口方案》和《昆明市白云路地下人防工程及道路综合整治工程建设组织方案》，代拟《关于成立白云路地下人防工程及道路综合整治工程建设领导小组的通知》，具体工作方案已上报市政府审定，申领工程规划许可证，做好开工准备。三市街人防工程建设项目顺利推进，与投资方签订《三市街公共人防工程项目合作合同》并报市政府。

【人防卫星固定站建设】 根据昆明市人防卫星地面站建设选址要求，结合昆明市人防应急指挥中心信息传输需要，通过认真比选，经与市气象局协商，确定在位于呈贡区石龙路雪梨山顶的昆明市气象局办公大楼建设昆明市人防卫星地面站，双方就安装场地和维护管理达成协议。2016年12月人防卫星固定站建设完成，通过竣工验收，成为人民防空指挥和城市应急救援的重要平台。

【融入城市应急保障系统】 与市应急办共同研究，建立人防指挥部与城市应急管理指挥机构的协同运行机制，明确管理维护责任，定期对设备进行维护保养。会同应急办研究出台《昆明市人防应急指挥中心运行管理暂行规定》。参与市应急办组织的3月16日晋宁应急指挥通信演练、8月16日禄劝县防汛救灾演练、12月15日西山区雨雪冰冻灾害应急演练。演练中市人防办使用短波电台、3G图像传输系统将音视频传回应急指挥中心，圆满完成应急通信保障任务。

【摸清全市人民防空工程底数】 成立市人防办主要负责人为组长，分管副主任为副组长的“人防工程质量普查活动”领导小组。结合实际制定下发《昆明市人民防空办公室关于印发昆明市人防工程质量综合治理工作方案的通知》，按照工作方案时间进度和工作步骤开展工作，对全市人防工程进行全面普查，摸清昆明市审批、在建、竣工人防工程底数，掌握人防工程建设管理中存在的问题，深入分析原因，并制订整改措施，对重难点问题提出解决思路，为加强人防工程管理奠定良好基础。

【规划编制前期准备工作】 在昆明市规划局2016年编制完成《昆明城市地下空间开发利用专项规划》的基础上，开展市场调研，经云南省人民防空办公室和市政府同意，启动《昆明市人防工程建设规划》编制工作并完成前期准备工作。

【人防工程管理维护】 做好公共人防工程的日常维护管理和监督，人防工程专用设备完好率达100%。严格落实责任到人，加强日常巡查巡检，确保工程出入口通畅，内部设施完备、无损坏，工程内部整洁、干燥，空气无异味，各公共工程内部设施设备齐全，运行正常。加强培训演练，提高维护管理能力。组织全体干部职工及租户分别于2月和12月进行消防演练两次；组织职工业务技能培训两次。加强“结建”工程维护管理。制定印发《昆明市结建防空地下室建设管理细则（试行）》，进一步规范防空地下室的“建、用、维、管”，使结建防空地下室管理做到有法可依。

【人防工程建设质量监督管理】 坚持依法建设、依法管理、质量第一、重在规范的原则，以国家和省关于人防工程建设质量管理法规政策为依据，严格执行人防工程战术技术标准与规范，把好图纸设计、审查关，严格把好现场监督关，确保人防工程质量符合国家标准。全市新建人防工程质量合格率达到100%，新建人防工程100%用于地下商场、地下停车场、仓储等。全年共对120多个项目进行现场质量监督，其中61个项目已竣工备案，59个项目正在建设，对在建项目的执法检查率达到100%，监督人防工程面积80万平方米，现场质监350次，电话催办560次，下达调查处理通知书21份。

【创新宣传教育方式】 在持续保持全市主城区初中一年级人防知识教育开课率达100%的基础上，创新教学方式，制作人防知识课堂动画视频。与市教育局共同将六万册书本和两千盒动画视频一起发放到全市主城区初一年级学生中，通过书本教学和视频教学相结合的方式，提升教学效果。结合“9·18”试鸣防空警报活动，开展人防知识主题宣传活动。通过宣传展板、宣传资料、街头电子屏、公交视频、手机等多种形式开展宣传活动，形成宣传合力。持续以乌龙社区为试点，推动人防知识宣传教育“进社区”试点工作。拨付资金5万元，结合社区“平安建设”开展人防知识宣传教育。

【开展训练演练】 依据国家人防办下发的《人民防空训练规定》和《人民防空训练与考核大纲》，立足实战开展人防队伍训练演练。在昆明警备区民兵训练基地举办为期三天的全封闭式人防系统综合技能训练演练，昆明警备区派出有训练参谋带队的教官队伍，全程指导训练，基地工作人员做好后勤保障，全市人防系统126名干部职工参加训练，进一步提高人防干部职工的基本军事技能，提升人防系统准军事化建设水平。根据军事斗争准备要求，于2016年11月23～28日到广西壮族自治区南宁市等城市进行跨区域野外通信综合训练。训练中通过无线短波、超短波、人防3G图传系统等设备，采集图文、音视频信号，远程传输至应急指挥中心，有效提高各级人防部门实战化通信保障能力。

（市人防办）

武装警察

【概况】 中国人民武装警察部队昆明市支队（简称昆明市支队），旅级支队。1950年4月由中国人民解放军第二野战军第四兵团留守处警卫连与原保安警察大队合并改编组建。2005年6月由原昆明市支队、东川支队、一支队三大队和五中队合并整编，调整为一类支队，主要担负昆明市党政机关、重要目标的安全警卫和昆明地区的反恐处突、防卫作战、抢险救援等任务。支队机关驻昆明市盘龙区颐华路1号。

2016年，支队党委坚持以习近平主席系列重要讲话精神为统领，紧紧围绕实现强军目标，按照武警党委、总队党委决策部署，坚持政治引领、练兵备战、务实作风、夯实基础的工作思路，坚守“精、简、严、新、实”的工作方法，持续“聚人气、提士气、励血气、正风气、蓄底气”，聚力锻造全面过硬维稳劲旅，部队各项任务圆满完成，全面建设稳步发展。2016年7月，支队被武警总部表彰为“士官队伍建设先进单位”。

【政治教育】 认真学习贯彻习近平主席系列重要讲话精神，紧扣“两项重大教育”，积极参加团以上干部理论轮训班，坚持党委中心组带机关、基层官兵理论学习制度，推进习近平主席系列重要讲话精神学习制度化、常态化、群众化。认真组织“两学一做”学习教育，狠抓七个环节步骤和八项配合活动落实，“手抄党章71天”活动做法被总队转发。坚持“像查勤一样查教育”，深入基层推门听课，用好“六步法”“四个半小时”，落实“三讲”“四课”，有效提升基本人生观教育和主题教育效果。投入300余万元，强力推进“一网五电”“军营网吧”和网上荣誉室建设，组建支队威风锣鼓队、篮球队和中队“六个兴趣小组”，举办迎新春军民联欢会，举办主题演讲比赛，丰富官兵业余文化生活。2016年，在人民网、中国军网、武警网等军内外主流媒体发稿41篇。

【执勤演训】 建立军改期间作战勤务值班模式，推进“五防一体化”建设，完成“两看”目标监门上勤和犬防部署工作，开展执勤隐患治理和每日哨兵上哨集体宣誓活动，执勤阵地进一步强固。严格军事训练“八落实”，修订完善《实施细则》，先后组织教练员、狙击手、散打搏击、预提指挥士官、“魔鬼周”、首长机关指挥融合、“卫士-16”等演训活动，部队遂行任务能力有新的提升。在总队千人教练员比武和玉溪教练员集训中，均获得团体第一的好成绩。以“核心区”反恐维稳为备战基点，推动战备“三化”建设，加强“两区八圈十路段”定点警戒和乘车控面巡逻，有力维护昆明社会大局稳定。全年担负维稳处突和各类临时勤务任务，特别是出色完成第四届“南博会”执勤安保、处置“8·20”持枪聚众斗殴事件和“3·20”阳宗海森林火灾扑救任务，受到各级赞誉。

【基层建设】 制订《党委机关精准帮建基层实施方案》《帮建基层“五条措施”》，构建“支队、大队、中队”“支队、科室、中队”两条层级挂钩责任链，采取以会代训方式抓培训，组织多批次联合工作组深入基层蹲点调研，对基层中队实施精准帮建，为基层排忧解难，为干部传经送宝。推进安全工作“八个规范”落实，深入开展“百日安全竞赛”“作风纪律教育整顿”和“自杀问题集中整治”活动，有效防范重大安全问题。推广正规化建设试点成效，传导正规化管理压力，部队正规化管理水平有新提升。大力实施“暖心惠兵”工程，全部兑现承诺十件实事，受到官兵及家属的认可。

【后勤保障】 加强“一组五队”和“五支队伍”建设，有效增强应急保障能力。举办驾驶员、军械员、卫生员、炊事员等专业兵培训，为各级后勤培训专业技术兵，提高后勤专业人员能力素质。开展“伙食精细管理年”活动，严格落实“6211”和“1126”制度要求，提升官兵的“幸福指数”。投入3 000余万元为基层配备训练器材、加装楼房防护网、修缮营产营具营房、推进公寓房和裕丰反恐战术训练基地建设，不断改善官兵工作生活条件。

【整风整改】 坚决执行党的政治纪律和政治规矩，严肃党内政治生活，狠抓民主集中制落实，注重用好批评与自我批评武器，不断增强班子凝聚力战斗力向心力。扎实开展作风教育整顿，突出强化纪委监督职能，强力推进“肃清工作”和“八个清理整治”，整风整改沉底落实，持续巩固风清气正的政治生态。对大项经费开支、干部调整、士官转改、党员发展、技术学兵等敏感事项，做到部队满意，官兵信服。

【支队党委全体（扩大）会议】 3月10日，支队召开一届十六次全体（扩大）会议，党委书记、政治委员孙伟明代表党委常委会做《着力锻造全面过硬春城维稳尖兵，在更高层次上推进支队全面建设再上新台阶》的工作报告，党委副书记、支队长方红霄传达总队党委三届十次全体（扩大）会议精神并作重要讲话。支队党委委员、机关干部及各大（中）队主官参加会议。会上对2015年度先进单位和个人进行表彰。

8月24日，支队召开一届十七次全体（扩大）会议。党委书记、政治委员孙伟明代表党委常委会做《坚定不移打基础，凝神聚气抓落实，扎实推进年度各项任务圆满完成》的工作报告，总结分析上半年部队建设形势，研究部署下半年工作任务，动员各级党组织和全体官兵进一步振奋精神、开拓创新、扎实工作，推动支队建设全面发展。支队党委副书记、支队长方红霄讲评干部队伍建设情况。

【“两学一做”学习教育】 根据党中央、中央军委和总部、总队党委统一部署，支队党委研究决定，从4月15日开始，按照思想发动、学习讨论、创新方式讲党课、开展党员承诺践诺、开好专题组织生活会、组织民主评议党员、进行总结验收7个步骤在支队党员队伍中开展“两学一做”学习教育，组织开展七项配合活动深入扎实推进学习教育落底见效，解决党员队伍中存在的理想信念模糊动摇、党员意识淡化、宗旨观念淡薄、精神状态不振、道德境界不高等问题，廓清思想迷雾、纠治问题积弊，强化各级党组织建设，营造风清气正的政治生态。7月1日，支队组织党员赴抗战胜利纪念堂举行宣誓仪式，参观纪念馆，重温云南厚重的革命历史。

2016年6月，特战队员担负第4届中国—南亚博览会暨第24届中国昆明进出口商品交易会现场安全警卫任务。 （武警市支队 供稿）

【安全保卫勤务】 6月12～17日，第四届中国—南亚博览会暨第二十四届中国昆明进出口商品交易会在昆明举行。根据总队命令，支队出动兵力和车辆，担负“南博会”现场警卫、社会面巡逻防控、收费站武装设卡、地铁重要站点警戒、火车站要点驻守和机动备勤6项任务。任务期间，抓获偷盗犯罪嫌疑人1人、协助公安民警检查车辆3 112辆、人员3 527人、查获管制刀具84把、气枪3把、仿真枪1把、帮助群众2 000余人次，高标准实现“三个确保、一个展示”的目标，出色完成任务。

7月27日，“2016年中国石林国际火把狂欢节”在石林县隆重举行。支队出动兵力和车辆，圆满完成现场警卫和机动备勤任务。

11月5日，第十四届中国国际农产品交易会暨第十二届昆明国际农业博览会在昆明举行。支队出动官兵和车辆，圆满完成要点警戒、武装巡逻、机动备勤及社会面防控等任务，实现“三个确保一个展示”的总目标，赢得省市领导和中外宾客的一致赞誉。

【抢险救援】 1月23日，昆明地区普降雨雪，长水机场跑道大面积积雪，致使航班无法正常起降，一万多名旅客滞留机场。支队奉命出动官兵、各类装备和车辆迅速奔赴机场担负跑道铲冰除雪任务。经过近20个小时的连续奋战，有效清除跑道路面积雪，圆满完成任务。

3月20日19时21分许，玉溪市澄江县梁王山林场发生森林火灾，风助火势迅速蔓延至昆明市呈贡区阳宗海管委会境内，过火面积达210公顷，火场周边人民群众生命财产和国家森林资源受到严重威胁。支队奉命出动官兵和车辆，携带油锯、割灌机、风力灭火机、灭火水枪等专业扑火工具迅速奔赴火场参与救援，经过两天一夜连续奋战，开挖防火隔离带2.5千米，运水20吨，扑打余火490处，坚守火场43小时，圆满完成任务。

（武警市支队）

政　法

◆责任编辑　熊　英

2017 KUNMING YEARBOOK

综　述

【维护社会大局稳定】　以防范和抵御“颜色革命”为重点，加强情报信息预警研判，持续深化防邪反邪、网络安全等专项行动，强化重点部位和社会面巡逻防控，先后召开各类维稳专题会议40余次，启动“每日零报告”制度5次，下发维稳预警通知63份，确保纪念抗战胜利70周年、第四届“南博会”等敏感节点及重大会议期间的绝对安全。深入开展反恐怖斗争，以“深化严打年”为载体，持续推进打击暴力恐怖、宗教极端、暴恐音视频等专项行动及反恐宣传“六进”活动，完善与火车站、机场公安联勤联动、客运站值守盘查机制，全市反恐情报、侦察、防范、应急“四位一体”工作布局不断完善。积极防控化解经济金融风险，成立市金融风险防范、预警、应急处置工作领导小组，下设“一办五组”。即领导小组办公室、风险防范组、维稳应急组、资产处置组、案件查处组、宣传引导组，组织开展金融经营行业风险排查摸底，强化属地稳控和领导包保责任，加强区域联动和部门协同，妥善做好‘泛亚有色”“e租宝”等风险处置，未发生有影响的规模性聚集和上访事件。

【服务保障五大发展】　围绕促进创新发展，积极探索电子商务、网络租车等新产业、新模式、新业态的安全监管和服务措施，推动物流寄递“三个100%”制度落实，构建保护、服务创新工作机制，依法平等保护各类市场主体合法权益，激发创新创造创业活力。围绕促进协调发展，加快推进户籍制度和居住证制度改革，创新流动人口和出租房屋服务管理新模式，全市累计设立流动人口服务管理中心（站）297个，按照500：1比例配备专兼职协管员2 300人；加强涉及民生案件审判执行工作，综合运用被执行人财产申报、失信被执行人黑名单、联合信用惩戒等威慑机制，全力破解“执行难”问题。围绕促进绿色发展，加大生态环境司法保护力度，在全国率先组建环保法庭、环保检察处、环保公安分局，稳步推进环境公益诉讼试点，形成环保执法“昆明模式”。围绕促进开放发展，认真做好“南博会”“昆交会”“旅交会”等国际会展期间社会稳定工作，加强和改进出入境管理，深入开展“十大律师法律服务团”“律师进企业”等活动，为招商引资及企业“走出去”提供高效法律服务。围绕促进共享发展，深化行政审批制度改革，大力开展擦亮“窗口”整治行动及“一窗式受理、一站式审批、一网式办结”服务模式，推进各项便民利民政策措施落实，不断增强人民群众的获得感和舒适度。

2016年4月，中央政法委书记孟建柱、公安部部长郭声琨调研指导昆明市政法工作。　（市委政法委　供稿）

【补齐社会治理短板】　创新立体化社会治安防控体系，推进基层治安视频监控系统建设、联网和应用，加强巡、防、控、反、制“五位一体”城市防控机制建设。全市监控探头总量达14万个，城区“1分钟见警、3分钟处置、5分钟打击”的快速打击圈基本形成，刑事警情发生率和命案立案率同比分别下降10.2%、16.7%，群众安全感综合满意度达88.76%，位居全省第7位，较2015年上升5位，较2014年上升9位。大力加强基层群防群治，学习借鉴“朝阳群众”模式，重点推动治保组织、治安联防、反恐应急处突、治安志愿者等10支群防群治队伍建设。全市共组建村（社区）治安联防队1 383支1.5万余人，组织发动“春城治安志愿者”25.3万人，建立村社和单位治安志愿者挂钩联系点1 178个。全面推行网格化服务管理，将全市1 441个社区划分为4 596个网格，市级财政每年安排700万元专项经费，选配网格员7 824名，并结合综治信息系统建设，通过推广应用“6995”信息服务平台，在基层建立起“村（社区）综治服务站+网格员+中心户长+居民”的网格化服务管理联动机制。

【多元化解矛盾纠纷】 狠抓矛盾纠纷源头预防，建立健全重大事项社会稳定风险评估实施办法、考核细则、责任追究“三位一体”运行机制。全年对33项重大事项及决策进行社会稳定风险评估，风险控制率达到100%。深入开展矛盾纠纷排查调处，认真落实矛盾纠纷排查调处工作协调会议纪要月报制度及“大调解”工作联席会议制度，综合运用调解、仲裁、诉讼等方式推动多元化解，加大民生领域尤其是劳资、医疗、环保等领域矛盾化解力度，矛盾纠纷调处成功率持续保持在97%以上。完善纪检监察政法信访部门解决群众诉求“四级联动”工作机制，进一步强化调研督查、加强平台建设、规范工作流程。全市“四级联动”工作平台累计受理、办理群众诉求37 597件，办结37 007件，办结率达98.43%，有效打通联系服务群众“最后一千米”。深化信访工作制度改革，大力推进网上信访、阳光信访、法治信访建设，完善律师参与信访矛盾化解机制，全市信访总量同比下降60%，到省集体访批次和人次同比下降20.27%、32.29%，进京非正常上访批次和人次同比下降27.39%、54.21%。

【全面推进依法治市】 抓牢依法执政，理顺县级法治建设领导体制和工作机制，督促落实依法治理机构、人员、编制和经费；健全法治建设考核体系，建立领导干部述法制度，对领导班子和领导干部实行述职、述廉、

昆明市举行“12·4”国家宪法日宣传活动
（市委政法委 供稿）

述法“三位一体”考评制度；建立“1+1+1”理论保障体系，组建成立“依法行政干部教育培训现场教学基地”“法治建设研究中心”和“法治专家智库”。抓牢地方立法，加强改革、民生等重点领域立法，推行立法专家顾问制度，建立由市人大相关专门委员会和常委会相关工作委员会组织有关部门参与起草重要地方性法规规章草案制度。抓牢依法行政，出台《昆明市行政机关内部重大决策合法性审查规定》，进一步规范重大行政决策行为；健全行政机关法定代表人出庭应诉及定期报备制度，全市行政机关负责人出庭应诉案件113件。全面推行政府法律顾问制度，除安宁、嵩明外，市县乡三级政府法律顾问实现100%全覆盖。抓牢公正司法，全面推开司法体制4项改革试点，两批试点单位共遴选员额内法官检察官1 062名，法官检察官办案主体地位得到确立，优秀人才向办案一线流动趋势明显；内设机构改革取得突破进展，西山区法院按1：1：1的比例探索建立法官团队审判组织模式，西山区检察院将现有19个内设机构归类整合为6个部门；寻甸县法院探索建立“5+3+2”审判管理和组织模式，寻甸县检察院将原有18个内设机构整合为“一局四部”。抓牢法治宣传，抓住领导干部这个“关键少数”，扎实推进“举办一期业务培训班、开展一次法律知识考试、培训一批新提拔领导干部、搭建一个廉政教育平台”的“四个一”工程；深入开展法治创建，建立市级机关、县（市）区、乡镇（街道）、村（社区）四个层级的法治创建形式和乡镇（街道）、村（社区）、自然村三个层级的法治建设示范点；加大实体宣传力度，深入推进“法律九进”，组织开展知识竞赛、专题研讨、先进典型和“双十佳案件”评选等活动。

【打造过硬政法队伍】 认真组织开展“两学一做”学习教育，市委政法委机关各党支部和党员个人制定学习计划表74份，班子成员带头讲党课7次，并在昆明长安网、昆明政法微博、《昆明政法》杂志开设专题或专栏，获得中央、省、市多家主流媒体或刊物刊载。深入推进全市政法系统党风廉政建设和反腐败斗争，制定出台进一步落实党风廉政建设“两个责任”实施意见，以贯彻《廉洁自律准则》等5项铁规为主线，不断完善各项铁规禁令和行为规范，逐级签订党风廉政建设责任书，符合全市政法队伍特点的纪律条例体系基本形成。以加强专业化、职业化、正规化建设

为重点，加大职前培训、在职教育力度，先后组织举办县（市、区）党委政法委书记素能提升、全市政法系统领导干部素能提升及依法治市、综治维稳等各类专题培训8期2 235余人次，投入教育培训经费76万余元。严格落实从优待警各项措施，全年看望慰问离退休干部、生病干警17人，发放慰问金6万余元。注重加强新媒体时代社会沟通能力，统筹运用政法资源和社会资源，通过与主流媒体签订合作协议、开设昆明政法微博、组建昆明政法微信群和QQ群等多种方式，不断加大主动宣传、立体传播力度，建立落实重大敏感案事件依法处理、舆论引导、社会面管控三同步机制，政法舆论生态发生积极变化。

（张高燕）

公共安全保卫

【概况】 2016年，全市公安机关在省委、市委、市政府和上级公安机关坚强领导下，坚持“五位一体”总体布局和“四个全面”战略布局，不断增强“四个意识”，聚焦服务发展、紧扣改革驱动，强化队伍治理、社会治安防控、常态化严打整治、社会公共安全、民警诚信管理“五大体系”建设，“春城骑警队”“物联网”打防犯罪、“反诈中心”等成效明显。从严治党、从严治警迈出新步伐，实现业务工作和队伍建设双促进、双丰收，为昆明在全省率先全面建成小康社会创造安全稳定社会治安环境做出努力。

【维护社会稳定】 全市公安机关始终把维护政治安全、政权安全置于首位，坚定政治定力、注重预警预防，坚决捍卫国家安全和政权安全。围绕敏感节点、网上网下热点难点问题和泛亚、“e租宝”、涉军、民师、出租车、网约车等重点关注群体，收集上报各类信息2.3万条，编发《警务研导专刊》《公安信息快报》等各类信息680余期，有效提高预警情报信息覆盖面和精准度。密切掌握特殊群体和信访重点人动态，持续开展依法治理非正常信访专项行动，配合党委政府相关部门妥善处置“3·28”“4·28”“10·11”等规模性赴省进京活动。全年到省、市党委政府聚众上访同比下降24.4%，确保党政机关及周边信访秩序合法有序。积极开展矛盾纠纷排查化解工作，化解“联想科技城”房地产项目、“快融金”投集资等各类纠纷隐患3万余件。持续加大对“法轮功”“全能神”等邪教组织破坏活动严打高压态势，确保邪教活动未形成气候和现实危害。积极开展境外非政府组织基础调查和专项清理整治，严密防范、严厉打击敌对势力和别有用心人员渗透破坏活动。

【反恐维稳】 以开展“深化严打年”为载体，以“堵通道、铲土壤、防事件”为重点，充分发挥市反恐办和反恐专业队伍职能作用，统筹整合社会各界资源力量，全面强化情报信息、要素管控、侦察打击、应急防范、法制宣传等工作，全面构建多部门协作联动反恐怖情报侦察、防范处置工作体系。查破云南省首例非疆籍关注群体人员传播宗教极端主义、煽动实施恐怖活动的“4·06”专案、“11·06非法买卖危险物质案”等涉恐案件，抓获一批犯罪嫌疑人。严格执行“四见四知五必须、十查”工作要求，推进大树营等关注群体聚集区、清真寺、阿语学校、旅店业及出租房等重点区域部位清查整治。完善与火车站、机场公安联勤联动、客运站值守盘查机制，全面做好往来昆明市关注群体人员的服务管控工作，牢牢掌握反恐怖斗争主动权。组织开展重点目标防范反恐督导检查145次，对390个部门762个单位进行专项检查。以贯彻实施《反恐怖主义法》为契机，推进反恐宣传“六进”活动，印制宣传资料100余万份，提高人民群众识恐防恐意识，织密筑牢反恐防暴人民防线。

【110接处警】 2016年市局110报警服务台接报警情173.7万起（日均4 746起），有效报警100.46万起（日均2 745起）。其中，刑事警情12.73万起（日均347.8起）；治安警情6.97万件（日均190起）；交通事故19.19万起（日均524.5起）；灾害事故263起；受理警务监督投诉4 800起，处警209.5万起。其中，群众求助32.4万起；调解矛盾纠纷12.2万起；走失寻人1.4万起；挽救自杀者627人。接听办理12345市长热线1.6万件，96128电话45件。

【打击刑事犯罪】 深入开展对“黑拐枪”“盗抢骗”“食药环”等突出刑事犯罪打击治理力度，确保全市社会治安持续平稳。2016年，全市共立刑事案件11.7万起，破3.8万起。其中，立命案125起，破获命案125起；“两抢一盗”等侵财类案件立案9.9万起，破获3.2万起。全市刑侦部门始终突出大要恶性案件快侦快破工作，先后成功侦破官渡区“5·29”特大入室盗窃案、大树营“8·20”持枪聚众斗殴案、“7·17”系列盗窃高档机动车案、“7·01”偷逃通行费专案等一批有广泛社会影响的案件，牢牢把握稳定治安大局主动权。始终保持对黑恶势力犯罪严打高压态势，坚决不让犯罪团伙形成恶势力，不让恶势力形成涉黑组织。全年共侦办涉黑组织案2起，涉恶团伙案14起，抓获处理犯罪嫌疑人181人，扣押涉案资金350余万元。稳步推进打防电信网络诈骗犯罪专项工作，与省公安厅组建“云南省反电信网络诈骗中心暨昆明分中心”。组建反电信诈骗大队，成功侦破电信网络诈骗案件299起，劝阻群众汇款1 490起，避免约5 066万元财产损失。强化打拐反拐工作，应用全国打拐DNA库比对解救被拐儿童12名，比中昭通市被拐儿童1名，帮助1名寻亲人员找到亲人。

【打击经济犯罪】 深入开展“打假、反假币、互联网金融风险专项整治、打击涉税犯罪、打击地下钱庄、‘猎狐’追逃”等专项行动。全年受理各类经济犯罪案件2 796起，立案2 541起，破案2 036起，涉案总价值105.2亿元，挽回经济损失5.1亿元，抓获犯罪嫌疑人1 235人。捣毁制售假窝点43个，打掉制售假犯罪团伙14个，缴获侵权伪劣商品114.8万件，缴获假币700余万元，缴获假发票58万余份，分别在澳门、柬埔寨、老挝抓获境外逃犯3人。以服务大局为中心，全力打防涉众型经济犯罪，在全市摸排企业1 734户，立案查处30起，挽回经济损失1.45亿元。出台《昆明市联合打击整治经济犯罪工作机制》，形成公安机关与行业监管部门共同打击经济犯罪工作新格局。破获王吟涉嫌出售非法制造发票案，查获各类空白假发票3 500余份，票据打印机两台，发票专用章6枚；破获昆明旭然石化有限公司涉嫌骗取银行贷款案，涉案金额1.72亿元；破获熊鑫等人涉嫌非法经营案，查获专供出口各类卷烟1.8万余条，涉案价值277万元。

【禁毒人民战争】 以“破大案、打毒枭、拔钉子、摧网络、断通道”为重点，通过开展“5·14”堵源截流专项行动、公安部“4·14”易制毒物品专项整治和春夏缉毒破案攻坚等专项行动，始终对毒品犯罪活动“零容忍”，为维护昆明健康和谐、安全稳定创造良好社会治安环境。2016年，全市共破获毒品案件2 350起。其中，破获千克至万克毒品案件152起；万克以上毒品案件26起；破获部级目标案件2起；省级目标案件11起；缴获毒品1 985千克；易制毒配剂116.87吨。抓获犯罪嫌疑人2 817名，收戒吸毒人员1.46万人。其中，

2016年3月，东盟警察与昆明特警相互交流学习。

（市公安局 供稿）

强制隔离戒毒9 602人；社区戒毒3 802人；社区康复1 237人。协助外地公安机关破获毒品案件52起，抓获犯罪嫌疑人91人，缴获毒品237.55千克。加强禁毒执法国际合作，通过与缅甸、老挝开展禁毒执法警官交流，强化警务协作和信息共享。积极协同市发改委、商务局、财政局、禁毒办等部门与缅甸、老挝地方政府合作，推进境外罂粟替代种植面积达113万余亩。利用区域优势，与全国21个省会城市和全省15个州市公安机关签订警务合作协议，在情报交流、抓捕在逃毒犯、联合禁毒行动等方面加强协作。市公安局禁毒支队被公安部荣记集体一等功，被云南省委表彰为第三轮禁毒人民战争先进集体。

【查缉网络犯罪】 以维护网上政治安全、政权安全和网络公共安全为目标，组织开展打击黑客攻击破坏违法犯罪、涉网络诈骗等多发性犯罪网络服务平台整治、打击网络侵犯公民个人信息犯罪等专项行动，持续净化网络环境。全力做好涉恐情报侦察专项工作，共上报涉恐网侦情报336期，分析比对嫌疑虚拟身份5 000余个，摸排网上通联账号20余万个。全力做好维护社会稳定工作，编写上报网侦情报745期、网安信息专报566期、上报舆情信息1.5万条，为上级领导决策提供可靠依据。办理主侦案件146起，抓获违法犯罪嫌疑人948人。成功侦破公安部督办的廖艺坤涉嫌出售、非法提供公民信息案，省公安厅督办的“1·16”非法获取国家秘密案、“3·25”非法获取计算机系统数据案、高学峰、张联壁、郑崇信等人传播淫秽物品案、冯依添破坏计算机信息系统案、杨丽娅等人涉嫌组织考试作弊案；完成部督“1528”涉嫌非法买卖无线考试作弊器材专案等60余起全国性案件的侦办、取证、协助抓捕工作。抓好本地重点网站及论坛管理工作，处置违法信息3 152条，违法栏目155个，查处违法网站49家次。加强网吧日常管理督促，严查无证上网、公卡上网、使用他人身份证上网，组织清理检查网吧6 000余家次，整改138家，警告135家，行政处罚141家。

【治安行政管理】 坚持“打防结合、多管齐下，标本兼治、综合治理”原则，严打严治突出治安问题，着力提升治安管理服务能力和水平。全年共办理治安行政案件6.2万起，查处违法人员7.1万人次，行政拘留3.2万人次。开展缉枪治爆大排查、大整治、大收缴、大宣传和破案会战

"五大会战"，查处涉枪涉爆案件354起，收缴各类枪支（含仿真枪）6 000余支，子弹77.2万余发，炸药19.2吨，管制刀具2.4万把，成功破获公安部5号涉枪督办案件"4·11专案"。推进扫黄禁赌专项行动，办理涉黄涉赌案件5 878起，查处2.2万人次。破获"6·07"组织妇女卖淫案，成功摧毁盘踞昆明覆盖全国的家族式组织未成年妇女卖淫团伙一个。认真开展打击危害食品药品安全犯罪"利剑行动"，侦办食药品犯罪案件11起，捣毁"黑窝点"22个，牵头侦破公安部食药打假1号督办案件"9·17"特大跨国制售假药案，涉案假药价值过亿元。积极构建专群结合、警民共保群防群治力量体系。全市共配备辅警1.6万人，组建社区治安联防队690个，村民委员会治安联防队693支，组织发动治安志愿者25.9万余人。深化擦亮"窗口"整治行动，开展"一窗式受理""一站式审批""一网式办结"，实现审批人员专职化、审批场所集中化、审批材料表格化、审批流程制度化。

【人口服务管理】 2016年1月1日，《昆明市人民政府关于进一步推进户籍制度改革的实施意见》正式实施，进一步调整户籍迁移政策、放宽落户条件，不断推动农业转移人口市民化工作持续健康发展。全年全市共审批各类户口88 185人。其中，新生儿落户54 227人；具备合法稳定住所落户20 455人；人才引进7 060人；补录遗漏人口落户6 116人；家属随军落户327人。积极探索积分落户，根据《云南省人民政府关于进一步推进户籍制度改革的实施意见》精神，在昆明市西山区、呈贡区先行开展积分落户试点工作。全年共办理积分落户1 403人。认真开展户口清理整顿工作，积极整治"错、重、假"等突出问题，累计清理纠正户口登记项目差错3 648项，清理注销重复户口2 874人，清理注销应销未销户口4 965个，核查纠错10 447条同证不同人、4 722条同人不同证（双重虚假户口）信息，删除重复户口1 629个，为6 116名无户口人员落实户口登记工作。开展居民身份证异地办证工作，为1 428名在昆明合法稳定就业、就学、居住的外地籍人员办理居民身份证。出台《关于进一步加强全市流动人口服务管理的工作意见》，创新实施"一二三四五"工作体系全面推进流动人口服务管理工作。全市实有人口838.5万人。其中，户籍人口559.8万人；登记在册流动人口278万人；境外常住人员6 779人。

【社会治安防控体系建设】 认真贯彻落实中央、省、市加强社会治安防控体系建设部署要求，全面加强打防管控，强化公共安全管理，确保社会治安大局稳定和人民群众安全感稳步提升。出台《昆明市"十三五"时期社会治安防控体系建设纲要（2016—2020年）》，在完善社会治安防控"六张网"基础上，新增"群众心理安全防控网"，打造更高层次、更高水平立体化治安防控体系。推动建

2016年12月，全国大城市公安机关第七届警察体育三项比赛在昆明举行。

（市公安局 供稿）

立以“1分钟见警、3分钟处置、5分钟打击”快速打击圈为重点，以195辆巡逻车、171个移动警务亭、36个武装机动处突单元、68个警犬巡逻小组、8辆装甲车、40辆武警反恐处突车、12万个视频监控探头、23.5万群防群治队员、1 000辆春城骑警及正在升级改造的544个交巡警岗亭为支撑，以65个环昆边界、环昆高速、环昆明主城区“三圈”为防线的立体化、社会化、信息化社会治安防控体系，提升防控整体效能。以加强重点行业、重点部位防控体系建设为纽带，强化警务协作机制建设。创新推出昆明医疗机构“3131”工作模式，查处涉医违法治安及刑事案件58起，打击处理28人，排查整改医疗机构内部安全隐患232处。制定下发《昆明市道路旅客运输站（场）安全防范暨反恐防暴体系建设工作实施意见（试行）》，全面强化客运站安全防控工作。

【春城骑警】 在主城五区组建“春城骑警”，投入1 000辆轻便快捷、反应灵敏、机动性能强的摩托车，全面加强社会面整体防控，提升维护公共安全能力水平。“春城骑警”以制式警用摩托车常态化街面巡逻动态防控为勤务方式，配备专门警力和装备，统一调度指挥，所有摩托车统一外观标识，统一装备配备、统一编号设置、标配车载电台头盔通信系统、卫星定位仪、图传设备等高科技装备。“春城骑警”采取机动巡逻、定点守望和设卡盘查相结合方式，开展街面巡逻防控、交通秩序管理、突发事件应急处置等工作，进一步加强城市主要干道、重点部位、治安复杂区域及人员密集地区的巡逻防控和突发事件应急处置；进一步提升交通秩序管理、交通事故、拥堵警情快速处置能力；进一步织密街面社会治安防控网，不断提高精准打击和针对性防控的能力和水平，增强春城市民安全感、获得感。

【出入境管理】 全市共受理出国（境）申请478 630人次，占全省受理量45.1%。其中，护照申请193 151人次；“往来港澳通行证”申请122 793人次；“往来台湾通行证”申请96 892人次；“前往港澳通行证”申请57人次；港澳台签注65 737人次。全年审批各类出入境证件465 411人次，办理境外各类申请11 175人次，受理外国人申请10 468人次，受理台湾居民业务469人次。加强72小时过境免签入境政策实施，共有外国人149人次享受此政策入境。全年共办理涉外案（事）件338起，处理涉案人员共655人。其中，非法入境172起439人；非法就业6起8人；非法居留133起178人；遣送51批433名外国人出境。建成“外国人动态信息管理系统”，利用系统采集录入涉外单位信息379家，境外人员信息5 284条，发出报警指令8 658条。改进出入境接待窗口功能，推进“一窗式”服务，通过全自助受理一体机累计发出证件3万余本，准确率达100%。启用公安内网出入境证件相片免费采集检测平台，为 2.4万人免费照相。推出出入境证件领取短信提醒服务，累计发送领取短信10余万条，不断扩大便民服务范围。

2016年9月，昆明市公安局“春城骑警”列装启动仪式。
（市公安局　供稿）

【交通安全管理】 围绕“降事故、保安全、保畅通”目标，加强重点路段、重点车型、重点人群和重点违法行为安全管理。深入开展“打四非，查四违”及“两客一危”专项整治，推进公路安全生命防护工程、“五小工程”和农村地区“两站、两员”建设，全力预防重特大道路交通事故。全市共发生一般程序处理道路交通事故1 725起，造成326人死亡，1 797人受伤，直接财产损失396.41万元。发生一次死亡3人以上事故4起，14人死亡；万车交通事故死亡率为1.44人/万车，全市道路交通安全形势总体保持平稳。坚持“严防、严控、严管、严治、严打”并举，组织开展电动自行车整治、酒后驾驶整治、渣土车整治等专项整治行动，共查处机动车各类交通违法434万起，查处非机动车交通违法129万起，查处醉酒驾驶案件1 677件，对1 453名醉酒驾车当事人做出吊销机动车驾驶证行政处罚。截至2016年底，全市机动车保有量为230.4万辆，较上年同期净增12万辆；机动车驾驶人为275.8万人，较上年同期净增23.8万人。稳步推进车驾管改革，全市8个考试基地全部与驾驶培训机构脱钩，全市范围内考生可在户籍地或居住地学习培训、报名考试、领取驾驶证和互联网自主预约考试。全年共办理流动人口申领驾驶证业务7.2万人，办理全国范围异地补换领驾驶证、参加驾驶证审验、提交体检证明等业务4.4万人。深化互联网交通安全综合服务平台建设和应用，优化拓展机动车互联网选号、考试预约等20余项业务功能，本年度全市互联网综合服务管理平台共注册用户62.2万人次，通过互联网办理各类车驾管业务175万余件。加强交通安全宣传，全年共印发各类交通安全宣传资料110万余份，各类媒体报道交通管理、安全提示及路况信息5.96万余条。

【公安改革创新】 认真落实中央、省、市和公安部、省公安厅系列部署要求，2016年3月出台《昆明市关于全面深化公安改革的实施意见》，明确31个大项150多项改革任务，并在一些重点领域和重大问题上取得新突破。警务机制创新方面，组建警务心战支队，提高公安警务心战能力和水平；成立旅游警察支队，加大旅游市场综合监管和滚动整治力度；成立人口管理支队，构建流动人口和出租房服务管理"一二三四五"工作体系，推进产城融合发展和农业转移人口市民化进程；创新建立"诚信体系、积分预警"队伍风险管控治理格局，制定公安民警诚信体系建设指导意见和诚信积分、分色预警风险管控制度，促进公安工作和公安队伍健康发展。在提升社会治安治理能力方面，按照反恐处突类、治安防控类、宣传服务类"三类标准"升级改造主城区544个治安交巡警岗亭，充分发挥警务亭在交通治理、治安管控、打防犯罪、服务群众、净化社会环境和展示公安形象等方面作用；与省厅联合组建"云南省反电信网络诈骗中心"（加挂"昆明市反电信网络诈骗中心"牌子），成功劝阻被骗群众2 600余人，避免被骗损失1.1亿元。在全市规划布建1.2万个物联网智能网关，构建"物联网+群众路线+专门工作"的打防盗抢电动车工作体系。改革成果总结推广方面，实行全面深化公安改革创新、创意、创造"三创"优秀成果评选制度，总结提炼优秀成果，以基层所队、专业警种改革创新的"小项目"破解社会治理难题。本年度，遴选出27个项目参加全国改革创新大赛，"交通违法自助处理多媒体终端"荣获公安部铜奖；2个项目荣获省公安厅一等奖；4个项目荣获省公安厅二等奖；1个项目获省公安厅三等奖；2个项目荣获省公安厅优秀奖；昆明市公安局荣获省公安厅优秀组织奖；昆明公安参赛项目及获奖项目在全省公安机关中位居第一。

【四项建设】 贯彻落实公安部关于大力推进基础信息化、警务实战化、执法规范化、队伍正规化"四项建设"部署和要求。基础信息化建设方面，出台社会信息资源共享工作方案，整合24类公安机关急需的社会信息，满足实战需要。建立市县两级查询中心、建成电动自行车物联城域网管控平台，研发推出公安科技信息化业务指标管理系统、涉案车辆管理系统、"一键式"警务服务自助终端机等系统平台，提升信息化服务实战能力。执法规范化建设方面，启动刑事案件法制部门统一审核、统一出口工作机制、预审试点机制、执法质量考评，全面推进执法公开。编写执法图册和刑事案件证据收集审查指引，提升执法标准化、规范化、要素化、精细化水平。警务实战化建设方面，出台《昆明市公安局指挥长工作制度》，构建指挥统一、上下联动、合成作战的现代警务指挥体系。优化完善反恐制暴应急处置暨社会面巡逻三级防控工作机制、"1分钟处置区域"巡逻防控警力联勤联动工作机制。完成44个警用数字集群（PDT）基站和164个载频的建设联网工作，配发9 000余部数字集群终端，形成全市指挥一张网。升级改造市县两级情指一体合成作战中心，提高实战能力水平。队伍正规化建设方面，建立"诚信体系、积分预警"队伍风险管控治理体系。严格落实错峰值备勤、就医"绿色通道"等各项暖警、爱警制度措施，不断完善从优待警体系建设。开展"凝心聚力强队伍·爱岗敬业讲奉献"演讲比赛等系列警营文体活动。对扎根基层、无私奉献、锐意进取的214个先进集体和953名先进个人进行表彰奖励。推出《热心民警张志明》《春城骑警》等宣传报道。

2016年11月，世界杯预选赛中国队昆明主场安保。
（市公安局 供稿）

【公安警卫】 紧紧围绕安保工作“万无一失”“一失万无”总目标，以反恐防暴为重点，强化底线思维和责任担当，从严从紧加强警卫部署，圆满完成各类警卫任务、勤务345起。其中，一级警卫任务9起；二级警卫任务41起；其他任务勤务295起。圆满完成中央政治局常委、全国政协主席俞正声，中央政法委书记孟建柱等党和国家领导人来昆视察警卫任务；完成越南共产党总书记阮富仲、老挝国家主席本扬·沃拉吉、缅甸国务院资政昂山素季等重要外宾来访警卫任务；完成省、市“两会”、省第十次党代会、昆明高原国际半程马拉松赛、第四届“南博会”、2016中华龙舟赛、格兰芬多自行车赛等重要会议和重大活动警卫任务，实现全年警卫任务“绝对安全”和“零差错”。

（阮云鹤）

检　察

【审查批捕起诉】 认真履行审查逮捕、提起公诉等职责，全力保障社会大局稳定和群众安居乐业。批准逮捕各类刑事犯罪嫌疑人8 783人，同比上升1.1%；提起公诉11 285人，同比下降6.8%。积极参与反分裂、反颠覆渗透、反邪教斗争，坚决惩治暴力恐怖活动，全力维护国家安全和公共安全。参与缉枪治爆专项行动，突出打击涉枪涉爆、交通肇事、危险驾驶等危害公共安全的犯罪，批准逮捕219人，提起公诉2 309人。依法惩治“法轮功”“全能神”等邪教组织实施的犯罪，批准逮捕10人，提起公诉15人。严厉打击故意杀人、故意伤害、“两抢一盗”等侵犯群众人身财产权利的犯罪，批准逮捕5 264人，提起公诉5 986人，坚决保障人民群众生命财产安全。坚持不懈地打击制造、运输、贩卖毒品等涉毒犯罪，批准逮捕1 469人，提起公诉1 421人，昆明市人民检察院侦查监督处被评为云南省第三轮“禁毒和防治艾滋病人民战争”先进集体。

【查办贪污贿赂职务犯罪】 坚决贯彻中央、省委、市委关于反腐败斗争决策部署，立案侦查贪污贿赂、渎职侵权等职务犯罪嫌疑人312人，为国家挽回经济损失10 161.04万元。立案侦查贪污贿赂犯罪案件176件233人。其中，20万元以上大案175件，占立案总件数99.43%；副县级以上要案23人，占立案总人数的9.87%。查办云南省流通行业协会原会长、党组书记李朝荣（正厅级）、云南省林业厅改革与产业处调研员吴敏章（正县级）、五华区政府原副区长赵臻（副县级）涉嫌受贿等一批有影响案件，做到反腐败斗争力度不减、节奏不变，继续保持反腐败高压态势。加大对行贿犯罪打击力度，查办不择手段伪劣干部、谋取不正当利益行贿犯罪嫌疑人65人。开展惩治和预防惠农扶贫领域职务犯罪专项工作，查办发生在社会保障、扶贫救灾、涉农惠民等领域案件38人，受到群众好评。

【查办渎职侵权职务犯罪】 健全同步介入重大安全事故调查机制，坚决惩治国家机关工作人员滥用职权、玩忽职守等造成公共财产、国家和人民利益遭受重大损失的犯罪。立案查办玩忽职守、滥用职权、徇私舞弊等渎职侵权犯罪案件50件69人。其中，立办重特大案件53人；县处级要案3人。

【预防职务犯罪】 选取典型职务犯罪案件开展案例剖析，帮助发案单位查找体制机制和制度方面存在的漏洞或薄弱环节，撰写案件分析材料57份，发出检察建议49份；结合司法办案开展预防调查，形成调查报告50份；组织法制宣传和警示教育1 020次，受教育人数4万余人；开展扶贫领域、非公经济领域、重大工程建设、换届选举等专项预防，加强职务犯罪风险防控。开展行贿犯罪档案查询57 364次，对查询结果中有犯罪记录的218个单位（或个人）建议取消市场准入资格。

【刑事诉讼监督】 坚守防止冤假错案底线，严把案件事实关、证据关、程序关和法律适用关。在刑事立案监督方面，以监督纠正有案不立、有罪不究、以罚代刑为重点，监督立案356件，监督撤案104件。在侦查活动监督方面，以监督纠正违法取证、滥用强制措施为重点，纠正漏捕281人，纠正漏诉99人，纠正侦查活动违法446件次。在刑事审判活动监督方面，以监督纠正量刑畸重畸轻、审判活动违法等问题为重点，对审查认为确有错误的判决、裁定提出抗诉25件，法院已采纳19件，对审判程序中的违法情形提出纠正意见63件次。切实加强对刑事裁判自由裁量权的监督，对公诉案件提出量刑建议3 341人，法院采纳2 838人，采纳率84.94%。实行检察长列席法院审判委员会制度，全市两级院检察长列席法院审判委员会20件次。

【刑罚执行和监管活动监督】 继续强化对刑罚变更执行同步监督，审查减刑、假释、暂予监外执行案件21 462件，提出纠正1 087件，均已全部采纳。派员出席法庭依法监督减刑、假释案件，取得良好的法律效果和社会效果。深入监狱、看守所、司法所对监管执法和检察监督情况开展巡视巡回检察，纠正刑罚执行和监管活动违法情形166件，切实维护监管场所秩序和刑事被执行人的合法权益。认真履行羁押期限监督职责，对不需要继续羁押的168名犯罪嫌疑人建议释放或者变更强制措施，确保全市无超期羁押案件发生。开展集中清理判处实刑罪犯未执行刑罚专项活动和财产刑事执行检察专项活动，维护刑事执行公平公正。

【民事审判和行政诉讼监督】 审查处理民事行政生效裁判、调解监督案件205件，对认为确有错误的民事行政裁判提请省检察院抗诉16件，向法院提出抗诉3件，发出再审检察建议18件，法院采纳6件，对裁判正确的案件积极做好服判息诉工作。加强审判人员违法行为监督，发出检察建议171件，法院采纳并纠正151件。对法院执行活动实施法律监督，发出检察建议191件，法院采纳并纠正110件。与市政府联合下发《昆明市行政执法与检察监督工作衔接实施办法》，形成案件线索移送和审查结果反馈双向互动工作格局。积极探索检察机关提起公益诉讼制度，报请省检察院批准受理行政公益诉讼案件21件，通过诉前督促程序发出检察建议21件，行政机关已采纳并及时采取相应措施。

【控告申诉检察】 高度重视检察环节信访工作，确定12家律师事务所参与化解和代理涉法涉诉信访案件工作，促进当事人息诉罢访，在化解矛盾纠纷方面取得良好效果。建成远程视频接访系统，省、市、县三级检察院联通，方便群众就地反映诉求，提高化解矛盾效率。积极做好重大敏感案件舆情监测、风险防控和化解等工作。审查处理群众来信来访1 212件次，办理刑事申诉、刑事赔偿案件89件，对生活确有困难的刑事被害人发放救助金143万元。

【参与社会治理】 坚持法治宣传紧密贴近法治实践，开展国家宪法日宣传、举报宣传周、禁毒、“青春与法同行”等主题宣传活动。加强未成年人司法保护，落实专人办理、社会调查、亲情会见、法律援助、附条件不起诉等特殊办案模式，对139名涉嫌轻微犯罪但有悔罪表现的未成年人，决定附条件不起诉。联合云南省未成年犯管教所，开展对未成年犯进行帮扶的“向日葵青春课堂”活动。坚持把社区矫正法律监督工作作为检察机关参与社会治理的重要内容，强化社区矫正同步监督，纠正脱管313人、漏管154人，收监执行20人，促进社区服刑人员教育转化。广泛开展检察官以案释法活动，引导群众自觉守法、遇事找法、解决问题靠法。加强派驻乡镇（街道）检察室建设，宣传法律，受理信访，释疑解难，化解矛盾，服务稳定和发展。

【服务生态昆明建设】 强化对环境资源的司法保护，依法批准逮捕盗伐林木、非法占用农用地等破坏环境资源犯罪嫌疑人27人，提起公诉114人。立案侦查发生在资源开发利用、生态工程建设、环境监管执法等领域的职务犯罪嫌疑人14人。针对办理刑事案件，在依法提起公诉追究相关责任人刑事责任同时，积极探索建立生态修复机制。与市中级法院、省森林公安局、市森林公安局对林木资源类案件犯罪证据认定进行联合发文，统一公检法三部门办理涉林刑事案件证据认定标准，强化对涉林类违法行为的打击。深入开展破坏生态环境的渎职犯罪案件查办专项行动，重点查办一批涉及在非法倾倒工程弃土过程中，国家机关工作人员滥用职权、玩忽职守及收受贿赂的职务犯罪案件24件29人。

【检察改革】 落实检察人员分类管理、司法责任制、职业保障、人财物省级统管等四项重点改革任务，采取考核与考试相结合的方式，全市检察机关共分两批遴选出458名员额内检察官，人员分类管理基本完成。制订《落实司法责任制工作方案》《检察官权力清单细则（试行）》等规范性文件，多层次多维度细化完善司法责任制。昆明市、西山区、寻甸县3个试点检察院经费资产已纳入省级统一管理。人员统管工作，继续接受同级党委和政法委领导，除检察长外，全市检察人员干管权限仍由同级党委按照权限审批，人大依照程序任免，确保党管政法的原则落到实处。西山区、寻甸县两个基层检察院在保留原机构编制基础上，开展大部制整合。同时，其他基层检察院均已完成前期调研并形成实施方案，待审批通过后将全面展开。

【队伍建设】 加强党组建设，提高党组中心组理论学习质量，严格执行民主集中制，严肃党内组织生活。以开展“基层党建推进年”活动为契机，突出党支部建设这个重点，创建“学习型、服务型、创新型”党支部。扎实开展“两学一做”专题教育活动，加强专业化职业化建设，检察队伍的司法能力和业务素质明显提升，多项业务工作在全国、全省检察机关业务竞赛中取得优异成绩，2名

2016年11月，市检察院举行入额检察官宣誓仪式。
（市检察院 供稿）

2016年8月，安宁市检察院荣获“全国先进基层检察院”。

（市检察院 供稿）

检察人员被评为全国检察业务能手。突出正面引导，宣传和培育先进典型，禄劝县检察院副检察长卢玉富获评“2015年度云南十大法治新闻人物”、安宁市检察院检察长肖洁入选全国百家网站“政法英模榜”。加强纪律作风和廉政建设，认真落实党风廉政建设“两个责任”，贯彻落实中央“八项规定”精神，开展经常性督察，对违法违纪检察人员坚决依法依纪严肃查处。市检察院纪检监察对14个基层院落实党风廉政建设工作情况进行专项督查，确保纪律要求得到落实。接受省检察院巡视组开展系统内巡视，认真落实巡视反馈意见，制定整改方案，积极展开整改。加强基层检察院建设，深入推进基层检察院“八化”建设，安宁市检察院荣获第六届“全国先进基层检察院”荣誉称号。切实开展援藏、援疆工作，选派检察业务骨干到德钦县检察院、乌鲁木齐市检察院实地指导和参与案件办理，有针对性地提高当地检察人员综合素能和司法能力。注重宣传检察工作，传播正能量，昆明市检察院和五华、盘龙、西山、官渡、安宁等5家区（市）基层检察院被评为“全国检察宣传先进单位”。

【主动接受监督】 牢固树立监督者自觉接受监督理念，接受人大及其常委会的法律监督、工作监督和政协的民主监督。“两会”期间派员旁听人大代表、政协委员审议和讨论检察工作报告，征询他们对检察工作的意见建议，并对照工作中存在的问题有针对性地加以改进。坚持执行专项工作专题报告、半年工作全面汇报的工作制度，并接受对工作的视察，认真听取意见，不断改进工作。全市两级检察机关共邀请代表、委员参加座谈会31次；观摩庭审25次；办理代表建议2件、委员提案9件，满意率为100%。积极拓宽人民监督员和特约检察员知情渠道，确保“七类案件或事项”无一例外地进入监督程序，市检察院监督办共办理监督案件32件41人。其中，拟不起诉案件29人37人；拟撤销案件3件4人；经人民监督员独立评议，均同意检察机关的拟处理意见。积极主动邀请特约检察员参与检察机关的重大活动和座谈会，参加“检察长接待日”、信访接待、庭审观摩、案件评查、视察工作等各种活动，让特约检察员了解检察工作、监督支持检察工作。

（市检察院）

审 判

【概况】 全市法院全年共受理案件162 998件，审结138 763件，结案率85.13%，收结案同比上升21.45%和27.54%。其中，昆明市中级人民法院受理案件45 737件，审结40 829件，结案率89.27%，收结案同比上升9.74%和12.01%。

全年受理刑事案件10 742件，审结10 161件，结案率94.59%，收结案同比上升0.02%和3.85%。其中，昆明市中院受理案件2 035件，审结1 812件，结案率89.04%。全市法院全年受理民商事案件83 552件，审结67 507件，结案率80.8%，收结案同比上升18.3%和23.83%。其中，昆明市中院受理11 273件，审结8 986件，结案率79.71%。

全年受理行政案件1 104件，审结782件，结案率70.83%，收结案同比下降13.88%和20.45%。其中，昆明市中院受理行政案件613件，审结400件，结案率65.25%。

全年受理执行案件41 575件，执结34 559件，收结案同比上升48.52%和72.3%；执行案件数量占全省总量近50%。其中，昆明市中院受理执行案件5 368件，执结3 398件，收结案同比上升31.38%和55.87%。

【推进执行体制改革】 加大执行工作力度，着力破解执行难题，集中清理无财产可供执行案件。全面启动“无财产可供执行案件退出和恢复机制”，共清理出无财产可供执行案件7 600余件，并依法终结执行程序。集中清理执行案款，共清理出涉及执行积存案件3 500余件，交款人770余人，金额4.5亿余元。集中曝光失信人员及企业，运用LED电子屏、法院官方微博、微信及各类媒体集中曝光失信被执行人，敦促其履行法律义务。全市法院曝光失信被执行人1.2万人次，履行后屏蔽或撤销2 374余人，履行率达19.0 %。集中惩处打击一批“老赖”，保持法、检、公三部门联合打击“拒执罪”的高压态势。全市共依法判处拒执犯罪案件7件7

2016年6月，全市法院"基本解决执行难"暨执行案款清理工作部署会。
（市中级人民法院　供稿）

人，拘留201人。集中推进"金融案件专项执行活动"，切实打击规避金融债权行为，有效化解金融风险，执结金融执行案件53件。集中推进执行体制改革，继续推进执行拍卖分离、裁判执行分离、分阶段执行工作模式。集中开展网络司法拍卖，全市上传网拍1 540次，网拍标的数885件，成交标的数371件，成交金额3.5亿余元。其中，市中院成交9件，成交金额4 300余万元。集中分片整合全市执行力量，大力开展"基本解决执行难攻坚月"行动。集中打好执行工作宣传组合拳，让社会各界了解、理解、支持执行工作。

【推进诉讼服务中心转型升级】　坚持群众需求导向，全面推进两级法院诉讼服务中心建设。组织召开全市法院诉讼服务中心升级版建设工作推进会，及时指导、督促、检查基层法院抓好诉讼服务中心推进工作。依托大数据平台，建设12368与诉讼服务网、审判流程公开、裁判文书公开和执行信息公开平台。通过购买服务方式，鼓励律师、志愿者等社会力量参与12368热线服务。推进律师服务平台建设，积极为律师依法履职提供支持和便利，构建法官与律师的良性互动关系。搭建诉调对接平台，在全市法院已建成多元化纠纷解决机制的基础上，推动建立律师调解员、专家调解员制度。昆明市中级法院全年共为当事人、诉讼代理人、来访群众导诉分流18 661人次，现场办理案件查询、收转材料等办理类事项 32 718件人次，受理立案、申请、异议等受理类事项6 726 件次。

【落实便民利民措施】　巩固立案登记制成果，继续实施全市法院大立案登记制，立案率达98%。建立法律援助联动平台，协调联动司法局设立法律援助中心工作站，积极为困难群众提供方便、高效的司法援助。昆明市中级法院全年为符合法律援助条件的被告人指定辩护人235名。健全司法救助体系，完善诉讼费减缓免制度和特困群体执行救助制度，依法及时有效落实对困难受害人以及其他涉诉困难群众的司法救助。全年对78人进行执行救助，发放特困救助金129.7万元，为42名特困涉诉信访人发放救助金115.6万元，依法缓交、减交、免交诉讼费1 663件881.4万元。坚持预约立案、庭前调解、巡回审判、一镇（乡）一村一法官工作制度、假日法庭制度和预约开庭制度，及时就地化解矛盾。健全多元化纠纷解决机制，加大调解力度，降低当事人诉讼成本。全市法院共调撤案件19 697件，占结案总数的41.4%。其中，昆明市中院调撤案件1 156件，占结案总数的17.6%。深化涉诉信访改革，规范信访秩序，全年共接待来信来访群众1 732人次。其中，来信605人次；来访1 127人次；协助最高法院完成视频接访 8件次；本辖区内远程视频接访2件次。

【深化"三大公开"平台建设】　深化审判流程公开，推行立案、庭审、听证、审务公开。加强数字法庭建设，实行庭审全程同步录音录像。全市法院开展"阳光司法""示范庭审"和"网络直播"三项司法公开活动83件次。深化执行信息公开，突出执行立案、执行措施、执行结果重点行为的公开，创新适应新时期、新语境、新媒体环境下的执行公开方式。深化裁判文书公开，倒逼案件质效提升，确保司法公信，全市法院在中国裁判文书网上传生效裁判文书31 237篇，其中昆明市中级法院上传12 686篇。充分发挥人民陪审员作用，确保司法民主，全市人民陪审员共参与审理案件26 903件，同比上升52.37 %。其中，参与昆明市中级法院审理案件1 810件，同比上升4.62 %。继续开展精品案例暨优秀裁判文书评选活动，公开发布14篇精品案例和40篇优秀裁判文书。

【推进信息化建设】　继续推进信息数据中心建设，大力加强移动化办公、可视化管理、数据化分析等系统的开发和运用，积极打造"智慧法院"。大力推进信息技术在法院工作中"全业务、全流程、全覆盖"，实现信息化与法院业务的深度融合。充分利用信息化系统，全面提升文件、案件网上流转、审批和电子签章使用率，全面实现网上办公、网上办案。昆明市中级法院投入1 100余万元，逐步对高清数字法庭等近10个系统进行改造，开发廉政风险防控等10余个软件系统，得到最高人民法院充分肯定。

【人员分类管理改革】　按照人员分

2016年1月11日，昆明市中级人民法院举行首批93名入额法官宣誓仪式。
（市中级人民法院　供稿）

类管理要求，将法院工作人员分为法官、审判辅助人员和司法行政人员，合理设置不同人员的比例并实行不同的职务序列管理。全市两级法院分三次组织开展员额法官初选工作，共计604名审判人员进入法官员额，一线审判法官占员额的86.02%。昆明市中级法院任命18名审判类法官助理，面向全国公开招考10名法官助理。西山区法院也通过公开招考方式，录用69名辅助人员。其中，30名法官助理、24名书记员、15名协警。

【不断完善司法责任制】　建立以审判权为核心，以审判监督权和审判管理权为保障的审判权力运行机制。突出法官主体地位，落实主审法官、合议庭办案责任制，明确主审法官及合议庭的职责权限，改革法律文书签发制度，院、庭长原则上不再签发自己未参与审理的案件，切实做到“让审理者裁判，由裁判者负责”；完善院、庭长办案工作制度，要求院、庭长必须办理一定数量的案件；建立专业法官会议制度，为法官解决疑难复杂问题提供咨询意见和沟通平台；建立审判委员会讨论事项先行过滤机制，审判委员会讨论案件123件，同比下降16.3%；明确院、庭长与其职务相适应的审判管理、监督职责，规范院、庭长对重大、疑难、复杂案件监督机制，加强纪检监察部门的监督，区分违法审判责任和差错案件责任，实现纪检监察程序与法官惩戒程序的有序衔接；建立案件质量终身负责管理制度和违法审判责任追究制度，明确承办法官、合议庭的办案责任与免责条件，实现评价机制、问责机制、退出机制与保障机制的有效衔接。

【完善职业保障机制】　进一步推进司法人员职业保障、人财物统管工作。完善司法人员职业保障机制，探索建立法官单独职务序列制度、推进法官工资制度改革，加强对司法人员履职保障。在人财物保障方面，稳妥推进机构编制、法院人员、经费资产省级统管。2016年1月1日起，昆明市中级法院和西山区、寻甸县法院人员工资、办公经费等已执行省级保障。改革试点期间，两级法院原执行的地方性政府考核奖金、津补贴以及聘用制人员经费，继续由本级财政部门保障。与此同时，昆明市中级法院党组积极争取市委、人大、政协支持，妥善解决法院经费保障和编外用工人员工资等实际问题。2016年4月10日，中央政治局委员、政法委书记孟建柱到西山区法院调研司法体制改革试点推进情况，肯定了云南、昆明的做法和取得的成效。

【加强队伍建设】　狠抓思想政治素质提升，坚定理想信念。从干警的思想实际出发，采取个人自学、集中辅导、专题讲座等方式，组织广大干警认真学习党的十八届三中、四中、五中、六中全会精神，以及习近平总书记系列重要讲话，深刻领会精神实质和丰富内涵，引导广大干警进一步坚定理想信念，强化纪律意识和规矩意识，确保法院队伍永远忠于党、忠于国家、忠于人民、忠于宪法和法律。昆明市中院围绕“两学一做”学习教育活动、党的十八届六中全会等组织三次集中学习研讨会，举办“弘扬中院精神、争做合格法官”演讲比赛和“党在我心中”文艺汇演，收到良好效果。狠抓业务素质提升，提高司法能力。持续开展“素质提升年”活动，通过专家讲座、外出培训、青年法官研讨、应用法学研究及加强院校合作等多种形式，全面提升干警能力素质。2016年3~4月，全市法院组织开展“全国模范法官”杜跃林先进事迹巡回报告会，全体法官干警聆听了先进事迹报告。全市法院全年共组织参加各类培训72期，参加培训2 528人次。借调基层法院17名法官到昆明市中级法院跟班学习，加强两级法院的交流；提请市人大常委会任免24名审判员。

【党风廉政建设】　在全市法院持续深入开展党风廉政教育，通过正面典型和反面案例教育，筑牢法官干警拒腐防变思想防线。坚持“一案双查”，切实贯彻党风廉政建设主体责任和监督责任追究暂行办法，真正使“两个责任”的落实经常化、制度化、规范化。督促领导班子成员带头执行各项廉政纪律，增强抓好党风廉政建设的主动性，确保党风廉政建设责任制的落实。2016年1月，昆明市中级法院派出7个考核检查组，分别对14个基层法院和昆明市中级法院28个部门领导班子及成员履行党风廉政建设责任制、落实“两个责任”和履行工作职责等情况进行检查考核。继续开展基层法院院长向市中级法院党组述廉述责工作，约谈基层法院纪检组组长，加强司法巡查、审务督察，加大协管基层法院班子力度。加大监督和查处力度，把监督工作融入审判执行和干警的日常工作中，在全市法院营造不想腐、不能腐、不敢腐的廉政氛围。继续加强对基层法院监督指导，认真履行对基层法院班子协管职能，进一步完善述廉述责制度，推动基层法院班子建设和各项工作稳步发展；采取业务培训、分类指导、案例分析等方式，促进基层法院执法水平的提高；推进基层基础建设，提升审判工作科技化、智能化水平；加强人民法庭规范化、信息化建设，充分发挥人民法庭作为司法为民最前沿、化解矛盾第一线作用；继续深化五华区法院北门法庭、西山区法院福海法庭、官渡区法院官渡法庭、安宁市法院昆钢法庭、寻甸县法院金所法庭、禄劝到法院撒营盘法庭主审法官办案责任制试点工作，逐步总结推广经验，使司法责任制改革更接地气，更有成效。

【接受监督促公正】 自觉接受人大法律监督和政协民主监督。认真落实院领导与辖区全国、省人大代表、政协委员结对联络制度；通过短信平台和“微博”“微信”，向代表委员定期通报法院重要工作和活动情况。邀请在昆的全国、省、市人大代表、政协委员40余人参加旁听重大案件庭审。向市人大、政协报送法院各类工作信息170余期300余条。通过手机短信向代表、委员通报法院重大事项、重大审判活动27条23 000余人次，发送“微信”522条，“微博”7 938条，向代表、委员送阅《昆明中院2015年年报》900余册，为代表、委员及时了解法院工作情况提供方便，得到广泛好评。省、市人大、市政协领导分别带队，到市中院和部分基层法院进行视察、检查，听取意见，制定措施贯彻落实。高度重视人大代表和政协委员的意见建议。2016年“两会”期间，昆明市中级法院领导参加或列席会议，组织各部门负责人到市人代会各代表团和市政协各界别组听取人大代表、政协委员对法院工作提出的意见建议。院党组对收集到的意见和建议进行专题研究，就如何以人大代表和政协委员意见建议为动力，进一步改进法院工作做专门部署。共完成人大代表建议3件、政协委员提案9件，均按时限和要求办结，办结率和代表、委员满意率达均达100%。

【综治维稳工作】 按照市依法治市办和综治维稳办要求，结合法院审判工作职能，全面完成依法治市和综治维稳定各项任务。依法审理执行各类案件，打击违法犯罪活动，妥善处理涉民族、宗教问题的案件，依法审理各类民商事和行政案件，为全市社会稳定、促进经济发展提供有力的司法保障；认真做好重大案件社会稳定风险评估和矛盾纠纷排查化解工作，及时上报相关材料；延伸审判职能，多种形式开展法制宣传活动。举办新闻发布会4次，充分发挥昆明法院网站、“微博”“微信”平台作用，及时通报相关工作，畅通民意沟通渠道；认真做好安全保密工作，定期不定期进行安全保密检查，确保法院国家秘密和审判秘密的安全以及法院内部人员、车辆的安全；认真落实中央、省委和市委关于加强维稳工作的精神，履行市维稳工作领导小组成员职责，开展维稳工作排查、检查和稳控。严格落实“零报告”制度，对存在影响社会稳定的突出矛盾和风险隐患进行全面梳理排查，及时防范化解，妥善应对处置。

（杨仁福）

司法行政

【法治宣传教育】 履行市委法治宣传教育专项组办公室职能，印发《昆明市2016年法治宣传教育工作方案》和《关于在全市公民中开展法治宣传教育的第七个五年规划（2016—2020）》，指导全市开展法治教育宣传教育工作。认真开展普法教育，通过手机APP组织全市领导干部学法用法考试和全民普法考试，举办全市首届普法与依法治市知识竞赛。围绕《国家安全法》及《法律援助条例》等年度普法重点，编印《昆明市2016年全民普法教育读本》。以“莱

2016年5月，最高人民法院党组成员、副院长景汉朝一行到昆明市中级人民法院检查工作。
（市中级人民法院　供稿）

2016年12月，昆明市首届普法与依法治市知识竞赛决赛场。
（市委政法委　供稿）

单式普法”为主题，在全市开展法律进乡村、进社区、进军营、进宗教场所“法律六进”活动19场次。进一步加强法制宣传，在广播、电视、杂志、手机APP、手机短信等宣传平台的基础上，增加“司法行政动态宣传报道”和“普法公益宣传片”2个宣传平台，营造浓厚的法治氛围。年内，出版《法治昆明》杂志6期；开设广播普法节目20期；电视普法栏目20期。积极推进多层次多领域法治创建，下发《昆明市法治创建动态管理实施细则》，加强对昆明市法治创建工作规范化管理。全市共创建“法律六进示范点”58个、“法治文化示范点”27个、民主法治村（社区）39个。市普法办被中共中央宣传部和司法部评为“2011~2015年全国法治宣传教育先进普法办公室”；市司法局被省委、省政府评为“2011~2015年全省法治宣传教育先进单位”。

【律师工作】　坚持保障律师执业权利与规范律师执业行为并重，开展规范律师事务所和律师执业行为专项整顿活动，建立动态管理机制，完成“第五批规范管理律师事务所”创建，与市公安局联合印发《关于建立律师会见工作联系机制的意见（试行）》，保障律师会见合法权益。组建昆明市律师专业人才库，聘任覆盖刑事、民商、行政等3个专业领域的108名律师，为各级党委政府提供专业法律服务。积极发挥律师化解矛盾纠纷作用，成立昆明市涉法涉诉法律服务中心，专门安排60家律师事务所200名律师，到信访、公安、法院、检察院开展律师参与涉法涉诉信访值班，有针对性地做好释法析理、提出处理建议、引导申诉等工作，共接待上访群众364批7 968人。依法做好行政管理，完成对律师事务所和律师的考核和年检，办理投诉事项共33件。年内，全市292家律师事务所和4 791名律师共办理各类案件170 106件。

【公证工作】　以公证服务民生，引导和鼓励公证机构在全国率先推出“绿色继承”和“温情遗嘱”，为97名无法在公安机关直接办理户口登记的群众办理公证，为不动产统一登记工作提供公证服务保障。以公证服务经济新常态，全市15家公证机构主动对经济合同公证事项降低收费20%，共减收公证费954.99万元。在基层法院积极探索建立公证介入调解的多元化纠纷解决机制，得到最高法院认可并下文予以推广。强化公证员协会职能作用，召开市公协理事会3次、常务理事会5次，对《昆明市公证员协会章程》进行修订。加强公证质量管理，完成对15个公证处4次平时检查和1次集中评查，办理投诉18件，完成全市公证执业年度考核工作。组织全市公证法律服务秩序专项检查，有效规范行业秩序、严肃执业纪律。引导公证机构采用驻点帮扶、派员指导、跟班学习、专项培训、政策指导、开展志愿者服务活动等多种形式的结对帮扶活动。加强公证员队伍建设，向省司法厅报批18名拟任公证员，新增15名涉外资格公证员。年

2016年12月，官渡区法院建立公证介入调解多元化纠纷解决基地。
（市司法局　供稿）

内，直属单位明信公证处被授予全省司法行政系统“十二五”先进集体。全市15个公证处和144名公证员共办理各类公证事项190 317件。

【司法鉴定】 创新司法鉴定服务模式，开展司法鉴定进社区活动2次，在东川区法律援助中心建成司法鉴定法律援助工作站。加快建立司法鉴定管理与使用相衔接运行机制，制定印发《昆明市司法局关于贯彻落实〈最高人民法院司法部关于建立司法鉴定管理与使用衔接机制的意见〉的通知》。加强对司法鉴定机构的监管，建立司法鉴定执业监管检查常态化工作机制，年内完成对全市26家机构的29次检查。推进“三大类”司法鉴定认证认可，组织司法鉴定人参加各类省级资质认定培训，促进鉴定机构建立科学高效的质量管理体系。推进司法鉴定服务民生，推荐6家司法会计类鉴定机构为重大案件提供法律服务。完成2016年度《国家司法鉴定人和司法鉴定机构名册（云南分册）》登录工作；完成9家新申请登记司法鉴定机构的复核及现场考评、60家司法鉴定机构的初审，办理投诉17件。全市121家司法鉴定机构和2 117名司法鉴定人共办理各类司法鉴定业务64 000余件。

【法律援助】 完善法律援助制度，印发《昆明市关于完善法律援助制度的实施方案》。落实“应援尽援”，搭建司法救助和法律援助衔接平台，下发《关于在全市各级人民法院设立法律援助工作站的通知》，在全市各级法院建成法律援助工作站16个。提升法律援助服务质量，组建法律援助人才库与专家库，建立评审机制，强化案件办理监管。创新法律援助宣传方法，由市司法局拍摄的公益短片《画一条回家的路》，在云南省首届“富滇杯——法律援助在您身边”公益短片大赛中荣获一等奖。完成全市7家法律援助机构年度公告、36名法律援助律师和85名法律援助工作者的年度考核检审。全市共受理各类法律援助案件7 369件，实现对法院指定的刑事案件、对符合条件的农民工、残疾人、妇女、未成年人的法律援助率达100%。

【基层法律服务】 开展第三批省级规范化司法所创建活动，五华区红云司法所、西山区团结司法所、官渡区吴井司法所、呈贡区龙城司法所创建为省级规范化司法所。深入贯彻司法部第59号、60号部令，召开全市基层法律服务管理工作会议，理顺基层法律服务管理体制。举办2016年基层法律服务工作者业务培训，提升基层法律服务工作者业务水平。组织开展100件基层法律服务案件集中评查，规范基层法律服务案件卷宗档案。完成全市158个法律服务所和751名法律服务工作者年检注册。夯实基层法律服务“三个一”工程，引导基层法律服务所为乡镇（街道）、村居（社区）提供公益性法律服务，构建覆盖县、乡、村三级为民服务体系。全市基层法律服务队伍为1 024家担任法律顾问，代理诉讼和非诉事务8 785件。

金江路社区综治服务站、依法治理工作站。

（市委政法委 供稿）

【国家司法考试】 9月24~25日，严格、有序地组织全市2个考点、350个考场的考务工作，顺利完成本年度国家司法考试任务。昆明考区共有10 484名考生参加2016年度国家司法考试。为2015年通过国家司法考试的772名考生颁发《法律职业资格证书》。

【人民调解】 巩固人民调解在“大调解”中的基础性作用，完成2015年度人民调解“以奖代补”检查考核。不断健全矛盾纠纷排查制度，开展全市基层矛盾纠纷多元化解机制建设情况调研，逐步完善纠纷信息收集、报送、分析机制。推进行业性、专业性人民调解组织建设，在石林县建成台湾农民创业园人民调解委员会，被命名为省级“人民调解进园区示范点”；在云南师范大学呈贡校区建成矛盾纠纷地校联合调处中心。加强人民调解规范化建设，完成全市100件人民调解案卷集中评查和典型案例推荐，开展人民调解员培训3次。全市共有人民调解委员会2 053个。其中，村（居）人民调解委员会1 626个；乡镇（街道）人民调解委员会134个；企事业单位人民调解委员会117个；专业性、行业性人民调解委员会90个；设在公安局、检察院、法院、信访等部门39个；其他调委会

47个。年内，全市各级人民调解组织共调解案件119 482件，成功118 819件，涉及人数279 462人，成功率99.45%。

【强制隔离戒毒】 努力挖潜增容，提高收治、收戒能力，场所持续安全稳定。坚持把教育戒治作为戒毒工作中心任务，强化“四课”教育，开展职业技能培训，加强心理咨询工作，戒断率达100%。深化“391”云南戒毒模式，强化对回归社区强戒人员管控帮扶，在省内率先建立“互联网+强制隔离戒毒”模式，研发“社区戒毒康复信息化动态管控平台”与金星社区“数字金星”社会服务管理平台实现无缝对接，建成后续延伸管理工作站4个。市强制隔离戒毒所被省委省政府表彰为“第三轮禁毒防艾人民战争先进集体”。

【社区矫正和安置帮教】 开展社区矫正法制化建设，推进“社区矫正综合评审委员会”工作制度，召开社区矫正综合评审会13次。深化社区矫正信息化建设，完成社区矫正信息管理系统的升级换代，完善社区矫正制度机制和支撑平台建设，加强社区服刑人员信息化管控工作。五华区、呈贡区被列为全省推行可穿戴化定位设备首批试点地区，投入使用50台定位设备。加强执法规范化建设，开展社区矫正执法质量检查2次。稳步推进社区矫正示范基地、综合矫治场所及刑满释放人员帮教示范基地建设，建成市、县两级社区矫正综合矫治场所12个；社区矫正和刑释人员帮教示范基地7个；市、县两级心理矫治室7个，依托五华、呈贡2个市级帮教示范基地对社区矫正和刑满释放人员开展集中教育5次。引导社会力量参与社区矫正工作，印发《关于组织社会力量参与社区矫正工作的实施意见》，组织云南民族大学师生到官渡区开展心理矫治现场评估2次。加强社区矫正队伍建设，推进监狱戒毒人民警察参与社区矫正工作，招聘33名社区矫正专职工作者。

（董菁菁）

法制工作

【政府立法】 2016年，完成4件地方性法规的制定、修订和1件地方性法规废止工作，分别是新制定的《昆明市学校安全条例》，修订的《昆明市旅游业监察条例》《昆明市河道管理条例》《昆明市户外广告管理条例》，废止的《昆明市执法责任制条例》。完成7件市政府规章、规范性文件的审查和上报备案工作，分别是《昆明市预拌砂浆管理办法》《昆明市建筑消防设施检测维修保养管理规定》《昆明市协调劳动关系三方协商办法》《昆明市社会救助实施办法》《昆明市档案中介机构管理办法》《昆明市人民政府重大行政决策程序规定》《昆明市中青年学术和技术带头人及后备人选选拔培养考核办法》。

加强规范性文件管理。完成对各县（市）区、开发（度假）园区、市级各部门报送登记、备案的25件规范性文件审查工作，对符合条件的25件规范性文件予以登记。

开展市政府规章和规范性文件清理。根据全面深化改革、经济社会发展需要，以及上位法制定、修改、废止情况，采取高校专家、法制机构分头审核方式，对市政府规章和规范性文件进行清理。印发《昆明市人民政府关于修改部分规章和规范性文件的决定》《昆明市人民政府关于废止部分规章和规范性文件的决定》，共修改规章、规范性文件6件，废止规章、规范性文件13件。

科学编制2017年度立法计划。通过发放立法项目征求函，在昆明市政府门户网站、《昆明日报》、昆明电视台登载立法项目公开征集公告等，向社会各界广泛征求立法项目意见和建议。经认真分析研究、广泛征求意见和多轮修改，向市人民代表大会常务委员会提交《昆明市人民政府关于2017年度地方性法规立法计划建议的报告》，印发《昆明市人民政府2017年规章立法计划》。

【依法行政】 完善推进依法行政工作体制机制。加强统筹推动，制定《昆明市2016年度推进依法行政暨法治政府建设工作计划》，围绕市委十届七次全会报告和2016年《政府工作报告》确定的工作任务，对年度依法行政重点工作做全面部署；全面贯彻落实《法治政府建设实施纲要（2015—2020年）》《云南省法治政府建设规划暨实施方案（2016—2020年）》；制订《昆明市行政执法与检察监督工作衔接实施办法》，探索行政执法与刑事司法衔接工作机制；制订《昆明市加快推进双随机一公开监管工作实施方案》，大力推进“放、管、服”改革。强化督促考核，制订《关于迎接省2015年度依法行政检查考评工作方案》，认真做好省2015年度依法行政检查考评迎检工作；研究制定《昆明市2016年依法行政暨法治政府建设目标考核实施方案》，对考核对象、指标设置、分值权重等做了进一步优化，实现考核“随势而变”，并完成依法行政考核半年、年终考核工作。

开展“昆明市依法行政示范单位”创建活动。2016年，共有42家单位上报示范单位创建申请，经严格审查，推荐28家单位为培育对象，经考评验收批准12家单位为“昆明市依法行政示范单位”。同时，对2012~2015年创建成功的78家示范单位进行复核，撤销4家单位。

加强执法人员管理。开展执法人员清理，采取各级政府法制机构分级负责方式，对法制督察、行政执法人员、受委托执法人员、执法辅助人员进行分类统计和清理。加强执法人员培训，全年共举办法律知识培训8

执法人员培训

（市法制办　供稿）

期。其中，新办证人员培训4期；通用法律知识轮训4期，共培训执法人员3 400余人，办理执法证件8 363份。

开展行政执法案卷评查。将行政许可、行政处罚、行政强制、行政复议四类执法案卷作为评查重点，对14个县（市、区）、5个开发（度假）区、6个市级部门共767件执法案卷开展集中评查，案卷合格率为95.44%，比上年度上升5.44个百分点。

【重大决策】 进一步深化落实重大决策听证制度，严格执行重大决策听证制度的程序和规定，完善听证代表遴选机制，使听证参加人更具广泛性和代表性，并把听证意见作为决策的重要参考。2016年，全市共开展重大决策听证211件，市法制办对各级各部门上报的36件重大决策听证报告进行了严格审查。经审查，这32件重大决策听证均严格按照昆明市听证工作的有关程序、人员构成等规定组织开展。

【合法性审查】 完善规范性文件合法性审查机制，出台《昆明市人民政府办公厅关于进一步加强昆明市行政机关规范性文件合法性审查工作的意见》，设立行政机关规范性文件审查范围、审查程序、审查内容、监督考核、专家咨询、登记备案通报、审查机构建设等7项制度。强化政府涉法事务合法性审查，市法制办共接到并处理市政府及部门交办的各类涉法事务420件，比上年同期增长27.3%，主要涉及投融资、土地问题、基础设施建设、政府及政府部门各种涉法事务的合法性审查、涉诉案件的处理处置等方面。

【行政复议诉讼】 依法办理行政复议案件。2016年，市政府收到行政复议申请85件。其中，受理53件、不予受理15件、补正材料3件、告知14件。受理的53件案件中，在法定时限内应当办结的42件，依法全部审结。其中，维持行政复议决定25件、终止10件、撤销5件、责令履行2件。

做好行政应诉和被复议工作。切实做到在法定时限内按时提交答辩状和做出具体行政行为的依据、证据，努力做好沟通协调，积极配合人民法院和省政府法制办开展案件调解工作，共同化解行政争议。2016年，以市政府为被告的行政诉讼26件，以市政府作为被申请人的被复议案件1件。

推进行政机关法定代表人出庭应诉工作。将行政机关法定代表人行政诉讼出庭应诉情况统计报送纳入年度依法行政目标考核，促进《昆明市行政机关法定代表人行政诉讼出庭应诉规定》落实。2016年，以县（市、区）政府、国家级开发（度假）区管委会、市级所属部门为被告（含共同被告）案件160件，行政机关法定代表人出庭应诉86件。

【政府法律顾问】 进一步完善法律顾问工作机制，出台《昆明市行政机关法律顾问制度实施办法》，对行政机关聘任法律顾问的范围、条件、程序、聘期、工作内容、工作方式等做了系统规定。将实现市县乡三级政府法律顾问制度全覆盖纳入2016年度依法行政工作计划，经全市共同努力，实现市、县、乡三级政府法律顾问制度全覆盖。

（张　敏　韩　波）

经济管理

◆责任编辑 熊 英

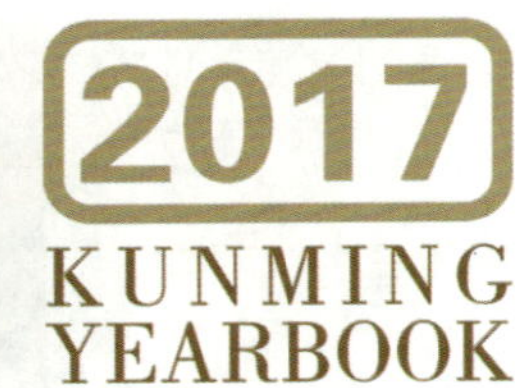

宏观经济管理

【稳增长】 加强经济工作统筹协调，建立经济运行预报、预警、分析、会商“四项制度”。认真贯彻落实国家、省稳增长政策，及时出台稳增长46条、提振实体经济19条、房地产健康发展24条等政策举措，发挥政策叠加效应，促进经济平稳健康发展。2016年，全市地区生产总值增长8.5%，总量达4 300亿元，其中官渡区经济总量位次排到曲靖、红河、玉溪之后；与大理州经济总量旗鼓相当，达到1 002亿元，增长10.1%；实现经济增长速度与结构、质量、效益稳步提升。全年粮食、蔬菜、肉类总产量分别超过124万吨、286万吨和59万吨；鲜切花产量50.64亿枝，占全国40%。工业经济克服烟草行业大幅下滑、传统重化工增长乏力、有色金属价格下滑的严峻形势，规模以上工业增加值增速从年初的0.8%回升到4.5%。服务业扩量提质，实现增加值2 439亿元，增长9.3%，其中全年接待游客10 113.61万人次；旅游总收入达1 073.53亿元；分别增长46.3%和48.4%。

【供给侧结构性改革】 研究出台重点产业发展实施意见和19个重点产业规划，加快“188”重点产业发展。产业结构优化升级，中石油云南1 300万吨炼油项目点火试车，中铁电建大型盾构机项目投产。发布大健康发展规划，成功举办“2016昆明大健康国际高峰论坛”，云白药健康产业园启动建设，跻身国家医养结合试点城市。呈贡信息产业园成为全省唯一的信息产业园，中兴通讯等40个项目签约入驻园区。电子商务快速发展，禄劝县成功申报国家级电子商务进农村综合示范县。中国铜业、中国中铁、中国铁建等一批世界500强区域总部落户昆明。制订并组织实施供给侧结构性改革实施方案，化解煤炭产能28万吨、钢铁产能150万吨；商品房库存同比下降23.9%；置换政府性债务610亿元，综合融资成本控制在6%以内；全年降低企业用电成本约18亿元，累计为各类企业减免税费近100亿元。

【固定资产投资】 全年完成固定资产投资3 920亿元，同比增长12.1%。其中房地产开发投资完成1 530.5亿元，同比增长5.5%。坚持固定资产投资包保责任制、定期会办制、现场办公制，解决滇池国际会展中心、黄马高速等121个项目236个疑难问题，激活一批停工、半停工项目。161个省“四个一百”项目完成投资760亿元，投资完成率达101.8 %；市级重点项目完成投资895亿元，投资完成率达105.2%。重点产业项目加快推进，昆药生物医药科技园、空港科技创新园等51个亿元以上项目开工建设，昆客搬迁技改、燕京啤酒基地二期扩建等45个项目竣工投产；古滇文化旅游名城、石林冰雪海洋世界等旅游业转型升级重大项目加快建设。市县两级财政安排项目前期经费4.63亿元，组织二次203个重点项目集中开工，总投资1 053.4亿元。积极筹措建设基金，三批69个项目共争取国家专项建设基金116.66亿元。积极推进政府与社会资本合作，公布第三批70个政府与社会资本合作项目，启动经开区环卫一体化等14个总投资652亿元的PPP示范项目。

【“五网”建设】 出台昆明市2016~2020年“五网”规划和实施意见，全年计划实施“五网”项目205个，完成投资791.4亿元。路网、航空网、能源网、水网、互联网项目分别完成投资609.23亿元、10.37亿元、96.07亿元、29.71亿元、45.98亿元，分别完成年度计划的99%、57%、108%、107%、102%。呈贡至澄江高速公路、小龙高速、联大立交工程建成通车，昆玉高速王家营和吴家营收费站完工并投入运营，机场北高速开工建设；沪昆、云桂、东南环线、昆玉高铁建成通车，新火车南站建成使用；地铁1号线支线试运营，1号线西北延线、2号线二期、3号线、4号线、6号线二期等项目加快推进，5号线、9号线、7号线、8号线、安宁线、嵩明线试验段开工建设；开建柴石滩大型灌区工程，新开工3件中型和6件小（1）型水库，宜良海马箐、禄劝真金万水库主体工程完工；云南金沙江中游电站直流输电工程建成投产，乌东德水电站顺利推进。完成488 212户居民用户天然气置换；城区20M宽带互联网覆盖率超过80%，行政村宽带光纤通达率超过90%，4G网络基本全覆盖。

【发展动能转换】 全面启动“188”重点产业建设，编制19个重点产业规划，出台支持重点产业发展实施意见，建立“五个一”工作协调机制，昆明产业发展和结构调整思路、方向和重点更加清晰明确。积极培育科技创新型企业，新增国家级科技企业孵化器1家、昆明市科技企业孵化器4家、昆明市产业技术创新战略联盟2个、昆明市科技创新团队10个、昆明市创新型试点企业25家。新增高新技术企业126家，全社会研究与试验发展（R&D）经费投入增长11.9%，高技术制造业增加值增长17.8%。新增国家技术创新示范企业1家，新增国家级企业技术中心1家、省级17家，每百万人发明专利拥有量达940件。组织实施100个重大工业技改项目和14个智能制造示范项目，组织上报24个制造业升级改造重大工程包储备项目，总投资超过120亿元。编制双创规划和实施意见，与昆明理工大学等5所高校共建昆明创业创新学院。云大启迪K栈众创空间、猪八戒“互联网+”创业创新综合示范平台等项目加快推进，建成22个国家众创空间和39个省级众创空间，成功入选全国小微企业创业创新基地示范城市。继续实施“两个10万元”微型企业培育工程，完成7 600户微型企业培育目标任务，民营经济占全市经济比重达到46.8%。

【深化改革开放】 简政放权力度进一步加大，推行权责清单动态调整机制，取消行政许可7项。国企国资、行政体制、商事制度、生态、民生、社会等领域改革成效明显。扎实推进利用外资机制改革，在全省率先推行“备案+审批”模式，引进市外到位资金915亿元，实际利用外资7.4亿美元。制定昆明服务和融入“一带一路”战略实施意见，积极参与构建区域互动合作机制，与深圳市、北京朝阳区分别签订合作框架协议。成功举办“昆明市、滇中新区开放合作推介会”，50个项目集中签约，协议总金额达8 916亿元。成功举办第四届“南博会”、第十四届“农交会”、上合昆明国际马拉松赛、中华龙舟赛等重大活动，亚洲财富论坛永久性会址落户昆明。与英国利物浦市建立战略合作伙伴关系。昆明机场口岸实施一站式通关服务，昆蓉欧班列双向稳定开行，昆明至巴基斯坦卡拉奇国际货运班列开通，跨境多式联运通道建设取得突破。一年建成昆明综合保税区，昆明高新和腾俊保税物流中心（B型）主体工程基本完成，即将迎接国家验收。中国（昆明）跨境电子商务综合试区申报工作上报国务院。启动昆明铁路口岸申报工作，中欧班列铁路场站（昆明站）被列入国家“十三五”口岸发展规划。

（王　俊）

国有资产监督管理

【国资监管体制】 确定“推动企业完善现代企业制度”和“成就符合‘好干部’标准的企业领导人员”两大国资监管机构职责；实现国资监管从重经营业绩向经营业绩与管理行为并重转变，从重结果向结果与过程并重转变，从为了效率忽略程序向通过程序实现效率转变的三个转变；在全国率先对监管企业实行“分类监管、综合考核”；正在形成“民主决定重大事项、市场配置公有资源、企业运行环境宽松、个人行为执纪严格”的正向机制。认真贯彻落实《中共昆明市委　市人民政府印发〈关于深化市属企业负责人薪酬制度改革的实施方案〉的通知》《昆明市人民政府关于推进国有企业完善现代企业制度的实施意见》《昆明市人民政府办公厅关于印发昆明市市属投融资公司融资审批管理办法的通知》《昆明市人民政府办公厅关于昆明市国有企业分类监管的实施意见》，草拟《昆明市人民政府关于完善国有资产管理体制的实施意见》《昆明市人民政府办公厅关于加快市属投融资公司转型发展的意见》报送市政府。修订《昆明市国资委监管企业资产租赁监督管理办法》《昆明市国资委企业领导人员选拔任用工作规范》。

【国有企业规范化管理】 完善法人治理结构。完成7户企业党委组建、6户企业纪委组建和4户企业董事会组建工作，任免调整企业高管人员和党委、纪委、董事会、监事会成员172人次；完成20户企业15个党委、纪委，18个董事会、经营层和4个工会组织换届工作；对23户派驻企业监事会进行调整，撤出派驻昆明信息港传媒有限责任公司和昆明建设管理有限公司监事会；完善26户企业168名企业领导人员信息库；向监管企业派驻外部董事48人次。

实行综合考核评价。完成23户监管企业2015年度经营业绩考核和高管人员薪酬测算及兑现工作；调整投融资公司产权代表2015年度经营业绩考核指标；完成2015年度20户监管企业综合考核评价；完成23户监管企业（含全资、控股子公司）2015年度劳动工资季报及年报统计工作；完成23户监管企业（含全资、控股子公司）2015年度的工资总额结算核定工作；完成2016年度22户监管企业经营业绩考核责任书拟定和签订工作。

加大产权管理力度。完成监管企业及其下属公司新增和变更产权登记工作20户；完成企业资产报废、报损、划转等资产处置事项25项；完成企业国有资产评估项目审核备案24件、核准3件。贯彻落实《推进昆明市产权交易全覆盖的实施意见》和《昆明市国资委监管企业资产租赁管理暂行办法》，全年完成国有资产进场交易项目140项，成交57项，进场成交金额3.34亿元。其中，国有产权成交9项，成交金额0.35亿元；企业资产进场公开招租成交48项，成交金额2.99亿元。

加强企业年度资产统计和重大财务事项日常监督。完成2015年度全市227户企业国有资产统计年报审核、汇总和上报工作；完成26户监管企业2015年年度财务决算审计审核认定工作；完成2016年度监管企业财务预算汇审备案工作。完成全市月度财

2016年9月26日，云内动力集团与湖北省明想集团签署东风云南汽车有限公司股权转让协议。（市国资委　供稿）

务快报统计报送和监管企业各月度经济运行分析，加强对投融资平台公司运行情况分析，强化融资情况季度分析通报，切实防范债务风险；加强企业对外捐赠管理、资金账户管理和对外借款、担保审批管理，进一步规范企业经营管理行为，防范企业资金风险。2016年，共核准（备案）企业新开账户224个，撤销、变更账户98个；核准（备案）企业对外捐赠资金22 847.14万元。

推进市本级国有资本经营预算。落实2016年度市本级国有资本经营预算方案，积极组织开展2016年国有资本经营预算收益收取组织工作，协调市财政根据项目进度及时拨付支出资金。编制2017年市本级国有资本金预算建议草案，与市财政局联报市政府。

增强监事会监督实效。对22户监管企业开展年度监督检查，共提交报告22份；组织开展22户企业领导人员年薪外领取补贴、奖金及业务接待支出情况专项检查，开展对6户监管企业专项检查（调研），共出具检查（调研）报告28份。针对监事会年度监督检查报告和专项检查报告揭示问题，向监管企业下发整改通知，并督促企业整改。对2015年度监事会派驻23户企业支持配合监事会开展工作情况进行检查考核，结果与企业领导人员薪酬挂钩。

加强企业人才队伍建设。举办昆明市国资委监管企业人才素质提升和外派外部董事培训班、昆明市国资系统国有资本经营预算及财务管理知识培训班和昆明市国资委监事及内审人员素质提升研修班，市国资委监管企业领导人员、外部董事，市、县（市、区）国资监管机构等400余人次参加培训。配合市人才办做好《关于加强人才工作助推重点产业发展五年行动计划》起草修改工作；完成25户监管企业122份纳入市国资委人事档案管理的市属国有企业领导人员人事档案接收和管理工作；完成68名中、高级职称审核和51名初级职称考核认定工作；组织18户市属企业512名领导干部参加昆明市干部在线教育学习；完成监管企业昆明市中青年学术和技术带头人及后备人选考核评审工作；组织企业申报昆明市2016年度人才工作扶持项目；完成市人力资源和社会保障局拨付市国资委政府特殊津贴发放工作；完成96201部队团以上干部家属就业安置工作。

【国有企业改革创新】　推进企业重组整合。根据市委、市政府批示，积极推动昆明电缆集团股份有限公司、东风云南汽车有限公司重组整合工作。2016年8月16日，昆明市人民政府与宝胜集团有限公司正式签署《重组昆明电缆集团股份有限公司战略合作协议》，积极推进相关工作。《东风云南汽车有限公司重组整合方案》经市政府常务会、市委常委会审议同意，云南云内动力集团有限公司完成收购东风云南汽车有限公司50%股权工作，滇中产业新区正与东风汽车公司洽谈在杨林工业园区投资建设新厂相关事宜。

创新融资模式和渠道。支持并指导市属投融资公司与金融机构合作设立基金，督促各企业抢抓机遇，加快债券类融资步伐，优化债务结构，缓解债务压力。昆明市融资模式已从单一的银行贷款拓展到企业债、公司债、中小企业集中债、永续债、中票、短融、融资租赁、基金、资产管理计划、保险债权计划、资产证券化等融资模式，打通发改委、证监会和中国银行间市场交易商协会三个主流债券市场融资通道。

促进各企业商业化转型。交投公司配套拓展土地开发、物业开发、交通场站、物流产业、资本市场、股权投资等六大产业集群；滇池水务公司进一步整合资源资产，通过投资、股权收购等方式提高在环保市场占有率，业务范围从昆明市扩大到省外以至国外；农投公司通过建设云南高原特色农产品交易中心市场、宜良现代农业产业园、禄劝小鹧鸪都市农庄、昆明梁王山现代农业产业园、富民“昆明互联网+农业特色产业园”等项目，以及收购安宁、嵩明等冷链物流基地，逐步建立和完善公司农产品产业布局和物流体系。

【投融资基础管理】　开展投资行为审批工作，加强融资成本、抵质押物利用效率和资金用途审核，提高监管企业融资质量；加强对各投融资公司资金沉淀和高成本债务置换情况监督管理，完善现有考核指标体系，引导投融资公司注重资金筹措及使用统筹谋划，提高资金使用效率；强化投资审批监管力度，督促企业规范选择中介机构，加强投融资公司规范化管理，推进投融资公司商业化转型，培育实体化运作规范化管理投融资主体。

【企业党建和党风廉政建设情况】 完成2015年度企业落实党建目标责任制检查考核工作，与54户企业签订2016年度党建目标责任书；深入开展“两学一做”学习教育，制订《关于在市国资委党委系统党员中开展“学党章党规、学系列讲话，做合格党员”学习教育实施方案》，并组织实施；制订下发《关于认真做好市国资委党委系统出席中国共产党昆明市第十一次代表大会代表选举的工作方案》，按时按质按量选举产生88名市国资委党委系统出席中国共产党昆明市第十一次代表大会代表。

进一步加强党风廉政建设，先后组织2次廉政党课教育，对委机关及监管企业执行中央“八项规定”情况进行4次专项检查和督查，按照监督执纪“四种形态”，认真查处违纪违规问题，对40件各类信访举报转报件进行初查和核实，做到件件有核查，件件有结果。

【综治维稳暨平安创建工作】 市国资委与24户监管企业签订《昆明市国资委系统2016年度企业综治维稳（平安建设）工作目标管理责任书》，确保综治维稳（平安建设）责任得到层层落实；积极做好下访接访和每月10号主任接待日及日常接访工作，做到“件件有答复，事事有回音”。2016年，市国资委共办理“一号通”平台来件106件，省信访系统交办件14件，办理上级转办件及群众来信5件，接待来访群众30余起130余人次；妥善处理昆电工公司职工反映身份待遇及企业改制等问题。牵头或协助配合完成昆旅集团、糖业烟酒公司、食品集团、二运司等11户企业产权纠纷调处工作。督导24户监管企业开展重大问题和隐患排查化解工作，确保企业和谐稳定发展。做好国家、省、市“两会”和第四届“南博会”等重大会议期间信访维稳工作，为各种重要会议成功举办营造良好环境。

（王 英）

统 计

【第三次全国农业普查】 按照国务院农普办和云南省农普办关于做好第三次全国农业普查工作（以下简称“三农普”）要求，2016年对昆明市所有县（市、区）、开发（度假）园区85.36万户农户、规模农业经营户、农业经营单位、行政村和乡镇进行全面调查。普查内容涵盖农业农村经济社会发展方方面面，共有5套表，普查指标500多个。普查手段大量运用移动采集终端（PDA）、农作物面积遥感测量等现代信息技术。落实农业普查经费共计1403 725万元。其中，全市“两员”补贴共645.1万元；二板块“两员”补贴262.17万元；三板块“两员”补贴382.935万元。

2016年，在寻甸县组织全市“三农普”试点，组织开展农业普查试点“两员”选调、物资筹备、普查宣传、普查小区划分、清查摸底、入户登记、数据质量控制等工作，为正式普查登记试出经验。在石林县开展全市“三农普”综合业务骨干培训，分三期进行，共400余名县（市）区、乡镇（街道）业务骨干参加培训。

2016年12月30日，《中国信息报》新月第4版发表“扎扎实实摸底轻轻松松入户”——昆明市统计局第三次全国农业普查工作侧记，对昆明市统计工作进行宣传。

【推进社区购买统计服务】 为全面客观反映全市经济发展状况，满足各级党委政府在经济新常态下宏观决策管理需要，促进昆明市统计工作有序规范开展，进一步加强基层统计基础工作，市统计局拟定《关于切实加强社区统计调查服务的通知》，由昆明市政府办公厅下发执行。采用政府购买社区统计调查服务方式，充实社区基层统计工作人员，完善基层统计工作制度，解决社区统计职能不明确、人员不到位、经费不落实问题。

按照市政府第126期常务会议纪要精神，采取先行试点，逐步推开方式推进政府购买社区统计调查服务。先行在五华区、盘龙区、官渡区、西山区、呈贡区和安宁市，高新区、经开区、滇池度假区和空港经济区所辖街道社区（纯农村社区除外）组织实施，其余县区、开发区纳入第二批实施范围。每个社区按照每年4万元标准安排经费，所需费用由市、区两级财政各承担一半。以后每年年末随社区数量变化作相应调整。

【强化服务业部门统计】 2016年3月31日出台《昆明市统计局关于加强服务业统计工作的实施细则》，对各职能部门提出具体要求，要求加强服务业统计工作，建立高技术产业、文化创意产业、健康服务业、旅游业、会展业、商贸及物流业、科技服务业、信息服务业、电子商务统计体系相关工作。加强对服务业企业申规材料指导，及时组织专业人员对申报材料进行认真细致地审核和修改，对数据进行逐一核实，确保企业纳规申报材料符合相关要求，确保服务业企业及时入库。

市政府高度重视挖掘服务业发展潜力，寻找新的经济增长点，派出以市政府副秘书长吴忠林为组长的昆明市统计考察学习组，前往上海、杭州、贵阳考察学习工业、服务业统计以及部门统计工作先进经验。

2016年11月25日，由市统计局拟定，市政府办公厅下发《关于进一步加强服务业统计工作的通知》，各级各部门充分发挥部门职责职能，细化各部门职责分工，建立联系会议制度，加强对服务业统计工作组织领导，切实落实好部门职责职能，负责好所属行业企业应报尽报工作，切实加强昆明市服务业统计工作。

【提升统计服务能力和水平】　深入推进服务型统计建设，代市政府拟定《昆明市主要经济指标预报制度》《昆明市经济运行监测预警制度》《昆明市主要经济指标部门会商制度》《昆明市经济运行分析制度》等四项制度，以市政府办公厅文件印发全市实施。全面深入贯彻落实昆明市主要经济指标预报等四项工作制度促服务统计，变事后统计和事中统计为事前预判。每月对工业、贸易重点企业开展预报预警，建立固定资产投资统计协调推进机制，全面加强对重点领域、重点项目、重点行业、重点企业调研监测，及早做出趋势研判并及时形成专报报送市委、市政府决策参考。在国家统计联网直报平台开网报送数据期间，建立全市主要经济指标数据每日一报制度，每日将上报进度、主要经济指标数据情况向市委、市政府主要领导及市政府分管领导报告，并将有关情况及时抄送市级各职能部门，为市委、市政府科学开展全市经济运行调度发挥重要作用。

充分利用网签成交、用电量、规划设计、项目审批等数据资料，实现法定数据与行政过程数据高度互补。大力加强政务信息公开工作。通过互联网、微信、微博、电子政务系统、QQ、折页等手段，做好统计信息公开，实现服务方式多样化。2016年，共发布信息1 552条。其中，外网227条；内网971条；微博354条。通过提高统计分析的深度和广度，努力实现信息快、现状清、趋势准、建议实，不断提升统计服务质量。

编辑完成《2016年昆明经济工作手册》《2016年昆明统计年鉴》；发布《昆明市国民经济和社会发展统计公报》；编制《昆明市月度国民经济主要指标》5期、《昆明市主要经济指标与全国27个市会城市对比资料》4期、完成《昆明市国民经济主要指标》15期。共撰写156篇统计分析报告，以可靠翔实的统计资料为市委、市政府分析判断经济形势和实施宏观调控提供重要参考。得到市委、市政府领导批示件60件，较上年增加44件。局领导带队深入企业调研生产经营状况，收集一手资料，由点及面分析形势和困难，形成专报呈市委、市政府参阅。“两会”期间，主动接受参会人员统计咨询，并撰写专题报告引入“两会”资料，供各位代表、委员参阅。积极通过政府“一号通”发布相关统计信息，受理完成96128政府热线统计信息咨询服务及现场统计信息咨询服务500余次，提高了统计知名度和认可度。

【统计队伍建设】　2016年，深入实施干部能力提升计划，切实提高干部队伍素质，紧扣市委、市政府中心工作，围绕昆明经济社会发展新问题和统计工作重点，每月开展1~2次培训，内容涵盖统计业务、法律法规、宏观经济、经验交流以及与工作生活息息相关的知识；组织干部参加业务、领导能力提升和任职教育培训；组织市局及县区共计23人次分别前往成都、浙大、南昌、西安等地培训；开展多种形式调研。组织约20人次前往上海、杭州、贵阳、红河等地学习先进经验，找准差距，提升统计水平和能力。

【统筹衔接滇中统计工作】　按照省委常委、昆明市委书记、滇中新区党工委书记程连元批示，第一时间与市编办对接研究加挂滇中新区统计局牌子事宜。根据《中共云南省委办公厅云南省人民政府办公厅关于云南滇中新区管理运行机制有关事项的批复》和《中共云南省委机构编制办公室关于同意在昆明市统计局加挂云南滇中新区统计局牌子的批复》两个文件精神，经昆明市十三届政府第113次常务会议、十届市委第134次常委会议研究同意，昆明市统计局加挂云南滇中新区统计局牌子，昆明市统计局局长兼任云南滇中新区统计局局长，实行“两块牌子，一套人马”管理体制，理顺昆明市和滇中新区统计工作机制。为支持滇中新区统计工作，市统计局整合骨干力量，做到专人专责、分工不分家，同时依照国家统计方法制度，积极争取省统计局业务支持，推动和完善滇中新区GDP核算工作。

（市统计局）

工商行政管理

【商事制度改革】　在全省率先实行“六证合一”“两证整合”改革，开展企业简易注销试点工作，对未开业企业、无债权债务企业实施简易注销登记，全市43户企业进行简易注销。启动企业名称网上申报，全年通过网上申报企业名称达1.5万个，占企业名称申请总量52%。开展企业年报工作，全市企业年报率75.21%。通过改革措施落实，优化营商环境，促进市场主体发展，全市新登记市场主体10.64万户，市场主体总量达到70.72万户，同比增长10.6%，高于同期GDP增速约1.6个百分点；资本总额15 035.2亿元，增长41.8%。其中，企业243 114户，增长18.5%；注册资本14 620.5亿元，增长42.9%；个体工商户460 295户，增长6.8%；出资金额325.2亿元，增长12.5%；农民专业合作社3 748户，增长20.9%；出资总额89.5亿元，增长14.6%。

【信用监管】　建成昆明市市场主体信用信息服务监管平台，实现各部门信息归集、信息共享，归集市级各部门涉企行政许可、行政处罚信息68万条。市政府印发《关于加快推进“双随机、一公开”监管的通知》，公布各行政部门抽查事项清单，建立全市统一市场主体名录库和执法检查人员名录库，“双随机、一公开”监管扎实推进。认真开展长期未经营企业清理工作，吊销企业1 782户。实施行政处罚信息公示，全市工商和市场监管部门共公示行政处罚信息1 038条。在全省率先引入第三方开展信息抽查，抽查企业2 000户。强化信用约束及联合惩戒，对列入经营异常名录的企业依法予以限制，全市1 300余户失信企业受到交易限制，211人次受到任职拦截。

【创新创业】 构建扶持小微企业发展工作体系，建立小微企业名录和“双创”指标监测系统，完成“两个10万元”和“贷免扶补”工作任务，昆明成功入围国家小微企业创业创新基地示范城市。积极发挥昆明作为全省唯一商标质权登记受理点作用，办理商标专用权质权登记9件，担保债权总额2亿元。深入推进非公党建工作，建成“小个专”党建工作数据库，建立个私协会党组织84个，全市“小个专”党组织覆盖率达到79.97%。持续推进商标战略，全市新增注册商标1.9万件，有效注册商标总量达到9.3万件；新获认定驰名商标1件、著名商标57件、知名商标79件，总量分别达到52件、651件、634件，获全省商标战略考核一等奖。持续推进广告战略，积极开展新《广告法》宣传培训工作，组织开展“讲文明、树新风”及“防范投资理财风险”公益广告宣传活动。强化入园企业登记服务工作，指导、协助入园广告企业参与国家局“扶持广告业发展推荐项目库”项目申报，大力支持昆明国家广告产业园区发展。

【市场监管】 开展农贸市场公厕建设管理工作，完成“南博会”“农博会”场馆交易秩序保障任务。积极开展反垄断与反不正当竞争执法、公用企业限制竞争和垄断行为突出问题专项整治、打击侵犯知识产权和制售假冒伪劣商品违法行为、虚假违法广告整治等工作。全市工商和市场监管部门共查办各类经济违法案件4 484件，罚没款4 153.8万元。开展“守重”企业公示认定，有38户企业获国家级认定，281户企业获省级认定，730户企业通过市级初选。加大旅游市场整治力度，查处旅游违法案件28件。加强网络交易监管，建成电子取证分析中心和监测中心，开展“全国网监”专项行动，全市工商和市场监管部门共查办涉网案件54件，罚没款257万元，查办案件数量与质量均有大幅提升。盘龙局在“全国网络交易平台服务监管系统”测试工作中成绩突出，在全国排名第五位。

（市工商局）

价格管理

【全年价格走势】 2016年各月居民消费价格同比分别上涨1.7%、2.3%、2.5%、2.7%、2.1%、2.0%、1.7%、0.9%、1.4%、1.2%、1.7%、0.8%。全年累计上涨1.7%，低于预期控价目标1.3个百分点。8大类价格指数继续呈现6升2降态势。其中，食品烟酒类、居住类、其他用品和服务类、医疗保健类、生活用品及服务类、衣着类分别上涨3.1%、2.9%、3.9%、1.5%、0.4%和0.6%；交通和通讯类、教育文化和娱乐类分别下降0.3%和0.6%。

【价格管理】 以保持价格总水平基本稳定为目标，加强价格调控管理，服务经济社会发展。组建昆明售电公司，主要致力于存量客户用电量打捆交易以及增量配电网规划、建设、运营及增值服务等业务，切实降低工商企业用电成本。进一步扩大电力市场化交易规模，主动帮助企业解决市场化交易中的各类问题。2016年全市电力市场化交易量达152亿／千瓦时，为企业降低用电成本约18亿元。完善机动车停放服务收费管理，印发《昆明市关于进一步完善机动车停放服务收费管理的实施办法》。根据省电动汽车用电价格政策文件精神，合理利用价格杠杆，加快新能源汽车推广应用，制定并公布电动汽车充电服务费标准，缓解能源和环境压力。妥善处理停止执行新建住宅项目供电设施工程费标准后的相关工作，解决临时施工用电交房的55个住宅小区供电问题，并制定后续工作实施方案。加强保障性住房价格管理，按照省城镇保障性住房管理办法，制定并向社会公布6个公共租赁住房项目租金基准价标准。规范物业企业服务收费行为，加强前期物业服务收费管理，审批润城七区和十一区、保利大家等3个80万平方米以上的大型小区前期物业服务收费标准，并监督物业服务企业严格按服务内容、服务标准逐项公示。

【收费管理】 深化收费制度改革，提高服务质量和效率，营造良好的价费环境。取消收费许可证制度，严格落实云南省物价局《关于取消收费许可证制度加强事中事后监管文件的通知》要求，收回市本级及19个县（市）区和国家级开发（度假）园区行政事业性收费许可证。做好重要节假日降低游览参观点门票价格工作，狠抓贯彻落实，强化保障措施，确保重要节假日游览参观点门票价格按要求进行降低，各市属游览参观点累计降价优惠金额共2 001.6万元。其中，春节期间旅游景点降价优惠金额883.03万元；五一期间旅游景点降价优惠金额261.82万元；国庆期间旅游景点降价优惠金额856.75万元。全面开展经营服务性收费管理调研工作，及时解决并上报经营服务性收费管理过程中存在的问题。开展景区门票价格专项整治，全面梳理实行政府定价、政府指导价的3A级以上游览参观点2012年以来运营情况和落实整改情况。不断理顺医疗服务价格体系，从调整医疗服务价格、加大政府投入、改革支付方式、降低医院运行成本等方面，深入研究试点公立医院取消药品加成政策后减少的合理收入进行科学合理的补偿机制。开展涉企收费督查，全年共减免涉企收费2 816.71万元。

【价格和收费检查】 加强市场价格和收费检查，采取多种检查方式，抓好市场价格巡查、收费专项检查，努力做好价格服务。全年共受理各类价格举报、投诉、咨询7 275件，办结7 237件，办结率达99.48%，处罚价格违规单位7家。加强节假日市场价格巡查，重大节假日活动期间，重点针对粮、油、肉、蛋、禽等群众生活必需品和大型活动周边住宿餐饮、停车收费、旅游景区等进行检查，出动检查人员1 258人次，检查农贸市场157个，零售商店664个，超市244个，停车场220个，酒店餐饮196个，房地产商22个，物业21个，游览参观点169家次，旅行社171家次，旅游购物店481家次，客运站51个，加油站97个，出租车公司12个。继续开展旅游市场价格秩序专项整治、涉企收费、能源（电力）价格、医药价格等各类专项检查，立案查处旅游市场经营者价格违法行为10件。认真做好12358价格举报平台监管工作，根据价格举报线索，及时有效处理违规收费。关注媒体在价格监督方面舆论导向，一旦有相关价格方面报道，及时调查处理，对确实存在价格违规行为的，严格按照相关规定查处，对未违反价格规定的行为发放价格政策文件和提醒告诫书等，增强法律意识，避免发生价格违法行为。

【价格监测和成本监审】 紧紧围绕“稳物价、安民生、促发展”工作主线，扎实做好价格调控工作，科学合理开展成本调查监审，营造良好价格环境。继续推进“重要民生商品价格信息公布”工作，全年发布49期信息，极大降低广大市民尤其是低收入群体的生活成本。强化价格监测工作体系，全年上报各类价格数据15万余条，上报率达99.9%以上，撰写分析材料50余篇。完善市场巡查、应急值班、跟踪监测、预警报告等各项工作制度，全面准确监测市场供求和价格异常波动情况。继续完善价格信息管理平台，价格数据入库数量达100万条以上，可便捷查询分析昆明市近三年主要农副产品及工业生产资料价格，为价格预警分析及调控提供有力支撑。加大成本调查监审力度，完成全市辖区内景区自2012年以来运营收支情况调查及成本监审工作、燃气管道工程配套设施成本调查工作以及城市再生水成本调查工作。科学公正开展价格认证工作，全年全市共计受理各类案件961件，涉案金额14 105.35万元。

（李　萍）

质量技术监督

【质量管理】 主动发挥“强市办”作用，协助市政府组织召开全市质量大会暨创建“全国质量强市示范城市”动员大会，认真传达学习全省“质量强省”会议精神，全面总结和动员部署质量工作。制订《昆明市“十三五”质量强市发展规划》，经过市政府审议通过，即将发布实施。制定创建“全国质量强市示范城市”方案，分解目标任务，组织培训，对全市各县（市）区开展质量工作督查考核。创新质量宣传形式，在全国率先举办“质量强市 昆明快走”大型健走活动。组织开展年度市长质量奖申报评价。

【标准化战略】 切实加强地理标志产品保护工作。5个产品已经获批成为国家地理标志保护产品，2个产品被国家质检总局正式受理为地理标志产品申报，7个产品通过省质监局初审，4个产品初审材料上报省局初审，3个产品开展前期申报工作。持续加强农业标准化工作，确定6个项目为第二批市级农业标准化示范区项目。高度重视服务标准化。3个项目成功获得国家标准化管理委员会批准，全市国家级、省级、市级服务标准化试点项目累计达到47个，居全省之首。大力推进企业标准自我声明公开试点工作。全市企业已在企业产品标准信息公共服务平台上公开信息934条，占全省总量61.9%。

【计量】 计量便民服务活动再升，为市民提供血压计和人体秤免费检定服务，全年共为市民减免检定费用23

加油站计量监管

（市质监局　供稿）

万余元。“市民计量监督员”队伍再扩容，范围由主城区延伸到各县区，昆明市拥有一支360人“市民计量监督员”队伍。民生计量监管再探，积极探索监督管理执法“三位一体”工作模式，组织召开昆明市加油站计量管理工作会和执法人员培训会，安排部署加油站计量监管工作，并组织1 000多名县（市）区执法人员对全市近500家加油站开展为期3个月全覆盖计量专项监督检查，得到省局和市政府领导充分肯定。

【认证认可】 完成全市359家检验检测机构统计和数据审核，重点检查消防安全和职业卫生检验检测机构24家。积极推进有机产品认证和水泥行业低碳产品认证，启动省级有机产品认证示范区创建工作。对县区近百名认证监管执法人员进行检验检测资质认定和强制性产品认证监管培训。

【产品质量】 组织开展产品质量监督抽查和风险预警监测工作，综合实物质量抽查批次合格率为96.8%。组织2期350名行政监管人员和企业主管人员培训，召开全市食品相关产品质量监督专项抽查情况通报暨抽查不合格企业集体约谈会。强化工业产品许可和证后监管工作，共受理工业产品许可76个企业；受理食品相关产品29家企业，核发食品相关产品证17家，完成企业年审230家。完成市政府下达食品相关产品安全监管研究课题，得到市委书记程连元充分肯定。认真执法打假，深入开展专项检查整治。全年共检查单位361家，查处违法单位224家，查处案件283件（其中立案查处案件235件），采取行政强制措施案件16件。

【特种设备安全】 有序推进气瓶电子标签项目，在西南城市率先启动全市电梯应急救援平台建设。全市气瓶有望实现100%电子标签监管。建立行业应急救援队伍和专家库，组织开展4次特种设备应急演练。组织开展电梯、压力管道、涉氨制冷企业、起重机械等专项整治活动，突出元旦、五一等节假日和“两会”“南博会”等重要节点安全大检查。全年共检查特种设备使用单位1 083家，检查特种设备7 244台次，完成特种设备检验62 599台，受理特种设备举报投诉199起，查处特种设备违法案件69起。

【执法打假】 认真执法打假，深入开展专项检查整治。2016年，检查单位361家，查处违法单位224家，查处案件283件（其中立案查处案件235件），采取行政强制措施案件16件。

（李　丹）

食品药品监督管理

【落实食品药品监管责任】 2016年，昆明市食品药品监督管理工作紧紧围绕保障食品药品安全这一中心职能，全面落实党政同责和“四有两责”要求，为全市食品药品安全提供坚强有力保障。市县乡三级政府之间、政府与相关部门之间层层签订食品药品安全责任书，把食品药品安全纳入各级政府公共安全体系、目标管理绩效考核体系，发生重大食品药品安全事故，实行目标考核和评优创建“一票否决”。市县乡三级均成立食品安全委员会及其办公室，市级食品安全委员会成员单位达到34个。将《食品药品安全“十三五”规划》列入全市“十三五”重点专项规划，2016年9月完成编制，以市政府名义正式印发执行。昆明市委常委会、市政府常务会研究审议创建方案，成立以市委书记程连元、市长王喜良为双组长，6位副市长为副组长的高规格创建领导小组，市级财政安排创建启动经费300万元。加大财政投入力度，全年市级财政安排食品药品安全经费达3 701万，争取上级食品药品安全专项补助资金1 031万元。实施基层监管所能力提升项目，实施乡镇（街道）43个，省市县累计投入1 290万元。

【突出“两个重点”】 始终把监管和服务作为工作重中之重，坚持“监管是最好的服务，服务是为了更好地监管”理念，创新监管制度、监管手段、监管方式，寓服务于监管之中，不断提升食品药品监管和服务水平。坚持全程监管、科学监管、依法监管和监管为民，出台《昆明市医疗器械经营监督管理实施细则》等60多项行政执法制度，建立健全覆盖生产、流通、消费各环节的日常监管制度。昆明市获证食品药品企业年度监督检查覆盖面达100%，全市查处“四品一械”违法案件1 146件，罚没款2 058万元。强化重点地区、重点领域、重点环节专项整治，开展米线、农村食品安全、网络食品安全、走私冻肉等一系列有昆明特点的专项整治。实现重大活动食品药品安全保障“零事故”，完成“南博会”“药交会”省市党代会等253起重要会议、活动食品药品安全保障工作，总人次63万人次。

昆明市食药监局主动融入全市正在着力打造大健康产业发展大局，助推生物医药和食品产业发展。加快行政审批制度改革，推进“两集中、两到位”，简政放权、放管服相结合，审批时限较法定时限普遍压缩50%~70%。率先开展医疗器械网上许可和第三方代储代配试点。2016年共受理各类行政许可申请2 517件，发证2 654件。全年无投诉、延误办理情况发生。推动依法监管，建立食品药品行刑衔接工作机制，实行“查处分离”，率先执行法律顾问制度。打造阳光政府，畅通信访渠道，在每月固定设立局长接待日，加大政务信息公开力度，共在网站发布政务信息1 261条，政务信息工作继续排名全省系统第一。

食品药品检查

（市食品药品监管局　供稿）

【打造“三个平台”】　打造应急管理平台。修订完善应急预案，成立突发事件应急处置队伍，制定事故报告、调查处理和信息发布等配套制度。建立食品药品安全风险分析评估制度，加强重点监测预警与日常安全巡查。组织全市食品安全应急演练，切实提高实战能力。

打造信息化监管平台。昆明市政府已将食品药品安全信息化纳入智慧城市建设规划，正在加快构建部门间信息沟通平台，实现互联互通和资源共享。建立昆明市食品药品电子政务网络信息平台，将食品药品监管各环节录入监管系统，为科学开展监管提供支持。建立内部办公电子化系统、行政审批电子监察系统，推进行政权力网上公开。

打造投诉举报平台。建立市、县两级“12331”食品药品投诉举报中心，2016年受理咨询投诉6 357件，做到登记率100%、回复率100%。加大对县区、乡镇（街道）和村（社区）食品药品监管、协管人员维权调解和监管知识培训，全年对全市1 680名县以下基层监管人员进行轮训，有效提高基层食品药品监管人员能力和水平。

【构建“四个体系”】　构建全程网格化监管体系。县级“三合一”市场监管综合执法体制改革稳步推进，所有乡（镇、街道）同步建立基层监管所；科学划分市县两级监管事权，形成食品药品安全市县乡三级监管机构、市县乡村四级监管网络，实现监管全覆盖。全面加强县乡两级监管队伍建设，以政府购买服务方式，配备协管员、信息员4 600多名，乡村覆盖面达到95%以上。

探索食品药品可追溯体系。探索建立食品药品生产加工环节安全管理、食品药品入市备案、食品药品进销记录、问题食品药品召回和下架退市等制度，切实加强食品药品安全初始管控，全面掌控食品药品安全源头，构建系统的食品药品溯源链条，全面铲除问题食品药品继续流通土壤。

构建技术支撑体系。昆明市食品药品检验所通过国家实验室认可现场评审，取得671项食品、药品检验资质，投资估算2 238万元食品安全检（监）测能力建设项目（二期工程）已通过初步验收，启动4家县级食品药品检验机构建设。加强药品不良反应、医疗器械不良事件监测。全年全市完成药品不良反应报告6 130份，每百万人口报告数达950份；医疗器械不良事件报告1 390份，每百万人口报告数达215份。

构建社会共治体系。主动接受各级人大、政协监督，全年全市200多名人大代表专题听取市政府食品安全工作报告。大力提升企业主体责任，实行量化分级管理，在250家食品生产企业进行试点，持证餐饮单位分级率达96.3%，其中学校食堂达到99%。全面启动明厨亮灶创建，已完成600家。开展立体式宣传2004~2016年连续13年组织家庭小药箱清理暨用药安全宣传月活动，组织食品安全宣传周、实验室开放日等活动。同时，在报刊、电视、网络、微信等媒介刊播宣传短片，组织食品药品安全宣传“六进”活动，全方位多层次加强宣传教育。建立食品药品质量安全社会通报机制，向全社会通报月饼、粽子、米线、白酒等重点民生关注产品的质量检验情况，特别是公示不合格产品及企业名称，社会反响强烈。

（蔡英雄）

审　计

【概况】　2016年，全市两级审计机关完成审计和专项审计调查项目886个。查出违规问题金额165 627万元，管理不规范金额2263 187万元。审计发现非金额计量问题290个，被审计单位损益或收支不实问题金额39 058万元。审计后移送有关部门处理事项20件，移送处理金额2 699万元。通过审计，为国家增收节支149 403万元。其中，已上缴财政125 665万元；已减少财政拨款或补贴8 119万元；已归还原渠道资金15 618万元；已调账处理203 695万元。核减固定资产投资额246 632万元，为被审计单位挽回或避免经济损失208 685万元。

市本级完成审计项目108个，查

出违规问题金额41 923万元，管理不规范金额1661 421万元，被审计单位损益或收支不实问题金额25 994万元，移送有关部门4件。通过审计，促进整改落实有关问题资金284 448万元。其中，直接为地方财政和有关单位增收节支60 118万元；已调账处理168 281万元；已缴纳其他资金11 777万元。审计后挽回损失153 513万元，核减固定资产投资额159 857万元，提出审计建议568条，审计信息被批示、采用963条。

【市本级预算执行和其他财政收支审计】 2016年，组织对2015年度市本级预算执行和其他财政收支情况进行审计。审计发现：市财政局2015年年末政府性基金结余结转13项，有8项超过财政部对政府性基金预算结余结转资金限额规定；市财政局未落实《昆明市人民政府办公厅关于加强财政管理硬化预算约束的通知》关于在全市建立项目库管理体系相关规定；非税收入未上缴国库纳入预算管理123 555万元，专户往来款长期挂账未清理67 859万元，市本级应收未收土地出让收入47 687万元；部分预算单位违反提取比例超过单位基本支出预算5%的现金规定；公务卡管理存在未按规定建立公务卡信息监管系统，未按强制结算目录使用等问题。针对存在问题，市财政局积极进行整改，整改情况市审计局代市政府已向市第十三届人大常委会第42次会议专题报告。

【税收征收管理审计】 2016年，对市地方税务局2015年度税收征收管理及税收政策执行情况进行联网审计，延伸审计调查36家企业和单位。审计发现耕地占用税存在多征少征，未按政策减免部分小微企业营业税，教育费附加及地方教育费附加，借款合同印花税，土地增值税清算不规范，部分项目未按规定计算开发成本，未严格核实扣除项目凭证及票据资料等问题。针对存在问题，相关部门积极进行整改。整改情况市审计局代市政府已向市第十三届人大常委会第42次会议专题报告。

【部门预算执行审计】 2016年对12个部门及部分所属单位预算执行、2个部门和2008年以来市级预算规划类及暂缓实施类项目前期经费、昆明铁路枢纽改扩建等工程的财务收支情况进行审计。审计发现：应缴未缴财政资金人民币10 294万元，港币2 040万元，美元38万元，欧元2万元；未按规定用途使用资金762万元；项目资金闲置1 357万元；预算管理不规范等问题。针对存在问题，相关部门积极进行整改，整改情况市审计局代市政府已向市第十三届人大常委会第42次会议专题报告。

【稳增长各项政策措施跟踪审计】 2016年，市审计局派出15个审计小组，共60余人，对全市稳增长促改革调结构惠民生防风险等重大政策措施落实情况进行跟踪审计。完成财政存量资金审计、城市棚户区改造和农村危房改造审计、食品安全法规政策执行情况审计、精准扶贫精准脱贫政策落实情况跟踪审计等15个项目，均出具审计报告或跟踪审计报告。对审计发现的应交未交财政存量资金、应缴未缴县财政农村危房改造及地震安居工程结转结余资金和收取额外费用、行政事业性收费政策未执行、未及时建立食品安全综合监控体系等问题提出审计处理意见，明确存在问题的主体责任，提出审计建议。

【社会保障民生资金审计】 2016年，组织对市民政系统2015年度预算执行情况审计及昆明市“十二五”社会养老服务体系建设情况专项审计。审计查出各种问题资金2493 955万元，促进财政增收节支1116410万元，纠正违规资金1377 545万元，提出审计建议50条，相关部门、单位对存在问题进行整改。通过审计，促进市民政系统建立健全有关预算管理、优抚抚恤金发放、养老机构建设运营、固定资产管理等方面内控制度21项。根据市政府对落实城市公立医院综合改革要求，对市属八家医院药品加成进行核查。核查情况为发改部门调整医院服务价格，以及取消药品加成后如何完善财政补偿机制提供可靠依据；为下一步完成全市取消公立医院药品加成，改善老百姓“看病贵”，更好地服务昆明市城市公立医院改革工作发挥积极作用。根据审计署和省审计厅有关开展医疗保险基金审计要求，市审计局本级、县（市、区）审计机关抽调16名审计人员参与审计署驻昆明特派办和省审计厅组织的云南省医疗保险基金审计工作。对市扶贫办、禄劝县、寻甸县、东川区、倘甸“两区”扶贫办2013~2016年6月财政扶贫资金情况进行审计；对昆明市10个县区精准扶贫精准脱贫政策落实情况进行跟踪审计；对禄劝县2016年易地扶贫搬迁和脱贫攻坚项目进行跟踪审计。审计涉及资金总额70 368 716万元，审计查出主要问题金额282 395万元，提出审计建议16条。

【领导干部经济责任审计】 对23名市管领导干部实施经济责任审计。审计查出主要问题金额16 141 928万元。其中，管理不规范资金13 672 260万元；违规资金2 469 668万元；提出审计建议86条。市审计局在审计中，对2个审计项目进行领导干部自然资源资产离任审计试点，单独出具自然资源资产离任审计报告。为加强领导干部经济责任审计项目计划管理，有效推进经济责任审计全覆盖，研究制定《昆明市县处级领导干部经济责任审计分类管理办法（暂行）》和《昆明市领导干部自然资源资产离任审计中长期工作实施意见》。

【政府投资项目审计】 加强对滇池生态、文化、旅游圈建设、轨道交通

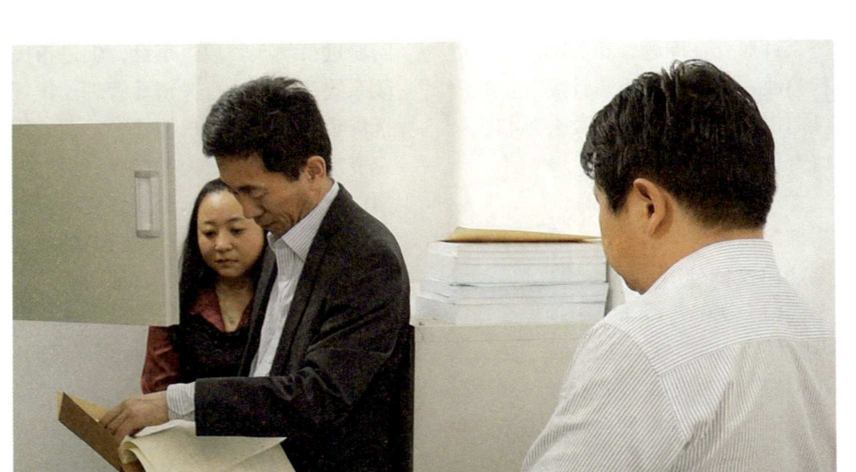

检查基层审计机关审计项目质量

（市审计局　供稿）

项目建设、牛栏江引水工程建设、清水海供水及水源环境管理建设工程建设等市政重点建设项目审计监督；对36个重点建设项目实施竣工决（结）算审计；对1个重点建设项目实施总投资超概原因分析专题审计调查；组织相关县（区）审计局对昆铁枢纽改扩建工程、云桂铁路、长昆铁路、昆玉铁路等项目征地拆迁开展跟踪审计。完成31个政府投资决（结）算审计项目，审计金额203.09亿元，依照审计法律法规以及建设工程管理制度规定调整工程投资15.99亿元，占决（结）算报审金额7.87%，提出审计建议118条。正在实施决（结）算和跟踪审计项目54个，投资概算总额1 335.12亿元。完成土地储备支出评审项目22个，评审面积2 220.71亩，评审额48.38亿元，调减投资21.50亿元，提出建议79条。

【保障性安居工程跟踪审计】　组织对富民、晋宁、宜良、寻甸、禄劝、石林6个县2015年度保障性安居工程进行跟踪审计。审计表明，实际完成城镇安居工程基本建成任务3 300套。审计发现财政补助政策落实不到位、保障性住房非税收入未按规定上缴财政、将不符合保障条件家庭纳入城镇保障性住房保障范围、竣工验收的保障性住房空置超过一年、保障性住房租金收缴困难等问题。通过审计，纠正违规资金3 819万元。其中，拨付及兑付补助资金1 087万元；非税收入及结余资金收缴财政135万元；追回住房补贴补助14万元；计提保障性安居工程资金2 566万元；其他纠正17万元；取消保障资格或调整享受待遇26户。

【农村危房改造和抗震安居工程跟踪审计】　组织10个县区审计局对全市农村危房改造和抗震安居工程进行跟踪审计。审计结果表明：2015年，全市实施农村危房改造工程拆除重建计划任务32 715户，实际完成32 145户，正在实施570户。发现滞拨项目资金、市级配套资金不到位、项目实施中向农户收取额外费用、不符合条件家庭申领危房改造补助、未按相关规定实施农村危房改造工程等问题。各级审计机关依照审计法律法规及农村危房改造政策，对审计发现的问题分别进行处理，相关单位进行整改。

【审计信息化建设】　全年投入信息化建设资金181.93万元，完成信息门户网站改版、迁建、手机微站及微信公众平台建设工作。开发建设《领导干部经济责任审计管理系统》，完成老旧计算机硬件设备更换和移动办公网络升级换代。开展财政信息系统审计探索研究，提升计算机审计能力，强化在审计项目中的运用，提高审计效率。开展信息化条件下审计“全覆盖”相关课题研究，为审计全覆盖创新审计方式提供重要技术支撑和保障。

【审计职能调整】　4月20日，根据《中共云南省委办公厅　云南省人民政府办公厅关于云南滇中新区管理运行机制有关事项的批复》文件精神，市审计局同滇中新区审计局在市审计局签订移交协议。协议明确：滇中新区审计局将安宁市、嵩明县（滇源街道办事处和阿子营街道办事处除外）辖区范围内审计职能职责和审计事务，整体移交昆明市审计局。自双方签字之日起，昆明市审计局对安宁市、嵩明县（滇源街道办事处和阿子营街道办事处除外）履行辖区范围内审计职能职责和审计事务。

【人财物管理改革试点工作】　根据中共云南省委、云南省人民政府印发《关于完善审计制度若干重大问题的实施意见》及相关配套文件通知精神，市审计局成立人财物管理改革试点工作领导小组，建立局领导挂钩联系县（市、区）制度，多次召开会议研究人财物管理改革试点工作，配合省审计厅，紧紧围绕统筹抓好“人”的改革核心、“财”的改革重点、“物”的改革基础、“事”的改革关键，扎实开展改革调研。多次与组织、财政等部门对接，切实做好编制、工资、经费、资产等基础信息上报。及时向省审计厅和市委、市政府汇报人财物管理改革存在的问题和意见建议，以及投资审计中心不上划省审计厅事宜，为开展好改革试点工作打牢基础。同时严明工作纪律，讲政治、顾大局，确保思想统一、队伍稳定、审计工作不受影响。

市审计局领导到挂钩扶贫点慰问

（市审计局　供稿）

【审计队伍建设】　按照相关规定考试录用1名公务员、公开遴选2名公务员；成立昆明市审计局政府投资审计中心，公开招聘11名事业编制人员；转岗安置7名司勤人员到业务处室和综合处室；积极协助地方党委做好对县区审计局主要负责人管理工作，对11名县（市、区）审计局领导任免职务征求意见进行研究回复。认真落实"云审工程"二期人才培养计划，制订《昆明市审计局2016年干部教育培训计划》，积极参加审计署、省审计厅和市委组织部、市人社局等安排的各种审计业务和综合培训。全年共517人次参加各类培训，3名同志获得中级审计师职称、1名同志获得高级审计师职称。注重对年轻干部培养锻炼，选派1位年轻干部到县区挂职，选派6名县（市、区）审计局年轻干部到市局挂职锻炼。

【帮扶工作】　按照市委、市政府统筹区域发展与精准扶贫战略部署，认真落实产业扶贫、安居工程扶贫、重点村建设等扶贫开发措施，共协调项目资金364万元，自筹资金25万元，扶贫日组织干部职工捐款4.45万元，节日慰问投入资金5万元，为挂钩帮扶的禄劝县马鹿塘村委会和红德村委会建设发展、贫困人员帮扶尽应有贡献。

（牟显福）

农林水利

◆责任编辑　熊　英

农业农村

【农业生产稳定增长】　2016年，继续稳定粮食生产，全市粮食播种面积为374万亩，产量124万吨。蔬菜、花卉发展迅速，规模不断扩大，效益稳定增长，花卉出口额达到8 800万美元，“昆菜”“斗南花卉”已成为昆明高原特色现代都市农业的名片、名牌。在特色蔬菜生产方面，大力推进标准化生产，呈现面积、效益持续增长，产品质量稳步提高的良好发展态势。蔬菜总播种面积157万亩，总产量309万吨；蔬菜外销量227万吨，占生产总量的73%。在山地牧业方面，大力开展畜禽标准化规模养殖和水产健康养殖，全市出栏生猪、肉牛、羊分别为446万头、31万头、95万只；出栏家禽6 799万羽；肉类总产61万吨；奶类总产12万吨；禽蛋产量9.5万吨。建立以宜良、寻甸、东川为主的水产养殖基地县；畜牧业总产值约124亿元，同比增7.8%，占农业总产值的35%以上。特色生物产业蓬勃发展，与云南白药签订战略合作协议，全市中药材种植面积达到18.8万亩，产值达14亿元。山地牧业、特色林果、淡水渔业、农产品加工业等优势产业稳步发展。

【提升农业现代化水平】　大力发展农业电子商务，与1688平台合作，借助奥斯迪——阿里巴巴“昆明产业带”平台，开设“昆明农产品地理标志馆”，推进昆明特色农产品线上线下互动，入驻商户已达630家，上线产品8.4万种。积极推进农业信息化，建设昆明“三农”基础信息系统，加快推进昆明“互联网+农业”数据平台建设，整合全市农业信息资源，加快推进“智慧农业”建设，与云南银河之星科技公司合作推进实施农业物联网项目，与云南农业大学签订农业大数据、未来农场等11个项目合作协议，积极推进云南省高原产业研究院到昆明建立分院。实施基层农技推广体系改革与建设，全市示范主导产业11个，建设科技示范村7个，培训农技人员725人。

【夯实农业基础设施】　加快发展设施农业、节水农业，不断夯实现代农业发展基础。2016年，实施省级中低产田地改造建设1万亩，新增千亿斤粮食生产能力田间工程2.25万亩。全市各类农机具拥有量达到42万台套，主要农作物耕种收综合机械化水平达到51%，比全省平均水平高于4个百分点。柴石滩大型灌区和鱼龙、罗泊河等9件中小型水库开工建设，536件农村饮水安全巩固提升工程，巩固提升受益11.9万人，3万件“五小水利”工程投入使用，新增和改善灌溉面积2万亩。实施自然村路基工程和路面硬化工程，全市通村公路路面硬化和路基改造工程已完成1 402.5千米，建制村公路路面硬化率达100%。推进城乡客货运输体系建设，乡镇通班车率达100%，城乡公交行政村覆盖率达95.8%。加强农村气象灾害防御体系建设，完成12个国家级地面气象观测站降水现象仪布设及台站标准化改造、22个西部地区区域站骨干网升级改造和雷达综合改善项目，5个乡镇推荐为全国标准化气象灾害防御乡镇。

【优化农村产业结构】　以提高供给质量为出发点，以增加农民收入为根本目标，按照“三区一带”“九大特色产业”的规划布局，制定《昆明市农业供给侧结构性改革实施细则》，调整优化农业产业结构和区域分布，促进昆明现代农业升级转型。积极培育休闲农业、会展农业、“互联网+农业”等农业产业新业态，承办第十四届中国国际农产品交易会暨第十二届昆明国际农业博览会，实现现场贸易额699亿元，签约金额886.88亿元。继续推进台湾农民创业园、嵩明农业科技园、斗南国际花卉产业园等国家级农业园区建设。梁王山现代农业公园、高原特色农产品交易中心建设推进顺利。积极推进都市农庄建设，已初步建成都市农庄24个。

【改善农村人居环境】　以村庄环境整治为抓手，建立机构、完善制度、加大保障、严格督查，切实推进农村“七改三清”工作。及时编制出台《关于推进农村“七改三清”工作的实施意见》等10余个配套方案，细化分解任务，压实工作责任。实行“月考核、季排名”，建立联席会议、工作通报、每月例会等工作制度，扎实做好牵头抓总、统筹协调各项工作。按照财政补一点、农民筹一点、集体出一点的办法，建立农村保洁和收费制度，全市农村常住人口卫生保洁费用达到40元/人·年，农村保洁员增加到7 979人，全市村庄保洁制度覆盖率达98%。截至12月底，全市农村“七改三清”各项指标，在前期工作基础上有大幅度提升。其中，全市建制村路面硬化率基本实现100%全覆盖；农村危房改造和抗震安居工程开工率100.4%、竣工率85%；乡镇自来水供水设施覆盖率达69.2%；乡镇建成2座以上公厕的覆盖率达76.92%，建制村公厕覆盖率达49.23%；乡镇生活垃圾处理设施覆盖率达98.9%；自然村垃圾有效治理覆盖率达78.89%；乡镇生活污水处理设施覆盖率达69.2%。

【实施精准扶贫】 2016年，全市扶贫成效显著，减少建档立卡贫困人口62 663人。对“倘甸两区”脱贫攻坚存在的特殊实际，研究制定特殊贫困人群给予特殊扶持政策。制定实施《昆明市精准脱贫攻坚作战图》，开启精准扶贫精准脱贫“挂图作战”1+5模式，抓好“七个一批”和“十大工程”实施精准扶贫精准脱贫措施。全年市级财政安排专项扶贫资金13.51亿元，是2015年的3.65倍，项目资金、社会投入等各类扶贫资金累计投入达到90.72亿元。

【持续推进城乡统筹】 全面放宽除主城区、东川区外昆明市县城建成区、建制镇的落户条件，以西山区、呈贡区为试点探索建立积分落户制度。2012年以来全市统筹城乡落户进城111.4万人，农业转移人口市民化工作连续四年评为省级一等奖。继续坚持尊重群众意愿，落实好来去自由的返回农村原籍地落户政策，妥善解决已落户进城群众权益保障的延续对接。健全以“居住证”为载体的流动人口服务管理体系，大力促进城镇基本公共服务向常住人口全覆盖。开展全市5万人农业转移人口市民化抽样调查工作，形成《昆明市农业转移人口市民化调研报告》。加快安宁市、东川区、宜良县省级统筹城乡试点建设。实施省级重点村建设85个，建成各类美丽乡村200个。2016年，中央及省级财政转移支付资金5 100万元。

【增强农村改革力度】 制订出台《深化农村改革综合性实施方案》和《市委农村工作领导小组2016年农村改革工作要点》等30多个配套文件，完成22项年度改革事项。健全完善农村土地所有权、承包权、经营权“三权”分置管理，开展农村集体产权制度改革试点，完成17个乡镇农村土地承包经营权确权登记颁证工作。推进农业适度规模经营，流转土地106.7万亩。培育新型农业经营主体，已有各类农业企业1 962个，农民专业合作社3 200个。加强培育新型职业农民，完成培训项目1 230人。推进供销社改革，完成供销社下属企业改制7家，重组2家。推进农村产权流转交易体系建设，建成富民县、宜良县2个城乡产权流转交易服务中心，启动建设安宁、嵩明、晋宁、寻甸、倘甸5个县级交易平台。建立“三农”投入稳定增长机制，创新农业支持保护体系，率先开展特色农业保险试点，积极推进东川区“三农”金融服务、寻甸县农村电子商务试点工作。深化集体林权制度改革，启动海口林场改革试点并通过省级验收，以宜良县为代表的林下经济经营权证和抵押融资试点有序推进，全市累计办理林权流转1 557宗，流转面积24.74万亩。积极开展以水价改革为核心、机制建设为基础的农田水利改革，晋宁、富民农业水价综合改革试点成效明显，水权交易制度改革稳步推进。

【健全农业农村政策体系】 编制完成全市“十三五”农业、林业、水务、供销、扶贫开发等发展规划以及美丽宜居乡村建设行动计划。制定出台《关于加快高原特色现代农业发展，率先全面建成小康社会的实施意见》等10余个政策文件，对高原特色现代都市农业、扶贫开发、农村经济等重点任务进行安排部署。制定《昆明市主城区饮用水源区扶持补助办法》，完善水源区生态补偿机制。研究整合涉农产业发展资金，以农业投资公司为平台组建成立“高原特色现代都市农业发展基金”，基金规模达到180亿元，为昆明高原特色现代都市农业发展提供坚实的资金保障。组织召开市委农村工作会议及各类专题工作会议40余次，推进“三农”各项工作。组织各类扶贫攻坚调研20余次，专项督查1次，加大对重点工作的督办力度，确保省委省政府、市委市政府的决策部署落实到位。

【优化“三农”工作体制机制】 积极开展“基层党建推进年”活动，建立整顿农村软弱涣散基层党组织长效机制，以县乡村三级组织换届为契机，进一步加强农村基层服务型党组织建设，构建县、乡、村、组四级为民服务中心（站、点）及综合服务平台，不断夯实党在农村执政的组织基础。健全村党组织领导充满活力的村民自治机制，探索村民自治的有效形式和途径。制定《市委市政府关于加强农村集体资金资产资源管理工作的意见》等“1+10”配套政策，系统完善农村“三资管理”监管机制和制度。理顺市级党委农村综合部门机构设置，将市委农办调整为隶属市委办公厅机构，增强市委农办统筹协调全市“三农”工作力度。开展理顺县区党委农村工作综合部门设置的前期工作，市委编办、市委农办联合开展对各县（市）区农办、统筹办系统的摸底调查，形成专题调研报告，最终出台《市委农办 市委编办关于调整理顺县级党委农村工作综合部门机构设置的实施意见》。

（市委农办）

农 业

【概况】 2016年，全市农牧渔业总产值349.6亿元，同比增长6.4%；实现农牧渔业增加值207.2亿元，同比增长6%。农村常住居民人均可支配收入12 555元，同比增长9.7%。全年实现粮食作物产量124万吨；蔬菜上市量330万吨；花卉实现产值167.76

2016年9月，春城热线农业主题宣传。

（市农业局　供稿）

亿元；肉类总产62万吨，实现产值128.55亿元；渔业产量实现4.15万吨，产值31.2亿元；现代农业园区实现产值28亿元；主要农作物耕种收综合机械化水平达到51%。农业污染防治得到有效控制，检测点建设稳步推进，太阳能、节能灶、沼气池建设、滇池农业污染面防治完成预定目标。农产品质量安全防控能力稳步提高，全年没有发生较大农产品质量安全事件。

【巩固提升粮食产能】　2016年，加快发展设施农业，加大农田水利等基础设施建设力度，实施省级中低产田地改造建设1万亩，新增千亿斤粮食生产能力田间工程2.25万亩；完成万亩高产创建44片，示范面积48.6万亩，推广以玉米、马铃薯地膜覆盖为重点的抗旱节水节肥粮食高产综合配套技术105.6万亩。其中，小春粮食作物地膜覆盖栽培面积23.7万亩；大春粮食作物地膜覆盖栽培面积101.06万亩。为提高复种指数推广晚秋间套种植110.8多万亩。中央农业支持保护补贴2.395亿元。调减玉米种植面积5万亩，适度增加水稻、马铃薯种植面积。全市粮食播种面积411万亩。其中，大春粮食播种面积261.76万亩；小春粮食播种面积149.18万亩。全年粮食作物产量达124万吨，其中夏粮产量23万吨，秋粮产量101万吨。

【蔬菜花卉产业稳步发展】　2016年，蔬菜播种面积161万亩，同比增长20%，总上市量330万吨，同比增长21.3%，实现产值55.9亿元。推广无公害播种面积133.5万亩，产量275.4万吨，分别占总面积和总上市量的82.8%、83.3%。外销蔬菜245.9万吨，同比增长17%，占总产量的74.4%。

2016年，品牌花卉发展迅速，鲜切花生产由呈贡、官渡两地逐步向晋宁、嵩明、宜良等其他县区扩展，全市花卉园艺总面积31.1万亩，同比增长2.1 %，实现产值167.76亿元，出口创汇8 800万美元。其中，鲜切花面积11.7万亩；产量（含切枝、切叶）66.9亿枝；外销（出昆）60.8亿枝，占总产量90.8 %。

【畜牧业及渔业生产成效显著】　大力开展畜禽标准化规模养殖，全年未发生区域性重大动物疫病，畜牧业实现产值128.55亿元，肉类总产62万吨，同比增长2.6 %。其中，猪肉产量42.87万吨；奶类总产12万吨；禽蛋产量10万吨。全市共出栏生猪457万头，同比增长0.5 %；肉牛32万头，同比增长0.4 %；羊97万只，与上年基本持平；出栏家禽6 907万羽，同比增长1.3%。创建国家及标准化示范场1个，省级标准化示范场3个，积极向上争取财政对畜牧业的支持，争取基础母牛扩群项目、生猪调查大县奖励资金、畜禽标准化养殖等项目资金1 753.4万元。为确保全市不发生区域性重大动物疫情和畜产品质量安全事故，推行“321”免疫新技术，动物防疫整村推进。全年免疫猪、牛、羊口蹄疫，分别为567.57万头、116.29万头、309.05万只；猪瘟疫苗免疫559.98万头；高致病性蓝耳病免疫552.64万头；高致病性禽流感免疫7 128.54万羽。应免畜禽免疫密度达100%，免疫抗体合格率都达到70%以上。在全力做好强制免疫工作同时，大力加强各地动物卫生监督工作，以活禽交易市场、屠宰加工厂、规模化养殖场为重点场所。强化卫生、消毒、病死畜禽无害化处理、监督执法等环节工作。

昆明市全年渔业产量实现4.15万吨，总产值31.2亿元，同比增长9.38%。积极开展长江、珠江流域禁渔工作，加强渔业资源保护力度，发宣传资料7 800份，出动宣传、执法车辆160台次，渔政执法船45船次；在本市长、珠江流域投放225万多尾鱼苗。2016年度开展水产品质量安全检测工作，完成水产品1 023个样本检测，合格率达98%以上。

【鲜果布局特色鲜明】　2016年，全市水果种植面积达38.4万亩，产量超过20万吨，主要以梨、桃、苹果、葡萄、大树杨梅、柿子等为主栽品种，形成以呈贡宝珠梨、安宁红梨、石林甜柿、富民杨梅为主的优质果品生产基地，以东川、寻甸、嵩明、禄劝、晋宁、宜良为主的“名、特、优、稀”优质果品产业布局的小果种生产基地。

【中草药等新兴产业发展迅速】　在市场带动下，昆明中药材种植面积达

14.5万亩，主栽品种主要是重楼、当归、石斛等，产值12.3亿元，同比增8%。

【一、二、三产业融合发展】 大力发展以粮油产品、畜产品、水产品、蔬菜、水果等特色农产品加工业，2016年全市农产品加工企业173家。其中，规模以上123家；农产品加工业产值484亿元；产值增长率8.5%。拓展农业功能，积极发展休闲农业和乡村旅游，积极推进台湾农民创业园、嵩明农业科技示范园、斗南国际花卉产业园等国家级农业产业园区建设，推动园区发展壮大，园区产值达28亿元；大力发展都市农庄，新建9个都市农庄，杏林大观园、石林万家欢蓝莓庄园、富民县一丘田杨梅庄园、晨农农博园、昆明东川太阳谷等24座都市农庄初步建成。市级以上农业龙头企业达435户，销售收入619亿元，龙头企业辐射带动130.1万户农户；农民专业合作社3 466个。其中，新增省级示范社18个（截至2016年，省级示范社共有99个）；有龙头企业支撑的都市农庄50个；培育新型职业农民2 540人；建设市级培育新型职业农民示范村6个。

【农产品质量安全可控】 昆明市围绕“提高农产品质量、增强市场竞争力、保障消费安全”三大目标，农产品质量安全保障水平稳步提高，昆明市农产品质量安全管理综合信息应用云平台投入使用，农业部、省农产品质量安全抽检合格率连续三年保持在96%以上。2016年全市农产品质量安全抽检合格率达97.7%。全年种植业产品快速检测样品43 913个，合格99.52 %；瘦肉精快速检测27 353个，未检出阳性样品，全年未发生重大农产品质量安全事件。“三品一标”产品申报94个，完成计划的268%。其中，申报无公害农产品12家企业19个产品；绿色食品7家企业75个产品。

【农机推广应用完成预定目标】 2016年，全市各类农机具拥有量达42万台套，较上年增加1.1万台，农机总动力达323万千瓦，较上年增加3.2万千瓦。主要农作物耕种收综合机械化水平达51%，较上年增加1个百分点。全年完成农机购置补贴1 700万元，培训农机实用技术人才3 900人。强化农机安全生产源头管理，开展“平安农机”创建、“两机”清理“六月安全月”等专项行动，农机事故三项指标（事故率、重伤率、死亡率）均控制在4‰、3‰、2‰以内。

【科技扶农政策全面落实】 强化农业科技关键技术研发推广，努力提升农业科技成果转化率和服务推广能力，全市示范主导产业11个，建设科技示范村7个。完成新型职业农民培训2 704人，完成任务数106.4%。其中，青年农场主培训98人，农业新型经营带头人819人，生产经营型437人，专业技能型1 037人，专业服务型317人，累计投入资金655万元。完成市级新型职业农民示范村建设6个；完成市级农村劳动力培训5 000人。推进农业信息化，推进昆明“互联网+农业”数据平台建设，整合全市农业信息资源，把“智慧农业”作为“智慧昆明”的重要内容一并建设。制订印发《昆明市互联网+农业行动方案》，方案包括30多个项目；推进实施农业物联网项目，与云南银河之星科技公司签订发展战略合作协议；与1688平台合作，开设“昆明农产品地理标志馆”。

【农村综合改革稳步推进】 按照省统一部署，扎实推进农村土地承包经营权确权登记颁证，16个县（市）区92个乡镇开展确权工作，实测承包地面积82万亩；强化土地承包经营权纠纷调解仲裁，发展土地流转、土地托管、土地入股等多种形式的适度规模经营，农民通过土地流转，可获得流转收入、入股分红、打工收入等三份收入，通过参与股份合作制等多种形式参与规模化、产业化经营，获得更多增值收益。

【农业污染防治超额完成】 加强生态环境保护与治理，综合施策，总结“一控两减三洁净”农业生态环境治理模式。2016年，推广农村太阳能热水器7 300台，完成计划任务365%；省柴节煤炉灶13 600眼，完成计划任务377.78%；完成测土配方施肥面积202万，其中滇池流域41万亩；建设完成大型沼气工程3座，秸秆还田125万亩，畜禽饲料化利用32万吨。

2016年11月，第十四届中国国际农产品交易会暨第十二届昆明国际农业博览会。（市农业局 供稿）

【中国国际农产品交易会】 第十四届中国国际农产品交易会暨第十二届昆明国际农业博览会11月5～8日在昆明国际会展中心成功举办。本届展会参展企业3 000余家，参展国家和地区45个，签约项目153个，签约金额886.88亿，其中昆明34个项目526.84亿元。同时，加强与重点城市的农业交流与合作，组织龙头企业参加第四届“南博会”、上海高原特色农产品推荐会、广州博览会、成都国际农博会等涉农展会，交易额达327万元。

【积极推进政务公开】 紧紧围绕市委、市政府重大决策部署和公众关心的内容，保障人民群众的知情权、参与权、表达权和监督权，增强公开质量和实效，积极推进权力清单、责任清单和市场监管公开。2016年，全市共出动农业行政执法人员8 428人次，检查企业9 045个，受理举报案件131件，立案查处23件，整顿市场2 021个次。受理行政审批11件，收到省市提案建议42件，全部完成面商及调研，满意率100%。召开《昆明市“互联网+农业”行动方案》《昆明市都市农庄项目退出机制》《昆明市生猪屠宰环节食品安全监管工作方案》听证会，成效显著。依托昆明农业信息网、政务微博、微信和新闻媒体等，公开政府信息、解读政策、回应公众关注热点和重大舆情。昆明市农业局官网发布信息6 881条，微博1 982条，微信201条，办理“12345”和“96128”50余件全部办结。

【产业扶贫助力摘帽】 2016年，产业精准扶贫走出新路子，明确“农业产业扶贫、生产扶贫、科技扶贫、挂钩扶贫”工作思路，促进贫困地区脱贫攻坚，向贫困地区拨付中央、省、市资金3.06亿元，其中市级资金4 170万元。

（刘成玉）

林　业

【概况】 2016年，全市完成营造林78.94万亩。其中，新增造林28.66万亩；义务植树1 182万株；实施天保公益林管护1 564.5万亩。争取省级以上财政林业专项资金4.5亿元，统筹市财政林业专项资金3.5亿元。森林火灾受害率0.017‰，林业有害生物防治率86.61%，有害生物成灾率为0.63‰，林业灾害防控主要指标均控制在任务指标范围内。审核审批各类建设项目涉及征占用林地138件，征占用林地面积1004.49公顷，有力保障全市经济发展建设林地供给。

【林业生态治理】 2016年，以城镇、交通沿线、滇池流域面山以及石漠化地区等为重点建设区域，加强生态系统修复，增加生态容量，构建与主体功能区相适应的生态安全格局，实施一批国家、省、市林业生态建设工程，深入推进“省市联动·绿化昆明·共建春城”义务植树活动、绿色廊道及面山绿化综合整治提升工程。以5月4日开展的省、市党政军义务植树活动为序幕，掀起全民植树造林、爱绿增绿高潮，当天全市党政机关和企事业单位126家4 200余人开展义务植树。各级林业部门抓住植树造林有利时机，实施人工造林28.66万亩、森林抚育及改造提升25万亩、封山育林25.28万亩，年度营造林任务圆满完成。其中，在国家和省级林业建设重点工程中，实施建设国家天保公益林4.6万亩、国家新一轮退耕还林工程5万亩、国家巩固退耕还林成果林业项目5.9万亩、国家森林抚育14万亩、国家石漠化综合治理林业项目24.95万亩、国家造林补贴项目1.7万亩、省级陡坡地治理0.9万亩、省级低效林改造1.8万亩。在市级重点林业生态建设工程中，实施建设木本油料林13.35万亩（含省级3.5万亩）、速生林培育（杨树等）2万亩、廊道面山绿化造林1万亩、市级低效林改造2.6万亩、省市联动面山绿化造林0.94万亩。启动省市联动面山绿化造林工程3年来，累计造林17 069亩，超额完成16 309亩的总任务。

【“三防”工作】 抓实林地林木资源保护。下拨各级公益林森林生态效益补偿资金1.45亿元，实施天保公益林管护1 564.5万亩。贯彻落实“十三五”森林采伐限额，全面停止天然林商业性采伐。完成全市第四次森林资源规划设计调查并通过专家评

2016年5月，省市党政军开展义务植树活动。

（市林业局　供稿）

审验收。积极开展林政稽查、木材运输和木制品加工企业清理整顿工作。全市森林公安机关深入开展“平安林区”建设，实施“滇绿”“净网行动”等整治行动，严厉打击涉林违法活动。全市森林公安共受理涉林违法犯罪案件1 690起，查处1 684起，综合查处率为99.6%，森林火灾案件综合查处率97.5%。中央电视台报道大理洱海流域生态遭受破坏事件后，市委、市政府高度重视，开展集中打击整治破坏森林资源违法行为专项行动。全市各级出动森林公安民警2 195人次，其他林业执法人员6 292人次，车辆2 746辆次，开展宣传教育活动1 635次；涉林违法立刑事案件91件。其中，破重大案件1件，查处林政案件401件，清理非法征占用林地项目647个，打击刑事处理21人，行政处罚335人，行政处罚涉案单位32个，收缴涉嫌违法交易的野生动物85头只，通过卫星影像图排查疑似采石采砂采矿等地块1 178余块。专项行动严厉打击了涉林违法违规行为，取得良好效果。

市林业局领导慰问森林防火战士

（市林业局　供稿）

抓实森林防火工作。2016年度森林防火期，各级投入森林防火经费2.17亿元，签订森林防火责任状31.4万份；在高火险期，全市森林防火巡山护林员比平时翻一番达1.82万人，清明节期间达到2.5万余人。森林防火期累计出动兵力2 213人次，动用车辆189台次，累计行程1 780千米，扑灭及清理火线120余千米；开展防火宣传、携装巡护、设卡检查等各类勤务59次。全市发生森林火灾3起，火场总面积1 347.45亩，受害森林面积234.9亩，受害率0.017‰，当日扑灭率100%，森林防火工作取得全省考核一等奖。

抓实林业有害生物防治。完成全市“第三次全国林业有害生物普查”，设立市级林业有害生物测报点16个。扎实开展松小蠹治理、板栗病虫害群防联治、核桃病虫害防治示范基地建设，示范项目成效明显。其中板栗病虫害防治示范项目区当年实现增产30%以上。开展历时3个月松材线虫病专项普查，普查松林69.8万亩，占全市松林面积12.82%，在死亡松树中分离取样296份，均未发现松材线虫。组织林业植物检疫执法行动102次，出动执法人员322人次，检查涉木企业236家、竹木材2.13万立方米。全市发生危害林业有害生物种类20种，危害森林40.13万亩，成灾面积0.86万亩，成灾率为0.63‰；防治面积34.76万亩，防治率为86.61%；完成苗木产地检疫9.92万亩，种苗产地检疫率达到99.82%。林业有害生物发生的各项控制指标都未超过预定目标。

【生物多样性保护】 做好野生动植物保护。编制《昆明市野生动植物保护规划（2016~2025年）》。完成滇池、阳宗海、清水海、月湖冬季水鸟野生动物同步调查和全市国家重点保护野生植物资源外业调查工作。开展全市野生动物人工种群调查，完成重点企业和物种抽查。落实省、市野生动物肇事补偿政策，开展野生动物肇事公众责任保险工作，兑现野生动物肇事补偿。做好红嘴鸥鸥粮投喂、环志等保护科研工作，环志红嘴鸥104只，回收环志红嘴鸥3只。收容拯救野生动物284只条。扎实开展野生动物疫源疫病防控，加强监测，采集候鸟血清68份进行禽流感、新城疫的检测，未发现相关疫情。加强极小种群物种保护，完成极小物种富民枳原生地繁育50亩343株，种苗成活率达到98%以上。结合“滇绿”“净网行动”专项行动，开展打击非法贩卖野生动物行为，森林公安整治野生动植物经营市场40余处，收缴非法贩卖国家二级野生动物75只、“三有”动物338只、穿山甲片3 023克、象牙制品83件、普氏原羚角77支、其他动物制品297件。

做好湿地资源保护。编制《昆明市湿地保护规划（2016~2025年）》，制定《昆明市湿地认定办法》，完成全市第一批一般湿认定和省级重要湿地认定。开展泥炭沼泽碳库和退耕还湿摸底调查。推进晋宁南滇池国家湿地公园试点建设，开展昆明捞鱼河国家湿地公园申报工作。

做好自然保护区和国家森林公园管理。编制《昆明市自然保护体系规划（2016~2025年）》，贯彻《云南省自然保护区管理机构管理办法（试行）》，落实轿子山国家级自然保护区和寻甸黑颈鹤省级自然保护区机构编制设置。加强自然保护区能力和基础设施建设，编制《轿子山国家公园总体规划》，推进轿子山国家公园申报工作。组织指导圭山和钟灵山国家森林公园完成《国家森林公园规划》编制及报批。组织鹤类保护专家对黑颈鹤考察研究，提出黑颈鹤保护和栖息地恢复的意见。

【林业产业】 2016年6月7~13日，在宜良县举办“第三届中国昆明国际观赏苗木展览会”，参展花卉苗木品种达到1 100余种，较第二届增加100种，有386家企业和花农参加展销展示，签订12个投资意向协议书，投资额达57亿元，累计接待游客68万余人次。会展期间同时举办云南乡土苗木论坛、林下经济论坛、三角梅论坛等，谋划苗木发展大计。昆明国际苗木展览会已经成为西南地区有较大影响的苗木品牌展会。以“两县两区”为重点，大力推进以核桃为主的特色经济林建设，建设核桃基地10.85万亩、油茶基地0.30万亩、核桃提质增效2.20万亩。召开全市林业专题工作会议，大力推动林下经济发展，制定《昆明市林下经济示范基地认定和管理办法》，认定挂牌首批20家市级林下经济示范基地，积极推动申报国家林业局林下经济工程技术研究中心。扶持林业龙头企业发展，向省林业厅推荐申报第十二批林业产业省级龙头企业24家；云南利鲁环境建设有限公司成为昆明市首家国家级林业重点龙头企业。推进林业产业园区建设，全市林业产业园区共完成投资18.25亿元。云南新泽兴人造板有限公司（新飞林公司）完成生产基地的整体搬迁并投产，已生产刨花板9万立方米，饰面人造板374万平方米，实现销售收入1.20亿元，成为当年投产、当年达标、当年盈利的刨花板生产企业。

【生态文化建设】 在全省率先编制《昆明市森林生态文化“十三五”发展规划》，指导统筹全市“十三五”森林生态文化建设。编印《2015昆明林业》年鉴。积极开展生态文化活动，为展现昆明生态建设与民风民俗，按照省林业厅统一组织，开展“寻找最美古树名木”及第三届“美丽中国”作品大赛。制作红嘴鸥宣传片《春城鸥情》并在2016年昆明高原半程马拉松赛期间播放。继续抓好生态文明教育基地申报工作，组织西山林场、西南林业大学等5家单位参加申报省级生态文明教育基地。中科院昆明动物研究所设立的昆明动物博物馆成功授牌。积极做好国家林业局宣传中心联系点工作，推进联系点项目林业博物馆建设。推荐5家典型人物（企业）参加中国绿色时报和中国绿化基金会联合举办的“2016寻找最美生态公益人物（企业）”活动。组织20余家各级媒体到新飞林、利鲁等企业进行专题采访，宣传昆明林业改革发展成就。据统计，在各大主流媒体发表昆明林业新闻和文章达1 500余篇，市林业局门户网站发布信息628条，发布官方微博587条，出版《林度》杂志4期，林业宣传工作在全省综合考评中连续6年获得第一名。

【林业改革】 以推进林业综合改革试验示范区建设为抓手，不断深化林业改革。一是出台《昆明市国家集体林业综合改革试验示范区建设总体方案》《昆明市非林地上林木确权发证管理办法》等政策措施，推动林木权及林下经营权证的抵押融资。全市累计林权流转1 603宗，流转面积25.01万亩，流转金额5.62亿元，林地流转平均价格每亩2 251.1元。其中，2016年新增流转82宗；新增流转面积7 334亩；新增流转金额881.5万元。累计林权抵押贷款698宗，抵押面积15.53万亩，贷款金额13.85亿元。其中，2016年新增抵押21宗；新增抵押面积6 941亩；新增抵押金额3 590.9万元。二是林业社会化服务领域不断拓展。社会服务机构既为林业经营者提供技术指导、市场信息、法律援助、林产品销售、有害生物防治、森林管护、森林防火等专业服务，也为林业经营者提供流通中介、抵押担保、森林保险等市场服务；一些地方还开展政府购买林业公益性服务试点。林业专业合作组织得到较快发展，全市成立林农专业合作社97家。其中，国家级示范社2家；省级示范社12家。三是推进建立林权收储机制。通过官渡区子君山林权收储试点项目，初步建设一套担保性和市场化的林权收储机制，昆明市林权收储与交易中心进入组建阶段。四是推进国有林场改革。市委全面深化改革领导小组和省国有林场工作领导小组，审议通过《昆明市国有林场改革实施方案》以及《昆明市海口林场改革实施方案》《昆明市西山林场改革实施方案》，国有林场改革进入实质操作阶段。

【林业支撑保障体系】 严格实行依法治林。推进《昆明市轿子雪山保护和管理条例（修订）》和《昆明市双河磨南德保护区管理规定（修订）》立法工作。规范行政审批，制定《昆明市林业局进一步转变职能加强事中事后监管工作的实施意见》《昆明市林业局关于落实“先照后证”改革进一加强事中事后监管的实施意见》，实行行政联网审批。加强林业规范性文件管理，制定《昆明市林业局规范性文件管理办法》，清理拟废止的地方性法规和规范性文件2件，需要修改重新发布政府规章1件。强化依法行政，发布《昆明市林业局行政权力和责任清单》以及执法主体，落实法定代表人出庭应诉制度，严格执行重大决策听证制度，举办2次听证会。强化行政行为监督，落实法律顾问制度，法律顾问参与林业决策认证、规范性文件制定、重大具体行政行为、各类合同和协议文本审查等涉法、涉诉事务工作，出具法律意见书21件。

加强林业科技研究推广。编制《昆明林情手册》，成立“昆明市林下经济工程技术研究中心”，滇池湿地生态系统定位研究站已完成设备采购。争取省级林业科技项目立项2个，市级立项1个。推进林下油用牡丹、中草药、食用菌栽培技术研究与示范应用，“昆明市林下中草药高效栽培技术研究及示范”等8个市级科研项目中期检查评价都为A；“昆明市核桃丰产栽培技术示范及核桃种质资源收集培育”通过专家验收评价，达到国内同类研究先进水平；“东川区干热河谷抗旱造林技术试验”获昆明市2016年科技进步二等奖。林下食用菌仿野生栽培技术研究取得重大突破，大球盖菇已出菇并且产量稳定。新品种试种和乡土树种培育技术取得新进展，杨树（雄株）新品种成功示范种植4.27万株，培育华山松、黄连木等乡土树种苗木2万株。

加强种苗管理和林业贷款贴息工作。贯彻落实新《种子法》，开展打击侵犯林业植物新品种权和制售假冒伪劣林木种苗专项整治工作，规范种子生产经营管理，推广本地核桃良种寻倘1号示范种植。全市林木良种使用率达到81.8%。做好林业贷款贴息工作，开展专项调研，组织两期林业贷款贴息项目和资金管理培训，下达第一批林业贴息贷款新建项目12个，续贷项目6个，涉及金额2.5亿元。

推进数字林业建设。“昆明市数字林业信息资源整合应用平台”一期项目建设顺利完工并上线运行；全市林业专网基本建设完成，OA系统和内部控制信息系统投入使用；启动林业信息化二期项目。林业电子商务平台建设有了新成果，在宜良县搭建功能完备的综合类花卉苗木电子商务交易平台（www.树多多.com），整合全县4 000余户苗木生产经营户资源，率先迈出“互联网+林业”的实践步伐。

行业服务经济建设。围绕经济社会发展特别是稳增长大局，简化林政审核审批程序，清理行政许可中介服务事项，推进网上审批便利化。全市审核审批征占用林地项目138件，涉及征占用林地面积1 004.49公顷。其中，基础设施、民生工程651.24公顷；经营性及其他353.24公顷。基础设施、民生工程面积占到64.8%，保障全市经济建设的林地需求。

【林业生态扶贫】 高度重视生态扶贫攻坚工作，成立以局主要领导为组长的精准扶贫精准脱贫领导小组，制定生态补偿脱贫工作方案，实施退耕还林、经济林果、天然林保护、公益林生态补偿等八项扶贫项目。积极争取到新增建档立卡国家生态护林员1 230人。做好“挂包帮、转走访”和包村扶贫工作。2016年，各类林业生态建设项目资金投入“两县两区”共计5.12亿元（含市级退耕还林补助资金2.31亿元）。其中，禄劝县1.91亿元；寻甸县1.33亿元；东川区1.41亿元；“两区”4 700.93万元。投入“两县两区”林业项目资金占全市林业项目资金65%；除法律有规定、国家有要求的专项资金外，实际投入“两县两区”资金占林业预算资金84.5%。林业项目覆盖“两县两区”建档立卡户49 220户168 817人，可实现建档立卡贫困户总增收6 023.85万元，户均增收1 223.86元，人均增收356.83元。

（市林业局）

水　务

【概况】 2016年，全市水务系统按照中央、省、市加快水务改革发展总体部署，加快水利基础设施网络建设，严格水资源管理，深化水务改革，推进民生水利，强化依法治水，全面完成各项水务工作目标任务，争取省级以上资金9.19亿元，成功申请到中央专项建设基金8.41亿元，落实市级财政资金6亿元，全年完成水利建设投资47.12亿元。其中，基建投资30.15亿元；农水投资16.97亿元；实现“十三五”水务改革发展良好开局。

【雨情】 2016年，全市气温较常年偏高，降水量偏多，平均降雨量957毫米，较历史平均924毫米多33毫米，是近十年来降水量次多的年份。雨季5月下旬开始，9月下旬至11月上旬结束。主城区降水量为1 150毫米，比历年平均979毫米偏多171毫米，偏多17%。各县（市）区中除宜良、石林、安宁、西山和东川年降水量较常年偏少外，其余均略偏多。与历史同期平均相比，石林、安宁、西山和东川偏少幅度为10%以内，宜良偏少25%；禄劝、晋宁和寻甸偏多10%，富民、嵩明、呈贡偏多10%～30%之间，富民偏多24%。

【水情】 2016年末，全市库塘蓄水13.89亿立方米，为2009年连续干旱以来同期最多，比2015年同期12.56亿立方米多1.33亿立方米，多11%；比历史同期14.54亿立方米少0.65亿立方米，少4%。主城供水水源“七库一站”蓄水5.37亿立方米，比2015年同期4.02亿立方米多1.35亿立方米，多34%；比历史同期5.68亿立方米少0.31亿立方米，少6%。

【抗旱】 2016年旱情较往年偏轻。禄劝、寻甸、安宁、“两区”4个县区1.69万亩农作物受旱，2.41万人、0.87万头大牲畜因旱饮水困难。全市共投入抗旱专项资金466万元，解决2.41万人、0.87万头大牲畜饮水困难，抗旱灌溉1.15万亩次，挽回粮食损失2 479吨，挽回经济作物损失729万元。

【防汛】 昆明市认真做好防汛准备工作，先后派出36个工作组开展防汛检查，完成《2016年昆明主城区防汛排涝应急处置方案》等预案修订，扩

禄劝县新建坝塘

（市水务局 供稿）

大应急抢险队伍，代储价值2 000余万元的中央防汛抗旱物资。建立省、市、区三级互联互通视频会商系统，建成水库视频监控系统5座，搭建"松昆滇螳"联合调度信息系统，昆明主城区新增设立23个雨量自动监测站和25个视频监控站，为应急指挥工作提供快捷方便的信息服务。

2016年，因强降雨造成东川、晋宁、寻甸、安宁、"两区"5个县（市）区24个乡镇（街道）10.24万人受灾，农作物受灾面积5.86万亩，成灾4.08万亩，绝收0.74万亩，因灾减产粮食858吨，因洪涝灾害造成直接经济损失3 943万元。全市迅速响应，多方联动，累计投入2.24万人次参与河道堤防巡查值守，1.50万人次参与汛期险情抢护，9 497名专业排水防涝队员参与抢险排涝，投入专业设备1 858套，完成355处淹（积）水点应急处置，260名抗旱服务队员参与防汛抢险，最大程度降低洪灾损失。

【水利规划设计】 编制完成昆明市水务发展"十三五"规划和一系列专项规划，昆明市"十三五"城乡给水发展规划经市政府同意印发实施，完成灾后水利薄弱环节建设实施方案编制。完成石林鱼龙、安宁箐门口2件中型水库初步设计报告审批；完成"两区"罗泊河中型水库工程可行性研究报告审批；完成宜良老青龙，富民拖担、核桃箐、大狼箐、桑朗箐5件小（一）型水库和寻甸大竹箐、湾子田，富民大坝箐、禄劝住基4件小（二）型水库初步设计报告审批；完成禄劝则黑、石林北大村新坝2件小（一）型水库除险加固初步设计报告审批。

【柴石滩水库灌区工程】 柴石滩水库灌区工程是国务院确定的全国172件重大节水供水工程之一，是昆明市最大农田水利项目，灌区设计灌溉面积37.81万亩。其中，宜良灌片31.54万亩；石林灌片6.27万亩，工程总投资32.76亿元。灌区建设可充分发挥已建柴石滩水库灌溉效益，有效增加宜良县和石林县灌溉面积，提高粮食产量和农业综合生产能力，促进高原特色农业发展，替代阳宗海部分灌溉面积，为保护高原湖泊阳宗海生态环境及石林石漠化治理创造条件。柴石滩水库灌区工程2016年7月29日取得可行性研究报告批复；12月29日取得初步设计报告批复。10月13日，柴石滩水库灌区工程开工建设，年底灌区完成投资3.85亿元。

【重点工程建设】 全力推进4件续建中型水源工程建设，宜良海马箐水库枢纽工程全面完工，灌区工程快速推进，完成年度投资1 340万元；禄劝真金万水库大坝封顶，灌区工程施工全面展开，完成年度投资6 000万元；轿子山水库实现安全度汛，进入大坝全断面填筑阶段，完成年度投资1.83亿元；石林鱼龙水库进入主体工程施工阶段，完成年度投资1.16亿元。加快12件小型水源工程续建，完成年度投资2.24亿元，刘家箐、黑石咀、瓜子箐完工；大河边、棕树园水库主体工程完工；地下、团结渠中段、西翥、水井山、河底、河边、马牙石有序推进。新开工寻甸老山箐、富民拖担、晋宁杨柳冲及禄劝甲甸二水库4件小型水源工程，累计完成年度投资1.22亿元。启动"两区"罗泊河、安宁箐门口2件中型水库建设，罗泊河水库进场道路贯通，进入EPC招标阶段，完成投资5 000万元；箐门口水库枢纽工程完成招标并进场施工，导流隧洞正按计划有序推进，完成年度投资5 156万元。12月27日，寻甸县木戛利中型水库通过省水利厅组织的竣工验收。

【农村水利建设】 实施农村饮水安全巩固提升工程532件，巩固提升受益人口16.03万人，其中建档立卡贫困人口11 080户48 646人。开展全市水窖饮水人口基本情况调查，对采用雨水集蓄水窖饮水的逐步进行改造，安装净化水处理设备。建设"五小水利"工程3.37万件，新增蓄水容积299.4万立方米。制订《昆明市乡镇农村供水设施建设行动方案（2016~2020年）》，完成集镇供水项目9件，新增供水能力1.88万立方米/日。抓好中央财政小型农田水利重点县建设，完成第七批重点县安宁2016年度项目，第八批重点县东川2016年度项目，新增灌溉面积7 205亩，改善灌溉面积7 961亩。完成西山区团结街道办豹子箐片区高效节水

2016年10月，云南省“水网”建设现场推进会。
（市水务局　供稿）

灌溉项目、富民县赤鹫片区等10件高效节水灌溉项目，发展高效节水灌溉面积3.02万亩。2015年～2016年冬春农田水利基本建设完成投资22.87亿元，修复水毁工程189处，新建防渗渠道763.6千米，清淤沟渠1 813千米，新修加固堤防52.2千米，疏浚河道327.21千米，新建改造泵站32处，新增灌溉面积9.54万亩，恢复改善灌溉面积61.2万亩，新增节水灌面39.4万亩。

【中小河流治理】　继续实施昆明市大营河三多水库——李子坪段、富民县木板河款庄段、禄劝县掌鸠河屏山镇段（相将村——英子龙村、崇德大桥——雨波村）中小河流治理，开展小江东川区城区段、牛栏江嵩明县牛栏江镇段、小江寻甸县功山段大江大河主要支流治理，完成年度投资1.16亿元，治理河长44千米。竣工验收6条中小河流治理工程。

【抗旱规划项目建设】　根据《全国抗旱规划实施方案（2014—2016年）》及年度计划，2016年共实施11件引调提水工程和34眼抗旱应急备用井建设。11件引调提水工程涉及东川区、禄劝县、石林县、宜良县和嵩明县，总投资3 647.67万元，其中中央补助资金2 682万元。共铺设输水管线94.42千米，提供城镇供水和农业灌溉水量204.8万立方米，解决5个县区11个乡镇4.71万人饮水，保障7个乡镇2.62万亩农业灌溉。34眼抗旱应急备用井涉及东川区、禄劝县、宜良县，总投资1 530万元，其中中央补助资金1 074万元。设计年供水量119.64万立方米，解决13个乡镇8.19万人饮水。

【水土保持】　组织实施国家水土保持重点治理工程东川区乌龙镇大村子沟小流域项目，治理水土流失面积2.08 平方千米，建设排洪沟260米，浆砌石谷坊4座、生物谷坊8座，水保林34.38公顷、保土耕作72.41公顷、土埂种草2.8 公顷、封禁治理101公顷。组织实施禄劝县云龙水库水源区照块、招桂两条生态清洁小流域项目，禄劝县芝兰小流域水土流失治理及富民县中民小流域列入国家重点水土保持项目。市级共审批开发建设项目水土保持方案73个，征收水土保持补偿费780万元。狠抓重点生产建设项目，全面开展水土保持监督执法，严格落实水土保持“三同时”制度，有效控制生产建设项目过程中的水土流失。

【水利扶贫】　编制完成《昆明市脱贫摘帽水利项目可行性研究报告（2016~2018年）》，规划贫困地区自来水普及率达到80%以上，农村“五小水利”建设覆盖率达到98%以上，项目总投资57亿元。采用“政府购买服务的方式”向中国农业银行融资水利扶贫资金15亿元（2016年～2018年），按年度计划组织实施以禄劝县为重点的水利扶贫项目，2016年完成水利扶贫投资18.76亿元。

【水资源管理】　积极落实最严格水资源管理各项工作措施，推行工业园区规划水资源论证制度，严格建设项目水资源论证和取水许可制度，审核18个建设项目水资源论证，批复7件取水许可申请，办结1件取水许可。实施到期取水许可证延续评估，压减闲置水指标，完善取水许可信息库建设。全面贯彻水资源有偿使用制度，健全计量取水和缴费制度，征收水资源费7 839万元。组织对由政府投资兴建的蓄引提水源工程取水许可审批手续进行清理完善。编制完成《昆明市水资源保护规划》，并组织对入河排污口进行清理登记，对水功能区纳污进行限制。市政府出台《昆明市水资源红黄绿分区管理实施细则》，根据用水总量、用水效率，以及水功能区和水源地水质状况，对水资源进行预警评价和分区管理。组织对重点取（用）水户取水、用水、节水、退水情况进行专项监察。继续开展地下水清理整顿，完善地下水分类管理制度。开展省级水生态文明试点，盘龙区、富民县、晋宁县、嵩明县、安宁市是省级最严格水资源管理试点县区；嵩明县、安宁市被省级节水型社会试点终期评估。继续推进省级盘龙区清水河道和石林县清水湖库试点。昆明市在全省2015年及“十二五”期间最严格水资源管理制度考核中均评定为优秀等次。市级15个成员单位组成的考核工作组完成对各县区落实最严格水资源管理情况考核，“三条红线”控制指标完成情况纳入“三农”考核体系。

【饮用水源保护】 编制《昆明市主城集中式饮用水水源地保护“十三五”规划纲要》，印发《昆明市2016年集中式饮用水源地管理保护工作的实施意见》。完善管理机构，调整设置松华坝、云龙、清水海水源保护区管理机构。制定《昆明市主城饮用水源区扶持补助办法》，加大饮用水源扶持补助力度，自2016年1月1日起正式实施。2016年筹集并兑付主城饮用水源区扶持补助资金2.06亿元。重点抓好松华坝水库、云龙水库和清水海水源地综合治理，持续推进集中式饮用水源地安全达标建设工作。定期或不定期对县级以上水源区进行监督检查，及时发现查处危害水源安全行为。严格审核饮用水源保护区项目建设，从源头上遏制破坏饮用水源生态环境的行为，保障饮用水源安全。

【供水管理】 研究制订《2016年“七库一站”“一江”联合调度方案》，优化云龙、松华坝、清水海三大骨干水库、牛栏江应急备用水源和散小水源的联合调度，保障主城供水安全。适时启用牛栏江应急备用水源向昆明主城供水，2016年分阶段累计向主城供水5 100余万立方米。云龙水库提前102天完成蓄水2.5亿立方米的目标，进一步恢复多年调节功能和生态功能。加强水质监管，委托水质监测机构对昆明市主城公共供水水质定期进行监测，确保水质符合国家饮用水标准。对昆明市辖公共供水企业70个水样水质进行抽检，抽样检测合格率100%。加大二次供水设施整治和管理力度，制订《昆明市2016年二次供水管理监督检查工作方案》，开展二次供水设施检查，对36户困难群体624个水池、7个水塔，共34 373立方米的二次供水设施进行清洗消毒。开展供水企业经营许可行政审批，对取得证书的15家公共供水企业开展经营许可年度复审，均审查合格。

山区水网小水池建设

（市水务局　供稿）

【水法规建设】 加强水法制宣传，认真组织开展2016年“世界水日”“中国水周”等普法宣传活动。做好《昆明市雨水收集利用管理办法》《昆明柴石滩水库保护办法》两个二类政府规章立法工作。制定《昆明市水务局行政许可法律文书参考格式和行政许可档案规范》和《昆明市水务局水行政重大处罚案件合议工作规则（试行）》。修订《昆明市水务局行政处罚自由裁量权细化标准》《昆明市水行政处罚自由裁量权标准适用规则》。认真梳理制定“双随机一公开”抽查事项清单、行政检查执法人员库，执法检查对象库，做好“双随机一公开”监管工作。

【水行政执法】 依法查处各类水事违法案件123件（立案32件、现场处理91件），结案121件，结案率98%，罚款52.2万元。继续推进水务综合执法，推进执法重心下移，强化网格化管理，完善水务综合执法考核管理体系。组织开展节水、河道、违法开采地下水、水土保持专项执法检查活动，进一步提高节水设施运行效果，督促在建项目落实水土保持“三同时”制度，严厉打击非法取用地下水等水事违法行为，规范取用水秩序。

【水利工程建设和运行管理】 严格履行基本建设程序，全面落实项目业主责任制、招标投标制、建设监理制和合同制“四项”制度，强化工程设计变更管理，及时组织工程验收，建立健全项目法人负责、监理单位控制、施工单位保证、政府部门监督相结合的质量管理体系，规范施工单位自检和质检、监理单位抽检行为，逐项目落实工程质量与安全监督责任。加强水库（坝塘）运行管理，落实水库大坝安全管理责任制，积极开展水库（坝塘）工程管养考核，完成2016年度中央财政补助公益性水利工程维修养护项目25件，柴石滩水库创建为国家级水管单位。加强基层水利服务体系建设，争取省级支持，将禄劝县、宜良县4个乡镇水务站列入省级规范化建设，市级财政安排资金34万元，对省、市级水利（务）站规范化建设给予补助，年内共完善9个乡镇水利（务）站基础设施和办公条件建设，健全内部管理考核制度，增强基层水利（务）站所服务能力。

【安全生产】 健全完善安全生产责任体系，层层签订生产安全、消防安全目标管理责任书；初步组建昆明市水利安全生产专家库；推进水利安全生产标准化建设和分类分级管理工作，完成145件分类分级工作任务；规范安全生产网格化管理工作，明确各部门安全生产网格化监管责任清单；积极开展松华坝、柴石滩2件大型水库一级达标创建，松华坝水库管理处被水利部评定为安全生产标准化一级管理单位，启动凤龙湾、双龙、黑龙潭3件中型水库三级达标创建，并完成自评工作；建立水利安全生产大检查长效机制工作制度和重大水利工程建设安全生产巡查工作制度；督促开展安全隐患排查治理和专项整治，开展水利重点建设工程安全生产大检查及督查、汛期安全生产大检查、危险化学品安全专项整治、水利建设生产安全事故隐患排查治理专项行动、水利工程建设预防坍塌事故专项检查等，共排查治理隐患单位99个，排查一般隐患315项，整改305项，整改率96.83%，全年昆明市水利行业未发生一起生产安全事故。

水利受益群众投工投劳

（市水务局　供稿）

【科技教育】　加强昆明市中青年学术和技术带头人及后备人才培养，中青年学术后备人才通过年度考核任务。加大科技培训力度，积极开辟境外培训。完成《昆明市建立完善水权制度研究》和《昆明市水资源分质管理对策研究》，开展《昆明市再生水资源综合利用效益分析及对策研究》和《把握昆明水务发展规律，助推大健康产业发展》课题研究，完成《昆明市农村饮水安全工程集成技术研究项目》和《基于模型控制条件下的污水处理脉冲曝气节能技术研究目》科技项目研究，开展《降低昆明主城自来水管网漏损率综合技术研究》及老运粮河源头混合水生物治理新技术应用等科技项目研究。积极推进水务信息化建设，开展智慧水务专项规划及方案编制工作，水务基础信息平台投入运行。

【水利改革】　坚持"先建机制、后建工程"，印发《昆明市推广农田水利改革试点经验实施方案》《昆明市关于加快推进水利工程供水价格改革的实施意见》等配套政策，在高效节水项目和重点县、整村推进项目工程中，推广水权分配、水价形成、社会资本参与、节水奖励和精准补贴、群众全程参与、工程管护等机制，为农田水利工程长效运行奠定基础。在石林县台创园、晋宁县六街镇、富民县赤鹫镇开展农业水价综合改革示范项目建设，建立末级渠系供水和智能量水系统配套设施，建立水权分配和水价机制，提高管护水平。深化水利投融资改革，富民拖担水库改扩建工程成为昆明市首件列入财政部PPP试点的水利项目，2016年4月工程完成招投标工作并进场施工；柴石滩水库大型灌区工程为昆明市首次采用EPC模式建设的水利工程。

（市水务局）

工业·非公经济

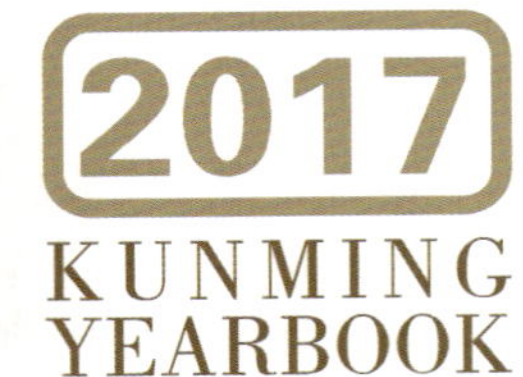

◆责任编辑 李 震

综 述

【概况】 2016年，全市规模以上工业增加值累计完成986.30亿元，增长4.50%，占全市GDP比重22.90%。全市规模以上工业占全省工业总量26.90%。

【工业产业结构】 2016年，全市规模以上企业1 019户。全年新入规企业138户。其中，新建投产52户、小升规80户、专业变更转入6户。年末出规企业76户，全年净增规模以上企业43户。52户新建投产企业，17户企业年产值在亿元以上。采矿业完成增加值55亿元，增长7.30%；制造业完成808.90亿元，增长3.50%；电力热力燃气及水的生产供应业完成122.70亿元，增长10%。三大门类在规模以上工业比为5.5：82：12.5。其中，烟草制品业完成增加值298.25亿元，占全市工业比重30.20%，同比下降4.20%，负拉动全市1.40个百分点；非烟工业完成增加值688.05亿元，占全市工业比重69.80%，增长8.80%，拉动增长5.90个百分点。

【主要产品产量】 2016年，化学药品原药产量182.04吨，增长33.84%；中成药产量30 392吨，增长8.73%。烟草制品业全年累计实现工业增加值298.25亿元。非烟轻工业全年累计完成工业产值437.47亿元，增长16.80%，实现工业增加值97亿元，增长19.30%。其中，占比较大农副食品加工、食品制造业增加值分别增长36%、44%；酒、饮料和精制茶制造业增长4.50%。十种有色金属累计生产产量85.66万吨，增长3.55%。其中，精炼铜增长7.20%、电解铝下降1.42%。黄金56.90吨，增长11.02%；白银20.70吨，增长3.05%。全年生产钢材442.83万吨，下降10.08%，降幅较2015年收窄10个百分点。生产磷酸一铵160.16万吨，增长4.07%；磷酸二铵438.74万吨，下降3.57%；黄磷12.30万吨，下降9.80%。全年生产水泥1 889.37万吨，增长3.66%。重点企业宜良红狮水泥完成工业产值14.78亿元。全市累计生产金属切削机床1.15万台，下降53.61%；变压器1 320.90万千伏安，下降9.14%；发动机2 820.95万千瓦，增长43.87%。

【园区发展】 2016年，全市园区规模以上工业增加值增长4.70%，增加值占全市工业比重84.50%。全年园区完成基础设施建设投资124.80亿元。

【工业投资】 2016年，全市完成工业投资629.50亿元，同比下降2.50%，占全市固定资产投资比重由2015年18.50%下降至16.10%，降低2.40个百分点。昆药生物医药科技园、空港科技创新园等51个亿元以上项目开工，云天化炼油基地动力站等45个项目竣工。

【企业自主创新】 2016年，云南三七科技有限公司等49家企业技术中心被认定为昆明市企业技术中心。云南能投海装新能源设备有限公司等17家企业技术中心被认定为省级企业技术中心。截至2016年底，昆明市有国家级企业技术中心15家、省级企业技术中心198家、市级企业技术中心328家，形成以国家级技术中心为龙头，省级技术中心为骨干，市级技术中心为基础三级企业创新体系。对新获认定创新平台，拨付补助资金870万元。

【节能降耗与淘汰落后产能】 2016年，全市规模以上工业能源消费量1 395.96万吨标准煤，同比下降7%；规模以上万元工业增加值能耗下降11%；全市单位GDP能耗下降10.34%。全市组织开展淘汰落后产能梳理、统计、上报及关停、淘汰拆除工作，统计上报淘汰落后产能项目14个，淘汰造纸落后产能3万吨，硫酸落后产能8万吨，铜冶炼落后产能1.20万吨，铝板落后产能0.80万吨，铸钢（铁）件落后产能3.30万吨，水泥落后产能45万吨，冰醋酸落后产能0.80万吨，粗苯精加工落后产能5万吨，完成淘汰落后产能工作任务。

【两化融合】 按照“为民服务全程全时、城市治理高效有序、数据开放共融共享、经济发展绿色开源、网络空间安全清朗”目标，编制完成《昆明智慧城市顶层设计》，制定下发《关于加快推进智慧城市建设的实施意见（2017~2019年）》。按照国家财政部PPP示范项目申报要求，在全国申报19个智慧城市项目中，《昆明市智慧城市（一期）PPP项目》综合排名第一，成功申报国家财政部第三批PPP示范项目。加快推进信息技术广泛应用，全市CAD、CAM、CAPP、CAE、ERP等技术应用率达到60%，规模以上企业生产装备数控技术及智能控制技术普及率达到70%。2016年，全市扶持两化融合项目18个，涉及云计算、大数据、物联网、新一代互联网和“两化”融合示范应用项目，扶持资金720万元，项目完成后，可带动企业投资2.25亿元。组织推荐全市相关企业申报国家工信部第三批“两化”融合贯标试点项目，昆药、雪兰等三家企业申报成功。

2016年度昆明市规模以上工业分行业情况表

行业分类	规模以上工业总产值		规模以上工业增加值		
	全年完成（亿元）	累计增长（%）	全年完成（亿元）	累计增长（%）	增加值占比（%）
全 市	3 042.67	3	986.3	4.5	—
非烟工业	2 654.31	4.16	688.05	8.78	69.8
一、采矿业	119.95	0.6	55	7.3	5.54
1.煤炭开采和洗选业	9.75	-11.3	5.82	-2.1	0.59
2.黑色金属矿采选业	7.44	109.9	3	130.8	0.3
3.有色金属矿采选业	21.53	38.6	8.55	48.8	0.87
4.非金属矿采选业	81.23	-8.95	37.25	-1.7	3.78
二、制造业	2 606.44	2.73	808.94	3.5	82
1.烟草制品业	388.36	4.39	298.25	-4.2	30.2
2.医药制造业	164.87	14.49	59.03	18.6	8.51
3.非烟轻工业	437.47	16.8	97	19.3	9.88
4.化工行业	407.65	-8.6	84	0.5	8.51
5.冶金行业	705.03	-1.6	166	3.3	16.8
（1）黑色冶金	134.75	-3.80	13.83	0	1.4
（2）有色冶金	570.27	-1.08	151.91	3.6	15.4
6.装备制造业	369.01	13.9	71	11.8	7.23
7.建材行业	133.85	6.3	33	10.2	3.36
三、电力、热力和水生产供应	316.28	6.1	122.74	10.0	12.4

（市工信委）

装备制造工业

【经济指标】 截至2016年末，全市装备制造业规模以上企业220户，实现主营业收入346.38亿元，占全市工业10.68%，实现总产值369亿元。其中，金属制品业、专用设备制造业、汽车制造业、铁路船舶航空航天和其他运输设备制造业、电气机械和器材制造业仪器仪表行业等6个分行业实现正增长，分别增长26.60%、6.50%、61%、12.60%、7.20%、0.90%。云内动力股份公司、中铁高新装备股份公司、昆明明超电缆公司、云南建工钢结构公司等增长较快。特别是云内动力发展势头迅猛，2016年，产品销量同比增长45.51%，行业排名从全国第七位跃居第一位。

【分行业情况】 2016年，全市规模以上装备制造业八个主要子行业中，金属制品业、专用设备制造业、汽车制造业、铁路、船舶、航空航天和其他运输设备制造业、电气机械和器材制造业等五个子行业增加值实现正增长，通用设备制造业、计算机、通信和其他电子设备制造业出现不同程度下滑。

金属制品业工业企业50户，完成工业总产值77.68亿元，占全市装备制造业21%，同比增长26.60%；完成工业增加值14.18亿元，增长35.90%；完成主营业务收入77.29亿元，增长28.80%；完成利税5.29亿元，增长59.40%；完成利润3.50亿元，增长139.80%；全年从业人员平均人数9 528人，减少4.90%。

通用装备制造业工业企业38户，完成工业总产值36.55亿元，占全市装备制造业9.90%，负增长25.80%；完成工业增加值17.32亿元，负增长19.60%；完成主营业务收入17.44亿元，负增长20.60%；完成利税1.23亿元，增长4%；完成利润0.69亿元，增长398%；全年从业人员平均人数6 507人，减少8.80%。

专用设备制造业工业企业29户，完成工业总产值36.34亿元，占全市装备制造业9.80%，同比增长6.50%；完成工业增加值8.81亿元，增长12.10%；完成主营业务收入35.82亿元，负增长0.30%；完成利税3.36亿元，增长59.40%；完成利润1.95亿元，增长100.30%；全年从业人员平均人数5 436人，减少12%。

汽车制造业工业企业12户，完成工业总产值76.15亿元，占全市装备制造业20.63%，增长23%；完成工业增加值8.25亿元，增长55.70%；完成主营业务收入48.44亿元，增长34.70%；完成利税5.02亿元，增长348.30%；完成利润3.16亿元，增长224.30%；全年从业人员平均人数4 612人，增加0.20%。

铁路、船舶、航空航天和其他运输设备制造业工业企业4户，完成工业总产值43.05亿元，占全市装备制造业11.67%，增长12.60%；完成工业增加值10.14亿元，增长10.70%；完成主营业务收入39.41亿元，负增长7%；完成利税5.17亿元，降低14.40%；完成利润3.46亿元，降低32.20%；全年从业人员平均人数1 514人，减少16%。

电气机械及器材制造业工业企业45户，完成工业总产值83.66亿元，占全市装备制造业22.67%，增长7.20%；完成工业增加值16.14亿元，增长1.50%；完成主营业务收入88.73亿元，增长7%；完成利税3.77亿元，增长21.80%；完成利润4.23亿元，增长6.40%；全年从业人员平均人数8 122人。

计算机、通信和其他电子设备制造业工业企业7户，完成工业总产值64.50亿元，占全市装备制造业17.92%，下降0.70%；完成工业增加值1.59亿元，增加0.70%；完成主营业务收入17.05亿元，增长4.40%；完成利税0.80亿元，增长26.70%；完成利润0.45亿元，增长30%；全年从业人员平均人数1 116人，增加1.70%。

仪器仪表制造业工业企业12户，完成工业总产值5.96亿元，占全市装备制造业2%，同比增长8.70%；完成工业增加值1.34亿元，增长12.70%；完成主营业务收入22.2亿元，降低10.60%；完成利税-0.10亿元，下降27.10%；完成利润-0.47亿元，增长26.10%；全年从业人员平均人数2 702人，降低10.50%。

【主要产品产量】 2016年，全市装备制造业主要产品产量多数保持增长，产品结构不断升级。汽车发动机2 820.95万千瓦，增长43.87%，发动机产品结构调整优化，国四发动机和天然气发动机占全部发动机销量比例呈上升趋势。金属切削机床11 545台，同比下降53.61%。其中，数控金属切削机床6 589台，同比下降26.82%；铸造机械17 325台，同比下降5%；矿山专用设备9 473吨，同比增长4.75%；饲料生产专用设备18 714台，同比增长68.08%；汽车1 945辆，同比下降21.76%；发电机组59.19万千瓦，同比下降37.02%；变压器1 320.90万千伏安，同比下降9.14%；光学仪器134.81万台，同比下降0.69%。

【产业招商】 针对全市装备制造业存在缺乏大型龙头企业带动和产业链条短配套不足等问题，围绕产业发展重点，有重点地开展产业招商选资，完善重点产业产业链。为发展新能源汽车产业，昆明市积极探索招商选资模式，先后到北京、深圳、合肥、上海开展新能源汽车招商引资工作。2016年3月，昆明市与北汽集团在京签署战略合作框架协议，明确双方合作基本原则和主要内容，组织研究工作会41次。12月26~27日，云南省、昆明市分别与北汽集团签订合作协议并举办项目启动仪式。东风云汽搬迁技改项目进展顺利。12月25~26日，昆明市与东风公司签订合作协议并举办项目开工奠基仪式。为推进轨道交通装备产业加快发展，打造昆明晋宁轨道交通产业园，积极与中国中车集团开展合作。2016年3月，双方签订战略合作框架协议，将就昆明晋宁轨道交通产业园园区建设、轨道交通产业配套企业引入等具体项目开展深度合作。

【产业结构】 全市装备制造业八个子行业中，电气机械及器材制造业占22%左右，金属制品业占22%，通用装备制造业、专用设备制造业各占10%左右，汽车制造业占20%，铁路船舶航空航天和其他运输设备制造业占10%左右，计算机通信和其他电子设备制造业、仪器仪表制造业各占3%左右。产业集中区域分布，经开区主要分布发动机、电力装备、自动化物流设备、烟草机械、金融电子化设备、机床等；高新区主要分布电力装备、光学仪器等；五华区主要分布汽车及配件、轻工机械等；官渡区主要分布大型铁路养护机械、电力装备等；嵩明县主要分布金属制品、机床、汽车零配件、泵、起重设备等；晋宁县主要分布轨道交通设备、金属制品、汽车零配件等。经过努力，全市产业结构不断优化，产品技术含量、节能环保水平大幅提高，车用发动机国四、国五产品比例不断提升，数字化程度不断提高。产业布局不断优化，积极引导北汽昆明项目和东风云汽搬迁改造项目等汽车大项目按照全市产业布局落地嵩明杨林经开区，谋划扩张昆明晋宁轨道产业园，建设轨道产业特色园区。

【重点产业项目建设】 2016年，昆明市装备制造业新建亿元以上产业项目，包括云南CY集团有限公司数控机床产业技术改造项目，项目研制内容包括数字化车间管控系统、智能机床研究及智能加工技术、五条机床关键零件柔性生产线、集中式排屑及冷却液收集系统、在线测量系统、道具管理系统，主要用于普及型数控车床系列生产制造，年产3 600台高档数控机床七类关键零件配套，总投资3.52亿元；天威云南变压器股份有限公司高原型电力变压器创新及产业化升级改造项目，项目新征土地约214亩，新增主要工艺设备143台（套），建设变压器生产厂房、冷作厂房、试验大厅等以及相关配套公辅设施，形成2 486千伏生产力，项目总投资4.30亿元；云内动力股份有限公司多缸小缸径柴油发动机数字化车间项目总投资1.30亿元；中铁电建重型装备有限公司盾构机生产项目落地空港经济区，项目总投资2亿元；投资建设产能30台套盾构机生产项目，预计达产后年产值12亿元；昆明客车制造有限公司搬迁技改项目一期基本完成。

【产业政策】 为落实国家战略和全市188重点产业发展计划，推进“十三五”期间昆明市装备制造业加快发展，实现全市先进装备制造业加快发展和支撑全市工业转型，出台《昆明市十三五先进装备制造业发展规划》；为落实《昆明市十三五先进装备制造业发展规划》，出台《昆明市加快推进先进装备制造业发展实施方案》，成立先进装备制造业推进组，明确发展目标、工作任务和保障措施；为推进新能源汽车产业加快发展，2016年7月，印发《昆明市新能源汽车产业发展及推广应用三年行动计划（2016~2018年）》，以加快推进全市新能源汽车行业发展。

【行业管理】 加强对产业政策和产业准入等行业管理工作。开展电线电缆产业政策认定工作。与省工信委对接，完善电线电缆产业政策认定工作程序，努力建立标准化工作模式，提高工作效率。完成昆明海天电缆等企业产业政策认定工作。积极开展新能源汽车备案管理工作，出台《昆明市新能源汽车企业备案管理细则（暂行）》，对北汽昆明、昆明客车、航天神州、云南五龙、东风云汽在内五家新能源汽车生产企业完成备案。

【创新成果】 2016年10月28日，昆明云内动力股份有限公司被国家工信部、财政部认定第三批国家技术创新示范企业，是全省唯一在此次评选中获此殊荣企业。云南能投海装新能源设备有限公司等17家企业技术中心被认定省级企业技术中心。截至2016年底，全市在装备制造领域拥有国家级企业技术中心4家，省级企业技术中心42家，占全市省级以上企业技术中心总数20%左右，聚集一批国家火炬计划重点高新技术企业，创建一批国家工程技术研究中心、国家国际科技合作基地、博士后科研工作站等研发机构，涌现出一批带动性强、影响力大科研成果，创新能力稳步提高。

【新能源汽车产业】 2016年，全市新能源汽车产业取得进一步发展，昆明客车制造有限公司搬迁技改项目一期、保资质工作完成；东风云南汽车进入新能源汽车生产领域，成功申报九个车型新能源汽车产品；云南五龙汽车获得昆明公交集团150辆公交车订单；昆明客车有限公司获得昆明公交集团120辆公交车订单，以生产新能源乘用车为主北汽昆明项目签约落地，有望填补全市没有乘用车生产空白。2016年，全市新能源汽车落户1 188辆，全市新能源汽车保有量5 043辆，完成充电桩833个，在建348个，保持快速增长态势。

【轨道交通装备产业】 由市政府主要领导挂帅成立轨道交通发展领导小组，成立轨道交通产业发展领导小组办公室，负责落实领导小组决策、政策起草等相关工作。2016年10月26日，完成办公室组建工作，办公室下设在市工业和信息化委，并从市发改委、市财政局、市政务服务局、晋宁县、轨道公司、昆明中车等相关单位抽调专门人员成立轨道交通产业领导小组办公室，起草向云南省政府报送《昆明市人民政府关于支持昆明轨道交通装备产业发展的请示》，落实部分给予昆明中车扶持资金。2016年11月25日，赴株洲参加“2016株洲轨道交通产业国际峰会”。2016年12月29日，市政府主要领导与中车集团奚国华副董事长一行举行座谈，双方就下步加强合作，加快全市轨道交通产业发展进行交流。

【皮卡进城】 2016年5月16日，全市出台《关于在昆明市开展逐步放宽皮卡进城限制促进皮卡消费试点工作的实施方案》，允许符合试点车辆标准的皮卡车辆全天24小时在呈贡新区石龙路、春融西路、锦绣大街、梁王路、新北路、景明北路、春融东路及上述道路围合以内道路行驶，但春融街（含）、春融东路（含）、锦绣大街（含）、和谐路（含）所围合区域以内道路每天7~22时不在此次试点放宽范围以内。

（市工信委）

原材料工业

【概况】 2016年，全市规模以上原材料工业企业354户，实现工业总产值1 199.87亿元，占全市规模以上工业39.43%，同比增长-14.70%。其中，规模以上化工生产企业120家，实现工业总产值407.65亿元，占全市规模以上工业13.4%，同比增长-8.60%。主要产品产量：磷矿石2 253.53万吨，同比增长-14.49%；原盐106.08万吨，同比增长4.43%；硫酸832.36万吨，同比增长-7.03%；烧碱20.22万吨，同比增长0.89%；化肥154.50万吨，同比增长-11.87%。规模以上建材企业114户，实现工业总产值130.29亿元，占全市规模以上工业4.28%，同比增长4.80%。水泥1 889.37万吨，同比增长3.66%。规模以上冶金企业67家，实现工业总产值705.03亿元，同比增长-1.60%。主要产品产量：铁矿石228.26万吨，同比增长39.69%；生铁390.82万吨，同比增长-13.96%；粗钢391.76万吨，同比增长-13.4415.28%；钢材442.83万吨，同比增长-10.08%；铜44.71万吨，同比增长7.20%；铝30.35万吨，同比增长-1.42%；10种有色金属85.66万吨，同比增长3.55%。

【优化产业结构】 围绕原材料产业改造提升发展，进一步加强对全市原材料工业发展研究，开展全市原材料工业，特别是过剩产能行业和新材料产业调研和分析，以“转变发展方式、优化调整产业结构为主线，以重点项目建设为抓手，以行业管理为手段，促使原材料工业改造提升、提高质量和效益，提高资源利用效率和技术进步”工作思路，全力推进黑色金属及建材、有色金属、化工产业培育发展和改造提升。编制完成《昆明市化工（含石化）产业发展规划（2016~2020年）》《昆明市冶金（含有色、黑色）产业发展规划（2016~2020年）》《昆明市新材料产业发展规划（2016~2020年）》。按“整合提升钢铁、水泥，巩固发展铜、铝及加工，培育发展小金属、新材料，增强化工竞争力，发展石油化工及配套产业”结构调整总要求，重点加快推进原材料工业传统产业提升调整， 对全市化工、有色金属等传统产业开展研究和分析，促使原材料工业优化结构、提高质量和增加附加值，提高资源利用效率和技术进步传统产业提升和改造；进一步理顺和规范原材料工业行业管理秩序，组织宣贯国家黄磷、电石、水泥、合成氨、多晶硅、铜铅锌、焦化等行业准入条件，配合国家工信部和省工业和信息化委，开展黄磷、农药、铜冶炼等行业企业准入公告申报，完成铸造用生铁企业准入公告复核上报等改造；开展耐火黏土（高铝黏土）、黄金和食盐等产品的年度生产指令性计划。认真履行禁毒工作职能，开展禁毒宣传月活动。严格执行原材料工业产业政策，倒逼产业结构调整，认真实施国家产业结构调整指导目录、行业准入条件、专项规划等产业政策，为原材料工业各项工作开展奠定基础。制定并组织实施供给侧结构性改革去产能方案，化解钢铁产能150万吨。认真做好涉及的水泥、钢铁、电解铝、平板玻璃等产业的产能置换和建设工作。开展黄磷、磷酸、磷酸氢钙、硫酸、磷肥、盐及氯碱化工、电石、水泥、钢铁、铁合金、铜铅锌、稀散金属等行业产业政策认定。

【重点项目建设】 2016年，全市重点做好原材料工业项目中云南铜业股份有限公司王家桥铜锌产业退城入园搬迁技改项目、云南浩鑫铝箔异地技改搬迁项目、昆明云锗高新技术有限公司高新锗产业、黄金集团晋宁深加工建设项目服务工作。中石油云南1 300万吨炼油项目点火试车，云天化石化公司年产15万吨聚丙烯和年产24万吨工业异辛烷等项目基本建成。严格执行落实国家和省、产业政策，做好原材料工业项目登记备案审批产业政策核查工作。

【节能减排和资源综合利用】 2016年，不断推进昆明原材料工业清洁生产和节能减排。组织开展黄磷、电石、合成氨、水泥、钢铁、铁合金、电解铝、工业硅等12类行业资源能源消耗公告，围绕氯碱化工，打造多种基础原料、新型合成材料及型材加工、“三废”利用产品组成产业链。重点推动磷炉尾气治理和节能技术改造，鼓励黄磷炉尾气发电或制甲酸钠、醋酸等碳一化工产品。严格限制单一湿法磷酸、热法黄磷项目，着力推进磷石膏综合利用，支持新工艺磷酸生产，以磷酸净化分级利用为方向，大力发展规模化、系列化、专用化磷精深加工产品。全面推进水泥生产装置配套低温余热发电，支持利用水泥窑协同处理城市生活垃圾、城市污泥和工业废弃物，推进建材工业与电力、化工、煤炭、钢铁、有色等建立紧密结合循环经济产业体系。鼓励利用磷石膏、电石渣、黄磷渣、钢渣等工业废弃物发展水泥或新型建材。

【行业管理】 2016年，组织宣贯国家钢铁、电解铝、黄磷、铜铅锌、焦化水泥等行业规范经营和准入条件。开展合成氨、防水卷材、黄磷、农药、水泥等行业企业规范经营公告申报和日常监督管理。认真实施国家产业结构调整指导目录、行业准入条件、专项规划等产业政策。严格执行原材料工业产业政策，严把产业政策关。开展黄磷、磷酸、磷酸氢钙、硫酸、磷肥、盐及氯碱化工、电石、水泥、钢铁、铁合金、铜铅锌、稀散金属等行业产业政策认定，禁止不符合国家、省产业政策企业和项目进入；开展有关原材料企业产业政策认定等工作；开展耐火黏土（高铝黏土）、黄金和食盐等产品年度生产指令性计划；开展监控化学品管理工作自查，重点配合省禁化武办做好有关核查工作。切实加强原材料行业运行监测，建立原材料工业经济运行分析制度，加强对全市28户重点原材料企业适时监测，全面掌握原材料工业发展动态，做好原材料工业促增长工作。组织宣贯国家盐业体制改革相关政策，指导和协调昆明市盐务局，全面履行盐业行政管理职能，查处盐业违法案件262件，查获违法盐产品248.8吨，捣毁制售假冒食盐黑窝点四个，移交公安立案侦查一件。加强原材料工业安全和环保工作，加大对合成氨、金属粉尘、锅炉、汞等产品、设备使用和生产工作指导督促，力保原材料行业生产安全。

（市工信委）

消费品工业

【概况】 全市消费品工业主要包括生物医药、烟草及配套、非烟轻工三大产业。2016年，昆明市消费品工业坚持市场导向，满足多层次消费需求，通过统筹利用国内、国际两个市场，改善产品结构，加强消费引导，满足不断增长消费需求。在提升消费层次，培育新兴消费热点，提高市场竞争力等方面均取得明显成效。坚持技术创新，促进发展方式转变。打造和培育多层次、多领域、专业化技术创新平台，充分发挥技术创新引领和支撑作用，努力突破制约产业升级关键共性技术，提高产业核心竞争力。通过开展“双创”活动，促进人才队伍建设，拓宽就业渠道，培养和吸引科技创新、管理等方面人才，企业职工素质得到提高。坚持质量为本，保障产品使用安全。通过落实企业主体责任，推进企业建立健全质量管理体系，加强质量管理，提升企业履行质量安全责任能力，保障产品特别是食品质量安全。坚持优化布局，突出区域特色发展。提升现有产业集群发展水平，构建以研发设计、知名品牌、高端人才、管理创新等为基础新竞争优势，促进产业布局进一步优化。坚持节能减排，增强可持续发展能力。加强资源节约和综合利用，提高资源利用效率。大力发展循环经济，积极推广先进节能减排技术，加快推行清洁生产，促进行业发展与资源环境相协调。坚持规划引领，统筹协调发展。发布《昆明市“十三五”生物医药产业发展规划（2016~2020）》《昆明市“十三五”烟草及配套产业发展规划（2016~2020年）》《昆明市“十三五”非烟轻工业发展规划（2016~2020）》。全市消费品工业以创新为动力、以企业为主体，开展“增品种、提品质、创品牌”三品专项行动，大力营造良好市场环境，更好满足和引导消费需求，不断增强消费拉动经济基础作用，促进消费品迈向中高端，着力提高消费品有效供给能力，使消费品工业品种丰富度、质量满意度和品牌认可度得到显著提升。

2016年，全市消费品工业规模以上工业总产值987.70亿元，同比增长16.70%，占全市规模以上工业总产值32.50%；实现工业增加值454.28亿元，同比增长1%，占全市规模以上工业增加值46.10%。

【医药制造业】 2016年，全市生物医药产业坚持市场主导和政府引导相结合。发挥市场在资源配置中决定性作用，强化政府在统筹规划、营造产业政策环境中管理职能和公共服务职能，构建公平、开放市场环境。坚持创新驱动和传承保护相结合。加强创新能力建设，着力突破产业发展的重大关键技术，强化创新对产业发展推动作用；加强中药（民族药）等优势领域资源挖掘、保护和传承，促进支持知识产权保护和资源有效利用。坚持做大总量和提升质量相结合。加快产业结构转型升级，做大优势产能，全面推进重大项目招商引资，不断提升产业规模；加强企业质量监管，全面提升产品质量。坚持开放合作和协同共赢相结合。紧抓国家实施“一带一路”、长江经济带等重点战略机遇，加强国内外产业对接和协作，开放融合，强化与周边省市协同联动，积极开展国际合作，提升“云药”国际化竞争力。面向两个市场，坚持总体布局、重点突破，做精做优传统生物医药产业，做大做强新兴生物医药产业。立足自主创新，依靠科技进步，充分发挥昆明市生物资源优势，发展生物医药产业与发挥区域比较优势相结合，努力推进产业化，提升产业竞争力，培育新的经济增长点。加大政府政策及资金扶持力度，促进资金、人才、技术等向优势生物医药产业集聚。在品牌、特色和精品上下功夫，制定相关标准以区别于外埠同类产品，使昆明特色产品得到保护；加快昆明生物特色产品加工及产品标准化进程，加大力度保护昆明特色、优势生物产品。按照产业向特色发展，工业向园区集中思路，在工业园区内推动特色医药产业基地建设。启动中药材种植、现代化中药、生物医药、化学药、医疗器械、生物试验基地等一批产业基地规划建设。加大土地、资金、公共设施等方面支持力度，加大招商引资力度，启动引进国际国内行业龙头企业，以大项目带动本地产业发展。

2016年，全市累计完成工业产值164.87亿元，增长14.50%；实现增加值59.03亿元，占全市工业5.98%，增长18.60%；化学药品原药产量182.04吨，增长33.84%；中成药产量30 392吨，增长8.73%。

【烟草及配套产业】 2016年，全市烟草及配套产业坚持市场为导向，充分发挥市场配置资源作用，促进生产要素向优势企业和优质品牌集中原则。根据市场需求变化，提高优质烟叶、高端卷烟比重，巩固中端卷烟，满足市场多样化和多层次需求，全面提高全市烟草及配套企业整体效益。坚持统筹工业需求和商业利益关系，共创两烟组合优势，实现共同发展；统筹烟草企业、配套企业关系，保障各方利益，推动整体效益优化；统筹国家和地方、地方和地方利益关系，调动各方积极性，推动资源优化配置。围绕国家“卷烟上水平和两大跨越、三大战略”发展思路，加快打造昆明烟草大企业集团步伐。以企业联合重组、优化多元产业、提升配套产业、加强品牌培育和工商协同发展为重点，综合考虑昆明卷烟品牌市场潜力、成本优势、技术进步和资源合理利用等因素，积极参与跨省联合重组，依靠改革拓展发展空间。立足推进原料差异化战略、精品烟工程及打造大品牌需要，加大技术创新力度，促进产、学、研结合，卷烟工业在独特风味（格）、特色工艺、减害降焦、节约资源、降低成本等方面取得突破，烤烟在品种优选、质量稳定、储备管理等方面取得突破。加大管理创新力度，在节约资源和降低成本费用上取得突破；在完善创新体系和加强人才队伍建设上取得突破。进一步提升昆明优质烤烟、卷烟在全国影响力和控制力，继续保持卷烟规模和效益全国领先地位。培育配套产业成为新经济增长点，初步形成烟草产业集群。2016年，烟草及配套产业上半年，工业产值和增加值同比均下降9.80%，其中单月降幅最高20%以上，下半年降幅有所收窄，全年累计实现工业增加值298.25亿元，占全市工业30.20%，下降4.20%，负拉动全市工业1.40个百分点，成为影响全市增长重要因素。

【非烟轻工业】 2016年，昆明在粮油、肉食加工、花卉、野生食用菌、蔬菜等方面形成一批具有地方特色和一定实力龙头企业。一批国际知名品牌和企业相继落户昆明，满足不同层消费需求。通过优化布局，一批轻工专业产业基地相继形成，如经开区小商品加工基地、晋宁宝峰食品加工基地、富民林产业示范基地、七甸食品加工基地、宜良饲料基地、寻甸林产基地、石林芳香产业园基地等。一批以食用花卉为原料烘焙业骨干企业相继形成。一些龙头企业通过跨区域、跨行业整合和兼并重组，充分利用国内国际两个市场、两种资源，获取知名品牌和先进技术及管理经验，拓展业务区域和领域，增强竞争实力。电子商务平台广泛使用，企业信息化管理得到加强，在电子商务平台建设方面，培育出GMS企业电子商务平台、昆明电子商务网、云南电子商务信息网、昆明旅游电子商务网、昆明市农业信息网、昆明国际花卉拍卖信息系统，一批第三方电子商务中间平台相继形成，为促进全市非烟轻工业快速发展起到良好支撑和推动作用。

2016年，全市非烟轻工业全年累计完成工业产值437.47亿元，增长16.80%，占全市工业30.20%；实现工业增加值97亿元，增长19.30%，占全市工业10%。其中，占比较大农副食品加工、食品制造业增加值分别增长36%、44%，酒、饮料和精制茶制造业增长4.50%。

（市工信委）

煤炭业

【概况】 2016~2020年，全市需要引导五对煤矿矿井有序退出，退出产能37万吨／年，停批一对30万吨／年柯渡煤矿新建项目，两项去产能共67万吨／年，占全市239万吨产能28.03%，超出省政府下达20%指导性计划8.03个百分点。列入2016年引导主动退出四对煤矿关闭到位，退出产能28万吨，安置涉及职工315人，通过各级政府验收，列入2017年关闭一对煤矿将在2017年关闭退出。另外，还有新增关闭退出三对煤矿也将在2017年关闭到位。

【安全生产】 2016年1~6月，按照企业自查、集中排查、市级部门包片督查方式和程序，在全市组织集中开展煤矿隐患排查治理行动。各产煤县（区）及时向煤矿派驻工作组，明确生产矿井、建设煤矿、整合重组煤矿和停产及停产整顿煤矿排查标准，在全面排查整改煤矿隐患基础上，以落实煤矿安全“双七条”为重点、推进煤炭产业转型升级为目标，确保煤矿安全。进一步落实煤矿企业安全生产主体责任和地方人民政府的安全监管主体责任，认真解决煤矿安全生产中突出问题和薄弱环节，健全完善重大危险源监控机制、重大隐患排查治理机制及分级管理制度，堵塞漏洞，防患未然，确保全市煤矿安全。煤矿监管部门严格执行事故隐患排查治理统计分析和重大事故隐患报告制度，每季度总结本地区隐患排查治理工作，查找问题和不足，逐步提高隐患排查治理工作水平。

（市工信委）

电力工业

【概况】 2016年，昆明供电局下设13个职能部门，17个基层单位和8家县级供公司，员工5 541人，资产总额247.01亿元，35千伏及以上变电站202座（其中500千伏5座），35千伏及以上输电线路8 067.518千米，10千伏配电线路20 597.27千米，10千伏公用配电变压器14 190台，用电客户246.96万户。

供电技术指标

项　目	单　位	上年完成	本年完成	同期相比（%）	备 注
供电量	万千瓦时	2 818 810.16	2 839 151.46	0.01	
售电量	万千瓦时	2 630 706.28	2 705 385.53	0.03	
售电收入	万元	1 051 914.19	992 083.94	-0.06	不含税
售电平均电价	元/千千瓦时	402.13	368.44	-0.08	不含税
供电环节总成本	万元	239 202.20	249 502.41	0.04	
供电环节单位成本	元/千千瓦时	91.44	92.66	0.01	
最高日供电量	万千瓦时	8 916.92	8 799.8	-0.01	
最高日负荷	万千瓦	459.36	468.9	0.02	
线损率	%	6.67	4.68	-1.99	百分点
综合电压合格率	%	99.56	99.13	-0.43	百分点
综合供电可靠率	%	99.942	99.871	-0.071	百分点
负荷率	%	87.62	85.17	-2.45	百分点
电费回收率	%	99.94	99.99	0.05	百分点
全员劳动生产率	万元/人·年	158.95	151.54	-0.05	

【安全生产】　进一步完善安全生产责任体系，建立“大安全监督检查”模式和作业全方位实时管控信息平台，“四不放过”查处现场违章，狠抓“三种人”履职能力提升，牢牢守住安全生产底线。首创电网风险管控绩效机制和检修优化模型，确保异步联网后昆明电网安全稳定运行。注重设备管理水平提升，在省内率先完成主、配网调控一体化运作，首次开展配电设备状态评价和重要度评估，深化差异化运维，补齐配网管理短板。消除500千伏草铺变2号主变重大隐患，在省内首次开展220千伏电力电缆交流耐压试验，宝峰巡维中心获得云南电网公司变电运行示范基地称号。持续强化应急能力，全面完成应急指挥中心建设，实现与市应急指挥中心互联互通，配合政府开展多次实战应急处置和演练，全年成功应对极端低温寒潮等自然灾害，完成南博会等重要保供电任务317次。

【供电保障】　通过优化内部流程，建立完善重点业扩项目督导机制等具体措施，新投客户投产时间比计划平均提前8.50天，确保国际会展中心二期、地铁1号线呈贡支线等省、市重点工程按期投产送电。抓好停电指标全过程管控，优化故障应急处置和抢修流程，大力推广配网带电作业，全年完成配网带电作业3 571次，同比提高7%，多供电量2819万千瓦时。通过挖潜增供，售电量较2015年增长7.47亿千瓦时，荣获云南电网公司“优服务、稳增长、促发展”特殊贡献奖。持续提高优质服务水平，深化全方位服务体系建设，在全省首创“电力网格化服务管理”、手机APP服务、电商合作等模式，坚持投诉零容忍和第三方暗访机制，实现技术有保障、服务无盲区。2016年，第三方满意度测评82分。

【电网发展】　按照“优主网，强配网，升级农网”原则，抓好电网协调发展，坚持问题和目标导向，积极开展“十三五”电网规划修编，力促政企合作，完成电力通道四规合一专项工作，结合任意一个500千伏变电站全停不造成电网一级事件和城市配网防灾抗灾能力提升目标，进行主网网架加强和保底电网专题研究，取得积极成效。全力推进项目建设，做好作业计划和施工进度管控，将沪昆高铁220千伏昆明南牵引站计划施工时间由八个月压缩至四个月，提前15天顺利投产，创造“昆明速度”。全年投产余屯、宏仁等110千伏及以上变电站9座。110千伏华晨输变电工程荣获“南方电网公司2016年度基建优质工程”称号。积极推进新一轮农村电网改造升级，实行电力精准扶贫工作，按期完成扶贫异地搬迁安置点配套电力设施建设，助力禄劝县“脱贫摘帽”，在石林县建成首个中心村示范项目，形成政企协作“1+7”模式，纳入南网党校样板案例。

【深化改革】　主动承接上级关于国企改革、电力体制改革等部署要求。全力推进电力市场化交易，建立区县两级联动走访机制，为客户量身定制专属交易方案。2016年，完成市场化交易电量153.46亿千瓦时，为工业客户节约用电成本18.80亿元，有效推动昆明地区工业企业开工，开工率由2015年45.11%提升至60.72%，完成市政府下达目标要求。打破原有电力设施配套建设范围，将供电线路建设延伸到项目用地红线，在呈贡信息产业园区和高新区马金铺片区率先安排直接服务用电企业10千伏配网工程。稳妥推进农电体制改革，完成安宁公司“子改分”改制任务，进一步规范农电管理。根据网、省公司竞争性企业改革统一部署，先行先试，探索构建“一平台六板块”运营模式，在年内首家完成直管竞争性企业职工股权转让协议签订工作。支持新能源示范建设，与公交集团合作开展北市区、前兴路等四个电动汽车充电站基础设施建设，大羊甫电动汽车充电站投产并对社会开放运营。

【经营管理】　在总结以往管理经验基础上，导入精益管理理念，以规范监督促管理，以精益管理提效益，开展一系列富有成效探索。扎实开展离任经济责任审计整改，主动边审边改，及时堵塞管理漏洞。对业扩报装、招投标、特殊资金管理等重点领域和关键环节进行专项审计，增收节支232万元。提升自主招标能力，完成招标中心建设，全年完成招标项目330个，金额10亿元。构建以内部利润为核心预算精益管理模式，在全省首家实现“财企直连”支付，做到企业、财务公司、银行互联互通。认真开展“两金”清理专项工作，清理资金4.02亿元。基于计量自动化系统对重大欠费高风险客户签订预购电合同，实施远程预购停复电措施。在全网率先将客户欠费行为纳入银行征信系统，首推信用证缴费方式，为解决电费回收“老大难”问题提供保障。全年100项工作亮点得到上级认可，组织绩效连续两年名列云南电网公司第一名。

【队伍建设】　优化配强班子，充实壮大干部梯队，选拔干部67人，加强年轻干部培养，实现差异化实绩考核。全面完成结构性缺员治理专项行动工作目标，缺员率控制在5%以内，了解和解决关键专业和生产一线岗位结构性缺员问题。发挥绩效考核“指挥棒”作用，推行自主分配绩效工资和薪级晋升工作等激励机制，激发员工队伍活力。实施“班组长接班人”计划，在安宁供电局探索建立岗评一体化新模式，强化技能培训，提升岗位胜任能力。高技能人才比例71.25%，4个工作室被评为南方电网公司星级工作室。在第八届全国电力职工技术成果奖项评选中，昆明供电局获得两项一等奖，一项二等奖和一项三等奖。

（刘新云）

安全生产监督管理

【安全生产形势】　2016年，全市发生各类安全生产事故2 469起，死亡388人、受伤1 873人、直接经济损失7 972.31万元，同比四项指标“一降三升”，即事故起数上升8.90%、死亡人数下降0.30%、受伤人数上升6.30%、直接经济损失上升41.80%。未发生重大事故，较大事故同比减少，呈现出“一降一控一稳定”特点，即事故死亡人数继续下降，较大以上事故得到有效控制，大部分重点行业领域安全生产状况稳定，全市安全生产形势总体平稳。

【落实安全生产责任制】　市政府每月一次常务会议听取安全生产汇报。出台《昆明市人民政府领导安全生产工作职责分工》《昆明市安全生产委员会成员单位安全生产工作职责分工》《昆明市安全生产通报约谈制度》和《昆明市安全生产责任清单考核实施办法》等制度文件，进一步细化责任，实行“对单考核”“照单通报”。市县两级政府主要负责人担任安委会主任和市县乡三级出台党政领导干部安全生产监管责任清单实现全覆盖。

2016年2月，市委书记程连元检查安全生产工作。　（市安监局　供稿）

【"三化两分"基础工作】 安全生产网格化监管体系建设工作稳步推进。全市进一步加强组织领导、制定责任清单、修订管理制度、更新网格信息、保障工作投入，网格化监管职责清晰，长效管理机制逐步形成。安全生产信息化建设工作成效明显。紧密围绕云南省安全生产大检查"1+3+5"长效机制建设，结合实际不断推进安全生产信息化建设，2 684家企业在系统内注册，开展隐患自查自报工作，各县（市）区隐患自查自报四项指标100%。安全生产标准化建设扎实推进。将"规范评标""依标运行"作为标准化工作抓手，完成52家新达标取证企业评定工作，复审评定350家，对达标企业查出885项问题全部限期整改完成。安全生产分类分级管理工作全覆盖。全面完成52类企业分类归口工作，完成3 971家企业考评定级。

【安全生产大检查】 各县（市）区通过"双随机""四不两直"和"专家检查"等方式开展安全生产大检查，排查隐患25 578项，整改25 565项。全市安监系统查封96家企业、责令101家企业停产整顿、611家限期整改、实施经济处罚638万元。认真整改2015年以来挂牌督办1 618项隐患，整改完成1 609项，涉及全市油气输送管道124处安全隐患全部完成整治。

【专项整治】 2016年，对全市9万吨/年及其以下矿井采取措施，确保"真关真停"。开展转型升级工作，全市达标保留矿山完成整改31座，完成升级改造78座，启动整合重组39座，完成淘汰关闭103座，排查整改各类尾矿库隐患991项；完成危化品生产（储存）企业整治搬迁工程和涉氨制冷企业的全面摸底排查工作，查处烟花爆竹非法违法销售点107个；责令6家粉尘涉爆企业停产整改、57家现场整改，关停1家；督促124处隐患全部完成整改；督促2 342项隐患和问题完成整改；排查运输企业191家次、危货车辆1 723辆次，排查出95处隐患点段，查处各类交通违法390余万起，行政拘留2 600余人；检查5.4万家单位，临时查封174起，责令"三停"（停止施工、使用、停产停业）256家，罚款1 300余万元。其他行业领域也结合实际开展专项治理。

昆明市车用燃气泄漏事故应急演练（市安监局　供稿）

【宣传教育】 2016年，市安全生产监督管理局发放宣传资料40余万份，参加咨询宣传活动15万余人。开展安全知识竞赛1 621场次，参加人数18万余人。在全市出租汽车LED灯播放安全生产宣传标语，每天播放24次，累计超55万次，在公交车载媒体每天播放10次《公交安全乘车教育片》，累计上百万次；在地铁车载电视全天滚动播放安全宣传教育片，累计数千万次。取证（复审）人员39 592人。昆明市安全监管局被评为全国安全生产月活动优秀组织单位。

【隐患挂牌督办】 2016年，市政府挂牌督办10项重大隐患，完成整改六项，正在整改四项；省政府挂牌督办124处油气输送管道隐患，全部完成整改；市安委办挂牌督办五处渣土场隐患，完成整改一处。

【安全生产"十三五"规划】 2016年9月，市政府办公厅印发《昆明市安全生产十三五发展规划》，提出"十三五"期间要完成的九项工作任务、八项重点工程。

【执法检查】 2016年，全市安监部门按照执法计划累计完成执法检查各类企业10 083家次，使用各类执法文书9 610份，发现隐患21 278项，整改隐患20 367项，责令停产停业整顿企业15家，实施行政处罚899.1万元。

【应急管理】 严格落实领导带班和24小时应急值班制度，及时发布预警信息30次。组织开展应急演练1 286次、参演人数44 013人、动用装备5 212台次、出动车辆3 090辆。

（蒋春胜）

非公经济

【经济指标】 2016年，昆明民营经济完成增加值2 014.15亿元，同比增长8.90%，增速比2015年提高0.80个百分点，对全市GDP贡献率49.20%，拉动全市经济增长4.20个百分点，占GDP比重46.80%，占比比2015年提高0.20个百分点。

【产业结构与企业培育】 2016年，全市民营经济第一产业完成增加值62.96亿元，增长6.90%；第二产业完成增加值729.83亿元，增长8.20%。其中，工业实现增加值402.19亿元，增长6.10%；第三产业完成增加值1 221.36亿元，增长9.50%。2016年末，昆明市民营经济户68.73万户，同比增长10.80%。其中，个体工商户46.03万户，增长7%；私营企业22.70万户，增长19%；私营企业集团1 550户，增长7.60%。昆明市除晋宁县、寻甸县外，其余12个县（市）区民营经济增加值增速均高于全市平均水平。官渡区民营经济增加值突破五百亿大关，达510亿元，石林县增速居首，全年增长11.70%。昆明市9个县区民营经济增加值占GDP比重超过46%，其中官渡区、东川区、富民县、嵩明县民营经济增加值占GDP比重超过50%。云南非公企业百强企业中，昆明市南磷集团、祥丰化肥、明超电缆等43家企业上榜，比2015年增加2户，营业收入总额占比48.29%。

【企业服务体系建设】 完善公共服务体系。“1+X+N”中小企业服务体系，强化市中小企业服务中心核心作用（即“1”），依托中小企业公共服务网络窗口平台、加快各开发区、县（市）区中小企业服务中心建设（即“X”），培育提升一批中小企业社会化服务示范机构（即“N”），培育认定服务示范机构9户。截至2016年底，培育认定市级中小企业社会化服务示范单位99个。其中，54个机构获得省级中小企业公共服务示范平台称号；11个机构获得国家中小企业公共服务示范平台称号。2016年，99个市级服务示范机构为43万户中小企业提供信息查询、技术创新、质量管理、管理咨询、创业辅导、市场开拓、人员培训等服务。建设培育小企业创业基地。培育认定市级小企业创业基地2个。截至2016年底，建设市级小企业创业基地17个，省级小企业创业示范基地21个，国家小型微型企业创业示范基地6个。17个市级小企业创业基地建筑面积59.65万平方米，累计入驻企业69 939户，在孵企业销售总额203.25亿元。实施小微企业创业创新服务券。创新工作方式设立服务券，用于补助成长性好、管理规范、发展快、服务需求迫切小微企业购买专业服务机构专业化服务提供补贴。截至2016年底，1 655家企业申报服务券，申请补助资金3 270.50万元，超过预计发行额1.63倍。支持中小微企业融资发展。在2015年选择部分园区试点工作基础上，2016年5月，在全市省级以上工业园区推广开展“财园助企贷”工作，缓解中小微企业融资难、融资贵问题，全市9个园区内57户企业申请获得无抵押、无担保新增信用贷款超过2亿元。2016年12月，市政府印发《昆明市小微企业应急贷款周转资金管理办法（试行）》，按照不低于1.20亿元规模设立小微企业应急贷款周转资金，采取政府引导、市场化运作方式，专项支持小微企业按时还贷、续贷。加大对企业上市培育和服务指导工作，通过联席会议与成员单位有效联动，积极协调各级有关部门，帮助昆明赛诺制药股份有限公司、瑞丽航空有限公司等企业解决上市中遇到困难和问题，共同推进全市企业上市工作。2016年，昆明川金诺化工股份有限公司在深交所创业板上市，云南瑞宝生物、昆明联诚科技股份有限公司等16户企业在新三板挂牌。截至2016年底，注册地在昆明市境内上市企业23户，新三板挂牌企业54户。

（市工信委中小企业处）

乡镇企业

【经济总量】 2016年，全市农产品加工业企业11 735户。其中，农产品加工企业953户，规模以上农产品加工企业183户。全市农产品加工业（不含烟草）总产值实现485.51亿元，同比增长8.23%，约占全省总量20%。其中，农产品加工企业实现328.27亿元，同比增长8.16%；规模以上农产品加工企业实现232亿元，同比增长9.01%。

【产业布局】 2016年，全市农产品加工业在市场导向和政策推动下，逐步形成六大优势产业，向工业园区集聚。全市粮食加工业、生物制药加工业、蔬菜加工业、天然橡胶加工业、饮料加工业、畜禽加工业等六大优势农产品加工业营业收入分别达到43.30亿元、34.59亿元、33.96亿元、33.88亿元、29.88亿元、24.05亿元，累计营业收入占953户农产品加工企业65.86%。相继形成空港区小商品加工，富民林产业、七甸绿色食品加工、宜良饲料、寻甸林产业、石林芳香产业等九个农产品加工集群化产业园基地，在粮油、肉食加工、花卉、野生食用菌、蔬菜等方面培育神农、晨农、嘉华食品、潘祥记食品、雨润等一批具有地方特色和一定实力龙头企业，引进可口可乐、百事可乐、雀巢、嘉士伯、娃哈哈、百威、双汇等一批国际、国内知名品牌和企业相继落户昆明。

【企业结构】 2016年，全市农产品加工业规模以上企业183户，占全市农产品加工企业19.20%，实现营业收入215.17亿元，吸纳就业27 659人，上缴税金6.62亿元，支付劳动者报酬9.36亿元，分别占全市农产品加工企业65.55%、52.95%、73.14%、62.81%。形成大中小企业融合共生协调发展“金字塔形”企业结构。全市农产品加工企业11 735户。其中，个体工商户10 728户，占91.42%；中小（微）企业770户，占6.56%；中型以上企业183户，占1.56%。在183户中型以上企业中，55户企业营业收入上亿元，14户企业超4亿元。

【信息建设】 加快电子商务平台建设，培育出GMS企业电子商务平台、昆明电子商务网、云南电子商务信息网、昆明旅游电子商务网、昆明市农业信息网、昆明国际花卉拍卖信息系统等一批第三方电子商务中间平台，推动全市农产品加工业快速发展。

【三产融合】 加快“接二连三”融合，坚持以资产为纽带，吸收农民以资金、土地经营权、交售农产品入股，建立紧密利益联结机制，发展农产品加工流通和休闲农业。如昆明品世公司实施生态畜禽定制养殖商业模式、云南海潮听牧公司依托生产加工牛肉主业拓展餐饮服务业等。加强前延后伸融合，鼓励企业或工商资本向农户注资建基地，向经销商注资连物流，推进农产品加工企业向园区、基地适度集中，提高农产品精深加工能力，打造特色优势区域品牌。如斗南花卉市场扩建花花世界综合花卉市场、经纪人收购花农初加工产品收取拍卖佣金、蔬菜出口企业建基地带动农户种植蔬菜和组织出口等产销衔接、跨界发展。提出技术渗透融合，将信息技术向农业渗透，发展农业物联网、电子商务、食品短链、社区支持、加工体验和中央厨房等新业态，提升农业生产和管理信息化水平，模糊产业边界，实现网络链接，缩短供求时空距离。如嘉华公司建立线上销售鲜花饼分发车间、星桥公司推广过桥米线方便食品等。

（市工信委乡镇企业处）

交通运输

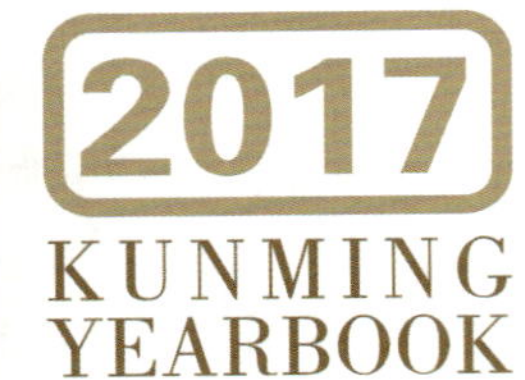

◆责任编辑　李　震

公路交通

【概况】　2016年，全市完成综合交通固定资产投资632.53亿元。全市公路里程17 915.47千米，公路网密度每百平方千米达83.43千米，公路密度居全省第一。其中，高速公路通车里程达622.05千米；二级及以上高等级公路达1 932.89千米，占总里程10.79%。完成公路运输总周转量156.09亿吨千米（年度GDP核算采用数），增速11.51%，居全省前列。邮政业累计完成业务收入（未包括邮政储蓄银行直接营业收入）22.56亿元（年度GDP核算采用数），同比增长46.67%。争取国家和省级农村公路养护、成品油价格和税费改革用于地方交通建设等专项资金24.53亿元。

【重点交通基础设施建设】　2016年2月2日，呈贡至澄江高速公路段建成通车；2016年12月27日，小铺至乌龙高速公路建成通车。加快推进黄土坡至马金铺、昆明绕城高速东南段、功山至东川高速公路、嵩明（小铺）至昆明、机场北高速、武定至寻甸至倘甸等一批高速公路项目建设。

【新开工建设项目】　2016年年初，昆明（眠山）至楚雄（广通）（昆楚复线）高速公路试验段开工建设；2016年6月13日，机场北高速公路开工建设；2016年12月18日，东川至格勒高速公路、昆明（福德立交）至宜良高速公路、宜良至石林高速公路、石林至泸西高速公路、曲靖（三宝）至昆明清水（昆曲复线）、寻甸至沾益（滇中环线）等6条高速公路实现集中开工和启动。全市在建高速公路16条，在建高速公路里程651.53千米。

【干线公路路网建设】　全市“环线”+“射线”骨干路网基本形成，路网等级不断提升。重点高速公路：功山—东川、武定—禄劝—倘甸—寻甸（滇中环线）高速公路、昆明绕城高速公路外环线（东南段）、新嵩昆等高速公路项目快速推进，黄土坡至马金铺即将建成通车；配合相关州市及滇中产业新区推进机场北高速、晋宁至红塔区等高速公路建设。区域干线公路G320、东倘公路、金东大桥、易隆至白石岩建设项目顺利推进；G213等国道出入城段提升改造基本完成。皎平渡大桥开工建设，石林县大叠水旅游专线公路快速推进，全市公路路网得到进一步完善。

【农村公路建设】　2016年，完成下达通村公路建设计划1 569.97千米，完成投资7.87亿元。把禄劝县脱贫摘帽作为交通扶贫重点，禄劝县实施自然村公路路基改造工程（通达工程）438.1千米，完成投资8 762万元；实施自然村公路路面硬化工程（通畅工程）529.3千米，完成投资2.65亿元，实现禄劝县233个自然村通硬化公路，自然村公路硬化率从38.16%提高到60.10%。

【农村公路管养】　截至2016年底，属昆明市地方管养范围公路总里程15 648.30千米，管养总里程比2015年增长216.58千米。其中，省道152.29千米、县道2 925.36千米、乡道7 095.81千米、村道4 955.87千米、专用公路518.97千米、高速公路80.92千米、一级公路66.91千米、二级公路261.56千米、三级公路314.76千米、四级公路12 336.71千米、等外公路2 587.45千米。桥梁总数1 078座。其中，特大桥20座、大桥91座、中桥166座、小桥801座。2016年，计划安排农村公路养护工程补助资金1.72亿

2016年2月，建成通车的呈澄高速公路梁王山隧道。　（市交运局　供稿）

2016年6月，市交运局联合“两区”城乡建设局在倘甸镇集市开展农村公路安全生产宣传及爱路护桥活动。（市交运局　供稿）

元。其中，省级农村公路养护补助资金5 037万元；市级农村公路养护补助资金2 512万元；县（市、区）自筹资金9 673万元。计划安排27个大中修工程、9座小桥危桥加固改造工程和43个路段安全隐患路段整治工程。对全市农村公路养护管理工作进行检查考核，农村公路经常性养护率县道稳定在100%、乡道85%、村道75%；MQI优良路率指标：县道70%、乡道50%、村道35%；绿化率指标：县道95%、乡道70%、村道55%。各项管养工作有序推进，农村公路管养覆盖率、绿化率相继提高，逐步实现农村公路管理养护规范化、制度化、常态化，确保农村公路完好畅通，更好地为农村经济社会发展服务。

【交通节点工程】 重点实施主城至呈贡重要节点提升改造工作，完成联大立交新建，广卫、王家营、吴家营、富有等4个收费站改扩建工程；重点推进大渔立交建设，有效缓解昆玉高速拥堵状况，提高昆玉高速通行效率。2016年9月25日，昆玉高速联大立交通车运行，大渔立交主体完工，为新南站开通后交通疏解提供有力保障。

【主城收费站外迁】 完成昆明主城高速公路收费站外迁工作方案，按照难点先行、逐步推进原则，先期启动昆玉高速鸣泉收费站外迁工作。昆玉高速鸣泉收费站（昆明南）外迁工程位于昆明市高新技术开发区马金铺昆玉高速公路马金铺立交，项目起点桩号K27+039.88，终点桩号K29+741.351，改造里程2.701 471千米。出口收费广场长度200米，宽度123.65米，入口收费广场长度200米，宽度75.05米。入口车道10个，出口车道19个，匝道车道6个，计35个收费车道。项目包含道路工程（路基工程、路面工程、桥涵工程）、交通工程（交通安全设施、收费系统、通信系统、供电照明等）、房建工程及绿化工程等，工程估算总投资约5.40亿元，2016年6月26日，项目正式开工建设。截至2016年12月25日，到位项目资金2亿元，完成投资2.48亿元。其中，涉及建设用地征地拆迁工作全部完成，路基工程完成挖填方58.76万平方米；挡土墙完成2.34万平方米；预应力管桩完成29.25万米；桥涵工程完成788.50米；房建工程完成收费站地下通道226.50米，房屋主体结构完成9层。绕行改移昆玉高速公路1.50千米完成交工验收。

【“溜索改桥”建设】 2016年，涉及昆明市“溜索改桥”计划项目为东川区小江桥和禄劝县小鹧鸪村到大木城村通村大桥。东川区小江桥桥梁长度70米，连接线0.1千米，总投资约360.38万元，2015年6月26日，开工实施，2016年7月5日通车。禄劝县小鹧鸪村到大木城村通村大桥桥梁长度约40.80米，连接线3.20千米，总投资590万元，2015年6月30日，该工程开工实施，2016年5月27日通车。

【二环、西北三环管理养护】 2016年，计划安排二环、西北三环道路、桥梁和隧道管理养护9个大中修项目，计1 172.80万元。加强对二环系统、西北三环（含三条隧道）运营管理养护工作。全年巡检出车10 472

义务养路活动（市交运局　供稿）

次，日常巡检8 578次，加强巡检1 099次，行驶里程132798.60千米。重大问题上报A类15起，D类上报124起，设施、设备报修1 584起。主要完成设备故障报修179起，设备日常维护保养418项。修复路面病害799起，修复率88.83%。积极开展二环桥梁检测工作。2016年5月，通过公开招标方式委托云南省交通规划设计研究院作为检测单位对昆明市南二环77跨高架桥（经2014年、2015年检测为四类桥）、11座地面桥（按结构形式分为14座桥梁）以及菊花立交、金马立交、大树营立交、马村立交、金星立交5座城市立交（按桥梁技术状况评定要求共分为30座桥梁）进行检测。8月中旬，完成对昆明市二环部分桥梁检测工作。开展石闸立交SZ1匝道应急维修加固工程、南二环一层大观桥应急抢险工程、官南立交明通河桥应急抢险工程处置工作。

【路产路权管理】 2016年，昆明市依法纠正和查处各类路政违法违章案件67 305起，立案数67 305起，查处率100%，其中查处赔（补）偿案件788起，有效保护公路完好、畅通与安全。根据省财政厅、省发改委《关于废止地方批准的涉企行政事业性收费文件的通知》要求，自2016年10月1日起，废止公路路产损坏赔偿费、清理费、公路路产占用费等三项涉企行政事业性收费项目。

【治超工作】 加强源头治理，督促运管部门对全市货运源头企业进行再普查。在原普查结果基础上，考虑到经济下行等因素，将货运源头企业普查建档由原来年货运量50万吨以上调整为年货运量30万~50万吨和50万吨以上进行普查建档，并督促其通过驻点、巡查、视频监控等方式强化源头监管。指导安装限高限宽设施防控超限超载车辆进入农村公路，明确限高限宽设施设置规范要求和报备制度，对全市限高限宽设施进行普查建档，制作电子卡片。经统计，截至2016年底，全市设置限高限宽设施128处。昆明市货车非法超限运输违法信息抄告软件联网升级，实现全市治超数据共享。全力推进联动协管工作，扎实做好农村公路管理工作。西山区、呈贡区、石林县等第一批6个县区农村公路路政管理三级联动协管机制基本建设完成投入运转。狠抓违法超限运输治理，全年出动治超执法人员43 590人次，检测车辆670.74万辆。其中，超限车辆10.18万辆，卸载货物986.85万吨，超限率为1.50%。

【应急保通】 2016年，组织完成市级以上重大考察调研活动保通和部队机动保障17次；组织开展在建黄土坡—马金铺和东南绕城高速公路的保通协调工作；积极参与做好昆玉高速各收费站改造保通协调工作；组织完成1月23~25日昆明抗击大面积冰冻雨雪灾害突发性道路保通工作；协助完成9月8日高海高速K8+050路段西山落石事件道路保通工作；组织开展机场高速冰雪天气应急处置演练。

【路域环境整治】 开展2016年公路路域环境专项整治工作，重点针对桥下空间及周边安全隐患、重点路段摆摊设点等违法行为、违法占利用公路路产行为进行细致排查整治，排查整治公路桥梁187座，发现安全隐患223处，清理处置安全隐患148处；开展重点路段摆摊设点违法行为，联合多部门开展集中整治184次，查处摆摊设点191起；整治违法占利用公路路产行为，整治清理乱堆乱放390处，打场晒粮117处，乱搭乱建67处和其他违法占利用公路路产行为131起，全市公路路容路貌及桥梁安全明显改善。

【海事管理】 2016年，全市完成对市内及各县（市、区）公务用船、旅游船、工程船、渡口船等200余艘船营运检验工作。7月，在古滇大码头组织滇池水域近年来最大一次水上应急搜救综合演练。加强对船员的管理和培训，进一步强化12座以上客船船员特殊培训，84名船员参加培训，其中有82名船员通过考核，取得特殊培训合格证书。加强水上交通安全生产，拟定印发春节、安全生产大排查大整治、打非治违、水路运输及库区交通安全、汛期水上交通安全、安全生产月活动等方案通知95份，组织11次安全大检查、大排查、大整治等专项行动，出动检查执法人员1 759人次，出动车辆632台次，船舶38艘次。全市发现一般性水上交通安全隐患46起，整改46起，整改率100%。全年办理船员基本安全培训合格证

2016年1月，昆明市路政支队直属二大队在雨雪天对西部快线进行保通。
（市交通局 供稿）

2016年7月，“2016年滇池水域水上应急搜救综合演练”在古滇艺海码头举行。（市交通局　供稿）

258本，船员服务簿224本，办理船员适任证书125本。办理新增船舶所有权、国籍证书各42件，换发到期船舶所有权、国籍证书8件。

【交通安全监管】 推进行业内企业安全生产标准化建设，完成各类企业达标考评工作。开展道路运输、水上交通、工程建设领域的安全专项整治，强化地铁、公交、客运站等人员密集场所消防安全管理。组织开展地铁、水上交通应急演练，参加全市应对极端恶劣天气、预防冰雪灾害应急演练，全行业安全生产形势总体平稳。2016年7月26日，省水上搜救应急中心主办，市交通运输局和市地方海事局承办的2016年滇池水域水上应急搜救综合演练在古滇艺海大码头举行。

【客运站及班线客运】 编制《昆明市2017年省、市际班线客运运力年度拟发展计划》，完成2016下半年、2017年上半年车辆变更计划收集上报工作。开展商务快客试点工作，积极探索“门到门”运输模式，截至12月31日，全市5辆6+1座商务快客投入运营，完成定制公务出行81趟次，定制商务快车出行235趟次。落实全省联网售票工作任务，昆明市各汽车客运站专网改造内容报省运管局项目部，市联网售票中心完成与省中心网络连接工作，实现由分中心上传数据至省中心工作目标。开展客运站实名制售票试点工作，完成公安部门驻站用房、售票软件升级改造、刷卡设备配备、售票人员培训、票面信息调整、售票软件改写等工作；开展“昆明高铁南站配建公路客运站功能定位与运营方案”课题研究工作，为全市整体公路客运发展及功能布局提供理论基础与方向指引。推进汽车客运站厕所改造建设工作，截至12月31日，昆明市13个客运站厕所改建完成并验收完毕。

【货运管理】 推进道路危险货物电子运单系统应用工作，实现道路危货运输闭环管理。完成辖区内9户1类1项危险货物道路运输企业春运期间烟花爆竹运输专项督查工作，未发现违规经营行为。开展全市592名剧毒化学品（爆炸品）道路运输驾驶人员、装卸管理人员、押运人员培训换证工作。开展《危险货物道路运输安全管理办法（征求意见稿）》研讨工作，积极配合相关部门推进农村物流试点工作。

【车辆技术管理】 开展全市机动车综合性能检测机构联网工作，截至2016年底，两个综检机构完成联网工作，其余综检机构正在进行设备升级和调试。启动昆明市机动车维修配件质量追溯网络平台，由系统开发运营单位提供技术支持，依托行业协会进行动员培训，免费提供系统软件，对使用该系统企业在质量信誉考核时进行加分奖励，在全市一、二类机动车维修企业和综合小修业户中进行推广，进一步提升昆明市机动车维修企业配件质量管理信息化水平。

【节假日运输保障】 2016年，完成春运、“十一”旅客运输任务。春运期间，昆明地区客运车辆发班140.57万辆次，输送旅客372.95万人次；“十一”期间，昆明地区客运车辆发班33 624辆次，输送旅客108.27万人次，期间未发生规模性旅客滞留和较大以上道路交通事故。配合省道路运输管理局做好运力外援工作，在春运期间，及时调用云南旅游汽车有限公司154辆应急车辆前往文山支援，及时调用昆交集团6辆应急车辆前往保山支援，完成上级交办的应急指令任务。

【提升综合交通运输能力】 强化以客运为主枢纽一体化衔接，完善以货运为主枢纽集疏运功能，进一步提升客货运输服务质量。推进昆明南高铁站与公交、出租、轨道、旅游客运等一体化综合枢纽衔接建设。加快绕城高速内环线周边综合货运枢纽和各物流园区建设，不断推进全市物流货运转型整合升级。全年完成公路运输旅客周转量68.58亿人千米，完成货物周转量149.23亿吨千米。城市轨道日均客运量24.04万人次，当日最大客运量突破34万人次。主城城市公交线路434条，城市公交客流量7.99亿万人次。水运客运量128.20万人，客运周转量645万人千米。货运量36.90万吨，货运周转量74.20万吨千米。

【城乡公交服务】 深化城乡公交

2016年6月，为保障“南博会”公交运输需求，在会场建成半岛临时公交车场。（市交通局 供稿）

一体化工作，进一步完善城乡客运服务网络。2016年，全市公交企业19家。其中，城市公交企业7家、城乡公交企业12家。运营车辆9 395辆。其中，城市公交6 262辆、城乡公交3 133辆。公交线路1 137条。其中，城市公交线路459条、城乡公交线路678条。乡镇通班车率100%，建制村通班车率95.80%。建成县、乡（镇）、村各级客运站90个，候车亭和沿途招呼站903个，初步建立和形成以县城为中心、乡镇为节点、行政村为辐射点的“支线接驳、干线直达、各成体系、有机衔接”城乡客运服务网络。

【规范公交行业管理】 为加强昆明市主城五区公共汽车运营管理工作，加快建成分工明确、衔接顺畅、保障有力、安全高效的城际、城市、城乡、镇村四级客运网络，对主城五区内城市、城际、县乡、镇村公共汽车运营管理工作进行明确，将54条主城区公交线路，582辆运营车辆监管权限进行移交。更新线路牌版式，设计更易读、信息量更丰富新式线路牌。2016年，完成49 000余条线路指示牌更换工作。加强公共交通安全管理。全年分4个阶段，集中12天时间，出动96人次，分别对全市7家公交企业开展2016年4个季度安全生产工作季度常规性检查。抽检7家城市公交企业在线运营公交车283台次，调取城市公交企业在线运营公交车辆GPS行车监管数据290台次。全面完成下达的安全生产责任制目标，确保城市公交行业安全生产形势持续稳定。规范广告设置，对城市公交、出租、客运站、班线客运行业不规范、不美观广告进行清理整治。完成2 200个站牌箱整治提升；整治1 593台公交车车身医疗广告及不雅广告；整治1 500台公交车内广告；站台，2016年12月10日前，车身医疗及不雅广告全部更换和取缔。

【“绿色出行”活动】 9月22日，组织开展“绿色出行”活动，印制《2016年昆明市“绿色出行”活动组织手册》《平安出行 有我公交》等宣传手册总计超过60 000份分发到社区或组织青年志愿者上街散发。利用公交站台100个、公交车身100辆及3 800辆公交车车内视频等媒体对2016年昆明市“绿色出行”活动主题、公益广告片、宣传片及活动相关内容进行广泛深入宣传，提升市民绿色出行意识。

【智慧交通】 依托部、省信息化重大工程实施，按照昆明市“十三五”综合交通运输规划，围绕智慧交通“1626”工程即1个中心、6个子平台、26个应用系统，积极推动全市智慧交通建设，加快城市公共交通运营管理信息系统建设，提升改进昆明市出租汽车信息服务系统，为深化出租汽车行业改革提供信息技术服务保障。

【绿色交通】 以节约资源、提高效能、控制排放、保护环境为目标，合理规划线路布局，优化施工图设计，节约利用耕地林地等资源，保护生态环境。大力推进节能环保运输装备应用、绿色循环低碳交通基础设施建设，在公交、出租等公共服务领域开展新能源车辆推广应用，督促公交集团购买500辆新能源公交车，建成156个充电桩，完成省、市提出行业节能减排目标。

【出租汽车市场监管】 加强出租汽车营运服务监管，组织出租车企业、驾驶员参与市场稽查，全年开展8次以上联合检查工作；建立联动机制，落实各大场站值班、备勤工作制度，重点做好窗口部位出租汽车监管工作。出动稽查车辆2 329辆次，执法人员8 728余人次，检查出租车近10.68万辆次，查处各类违章115起，现场教育整改6 000余人次。全年处理违章546起，罚款420.56万元。协助乘客GPS查询遗失物品1 986起，驾驶员上交失物1 574起，查找归还失主836起，收到国内外乘客感谢信、表扬信、表扬电话、锦旗251起。加强宣传教育培训，全年举办出租汽车驾驶员从业资格培训班13期，培训人员2 026人，为考试合格驾驶员核发“从业资格证”1 879本。成立“昆明市出租汽车驾驶员从业资格考试中心”，2016年 8月开始运行。截至11月30日，组织4期巡游出租汽车驾驶员无纸化考试；组织60名驾驶员违章整训学习；编办行业报纸《昆明的士》12期。

2016年5月，第十三届爱心送考启动仪式。（市交通局　供稿）

【服务质量信誉考核】　为规范昆明市出租汽车企业经营行为，引导和促进出租汽车企业诚信经营、加强管理、保障安全、提高服务水平，加快出租汽车客运市场诚信体系建设，促进出租汽车客运行业健康发展，完成《昆明市出租汽车驾驶员服务质量信誉考核实施细则》及其评分标准修改完善。对全市30家出租汽车经营企业开展服务质量信誉考核工作。考核初评结果：综合评定得分1000分及以上AAA级企业10家；850至1000分AA企业12家；750至850分A级企业四家；直接评定B级企业四家。同时将得分在1000分以上的乾盛、中北、世博、万能、万通、新星、明成、联宇、浩泰、宏华十家企业评为"昆明市出租汽车行业2015年度先进企业"，并经云南省道路运输管理局复核认定。

【完成呈贡区与主城中心区出租汽车同城融合】　按照"先统一管理，后逐步规范"分步实施方式，积极主动开展两地出租汽车融合工作。完成呈贡区386辆出租汽车（融合前呈贡区共计拥有出租汽车386辆）年度审验、颜色喷涂及车辆计价器升级/更换，284辆号牌更换，335辆车载设备（车载GPS、顶灯、CPU主机、服务评价器、报警装置、计价器、控制屏等）安装，79辆运营证件更换工作。2016年12月1日，昆明市呈贡区与主城中心区出租车同城融合工作完成，双向开放市场，所有出租汽车可以在五区范围内运营，执行统一服务规范和收费标准。初步实现昆明主城五区出租汽车运营证件、车容车貌、信息系统、营运价格、教育培训、行业监管等方面相统一，进一步提升出租汽车行业整体服务水平，最终实现主城五区范围内出租汽车"同城同管理、同城同服务"管理服务总体目标。

【打击非法营运】　严格打击非法营运行为。2016年，全市出动执法人员84 573人次，执法车辆22 267辆次，查扣各型非法营运车辆1 948辆。

【公共停车场建设及洗车场管理】　2016年，全市累计新增停车泊位29 601个。其中，配建停车泊位23 777个；新建机械式和机械化改造停车泊位5 824个，有效缓解主城区特别是老旧居民区停车难问题。2016年，全市新增洗车场60户。

【制度建设】　完成政府规章《昆明市汽车租赁管理办法》（修订）（市政府令131号）修订工作，自2016年1月1日起施行；制定《昆明市残疾人免费乘坐城市公共汽车和轨道交通工具规定》，自2016年3月15日起施行；制定《昆明市出租汽车乘客遗失物品查找处理规定》，自2016年5月1日起施行。

【农村公路"联动协管"机制建设】　2016年1月7日，启动全市农村公路路政管理"联动协管"机制建设，第一批6个县（区）即西山区、呈贡区、富民县、石林县、寻甸县、禄劝县完成组织领导组建、县（区）级实施方案拟制、上报、审定工作。完成县级资金筹集安排，乡村专管员、协管员选拔及行政执法新取证人员培训，执法权限下放等工作；全面展开县乡村三级执法机构规范化建设、内业外业工作制度建立工作；完成办公执法装备、设备、路政专用服装采购等工作并分发到各人员手中，各项工作进展顺利。根据工作进度，领导小组先后组织6次工作推进会，由市交通运输局领导牵头3个工作督导组，安排3批、50多人次深入各县区、乡镇进行检查督导，帮助各县、区协调解决工作中实际问题和困难。同时，第二批启动县（市）、区正在组织完成基础数据收集、实施方案拟制等工作。

【公路质量安全监督管理】　工程质量管理方面，分别从质量监督、资信审查考核、检测鉴定、三个方面严把在建工程质量关。对新建功东高速、武易高速（昆明段）、王家营收费站改造等重点项目开展质量安全监督交底培训，宣贯质量监督标准工作程序及内容。组织开展项目综合、专项督查及巡查，做好质量数据统计分析，提升质量监督精准性。严格按程序开展项目的竣（交）工质量检测鉴定，保证全市市级以上交通主管部门审批项目交通工程质量监督100%全覆盖。项目安全监管方面，把落实各项安全监督检查与"平安工地"考核评价结合并举，促进项目安全监管稳步推进。2016年，对11个二级以上重点建设项目87家单位进行考核评价，首次达标率78.20%，较往年有较大提高。各在建项目安全管理从被动应对向主动开展转变，安全意识、管理能力有较大提升。

【交通一卡通建设】 2016年5月17日，省交运厅召开云南省交通一卡通项目启动会，对2016年云南省9个州市即滇中5城+保山、文山、丽江、普洱公共交通一卡通互联互通工作做统一安排。2016年10月11日，市政府下达《昆明市人民政府办公厅关于印发昆明市交通一卡通建设实施方案的通知》，由昆明公交集团和昆明轨道公司共同出资注册成立昆明市智慧通公司，作为交通一卡通运营平台。截至2016年底，昆明市完成6 300台终端设备改造和1 100台通道闸机设备改造工作，均按照交通部密钥体系和省级平台要求，完成刷卡设备、技术平台等“一卡通”软硬件系统升级改造工作，并做好制卡、发卡各项准备工作。确保实现市内轨道、公交互联互通，省内6个州市，昆明、玉溪、楚雄（滇中3城）+保山、文山、普洱互联互通（曲靖、红河、丽江正在改造）以及全国（如北京、上海、广州、南京等）100多个主要中心城市互联互通目标。

（白 燕）

轨道交通

【轨道交通建设】 2016年，轨道交通项目完成投资122.15亿元。截至2016年底，地铁累计完成600亿元投资。地铁1号线支线5.30千米，2016年12月26日，4座车站开通试运营，与高铁无缝衔接。地铁3号线实现全部车站主体结构完工；地铁2号线二期怡园小区站等五个站开工建设，盘龙村站等三个站主体结构封顶。2016年，启动地铁5号线、9号线以及7号线、8号线、安宁线和嵩明县四个试验段建设，地铁4号线开工建设21个

2016年12月29日，轨道交通9号线PPP项目暨7号线、8号线、安宁线、嵩明线试验段开工仪式。（市交通局 供稿）

站点，5号线开工建设3个站点。完成地铁6号线一期提升改造及相关工程，二期工程4座车站有3座车站开工建设。9号线开工建设广电大学站等7个站点，其中有6个站点主体结构完成。

【轨道交通运营】 截至2016年底，昆明地铁通车里程64.30千米，开通车站39座。全年全网累计运送乘客8 852万人次，日均客流量24.04万人次。全年整体运营情况平稳有序，地铁基本运营考核指标均保持在行业内较高水平。

（白 燕）

铁路运输

【概况】 昆明铁路局属国家铁路运输企业，主要负责管辖区域内旅客和货物运输组织工作，管辖线路跨越云南、四川、贵州、广西4省区，涉及12个地州市、51个市（区、县）。有准轨（1 435毫米）、米轨（1 000毫米）两种轨距铁路，是全国18个铁路局唯一准米轨并存铁路局。管辖沪昆、成昆、南昆、盘西、大丽、水红、玉蒙、蒙河、昆阳、安宁（联络线）10条准轨电气化铁路，沪昆客专、云桂铁路、昆玉河线昆明南至玉溪段三条高速铁路，羊场、东川、东王、广大、昆玉5条准轨铁路，昆河、蒙宝、昆石、昆小、草官五条米轨铁路。截至2016年末，线路总延展长度6 280.69千米（正线4 889.56千米），营业里程3 709.69千米（复线铁路1 194.39千米），电气化铁路2 651.25千米，电气化率71.47%、复线率32.20%。管辖车站210个。其中，特等站1个、一等站6个、二等站13个、三等站16个、四等站92个、五等站82个。拥有各种型号机车573台。其中，内燃机车210台、电力机车363台。配属客车2 200辆。全局设基层单位46个，职工总数3.60万人。

【铁路运输】 2016年，昆明铁路局完成旅客发送3 837万人，与2015年相比增加50.60万人，增长1.30%。日均开行旅客列车74.50对，日均发送旅客10.50万人，最高日（10月1日）发送旅客21万人，创历史纪录新高。货物发送5 780.30万吨，同比增加2.30万吨，增长0.00%；日均装车2 676辆、卸车3 860辆，同比增长4.40%、11.60%；日均发送货物15.79万吨，最高日（12月20日）发送货物19.59万吨；换算周转量490.50亿吨千米，同比增加7.10亿吨千米，增长1.50%；出省物资运输2 293.90万吨，同比减少288.30万吨，下降11.20%。

【春运组织】 完善售票组织方式，增设自助售取票机52台，13个主要客运站自助售取票设备113台；在15个不通火车市、县城区和乡镇新增客票代售点24个，全局客票代售点358个，覆盖全省129个县级城市及54个乡镇；昆明站、曲靖站开设互联网取

票专区和退票改签专区，实行售取分离，全局所有车站售取票窗口735个，同比增加81个；结合市场调查，实施流动售票等，非车站窗口售票比例58.20%，有效解决春运期间旅客购票排长队问题。

创新服务举措。开发应用“昆铁e+”手机APP平台，为重点旅客提供进站预约、全程衔接“一条龙”服务和个性化服务；设置“春运医疗卫生服务点”，方便疾病旅客第一时间得到医疗卫生服务，打造站车优质服务环境。

释放运输能力。采取“加挂扩编、车底套用、增开临客、硬卧代座、软卧充宿营”等措施，满足旅客出行需求。

1月24日至3月3日春运40天，开行临客245列，加挂客车2 210辆，发送旅客524.84万人，同比增加19.27万人，增长3.80%。

【铁路供给侧改革推进】 落实中国铁路总公司铁路供给侧改革举措。4月1日起，对焦炭、钢铁及有色金属产成品（钢锭钢坯、钢材、有色金属及其加工材、半导体材料、石油套管油管）实行实重计费，扩大铁路局运价调整自主权，稳定大宗基础物资。4月1日，滇西铁路公司、滇南铁路公司、水红铁路公司三家合资铁路公司，5月1日，昆玉地方铁路公司运价与国铁直通运价全部统一，合资地方铁路运价大幅下降。推进35吨敞顶箱运用，充分利用35吨敞顶箱兼具敞车和集装箱优点，对煤炭、焦炭、矿石、钢坯、玻璃等可入箱货物推广使用，实行价格优惠，按货物对应整车计费方式计价，免收敞顶箱吊装费用和企业自备敞顶箱回空费，进一步降低企业综合物流成本。4月7日，昆明铁路局在全国铁路率先启动35吨敞顶箱班列跨局运输，40车82箱35吨敞顶箱焦炭班列X39 065次从柏果站开往广西防城港站，相比普通敞车装运焦炭，货损缩小至2.70‰。5月10日，开行防城港至曲靖马龙站35吨敞顶箱铁矿石首趟返程跨局货运专列，在全国铁路率先实现35吨敞顶箱跨局对流运输。7月10日，83 003次列车从柏果站发往大理东，编组48车96箱动力煤，管内煤炭入箱运输班列化开行组织正式启动。同时，抓住钢铁行业回暖时机，以物流创新释放运力，实现焦炭和铁矿石运量大幅增长。截至2016年年末，35吨敞顶箱发运货物1.70万箱54.40万吨；运输铁矿石194万吨，同比增加113.40万吨，增长141.10%；运输焦炭105.10万吨，同比增加57.70万吨，增长81.10%。

【新型物流产品开行】 4月22日，首趟79 382次“柴油发动机特需班列”从昆明东站羊堡货场发出；4月27日，云内动力1 520台柴油发动机及21吨配件抵达山东潍坊西站，运输时间缩短三分之二；9月29日，开行首趟滇豫“点到点”快速货物班列，编组28辆、装载2 200吨白糖和植物种子的79 837次列车从王家营西集装箱中心驶往河南省郑州市圃田站，全程运距2 444千米，采用全列集装化运输方式，运输历时80小时左右，运到时限较普通货物列车压缩近50%。此为昆明铁路局以贴近市场需求、实施准时制运输、提高铁路运输品质为目标推出的现代物流新产品。特需班列以满足客户特殊时限要求为目标，压缩运到时限，并与运到铁路局协调，做好到达货物仓储、配送工作，为客户提供全程物流服务，在货主规定时间内将货物快速送达；“点到点”快速货物班列在货运调度系统中享有“优先组织权、优先通行权”，途中车辆不改编、停运、保留，实行“一站式”牵引，为企业抢占市场提供支撑。截至2016年末，组织开行水果、纸浆、汽车发动机、白糖、葡萄酒等特需列车、“点到点”快速货物班列44列，装运货物4.20万吨。

【大企业战略合作推进】 4月14~15日，昆明铁路局分别与云南冶金集团股份有限公司、云天化集团有限责任公司、昆明钢铁控股有限公司签署战略合作协议，就进一步提升整体合作力度，提高物流效率、降低物流成本、拓宽合作领域等方面建立长期战略合作伙伴关系，以“企业降低物流成本、铁路增运增收，最终实现路企合作共赢”为目标，推进大客户战略合作。研究制定《战略合作企业运输需求组织保障办法》，从年度、月度、旬、日常及急难运输需求方面建立长效保障机制，稳定大宗基础货源，挖掘大企业“可铁未铁”货源。2016年，与16家大型企业签订战略合作协议，完成运量2 600.40万吨，发送量占全局货物发送总量45%。

【集装箱运输组织】 优化集装箱办理站点布局，结合货源需求和场地条件、起重能力等，新增七甸、楚雄西等集装箱办理站，拓展集装化覆盖面，全局集装箱办理站42个、办理点52个，占全局货运营业站91个的46%；组织开展集装箱作业写实分析，持续改进装卸、配送组织模式，优化作业流程，降低物流成本，改善客户物流体验。

深化实施“宜箱则箱”战略，在管内滇东北至滇中、滇南、滇西地区持续组织焦炭、块煤、矿石等散货入箱运输组织。5月，在河口北至蒙自北、玉溪南间启动进口铁矿集装箱班列运输，日均稳定在2列以上；8月，启动管内柏果至大理东煤炭、大理东至马龙矿石干散箱、敞顶箱班列运输，按2天1列组织；在柏果至蒙自北、青龙寺、玉溪南站之间，珠江源至蒙自北、青龙寺、玉溪南站之间探索开行焦炭集装箱运输；在柏果、大理东、马龙站间组织水泥、煤炭和铁矿石“重来重去”对流运输，促进运输增运上量。同时，充分利用集装箱装卸快、货损小、便于“门到门”配送特点和优势，用好铁路总公司批量入箱价格优惠政策，加强白糖、植物种子、酱菜、薏仁等批量零散“白货”入箱运输组织。

2016年，散货入箱运输302.30万吨，增运139.40万吨；发送集装箱42.50万箱，增幅25.10%，集装箱装车占比达22%，居全路第二位，单日（9月29日）装箱创下853车1 706箱历史新高。

【首趟中亚国际货运班列开行】 11月30日，开行首趟中亚（昆明至卡拉奇）铁海联运国际货运班列。25只40英尺集装箱货物（589吨国产金属构件）由王家营西集装箱中心站发出，至黄埔港后，通过铁海联运无缝对接，20天内抵达巴基斯坦卡拉奇。全程运行14 250千米，贯穿“21世纪海上丝绸之路”，构建中亚铁路运输大通道，打造中巴经济走廊。该班列由昆明铁路局与中铁联集昆明分公司合作开行，较之前陆路运输和转运，运输总历时压缩约30天，每只集装箱运输物流成本降低50%。

【中越集装箱国际联运班列开行】 12月14日12时18分，41 005次中亚国际货运班列90只20英尺标准集装箱装载2 000吨焦炭从曲靖市珠江源站始发，经玉蒙、蒙河铁路至河口北站，与米轨铁路换装后，终至越南老街省春交站，成为中国开往东南亚国家首趟集装箱铁路国际联运班列。该班列全程运行658千米，3天内到达，是昆明铁路局与中铁集装箱公司联合为中越钢铁及焦化企业提供便捷运输通道，以物流总包形式，全程点对点运输，并装载2 000余吨铁矿石返回，实现重去重回。

【电商班列开行】 11月11日，开行首趟“双十一点到点电商快运班列”，79 838次班列编组54辆，装载2 000吨白糖、小米辣、绿豆、植物种子等云南特产从昆明驶往郑州。该班列为昆明铁路局首次服务电商物流快运班列，采用全列集装化运输，全程运距2 444千米，途中不解编、停运、保留，实行“一站式”牵引，运行时间80小时左右。

11月8日，联合云南省快递协会、中铁快运昆明分公司召开产品推介会，向全省54家电商物流企业重点推出铁路“行包快运”“快速货物班列”“云岭货物快运”“点到点电商班列”四大快捷物流产品。组建5个营销小组，分赴47家电商快递企业开展营销，将15家客户汽运货源引上铁路运输，根据客户提出开行日期、发站到站、运到时限、装卸加固等需求，兑现全程运到时限，实行“量大从优、自由议价”等优惠措施。提供个性化、差异化的物流服务和运价方案，提升铁路市场竞争力和影响力。

11月11~20日，开行昆明至圃田、三水西、吴家山方向集装箱运输“点到点电商班列”5列，运送电商货物69万件6 301吨，“行包快运”运送货物9万件275吨、“快速货物班列”发运货物19 464吨、“云岭货物快运”为快递企业提供省内配送货物3 260件48.9吨。

【铁路建设推进】 2016年，全省完成铁路建设投资336.80亿元，同比增长18.60%，开通里程797.50千米，约占全国铁路投产新线3 281千米四分之一，实现铁路局历史上“三个第一”：第一次接管高铁、年内开通调试高铁里程全路第一、第一次与公网4G网络同步开通并实现全覆盖，成为路局历史上开通新线最多、里程最长、投资任务完成最好一年，在云南铁路建设和运营史上具有重要里程碑意义。昆阳至玉溪铁路扩能改造工程、昆明枢纽东南环线、沪昆客专、云桂铁路4条高速铁路建成通车；昆明南站建成投用，桃花村物流基地改扩建工程完成；广通至大理铁路扩能改造工程、昆明枢纽扩能改造工程、云桂铁路引入昆明枢纽工程、沪昆客专引入昆明枢纽工程、永仁至广通扩能工程、大瑞铁路、丽江至香格里拉铁路、玉溪至磨憨铁路、大理至临沧铁路建设有序推进。

【昆明南站建成投用】 5月31日10时18分，昆明南站长轨铺设全部完成；7月16日，昆明南站及关键性市政配套道路主体工程完工；12月28日，站房正式投用。

昆明南站位于昆明市呈贡区，北距昆明站28千米，站房正面造型以“雀舞春城、美丽绽放”为主题，突显云南地域特色。该站是国家“一带一路”战略规划中辐射东南亚重要基础设施，2013年6月16日开工，设置30条线路、16个到发站台和16条市政配套道路，建筑面积33.47万平方米，站房面积12万平方米，无站台柱雨棚7.71万平方米，相关配套面积

2016年5月，动车组运抵昆明。 （昆明铁路局 供稿）

2016年12月28日，昆明南站建成投入使用。　（昆明铁路局　供稿）

11.57万平方米，是西南地区规模最大、服务功能最齐备特大型国际化综合交通枢纽。集铁路、轨道交通、公交和出租等市政交通设施为一体，承担沪昆、云桂、渝昆、昆玉客运专线客车作业，与昆明站形成“两站并重”格局，设计日客流量12万人。

【沪昆客专全线建成】 4月28日10时18分，最后一组长500米、重30吨长钢轨在昆明市呈贡区大新册大桥与黄连山二号隧道接轨点落地，沪昆客专全线铺通。7月5日10时40分，云南段联调联试工作正式启动，以达到设计速度为目标，调试检测线路、牵引供电、接触网、通信、信号等设备。11月13日，CRH380高铁联调联试综合检测车在昆明南站至贵阳北站间，以时速300千米进行往返试验，单边全程约2小时。

沪昆客专是云南省第一条高速铁路客运专线，是国家《中长期铁路网规划》“四纵四横”客运专线网重要组成部分，自上海至昆明南站，线路全长2 264千米，云南境内段184.73千米，设计时速300千米/小时，预留进一步提速条件。2010年9月2日开工建设，2016年12月28日建成通车，云南省内设昆明南、嵩明、曲靖北、富源北4个车站。开通运营后，云南融入全国高铁网，拉近与内地时空距离，对助推云南省工业化、城镇化发展，实现区域经济社会协调发展，全面建成面向南亚、东南亚地区辐射中心，全面融入国家发展战略具有重要意义。

【云桂铁路全线建成】 2月26日，工程进入长轨铺设阶段，500米长钢轨率先铺架在富宁县谷拉大桥无砟道床上；9月13日14时30分，最后一组500米长轨在新莲隧道落下，全线铺通；9月9日，百色至普者黑段283千米线路开始联调联试；10月7日，昆明南至普者黑段203千米上下行双线联调联试；11月20日，通过铁路总公司动态验收，具备全线拉通条件。11月22日，百色至昆明南段开始运行试验，8时，D55 652次高铁动车组从昆明南站出发，2小时45分钟后抵达广西百色站，最高时速210千米/小时。

云桂铁路是国家《中长期铁路网规划》“八纵八横”中广昆通道和云南省“八出省、五出境”铁路网规划重要组成部分，旅客列车速度目标值200千米/小时，预留250千米/小时条件，为Ⅰ级双线电气化铁路。线路起自昆明南站，经云南石林、弥勒、普者黑、广南、富宁及广西百色，终至南宁东站，正线全长710千米，其中云南境内431千米。百色至石林西为客货混线，石林西至昆明南站为客线。2010年5月25日开工，2016年12月28日建成通车，设置广南县、普者黑、弥勒、石林西等车站12个。全线建成通车后，与沪昆客专和规划中渝昆高铁相连，共同构成西南泛长三角、珠三角和环北部湾的高铁大能力通道，对完善高铁网络，促进我国东西部地区沟通交流具有重要意义。

【昆明至玉溪铁路通车运营】 9月12日16时，中越中老国际铁路国内段昆明至玉溪段全线铺通；10月28日，昆明枢纽东南环线、昆阳至玉溪铁路扩能改造工程进入全线联调联试阶段；12月15日7时29分，玉溪南站站改拨接施工完成，昆明至玉溪铁路全线建成；12月15日12时04分，昆明至河口北K9 832次列车由电力机车牵引驶进玉溪站，实现电力机车全程牵引，昆（明）玉（溪）河（口）线电气化全线开通。同时，玉溪西站启用，建筑面积1.20万平方米，设有列车到发线10条、站台5个，最高聚集人数2 000余人，原玉溪西站停办客运业务。

12月28日，昆玉铁路开行动车组，昆明至玉溪运行时间由1小时50分缩短至30分钟左右，实现国家“十三五”规划中滇中城市群昆明、曲靖、玉溪、楚雄等地1.50小时经济圈，并在昆明南站与沪昆客专、云桂铁路连通，融入全国高铁网；昆明至河口运行时间由原6～7小时压缩至4小时30分左右，对推进“一带一路”沿线国家交通基础设施互联互通具有重要意义。

新建昆明至玉溪铁路由昆明东南环线和昆阳至玉溪扩能改造工程两部分组成，为Ⅰ级双线电气化铁路，设计时速200千米/小时，设晋宁东、化城、宝峰、玉溪4个车站及渠东、普家村2个线路所。昆明东南环线（昆明南至渠东线路所）全长39.06千米，2010年5月21日开工建设；昆阳至玉溪扩能改造工程（渠东线路所至玉溪）线路全长42.16千米，2010年11月26日开工建设。

【高铁通车运营】 12月28日10时，首趟沪昆客专昆明南至贵阳北段G4

2016年7月，昆明—安宁市读书铺四线开通会战。（昆明铁路局 供稿）

136次动车组、云桂铁路昆明南至百色段D4 208次动车组开行，国家“一带一路”战略和长江经济带建设重要节点上云南正式迈入高铁时代。

高铁开通后，昆明南到北京西由原来33小时22分钟缩短至12小时11分钟；到上海虹桥由34小时8分钟缩短至11小时15分钟；到深圳北由29小时7分钟缩短至6小时51分钟；到南宁最快列车运行时间由12小时4分钟缩短至4小时41分钟，基本实现3~5小时到达周边省会城市，8~12小时到达“珠三角”“长三角”“京津冀”和“环渤海”地区。

【昆明铁路枢纽工程推进】 3月18日3时30分，读书铺站至碧鸡关线路所线路、道岔拨接施工结束，昆明铁路枢纽扩能改造工程读书铺至碧鸡关四线开通，进出昆明列车变成客货分线四线运行，列车通过能力得以大幅提升。

5月10日10时18分，昆明铁路枢纽黑龙潭特大桥最后一片长24.6米、重100.90吨的T型梁架设完毕，2014年4月开工建设的昆明南站至动车所走行四线全线贯通。

7月6日3时30分，昆明站至昆明东站上行外绕铁路线拨接开通，昆明站始发通过昆明东站旅客列车不用穿越昆东枢纽编组站，最大程度避免客货列车速度不一带来的相互影响。

7月20日21时50分，昆明至读书铺四条线路开通，昆明西站增建客车整备场，昆明至读书铺间由原来的双线客货混跑变为客货各两线分离运行。

昆明铁路枢纽扩能改造工程2009年11月25日开工建设，西起温泉站连接既有成昆线和广昆复线，东至昆明东站连接既有沪昆线、南昆线，并经羊堡站、王家营西站终到昆明南站，与云桂铁路、沪昆客专相连，南端通过昆玉线与玉蒙、蒙河铁路以及在建玉（溪）磨（憨）铁路相连，全长89.92千米，预计2017年5月全部建成。

（吴立群）

民用航空运输

【主要经济指标】 2016年，机场集团合并营业收入37.03亿元，与2015年相比增加3.02亿元，利润总额亏损10.92亿元，同比减亏2.02亿元，亏损额仅为年度预算80.83%。其中，航空主业营业收入26.18亿元，同比增加2.59亿元，增幅11.40%，完成率101.53%；利润总额亏损11.15亿元，同比减亏1.48亿元；控股公司营业收入14.79亿元，同比增加0.47亿元；利润总额5 472.11万元，同比增加1 985.19万元。

【机场吞吐量及航线】 截至2016年，云南省内民航机场14个，在建机场2个，是全国拥有机场数量较多、等级较高、航空资源富集、机场管理一体化省份。2016年，云南机场集团各机场累计保障飞机运输起降46.69万架次，旅客吞吐量5 896.79万人次，货邮吞吐量41.90万吨，同比分别增长8.80%、12.60%、8.40%，其中昆明长水机场年旅客吞吐量突破4 000万达到4 198万人次，排名全国第五。新开昆明—旧金山、悉尼两条洲际定期航线，昆明—阿斯旺、开罗两条非洲包机航线。集团航线408条，面向南亚、东南亚特定区域辐射能力不断增强，连接欧澳美非国际化、广覆盖航线网络正在逐步形成。

【运输业务量】 2016年，昆明机场航班单日起降突破1 000架次大关，成为继北京首都机场、上海浦东机

昆明长水国际机场年旅客吞吐量突破4 000万人次（云南机场集团 供稿）

2016年9月29日，东航首航开通昆明—美国旧金山航线。
（云南机场集团　供稿）

场和广州白云机场之后，第4个航班单日起降突破1 000架次机场。全年昆明机场保障飞机运输起降27.1万架次，旅客吞吐量3 493.22万人次，货邮吞吐量31.51万吨，分别比上年同期增长8.30%、11.30%、7.90%。实现营业收入14.78亿元，较上年同期增长8.45%。其中，航空性收入10.42亿元，同比增长11.06%；非航收入4.36亿元，同比增长2.68%。

【门户枢纽建设】 坚持“一体化”营销策略，积极推进与上海机场双枢纽战略合作，主动拜访并与周边国家地区机场达成合作共识。以“通程航班”业务为基础，优化中转和通关流程，提升中转效率。加大72小时过境免签政策宣传与推广，推出相应服务产品，吸引更多过境旅客。开通昆明—青岛—旧金山、昆明—开罗/阿斯旺、昆明—悉尼洲际航线，全年新开洲际航线2条，国际及地区航线9条。开通连接南亚、东南亚地区31个通航点42条航线，国际地区航线49条。参加第14届亚洲航线发展大会，分别与来自日本、泰国、印度、菲律宾、柬埔寨、加拿大、澳大利亚、台湾等国家和地区20余家航空公司及机场代表进行一对一航线洽谈，协商开通至昆明机场航线。参与第四届云南航空旅游市场推介会，深入了解航空公司近期航线运营情况、航空旅游产品和新开航线计划等信息，就航线开辟及加密问题与航空公司进行沟通、研究。在第22届世界航线发展大会期间，分别与来自泰国、马来西亚、印度尼西亚、菲律宾、印度、俄罗斯、澳大利亚、日本等国家的多家航空公司进行会谈，积极协商新开、加密南亚东南亚及澳、欧、美、非等国家地区航班航线；开通东航、祥鹏、昆航3家航空公司通程业务，将陆续开通南航、川航国内通程业务。截至2016年底，可办理5个国际城市与15个国内城市之间互通国际通程业务，国内通程业务覆盖全国50个城市。

【重点项目建设】 昆明机场机坪扩建、仪表着陆系统二、三类运行及除冰雪设施设备工程，39个新建停机位4月28日投入使用，一定程度缓解日益增长机位需求。完成昆明机场仪表着陆系统Ⅲ类运行改造、除冰雪设施设备工程，极端天气保障能力得到提升。积极推进公务机候机楼收购、续建，南工作区市政配套项目，航站楼远机位候机厅改造，以及东次跑滑系统及附属工程有关工作；不断完善航站楼服务基础设施建设，构建旅客服务中心互联网平台，扩展网络服务；完善航站楼标示标牌，健全中转流程、商业环境、航空公司信息、安检待检区域引导及流程图，方便旅客出行；积极开展行李专项整治，加强对空港物流公司、东航地面服务公司行李时效监管。完成行李捷运系统建设并上线试运行，使昆明机场远机位行李运输步入“捷运”时代。推进昆明机场大数据平台建设，以“长水常准”为基础，通过空管、机场、航空公司等主要保障主体的系统数据交互，实现一体化运行数据共享，提升机场运行效率；加强航班进程管控，提高近机位使用率，加强远机位保障能力，巩固机场运行安全和航班放行正常率。

【安全管理】 把安全管理工作重点放在基层，继续加强安全班组建设，优化班组管理措施，完善班前班后讲评、安全信息日检查日报告等制度。持续开展班组长专项培训和从业人员资质培养、技能鉴定、岗位资质准入和持证培训工作，加强岗前培训及定期复训，健全安全管理人员持证上岗机制；有针对性地强化消防应急救援战备工作，加强航站楼公共区域巡逻检查和厅、桥、门守护，提高不停航施工现场监管力度；组织开展暴恐事件处置演练，检验预案有效性和适应性，切实提高员工应急处突能力。创新安保队伍管理，开展“星级安检员”评定、授星活动，在业内引起强烈反响。深入开展“平安民航”“安全生产月”“安康杯”安全生产倒计时等活动，严格落实安全生产责任制，积极推进安全管理体系和安全文化建设，全年安全态势总体平稳。安检查获违禁物品6 119件，查堵票证不符421人，查毒48起。保障专机、重要飞行任务140架次，启动应急救援程序三次。完成春运、暑运、“两会”“南博会”、黄金周运输等重大运输保障任务。

【提升服务保障】 出台《昆明机场原因导致旅客误机快速处置办法》，进一步完善由机场责任或人为原因造成旅客误机快速处理机制；建立航站

昆明长水国际机场　（云南机场集团　供稿）

区服务网格化管理模式，选取覆盖旅客进出港流程涉及的36个主要服务环节161项关键指标作为网格单元，细化量化服务工作标准；加入国际机场协会组织开展的全球机场旅客满意度调查项目“机场服务质量”（ASQ测评），针对评测中发现存在问题及未达标项目，对标国内外先进机场，积极采取措施整改落实。采取日常督察与季度检查相结合方式，对服务保障部门作业现场进行暗访和考核检查。全年巡查86次，发现问题37个，所有问题得到有效解决。妥善处置极端天气导致延误航班保障，全年机场放行正常率保持在高位，平均89.43%。北京、上海、广州等多地机场前来调研考察航班放行经验。航班正常及服务保障工作得到民航局及社会各界肯定，实现“十问长水”到“长水常准”转变。

【盘活人力资源】　将飞行区管理中心运行保障部与净空管理部合并；将航空安全护卫部控制区交通管理大队机构、运行保障部FOD管理委员会及机坪保洁监管等职责划入飞行区管理中心运行管理部，成立机坪管理室，实现机坪监管、交通、FOD和机坪保洁等机坪管理业务整合；完成航站区管理中心旅客与客户服务部和市场营销部部分机构职责整合。推进校企合作，建立长效机制，进一步拓宽人才培养梯度，丰富人力资源配置方式，满足人力资源储备及阶段性、临时性用人需求，实现人才培养模式转变。重点研究探索并积极推进业务外包管理工作，完成安保服务辅助业务和消防救援辅助业务外包工作，每年节约人力资源成本约8 069万元。促进人力资源管理转型发展，有效降低人力资源相对成本，提高人力资源管理效能；加强培训效果测试及岗位资质认证，严格落实班组长持证上岗机制，“以点带面”提升昆明机场服务保障能力。组织实施班组长持证上岗培训39班次，参加培训392人，完成班组长培训全员覆盖、全面提升基本目标。

（云南机场集团有限责任公司）

城市公共交通

【概况】　2016年，昆明公交集团精简优化机关架构，调整为12个职能业务部室，挂牌成立后勤管理中心、信息管理中心、员工培训中心、干部培训中心。截至2016年底，公司资产总额43亿元，增幅22.86%。集团公司下属7个运营公司、2个修理厂，7个全资子公司、4个合资控股公司、6个合资参股公司。员工14 491人。其中，在职员工11 239人（驾驶员7 920人），离退休人员3 243人。

【运营数据】　2016年，昆明公交集团营运公交车5 810台，与2015年相比增加975台。营运线路417条。其中，在运支线公交76条、定制公交13条、轨道接驳线43条。线路总长度6 843千米，线网长度1 632千米；营运里程2.30亿千米，同比增加931.54万千米；日均行驶里程62.12万千米，增长3.33%；客运量7.87亿人次，增长1 410.98万人次；日均客运量214.47万人次，增长2.02%。日均票款收入227.95万元，增长0.07%。

【智能公交与互联网建设】　2016年，昆明公交集团投入1.54亿元建成GPS智能调度系统及运营分析系统、车载监控系统、ERP系统、油料实时监控系统、CAN总线数据远程监控系统等多个智能化的系统。其中，GPS调度系统是利用GPS和GIS（地理信息系统）以实现对昆明市每一条线路，每一辆公交车实时监控。利用GPS智能调度系统及运营分析系统和ERP系统，公司能够直接获得每条线路上车辆运行情况，切实提高准点率等。车载监控系统主要是在每辆公交车上安装至少四个摄像头，通过数据流量传送，在昆明公交集团大楼可以查看到各个公交车内部司机和乘客情况。通过智能化应用，可以做好车辆检查，减少事故，保障安全，也减少成本。仅油料实时监控一项每年就可节约近600万元。安全服务检查组人员由200人减少至50人以内，年节约人工成本近1 000万余元。2016年，万千米事故损失费用426.14元/万千米，同比下降15%；百万千米死亡人数0.02人/百万千米；综合事故间隔里程373.23万千米/起，同比上升22%。

【APP创新】　针对乘客需要，昆明公交集团开发一款手机应用APP“春城e路通”，乘客可自行在各大网站下载该APP，打开之后可随时查询需要乘坐线路车辆情况，以方便自己合理安排时间，契合出行计划。该APP还能实时显示车内舒适度，同时提供定制公交、包车服务、客流征集、班车购票、公交卡充值、查询余额等多项服务功能。此外，还有微信公众号昆明公交，也可以进行简单出行查询等，体现数据融合。信息化和大数据应用为市民提供出行服务保障。

【环保节能】 2016年，昆明公交采购695台新能源车型，新能源汽车数量达到1 746台，占全公司车辆比例40%，极大减少尾气排放。持续开展“爱车降耗”工作，大力提倡修旧利废，促进企业节能减排、降本增效。2016年，节约燃油41万升，修旧利废节约材料费520万元，节约轮胎380余条，同比节约轮胎成本70万元。在满足市民出行需求基础上着力保护环境。

【线网优化】 2016年，针对客流分布特点，昆明公交将公交线网进一步向商业区、校区、景区、社区、厂区、园区等地域延伸，提出“地铁到站、公交到家”策略，先后开通地铁接驳车、“六区”通勤车、大学城定制专车，行政中心、昆医附一院、市中医院通勤班车，通过一系列稳增长措施，客运量和出行分担率稳中有升。昆明公交尽力为乘客提供无缝对接服务，把线网布设重点放在呈贡新区、滇中产业园、空港新区等地，开新线路77条，优化调整以往线路124条，提供定制服务，以定制车、通勤车、接驳车等方式为市民提供服务。乘客可以在地铁、公交之间自由换乘，方便快捷。成立新南站东广场营运管理公司，开通高铁巴士快线12条（K32—K43），专线13条（920路—931路、919K）。为解决市民“最后一千米”问题，先后有“永安行”“OFO”“摩拜”等共享单车进驻昆明。昆明公交集团筹建公共自行车营运管理公司，一期服务点位选址640个，预计在2017年进一步完善，为下一步构建综合平衡和网络化公共交通服务体系搭建框架。

【场站建设】 2016年，昆明公交集团新建项目实际投入2.18亿元，完成半岛临时公交车场、航运海事局首末站、蓝龙潭简易公交车场建设工作，新火车南站东广场投入使用。启动半岛、黄二坡，东南部、万溪冲等6个公交停车保养场建设工作。半岛项目地块位于昆明市官渡区半岛片区，环湖东路与饵季路交会口，东临老宝象河，南侧是环湖东路，西侧有一个加油站，有城市道路饵季路，北侧为云南艺术家园住宅小区和30米宽城市规划道路，途经线路K22、K51和169路。

【培训服务】 2016年，昆明公交集团成立员工培训中心，通过驾校军训、岗前培训、信息化安全基地学习教育、职业化教育等手段，强化员工优质服务意识。以“星级考核”为依托，从内容和形式上“两位一体”强化员工职业化素养，并有效统一和规范一线员工着装礼仪、言行礼仪和服务规范，取得良好实效。在7 920名驾驶员中，优秀三星级车长比例占总数41%。2016年，在公共交通方面服务投诉率9.74件/百万人次，同比下降3.47%；各类纠纷42起，同比下降28.50%。全年拾获乘客遗失物品503件。2016年，推行公交“三优”示范线路，企业品牌形象不断攀升，连续四年出色完成“南博会”及其他市内重要会议、活动公交营运保障工作。

【安全保障】 2016年，公交集团全年督促各单位组织安全检查2 560次，抽查车辆925 586辆次，查出安全隐患42起，整改落实42期；抽查油库、临时加油点、加气站1 546次。在第四届南博会及“119”消防宣传日期间利用公交车在媒体、车身广告及站台制作消防公益广告，共计投入资金20余万元。通过平安公交创建工作复核考核验收，全司评出30个“平安车队”、65条“平安线路”，“平安公交”的打、防、管、控、宣、教、建等措施更加完善和规范。遵循“正确使用、定期检测、强制维护、视情修理”保修原则，合理安排车辆维修计划，做到不脱保不漏保。营运车辆各类大修361台次，同比下降13.80%，确保车辆技术状况，保障营运生产需要。“南博会”期间，进入场馆服务200余辆公交车辆完成营运车次5 700余次，实现零故障、零施救，完成公交保障工作。在啤酒节、“滇池之光”灯光艺术展、中华龙舟大赛、饮食文化节、上合马拉松比赛等一系列大型活动中，为市民提供安全高效乘车服务。

【公交广告整治】 2016年，在全市市容市貌综合整治工作中，公交集团拆除更换候车亭医疗、不雅广告2 250幅和5 591台营运车辆医疗、不雅广告，实现所有公交候车亭、车身内外医疗、不雅广告全部拆除，取而代之是更多公益广告，满足人们日常需求。在站台广告设计上追求“高大上”，让昆明市市容市貌焕然一新。

【服务基层】 逐年提高员工工资福利待遇，个人“五险一金”缴纳比例逐年上升，连续两年为员工办理个人年金项目。2016年，全公司员工人均增资271元/月，全年增资3 420元，协调解决巴士西苑建房遗留问题，减免土地出让金1.40亿元。为616名员工成功申请公租房，规范退休员工企业承担部分资金来源，增加退休员工收入。依规依法合理解决104名提前退休管理岗人员和20名职教、幼教退休待遇历史遗留问题，真正把员工关心、关注的实际困难解决好，落到实处，维护好企业稳定和谐。

【扶贫帮困】 不断加强社会责任感，积极主动做好昆明市扶贫攻坚包乡（村）对口帮扶工作。2016年，投入资金近1 000万元，用于修建硬化道路及饮水设施等民生工程，受益群众近千人。公司组织四次慰问走访活动，筹措善款3万余元购买电饭煲、大米、食用油、月饼及学习、生活用品，向结对帮扶对象和贫困学生献爱心送温暖。公司对有外出务工意愿村民进行深入了解，全面掌握文化程度、身体条件、思想状况、家庭成员情况等信息，进一步摸清底数。按照公交行业特点和用工需求，驾驶员、保安员、保洁员岗位向卓干村进行招工，对双方所需条件达成一致的，通过业务培训合格后与公司签订劳动合同。经认真审查筛选和面对面交流，符合相关条件人员到公司报名11人。两名保洁员到公司入职工作，四名驾驶员在驾训站学习车辆驾驶。公司对报名驾驶员岗位人员实行学费减免，每人免除学车费用9 300元。公司被禄劝县授予第一个百日会战“好企业”荣誉称号。

（陈健 胡艺 何鑫）

城市交通管理

【交通事故防控及处理】 2016年，全市发生一般程序处理道路交通事故1 725起，造成326人死亡，1 797人受伤，直接财产损失396.41万元；同比事故起数增加121起，上升7.54%；死亡人数减少3人，下降0.91%；受伤人数增加6人，上升3.81%；直接财产损失减少254.52万元，下降39.10%。发生一次死亡3人以上较大事故4起，造成14人死亡；同比事故起数、死亡人数分别下降33.33%和33.33%，交通事故死亡率1.44人/万车，全市道路交通安全形势总体保持平稳。办理涉嫌交通肇事刑事案件174件，立案174起，采取取保候审147人，刑事拘留30人，经检察院批准逮捕38人，移送起诉170人；侦破交通肇事逃逸案件497起，侦破率96.18%，其中死亡逃逸案件侦破率90.41%。

【交通秩序整治】 坚持“严防、严控、严管、严治、严打”并举，先后组织开展“营转非”客车整治、电动自行车整治、酒后醉酒驾驶整治、渣土车整治、货车整治以及迎南博交通秩序整治等专项整治行动。全面加强对重点区域、重点路段、重点时段、重点车型、重点违法行为管理和查处取缔，始终保持对各类交通违法行为高压严管态势，不断净化交通出行环境。2016年，查处机动车各类交通违法434.13万起，同比上升9.83%。其中，现场处罚101.11万起，占23.29%；一般程序处罚90 119起，占2.08%；违法停车93.86万起，占21.62%；电子监控抓拍及测速230.15万起，占53.01%。查处非机动车交通违法129.17万起，同比上升15.82%。查处醉酒驾驶案件1 677件，对1 453名醉酒驾车当事人做出吊销机动车驾驶证行政处罚，查处涉牌涉证违法案件229起，扣留机动车223辆。

【车辆及驾驶人管理】 截至2016年12月31日，全市机动车保有量230.40万辆，较2015年净增12.07辆，增长5.53%；机动车驾驶人275.80万人，同比净增23.80万人，增长9.44%。2016年，办理机动车注册登记、转移登记、注销登记等业务369.67万件，办理驾驶人申领驾证、补证换证、考试预约等业务284.70万件。积极稳步推进车驾管改革，全市6个考试基地实现4G网络传输，全部八个考试基地与驾驶培训机构脱钩，具备独立法人资格；严格落实机动车检验改革制度，发放免检车辆检验合格标志27.74万件；积极推进驾驶人考试业务向县级下放延伸，推行地市级公安机关向县级公安机关派驻考试员开展考试工作，委托有条件县级公安机关承担小型汽车驾驶证考试工作；按照合理布局、方便群众原则，在原有3个机动车驾驶考试基地基础上，先后建成东川区机动车驾驶人第四考试基地、安宁市第五考试基地、晋宁县第六考试基地、嵩明县第七考试基地、呈贡区第八考试基地，全市考试基地增至八个，覆盖全市主要县市区；放开大中型客货车驾驶证异地申领限制，允许在全国范围异地补换领驾驶证、参加驾驶证审验、提交体检证明。自4月1日起，全市范围内考生可在户籍地或居住地学习培训、报名考试、领取驾驶证和互联网自主预约考试。2016年，办理流动人口申领驾驶证业务72 293人，办理全国范围异地补换领驾驶证、参加驾驶证审验、提交体检证明等业务44 328人。

【缓堵保通】 大力优化城区交通组织，先后对北京路与环城南路交叉口、民航路与南二环交叉口等6个交

交通安全保障

（市交警支队 供稿）

叉口实施取消“禁左”措施；在彩云路与春融街交叉路口、彩云路与锦绣大街交叉路口等八个路口增设左转待转区；对二环北路与穿金路交叉口、金马路与凉亭路交叉口等五个路口交通组织进行调整；对北京路与霖雨路交叉口、滇池路与广福路交叉口等100余个路口路段信号配时及相位进行优化；完成西福路、昆瑞路、环城西路等多个路段路口绿波协调控制。切实做好施工组织保障，先后完成昆明铁路枢纽扩能改造工程、牛栏江草海补水工程、天然气置换、主城区河道及管网施工等267个占道施工工程交通组织审核、43个地铁站点施工围挡和交通组织调整审批、58个小片区天然气置换期间交通保障工作。在市公安局统一部署下，组建“春城骑警”摩巡队，全面开展路面巡逻管控，巡逻道路24万多千米，查处各类交通违法58 899起，快速处理交通事故1 660起、拥堵警情3 694起，警告、劝离占道停车35 579辆，接受两级指挥部门调度2 041次。按照“情指一体化”要求，积极探索借助高德、百度、QQ等途径助推视频巡逻工作开展，实现精准巡逻、精准调度、精准处置。全年接报警情25.50万余起，支队两级指挥部门开展视频巡逻23万余次。

【交通安全管控设施建设】 以第四届南博会举办为契机，积极争取经费支持，切实做好道路交通安全设施更新、维护和管养工作，更换和修复交通隔离护栏10万余米、反光柱8 995根、标志牌410块，漆划交通标线11.30万余米，确保各类设施齐全有效、功能发挥。大力推进二环路沿线等重要部位高空道路监控建设，建设21套高空监控探头，实现对二环快速、主城区重要区域交通通行状态及道路拥堵情况实时监控。完成主城区北京路、青年路、滇池会展中心、金马坊周边等部分道路300余套高清监控更换工作；完成“昆明交警智能交通综合管控平台”双网双平台建设，实现与市局、各分县局交警大队视频资源整合级联。开展违禁停车自动抓拍系统建设，在主城区各大医院、学校等重要路口路段建设自动抓拍设备90套，进一步扩大违法停车监管区域，丰富管理手段。

【交通安全宣传】 积极开展公益宣传，先后推出公益微电影《默》《昆明交警故事系列》、公益海报《拯救一起来》《醉驾5周年公益微广告片》等系列宣传作品。其中，微电影《默》获公安部视频短片一等奖；《七夕——昆明交警对您有“七夕”》获公安部海报类三等奖；《醉驾5周年公益微广告片》获公安部公益广告优秀奖；《逆风飞翔》获公安部文艺作品优秀奖。与云南省邮政公司昆明市分公司合作，共同策划打造集“道路安全知识、车辆保险知识、校园安全知识、交通安全法律法规知识、交通事故处理知识、交警部门便民服务措施”等内容于一身《昆明市交通安全行车手册》，通过市区各邮政网点和交通管理部门免费向广大交通参与者发放110余万册。以公交站台和城市公交车为载体，在主城区及呈贡新区先后推出12个系列、186个点位昆明交警宣传海报，着力打造昆明交警“名片”。先后组织召开“春运道路安保工作新闻通报会”“交通秩序专项整治工作新闻通报会”“一二一大街、学府路交通组织调整听证会”等10余次新闻通报会，及时传递交管信息，增加执法管理透明度。与省、市主流媒体合作，共同完成40余期以“解读交通管理动态”“车驾管业务”“便民利民举措”等为主要内容专题访谈节目，普及交通安全法律法规。据不完全统计，全年印发各类交通安全宣传资料110余万份，各类媒体刊播交通管理、安全提示及路况信息5.96万余条。

【交通安全保卫】 完成全国政协主席俞正声、中央政法委书记孟建柱、公安部部长郭声琨和越南共产党总书记阮富仲、老挝国家主席本扬·沃拉吉、缅甸国务院资政昂山素季等到昆视察访问，以及省、市“两会”、昆明高原国际半程马拉松赛、第四届南博会、2016中华龙舟赛、“春城骑警”启动仪式、省委全会、格兰芬多自行车赛等大型活动交通安全（警）保卫任务948起。其中，一级任务9起、二级任务36起、三级任务27起、现场警卫484起、路线警卫162起、随车警卫任务279起，礼仪任务9起、其他警卫任务14起。

【便民利民服务】 深化互联网交通安全综合服务平台建设和应用，优化拓展机动车互联网选号、考试预约等20余项业务功能。截至2016年底，全市互联网综合服务管理平台注册用户62.20万人次，通过互联网办理各类车驾管业务175万余件。推广使用互联网服务平台进行驾驶人体检和信息传输，办理医院注册近100家，设体检服务点32个，提交体检证明37.74万人次。会同中国邮政昆明分公司完成警邮中心筹建工作，通过邮政投递各类车驾管牌证9 567起。继续优化违法告知模式，增加事故接处警短信发送、模板短信发送等功能，向市民发送提示短信636.53万条，较2015年增加106%。进一步拓宽交通违法自助处理渠道，完善“网上交款系统”功能，办理缴款49 432起。加大交通违法自助处理多媒体终端推广力度，通过“自助终端”处理违法94.21万起，缴款16.73万起。大力推进以微信自助处理为载体公路和农村地区道路交通事故快处快赔工作，实现事故现场快速处理与理赔全方位便民服务。截至2016年底，全市设快处快赔服务中心15个。其中，城区6个、县区9个。通过交通事故快速处理便民服务中心、道路交通事故微信自助系统处理交通事故案件82 409起，占交通事故接报警总量50%以上。

【队伍正规化建设】 继续推行“轮值轮训、战训合一”和随岗训练模式。2016年，组织900余名干部民警参加各种形式、不同层级教育培训活动。有计划开展“执法规范化建设、道路交通事故处理、科技信息化应用技能、车驾管业务知识”四个科目岗位“大练兵”暨实战“大比武”竞赛活动，在全市公安机关部分警种、岗位2016年度“大练兵”暨实战“大比武”活动中获得团体第一名成绩。不断深化和拓展支队形象建设，有效提升交警队伍整体形象。先后推出10个“示范岗”，选树先进典型80余人，车管所第七次获得全国“优秀车辆管理所”荣誉称号。严格落实《交通协管员星级管理考核办法》，着力提升全员业务技能和素质，组织开展16期、800余人次轮训，表彰先进个人479名、先进集体43个，走访慰问136人次，进一步促进协勤队伍正规化建设。

【扶贫帮困】 认真开展“挂包帮、转走访”工作，根据帮扶贫困群众实际情况，逐一制定《个人帮扶计划》，积极开展送温暖活动，为帮扶贫困群众送去各类物资折合人民币8万余元；为甸沙村党组织建设注资2万元；为建设山地鸡养殖场出资58.2万元，有效推进精准扶贫工作深入开展。

【2016年死亡3人以上较大交通事故情况】 全市发生一次死亡3人以上较大道路交通事故4起，造成14死亡，8人受伤，直接财产损失7.50万元，同期相比，事故起数减少2起，下降33.33%；死亡人数减少7人，下降33.33%，受伤人数增加1人，上升14.29%，直接财产损失减少14.49万元，下降66.59%。

昆明市2016年死亡3人以上较大道路交通事故统计表

序号	行政区划	事故时间	事故地点	死亡人数（人）	受伤人数（人）
1	两区	2016年2月13日	昆明市“两区”、嵩玉线K5+220米	4	3
2	嵩待公路	2016年2月14日	嵩待线二级路K57+200M	4	3
3	安宁市	2016年7月5日	昆明绕城高速西北绕城高速路凤凰隧道内19千米处	3	0
4	东川区	2016年12月25日	昆明市东川区龙东格公路K72+100米	3	2

一、两区“2·13”死亡4人较大道路交通事故

2016年2月13日10时许，严涛驾驶经检验安全技术性能合格的云D4839G号小型普通客车，载乘肖吉仙、徐道兵、李娅婷、严锐琼、徐智、李雨欣（驾乘共计7人），由曲靖市富源县中安镇丁家台子村驶往昆明市“两区”倘甸镇者己村。15时38分，严涛驾车以约60千米时速行至事故路段，其所驾车辆失控后驶出道路西侧，连续翻滚后坠于下台公路西侧外184米下山坡处，致严涛、肖吉仙、徐道兵、李娅婷现场当场死亡，严锐琼、徐智、李雨欣受伤，车辆严重损毁，造成人员死亡较大道路交通事故。

二、嵩待公路“4·18”死亡3人较大道路交通事故

2016年02月14日，吕锐驾驶云AR878K号“五菱”小型普通客车载吕春艳、李万珍、吕开黎、吕娜、段钦存、吕云泰共7人由昆明驶往会泽方向，09时27分，吕锐驾车以46.5千米的时速行驶至嵩待线二级路K57+200M路段时，其所驾车辆越过道路中心线驶往道路左侧，恰遇何仲云驾驶云D62103“宇通”牌大型普通客车（核载37人，载39人，其中，3人为法定免票儿童）以67.55千米时速（该路段限速40千米）对向迎面驶来，吕锐所驾车辆正前部与何仲云所驾车辆左前侧相碰撞，致吕锐、吕春艳、李万珍现场死亡，吕开黎送致医院抢救无效死亡，段钦存、吕娜、吕云泰受伤，两车不同程度损坏，造成人员死亡较大道路交通事故。

三、安宁市“6·07”死亡3人较大道路交通事故

2016年07月05日，武丽驾驶云AR5P26号“五菱”牌小型面包车，载武学明、武燕二人，由位于昆明市普吉路旁的云南省轻工业技工学校前往安宁市。14时25分许，武丽驾车沿西北绕城高速路由乌龟山立交桥向安宁市方向行驶进入凤凰隧道后，开启前照灯沿隧道内中间车行道以约为102千米时速行至约1 200米处时，遇毛应启驾驶中国人民解放军77298部队所属“东风”牌修理方舱车，开启前照灯、危险报警闪光灯，以约为58千米时速跟随部队训练车队在其前方同车道内同向行驶。武丽所驾车车头与毛应启所驾车尾部相碰撞，致武丽、武学明、武燕当场死亡，两车不同程度受损，造成人员死亡的道路交通事故。

四、东川区“12·25”死亡3人较大道路交通事故

2016年12月25日5时，毛林波驾驶云 GB4428号“五十铃”牌轻型普通货车同车载乘胡贵有、周永清、黄尚云和梁永祥共五人，昆明市东川区龙东格公路由南向北行驶至K72+100米处时，其所驾车辆驶离道路东侧路面翻坠于山坡下，致毛林波、胡贵有、周永清三人当场死亡，梁永祥、黄尚云两人受伤，车辆受损，造成人员死亡道路交通事故。

（李 飞）

城乡建设与管理

◆责任编辑 李 震

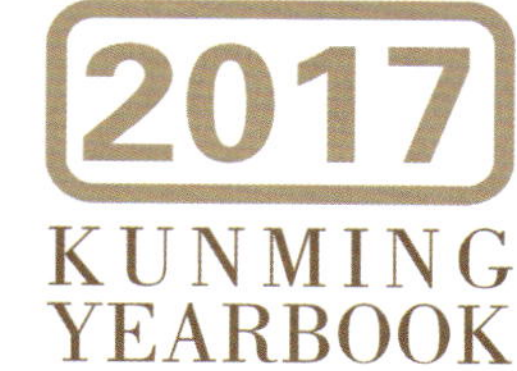

综 述

【市政基础设施建设】 2016年，开工建设飞虎大道北段、春城路延长线等重点道路；启动新建城市道路91条，续建道路126条；开展16条微循环道路、19条断头路、12个节点整治工作。完善城市新区内部支次路网，提高城市各片区内部路网密度，引导和支撑新区发展。开展地下综合管廊工作，研究制定《昆明市城市地下综合管廊投资建设管理暂行办法》，编制完成《昆明市地下综合管廊专项规划》。参与国家住建部、财政部推进和主导的“地下综合管廊试点城市”竞争性申报工作；参与并成为“云南省地下综合管廊试点城市”。2016年6月30日，飞虎大道北段、春城路延长线地下综合管廊建设开工建设。

【燃气管理】 2016年，完成48万户居民用户天然气置换，超额完成市政府下达45万户置换任务，超额完成率108%。落实省、市政府要求，确保昆明焦化制气有限公司提前退出主城区人工煤气供应。贯彻落实2016年6月1日实施的《昆明市燃气管理条例》规定，开展燃气行业管理各项工作。按照市政府批准实施《昆明市燃气专项规划（2016~2020）》，组织协调实施天然气次高压管线东、西入城线，蓝龙潭LNG应急调峰气源等重点燃气工程建设，提高天然气供气保障能力。开展燃气下乡工作，组织昆明市煤气（集团）控股有限公司编制《昆明市燃气建设下乡五年行动方案（2016~2020）》，对燃气下乡工作目标、主要任务、工作要求等进行明确。及时协调燃气企业经营纠纷，抓好燃气经营区域划分。2016年，全市管道煤气供应量1.10亿立方米，天然气供应量9 942万立方米，液化气供应量10万吨。现有管道煤气用户20万户，天然气用户约89万户，液化气用户约30万户。

2016年，昆明市成为云南省地下综合管廊试点城市。图为飞虎大道管廊内部。
（市住建局 供稿）

【村镇建设】 2016年，全市开工建设“农危改”27 323户，开工率100%；竣工17 662户，竣工率85%。印发《昆明市农村危房改造和抗震安居工程建设工作责任清单》《昆明市农村危房改造和抗震安居工程建设项目和补助资金管理暂行办法》，规范全市“农危改”项目建设和资金管理工作。加快推动省级规划建设示范村有关工作，向上争取24个自然村纳入省级规划建设示范村，争取国开行建设贷款资金4 800万元。持续做好中国传统村落申报保护工作，梳理调查60个村庄，通过《全国传统村落管理信息系统》进行信息录入。截至2016年底，20个村庄分别列入第二、三批国家传统村落名录，20个国家级传统村落编制传统村落保护发展规划，其中11个通过省级专家评审。争取中央农村节能减排2 850万元、一事一议财政奖补资金1 750万元（未含嵩明县）。

【安全监管】 2016年，与各县（市）、区住房和城乡建设局签订2016年度建设工程质量安全工作目标责任书。开展建设工程安全生产大检查及汛期安全生产检查相关工作，组建四个市级督查巡查组按“飞行检查”模式开展市级巡查。加强深基坑工程安全管理，完成全市玻璃幕墙安全情况摸底普查工作，及时发现安全隐患、安全问题，督促有序整改。加强文明施工管理，量化工地规范管理，制定相关考核标准、督查巡查及跟踪问效机制。开展安全生产、文明施工现场示范观摩活动，向全市建筑工地推广安全生产、文明施工管理先进经验和有益做法。强化在建工地安全管理，严格落实建设工地扬尘管理“六个百分百”措施，创建18个省级安全质量标准化工地和6个市级示范工地；创建93个市级安全质量优良工地和24个市级安全质量合格工地，完成率100%。持续推进质量安全标准化工地建设。通过初步审查，推荐61个项目参加省级安全生产标准化工地的评选，最终55个项目通过评审获省级安全生产标准化工地，占全省127个名额43.30%。

【绿色建筑和建筑节能】 从健全管理机制，加强节能监管入手，将绿色建筑和低能耗建筑标准要求落在实处。新建建筑设计阶段全面执行建筑节能强制性标准，施工阶段执行节能强制性标准比例达到97%，大力推广绿色建筑。2016年，全市新建民用建筑（面积小于300平方米的配套附属建筑及2014年12月22日前取得规划条件的非国有投资项目和非大型公共建筑项目除外）全面执行绿色建筑标准，完成昆明市国家机关办公建筑和大型公共建筑能耗在线监测平台建设；完成国家可再生能源建筑应用示范城市省级验收。全面推广新墙材、散装水泥、预拌混凝土和预拌砂浆。2016年，减免新型墙体材料专项基金10家，建筑面积199.06平方万米，减免金额1393. 40万元。全年推广使用预拌混凝土2 177万立方米、预拌砂浆41万立方米、散装水泥365万吨（市属），散装水泥、预拌混凝土使用工业固体废弃物总量301万吨，创造社会综合节约效益8亿元。

（柳　润）

城乡规划与管理

【城市规划及梳理审查】 对《昆明城市总体规划（2011~2020）》进行调整完善并上报住建部，经住建部规划司专题会议审查原则同意，2016年9月16日获国务院批准，正积极开展总体规划宣传工作。按照市政府工作安排，配合各区（规委会）组织中心城区控制性详细规划梳理。2016年，完成盘龙区、呈贡区、度假区规委会后控规调整内容上报审查工作。截至2016年底，五华、西山、盘龙、官渡、呈贡（不含信息产业园区雨花核心区）、高新、经开、度假区控制性详细规划梳理完善成果经市政府批准。

昆明市城镇保障性安居工程——晋宁区古滇王国城市棚户区改造项目

（市住建局　供稿）

【专项规划编制】 组织完成《昆明市中心城区综合管线专项规划》《昆明市中心城区竖向专项规划》上报及入库工作；完成《昆明市地下综合管廊专项规划》审查工作；开展《昆明“十三五”城乡发展规划》《昆明市近期建设规划（2016~2020年）》《翠湖周边历史文化片区整治提升规划》编制工作。配合相关部门完成《昆明市国民经济和社会发展第十三个五年规划纲要》《昆明市十三五现代服务业发展规划》《昆明农产品批发市场布局规划》《昆明市工业品市场布局规划》《昆明市十三五旅游业发展规划》《昆明市水资源承载力及供水配置规划》《昆明市电动汽车充电设施专项规划》《昆明市中心城区“十三五”重要道路架空线入地及相关道路地下管线通道“多规合一”规划》等专项规划编制。

【实施规划改革】 研究制定《昆明市规划局关于2016年全面深化改革工作实施方案》。完成滇池流域“多规合一”工作，拟定《昆明市“多规合一”工作实施方案》下发执行，完成多轮市级主要部门及10个区（县）征求意见和反馈意见工作。市委、市政府领导专题听取《昆明市滇池流域地区“多规合一”规划》初步成果，并对全市“多规合一”工作给予肯定。根据市政府2016年度立法工作计划，制订《〈昆明市城乡规划条例〉修订调研工作方案》《〈昆明市地下空间规划管理规定〉立法工作方案》，按工作方案进行征求意见、开展调研、召开专家咨询会等，按要求向市法制办报送调研工作方案、调研报告和文本初稿等阶段性成果。配合市节水办组织《昆明市海绵城市建设专项规划》《昆明市海绵城市建设试点城市实施方案（2017~2019年）》编制及海绵城市建设国家试点城市申报工作。

【开展多项规划研究】 完成《主城区公共停车场选点规划研究》《昆明市城市综合体现状分析及研究》《云南陆军讲武堂保护利用与昆明历史城区风貌提升规划》《昆苏合作历史遗产保护回顾与总结》与《昆明历史遗产保护简介》编制；开展《TOD导向下的新型城镇多模式低碳交通系统研究》《大都市地区骨干轨道交通系统规划指标体系研究》编制研究。委托中国城市规划设计研究院负责《昆明2050城市发展战略规划》编制工作；新加坡雅思柏设计事务所负责《昆明—滇中新区远景空间发展规划》编制工作。开展《环滇池城市空间形态及天际线控制规划》《昆明城市建筑特色引导》编制工作。

【规划管理】 2016年1月1日至11月30日，受理审批和管理服务事项973件。其中“建设项目选址意见书”122件、“建设用地规划许可证”196件、“建设工程规划许可证”378件、建设项目规划条件169件、费用减免108件。核发行政审批证书996件。其中，“建设项目选址意见书”核发117件、“建设用地规划许可证”核发194件、“建设工程规划许可证”核发400件、建设项目规划条件核定167件、费用减免审核118件。全局共代收费16.55亿元。

【推进稳增长督查】 下发执行《落实昆明市稳增长促发展若干政策措施的规划实施细则》《昆明市规划局关于〈昆明市人民政府关于促进房地产市场平稳健康发展的若干意见〉的实施意见》等多个文件。研究老城疏解工作，重点针对主城二环内用地、人口、交通、公共服务、项目等情况进行专题分析研究，对各区上报商住比例调整项目统一研究，结合项目安置房建设情况、项目原审批商业住宅比例、安置房占总住宅建筑比例等情况，提出对各项目商住比例调整建议上报市规委会审议。经规委会审议通过同意调整商住比13个。其中，盘龙区4个、官渡区1个、五华区5个、西山区3个。

【县、乡规划管理】 制定《昆明市城乡规划管理巡查制度（试行）》和《关于开展县（区）规划工作调研巡查的工作方案》，分组分批次对各县区进行巡查指导，对各县（区）规划编制、审批情况进行排查，加快推进县区规划编制、审批工作。完成宜良、石林、禄劝、晋宁、东川、寻甸、两区、富民、阳宗海城市总体规划修编咨询、审查和上报工作；指导各县（区）推进易地扶贫搬迁新村规划编制工作，完成对91个异地扶贫搬迁新城规划审查工作，拟写昆明市县（市）域乡村建设规划编制工作方案。加强各县（区）规划管理人员培训及宣传工作。组织昆明市各县（区）、各乡镇相关工作人员参与住房和城乡建设部2016年全国乡村规划推进工作电视电话培训。及时向县（区）宣传、推广村庄规划建设管理经验，印制3 000份《乡村规划建设许可证》分发各县区。

【违法建设整治和图斑核查】 制定《昆明市规划局关于全面开展违法建设整治工作的通知》，要求各规划分局加强规划巡查力度，发现违法违规问题及时报综合执法部门处理。对违法仓储物流、临危市场、地下空间违法建设等问题分类定期将相关情况报送牵头部门。各规划分局明确联合执法工作组人员，积极配合辖区指挥部开展整治工作。陪同住建部督察员到各县区督察指导，将相关核查及整改情况上报市政府。全年对住建部第16期图斑组织各分局进行核查，监测周期2015年3月16日至2016年1月30日，住建部卫星对昆明市监控图斑271个。其中，涉及总规15个，涉及控规256个。此项工作基本完成，相关核查情况抄告综合执法部门。

【健全规划立法体系】 做好《昆明市城乡规划管理技术规定（2016版）》宣传及贯彻实施。2016年5月，以政府令形式在《昆明日报》全文刊登，通过微信平台等广泛宣传。印刷6 000册《技术规定》，发放给各县区、相关单位、分局及服务对象。积极探索和开展城乡规划管理制度创新，进一步加强规范文件制定完善，制定《拆除重建类城市更新改造项目规划审查流程及要求》《综合整治类城市更新改造项目规划审查流程及要求》《关于城市更新改造项目商改住规划审批流程及复核要点的通知》《昆明市规划局建设工程规划方案设计信用信息管理暂行办法（修订）》《昆明市城乡规划管理巡查制度（试行）》和《关于开展县（区）规划工作调研巡查的工作方案》《关于落实电动汽车充电基础设施规划审批工作要求的通知》《〈建设工程规划许可证〉主体变更的处理办法（试行）》等规范性文件。

【推进依法行政】 认真开展2016年行政执法案卷评查工作。2016年6月28日，组织召开行政执法案卷评查会，评查2015年度办结的24套行政执法案卷卷宗。严格依照《昆明市行政许可案卷评查标准》，对案件卷宗进行交叉评审并形成初评结果，再经考评组认真复核。积极参加法律知识培训，提高执法人员素质。2016年4月，组织局相关人员50人。其中，新办证23人，延期27人参加培训。加强执法资格管理，全面开展执法人员清查工作，坚决防止不具备执法资格人员和执法辅助人员从事执法活动情况发生，合同工、临时工等不符合条件人员一律不得上岗执法。

【建议提案办理】 2016年，昆明市规划局收到省、市两级人大代表建议和政协委员提案41件。2016年3月，全部梳理汇总，按照人大建议和提案内容分发给各承办处室、分局及直属各单位。年内人大建议和政协提案工作按方案顺利完成。

信访工作全年办理云南省网上信访交办件9件，信访局交办件3件，市长热线（一号通平台）交办件281件，日常来访件42件，局长接待日来访件23件，均及时进行解答与回复。

【基础地形图测绘】 完成11座GPS参考站系统升级改造工作；完成采集昆明市主要干道（含双向）200千米原始影像及激光点云数据外业采集工作并处理成成品街景数据；无人机航空影像采集完成2 000平方千米卫星影像数据采集，并处理数据；完成更新“多规合一”卫星影像0.50米影像范围8 000平方千米工作。

【基础档案接收】 完成接收工程档案18 314卷，规划档案4 040卷，验收庭院管线测绘工程100项，接收声像档案298卷，照片249 140张，拍摄收集视频资料3 000余分钟。完成档案登记、编号、上架，计20 030卷，为695家单位提供档案利用，调卷3 997卷。

【地下空间规划管理】 完成主城区重点区域（约10平方千米）地下空间普查工作，完善地下空间测绘和建库标准，将标准列入省住建厅2016年地方标准编制计划。完成管线数据入库34个项目，入库管线总长800余千米，归档120项管线工程档案。积极开展地下管线咨询服务，上半年接待管线咨询200余人次，为市政府重点建设项目提供综合管线资料2 000余千米。

【城市交通规划研究】 编制《2015年城市道路交通发展年度报告》及《2017年昆明城市道路设施建设白皮书》。起草编制《昆明市建设项目交通影响评价管理办法》，组织上报《云南省昆明市中心城区综合交通体系规划项目》，获得2015年中国人居环境范例奖。

【昆明规划展览馆建设】 2016年，昆明市规划展览馆接待参观团体178个，参观人数60 092人，播放数字沙盘1 978场，宣传昆明城市规划工作，取得较好效果。加快推进昆明规划馆新馆建设，完成《昆明规划馆建设项目可行性研究报告》《昆明规划馆项目建设方案》上报省规委会审议。完成《昆明市建设工程场地防震选址意见书》《建设项目选址意见书》“建设用地规划许可证”《建设项目规划条件》等要件办理，召开“昆明规划馆项目布展设计概念性方案征集活动专家咨询”等工作。2016年6月18日，昆明规划馆项目开工建设，项目投资约5.60个亿，预计2017年底投入使用。

（市规划局）

园林·绿化

【城市绿化】 2016年，全市新增绿地544.89公顷。其中，公园绿地170.25公顷，种植乔木23.29万株。主城区新增绿地416.57公顷。其中，公园绿地120.57公顷，种植乔木13.35万株。阳宗海风景区和倘甸两区新增绿地36.64公顷。其中公园绿地19.19公顷，种植乔木4.19万株。其他县（市）、区新增绿地91.68公顷。其中公园绿地30.49公顷，种植乔木5.75万株。

【道路绿化整治】 做好城市花卉布置，在全市重要道路、活动场所、城市广场、节点和驻地周边，采取地面栽种和立体花坛等方式进行花卉布置，布置点92个。其中，立体花坛造型47个，共计347.10万盆。做好南博会绿化保障，按照南博会服务保障工作要求，做好滇池国际会展中心、海埂花园、海埂宾馆等15个保障点单位周边绿化美化工作。会议期间加大巡查力度，做好道路绿化精细化管养、保洁、喷洒、除尘等工作。对地栽花卉和立体花坛做好水肥管理和病虫害防治，对各摆放点枯萎、枯死花卉和破损道具模型及时清除、修补、更换，确保活动期间花卉布置效果。

【冻害植物灾后恢复】 2016年2月2~5日，3月20~25日，昆明市园林科学研究所分两阶段组织专业技术人员开展昆明市主城区园林绿化植物冻害调查，形成调查报告。通过实地踏勘，昆明市主城区常用园林绿化植物中58种植物受冻害，其中受冻级别达到Ⅴ级3种。其中，乔木1种、灌木2种，占受冻植物5.20%；受冻级别达到Ⅳ级31种。其中，乔木7种、灌木9种、草本14种、藤本植物1种，占受

冻害植物灾后恢复，长势良好。

（市园林局 供稿）

冻植物53.40%；受冻级别达到Ⅲ级10种。其中，乔木3种、灌木1种、草本3种、藤本植物1种、棕榈科植物2种，占受害植物17.20%；受冻级别达到Ⅱ级9种。其中，乔木2种、草本5种、灌木1种、竹类1种，占受冻害植物15.50%；受冻级别Ⅰ级5种植物。其中，乔木1种、竹类植2种、灌木1种、棕榈科植物1种，占受冻植物8.60%。

本着“植绿复绿、绿化美化、增色添彩”原则，市政府下发《关于印发2016年度冻害植物灾后恢复工作方案的通知》和《关于转发昆明市2016年度第二阶段和第三阶段冻害植物灾后恢复工作方案的通知》，全面开展冻害植物灾后恢复工作。2016年，实际开展496条（段）道路、109个街头绿地和小游园冻害植物恢复工作，比计划超出119条（段）道路、54块街头绿地和小游园，公共管理绿化部分更换冻死行道树（乔木）80 298株。督促指导辖区公共单位、居住区等更换冻死乔木3 000余株，清理和更换冻死灌木、地被400多万㎡。通过前期狠抓苗木质量、土壤配比和种植规范等环节管理，后期加强精细养护和更新防寒防冻技术等措施保障，2016年，园林部门管理公共管理绿化区域内冻害植物灾后恢复工作完成，更换品种和数量与年初工作计划一致，整体工程严格按照相关技术规范施工，新更换植物整体成活率达到98%以上。内外结合，严格落实巡查监督机制。采取现场督办、明察暗访、“回头看”等方式狠抓苗木质量、精确土壤配比、严格种植规范、加强后期管养环节，从2016年5月第一阶段冻害植物恢复工作开始，抽调专业技术人员组成八个督查组全程进行监督，每周对主城八区冻害植物灾后恢复工作进行至少一轮现场指导和督查，每个督查组全年完成巡查工作不少于47轮次。每周现场对科学选苗、规范种植、栽后管养等环节进行重点督查和技术指导，及时下发整改通知68份。年终对道路、逐块绿地对冻害植物更换品种、数量、种植规范进行逐条认定，对市民反映问题整改情况进行现场核实，对景观效果进行评估。完善公众监督机制。除督查组全程督促外，在新闻媒体上公布绿化监督电话，充分发动市民全程参与监督，凡在公共管理绿化区域内发现有尚未更换枯死树木，都可通过监督电话反映。接到市民监督电话28起，全部整改完成。

【公园和风景名胜区管理】 组织各级风景名胜区参与住建部国家级风景名胜区研究工作及业务培训。完成各级风景名胜区2015年度规划实施和资源保护状况年度报告编制、汇总和上报工作。按照住建部和省住建厅要求，组织全市各国家级风景名胜区编制国家级风景名胜区保护设施建设项目申报方案及项目规划。高度重视景区安全管理工作，充分发挥规划引领作用，逐步实现风景名胜区规划全覆盖，为保护管理工作打下基础。

【市属公园花事活动】 昆明市黑龙潭公园举办第二十届昆明梅花展；金殿名胜区举办金殿第25届茶花节，展览内容有茶花造景展、茶花品种展、插花艺术展、茶花花朵展、茶花摄影书画展等；昙华寺公园举办第五届“牡丹花展暨花潮会”；昆明动物园举办第十七届昆明樱花节，樱花节期间接待游客约210万人次。各大公园抓住重大节日等时间节点，不断创新公园活动形式和内容，还举办年宵花展、桃花节等一系列有较大影响力活动，丰富市民休闲文化生活，提高公园在游客心中美誉度。

【提升园林园艺水平】 推进唐山园博园后续工作，积极配合唐山市园博会开展工作，唐山园博园昆明园建设完成，2016年4月开园，5月1日唐山园博会开幕。配合市气象部门做好相关工作，昆明市金殿名胜区气象LED大屏建成投入使用。向中国花协积极申办举行第31届全国荷花展，2016年9月12日中国花协回函同意园林绿化局局属单位大观公园承办第31届全国荷花展览。做好市属公园旅游厕所建设管理，全年完成局属公园旅游厕所10座的建设任务。

【景观提升改造】 按照2014年2月编制完成《昆明十大公园景观品质提升建设规划（2014~2017）》，2016年市属各公园完成昆明动物园猛兽区

道路景观提升改造

（市园林局 供稿）

市属公园旅游厕所提升改造

（市园林局 供稿）

景观提升、主游路一期、旅游厕所等项目建设任务；完成大观公园近华浦二期文化景观提升项目及旅游厕所建设工作；完成郊野公园主游路景观提升项目立项工作和旅游厕所建设任务；完成昙华寺公园防古建筑及游客服务中心维修项目立项工作和旅游厕所建设任务；完成金殿名胜区、黑龙潭公园、西华公园旅游厕所建设任务。通过一系列提升改造，使公园环境得到进一步改善，让市属各公园从一般A级公园逐步向精品公园过渡，为市民提供更好休闲娱乐场所。

【扶贫工作】 推进扶贫攻坚和“挂包帮”“转走访”工作。全局副科以上干部69人结对帮扶贫困户，全年投入帮扶资金57.13万元，帮助98户挂钩贫困户脱贫。《昆明日报》在扶贫专刊栏目两次报道全局扶贫攻坚和“挂包帮”“转走访”工作成效。

【干部队伍建设】 2016年，全系统领导干部人事变动24人。其中，调入1名局领导班子成员；民主推荐选拔任用9名局属单位科级领导干部；调整交流使用14名局属单位科级领导干部。完成全局机关事业单位工作人员基本工资调整和机关事业单位离退休人员基本离退休费调整工作；完成机关在职、离退休68人养老保险基础数据收集、审核、录入系统和数据上报工作；组织完成全局1 600余名在职、离退休人员数据采集上报工作；组织做好全局工人技术等级、专业技术人员工作等级培训和职称申报工作。2016年，33人参加等级培训。组派昆明市园林绿化专家代表团一行六人，到越南河内市与越方同行进行技术交流。

【法治建设】 组织开展规范性文件清理、行政执法人员清理、行政执法案卷评查工作，全年审查合同、决策等81件。举办《信访条例》和《招投标法》相关知识及实务培训，全局100余人次参加培训；组织开展法治文化创建活动，西华公园、昆明动物园被命名为“法律六进示范点”和“法治主题公园观摩点”；组织召开《昆明市大观公园修缮提升方案（征求意见稿）》《昆明城市园林植物重点推荐名录（2016年修订）（征求意见稿）》和《昆明市大观公园登楼管理规定（征求意见稿）》等三项听证会。办理人大代表建议和政协提案七件，办复率、满意率、面商率100%；办理反映园林绿化管理、人事遗留、工资等问题信访件九件，办复率100%。

（强　蕊）

国土资源管理

【用地保障】 2016年，全市完成建设用地预（初）审项目40宗、土地总面积4.04万亩，包括武定至倘甸至寻甸高速公路、昆明市轨道交通5号线工程、云南省昆明市柴石滩水库灌区工程等重点基础设施项目。核拨新增建设用地计划总量1.28万亩。受理用地报件120宗、8.06万亩，批复用地74宗、3.15万亩，完成6个项目、3 882.15亩临时用地审批工作。重点保障沪昆高铁、云桂高铁、乌东德电站、昆明绕城高速东南段、新嵩昆高速、呈贡信息产业园区、昆明市2016年城市建设用地、各区城中村改造等项目用地。

【土地供应】 2016年，全市供应土地550宗、3.95万亩。其中，划拨方式供应176宗、2.25万亩；出让方式供地374宗、1.7万亩（以协议方式供地12宗、面积678.75亩；以招标拍卖挂牌方式出让362宗、1.64万亩）。土地转让32宗，转让面积1 841.78亩。加大闲置土地处置力度，全市清理闲置土地162宗、1.18万亩，完成整改150个1.12万亩。

【加强耕地保护】 层层落实保护责任，积极落实耕地占补平衡，严把补充耕地质量数量关，确保全市耕地数量不减少、质量不降低。2016年，积极申报土地整治项目7个，建设规模5.8万亩，预计新增耕地0.19万亩，预算投资1.4亿元。完成1个新增补充耕地项目可研和规划设计评审，建设规模1 410.45亩，预计新增耕地760.35亩，预算投资351.65万元。组织开展31个土地整治项目验收工作，其中22个通过验收。建设规模7.06万亩，新增耕地3.18万亩，投资规模1.95亿元。受理34个省、市级评审土地复垦方案，省级15个通过市级审核，市级7个通过专家审查。开展1个土地复垦项目验收。落实耕地占补平衡149件、6.62万亩。争取省级下达昆明市土地整治项目资金6 093.29万元。

【推进永久基本农田划定】 2016年，按照国土资源部、农业部安排部署，全市开展永久基本农田划定工作。结合全市发展实际，完成《昆明市城市周边永久基本农田划定方案》，通过省国土资源厅、省农业厅审查和国土资源部审定。划定后，主城周边范围内划定永久基本农田22.95万亩。其中，基本农田14.47万亩、新划入永久基本农田8.48万亩。城市周边范围内永久基本农田占耕地总面积比例68.61%。会同市农业局组织有关专家，对14个县（市、区）全域永久基本农田划定方案进行技术审核，并联合下发14个县（市、区）永久基本农田划定方案论证审核意见。

【不动产统一登记】 完成不动产统一登记机构建设、人员划转、窗口设置、业务流程再造、信息平台搭建运行、电子数据移交等方面工作。6月30日，昆明市全面启动不动产统一登记发证工作，完成上级下达“停旧发新”年度任务，通过成都督察局督导检查。2016年，全市办理各类不动产登记98 290余件。其中，主城区办理各类不动产登记86 995余件；颁发不动产登记证书18 994本；出具不动产登记证明28 001份；办理抵押注销登记30 000余件；受理并办结法院查解封登记10 000余件。其余9个县区颁发不动产登记证书8 534本，出具不动产登记证明2 761份。

【提升矿政管理水平】 2016年，全面完成171个探矿权、886个采矿权年检网上报备工作，全面实现矿业权年检工作部、省、市、县四级联动和成果共享。全年累计受理、审查、上报探矿权、采矿权登记申请230件，累计发放矿业权到期预警通知书600份，矿业权年检预警通知书150份。完成2016年度10个探矿权、17个采矿权出让计划审查上报工作；完成2015年度108个矿山储量动态测量工作；完成10个矿业权储量核实报告评审备案工作；完成815个矿业权开发利用统计，169个建设项目压覆矿产资源查询和审查工作，对11个建设项目用地压覆矿产资源进行备案；完成30个过期探矿权（采矿权）审查上报工作。累计征收矿产资源补偿费9 000.80万元。

2016年6月，昆明市举行不动产统一登记发证启动仪式。
（市国土局 供稿）

【执法监察】 2016年，全市开展动态巡查8 154次，出动22 535人次。开展2015年度卫片执法检查、土地例行督察、民营企业历史违法用地及整治违建仓库专项行动、打击整治破坏森林资源违法违规行为专项行动等。调查处理土地矿产违法行为2 195宗。其中，土地2 056宗、立案查处1 336宗、非立案查处720宗。责令退还土地8 887.42亩，没收地上建筑物1 558.17万平方米，拆除地上建筑441.78万平方米，罚款25 863.38万元，申请法院强制执行51宗，移送40宗，追刑24人，行政处分151人，结案1 314宗。矿产违法139宗，立案查处133宗，非立案查处6宗，罚款74.83万元，没收违法所得68.69万元，结案131宗。全年违法案件查处立案率100%，结案率98.37%。

【地质灾害防治】 召开年度地质环境工作部署会，制定下发年度地质环境保护工作意见、地质灾害防治方案，组建汛期应急值班工作机构，逐点落实地质灾害隐患点监测责任人、乡级防灾责任人和县级防灾责任人，充实、完善群测群防网络体系建设。2016年，全市范围内发生地质灾害8起，直接经济损失1 300万元。逐点排查、再排查、预警预报及巡查灾害隐患点。认真对全市1 676个地质灾害隐患点进行现场核查。其中，人为引发134个、自然因素形成1 542个，涉及105个乡镇，威胁3.70万户、17万人，潜在经济损失47亿元。逐点发放地质灾害防治工作明白卡4 981份、避险卡3.32万份、隐患通知书2 425份，落实监测人员3 044人。发布“地质灾害天气预报短信”20次、4 400人次、88 000条。抓好年度地质灾害宣传培训、应急演练及《2016年度防治方案》编制工作，组织培训105起，培训9 778人，结合土地宣传日发放宣传资料50 000份，组织开展地质灾害应急演练64次，参演人员1 500人。开展38个地质灾害防治工程，争取到中央、省级地质灾害防治资金4 506.68万元，市级自筹配套资金3 272.76万元。

【人大建议、政协提案和群众信访】 2016年，办理人大建议、政协提案25件。其中，省人大代表建议1件、市人大代表建议14件、省政协提案1件、市政协提案9件。办理行政复议和诉讼案件4件。协助司法执行办理各类查封、查询函件311件。接听"96128"热线解答咨询电话290个，转接成功率和群众满意率100%。受理来信来访149件。其中，接待群众来访135件、334人次；信访督办25件；网上信访办结50件。全年无因国土资源信访事项引发进京上访事件。

【测绘管理】 2016年，完成地理国情普查市、县（市、区）级信息系统建设市、县（市、区）级统计分析，图件报告编制等工作，通过省级质量检查验收。利用地理国情成果开展昆明主城滇池流域地表覆盖与沉降监测研究。加强昆明市卫星定位综合服务系统运行维护与管理工作，发展注册近百家用户单位，注册120余台（套）GPG接收机。完成昆明市卫星定位综合服务系统会员申请审查30件，注册使用GPS接收机35台（套）。开展测绘地理信息综合检查，与省测绘地理信息局组成省、市两级检查组完成对10家乙级单位综合检查工作。完成全市范围内六家丙级、三家丁级测绘单位检查工作，根据检查结果，现场对两家存在问题单位下达限期整改通知，对一家问题严重单位下达停业整顿通知。认真做好测量标志保护工作，受理测绘资质申请32家，全部通过省级审批发证。完成"昆明市2004昆明坐标系数字网使用批准书"使用审查1 243件；完成国家秘密测绘成果提供使用审查144件。

【国土资源基础工作】 开展农村集体土地使用权确权登记发证工作。2016年，全市确权登记集体建设用地使用权近1.17万宗，累计完成宅基地使用权确权登记发证46.75万宗。收回国有土地使用权132宗、38.27亩，完成勘测定界验收备案168宗、6.97万亩。完成2015年度土地变更调查与遥感监测工作。进一步完善法律顾问制度，基本实现法律顾问全覆盖。2016年，提供23份法律意见书。完善规范性文件合法性审查备案和年度定期清理制度。开展案卷评查，对2015年度117个行政执法案卷进行集中评查，及时反馈评查意见，督促整改。积极开展《昆明市土地征收管理暂行办法》立法修订工作调研讨论。进一步规范和完善土地管理制度，配合市政府草拟并出台《昆明市人民政府关于印发昆明市稳增长促发展若干政策措施的通知》《昆明市人民政府关于进一步做好土地供应服务保障工作的实施意见》《昆明市人民政府办公厅关于进一步完善工业用地政策的通知》。完善昆明市主城规划区和呈贡新区新一轮土地分等定级与基准地价更新，更新成果报市政府常务会研究。全面完成"一张图"及综合监管平台建设项目（一期），深化完善昆明市国土资源远程联网审批项目建设。按期完成国土资源执法监察监管平台（二期）项目建设，继续完善国土资源档案管理系统二期建设。接收国土资源专业档案7 645卷、不动产登记档案8 346卷、文书档案9 733件、实物档案43件、电子档案13 945件；完成国土资源专业档案整理归档7 012卷、约102.50万页，文书档案整理归档9 014件，实物档案整理归档43件，不动产登记档案整理2 174卷，归档案入库上架率100%；完成各类档案扫描94.57万页；完成档案著录18 779件；完成历史档案基础数据清理完善27 948卷。

【扶贫攻坚】 2016年，结对帮扶挂钩联系两区、寻甸县和石林县5个贫困村441户建档立卡户，安排帮扶干部249人次。帮扶干部每年每人至少两次对所结对帮扶贫困户实现全覆盖走访。通过春节慰问、儿童节爱心捐赠和基础设施建设等方式，投入扶贫资金145.65万元。结合国土实际开展行业扶贫，为当地开展4个土地开发整理项目，投入资金2 933.60万元；积极争取地质灾害防治经费，为寻甸县功山镇白龙村争取地质灾害防治经费242万元；积极争取政策支持，为易地扶贫搬迁工作提供用地保障。通过"挂包帮""转走访"，挂联45户贫困户脱贫。

【干部队伍建设】 2016年，参加国土资源部、市委组织部、市公务员局等组织各类培训班45人次，9人参加国土资源部组织市（州）、县（市、区）国土资源局长培训班；四名同志参加乡镇国土资源所所长示范班。委托专门教育机构，对135名干部开展知识更新及素质提升培训，组织36名科级干部参加上海交通大学知识更新培训，99名干部分两期到市委党校进行综合素质提升培训；组织309人参加云南省干部在线教育学习。办理27名领导干部免职，12个科级领导岗位干部选配。办理9名干部非领导职务晋升，办理人员退休8名，辞去公职2名，人员调出4名，公务员招录7名，22个岗位人员招聘。完成42宗县处级干部档案审核，444宗科级干部档案审核。

【推进重点项目征地】 2016年，全市完成重点项目征地18 103.77亩，监管收拨征迁资金17.21亿元。小龙高速、沪昆高铁、云桂高铁等7个项目征地工作全部完成并于年内开通。新增全市重点建设项目11个（高速公路9条，收费站外迁2个），成立"9+2"重点工程项目用地保障工作领导小组。12月18日，昆明市"9+2"重点交通基础设施建设项目中福宜、宜石、石泸、三清、寻沾、东格六个高速公路项目启动。继续加强《昆明市土地征收管理暂行办法》修订工作，完成20余万字调研和研讨材料，完成《办法（讨论稿）》起草工作，2017年，将提交市政府审定出台，为全市征迁工作高效管理和实施提供有力政策保障。

（聂本娆）

道路桥梁维护

（市城管局 供稿）

城市管理与执法

【公厕建设】 2016年，全市计划新建城市公厕647座，完成684座，完成率105%，超额完成37座；计划提升改造公厕780座，完成780座，完成率100%。新建、改建城市公厕1 464座，完成2016年十件惠民实事明确新建、改建766座城市公厕任务。计划免费开放公厕1 188座，实现1 188座社会公厕免费开放使用，完成率100%。

【环卫清扫】 在日常清扫保洁基础上，市城管执法局进一步要求辖区督促清扫保洁企业加强道路机械化清扫，强化道路冲洗及洒水抑尘作业力度，积极指导盘龙区开展环卫一体化项目试点工作，把城市道路清扫保洁、垃圾收运、公厕管理维护、绿化垃圾捡拾、河道保洁、雨水篦子清掏、城市家具保洁、交通设施保洁、降灰除尘及环卫设施共建等内容进行整体融合。盘龙区环卫一体化试点工作取得明显成效，在主城区渐次推进。

【农村生活垃圾治理】 2016年，全市涉农91个乡镇（街道）建垃圾中转站68座，1吨以上垃圾收运车辆303辆，乡镇（镇区）生活垃圾处理设施覆盖率98.90%，实现生活垃圾有效治理自然村7 374个，有效治理率73.56%，6 303个自然村建立环卫清扫保洁制度。

全面实施公厕免费

（市城管局 供稿）

【道路桥梁管养维护】 2016年，市城管综合执法局对主城五区上报2015年度桥梁安全检测计划进行初步筛查，对全市61座城市桥梁进行安全检测，检测经费530余万元，对主城区破损道路进行全面整治、修复。6月份，市城管执法局组织相关部门及专家组成督查组对确定223条主城区重要城市道路开展每两周一次随机督导检查工作。完成主城禁设区130个占道亭棚清理整治。其中，五华区95个、盘龙区18个、官渡区9个、西山区8个。对8个试点街道、三市街、南屏街步行街道、金马碧鸡广场、胜利堂、翠湖周边等重点区域，以及首批56条（段）重要道路分阶段、分步骤进行提升整治。

【城市照明和景观亮化】 市城管综合执法局每周组织专业人员对全市城市照明设施亮灯率及设施完好率进行检查。全年抽检路灯亮灯率73次，路灯14.84万盏，平均亮灯率99.77%；进行40次城市照明设施完好率检查，检查路灯15 079盏，设施完好率99.57%。督促路灯管养单位清洗灯杆18 046棵和灯具29 350套，油漆粉刷灯杆2 352棵和灯具680套，清洗监控开关3台，油漆粉刷变压器11台，油漆粉刷监控柜83台和钟控开关柜

200台。推进西山、滇池草海区域绿色照明景观亮化概念性规划国际征集工作。

【广告设施整治】 主城区拆除违规户外广告牌6 714块，拆除楼顶标识（楼顶广告）495块，拆除道路两侧除交通标识外指示牌4 225块，整治各类宣传栏801块，拆除布标布幔9 665条、灯标道旗广告967块；规范店招店牌10 495块，拆除商铺电子滚动屏1 271块，移除商铺水牌9 221块，拆除外挑式灯箱（外挑式广告）999块，盘龙区辖区内478块地名道路标志牌全部拆除；主城区广告式果皮箱5 211只，拆除1 559只，更换广告面2 776只。拆除金碧路、拓东路、东郊路公交站台大型广告灯箱60个和小型灯箱12个；拆除公交集团线路站牌箱235个、站牌箱广告3076幅、候车亭医疗广告1983幅，更换公交公益画面1527幅；拆除候车亭大牌74块、小牌17块；拆除无线路指南站牌箱422个，更换双立柱站牌48个，整治公交车身医疗及不雅广告1 543台，整治公交车内广告1 500台。

占道经营整治

（市城管局 供稿）

【建筑垃圾运输处置管理】 2016年，市城管综合执法局抽查施工工地50家次，下达《责令限期改正通知书》一份，对25家施工工地现场给予口头警告；对六家保洁不到位施工工地下达《责令限期改正通知书》；对59家未按要求使用“三池一设备”施工工地给予警告并要求整改。严查建筑垃圾违规运输行为，市级查处各类违规运输处置建筑垃圾案件六起，路面污染1起，罚款5.30万元，各区查处各类违规运输处置建筑垃圾案件200余件。

【临时违章建筑整治】 按照“杜绝增量、消化存量、建立机制、确保长效”目标和“管住当前、消化过去、循序推进”思路，突出抓好违法违规建筑整治拆除。2016年，市城管综合执法局普查违法违规建筑2 539宗，面积451万平方米，拆除2 500宗，面积433万平方米，拆除率98.46%。

临时违章建筑整治

（市城管局 供稿）

【数字化城市管理】 进一步健全和完善数字化城市管理平台建设，积极拓展数字城管系统功能，推进数字城管智慧化建设。全年市级监督员采集上报各类城市管理案件71.73万件。其中，快捷上报31 353件，郊县监督员上报案件51 298件。受理各类城市管理问题103.67万条，对符合处置标准立案98.46万条，结案97.53万条、结案率99.06%；收听立案跟踪电视媒体案件143件，结案143件，结案率100%；发布月报九期、周报42期，主城区环境卫生“清洁指数”41期，郊县区环境卫生“清洁指数”41期。全市以北京朝阳区数字城管建设为参照，融合杭州市、徐汇区等先进城市经验，《昆明市智慧化城市管理综合运行工作模式实施方案》经市委、市政府批准，该项目立项批复，资金落实，正在进行指挥大厅整体装修，2017年3月上旬，市数字化城市管理办公室将整体搬迁到大厅开展指挥工作。

【执法队伍建设】 2016年，市城管执法局分三批组织执法工作人员69人参加“行政执法人员综合法律知识轮训班”。应邀到富民县、经开区等基层执法部门开展普法培训。5月19日，全市印发执行《关于在全市各级城管综合执法部门全面推广使用执法记录仪的通知》，促进各级城管综合执法部门进一步牢固树立法治观念和纪律意识。

【市容环境综合整治】 2016年，市和县区两级城管执法部门出动执法车辆1 000余辆次，执法人员4 500余人次，清理占道经营43 587起，取缔流动摊点13 799起，治理乱停乱放15 791起，规范“门前三包”17 617起，清理覆盖非法小广告53 281余条，查获违法人员238人，没收非法小广告宣传物39 727余张，罚款27 000元，上报电话号码追呼1 012个，行政处罚71件，办结53件。

（卢云春）

住房建设

【保障性住房建设】 2016年，全市开工建设棚户区改造13 000套户。其中，实物建房9 600套，货币化安置3 400户，占10 000套目标任务130%，提前完成省政府下达目标任务。基本建成保障性安居工程23 571套，占基本建成年度任务117.86%。完成投资54.48亿元。其中，2015年，项目完成投资35.62亿元；2016年，项目完成投资18.86亿元，占40亿年度投资任务136.20%，超额完成目标任务。率先在全市探索政府购买服务。将五华、西山、呈贡、宜良三区一县13个棚户区改造项目，预计总投资100.66亿元，纳入2016~2017年棚户区改造（一期）政府购买服务，申请国开行融资规模80亿元。截至2016年底，通过国开行云南省分行评审，相关工作正在推进中。

【保障性住房分配】 2016年，优化主城五区和三个国家级开发（度假）区公共租赁住房申请条件，扩大申请范围。调整公租房项目验收分配模式，项目由竣工验收备案完成后才能进行分配，调整为分户验收完成，具备基本交付使用条件即启动分配工作。由原来每年分配一至两次，实现每月有房源推出，每月进行公租房配租。

以科技创新为驱动，把住房保障政务服务与互联网服务相融合。采用“互联网+”模式，增加公租房网上申请通道。8月初开通“昆明安居网”和“昆明安居网”手机微信APP，申请家庭仅需通过登录“昆明安居网”或安居网手机微信APP提交申请信息查询申请进度，在审核通过后再进行资料提交，避免申请人在不知道是否具备申请条件情况下盲目交件、反复往返，最大限度实现便民、利民。伴随着“安居网”“安居卡”“安居网服务平台”的“一网、一卡、一平台”立体化服务模式建立，使住房保障形成便民、利民、惠民为主常态化公共服务模式，让公共租赁住房分配更公开、公平、公正和透明。2016年，全市分配公共租赁住房14 159套。出台一系列保障性住房分配内部管控制度和流程，形成全市保障性住房服务管理标准，该项标准全部建设完成，被国家标准化委员列入国家级标准化建设试点，正等待国标委组织验收。该项标准推出，将保障性住房从申请到入住，从线上到线下，从系统到个人整个流程进行固化和闭合，对保障性住房系列工作提供有力制度保证。

昆明市城镇保障性安居工程五华区2011年建成的天骄北麓公租房项目

（市住建局 供稿）

【房地产业】 2016年，办理房地产开发资质174家。其中，二级11家、三级11家、四级30家、暂定87家、暂定资质延期35家。全年完成房地产开发投资1 530.50亿元，同比增长5.50%，占全市全社会固定资产投资比重39.04%；全市商品房销售面积1 520.87万平方米，同比增长16.50%。全市房屋施工面积9 518.45万平方米，同比增长3.50%；新开工面积1 472.27万平方米，同比增长34.10%；竣工面积468.97万平方米，同比下降35.00%。全市商品房销售额1 069.17亿元。全市商品房待售面积723.07万平方米，与2015年相比下降1.80%。核发“商品房预售许可证”242件，批准预售面积1 302.75万平方米。

【物业管理】 2016年2月1日，《昆明市物业管理办法》施行。组织对全市物业服务企业工作人员及部分业主委员会委员展开法律法规及专业知识培训，6批次600余人参加。在全市范围内开展昆明市物业服务质量提升年活动。按照属地化管理原则，依托县（市、区）住房城乡建设局，从加强

现代化绿色预拌混凝土生产点

（市住建局 供稿）

企业经营管理、合同制度管理、规范物业服务进入退出制度、清理物业服务企业垄断经营行为、加强楼盘属地备案管理、强化日常物业服务管理、开展物业管理示范项目评审活动等方面，加强对物业服务企业的管理，督促物业服务企业不断提升服务质量，减少物业纠纷。

【建筑业市场管理】 认真落实省外建筑企业入滇工作。围绕提高建筑业市场竞争力、建立调控与约束机制、规范市场秩序、培育其成为新支柱产业，促进全市建筑业快速发展。2016年，建筑业产值2 446.49亿元，同比增长18.10%，按期完成年度目标任务。

（柳 润）

燃气·煤气

【经济指标】 2016年，昆明煤气集团公司总收入1.48亿元，净资产收益率3.60%，利润总额3 071.50万元。

【安全生产】 2016年，全公司签订安全生产目标责任书396份，“一岗双责”责任书34份，将安全生产工作目标任务层层分解，责任书签订落实率100%。全年出动安全检查组303组，参加检查人数1 092人，排查一般安全隐患190起，对检查出隐患要求现场整改，现场整改不了下发整改通知限期整改，明确责任人，整改完成率100%。138人参加消防安全知识培训讲座。组织员工教育培训4 355人次。组织开展燃气干管、庭院立管泄漏、LNG加气站、消防安全突发事故防范演练17次。安全经费投入112.44万元。其中，隐患整改43.12万元、教育培训7.35万元、劳动保护24.79万元、消防投入3.17万元、其他安全投入34.01万元。实现年初提出“六个杜绝”“三个降低”“两个提高”安全生产工作目标，确保全年未发生重大安全责任事故。

【重点工程】 空港完成中缅天然气下载“最后一千米”工程（新320国道至机场B2线干管工程），2016年6月16日立项动员，7月26日完工验收，8月2日点火通气，实现中缅天然气从昆明东支线5号阀室下载经新320国道燃气管道向机场区域供应天然气。官渡工业园区、永润科技、昆明理工大学津桥学院等用户相继通气、点火，空港经济区区域内以及长水机场内各类用户首次使用中缅管输天然气。隆森铝业作为目前空港第二大用气量项目，不到一个月时间完成燃气工程施工，保证项目12月12日顺利通气点火，对稳固经营区域，增加天然气销售量启到重要作用。

【市场开发】 2016年，空港累计完成新增公共用户开发用气量2376米^3/日，为年度计划158%。累计完成新增工业用户开发用气量4650米^3/日，为年度计划116%。完成公共用户开发六户，完成工业用户开发一户，完成民用户开发184户。安宁公司完成燃气工程安装5 922户，完成燃气民用户开发4 201户，完成公共用户开发12户，进一步扩展和巩固安宁公司燃气市场占有率。

【天然气置换】 2016年，昆明市应完成45万户天然气置换工作。截至2016年底，昆明市先后完成25期，包括官渡、西山、盘龙、五华、呈贡、经开、度假7个行政辖区，共计48.82万户居民用户、667户商业用户和8户工业用户天然气置换工作，超额完成市委、市政府下达2016年完成45万户天然气置换工作目标，完成率108.70%。按照省、市工作安排，昆明焦化制气有限公司应2016年9月底前安全、平稳地退出人工煤气供应。F-3、4、5、6、7、12片区置换后，2016年9月21日上午10：00，昆明焦化制气有限公司停止向主城区外供人工煤气，完成预定工作目标。

【内部建设】 2016年，公司制定下发《项目负责人管理办法》《重大事项请示报告制度》《资产出租管理办法》《内部房屋租赁管理办法》《职工食堂公务接待用餐管理办法》《固定资产管理制度》《低值易耗品管理制度》《职工福利管理办法》《内部审计管理办法》等内控制度，使管理更加精细更加优化。

【社会扶贫】 2016年，公司派出各级干部110人次到帮扶点蹲点、调研，直接投入资金30万元，落实项目

6个。对90户贫困户建档立卡，做到精准化识别、针对性扶持、动态化管理，为精准扶贫提供条件。

（杜瑜丽）

城市供水

【经济指标】 2016年，城市供水总量3.84亿立方米，比2015年增长6.70%，完成考核目标值比率110.14%；吨水制水成本1.24元，同比下降1.58%，完成目标值比率-102.82%；营业收入增长率1.29%，同比增长0.02%，完成目标值比率107.50%；水费回收率99.72%，同比提高0.04%，完成目标值比率100.09%；供水安全保障率99.75%，同比提高0.22%，完成目标值比率100.39%。

【调蓄增蓄】 截至2016年12月31日，云龙水库库容2.88亿立方米，比2015年同期多1.03亿立方米，增幅36%，完成省水利厅下达年度调蓄2.50亿立方米目标。云龙水库经过3年“减供增蓄，休养生息”，实现上级政府“一年初见成效、三年大见成效”既定目标，水库多年调节功能、应急保障功能和生态功能得到有效恢复，水库取水口水质全年基本保持在II类，为城市供水提供有力保障。

【冰冻灾害抢修】 2016年1月22~28日，集团公司供水范围内753个小区（主城区710个，呈贡区43个），76 863户用水户供水设施遭到损坏，占自来水用户总数110万户6.90%，造成集团公司经济损失2 072.82万元。为确保城市供水安全、稳定，集团公司全力开展受损水表、水管维修工作。通过媒体、微信、微博等渠道及时发布通告，承诺免费为用户更换贸易结算水表，承担用户供水设施冻损至修复期间用户漏失水量。经过艰苦努力，全面完成抢修任务，确保城市居民用水需求。

【提升供水服务水平】 2016年，通过改表出户及新装一户一表，完成一户一表改造5 173户，累计新增客户13.10万户。新增DN100以上管道 261千米，集团公司管网总长累计4 163千米，管网更新41千米。“96106”客服热线受理客户咨询、报修报漏、水费查询、违章用水举报、客户建议等电话94.60万个，信息传递准确率100%。充分运用新媒体做好服务工作。集团公司官方微博粉丝7.76万人，发布微博信息5 003篇。采取微直播方式与集团领导做客“春城热线”同步进行现场发布。实现与“春城热线”“96106”“12345市长热线”及网民互动。集团微信公众平台

寒潮冰冻灾害期间，昆明市自来水集团公司员工冒雪抢修受损管道。
（市自来水集团公司　供稿）

云龙水库蓄水成效显著

（市自来水集团公司　供稿）

累计关注量10.3万人次，较2015年2.1万人增长381.75%。绑定户号54 950人，占关注人数53.32%。违章举报模块点击量2.89万次，累计工单处理量5 205次。成立工程维护中心，与“96106”实现联动，24小时进行抢修、维护。实现主动上门为用户服务，采取多种便民措施，通过支付宝、微信支付等手段，使柜台缴费比例持续下降到5.30%左右。

【优化制度建设】 从法人治理、财务、人力资源、安全、资产等方面梳理和完善管理制度，在企业体制、机制和制度上加大改革力度，着力推进建立规范现代企业制度。2016年，下发执行6个规章制度及管理办法。截至2016年底，累计完成59个规章制度，各子公司梳理完善管理流程及规章近600个。制定“十三五”规划五年行动计划，细化目标任务。深化全面预算管理，提高预算准确性。统一集团公司财务会计制度，重点加强监督检查；实现资金高度集中、统一调配，降低财务成本及资金运行风险；拓宽融资渠道，在资金压力较大情况下，选择合理融资方案。实施“科技兴水”战略，提出“实现覆盖集团公司全部业务信息化系统，逐步向智慧水务迈进”的信息化建设目标。截至2016年底，完成13个信息化项目建设，正在积极推进其他项目建设。

【技术工艺攻关】 在管网开挖、水厂工艺等方面学习并引入国内外先进技术。通过技术改造，实现水表检测校验台半自动控制，提高水表检测效率；实现水库闸门和部分水厂远程控制，提升供水调度工作效率，完成引进裂管法用于管网改造实际运用。

【安全保障】 全面强化防汛、反恐防恐、应急处置、工程项目、消防安全、安全生产主体责任落实等管理工作。开展各类专项安全大检查28次，查出隐患148项，整改145项，整改率98%；开展各类安全生产宣传教育活动57次，参与1 807人。全面推行安全生产分类分级管理制度，逐步提升供水安全监察执法力度及安全监管能力，全面确保供水安全。

【扶贫工作】 2016年，集团公司扶贫项目涉及云龙乡7个村委会、42个自然村，总施工里程151.90千米，投资概算3 971万元，计划分3年对云龙乡境内实施7项村镇道路建设和37项村内道路硬化工程。截至2016年底，集团公司累计完成道路硬化118.09千米，完成砼路面面积18.81万平方米，完成年度投资计划102.23%，累计完成总投资3 320.83万元，完成总投资83.63%。剩余工程计划2017年上半年完成。

（王森森 陈 璞）

城市节水

【节水宣传】 2016年，开展“全国城市节约用水宣传周启动仪式”，在7 000余辆出租车车顶LED屏投放“建设海绵城市，促进生态文明”节水公益宣传口号，每天24次滚动播出；在全市公交车车载显示屏投放节水专题公益广告片，每天12次循环播放；积极统筹昆明电视台、《昆明日报》《都市时报》等新闻媒体，通过在电视、报纸、短信等媒体进行多层次、多形式宣传和报道，做到电视里有影像、广播里有声音、报刊上有文字；走进小学校园，开展节水知识宣讲、征文比赛等校园节水宣传活动，鼓励学生把校园节水宣传活动中学到的节水知识、节水方法带进家庭、带向社会，带动身边人共同参与节约用水。

【节水管理制度】 编制完成《昆明市建筑与小区雨水综合利用工程设计指南》，规范建筑与小区雨水综合利用工程设计与施工；编制《昆明市饮料制造业、国家机构（党政机关）办公楼用水定额》，使计划（定额）用水更加精准化、规范化；编制完成《昆明市海绵城市建设专项规划（2016~2030）》，对滇池流域范围内昆明中心城区和晋宁县（东城和南城）海绵城市建设进行统一规划；根据《昆明市全面深化生态文明体制改革总体实施方案》要求，编制《昆明市加强节水型社会建设实施方案》，昆明市节水型社会建设工作得到有力推进。

【海绵城市建设】 按照海绵城市建设“渗、滞、蓄、净、用、排”功

2016年全国城市节约用水宣传周启动仪式

（市节水办 供稿）

能要求，结合昆明实际和滇池保护治理需要，借鉴外省经验，以积极争取申报国家和省级海绵城市建设试点为目标，全面推进海绵城市建设各项工作。成立昆明市海绵城市建设工作领导小组，统筹研究和协调解决海绵城市建设中涉及重大事宜，在昆明市计划供水节约用水办公室下设昆明市海绵城市建设管理办公室，协调和推进海绵城市建设工作。制订出台《昆明市海绵城市建设工作方案》，从指导思想、工作目标、实施原则、建设范围、工作任务分工和保障措施等方面对海绵城市建设进行责任分工和工作安排。组织开展《昆明市海绵城市建设专项规划》和《昆明市海绵城市试点建设（三年）实施方案》编制工作，2016年7月30日完成《专项规划》和《实施方案》初稿。2016年11月24日，《专项规划》通过云南省住建厅组织召开专家评审会，同步推进《实施方案》深化完善工作。按照海绵城市建设试点申报要求，起草完成《昆明市海绵城市规划建设管理办法》。结合国家有关海绵城市建设相关政策及目标要求，编制完成《昆明市海绵城市建设技术标准体系》，确保海绵城市建设工程项目顺利推进。积极研究确定海绵城市建设连片试点区域，选择北部片区与草海片区组合作为试点区域，总面积40.33 平方千米。

【计划用水管理】 2016年，及时签订呈贡区、高新区、经开区新户责任书，召开新用水户计划考核动员会，将1 500多户非居民用水户新纳入计划用水管理范围，累计对主城区内月用水量在100立方米以上7 300余户非居民用水户严格实行计划用水管理。对纳入计划用水管理非居民用水户，每年分两次编制下发计划用水指标，按月进行考核，对超计划用水严格收缴超计划用水累进加价水费。通过经济杠杆促进用水户加强用水管理，不断提高用水效率。与节水管理信息系统开发合作单位密切配合，积极开展系统升级工作。切实开展超计划用水累进加价水费机打发票开单，提高计划管理工作效率。

【再生水利用】 严格落实节水“三同时”制度。2016年，昆明主城及呈贡区范围内累计建成分散式再生水利用设施489座，总设计处理规模15.33万立方米/日。主城及呈贡区范围内建设分散式再生水利用设施14座，总设计处理规模0.26万米³/日，处理达标后再生水主要回用于绿化、道路清洁、公共卫生间冲洗及景观环境用水。2016年1~12月，分散式再生水利用量1 164万立方米；集中式再生水利用量620万立方米。加强对建成再生水设施日常运行监管，建立日常监管台账。督促各再生水设施运行单位健全日常运行台账。对纳入日常监管480个再生水利用设施进行1 800余次站点巡查。每月对滇池草海7条主要河道及支流（沟渠）的分散式再生水处理设施运行情况进行检查，确保处理设施存量正常运转，增量适度超前，确保目标任务建成区全覆盖。滇池草海主要入湖河道及支流（沟渠）周边停运的再生水利用设施，具备恢复运行条件均恢复运行。落实三级管理责任机制，加强分散式再生水设施运行监管，开展滇池草海主要入湖河道及支流（沟渠）建立精准治污识别建档立卡签约责任机制督查工作。依照《昆明市城市再生水利用专项资金补助实施办法》规定，对120余个递交再生水利用资金补助申请的再生水利用设施进行按月抄表计量和抽检水质，进行1 628次现场抄表和水质抽查检测。对符合再生水利用资金补助条件及时完成补助资金核算和发放工作。加强对再生水设施运行管理，提高再生水利用设施运行管理人员技术水平。2016年9月，组织再生水利用设施运行管理人员近800人进行业务培训。

【雨水综合利用】 2009年9月起，昆明出台《昆明市城市雨水收集利用的规定》，要求所有新、改、扩建城市道路、高架桥、公园、广场绿地等市政工程项目和民用建筑、工业建筑符合条件都应同期配套建设雨水收集利用设施，对雨水进行综合利用。主城及呈贡区范围内建成211个雨水收集利用设施，设计规模15.17万米³/日。2016年，主城及呈贡区范围内建成52个雨水搜集利用设施，设计规模3.7万米³/日，主要通过下凹式绿地、渗透铺装、植草砖、渗排一体化系统、地下建筑顶面与覆土

再生水利用
（市节水办 供稿）

雨水搜集利用
（市节水办 供稿）

之间滤水层、雨水收集池、模块水池及景观水体等低影响开发设施组合应用，对项目区域内径流雨水进行控制，提高对径流雨水渗透、调蓄、净化、利用和排放等能力。在新建和改建道路中开始推行生态道路建设，有90多条道路采用雨水生态断面技术与道路同步建设。为综合解决城市雨污混流及城区部分区域雨水淹水点问题，结合雨污分流改造工程在主城三环路以内开展雨污调蓄池试点建设，建成17座调蓄池，总容积21.24万立方米，总投资18.74亿元，配套管网17.7千米。对51个建成公园绿地补建雨水综合利用设施。

【水平衡测试和节水型企业（单位）小区创建】 2016年，完成水量平衡测试企业（单位）87户，测试出17户用水户漏水点60余处，漏损量4 855米^3/日，为用水户挽回经济损失600多万元/年。累计完成创建节水型企业（单位）、节水型小区68家，促进节水型社会建设，为昆明市巩固“国家节水型城市”成果奠定基础。

（王雁凌）

测绘

【测绘地理信息管理】 2016年，根据昆明市城市规划建设管理数字化应用项目实施方案和合同要求，市测绘管理中心联合监理方对昆明市城市规划建设管理数字化应用项目成果进行测试试运行，开展项目成果推广应用工作。项目建设昆明市城市规划建设管理数字化应用平台经近一年测试试运行，2016年11月，结束试运行，经专家验收，达到上线运行条件。城管部件普查成果和项目监理工作也在11月全部完成。项目成果在昆明市公安局、昆明市国土资源局等市级10多个部门共享使用，主要应用于昆明市大型活动安保布防、城市规划建设管理、不动产管理、多规合一等方面，还成功应用在2016年南博会安保工作，成为全市城市规划建设工作有力保障，并逐步融入城管、公安、工信委、环保、规划、市政等部门业务工作。项目成果提供给市政府多个部门共享使用，经测算节约市级财政资金约6 000万元。

2016年11月，该项目经评审从全国500余个申报项目中脱颖而出，荣获“2016年中国地理信息产业优秀工程奖金奖”，并荣获“2016年度云南省测绘科技进步奖一等奖”。

【基础测绘地理信息服务】 2016年，中心依托现有基础地理信息数据为市公安（0.50米分辨率卫星影响5 000平方千米、0.20米正射影响507平方千米）、市目督办（云南省行政区划图1张、昆明滇池盆地卫星影像图1张）、昆明学院（经过脱密处理的滇池流域1∶1000地形图及0.50米卫星影像图）、市政府办公厅（滇池流域影像图、昆明市行政区划图、主城五区市域图、主城五区影像图各1份）、市委办公厅（世界地图、中国地图、云南省行政区划图、昆明市行政区划图各一份）、市政府秘书六处（草海片区卫星影像图2 974平方千米）、市环境科学研究院（1∶10000地形图161.70平方千米、阳宗海流域0.50米卫星影像数据287.50平方千米）、省旅游投资服务公司、市工商行政管理局、市土地矿产储备中心等提供基础数据使用和专题图制作。

【“两学一做”专题教育】 2016年，市测绘管理中心通过各种信息化方式宣传信息80多条，编制上报简报及报告40多份，被市级机关工委采纳转发12份。中心领导干部带头讲授专题党课六次，组织召开支委会12次，召开党员大会六次，开展全体干部职工理论学习11次，专题学习研讨三次，邀请专家讲授党课一次，配合开展“两学一做”“五整顿一整治”“基层党建交叉检查”专项督查各一次。组织观看警示教育片，全方位开展“两学一做”专题教育相关工作。

（市测绘管理中心）

【目标任务】 2016年，市测绘院完成KMCORS 11座GPS参考站系统升级改造；完成昆明市主要干道（含双向）200千米原始影像及激光点云数据采集及处理；完成各县区无人机航空影像采集2 000平方千米；完成“多规合一”卫星影像0.50米影像范围8 000平方千米更新；完成昆明市主城区780平方千米1∶500地形图修补测、更新维护及1∶2000地形图缩编工作；完成102平方千米城市三维模型更新维护工作；完成“昆明城市三维地图”“昆明二环路内学校分布图”专题图、“一带一路”建设发展图、昆明主城区三维地图、昆明市地图册等五套专题图。

【测绘保障】 为巫家坝片区、讲武堂片区、滇中片区、空港保税区、长虫山片区等区域专项规划工作，免费提供1∶500数字地形图共百余平方千米；为滇池会展片区、草海片区等区域提供免费三维辅助决策服务；为“多规合一”提供1∶2000地形图数据提供1 271平方千米，坐标转换8批次；为滇中新区提供最新卫星影像数据1 300平方千米、1∶2000地形图486平方千米；完成规划批后测量800余项，三维辅助决策60余项。充分发挥自身技术优势，为昆明市园林城市创建、昆明市主城区地下空间普查、轨道交通6号线、1号线支线竣工测量、轨道交通4号线初设地形测量、滇池航道水下地形测量、滇中片区河道断面测量、主城区天然气置换、自来水设施改造、滇中引水工程、长水机场改扩建工程等基础建设工程及重点项目提供大量测绘保障工作。

【数字昆明】 由国家测绘地理信息局、云南省测绘地理信息局、昆明市

测绘新装备

（市测绘院 供稿）

人民政府三方合作共建，昆明市规划局牵头，昆明市测绘研究院作为具体实施单位的数字昆明项目，经过四年努力，全面完成“一库、一平台、一套机制、七个典型应用”建设，2016年8月2日，通过国家局验收。数字昆明地理空间框架建成，对促进地理信息资源充分利用和共享，提供城市公共服务、应急处理以及科学决策能力和水平，具有十分重要意义。

【公益服务】 发挥测绘公益服务宗旨，为省市领导提供挂图，为市政府接待办南博会、农博会等大型活动提供地图，积极参与社区服务，向公众提供大量地图产品，为南博会、昆明新南站提供多项、多次应急测绘服务。

（张君华）

城建档案

【概况】 2016年，市城建档案馆接收全市工程档案（含建设工程、市政工程档案）29 000余卷，规划档案4 040卷。完成规划档案数字化1 080卷，接收电子档案 1 500余G，均超额完成全年工作任务。对官渡王官湿地、呈贡斗南湿地、晋宁东大河湿地三个湿地公园建设情况进行声像资料收集，做到及时跟进湿地建设进展，如实反映湿地建设状貌。完成三大湿地公园年内所有建设施工项目部分声像资料收集工作。拍摄录像档案（包括航拍）38GB，201分钟，照片档案（包括航拍）24.50GB，1 844张。完成大观公园航拍影像资料收集工作，顺利完成声像资料拍摄收集工作。

【内部建设】 2016年，持续、深入推进制度建设，经馆党政领导班子联席会议研究，制定《昆明市城建档案馆党政班子联席会议事规则（试行）》《昆明市城建档案馆馆长办公会议事规则（试行）》《昆明市城建档案馆馆领导班子例会议事规则（试行）》等三个会议议事规则，严格遵照执行，保证各项工作顺利开展。

【工程档案管理】 对照国家标准《建设工程文件归档整理规范》，结合昆明市工程建设实际情况，对原有城建档案标准目录进行梳理优化。组织制定《昆明市城建档案馆服务手册》，在市规划局网站上予以公示。认真开展档案业务协调、沟通工作，加强与省、地州、市及各县区城建档案系统业务联系，多次到滇中新区、倘甸新区等单位进行对接协调。积极开展档案业务指导，全年开展对外业务指导78次。对重点工程项目，如对昆明轨道交通、滇池治理等重点工程项目及时跟进，做好现场档案业务指导和跟踪管理。加强管线工程档案管理，草拟完成《昆明市燃气工程档案管理要求（暂行）》，2016年8月，由市规划局和市住建局联合下发。

【信息化建设】 积极推进城建档案馆信息化建设，认真研究城建档案信息化发展方向和趋势，年内完成“数字沙盘”接收工作，为下一步推进数字化档案馆建设打下良好基础。持续推动城建档案信息管理系统健全完善工作，针对系统功能进行调整和修改完善。积极与内蒙古包头市城建档案馆、省内红河州城建档案馆协调对接，完成电子档案省外、省内异地备份工作。

【库房管理】 大力开展档案提供利用工作，充分发挥城建档案馆作为城市建设信息中心功能，展现城建档案独有价值，2016年，提供档案利用770家/次，调卷4 201卷。

【城建档案编研】 2016年，重点围绕湿地建设及滇池治理、滇中新区、城中村改造、金汁河河道改造、地铁施工建设等项目开展声像档案资料收集，接收声像档案298卷，照片249 140张。完成《“昆明—滇中新区远景空间发展”专题研究单一来源采购论证》《2016昆明市园林绿化受灾情况及补种情况》等视频拍摄制作，拍摄收集视频资料3 000余分钟。积极学习兄弟城建档案馆经验，筛选省内、省外城建档案政策、信息等有关资料，编辑资料信息，为城建档案编研提供参考借鉴。完成“新中国人才建设史料——昆明卷之城建档案篇”撰写工作。编辑编研信息12期，撰写简讯56篇，其他资讯94篇。

（市城建档案馆）

环境保护

◆责任编辑　李　震

环境保护

【污染物总量减排】 2016年，昆明市坚持把污染减排作为调结构、转方式重要抓手。突出抓好重点企业减排技术改造、农业源治理、规模化畜禽养殖、污水处理厂及配套管网建设等重点减排任务，实施网格化管理，加大减排项目督察力度，强化建成重点减排设施正常运行监管。完成重点减排项目71个，完成云南省下达减排项目任务101.40%。在云南省政府发布《2015年及“十二五”各州市主要污染物总量减排目标责任制考核结果的通报》中，昆明市2015年及“十二五”主要污染物总量减排目标责任制考核结果均为优秀。

【环评审批】 2016年，引导工业项目向工业园区集中集群发展，完成规划环评两个。严格执行“三同时”制度，加强建设项目全过程监管。对不符合区域环境保护要求、国家产业政策、工业园区规划功能定位、区域环境保护项目及未落实主要污染物总量指标、不进入工业园区工业项目一律不予审批。环评验收134个，建设项目“三同时”验收合格执行率100%。环评审批实行“一窗式受理、一站式办结、一条龙服务”。将环评审批纳入云南省投资项目并联审批系统、昆明市电子监察系统进行监管。2016年2月21日，取消建设项目试运行审批。昆明新机场、昆明轨道交通、中石油云南炼油项目、乌东德水电站、柴石滩灌区、机场北高速公路项目、空港大道、昆玉高速公路收费站外移项目等重点项目环评文件均及时获得审批。

【水污染防治】 滇池治理。坚持科学治水，组织开展滇池湖体10个测点及35条入滇河流72个监测断面按月进行水质监督性监测；开展滇池草海湖体三个断面、草海区域七条河流17个断面，第一、第三、第九水质净化厂外排口水质监测工作；开展草海水体流动场、草海湖体垂直、水平、水质变化研究、草海湖体不同季节水质、水位变化规律专题研究。每月对草海流域企业排污情况进行巡查。建成滇池流域水环境监测网络及信息平台。2016年，滇池草海、外海水质达到地表水Ⅴ类，富营养化程度均为中度富营养。与2015年比较，滇池草海、外海水质类别均由劣Ⅴ类转为Ⅴ类，纳入国家考核12条入滇河道水质全部达标，滇池水环境质量持续改善。滇池流域水污染防治规划考核，2015年度考核得分72.70分，考核结果“较好”。

牛栏江（昆明段）水污染治理。开展牛栏江流域拉网式污染源普查及专项整治，严厉打击违法排污。2016年，牛栏江昆明市出境断面河口达到Ⅲ类水保护目标。

阳宗海治理。组织编制《阳宗海流域水环境保护治理“十三五”规划》及《昆明市阳宗海流域水体达标方案（2016~2020年）》。加快阳宗海环湖截污工程建设。加强流域农村环境综合连片整治工作和入湖河道整治及管理。2016年，阳宗海水质达III类水标准。

【饮用水源保护】 组织对集中式饮用水源地进行环保专项整治行动。组织开展昆明主城及县级集中式饮用水源环境状况评估工作。定期分析上报主城区集中式饮用水源地水质监测结果。监测数据显示，2016年，城市集中式饮用水源地水质达标率100%。

【大气环境污染防治】 城市扬尘污染控制。编制上报《昆明市大气颗粒物来源解析报告》，下发《关于做好主城区工业生产类企业分类处置工作的通知》《昆明市主城区工业生产类企业分类处置工作方案的通知》，稳步推进主城区工业生产类企业搬迁改造工作。加大对产能严重过剩行业产能控制，对昆明市辖区范围内重点企业污染源自动监控设施开展现场环境监察，强化列入2015年云南省减排监察系数核算重点监控企业和省级工程减排项目环境监管力度。加强对禁燃区范围内销售、使用高污染燃料的违法行为查处。对昆明金星啤酒有限公司、云南捷森木业等企业在禁燃区违法使用高污染燃料行为进行行政处罚。

机动车尾气检测管理。推进昆明主城区范围内加油站油气回收综合治理工作，主城区50座加油站完成油气回收综合治理工作。开展昆明市市级公务用车黄标车和老旧车比对工作，完成3 348辆信息比对。昆明市23家机动车安检站（汽车）全部建设简易工况法环保检测线，实现昆明市机动车安检和环检全覆盖。2016年，昆明市检测机动车70余万辆，发放环保标志50余万个。

2016年，昆明主城空气质量优146天、良216天、轻度污染4天、优良率98.90%，空气PM10浓度55.08微克/米^3，空气质量达国家二级标准要求。在全国74个城市空气质量排名中，昆明名列省会城市前十名。

【土壤污染防治】 编制完成《昆明市近期土壤环境保护和综合治理方案》。开展昆明市工业污染场地调查工作和昆明市土壤网格化调查前期工作。围绕《昆明市近期土壤环境保护和综合治理方案》确定土壤优先保护、土壤环境监管、土壤环境风险控制、土壤监测能力建设16项主要任务，全面推进各项工作。

【农村环境综合整治】 落实农村环保“以奖代补”“以奖促治”政策，组织完成争取2015年中央农村环保专项资金、省级环保专项资金的农村环境综合整治项目申报和入国家项目储备库工作。做好传统村落环境综合整治项目申报工作，2016年，晋宁县、禄劝县、西山区、石林县、宜良县五个县区14个村（村委会），获得中央财政传统村落环境综合整治项目2 100万元资金支持。下发《昆明市生态保护红线划定工作方案》，编制《昆明市生态保护红线划定技术方案》，积极推进昆明生态保护红线划定工作。

【危险、医疗废物管理、核辐射安全检查】 开展查处取缔非法炼油厂工作，对寻甸塘子工业园区磷化工企业开展专项调查；对危废环境安全管理和教学科研单位危险废物开展专项整治工作。严格按照程序开展危险废物跨市转移审批工作，办理跨市转移审批件830余件。对涉危企业开展现场检查213家次，立案查处涉危环境违法案件四件，处罚金49.50万元，刑事拘留四人、行政拘留一人、判刑一人。昆明市危险废物处置利用率、医疗废物集中处置率均100%。开展放射源清查专项行动，对昆明市辖区销售、使用Ⅳ类、Ⅴ类放射源73家单位进行全面清查，并督促存在问题单位进行整改。

【生态体制改革】 2016年，制定《昆明市生态文明体制改革2016年工作要点及任务分解》。出台《生态保护红线划定工作方案》，制定昆明市林地和森林、湿地保护红线划定方案，开展昆明市自然资源资产负债表编制试点。健全水源保护区生态补偿机制，积极实行环境污染第三方治理，在全国率先成立环境污染损害鉴定评估和司法鉴定中心。下发《昆明市贯彻〈云南省党政领导干部生态环境损害责任追究实施细则（试行）〉的意见》，以严厉问责推动生态文明建设。

【生态创建】 石林县创建国家级生态县通过国家环保部组织考核验收，待命名；西山区、呈贡区、石林县、宜良县、晋宁县五个县（区）获得云南省生态文明县（市、区）命名；五华区、盘龙区、官渡区、富民县、禄劝县五个县（区）创建云南省生态文明县（市、区）通过验收公示，待云南省政府命名；嵩明县创建云南省生态文明县（市、区）通过考核验收；安宁市通过昆明市市级考核验收；36个乡镇（街道）获得国家级生态乡镇（街道）命名；70个乡镇（街道）获得云南省生态文明乡（镇、街道）命名，两个乡镇创建云南省生态文明乡（镇、街道）通过验收公示，待云南省政府命名；两个村（社区）获得国家级生态村（社区）命名；24个村（社区）获得云南省生态文明村（社区）命名，11个村（社区）创建云南省生态文明村（社区）通过验收公示，待云南省政府命名；1 120个村（社区）获得昆明市市级生态村（社区）命名。创成406所市级绿色学校、168个绿色社区、28个环境教育基地和137家“宁静小区。昆明市各县（市、区）绿色生态创建基本形成“典型带动，整体推进”“串成线，连成片”格局。

【环境监管】 严厉查处环境违法行为，加强环境监管，加大噪音、大气、扬尘、土壤污染防治力度。在中高考、“两会”及重大会议期间，出动环境监察人员300余人、车辆120余次开展噪声专项执法检查。对敏感点工业企业、城市建筑施工工地、城区娱乐场所等噪声源敏感区域进行不间断检查、巡视，督促噪声排放单位和个人采取有效防治措施，防止噪声污染。在扬尘整治方面，2016年，昆明市出动环境监察人员400余人次开展各类检查，在日常环境监察工作中，加大工业企业有组织、无组织废气排放监管力度。持续开展餐饮业环境污染整治工作，严格执行禁燃区规定。对销售、使用高污染燃料违法行为及时进行处理，2016年4~5月集中力量对火车新南站开展扬尘整治行动，有效地控制城区扬尘污染。建立以污染源档案为基础污染源动态数据库，整合污染源从环评批复、竣工验收、排污许可证、排污申报、排污收费、行政执法等方面业务数据。完善“环保通”移动执法系统，实现监察任务下达，现场笔录、监察记录等档案电子化管理。

【环境信访】 为方便群众对环境污染问题进行举报，除受理“12369”环保举报投诉外，昆明市相继开通“微博舆情”和微信举报受理平台，及时办事各类投诉事件并按时反馈处理意见，对投诉中各类环境污染事件进行督办，促进污染问题有效解决。2016年，昆明市环境执法部门处理投诉8 972件，“12369”环境污染投诉及“12345”昆明市政府热线办交办件办结率100%，满意率99%。未发生重大环境安全事件。

【宣传教育】 开展丰富多彩“五进”即进社区、进企业、进学校、进乡村、进机关宣传活动，引导社会各界提高对保护环境法律法规认识。邀请昆明理工大学法学院专家为县区企业负责人和环保干部授课。自2016年

7月起，每月组织开展昆明市“关爱滇池·春城志愿者在行动”活动，带动广大人民积极投身到关爱滇池、保护滇池活动中。组织开展“六五”世界环境日宣传活动。2016年，确定昆明市“六五”环境日主题“绿色发展·生态昆明”。组织召开“2015年昆明市环境状况公报”新闻通报会、“绿色发展·生态昆明”环保公益摄影展。与昆明学院联合在昆明学院报告厅举办“绿色发展·生态昆明”为主题环境宣传活动，充分发挥媒体、微博、微信等载体开展宣传；在《昆明日报》、昆明广播电视台、昆明信息港开设学习贯彻新《环境保护法》解读专栏、专题，对亮点进行解读；与都市时报联合开设“民生与环保”栏目；与《昆明日报》联合开设“环保生活在身边”专栏。发挥“昆明环保”微博、微信等新兴载体作用，“昆明环保”微信发布环保信息近300条，“昆明环保”微博发布环保信息2 000余条，原创率95%以上，粉丝15万余人。

【环保督查】 2016年7月15日至8月15日，国家环境保护第七督察组对云南省环境保护工作进行督察。昆明市委召开常委会，专题研究部署，成立昆明市委、市政府主要领导为组长的昆明市迎接中央环境保护督察工作领导小组，统筹组织协调昆明市各级各部门，及时办理转办件，确保交办环境问题及时交办、转办、会办和办结。昆明市成立投诉举报件工作执法处置工作小组，创新和建立昆明市环保督察“四统一”（统一集中办公、统一研究部署、统一指挥调度、统一督办问效）和“五强化五提高”（强化责任意识、提高工作效能；强化跟踪督查、提高办结效率；强化执纪问责、提高履职能力；强化信息公开、提高办件透明度；强化资料报送、提高办件质量）工作机制，建立“每天一例会”工作机制。督查组下沉昆明期间，昆明市每天20：00由市政府分管领导（驻点指挥长）主持召开会议，专题听取和研究部署转办件办理情况和环境违法行为查处情况，全力推进举报投诉案件办理工作。中央督察组督察期间，昆明收到投诉转办件690件，所有转交办件全部按时办结，办结率100%。先后对189个问题责令立即整改；对39个问题限期整改；对41个问题立案查处。对3个涉嫌刑事案件移交公安立案侦查，刑事拘留3人，行政拘留6人，查封扣押1起，关停取缔8起，约谈382人，问责70人；对34起案件进行处罚，罚款247.39万元。

（市环保局）

滇池保护

【滇池治理】 2016年，实施滇池保护治理项目60个，完成投资33.15亿元，开工建设日处理12万方第十三水质净化厂、主城西片调蓄池等一批截污治污重点项目；完成排水管网建设109千米；开展海河黑臭水体整治，实施广普大沟、七亩沟、郑和路沟等河道及支流沟渠不达标水体水质提升工作。完成五甲宝象河、虾坝河、海河（铁路段）等河道水环境综合整治工程；完成滇池外海北岸水体置换通道提升改造工程建设；在滇池湖滨拆除房屋8.4万平方米；建成古城河入湖口湿地1 022亩、白鱼河入湖口湿地316亩；完成滇池面山造林补植及幼林抚育一万亩；实施减肥减药技术推广，完成农田测土配方施肥40.80万亩。 争取池治理水污染防治项目中央重点流域水污染防治专项、省级补助资金6.27亿元，国家专项建设基金1.05亿元。

【滇池水质】 2016年，滇池外海和草海富营养化水平进一步减轻，与2015年相比，综合营养状态指数分别下降2%和8%，全湖中度富营养（其中1~6月为轻度富营养）；滇池蓝藻水华程度明显减轻，全湖由重度水华向中度、轻度水华过渡，发生蓝藻水华总天数大幅度减少；滇池外海和草海水质类别均由劣Ⅴ类提升为Ⅴ类，实现近20年来首次突破，滇池水质持续改善。水生植物种类280种，鱼类23种，鸟类138种，濒临灭绝的国家珍稀鸟类彩鹮在滇池出现。中央电视台评选活动中滇池湿地荣获“中国最美湿地”。

【健全法治保障】 抓好《云南省滇池保护条例》贯彻落实，公布《滇池分级保护范围划定方案》，划定滇池

永昌湿地

（市滇管局 供稿）

一、二、三级保护区具体范围，组织实施滇池一级保护区界桩设置。颁布《环滇池湖滨生态区管理规定》，开展《昆明市河道管理条例》《昆明市城市排水管理条例》《滇池保护条例实施细则》修订立法工作，不断健全滇池保护治理法律法规体系。

【新（改、扩）建项目审查】 严格贯彻执行《云南省滇池保护条例》及政府相关决定。2016年，收到滇池流域开发建设项目申报件412件，办结412件。其中，经现场踏勘及审查，出具选址意见135份，免予审查意见书277份。

【排水许可管理】 2016年，审批核发“排水许可证”394份。强化批后监管，委托专业单位对170户排水户排水水质进行监测，督促超标排水户进行整改。对“排水许可证”有效期内排水户进行现场检查和面谈回访438次，发现违法排水行为及时督促整改。

【设施维护管理】 按照“一城、一头、一网”管理要求，2016年4月22日印发执行《昆明市主城区公共排水设施运行维护及监督管理办法（试行）》。截至2016年底，市排水公司统管主城4 298千米公共排水管渠、93座排水泵站、17座雨污调蓄池、30座河道闸，以及环湖截污11座雨污控制室、274座截污闸等设施。市滇池管理局负责对维护管理情况进行监管。

【违法违规查处】 开展联合执法、区域执法、交叉执法，深入开展专项整治行动，严厉打击向滇池及入湖河道偷排污水、倾倒垃圾以及乱占乱建等违法违规行为，以严厉法治手段为滇池保护治理提供保障。2016年，开展日常检查2 350人次，巡查入滇河道1 987人次，查处案件并办结527件，完成处罚金额259.60万元。组织开展专项整治活动 20次，拆除湖滨带及河道违章建筑7 240平方米。

【渔政水面执法】 为保护渔业资源，昼夜不间断开展滇池水面巡查执法，严厉打击偷捕滇池渔业资源违法行为。2016年，开展大型联合执法行动35次，出动执法船艇1 152艇次、车辆300辆次、执法人员3 581人次，收缴船只、轮胎筏子等偷捕工具188个，查获电捕器19套；劝阻钓鱼行为962起，销毁钓鱼竿54根，行政处罚1 012人次；清理取缔迷魂阵、地笼、虾笼等各类违禁渔具12.60万余个、拔除竹竿10.70万余根。

【滇池渔业增殖放流及滇池开封湖】 为削减滇池内源污染，恢复滇池水生生物多样性，2016年，使用市级财政资金135万元，放流滇池高背鲫鱼苗650.50万尾、鲢鳙鱼种107.10吨。滇池开湖采取捕捞大型经济鱼类与捕捞银鱼和虾分开、分阶段捕捞方式开展，审验办理捕捞许可证1296本。开湖期间，捕捞鲢、鳙鱼2 700吨，鲤鱼260吨，鲫鱼380吨，虾200吨，银鱼150吨，红鳍鲌和杂鱼400吨，捕捞大型经济鱼类4 090吨，去除总氮120余吨、总磷25多吨。

【强化水面管理】 为维护滇池水域景观，控制和减少滇池污染，通过公开招投标确定打捞公司，引入第三方监理，市、区两级渔政部门进行日常监管，进一步强化滇池湖面管理和保洁。2016年，滇池水面漂浮物打捞工作出动打捞人员23 057人次，打捞船只8 451船次，打捞出水面垃圾、漂浮物3 893.90吨；出动监管执法人员6 023人次，执法船艇1 749艘次，监管执法车辆663辆次。开展日常检查、巡查563人次。对取得滇池水路运输经营资格6家船舶经营单位及其所经营71艘船舶的水路运输许可证、船舶营业运输证进行资质核查和年审工作。全年安全运送旅客26.25万人。

【滇池水位调控】 根据天气预报，密切关注水情，积极联系上下游防汛相关部门，实行牛栏江—云龙水库—松华坝水库—滇池—螳螂川联合调度，科学合理调控滇池水位，克服污水处理厂尾水外排及资源化利用工程和外海北部水体置换通道工程，运行占用西园隧洞1/2的防洪空间以及牛栏江草海补水工程的实施带来的压力和困难。2016年，西园隧道、海口闸下泄水量分别为5.56亿立方米、5.76亿立方米，保障滇池防洪安全和水质改善。

【完善农村污水处理设施运行管理机制】 经2016年9月23日十三届政府第122次常务会议讨论通过，2016年11月30日，市滇池管理局代表市政府与昆明滇池水务股份有限公司签订《滇池流域及牛栏江补水区（昆明段）集镇、村庄生活污水收集处理设施运行维护委托运营管理协议》，采取特许经营、政府购买服务方式，将建成20座集镇污水处理设施和885座农村污水收集设施委托滇池水务公司进行专业化运营维护管理，确保农村污水处理设施正常运行。

【草海综合整治】 创新出台“草海入湖河道及支流（沟渠）建立精准治污识别建档立卡签约责任制度”；完成新、老运粮河河口导流带建设，恢复、新建水生植物1 000亩；完成玉带河、篆塘河、西坝河清淤除障工程和盘龙江南坝卧倒闸提升改造工程，实现牛栏江引水补水草海；完成第一、三、九水质净化厂出水第一阶段水质提质工作；完成草海周边118个、929亩水塘（鱼塘）清退工作，拆除建（构）筑物4 000平方米。

【水质监测】 将30条入滇池主要河道、84条支流沟渠、主干管网、污水处理厂等人工及自动化监测数据纳入在线监测信息平台，以数据库为基础，GIS信息系统为载体，将水质监测数据采集、管理和应用作为一个整体，形成集数据采集、传输、存储、管理、加工、分析、应用、预警等功能为一体水质监测信息系统，强化对防污、治污设施精细化管理。加强主城区雨污水管理调度，针对部分水质净化厂超负荷运行现状，督促指导主城区第三、第九水质净化厂之间，第四、第五水质净化厂之间，第一、第二、第七八、第十水质净化厂之间联合调度，形成泵站、调蓄池和污水处理厂联合调度机制，保证雨污水得到有效处置，削减污染负荷。

2016年10月，环滇骑行宣传滇池保护。

（市滇管局　供稿）

【提升治理水平】 与清华大学、北京大学、云南大学、昆明理工大学、中国环境科学研究院、中科院水生生物研究所、云南省环境科学院、云南省生态农业研究所、北京碧水源科技股份有限公司、北京科净源科技股份有限公司等大专院校、科研院所和环保企业开展滇池保护治理专项合作，建立工作合作机制，取得一批成果。实施中德水专项滇池项目，利用德国专利技术完成污染底泥减量控磷控藻试验；实施洛龙河水质净化厂水质提升试验示范项目；完成草海水环境监测信息平台建设；开展草海水体流动场、滇池草海蓝藻绿藻生长机理影响要素等六个课题研究，完成三个，正在深化研究三个，科学指导草海水环境综合整治工作。委托中国工程院完成滇池“十二五”规划执行情况评估，委托中国环境科学研究院和环保部规划院编制完成滇池“十三五”规划。

【治理宣传】 开展关爱滇池春城志愿活动6场，启动昆明市2016年滇池保护治理宣传月活动，联合《昆明日报》邀请部分企业，通过公益劳动、公益宣传方式开展“市民河长”系列活动。联合《都市时报》推出“笔尖上的滇池——滇池美文征集”“滇池伴我成长——00后小记者走访滇池”“童心童愿画滇池”“志愿者环滇骑行”活动四大公益活动。2016年，各级媒体发布新闻报道1 332篇条。先后组织新闻媒体开展专题采访40余次。利用“滇池清”网站、官方微博、“滇池”微信公众号，面向公众及时发布滇池治理信息，发布网站信息214条，微博信息1 011条，编发微信83条，编发《滇池舆情》899条，《电子信息》70条，《滇池动态》46期。2016年，组织各类滇池保护治理相关宣传活动57场，搭建全民参与、爱护滇池宣传平台。借助环滇池自行车赛、中华龙舟赛滇池站、上合马拉松赛等国内外知名赛事，积极宣传滇池保护治理成效。

（市滇池管理局）

【昆明滇投公司各项经济指标】 截至2016年底，昆明滇池投资有限责任公司资产总额约570亿元，比年初增加8.08%，负债总额约350亿元，比年初增加1.99%；净资产总额约220亿元，比年初增长19.36%；资产负债率约61.30%，比年初降低3.66%；营业收入约10.61亿元，比2015年增加2.96亿元；全年利润总额约3亿元，国有资产保值增值率101.20%，主要经济指标保持稳中有增。

【创新融资模式】 2016年，通过银行贷款、融资租赁、债务置换、专项建设基金、PPN、争取上级财政补助资金等方式实现资金到位142.53亿元，平均融资成本约4.24%。2016年12月30日，第四期滇池治理企业债获得国家发改委批复。融资工作顺利推进，资金及时到位，为资金有序链接及滇池治理资金需求提供强有力保障。

【推进滇池项目治理】 为加速草海水质提升，实施牛栏江—草海通道工程、草海西岸导流带和前置库水体净化工程，提升昆明市第一、三、九水质净化厂出水标准，有效削减进入草海污染负荷。2016年，实现草海补水2.80亿立方米。随着草海水质提升，昆明市在草海举办“中华龙舟大赛”“艇进滇池赛艇友谊赛”。为构建滇池健康水循环，减轻滇池外海北部蓝藻富集，采用爆破掘进方式建成滇池外海北部水体置换通道，与尾水外排通道共同置换富藻水1.40亿立方米，加上其他蓝藻设施年度处理富藻水760万立方米。2016年，滇池外海北部蓝藻重度富集天数仅6天，比2015年减少35%；中度富集15天，比2015年减少33.30%。2016年，完成工程建设投资32亿元，符合“国家统计联网直报数据库”入库条件项目25个，完成固定资产投资28亿元。

2016年，水质提标改造后出水水质已达到地表水Ⅲ类的昆明市第三水质净化厂。
（昆明滇池投资公司　供稿）

【科技创新】　2016年，控股的昆明滇池水务股份有限公司（滇池水务公司）负责运营管理的昆明主城各水质净化厂运行状态良好，累计处理污水5.10亿立方米，河道补水3.10亿立方米。把科技创新成果转化为新项目、新模式、新工艺，通过技术成果转化应用，平均吨水耗电量约0.24千瓦时，比全国行业平均水平0.30千瓦时低20%，主城区各水质净化厂出水水质均在国家一级A标基础上有所提高；积极拓展水务市场，业务区域增至贵州、安徽、浙江、江苏等省以及老挝等东南亚地区，初步形成云贵川连片发展、华东地区快速扩张、东南亚地区重点突破区域化市场格局。2016年11月，取得中国证监会核准发行境外上市外资股批复，12月，通过香港联交所上市委员会聆讯，完成上市审批工作。

【排水设施维护管理】　2016年，昆明排水设施管理有限责任公司（排水公司）以专业化管理和市场化维护为抓手，继续做好公共排水设施服务工作，全年坚持全天24小时值班制度，累计处理公共排水服务案件1.32万件，开展技术服务169项。按照“一点一策”原则对122处淹积水点进行整治。主城区每小时降雨强度超过5毫米降雨61场，均未发生长时间、大面积淹水情况，完成南博会、中高考、药博会防汛保障工作，保证主城安全度汛。截至2016年底，排水公司负责统一管养主城五区（五华、盘龙、西山、官渡及度假区）4 300千米公共排水管渠、93座排水泵站、17座雨污调蓄池、30座河闸，以及环湖截污274座截污闸、159座沉砂池、11座雨污控制室等设施，防汛排涝服务面积312平方千米。

处理公共排水问题
（昆明滇池投资公司　供稿）

【土地资源开发】　2016年，对土地业务版块进行新定位和规划，紧紧围绕负责实施的滇池治理工作开展，逐步把所属全资子公司——昆明滇池置业有限责任公司打造成具备土地版块融资能力实体。实现土地挂牌8宗340亩，成交5宗200亩，成交金额14.7亿元，实现资金回笼10.15亿元。完成征地2 400亩。其中，1 700亩用于土地一级开发项目；700亩用于滇池治理生态建设项目。完成指标报批1 160亩。其中，可用于土地一级开发新增建设用地指标1 007亩；用于滇池治理生态建设项目153亩。积极探索土地开发新模式，成功引入社会投资人承担羊肠大村城中村改造任务，收回项目前期投入成本4.13亿元。推进东大河片区及拓展区、古滇王国拓展区、三合五组片区土总规调整工作，为下一步土地资源释放奠定基础。

【盘活国有资产】　2016年，昆明瀑布公园、官渡王官、呈贡斗南、晋宁南滇池湿地免费向市民开放。以社会效益为重，在昆明瀑布公园建成社会主义核心价值观教育基地，在湿地广泛开展各类滇池保护治理公益宣传活动。其中王官、斗南、南滇池等滇池湿地在中央电视台组织“中国最美湿地”评选活动中获得冠军；与云南省环保协会、昆明市滇池管理局、昆明报业传媒集团共同举办“最美湿地生态滇池”摄影大赛，掀起关注湿地、赞滇池美景热潮。昆明瀑布公园和三块湿地接待游客350万人次，园区秩序良好、运营平稳。

【内部管理】　2016年，严格落实“三重一大”决策制度，召开职代会、党委会、董事会、总经理办公会37次，累计审议议题254项；聘请专业律师事务所、会计师事务所参与重大事项分析研究，为决策提供专业咨询意见，有效防范经营风险；配合国家审计署、省审计厅做好对滇池治理专项审计工作；进行内部审计及检查5次，揭示问题及建议18项，规范子公司经营管理行为；继续做好内部督查、外部协调工作，健全、完善公司重大工程项目、工作任务实时动态监控，促进工作全力推进；编制完成总部《定岗定编方案》，进一步优化与公司集团化发展相适应组织结构，实现岗位编制管理规范化、制度化。在中央、省、市级媒体宣传报道各项重点工作449篇次，工作信息被市级各单位采用102篇次，在市国资委监管22家企业中，政务信息采用量排名第一。

【扶贫帮困】 2016年，投入扶贫资金3 393万元，用于倘甸转龙镇82个基础设施项目建设和寻甸县帮扶，派驻13名驻村扶贫工作人员完成驻村扶贫任务。负责省级建档立卡贫困户186户659人，实现171户614人脱贫，剩余15户45人预脱贫。镇村通道路、通村道路硬化率、村内道路硬化率、人饮安全等均达到或超过国家考核标准，全面完成年度扶贫工作目标任务。

（昆明滇池投资有限责任公司）

环境监测科研

【环境监测】 每月编报《滇池水质月报》《国家重点流域水质月报》《九湖月报》《滇池出入湖河流水质月报》《昆明市环境质量综合月报》等各类月报。以自动化监测为推手，做到科学监测，客观分析，客观反映环境质量，为昆明市环境保护、污染治理、环境规划和政府决策提供技术保障。2016年10月，根据环保部要求，昆明市顺利完成空气质量监测城市站社会化运维移交工作。

【滇池流域水质监测】 2016年3月，建成草海水环境监测平台，该平台可通过3D遨游，了解草海全貌及周边入湖河道和入湖河口情况，查看草海及其入湖河道支流沟渠监测断面分布情况、各断面周边地形地貌；查看各行政区界范围内的断面分布情况；查看各监测断面不同年、月水质目标、水质现状、水质监测数据、水质同比环比变化情况及流量监测数据，查阅各类专报和月报。2016年12月，滇池流域水质监测信息平台建设完成。对湖体10个断面、滇池流域区域36条河流74个断面、第一至十水质净化厂出口等11家流域污水处理厂、草海东风坝、松华坝水库等七个城市集中饮用水源地水质进行监测。昆明市环境保护局对昆明市城市排水监测站、昆明市水文水资源局监测数据进行汇总分析，编制并按时上报昆明市委目督办《滇池草海片区水环境质量监测专报》12期。

【主要污染物总量减排监测体系】 2016年，昆明市国控重点污染源自动监控数据传输有效率98.81%（国家要求数据传输有效率75%），企业自行监测结果公布率100%（国家要求企业自行监测结果公布率80%），监督性监测结果公布率100%。强化社会监督，引导督促昆明市各县（市、区）进一步增强大气污染治理主动性、积极性。编制《昆明市城市环境空气质量监测预报预警平台建设方案》，形成针对适用于昆明市大气环境预测预警业务化系统平台。

【环境规划编制】 围绕滇池污染治理、生态环境保护工作等重点，编制完成《滇池流域水环境保护治理“十三五”规划》《昆明市“十三五”大气污染防治规划》等六个重点规划及官渡等县区10余个环保规划编写工作。编制完成《昆明市水污染防治行动计划实施方案》《云龙水库饮用水水源保护区（昆明区域）村庄生活垃圾治理实施方案》《昆明市重要生态系统调查与保护研究实施方案》等25个实施方案。

【环境污染损害评估】 为进一步推动全国环境污染损害鉴定评估，环保部成立全国环境污染损害鉴定评估试点工作领导小组，昆明作为试点城市，率先成立“昆明环境污染损害司法鉴定中心”。建立完善“环境技术咨询制度”“环境损害鉴定评估工作流程”和“环境损害鉴定评估专家库”，开展46起环境污染损害事件调查、评估工作，出具鉴定意见书43份。昆明市办理环境案件形成的部分办法和规定被国家有关立法所采用。如《关于办理污染环境非法捕捞水产品等刑事案件若干问题的意见（试行）》中“严重污染环境的情形”被《最高人民法院关于审理环境污染刑事案件具体应用法律若干问题的解释》中采纳；昆明市《关于审理环境民事公益诉讼若干问题的意见》中关于公益诉讼主体和诉讼程序的规定被新《环境保护法》《最高人民法院关于审理环境侵权责任纠纷案件适用法律若干问题的解释》《最高人民法院关于审理环境民事公益诉讼案件适用法律若干问题的解释》中采纳。

（市环境科研所）

现代新昆明建设·开发区建设

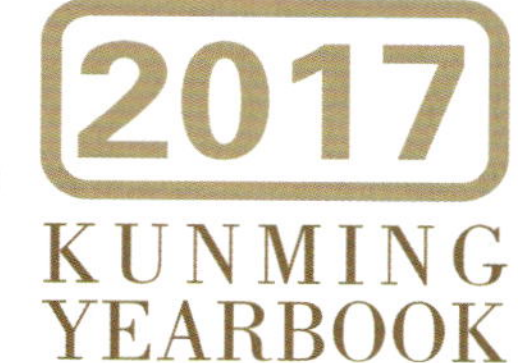

◆责任编辑 李 震

昆明呈贡新区

【概况】 2016年，全区完成生产总值195.95亿元，比2015年增长9%，人均生产总值8 400美元；地方一般公共预算收入完成20.49亿元，同比增长17.14%；引进内资47.24亿元，外资2 300万美元，规模以上固定资产投资完成233.41亿元，同比增长10.70%；三次产业结构由2015年2.70：54.82：42.48调整为2.60：53.00：44.40；城镇常住居民人均可支配收入3.71万元，同比增长8.00%；农村常住居民人均可支配收入16 605元，同比增长9.50%；实现社会消费品零售总额44.26亿元，同比增长15.60%；万元GDP能耗下降3.50%；城镇登记失业率3.40%。年末，全区金融机构各项存款余额429.67亿元，比2015年末增加78.33亿元，增长22.30%。其中，个人储蓄存款余额189.58亿元，比2015年末增加19.38亿元，增长11.39%；各项贷款余额212.99亿元，比2015年末增加10.54亿元，增长5.21%。

【城市建设】 将全区城市建设主要工作目标进行细化分解，全力推进14个安置房、6个其他项目建设，完成固定资产投资62亿元。其中，七星山地块项目规划净用地面积424亩，总建筑面积58万平方米。主体工程5月封顶断水，进入土建工程收尾和主体装修及水、电、气、弱电、路网、绿化等配套设施施工；雨花一地块项目规划净用面积地128亩，总建筑面积32.50万平方米。项目南区全部封顶断水，完成建筑面积约24万平方米，完成投资3.90亿元，进入市政、内外装饰、绿化工程施工；雨花二地块项目规划净用地面积169亩，总建筑面积约45万平方米。大部分主体工程封顶断水，完成建筑面积约41.50万平方米，完成投资5.20亿元，进入水、电、气、道路及绿化等配套设施施工；彩龙村安置房项目规划净用地面积22亩，建筑面积约3万平方米，主体工程封顶断水；龙斗一号地块一期项目规划净用地面积约716亩，安置房用地面积239亩，建筑面积62万平方米，39号地块主体工程全部封顶断水，进入外墙装饰、水、电、气、消防设施施工，配置区幼儿园、小学7月份开始招生办学，安置区部分建筑达正负零，完成投资5亿元；龙斗三号地块一期项目规划净用地面积约90亩，总建筑面积约33万平方米，前期工作完成，进入基础施工；雨花一号三期项目规划净用地面积约448.50亩，安置房建筑面积34万平方米，一标段4栋封顶断水；回回营地块项目规划净用地面积96亩，总建筑面积23万平方米，项目可研、修建性详细规划、地勘等前期工作完成，进入试桩工程；龙四地块一期项目规划净用地面积约160亩，安置房建筑面积约45万平方米，项目可研、修建性详细规划、试桩等前期工作完成，进入土方开挖施工；龙四地块白龙潭安置区项目规划净用地面积约133亩，安置区土地面积44.30亩，安置房建筑面积13.56万平方米，完成地勘工作；雨花五号地块一期项目规划净用地面积约211亩，安置区土地面积71亩，安置房建筑面积25.30万平方米，安置房地块主体工程已封顶断水，二次砌体施工基本完成，进入安置区配套道路、绿化、水、电、气、弱电施工和配置地块试桩、基坑开挖等工程；雨花四号地块一期估算总投资14亿元，支付12亿元，待完成审计工作后拨付剩余工程款；雨花二号地块二期项目规划用地面积约464亩，安置区面积145亩，安置房建筑面积34.20万平方米，约12万平方米安置房已封顶断水；龙斗二号地块项目规划净用地面积1 673.77亩，安置区土地面积约557亩，分三期开发建设，意向由昆发展集团按照国家棚户区政策争取资金实施建设。

【交通基础设施建设】 2016年，投资9.14亿元，完成联大立交建设，建设用地541.30亩，2015年9月底开工建设，2016年9月25日通车；概算投资3.34亿元，完成全长13.36千米国道213线呈贡境内段提升改造；投资480万元，完成昆玉高速公路吴家营出口收费站改扩建工程，项目占地约3.50亩，3月11日开工，4月29日通车；投资3 200万元，完成昆玉高速公路王家营收费站改扩建工程，3月1日开工建设，8月10日通车运营；总投资约1 500万元，基本完成呈贡区超限运输检测站建设。项目总占地面积4 000平方米，累计完成投资约1 409.61万元。

【城市管理】 全力推进城市管理工作。持续抓好市容市貌综合整治，加大对门前三包落实不到位、环境脏乱差及不文明行为宣传教育和整改，签订街道门前三包责任书7 120份，补发责任牌1 110块，查处违反门前三包责任行为5 711件，现场整改5 384

件。全面整治占道经营，对重点地段认真落实全天候守点，安排机动巡查组每天对重点周边道路沿线商铺进行无缝隙管理，杜绝占道经营、店外经营、漫店经营等行为。全年说服教育占道经营、店外经营44 031件，流动摆摊设点1 445件，取缔占道经营摊点751个。规范、整治"车辆乱停"行为，全年说服教育乱停乱放机动车驾驶人员28 373人次。有效遏制散发、粘贴小广告行为，查处散发小广告行为1 591件，清理墙体广告、横幅4 861幅，收缴宣传小广告22.43万份、宣传册4 060册。规范建筑工地管理，严格按照《昆明市建设工程文明施工管理办法》等规定要求，每周对辖区54个建筑施工工地及37个调拨回填点进行一次安全检查，督促施工企业加强工地出入口清扫保洁工作。强化渣土管理运输管理，办理《建筑垃圾车辆排放、处置备案卡》13 426张，对在建工地及渣土消纳场安全检查中发现问题督促施工企业和车主及时整改。

积极开展违法建设整治工作。层层签订责任状，社区干部签订承诺书567份，公开社区干部承租集体土地24.23万平方米，地上建筑面积20 573平方米。开展农村宅基地、产业用地及地上建筑物统计工作，查明全区18 967户，宅基地面积179.61万平方米，宅基地地上建筑面积389.20万平方米；农村产业用地面积38.28万平方米，产业用地上建筑面积27.29万平方米。认真开展辖区违法建筑摸底调查和整治工作，普查违法建设95宗、面积66 596平方米，整治拆除并上报市指挥部办公室销案违法建设92宗，面积58 796平方米；查处未批先建项目案件28宗，立案6宗、结案5宗。持续提升数字城管工作。全年区数字化城市管理指挥中心平台受理数字案件19.06万件，结案18.99万件，案件处置率99.46%，先行处置结案1 573件。加大违法违章案件处罚力度。全年查获各类违法违规案件315件，结案310件、结案率98.10%。

积极推进环卫作业市场化运作。与四家相关环卫清洁服务公司签订城市道路清扫保洁市场化服务承包合同书，实现全区1 069万平方米城市道路、绿化带和社区道路清扫保洁作业市场化外包。加强环卫清扫保洁，提高城市道路环卫质量。2016年，收集、清运生活垃圾10.84万吨，全部运送到区垃圾焚烧发电厂进行无害化处置。积极推进环卫基础设施建设、提升改造。年内，新建公厕47座，改建提升公厕59座，开放内厕86座。规范户外广告设置，城市形象品质进一步提升。办理店招店牌审批197件，拆除主要城市道路两侧违规户外广告设施1 940块。加强城市道路桥梁养护，有效提升道路通行能力。投资379万元，完成对破损道路修缮；投资33万对彩云南路地铁轨道沿线路面10个点位进行专项检测；投资32万元，完成石龙路洛龙河桥修缮维护；投资50万元，完成辖区内10座桥梁检测工作；完成100个公共自行车租赁站点选址。其中，86个站点完成基础开挖，35个站点完成安装。

【生态建设】 大力推进滇池治理、民生水利和生态水利建设，加大水利建设投入力度。2016年，全区完成水利建设投资8 018.64万元。其中，水利基础设施建设投资2 306.07万元；农田水利投资5 712.57万元。投资1 413.10万元，完成大坝箐水库、卫星水库、马鞍山水库等3件除险水库加固工程及马鞍山水库1件水库除险加固工程安全评价工作。河道、管网整治取得新成效，包括高铁昆明南站配套市政排水工程站场外排水项目、洛龙河木碗桥危桥改造工程、捞鱼河彩云南路桥下旧河堤拆除工程、马料河呈贡段河道景观绿化枯死树木更换、马料河呈贡段清淤及景观提升改造、市政雨、污水管网清淤维护等，完成概算投资6 598.76万元。水土保持工作有序推进。完成缪家营社区李凹山和白龙潭山水土保持绿化供水工程项目2件，概算投资2 056.76万元。滇池治理成效明显。区政府与辖区各街道办事处、各职能部门签订《滇池流域水环境综合治理目标责任书》《滇池流域"河道三包"目标责任书》；建立巡查制度，对辖区河道、沟渠巡查检查进行领导责任划分，保证辖区主要入滇河道、沟渠巡查工作落到实处；区政府从财政预算中安排专项资金280.32万元，以强化河道、沟渠保洁、管护工作，保证河道清洁干净。认真落实最严格水资源管理制度，严格区域用水总量、用水效率及水功能区划限制纳污"三条红线"指标控制。全区用水总量完成3 488万立方米，规模以上万元工业增加值用水量16.70吨。严格取水许可审批管理，对辖区内20个地下水自备水源和17个地表水取用水户实施计划用水和用水定额管理，征收水资源费75.97万元。积极开展水库建设移民后期扶持直补资金发放工作，全年发放大中型水库移民3 442人后期扶持直补资金103.05万元。加大蓄水力度，保障农业灌溉用水。全区实现蓄水1 255万立方米，比2015年1 330.88万立方米减少75.88万立方米。

落实最严格环境保护制度，着力推进生态建设。严格落实环境保护"一岗双责"，与区属17个部门、6个街道分别签订《2016年度环境保护"一岗双责"责任状》并纳入年度工作目标考核，形成区委、区政府统一领导，各责任单位分工协作、目标明确、齐抓共管环境保护工作格局。不断拓展宣传教育深度和广度，充分利用新闻媒体和各种宣传渠道进行全方位宣传，做到重大环境节日有活动，新闻报道有声音，报刊专栏有文章，在全区营造加强环境保护氛围，增强群众和社会各界参与意识。区第一幼儿园和云南白药厂完成市级"绿色创建"工作，沐春园小区完成"宁静小区"创建工作。投资10万元，新增配置防护服、有毒有害气体检测报警装置、液氨气体检测仪等执法装备，全面提升环保执法监管能力；投资55万元，购置石墨炉原子吸收分光光度计、烟气分析仪、水质多参数测试仪等重要设备仪器，进一步提升水和废水中重金属检测、污染源废气检测及环境应急监测能力。加大环保投入，各部门、各街道、各企事业单位多渠道筹措资金，深入开展市政环保基础设施建设和滇池湿地、石漠化荒山、滇池面山等生态修复治理及废水、废气、噪声等污染防治。投入环境治理和生态建设资金4.33亿元，环保投资指数2.24%。严格环保准入，狠抓源头控制。收接建设项目申请221件，否决21件；审批建设项目168件，备案32件；验收项目99件。狠抓工业固废和危险废物管理，对工业固废尤其是危险废物实行全过程管理和危险废物转移联单制管理，确保区境89户企事业单位涉及医废、危废分别与市医疗废物处置中心及危废处置中心签订处置协议，做到定期清运处置，处置利用率100%。大力开展大气、水、土壤污染治理，辖区环境质量进一步提升。

【民生保障】 坚持就业优先战略，进一步稳定和扩大就业。2016年，先后组织开展“春风行动”“就业援助月”“民营企业招聘周”等专项活动，举办专场招聘会五场，提供有效就业岗位1 773个，新增城镇就业1 732人、城镇下岗失业人员再就业637人、困难人员就业数525人。开发公益性岗位608个，办理“就业失业登记证”3 026本，城镇登记失业率3.40%。重点做好失地农民、高校毕业生等群体就业工作，实施“岗位进村、政策进村、培训进村、服务进村”活动，实现农村劳动力转移就业3 937人。其中，新增转移2 060人，新增转移就业收入8 657.3万元。开展职业技能培训1 096人。其中，高中端技能培训240人、创业培训50人。认真为大中专毕业生做好服务工作，实名登记大中专毕业生402人，提供政策咨询2 000余人、职业介绍1 300人、就业指导800人、求职登记299人。发放“贷免扶补”126户，小额担保贷款230人，推荐劳动密集型小企业担保贷款8户。继续推进呈贡新区创业园区建设，实现60个项目入驻，带动就业350人。多渠道宣传《社会保险法》及相关配套制度，提升社会保障水平。发放各类宣传资料5 100余份，提供各类咨询3 500余人次，全区城镇职工养老、失业、工伤、生育保险参保人数分别达到1.79万人、10 023人、1.26万人和1.17万人。稳步推进全区机关事业单位养老保险制度改革工作，完成全区204 个区属机关事业单位人员信息收集整理、系统录入、检查校验及人员变动信息补录工作，涉及干部职工4 855人。其中，在职3 530人、退休1325 人。积极推进全区城镇居民社会养老保险参保工作，完成参保53 598人，其中参保续保41 670人。继续巩固城乡一体化医疗保障体系建设及“全民医保”成果，全区城镇基本医疗保险参保90 694人，全区基本社会保险参保19.65万人。认真做好机关事业单位公务员、工作人员培训招录（聘）、事业单位人员招聘及公开选调工作，统筹推进各类人才建设。受理132件农民工讨要工资纠纷案件，为2 775名务工人员追讨劳动报酬3 034.50万元。指导用人单位签订劳动合同4 140人次，续订劳动合同2 537人次，解除劳动合同2 556人次，涉及职工9 094人。切实畅通维权之路，对75件申请的劳动人事争议案件，受理72件，为劳动者落实各种待遇377.50万元。

社会救助工作力度持续加大。规范实施城市低保提标核发工作，健全低保标准动态调整机制和救助标准与物价上涨挂钩联动机制，逐步缩小城乡差距、区域差距，确保最低生活保障标准与经济社会发展水平相适应，从7月1日起，城市低保标准在530元/人·月基础上提高8%，月人均补助提高25元，每月15日前拨付兑现到低保账户，全年累计发放城市低保资金70.29万元。扩大医疗救助范围，通过“一站式”医疗救助网络结算系统救助发放城市医疗救助金17.05万元，救助725人。积极开展特殊困难群众救助，救助60年代初精减退职工25人次，临时救助困难群众9户10人次，发放救助金8.45万元，解决低保边缘群体（城乡困难群众）突发性、临时性生活困难问题。全力开展救灾救济工作，先后购置、发放救灾粮40吨，解决2 225户2 440人缺粮困难；购置、发放衣被1 200套件，解决851户、1 040人缺衣少被困难；做好物资储备，储备粮食51吨、价值28.94万元，物资1 200套件、价值19.95万元；坚持春节走访慰问困难群众257人，发放慰问金10.62万元。养老服务体系建设加快推进。建成王家营、段家营社区居家养老服务中心，下庄、雨花社区居家养老服务中心开展试运营。截至2016年底，全区建成居家养老服务中心18个，投入运营9个，通过政府购买服务方式搭建社区服务，对运营和试运营11个社区居家养老服务中心给予政府购买服务补助60.87万元及运营补助73.95万元，服务老年群众近万人。加强对老年人社会救助工作，向全区80岁以上高龄老年人发放高龄保健补助金2 170人次、144.74万元；按每人300元标准救助60岁以上特困老年人130人，发放慰问金3.90万元；办理老年优待证1123本。城市社区建设取得突破，批复成立洛龙湖、碧潭、星浦3个城市社区，完成6个街道29个社区“两委”换届选举工作。贯彻落实优抚政策，向1 217名各类优抚对象发放抚恤和生活补助784.08万元，按8%标准发放重点优抚对象自然增长生活补助经费60.67万元；向全区215户（外籍大学生148名）现役义务兵家庭发放优待金175.93万元。研究解决优抚对象“三难”问题49人次，发放补助金20.60万元；审核发放优抚对象住院期间医疗补助210人次，发放补助金30.26万元；接收退役士兵50人（自主就业（农村）退役士兵43名，城镇退役士兵7名），按规定标准为43名自主就业退役士兵办理落户手续，发放一次性补助金47.09万元。全面启动第二次地名普查工作，完成《昆明市呈贡区第二次全国地名普查地名调查目录》编制工作，形成地名普查地名成果表1 531份，地名普查取得阶段性成果。

【平安建设】 深入推进平安呈贡、法治呈贡、过硬队伍建设，把综治维稳工作纳入经济社会发展总体安排部署，各层级参照区级架构及要求不断强化综治维稳组织体系建设，切实做到“一岗双责”。将六个街道和29个社区包保责任逐一明确到35名区级领导；对平安校园、平安社区等16个行业系统平安建设项目实行政法系统领导挂钩联系，建立全区52个单位挂钩联系社区综治维稳工作制度。切实保障人均三元综治维稳工作经费及200万元打黑除恶、148万元平安社区创建“以奖代补”等专项经费，强化29个社区综治服务站每年145万元工作经费、30万元网格化信息平台保障经费，将辖区88个涉及部门全部纳入平安建设责任范围。突出四级联动平台建设，投入资金318万余元，为全区各街道、各社区配备“四级联动”系统平台设备。以“6995”信息平台、综治信息系统、微信平台等建设为抓手，配备综治手机终端227台。突出视频监控平台建设，从组织和经费上进行全方位保障，以公安专用高清公共区域视频监控系统、社区视频监控系统和单位内部视频监控建设为重点，将技术防范设施建设纳入全区城乡基础设施建设总体规划，投入1 600余万元完成25个社区视频监控系统，社区视频监控系统安装使用率87%。全区建成公共区域视频监控中心七个、高清探头1 050路（在建220路）、卡口抓拍系统150余套，在全省率先实现城市报警监控探头全高清。建成单位内部监控探头一万余路，构建“节点支撑、环网封闭”视频监控体系。强化对固定目标报警系统推广和使用，在辖区各企事业单位，特别是沿街铺面商户安装200余户，为整体防控体系建设提供有力支持。持续强化政法干部队伍建设，深入开展政治纪律、组织纪律教育。强化业务知识培训，分两批组织区公、检、法、司干部1 000人次参加中央政法干部视频培训；区法院组织全院干警到中山大学开展司法能力专题培训；区检察院选派49名干警参加省检察院组织的干部培训；组织全院68名干警（含书记员）赴西安交大进行检察人员素能提升研修培训；区委政法委组织52名政法综治干部到兰州大学开展综合素质能力提升培训。呈贡公安分局有计划、分层次地开展全员实战训练和专业培训，扎实推进随岗训练，大力提升政法干警职业素养和专业水平。强化群防群治队伍建设，切实保障每年120万元平安志愿者经费，社区综治服务站专职副站长工资待遇按社区副职2 090元每月发放和纳入财政预算，落实188名网格管理员每月500元补助经费，全区29个社区均建立不少于20人综治维稳群防群治队伍，区公安机关与43个重点单位签订安全责任书。强化43支1 800人重点单位内保队伍建设，组建6个街道180人应急力量和10 288人春城治安志愿者队伍，建成47个警务室（亭），配备专职社区民警92名、专职辅警及流动人员专管员184人。

加大对突出矛盾纠纷排查化解力度，制定落实《呈贡区关于建立维护社会稳定预警工作机制的规定》，强化对各类不稳定因素排查、分析和预警，对易引发不稳定因素的征地、拆迁、重大项目建设实行区级领导牵头调研评估，并将稳评工作纳入综治维稳（平安建设）“一票否决”项。2016年，下发风险隐患预警通知书六份，对排查、梳理34件重大矛盾纠纷制定包案化解方案，有效防止矛盾纠纷升级转化。严格落实《关于深入推进全区矛盾纠纷大调解工作的实施意见》，成立区医患、劳资纠纷等专业性、行业性调解组织7个，地方与高校矛盾纠纷联合调处中心9个，人民调解组织67个，实现人民调解组织网络区域内全覆盖。持续开展区每月、街道每半月矛盾纠纷排查化解工作会议制度，排查出各类纠纷8 157件，调解率100%，调解成功8 148件，调解成功率99.89%，涉及20 758人、1.02亿元，未发生因民事纠纷化解不力而导致矛盾升级或转化为刑事案件。严格落实领导干部信访工作“一岗双责”等机制，大力推进干部下访，加强和改进初信初访办理和积案化解力度。全区党政机关信访总量2 036件次，同比下降32%。其中，来访676批1 576人次，同比分别下降8%、33%；来信460件，同比下降28%。区信访局接待和办理人民群众来信来访551件次，同比下降56%。到省集体上访2批12人次，到市集体上访4批74人次，无到京非正常上访。

严格落实维护社会政治大局稳定各项措施，进一步健全情报信息搜集、预警和分析研判机制，对相关工作对象开展深入排查摸底，做到底数清、情况明。牢固树立反恐优先意识，层层签订反恐责任书，落实区属各成员单位主体责任，大力开展情报搜集、基础防范、隐患整治、演练培训和宣传教育；优化勤务指挥机制，设立高效合战运转体系；以建立“快反队”为核心，形成以指挥中心为枢纽，PTU及处突车管面，巡逻车管线，移动警务亭、社区警务室、校园警务室管点的全方位、立体化叠加覆盖反恐巡防应急处置网络；严格落实“警、地、校”联勤联动高校涉疆特殊关注群体稳控管理服务机制，以“亲情工作法”确保高校涉疆关注群体稳定，实现“全管控”和“零问题”。常态化开展矛盾纠纷排查化解，建立健全风险评估、情报预警、重点人员包保稳控、应急处置机制，最大限度从源头化解涉稳隐患，成功化解涉稳隐患56件、矛盾纠纷1 982件，有效处置122件群体性事件。严打整治非正常上访行为，处置涉访事件253件、7 357人，依法查处“非访”人员485人，维护党政机关正常办公秩序。按照“呈贡区高铁沿线治安综合整治行动”“高铁开通安全专项整治”等工作方案，统筹兼顾，及时组织对涉及征地补偿、群众出行以及影响高铁安全各类安全隐患进行摸排处理，确保高铁按期开通运行。加大犯罪严打整治工作，以常态化严打、深化打击“盗抢骗”犯罪系列专项行动为载体，聚力侦破“两抢一盗”、街面诈骗等群众反映强烈案件，严查严治“黄赌毒”问题。2016年，区公安机关接报刑事警情4 430件，同比上升7%；破获刑事案件1 171件，刑拘965人，行政拘留2 070人，收戒579人。区检察机关受理提请批捕各类刑事犯罪案件494件893人，同比分别上升1.65%和2.64%，审查后批准逮捕394件673人，不批准逮捕214人，不捕率23.96%，未出现捕后撤案，捕后绝对不诉、判无罪案件；受理移送审查起诉案件568件910人，同比分别下降0.18%和上升1.22%，审查后提起公诉510件828人，移送市检察院45件75人，不起诉17件24人，附条件不起诉未成年人案件4件8人，未出现起诉后法院判无罪和撤回起诉情况。区审判机关受理各类案件6 708件，同比上年增长18.96%；审结各类案件5 074件，结案率75.64%。其中，受理刑事案件513件，审结503件，结案率89.34%；受理民商事案件3 875件，审结2 963件，结案率76.46%；受理行政案件157件，审结128件，结案率81.53%；受理执行案件2 039件，执结1 434件，结案率70.33%，结案标的金额32 156.55万元，集中兑付1 000万余元。

（唐荣华）

昆明国家高新技术产业开发区

【主要经济指标】 2016年，实现园区总收入1 800亿元；完成地方公共财政预算收入21.08亿元，比2015年增长16.78%；规模以上固定资产投资140亿元，同比增长20%；规模以上工业增加值增速11.20%；社会消费品零售额增长12%。

【主导产业集群建设】 生物医药大健康、金属新材料两大主导产业集群优势明显，IT和现代服务业等新兴产业稳步发展。规模以上工业企业、高新技术企业分别累计80户、191户。云南白药、拜耳滇虹、昆药集团、积大制药、沃森生物、龙津药业、生物谷药业、植物药业、生物所、昆明云锗、贵研铂业等龙头企业带动作用不断增强，16个单品产值过亿元。围绕主导产业推进招商引资，实际利用外资1.17亿美元，引进市外到位资金112.10亿元。云南舜喜“干细胞再生医学研究中心”、云南新生命“干细胞研发平台”、昆明中药厂“中药现代化提产扩能”、云南中科鑫圆“高效太阳能用锗单晶及晶片生产”、昆明海典“高新新材料科技中心”等项目竣工；招商局物流集团“招商物流云南物流分发中心”一期、法国TP集团“云南呼叫中心”建成运营；云南生物制药有限公司“云南生物制药产业基地”等在建项目顺利推进；中国医学科学院医学生物学研究所“昆明疫苗基地”二期等项目开工；引进“云南省贵金属新材料产业园”“铝空气电池生产线”“人脸识别及智能影像系统设备”等一批项目；云南省信息产业投资有限公司、云南北斗高分地理信息科技有限公司落地，云南天衢量子技术科技有限公司注册成立。航空飞行营地列入国家示范工程。

【创新能力提升】 实施“科技创新服务三平台建设六年（2015—2020年）行动计划”，以建设产学研柔性平台、孵化器催化平台、科技金融创新平台为载体，为提升园区核心竞争力输送源源不断创新驱动力，推动园区从“线性增长”到“非线性爆发式发展”。“三平台”建设取得初步成效，昆明高新区先后被科技部批准和认定为“创业苗圃—孵化器—加速器”科技创业孵化链条示范单位、国家技术转移示范机构、中国产学研合作创新示范基地；与清华科技园合作

2016年8月，云南九龙城医药健康产业园项目合作协议在高新区签订。

（昆明高新区管委会 供稿）

共建启迪孵化器顺利推进，创业咖啡吧、创客空间等新型创业模式正在兴起。园区企业与清华大学、中科院半导体研究所、联想集团、中国网库等中关村内大学、科研院所、医院和企业在产品研发、软件开发、临床实验、技术服务等方面开展深度合作。申报国家自主创新示范区取得实质性进展。全社会R&D经费占生产总值比重3.8%。完成专利申请和授权1 144项，发明专利授权 94 项。万潮科技被中国发明协会授予“中国发明创新创业（云南）基地”，南天电子列入国家工信部 “2016年中国软件业务收入百强企业”榜单。积大制药“手性小分子药物制备及制剂国家地方联合工程研究中心”获国家发改委批准。北理工科技园云南园落户高新区。昆明五威科工贸等企业入选云南省创新型试点企业。中国医学科学院医学生物学研究所、云南铜业两支创新团队入选云南省创新团队。创业服务中心、昆明启迪孵化器、云南新材料孵化器等成为国家级众创空间。推荐“省政府特殊津贴专家”5名、“云南省有突出贡献优秀专业技术人才”1名、“云南省高端科技人才引进计划人选”2名。新增新三板企业3家。培育驰名商标1个、申报著名商标8个、知名商标7个。申报云南名牌产品30个、昆明名牌产品20个。申报省政府质量奖1个、市长质量奖4个。

【市政配套建设】 完成基础设施投资13.24 亿元。科高路南段等4条道路建成通车，照塘街延长线等11条在建道路稳步推进。积极配合做好黄马高速、呈澄高速及昆玉高速鸣泉收费站外迁工程、地铁3号线、南牵引线等省市重点项目涉及园区相关工作。加强产业项目用地保障，完成场地平整1 011亩，土地收储1 344亩、供应1 512亩。环保投资增长率6.66%。做好园区公共绿地、交通干线、入滇河道植树造林工作，冻害植物恢复全面完成，新增绿地26万平方米、滇池面山和山体造林800亩。开展人居环境提升行动，做好入滇河道精准治污工作，河道水质达到考核目标要求。2 847套公租房、2 033套棚户区改造房完工。

【深化改革】 积极推进供给侧结构性改革和“放管服”改革，推进“三去一降一补”，为企业减税降负3.44亿元，投入1.50亿元扶持企业开展产品研发、技术改造，争取上级专项资金3.50亿元，撬动社会投资43亿元。开展“五证合一、一照一码”及“企业简易注销”登记制度改革，新增市场主体2 964户。坚持领导驻点稳增长工作机制，协调解决企业实际困难。继续提升“五零五最”发展环境，开展“作风建设大讨论”，进一步推进机关作风转变，营造优质服务环境。

【社会事业】 小学、初中巩固率分别达100%、99%，高中毛入学率99%。基层公共文化服务运行机制配套资金到位率100%，群众性文化活动丰富多彩。提供有效就业岗位2 052个，新增就业3 775人，城镇登记失业率在2.64%以内。基本社会保险参保256 231人。新增养老机构床位50张。持续推进基层卫生服务机构标准化建设，公共卫生管理、妇幼保健、艾滋病防治工作不断加强。人口计生、民族宗教、民政等工作取得新进步。切实加强社会治安综合治理，严厉打击各类违法犯罪，积极稳妥化解矛盾纠纷，不断提升人民群众安全感。安全生产、交通安全、消防和食品药品安全形势总体平稳。数字城管考核连续7年获全市最高分。积极探索农村集体经济转型升级新路径，农村经济总收入、农民人均可支配收入均比上年增长8%，“一丘田宝珠梨庄园”一期建设完工。做好东川区铜都街道对口帮扶工作，帮助贫困地区实施一批道路、水利等基础设施工程。

（熊若妤）

2016年4月，可口可乐新厂奠基。
（昆明高新区管委会 供稿）

昆明国家经济技术开发区

【主要经济指标】 2016年，昆明经开区累计实现营业总收入1 510亿元，比2015年增长12.02%；完成规模以上工业增加值111亿元，增长11.70%，高于全市平均增幅7.20个百分点；完成规模以上固定资产投资162.88亿元，同比增长18.90%，完成全年目标任务数105.08%；实现工业固定资产投资64.01亿元，同比增长

36.39%；完成地方公共财政预算收入32.80亿元，同比增长10.03%；限额以上社会消费品零售总额62.08亿元，增长12.20%，高于全市增速0.40个百分点；完成外贸进出口总额5.40亿美元。

【改善服务与发展环境】 2016年，昆明经开区确立“企业至上，服务是天职，企业是老大，我们都是服务员”思想，进一步落实对口帮扶制度，成立11个工作小组，由班子成员率队，主动上门，深入到50多家停产减产企业了解情况，听取意见，现场解决制约企业发展问题。严格落实稳增长系列扶持政策，拿出真金白银，全年累计兑现企业扶持资金4.81亿元，其中工业生产扶持资金5 523万元，引导企业走出困境，不断做大做强。充分利用经开企协QQ群、微信在线招商平台，及时向企业宣传政策，帮助企业申报国家、省、市各级扶持资金，全年累计争取上级发展资金3.54亿元。

【深化改革】 2016年，昆明经开区按照《昆明经济技术开发区2015年~2020年全面深化改革总体方案》要求，研究确定2016年十项重点改革事项，涉及工商登记、税收征管、招商引资、智慧园区、科技创新等领域。研究制定《昆明经济技术开发区贯彻落实省、市稳增长促发展政策措施实施意见》，推动企业转型升级创业创新，健全政策性融资担保信贷机制，帮助企业加速资金周转，缓解实体企业融资问题。制定出台《关于推进供给侧结构性改革的实施意见》，积极稳妥落实去产能、去库存、去杠杆、降成本、补短板等结构性改革任务。积极推广上海自贸区可复制改革试点经验，制订出台《关于推广中国（上海）自由贸易试验区可复制改革试点经验的工作方案》，实施“社会力量参与市场监督制度”和“完善特殊监管区域专业监管机制”两项改革试点任务。深入实施创新驱动发展战略，制定出台《关于加快技术进步促进产业转型升级的若干意见》，加快技术进步、促进转型升级、提升创新发展。探索开展智慧园区建设，大力推进城市智能运营中心（IOC）项目，完成IOC机房建设和硬件设备调试安装，进入到软件开发阶段。

【基础设施建设】 2016年，昆明经开区大力推进320国道改扩建工程、呈黄路（一标）地面系统、广福路东延线（不含下穿铁路立交）、呈黄路（北段）东辅线、云桂铁路经开站站外配套工程（广场、道路）、呈黄路改扩建与王家营准轨场铁路立交等重点工程建设，成立重点工程项目督察组，提出“全力以赴抓进度，攻坚奋战一百日”工作要求，通过一线工作法、倒排工期、昼夜施工、加强督查和考核等一系列措施，全力推进基础设施建设。2016年，在建市政道路28条，里程55.06千米。截至2016年底，A-11#道路、B-1#路、大冲9号路部分段、新北路B段完成年度工作目标；呈黄路（北段）东辅线、广福路东延线（不含下穿铁路立交）、320国道改扩建工程、呈黄路改扩建与王家营准轨场铁路立交等重点工程年底完成建设；2016年下半年，经开204、广福路东延线下穿铁路立交工程、经开四中周边路网工程、鸿运大道支线工程等重大工程陆续开工建设，全区基础设施建设投资13.24亿元。

【民生改善与社会事业】 2016年，昆明经开区完成教育固定资产投资4.18亿元。经开五小、经开四小清水校点、昆明学院附属经开学校搬迁入新校区；经开一中BC级危房加固、经开三中改扩建、经开四中新校建设、小麻苴香颂时光配建学校、经开三小幼儿园建设等项目相继开工建设；即将启动经开三小新册校点、倪家营校点、公家村小学建设项目。抓实教育基础管理。全区小学阶段毛入学率103.46%，初中阶段毛入学率100.45%，小学、初中巩固率保持在99%以上；农村义务教育学生营养改善计划100%全覆盖。加强医疗机构监督管理，积极推进分级诊疗工作，17家基层医疗机构与上级医疗机构签订双向转诊协议，夯实基层医疗卫生队伍建设，做好传染病防控及突发公共卫生应急处置工作，贯彻实施“全面放开二孩”政策，人口发展态势良好，人口自然增长率4.73‰。加快推进小麻苴三期城市棚户区改造项目，做好大冲社区、小麻苴村、小新村等城中村改造项目收尾工作。全区完成

经开区综合保税区（A区）

（昆明经开区管委会　供稿）

城中村改造建设投资8.46亿元。入驻区内各创业园、众创空间等创业载体的创业企业10家，城镇失业登记失业率控制在2.29%以内。完成经开区文化馆基础设施、阿拉街道综合文化站主体及昆船社区综合性文化服务中心提升改造等工程建设，新增健身路径九条、新建体育健身工程点（农村篮球场）七个，举办“盛世撒梅情—经开区阿拉撒梅文化节”系列活动，初步形成经开区撒梅文化节品牌效应。

【转型升级】 2016年，昆明经开区修订完善《昆明经济技术开发区产业发展指导目录》，制定出台《关于加快技术进步促进产业转型升级的若干意见》，鼓励企业开展科技创新活动，积极承担和实施国家和省、市科技计划项目，引导企业加大科技研发资金投入，充分发挥企业创新主体作用。研究制订《关于建设长江经济带国家级转型升级示范开发区工作方案》，从建设一流园区、推进绿色发展、调整产业结构、实施创新驱动、构建开放型经济体系和全面深化体制改革等六个方面统筹规划，确保经开区建设长江经济带国家级转型升级示范开发区工作顺利推进。大力发展文创产业，修订出台《昆明经济技术开发区促进文化创意产业发展若干政策的规定》，积极响应国家“互联网+”发展战略，顺应“大众创业、万众创新”新趋势，拓展文创产业发展思路，推进文创产业与众创项目融合发展，大力扶持火瓣国际青年创业社区、果林众创空间等众创项目发展壮大。

【创新发展】 2016年，昆明经开区新认定国家级高新技术企业23 家，高新技术企业累计106 户；专利申请和授权总量1813 件；全年获批省级众创空间六家、省级企业技术中心五家、市级企业技术中心八家、市级工程技术研究中心四家；设立省级院士工作站一家、市级院士工作站两家；全社会R & D经费投入占地区生产总值比重4.15% 。全年实现高新技术企业产值170.86亿元，占全区规模以上工业总产值的比重 42.50% 。

【招商引资】 2016年，昆明经开区继续深化产业招商制度改革，结合园区发展实际，制定出台《昆明经济技术开发区社会机构招商奖励办法》。通过政策扶持、微信招商、基金引导、产业带动等多种手段推动园区待招商楼宇去库存工作，全区合计出租（出售）楼宇总面积40万平方米，去库存率30%。制定出台《昆明经济技术开发区招商引资中介（社会组织）奖励办法》，实现“借力招商、搭车招商”，提高楼宇招商针对性和实效性。累计到位外资8 021.55万美元，完成全年任务100.27%，引进市外内资112.61亿元，完成全年目标任务100.50%。

云南白药集团健康产品有限公司生产线

（昆明经开区管委会　供稿）

【生态环境建设】 2016年，昆明经开区积极推进生态环境建设，紧紧围绕滇池流域水质改善，重点开展截污治污、河道整治、内源治理等工作。组织开展实施国家生态工业示范园区创建工作，参加中国环境科学学会生态产业分会2016年学术年会，参与发起成立“国家级经济技术开发区绿色发展联盟”。完成《国家级昆明经济技术开发区突发环境事件应急预案》编制，对辖区内37家重点企业进行备案，加强企业环境应急管理。全力推进倪家营水质净化厂调节池、普照水质净化厂配套再生水管网等重点环保基础设施项目建设，全区完成环保投资5.20亿元，同比增长1.28%，实现新增城市绿地面积67.04公顷，种植乔木18 000株。

【平安建设】 2016年，昆明经开区进一步完善立体化防控体系建设，切实加强社会综合治理，着力解决影响社会和谐稳定突出问题，初步建立社会矛盾纠纷排查工作机制、重大社会矛盾稳控工作机制、重大事项风险评估机制，扎实推进平安建设工作。加强应急处置突发公共安全事件体系建设，修订、出台应急预案两个，社会安全指数100%，亿元工业增加值生产安全事故死亡率下降到0.02人，为经济社会发展营造良好平安环境。

（林　竹）

昆明滇池国家旅游度假区

【主要经济指标】 2016年，度假区完成产业增加值179亿元，比2015

年增长2.80%，其中，第三产业增加值171亿元，同比增长1.90%；完成财政总收入28.40亿元，其中，地方公共财政预算收入17.08亿元，同比增长10.10%；完成规模以上固定资产投资121亿元，同比增长14.70%；完成服务业总收入468亿元，同比增长2.20%；接待游客1285万人次，同比增长11.80%；争取上级资金1.90亿元；实现融资32.55亿元，全面完成市委、市政府下达主要工作目标任务。

【深化改革】 围绕度假区开发建设和经济社会发展重点难点，担当改革主体责任，召开领导小组、改革专题、督察落实等会议，及时传达学习贯彻上级改革精神，认真落实2016年深改工作要点，完成上级明确32项改革任务和度假区制定22项改革任务。全年审议出台供给侧结构性改革、推进预算绩效管理、社区网格化管理、教育国际化发展实施意见、“三社联动”机制等17个政策文件，确保各项改革协同有序推进。认真落实稳增长各项措施，结合实际制定《度假区房地产去库存实施办法》，按照分类施策原则，实施并购重组、房转税、股权投资，充分发挥度假区国投公司作用和优势，通过基金进行股权投资，帮助企业去库存，支持企业盘活停工项目、完成工程收尾，国投公司先后投入资金5.30亿元，参与五个项目，为度假区经济平稳发展做出重要贡献。

【全域城市化】 2016年，继续推进海埂片区“城中村”重建改造工作，金河二期、三期“城中村”改造项目回迁安置房完成1 234户、2 713套分房工作。金家“城中村”改造项目回迁安置房启动分房工作。海埂片区安置房累计交付使用8 275套、安置4 069户、12 207人，完成安置91%。稳步推进滇池保护“四退三还一护”工作，完成海埂村281户拆迁安置任务，“静海园”回迁房项目累计安置1 763套、678户、2 034人，完成安置任务。加快大渔欣城二期建设，全面启动度假区第一个按PPP模式建设的回迁房项目，积极与昆明未来城开发公司合作开发大渔欣城三期回迁房项目，大渔片区“迁村并点”回迁房建设全面提速。响应“五网”建设大会战，加快推进道路交通基础设施建设，大渔立交、盘龙江跨江桥、兴体路综合整治如期完工，天然气置换工程进展顺利。全年开展重点基础设施建设项目54项，完成总投资10.90亿元。盘江西路静海园段、渔阳路西段、华光路等13条道路基本完工。如期完成2016年“交通白皮书”下达任务，新通车总里程15千米。

【生态文明建设】 拓展“生态立区”新内涵，培育加快绿色发展新动能，在全市率先提出建设生态文明实验区试点工作。以捞渔河湿地公园申报国家湿地公园试点为契机，稳步推进滇池环湖生态、旅游、文化“三圈”建设，进一步强化组织领导，积极探索生态优先、管理规范、产权明晰、适度经营湿地公园管理新模式。广泛开展“省市联动·绿化昆明·共建春城”义务植树活动，积极协调对接20家共建单位，多方筹措资金，完成义务植树2 079亩，完成目标任务109%。继续加大滇池面山补植补种，完成279亩种植任务，实现绿化无盲区。积极开展冻害植物景观恢复，先后三次开展集中恢复工作，更换乔木5 500余株、地被3万平方米。积极为省“两会”、2016昆马赛、第四届南博会、中印瑜伽大会、中华龙舟赛、赛艇邀请赛、省党代会等重要会议和活动营造氛围，摆放花卉20余万盆，对6个景观节点种植花卉120余万株。全年新增城市绿地41.80公顷、乔木种植2.30万株，分别完成目标任务102%和151%。截至2016年底，度假区建成区绿地率52.80%，绿化覆盖率56.80%；人均公园绿地63.65平方米，实现道路绿化和河道绿化两个100%。

【旅游产业转型升级】 研究制定《度假区全域旅游发展实施意见》，推进旅游资源有机整合，拓展旅游发展空间，全面推进旅游转型升级。精心包装大渔创意旅游综合体、主题旅游综合体、文化旅游综合体、国际养生基地以及精品商务酒店等一批大项目，作为度假区实施旅游产业转型升级重要载体。指导完成昆明航天疗养院升级改造，新入驻华邑酒店2016年12月28日对外营业，为海埂片区新增一家国际品牌酒店。积极推进“昆明西山—民族村”申报5A级景区各项工作，进一步提升云南民族村品牌影响力。进一步发挥高原体训品牌，通过支持网球、足球等体育赛事，从广度、深度、美誉度上扩大度假区影响力。借力“‘厕所革命’十大先锋”，2016年新建公厕38座、提升改造34座，直管公厕全部免费开放，观景路中段和北段公厕分别荣获全国“最美公厕综合奖”和“最美公厕管理奖”称号。积极承办云南省旅游业协会旅游度假区分会第二届理事会第三次会议，首期全国旅游度假区创建培训班圆满结束。

【文化创意养老养生】 2016年，引进市外到位资金33.17亿元；引进省外到位资金36.05亿元，实际利用外资1.54亿美元，全部完成目标任务。积极开展精准招商和定点招商，与碧桂园集团、华谊兄弟、大连海昌、砂之船奥特莱斯、美国派拉蒙等知名企业，就建设极地海洋世界主题娱乐项目、电影文化小镇项目、奥特莱斯项目进行深入探讨。研究出台度假区《进一步加快文化产业发展的实施意见》，财政每年安排500万元作为文化产业发展专项扶持资金。积极开展养老养生产业对外招商，探索社区养老新模式，与太平洋保险养老产业投资管理公司签订引进高端居家养老服务合作协议。组织开展对历史古迹、建筑、名村保护开发前期工作，编制完成大渔片区历史村镇保护规划，经市规委会审议通过，申报全市第一个市级历史村镇。在第4届南博会暨第24届昆明进出口商品交易会上，度假区与五家投资企业签订文化旅游、医疗卫生及商贸服务五个产业项目，涉及总投资149.60亿元。

【民生保障】 加大民生投入，度假区财政用于教育、社会保障、卫生医疗等民生支出占一般公共预算支出71%。继续推进教育提质扩优，积极开展中小学、幼儿园督导评估工作，全面启动总投资2.65亿、54个班规模大渔中学项目建设，2016年11月，占地106亩、24个班规模度假区二小投入使用。继续扩大就业，新增城镇就业1 685人和农村劳动力转移就业546人，分别完成目标任务112%和137%，城镇登记失业率2.40%。继续加大社会保障覆盖面，城镇基本养老、基本医疗、失业保险覆盖率分别达到96.20%、96%、96.60%。认真落实农民工工资保障各项工作，加大依法用工检查，强化用工指导，切实保护农民工合法权益。建立健全社会救助服务体系，全面落实国家提标政策，对城市低保户实行动态管理，发放各类人员抚恤、生活、医疗补助金354万元，救助社会对象101人。启动建设社区居家养老中心项目1个，新增床位60张，全部超额完成市级下达目标任务。加大精准扶贫力度，全年投入帮扶资金1 000万元，确保寻甸羊街镇帮扶项目稳步推进。组织开展“精准扶贫，慈善一日捐”活动，募集善款31万元。

【依法治理】 坚持用法治思维和法治方式开展工作，组织领导干部法制专题讲座两场，培训领导干部200余人次；组织行政执法人员专题法律知识培训两场，培训执法人员200人次。继续完善政务公开制度，全年举办重大决策听证会四场，对度假区九个部门、两个街道68项随机抽查事项清单全部进行公示，实现监督管理全覆盖。严格落实“党政同责、一岗双责”安全生产责任制，加强假日旅游、景区景点、道路交通、建筑工地安全生产工作，狠抓食品药品、特种设备以及地质灾害防治，严防重特大安全事故发生，森林防火实现“零火情”。健全完善纪检监察政法信访解决群众诉求“四级联动”机制，严格落实包保责任制，不断畅通信访渠道，全年接待群众来访207批、1 579人次，受理市长热线投诉1 202件次，办结率100%。加强矛盾纠纷排查调处，排查矛盾纠纷642件，调解率100%。深入推进平安度假区建设，健全社会治安防控体系，广泛发动社会力量，开展联防联控，严厉打击各种违法犯罪行为，不断提高辖区群众安全感和满意度。

（昆明滇池度假区管委会）

昆明空港经济区

【行政区划】 云南省昆明空港经济区地处昆明市官渡区大板桥街道，距主城约24千米，东邻呈贡区、南接经开区、西邻盘龙区、北连嵩明县。辖区国土面积396.60平方千米，辖20个社区居民委员会，99个居民小组。

【经济指标】 2016年，全区一般公共预算收入8.14亿元，比2015年增长27.50%；固定资产投资完成190.56亿元，同比增长38.10%；全年向金融机构、企业融资151.03亿元。

【农业】 辖区涉农社区20个，在册耕地面积41 388亩。2016年，全区粮食播种面积75 207亩；蔬菜播种面积16 719亩次，总产量22 700.20吨；水果种植13 662亩，总产量3536.30吨。生猪出栏15.635 2万头、牛出栏0.08万头、羊出栏0.46万只、猪肉产量1.89万吨、蛋产量1.43万吨。

【工业】 截至2016年底，辖区内工业企业363户，涉及建材、化工、加工制造等多个行业，其中规模以上工业企业37户。完成规模以上工业增加值8亿元。

【商贸】 截至2016年底，空港经济区辖区内商贸企业664户。其中，规模以上批发零售业6户、规模以上住宿餐饮业5户、重点服务业13户。完成限额以上社会消费品零售总额8.95亿元。

【社会事业】 截至2016年底，辖区公办中、小学校16所（含6所分校）；民办中、小学校、幼儿园、培训学校19所；中小学在职教职工965人，幼儿园教职工247人；中小学班级294个，学生11 601人；幼儿园班级71个，在园幼儿数2 499人。医疗机构56家。大板桥中心卫生院为一级甲等公立医疗机构，能够满足辖区居民基本医疗保障需求，设放射、检验、B超等功能科室，住院床位40张，各类技术职称医务人员78人，接诊11万人次。计划生育服务对象16 022人，每个社区都配备计生宣传员、流动人口协管员及小组计生服务员，按时开展避孕药具发送、随访等优质服务，组织文艺演出、专题宣传等多形式活动宣传计划生育政策法规。社保所1个，社保站5个，每个社区均配备养老保险专管员和就业信息员。辖区城乡居民社会养老保险参保及缴费人数11 983人，领取养老金人员6 064人。2016年，完成312家单位网上劳动执法年审，调处劳动投诉纠纷26起。各类优抚对象及低收入困难群体 1 393人，平均每月足额发放各类优抚（补助）金、生活保障金62.71亿元。建成并投入使用3 个社区居家养老服务中心，拥有床位40个，每1 000名老年人拥有床位5个。残疾人专职委员9人，联络员14人，配备率100%。辖区持残疾证人员1 084人，约占全区户籍人口2.59 %，333人领取残疾人定额生活补助。社区文化室19个，农家书屋20个，文化信息资源共享工程服务点19个，社区公共电子阅览室18个，农村文体活动广场14个，健身路径18条，登记在册文艺队45支。辖区内文物44项，文化经营户55家，旅游接待单位199家。

【基础设施建设】 先后建成机场高速路、空港污水处理厂、垃圾焚烧发电厂、自来水厂、公租房等一批重要配套项目，区域内实现新建道路（含轨道）通车里程93千米，环长水机场道路实现闭合。昆嵩高速公路、东南绕城高速公路、沪昆客专铁路等重大建设项目有序推进，区域综合交通体系逐步形成。

【园区建设】 突出临空特色产业，重点引进临空“高新精轻”项目。以空港临空产业园、空港航空物流园、空港商务区、综合保税区等为载体，组团化培育壮大航空服务、航空物流、电子信息、综合保税、商贸会展、生物制药等新兴产业。通过连片开发、产业集群化带动区域经济发展，促进临空特色产业聚集，提速培育临空经济增长极。

【重点工程】 2016年，重点工程建设项目58个，完成投资189.20亿元。分为基础设施项目、重点水利项目、社会保障项目、招商引资项目、产业园区项目、新机场内项目六大类。

（昆明空港经济区）

嵩明杨林经济技术开发区

【主要经济指标】 2016年，园区规模以上工业企业主营业务收入完成122.05亿元，工业总产值完成130.58亿元，规上企业轻重工业比为3∶7；规模以上工业增加值完成26.60亿元，比2015年增长6.80%；规模以上固定资产投资完成83.03亿元，同比增长30%；地方财政总收入46 659万元，其中一般公共预算收入20 391万元，同比增长9.53%；金属制品业、橡胶和塑料制品业、食品饮料业、包装印刷业、新材料业、化学品业分别占规上工业总产值28.09%、25.76%、17.18%、6.69%、4.77%、2.47%。

【招商引资】 2016年，招商引资意向协议引进外资1.26亿美元，协议引进外资9 860万美元，实际利用外资2728万美元，同比增长52%；意向协议引进内资398.65亿元；协议引进内资246.12亿元，实际到位内资76.68亿元，同比增长42%。新引进丰超亿食品、五星重工、协鑫分布式能源等11个项目。其中，世界500强企业3户、中国500强企业3户、亿元以上项目10个，昆明新能源汽车和东风云汽启动建设。

【转型升级】 2016年，园区坚持做“减法”，友好协商项目退出，盘活、清理低效用地2 867.33亩；坚持做“加法”，加快产业聚集，引进企业226户。其中，世界500强8户、中国500强11户。投产企业168户，规模以上企业达84户，亿元以上投资企业73户，新增“达规”企业8户，新增“达限”企业2户；坚持做“乘法”，加大自主创新力度，申报科技项目六项，新增国家高新技术企业4户，创新型企业3户，农产品深加工科技型企业两户，科技型中小企业一户。拥有市级以上名牌产品19个，市级以上著名商标14枚；坚持做“除法”，扫除机制体制障碍，建立网上审批平台，公开权责清单，推进审批事项公开、透明办理。引导24户企业参与电力市场化交易，争取市级工业发展引导基金9 800万元，推进高深橡胶、金利马、德春钢构等12户企业转型升级，争取项目前期工作经费、项目扶持资金8 458万元，解决企业资金周转困难问题。争取技改、扩产促销等扶持资金328万元，缓解企业资金周转压力。

【产城融合】 构建工业新城骨架，推进以道路网、供排水网、能源网、物流网、互联网为主“五网”建设。截至2016年底，建成园区道路24条，总计超过37千米；建成日处理污水2万立方米污水处理厂1座，总容量1.50万立方米中水回用调节池3个，日供水3万立方米自来水厂3座；建成110千伏、35千伏变电站3座；建成排

2016年12月，云南滇中新区汽车产业园暨昆明新能源汽车工程技术中心项目培土奠基仪式。

（杨林经开区管委会　供稿）

水管道约23.30千米；建成中水回用管道22千米。加大土地开发力度，实现“六通一平”土地3.64平方千米。推进项目建设，燕京啤酒二期等2个续建项目完工，普洛斯名永仓储、呈达玻璃等7个项目开工建设。优化生活配套，装备制造园1 377套公租房完成装修，棚户区改造工程开工建设3 000套，完成形象进度65%，实现投资4亿元。推进中信嘉丽泽二期项目建设，中心商务区沿街商业体投入使用。提升人居环境，将产业发展与城市发展同步安排，开展“四治三改一增”工作，美化、亮化、绿化园区环境。

2016年8月，省市领导检查沪昆高铁嵩明站。
（杨林经开区管委会　供稿）

【集群发展】　坚持集群发展，做强主导产业。以“园区产业化、产业集群化”为目标，不断延伸产业链，聚集上下游企业。培育主导产业，规划汽车产业园，洽谈汽车项目。2016年，东风云汽整体搬迁升级改造项目启动建设；昆明新能源汽车工程技术中心项目开工建设。聚集配套产业，包装泰佳鑫、恒宸、金利马等标准厂房及中心商务区开发建设项目进行招商。广田衡器、民族塑料、太平龙机械等一批汽车零部件配套企业入驻园区；新里程、昇兴等一批食品饮料配套包装企业投产达效。

【项目建设】　2016年，园区31个重点项目，完成年度投资25.90亿元，累计投资74.20亿元。燕京啤酒二期、杨林实业、中心商务区七号路等9个续建项目完工，闳凌机械智能健身器材、普洛斯名永仓储、呈达玻璃等项目开工建设，太平龙机械、中信嘉丽泽、东环路中段等15个项目正常推进。贵鼓风机、金比得太阳能等21个项目通过环保“三同时”验收，达产达效。

【要素保障】　富集发展空间，高站位、高标准科学规划汽车产业园、铁路物流产业园，筹集4.26亿元，投资景观大道二期，商务区七号路、八号路以及东环路中段等道路建设，加强园区“零排放”配套设施建设，完善中水循环系统，推进“五网”建设，建成区面积9.80平方千米。富集土地要素，加大项目建设用地保障力度，全面推进土地节约集约利用，收储土地5 500亩，拆迁396亩，招拍挂供地28个项目1 563.15亩，完成政府性基金预算收入50 875.53万元，占全县基金收入70.96%。盘活、清理、回收低效用地2 237.30亩。富集资金要素，包装申报42个项目，向上争取专项发展资金8 070万元，同比增长2.67%。争取13.17亿元政府性置换债务资金，置换36个到期或即将到期纳入政府性债务系统的工程项目债务。富集技术要素，省质检院、省计量院、省标准化院、省特检院入驻经开区，为企业提供质量标准检验检测等优质服务。

【平台公司】　不断提升泰佳鑫公司融资能力、投资实力，力促资产转化为资本。2016年，公司资本金2.29亿元，资产116.57亿元，同比增长14.97%；所有者权益66.63亿元，同比下降0.50%；负债49.94亿元，同比增长45.05%；资产负债率42.41%，同比增长8.45%；营业收入3.19亿元。创新方式，多渠道融资。公司向鑫桥联合租赁公司融资15亿元，是嵩明县首次单笔最大额度融资，也是西部地区首家县级平台公司在资本市场融资；争取政府性置换债务资金13.17亿元，置换36个工程项目债务，节约资金成本约1亿元；发行非公开公司债券，年度融资36.35亿元，同比增长350.99%。高效投资建好项目，历时100天建成沪昆高铁嵩明站站前广场及连接道路。加快推进装备制造园公租房建设，为水循环利用节水工程、整体城镇化开发、土地一级开发整理等项目提供资金保障。培优做强，提高公司资信等级，公司主体获评AA级。

【安全管理】　全面落实生产、食品药品、消防、交通、森林防火等安全责任制，推进挂钩联系企业服务、监管制度，深化安全专项整治，督促企业整改隐患。加强宣传教育培训，组织66家企业开展安全生产标准化创建，建立安全生产网格化管理，实行全方位立体化安全监控，有效遏制安全事故发生。调处矛盾纠纷45件，全年无火灾、无重大刑事犯罪、无吸毒人员、无邪教组织和“法轮功”练习者。打造优良营商环境，不断深化改革，推进“三张清单一张网”实施，办理行政审批、政务服务事项409件，通过商务部国家级经开区年度综合发展水平评价考核。打造优良园区环境，加强道路、雨污水管网、排洪、道路交通安全设施、路灯、绿化等市政基础设施维护管理。

【生态建设】 坚持绿色发展，建设生态园区。把好项目入园关，对拟入园项目实行环保一票否决，坚决杜绝高能耗、高污染、低产出项目入驻。落实环保法律法规，完成环评审批项目14个，环保“三同时”验收项目21个，环评执行率、“三同时”执行率100%，工业固废处理利用率90%以上，受理环保信访13件，办结率100%。做好水环境治理工作，严格执行《云南省牛栏江保护条例》，坚守对龙河河道200米禁建区红线要求。提高节能减排水平，实施水循环利用节水工程，实现中水综合循环利用。实施天然气推广工程，铺设燃气管网约61千米，投运约55千米，累计签约用户6 651户，建成云南省最大车用压缩天然气（CNG）母站。

（嵩明杨林经济技术开发区管委会）

昆明阳宗海风景名胜区

【概况】 阳宗海风景名胜区位于昆明市东南部，毗邻昆明市主城区，距呈贡新区10千米、昆明市主城区18千米，辖3个镇（街道），38个村委会（社区）、178个村民小组、181个自然村，总面积546平方千米，居住人口12.50万人。区域内阳宗海是云南省九大高原湖泊之一，流域面积192平方千米，湖面面积31.90平方千米，总蓄水量6.17亿立方米。

【主要经济指标】 2016年，全区完成地方公共财政预算收入5.20亿元，比2015年增长10.30%；规模以上固定资产投资77.10亿元，同比增长13.50%；规模以上工业增加值21.56亿元，同比增长12.20%；旅游服务业主营业务收入6.73亿元，同比增长27.20%；接待游客169.20万人次，同比增长24.40%；农业总产值11.08亿元，同比增长11%；社会消费品零售总额5 541万元，同比增长12.90%；外贸进出口额3631万美元，同比增长13%；农民人均纯收入13 029元，同比增长26%；招商引资实现内资26.38亿元、外资400万美元；全区规模以上企业51户，同比增长18.60%；各类市场主体5 029户，同比增长10.70%。

【生态建设】 加大阳宗海保护治理力度，编制完成《阳宗海水环境综合治理“十三五”规划》，环湖截污项目（一期）工程加快推进，一、二标段分别完成工程量84%和62%。启动流域内17个村（社区）农村环境连片综合整治工程，完成污染负荷较大6个村（社区）整治工作，加强阳宗海滩涂治理和取水管控，阳宗海水质总体稳定在Ⅲ类水，进入国家湖泊生态环境保护试点范围，争取到中央水污染防治专项资金1 300万元。有序推进“省市联动·绿化昆明·共建春城”植树活动，开展昆石高速公路“雪松大道”建设，全面实施高速绿色廊道、五采区植被修复、石漠化治理工程，完成义务植树36万株、杨树等速生林培育2 000亩，完成造林任务1 355亩、国家造林补贴项目2 000亩，建设城市绿地10.04公顷，新增绿化面积173亩。扎实开展“城乡人居环境提升行动”，有序推进“四治三改一拆一增”“七改三清”和网格化管理等工作，城乡发展品质逐步提升。

【招商引资】 香港鑫元盛世、众而沃、香港泉康等七个项目签约，计划投资68.90亿元。协同推进73个重大项目，明超电缆二期、荣事达小家电等10个项目建成投产；云南浩鑫铝箔、云烟仓储等七个项目主体工程基本建成；明湖湾、好迪医疗、三川电缆等九个项目建设快速推进。做好重点项目申报工作，全区57个项目进入国家发改委重大项目库。完成5个批次1 774.50亩土地报批，收储土地902.14亩，出让土地八宗205.16亩。

【基础设施建设】 完成云桂铁路阳宗站站前广场建设，云桂铁路通车。可保—宰格道路建成通车，实施汤小线、三铝公路等7条公路大修、中修，完成农村公路硬化30.40千米。加大水利工程建设力度，刘家箐水库大坝封顶蓄水，建成“五小水利”1 065件，投资700万元完成农村饮水安全巩固提升工程和阳宗小型农田整村推进项目；完成摆衣河小组人畜饮水管网改造工程等八件小农水利项目，梁王山高效节水项目完成管道铺设工程，推进团结、麻沟、保山龙三件病险水库除险加固工程，积极开展意思桥水土保持科技示范园、白泥洞水库改扩建工程、瑶冲河河道治理等项目前期工作；完成四个片区集中供水工程可研编制。投资600万元完成金甸湾Ⅴ、Ⅵ回电力配套工程，升级改造马郎Ⅱ回，协调解决明超电缆二期、七彩云牛等项目用电问题，园区电力问题得到极大缓解。投资3 500万元完成七甸片区配套燃气主管网工程建设，铺设燃气管道15千米。建成园区商业步行街。改善农村公共服务设施，增开汤池—呈贡新册、汤池—菊花村公交车。加大区域农村通讯、广播电视建设力度，完成区域气象观测站和气象公共信息电子显示屏建设。

【民生保障】 19 556平方米改薄项目实现全面开工，14所中小学14 333平方米校安工程竣工投入使用；争取上级资金1 247万元用于三所乡镇中心幼儿园建设，汤池、七甸中心幼儿园建成，阳宗中心幼儿园正快速推进。全面推进义务教育均衡发展，全区小学毛入学率104.41%，巩固率100%；初中毛入学率127.40%，巩固率9.70%。积极改善辖区卫生基础设施条件，七甸卫生院等五个项目纳入昆明市卫生“十三五”规划项目库。投资300万元建设农家书屋、体育健身场所等公共文体设施，组织开展文体活动、公益电影放映等388场次，丰富群众生活。加强文化遗产保护，关索戏传承基地获省、市级传承基地命名，推荐七甸卤腐申报省级非遗项目。实施康复、救助等工作，2 147名残疾人享受助残惠民政策。深化机关事业单位养老保险制度改革，不断完善社会保障体系，社会保险参保率保持96%以上，享受待遇26.50万人次。多渠道扩大就业，实现新增有效就业岗位505个，新增就业503人，农村劳动力转移培训3 781人，转移就业2 013人。开展“挂包帮”“转走访”扶贫工作，脱贫519户1 470人，脱贫率90%。加大矛盾纠纷排查和信访积案化解力度，加强社会治安综合治理，建成38个村（社区）690个高清探头和平安社区视频监控指挥中心，扎实推进生产、交通、消防、食品药品等安全工作。

【改革创新】 召开深改专题会议六次，改革办主任会议12次，出台改革方案38个。重点推行供给侧结构性改革、行政审批、城乡综合管理、商事制度和教育领域综合改革等，全力推进“放管服”工作，经济社会发展活力不断得到激发。积极争取省、市加大对阳宗海扶持力度，配合市级有关部门制定加快阳宗海发展政策文件，市委、市政府积极支持阳宗海风景区更名为阳宗海国家旅游度假区，上报省编办待批。加大开放力度，分别与中船重工云南环保有限公司、中国移动昆明公司、云南农垦集团等签订战略合作协议。紧盯国家发行的新增债券、专项建设基金，做好项目包装及与省市对接工作，全年争取上级资金4.73亿元，国家专项建设基金3.40亿元，云南省重点项目基金1.48亿元，昆明市工业引导资金4 700万元，国家各类债券1.50亿元，区域融资实现新突破。

（昆明阳宗海风景区管委会）

昆明倘甸产业园和轿子山旅游风景区

【主要经济指标】 2016年，全区完成地区产业增加值9.66亿元，比2015年增长15%；完成规模以上工业增加值1.83亿元，增长34%；完成规模以上工业主营业务收入3.70亿元，增长28%；完成规模以上固定资产投资37.10亿元，增长67.87%。其中，基础设施投资8.15亿元，增长15%；工业固定资产投资8.28亿元，增长17.40%；完成地方公共财政预算收入1.87亿元，增长12.42%；完成社会消费品零售总额3 438万元，增长18.20%；实现农村常住居民人均可支配收入4 250元，增长8%；向上争取资金11.85亿元，增长131.72%，其余各项指标稳步增长。

【招商引资】 创新招商引资形式，紧紧围绕大数据招商，紧盯高原特色农业、新能源、大健康产业、生物制药，坚持高位招商、产业招商、以商招商并举，利用大数据精准招商，引进引领型、补链型、核心型产业项目。利用大数据建立100家意向投资企业库，开展省内外招商座谈推介20余次，达成投资意向8家，开工建设项目两个，引进内资11.33亿元，利用外资150万美元。继续实施“3520”工程，确保常年储备项目150个、精包装20个。深入推进“四库”建设，着力扩大投资规模，注重项目前期策划，提高项目成熟度。建立上下联动项目协调推进机制，以“一月一推进、两月一开工、一季一盘点”为手段，确保项目“五个有”倒逼工程建设。实现佳宇牛羊肉加工、金水生猪加工等五个项目竣工投产。

【园区建设】 稳定粮食播种面积，启动第三次全国农业普查工作，实施科技增粮项目五个，申报农业地理标志产品一个，实现粮食总产8.88万吨、肉类总产3.14万吨、禽蛋产量1 403吨。打造千亩稻田养鱼示范区，推广种植工业大麻5 000亩、油用牡丹1.41万亩。培育农业龙头企业7家、专业合作社9家、种养殖大户13户，农业现代化稳步提升。通过系列政策帮扶企业50余户，争取贷款900万元，发放补助150万元，实现佰旺食品、马街复混肥厂复工复产，金水、玉升等企业成功入驻一期标准化厂房。有序推进一产转二产，三家企业成功申报规模以上工业企业，大基坡风电场加速推进，以风能发电、食品加工为主产业链逐步形成。凤仪大酒店成功申报限额以上企业，推动商贸服务提档升级。

【旅游开发】 紧扣“3211”旅游发展布局和“12345”旅游工作思路，以建设“世界名山”、打造“文化名区”为目标，启动《倘甸和轿子山两区全域旅游发展规划》编制工作。按照“集点、连线、汇面”要求，加快旅游专线、东倘公路、中乌公路等沿线村庄景点式改造，规范镇村建设风貌。打造“珍珠链式”精品生态旅游路线，实现“一路一景、一村一景”融合发展。通过与周边县区景点整合、设施对接、共同促销，实现春夏秋冬各有特色，淡季不淡、旺季更旺。投入7.80亿元，建设特色彝寨区、水彝埅等6个项目，建成花道人间、平安湖乡村露营地，按照5A级标准完成轿子山景区提升改造、落霞沟门禁系统和基础设施项目建设，木阿落白酒店一期形成接待能力，旺统花园酒店即将营业。成功举办第六届轿子山旅游节暨第三届彝人祭祖大典、第三届“发现之旅”等六次赛事活动。注重传统媒体与新兴媒体结合，加大轿子山、红土地营销力度，影响力、美誉度逐步提升。编制

《倘甸和轿子山两区大健康产业发展规划》，在“吃、住、行、游、购、娱”传统六要素基础上，赋予“商、养、学、闲、情、奇”旅游新六要素。实施“六个一”工程，对散落在轿子山及周边地区手工技艺、传统服饰、特色餐饮、歌曲舞蹈等资料进行收集整理，开发具有本地特色旅游商品。推进轿子山生态旅游智慧服务体系建设，提升景区旅游气象服务品质。以高铁途经城市和重要节点城市为主，做到“一城一宣传”。开展“1+N”旅游节系列活动，做到“一月一主题”。加强旅游从业人员培训，加大旅游市场监管力度，完成三个旅游公厕建设，提升游客满意度。实现接待游客61.89万人次，增长11.68%，旅游主营业务收入5 811万元，增长28.70%。

【基础设施建设】 启动交通建设三年行动计划，实施“10·1·1”综合路网工程，开工建设九条市政道路，实现续建园区20条市政道路投入使用。推进昆倘高速、武倘寻高速、转红公路和雪舍公路建设，开工建设东倘公路大箐至杨家湾段、转龙北出口环线，实现东倘公路倘凤段建成通车。完善园区配套市政道路，通车里程41.40千米。投入3 014万元，完成园区土方平衡一期项目建设。加大土地收储力度，收储土地1 265.86亩，供地473.25亩。投入2 018.13万元，完成王家湾、大双林等6件病险水库除险加固工程建设。投入1 128.59万元，完成罗泊河水库进场、场内道路工程建设。

【生态建设】 深入开展“三乱”“五堆”专项整治，拆除临违建筑38宗、15 090平方米，新建、改造城乡公厕62座免费开放，市容村貌大幅改观。投入2 650万元，完成轿子山旅游专线沿线及面山绿化2 000亩，种植雪松、红枫等13.36万棵，旅游专线成功打造成雪松大道、景观大道。投入213.60万元，完成乔木种植3.10万株，新增绿地43.13公顷。投入1 158万元，完成林业生态建设任务25 000亩。投入资金6 000万元，加快农村生活垃圾、污水治理、公厕等设施建设，全面启动“三厂一园一湿地”建设，实现农村垃圾分类减量率30%、保洁制度覆盖村庄90%以上，城市规划区污水处理率87%，重要饮用水水源地达标率95%以上。完成森林抚育、特色经济林提质各5 000亩、天保工程2 000亩，新增城市绿地22.80公顷、公园绿地10公顷、道路沿线绿化7.50千米。提高生态涵养功能，全面推进轿子山国家级自然保护区建设，强化生物多样性保护和自然资源管护，严格落实生态环境保护责任制，注重“五采区”植被修复治理，深入实施大气、水、土壤污染防治行动计划，开展环境空气质量监测工作，确保环境空气质量稳定达到国家二级标准。凤合镇、联合乡成功申报国家级生态乡镇。空气质量状况和水环境质量综合评价排名全市前列。

【扶贫攻坚】 编制完成《倘甸和轿子山两区脱贫攻坚规划（2016~2020年）》。建立精准扶贫大数据平台，整合扶贫资金6.24亿元，实施整乡推进2个、整村推进10个、新农村省级重点村6个、美丽乡村省级重点村8个。完成宜居农房2 000户、农村危房改造及抗震安居工程1 700户、易地扶贫搬迁1 238户3 957人。投入1 000余万元，扶持种养殖产业发展，助推农民增收致富；投入11 035.86万元完成转龙、金源等四乡（镇）集镇供水、农村饮水巩固提升、三小水利工程建设。实施“通达”工程128.40千米、“通畅”工程164.90千米。筹措资金1.70亿元，全力推进脱贫攻坚。健全“六大机制”、探索“五大创新”、实施“十一大工程”，实现4 422户14 745人脱贫摘帽，转龙镇、乌蒙乡、雪山乡与禄劝同步脱帽，金源乡率先出列。

【改善民生】 坚持教育优先，投入1.52亿元，实施义务教育薄改计划，新建校安工程11个、教师周转房150套、运动场42个。投入778万元，实现转龙、乌蒙、雪山三乡（镇）通过国家义务教育均衡发展验收。幼儿园、义务教育阶段毛入园（学）率分别90.55%、111.75%，中考一级完中上线率6.47%，高考本科上线率同比提高10.50%，昆明高级技工学校轿子山校区招生。强化医疗配套，两区人民医院进入内部装修阶段，建成中医馆五家、标准化卫生室16个，完成卫生院改扩建两家、周转房项目两个。突出社会保障，发放补助资金1.23亿元，城乡居民养老保险参保率95%、医疗保险参保率98%，实现报销医保3 851万元。推进机关事业单位养老保险制度改革，完成养老保险费征缴5 000万元。投入4 636万元，完成村级活动场所建设66个、居家养老中心一个。注重保护和传承传统文化，做好茂麓冶铜遗址、蒋家大院等文物保护和修缮工作。推进“五馆”建设，不断满足群众日益增长精神文化需要。实施绿色光亮工程，建设太阳能照明系统300套。充分发挥人力资源市场平台作用，完成农村劳动力转移培训22 390人次，转移就业21 130人次，新增就业经济收入2.37亿元，创造劳务经济总收入6.33亿元。计划生育、双拥、科协、残联、红十字会、文体广电、民宗统战等工作取得不断进步。

【提升服务效能】 有序推进农村集体产权制度改革，创新土地流转和规范经营方式，积极引导土地经营权规范有序流转，发展适度规模经营，构建新型农业经营体系；深入推进医药卫生体制改革，推动医疗、医保、医药“三医联动”，着力构建科学合理、流程简化、行为规范、服务到位、保障有力、分级诊疗就医新格局。稳妥推进事业单位人事制度改革，转换用人机制，健全聘用和岗位

2016年，倘甸和轿子山开发区围绕扶贫开发这一核心任务，确立“近期调结构、中期兴产业、远期办教育”三步走、三步联动的扶贫开发思路，不断优化三次产业发展结构、夯实发展基础，走出一条符合“两区”发展的路子。实现区域发展带动扶贫开发，扶贫开发促进区域发展，努力将倘甸片区建设成为国家乌蒙山片区和云南省扶贫攻坚的创新区、示范区、样板区。（“两区”管委会　供稿）

管理制度，形成权责清晰、规范有序、充满活力管理制度。加快实施创新驱动，健全完善政策措施，支持有梦想、有志愿、有能力市场主体，开办新企业、开发新产品、开拓新市场，最大限度释放创业创新活力，申请专利30项。按照“质量强区”目标，统筹推进“四区”建设，提升产品核心竞争力。依托“互联网+”、大数据等平台，推广联合乡青年电商试点、“金源良仓”品牌发布经验，推进特色农业发展，提升农产品附加值。深化行政审批制度改革，推进行政权力公开透明，公布行政执法职权职责清单2 290项，行政审批中介服务33项、管理服务中介服务17项、“双随机一公开”抽查事项109项，受理各类行政审批、管理服务事项29 246件，办结率99.51%。全面深化改革，完成改革要点52项，完成率100%。始终保持对各类违法犯罪活动严打高压态势，多措并举强化社会面管控，未发生影响重大群体性事件、非正常上访事件、影响恶劣治安、刑事案件及较大以上安全生产和食品药品安全事故。自觉接受各界监督，加强与人大代表、政协委员以及民主党派联系，办结三县区交办提案、建议56件。受理市长热线1 234件，成功调处纠纷2 284件。强化公共资源交易监督管理，监督交易项目109个，节约资金5 489万元。加强重点行业领域行政监察和审计监督，完成审计项目60件，审减资金2.30亿元，提出审计意见建议230余条，向纪检监察机关移送问题线索3条，收缴违规资金164万元，政风行风持续好转。

【理财治税】　深化财税金融改革，全面推行营改增，培植壮大可持续财源，优化财政资金投向，整合盘活各类资金，发挥最大效益。注重内培外引，做大总量。深入实施2016~2020年全区财源建设规划，加强对重点税源监控，及时掌握收入进度。研究上级各项扶持政策，掌握政策取向，对项目进行包装，做到有具体项目支撑，有具体单位落实。盘活财政沉淀资金，建立财政资金统筹使用机制，将所有预算资金纳入财政部门统一分配，做到预算一个“盘子”、收入一个“笼子”、支出一个“口子”，促进财政资金优化配置。编制三年滚动预算，建立中期财政规划机制，实行预算执行进度考核，实现“编制有目标、执行有监控、完成有评价、评价有反馈、结果有应用”。推进预算公开，打造阳光财政，加快推进预算绩效管理改革，严格执行绩效考核、问责机制，建立以“追踪问效”为导向新型财政支出管理模式。

（李玉梅）

信息·通信

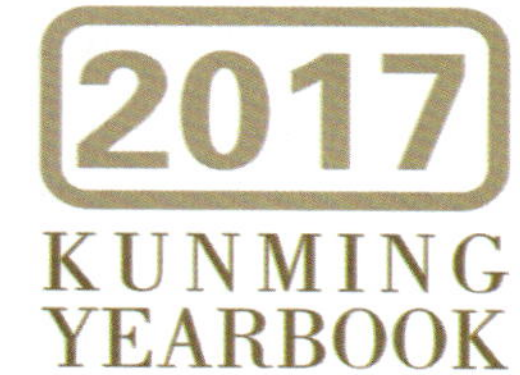

◆责任编辑　李　震

信息产业

【概况】　截至2016年底，全市纳入信息产业行业统计企业142户，实现营业收入168.70亿元，比2015年增长8.75%。其中，电子信息制造业15户，累计实现工业总产值82.08亿元，同比增长12.71%；实现营业收入101.25亿元，同比增长9.22%；软件和信息技术服务业127户，实现营业收入67.45亿，同比增长8.04%；软件业务收入49.16亿元，同比增长8.70%。2016年，全市电信业务总量389.10亿元，同比增长54.05%；完成电信业务收入103.40亿元，同比增长5.76%。

【“十三五”规划】　编制《昆明市“十三五”信息产业发展规划（2016~2020年）》《昆明市“十三五”软件和信息技术服务业发展规划（2016~2020年）》，明确实施“提三优，育四新”信息产业发展战略（三优：光电及相关配套产业、软件服务与系统集成、电子信息材料三大传统优势产业，四新：云计算与大数据、“互联网+”产业、特色行业电商和跨境电商、智能电子产品制造）；落实五大重点工程（信息基础设施扩容提速工程、昆明云上云产业推进工程、跨境电商产业链培育工程、“双创”平台载体建设工程、央地外三源协同合作工程），构建“双核、两区、多点”产业布局，形成特色鲜明、聚集辐射新格局。到2020年，实现信息产业主营业务收入520亿元（不含电信运营）。其中，电子信息制造业300亿元、软件和信息技术服务业220亿元。

【产业集群】　全市初步形成以光电子及配套、电子信息材料、特色行业软件及系统集成为主导信息产业格局。光电子、金融电子设备及信息服务、电子信息材料产业等在国内具有一定影响力。远程医疗、旅游大数据、农产品电商平台、农业物联网等特色新兴领域开始发力。重组后北方夜视以红外、微光关键核心器件为主的光电夜视设备制造企业，产业规模和技术水平位居世界前列。南天电子目前产品全面覆盖国内各大银行，出口到二十多个国家和地区，在集成业务方面成为国内数据中心服务主要提供商，在软件业务方面是国内银行业十大解决方案主要提供商之一，连续12次入围“中国软件业务收入前百家企业”。产业布局上电子信息材料、光电子及配套产业以大型企业为主，主要集中分布在经开区及高新区。软件开发及系统集成、特色行业软件应用以中小型企业为主，分别在经开区信息产业基地、高新区云南软件园、五华科技园区等信息产业园区内集聚发展。全年全市电子信息制造业12家企业年产值突破亿元大关。其中，贵研铂业、北方夜视工业总产值突破10亿元；南天电子、昆船物流、金隆伟业等八家企业突破亿元。软件和信息技术服务业62户企业营业收入突破千万。

【重点项目】　2016年，全市信息产业在谈项目36个，签约项目14个，在建项目22个，投用项目5个。截至2015年底，云上云·云南省信息化中心（首期）项目九幢主楼全部封顶，进行内外装修；浪潮昆明云计算产业园（一期）项目完成项目供地工作，四幢中心机房主体封顶，主楼基础建设完工；昆明呈贡科技信息产业创新孵化中心项目完成会展中心地上三层建设，研发中心正地下施工；云南移动大数据中心项目完成立项批复、规划设计招标等工作；中国数码港昆明大数据产业园和云南地理信息产业园两个重点产业项目完成项目选址和相关协议签订工作，即将落地万溪核心区；云上云·云南省信息化中心（二期）、云南农业大数据昆明分中心和智能机器人产业园三个项目完成相关协议签订工作，正在推进选址入驻园区工作。

【招商引资】　2016年，昆明市先后在北京、昆明、深圳等地举办四场信息产业专题招商推介会及三次项目集中签约仪式，接待北京市、珠三角等信息产业企业考察团四次，对接信息化和信息产业企业1 000余家。截至2016年底，市政府与中关村、启迪、南天、猪八戒、中星微、科大讯飞、大唐、中兴、普天、九次方、赛伯乐等十多家知名企业签订战略合作协议。其中，昆明呈贡信息产业园区管委会先后组织和参加八次招商推介会，累计参加企业近900家，签约项目46个，涉及项目投入约140亿元。昆明国家广告产业园年内新引进九机网、里米传媒、猪八戒网、东道设计、网星大数据、酷虎360等企业42家，园区产业聚集效应逐步显现。

【产业高地建设】　将呈贡信息产业园打造为全省信息产业发展高地。争取各级资金支持近10亿元投入呈贡信息产业园区建设。一期水、电、路、气等基础设施建设工作全面完成，全长4.80千米园区一期道路投入使用，项目配套基础设施到地块红线。郑家营、大渔至园区两条10千伏电力专线建设基本完工投入使用，110千伏万溪冲变电站建设项目启动，2017年投入使用。启动松茂水库引水项目和中水处理站项目建设相关工作。完善呈贡信息产业园招商引资政策，出台《关于支持昆明呈贡信息产业园发展的若干政策措施（试行）》，从土地供应保障、人才培养引进、产业资金扶持、融资渠道拓展等方面形成投资洼地，围绕企业最关心电价、水价、产业扶持等方面给予优惠。

【创新业态】 云上小镇一期建设完毕投入运营，引入企业235家，注册资金近9.02亿元，带动就业超过1 500人。其中，云上云大数据双创基地2016年10月建成投运，中关村e谷·昆明创想空间项目、云南百步网络互联网O2O销售平台项目、微软云暨移动应用孵化计划——云南云上云大数据孵化平台项目、凯立达跨境众创空间孵化器项目、中船重工、深圳优必选机器人、深圳联合视觉创新、云南聚力佳合智联科技有限公司机器人制造项目、云南厚泰科技股份有限公司等41家企业入驻基地，注册资金总额3.48亿元，带动近1 300人就业。2016年3月，云大启迪K栈众创空间投入运营，注册企业195家，注册资金总额5.94亿元，入驻企业合计拥有发明专利22个，实用新型24个，外观专利8个。猪八戒“互联网+创新创业”综合示范区项目第一期众创空间投入使用，猪八戒网知识产权、财税、法律、工程、3D建材、教育、科技、人力资源等围绕企业全生命周期服务的业务全面落地园区，有员工52人。建成猪八戒网云南频道，用户突破20万个。猪八戒网向云南园区派送来自全国以及南亚东南亚订单0.50亿元，完成招商76家。其中，实体入住22家、孵化企业40家、线上入驻14家。20多个总合同额超过6亿元服务云南双创代表性项目对接完毕，进入签约实施阶段。中星微电子集团西南大区跨国总部基地项目组建云南中星电子有限公司，选址呈贡区东盟大厦，办公室装修完成，人员进驻，正与市公安局对接洽谈推广应用SVAC国家标准工作。

（市工信委）

邮　政

【概况】 截至2016年底，全市有280个邮政服务网点及11个机要服务网点，服务面积2.15万平方千米，服务人口690万人，满足社会公众用邮需要。全市47家品牌快递企业，256家依法取得快递经营许可证法人企业和340个备案分支机构。邮政业务呈现国有、民营、外资多元资本协调发展良好态势，统一开放、竞争有序市场格局形成，不同所有制市场主体在较为健全完善法制环境下竞相发展。全市邮政业作为现代服务业重要组成部分，对推动全市流通方式转型、促进消费升级、带动创新、扩大就业等方面发挥积极作用，促进地方经济社会发展作用逐步凸显。全行业从业人数1.72万人。

【业务收入】 2016年，全市邮政业完成业务收入25.64亿元，同比增长27.58%；完成业务总量25.48亿元，同比增长46%。昆明市快递企业完成快递业务量11 775.41万件，同比增长54.95%；完成快递业务收入18.48亿元，同比增长 36.07%。全市邮政业务总收入、业务总量、快递业务量、快递业务收入分别占全省比重50.17%、50.91%、 67.50%、63.83%，邮政、快递业务量均在全省排名第一。较好完成市政府下达邮政业务总量增速25%指标任务。

【行业安全监管】 组织召开全市邮政行业安全工作会议，与企业签订服务及安全保障责任书，进一步明确企业主体责任，通过积极组织各类安全培训，不断提高企业安全管理水平。深入企业处理中心、营业网点检查指导企业完善安全管理工作。通过日常检查以及元旦、春节、“两会”“南博会”“三个100%措施”“G20峰会”“双十一”等专项检查、现场开展相关法律法规培训，督促企业依法合规开展经营活动。2016年，检查分拨中心86个次、检查网点342个次，累计出动执法人员1 693人次。

市邮政管理局深入开展收寄验视专项整治工作

（市邮政局　供稿）

全面推行“三个100%措施”，专项行动取得明显成效。专门制作“三个100%措施”通告、提示语2 800份，下发各企业分拣中心和营业网点进行广泛粘贴宣传，组织开展为期两个月专项执法检查行动，联合公安、国安等部门严厉查处未严格落实“三个100%措施”违法行为，抽查200余个企业营业网点，抽查率50%，覆盖全市14个县（市、区），检查企业分拨中心33个，实现全覆盖。下达责令改正通知书49份，行政处罚18起，处罚金额15.10万元人民币。各企业在省际分拣处理中心应配备33台安检机，实际配备47台，比专项行动开展前增加24台，超额完成安检机配置任务。通过以点带面、点面结合，以罚促改、整体推进专项检查，有效摸排全市邮政业安全底数，进一步堵塞安全漏洞，落实管理责任，确保全市邮政寄递渠道安全畅通。认真组织做好G20峰会安全保障工作，与企业签订《G20峰会期间昆明市寄递渠道安全保障责任书》，进一步明确企业安全责任。深入组织开展快递市场清理整顿专项工作，查处未按规定办理备案手续和变更手续等违法行为八起，新增持证企业101家，新增分支机构84个，对103个末端网点进行备案登记。做好邮路扫黄打非、禁毒和反恐防范工作。建立完善企业安全生产责任制，加强收寄验视、实名收寄、安全检查等各项安全管理制度执行落实，切实消除行业安全隐患。注重反恐应急工作经验积累，做好成功经验宣传推广，加强企业内部安全培训教育，提升全员安全防范意识和应对涉恐突发事件能力，强化安全管理制度执行落实。建立邮政禁毒工作情况上报制度，发现可疑物品立即上报公安机关和邮政管理部门，要求企业定期上报查堵违禁品情况，主动提供线索，积极配合公安机关查缉毒品案件。2016年，昆明市禁毒支队查获通过邮政寄递渠道寄递毒品案件20起，缴获毒品20.49克，抓获7人。

【监督检查】 出动执法人员320人次开展法定业务开办、邮政专用标志车辆、邮政机要通信、普遍服务综合检查、行政村通邮情况调查等监督检查，对邮政企业下发4份工作通报、7份整改通知书，对企业整改情况进行复查。依法开展行政审批和备案工作，依法办理邮政企业撤销邮政营业场所行政审批两个；停限办普遍服务和特殊服务业务行政审批3个；新增营业场所备案2个；搬迁营业场所4个；变更营业场所营业时间信息备案5个；暂停办理普遍服务和特殊服务业务备案2个。积极推进新建小区信报箱建设，以市政协委员名义向市政协提交《关于将新建住宅小区信报箱设置纳入小区规划图纸审查内容》提案，交市住建局办理。开展经营邮政通信业务审批摸底调查工作，初步掌握邮政企业签订收寄、分拣、运输、投递服务的企业有关基本情况。充分发挥监督员社会监督作用，组织社会监督员监督邮政普遍服务网点132个，走访消费者132余人次，对发现的3个问题，向邮政企业进行通报并要求整改，对整改情况进行复查。

【提升综合管理水平】 加强邮政法律法规宣贯，积极推进行业法治化进程。印制新修订《邮政普遍服务监督管理办法》《邮政业安全生产设备配置规范》《快递安全生产操作规范》等法律法规及标准下发企业，对企业进行培训指导，积极督促企业落实各项法律法规及标准化要求。积极开展公务员登记信息完善、公务员统计、工资统计、养老保险测算、工资调整、因私出国专项治理、公务员生育保险、初任公务员培训及劳务人员管理等相关工作。严格执行机关财务制度，规范财务管理，重点做好预算、决算编制与执行工作，提高预算资金使用效益，对现有固定资产进行盘点，摸清家底，为促进资产管理与预算管理有机结合奠定良好基础。规范文件会议管理，办文办会力求精练。加强对涉密文件和材料管理，严格执行保密管理规定，保密文件在收发、传阅、使用、保管等各个环节做到登记明确、手续清楚。开发使用面向全市47个品牌企业总部收发文系统，确保政府工作要求和信息及时传达，节约行政管理成本，进一步提高行政工作效率。维护群众利益，做好用户申诉受理工作。2016年，市邮政局收到消费者申诉信24件，处理24件，申诉处理满意度100%。全年未收到任何针对昆明局信访举报，也未发生群众来访举报情况。

（李　虎）

【邮政集团市分公司基本数据】 截至2016年底，中国邮政集团公司昆明市分公司在全市邮政营业支局所279个。其中，电子化支局275个，邮政代理金融网点106个，ATM/CRS自助机具292台，揽投站点65个，邮政用车266辆。全市投递段道834条，城市段道467条，乡邮段道367条，机动车辆段道378条，城市投递段日均投递里程23 125千米，乡邮投递段日均投递里程12 206千米。从业人员1 768人，中层以上管理人员42人（不含公司领导）。在岗员工中，大专以上文化1 227人，占69.40%；高中、中专、技校生360人，占20.36%；初中以下文化181人，占10.24%，职工平均年龄37岁。2016年，完成邮政业务总收入5.56亿元，同比增长16.95%。发展质量和效益快速提升。

【电商服务体系建设】 2016年，中国邮政集团公司昆明市分公司全力推进农村电商“邮乐购”线下实体店建设，完成271个站点建设及上线运营工作，完成13个三农服务网点建设。向各级地方政府沟通汇报，与安宁市人民政府签订战略合作协议共同推进农产品进城。推进“一县一品、一县一微、一县一店、一县一站”工程，运用自身寄递优势，与地方政府及合作社合作，推广东川干热河谷面条蔬菜、寻甸雪莲果等产品；推进“工业品下乡”工程，实施“创维”家电“下乡进村”。举办2017年昆明市新春欢乐购暨邮政农村电商“农产品进城”年货节活动，与东川区、石林县、安宁市、宜良县、寻甸县政府部门签订农村电商合作协议、意向书；积极打造一个集“网络代购+平台批销+农产品返城+公共服务+普惠金融+物流配送”为一体邮政农村电子商务服务体系，拓宽农产品、工业品销售渠道，为农村居民提供“五不出村”（即购物不出村、销售不出村、生活不出村、金融不出村、创业不出村）便利服务，促进农村流通现代化水平全面提升，进一步深化邮政综合便民渠道平台。

【服务“南博会”】 2016年6月12~17日，第4届“南博会”在昆明滇池国际会展中心举办。中国邮政集团公司昆明市分公司认真贯彻落实“一体两翼”发展战略，深入挖掘会展平台资源，创新产品开发，整合营销模式，强化技术支撑，为展会提供门禁系统建设、网上报名制证、门票制作及销售、展馆周边户外及馆内广告招商、集邮文化宣传品制作发行、南博会吉祥物销售、邮政金融、物品寄递及便民服务等综合性服务。为适应政府提出“智慧南博”新特点要求，对门禁系统、制证系统进行改造和升级，新推出网上售票功能。通过发挥邮政渠道和资源优势，在两周时间内完成执委会交予邮政户外及馆内广告招商招展工作。

【主题邮局建设】 2016年，中国邮政集团公司昆明市分公司积极探寻将邮政文化与地方特色文化相结合，发挥创意力量，通过以特定主题作为网点别名，在以邮政信函旅游文化产品及寄递服务基础上，充分整合现有邮政函件、集邮、报刊、分销等资源，提供突出以文化创意为核心综合型邮政服务。截至2016年底，建成运营安宁职教园区大学生、昆明动物园樱花、寻甸柯渡红军长征纪念馆长征、西山风景区状元、石林风景区石林、昆明市大观公园大观等主题邮局，在提供邮政传统服务基础上，为人们提供“时空慢递”“写给未来的自己”“个性化明信片现场制作”等主题邮局特有邮政服务，帮助人们进行情感交流，满足人们文化需求，广泛宣传昆明地方特色文化。

【“警邮超市”】 中国邮政集团公司昆明市分公司与昆明交警支队共同搭建多渠道、全覆盖和更高效、更便民交通管理服务平台。2016年12月1日，中国邮政集团公司昆明市分公司与昆明交警支队举行警邮合作互联网业务办理中心成立暨“警邮超市”推出仪式，共建“互联网+”公安交通服务体系，全面提升交通管理服务能力和管理水平。在互联网业务办理中心建成基础上，在昆明市主城区邮政窗口先推20家“警邮超市”，全面受理车辆所有人变更联系方式、异地委托核发机动车安全技术检验合格标志、驾驶证信息查询等机动车、驾驶证两大类15项业务。市民只需在就近邮政网点“警邮超市”提交申请信息，“警邮超市”受理后将信息网上上传给车管部门，车管部门线下审核资料、制作牌证打印运单，交付邮政部门寄递，就能方便到达市民手中。

2016年6月南博会期间，邮政业开展安全保障及服务工作检查。
（市邮政局 供稿）

【投递服务能力】 2016年，中国邮政集团公司昆明市分公司投递进口量快速增长，同比增长234%。面对繁重投递任务，昆明邮政不断优化作业组织流程，依托加盟揽投站点、报刊亭等资源，春节、“双11”“双12”等旺季高峰期间，积极抓好寄递业务投递服务工作，经受住投递量快速增长考验，全市各项质量指标均达标，确保服务质量，进一步树立良好投递服务形象，投递服务能力不断增强。

【和谐企业建设】 2016年，中国邮政集团公司昆明市分公司13个县市区分公司均创建“市级文明单位”。组织开展系列活动竞赛及客户联谊、厨艺展示、登山健行、手机摄影作品征集、荧光夜跑等活动，营造健康向上文化氛围。中国邮政集团公司昆明市分公司荣获云南邮政“劳动关系和谐企业”称号，中国邮政集团公司昆明市分公司包裹快递部被全国总工会授予“全国安康杯竞赛优胜班组”，五名职工分别获得云南省“五一劳动奖章”、省总工会“技术能手”称号、云南省“五一巾帼标兵”称号，13个基层集体和61名个人获得集团公司及省公司各种类型奖项和称号。

（董　燕）

中国联通

【发展思路】　2016年，昆明联通深入推进“聚焦增长，创新合作”战略，坚持竞争导向和问题导向，盘活各类资源，聚焦发展重点，开展创新合作，持续激发体制机制活力，构建差异化竞争优势。

【网络提升】　2016年，昆明联通重点改善网络短板，通过技术创新和积极推进与电信、铁塔深度合作，加大4G基站建设，提升4G网络覆盖。聚焦昆明核心商圈、各大高校、机场、地铁、火车站、汽车客运站等区域开展网络评估优化，区域4G覆盖比例从优化前73.26%提升到93.48%，提升20.22%。加强网络安全隐患整治，排查重要节点机房及网络设备隐患，极大提升网络安全性。

【4G经营】　聚焦4G发展，通过众筹终端、厂商合作等重点举措，强化全网通终端引领。建立以流量为主“沃4G七彩卡”产品体系，个性化制定4G产品政策，贴切用户消费。以“校园会战”“日租卡营销”“南博会营销”“2/3升4登网”等经营活动为抓手，通过目标牵引，考核激励，夯实经营基础。抓住“互联网+”契机，实施创新合作发展，针对用户需求，与互联网企业共同打造“淘宝卡”“滴滴卡”“腾讯卡”等专属卡，推进2I2C业务线上线下营销与服务工作。

2016年6月南博会期间，昆明联通旅游大数据展示。

（昆明联通公司　供稿）

【宽带发展】　依托宽带光纤改造提速和社会化合作，以“高速宽带+高清视频”为切入点，承诺联通资源小区优质服务，全力推进“网络、产品、服务”领先策略，打造联通宽带高品质品牌，提升用户用网感知。

【企业改革】　2016年，昆明联通以市场为导向，对人员、投资、激励考核、管理资源等基本要素进行优化配置，为市场发展提供全面保障。围绕“一切为市场、一切为客户、一切为一线”观念，推进“小机关大一线”结构转型，精简本部机构设置，健全内部流动机制，鼓励优秀干部员工向一线流动，完善高素质、高能力合同制员工引入、低素质人员退出机制，队伍学历结构、用工结构、岗位结构逐步得到优化。

【企业文化】　2016年，昆明联通秉承云南联通“创新、卓越、以奋斗者为本”核心价值观，重塑处事观、人际观、成长观、评价观、问题观、客户观企业文化体系。以宽带降费提速、打击电信诈骗、实名制、通信保障等问题为核心，成功组织开展2016年行风建设暨纠风工作，圆满上线“春城热线”直播节目，完成南博会、农博会、昆明国际马拉松等68个重大通信保障任务。

（联通昆明市分公司）

品牌升级后的昆明联通门店

（昆明联通公司　供稿）

中国移动

【经营业绩】 2016年，中国移动通信集团云南有限公司昆明分公司累计完成运营收入比2015年增长超过6%。在深化转型同时，依旧保持市场领先。截至2016年12月，在网客户份额超过75%，增量收入市场份额超69%。

【4G运营】 2016年，昆明分公司继续加大成本、资源投入，推动4G客户渗透率。4G网络实现持续领先，4G基站较年初增幅较大，4G新址新建站规模超过近三年总和。终端销售有效掌控，通过大力推广自备机销售，加强与品牌店合作等措施，终端销售较2015年提升20%。

【网络发展】 通过进一步推进网络转型，提升效能，夯实4G网络，重点提升深度覆盖网络能力等措施，提升客户语音感知，为VOLTE规模商用保驾护航。以网络优化、工程扩容为抓手，市场协同为措施，打造网业协同传输网络。2016年，4G业务服务感知、语音通话质量满意度、4G手机上网满意度均达到既定目标，得到绝大多数客户好评。

【通信保障】 通过省、市、区三级联动工作模式，科学制定保障方案，灵活调用应急通信车和集装箱站点，通过引入应急皮卡方舱等新型通信设施，有效提升网络信息同时，节约成本、提高工作效率。通过提供网络安全事件监测、响应、处理等一系列服务，确保重大信息安全事件零发生。2016年，昆明移动完成第四届南博会、火把节、昆明国际马拉松运动会、中华龙舟赛、农博会、旅交会、车博会等重大保障活动。2016中华龙舟赛（昆明·滇池站）期间，昆明移动成立网络保障专项小组，采取市县两级保障机构，组织精兵强将，提前4天对相关比赛区域统筹安排相关保障事宜。此次保障涉及546个LTE小区、92个GSM小区，出动超过40人次，保障天数四天。昆明移动网络保障小组针对活动区域涉及基站进行业务评估、快速扩容、优化调整，同时协调各方资源，在极短时间内开通集装箱应急站和通信应急车等设备，实时监控现场。

【宽带发展】 2016年，昆明移动通过以市场导向为中心，优先建设城镇区域覆盖入住率高的住宅小区，兼顾农村覆盖统筹推进，优先覆盖住户渗透率高、聚集程度高农村区域，确保资源精准投放，助力实现宽带业务突破发展目标。2016年，宽带客户较2015年增长102%，宽带市场持续保持领先优势。

（移动昆明市分公司）

2017 KUNMING YEARBOOK

财政·税务

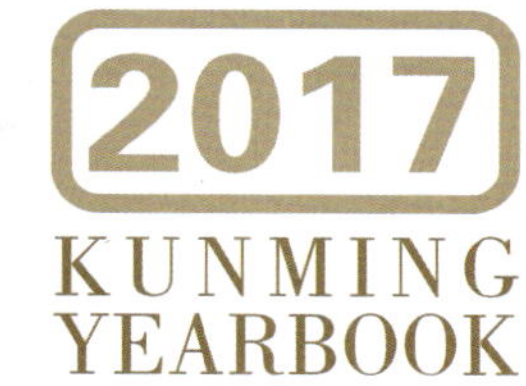

◆责任编辑　方玉红

财　政

【财政收入】　2016年，全市一般公共预算收入5 300 026万元，完成年初预算的100.20%，与上年同期相比增长5.50%。一般公共预算支出6 891 419万元，完成年初预算的110.10%，增长9.10%。市级一般公共预算收入2 617 863万元，完成年初预算的101.40%，增长1.80%。市本级一般公共预算收入1 475 776万元，完成年初预算的81.30%，负增长18.40%。

【财政支出】　2016年，全市一般公共预算支出6 891 419万元，完成年初预算的110.10%，增长9.10%。市级一般公共预算支出3 005 739万元，完成年初预算的119.70%，增长12.0%。一般公共预算支出1 684 452万元，市本级一般公共预算支出1 684 452万元。

【基金预算】　全市政府性基金预算收入1 949 468万元，完成年初预算的90.80%，增长16.30%。政府性基金预算支出2 021 652万元，完成年初预算的80.90%，增长7.60%。

全市政府性基金预算平衡情况为：政府性基金预算收入1 949 468万元，上级补助收入27 865万元，地方政府专项债务收入3 998 000万元。其中，新增专项债务收入280 000万元，置换专项债务收入3 718 000万元，上年结转收入245 124万元，调入资金3 726万元，收入总计6 224 183万元；政府性基金预算支出2021 652万元，上解上级支出63 804万元，地方政府专项债务还本支出3 718 000万元，调出资金218 958万元，结转下年支出201 769万元，支出总计6 224 183万元。收支平衡。

市级政府性基金预算收入1251 032万元，完成年初预算的92.70%，增长19.20%。政府性基金预算支出1 236 627万元，完成年初预算的73.50%，零增长。

市级政府性基金预算平衡情况为：政府性基金预算收入1 251 032万元，上级补助收入 27 865万元，地方政府专项债务收入3 998 000万元，上年结转收入211 845万元，收入总计5 488 742万元；政府性基金预算支出1 236 627万元，上解上级支出33 060万元，地方政府专项债务还本支出3465 850万元，补助下级支出140 822万元，地方政府专项债务转贷支出269 150万元，调出资金207 326万元，结转下年支出135 907万元，支出总计5 488 742万元。收支平衡。

市本级政府性基金预算收入937 726万元，完成年初预算的94%，增长30.60%。政府性基金预算支出791 634万元，完成年初预算的62.80%，增长0.20%。

市本级政府性基金预算平衡情况为：政府性基金预算收入937 726万元，上级补助收入27 865万元，地方政府专项债务收入3 998 000万元，上年结转收入145 117万元，收入总计5 108 708万元；政府性基金预算支出791 634万元，上解上级支出30 000万元，地方政府专项债务还本支出2 761 418万元，地方政府专项债务转贷支出1 106 582万元，补助下级支出157 093万元，调出资金200 000万元，结转下年支出61 981万元，支出总计5 108 708万元。收支平衡。

【经营预算】　全市国有资本经营预算收入4 601万元，增长11%，其中利润收入841万元，股利、股息收入378万元，产权转让收入3 298万元，其他收入84万元。国有资本经营预算支出4 129万元，其中解决历史遗留问题及改革成本支出587万元，国有企业资本金注入50万元，国有企业政策性补贴2 873万元，其他支出619万元。

全市国有资本经营预算平衡情况为：国有资本经营预算收入4 601万元，上级补助收入541万元，上年结转收入3 856万元，收入总计8 998万元；国有资本经营预算支出4 129万元，调出资金4 869万元，支出总计8 998万元。收支平衡。

市级国有资本经营预算收入3 735万元，增长32.20%，其中利润收入187万元，股利、股息收入250万元，产权转让收入3 298万元。国有资本经营预算支出3 071万元，其中国有企业政策性补贴2 873万元，其他支出198万元。

市级国有资本经营预算平衡情况为：国有资本经营预算收入3 735万元，上年结转收入3 856万元，收入总计7 591万元；国有资本经营预算支出3 071万元，调出资金4 520万元，支出总计7 591万元。收支平衡。

市本级国有资本经营预算本年收入3 735万元，增长32.2%，其中利润收入187万元，股利、股息收入250万元，产权转让收入3 298万元。国有资本经营预算本年支出3 071万元，其中国有企业政策性补贴2 873万元，其他支出198万元。

市本级国有资本经营预算平衡

情况为：国有资本经营预算收入3 735万元，上年结转收入3 856万元，收入总计7 591万元；国有资本经营预算支出3 071万元，调出资金4 520万元，支出总计7 591万元。收支平衡。

【保险预算】 全市社会保险基金收入2 331 375万元，上年结转收入2 240 302万元，收入总计4 571 677万元；社会保险基金支出1 888 468万元，结转下年支出2 683 209万元，支出总计4 571 677万元。收支平衡。

【规范征管】 规范征管应收尽收，财政收入平稳增长。全市一般公共预算收入完成530亿元，增长5.50%，圆满完成年度增收目标。积极培植财源税源。统筹产业扶持资金22.20亿元，着力支持“188”重点产业加快发展，促进传统产业转型升级、新兴产业发展壮大；进一步推进“营改增”政策落地，切实执行小微企业税收优惠政策，认真落实减税降费政策，减轻企业负担，支持实体经济发展。加强税收收入管理。加强对经济增长、财政增收及土地出让形势的预判分析，建立完善收入预警、预报、通报、会商研究、分析、调度工作机制，加强税收征管稽查，做到依法征收，全市税收收入完成377.40亿元。规范非税收入征管。完善非税收入征管体系，严格“以票治费、以票管收、以票促收”管理，确保应收尽收，全市非税收入完成152.60亿元。

【加大投入】 全市一般公共预算支出完成689.10亿元，增长9.10%，高于收入增幅3.60个百分点。优化支出结构。加大民生投入，“三农”、教育、社保、医疗、卫生等支出达500亿元，占一般公共预算支出的72.60%；全力争取上级支持。想方设法争取上级的政策扶持和项目支持，共争取到中央和省财政各类补助资金241.50亿元；发挥新增债券资金作用。争取新增政府债券44.60亿元，保障“五网”基础设施等47个重大及民生项目建设；积极盘活财政存量资金。全市收回存量资金14亿元，安排用于重点领域、重点项目和民生工程。

【服务发展】 充分发挥财政职能，服务发展成效明显。认真贯彻落实省22条、市46条稳增长措施，确保政策落地和资金到位；保障经济支撑性财政资金拨付。全市财政八项支出完成418.80亿元，增长22.70%；推进工业经济发展。兑现市级工业稳增长扶持资金4.70亿元，设立7亿元规模工业发展引导基金，帮助103户重点企业恢复生产或扩大生产；加大基础设施建设投入。统筹基本建设支出64.80亿元，重点保障“五网”基础设施、中小河流治理等重大项目建设；创新财政资金扶持方式。注入资本金2.57亿元，支持组建昆明市创业创新融资担保有限责任公司；全面推开“财园助企贷”融资政策，拨付财政资金1 329万元，撬动银行贷款2.10亿元，支持57户企业发展；深化财政科技资金管理。采取后补助方式，拨付 7 054万元支持266家企业开展科技研发；认真落实企业补贴政策。拨付公交企业、轨道公司、自来水集团公益性扶持资金7.89亿元，支持市属国有企业提供更好的公共服务和公共产品；全力争取国家层面政策扶持。成功入围国家小微企业创业创新基地示范城市，首批4.05亿元资金全部兑现到位，扶持项目372个；设立基金支持经济发展。推进昆明合作发展基金、昆明市“五网”建设基金设立工作，支持“五网”等全市重点基础设施建设。

【助推脱贫攻坚】 服务发展聚焦聚力脱贫攻坚，筹措资金保障到位。加大资金投入。统筹拨付市级和上级财政涉农扶贫资金68.11亿元，其中拨付“两县两区”46.70亿元，占财政投入的68.60%；创新方式解决资金需求。积极抢抓政策窗口期，通过政府购买服务方式融资，解决七类脱贫攻坚项目82.02亿元资金需求，获批67亿元贷款额度，提款16.27亿元；推进设立昆明高原特色都市现代农业发展基金，支持农业产业发展及脱贫攻坚项目实施。

【改革创新】 深化财政改革创新，体制机制日益完善。调整完善财政管理体制。制定新一轮市对下财政管理体制，统一规范区域之间体制政策，完善均衡性转移支付制度。深化预算管理改革。推进全口径预算，加大“四本预算”统筹力度；归并同类专项资金，由原来53项整合为23项，资金使用方向更为明晰、要求更加具体；强化预算执行刚性，严格预算追加程序；推进预决算信息公开，县（市）区和102家市本级单位公开预决算信息；加强财政中期规划，编制2016~2018年3年滚动跨年度预算。完善财政制度体系。制定财政管理制度24项，覆盖财政增收、支出管理、政府购买服务、预算绩效管理等内容。强化政府性债务管理。政府债务余额有效控制在限额以内，争取到置换债券610亿元，实施过渡性融资300多亿元；严格偿债计划管理，确保到期政府性债务及时偿还。推广运用PPP模式。5个项目入选财政部第三批示范项目，总投资70.32亿元；8个项目入选省级首批示范项目，总投资115.79亿元；启动14个示范项目的建设实施，总投资652亿元。推进政府购买服务。制定《关于推进政府购买服务的实施意见》《昆明市市本级政府购买服务指导性目录》，全市共开展政府购买服务项目180项，预算资金总额38.10亿元。强化预算绩效管理。对30个市级部门整体支出、55项市本级专项资金开展重点评价，对164个项目85.90亿专项资金实施重点监控，首次对75个市级部门、县（市）区和开发（度假）区预算绩效管理开展目标考核。全面开展资产清查。对全市2 729家行政事业单位资产情况进行清查，掌握全市行政事业单位的资产和财务基本状况。

【加强管理】 加强财政监督管理，理财水平稳步提升。严格支出进度管理。明晰支出主体责任，实施支出进度考核，提高财政支出的均衡性和时效性。加强国库资金管理。加强财政专户管理，清理撤销23个市级财政专户；规范库款管理，完善考核通报，加强资金安全检查，确保财政资金安全。深化国库集中支付改革。推进国库支付电子化改革，市本级国库集中支付84.50亿元，增长21.30%，其中电子化支付 48.90亿元。强化财政资金监管。组织开展盘活财政存量资金、非税收入执收等专项监督检查7次，紧密配合完成各类审计和检查10次；完善财政评审制度建设，完成评审项目32个，审减金额8.26亿元，平均审减率17.90%；加强政府采购监督管理，规范政府采购行为，全市政府采购完成35亿元，增长23.60%，节约资金4.50亿元，节约率11.60%。提升依法理财水平。主动接受市人大、市政协以及社会各界监督，向市人大常委会报告上半年财政预算执行、脱贫攻坚资金筹措落实、三年脱贫攻坚项目政府购买服务、新增政府债务安排、预算绩效管理等工作推进情况，组织办理涉及财政的人大建议34件、政协提案23件，满意率100%。在市级财政门户网站公开地方财政预决算、“三公”经费等信息1 218条。稳步推进行政事业单位内控规范建设。18家市级重点建设单位和石林县、宜良县两个试点县建立内控规范，上线运行内控规范管理信息化系统。

【收入及预算规模扩大】 全市一般公共预算收入从2010年的253.80亿元增加到2016年的530亿元，年均增长13%。全市一般公共预算支出从2010年的346.30亿元增加到2016年的689.10亿元，年均增长12%。

【民生投入加大】 民生事业投入不断加大。民生支出从2010年的230.70亿元增加到2016年的500亿元，年均增长14%，其中70%以上财政支出投向“三农”、教育、社保、医疗、卫生、生态建设等领域。

【完善体制】 财政体制机制不断完善。加大财政制度创新，完善公共财政体系，深化财政综合改革，调整完善市对下财政管理体制，积极推进预算管理、国库管理、政府性债务管理、预算绩效管理、转移支付、资产管理、PPP模式、内控规范建设等改革，财政运行的制度化、规范化和科学化水平日益提高。

【拓宽资金来源渠道】 积极发挥职能作用，综合运用财政政策和财政资金，创新资金投入方式，采取资本金注入、财政贴息、以奖代补、项目前期费等方式，拓宽资金来源渠道，撬动社会资金投入，推进滇池治理、城市基础设施、脱贫攻坚等重大项目建设。

（郭绍华）

2017 KUNMING YEARBOOK

2016年昆明市一般公共预算收支执行简表

单位：万元

收入				支出			
项目	2015年决算数	2016年快报数	增幅（%）	项目	2015年决算数	2016年快报数	增幅（%）
一、税收收入	3 996 800	3 773 774	-5.60	一般公共服务	625 329	701 607	12.20
增值税	761 125	1 302 673	71.20	外交支出	—	24	—
营业税	1 242 742	558 535	-55.10	国防	5 719	6 826	19.40
企业所得税（16%）	248 484	254 995	2.60	公共安全	461 147	552 475	19.80
个人所得税（16%）	96 767	113 396	17.20	教育	927 118	1 091 568	17.70
资源税	41 737	43 298	3.70	科学技术	144 691	151 578	4.80
城市维护建设税	318 148	315 960	-0.70	文化体育与传媒	65 497	65 094	-0.60
房产税	192 472	199 189	3.50	社会保障和就业	730 352	808 560	10.70
印花税	95 146	90 870	-4.50	医疗卫生与计划生育	439 436	469 326	6.80
城镇土地使用税	101 452	150 338	48.20	节能环保	281 547	223 524	-20.60
土地增值税	378 074	238 468	-36.90	城乡社区	680 786	766 068	12.50
车船税	62 731	68 971	9.90	农林水	545 838	616 618	13.00
耕地占用税	103 056	114 302	10.90	交通运输	459 722	479 652	4.30
契税	307 901	276 292	-10.30	资源勘探信息等	289 806	342 164	18.10
烟叶税	46 965	46 487	-1.00	商业服务业等	54 650	45 088	-17.50
二、非税收入	1 025 771	1 526 252	48.80	金融	9 717	3 804	-60.90
专项收入	479 623	452 910	-5.60	国土资源气象等	99 126	65 227	-34.20
行政事业性收费收入	138 900	148 369	6.80	住房保障	298 307	329 754	10.50
罚没收入	126 781	209 347	65.10	粮油物资储备	33 632	20 861	-38.00
国有资本经营收入	3 470	33 266	858.70	其他支出	159 363	116 355	-27.00
捐赠收入	1 567	17 006	985.30	债务付息	1 982	34 629	1 647.20
国有资源（资产）有偿使用收入	195 854	520 291	165.70	债务发行费用	339	617	82.00
政府住房基金收入	—	88 364	—		—	—	—
其他收入	79 576	56 699	-28.70		—	—	—
本年收入小计	5 022 571	5 300 026	5.50	本年支出小计	6 314 104	6 891 419	9.10
地方政府一般债务收入	1 951 000	2 548 400	—	地方政府一般债务还本支出	1 866 000	2 382 000	—
新增一般债务收入	85 000	166 400	—	上解支出	1 136 392	1 152 205	—
置换一般债务收入	1 866 000	2 382 000	—	体制上解支出	1 060 507	1 009 268	—
转移性收入	2 374 899	2 386 945	—	专项上解支出	75 885	142 937	—
返还性收入	294 924	541 931	—	调出资金	44 087		—
一般性转移支付收入	852 253	807 453	—	年终结转	160 334	245 932	—
专项转移支付收入	1 227 722	1 037 561	—	补充预算稳定调节基金	229 902	160 726	—
上年结转收入	161 403	160 334	—		—	—	—
调入资金	227 731	259 108	—		—	—	—
调入预算稳定调节基金	13 215	177 469	—		—	—	—
收入合计	9 750 819	10 832 282	—	支出合计	9 750 819	10 832 282	—

国 税

【国税收入】 2016年，昆明市国税系统组织国税收入（不含海关代征）577.70亿元，比上年增长11.80%，增收60.90亿元。其中，国内增值税完成307.40亿元，同比增长41.40%，增收90亿元；国内消费税完成127.80亿元，下降16.36%，减收25亿元；企业所得税完成115.40亿元，下降1.09%，减收1.30亿元；车辆购置税完成27.10亿元，下降9.57%，减收2.90亿元。累计组织全市地方一般公共预算收入142.10亿元，增长55.84%，增收50.90亿元。其中，滇中产业区完成11.20亿元，比上年增长69.94%，增收4.60亿元；剔除滇中产业区完成130.90亿元，增长54.75%，增收46.30亿元。

【依法治税】 市国税局坚持将依法治税作为主线始终贯穿于税收工作当中，在把握税收工作主线的同时，严格执行税收政策法规，结合阶段性工作重点和工作任务，规范执法行为，强化执法监督，严格风险管控，落实责任追究，税收征管质量显著提高，依法治税能力得到进一步加强。认真落实税收法定原则，严格执行税收法律法规。根据《云南省国家税务局转发国家税务总局关于进一步加强税收规范性文件合法性审查工作的通知》精神，对2010年7月1日~2016年4月20日期间，在公文处理系统、政务网发布的文件、各类通知等进行自查清理，共清理出5个相关文件及通知，已做全文废止处理。市国税系统积极参与市政府依法行政示范单位创建工作，全市国税系统获“昆明市依法行政示范单位”命名的有5个局：昆明市、西山区、官渡区、晋宁县、呈贡区国家税务局。扎实推进法治税示范基地建设，石林县依和禄劝县国税局被云南省国税局授予第一批“法治税务示范基地”称号，西山区、晋宁县国税局、昆明市国税局直属税务分局积极申报“法治税务示范基地”。继续深化行政审批制度改革的落实，根据税务总局2016年《关于税务行政许可若干问题的公告》及省国税局要求，对行政审批项目进行全面清理，结合实际情况制定印发行政审批项目相关资料，继续做好取消非行政许可审批事项的相关工作，严格执行行政审批权力清单和备案事项清单，加强后续管理，防范执法风险，积极推进网上审批。

2016年昆明市国税局税收宣传月

（市国税局 供稿）

【税收优惠政策执行】 2016年，市国税局累计办理各项减免税收189.20亿元，固定资产抵扣166.40亿元，全市小型微利企业所得税优惠政策的优惠面达100%。其中，改善民生减免税金11.10亿元；鼓励高新技术减免税金3.90亿元；促进小微企业发展减免税金9.10亿元；节能环保减免税金6.50亿元；促进区域发展25.80亿元；支持文化教育体育事业2.20亿元；支持金融资本市场99.40亿元；支持三农减免税金7.80亿元；支持其他各项事业23.20亿元。执行《全国税务机关出口退（免）税管理工作规范（1.1版）》和分类管理办法，共审批、办理出口货物退（免）税19亿元。全面贯彻落实国家支持新能源和小排量汽车发展措施的税收政策，共办理减免税车辆164 247辆，减免税金7.50亿元。截至12月31日，昆明市“走出去”企业共202家，约占全省53.69%。市国税局为“走出去”纳税人提供咨询和方便。

【税务稽查】 2016年，全市国税系统大稽查入库 8.30亿元，比上年同期增加1.70亿元，增幅25.60%。重点稽查选案准确率达99%，偷税处罚率达75%，入库率达100%。开展专项检查和分级分类稽查，全年全市重点稽查立案查处228件，结案161件，重点稽查入库6 731.10万元。查处偷税案件47件。安排企业自查，其中有问题户207户，重点检查及企业自查入库1.80亿元。

【“营改增”工作】 2016年，市国税局于5月1日在全市推开全面“营改增”工作。截至12月31日，全市营改增纳税人共85 622户，其中，金融业纳税人1 558户，建筑业纳税人13 230户，房地产业纳税人4 070户，生活服务业66 764户。4大行业营改增纳税人大约占全市41.30万管户的20.41%。市国税局组织新纳入营改增试点的4大行业改征增值税69亿元。

市国税局努力推进“营改增”工作

（市国税局　供稿）

其中，建筑安装业24.20亿元，房地产业14.50亿元，金融业26.50亿元，生活服务业3.80亿元。2013年8月至2016年，累计征收营改增试点增值税180亿元。其中，2013年8~12月征收6.40亿元，2014年征收26.10亿元，2015年征收30.10亿元，2016年征收117.40亿元。

【成功搭建纳税服务综合管理系统】 2016年11月22日，昆明市纳税服务综合管理系统在全市正式上线运行。纳税服务综合管理系统具有“全程化、可视化、数字化”的特点。通过对全市20个办税服务厅硬件设备的进一步改善和管理流程的进一步优化，集成各服务渠道数据，突破时间、空间、区域限制，搭建一个集全局监控、指挥调度、统计分析、绩效考评、应急管理、信息发布、集中展示、设备管理等功能为一体的综合管理平台，多维度直观反映办税服务物理流程。在“大数据+纳税服务”理念驱动下，实现服务数据大集中，纳税服务数据分秒可查；服务过程全监控，工作状态实时可见；考核评价自动化，考核数据自动生成；服务需求速响应，预警应急从容应对；税务形象优展示，鲜活生动地全面展示纳税服务工作成效和税务部门服务形象；设备资源齐整合，有效整合20个办税服务厅的各种硬件资源。

【金税三期工程优化版平稳运行】 2016年，经过一年多运行的检验，金税三期系统运行基本平稳，各项业务开展顺利，经受住了实际税收业务与数据的考验，“金三”系统性能稳定、运行高效、各项业务办理通畅。在金税三期系统中，全市办理税务登记户468 650户，税务征管户418 113户,占全省征管户1 706 900户的25%。增值税纳税人377 606户，企业所得税纳税人140 387户，消费税纳税人781户，个人所得税纳税人137户。增值税纳税人377 606户，其中一般纳税人49 788户，占增值税纳税人13.19%，小规模纳税人327 818户，占增值税纳税人86.81%。

【国地税共建联合办税服务厅】 市国税局、市地税局于2016年5月30日下发《昆明市国家税务局 昆明市地方税务局转发关于推进国税、地税办税服务厅合作共建指导意见的通知》，要求各县区局通过多种形式合作共建办税服务厅，切实有效整合办税服务资源，提高服务效率，提升纳税人获得感和满意度。全市19个县区局于8月31日前通过合作共建、互设窗口、共驻政务服务中心等方式实现合作共建目标。

【统一社会信用代码证】 2016年，市国税局共办理135 962户“三证合一，一照一码”信息补录，其中54 428户为新办户，81 534户为变更户。开业状态129 110户，非正常户3 859户，清算状态41户，注销户2 952户。全市19个区县及开发（度假）区局均成功开展“三证合一，一照一码”登记后的涉税后续事项。

【税收风险应对工作】 市国税局将税收风险管理作为征管改革的突破口，积极转变职能，强化风险和应对，对新办纳税人一律纳入升级版管理，加强发票发放管理工作，利用升级版的数据优势加强异常发票监控，利用“增值税抵扣凭证审核检查系统”开展对异常发票核查工作。按时完成国税总局利用升级版数据推送的934户风险企业的风险应对工作，补缴入库增值税1.80亿元，调减留底税款3 143.80万元，滞纳金544.50万元；完成省国税局利用升级版数据推送的1.58万户风险企业的风险应对工作，查补入库增值税4.50亿元，留底税款调减1.60亿元，滞纳金近3 000万元。同时，开展风电制造行业及珠宝玉石、旅游行业专项税收风险管理工作，全年完成风险管理全流程排查2.60万次，入库税款8.70亿元，调减所得税待弥补亏损2.80亿元，调减增值税留抵金额2 268.60万元。

【增值税管理】 市国税局组织增值税收入307.40亿元，占全年国税收入53.21%。切实贯彻落实国家关于结构性减税政策，全年全市增值税即征即退优惠政策，退还增值税1.70亿元；符合小微企业免征增值税条件的纳税人合计免征增值税6.20亿元。

【所得税管理】 市国税局2015年度企业所得税管户为97 206户，比上年增加15 375户，同比增长18.79%，管辖户籍增速降低16.35%。2016年，昆明市国税系统累计征收企业所得税115.40亿元，比上年116.70亿元减收1.30亿元，减幅1.09%。

【党风廉政建设】 2016年，市国税局积极开展党风廉政建设，转职能、转方式、转作风，坚持不懈纠正“四风”，健全机制，强化监督，狠抓落实，促进行业作风不断好转。认真落实“两个责任”。制定落实党风廉政建设主体责任实施办法和监督责任清单，层层传导压力，逐级压实责任。丰富拓展廉政教育的内容和形式，开设全省国税系统首家“廉政短信互动课堂”，全年向全系统2 000多名国税干部发送廉洁短信25 200条次。全系统开展廉洁约谈1 966人次，其中市国税局开展廉洁约谈282人次。坚持入户执法必须开具和使用廉洁监督卡，自觉将国税干部的廉洁从税监督权交由纳税人来评判，使国税干部的执法行为得到公开有效的监督。全年全市国税系统共开具使用廉洁监督卡2 910份，收回1 919份，回访纳税人1 252户次，没有发现违纪违法行为。

昆明市西山区国税局“营改增”千人培训会

（市国税局　供稿）

【荣誉】 2016年，市国税局全面实施绩效管理，实现组织绩效和个人绩效全覆盖，发挥绩效管理对重点工作落实的深入推动和监督促进作用，在云南省国税系统2016年度绩效考评中，市国税局名列全省第一名。2016年，全市国税系统共组织培训595期8 303人次。其中，市国税局机关共组织培训22期1 407人次；选派参加总局、省国税局举办的各类培训班42期698人次。9月22日，市国税局代表队在全省国税系统业务大比武中，5名选手被纳入国家税务总局素质提升“115”工程的专业骨干，并荣获云南省国税系统业务大比武先进集体二等奖。开展干部学历提升工作，2016年底，组织报考在职人员攻读硕士学位47人次。抓好系统内外文明创建申报表彰。市国税局被命名为第四届“全国文明单位”。2016年，市国家税务局系统有国家级文明单位1家，省级文明单位2家，省国税局文明单位10家，市国税局文明单位9家。

（谭　清）

2016年市国税局分税种收入情况表

单位：万元

项目	累计			上年全年入库	为上年全年（%）
	入库	比上年增减额	比上年增减%		
一、税收收入合计（计划口径）	5 776 723	609 363	11.79	5 167 360	111.79
（一）国内增值税	3 074 305	900 529	41.43	2 173 776	141.43
其中：1、直接收入增值税	3 031 166	895 646	41.94	2 135 474	141.94
2、免抵调增增值税	43 139	4 883	12.76	38 302	112.63
（二）国内消费税	1 277 547	−249 826	−16.36	1 527 373	83.64
（三）企业所得税	1 154 448	−12 713	−1.09	1 167 161	98.91
（四）个人所得税	8	−4	−33.33	12	66.67
（五）车辆购置税	270 415	−28 624	−9.57	299 039	90.43

地税

【税费收入】 2016年，昆明市地税系统服从和服务于全市经济建设和社会发展大局，坚持依法治税、应收尽收的收入原则，面对财税体制改革全面展开、经济运行企稳向好基础仍不牢固、收入基数不断抬高、增收压力日益增大等变数和困难，突出组织收入中心工作，全面夯实税收管理基础，深入挖掘收入潜力，全年组织税费收入总计477.99亿元，剔除“营改增”因素，与上年同期相比增长12.07%，增收51.50亿元。其中，地方税收入269.25亿元，剔除“营改增”及上年一次性“非即期”收入因素，增长11.19%，增收27.11亿元；社会保险费收入193.10亿元，增长29.90%，增收44.44亿元，切实做到“应增尽增、应减少减”，即严格依法行政、不违规收税、不收过头税，实现“不增加任何行业税负”的目标。同时，通过加强征管措施，堵漏把关，扎实履行征收公共财政收入的职能,为昆明市经济发展与社会进步提供有力的财力保障。

【依法治税】 全市地税系统秉承“法定职权必须为、法无授权不可为”的理念，对内规范税收执法，强化痕迹管理，加强监督制约，统一政策执行口径；对外严格正风肃纪，一把尺子量到底，一个声音喊到底，有效提升税收法治化水平。规范税收执法行为。加强对税收执法权和行政管理权的监督制约，严格规范性文件管理，认真开展权力清单和责任清单调整、修改工作，进一步推行公职律师制度。年内，呈贡区、富民县、禄劝县地税局成功创建为全省地税系统“法治税务示范基地”，市地税局被市政府授予“法律六进示范点”；在税种方面从6方面全面加强管理；强化风险管理理念。全年推送13期税收数据风险预警通报，运用大数据理念，对国有建设用地、城市基础设施配套费、房地产网签备案数据、房地产税收一体化管控平台运用等内容进行“体检式”扫描，有针对性地开展税收数据风险化解工作，提升征管质量；落实税费政策。规范和完善各项税收优惠的审核流程，让减税政策助力企业发展。积极稳妥推进机关事业单位工作人员基本养老保险及职业年金的征收工作；进一步加强稽查检查力度，保持对税收违法行为的高压态势，全年查补各项税款12.88 亿元，完成省地税局计划的100.02%，稽查查补率达4.79%，入库率100%。

【全面加强税种管理】 深化股东股权变更税源监控登记制度，实行“先完税、后变更”的股权变更税源监控，全年累计入库股权转让个人所得税7 023.62万元；提高所得税风险管理水平，以重点税源和高风险事项为切入点，运用信息化手段，对企业所得税实施多指标综合风险分析排查，共查补税款1 154万元；加强税种管理潜力分析，选取重点行业作为个人所得税的风险点，通过征管软件系统数据和第三方数据的比对分析，查补个人所得税1 353.23万元；依托交警部门的车辆登记信息，加大对保险公司车船税代扣代缴和明细申报的检查监管力度，继续强化交警部门先税后审的审核把关力度；按照“7654321”的思路，持续提升土地增值税管理水平，全市共完成61个房地产项目清算审核，审核应补退税108 703.90万元；认真做好存量房交易代征增值税和代开增值税发票工作，建立并完善存量房交易代征增值税工作管理办法，明确业务规范、征管流程和岗位职责，确保代征增值税、代开发票工作平稳有序开展。

【税费征管】 树立“小账不可不细算，小税不可轻视，小税可以做大，小税可以做强”的理念，抓大不放小，抓好小税种征收管理，确保应收尽收、应管尽管、应查尽查、应享尽享、应清尽清的“五应五尽”要求落实到位。全力做好“营改增”后续工作。确保9.82万户营业税纳税人征管信息交得出、交得全、交得好。做好销售不动产和个人出租不动产增值税的委托代征工作，规范二手房交易税收征管，全面加强欠税管理，根据实际情况采取联合惩戒措施，全年共清缴欠税8.70亿元；扎实开展房土两税清理工作。代市政府拟定的城镇土地

云南省房地产税收一体化管控平台在昆明市地方税务局举行启动仪式
（市地税局　供稿）

使用税等级地段和税额标准调整方案于年初正式印发执行，全市地税系统加强比对，以及时入库为原则，依托各级党委政府的大力支持，堵塞房产土地两税征管漏洞，全年两税共征收25.20亿元，其中城镇土地使用税征收10.84亿元，同比增长34.70%；深入推进房地产税收一体化管理。于7月上线运行的房地产税收一体化管控平台2.0版，深度采集和融合国土、规划、住建等部门涉税信息，自动分析涉税数据，全面透视执法疑点难点和市场供求关系，全流程管控从起点、节点到终点的每个环节，实现对房地产行业税收事前、事中、事后全覆盖管理。全市709个房地产项目纳入一体化平台管理，其中267个项目进入或完成土地增值税清算，获取第三方数据4 150 115条，自动生成数据预警49 921条；土地税源管理信息系统上线应用。11月，该系统运行后，实现对土地税源的精细化、动态化、可视化和无缝化管理，对“以地控税、以税节地”和绿色发展理念进行了延伸，为财产行为税一体化管理奠定坚实的信息化基础。截至2016年12月底，全市共完成土地核查任务1 844条，计算应缴税款282 283万元，核实已纳税款138 761万元，发起催报催缴任务63条，催报催缴税款4 723万元。

【征管改革】 落实中央“放管服”工作要求，积极推进“五证合一、一照一码”改革，2016年度昆明市新增“五证合一、一照一码”主体26 795户，信息确认23 634户，申报户数20 938户，申报率达78.14%。扎实推行个体工商户营业执照和税务登记证“两证整合”改革，办理3 009户；积极服务绿色税收发展，完成税收调研、税负测算、宣传培训等工作，组织纳税人纳税辅导36次，涉及企业443户，辅导率达100%；组织系统内业务培训41次，参训人数718人，培训覆盖率达100%；积极向党委政府建言献策，专题向地方政府领导汇报改革工作27次，召开部门协调会26次，实地调研企业72户，召开有税企座谈会29次，确保资源税从价计征等改革举措稳步落地。结合昆明地税征管实际，制定并下发《昆明市地方税收属地管理规程（试行）》《关于进一步加强税收属地管理的通知》，按照属地管理原则全面进行清理核实，分两批下发4 923户纳税人到14个基层地税机关开展注销迁移，另有2 730户在进一步核实情况，进一步规范税收征管秩序，避免地方税收征管主体权限交叉造成的税务登记户数虚增。

【国地税合作】 按照“合作+共赢”的理念，开启国地税合作业务新模式。市国税局、市地税局成立联合协调督促落实领导小组，下设办公室，实行双组长和双办公室主任制，建立联合督查制度、联合评价机制等10个工作机制，保障合作事宜落到实处。全市18个国地税办税服务厅采取互设窗口、共建办税服务厅、共驻政务服务中心等方式，共享一个导税台，共享一个办税窗口，共享自助办税区，构建“前台一家受理、后台分别处理、限时办结反馈”的服务模式，逐步实现纳税人“进一个厅、到一个窗、上一个网、办两家事”；依托金税三期工程，共享应用双方内部涉税信息，联合采集第三方涉税信息，共同开展风险识别分析、经济税收分析和协同监督管理，推动税收管理方式由以票控税向合作管税、信息管税转变，通过比对，增收5.45亿元，堵漏增收成效明显。

【创新服务】 市税务局进一步深化便民办税春风行动，推行“二维码”一次性告知制度。作为云南省电子税务局试点单位和同城通办试点单位，积极推动上线工作，确保以上两个系统分别于2016年1月和4月正式在全市运行，6大类共53项涉税业务在全市18个办税服务大厅实现“同城通办”，为11月1日同城通办实现全省覆盖打下坚实基础。通过优化版电子税务局和同城通办业务的上线，纳税人资料无须重复提供，涉税业务实现网络办理，极大降低纳税人办税成本；继续开展蹲企服务。2016年，全市地税系统累计深入1 995户企业开展蹲企服务活动，完成省地税局下达蹲企任务的100.05%。召开税企座谈会1 995场，举办政策辅导1 995次，收集意见建议116条，帮助蹲点企业解决问题108个，其中税收政策方面的问题57个、征管方面的问题21个、纳税服务方面的问题26个、其他问题4个。

【综合治税】 借鉴先进发达地区的经验做法，牵头形成《昆明市税收征管保障实施细则》提交市政府常务会议研究通过，于11月正式实施。通盘解决模糊问题，统筹明确争议事项，统一规范数据共享，明确“先税后证、先税后检、先税后验、先税后票、先税后更”等举措，厘清行政管理关系，规范地方税收秩序，成为全国地市级政府中为保障税收征管而制定的颁发较早、内容较全的政府规章。2016年9月1日，正式启用市场主体信用信息服务监管平台，地税部门和其他职能部门、司法部门、社会组织携手，根据纳税人的不同信用状态，采取差别化管理与服务措施，初步形成守信联合激励失信联合惩戒的信用联动机制。一方面积极推进联合激励。自2015年8月21日“税银助力通平台搭建以来，昆明市地税局与建设银行、交通银行签订合作协议，积极探索建立税务机关、银行、纳税人三方信息交互平台，拓展纳税信用增值服务，2016年，通过“税易贷”，累计提供信贷业务120笔，贷款共计8 907.28万元；另一方面加强联合惩戒。有效运用欠税情况纳入纳税信用等级评定、阻止欠税人或其法定代表人出境、实行欠税公告、把欠税企业信息载入征信系统、实施税收违法黑名单制度等手段，初步建立失信主体“一处违法，处处受限”的惩戒制度。

【荣誉】 市地税局依托企微云平台，推出昆明地税“微管家”和“微信企业号”，不断拓展昆明地税微信企业号功能，相关工作得到腾讯公司的关注和推介。荣获“第二批国家级节约型公共机构示范单位”称号。呈贡区地税局一分局获得“全省地税系统青年文明号”称号，直征分局获得云南省“敬老文明号”称号。

（方 源）

2016年昆明市地方税务局税费收入完成情况表

单位：万元

序号	项目	累计收入完成情况			
		累计数	上年同期累计数	比上年同期增减（%）	比上年同期增减额
1	一、地税税收收入总计	2 692 517	3 213 552	–16.21	–521 035
2	（一）税收收入小计	2 566 090	3 082 470	–16.75	–516 380
3	增值税	17 311	—	—	17 311
4	营业税	579 469	1 017 706	–43.06	–438 237
5	其中，金融保险	6 597	23 486	–71.91	–16 889
6	交通运输	5 100	4 681	8.95	419
7	建筑安装	207 312	254 539	–18.55	–47 227
8	电信	1 558	3957	–60.63	–2 399
9	邮政	110	317	–65.30	–207
10	住宿餐饮	16 404	40 440	–59.44	–24 036
11	租赁和商务服务	41 847	125 542	–66.67	–83 695
11	房地产	240 106	405 437	–40.78	–165 331
12	其他	60 435	159 307	–62.06	–98 872
13	资源税	29 973	28 832	3.96	1 141
14	城市维护建设税	283 775	297 013	–4.46	–13 238
15	其中，卷烟	112 276	136 457	–17.72	–24 182
16	个人所得税	360 365	310 628	16.01	49 737
17	其中，工资薪金所得税	258 246	225 476	14.53	32 770
18	印花税	61 766	67 689	–8.75	–5 923

续表

序号	项目	累计收入完成情况			
		累计数	上年同期累计数	比上年同期增减（%）	比上年同期增减额
19	土地增值税	210 311	326 995	−35.68	−116 684
20	城镇土地使用税	108 376	80 441	34.73	27 935
21	房产税	143 778	144 775	−0.69	−997
22	车船税	62 155	57 738	7.65	4 417
23	企业所得税	366 453	334 757	9.47	31 696
24	烟叶税	43 127	43 381	−0.59	−254
25	耕地占用税	58 135	96 526	−39.77	−38 391
26	契税	241 096	275 989	−12.64	−34 893
25	（二）教育费附加	124 790	130 678	−4.51	−5 888
26	其中，卷烟	48 118	58 479	−17.72	−10 361
27	（三）其他收入(罚没收入）	1 637	404	305.20	1 233
28	二、其他非税收入小计	2 087 425	1 645 065	26.89	442 360
29	文化事业建设费	423	1 208	−64.98	−785
30	地方教育附加	83 246	87 370	−4.72	−4124
31	社会保险费收入	1 930 977	1 486 543	29.90	444 434
32	离休干部统筹费	2 624	3 263	−19.58	−639
33	残疾人保障金	17 455	12 512	39.51	4 943
34	工会经费	52 700	50 839	3.66	1 861
35	价格调节基金	—	3 330	−100.00	−3 330
36	三、地税组织收入总计	4 779 942	4 858 617	−1.62	−78 675

商　业

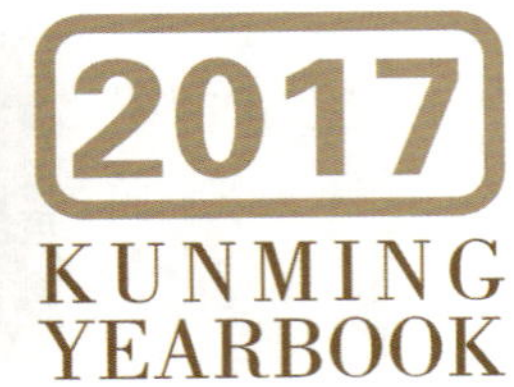

◆责任编辑　方玉红

商业贸易

【概况】　2016年，全市商务系统贯彻落实经济发展新理念，积极适应经济发展新常态，呈现出“三个快速增长、三个重要突破、一个平稳发展”的鲜明特点。“三个快速增长”：社会消费快速增长。全市社会消费品零售总额完成2 310.09亿元，同比增长12.10%，回归两位数增长，比2015年的增幅提高3.90个百分点，增速高于全国平均水平；利用外资快速增长。实际利用外资7.40亿美元，同比增长54.70%，占全省利用外资总额的89%。外商直接投资逐步从传统领域向新型制造业、现代服务业、公共设施、高原优势产业发展；总部（楼宇）经济快速增长。出台《昆明市加快总部经济发展支持政策（试行）》和《昆明市加快楼宇经济发展支持政策（试行）》。全年新增总部企业29户，总部企业入库税金增长19.20%；打造税收千万元楼宇25幢，税收亿元楼宇17幢。“三个重要突破”：物流通道建设取得突破。在双向稳定运行中欧班列的基础上，开通中亚铁海联运国际货运班列，从昆明王家营通过铁路至广州黄埔港，经海运抵达巴基斯坦卡拉奇港，昆明市跨境多式联运通道建设迈出新步伐；口岸建设取得突破。中欧班列昆明铁路场站对外开放项目列入《国家“十三五”口岸发展规划》，为昆明铁路口岸申报开放奠定坚实基础；电子商务取得突破。禄劝县入围国家电子商务进农村综合示范县，昆明市电子商务公共服务平台上线运行，跨境电子商务公共服务平台落户昆明综合保税区，首个“猪八戒网”实体园区落户五华区。“一个平稳发展”，即外经贸平稳发展。2016年2月，昆明综合保税区获国家批准，年底通过省级验收。全年昆明地区实现进出口66.8亿美元；对外投资项目45项，协议投资总额约4.20亿美元；境外罂粟替代种植项目协议总投资约20亿美元，昆明市被中共云南省委、云南省人民政府评为第三轮禁毒人民战争先进集体。

【规划制定】　编制《昆明市农产品批发市场布局规划》《昆明市加油站布局“十三五”规划》，为商务事业持续发展指明方向、明确目标。主动服务和融入国家发展战略，举办昆明市“一带一路”战略和昆明对外开放专题培训班，完成“昆明市服务和融入国家发展战略路径研究”重大决策咨询课题，编制《昆明市建设西南开放门户专项研究报告》。

【推进开放建设】　昆明市着眼构建开放型经济新体制，立足昆明区位优势和发展基础，统筹国内发展和对外开放格局。2016年，昆明综合保税区、昆明高新和腾俊保税物流中心（B型）两个保税物流中心获国家批准；参与承办南博会、农博览、金秋购物博览会，组织企业参加广交会、东亚国际食品交流会等国际性展会；面向京津冀和泛珠三角，加强城市投资合作及电子信息产业、生物医药产业招商推介，推动昆明市与国际国内的开放合作。

【内贸流通布局】　坚持市场搬迁和片区开发相结合,布局规划2个大型农产品批发市场和3个大型工业品交易市场，制订《昆明市主城区商品交易市场疏解工作实施方案》，分类推进60个商品交易市场向外疏解。大型流通企业向县乡延伸经营网络，奥特莱斯购物中心落户安宁市中，沃尔玛在宜良县开设门店。城乡流通体系协调发展。2016年，共建设改造菜市场20个、省级乡镇农贸集贸市场1个，标准化菜市场覆盖范围不断扩大。着力优化城市商业网点布局，统筹推进中央商务区、商贸功能区、特色商业街区协调发展，东风广场片区、老螺蛳湾片区等中央商务区和次级商务区建设有序推进。

【社会消费实现快速增长】　在全社会消费增速明显放缓的情况下，2016年，市商务局通过加强保供稳定消费、政策扶持推动消费、开展活动促进消费、培育热点拉动消费、应统尽统增加消费等措施，充分发挥消费对经济增长的基础作用。全年对170家批零住餐企业拨付1 340万元奖励资金；统筹安排250万元专项资金，组织全市开展“新春欢乐购”；支持官渡区、经济开发区区域内4家进口商品商场宣传营销，引导消费回流。举办“第二届云南名特小吃暨民族饮食文化节”、首届“家政服务提升年”活动，打造3个“世界美食之都”示范街区和5个商业服务智慧社区，评选4家“云南老字号”和31家“昆明老字号”企业，推动消费多元化发展。2016年，全市社会消费品零售总额完成2 310.09亿元，同比增长12.10%，回归两位数增长，比2015年的增幅提高3.90个百分点，增速高于全国平均水平。

【电子商务快速发展】 昆明市电子商务公共服务平台上线运行。23个创业创新示范基地建设稳步推进；阿里昆明产业带平台入驻企业900多户，上线产品达8万多种，平台综合排名大幅上升；培育市级电子商务示范企业13户、示范园区4个、示范县（区）5个；下拨733万元专项资金扶持市级电商企业18个；推荐51个项目申报省级电子商务补助资金，实现网络销售44.70亿元。积极推进电子商务进农村工作。禄劝县入围国家电子商务进农村综合示范县，获中央扶持资金1 500万元；建成宜良县农村淘宝村级服务站63个，石林县乐村淘县级服务中心和7个乡镇街道服务中心，26家本地企业入驻寻甸县淘实惠电商平台，晋宁县引进雅购助推传统企业转型电子商务，促进“工业品下乡、农产品进城”双向流通。跨境电子商务公共服务平台成功落户昆明综合保税区B区。

【总部（楼宇）经济快速增长】 2016年，制定出台《昆明市加快总部经济发展支持政策（试行）》《昆明市加快楼宇经济发展支持政策（试行）》。全年新增总部企业29户，总部企业入库税金增长19.20%；打造税收千万元楼宇25幢，税收亿元楼宇17幢。

【区域性物流中心建设】 编制《昆明市“十三五”现代物流业发展规划》，制定出台《昆明市人民政府关于加快物流业发展的实施意见》，昆明、昭通、泸州三市签订《港口物流发展合作协议》，打造西部物流通道。落实昆明市政府与成都市政府“合作利用中欧班列‘昆蓉欧快铁’框架协议”，下发“中欧班列（昆蓉欧）资金补贴方案”，推动中欧班列双向稳定运行。开通中亚铁海联运国际货运班列，融入国际物流体系，昆明跨境多式联运项目得到充实。加强城市物流配送体系建设，搭建昆明城市物流配送信息平台；天地汇、普络斯落户昆明经济技术开发区和杨林经济技术开发区。

【法治化营商环境建设】 运行监测样本企业从127个增加到174个，市场监测调控不断加强；市场主体信用信息服务监管平台正式上线运行；单用途商业预付卡、典当、拍卖、二手车市场监管进一步加强，安全生产、食品安全及打击假冒侵权工作稳步推进。开展执法行动80余次，出具责令整改通知书17份、办结举报投诉件14件；12312商务举报电话呼入71个，7个投诉案件已全部办结，营造良好好的法治化营商环境。

商务系统自身建设不断加强。认真贯彻民主集中制，严格党性分析、报告个人事项、举办双重组织生活，局党组班子的凝聚力、创造力、战斗力不断提升；深入开展“两学一做”专题教育，党员干部的政治意识、大局意识、核心意识、看齐意识不断增强。着力打造高素质商务队伍，选派24名干部参加省市组织的脱产培训，在学习实践中不断提升干部队伍综合素质。积极推进法治政府建设，公开政务信息，公布“权力清单和责任清单”，12项行政审批和管理服务事项精简三分之一，窗口受理各类办件544件，办结率100%。

（市商务局）

供销合作

【经济指标】 2016年，全市供销社系统完成经营总额80.21亿元，占年度目标任务的100.30%。完成销售总额58.13亿元，占年度目标任务的100.20%。完成营业收入31.50亿元，占年度目标任务的111.30%。完成电子商务销售421万元，占年度目标任务的105.20%。完成农副产品购进7.02亿元，占年度目标任务的100.30%。实现汇总利润13 798万元，占年度目标任务107%。其中，净利润13 497万元，占年度目标任务108.80%；全资、控股企业利润995万元，占年度目标任务104.70%。销售化肥30.17万吨，占年度目标任务的100.60%。资产总额232 419万元，占年度目标任务103%。其中，持股10%以上企业资产总额165 788万元，占年度目标任务101.80%；社有资产总额38 325万元，占年度目标任务100.10%。

【深化综合改革】 2016年，全市供销系统在重点领域和关键环节改革不断深化，综合改革工作成效初步显现，圆满完成市委改革办与市供销社签订的2016年改革目标。完成《中共昆明市委 昆明市人民政府关于深化供销合作社综合改革的实施意见》文稿拟制工作，已上报市委深化改革领导小组待批；全市12个县（市、区）供销社（不含五华、盘龙区）综合改革方案已全部出台，深化改革全面推开并向纵深推进；全市12个县（市、区）供销社全部成立监事会，实现县级供销社监事会全覆盖，供销社治理机制进一步健全完善；市供销社的改革成效受到上级领导的充分肯定。11月4日，全国供销合作总社经济发展与改革部领导经调研后对昆明市供销社综合改革、电子商务、社有企业发展等工作给予充分肯定。8月30日，市委副书记刘智到市供销社调研综合改革工作，也高度肯定市供销社推进综合改革方面取得的成绩。中华全国供销总社《供销系统综合改革专辑》转载昆明市供销社地改革经验，在全系统宣传推广。

【合作组织建设】 全市供销社系统牢固树立“抓合作社建设立社”的理念，深入农村宣讲中央“三农”政策，传播合作社建设知识，带头领办创办各类农民合作社，全市合

昆明市供销社2016年主任工作会

（市供销社 供稿）

作社建设进入提质增效新阶段。2016年，新建农民专业合作社40个，占年度目标任务100%；规范27个专业合作社、示范社18个，占年度目标任务100%、120%。坚持聚合资源、完善功能、建管并举相结合，根据当地农业生产服务的实际需要和美丽乡村建设要求，制定完善农民综合服务社总体规划和年度建设计划，加大资金支持力度，市级财政补助385.80万元，带动社会投资1 418.50万元，有力促进全市农村综合服务社建设。新建农村综合服务社42个，改造农村综合服务社40个；提升综合服务社35个，均完成年度目标任务100%。发展城市社区消费合作社5个，占年度目标任务的100%。新建、改造、提升的农村综合服务社经营店面规范整齐，商品陈列美观整洁，改变农村商店脏乱差的旧面貌，方便农民，特别是边远山区群众买到放心可靠、价格实惠的生产生活物资。

【基层组织建设】 市供销社从合作制的本质属性出发，着力完善联合社治理机制，三会（社员代表大会、理事会、监事会）建设进一步规范完善。宜良、晋宁、寻甸县供销社相继召开社员代表大会。指导各县（市）区供销社监事会筹备工作，进一步规范监事会的工作内容和制度规则，切实发挥好监事会机构的监督管理职能，全市12个县级供销社全部成立监事会，实现监事会建设全覆盖。积极稳步做好空白基层社恢复重建工作，依托农民合作社、综合服务社和其他农村经营服务组织组建乡镇供销社，加快倒逼一些基层社重组，增强自我发展、强化服务的"造血"功能，夯实供销社基层经营服务组织基础。至年底，全市59个乡镇有基层社99个，实现基层社全覆盖，安宁市禄脿供销合作社被评为"全国基层标杆社"。安宁市、嵩明县等（市）县供销社充分发挥合作经济组织优势，成立农民专业合作社综合服务中心，为专业合作社提供项目申报、法律、账务等快捷服务，为新建合作社提供工商登记、政策咨询服务，开辟为农服务新领域。

【社有企业发展】 进一步明确本级社有企业股东会、董事会、监事会、经理层的职责权限和运行程序，指导社有企业完善内部管理制度20余项，建立有效的奖惩激励机制，有效促进企业发展。联合社与社有企业之间的关系进一步理顺，社企分开、上下贯通、整体协调运转的双线运行机制基本建立。对6家已改制的控股、参股本级社有企业实行严格的考核奖惩制度，并将所交股红总额的20%直接奖励给企业法定代表人，对未改制的1家全资企业推行年薪制，极大地调动企业经营者的积极性。依托项目建设加快社有企业发展，安排供销社二次创业及农村现代流通网络建设专项资金200万元，扶持社有企业发展项目8个，从市本级社有资产收益中安排100万元专项资金，用于扶持本级社有企业的项目建设。2016年，全系统资产总额达232 419万元。其中，持股10%以上企业资产总额165 788万元；社有资产总额38 325万元。实现汇总利润13 798万元，净利润13 497万元，全资、控股企业利润达995万元。

【农村现代流通体系建设】 结合综合服务社提升计划，加强经营网点改造升级，采取自营为主、加盟为辅的方式，完善网点布局，构建农资、日用消费品、农副产品、再生资源回收利用为主的农村现代流通服务体系。2016年，全系统销售化肥30.17万吨，市级储备化肥3.24万吨、农药1 945吨，超额完成市政府下达的农资销售和"淡储"任务；农村日用消费品销售额3.80亿元；农副产品购进7.02亿元；再生资源购进5.70亿元，销售5.50亿元。一批行业龙头企业迅速崛起。市农资公司农药销售覆盖全省16个州市，占全省农药市场份额近40%，进入全国农资流通企业100强。市再生资源公司陆续建成3个废旧物资交易市场，占地面积、入驻商户、交易总额等指标跃居全省前列。

【电子商务】 在做大做优传统流通体系的同时，加快发展农村电商服务体系，实现线下线上齐头并进。市供销社出台加快发展农村电商的指导意见，在政策、资金、人才等方面提出具体扶持措施，引导、支持全系统加快发展“互联网+供销合作社”的经营模式。积极响应省供销社号召，出资成立云南供销电子商务股份有限公司，建立“云农网”农资专业平台、“云品惠”农产品专业平台及“云供销”淘宝企业店，将其打造成为云南省农村电子商务发展的骨干力量和为云南高原特色现代农业发展提供综合性服务的重要力量。自建电子商务平台的同时，对线下实体店实施信息化改造，积极开展代购代销、网上交易、终端配送等服务，在淘宝、苏宁易购、供销e家等平台上线当地农特产品，多渠道拓展营销平台，全系统电子商务销售额突破400万元。宜良县供销社依托汤池镇供销购物广场，引入高朋网开发的微商平台，成立“智慧超市”，采用“实体门店+微信公众号+微信支付+微商城”模式，为周边村民提供购物服务。宜良县供销社携手苏宁在苏宁易购网开办“中华特色·宜良馆”，全面展示宣传宜良烤鸭、板栗和宝洪茶等高原特色农产品，构建全新的销售平台。4月20日，云南省供销社主任李琳玻到昆明市调研农村电商工作，对市供销社电商工作给予肯定。

【技能培训】 积极组织农民合作社理事长、种养大户、社有企业负责人参加培训，培训内容涉及农产品营销理念创新与品牌塑造、合作社政策解读与农村电子商务等。2016年，共完成各类人员培训14 279人，占年度任务133.40%，其中农产品经纪人培训3 234人，占任务的102.30%（持证培训1 227人，占任务的102.30%）。

【精准扶贫】 市供销社高度重视扶贫工作，机关干部职工多次深入153户贫困户家中，摸清贫困状况，制定帮扶措施，理清工作思路。以产业扶贫为抓手，推动精准扶贫，带动贫困户经营养殖种植项目，结合大窝铺村的贫困状况和自然条件，与寻甸艾燕荞麦有限公司、云南清湖山色有限公司合作，引进荞麦良种种植240亩、黑皮鸡枞2亩，组建2个农民专业合作社，取得较好成效。2016年，市供销社直接投入扶贫资金46万元，协调公路建设资金45万元，合计91万元。

（王 重）

粮 食

【粮食主要经济指标】 2016年，全市粮食总购进263.80万吨，总销售268.10万吨，分别完成市政府目标任务的210%、206%。全市纳入考核的粮食企业实现营业收入23.60亿元，实现盈利3 046万元，分别完成市政府目标任务的157.30%、203%；争取到中央和省资金补助12 859.54万元（其中中央财政资金补助3 572万元、省财政资金补助9 287.54万元），完成目标任务的110.80%，拉动市级财政资金补助3 060万元。

【粮食安全行政首长责任制】 昆明市粮食局紧紧围绕确保全市粮食安全这一中心工作，认真贯彻落实粮食安全行政首长责任制工作，继续对14个县（市、区）和5个开发（度假）园区管委会实行差别化考核。《昆明市粮食安全行政首长责任制考核办法》明确把各县（市、区）人民政府和开发（度假）园区管委会主要负责人、分管领导及相关责任人作为考核对象，增加市国资委、市教育局和市民政局为成员单位，昆明市粮食安全行政首长责任制考核工作领导小组成员单位已增至16家，有效调动各责任单位重农、抓粮、保供应的积极性。牵头组织对县（市、区）、开发（度假）园区粮食安全行政首长责任制落实情况进行季度检查和年终考核，圆满完成昆明市粮食安全行政首长责任制各项工作。

【粮食宏观调控】 市粮食局继续深化粮食产销协作。切实加强与粮食主产区的合作，采用“走出去”“引进来”的方式，与哈尔滨市签订产销战略合作协议，保障粮食市场供应充足，粮食购销量稳步增长。深入推进粮食储备制度改革，积极组织修订完善市级储备粮管理制度，指导和监督县级责任单位结合实际修订完善地方储备粮管理的各项制度。与不具备粮食储存条件的五个开发（度假）园区及五华区、盘龙区、安宁市签订委托代储协议，落实各级地方储备粮规模计划。2016年，省级、市级储备粮和

昆明市粮食局与哈尔滨市粮食局签订产销战略合作协议
（市粮食局 供稿）

各县区储备规模落实到位，达到国家核定规模，品种、数量、质量均符合规定。严把储备粮入库质量关，坚持省、县级储备粮一年两检和市级储备粮一年四检制度，市级储备粮“一符”率达100%，“四无”率达95%以上。省、市级储备粮科学储粮率达100%，县级储备粮达90%以上。顺利完成2017年度军粮统筹招标工作，确保军粮供应粮源充足，质量良好。依托31个市级粮油价格监测网点和27个省级价格监测网点，及时收集、整理基础数据，按规定及时准确上报粮油价格的日报、周报、月报；牵头组织开展抗洪救灾粮食应急保障演练，切实检验和锻炼昆明市粮食应急队伍快速反应及统筹处置能力。加强应急网点建设，新建成24个粮食应急网点及昆明国家粮食储备有限公司粮食应急配送中心，全市已建成粮食应急供应网点240个，建立应急网点退出补充机制，全面提升昆明市粮食应急保障水平。

【粮食市场监管】 全力推进“放心粮油”工程建设。2016年，全市“放心粮油示范企业”达66家。积极开展“放心粮油”五进活动，重点推进“进校园”和“进机关”，其中“进校园”达150所，“进机关”24个。确保学生和机关职工吃上安全、放心、营养的粮油。加大对“放心粮油示范销售店（专柜）”监管力度，按照质量、价格、计量、供给、卫生、服务“六放心”要求，随机抽查32家“放心粮油示范企业”，新评审10家“放心粮油示范企业”，复审9家到期的“放心粮油示范企业”，极大地提升“放心粮油”企业示范引领作用和覆盖面。做好粮油质量检测，落实完善各项规章制度，对市级储备粮一年四检，在东川、晋宁、富民、宜良、石林、禄劝、寻甸7个县区的21个乡镇开展2016年度收获粮食质量调查、品质测报及质量安全风险监测抽样，对新收获稻谷的农药残留、卫生指标、品质分布进行检测，全年共对大米、小麦粉、挂面、食用植物油4个品种558个样品进行实验室检测，对抽检结果进行通报、公示，发布粮油食品安全工作信息12篇。与红河州制定昆明市、红河州粮食流通监督检查联动制度，进一步增强昆明市与毗邻地区粮食流通市场的监管力度，有效防止因区域划分导致的粮食流通监督检查漏管、脱管现象的发生；以粮油食品生产加工企业、粮油批发市场、农贸市场、超市、粮油制品商店为重点，围绕粮油食品源头、生产加工、流通及消费四个重要环节，加强全市粮油质量安全监督抽查工作，落实昆明市粮油产品质量抽检制度。同时加强日常监管，在重大节假日期间，联合省粮食局、市有关部门对昆明市粮油加工企业、粮油配送中心、大中型超市、大型批发市场、粮油平价销售点、稳价保供点、“放心粮油示范销售店”、粮油应急供应网点开展粮油市场联合检查四次，专项检查四次。全年未发现有不符合质量和卫生标准的粮食流入口粮市场。

昆明市粮食系统2016年军粮应急实供演练

（市粮食局　供稿）

【粮食流通产业发展】　编制并印发《昆明市“十三五”粮食流通产业发展规划》。2016年，实施昆明市“十三五”粮食流通产业发展重点项目16个，年度完成投资5.13亿元，超额完成全年投资计划。其中，西山区粮食储备中心库改扩建项目、晋宁县中心粮库新建工程项目、寻甸县中心粮库、石林县储备粮中心库（二期）、滇中粮食储备中转库（二期）、昆明滇中粮食储备中转库建设项目（一期）6个中央预算内粮食仓储设施项目主体工程已全部建设完成；呈贡中心粮库项目完成交地工作，正加紧推进项目用地拆迁工作；昆明凉亭粮食转运站迁建项目完成铁路专用线及附属设施单项工程，土地一级开发工作正常推进中；嵩明县四营储备粮仓建设项目完成主体工程施工，—正在开展附属配套工程施工。积极开展爱粮节粮宣传教育，加强对餐饮业和单位、学校食堂等的引导和监督。

市粮食局领导对昆明市粮食流通重点项目建设进行检查指导

（市粮食局　供稿）

【扶贫帮困】　认真做好脱贫攻坚工作。抓好双联共建，落实结对帮扶，全系统干部职工共帮扶258户贫困户建档立卡；开展项目扶贫，投入资金68万元就寻甸县功山镇尹武村、六哨乡五星村和恩甲村的村委会办公用房、新增引水点、村内道路修建项目等进行帮扶；实施产业扶贫，向帮扶对象免费发放科学储粮小粮仓138套，帮助改善储粮条件，减少粮食损耗。进行种羊、马铃薯种薯和化肥扶持，切实解决众生产生活困难。积极做好宣传、统战、外事、信访维稳、老干部和工青妇等工作。

（袁春梅）

2017 KUNMING YEARBOOK

烟 草

◆责任编辑　方　玲

烟草专卖

【概况】　云南省昆明市烟草专卖局成立于1985年，云南省烟草公司昆明市公司成立于1984年。下辖：五华区、盘龙区、官渡区、西山区、呈贡区、东川区，安宁市、晋宁县、富民县、宜良县、嵩明县、石林彝族自治县、禄劝彝族苗族自治县、寻甸回族彝族自治县14个县（市、区）烟草专卖局（分公司）及1个物流分公司。

2016年，市局（公司）机关内部设置：办公室、企业管理部、专卖监督管理部（专卖稽查支队）、内部专卖管理监督派驻办公室、法规部、财务管理部、审计部（审计派驻办公室）、人事部、党群工作部、监察部、安全管理部、烟叶生产经营部、烟叶生产技术中心、卷烟营销中心、综合服务部、信息中心、烟叶基础设施建设办公室、规范管理办公室、督查考评中心。截至2016年末，昆明市局（公司）在册在岗职工1 711人。

【“两烟”效益】　2016年，全市系统“两烟”经营实现不含税销售收入140.19亿元，同比增长1.18%；实现税利53.68亿元，同比增加2.63亿元，增长5.15%，其中，利润28.41亿元，同比减少0.42亿元，下降1.46%；税金25.27亿元，增加3.05亿元，增长13.71%。

【烤烟生产】　2016年，全市烤烟种植面积51.5万亩，收购烟叶138万担，其中，上等烟比例67.45%，均价30.63元/千克，同比提高0.36元/千克；实现烟农收入21.13亿元、烟叶税4.65亿元；烟农户均收入3.24万元，同比增加1 460元；担烟收入1 532元，同比增加19元，实现历史最好水平。

【烟叶生产基础设施建设】　2016年，全市投入补贴资金1.13亿元，其中，申请国家局补贴0.63亿元、省内烟草系统配套投资0.50亿元；建成烟水工程2 145件，水池169个、水窖1 950个、沟渠5条、管网12条、提灌站9座，机耕路1.38千米；新建标准化密集型烤房2 180座，购置烟夹600套；烟草农用机械补贴购置560台（套）；补贴建设可移动式育苗小棚51群1.72万个。烟水配套工程受益面积3.48万亩，受益农户0.27万户。

【卷烟销售】　2016年，昆明市销售卷烟33.54万箱，同比减少0.36万箱，下降1.06%；实现卷烟销售收入106.93亿元，同比减少1.57亿元，下降1.45%；卷烟综合毛利32.03亿元，同比增加1.03亿元，增长3.31%；单箱销售收入31 877元，同比减少124元，下降0.39%。

至年末，全市有效零售户2.23万户，实现网上订货的零售户2.20万户，占零售客户比例的98.29%，参与网上配货零售户117户，占零售户比例的0.5%。

【物流配送】　2016年，物流分公司共计配送卷烟33.54万箱，日均仓储量1.59万箱，平均分拣作业效率56 319条/小时，人均分拣效率599条/小时，日均送货量6211.86件，日均送货客户数3 805户，日均送货里程1.17万千米，配送总里程316.57万千米，全市有效零售户数2.23万户，T+0客户数6 543户， T+1客户数1.23万户，T+0及T+1客户占全市的84.15%。

【专卖管理】　2016年，全市出动执法人员4.11万人次，查办各类涉烟案件3 546起，同比增长32.44%，其中，行政案件2 892起，同比增长35.14%，占全省行政案件总数的13.09%；5万元以上大要案654起，同比增长18.69%，占全省大要案件总数的35.1%。查办网络案件11起，公安机关刑事拘留140人，逮捕53人，判刑13人。各类案件总案值1.44亿元，同比增长4.7%；查获假冒卷烟1.02亿支，同比减少224万支，下降2.1%，案值6 234.2万元，同比下降4.4%；走私烟（含出口回流）651万支，同比增加38万支，增长6.2%，案值654.9万元，同比增长8.4%；罚没真品卷烟2 759万支，同比减少2 505万支，下降47.6%，案值1 070.5万元，同比下降43.6%；查获烟叶、烟丝1535.5吨，同比增加173.3吨，增长12.7%，案值6 282.4万元，同比增长21.9%。嵩明县大营、寻甸县塘子和羊街重点地区非法经营烟叶行为得到整治，于4月26日成功摘帽，在云南省率先实现“无非法收购、囤积、加工烟叶重点区域”的目标。

【社会公益】　2016年，对外捐赠493.2万元；支付烟区修建基本烟田水利及道路等基础设施建设资金8 374.24万元；支付防范自然灾害资金2 265.78万元。

2016年昆明市烟草商业系统主要情况统计

地市级局（公司）名称		昆明市烟草专卖局（公司）
主要负责人/法人代表		吴永明
总资产（万元）		933 401
资产负债率（%）		12.95
所属县级局（个）		14
所属县级公司/分公司（个）		15
所属县级营销部（个）		0
从业人员（人）		1 711
所属业务机构	营销机构	1
	物流配送机构	1
	专卖稽查机构	14
	烟叶机构	53
销售卷烟	亿支	167.70
	2016年比2015年（%）	–1.06
卷烟销售收入（万元）		915 698
实现税利	万元	536 831
	2016年比2015年（%）	5.15
实现利润	万元	284 113
	2016年比2015年（%）	–1.46
查处涉烟违法案件（起）		3546
查处涉烟违法案件案值（万元）		14 442.7
2016年度烟草行业投入烟叶生产基础设施建设资金（万元）		11 300
全年烟叶生产基础设施新增受益面积（万亩）		3.48
烟叶种植（万亩）		51.50
烟叶收购（万担）		138
烟农户数（户）		65 224
实现烟农总收入（万元）		211 300
零售户数（户）		22 342
零售户销售毛利率（%）		8

（杨若诚）

红云红河烟草（集团）有限责任公司

【概况】 红云红河烟草（集团）有限责任公司（简称红云红河集团）成立于2008年11月8日，由原红云烟草（集团）有限责任公司和原红河烟草（集团）有限责任公司红河卷烟厂、新疆卷烟厂合并组建，下辖昆明卷烟厂、红河卷烟厂、曲靖卷烟厂、会泽卷烟厂、新疆卷烟厂、乌兰浩特卷烟厂，控股山西昆明烟草有限责任公司、内蒙古昆明卷烟有限责任公司。“云烟”“红河”为主要品牌。截至2016年底，集团总资产941.96亿元，其中固定资产110.61亿元、流动资产666.13亿元，资产负债率为24.89%。不含控股企业共有从业人员10 920人，其中在岗职工10 830人。

2016年，在国家烟草专卖局、云南中烟工业有限责任公司的正确领导下，红云红河集团围绕“创卓越绩效、强内生动力”的工作主线，全面挖潜力、练内功，着力突出“市场保障、优质制造、降本增效”，持续加强“技术实力、基础管理、党的建设、队伍与和谐建设”，集团经济效益、品牌状态呈现“两个企稳”态势。2016年红云红河集团位列中国企业500强第158位、中国制造业企业500强第67位、云南百强企业第2位。截至2016年底，红云红河集团总部下设3中心14部室，即生产制造中心、物资采购中心、物流中心、党政办公室（董事会工作办公室）、人力资源部、经济运行部（法律事务部）、财务部、审计部、工艺质量部、原料部、信息管理部、宣传策划部、基建技改部、党群工作部、纪检监察部、工会综合办公室、调研室。

【生产经营】 2016年，红云红河集团（含控股企业）生产卷烟510.57万箱，销售卷烟495.05万箱，实现税利620.99亿元，实现利润87.39亿元。

【品牌培育】 2016年，红云红河集团生产“云烟”“红河”“小熊猫”“红山茶”“茶花”“钓鱼台”“雪莲”“呼伦贝尔”“紫气东来”“冬虫夏草”“大青山”等11个品牌94个规格，互动加工“红塔山”品牌3个规格。

全年“云烟”品牌商业销售362.53万箱，与行业重点品牌平均减幅基本持平；商业批发销售额1 103.26亿元，商业销量和商业销售额分列全国重点品牌第二和第三位。“红河”品牌商业销售102.26万箱，商业销售额184.49亿元，商业销量列全国重点品牌第15位、行业鼓励培育品牌第一位。高端烟销量9.74万箱，细支卷烟销量4万箱。云烟（软大重九）销售2.7万箱，销量列高价位规格第三位、增幅在高价位销量前十规格中列第四位。云烟（紫）销售227.29万箱，仍为行业第一大规格。

2016年11月，云南省副省长董华到红云红河集团调研。（陈帆　摄）

【基础管理】 推进“对标”“创优”，围绕“提升、进位、超平、争先”的路径，全力攻关、突破弱值指标，在34项工业企业对标指标中，集团优于行业平均水平的指标有20项，达标率58.82%；18项指标同比提升，提升率52.94%，有7项指标进入行业前五位。动态修订“三标一体”体系文件，省内四厂及集团本部通过第三方监督审核。狠抓精益管理，开展基于成本指标体系的精益课题研究、精益制造标杆班组、精益金点子活动，推广成效显著的课题成果，发挥示范引领和乘数效应，2项课题获行业“精益十佳”，4项课题和4名个人分获云南中烟“精益十佳”。

【生产管控】 完善市场驱动的订单组织生产模式，总结固化“生产要素保障”机制，以柔性智能生产快速响应、有效满足市场。稳定合作生产，落实云南中烟调控措施，全年国内合作生产完成81.89万箱、同比减少7.5%。强化设备管理，优化产能布局，补充个性化加工设备，加强设备维保维修，推广设备优秀操作法，保证设备运行稳定高效。2016年，集团硬包机组运行效率93.19%、同比提升3.87个百分点，软包机组运行效率93%、同比提升2.68个百分点，设备单箱维持费63.49元/箱。严格质量管控，树立“我制造、我负责”质量担当意识，细化质量内控标准，加强质量分析和跟踪评价，开展省内四厂互动生产工艺验证，突出关键环节和关键参数的精准控制，着力质量考核和事故追究，严格质量一票否决。在国家局全年3次抽检中，集团2个规格综合得分进入前十，其中，云烟（软印象烟庄）在上半年抽检中综合得分排名第一；在云南中烟3次抽检中云烟（软大重九）综合得分均排名第一。开展QC活动，1项成果获行业QC成果一等奖，3个小组获全国优秀QC小组称号，其中，1个小组代表云南省参加全国交流，18项成果获云南中烟表彰，其中，一等奖2个、二等奖10个、三等奖6个。推进技术节能，加强能源管理体系建设，云南省开展能源管理体系建设评价3年来，集团是全省唯一获评优秀的企业。夯实物流保障，快速精准发运物资，提高仓库利用效率，落实卷烟包装箱循环利用及卷烟整托盘联运任务，全年循环烟箱利用量111.83万箱，托盘联运8.34万箱，完成云南中烟下达目标，实现生产保障"零投诉"、成品配送"零差错"。

【降本增效】 加强降耗节本，突出预算定额的源头控制，推进采购、生产、物流等关键环节降本增效，优化业务流程，严控辅料采购成本，降低原辅料单耗，商标换版实现集团及供应商卷烟材料"零报废"。做好原料的储、养、调和备品备件的共享共用，降低库存资金占比。加大烟叶、烟箱、"三纸一棒"等物资回收利用工作力度，压缩可控费用，全年集团降本增效达6亿元，超额完成预定目标。

【原辅材料保障】 实施"2260"优质烟叶工程，优化特色品种生产布局，集团2个烟区在云南烟草联合检查考核中分列全省千亩示范区第一、万亩项目区第二。盘活烟叶存量资源，优化库存结构，提升原料配置效率，完成年度国内烟叶采购394.5万担、占年度计划的92.3%，落实进口烟叶采购11 662.2吨，其中，津巴布韦烟叶3 049.2吨。

优化物资采购招标方案，降低采购成本，全年卷烟材料采购55.22亿元（同比节约采购资金1.67亿元）、公开招标金额占比99.67%，其中，香精香料公开招标金额占比100%；烟机零配件采购采取入库"零积压""即买即用"措施，严把"购耗比小于1"，全年采购1.65亿元、公开招标金额占比99.5%，累计采购数小于消耗领用数2 780万元；非烟用物资采购实现"一个龙头放水"的集中统筹采购模式，全年采购2.94亿元，扣除国家统一经营，物资公开招标金额占比99.27%。

【技术创新】 加强科技创新，完善《科技创新奖励办法》，新立云南中烟项目5项，集团自立项目8项，2项课题分获云南省政府科技进步二等奖、三等奖，5项课题获云南中烟科技进步奖（二等奖1项、三等奖4项），37项知识产权获云南中烟知识产权奖励。推进知识产权管理工作，制定"国家知识产权优势企业建设工作方案"，全年申请并获受理专利112件、其中发明专利46件，全年获得受权专利42件、其中发明专利5件。推进"两化融合"，发挥信息对业务和决策的支撑作用，实施原料综合管理集团系统配套改造、中烟商务物流试点项目片烟物流跟踪系统推广，开展数据中心项目开发测试，加强ERP及周边系统运维，企业门户系统上线运行。

【技改建设】 昆明卷烟厂打叶复烤易地技改及烟叶仓储设施建设项目明确新的选址，并向国家局申报；红河卷烟厂易地技改场地平整工程开工；曲靖卷烟厂打叶复烤易地技改及新建烟叶仓库项目工程建设稳步推进；会泽卷烟厂技改项目准备总体竣工验收；新疆卷烟厂技改项目开展已完工程结算审计；乌兰浩特卷烟厂填平补齐项目投入使用。

【规范运行】 履行品牌管理、生产、维护、创新责任，系统梳理集团与云南中烟两中心、各职能部门间的关键业务流程和工作接口，健全相互间常态化工作协调机制，深化产销研一体化战略协同、信息分享和资源共享机制，提升运行效率。修订《党委工作规则》《总裁班子工作规则》《合同管理制度》等多项制度，严格重大问题、重要干部任免、重大项目投资决策和大额资金使用决策程序，重大事项纳入合法性审查范围，增强集团科学决策、依法经营水平。

落实"八项规定"精神，严格执行办公用房、差旅住宿、公务接待标准，强化全面预算管理，完善事前预防、事中控制和事后纠正的内部审计监督体系，加大委外公开招标力度，全年采购1 160项，公开招标项目占比96.62%、同比提升4.17%，公开招标金额占比99.51%、同比提升5.64%。

【队伍建设】 从严选拔、考核、管理干部，全年续聘干部580人次、提拔任用20人、平级调整113人次、降免职4人。开展"专题、专业、专项、专技"四专培训、职称评定、技能竞赛、青工技能提升等工作，全年组织参加培训954起3.24万人次，认定高职7人、中职13人、初职58人，招聘录用毕业生241名。2016年，集团1人享受国务院政府特殊津贴，1人获评行业"十二五"信息化工作先进个人，1人获评云南省有突出贡献优秀专业技术人才，1人获评云南省职工技术技能大赛修理技术状元；在行业2016年烟机设备维修竞赛中，集团取得1个第一、2个第三的成绩，3人获评全国烟草技术能

2016年10月，红云红河集团领导到会泽县田坝乡板坡村对“挂包帮 转走访”结对帮扶的68户贫困户进行回访调研。 （黄倩 摄）

手；1人获全国五一劳动奖章，2人获云南省五一劳动奖章，1人获云南省五一巾帼标兵，昆明卷烟厂“张昆华劳模创新工作室”获云南省总工会授牌。

【和谐建设】 落实“工效挂钩”，按照云南中烟“两多一少一稳”要求，平稳调节做好员工薪酬分配。持续规范劳动用工管理，主动防范和应对法律风险。宣传贯彻“合和”文化，组织企业文化内训师培训及“十佳”评选；抓好宣传工作，《致匠心》获第一届烟草行业十佳微视频第4名，并被全国总工会“身边的大国工匠”栏目采用。开展劳模专家先进人物慰问、爱心帮扶送温暖等活动，推进文化养老，落实“两项待遇”；做好“挂包帮”“转走访”工作，统筹投入3 260.35万元，抓好与集团及省内四厂挂联的3县7乡9村623户贫困户帮扶；投入980万元在省内8所院校设立“红云园丁奖”“红河助学金”。强化安全保障，落实“党政同责、一岗双责、齐抓共管”，实施全员化安全管理，开展专项应急演练，突出汛期“两烟”仓库等重点区域排查、相关方及危险作业管理，整改隐患，确保集团安全发展。

【红云红河集团领导】

董事长 谷 宏

监 事 代 伟

总 裁 武 怡

副总裁 和国刚（至1月）

王家寿 范 晓（1月起）

李 林（至1月）

党委书记 武 怡

副书记 谷 宏 和国刚

纪委书记 代 伟

（红云红河烟草（集团）有限责任公司）

2017 KUNMING YEARBOOK

金 融

◆责任编辑 方 玲

综 述

【全省金融机构货币信贷】 截至2016年末，全省本外币各项存款余额27 921.53亿元，比年初新增2 716.97亿元，同比多增106.44亿元，余额同比增长10.78%。各项贷款增长总体平稳，支持稳增长作用突出，全省金融机构本外币各项贷款余额23 491.38亿元，同比增长10.58%，增速同比下降5.07个百分点。2016年，云南省地方政府债券共计置换银行贷款1 701亿元，比上年多置换406亿元，按可比口径将地方债务置换因素还原后，贷款增速12.49%，增量2 654.8亿元，超额完成年初任务目标。全省金融机构中长期贷款余额15 449.73亿元，占新增贷款的87.22%，信贷支持稳增长、稳投资的作用突出。

信贷投放精准度持续提升，金融服务惠民生、补短板效果凸显。全省小微企业贷款保持高速增长，截至2016年末，云南省小微企业本外币贷款（含贴现）余额为3 997.21亿元，同比增长14.68%。金融服务“三农”进一步强化，全省涉农贷款余额8 006.10亿元，比年初增加835.50亿元，同比增幅12.23%。

【金融服务供给侧结构性改革】 开展宏观审慎评估（MPA）工作，发挥评估对信贷投向的引导作用。加强信贷政策与产业政策的协调配合，增强货币信贷政策执行的针对性，优化信贷结构。执行差别化信贷政策，做好化解过剩产能和转型升级金融服务。会同有关部门出台《云南省关于金融支持工业稳增长调结构增效益的实施意见》，召开“2016年重点企业、重点项目、重点园区信贷资金需求对接会”。全省六大高耗能行业中长期贷款同比仅增长1.9%。运用信贷政策工具，引导金融机构加大对重点领域和薄弱环节的支持力度。全省累计发放支农再贷款（不含扶贫再贷款）18.44亿元、扶贫再贷款39.03亿元、支小再贷款3亿元，累计办理再贴现207.2亿元，为实体经济节约利息支出1.6亿元。加强协调配合，提供适合创业人群的金融产品。全省累计发放创业担保贷款141.92亿元，同比多发放67.5亿元。支持居民合理住房消费，促进房地产去库存。全省房地产贷款余额4 382.85亿元，同比增长12.9%。发挥应收账款融资服务平台盘活应收账款存量、拓宽中小企业融资渠道的积极作用。全省通过平台成交871笔应收账款融资业务，累计促成融资2 441.58亿元，累积融资金融排名全国前列。11月末，全省中小企业贷款同比增长14.4%，比贷款平均增幅快3.9个百分点。发挥利率定价自律机制引导利率下行作用，11月份企业贷款加权平均利率5.18%，比上年同期下降0.24个百分点。

【金融扶贫】 建立金融精准扶贫信息系统，实现建档立卡贫困户、扶贫企业等基础信息与金融服务信息的有效对接共享。率先实现全省93个贫困县扶贫小额信贷风险补偿金全覆盖，每县风险补偿金不低于500万元。9月末，93个贫困县（市、区）各项贷款余额6 328.48亿元，同比增长13.09%，高于全省银行各项贷款增速1.06个百分点。易地扶贫搬迁贷款增长迅猛，截至11月末，国开行和农发行累计发放国家低成本长期贷款105亿元，农发行累计发放易地扶贫搬迁项目贷款345.10亿元，农发行“保山昌宁扶贫模式”在全国作经验交流。拟订《云南省开展农村承包土地的经营权和农民住房财产权抵押贷款试点实施方案》，逐县现场推动，促进“两权”抵押贷款试点工作开展。发挥扶贫再贷款引导资金投入扶贫领域的作用，对9个“两权”抵押贷款试点地区，人民银行下达支农（扶贫）再贷款限额4亿元，增强试点地区积极性。12月末，6个试点县土地承包经营权抵押贷款余额2.12亿元，3个试点县农民住房财产权抵押贷款余额17.52亿元。创新农村金融产品，增强对高原特色农业的支持力度，11月末，全省涉农贷款同比增长11.4%，比贷款平均增幅高0.9个百分点。

【债务融资】 加大直接融资产品推介，鼓励支持企业开展直接融资。全年全省累计发行非金融企业债务融资工具717亿元，债券和股票合计净融资在社会融资规模中的占比20.3%，比上年同期低4.4个百分点。推动促成云南省政府与上海黄金交易所签署战略合作备忘录，争取上海黄金交易所授予昆明银行电子结算中心会员牌照；发起筹建云南省黄金交易投资有限责任公司。云南省黄金交易投资公司开业将有助于上海黄金交易所的平台延伸到昆明，能有效发挥地域优势，吸引周边国家地区的产金用金企业开展投资交易，增强昆明的金融服务功能。

【跨境人民币业务】 加大跨境人民币新业务的推广应用，推动跨境人民币贷款业务。截至12月末，全省新增跨境人民币贷款合同金额17.7亿元，经办银行从11家扩展至17家。跨境双向人民币资金池业务有序推进。截至12月末，6家跨国集团企业搭建跨境人民币资金池，资金池应计所有者权益金额492.4亿元，较年初增加71.2亿元，省属跨国集团企业统筹调配境内外资金的能力进一步加强。经常项下个人跨境人民币业务快速发展，截至12月末，累计办理经常项下个人跨境人民币结算24.9亿元，较年初增加3亿元，业务覆盖44个国家和地区。截至12月末，全省跨境人民币结算量657.4亿元，人民币在跨境收支结算中的比重高达38.1 %，保持第二大交易货币的地位，结算业务扩大至境外73个国家和地区。

【区域性货币交易】 扩充交易平台，非主要国际储备货币兑换体系进一步完备。支持中国建设银行“泛亚跨境金融中心”在云南挂牌成立，成为云南第二家非主要国际储备货币挂牌交易平台。继2015年德宏州对缅“瑞丽指数”发布后，继续指导红河、文山两地商业银行联合对外发布人民币兑越南盾“YD指数”，鼓励商业银行开展非主要国际储备货币的柜台及区域挂牌业务，增强正规金融机构在货币兑换市场上的影响力。截至12月末，人民币对泰铢银行间市场累计交易111 笔、金额1.58亿元，金额同比增长4.98%；办理人民币对泰铢、越南盾、缅甸元、老挝基普银行柜台兑换业务量2.85亿元，同比增长77.02 %。拟订《建立人民币对非主要国际储备货币区域交易云南分中心方案》上报总行。支持农行河口支行从越南老街农行通过河口口岸成功调入越南盾现钞10亿盾，开启云南省商业银行外币现钞进出境调运工作的先河。

【跨境金融合作】 制订《国别宏观经济金融形势监测分析的实施方案》，成立国别宏观经济金融形势监测分析机制，抽调机关相关处室业务骨干组成若干工作小组，对缅甸、老挝、泰国、孟加拉国等周边国家的宏观经济金融形势等重大事件进行动态监测分析。向总行上报月报10期、季报3期。经总行批准，昆明中支组团赴老挝参加由老挝银行主办的双边会谈，双方就双边本币结算、现钞跨境调运、区域反假货币合作等方面进行磋商交流，达成一批重要共识。

【跨境反假、边民账户管理】 探索建立跨境人民币反假模式，助力人民币走出去。结合云南融入“一带一路”“孟中印缅经济走廊”建设等工作需要，对跨境人民币现钞反假工作进行探索，在总结前期云南与周边国家、地区联合反假经验的基础上，按照“创新理念、端口前移、打防并举、健全机制、推进合作”的工作思路，形成 “跨境反假货币工作（昆明）中心”建设方案，相关方案已获得总行同意，昆明将成为全国首个设立跨境人民币反假工作中心的城市。境外边民人民币账户管理取得新突破，向总行上报的《云南省规范境外边民人民币个人银行账户管理工作方案》获批实施 。NRA账户办理现金业务的试点效果明显，截至11月末，全省开立342个NRA账户，昆明中支共批复19家境外机构NRA账户办理现金业务，累计存现65笔、金额1 503.4万元，取现94笔、金额5 860万元，满足边贸企业、边民的现金使用需求。

【风险监测、评估】 改进风险监测防范工作，提高日常监测的质量和水平。重点做好云南省22家大型有问题企业、云南省前十位重点企业的金融风险监测与分析工作，针对风险隐患及时进行提示。加强对云南煤化工集团债务风险的跟踪，评估煤化工集团司法重整可能对银行风险的影响，建议云南省委、省政府稳妥维护银行债权。组织对18家不同类型银行机构开展不良资产真实性现场评估，摸清不良资产风险底数。配合做好省内金融风险处置工作，及时上报昆明泛亚有色涉嫌非法集资的犯罪事实以及“e租宝”风险处置工作相关情况。

【金融管理】 开展地方法人金融机构风险评估工作，合理确定存款保险费率，存款保险制度得到全面落实，构建广覆盖的金融安全网。做好新设银行业金融机构开业管理工作，完成对全省362家银行业金融机构的综合评价工作。规范金融机构重大事项报告工作，截至11月，编发《云南省金融机构重大事项报告信息》38期。制定《昆明中支推广“双随机一公开”抽查工作实施细则》，推动随机抽查逐步成为全省执法检查工作的新常态，增强执法透明度。公开问卷调查显示被检查机构对随机抽查方式满意率100%。

【金融整治】 昆明中支履行互联网金融风险专项整治工作领导小组办公室职责，建立会议、协调、联络、信息报送、重大事项报告等一系列工作制度，起草《云南省互联网金融风险专项整治工作实施方案》和《云南省非银行支付机构风险专项整治工作实施方案》，联合相关监管机构对部分线下业务同步开展整治 。推动非银行支付机构专项整治工作，截至11月末，完成全省3批共39家疑似机构的核查与汇总工作，继续对剩余10家疑似机构中的部分机构进行调查核实。

【金融研究和政务信息】 根据脱贫攻坚工作的部署和相关试点工作的需要，建立《“两权”抵押贷款专项统计制度》《金融精准扶贫贷款专项统计制度》等多项区域和专项金融统计制度，强化对金融新业态和新业务的统计分析与研究，形成多项研究成果。结合云南特色，新增绿色金融、互联网金融和南亚东南亚国别经济3个特色研究领域，形成阶段性研究成果。开展地方金融改革热点问题研究，形成《云南省地方法人金融机构总部联盟方案》被省委书记批示。实施政务信息选题按月报送制度，开展跨地区跨省联合信息调研。截至12月末，昆明中支上报的政务信息被中办采用 4条、国办采用1条，总行采用10条、省委、省政府采用96条， 中央领导批示2条、总行领导批示3条、省领导批示3条。

【改善支付结算环境】　坚持“零事故”的运行管理目标 ，提升业务处理成功率，云南省支付系统安全稳定运行。2016年，云南省支付清算系统处理业务1.16亿笔，清算资金39.99万亿元，同比分别增长29.90%、减少4.32%；日均处理业务35.45万笔，清算资金1 581.49亿元，同比分别增长28.16%、减少5.27%，其中，大额支付系统处理业务2 327.12万笔，清算资金39万亿元，同比分别减少0.51%、5.06%，日均处理业务9.27万笔，清算资金1 553.85亿元；小额支付系统处理业务7 142.64万笔，清算资金7 705.91亿元，同比分别增长38.65%、33.13%，日均处理业务19.68万笔，清算资金21.23亿元；网上支付跨行清算系统处理业务2 158.04万笔，清算资金2 131.01亿元，同比分别增长47.75%、59.67%，日均处理业务6.5万笔,资金6.42亿元。推动农村支付结算环境改善，对农村惠农支付点业务进行升级改造，促进其增强服务功能，提升设备使用效率。截至11月末，累计建成惠农支付服务点18 971个，累计实现交易笔数3 482.28万笔、金额219.77亿元，农村地区居住相对集中的区域已实现对自然村的覆盖。推进金融IC卡“惠农”应用，截至12月末，农村金融社保卡发卡量突破1700万张,占全省金融社保卡总量的96.59%，覆盖57.65%的农村人口。在全国首家建设非税收缴电子化体系，以实现云南省非税收入的收缴从“手工开票、柜台收缴”到“电子开票、电子化收缴”的转变。

【国库信息化建设】　履行经理国库职责。截至 12月底，全省各级国库完成公共预算收入 3 235.27亿元，同比下降2.11%；公共预算支出5 198.11亿元，同比增长3.77%。组织发行凭证式国债四期，金额 14.56 亿元；储蓄式国债（电子式）10期，金额 20亿元。国库信息化建设再上新台阶，全省州（市）本级国库集中支付实现电子化管理。国库监管系统全省上线运行，有效适应和满足国库业务改革与发展的需要。

【征信管理】　推进社会信用体系建设，全国首创可视化征信业务监管机制，开发“云南省征信业务监管信息平台”，实现金融信用信息基础数据库接入机构监管全覆盖、业务流程可视化、违规问题发现处理实时化。农村信用体系建设扎实推进，全省6家州（市）以“数据库+服务网”为核心的信用信息共享平台建设取得成效，支持西双版纳等地区建立农户信息采集评价、经费保障、考核及农村信用文化培育的系统化工作机制，征信系统建设促进融资增长的效应凸显。继续提升征信服务水平，采购配置信用报告自助查询机具，便利公众快捷查询信用报告，全省已有86个人民银行县支行配备自助查询机，占全部县支行的77.48 %。开展多种现场与非现场结合形式的征信知识与诚信文化宣传，效果明显。

【反洗钱工作】　参与打击骗取出口退税和虚开增值税发票专项行动，截至12月，依据涉税类重点线索开展反洗钱调查69次，向有关部门移送案件线索5起。提高对重点可疑交易报告识别、分析和线索研判水平，报送重点可疑交易报告397份，向侦查机关移送可疑交易线索12份。协助侦查机关调查洗钱相关案件207件，协助破获案件18起，破获案件涉及金额48.90亿元。

发挥打击利用离岸公司和地下钱庄转移赃款专项行动领导小组办公室职能，配合、督促各单位完成工作任务，确保专项行动收到实效来，配合协助相关部门破获8起涉及地下钱庄的案件。专项行动领导小组成功劝说云南第一个“红通”嫌疑犯张大伟回国自首。

【现金管理】　科学组织发行基金调拨。截至12月末，安全完成省外火车调运132 500箱，金额226.92亿元，投放发行基金1 869.12 090.55亿元，同比增加6.67.35%；回笼1 870.242 017.7亿元，同比减少增长1.67%，净回笼投放11 472.85亿元。推动云南省小面额货币自助兑换便民服务示范工程，探索适合云南省实际的硬币自循环模式，制定实施方案，在省、州市、县三级分阶段推进。截至12月末，全省已布放硬币自助兑换设备56台。对残损券回收、复点、销毁整个环节进行链条管理，完成残损人民币的回收销毁任务，提升流通中人民币整洁度。

【外汇管理】　以跨国公司外汇资金集中运营管理试点为着力点，推动试点升级扩容，帮助实体经济破解融资难题，通过试点企业及银行自查、分局利用相关系统非现场核查等方式，对自2015年9月云南省跨国公司外汇资金集中运营管理业务获总局批准后辖内开办业务的跨国公司及银行开展业务核查。推动外债比例自律管理新规在云南实施，提高企业跨境融资的自主性和境外资金利用效率。6月，云南省能源投资集团有限公司获准参与全国跨国公司外汇资金集中运营管理试点。

【遏制跨境资金异常流动和违法违规交易】 围绕“扩流入、控流出”总体要求，按照全国统一部署，开展2期流出项下外汇业务专项检查，对14个银行分支机构和13家企业开展现场检查，分析排查可疑违规线索1 470笔，可疑违规金额22.42亿美元，查实银行未对交易单证的真实性及其与外汇收支的一致性进行合理审查等4类实体性违规问题。截至12月末，云南省跨境收支总规模270.69亿美元，同比下降17.61%，收支顺差2.8亿美元。跨境收支总体平衡略有盈余，“扩流入、控流出”要求得到全面落实。

【服务实体经济】 出台《云南省边境贸易跨境资金差异化管理实施细则》，提升边贸管理服务水平。支持云南外贸“单一窗口”电子政务平台建设，推行货物贸易电子单证管理，配合推进的昆明综合保税区和中老边境经济合作区成功获批，指导银行为“走出去”企业办理外币现钞业务。贯彻落实总局跨境融资宏观审慎管理政策及改革和规范资本项目结汇管理政策，截至12月末，办理跨境融资外债登记业务24笔，签约金额6.66亿美元，其中，中资企业办理10笔。

（李　峰）

【银行业金融机构及从业人员数】 2016年末，昆明市共有银行业金融机构11类；法人机构38个，比年初增加2个，占全省的18.45%；全国性银行业金融机构驻昆分支机构30个，地方法人银行业金融机构驻昆分支机构2个；各类营业性网点1 515个，占全省的26.81%；从业人员31 953人，占全省的40.66%，比年初增加1 924人。

【银行业金融机构资产及负债】 2016年末，昆明市银行业金融机构资产总额19 595.44亿元，占全省资产总额的53.19%，比年初增加1 919.73亿元，增长10.86%，其中，各项贷款余额13 889.61亿元，占全省各项贷款余额的59.03%，比年初增加1 556.78亿元，增长12.62%；负债总额19 021.51亿元，占全省负债总额的53.42%，比年初增加1 821亿元，增长10.59%，其中，各项存款余额12 481.14亿元，占全省各项存款余额的53.04%，比年初增加818.75亿元，增长7.02%。

【银行业改革发展】 2016年，云南银监局再次获得昆明市人民政府“金融创新与发展成果奖”。农商行改制迈出“最先一千米”，嵩明县、寻甸县2家农商行于12月27日挂牌开业。推进村镇银行组建，批准西山渝农商、盘龙兴福2家村镇银行开业，在全省率先达到村镇银行县域全覆盖；批复筹建西山北银村镇银行。推进城商行转型，富滇银行建立职业经理人选聘制度，城市商业银行“去行政化”迈出实质性步伐；探索城商行差异化、特色化经营模式，支持富滇银行开展ABS项目并启动网点转型。非银外资机构加快发展。支持富滇银行发起设立云南富银金融消费公司并通过答辩论证，正式批复大华（中国）筹建昆明分行；批准云南信托股指期货交易业务、华夏金融租赁公司开办项目公司和资产证券化业务3项新业务，批准云天化财务公司股权投资、同业拆借等4项新业务。

【提升服务】 强化政策传导引领。研究制定支持产业经济发展等多项指导意见，推动稳增长调结构系列配套措施的细化研究、层层传导和落地实施。加大重点领域信贷投入。引导银行业金融机构主动服务“一带一路”、长江经济带建设等国家战略实施，提供一揽子综合性金融服务。支持重点企业脱困发展。召开债委会工作推进会议，筛选下发重点大额企业客户名单并加强监测，指导债委会在市场化、法治化运行规则下集体研究确定增贷、稳贷、减贷、重组措施，帮助重点企业转型升级和脱困发展。推动普惠金融。2016年末，小微企业贷款余额2 368.56亿元，增长17.05%，高于各项贷款增速4.43个百分点；涉农贷款余额2 561.38亿元，增长26.05%，高于各项贷款增速13.43个百分点。全市基本实现乡镇基础金融服务全覆盖，“村村通”等工程扎实推进，持续加强和改进贫困地区、贫困人群的金融服务。

【防控风险】 突出信用风险防控化

2016年7月，云南银监局党委书记、局长程铿会见昆明市委常委常树奇、昆明市政府副市长龚晓坤一行,双方就推动农信社改革、组建地方资产管理公司、申设民营银行以及防控金融风险等问题交换意见。

（云南银监局　供稿）

解。印发遏制不良贷款反弹的通知；瞄准重点行业、重点企业、重点机构、重点区域，分批约谈重点银行机构；建立不良贷款快报和新发生不良台账，完善房地产、融资平台等专项监测制度；向多家机构总行发函提示风险，提请其给予核销规模和相关政策扶持；督促机构通过“三个一批”处置不良贷款，探索开展资产证券化和信贷资产流转试点。强化流动性、声誉风险防控。对流动性比例不达标的农小法人机构进行持续跟踪督促；督促辖内村镇银行制定、上报流动性风险应急预案，督促村镇银行主发起行落实流动性支持协议；妥善处理信访投诉，避免行政复议及行政诉讼风险。下发2016案件防控工作意见、案件防控工作暂行办法等文件，督促机构排查信贷领域、柜面业务等重点领域风险。防范外部风险传染，关注信息科技风险、债券投资风险等其他领域风险，守住不发生系统性、区域性风险底线。

【提升监管效能】 增强市场准入规范性。研究草拟《推进依法行政和依法监管实施意见》，修订《实施监管强制措施操作规程》《行政处罚操作规程》，搭建依法监管系统化建设方案；开展2016年市场准入自评估，提升现场检查质效。开展“两个加强、两个遏制”回头看、股份制银行全面检查、钢铁煤炭行业信贷检查等，并依法实施行政处罚。夯实非现场基础，印发非现场监管委员会工作规程和非现场监管工作实施方案，对4家银行开展数据质量现场检查，完成客户风险信息模型设计任务。加大行为监管力度。推动专区销售和“双录”制度，按月跟踪监测进度。探索建立消费者纠纷调解机制，推动通过法定途径分类处理信访投诉。加强投资者教育，开展“金融知识进万家”宣传服务月活动。

（云南银监局）

【融资供给】 2016年，昆明市企业通过交易所市场新增直接融资584.78亿元，较2015年增加60.07亿元，增长11.45%，占云南省交易所市场直接融资总额的84.18 %。股票融资保持持续扩大，川金诺首发上市融资2.39亿元；5家上市公司通过定向增发、配股新增股票融资114.69亿元，较2015年增加7.73亿元，增长7.23%。债券和资产证券化产品融资规模持续增长，昆明市共有40家次企业（含上市公司、新三板挂牌公司）通过发行公司债、资产证券化产品融资467.70亿元，较2015年增加53.50亿元，增长12.92%。“新三板”挂牌公司数量快速增长，融资方式日益多样化。昆明市新增挂牌公司20家，挂牌公司共计59家，较2015年增长51.28%，占云南省挂牌公司总数的72%。共有26家挂牌公司完成融资24.06亿元，较2015年增加15.39亿元，增长177.51%，其中，股票发行融资6.23亿元、公司债融资8亿元、股权质押融资9.83亿元，占云南省挂牌公司融资总额的82%。拟上市企业方面，昆明市有3家IPO在审，7家进入上市辅导阶段；“新三板”拟挂牌企业有6家挂牌在审，45家处于拟挂牌培育阶段。

【资本市场提质增效】 2016年，昆明市23家上市公司总市值3 161.34亿元，占云南省上市公司总市值的80.47%，2016年前三季度营业收入1 527.35亿元，同比减少7.37%，占云南省上市公司营业收入的90.72%，净利润（归属母公司）20.01亿元，同比减少1.03%，占云南省上市公司净利润的127.60%。在经济下行压力加大和企业面临较大经营困难时期，昆明上市公司借力资本市场开展再融资和并购重组，助力供给侧结构性改革，提升资产质量和营利能力。根据2016年三季报披露情况，昆明重点行业上市公司化解产能过剩和剩余库存工作有序推进，部分重点行业风险积聚得到控制。去产能、去库存、降成本取得阶段成效。有色冶炼行业上市公司三季度末库存同比下降18.38%，化工行业上市公司三季度末库存同比下降3.75%。上市公司资产负债率上升趋势得到遏制，总体资产负债率较2015年末下降0.64个百分点。

【证券期货机构发展】 2016年，昆明市新增11家证券分公司、8家证券营业部、2家期货营业部；至年末，昆明市共有103家证券经营机构和22家期货经营机构，其中，2家证券公司、21家证券分公司、79家证券营业部、1家证券投资咨询公司、2家期货公司、20家期货营业部，证券期货经营机构数量占云南省总数的59%；已登记备案的私募基金管理人71家，占云南省私募基金管理人数量的94.67%。2016年，昆明证券市场累计总成交额17 584.16亿元，同比下降46.23%，占云南省总成交额的76.27%；证券资金账户125.75万户，占云南省总账户数的66.71%。至年末，证券机构通过提供上市保荐、“新三板”推荐、债券承销发行、资产证券化等服务为昆明市企业融资，融出资金余额112.32亿元。太平洋证券、红塔证券净资本居全国同行业第36位和第45位。太平洋证券拟在泰国设立合资证券公司及在香港设立全资子公司，红塔证券推进IPO，云晨期货则在申报设立风险管理子公司。

【证券期货市场运行】 云南证监局全面履行职责，坚持依法监管、从严监管、全面监管，督促市场主体规范运作。加强上市公司风险研判，及时向省政府报告相关情况，并会同有关州市政府、省直相关部门及公司控股股东，采取有效措施，防范、化解和处置上市公司、挂牌公司风险。做好私募基金、股权众筹平台等新纳入监管范围机构的风险防控，推进股权众筹风险专项整治工作，组织对持牌证券期货经营机构开展互联网金融业务、互联网众筹平台和私募基金的专项检查，排查风险隐患，加大违规处理力度，对违规公司存在的问题通报昆明市人民政府和云南省互联网金融专项整治工作领导小组办公室。开展“正确认识私募，拒绝非法投资”的主题活动，维护投资者合法权益。

（钟　鑫）

【保险业务】　2016年，昆明保险市场业务快速增长，全年实现保费收入213.48亿元，同比增长24.47%，其中，财产险公司实现保费收入96.24亿元，同比增长11.63%；人身险公司实现保费收入117.24亿元，同比增长37.45%。保险公司总资产380.64亿元，同比增长24.17%。全市保险公司承担风险保障10.49万亿元，同比增长7.07%，发生赔付支出80.41亿元，同比增长17.11%。全市共有保险公司法人机构1家，保险省级分公司39家（财产保险省级分公司25家，人身保险省级分公司14家），其中，2016年新开业保险省级分公司4家，分别为安诚财险云南分公司、信达财险云南分公司、长安责任云南省分公司、太平养老云南分公司，是近年来全省保险公司市场主体进驻最多的一年，保险中支及以下保险机构448家，专业中介法人机构36家。全市保险业缴纳及代扣代缴各项税金合计10.3亿元，保险从业人员3.43万人。

【助力经济发展】　加强政保对接，与昆明市人民政府联合举办“宣传保险‘十二五’服务昆明新跨越”巡讲巡展活动，通过举行专题报告会、成果展、座谈会等形式，提升保险服务昆明经济社会发展水平。加强总分联动、多方引力，平安集团、太保集团、人保集团、太平集团和泰康保险集团先后与省政府签署战略合作协议。引入保险资金支持地方经济建设，全年云南省新增保险资金落地金额405.31亿元，再创历史新高。“云南保监局旗舰店”在中国保险资产管理业协会资产管理信息交互系统上线，保险资产管理协会300家会员单位能够实时掌握云南重点融资项目信息，为保险资金运用提供良好平台。推广“政府+银行+保险”模式的小额贷款保证保险，全市小微企业通过保证保险试点项目融资5 609万元。

【民生保障体系】　服务高原特色农业现代化战略。2016年，新增农险险种8个，其中，咖啡、白芸豆、魔芋、山药等4个保险项目填补云南省价格指数保险空白。全市农险为农业生产经营者提供882.82亿元的风险保障；累计支付赔款1.92亿元，同比增长99.8%，4.31万农户从农业保险赔款中直接受益。大病保险工作持续推进，全年共计承保375.67万人，累计赔付5.3万人次，赔付支出1.03亿元。

保险业服务云南经济社会发展新闻发布会

（云南保监局　供稿）

【践行“一带一路”倡议】　诚泰财险老挝机构筹备工作迈出实质性步伐。出口信用保险服务对外经贸作用持续发挥，全年承保外经贸保额199亿元，向企业拨付赔款4 775万元，帮助企业获取项目融资51亿元，调查海外买家资信1 200次，有效助力省内企业“走出去”。

【脱贫攻坚】　成立云南保险业助推脱贫攻坚工作领导小组，为保险扶贫提供组织保障。主动加强与省扶贫办等部门的沟通协调，与省扶贫办联合印发《云南保险业助推脱贫攻坚工作实施方案》，成为行业开展精准扶贫的行动纲领。创新扶贫工作机制。举行“驻村扶贫工作队百亿保障计划”捐赠保险仪式，云南保险业为全省建档立卡贫困村24 745名驻村扶贫工作队员捐赠总保额136.83亿元的人身意外伤害保险。争取滇沪合作资金和地方财政支持，实现对建档立卡咖啡种植贫困户和咖啡种植企业指数保险的创新推动。在昆明市禄劝县推进种植+养殖“1123”保险项目，为全县建档立卡户“1123”工程提供风险解决方案，以总保费补贴资金100万元计算，将覆盖9 689户建档立卡贫困户。该项目以乡镇为单位，统一按每户种植1亩当归，养殖1头肉牛、2头生猪和3只山羊投保种植业养殖业综合性保险。

【商业车险改革】　商业车险新系统顺利上线，运行平稳有序。连续3年未出险客户可享受平均折扣五五折优惠，79.59%的续保客户享受到更低的折扣，商业车险投保率由2015年的77.74%上升至2016年的81.00%。三者险平均保额由2015年的26.56万元提升至37.39万元。

【地方特色保险】 “5·18”大理州云龙县地震发生后，在3个工作日内即完成全部2 800万元的赔付工作，赔付金额占地震直接经济损失的14.31%。搭建产学研用一体化的区域巨灾风险管理技术创新应用平台——“巨灾风险管理研究中心”和“地震保险工程抗震实验室”，为最终构建社会巨灾风险管理平台和运行体系服务。人口较少民族综合保险得到充分认可，将扩大试点范围，首个保单年度支付赔款1 114万元，代发放学生助学补助1 360.4万元，因成效显著，云南省民族宗教事务委员会会同保监局向省政府建议扩大试点范围和保障程度。

【市场监管】 2016年，保监局派出29个检查组131人次，对29家次保险机构开展现场检查。为确保商业车险改革顺利进行，打出“个别约谈、风险提示、市场巡查、现场检查、严厉处罚”的组合拳，商业车险市场秩序明显好转。人身险领域开展业务合规性、客户信息真实性大检查。巩固中介市场清理整顿成果，针对重点机构、重点业务、重点地区开展中介机构现场巡查40家次，推动公司治理结构优化，提升内控风险、经营风险和中介派生风险的防范水平。

【风险防范和整治】 开展保险机构“两个加强、两个遏制”（加强内部管控、加强外部监管；遏制违规经营、遏制违法犯罪）回头看工作。注重对风险苗头的深入调查。开展互联网保险非法经营风险排查工作，在自查整改基础上，开展互联网保险风险整治工作，对互联网风险、股东风险以及可能借助保险中介平台向保险业交叉传递的风险因素进行延伸排查，针对查找出的违规问题进行督导整改和责任追究。

2016年9月10日，云南省驻村扶贫工作队百亿保障计划在昆明举行捐赠仪式。（云南保监局 供稿）

【监管和风险防范】 建立云南省反保险欺诈中心，加大与公安等部门联合打击保险欺诈工作力度。与云南银监局建立信息共享机制，对银保渠道业务的代理、销售、回访及产品结构等问题进行合力监管。加强非法集资共防共治，开展涉嫌非法集资广告资讯信息排查清理和防控非法集资工作情况现场检查。

【服务保障】 推进保险公司经营指标评价体系建设，完善指标采集与汇总反馈机制，促进保险机构经营管理水平优化。启动“亮剑行动”现场检查，开展保险公司服务评价工作，完善保险消费者权益保护工作社会监督员制度，督促行业履行各项服务承诺。建立完善跨部门的消费者事务工作委员会。开展云南寿险行业最佳服务单位创建、云南省保险行业寿险理赔技能大赛、车险理赔员职业技能竞赛、云南省保险业服务窗口“巾帼建功”创建等活动。

【推进保险纠纷调处机制】 出台《云南保险纠纷调处工作评价暂行办法》，完善纠纷调处工作制度。推动小额人伤保险业主动调解机制建设，在昆明交警六大队设立小额人伤道路交通事故调解室，实现交警、司法、保险三方调解工作的有效衔接和整合。

【健全投诉处理机制】 提升12378热线云南分中心服务能力和水平，发挥12378热线在监管部门与保险消费者之间的“连心线”作用。建立重大投诉案件会商制度和保险投诉季度通报制度，完善投诉处理评价制度，充实投诉统计及分析工作制度，倒逼保险公司重视和加大保险投诉处理力度，履行投诉处理主体责任。

【行业服务信息化和信用体系建设】 信息化建设逐步渗透到服务保障的方方面面，智能移动保险平台、手机APP平台、微信服务平台上线应用与后台管理系统优化不断演进，“微回执、微回访”、移动查勘和快速理赔、无人机农险查勘的实现，有效提升服务便捷性和消费者满意度。推进守信联合激励和失信联合惩戒机制建设，开展行政许可、行政处罚等信息的“双公示”工作，2016年，累计向云南省政府信用信息公示数据上报系统上传行政许可、行政处罚信息2 322条，推送典型案例12件。

（代静琳）

【金融业发展】 银行业运行稳定安全。“十二五”期间，昆明市金融机构人民币存贷款余额增速保持在8%~15%。截至2016年末，全市人民币存款余额12 676.24亿元，贷款余额13 553.33亿元，分别占全省存贷款总量的46%和59%。证券业发展稳定。证券账户开户数从2011年113.68万户增至2016年的223.5万户，资金账户开户数从2011年的67.69万户增至2016年的125.7万户。截至2016年末，证券客户总资产2 159亿元。保险业保费收入由2011年的95.52亿元增至2016年的213.48亿元。金融资源截至2016年末，昆明银行业总资产、证券业总资产和保险业总资产占全省的比重分别为53%、86%、47%。

【金融业对经济增长的贡献】 2016年，昆明金融产业实现“十三五”良好开局。金融增加值完成388.5亿元（占全省的35.6%），同比增长9.9%，占GDP的9%，占第三产业增加值的15.9%，对经济的贡献率10.4%。

【金融组织服务体系】 截至2016年末，昆明市共有正规金融机构2 186家，其中，银行业金融机构1 598个（包括：法人银行业金融机构31个，全国性银行业金融机构驻滇分支机构29个，地方法人银行业金融机构驻昆分支机构2个，各类营业网点1 531个，村镇银行15家），保险业金融机构488家（包括：保险法人机构1家，保险省级分公司39家含外资保险省分公司1家，保险中支及以下机构448家）；证券分支机构100家（包括：21家分公司和79家营业部）。初步形成政策性银行、商业银行、地方金融机构、证券公司、保险公司等多层次机构并存的金融组织服务体系。

【金融国际化】 2011~2016年，共引进各类金融机构60家，资金85亿元。世界500强企业中的金融机构英国汇丰银行、渣打银行到昆明设立分行，全市拥有7家外资银行，在西部12个省市排名第三，金融国际化初显。诚泰财产保险公司和华夏金融租赁公司法人总部落户昆明。太平洋老挝合资证券公司和富滇银行老中合资银行相继开业，分别成为中国在该国的首家合资证券法人机构和国内商业银行首家境外银行法人机构。昆明市银行业金融机构在国家统一部署下开展跨境人民币业务，2011~2016年，全省跨境人民币结算累计3 459亿元人民币。

【金融基础设施建设】 完善金融交易平台。截至2016年末，人民银行昆明中心支行主导的基础交易金融平台有11个，包括大额支付系统、小额支付系统、支票影像交换系统、电子商业汇票系统、网上支付跨行清算系统、云南省支付结算综合业务系统、昆明同城票据清分系统、云南省集中代收付业务系统、国库集中支付电子化系统、国库信息处理系统（TIPS）、人民币跨境收付信息管理系统等交易平台。完备金融普惠设施。昆明地区拥有ATM 9 603台，商户：41.96万户，POS终端54.89万台，2016年，ATM清算笔数4 609.71万笔，ATM交易额701.16亿元。POS清算笔数11 632.3万笔，POS交易金额4 080亿元。

2011~2016年昆明市金融业增加值完成图

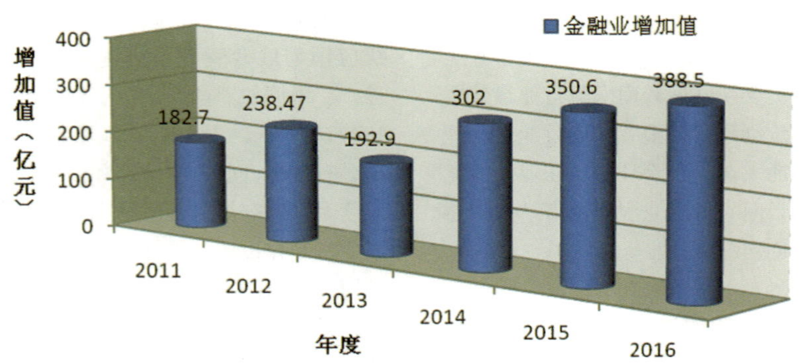

【金融服务实体经济】 公共融资规模逐年增长。从2011年的898.14亿元增加到2016年的1 340亿元，为市政基础设施建设提供资金保障。拓宽企业融资渠道，多层次资本市场建设稳步提升。截止2016年末，全市拥有上市公司23家，新三版挂牌企业54家。村镇银行支农支小成效明显。全市15家村镇银行各项存款余额累计34.92亿元，各项贷款余额累计24.44亿元，存贷比70%；支农支小贷款余额21.82亿元，占贷款总额的89.28%。全市金融机构涉农贷款余额2 561.38亿元。

【金融业集聚化发展】 金产园区建设初具规模。截止2016年末，昆明金产园区“一园两片”总投资累计完成380.91亿元，其中，政府投资128.41亿元，社会投资252.5亿元。金产园区入驻各类金融机构31家，其中，金产西山片区入驻15家、金产呈贡片区入驻16家。金产园区引进其他项目24个，其中，金产西山片区引入西山万达广场、蓝光昆仑中心、昆明三鼎置业、昆明旭煬等项目8个；金产呈贡片区引入中国移动、ICC环球广场、南亚风情园、上海东盟商务大厦、实力心城、中通国际、省传媒、潮商商会等项目16个。

【支持小微企业】　2016年，配合市财政局对光大银行昆明分行、华夏银行昆明分行等多家州市本级银行业金融机构发放92.29万元奖补。拟定《昆明市小微企业应急贷款周转金管理办法》（试行），专项支持昆明市生产经营正常、市场前景较好、资金周转暂时出现困难且有银行贷款的小微企业，为其按时还贷、续贷提供临时短期垫资服务。

【推进"财园助企贷"融资试点】　富民工业园、呈贡工业园、东川再就业特色产业园、石林生态工业集中区、寻甸特色产业园、盘龙区都市产业园、五华科技产业园、昆明经济技术开发区等8个园区的50户中小企业获得1.79亿元新增信用贷款。

【推进金融试点】　推进东川区普惠金融创新发展试点、禄劝县域金融改革创新发展试点、富民县农村土地的经营权抵押贷款试点，帮助解决相关工作经费。2016年，富民县注册成立富民城乡产权交易服务有限公司、富民县城乡综合产权交易监督管理委员会等，强化城乡产权流转交易的管理、指导、监督协调，确保该项工作有序推进。东川区普惠金融试点探索发展"金融整村服务模式"及禄劝县县域金融改革创新试点工作稳步推进。

【金政合作】　建立市政府与金融监管机构联席会议制度，互通工作信息，推进政府与金融机构签署战略协议。与邮储银行、工商银行、农业银行、建设银行等17家金融机构签订银政金融合作协议，明确未来合作项目，在未来5年17家银行将给予昆明市1万亿元以上资金支持。落实好对到昆明市新设分支机构的金融机构的补助工作。2016年发放新设金融机构补助290万元，其中，补助渣打银行（昆明）分行100万元、马来亚银行（昆明）分行100万元、平安银行（昆明）分行60万元、诚泰保险公司30万元。开展"昆明市2015年度金融创新与发展成果奖"评审工作，从各驻昆金融机构申报的32个项目中评审出"云南省代收付业务集中处理平台（昆明银行电子结算中心）'等17个项目，其中，银行类金融创新产品11个、保险类金融创新产品5个、证券类金融创新产品1个，调动和发挥金融服务企业和地方经济发展的积极作用。

【设立地方产业基金】　与中国邮政储蓄银行股份有限公司、光大证券股份有限公司、云南省投资控股集团有限公司共同发起设立国内首支以"供给侧改革、去库存、促进房地产市场平稳健康发展"为主题的"以购代建"基金，总规模200亿元，首期实缴到位100亿元，首批100亿元"以购代建"基金于2016年9月实现运营；推进与广发银行、中国人寿集团设立总规模为750亿元的昆明"五网"建设基金，投向昆明市"五网"建设库项目及纳入政府PPP项目名录和昆明市重点建设项目，该基金将为昆明市基础设施建设引入资金成本低、期限长、使用灵活的社会资本；设立昆明高原特色都市现代农业发展基金，基金规模180亿元，用于投资昆明市范围内高原特色都市现代农业项目、基础设施、公共服务、扶贫开发类项目；推进由华润资本公司、云南城投公司与昆明滇投公司三方共同设立华润彩云之南产业基金，主要投资生态环保、水资源综合利用、土地开发、健康旅游、环保建材、智慧能源、节能减排等产业公司股权，基金总规模500亿~1 000亿元。

【打造金融发展平台】　打造京昆合作新高地。3月1日，昆明市与中国社会科学院国家金融与发展实验室签订战略合作协议，通过该实验室积极协调对接国际国内金融专业机构、合作部门专业人员参与，高起点、高标准、高水平编制好昆明市金融"十三五"时期专项规划。4月18日举办"2016国家金融与发展（昆明）国际峰会"。借助中国社会科学院的国家金融智库资源优势，破解昆明金融发展难题，揭牌成立昆明金融业联合会和昆明金融发展与研究院。9月22日，昆明金融与发展研究院联合中国国际期货有限公司举办"第一届中国国际金属峰会"。香港交易所、LME（伦敦金属交易所），以及国内知名大型有色金属产业链现货企业、贸易商、非洲中资金属企业、东南亚金属企业等嘉宾参加峰会。本次会议既引入了国际交易所资源，也为云南省本地有色金属冶炼、把握未来金属价格走势、提升本地实体企业价格风险管理经验和本土企业参与国际化竞争的水平提供了难得的机会。9月26日，昆明金融与发展研究院以"昆明区域性国际金融服务中心与沿边金融综合改革试验区的建设""人民币与小币种挂牌结算交易及人民币周边化"为主题，举办"2016昆明金融与发展研究院专题研讨会"，中国社会科学院原副院长、国家金融与发展实验室理事长、昆明金融与发展研究院院长李扬教授作题为《金融服务实体经济》的主旨演讲。30余位国内知名金融界专家学者在会上为昆明金融发展传经送宝，金融界、学术界、企业界300人参加研讨会。

【金融业跨越发展】　2016年，先后成立昆明市沿边金融综合改革试验区（区域性国际金融服务中心）领导小组、昆明市金融产业推进小组等机构，为金融业跨越发展提供组织保障。出台《昆明市人民政府关于进一步加快昆明金融产业园区建设和发展的意见》。

【打击非法集资】　出台《昆明市非法集资风险专项整治工作实施方案》《昆明市加强非法集资监测预警工作实施方案》，部署维护金融稳定和打击非法集资等工作。开展企业资金链风险情况摸排，加大对非法集资、金融诈骗、恶意逃废债的打击力度，保障金融市场稳定有序。公安机关部署严打严防非法集资犯罪专项行动，推动打防非法集资专项工作常态化。健全情报预警机制建设，强化对基础情报工作的指导，加强情报信息的收集研判，掌握具有涉稳隐患的非法集资案事件13起，涉及人数800人。

【维稳工作】 2016年，接待金座公司上访群众80起9 000多人次；抓好昆明泛亚有色信访工作，召开专题工作会3次；处理省信访局转办件1 266件；处理市信访局转办件137件；回复网上信访件7 088件；接听并回复投资人电话1 097个；答复市长热线交办件214件；参与省政府现场接访4起50人次；办内接待上访26起68人次；回复昆明“微交所”网上信访件115件，接听并回复“微交所”电话15个。协助市委政法委和省金融办，抓好投资北京E租宝涉及昆明市的1 583人的维稳工作。

（邬　江）

中国工商银行云南省分行营业部

【存贷款】 截至2016年末，人民币全部存款余额1 230亿元，人民币全部存款日均净增10.47亿元；人民币贷款余额1 296亿元,比年初增长177.08亿元。

【信贷业务】 组建电力、公路、铁路、机场4个重点客户团队，对集团客户开展直接营销，向重点项目累计投放贷款122笔、金额165.59亿元。拓展新业务和新市场，与企业签订理财直投业务45亿元，全年累计发放网络融资业务9 500万元，全省首笔并购贷款通过总行审批，全省首笔“财园助企贷”获批发放。做好个人住房按揭市场基础工作，加大个人住房公积金委托贷款投入，以个人自助质押贷款产品推动个人资产综合业务发展。

【零售业务】 开展大零售“提质增效，争先进位”营销竞赛，建立营业部、支行、网点三级联动、分层维护、责任考核挂钩机制，建立业绩竞赛、工作例会、团队工作、定期汇报、进退奖励等工作机制，通过全员推荐、高层营销、专家服务，专职拓展维护高端客户。以新产品、新思路、新方式抓源头、拓客户，多角度开展储蓄存款营销工作，推动储蓄存款增长。以创新型产品拓展定期存款市场，确保日均存款有效增长；将大额存单、“节节高2号”“薪金溢1号”“存管通”等存款创新型产品作为客户资产配置的重要产品和市场拓展重要手段，精准营销目标客户群，有效稳存增存。

【中间业务转型】 定期召开中间业务推动会，落实中间业务管理措施，加大各中间业务营销部门的协调，优化中间业务收入结构，层层落实目标与责任，将工作计划细化到月。对中间业务收入减免实行精细化管理，做到收入目标、预测监测、协调督导相衔接。全年实现大零售中间业务收入6.29亿元，同比增加1.03亿元，同比增幅19.5%，推进中间业务发展。

【信用卡业务】 开展拓户动户工程，利用大数据系统做好网点信用卡发卡，开展代发工资单位、公务卡及公积金项目营销，实现信用卡发卡量及消费交易额的较快增长。全年实现信用卡消费交易额266亿元，同比增幅15 %；存量卡启用率79%，动卡率78%，在全国一级分行营业部均排名前3位。

【互联网金融】 聚焦“三融”平台拓户和交易规模量质提升，开展互联网金融业务知识学习培训，举办互联网金融业务技能比赛，搭建“融e联”营业部服务号场景应用，推行内挖外拓整合营销模式，开展拓户“四进”营销，“融e购”2周年庆、珠宝节、购房节、品质狂欢节等营销活动，加快“三融”平台业务规模拓展步伐，扩大工行e-icbc品牌影响力。2016年末，“融e联”注册用户数50万户，用户规模是2015年同期的16倍，有效客户覆盖率较年初提高14个百分点；实现电商平台交易额43亿元，同比增幅44%。

【现金管理服务】 通过整合运用客户资源、拉动有贷户及其关联客户的结算业务，新增有效现金管理客户数完成全年任务的372%。提升网点对公业务服务能力，开展“对公业务营销十强网点”评选，营造创先争优氛围，法人理财销售完成全年任务的160%。开展对公精品产品体验活动，e缴费交易量完成全年任务的470%，完成昆明地区及全省16个地区供电局公用事业代收项目投产任务，实现财政非税、院校教育、党费等e缴费新突破。通过营销资金池、票据池、收款管家、结算套餐、工银信使、企业网银、对公理财等,产品覆盖率明显提升，客户用卡结算量和智能柜员机业务办理得到新突破。

【投资银行和年金托管业务】 探索表外创新融资，理财资金以优先级LP的形式投资省交通产业发展基金业务获批，并实现基金落地,完成云南工行系统内首笔产业基金，开创表外创新融资业务先河。狠抓直接融资与间接融资互动，以发债业务为重点，挖转营销目标客户，以专业服务团队推动项目落地。探索投资银行业务新模式，搭建区域分销资金池，全年累计向分行、行外资金渠道推荐5个项目。加大品牌创新业务拓展，先后营销23个品牌类创新项目，融资额度714亿元。推广工银融安e信，实现对公账户的全面捆绑营销。托管年金基金规模24.95亿元，企业年金账管、托管业务市场占比持续保持同业第一。

【网点科技转型】 新建智能银行34家，智能服务网点94家，占比68.12%，个人非现金业务迁移率65.13%；推进网点业态创新，完成理财便利店新业态网点建设11家；在全辖推广渠道二维码应用，生成渠道二维码产品2 980个，通过渠道二维码累计销售理财和基金产品2.5亿元。组建大数据分析团队，为精准营销、经营分析、风险防控提供支持，确保全年信息系统安全稳定运行，科技考核在全国一级分行营业部行长经营绩效、全省系统排名均列第一位。

2016年6月，工商银行省分行营业部向禄劝县汤朗乡吴家村希望小学捐赠物品。
（工行省分行营业部 供稿）

【不良贷款处置】 组建不良贷款和受托资产处置中心，运用一切可以运用的清收处置手段，实现不良资产专业化管理与清收处置，全年累计清收处置不良贷款19.51亿元。尝试个贷不良贷款证券化处置方式，成功压降个人不良贷款1.2亿元。推进个人客户、法人客户内部评级管理工作，通过对贷款RAROC测算提高贷款议价水平。年末不良贷款余额较年初下降1.69亿元，不良贷款占比较年初下降0.40个百分点，实现“双降”目标。

【内控案防机制】 重点抓重要区域、重要部位、重要环节案件防控，全年防范外部欺诈风险事件8起，协助司法机关成功抓获犯罪嫌疑人5人。实施“建设最安全银行”活动，开展内控合规“基础强化年”主题活动，强化“十大重点领域和关键环节”风险的防控治理，全年实现安全经营无事故。

（王 颖）

建设银行云南省分行营业部

【概况】 截至2016年末，建行云南省分行营业部人民币一般性存款余额1 527.3亿元，较上年增加212.05亿元，其中，对公存款新增166.7亿元，增速21.56%；个人存款新增45.36亿元，增速8.37%。人民币各项贷款余额1 109.1亿元，较上年增加75.67亿元，其中，对公贷款新增40.26亿元，增速6.43%；个人贷款新增35.41亿元，增速8.69%。

截至2016年末，建行云南省分行营业部日均存款余额排名同业四行第一，四行占比30.12%，在全市金融机构中的占比提升0.75个百分点；中间业务收入实现13亿元保持第一，四行占比39.53%；拨备前利润四行占比27.38%；资产质量四行最优。

【支持重大项目和基础设施建设】 2016年，昆明地区累计投放资产总量632亿元，包括间接融资（贷款）281亿元，直接融资351亿元，其中，投行237亿元、综合融资114亿元。对公信贷方面，为昆明东南绕城高速公路、昆明轨道3号线和6号线、红河州新鸡高速公路等提供信贷支持，做好云南公投物资（集团）有限公司、云南公投建设集团有限公司等龙头企业上下游产业链客户融资服务，加快地方综合交通建设；强化与华能澜沧江水电股份有限公司、国投云南风电有限公司的信贷合作，推动能源领域发展；围绕铜业、钢铁、化工等行业特色，提供信贷支持，推动产业发展。综合融资，与云南省发改委共同设立500亿元基金，为支持全省重点项目建设提供资金支持；与省公投、水利水电十四局、云锡等9家企业签订战略合作协议，涉及省内基础设施建设、PPP项目、国企混改、有色行业衍生交易及跨境项目等领域。债务置换，设立基金，支持政府背景企业发展；以资产收益权、股权等产品为企业提供融资，通过债务融资工具为企业提供资金支持。

【金融创新】 创新融资领域，继购机贷款、国际商业转贷款后，采用“购机+直租”的方式为祥鹏航空购买飞机项目融资，开创飞机融资新结构；创新利用融资租赁保理业务、电子银行承兑汇票业务等，为企业融资解难。运用互联网思维，以法院、军区客户需求为中心，量身打造资金监管系统，实现资金有效归集和动态管理；推广上线“人社通”手机APP缴费项目、国库集中支付电子化系统和非税电子化系统，提升财政、社保业务服务水平；推广“个贷微中心”公众号服务，快捷提供“个人贷款预约办理”“个人贷款预约还款”“产品信息查询”等在线金融服务；推进建行特色电子商务金融服务平台“善融商务”建设，组织策划主题活动满足客户网上购物需求。加速金融生态圈建设，融合电子支付、商户、信用卡、消费贷款的应用推广，率先建立17个个人金融生态圈，推进综合金融服务。支持文化产业，与昆明市文化广播电视体育局、市政府金融办公室联合打造“文化银行”品牌，成为昆明首家文化产业金融示范支行，以“平台为主、跨部门联动、文化沙龙”为文化企业客户提供服务。“创客”银行亮相春城，响应国家关于“大众创业、万众创新”的号召，与昆明市人民政府签署政银合作协议，成立昆明“创客银行”，明确“跳出信贷业务服务中小企业，对中小企业进行综合服务”的理念，满足初创期及成长期企业的金融需求。

【服务民生】 教育卫生贷款余额占比达到45.1%，为昆钢医院、延安医院、云南省三医院、43医院上线“智慧医保”手机APP系统，为昆明医科大学、滇池学院上线“银校直联”系统，为农大附中、呈贡新区中学、衡水试验中学、云南师大附属七彩云南小学办理“跨行收款”，对学校、医院优化流程提供系统保障。2016年，昆明地区社保业务累计实现社保金融IC卡发卡23.2万张，成为便民利民的重要举措之一。住房金融，加强与优质大中型房地产开发企业的合作，完善二手房签约中心建设，支持市民住房“刚需”、改善性购房、享受优惠贷款条件的需求，全年发放住房类贷款20 899笔、95.57亿元，受托办理个人住房公积金贷款16 579笔、70.12亿元。服务民生，发挥轨道IC卡、ETC云通卡行业运用优势，拓展ETC一站式服务网点24个，方便市民办理业务；以“龙卡云闪付”品牌与多家知名商户合作开展优惠让利活动，打造移动服务渠道，提升金融服务品质。

【平台建设】 深化政府平台合作，推进与昆明市人民政府金融战略合作关系，跟进营销市级重点项目，促进项目成熟落地，在政府债务置换、交通能源基础设施建设、滇中新区市政建设、民生、扶贫等领域给予支持；支持小微企业发展，与昆明市工信委、市财政局合作推进“财园助企贷”，深化与国税局、地税局“税银助力通”业务合作，为小微企业提供融资支持；举办“禹道”新型结算产品客户推介会，让现金管理服务品牌深入人心。

【网点转型升级】 响应建设银行战略转型要求，打造全省首家综合性网点旗舰店，提供全方位、全功能、高品质的综合化服务；建设微银行6个，以“小而智、小而美”的功能特点延伸服务触角；用好智慧柜员机，引导市民开展自助金融服务。打造银行业千佳示范网点，出台“网点服务质量等级管理办法”，完善投诉处理机制和应急预案，提升营业网点服务质量。2016年，建行云南省分行营业部在“2016昆滇银行服务观察暨职业技能大赛”中荣获“团体综合奖第二名”“优质服务银行”集体奖，“优秀青年网点”奖、“金牌理财师”冠军、“金牌大堂经理”“优秀大堂经理”等荣誉。

（建设银行省分行营业部）

中国农业银行云南省分行营业部

【概况】 截至2016年末，农行省分行营业部核心存款时点余额1 022.01亿元，净增92.35亿元。核心存款日均余额1 025.99亿元，净增151.03亿元。各项贷款余额884.85亿元，净增54.05亿元。实现中间业务收入（含委托处置手续费）5.49亿元，完成全年计划的77%；实现拨备前利润46.75亿元、拨备后利润16.09亿元,分别完成计划198%和80%。拨备前后利润在全省占比46%和77%；贷款投放占比141%；存款时点增量和中间业务收入占比分别为23%和28%。在全省综合绩效考核中排名第10位，提升6位，荣获全省绩效考核进步奖。对比四行，营业部各项存款及贷款存量均排名第三，存款市场份额提升0.84个百分点，贷款市场份额减低0.44个百分点；各项存款及贷款增量持续领先，前三季度各项存款、对公存款、个人存款的时点增量保持第一。至年末，在巩固日均存款增量第一的基础上，各项存款、对公存款、个人存款的时点增量排名退居第二，占比分别为37.15%、40.78%、33.7%，分别提升19.76、28.76和4.54个百分点。各项贷款增量占比15.25%，位列四行第三，较年初提升17.8个百分点。

【对公业务】 银政合作继总行与省政府、省分行分别与市政府、滇中新区管委会签订战略合作协议后，营业部与盘龙区、西山区政府签署战略合作协议。签署银政合作协议项下项目118个，实现投放86.8亿元。推进政府金融进程。在获得云南省机关事业养老保险收缴支付业务资格后，取得省社保32.5亿元资金份额。营销开立养老金和职业年金账户11个，新办理社保IC卡9.48万张。成功营销昆明市机关事业单位职业年金专户落地；介入政府棚户区改造项目，实现高新区林塘社区7.4亿元棚改项目落地。提升市场竞争能力。以第一名的资格中标省烟叶复烤有限责任公司定期存款8亿元。中标昆明理工大学津桥学院空港新校区银校通合作项目。小微企业贷款余额增长25.91亿元，增速超过其他贷款平均增速。新兴业务取得重大进展。在系统内首次获批60亿元一类债置换业务以及176亿元产业基金业务。成功营销昆钢国际贸易公司跨境人民币资金池，实现系统内跨境双向人民币资金池业务零的突破，成为云南省内首家跨境人民币资金池实现资金调入的银行。

【服务“三农”】 为昆明市“两县两区”脱贫摘帽水利项目贷款15亿元落地行，实现3亿元贷款投放；以政府购买服务产品为依托，成功营销晋宁县东大河及茨巷河2亿元环境综合整治贷款项目；支持扶贫攻坚工作，全年营销县域政府六类账户17户，完成第一批68个精品服务点建设工作，新增惠农多媒体云POS机具68台。与寻甸县政府签订脱贫攻坚战略合作协议。

【个人存款业务】 全年个人存款时点及日均余额分别净增42.14亿元和39.15亿元。全行个人资金新增67.23亿元，创个人资金增量的历史新高。截至2016年1月，全行个人存款时点余额593.69亿元，新增46.68亿元，存量市场份额27.71%，上升0.56个百分点。完成财富管理中心和19家理财中心的建设工作，全辖499位金融理财师实现一级支行全覆盖。组织各层级贵宾客户活动20场，个人加权贵宾客户净增17 268户，年日均金融资产增长65.2亿元。年日均金融资产500万元以上的贵宾客户数增加123户，资产较年初增加15.11亿元。

【网点经营转型】 完成辖内所有网点运营优化项目的推广工作，盘活280人柜员，压缩高柜175组，增加低柜5组，网点营销人员比例由42.3%提升至53.2%，网点经营实现“6个明显成效”。完成所有网点的WiFi建设，充分保障电子银行业务的推进。盘龙支行营业室、度假支行营业室创建“千佳”示范网点成功。

【电子银行业务】 电子渠道交易占比93.48%，提升3.02个百分点，代收电费、水费业务相继投产；上线首个移动版的B2C电商业务“昆明人社通APP缴纳居民医疗保险系统”；成功引入云天化农资连锁有限公司入驻“E农管家”服务平台，实现该项业务零的突破，上线仅2天即归集资金4 000万元。

【个人信贷及信用卡业务】 多策并举减缓个贷持续下滑态势，个人购房贷款投放实现正增长4 000万元。信用卡业务在成功发行强戒卡的基础上，上线强戒人员日用品电子商务平台，为深挖与强戒所的合作潜力打下基础。卡业务中间业务收入占比提升至22.85%，成为全辖最大的收入来源。

【内部管理】 严格成本约束，规范开支行为。全年业务招待费、会议费、车船使用费分别同比压降23.06%、51.22%、68.06%，其他费用也都控制在省分行年度计划内。推进不良资产处置，采取多项举措，年内累计处置“抽屉协议”5户、7笔、金额27.12亿元。6项处置指标总体完成情况良好，处置自营不良贷款22.59亿元，完成计划102.51%，清收自营不良贷款本息5.14亿元，完成计划79.13%，核销呆账6.37亿元，完成计划142.41%，清收已核销呆账贷款5 817万元，完成计划298.37%；清收委托不良资产本息1.55亿元，完成计划128.87%；清收处置委托资产20.6亿元，完成计划93.93%。委托资产工作圆满收官。严控信贷风险。综合运用各种手段对42个法人客户实施风险化解，金额63.77亿元。专项督导检查信贷、运营、财会等操作风险。开展“两加强、两遏制”回头看，以及票据、信贷、柜面等重点领域案件风险排查，发现问题109个，整改完毕95个。强化从严治行的震慑作用，全年处理各类违规违纪责任人722人次。

（农行省分行营业部）

交通银行云南省分行

【概况】 2016年年末，交行云南省分行人民币贷款650亿元，新增115亿元，在当地同业中贷款增量排名全省第二。负债业务：人民币存款年末余额752.94亿元，较年初增加27.82亿元；日均余额744.34亿元，较上年增加74.25亿元。资产业务：年末人民币贷款余额649.57亿元，较年初增加114.39亿元，增长21.4%，市场占比5.33%，较年初提高0.74个百分点。中间业务：效益指标好于预期，中间业务净收入达到4.83亿元，其中，公司板块净收入3.17亿元，零售板块净收入1.66亿元，全年实现经营利润15.79亿元。资产质量压力较大，年内通过重组、现金清收、打包转让处置风险资产42.3亿元，其中，不良资产14.21亿元。

【服务基础设施建设】 倾斜信贷资源，支持铁路、公路、机场、能源、物流等综合交通体系建设的重点工程和重点项目。2016年，省交行通过表内外支持综合交通项目276亿元，较年初净增98亿元，占省交行贷款增量的60%以上。坚持以公路建设为骨干，优先支持和保障全省重点建设项目的资金需求。公路行业贷款余额189.43亿元，重点支持云南省公路开发投资公司84.37亿元，用于高速路建设。支持云南省交通运输厅6.47亿元，用于昆明市轿子山旅游专线公路等二级公路建设。支持楚南一级公路、昆明东南绕城高速公路、石红高速公路、大永高速公路、昭麻高速公路、功东高速公路、龙瑞高速公路合计80亿元的项目贷款。坚持以航空项目为先导，加强与云南机场集团、昆明航空公司等企业的合作，重点支持昆明长水机场、昆明航空、祥鹏航空的建设及经营，授信余额5.7亿元。

坚持以铁路建设为龙头，重点支持云（云南）桂（广西）铁路项目建设，贷款余额2.5亿元。支持城市交通项目，贷款余额16.43亿元，重点支持昆明轨道交通集团12.94亿元、昆明公交集团3.4亿元。

【支持创新型产业经济发展】 抓住发展机遇，把握总行授信投向政策，对接生物医药和大健康、旅游文化、信息、现代物流、高原特色现代农业、新材料、先进装备制造和食品与消费品制造等八大产业，通过改变过去依托与民营担保公司合作的发展模式，加强与昆明市农投集团的合作，加强与省信用再担保公司、农业信贷担保公司等政策性融资担保机构的合作。省属19户重点企业贷款余额105亿元，较年初增加16亿元、增幅17.98%。小微企业贷款余额114.53亿元，较年初增加23.03亿元，增幅25.17%，高于全部贷款增幅4.66个百分点。涉农贷款余额190.37亿元，较年初增加38.33亿元，增幅25.21%，高于全部贷款增速3.72个百分点。

至年末，省交行“八大产业”贷款余额合计47.94亿元，其中，生物医药和大健康0.8亿元、旅游文化13.88亿元、信息产业1.87亿元、现代物流3.9亿元、高原特色现代农业4亿元、新材料13.5亿元、先进装备制造4.25亿元、食品与消费品制造5.74亿元。园区建设贷款3.7亿元，园区内企业贷款58亿元。

【信贷管控】 加强对钢铁、煤炭、水泥等产能过剩行业的信贷管控，有序退出没有市场、没有效益、亏损严重的高风险企业，严防企业恶意逃费债行为。2016年，严重产能过剩行业授信余额较年初压降16亿元。

盘活贷款存量，用好贷款增量，合理把握投放节奏，创新融资方式，表内表外协同和联动，支持云南新型工业化和重点产业、重点企业的发展。按照省里确定的重点培育烟草、电力、有色、生物、钢铁、石化、磷化工、建材及家具、装备制造、电子信息及新材料等千亿元产业计划，结合各行业资源优势和融资需求，结合信贷投向政策，有选择性地给予支持，其中，重点支持有色、石化、电力、建材及家具、电子信息、装备制造等行业。

【发展消费金融】 紧盯消费热点，围绕衣食住行乐领域，围绕节庆假日主题，围绕民生关注热点，优选当地知名餐饮、百货、电影院、超市、娱乐、美食、汽车保养等商家，组织“惠加油”“10元观影”“绿色怀味”等“幸福周末”刷卡活动上百场，开展折扣、积分等消费促销活动，拉动消费。优化房贷、消费贷业务流程，发展个人贷款和银行卡业务，帮助居民满足住房、汽车、教育、旅游、大宗消费品等合理的信贷需求，推动居民消费转型升级。支持医疗卫生事业发展，投入上千万元资金和设备，在云南4家大型医院建成“银卫安康”业务系统，为医患双方提供方便。

【推进转型发展】 探索推进准事业部。成立投行、保全两个准事业部，配套改革考核激励机制，实施项目制营销和管理，通过双边记账或分润机制，妥善解决准事业部与经营机构的利益分配问题，打造新的利润中心。完善考核激励机制。实施经营机构分类绩效考核，合理设定指标和权重，加大风险指标的考核权重。探索专项绩效考核等方式，推动重点客户与重大项目的拓展，激发客户经理、保全经理、营运人员营销积极性。改革资源配置机制。完善费用配置办法，根据经营机构指标完成情况，配置存量、增量营销费用，应用好财务资源，推动指标完成。建立部门绩效考核、费用安排与总行对应考核指标得分双挂钩的机制，完善部门经营管理目标责任制，将总行考核指标及得分分解到各部门。

（高　超）

富滇银行

【经营业绩】 截至2016年末，全行本外币资产总额1 988亿元，负债总额1 821亿元，所有者权益142亿元；本外币全口径存款余额1 441亿元，各项贷款余额883亿元，实现净利润10.97亿元。

【支持实体经济】 2016年，累计投放信贷资金1 452亿元，新增贷款100亿元，新增综合融资400亿元。截至2016年末，“五网建设”（路

2016年6月，昆明市政府与富滇银行签署战略合作协议。

（富滇银行　供稿）

网、航空网、能源网、水网、互联网）和“四个一百”（100项竣工投产项目 、100项在建项目、100项新开工项目、100项前期工作项目）项目贷款余额207亿元，省属重点企业贷款余额62.41亿元；签订银政银企战略合作协议16份，支持省内各州市重点项目42个，新增政府项目类贷款92亿元；累计投资地方政府债券93.37亿元，新增投资39.61亿元，新增非标业务投资94.7亿元；出资成立云南交滇交通产业基金，是云南省第一支百亿以上大型基金，也是云南省第一支资金募集到位、实现放款的基金。2016年，累计完成国际结算量10.52亿美元，全辖完成跨境人民币结算21.90亿元，比上年度增长8.47%。在全省跨境人民币结算的排名从2015年度的第11名上升到第8名。泰铢现钞兑换量继续占据全省兑换总量50%以上市场份额。国际业务产品实现新突破，顺利进入CIPS系统，形成完整的、具有云南鲜明特色的跨境人民币清算平台和渠道，荣获《银行家》杂志“2016年中国十佳金融创新奖”。

【开拓市场】 丰富现有理财产品线。获“保险兼业代理业务许可证”法人持证资格，实现富滇银行代理销售保险网点全覆盖。综合理财能力在全国城市商业银行中排名第36位，在云南省排名第一，发行能力、风险控制能力、理财产品丰富性单项排名第一。拓宽零售产品应用场景。推出富滇信用卡，在西南地区率先推出移动金融产品“腕上信用卡”，新增信用卡电子账单功能，实现一站式实时在线信用卡账单管理；推出借记卡小额免密免签业务，推出个人定期特种芯片存单；微信银行正式上线，电子银行体系扩充完善。打通互联网第三方移动支付渠道，富滇卡与微信支付、QQ钱包、百度百付宝、苏宁易付宝等快捷支付合作上线运营，微信、支付宝扫码收单实现全行126个网点均有商户接入，累计交易笔数超过12万笔。开展行业合作，承办亚洲金融合作联盟第三届银行战略发展论坛，参与组建云南省泛亚金融合作促进会博士后科研工作站，取得“2017年全国城商行年会”承办权。

【网点转型固化】 富滇银行网点转型进一步固化，金融服务水平显著提升。滇池支行、保山分行、大理分行获评“全国千佳网点”，数量位列云南省第一。在2016年云南金融系统银行证券保险综合业务技能竞赛中，富滇银行获团体二等奖，新民支行、昭通分行、重庆分行3家单位共5人获单项奖；在2016第九届云南金融百姓口碑榜评选中，中山支行获“2016云南银行业最佳服务支行”、国防支行理财团队获“昆滇2016卓越理财团队”、岔街支行与西双版纳分行2人分获“昆滇2016金牌理财师”“2016云南最美微笑大堂经理”。

【健全机制、优化流程】 搭建公司金融、零售金融、金融同业三大战略业务单元，与国际业务部、小微金融事业部、网络金融部构成“三总三部”的前台业务格局。化链式营销、上下联动和公私联动，提供贷款、投行和系统共建等综合金融服务，推进公交一卡通及州市合作项目落地。“金果贷”“金蔬贷”“扶贫贷”以及林权抵押贷款业务取得实质性进展，荣获2016全国支持区域中小企业发展十佳商业银行称号。优化网点布局，设立曲靖分行、孟连支行以及昆明经开区和景洪市曼弄枫2家小微支行，分支机构覆盖除怒江州、临沧市外的全省州市。

【风险管控】 开展案件风险以及票据、印章等十余项全行范围的排查检查工作，健全完善条线内控机制。加强人防、物防、技防措施。在云南省内率先引入并建立POC验证测试机制，成为云南省内首家推出RFID芯片防伪存单的金融机构，完成“双录”建设，推进支付密码器运用。强化员工管理，开展“做合格党员、强合规文化”主题活动。通过构建案防系统等多种方式，增强对员工异常行为及个人账户异常资金的排查监测。强化案防监督和内部审计，实行案件防控工作包干制，落实主体责任，齐抓共管。全年开展审计项目70个，加大审计模型建设和任期审计力度。

2015年5月，富滇—格莱珉扶贫贷款项目举行揭牌仪式并成功发放首批贷款。（富滇银行 供稿）

【提升人才素质】 在绩效评价上向内部协作、创新绩效、流程银行建设倾斜，对总行事业部实行以EVA为中心的“两率”考核，以绩效分析对分支机构业务发展进行引导。严格干部选拔任用4项监督制度，提拔干部79人，引进高级专业技术人才13人。启动“新锐”“创锐”计划，优化后备人才建设。图锐计划（管培生）项目16位学员进入支行岗位历练阶段，形成人才队伍梯次建设。健全培训管理体系，开展培训10 263期，培训员工12.99万人次，全年人均培训137.15学时，培训覆盖全行各岗位类别。

【扶贫攻坚】 践行普惠金融，扶贫攻坚发力精准。全年累计投放个人类贷款138.7亿元，全行小微企业贷款余额283亿元，同比增长16.09%，实现“三个不低于”目标。涉农贷款余额212亿元，同比增长39.55%。在大理市太邑乡推出“富滇—格莱珉扶贫贷款”项目，向贫困户家庭妇女发放扶贫贷款121笔，金额194.7万元。创新研发金融产品，向施甸县水果基地投放4 000万元扶贫贷款，在迪庆州德钦县拖顶傈僳族乡推出“富滇扶贫贷”藏区项目，在丽江宁蒗、曲靖会泽、昭通威信设置扶贫分支机构。开展“挂包帮”“转走访”工作，78位挂钩领导干部按要求全部完成回访。

（富滇银行）

昆明市农村信用合作社联合社

【业绩】 截至2016年末，全市农村信用社各项存款余额1 557亿元，各项贷款余额1 181亿元，存量均保持全省农信系统首位；营业收入86亿元，净利润7亿元。2016年12月27日，辖内嵩明县和寻甸县2家联社成功改制为农村商业银行并挂牌开业。

2016年12月，嵩明县、寻甸县两家农村信用社改制农商行开业典礼。

（市农村信用联社 供稿）

【科技支撑】 截至2016年末，全市农信社共有自助银行664个，村社自助服务点894个，惠农POS机1 734台，各类自助设备4 001台。

【服务“三农”】 截至2016年末，全市农村信用社涉农贷款余额475.95亿元，存量占比40.29%，较年初净增34.08亿元，增量占比36.15%，已完成“持续增长”（涉农贷款余额大于上季度末同时大于上年末）目标任务。评定信用村90个，信用镇4个，建立农户档案74.61万户，农户建档面97.62%。推进小额农贷简化试点工作，试点推进承包土地经营权抵押贷款，支持高原特色、农业产业化龙头企业和都市农庄经济发展。全市农业产业化龙头企业贷款余额49亿元，高原特色农业贷款余额91亿元，都市农庄贷款余额2亿元。

【支持中小微企业】 截至2016年末，全市农村信用社小微企业贷款余额553亿元，较年初净增50亿元，实现小微企业贷款“三个不低于”（小微企业贷款增速不低于各项贷款平均增速，贷款户数不低于上年同期户数，申贷获得率不低于上年同期水平）的目标要求。全年累计发放园区经济贷款42亿元，支持300户园区企业。

【支持重大项目建设】 将“四个一百”（100项竣工投产项目、100项在建项目、100项新开工项目、100项前期工程项目）“五网建设”（路网、航空网、能源网、水网、互联网）和“八大产业”（生物制药和大健康产业、旅游文化产业、信息产业、物流产业、高原特色农业产业、新材料产业、先进装备制造业、食品和消费品制造业）重点项目逐户分片划区，细化、量化营销工作，落实营销责任人。截至2016年末，“四个一百”项目贷款余额42亿元；“五网建设”项目贷款余额140亿元；“八大产业”项目贷款额75亿元。

【服务民生】 截至2016年末，发放危房改造和抗震安居工程建设专项贷款4 365户，共计2亿元，完成全年任务数的100%；发放“两个10万元”贷款3 306万元，占政府总推荐户数的100%；累计发放基层党员带领群众创业致富贷款6 895万元，完成比例108.75%；累计发放省市扶贫贴息贷款1.88亿元；投放“贷免扶补”6 595户，金额59 675万元，完成比例101%。分别向无量药谷中药材公司授信6 000万元，向昆明市东川区扶贫开发投资有限责任公司授信2亿元，向昆明城乡投资开发有限公司授信21亿元，向昆明扶贫投资开发有限公司授信10亿元，向禄劝裕农扶贫开发投资有限责任公司授信5 000万元，用于产业扶贫，宜居农房，退耕还林，高原特色农业发展等项目。

【社会责任】 做好对口帮扶禄劝县茂山镇的工作。截至2016年末，3年累计2 217.97万元的帮扶资金已有1 702.49万元按方案拨付到位。茂山镇9 659户农户实现100%建档，信用等级评定9 128户，评级覆盖面94.5%。10月，昆明市联社与禄劝县政府、昆明产投签订战略合作协议，约定向禄劝县提供100亿元的融资服务支持，并计划由三方联合设立禄劝县产业扶贫引导基金，基金规模计划50亿元。机关员工捐赠33 140元，用于资助茂山镇贫困学生，向茂山镇捐赠办公家具。开展向六顺中小学献爱心的“众爱行动”，共捐赠55床棉被枕头以及6 400元现金。

【网点服务】 截至2016年末，全市农信社共有城乡营业网点349个；辖内官渡农合行矣六支行营业部、先锋支行营业部以及盘龙区联社东华信用社营业室以精良的硬件、优质的服务荣获“中国银行业文明规范服务五星级网点”称号。

（李星城）

中国人民财产保险股份有限公司昆明市分公司

【业绩】 2016年，人保财险昆明市分公司全年保费收入22.65亿元，同比增长 17.88%。

【“一站式”简易赔的新模式】 为缓解昆明主城区交通压力，为昆明车险客户提供更便捷的保险服务体验，保障客户作为保险人的切身利益，昆明人保升级理赔服务模式，面对私家车主推出：“人保车险简易赔 一站式 一体化服务”。即，凡责任明确，不涉及人伤物损，车辆尚能行驶的车险事故，被保险人无需等待，仅需携带本人身份证、驾驶证、行车证和银行卡（三证一卡原件），均可在昆明人保任何一个营业厅或门店报案索赔。昆明人保承诺：出险客户尊享全年无休的人保极速理赔服务，30分钟处理完索赔事宜，且当天赔款到账；延长工作时间，方便客户报案索赔，让客户尊享简单、容易的理赔服务。

【“无忧计划——儿童保险礼物公益项目”】 中国人保财险自2003年重返意外健康险市场以来，重视少儿保险、保险扶贫等民生领域，加大资源投入。履行社会责任，全心投入服务“无忧计划——儿童保险礼物公益项目”，为文山、镇雄、巧家、剑川、保山等市县共计99 641名贫困少年儿童提供病种覆盖广、保障程度高的健康保险方案，总保险金额65.76亿元。该保险项目的成功实施，为贯彻落实保险助推扶贫攻坚工程起到良好的示范作用，发挥人保财险国有企业的社会责任。

【服务交通治安】 为更好地服务交通治安，发挥乡乡有机构、村村有协保员的优势，昆明市分公司向全市100个交通安全劝导站分批次捐赠摩托车安全头盔10 000顶。

（李 平 殷 亮）

中国人寿保险股份有限公司昆明分公司

【业绩】 2016年，公司实现总保费19.65亿元，同比增长43.69%；长期险首年标保、新单保费、首年期交、十年期交、短险保费分别实现保费收入1.24亿元、11.94亿元、3.38亿元、1.34亿元、1.47亿元，均实现同比两位数增长，创历史新高；业务结构调整取得重大突破，期交保费占首年保费51.26%，同比增长50.22%，10年期保费占期交保费40%，同比增长58.3%；首年期交保费首次高于趸交保费（趸交保费3.28亿元）。

【个险业务】 落实总公司“双领先”战略，首年期交与主要竞争对手的竞争比值为0.47，同比提升13个百分点；队伍与主要竞争对手的竞争比值为0.34，同比提升5个百分点。实现首年期交2.39亿元，同比增长67.67%；10年期交1.24亿元，同比增长48.74%；标保1.08亿元，同比增长25.38%；短险保费825.52万元，同比增长5.74%。销售队伍扩量提质取得突破，实现新增人力翻番、有效人力翻番、主管人力翻番、价值人力翻番。年末，持证人力达到3 472人，较年初增长157.36%；价值人力实现1 043人，较年初增长109%；主管人数359人，较年初增长208%；季均有效人力1 487人，同比增长209%。收展队伍达到973人，较年初增长364人。

【银保业务】 银保业务转型实现新单总量4.34亿元，同比增长0.94%；首年期交1.06亿元，同比增长21.47%；十年期交1 317.2万元，同比增长292.66%；标保1 795.14万元，同比增长18.23%；短险保费37.16万元，同比增长657.88%。对标个险化管理模式，期交业务达到个险期交的44.84%，占比全省银保期交总量的1/3。队伍达到860人，同比增长55%，其中，客户经理新增83人，总人力达到190人；保险规划师新增510人，总人力达到670人；保险规划师主管从19人增加到39人。

【团险业务】 团险业务发展实现短险保费1.39亿元，同比增长33.65%，短期险保费在全国35个大中城市中的排位从2015年的33位上升到20位。专职销售人力达到227人，新增219人，其中，协保员队伍达到127人。

【客户投诉接待】 坚持“客户至上”的服务理念，及时梳理排查容易诱发投诉的重点环节，秉承“响应要及时、处置要合理、措施要得当”的原则，积极的处理好各类投诉。围绕助推销售、服务销售、服务客户开展客服活动，举办“总经理接待日”“我与客户面对面”“3·15咨询日”“7·8保险公众宣传日”“VIP客户体验”“要跑700”“国寿小画家少儿绘画”系列活动，提升客户服务体验，提高客户服务满意度和忠诚度，提升公司的品牌形象和市场影响力。

【风险管控】 贯彻落实“案件零容忍工程”，严防经营风险和管理风险，通过事前教育、事中控制、事后整改，杜绝案件发生，实现“零案件”的目标，促进公司成为“显著进步公司”，向优质公司迈出坚实步伐。

（陈黎燕）

中国太平洋财产保险股份有限公司云南分公司

【业绩】 截至2016年12月31日，公司实现保费收入22.78亿元，同比增长0.5%，业务结构得到改善。

【业务发展】 2016年，分公司车险业务实现稳步增长和利润贡献。云南分公司是云南地区商车改革首家通过监管验收的产险公司，实现车险费折赔联动、客户风险分级和精细化管理。在承保、理赔服务方面推出“太好赔”“太伙伴”“CRM”“文档集约化”等新技术、新工具，提升客户体验和服务水平。

【理赔管理】 2016年，太保产险云南分公司推出“太好赔”专业车险理赔服务品牌，开启以客户需求为导向的车险理赔新篇章。通过新工具的运用实现全程自动、实时互动、一键移动等服务模式，缩短理赔周期，使理赔服务效率提升。

【客户服务】 2016年，太保产险云南分公司配合总公司节省人力成本、提升工作效率的工作方针，实施文档集约化运营项目，该项目旨在从源头解决人力资源浪费以及工作效率低下的问题，做到“省时、省事、省人”，将“你在一线，我在您身边”的服务理念贯彻落实到工作中。

【助推发展】 6月2日，太保集团与云南省政府签署战略合作协议，加大合作力度，发挥自身优势，创新金融保险产品，撬动更多社会资金投入云南基础设施建设、高原特色现代农业、城市建设、医疗养老、社会服务等各项事业，助力云南经济社会发展。

【服务民生】 在西双版纳州、普洱市、保山市开办公益性质的野生动物肇事公众责任保险。每年西双版纳、普洱、保山地区3 000起报案。太平洋财产保险股份有限公司云南分公司在服务野生动物肇事公众责任保险项目的6年中，累计保费收入1.42亿元，赔款1.53亿元，受益农户8万户。公司本着维护社会稳定，突出企业社会责任，为老百姓解困，在公司亏损金额超过2 000万元的情况下，仍然为政府分忧，继续服务野生动物肇事公众责任保险项目。

（中国太平洋财产保险股份有限公司云南分公司）

中国太平洋人寿保险股份有限公司云南分公司

【业绩】 2016年，太平洋寿险云南分公司实现保费收入25.36亿元，同比增长22%，其中，新保保费收入12.24亿元、续期保费收入13.12亿元，13个月继续率92.16%。保险赔款与给付支出7.19亿元。公司荣获“昆明市2015度金融创新与发展成果奖”“2016年度云南省最受百姓信赖寿险公司”“2016年度云南省保险业最佳服务创新品牌奖”“昆滇2016年度领军保险企业”“昆滇2016年度保险服务五星成就奖”“昆滇2016年度保险服务三农突出贡献奖”“云南寿险行业最佳服务单位”等多项荣誉。

【业务发展】 业务发展实现持续快速增长，3年平均增长率超过25%。个人业务实现快速发展，市场对标连续3年增速第一，成为云南保险市场上增长最快的机构之一。法人渠道继续保持并不断扩大市场领先优势，安贷宝、安保互动、乘客人身险、建工

2016年4月，太平洋寿险召开个人税优健康保险新闻发布会。

（太保产险公司 供稿）

人意险、大病医保等业务成为保险服务三农、保障民生的明星产品，社会效益与经济效益凸显。

【服务民生】 2016年，以安贷宝、乘客人身意外伤害保险、安保互动、大病保险业务为依托，拓展保险产品服务的内涵与外延，持续推进覆盖广度与服务深度。安贷宝业务根植服务“三农”，通过12年发展，安贷宝覆盖全省16个州市、1 830个网点。对口帮扶地区实施费率优惠，使安贷宝业务开办因面向三农、定向农户、保障需求精准对接，而成为保险精准扶贫长期、可持续的帮扶模式。在第九届金融百姓口碑榜中荣获“2016年度保险服务三农突出贡献奖”。针对云南省内交通以公路运输为主的特点，太平洋寿险云南分公司乘客人身意外伤害保险业务覆盖111个客运站，累计为超过2.5亿人次旅客提供保险保障。安保互动8年间为全省75.5万人次，提供1 490亿元的风险保障，保险理赔超过2亿。在昆明、曲靖两地城区居民大病保险项目中标后，截至2016年 12 月，大病保险两地承保人数超过1 000万人，理赔人数超过15万人，理赔金额8 865万元。为商业保险参与社会保险体系构建进行尝试。

【服务创新】 聚焦客户需求，在客户端完善自助服务，创新服务供给；在企业端引入数字基因，加快供应链数字化再造，实现移动应用布局创新升级、核心产品凸显成果、新产品实现新突破三大亮点。从“坐享式”客户服务体验，到微服务，太平洋寿险云南分公司及时落地新技术应用，“神行太保”智能移动保险平台由平板电脑扩展到智能手机，平台上应用不断丰富完善；“太平洋寿险”微信平台服务升级创新。新上线“交费方式变更” “微复效”等27项新功能应用，服务功能已达110项；太平洋寿险APP通过趣活动、购产品、享服务和友消息4大页面功能，实现公司与客户间端到端的交互；移动理赔APP手机注册率目标达成率296.72%，自有客户服务率93.94%，列太保系统首位。“打造智能营运助力提质增效聚焦客户需求升级服务供给”项目，荣获“昆明市2015度金融创新与发展成果奖”。

2016年6月，云南省政府与太平洋寿险公司签署战略合作协议。

（太保产险公司 供稿）

【客户服务】 2016年，开展“高管倾听客户声音活动”和“投诉专项治理”闪电行动，促进投诉闭环管理、长效机制有效落地。公司、中支公司班子成员主动做好3件事：在经营会议中增加研究客户体验内容；每季度直接参与处理一次客户投诉事件；每个月1个小时客户界面的体验，及时处理客户体验不佳的事项，及时反映客户体验中需要总公司以及集团要解决的问题。2016年，实现新契约长险保单客户100%回访，“亿元保费投诉量” “千张保单投诉量” “投诉件办理及时率” “越级投诉率”等指标水平均得到有效提升。

【合规经营】 坚持“合规工作和基础管理”两个不放松，以监管要求为导向，围绕风险管理、内控管理、合规管理、基础管理4大版块，贯彻落实上级公司的各项重点工作，实现业务发展和合规经营的总目标，守住风险底线，未发生群体性事件和重大违规事项，合规管理的三道防线进一步清晰，一道防线的作用日渐显现，内控基础得到夯实，为实现合规经营的“自发自动”迈出坚实的第一步。开展“两个加强、两个遏制”回头看专项工作，加强组织领导，先后派出19个检查组，对全省7家中心支公司、59家支公司开展现场督查，摸清公司的风险现状，提升全辖依法合规经营的意识和风险防控技能。

（太保寿险云南分公司）

2017 KUNMING YEARBOOK

对外贸易

◆责任编辑 方 玲

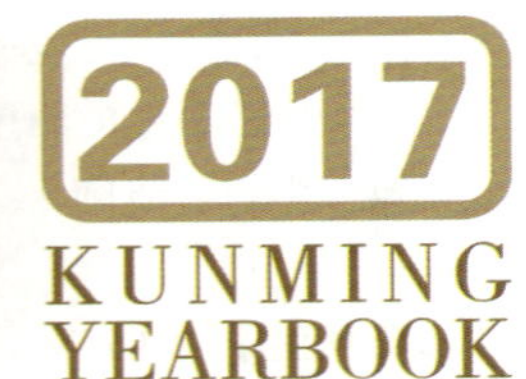

招商引资

【概况】 2016年，经考核认定昆明市实际引进市外内资915.3亿元，完成任务880亿元的104.01%，实际利用外资7.4亿美元，完成任务5.2亿美元的142.30%。

【创新招商引资方式】 制定《关于进一步加强驻昆商（协）会工作的指导意见》《昆明市“十三五”招商引资规划》《昆明市招商引资中介奖励办法》《昆明市关于切实加强世界500强企业引进工作的实施意见》，按照“规划引领、创新机制，聚焦重点，强化督导、推进转型”的思路，以提高招商引资质量和效益为中心，突出规划引领和创新推动，推进产业招商及大项目引进，推动全市招商引资在保持稳定增长的基础上，实现招商引资质量和效益同步提升。

【产业招商】 坚持高位推动。领导带队招商、外出上门招商、会展平台招商等手段签订招商引资项目。借助“昆明市、滇中新区开放合作（北京）推介会”“第四届南博会暨第二十四届昆交会”、昆明市及滇中新区与浙商总会考察团赴昆考察活动、第十四届中国国际农产品交易会暨第十二届昆明国际农业博览会等重大活动，全年全市签订招商引资项目216项，协议投资额约13 974.5亿元。年内，市投资促进局坚持全区域统筹、专业化运作、产业链延伸、集群化发展，紧盯世界500强、中国500强企业、民企500强和行业龙头企业招商，联系服务览海控股（集团）有限公司、佳龙投资集团、北京英赫集团、复星集团、珠三角企业家集群、上海企业家考察团、华佗集团、顺丰集团、京东方、香格里拉、绿地集团、雄业集团、三芝公司、赛伯乐投资集团、宜家家居国际集团等企业投资考察及投资选址等工作。

【第四届中国—南亚博览会招商工作】 6月13日，第四届中国—南亚博览会暨第二十四届中国昆明进出口商品交易会昆明市项目签约仪式在呈贡市级行政中心昆明会堂举行。昆明市签订招商引资项目120个，其中，外资项目10个，总金额9.98亿美元；内资项目110个，总金额4 181.3亿元人民币。参加昆明市项目签约仪式108个项目，其中，外资项目7个，金额8.27亿美元；内资项目101个，总金额4 051.3亿元人民币。12个项目参加省项目签约仪式，其中，外资项目3个，金额1.71亿美元；内资项目9个，总金额130亿元人民币。投资项目涵盖工业、商贸、交通、环保、文化、旅游、金融、生物医药、农业、电力等行业和领域。外资主要来自中国香港、日本等地，内资主要来自北京、上海、重庆、广东、四川、浙江、江西等国内省市及云南省各州市。

【滇中新区招商工作】 3月1日，中共昆明市委、昆明市人民政府，云南滇中新区党工委、滇中新区管委会在北京市联合举办“云南省昆明市滇中新区开放合作推介会”。昆明市委书记、滇中新区党工委书记、管委会主任程连元，市委副书记、市长王喜良率队围绕主动服务和融入国家发展战略，加快建设区域性国际中心城市这一主题，对基础设施、总部经济、先进制造业、生物医药、电子信息产业、房地产业等重点产业进行推介，广泛寻求合作机会。推介会邀请云南省、北京市和北京朝阳区领导出席。“云南省昆明市滇中新区开放合作推介会”共有50个项目参加集中签约，协议总金额8 916亿元，其中，与昆明市和滇中新区签订三方合作协议3个；与昆明市签约项目30个；与滇中新区签约项目8个；与昆明市相关开发区、园区签约项目9个；与昆明市有关企业签约项目3个。签约项目涵盖基础设施、金融服务、电子信息、装备制造、科技服务、文化创意、房地产、节能环保等多个领域。

【深化区域合作发展】 2016年，昆明市主动服务和融入国家发展战略，深化与京津冀、长三角、泛珠三角区域、成渝经济区及川滇黔十地州市等区域合作，做好相关对接、服务、落实工作，组织、参与区域经济交流活动，签署《川滇黔市（州）合作与发展峰会章程》《第七届川滇黔市（州）合作与发展峰会备忘录》和《第七届川滇黔市（州）合作与发展峰会关于增加泸州市、遵义市为峰会成员的决议》。

【昆迪合作】 2016年，昆迪合作顺利推进，全年实施计划内合作项目15个，拨付帮扶资金2 524万元。8月25~26日，省委常委、市委书记程连元率昆明市党政代表团赴迪庆藏族自治州考察，并参加2016昆迪对口帮扶合作座谈会。昆明市委副书记、市长王喜良与迪庆州委副书记、州长齐建新签订《“十三五”昆迪友好合作框架协议》。昆明市党政代表团先后到迪庆州香格里拉市建塘镇解放村、尼史村实地考察对口帮扶项目建设情况，看望慰问当地藏族群众，并参加尼史村、小中甸镇联合村、格咱乡那格拉村3个“美丽乡村”建设项目集中开工仪式。

【外地驻昆机构党工委工作】 2016年，发挥昆明市外地驻昆机构党工委的桥梁纽带作用，昆明市外地驻昆机构党工委撰写《昆明市投资环境调研报告》《关于运用新媒体创新昆明党建工作的建议》，提出创新运用新媒体做好党建工作的思路。全年，党工委走访外地政府驻昆办15家、重点商会30家；“驻在春城”微官网发稿185篇，开展外地驻昆机构的交流合作活动7次；开展市情通报会3次；开展外地驻昆机构学习培训3次。

（市投资促进局）

对外贸易

【概况】 2016年，昆明地区全年实现进出口66.81亿美元，其中，出口41.33亿美元，进口25.48亿美元。加工贸易进出口同比增长12.6%。农产品进出口14.86亿美元，同比增长15.26%；机电产品完成进出口总额14.4亿美元,同比下降60.4%；高新技术产品完成进出口9.46亿美元，同比下降20.3%；磷化工产品完成出口6.77亿美元，同比下降32%。昆明同世界204 个国家和地区有贸易往来。与传统贸易伙伴东盟贸易额占比23.3%；与欧盟贸易额占比11.7%；与南盟贸易额占比7.1%。与香港进出口额8.1亿美元。昆明市全球十大贸易伙伴分别为中国香港、美国、印度尼西亚、澳大利亚、印度、秘鲁、智利、德国、越南、泰国。

【政策支持】 贯彻落实《国务院关于促进外贸回稳向好的若干意见》《云南省人民政府关于促进外贸回稳向好的实施意见》，市政府出台《昆明市关于促进外贸发展的实施意见》，加大对一般贸易、加工贸易、跨境电商以及外向型项目发展的支持。

【搭建服务平台】 强化建设和引进外向型项目。以昆明综合保税区、昆明高新和腾俊保税物流中心（B型）等外向型平台获批为契机，支持昆明综合保税区、昆明高新和腾俊保税物流中心（B 型）项目建设，以引进加工贸易项目为重点，做好相关服务工作和政策制定工作，扩大招商力度，增加昆明市外贸发展后劲。支持外贸综合服务平台发展。为解决昆明市中小企业融资难、融资贵、物流成本高、订单难找等问题，深入经开区、高新区、五华区等外贸企业集中的区域召开座谈会，宣传推介平台，全力服务企业。

【加强内需促发展】 鼓励企业参加境内外优质展会和国际市场宣传推介会。协助相关单位办好第四届南博会暨第二十四届昆交会；贯彻《昆明市关于促进外贸发展的实施意见》，帮助企业走出去，开拓海外市场。加强与阿里巴巴合作，开展跨境电商产业园建设。加强与海关、检验检疫等部门的协调，扶持企业开展加工贸易。支持具备条件的市场开展市场采购贸易试点。各县区推荐上报的中豪螺蛳湾商贸城等5个市场，对符合条件的市场进行培育。

【培育外贸发展新动能】 为推动跨境电子商务、服务外包等外贸新业态发展，为全省提供可复制、可推广的经验，推进跨境电子商务综合试验区创建工作。牵头研究制订《昆明市创建“跨境电子商务综合试验区”总体方案》，力争昆明市获批国家级跨境电子商务综合试验区。开展云南省服务外包试点城市申报工作，起草《昆明市申报服务外包试点城市方案》，力争昆明市获批国家级、省级服务外包试点城市。推动服务贸易发展，制定《昆明市国际服务贸易统计监测实施方案》。

【多举措营造发展环境】 深化行政审批改革。在全省先行先试对外贸易经营者备案、检验检疫企业备案、原产地证申报企业备案“三证合一”改革试点工作。加强业务培训，于1月25日、11月1日举办外贸业务知识培训班。定期不定期深入重点县区、重点外贸企业调研，针对32家外贸企业融资难问题，与省商务厅共同举办银企对接会。用活用好财政资金，及时拨付奖补资金，组织核实全市符合省级财政支持的项目申报。

【强化责任落实】 及时分解目标。年初将目标任务分解到各县（市、区）、开发（度假）区，并签订目标责任书。定期召开全市外贸工作座谈会，对外贸形势进行分析研判，安排部署下步工作。强化督促指导。建立健全领导对口挂钩制度，定期对挂钩县（市、区）外贸工作进行督查指导，适时通报每月外贸完成情况。会同市委目督办、市第二纪工委组成外贸稳增长督查组，对五华区、盘龙区、官渡区、西山区、经开区、高新区、度假区的外贸进出口情况、外贸工作机制的建立情况进行督查，帮助县区找问题、解难题、出实招，力促完成目标任务。

【外资工作】 2016年，合同利用外资19亿美元，同比增长153%；5 000万美元以上的项目4个，占实际利用外资的68%；1亿美元以上的项目5个，分别落户高新区、经开区、盘龙区和阳宗海度假区。服务贸易领域利用外资势头强劲，第三产业吸收合同外资14亿美元，占73%；70户新设外商投资企业中，61户从事第三产业，主要集中在服务领域。10月，率先在全省推行外商投资普遍备案、有限核准的管理制度，投资便利化程度明显提升，新设外商投资企业19户，吸收合同外资14亿美元，同比增长254%；全年实际利用外资7.4亿美元，同比增长54.7%，占全省利用外资总额的89%；外商直接投资逐步从传统领域向新型制造业、现代服务业、公共设施、高原优势产业发展。

【对外经济技术合作】 对外投资项目45项，协议投资总额4.2亿美元；对外承包新签工程1项，合同金额158万美元，完成营业额2.46亿美元；外派劳务输出2 150人次，同比上升22.64%；境外罂粟替代种植项目协议总投资20亿美元。

【口岸基础设施建设】 推进长江经济带通关一体化改革，在王家营国际陆港以及外经贸企业推广使用云南电子口岸大通关平台，实现报关报检数据共享。中欧班列昆明铁路场站对外开放项目列入《国家“十三五”口岸发展规划》。昆明长水机场口岸开通国际航线61条，地区航线7条，对全球51个国家入境人员实现72小时过境免签。昆明综合保税区、腾俊保税物流中心、高新保税物流中心等海关特殊监管场所建设快速推进。

（余结兵）

出入境检验检疫

【概况】 2016年，云南出入境检验检疫局受理出入境货物报检196.43万批，货值110.68亿美元，其中，边民互市业务185.41万批，货值22.79亿美元，同比分别增长121.5%和6.68%。签发各类原产地证明书4.35万份，签证金额18.56亿美元，同比分别增长17.73%和8.93%，帮助减免关税6 334万美元，创历史新高；出入境人员检疫查验2 317万人次，健康检查9.42万人次，艾滋病监测9.22万人次，预防接种8.25万人次；检疫和消毒处理交通工具221.85万辆（架、艘）次，从进出境货物中检验检疫出不合格货物4 259批次，货值2.89亿美元；全年截获检疫性有害生物52种、3 501批次，同比增长13.04%和179.19%；2016年，口岸出入境人员传染病监测体检95 954人，开展疟疾、登革热等传染病免费快速检测3072例，口岸发现有症状出入境人员6 863人，检出各类传染病2009例，其中，检出艾滋病抗体阳性362例；全省口岸发现放射性事件84例，其中，77例为放射性诊疗人员。

【“疏堵结合”口岸管控模式】 2016年，云南出入境检验检疫局立足云南“开放式”特殊边境实际，推行“疏堵结合”边境管控模式，先行先试成效开始显现。开展动物疫病监测，完成风险分析报告和产业价值链研究，并与老挝达成共识。在德宏等地试点多部门联合、一站式作业的外籍人员管理模式，强化疫病防控，培育边境劳务市场，被纳入云南《支持沿边重点地区开发开放若干政策措施的实施意见》，为全省推广打下基础。在河口试点建立边贸食品质量安全共治模式，规范监管取得初步进展；食品安全工作连续3年获全省目标责任考核一等奖。“美丽中国、绿蕾护航”专项行动受到国家质检总局表扬。会同云南省卫计委、民宗教委制订寨卡、中东呼吸综合征联防联控方案，建立与省伊协信息员制度，有效防控寨卡、登革热等国际关注传染病，首次检出寨卡合并登革热病例，获国务院副总理刘延东“质检部门工作及时有力”的批示。在处置“11·20”缅北战乱难民涌入事件中，组织瑞丽局、德宏局开展口岸检疫查验、营地防疫消毒、传染病监测和疫病防控知识宣传，强化联防联控，确保口岸正常秩序和边境卫生安全。年内还妥善应对怒江泥石流、天保通关受阻、打洛境外爆炸、大理红河地震等多起突发事件，获国家质检总局领导多次批示肯定。

【推动外贸“优进优出”战略】 2016年，云南出入境检验检疫局贯彻国家质检总局提升质量供给工作部署，将“抓质量”融入边疆元素，推动国检监管区建设，多措并举，力促外贸转型升级发展。以指定口岸建设引导产业聚集，在瑞丽建立进口水果、水产品专业化、集约化监管场所，实现口岸“零滞留”和国检监管区有效监管的有机结合。进口西瓜8年增长6倍，产值突破15亿元，提供上万就业岗位，成为边贸名优品牌和支柱产业。2016年，累计建成指定口岸22个、专业化监管场所4个，推动边贸转型由点向面扩展。开展边贸输缅、输老商品质量调查，反映边贸商品质量堪忧问题，获国务院秘书长杨晶批示，促成云南出台《加强边境贸易出口商品质量管理工作方案》，借鉴与沙特合作经验，探索同缅甸签订政府间协议，保障“中国制造”更好“走出去”。以“清风”行动为抓手，开展以边贸出口商品为重点的“双打”工作，全年立案处罚28起，受到国家质检总局表彰。推动云南率先出台加强认证认可工作实施意见，在全国认证认可会上做典型交流，推选14家企业在“同线同标同质”平台上线，拓展国内外市场。在建水县获批国家级出口蔬菜水果质量安全示范区基础上推动红河州整州创建示范区，帮助保山市昌宁县建成首个省级出口茶叶示范区，发挥质量示范引导作用；对宣威火腿开展政策引导和质量安全管理技术支持，帮扶香格里拉葡萄酒、普洱咖啡等获生态原产地保护，提升产品国际市场竞争力。对55家企业进行技术贸易措施影响调查，开展TBT-SPS培训12场次，帮扶“云花”利用反季节优势出口澳洲，应对美国对锡冶炼产业“冲突矿产”管制。促成省卫计委发布由云南检验检疫局制定的松茸及其制品地方标准，保障云南重点、特色产业持续健康发展。

【“放管服”改革推动外贸产业发展】 2016年，云南出入境检验检疫局研究落实支持沿边重点地区开发开放政策和“放管服”总体部署，简政放权、改革创新，服务开发开放。制定出台12条促进外贸回稳向好工作措施，印发《支持云南沿边重点地区开发开放实施方案》，明确提出11项具体工作任务。配合推动都龙、腾冲机场口岸、勐满和瑞丽滨江通道开放，支持关累申报国家内陆航运口岸，协同实施磨憨口岸专用货运通道人、货分流管理模式，推进芒市机场正式开放前验收准备工作。服务云南重点规划建设，为中石化云南炼化项目、昆明新南站项目、红河卷烟厂技改项目等进口设备物资量身定制监管措施，实施“一站式”“随到随检”的零等待服务模式，中缅油气管道瑞丽输油站原油计量检验监管功能通过国家质检总局验收。推动自贸区改革创新经验在全省范围和特殊开放区域的复制推广，按照“风险可控、适当放宽”的原则，在首批8项的基础上推动新一批5项经验的复制推广，争取特殊政策，打造口岸快检体系，探索分线管理、分类监管、区域管控等特殊监管模式，促进沿边外向型经济和产业的聚集发展。协调解决中欧班列“直通贸易”问题，助力特殊开放区域建设和跨境电商等新业态发展，推动红河综保区通过国家验收，昆明出口加工区升级为综合保税区，中老磨憨—磨丁经济合作区总体方案完成，咖啡货运专列和“铁海联运”班列开通运行。

【创新通关监管模式】 2016年，云南出入境检验检疫局联合云南省商务厅在全国率先试点推行报检企业备案、原产地证申报企业备案、对外贸易经营者备案“三证合一”改革，企业仅需到商务部门一次性提交书面材料，完成对外贸易经营者备案后即视同完对报检企业和原产地证申报企业的备案。依托10月上线运行的中国电子检验检疫（e-CIQ）主干系统，实施以“通报、通检、通放”和“出口直放、进口直通”为核心的全国出入境检验检疫一体化，平均每批货物为企业节约通关时间约0.5天。改进原产地证年审和办理方式，自主研发“网上国检”平台，推行全流程无纸化作业，“三证合一”与“网上国检”被列为全省深化改革突出亮点。相继与西南六省（区、市）、广东、深圳、珠海出入境检验检疫局签署合作备忘录，强化区域合作，实施出入境检验检疫一体化建设。2016年，云南出入境检验检疫系统已实现100%一体化报检，无纸化申报企业160家，办事流程从3个小时缩减到仅5分钟，每批货物可节约通关时间0.5天以上、节约成本300元；原产地签证改革年受惠企业超1 000家，为企业节约办理时间1万个工作日。与昆明海关签署《加强关检全面合作备忘录》，建立升级版“关检”合作新机制，有序推进“三个一”通关模式改革，使重复申报项目由120项减少为98项，减幅18.3%，进出境货物通关时间缩短40%，现场查验效率明显提高，货物出入境速度加快。完善对外服务承诺，做到急事急办、随到随检、特事特办和及时办结，公开业务办理流程时限，对流程时限实施常态化管理，最大限度压缩流程时限，构建科学严密、高效便捷的出入境检验检疫通关一体化管理机制和运作模式。优化查验机制，按照既有利于人员、货物、交通运输工具进出方便，又有利于加强查验监管的原则，提高非侵入、非干扰式检查检验的比例，提高查验效率。加强口岸快检实验室建设，实现抽检样品的口岸现场实验室检测，缩短口岸滞留时间，提高“物通”便利化水平。开展“一口岸多通道”出入境检验检疫管理模式研究，优化口岸查验和通关放行模式，在风险可控的前提下降低抽检、查验比例，实行提前报检、快检快放、直通放行等措施，加快口岸通关验放速度。

【防控口岸重大动物疫病】 2016年，云南出入境检验检疫局加强云南边境口岸重大动物疫病防控和生物安全隐患风险排查，在德宏州、西双版纳州、临沧市、普洱市边境地区开展偶蹄动物疫病监测工作，坚持“疏堵结合、区域管控、跨境合作、境外养殖、双线防堵、加工利用”的理念，持续跟进和推动跨境动物疫病区域化管理试点工作，经过努力，云南省将云南出入境检验检疫局提出“加强与周边国家动植物疫情监测防控合作，推进跨境动物区域化管理及产业发展试点工作，共建无规定动物疫病区”的工作理念纳入全省“十三五”规划。在云南省试点工作领导小组的统筹下，9月，在昆明召开三国四方会议（中、老、缅、世界粮农组织），确定通过境外建立非疫区，屠宰牛在境外完成育肥和预检工作后，进口到中国进行隔离检疫和屠宰加工的工作路线图。12月，在昆明开展进口老挝屠宰用肉牛专题研讨，审定《进口老挝屠宰用肉牛风险分析报告》，研讨进口老挝屠宰用肉牛检疫和卫生要求议定书草案、检验检疫监管作业指导书草案等技术要求。中国工程院院士陈焕春、金宁一及系统内有关专家参加研讨，并赴云南勐腊与老挝方面开展技术会谈，对拟设屠宰用肉牛入境口岸进行实地调研，推进试点工作。加强组织协调，解决边境地区走私冻品问题，推进泰国冷冻禽副产品输华能力建设工作，经过努力争取到国家质检总局支持在关累建设进口肉类指定口岸的政策支持，勐腊县人民政府于2016年9月份在关累口岸举行“进口肉类指定口岸查验设施奠基仪式”，进口肉类指定口岸建设开始动工。

【保障国门卫生安全】 2016年，云南出入境检验检疫局推进口岸核心能力常态化建设，探索构建口岸公共卫生体系，健全联防联控工作机制，提升口岸卫生检疫业务能力和突发公共卫生事件应急处置能力。推进口岸核心能力建设工作，参与云南局面向南亚东南亚辐射项目工作，协调相关部门为口岸一线配置必要的传染病排查和实验室检测设备，初步实现口岸核辐射监测设备基本配置到位。各口岸能对疟疾、登革热、寨卡等重点传染病开展快速检测，口岸突发事件应急处置能力得到基本保障。推进口岸公共卫生体系建设，创新传染病防控、突发公共卫生事件应对、媒介生物控制、国际旅行健康保健等工作监管手段，提升口岸公共卫生安全保障能力；加强核生化反恐能力，建立和落实口岸反恐工作责任制；完善出入境特殊物品监管新模式，加强对病原体、血液等高风险特殊物品的后续监管，落实风险分析、分类管理和后续监管等措施。推进边境地区外籍劳务人员传染病监测检查工作。与地方政府沟通，外籍劳务人员健康体检工作得到地方政府支持，德宏、瑞丽、临沧局创新工作措施，外籍劳务人员传染病监测体检工作先后在芒市、盈江与地方政府相关部门合作建成外籍劳务人员服务中心。做好重大疫情和常见传染病的防控工作，制订云南传染病监测目录，为口岸配发60余万元的寨卡、疟疾、登革热等热带传染病快速检测试剂，印制并发放10余万份传染病宣传材料；与云南省卫计委、疾控中心、公安厅、民宗局等部门联合采取联防联控措施，联合制订寨卡、黄热病、中东呼吸综合征等重大传染病联防联控工作方案，成功应对寨卡、黄热病等国际关注的重大传染病疫情。组织完成云南省2016年赴沙特朝觐人员健康体检和口岸传染病防控任务，在口岸入境旅客中检出云南省首例寨卡合并登革热感染病例。健全口岸突发公共卫生事件风险分析和应急处置能力。根据国际疫情态势，开展黄热病、寨卡、登革热、埃博拉、中东呼吸综合征和医学媒介生物风险分析评估，完成核生化有害因子年度统计分析评估，对口岸卫生检疫业务情况进行统计分析，对发现的问题及时给予指导。

【增强自身“软硬”实力】 2016年，云南出入境检验检疫局坚持依法治检、从严治局，强化作风建设。突破基础薄弱现状，补齐事业发展短板，提升软硬实力；推进辐射中心能力建设，在基础设施、监管效能、检验检测、信息化和国际合作等方面实现软硬实力全面提升，三大重点项目、46个子项目加快推进，13个基建项目中3个已顺利完成、4个正抓紧实施；举办滇缅进出口商品检验检疫交流研修班、澜沧江—湄公河食品安全国际合作等培训班，拓展对外交流。狠抓廉政建设和八项规定落实，省直机关党建责任制考核获得优秀，作风评议总分列全省中央垂管单位第一、省级单位第七，1个基层党支部、3名党员受国家质检总局表彰。加强执法监督和管理，对7个分支局开展11个专项业务督察，发现风险点116个，建立督察问题警示发布和会商处置机制，督促整改落实。编制“七五”普法规划，建立法治质检建设考核评价体系，开展法治宣传。编报云南局“十三五”规划，强化财务管理，完善内控制度，开展经济合同合法性审查，推动公车改革。政策研究、政务信息考核在沿边七局首次双列第一，全年政务信息被中办、国办采用4条，国务院领导批示2次。

（云南出入境检验检疫局）

昆明海关

【概况】 2016年，昆明海关落实中央和总署党组各项重大决策部署，推进现代化边关建设，较好地完成全年目标任务。全年税收入库33.93亿元人民币，同比增长9.7%，完成海关总署核定的税收预算目标。

【海关监管】 2016年，全面上线运行公路运输工具管理系统，H986集中审像中心建设正式启动。持续在行邮渠道推动执行“3个100%”和“1个5%”要求，全年查扣违禁印刷品、音像制品9 134件，2人获全国“扫黄打非”工作先进个人荣誉。强化对免税品、转关过境、出口手机等重点敏感货物的实际监管。强化虚假贸易综合管控，完善监控机制、明确工作流程。全年监管进出口货物1 378万吨，增长1.4%；货值919.4亿元人民币，增长7.4%；监管公路类进出境运输工具204.8万辆次，空运类2.62万架次，铁路类1.73万节次，海运类735艘次。理顺卡口建设流程，规范关区监管场所卡口建设标准。推动地方有关部门设立专项资金用于监管场所规范整改工作。全年完成23个监管场所整改任务，其中，完成整改15个、停止运营7个、注销1个。推进瑞丽姐告联检中心非货运通道基础设施及信息化升级改造，加强出入区车辆监管。优化正面监管工作机制，加大对重点时段、重点车辆及人员查缉力度。除暂不具备完全封闭条件的特殊区域实施闸口管理外，姐告边境贸易区已基本实现封闭管理。

【查缉走私】 2016年，开展“国门利剑2016”联合专项行动，推动反走私综合治理，提升全员打私整体效能，全年查办各类走私违法犯罪案件2 275起，案值8.81亿元，涉税3.24

亿元，打掉团伙25个。围绕大米、冻品、毒品、成品油等重点走私商品和骗退税等违法行为，推进“昆关1号”“南宁—昆明”和“国门雷霆”等专项行动，打击重点商品走私取得重大成果。全年查办走私大米案件328起，查证涉案大米12.97万吨，占全国海关同期4成以上，创历史最好成绩。查办走私冻品案件138起，查获涉案冻品1 864吨。查办走私成品油案件87起，查获成品油1 060吨，案值1.05亿元。缴获各类毒品164千克，侦办万克以上毒品大要案8起。向公安部门移交出口骗退税案件线索2起，货值29亿元，调整充实云南省打私领导小组成员单位，实现省州县三级打私办独立运作，以反走私为重点的边境秩序整治在重点地区持续开展。颁布施行《云南省反走私综合治理规定》。全年接收综治成员单位移交案件828起，同比增长21.23%。

【风险管理及后续管理】 2016年，昆明海关完善多部门联合作业机制，加强关区趋势性风险分析防控。重点落实双随机优化布控查验工作，关区预定式布控、随机布控占比达到68.79%、94.12 %。抓好新版稽查条例、实施办法以及稽查操作规程的学习培训宣传落实工作，引导企业主动披露自律管理，推动稽查改革深入发展。开展企业稽查作业127起，完成企业稽查105起，稽查追补税款入库313.3万元。对47家企业开展进口玉石原料专项稽查，查发财务管理不规范、资料单证不齐全、存在虚增成本、偷逃企业所得税等问题14起，涉案3 445万元，涉税900万元。落实“三证合一”等登记制度改革，简化企业注册登记材料。参与云南省社会信用体系建设、统筹推进企业信用管理工作，加大对注册企业的管控力度。2016年，调整112家企业的信用等级，并督促14家违法违规及欠税、滞纳企业规范整改，完成10家高级认证企业及11家一般认证企业的重新认证，实地核查297家企业的注册信息。

【深化改革工作】 2016年，加快推进关区自主性改革项目，年内明确14项重点改革项目。理顺跨关区通关单证流、物流节点，一体化通关更便捷、执法更统一，全年办理跨关区一体化通关共计2 569票、货运量47.6万吨。持续深化通关作业无纸化改革，启动非政策性退税无纸化作业，关区全年办理无纸化报关单16.52万份，无纸化占比达90.7%。跟踪“全国海关风险防控中心和全国海关税收征管中心和一次申报、分步处置，降低企业货物存留在港口、码头、场站的时间，提高通关效率；改革现行税收征管方式制度；改变以往以关区为区块的监管模式。”改革动向，初步制订昆明海关风险防控中心建设方案，推进海关二级风险防控中心建设工作。推广海关税费电子支付、汇总征税等改革措施，简化通关流程、节约通关成本，改革红利直接惠及外贸企业。深化关检合作“三个一”，全面上线“一次申报”系统，涉检商品全部“一次申报”，关检贸易数据实现在姐告边贸区互换互认，全年关区采用“一次申报”的报关单18.19万票。探索完善口岸联检部门联合执法机制，深化与公安边防部门执法合作，全年边防、军队向海关移交案件778起，同比增长31.64%。支持云南“单一窗口”建设，云南电子口岸大通关平台昆明海关建设项目完成验收。以“场所化+信息化”管理为目标，以“监管场所改造、管理系统研发、配套制度跟进”为主要内容，在河口口岸启动边民互市贸易管理模式改革试点，互市贸易实现全程无纸化通关，边民互市进出口贸易总值达到160.21亿元，增长52.39%。

【服务云南外贸经济】 2016年，昆明海关贯彻落实供给侧改革和推进“放管服”改革部署要求，围绕“面向南亚东南亚辐射中心”建设目标，将海关工作融入云南经济社会发展大局，促进云南外贸健康发展。应对云南外贸下行的不利影响，制定报审昆明海关支持云南外贸回稳向好17项措施。落实供给侧结构性改革“去产能、去库存、去杠杆、降成本、补短板”部署要求，围绕“降成本”，清理规范进出口环节收费，全部取消行政事业性收费项目。配合相关部门在云南省内河口岸和陆路边境口岸开展“免除查验没有问题外贸企业吊装移位仓储费用”试点工作，明确海关操作要求。优化调整出口查验率，按照监管有效、守法便利原则，下调出口查验率至2%以下。深化简政放权、优化行政审批，实行“一个窗口”受理，推行行政审批事项网上办理。加大政务公开力度，12360服务热线受理话务7 379个，满意度96%以上。

【支持云南开放平台建设】 2016年，成立专职“一区两中心”筹备组，推进云南特殊监管区域及保税监管场所建设发展。发挥政策优势，引导保税、加工贸易等产业发展，依法依规、支持红河综合保区发展壮大。复制推广“先进区后报关”“批次进出，集中申报”“保税展示交易”“融资租赁”等14项自贸区海关创新制度，为企业提供政策支持。推进昆明综合保区规划建设，年内，昆明综合保区通过省级预验收。组织专门力量对海关特殊监管区域及保税监管场所开展安全隐患排查工作，对关区不符合规定和要求的4个保税仓库、3个出口监管仓库按规定和程序予以注销。支持云南口岸扩大开放，协调推进畹町口岸芒满通道延长临时开放期限，支持芒市机场口岸对外开放。

【支持云南重点项目重点产业发展】 2016年，支持扩大花卉、蔬菜、水果等特色农产品的进出口，以及先进技术、关键装备、零部件的进口。鼓励企业用好用足减免税政策，全年审批减免税进口货物货值9.07亿美元，减免税款14.77亿元人民币，同比增长17.41%。制定实施海关服务南亚博览会12项通关便利措施，做好监管服务工作。制定实施境外旅客购物离境退税业务操作规程，推动离境退税政策在昆明长水、丽江机场落地实施。支持中缅油气进口项目，在进口天然气报关、便利通关等方面实施专门服务措施。2016年，中缅油气管道进口天然气财政返税6.08亿元。支持中老铁路项目落地实施，与中国铁路国际有限公司签订合作备忘录，达成3项合作内容、做出6项服务承诺。主动服务国家“一带一路”战略，做好中欧班列海关监管工作，监管货运量708.19吨、货值117万美元。

（昆明海关）

旅游·风景区

◆责任编辑　方　玲

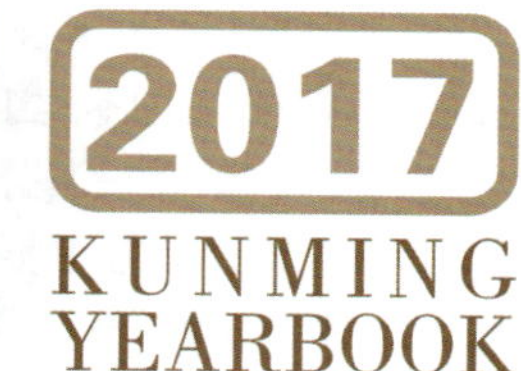

旅　游

【旅游经济数据】　2016年，全市接待游客总数1.01亿人次，同比增长46.33%；旅游总收入1 073.53亿元，同比增长48.39%，其中，接待入境游客123.47万人次，同比增长7.85%；住宿业营业额增速11.8%。全市旅游经济实现"十三五"开门红，旅游总收入首次突破千亿元大关，接待游客首次突破1亿人次大关。

【高位推动产业发展】　2016年，市委、市政府召开全市旅游产业发展推进会议，制定下发《中共昆明市委昆明市人民政府关于加快旅游产业发展、建设旅游强市的实施意见》和《昆明市旅游产业发展（2016~2018年）重大建设项目表和全域旅游创建项目目录》等文件。市委书记程连元和市长王喜良在推进会上分别做重要讲话，要求将旅游产业作为重点支柱产业来抓，并在组织领导、政策支持、人才队伍建设和监督考核等方面提出具体明确的要求。

【规划引领】　成立以市人大常委会主任拉玛·兴高为组长的"昆明市'188'重点产业发展旅游业推进组"，加强对旅游产业的组织领导，协调解决旅游产业发展中的重大问题。制订《昆明市"188"重点产业发展旅游业推进组工作方案》，明确细化推进组各成员单位工作职责，建立完善议事决策、规划调控、统计、重大旅游建设项目协调会办、旅游业信息发布、信息通报和督查考核问责等工作机制。编制《昆明市"一三五"旅游业发展规划》，对全域旅游发展、旅游供给侧改革等重点内容进行全面规划，科学构建"1135"旅游发展布局。指导各县（市、区）、开发（度假）区完成"十三五"旅游发展规划编制工作；突出重点区域开发建设，完成昆明市环滇池旅游圈等重点片区规划编制。

【旅游项目建设】　全年争取上级资金1 170万元，推动全市旅游项目建设。安排市级旅发资金6 300万元，主要用于项目贷款贴息、宣传促销等。推进全市68个重大旅游项目建设，全年实际完成投资167.34亿元，较2015年增长59%。这些项目中，年度实际完成投资额超过亿元的项目有17个，完成投资额超过5 000万元的有17个，其中，昆明滇池国际会展中心、昆明滇池国际湿地文化旅游项目、七彩云南·古滇文化旅游名城等3个项目年度投资额均超过10亿元。旅游项目业态逐步优化，68个旅游重大项目中，休闲度假类、会展服务类和文化创意类项目的投资占总投资比例超过90%，传统观光类旅游项目投资仅占5%。推动新老景区提升改造，新增1家国家5A级景区（昆明世博园），新增2家3A级景区（昆明黑龙潭公园和翠湖陆军讲武堂），A级景区总数达到28家。西山—民族村景区创建国家5A级景区通过省级初评并上报国家旅游局。阳宗海成功创建为国家级旅游度假区，七彩云南·古滇文化旅游名城项目成功创建为国家生态旅游示范区并挂牌。石林、九乡等传统景区加快景观提升和基础设施改造。扶持乡村旅游发展，对禄劝县乡村旅游公共服务设施建设等6个示范项目进行扶持。完成市委、市政府确定的3个定点扶贫村的年度扶贫任务。五华区陡坡社区、晋宁县大绿溪村、富民县香山龙村和"两区"恩祖村被确定为省级民族特色旅游村寨。

【旅游宣传营销】　提炼"春城花都、好享昆明""健康之城"等旅游主题对外宣传语。利用各类展会开展品牌营销。参加东京国际旅游博览会、海峡旅游博览会、丝绸之路旅游博览会等多个国内外知名展会；通过举办南博会，承办中国会奖旅游城市联盟2016夏季推广活动等，为昆明旅游企业搭建旅游合作平台，与客源地旅游机构建立合作关系。利用沪昆高铁、云桂高铁全线开通，赴高铁沿线主要城市进行全覆盖式的宣传推介，媒体受众突破千万人次。抓好微信、微博、微电影等新媒体营销。利用"中国旅游城市新媒体营销联盟"平台，与全国100个城市交换新媒体宣传资源。春节前夕，市委书记程连元撰文并配音《来自春城的问候》，引起广泛好评和热烈反响。扩大旅游对外开放。利用法国、意大利等欧洲多国在昆设立签证中心、72小时过境免签政策，以及全力申办香山峰会举办权、参与世界旅游城市联合会澳门旅游论坛、亚太旅游组织宣传活动等，加强与国际旅游客源地及国际旅游组织的合作交流。搭建国际旅游交流合作机制，利用南博会举办首届昆明友城旅游发展与合作研讨会，开启昆明旅游更大范围、更深层次国际合作的新机制。推进昆明海外旅游营销中心建设，提升泰国曼谷旅游营销中心策划和组织能力，组建成立昆明旅游北美营销中心，推进南亚、澳洲和欧洲旅游营销中心的筹建工作。配合省里筹建“澜沧江—湄公河旅游城市合作联盟”。参与和协助英国昆明周、德国“丝路观澜”蓝色集装箱海外宣传活动的举办。2016年，昆明获得中国最佳避暑旅游城市称号，被评为2016年亚洲最受欢迎旅游城市“红珊瑚”奖。

【完善旅游公共服务体系建设】 开展厕所革命，组织“昆明旅游厕所LOGO大赛”；全年投入旅发资金2 225万元，新建改建84座A级旅游厕所，昆明获得国家旅游局颁布的“2016年度厕所革命先进单位”称号。抓好旅游公共服务站点建设。在完善机场、火车站旅游公共服务站的同时，做好新南站旅游公共信息服务中心前期设计和规划对接工作。昆明老街和火车站2个中心站，景区、酒店、旅行社门市等62个二、三级站点，均有序正常运转，累计发放宣传资料超过4万份，接受各类人工咨询百余起。“智慧旅游”建设取得显著成果。旅游团队行程单系统、旅游车辆调度系统、导游调度管理系统、游客满意度评价系统等核心应用完成开发，并在行业内得到广泛的运用。与公安住宿登记系统、交通客运管理系统、社会信用管理系统、民航旅客信息等数据共享整合成果成为全国先进案例；旅游直投刊物、旅游信息公共服务中心等线下宣传渠道与“智慧旅游”线上平台的联动运营初见成效，与高校合作，启动“昆明旅游大数据研究中心”建设。率先在全省实施全域旅游统计方法改革，科学界定旅游统计范围，完善旅游统计方法制度。推进完善旅游咨询发布工作。旅游咨询信息数据库暨昆明旅游资讯网运行正常，昆明旅游资讯网全年信息总量4 151条，文字共计470万字，“昆明范儿”的资讯供给更加丰富。刊印发放《昆明大不同》《漫游昆明》、英文宣传折页《KUNMING TRAVEL GUIDE》和《昆明旅游优选线路手册》4万册。指导推进主要旅游景区（点）和旅游线路沿线，完善旅游标识系统，改进餐饮和娱乐等服务设施。

【旅游市场秩序治理】 推进旅游监管改革工作，完善旅游共治机制。成立“昆明市旅游市场监管综合调度指挥部”，在全省率先成立昆明市公安局旅游警察支队。多部门联动，集中开展旅游市场联合整治行动。推进四城区专职市场监督员队伍建设、第三方回访评价机制、旅游投诉举报奖励机制等长效治理机制建设。推进依法制旅工作，完成《昆明市旅游业监察条例》的修订。成立旅游市场秩序专项整治工作领导小组，制订印发《昆明市旅游市场秩序突出问题整改暨专项整治工作方案》，加大对“不合理低价”、强迫购物等的整治力度。全年抽查规范从业导游人员1 360人次，旅游车驾驶员770人次，规范指导旅行社370家次，旅游饭店180家次，旅游景区60家次，旅游购物商店88家次，旅游汽车公司55家次，开展联合执法38次。立案查处旅游案件141件，处罚金额共计257.75万元。强化旅游投诉受理，畅通旅游投诉渠道。将“96927”旅游投诉举报热线并入“12345”市长热线“一号通”平台；坚持24小时投诉受理和值班制度，全年接听各类旅游投诉、咨询电话20 327个，受理各类投诉1 208起，协调理赔金额19.15万元，办理退货2 067件，为旅游者挽回经济损失3 382.47万元。加大文明旅游宣传。召开全市文明旅游和服务质量提升大会，下发《关于2016年旅游行业质量强市和文明旅游工作安排的通知》。开展拍摄“文明礼让、绿色旅游、清洁环境、文明用餐”主题活动和宣传视频，通过昆明旅游专属频道、昆明信息港、优酷、腾讯等视频发布渠道传播；通过制作微信订阅专刊、宣传展板、宣传易拉宝、宣传折页和《云南旅游温馨提示卡》进行宣传；开展导游义务讲解公益活动。

【行业服务管理】 加强旅游教育培训，开展导游培训工作，完成8 185个“导游证”的年审和培训工作，新办、转入、转出、变更遗失、补办导游证235件。组织“昆明市文旅一体化发展专题培训班”，提升相关行政管理人员的能力和水平。推进旅游标准化工作。昆明市旅游公共信息服务中心成功申报为昆明市服务业标准化试点项目。指导旅游企业和旅游接待单位开展标准化工作，共有182家旅行社、24家旅游购物场所、15家旅游汽车公司、9家经济型酒店、2家民居客栈、29家旅游餐馆、2家温泉企业、6 077名导游、2 227名驾驶员、1 830辆旅游汽车通过评定和认定。完成335家旅行社季度报表审核和51家一至三星级饭店的复核检查工作。推进旅游行业质量提升工作。联合人力资源和社会保障及工会等部门，共同举办“2016年云南省暨昆明市旅游行业‘用心萃炼·荣光绽放’职业技能大赛”。组织各旅游行业协会及200家企业和3 500名从业人员代表开展“诚信经营、优质服务、抵制低价、文明旅游”承诺活动。

【拓展旅游产业格局】 坚持大旅游发展理念，坚持产业融合发展，高铁旅游、大健康旅游、通用航空旅游、工业旅游等填补昆明旅游产品空白的项目先后推向市场，文化旅游产业“510”工程取得重要进展，优化全市旅游产品结构，促进“旅游+”深入发展，全市旅游产业发展格局得到拓宽。按照全域旅游的标准和要求，加快全域旅游试点创建工作。推动阳宗海旅游度假区创建全域旅游示范区，石林县创建全域旅游示范县，安宁温泉街道创建全域旅游示范镇，呈贡万溪冲创建全域旅游示范社区。推进特色旅游科普示范单位、文化创意产业项目、旅游强县、旅游名镇、民族特色旅游村寨、旅游古村落、旅游扶贫村、旅游度假区和都市农庄的创建工作。

【联动推进产业发展】 各县（市）区、开发（度假）区党委、政府管委会将旅游业摆到更加重要的位置，作为战略性支柱产业加以优先发展。东川区委、区政府主动联系“两区”、寻甸县、禄劝县，构建“昆明北部文化旅游圈”，整合北部旅游资源，打造北部旅游环线，实现资源共享、优势互补；石林县借助高铁旅游时代的到来，开展高铁旅游宣传，推进全域旅游示范县的创建。盘龙区利用昆明主城核心区的优势，推进花之城项目建设和世博园创建5A级景区等工作；富民县作为昆明“后花园”，依托农业和种植业，推动乡村旅游发展；呈贡区推动花卉旅游发展，“斗南花卉”对游客吸引力日益增大。

（市旅游局）

昆明市A级旅游景区一览表

序号	等级	名称
1	5A	石林风景名胜区
2	5A	昆明世界园艺博览园
3	4A	云南民族村
4	4A	昆明市金殿风景名胜区
5	4A	云南野生动物园
6	4A	西山国家级风景名胜区
7	4A	昆明市大观公园
8	4A	官渡古镇
9	4A	九乡风景名胜区
10	4A	七彩云南
11	4A	昆明螺蛳湾国际商贸城
12	4A	昆明轿子山景区
13	3A	中国昆明兵器房车温泉度假中心
14	3A	昆明经典假日谷
15	3A	盘龙寺
16	3A	宜良岩泉风景区
17	3A	万家欢蓝莓庄园
18	3A	中信星耀·水乡旅游度假区
19	3A	星河温泉旅游小镇
20	3A	青龙峡风景区
21	3A	紫云青鸟国际珠宝文化旅游区
22	3A	云南人家
23	3A	昆明市翠湖·讲武堂景区
24	3A	昆明市黑龙潭景区
25	2A	郑和公园
26	2A	寻甸柯渡红军长征纪念馆
27	2A	龙润大龙潭生态休闲园
28	1A	小泉山庄

云南民族村

【主要经济指标】 2016年，云南民族村全年累计接待海内外游客188.73万人，其中，购票游客量114万人，占游客总量的60.14%，增幅5.78%。实现旅游总收入1.55亿元，景区门票收入实现7 450.58万元，占收入总额的48.06%，经营性收入实现8 051.75万元，占收入总额的51.94%。云南民族村首次实现经营性收入超过门票收入。

【推进民族团结建设】 以弘扬、传承和保护云南少数民族优秀文化为抓手，围绕把云南民族村建成弘扬云南民族文化的窗口、传承民族文化的基地、培养民族青年的学校、增进民族团结的大家庭为目标，将云南优秀民族文化与旅游产业有机结合，推进云南民族村建设发展。12月7日，被中共云南省委统战部、云南省民族宗教委授予“云南民族团结进步示范园”的荣誉称号。

【景区维缮和建设】 完成白族村、纳西族村2个村寨修缮维护和提升工作。在尊重少数民族习俗和信仰的基础上，按照藏传佛教和南传佛教仪规，分别完成藏族村福松林寺和德昂族寨奘房菩萨重塑铜身鎏金和壁画重绘维缮工作，以及藏族村、哈尼寨、拉祜寨、基诺寨、佤寨等村寨的维修改造提升工程。推进3个旅游厕所的提升改造，其中，纳西族村和普米族村旅游厕所2016年分别获得“云南省旅游景区优秀旅游厕所”“云南省旅游景区特色旅游厕所”称号。

【丰富活动内涵】 2016年，云南民族村持续打造提升囊括云南15个特有少数民族歌舞元素的主题演出《高原的呼唤》《高原的呼唤》自开演以来，已演出530场，票房收入突破千万元，开创云南民族村高原艺术团自建团以来，依靠自身人才和演艺队伍力量编创、打造的演出票房创收之最。云南民族村高原艺术团高质量完成第四届中国—南亚博览会暨第二十四届中国昆明进出口商品交易会“云南少数民族精品歌舞乐演出及器乐展——《高原音画》”演出任务。《七彩云霞》全年演出9 850场，与游客互动展演超过2万场。在办好泼水节、火把节等传统民族节庆的基础上，加强对目瑙纵歌、阔时节等民族节庆的打造，丰富民族节庆的展示内容。与云南卫视合作举办“孔雀天空音乐节”活动，取得良好的社会效益和经济效益。强化各民族村寨的民俗生活、生产场景、宗教文化展示提升工作，加强景区非物质文化遗产保护和传承，薛文安、罗凤学、董江山等一批民族文化传承人工作室展示了传统手工艺品的精湛技艺。

【推进实施项目制】 2016年，茶文化体验项目、投资理财项目、酒店外联销售项目、出租车业务项目、学生春秋游项目等均收到较好成效。全年，投资理财项目实现收入1 149万元，茶文化体验项目实现销售收入793万元，出租车业务项目实现收入1 135.41万元，酒店外联销售项目实现销售收入793.76万元，同比均有较大的增幅。

【拓展宣传营销】 2016年，在入滇游客团队呈整体下滑趋势的不利影响下，云南民族村及时调整营销思路，尝试“互联网+旅游”传播的形式，打通线上线下渠道，加大和携程、同程、美团、驴妈妈、去哪儿几家国内知名旅游网站的合作力度，整合多平台优质资源，利用新媒体的互动分享性，再辅以传统媒体的既定优势，将两者进行结合和优势互补，达到传播手段的多样化以及传播效果的最大化，实现立体化营销。加强与旅行社的沟通，调整合作模式，通过不懈努力，民族村被云南假日风光、云南海外国旅韩国部、昆明镜高、昆明天循等旅行社写进韩国、山西、佛山等地的组团行程，成为组团社的必到景区。

（张俊斌）

民族大团结

（云南民族村 供稿）

石林风景名胜区

【主要经济指标】 2016年，石林全县接待游客650万人次，同比增长34%；实现旅游综合收入42.7亿元，同比增长28.96%。大小石林景区全年接待游客402.2万人次，实现门票收入5.74亿元（含奖励旅行社赠票2 300万元），景区实现直接收入7.1亿元，与2015年同比持平。长湖景区共接待游客6.6万人次，购票入园4.3人次，旅游直接收入44.1万元。乃古石林景区10月1日重新开园至12月31日止，接待游客2.5万人次，实现收入84.7万元。全年石林景区讲解员出导5.8万人次（含公务2 026次），累计实现导游收入359.24万元（含公务16.2万元）。停车场共接待旅游车辆37.1万辆，实现停车收入196.5万元。石林旅游会员2016年新增会员712人，同比增长19%；续费会员136人。

【项目和设施建设】 启动《石林风景名胜区总体规划》修编，为落户项目提供便利。推进2014年旅游服务区保障性住房、石林旅游服务区10千伏供电工程、长湖景区提升改造、大小石林景区旅游服务设施建设、石林环岛及周边道路改扩建、石林智慧景区旅游建设、全域旅游厕所建设、全域旅游标识系统建设等10项政府投资项目建设。协调推进石林狂欢之都、云林度假酒店、石林喀斯特地质科研博物馆二期3个企业投资项目建设。完成石林冰雪海洋世界和水上石林项目建设。石林冰雪海洋世界2016年8月18日开业至年末，接待游客30万人次，实现旅游收入3 400万元。

【招商引客】 2016年，全县8个招商引客分局分别由县级领导带队，8个单位牵头，47个成员单位参与，分赴31个目标省市区开展石林旅游宣传营销招商引客工作。各招商引客分局共计领用石林旅游光碟6 700碟；各类纸质宣传资料1.45万份；石林旅游宣传小礼品4 790份。各招商引客分局在目标客源地召开石林旅游推介会或座谈会共计65场次，在当地电视、报刊、网络等媒体上发布石林旅游宣传信息、广告共计387篇次；设立石林旅游营销中心和石林形象店共计107个，签约合作组客旅行社共计102家。

【创建国家全域旅游示范区】 2016年，石林多次召开全域旅游发展会议，组织编写《石林彝族自治县全域旅游发展规划》，并通过专家评审；开展国家全域旅游示范县创建申报，石林县被国家旅游局列入第二批“国家全域旅游示范区”创建名单。成立石林全域旅游巡回法庭。

【打造彝家八大寨】 2016年，石林县加大以旅哺农力度，安排1 000万元资金，实施“旅游扶贫”工程，以“彝家八大寨”为品牌，打造彝族第一村、蓑衣山、糯黑村等乡村旅游产品。投资1 000万元完成大糯黑村古村落保护与开发建设规划，实施村内排污管道2 334米，污水处理池1座，新建登山步道3 810米、民族文化广场，村内铺自然石板路面，建设游客接待中心、旅游标识标牌、民俗博物馆、一户一池沼气池等建设，种植食用玫瑰450亩。投资450万元完成蓑衣山乡村旅游发展规划编制，实施美丽乡村提升改造项目，新建道路44.08万平方米、停车场568平方米、休闲亭4座、公厕3座、截污管道1 093米、污水净化池24立方米、绿化面积25 864平方米、休闲广场633平方米、民族文化广场2 047平方米、健身娱乐区137平方米。投资500万元实施清水塘村内部分道路硬化、村中水塘及周边提升改造及特色民居提升改造。投资300万元完成矣美堵村内道路硬化、挡土墙、民居改造、彝青原始民居传承保护、云山人家寨门、安装太阳能路灯、新建公厕1座等建设。完成上铺草村都市文化农庄规划，新建文化广场4 000平方米，新建公厕及垃圾房4座，完成投资300万元。投资300万元完成维则村村内入口大门1座，独石山景观提升改造、吴晗题诗点修缮，新建登山步道715米，观景休息亭3座，旅客服务中心1座，安装太阳能路灯60盏。投资1 200万元完成和摩站村进村道路改造0.95千米、安装排污管道1 600米，村内绿化植树292棵，排水沟整治162米，建公厕3座，垃圾房3座，安装太阳能路灯93盏，村庄风貌改造7 038平方米，文化广场建设820平方米，民居改造92户。完成五棵树村彝族第一村门坊3座，运动场提升改造200平方米，密枝山民族文化活动场地及民族壁画271平方米，旅游厕所1座，彝族第一村水上石林度假温泉项目投入运营，乡村民族客栈试运行，完成电子商务平台建设和水果采摘为主的农业产业园建设，完成投资800万元。

【提升质量服务】 2016年，石林世界地质公园顺利通过中评估；“三标一体”（ISO9001〔国际质量体系〕、ISO14001〔国际环境体系〕、OHSAS18001〔职业健康安全管理体系〕3个管理体系一体整合国际认证）通过验收；石林风景名胜区省级服务业标准化试点项目通过评估验收；国家旅游局发布十一旅游“红黑榜”，石林上榜厕所革命最佳景区；石林景区荣获“云南省景区最佳旅游厕所”称号。

【乃古石林景区改造】 2016年，完成对《乃古石林景区入口区停车场扩建及服务设施建设项目可行性研究报告》编制并通过评审；乃古石林白云洞洞内声光电系统工程的施工图设计、可行性研究报告编制完成并通过专家评审。重点实施乃古景区花海旅游厕所工程，于2016年国庆黄金周投入使用。

（钟文友）

九乡风景名胜区

【业绩】 2016年，九乡风景名胜区接待游客169.92万人次，同比增4.3%，综合收入1.026亿元，同比增9.4%。

【营销策略】 采取“覆盖式营销”模式，做好与旅行社的业务沟通和走访，实行跟踪营销、亲情营销，抓牢团队客源这一主要市场；开展省外客源地市场营销，与新型多媒体电商平台开展创新合作，开展网络营销，实施网络团购及网络营销；策划开展“景区一字万金更名”“跟着电影游九乡”等活动，强化九乡风景区的知名度和影响力；与省内多家景区结成营销联盟，整合资源、强强联合、抱团营销。策划实施“春节”“端阳节”“三八节”“五一节”“国庆节”等节庆活动。适时开展亲子活动、画蛋比赛、歌咏比赛、猜谜等活动。

【管理创新】 景区借助卓越绩效模式架构，将景区管理体系和绩效进行改进整合，提升景区核心竞争力。九乡风景名胜区在云南民族村的帮助指导下撰写企业标准化文件，2016年6月，“九乡”商标顺利通过国家工商总局审查评定，获评为中国驰名商标。9月，启动昆明市市长质量奖申报工作。

【搭建九乡大景区平台建设】 完成《大九乡旅游区概念性规划》的初评及修改完善，报送宜良县规划委员会待择时评审；开展规划区详细规划编制工作，完成对入围规划单位编制的规划设计方案评选工作；完成叠虹桥景区周边、三脚洞、马蹄河月亮谷片区项目用地收储、旅游基础设施建设和绿化景观提升工作，为各片区整体开发、推进九乡大景区平台建设打好基础。12月13日，原九乡风景名胜区旅游开发有限公司通过增资扩股方式引入云南世博旅游控股集团进行股权合作，公司变更为宜良世博九乡旅游有限责任公司，对九乡景区实施经营管理及开发建设。

【提升文化内涵】 景区以建设“文化九乡”为目标，坚持文化与旅游深度融合，协同发展，着力丰富景区文化内涵，提升景区品质。挖掘、研究和提炼九乡当地文化，开展文化品质提升规划，推进“九乡文化创意园”建设，以景区为平台和窗口，展现九乡及宜良非物质文化遗产、传统文化、手工艺品的文化魅力。2016年，“九乡文化创意园”被列入昆明市文化产业项目库，面向全国推广和招商；邀请富民小水井艺术团、石林民间表演队到景区进行专场演出；协调对接省市文化部门，策划推进九乡张口洞古人类文化保护及展示项目；以云南省作家协会九乡创作基地、云南省民间文艺家协会九乡创作基地为依托，开展文化创作和传承，助推景区文化旅游事业发展。

（邓　宁）

昆明世博园

【业绩】 2016年，昆明世博园接待游客360万人，实现综合收入1亿

昆明世博园

（昆明世博园　供稿）

元，园区各经营项目做到游客零有效投诉。

【5A景区创建】 2016年，昆明世博园旅游区以创建5A景区为契机，提升景区景观质量和软、硬件服务水平及能力。8月3日，国家旅游局批准昆明世博园旅游区为5A级景区。11月4日，世博园获国家旅游局在北京举行新晋5A旅游景区授牌。

【园区活动】 结合节庆主题，研究节庆产品，加大特色活动产品策划力度，引进、策划组织“世博园梦幻灯光节”“一起大声哈啤昆明音乐派对”“万花怒放·点亮春城”比亚迪新能源王朝系列环保主题秀活动、贵人鸟发光跑等各类大型特色专项活动，在蔬菜瓜果园引进“冰雪梦幻奇缘”冰雕展活动。5月，完成“第三届昆明文化旅游博览会”的举办，打造一个集旅游观光、文化品鉴、休闲娱乐、爱心公益为一体的大型综合类会展盛会。

【创新发展】 2016年12月，“昆明故事”文化演艺项目在昆明世博园旅游区举行开工仪式。“昆明故事”项目筹划酝酿多年，以全新概念的第四代文化旅游演艺产品为载体，全方位展现昆明厚重的历史文化积淀，还原一个有故事的昆明。

2016年，昆明世博园旅游区新增世博房车时光·行云轩轩项目、“世博·浮城娱乐集群”等项目。房车项目利用世博园原国际室外展园闲置空地，融入周边生态环境，结合园内现有的旅游观光、康体养生、餐饮、婚纱摄影等业态，打造一个集房车文化、院落休闲及相关服务配套为一体的高端营地旅游度假产品。浮城娱乐集群是一个满足游客体验消费的创新项目，集密室逃脱、射箭、RC场地、VR游戏为一体，增强世博园景区的体验性和娱乐性。

昆明世博园旅游区新项目的推出，揭开了世博园从世博会址到园林园艺主题公园再到生态旅游文化商业休闲度假综合体的大幕转型，标志着世博园转型升级步入快车道和提速期，也标志着世博园从景点旅游向全域旅游发展转变的新跨越。

（昆明世博园）

2017 KUNMING YEARBOOK

科学研究

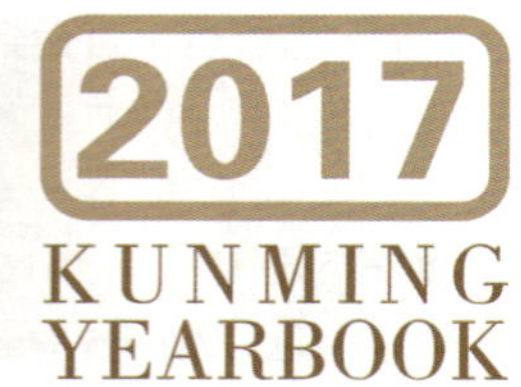

◆责任编辑　方　玲

科学技术

【政策助推科技发展】　深化资源配置、科技管理、技术转移、科技服务、人才发展、协调机制改革，出台《中共昆明市委 昆明市人民政府关于深化科技体制改革建立创新机制推动创新发展的实施意见》《昆明市人民政府关于加快科技服务业发展的实施意见》《昆明市人民政府办公厅关于印发昆明市科技服务业“十三五”发展规划（2016~2020年）的通知》《昆明市企业研发经费投入后补助实施办法》《昆明市发展科技众创空间推进创新梦想工程实施办法》和《昆明市科技企业孵化器认定管理办法》等促进科技创新驱动发展的新政策。印发《昆明市“十三五”科技创新发展规划》，明确今后5年全市科技创新发展方向。

【科技工作管理改革】　2016年，市科技局直属事业单位开展“ISO9001质量管理体系认证”工作，并获得质量管理体系认证证书。印发《昆明市科技局2016年评估评审工作方案》，本着深化改革锻炼队伍、保障职能适应工作、双向选择统筹协调、突出重点相互衔接、公平公正互为制约、行政委托权责一致的原则，在征求法律顾问意见并与6家直属事业单位签订《行政权力委托书》的基础上，将科技计划项目中期检查（评估）、科技计划项目前期咨询和立项评审、科技计划项目验收、科技奖励评审、市级重点实验室认定评审及考核、市级工程技术研究中心认定评审及考核、市级科技企业孵化器及新型孵化器认定评审、市级创新型试点企业认定评审、高新技术企业认定评审、市级产业技术创新战略联盟认定评审、市级院士工作站认定评审及考核、市级青少年创新实验室认定评审及考核、市级科普精品基地认定评审及考核、市级科技特派员认定评审、市级科技创新团队认定评审及考核、中青年学术技术带头人及后备人选认定评审及考核、创新创业梦想公共服务平台及孵化基地认定评审等17项工作交由6家直属事业单位负责组织开展相关业务。由昆明市科技计划项目管理中心组织全部科技计划项目验收工作，市科技局业务处室人员不再参与；将昆明市科技型中小企业创新基金管理中心承担的科技型中小企业技术创新基金项目评审交由昆明市技术合同认定登记站负责。

昆明市国家创新型试点城市工作领导小组办公室组织专家对2011年列入试点的五华区、盘龙区、官渡区、西山区、呈贡区、晋宁县、寻甸县，高新区等8个创新型县区建设的工作进行验收，全部通过验收。

2016年11月，昆明市政府与中国科学院昆明分院战略合作协议签约仪式。
（市科技局　供稿）

【科技投入】　2015年，昆明市全社会研究与试验发展（R&D）经费支出达到73.73亿元，是“十一五”末（2010年29.98亿元）的2.46倍，R&D经费投入强度（与地区生产总值GDP之比）达到1.86%。2016年，R&D经费支出（全口径）达到90.03亿元（快报数），R&D经费投入强度预计为2.1%。

【科技计划】　根据新一轮国家科技体制改革对转变财政科技资金支持方式的要求，昆明市科技局、财政局、市统计研究制订《昆明市企业研发经费投入后补助实施办法（试行）》，并于2016年6月启动对2015年研发经费投入后补助的申报工作，213家规模以上工业企业、55家非规模以上工业企业的高新技术企业申请了昆明市研发经费投入后补助。2016年，昆明市级财政支持市级科技计划新立项

132项，225家企业享受研发投入后补助，投入经费超过14 295万元。昆明市争取国家和省科技计划项目1 366项、资金39 214万元。

【科技型企业培育】 认定国家级科技企业孵化器1家，总数达到11家。新认定昆明市创新型试点企业25家、市科技企业孵化器4家、市产业技术创新战略联盟2个。

【重点支持产业】 支持高新技术产业发展，新认定高新技术企业126家，全市高企总数超过700家。认定国家火炬特色产业基地2家，国家级基地及集群达到12家。推动科技服务业发展，认定重点科技服务机构60家，科技服务业营业总收入达到290亿元。支持高原特色农业发展，全年辖区企业通过云南省高原特色农业三项认定（优质种业基地、农业科技示范园、农产品深加工科技型企业）72家、云南省科技型农村经济合作组织7家。昆明辖区11家企业入选第一批国家科技部认定的“农业农村领域的众创空间”——星创天地，占全省68.75%。昆明市首台鱼类资源监测利器鱼探仪由昆明市水产科学所引进并投入使用。

【科技成果】 评选2016年昆明市科学技术奖80项，其中，突出贡献奖1项、科学技术合作奖2项、科学技术进步奖58项、专利奖15项、再奖励4项。发布昆明市“十二五”优秀成果88项；自主研发的Sabin株脊髓灰质炎灭活疫苗、预防EV71感染引起的儿童手足口病疫苗等原创性成果面市。全市登记科技成果328项，其中，应用技术类306项、基础理论类9项、软科学类13项。

【技术合同】 昆明地区全年登记技术合同2 197项，技术合同成交额44.83亿元，技术交易额23.07亿元。按类别区分，技术开发合同1 184项，合同成交额32.83亿元，技术交易额15.82亿元；技术转让合同35项，合同成交额1.49亿元，技术交易额1.45亿元；技术咨询合同86项，合同成交额0.46亿元，技术交易额0.42亿元；技术服务合同共692项，合同成交额10.05亿元，技术交易额5.38亿元。

【知识产权】 全市新增专利申请1.43万件，其中，发明专利申请5 481件；新增专利授权7 268件，其中，发明专利授权1 600件；全市发明专利有效量6 356件，每万人口发明专利拥有量达到9.5件（按照2015年全市人口667.7万推算）。

全年开展知识产权执法专项检查12次，查处假冒专利案件44件、专利侵权纠纷案件7起；进驻第四届南博会开展专利行政执法检查与知识产权宣传咨询。

推进知识产权质押贷款，16家企业以知识产权质押获得银行贷款17 941万元，市级科技财政资金给予知识产权质押贷款贴息834.6万元。云南滇都种业有限公司以植物新品种获得质押贷款属省内首次。

新增国家知识产权示范企业和优势企业5家，累计拥有国家知识产权示范企业6家、国家知识产权优势企业14家。昆明市第八中学入选第二批“全国中小学知识产权教育试点学校”。新增昆明市知识产权企事业试点示范单位25家，累计拥有昆明市知识产权试点示范单位194家。

昆明市知识产权局时隔5年再获“全国专利系统先进集体”荣誉称号，昆明市官渡区知识产权局朱加富获“全国专利系统先进工作者”荣誉称号。

【科技交流与合作】 2016年，昆明市政府与中国科学院昆明分院签订新一轮战略合作协议，并明确首轮重点推进的15项合作项目，包括中国生物多样性博物馆项目、大昆明植物园建设项目、云南中科生物科创园、6英寸VGF法锗单晶片研发及产业化、中国科学院西南家猪分子育种基地等多个重大合作项目。昆明市科技局与北京市朝阳区科委签订科技合作框架协议；组织参与第三届“科技入滇”活动。依托重点产业、重点项目，分层次、有计划地推进产学研合作，在昆明产学研协同创新机制框架下，昆明市—高校发展合作联盟正式成立，昆明市—科研院所发展战略联盟组建工作有序开展；“昆明市科技转化服务平台”揭牌。

7月15日，由昆明市科技局和老挝万象市科技局联合主办的“中国昆

2016年7月，中国昆明·老挝万象泛亚技术转移暨成果转化对接活动。

（市科技局 供稿）

明·老挝万象泛亚技术转移暨成果转化对接活动”在老挝万象市成功举办。昆明市8家企业出席现场活动，老挝方面共有20家企业负责人和万象市、省县科技局、林业局、农业局人员参加会议。活动现场推介项目15项，涉及马铃薯种植及教育、医疗健康、生物资源开发、水资源保护、工艺品开发、建筑安检、食品检测等技术。

【实验动物管理】 全年核发实验动物生产许可证1个，有效期内实验动物许可证47个（生产许可证16个，使用许可证31个）。举办实验动物从业人员资格培训1期，培训人数200人。由昆明市实验动物持证单位成都军区昆明总医院、中国医学科学院医学生物学研究所、昆明市第一人民医院等共同承担的“实验猴病理基础数据库及标准检测体系建设与应用”项目荣获中国实验动物学会科学技术奖一等奖，该项目历时16年研究开发，研究制定全国第一部实验动物病理学检测标准《实验动物病理学检测云南省地方标准》，建立实验动物病理学检测技术，为实验动物病理检测和动物实验病理学结果分析提供基本遵循。

【科技创新人才】 2016年，昆明地区新增云南省科技领军人才6名、省中青年学术和技术带头人46人、省技术创新人才46人、省创新团队27个，新认定昆明市院士工作站5个、市中青年学术和技术带头人及后备人选59名、市科技创新团队10个，新选聘昆明市科技特派员41名。开展2016年昆明市自然科学研究系列中级专业技术职称评审工作。

【科技宣传与科技扶贫】 2016年，“三下乡”期间，市、区级科技行政部门发放各类宣传资料75万份，组织各类科技培训320期1.54万人次，直接受益群众60万人次。认定昆明滇池中学3D打印设计与制作青少年科技创新实验室”等3个青少年科技创新实验室，全市青少年创新实验室达到51家，受教育学生累计达到5万人；认定“石林彝族自治县糯黑彝族文化博物馆”等7个科普精品基地，全市科普精品基地达到30家，省级科普教育基地达到61家。开展昆明市第二届科普讲解大赛选拔赛，昆明市优秀选手华蓉荣获全国科普讲解大赛一等奖，并被授予“全国十佳科普使者”称号。

围绕医疗卫生、人口与健康、环境治理、公共安全、资源保护和科技强警等领域，结合全市“挂包帮、转走访”工作，推动科技扶贫走向深入，制订出台《昆明市科技局包村扶贫工作方案》《昆明市科技局开展“挂包帮、转走访”工作方案》。在“两区两县”及禄劝县马鹿塘乡普德村、乌东德镇阿巧村、达作卧村实施科技扶贫计划项目26项，投入科技扶贫资金1 569万元。

【大众创业万众创新】 推动小微企业创业创新，新增国家级众创空间12家，昆明市成功申报国家小微企业创业创新基地示范城市。全市620家企业和151个团队参加全国全省“创新创业大赛”，36家企业和5个团队晋级第五届中国创新创业大赛行业总决赛，11家企业和4个团队获得奖项。实施科技众创空间创新梦想工程，新认定昆明市科技众创空间创新创业梦想导师70人、昆明市科技众创空间创新创业梦想孵化基地17家、昆明市科技众创空间创新创业梦想公共服务平台17家、昆明市国际科技合作众创空间创新创业梦想孵化基地、公共服务平台1家。

（市科学技术局）

科学普及

【海智计划】 2016年1月7日，第九届9+X城市科协“海智计划”工作会议在昆明召开。会议邀请北京、济南、青岛、杭州等20个城市的科协代表参加，共同探讨建设海外人才资源共享合作机制，提升海智工作服务地方经济社会能力等问题。中国科协国际联络部部长、海智办主任张建生，时任昆明市委副书记、市纪委书记应永生等领导出席会议并讲话。

【全国科普日活动】 2016年，全国科普日活动紧扣“创新放飞梦想，科技引领未来”主题，围绕“大力普及传播发展理念、大力倡导创新创造创业、大力促进公众理解高新科技、大力倡导科学生活方式”活动内容，设置“省、市、区科普日联合进基层活动”“县（市、区）科普日重点活动”“学会（协会、研究会）及企事业科协活动”等板块，共计开展470项，市、县两级开展活动面达100%。开展“科普日联合行动”“科普进社区”“科普进乡村”“科普进校园”“科普开放日”等一系列贴近实际、贴近生活、贴近群众的科普活动。在2016年昆明市全国科普日活动期间，昆明市科协系统组织开展各类科普讲座、科技论坛、报告会256次，设立科技咨询台215个、科普展板3 360块，编印活动指南700份、科普挂图6 328张，悬挂标语横幅472条，开放科普基地68个，放映科普影视416段，科技下乡83次，下发各类宣传资料50万份，宣传报道纸媒36篇、电视47次、微博89条、微信191条，直接参与群众45.3万人次。

【文化科技卫生三下乡】 昆明市科协组织全市各级科协结合各自工作实际和工作特点深入农村开展“三下乡”活动，将科技送到农民群众手中。在昆明市暨两区（倘甸产业园区和轿子山旅游开发区）启动仪式上，昆明市科协献爱心捐款1万元援建联合乡彝族文化广场建设及扶持万亩油用牡丹种植示范园，并向当地群众免

2016年9月，“全国科普日”活动。

（市科协　供稿）

费发放《昆明科技》《画说科普》《春蔬秋果》《昆明科普36计》等科普宣传资料800份，环保手提袋1 000个，年历1 000份，新春年画及对联100张，洗衣粉、纸笔等生活学习用品一批，全部物资共计1万元。

【科技活动周活动】　昆明市科学技术协会在昆明市2016年科技活动周活动中紧扣活动主题，通过科普宣传资料的发放、专家咨询答疑等形式，向广大群众宣传食品安全、健康生活等多方面的科学知识，在全社会倡导健康、文明的生产、生活方式。科技周期间，发放《昆明科技》、环保宣传手册、“昆明滇创铭泰电商创业园简章”等科普宣传资料千余份，《电表不忙之节电小技巧》《出行突发事件应急救助》《怎样喝到健康的水》等科普图书200册，科普挂图6 000张，主题环保手提袋千余个，盒装抽纸数千盒，为现场群众开展咨询服务百余人次。

【第三十一届青少年科技创新大赛】　本次大赛全市共有12个县区中、小学生、科技教师5 801项作品参赛，经过作品整理、初评、作品展示、分组答辩等大赛流程，共有中小学生科技创新成果、青少年科技实践活动等1 717项作品获奖，其中，中小学生创新成果142项、青少年科技实践活动45项、科技辅导员创新成果116项、科技教师论文92篇、少年儿童科学幻想绘画1322幅。评出优秀科技教师51名、优秀组织工作者23名、优秀组织单位29家、环保科技奖4项、优秀女学生科技奖4项。参加第31届云南省青少年科技创新大赛、云南省青少年科技创新大赛机器人竞赛、第31届全国青少年科技创新大赛和第16届中国青少年机器人竞赛，并在比赛中获得可喜成绩，其中，在第31届云南省青少年科技创新大赛中昆明市有176个项目获奖、第31届云南省青少年科技创新大赛机器人竞赛昆明市有71个项目获奖。

【科普惠农服务】　2016年，全市新建农技协组织17个，为农技协组织注入新鲜血液。2016年，农博会组织120个农村专业技术协会、农村专业合作社，以及农业生产商参会洽谈。在全省“科普惠农兴村计划”实施中，5个村委会获得省级表彰；在全国“基层科普行动计划”申报评选中，实现“全国科普惠农兴村计划”7个协会、2个农村科普示范基地、2个农村科普带头人申报成功；评定农民高级技师18人，农民技师87人。综合评审通过率82.7%；形成以昆明市农函大分校为中心，县（市、区）农函大分校（辅导站）为主体、市妇联、市教育局等有关部门为支持的上下贯通、管理有序、保障有力的覆盖全市的农函大培训网络，共有14个县区建立分校（辅导站），90个乡（镇）建立辅导站，村级办学点347个，有专（兼）职教师250人，全年共培训学员2.47万人。

【科普益民服务】　2016年，组织创评3个国家级、9个省级、30个市级“科普示范社区”；在已成功创建“昆明市社区科普大学”的基础上，构建、完善昆明社区科普大学教学管理服务机构，在科协系统内部构建“昆明市社区科普大学总校”，以及昆明市14个“昆明市社区科普大学县（市）区分校”。

通过整合校内、校外资源，促成昆明市青少年科幻绘画科学工作室在官渡区南站小学挂牌，首家社区青少年科学工作室在盘龙区金江路社区挂牌。2016年，全市已有4所学校，1个社区挂牌；开展昆明市科普教育示范学校评选工作，评出昆明市科普教育示范学校27所，推选参加省科普教育示范学校评选，有19所学校被评为省科普教育示范学校。

【科技兴企服务】　2016年，昆明市科学技术协会组织专家进行评审，最终确定良种肉牛品种及胚胎工程快繁技术示范推广、长波红外线镜头研发项目、第二代红色砂梨新品种选育与示范、 MK260新型数控液压母线折弯机等4个项目作为昆明市金桥工程支持项目。

向县（市）区辐射开展“科技信息企业推广应用服务项目”，已建3个子站，完成400家企业的服务工作以及400人次的专利工程师培训任务；将专家服务站建设及运行工作作为引进人才、引进项目、引进资金的创新载体，通过各种方式将创新要素引入基层，2016年，已建成3个服务站点，通过各站点将工作经费落实到项目。

云南省科协系统首家科技孵化园平台—昆明铭泰科技孵化园工作稳步开展，吸引30家科技型企业入驻，并获省、市多项授牌。利用孵化园区位优势，与官渡区合作，将商务局丰富的企业资源和园区专家服务团的技术、人才资源相结合，提升出口型加工企业的技术实力，巩固企业的外贸销售市场；与共青团官渡区委合作，在园区建立“青年创业就业见习基地”“春城青乐汇”，打造大学生创新创业服务平台，利用各级政府对青年创新创业的各项扶持优惠措施，提高青年群体创新创业的积极性。

【交流与合作】 组织科技人员参加“国际科技前沿报告会暨海外人才离岸创业国际合作项目推介云南对接会”，推进科技创新驱动战略；组织科技人员参加国际科技前沿报告会暨城市污水处理生物技术理论与实践培训班，通过培训对推进昆明市环保产业发展与生态文明建设，科学治理城市污染具有重要借鉴意义。

（刘一鸥）

防震减灾

【地震监测预报】 制订《昆明市2016年震情跟踪工作方案》和《“昆明圈”震情跟踪监视与震情保障工作方案》，全年召开4次季度震情跟踪工作会议和年度地震趋势会商会议，1次“昆明圈”震情跟踪工作会，编写各类会商报告12个、震情跟踪工作月报12期、震情月报12期。参加云南省地震局、川滇协作区、滇西南协作区、滇东北重点危险区、云南中部协作区、川滇毗邻区震情跟踪工作会议和中国地震局地球物理研究所组织的地震监测工程技术研讨会。对5月4日个旧4.6级、4.7级地震，6月17日富民3.5级地震进行紧急会商和加密会商。昆明市防震减灾局提交的《2016年度云南省地震趋势研究报告》获云南省评比优秀奖。

【地震监测台站建设】 投资185万元对昆明市“九五”老旧和故障设备进行更换，完成禄劝县、西山区观音山、官渡区六甲、宜良县、石林县、东川区的设备安装、调试工作。对东川区、石林县、嵩明县、富民县、寻甸县、宜良县、官渡区小哨、六甲地震观测站和西山区观音山地震观测站的监测、网络设备进行维修维护，确保地震监测设备和通信网络的正常运转。

【群测群防工作】 全市建立153个固定地震宏观观测点，至年末，共有地震宏观联络员563人，每个乡（镇）至少有1名防震减灾助理员，实现所有乡（镇、街道办事处）全覆盖。向基层发放地震宏观联络员补助经费及地震宏观观测工作经费20万元。全年收到地震宏观异常报告9次，全部及时调查落实。

【工程抗震设防】 开展工程抗震设防要求的监督和管理，全年收到建设工程抗震设防要求报件和建设工程防震选址报件分别为170件和361件，全部按时办结，办结率100%，无投诉案件发生。

【地震安全示范社区建设】 按照《昆明市地震安全示范社区申报管理办法》，3月，启动地震安全示范社区创建工作，对2016年地震安全示范社区建设进行安排部署。市防震减灾局向省地震局报送10家社区参评省级地震安全示范社区，其中，五华区莲华街道云南财经大学社区、西山区前卫街道同德锦江社区、呈贡区龙城街道众和东苑小区、盘龙区联盟街道翡翠湾小区等4家社区被认定为国家级、省级地震安全示范社区；西山区世纪半岛社区、度假区滇池康城小区、高新区滇景名筑小区、石林县水岸星城小区、宜良县花城警苑小区、晋宁县磷都花园小区、禄劝县阳光尚居小区、东川区陶苑新区小区、寻甸县馨苑花园芳华园小区等9个小区被认定为2016年昆明市地震安全示范社区（小区）。

【地震应急救援演练】 8月25日，以嵩明县发生6.6级破坏性地震为假

“2016平安嵩明”抗震救灾综合演练

（市防震减灾局 供稿）

想背景，举行“2016平安嵩明”抗震救灾综合演练。市政府副市长孟庆红任指挥长，率嵩明县、寻甸县、盘龙区、宜良县、阳宗海风景区和抗震救灾指挥部成员单位、驻昆军警部队400人，携装备200台套，完成启动预案、开设指挥部、桌面推演、实兵实装救援等科目任务。

【应急救援队伍】 依托部队、武警建立2支300人专业地震应急救援队伍，5支地震应急救援大队；各县（市）区依托驻军警部队均建立一支综合应急救援专业队伍。全市组建志愿者队伍122支，队员5 000人，实现地震应急救援志愿者队伍乡镇全覆盖。8月，分2期组织全市200名地震应急救援志愿者骨干队员进行地震应急救援知识培训、地震实战救援技能训练。9月，举办全市地震应急通信保障业务人员电台技能培训；10月，对禄劝县和“两区”乡镇短波电台进行检查和维修；11月，对12个县级防震减灾部门的应急指挥平台进行巡检和维修。

【健全应急机制】 成立地震系统现场应急值班工作小组，参与省内5.0级以上地震现场应急工作，前往震区协助发震州市地震部门开展工作。制订《昆明市防震减灾系统2016年地震应急准备工作方案》，配备一批抗震救灾应急通信装备，其中，卫星电话18部、数字对讲机50部、指挥综合调度平台1套、背负对讲机中转台2套、对讲机工作箱7套，确保地震应急准备各项工作高效、有序开展。

【地震应急避难场所建设与管理】 编制《昆明市中心城区地震应急避难场所规划（2011~2020）》。每季度对宝海公园、月牙塘小区2个示范地震应急避难场所设施进行3次检查维护。全市共建有200个不同类型的应急避难场所，面积800万平方米。各县（市）区在学校、医院、商场、体育馆、影院、酒店等人口密集场所均设置应急疏散通道。2016年，市政府投资3 000万元，用于建设春城公园中心避难场所。

【防震减灾科普示范学校建设】 2016年5月，昆明市防震减灾局和昆明市教育局联合对2016年各县区、开发（度假）区上报的21所学校和4所幼儿园进行评审和校舍危房核查，批准昆明师范大学附属实验中学、昆明市第二十一中学等19所学校和呈贡区第一幼儿园等4所幼儿园为“昆明市防震减灾科普示范学校（幼儿园）”，并推荐昆明第八中学、呈贡区实验中学、呈贡新区第一小学、宜良县李毛营小学和石林县巴江中学等5所学校参加省级示范学校的评审。对2014年新建和复审为市级示范学校的18所学校进行审查，均合格并再次授予“昆明市防震减灾科普示范学校”称号。2016年，官渡、东川、嵩明、石林、富民、寻甸等县区先后组织学校开展地震应急避震演练，发挥科学示范学校的示范、辐射作用。

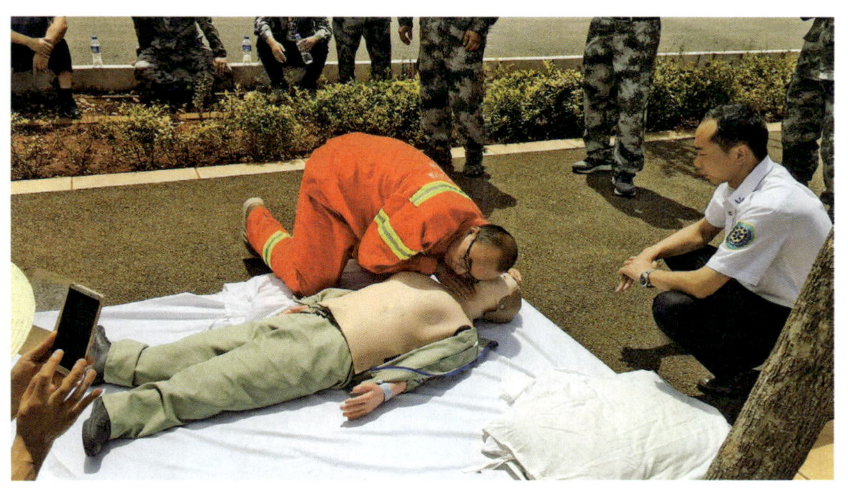
地震应急救援志愿者实战救援技能训练
（市防震减灾局　供稿）

【防震减灾科普宣传】 市防震减灾局与省地震局联合，于5月和11月各利用1个月的时间，在全市376条公共交通线路、4 910辆公交车和6 138个车载电视上的“七彩公交”与“七彩视频”两大公交移动媒体上，每天48次轮流播放公益短片4部，宣传防震减灾法律法规知识和地震科普知识。在全市农村开展“防震减灾宣传标语口号上墙”活动，2016年，全市完成1 057条防震减灾宣传标语上墙书写任务。在5月12日全国“防灾减灾日”，市防震减灾局到寻甸县、石林县和东川区，通过悬挂布标，摆放展板、发放防震减灾宣传册、宣传袋、播放防灾文化电影等形式，开展3次宣传活动。在11月6日全省“防震减灾宣传日”，昆明市防震减灾局到阳宗海、昆明行知中学和昆明同德广场开展3次宣传活动。11月22日，靳树才做客政风行风春城热线，与广大网友在线互动交流。

（周　航）

气　象

【概况】 2016年，昆明地区气温较常年偏高，降水量偏多，日照略少，全年降水充沛，光热资源相对充足。年内冬季雨雪过程较多，部分县区最低气温破历史同期纪录。全市雨季正常，汛期降水量偏少，但后汛期降水量偏多，库塘蓄水条件较好。2016年冬季低温雨雪、夏季阴雨寡照天气对农作物生长影响较大，属平偏丰年景。

【降水量】 2016年，昆明地区12个国家气象站年平均降水量956毫米，较常年属略多，较常年平均值偏多32毫米，偏多幅度3%，较2015年偏少130毫米，偏少幅度12%。昆明主城区年降水量1 150毫米，较常年平均值偏多171毫米，偏多幅度17%，是2001年以来第二个年降水量大于1 100毫米的年份。

昆明地区各县（市、区）2016年年降水量（左 单位：毫米）与距平百分率（右 单位：%）

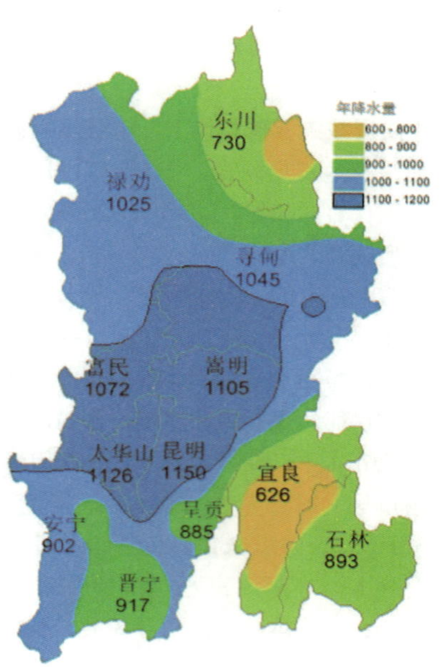

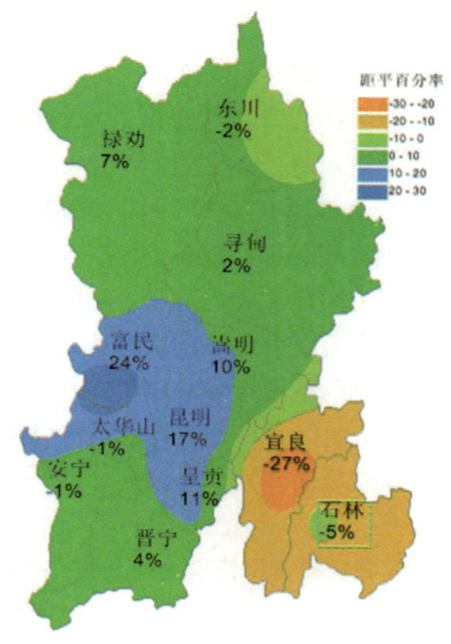

【日照】 2016年，昆明地区12个国家气象站年平均日照时数2 059小时，较常年平均值偏少27小时，偏少幅度1%，较2015年偏少184小时，是2012年以来日照时数最少的年份。昆明主城区全年日照时数2 128小时，较常年偏多10小时，偏多幅度0.5%，较2015年偏少261小时。

昆明地区各县（市、区）2016年年日照时数（左 单位：小时）与日照时数距平百分率（右 单位：%）

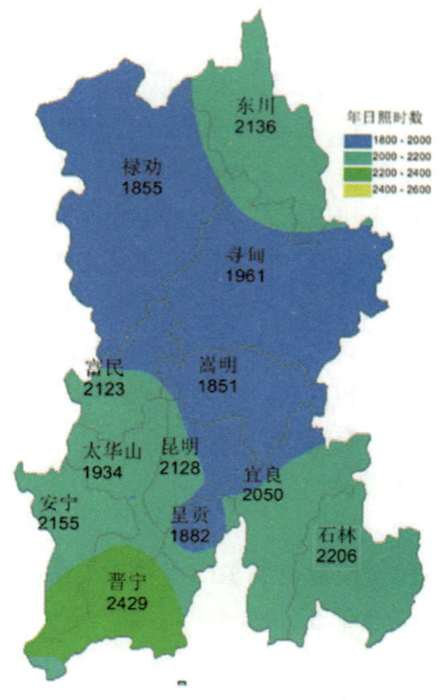

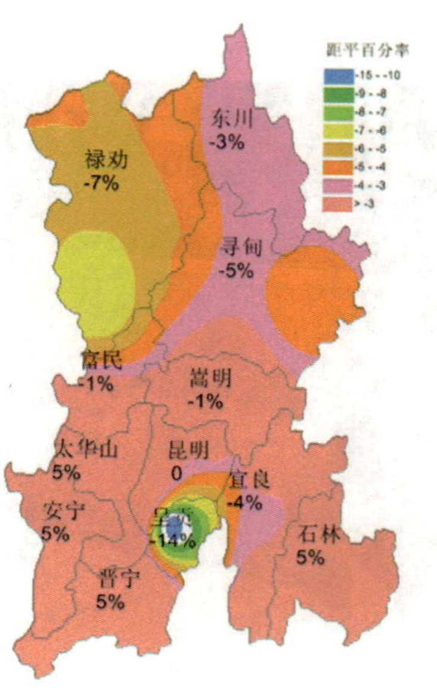

【气温】 2016年，昆明地区12个国家气象站年平均气温16.1℃，较常年平均气温偏高0.4℃，较2015年偏低0.4℃。昆明主城区年平均气温15.8℃，较常年平均值偏高0.3℃，较2015年偏低0.4℃。2016年，昆明主城区的年平均气温是近5年来最低的年份。

昆明地区各县（市、区）2016年年平均气温（左 单位：℃）与气温距平（右 单位：℃）

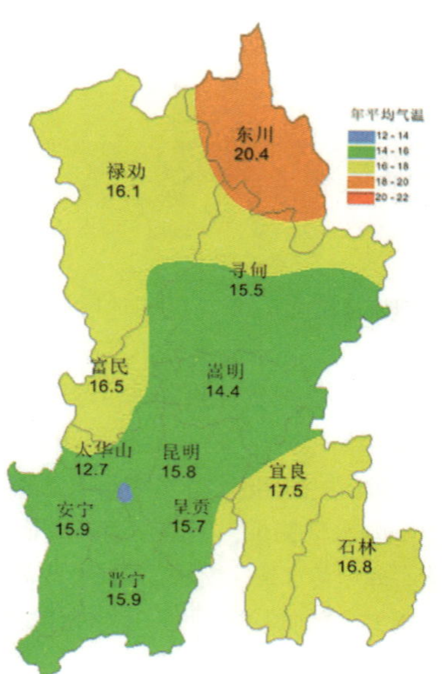

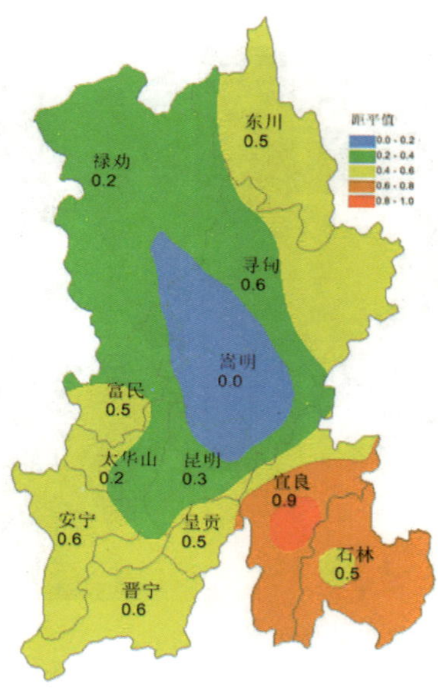

【气象灾害】 2015年冬季（2015年12月至2016年2月）呈现“两头冷中间暖”的低温雨雪特征，全市气温较常年同期偏低，降水量偏多。2016年，冬季出现低温雨雪冰冻天气，1月下旬昆明主城区出现连续3天最低气温低于0℃，过程最低气温达-4.5℃，24日昆明主城区、嵩明、呈贡、晋宁、安宁、太华山等县区的最低气温打破1980年以来1月份历史同期纪录。低温天气给全市的供水和园林绿化及农作物等方面带来严重影响。

2016年春、夏季昆明地区大风、冰雹等强对流天气较多，出现频次高，强度强，影响范围广，造成的损失严重。灾害主要集中在4月、7月、8月，造成房屋损坏和烤烟等农作物严重受灾。

2016年雨季于5月下旬开始，较常年属正常，于9月下旬~11月上旬结束，暴雨洪涝较常年属特早至特晚。5~10月全市平均降水量为821毫米，较常年偏多22毫米，偏多幅度3%。全市在整个雨季（5~10月）因暴雨洪涝造成100余间房屋损毁，农作物受灾2 000公顷，1人死亡。因强降水造成多地桥梁路段塌方损毁，电力、水利等基础设施受损严重，多人因山体滑坡和泥石流而转移安置。

【气象防灾减灾成效明显】 2016年，全市气象部门完成突发公共事件预警信息发布系统建设年度任务。市、县两级气象部门累计发布气象灾害预警信号1 495期，地质灾害气象风险预警50期。组织完成山洪地质灾害气象保障工程年度建设任务。开展气象风险普查和风险预警服务。县、乡、村三级气象应急预案或计划体系进一步完善，气象灾害应急演练进一步加强。乡镇气象工作（服务）站、农村气象信息员进一步增加，实现基层气象防灾减灾工作全覆盖。推进城市公共信息与气象信息发布融合，初步构建长效化城市气象防灾减灾组织体系和保障机制。

【决策气象服务】 2016年，市气象局发布重要天气预报、转折性天气预报、降雨雨情等决策气象短信500次，服务各级各部门领导和相关工作人员5 000人。组织开展春节、清明、五一、端午、中秋、国庆等节假日专题气象服务，为第四届南博会、中华龙舟赛昆明滇池站、第六届轿子山旅游节、第四届泛亚农博会、昆明高原半程马拉松、国际瑜伽大会、世界杯预选赛等重大活动提供专题气象保障服务，受到市委、市政府和相关活动组委会的肯定及表扬。嵩明县气象局被表彰为全省重大气象服务先进集体，3名同志被表彰为先进个人。

【农业气象服务】 争取中央财政投入“三农”气象服务专项经费525万元，各县（市、区）政府配套投入594万元，合计1 119万元，完成11个实施县（区）“三农”气象服务专项年度建设任务。

挂牌组建3个高原特色农业气象试验基地或试验示范基地，推进昆明高原特色现代农业气象技术工程中心筹建工作。制定实施“智慧农业气象”工作计划和工作方案，8个县（区）开通气象为农服务微信公众号或官方微博，安宁、宜良、禄劝等县（市）气象局结合实际需求，推进“互联网+”智慧农业气象APP应用。建立农业气象“专家联盟”19个，专家人数达140人。建设农业气象试验田或示范田15个。新型农业经营主体“直通式”气象服务对象达1 043户。

安宁市连然街道被评为第四批全国标准化气象灾害防御乡镇。截至2015年末，全市共有全国标准化气象为农服务县（市、区）1个、标准化气象灾害防御乡镇5个。

【人工影响天气效益突出】 继续开展水库蓄水常态化人工增雨工作，云龙水库平均相对增雨率21%，为水库净增蓄水2 900万立方米；松华坝水库平均相对增雨率18%，为水库净增蓄水900万立方米。继续开展人工防雹作业，保护烤烟面积25万亩、其他农业经济作物面积40万亩。

【“十三五”气象专项规划正式实施】 完成市级一般专项规划《昆明市“十三五”气象事业发展规划》编制工作，提出全市“十三五”期间气象事业发展构建“四大体系”、实施“七大工程”的主要任务，经市政府正式批复实施。五华区、呈贡区、晋宁县政府正式印发实施“十三五”气象事业发展规划。

【气象业务服务能力增强】 完成市政府决策咨询课题1项，主持昆明市科技计划项目1项，参与省政府科技项目3项，申报中国气象局气候变化专项项目1项。8项市级气象科技项目结题验收并投入业务使用，新立项实施6项。出版专著1部，发表学术论文10篇，获软件著作权登记3项。气象科技成果转化及推广应用工作进一步加强。上报的“山地农业干旱监测、水分调控与节水灌溉技术”被云南省气象局评为2016年度创新工作。

【气象基础建设】 组织完成晋宁、宜良、东川3个县区的气象台站整体搬迁建设和昆明气象站业务辅助用房建设、寻甸县气象观测场搬迁建设等任务，夯实基层气象现代化基础。

（潘娅婷）

水文水资源管理

【概况】 云南省水文水资源局昆明分局成立于1961年，隶属于云南省水文水资源局，属公益性全额拨款事业单位。2008年4月经昆明市机构编制委员会批准加挂“昆明市水文水资源局”牌子。市水文水资源局通过对昆明市辖区内水位、流量、降水量、泥沙、蒸发、地下水位及水质、墒情等水文要素的监测和分析，对水资源的量、质及其时空变化规律的研究，以及对洪水和旱情的监测与预报，为昆明市国民经济建设、防汛抗旱、水资源配置利用和保护提供基本信息和科学数据。

市水文水资源局在昆明市辖区内设有国家基本水文站23个、专用水文站15个、中小河流水文（水位）站20个、雨量站263个、蒸发站24个、泥沙监测站8个，水质监测断面156个，土壤墒情监测站5个和25座大中型水库水文业务指导。承担230个站（含水文、雨量站）水情报汛任务，形成覆盖全市主要江河湖库的水文水资源监测网络和水情报汛网络。

根据工作职责，市水文水资源局负责金沙江一级支流普渡河、牛栏江，滇池流域及南盘江宜良段的水文资料的收集，并进行整理和汇编。汛期提供普渡河、牛栏江、南盘江及滇池流域的水情报汛工作及水文情报预报工作，为区域内防汛减灾提供决策依据，为促进辖区内社会经济发展提供技术服务。定期监测主要河段水质状况，组织调查和评价区域内地表水径流量和地下水资源蕴藏量，开展水文水资源调查评价、建设项目水资源论证、洪水分析评价、水文测量、水平衡测试、水文分析计算等基础服务工作。

【降水情况】 2016年，全市平均降水量973.1毫米，比多年均值偏多3.9%，属平水年。降水的主要特点是：总量与多年平均量持平，与历年降水量相比较，2016年的降水量仅比多年均值偏多3.9%，属平水年；降水时空分布不均，安宁市、禄劝县、嵩明县年降水量分别较常年偏多17.6%、17.3%和11.0%；宜良县、“两区”和阳宗区降水量分别较常年偏少8.0%、12.7%和7.9%。局部单点暴雨突出，汛期5~10月，全市多次发生强降雨过程，全市各县（市）区均有短历时强降水发生，其中，禄劝县、寻甸县和安宁市发生次数相对较多。

2016年，昆明市降雨时间分布情况：1~4月全市累计平均降雨64.6毫米，较历史同期偏少14.0%。5~10月全市累计平均降水量845.4毫米，占年降水量的86.9%，较历史同期偏多3.7%；其中，主汛期（6~8月）全市累计平均降水量462.2毫米，占年降水量的47.5%，较历史同期偏少15.3%。11~12月全市累积平均降水量63.1毫米，较历史同期偏多37.2%。

【河道水情】 2016年，降水较历年同期偏多3.9%，由于降水多以短时强降水形式发生，缺乏长历时连续性降水，不利于洪水生成，除个别山溪性陡涨陡落的小河因暴雨发生历时较短的超警戒水位以外，螳螂川、牛栏江、牧羊河、南盘江等几条主要河道来水量比多年均值偏少5%~30%以上。偏少最多的是南盘江支流麦田河，偏少32.0%。对昆明主城供水的主要水源地松华坝水库来水量偏少23.9%；云龙、清水海水库与历年持平。

【水库蓄水】 2016年末，全市水利工程总蓄水量13.89亿立方米，比上年同期增加6.5%，其中，云龙、松华坝、柴石滩、清水海4件大型蓄水工程蓄水量为8.04亿立方米，比上年增加13.7%，大河、柴河、双龙等18件中型水库年末蓄水量2.42亿立方米，比上年增加8.5%；小型及小坝塘年末蓄水3.43亿立方米，比上年减少8.0%。

年末，滇池容水量15.75亿立方米，比上年同期减少0.07亿立方米；阳宗海容水量5.59亿立方米，比上年同期增多0.18亿立方米。

【防汛抗旱】 按照云南省防汛办下发的《关于做好2016年报汛报旱工作的通知》要求，市水文水资源局承担着向国家防总、省防汛办、市防汛办及重要水工程报汛的任务。2016年，向各级防汛抗旱部门报送蒸发、降水、水位、流量、水库库容等信息98.035 2万组。编写上报水情快讯92期，全年编制《昆明市旱情简报》16期，《水情简报》6期。汛前编写完成《2016年昆明市雨水情趋势预测》，为防汛部门科学合理调度提供科学依据。

【水文服务】 开展水资源调度、管理、防汛抗旱、滇池治理等服务工作，为昆明市2016年度防汛抗旱、供水调度及重大活动提供可靠依据。2016年，为保障“南博会”、中华龙舟赛等政府大型活动的顺利举行，承担活动区间的水情分析服务工作，开展各项防汛应急预案、滇池草海水情预测分析专报编制工作，为活动举行提供技术保障；开展昆明市及供水水源地雨水情分析和来水预测工作，编写昆明市雨水情分析和来水预测材料5份，为实现连续干旱条件下云龙水库恢复多年调节功能及城市供水安全提供技术支撑；为发挥牛栏江补水的效益，市水文水资源局在盘龙江清水通道沿线布设3个水量自动监测站，准确可靠地监测牛栏江调入水量的水质、水资源变化过程，确保牛栏江—滇池—草海补水及水体置换工程的正常运行，为滇池、草海水环境治理提供技术支撑。编写滇池水资源量平衡分析报告、滇池第三通道研究水文专题报告、松华坝—牛栏江—盘龙江联合调度方案，为滇池治理、防洪调度、昆明主城多水源防洪联合调度提供可靠依据。

【中小河流水文监测系统建设】 经过努力，昆明市辖区内中小河流水文监测系统已按《全国中小河流治理和病险水库除险加固、山洪地质灾害防御和综合治理总体规划》要求完全建成，并投入运行，其中，19个中小河流站点已完成预警预报方案编制，并于2016年5月开始开展实时作业预报。该系统的投入运行，形成覆盖昆明市辖区的合理水文站网布局，为加快实施山洪灾害防治规划，提高山洪灾害防御能力，提高流域水情测报、信息采集、决策支持能力、防汛抗旱减灾提供重要决策依据。

【水资源管理“三条红线”考核数据库】 自实施最严格水资源管理制度以来，主动适应水行政主管的需求，加强对水功能区、水源地、地下水、州市界河的水质、水量监测，编制《昆明市实施最严格水资源管理制度三条红线指标分解》《昆明市人民政府关于实施最严格水资源管理制度的意见》，为昆明市落实水资源管理“三条红线”考核制度奠定基础。2016年，昆明市辖区内有16个水功能区27个水质监测断面、2个水源地为国家考核断面，50个水功能区69个水质监测断面、16个水源地为省级考核断面，53个水功能区96个水质监测断面、22个水源地为市级考核断面。根据考核需求，收集、整合昆明市辖区内水功能区、重要水源地、县区交界断面、州市交界断面的水质监测资料，形成完整数据库，提供政府作为水资源管理“三条红线”考核的依据，支撑三条红线”考核制度的实施。

【山洪灾害调查评价工作】 根据国家防汛抗旱指挥部的部署安排，8月，完成昆明市下辖14个县（市、区）山洪灾害调查评价工作，确定14个县（市、区）山洪灾害防治区的雨量预警阈值，确保各县（市、区）山洪灾害预警预报系统效益的正常发挥，为区域山洪灾害防治、防洪减灾提供可靠技术支持。

【牛栏江—滇池补水工程水量监测】 根据滇池防洪调度、水环境治理、牛栏江—滇池补水工程调度运行的需求，对牛栏江—滇池补水工程调入昆明及入滇池水量开展连续不间断的监测工作，向省、市水行政主管部门、相关工程运行管理单位及时提供月水量监测报告12份、年度水量监测报告1份。开展日调水量情况的报汛工作，为工程运行调度及工程评价效益、滇池防洪调度、水量分配、滇池水环境治理提供可靠依据。根据监测结果，2016年，牛栏江补水工程向昆明调水总量为6.37亿立方米，其中，向滇池生态补水5.8578亿立方米、向昆明主城应急供水0.5122亿立方米。

【滇池流域水量监测】 为查清滇池水资源、入湖污染负荷基本情况提供支撑，按照《中共昆明市委、昆明市人民政府办公厅关于印发〈2016年滇池流域水环境综合治理工作目标任务〉的通知》，2016年，市水文水资源局对滇池入湖河道干支流145个控制断面开展水量巡测工作，全年巡测流量2 093站次。为及时掌握滇池入湖河道水质、水量变化情况，科学分析滇池流域水资源承载能力，加强滇池基础研究及滇池水环境治理提供重要基础支撑；组织编制完成《滇池流域入湖河道水量监测项目可行性研究报告》。

【科研课题】 所承担水利部水利公益性行业科研项目——《高原盆地城市水源地保护和恢复技术研究》课题于2016年1月通过水利部国科司验收。

（崔松云　杨绍琼）

社会科学

【科研和科普工作】 2016年，面向全市征集、发布指南、受理申报和立项社科规划研究课题24项。按课题研究时限，完成评审、验收2014年度社科规划研究课题19项。

5月14日，市社科联参加主题为“创新引领·共享发展”的社科知识普及和宣传活动。发放《“一二·一”运动实录》《抗战时期西南联大教授演讲录》《酒文化与健康生活》科普宣传读本1 000册；发放《昆明社会科学》期刊、《昆明市2013年度社科规划课题成果选》等600册。开展云岭大讲堂昆明系列讲座25场，邀请省市社科专家进学校、进机关、进企业、进农村宣讲社科知识，提高市民文明素养，推进“文化昆明”建设。

【学会及学术工作】 2016年，完成全市36家社科学会年度检审工作；推进学会规范化建设，建立和落实学会活动申报制度、学会工作绩效考核制度、学会联系制度。

9月2日，市社科联组织召开2016年“云南省‘双百’报告会昆明专场”暨“县处级领导干部依法治市培训讲座”，邀请清华大学特聘教授崔和平讲授“落实中央精神加强政务公开—信息传播的蝴蝶效应”，提高领导干部做好舆情危机公关、提升政务舆情回应的能力和水平。11月29日，市社科联举办“中泰职业教育交流会”，会上，泰国前教育部长沃拉瓦·鄂阿平亚军先生，泰国工程技术学院食品技术部博士教授、泰国食品科技协会执行委员素侧·萨姆哈撒尼先生做交流发言。此次研讨会促进了中泰友好合作交流。

【学术成果】 2016年5月，市社科联编辑出版《“一二·一”运动实录》科普宣传读物，该书以丰富翔实的档案史料和照片揭示了发生在70年前的“一二·一”运动。编辑出版发行《昆明社会科学》期刊（双月刊）6期。编辑出版《2014年度社科规划课题成果选》（上、下册）。完成昆明市2016年度哲学社会科学优秀成果资助工作，资助昆明学院周兴涛所著《宋代武举锥指》和市金融办《新时期以来中国共产党领导的法治建设研究——基于立法为主导的特征》2本社科读物。编印《弘扬长征精神　决胜全面小康——昆明市纪念红军长征胜利80周年征文选集》。

10月，昆明市社科联在全国大中城市第二十七次社科联工作会议上被评为“全国先进社科联”。2016年，市社科联组织成立昆明汉服文化研究会和昆明民族文化促进会。

2016年度社科立项课题（24项，含2项自筹经费项目）

编号	项目名称	负责人	所在单位	资助经费（万元）	成果形式	预计完成时间
KSGH1601	高铁建设对昆明城市旅游空间格局的影响及对策研究	高会平	市社科院	3	发表论文1篇 研究报告	2017年6月
KSGH1602	本土文化符号对昆明城市形象的传播研究	闫 宁	民盟市委	2.5	发表论文1篇 调研报告相关提案	2017年6月
KSGH1603	昆明市第三产业及内部变化实证研究	王 宁	市社科院	3	研究报告	2017年9月
KSGH1604	构建公益与市场相结合的社会养老服务体系对策研究	陈 涛	市委政研室	3	研究报告	2017年6月
KSGH1605	提升昆明市医疗纠纷法治化解决水平研究	郁 云	五华区法院	2.5	调研报告	2017年9月
KSGH1606	昆明市地铁公共安全应急机制建设研究	舒 刚	市警察协会	3	调研报告	2017年7月
KSGH1607	澜湄次区域经济合作的法律保障研究	何锡峰	市法学会	2.5	调研报告	2016年11月
KSGH1608	云南“一带一路”中医药示范点建设研究	杨小燕	圣爱中医馆	2.5	发表论文 1篇研究报告	2017年8月
KSGH1609	昆明市育龄人群再生育意愿调查及人口均衡发展对策研究	刘 芳	昆明学院	3	发表论文1~2篇 研究报告	2017年6月
KSGH1610	昆明市义务教育资源优质均衡发展对策研究	饶又明	市教科院	3	发表论文1篇 调研报告咨询报告	2017年6月
KSGH1611	司法改革背景下昆明市多元化纠纷解决机制重构策略研究	段 伟	明信公证处	2.5	研究报告	2017年8月
KSGH1612	供给侧结构性改革背景下加快昆明市生产性服务业发展研究	丁 宁	九三市委	3	研究报告	2017年10月
KSGH1613	农村集体“三资”管理问题研究—以昆明宜良为个案	张媛媛	宜良县委宣传部新闻信息中心	2.5	调研报告	2017年4月
KSGH1614	昆明市自闭症儿童生存状况调查	木向东	民盟市委	2.5	调研报告 相关提案	2017年6月
KSGH1615	昆明市网络违法犯罪防控对策研究	朱彬彬	市委政法委	3	调研报告	2017年10月
KSGH1616	昆明市失能人员长期医疗照护保险制度建设研究	李卫明	市医保中心	3	研究报告	2017年6月
KSGH1617	老挝投资法律风险防范专题研究	赵 耀	八谦律师事务所	2.5	研究报告	2017年6月
KSGH1618	昆明市大力发展农村电子商务助力精准扶贫对策研究	余凤焱	市委政研室	3	研究报告	2017年6月
KSGH1619	昆明市司法翻译人才库建设研究	罗朝峰	市中级人民法院	2.5	研究报告	2017年9月
KSGH1620	昆明市“零星”贩毒防治对策研究	赵 明	市检察院	2.5	研究报告	2017年9月
KSGH1621	推进协商民主向基层延伸的对策研究	朱小平	西部智库规划研究院	2.5	研究报告咨询报告	2016年12月
KSGH1622	昆明市营造良好政治生态着力解决群众身边的腐败问题研究	王宣文	市委党校	2.5	研究报告	2017年6月
KSGH1623	昆明疾病诊断相关组预付费（Diagnosis Related Groups-Prospective Payment System, DRGs-PPS）研究	何文明	市人社局	自筹经费	研究报告制度文件	2017年10月
KSGH1624（题目自拟）	边疆民族地区基层意识形态安全问题研究—以昆明市为例	李 剀	昆明学院	自筹经费3万元	发表论文1~2篇 研究报告	2017年4月

（杨富刚）

教育·文化

◆责任编辑 方 玲

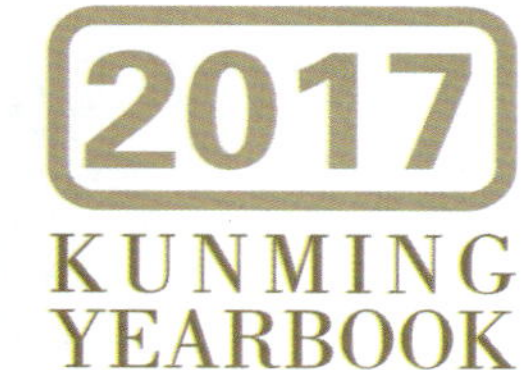

教 育

【概况】 截至2016年末，全市各级各类学校2 522所，教职工8.94万人，专任教师7.15万人，在校学生119.26万人，其中，幼儿园1 200所，教职工2.45万人，专任教师1.31万人，在园幼儿21.57万人；学前教育毛入园率101.76%。小学937所、教学点95所，教职工2.92万人，专任教师2.79万人，在校学生48.56万人，小学毛入学率104.84%。初中194所，教职工1.79万人，专任教师1.65万人，在校学生21.50万人，初中毛入学率115.50%。特殊教育学校6所，教职工214人，专任教师202人，在校学生608人；工读学校1所，教职工47人，专任教师41人，在校学生58人；残疾儿童入学率98.03%。普通高中学校106所，教职工1.02万人，专任教师0.81万人，在校学生10.22万人。中等职业教育学校78所、其他中职机构6所、附设中职班高校26所，教职工0.75万人，专任教师0.56万人，在校学生17.34万人；高中阶段毛入学率93.20%。

基础教育学校占地面积24 493 842.68平方米，校舍建筑面积11 019 983.88平方米，图书24 325 059册，固定资产总值1386 268.43 685万元。中职学校产权占地面积2 424 549.03平方米，产权校舍建筑面积1161710.2平方米，产权图书2 506 778册，产权计算机27 670台，固定资产总值143 732.198 378万元。

【教育事业谋划】 编制完成《昆明市“十三五”教育发展规划（2016~2020年）》《昆明市“十三五”义务教育学校布局专项规划（2016~2020年）》《昆明市消除义务教育学校大班额专项规划》《昆明市“十三五”高中及以下教育阶段学校基础设施建设规划》《昆明市“互联网+教育”行动计划（2016~2020年）》等系列教育发展规划，科学谋划教育事业发展。

【教育经费投入】 保证公共财政预算内教育经费增长高于财政经常性收入增长、生均公共财政预算教育事业费支出实现逐年增长、生均公共财政预算内公用经费支出实现逐年增长。2016年，全年市财政总支出689.14亿，其中，教育支出109.16亿。地区公共财政教育经费占地区公共财政比例15.84%，地区国家财政性教育经费占地区生产总值比例2.54%。

【教育综合改革】 按照《市委全面深化改革领导小组2016年工作要点》和《昆明市2016年度全面深化改革工作目标责任书》明确的目标任务，研究制定《昆明市教育局关于印发2016年全面深化教育综合改革任务分解方案的通知》和《关于印发昆明市2016年全面深化改革工作目标责任书任务分解的通知》，对牵头的18项具体改革任务，进行任务分解，明确每一项改革任务的责任领导、责任处室、责任人和完成时限。先后出台《昆明市人民政府关于大力发展现代职业教育的若干意见》《昆明市乡村教师扶持计划（2015~2020年）》《昆明市人民政府办公厅关于实施乡村教师生活补助的通知》《关于加快推进昆明市教育国际化发展的指导意见》《关于加快呈贡新区基础教育发展的意见》《昆明市新建扩建居住区配套教育设施建设管理规定》《昆明市教育局贯彻落实云南省一级普通高级中学（完全中学）管理办法的实施方案》和《关于推进实施现代学徒制试点工作的通知》等改革政策文件。实施教育体制改革试点工作，小升初免试入学、外来务工随迁子女入学、异地中考、高中招生制度、混合制办学、教师激励机制等6项重点改革项目有序推进，及时调整出台中考加分政策，改革完善初中学业水平体育科目考试内容和方式。完善民办学校招生改革。做好外来务工人员随迁子女和农转城子女入学工作，实现“同城同教”。

【教育优质资源配置】 落实《关于加快呈贡新区基础教育发展的意见》，引导优质教育向呈贡新区集聚，师大附中、云大附中、民大附中、昆三中、师大附小、民大附小、中华小学、师专附小、教工一幼、二幼等一批优质学校先后落户呈贡新区，“西南联大附属学校”项目加速推进。采取名校带弱校、名校带新校、名校办分校、名校带民校等“名校融校”方式，扩大优质教育资源覆盖面，昆一中一校6点办学（本部、金岸、西山分校、西山小学、经开分校、官渡分校）；昆三中一校6点办学（本部、滇池星城、滇池中学、经开分校、空港实验学校、红星美凯龙）；师专附小一校5点办学（本部、月牙塘、官渡分校、嵩明分校、呈贡分校）；中华小学一校5点办学（本部、滇池星城、书香门第、云大知城、海伦国际）；市教工一幼和

昆明市教工第二幼儿园滇池星城园区

（市教育局　供稿）

二幼合办领办各8所幼儿园。省外河北衡水中学一校4点办学（度假区分校、呈贡分校、宜良分校、西山分校）；山东昌乐实验中学一校3点办学（农大附中、云南昌乐实验、富民行知中学）；四川师大一校2点办学（呈贡天娇校区、安宁校区）；山东师大附中与安宁合作举办华清中学；北京八十中学与官渡区合作办学；河北黄冈中学与盘龙区合作办学等。

【教育国际化发展】 落实《关于加快推进昆明市教育国际化发展的指导意见》，突出“国际学校建设、国际人才培养、资源优化整合、对外交流合作”4项重点，加快教育国际化步伐。挂牌成立“对外交流合作处”，举办“昆明教育国际化论坛”。引进北京青苗、世青等国际学校来昆明成功举办昆明世青国际学校、昆明呈贡青苗国际双语学校、昆明呈贡青苗双语幼儿园等3所国际学校并招生。接待美国、日本、泰国等教育考察团来昆明考察交流，促进教育对外交流合作。全市11所中小学设有国际部，在校学生2 000人，接收华侨学生26人、港澳台学生338人、外国籍学生259人。

【学前教育】 推进幼儿园项目建设，累计新建幼儿园99所，改扩建幼儿园152所，完成每个乡镇1所公办中心幼儿园建设任务。年内争取上级资金3 452万元，安排市级资金1 352万元，加大补助力度。开展幼儿园晋级升等工作，年内新创建省一级示范幼儿园8所，全市省一级示范幼儿园158所。全市幼儿园1 200所，其中，城区幼儿园586所、镇区幼儿园220所、乡村幼儿园394所，公办幼儿园311所、民办幼儿园889所，少数民族幼儿园6所。共有幼儿班7 323个，其中，民办幼儿班5 223个。共有幼儿教职工24 469人，其中，民办园教职工18 436人；专任教师13 081人，其中，民办园专任教师9 047人。在园幼儿215 691人，其中，民办园幼儿152 292人、进城务工人员随迁幼儿在园幼儿59 203人、在园女生幼儿102 429人、少数民族幼儿41 570人、农村留守幼儿4 028人、残疾幼儿235人、华侨幼儿15人、港澳台幼儿165人、外国籍幼儿100人。2016年，全市学前教育三年毛入园率99.04%、学前教育一年毛入园率101.33%；户籍适龄儿童入园率90.64%。

【小学教育】 全市小学937所、小学教学点95所，其中，民办小学78所、独立设置少数民族小学61所。小学教学班11 679个，其中，民办小学教学班1 581个。小学教职工29 156人，其中，民办小学教职工3 460人；专任教师27 918人，其中，民办小学专任教师3 181人。在校小学学生485 598人，其中，民办小学学生58 755人、女生229 681人、少数民族学生96 650人、寄宿生82 594人、农村留守儿童18 176人、农村户口学生301 286人、享受营养餐学生225 395人、享受城市低保学生654人、年度死亡学生69人、华侨学生6人、港澳台学生140人、外国籍学生118人、随班就读残疾学生1 089人。小学随迁子女在校学生172 580人，其中，外省迁入67 472人、本省外县迁入105 108人，在公办学校就读学生124 944人，在公办学校就读学生占72.40%。进城务工人员随迁子女在校学生118 737人，其中，外省迁入50 863人、本省外县迁入67 874人，在公办学校就读学生79 647人，在公办学校就读学生占67.08%。小学一年级招收新生82 473人，其中，招收随迁子女32 093人、招收进城务工人员随迁子女20 141人。2016年，小学净入学率99.81%、巩固率99.34%、辍学率0.02%、毕业班学生升学率93.68%。

【初中教育】 全市初中学校194所，其中，民办初中学校58所。教学班4 510个，其中，民办初中学校教学班964个。教职工17 851人，其中，民办初中学校教职工3 423人；专任教师16 540人，其中，民办初中学校专任教师2 911人。在校初中学生215 049人，其中，民办初中学校在校学生43 632人、女生103 689人、少数民族学生39 818人、寄宿生103 651人、农村留守儿童8 909人、农村户口在校生132 439人、享受营养餐在校学生112 064人、享受城市低保在校学生597人、随班就读学生485人、年度死亡学生39人、华侨学生2

人、港澳台学生19人、外国籍学生23人。初中随迁子女学生53 794人，其中，在公办学校就读学生37 589人，在公办学校就读学生占69.88%。初中进城务工人员随迁子女学生37 919人，在公办学校就读学生27 430人，在公办学校就读学生占72.34%。初中一年级招收新生73 142人，其中，招收随迁子女20 211人、招收进城务工人员随迁子女14 059人。2016年，普通初中净入学率96.34%、升学率97.02%、辍学率0.32%、巩固率98.26%。

2016年3月，昆明铁道职业技术学院挂牌成立。
（市教育局　供稿）

【高中教育】　扩大招生规模，净增招生计划3 000个，普通高中招生突破3.7万人。推进“名校融校”工作，衡水实验中学西山学校、宜良分校，川师大附中天娇校区、安宁校区等9所普通高中学校相继实现招生办学。推进11所高中学校特色化创建工作，安排创建经费220万元。推进高完中等级创建工作，滇池中学由一级三等晋升为一级二等，全市省一级高完中31所，优质普高在校生占比达73.5%。全市普通高中学校106所，其中，民办普通高中学校47所，教学班2 082个。高中教职工10 161人，其中，民办高中学校教职工3 205人；专任教师8 132人，其中，民办高中学校专任教师2 050人。在校学生102 234人，其中，民办学校20 414人、女生57 093人、少数民族19 052人、残疾学生82人、寄宿生70 013人、随迁子女10 555人、重读生35人。高中阶段毛入学率达93.20%，辍学率0.61%。2016年，全市高考报名学生33 850人，实考学生30 181人，48所学校产生600分以上优秀考生1 951人。全省700分以上学生共40人，昆明13人，占33%；全省文理科前10名共20人，昆明有9人，占45%；全省文理科前20名共40人，昆明有18人，占45%；全省文理科前50名共100名，昆明有36人，占36%。全市高考一本上线率18.13%，本科上线率66.30%。

【职业教育】　探索推动“3+2模式”合作办学，加快骨干专业和实训基地建设。加快安宁市和嵩明县2个职教基地建设，入驻职教学校22所，在校学生15.70万人。推进昆明市财经学校和昆明市第二职业中专两校合并迁建工作，3月12日云南省人民政府正式批准组建昆明铁道职业技术学院并实现当年招生589人。探索构建中高职人才培养“立交桥”，昆明开放学院在读学生10 016人，专业达到40个，全年完成城乡劳动力实用技术培训45万人次。全市职业教育学校78所、其他中职机构6所，其中，国家示范性中职校2所、国家级重点中职校9所、省部级重点中职校17所、省部级示范性中职校8所。教职工7 470人，其中，民办职教学校2 382人；专任教师5 567人，其中，民办职教学校1 585人。在校学生173 398人，其中，民办学校102 073人。高校附设中职班在校学生83 637人，其中，民办高校附设班61 001人。招收新生61 347人，其中，民办学校37 072人；高校附设中职班招收新生32 892人，其中，民办高校附设班招生25 052人。优质中职学校在校生占65.70%，毕业生“双证”率85%，毕业生推荐就业率95%。

【民办教育】　贯彻落实《昆明市民办教育促进条例》，申请省级专项资金1 269万元，对33所民办骨干中小学和51所民办骨干普惠性幼儿园进行奖补；安排市级资金981.70万元，对66个项目进行奖补。实施民办教育质量提升工程，提高民办学校办学品质。规范民办学校办学行为，加强民办学校安全管理工作。新认定普惠性民办幼儿园200所，全市普惠性民办幼儿园452所，市级下达补助资金2 506.66万元，惠及在园幼儿8.3万人。加强民办学校教师队伍建设，年内投入经费86万元，集中培训民办学校教师526名。全市各级各类民办学校1 093所，教职工30 906人，专任教师18 774人，民办学校在校生377 166人。

【特殊与民族教育】　实施特殊教育三年提升计划，推进特殊教育“五大建设工程”。全市特殊教育学校6所、教职工214人，专任教师 202人，在校学生608人；工读学校1所，教职工47人，专任教师41人，在校学生58人。在校学生全部享受“两免一补”政策，三类残疾适龄儿童和少年受教育权利得到有效保障，三类残疾儿童入学率98.03%。实施民族地区“希望工程”，新建和扩建民族地区全寄宿制学校，确保每个民族县有1所民族中学，每个民族乡有1所民族小学。加大少数民族教师政策倾斜，少数民族教师乡村教师生活补助提高20%，双语教师提高30%。民族团结教育开展面100%，全市现有民族团结教育活动示范学校185所。

【素质教育】 主办“中国梦·畅想我的2049”主题教育活动。开展“文明校园”“书香校园”创建活动。评选表彰省、市级三好学生2 571名、优秀学生干部846名、先进班集体538个。加强青少年校外教育，县级以上青少年校外活动场所13所，“乡村学校少年宫”73所，“城市学校少年宫”20所。

【体育卫生艺术工作】 在全省率先出台加快校园足球发展的意见，安排800万元专项资金开展校园足球运动，建成68所全国校园足球特色学校，1个全国校园足球试点县，集中培训足球教练员和裁判员183名。构建常态化的青少年校园足球四级联赛，全市共79支学校代表队，136名运动员参加昆明市第一届青少年校园足球比赛；全市组队参加云南省首届校园足球联赛,获得小学男子组第一名、初中男子组第三名，高中男子组第一名和第三名。开展体育大课间活动的评比推广，落实每天锻炼1小时要求。完成学生体质健康标准测试，建立学校体育工作年报制度。健全完善学校卫生管理制度，开展食品安全周系列活动。培训中小学艺术骨干教师200名，举办昆明市第27届学生艺术节系列活动，参加全国第五届中小学艺术展演，昆明市艺术学校节目《打秧鼓》获乐一等奖，昆明市一职中专和昆一中西山学校参赛节目获声乐二等奖。

【语言文字工作】 推进国家通用语言文字和少数民族语言文字的双语教学、双语人才培养工作，举办第四届汉字听写大会市级选拔赛，完成1.9万人次的普通话水平测试，完成14所省级语言文字规范化示范校、2所省级规范汉字书写教育特色学校、23所市级语言文字示范校评估认定，参与第十一届孔子学院大会相关工作。

【教育公平体系建设】 采取措施促进教育公平。下达各级各类资助资金4.06亿元，资助贫困家庭学生30.4万人次，确保任何一个学段学生不因家庭贫困而失学。保证建档立卡贫困户就学子女教育资助100%全覆盖。率先出台“两区两县”贫困家庭中职学生“两补”政策，下达补助资金91.35万元，惠及学生1 450名。做好大学生创业“贷免扶补”，9 485名大学生获得生源地助学贷款，扶持223名学生成功创业，带动770名大学毕业生就业。

2016年10月，全市中小学演讲比赛决赛现场。
（市教育局 供稿）

【实施营养改善计划】 全市941所农村义务教育阶段学校、337 459名学生享受国家营养改善计划，下拨营养改善计划专项资金和中央奖补资金19 468.21万元，其中，中央专项资金9 848.88万元、市级专项资金9 619.33万元，县级配套资金10 718.29万元。

【教育扶贫】 在全省率先出台昆明市推进“两区两县”教育扶贫工作实施方案，下拨“两区两县”各类专项资金8.04亿元。在特岗教师招聘、免费师范生培养、乡村教师生活补助等方面给予“两区两县”政策倾斜，增设定向招生计划、适当放宽普高录取最低控制线、开办“阿诗玛班”和“民族班”，扩大“两区两县”学生就学机会。做好北京朝阳区、昆明主城区优质学校与“两区两县”对口学校的结对帮扶工作，实现优质资源共享。做好“挂包帮”“转走访”工作，年内投入347.8万元用于帮扶禄劝、晋宁、东川、倘甸园区等县区382户建档立卡贫困户。帮助迪庆培养35名民族学生，帮助怒江州开通同步课堂，促进贫困地区脱贫摘帽。

【教育督导】 督促相关县区补拨教育经费5亿元，确保各级政府教育财政拨款的增长要高于同级财政经常性收入的增长；在校学生人均教育经费逐步增长；教师工资和学生人均公用经费逐步增长的“三个增长”落实到位。完成第二轮县级政府履行教育职责督导评估，官渡区被省政府认定为教育工作先进县，嵩明、寻甸为合格县。开展义务教育均衡发展督导评估，盘龙、官渡、西山、安宁、石林、晋宁等6个县（市、区）顺利通过国家评估，禄劝县通过省级评估，呈贡、东川、宜良、嵩明、寻甸等5个县区完成县级自评。开展幼儿园和现代教育学校督导评估工作，创建省级现代教育示范学校5所、幼儿园18所。组织西山区、富民县参加国家基础教育质量监测，完成36所职业院校网上督导评估工作。推进督学责任区工作，盘龙区被表彰为省级挂牌督导创新县。开展校园欺凌治理、乡村教师支持计划、控辍保学等11个专项督导，督促教育重点、难点、热点问题得到解决。

【内部审计】 发挥内部审计的监督和服务职能，年内完成28所直属学校（单位）国有资产清查，清查资产总额22.07亿元。完成15所直属学校（单位）公务支出公款消费的专项审计，完成市教育局机关部门预算执行情况及其他财务收支情况专项审计。

【依法治教】 开展法治宣传教育，荣获首届全国青少年学生法治知识网络大赛“杰出组织奖”。严格重大决策听证制度，年内开展重大决策听证4项。落实法律顾问制度，局法律顾问出具法律意见书23份、参与规范性文件审查1件、起草或审查合同协议15件。组织19名机关领导干部参加法律知识轮训，开展各类法律知识专题培训11场。办理人大代表建议24件，其中，省级5件、市级19件；政协提案55件，其中，省级2件、市级53件，面商率、回复率和满意率100%。

【教育科研】 完成安宁市和呈贡区省一级县级教研机构、晋宁县省二级县级教研机构的市级复评，向云南省教育厅提交省级评审请示。组建成立昆明市基础教育质量监测中心，组织开展小学三年级语、数、英3个学科教育质量测评工作，基础教育阶段质量监测体系基本形成。规范教研活动，定期举办复习备考研讨会、高三教学质量检测、适应性考试、高三复习摸底等测试工作，完成省级科研课题2项。开展青年教师3项技能评审和“一师一优课，一课一名师”优质课评比推荐工作。挂牌成立“北京教育学院朝阳分院昆明基地”，聘请朝阳区教科研中心教研员20人次到昆开展讲学活动，培训教研员和教师2 000名。

【教师队伍建设】 组织师范类毕业生双向选择供需洽谈会，提供就业岗位1 930个，接收国家免费师范生278名，选派1 879名中小学教师校长轮岗交流。招聘中央和市级特岗教师754名，公开招聘教师605名，引进教育人才249人，招聘直属学校工作人员79名，接收军队退役士兵6人。落实集中连片特困地区乡村教师生活补助，制定出台全市乡村教师生活补助政策，按“两县两区”每人每月补助500~1 500元，其他地区300~1 000元的标准分档给予乡村教师生活补助，市县两级投入资金4 946.2万元，惠及教师2万名。推进教师职称制度改革，完成职称过渡4.84万人，评审教师系列职称4 000人，认定教师资格9 477人，组织实施市级免费师范生培养203人。组织参加教育部中小学教师示范性培训、中西部农村骨干教师培训、信息技术能力提升工程培训46 454人，市级开展校园长省外研修、班主任培训、学科骨干教师培训3 253名。开展名校、名师、名校长“三名工程”，提升教育发展品质，年内新增市级学科带头人和骨干教师226人，市级学科带头人和骨干教师2 861人。幼儿园、小学、初中、普通高中和中职专任教师学历合格率分别为97.72%、99.74%、99.87%、98.76%、84.62%。

【教育信息化建设】 全市投入3.5亿元，提升教育信息化“三通两平台”建设质量。“宽带网络校校通”接入率65.68%；“优质资源班班通”比例65.53%；“网络学习空间人人通”教师比例52.47%，多媒体教室占70%。搭建市级教育大数据中心、教育城域网、教育云平台。以市级平台为核心，以市级门户为引领，推进全市“互联网+智慧教育”公共服务体系建设，打通“上联下融”的资源共建共享渠道。建成省内首个实现与国家教育资源公共服务平台、云南省教育资源公共服务平台（云教云）互联互通的地市级资源平台。2016年，小学及小学教学点有计算机54 728台，初中有计算机30 650台，高中有计算机37 593台，中职学校有计算机27 670台，小学、初中、高中、中职生机比分别为9∶1、7∶1、3∶1、3:1，师机比1.4:1，年度接受过信息技术培训的专任教师22 179人次，从事信息化工作人员2 804人。

【校园安全工作】 在全省率先完成《昆明市学校安全条例》地方立法工作，拟于2017年3月1日正式实施。建立健全领导联系学校安全工作制度，层层落实校园安全工作责任。春秋两个学期分别召开全市校园安全工作专题会，对安全工作进行全面安排部署。强化三防建设，按比例规定要求配备保安人员，全市1 503所学校配备4 264名保安，保安经费纳入同级财政预算。做好综治维稳和创建平安校园创建工作，累计创建市级平安校园346所，省级平安校园81所。开展校园欺凌、交通、溺水等重点领域的专项整治、安全教育培训和应急演练，提升师生安全意识和应急处置能力。

【教育基础设施建设】 全年完成教育固定资产投资83.9亿元。实施全面改善贫困地区义务教育薄弱学校基本办学条件计划，投入资金5.77亿元，建成校舍和运动场49万平方米、重建和加固校舍面积18万平方米、完成1.1亿元教学设备购置任务。师大附中附小、铁路机械学校图书实训中心、教工一幼相继建成投入使用。西南联大附属学校、昆明开放学院、省邮电学校等建设项目相继开工。按时完成校舍安全工程年度工作任务。教育服务公共服务平台建设项目顺利通过立项申请。启动实施教育考试网络指挥平台建设，投入400万元建成涵盖县级的标准化考点考务查询和指挥平台，提升全市教育考试信息化水平。

（宋永东）

市委党校

【概况】 中共昆明市委党校为“一校三院”体制，即中共昆明市委党校、昆明市行政学院、昆明市社会主义学院、昆明市青年干部学院，是培训轮训党员干部的主要渠道。2016年，市委党校先后荣获云南省“六五”普法法制宣传教育先进单位、2015年目标管理考核优秀单位、昆明市2016年度老干部活动先进单位、昆明市市级机关档案工作考核第一名。

【教学培训】 完善教学布局，优化教学内容，突出教学重点，创新教学方式，增强教学效果，提升教学的质量和水平。全年举办各级各类培训班264个，培训3.18万人次。举办“昆明市领导干部培训日”专题讲座10讲，培训全市各级各类领导干部2.01万人。承办6讲云南省领导干部时代前沿知识讲座昆明市分会场会务工作，共计培训领导干部2 542人。纪律教育基地接待学员2.21万人，讲解538场。开展理论宣讲活动。组织教师对十八届六中全会精神和市十一次党代会精神等进行全市范围内的宣讲，共进行227场，听讲人数1.7万人次。延伸党校培训外延。2016年11月，市委党校被民政部授予“全国社会组织教育培训基地”，为全国19家首批签约授牌单位之一，将承担起在全国开展社会组织系统化、规范化、专业化教育培训工作。

【科研课题】 2016年，市委党校共立项课题53项，其中，省社会主义学院立项2项，省委党校2016年度课题立项7项，省党建研究会课题立项3项，2016年度市级决策咨询科研课题立项3项，市社科规划立项1项，市组织工作重点调研课题4项，西山区政协课题2项，呈贡区委组织部委托课题2项，校级课题立项29项。完成咨政调研报告19篇，其中，《我市深化基层公务员理想信念教育的对策建议》由市委办公厅《专报信息》编印；《对东川区精准扶贫精准脱贫的几点建议》被昆明市科学发展决策咨询中心《决策咨询建议》刊登；《我市开展党性教育存在的突出问题及对策建议》由市委办公厅《专报信息》编印；《斗南“国际花都”旅游发展专题研究》被昆明市委办公厅《参阅资料》刊登。

【理论宣传】 2016年，市委党校与省市媒体合作，组织教师撰写文章，在《学习时报》《云南日报》《昆明日报》《社会主义论坛》等刊物发表文章136篇，其中，《学习时报》1篇、《云南日报》8篇、《昆明日报》87篇、《社会主义论坛》22篇。编辑出版《实践与跨越》3辑。编辑《跨越发展新蓝图——昆明市委党校教师学习市第十一次党代会精神宣讲集粹》，收录文章12篇，为学员培训提供实用教材。编辑印刷《参考信息》12期。编辑《党政领导参阅》43期。组织参加省市举办的各类征文活动，提交文章48篇，其中，获奖4篇。

【新型智库建设】 制订出台《昆明市委党校关于党校特色新型智库建设的实施方案》，坚持“教研咨培一体化”协同发展，开门建智库，借“外脑”发力，新型智库建设形成“三个一”格局：一个研究中心，即“昆明市委党校中国特色社会主义理论体系研究中心”。一个研究所，即“昆明市委党校决策咨询研究所”。一份内参，即《党校智库—建言献策内参》。通过“三个一”的建设，发挥党校咨政献言作用，达到以科研助资政、以科研服务政府的目的。与云南报业集团合作，建立“云南省中国特色社会主义理论体系宣传调研基地”，打造党校“宣传调研基地”的品牌优势，加强对中国特色社会主义重大现实问题的研究，组织开展中国特色社会主义理论体系最新成果的理论宣传，树立品牌意识，形成有质量有特色的宣传阵地。建设“三个平台”，即科研咨政信息共享和数据库平台、创新党校新型智库信息平台和对外“市决策咨询中心”信息和数据库交流平台，加强与政府部门各研究机构、各高校、各智库单位的信息沟通和联系，让党校教师有机会了解并参与到重大问题的研究当中，更好地发挥决策咨询作用。

【理论研讨】 全年举办理论研讨会2次。为纪念建党95周年，共同缅怀党的光辉历程，讴歌党的丰功伟绩，研究阐释党的宝贵经验，探索党校科研发展之路，6月30日在富民县委党校召开“昆明市党校系统建党95周年座谈会”。与省哲学学会合作，于11月26日在市委党校举办“昆明建设区域性国际中心城市的问题·路径”研讨会，来自全省的270名专家为昆明建设区域性国际中心城市出谋划策。

【队伍建设】 协助市委组织部完成7位副县级干部选拔和任用工作。完成6名正科级和5名副科级干部选拔任用工作。公开招聘教师2名、管理人员3名。选派6名青年教师到呈贡进行挂职锻炼。完成15名党校系统教师职称评审工作。完成8名讲师职称资格认定、10人副高职称申报和2人云南省有突出贡献昆明市有突出贡献优秀专业技术人材申报。选派139人次教职工外出学习培训。

【基层服务】 选优配强5名科级以上干部驻村，组织128名党员干部职工与3个村的132户建档立卡困难群众开展一对一帮扶，党员干部职工共计500人次，进村入户深入挂联点访民情、听民意、定计划、抓落实。投入资金553万元，其中，直接投入资金380万元、协调项目资金173万元。校医务室先后3次到扶贫点开展义诊活动，义诊268人次，免费提供药品1.5万元。以基层党建为抓手，把党员凝聚到扶贫攻坚上来。打磨箐村委会驻村第一书记帮助制定落实基层党建工作计划，提升服务群众能力，带动群众增收致富，基层党组织成了群众信赖的“服务中心”，打磨箐村委会被寻甸县授予“先进基层党组织”荣誉称号，打磨箐村民小组被评为“省级卫生村”，盘海箐村民小组被评为“市级文明村”。完成对9分校的发展建设考核，评出优秀分校5家，合格分校4家，市干教领导小组发文进行通报并进行表彰。根据昆明市“省市联动·共建春城”义务植树活动指挥部的工作进度安排，筹措共建资金，按照资金拨付进度计划支付资金100万元，按时完成全年面山绿化共建任务。市政中心图书服务窗口全年借还图书1.22万册次，接待读者和群众1.6万人次，中心安排的大学生就业实习8次。组织160名教职工6次参加“关爱滇池志愿者”活动。

（赵庆元）

昆明学院

【中国共产党昆明学院第一次代表大会召开】 2016年11月26~27日，学校召开中国共产党昆明学院第一次代表大会。大会总结昆明学院组建以来的工作成绩和办学经验，提出今后五年的发展思路和建设“全国知名、特色鲜明的综合性应用型高水平地方大学”的奋斗目标，选举产生新一届党委和纪委领导集体。

【深化改革】 建立健全工作机制，实施教育综合改革。成立以党委书记、校长任组长，党委副书记、副校长为成员的全面深化综合改革领导小组，统筹推进改革发展的目标任务。研究制定《昆明学院全面深化综合改革实施意见》，从学科专业建设、教育教学改革、科研能力提升、师资队伍建设、管理结构调整、对外开放办学、优化资源配置、高校智库建设等8个方面推进学校教育综合改革。

【创新创业平台】 先后建设“云南省中关村软件园大学生创新创业基地”“昆明学院紫云青鸟艺术众创空间”“云科都市农业众创空间”“昆明学院浩宏E+创业创新孵化基地”等一批创意园、创业孵化基地、科技创业基地、创客空间等创新创业平台。“昆明学院校园创业平台”被云南省教育厅、云南省人力资源和社会保障厅和云南省财政厅评定为省级校园创业园；学校信息技术学院被评为省级创新创业试点学院；美术与艺术设计学院“云南特色旅游工艺品创新创业实践基地”获评为省级创新创业教育实践基地；农学院创新创业教育实践基地被云南省科技厅授予云科都市农业众创空间，被国家科技部授予云科昆明学院星创天地。2016年，昆明学院被云南省教育厅推介为申报国家“双创”50强的4所高校之一。与南京大学签署的校际合作协议框架，依托南京大学“五四三”双创国家示范基地的优质资源，提升学校创新创业基地建设水平和创新创业指导能力，为学校开展创新创业教育和学生开展创新创业实践活动，培育孵化优质创新创业项目提供支撑。

【教学改革】 制订出台《昆明学院应用型人才培养改革创新项目建设实施方案》《昆明学院2016版本科人才培养方案编制指导意见》《昆明学院师范生专业素养综合训练与考核指导性意见》《昆明学院关于进一步加强和改进教学工作提高人才培养质量的若干意见》和《昆明学院教师新开课管理规定》等指导性文件，从创新创业课程体系建设、特色专业集群建设、应用型人才培养、教师教学管理、实验实践教学等方面提出要求和指导意见，规范各项教学工作。

【发展专业特色】 主动对接云南省八大重点产业发展需求，围绕产业群、创新链科学设置专业，形成特色专业集群，在光电子、轨道交通、物联网、生物技术、都市农业、城市管理、水利水电、石油化工、学前教育与特殊教育、城乡建设、旅游餐饮文化等一批战略新兴产业和现代服务业急需专业的基础上，凝练专业特色，突出应用性人才培养。2016年，新增软件工程、医学检验技术、动物医学、会展经济与管理等4个本科新专业，申报临床医学、安全工程、物流管理、医学信息工程、植物保护、广告学等6个本科专业。

【创新课程体系】 在人才培养方案中设置创新创业教育课程模块，面向全体学生开设“创新创业教育”“职业生涯与发展规划”等创新创业类课程，引导和培养学生建立创新思维和创新意识；面向不同专业学生，在专业课中开设创新理论和创新方法类课程，加强学生创新能力训练；面向开展创新创业实践的学生，开设技能训练、技能竞赛、创新创业项目等，培养学生创新创业实际运用能力。开展课程信息化建设，引进名校慕课（网络学习）资源57门，开展公共选修课慕课建设工程，上传至学校课程中心平台的慕课资源150门，实现线上考试的达108门。

【探索应用型人才培养实践教学模式】 在全校实施大学生创新型实验计划，截至2016年，共有国家级大学生创新创业训练计划18项、省级大学生创新创业训练计划50项、省级大学生创新性实验计划10项、校级大学生创新性实验计划45项。建成各类实习实践教学基地382个，校级示范性实验实训实习基地5个，昆明学院学前教育和特殊教育学院、昆明学院附属经开幼儿园分别被教育部幼儿园园长培训中心授予“教学研究基地”和“实践教学基地”。

【应用型人才培养】 学院与昆明轨道交通有限公司合作开展“2+2”订单式人才培养；与晨农集团开展“3+0.5+0.5”人才培养模式和“3+X”多证书制度联合培养“懂技术、会经营、能管理”的高技术人才；与洲际酒店集团、希尔顿酒店管理集团、万豪国际集团公司联合培养酒店管理专业人才。成立“昆明学院—中关村软件园学院”，学校和中关村软件整合各自资源，共同制定人才培养方案，实施“3+1”人才培养模式，校企双方全程共同开展理论教学、实习实训、就业指导服务，首届软件工程专业已于2016年开始招生。近3年来获得各级各类专业技能竞赛奖励400项，其中，国家级奖项80项。

【学科建设创新科研机制】 探索实施院校两级科研行政管理体制改革，院（系）设置二级学术委员会，发挥提出、讨论、审定本院系学科建设、平台建设、团队建设、人才建设及相关科研项目的主体作用。建立健全科研管理机制，促进科研能力提升，整合原有科研项目和经费管理系统，建成统一的科研项目管理平台，对科研项目申报、评审立项、监督检查、结题验收等环节进行全程管理。注重平台和团队建设，促进科技成果转化提高服务地方的能力。2016年，学校争取到中央财政支持地方高校发展专项资金1 100万元，其中，美艺学院“云南本土艺术研究与工艺人才培养孵化基地”800万元，经济学院“互联网+云南跨境电商创新创业实验平台”300万元。“云南省都市型特色农业工程技术研究中心（培育）”通过培育期考评，被云南省科技厅认定为云南省工程技术研究中心。农学院获批成为首批昆明市科技众创空间·创新创业梦想孵化基地；“昆明科学发展智库”成为云南省重点培育的高校智库。

【职称评定工作】 学校获得副高级职称评审权，有效解决学校专业技术教师的职称评定问题。实施青年教师“双导师制”和助教制度，各教学部门制定青年教师培养计划，校内安排教授（或副教授）、校外聘请行业企业专业人员共同担任青年教师的导师，定期对青年教师进行指导。共有80名青年教师进入培养工程。

【推进教育国际化进程】 2016年，已面向南亚东南亚国家招收留学生逾百名，有300名师生赴泰国、印度、爱尔兰、韩国、马来西亚、中国台湾等国家和地区参加短期交流学习项目，有900名来自日本、韩国、泰国、马来西亚、挪威和澳门的学生到昆明学院开展夏令营活动。推荐90名学生赴泰国、缅甸就业和实习，拓宽毕业生就业面；开展6届缅甸华文教师培训，培训缅甸华文教师350人，有3名教师参加国家汉语国际推广领导小组办公室的汉语志愿者项目；学校与19个国家和地区的69所院校、教育机构开展实质性的合作，签订127份合作备忘录和协议，成立荷兰BTEC教育培训中心、昆明学院曼德勒华文教育培训中心、昆明学院东盟商学院、爱尔兰中心、瑜伽中心、中加学前教育中心、曼谷实习基地、昆明学院·巴黎第五大学合作研究中心、缅甸职业技术培训中心等9个国际合作平台，开展商务部援助老挝乌多姆赛职业技术学校技术合作项目和芬兰教育部养老护理合作项目。

（昆明学院）

文　化

【公共文化体制机制建设】 2016年，市文化局制定《昆明市关于加快构建现代公共文化服务体系的实施意见》及《基本标准》，制订《昆明市综合性文化服务中心建设方案》。以“基层公共文化服务包”为抓手，探索基本公共文化服务的新途径和新模式，优化制度设计，完善服务举措和社会评价机制，推进基本公共文化服务标准化、均等化工作。提升考核机制的科学化水平，2016年,与市委组织部、市民政局牵头组织实施的村级活动场所及农村基层综合公共服务平台建设整合，加入全新的综合性文化站及综合性文化服务中心的新达标考核指标内容，突出“春城文化节”的工作绩效评价。完善经费保障机制，2016年，基层公共文化服务项目经费由人均10元增加至人均12元。完善资金使用办法，明确要求“用于乡镇（街道）文化站、村（社区）文化室组织开展的基本公共文化服务项目的资金不得低于专项资金的80%”，确保专项资金保障的指向性。鼓励县区创新，涌现出五华区公共文化服务“零距离”工程、西山区开展社区“五位一体”幸福社区试点建设及文化站（室）错时服务试点、盘龙区社区文化指导员制度，禄劝县培育重点文化户及石林县“文化阵地建到自然村”等工作探索。加强全市业余文艺团队的管理。对全市1 646支业余文艺团队进行梳理、登记、造册。

【公共文化基础设施建设】 推进昆明文庙恢复性修建项目一期工程建设,编制市文化馆、市中心图书馆、市艺术中心项目建议书并取得项目建议书批复，昆明市文化馆（呈贡区群众文化活动中心）已取得300万元前期工作经费，市中心图书馆已取得120万元前期工作经费。完成寻甸县、经开区文化馆和图书馆建设，推进昆明市数字图书馆的各项数字化建设工作。2016年，建成乡镇（街道）基层综合性文化（站）服务中心9个，建成村（社区）基层综合性文化服务中心397个。

【文化惠民活动】 加强“两馆一站”（图书馆、文化馆、乡镇综合文化站）免费开放工作，争取中央补助资金1 068万元用于“两馆一站”免费开放。新建云南云路物业服务有限公司中心图书流通点、昆明监狱图书流通点、十四冶技工学校昆明校区图书流通点、中国铁建高新装备公司制造总厂图书流通点等图书馆分馆、流通点4个。加强全市文化信息共享工程、公共电子阅览室的管理和服务，清理统计全市“十二五”期间各基层站点所有设备配置情况；深入基层站点指导其建设成为标准化、规范化、内容安全、服务规范、环境良好的公共文化服务场所，督导基层站点免费开放，开展服务；加强对基层工作人员的培训，提升其业务素质与服务能力；以文化信息资源共享工程市级支中心为龙头，引领全市各级公共电子阅览室开展丰富多彩的服务活动，提升服务水平。完善昆明市图书馆数字化应用系统平台建设。依托数字图书馆推广工程，完成手机移动图书馆推广活动。举办春秋十讲、上海图书馆视频讲座、公共文化空中大课堂等公益讲座83讲。开展“三下乡”文化惠民演出3 008场。探索政府向社会购买公共文化服务新模式，整合县（市）区资源，打造“春城文化节”群众文化品牌活动，文化节以4大城市广场为主广场，分“春风送暖、夏日激情、阅动金秋、冬日热舞”4个篇章。按季度开展春节庙会、国学经典诵读、少儿艺术、全民阅读、迎国庆等主题鲜明的群众文化活动。2016年，组织大中型群众文化活动1.3万次，观众500万人。

【文艺作品创作】 成功举办2016年昆明新春音乐会、昆明市迎接第四届南博会云南少数民族精品歌舞乐演出及云南民族民间乐器展活动、《永远跟党走》昆明市纪念中国共产党成立95周年歌咏晚会、2016年春城文化节农民工艺术节、纪念中国工农红军长征胜利80周年音乐会、2016年西南四城市“风·雅·颂——国学经典诵读”活动昆明赛区选拔赛等活动，完成2016云南省新春文艺晚会、昆明市2016年春节送温暖慰问演出。创排儿童剧《战德和他的藏獒》，打造舞剧《大河苍流静》，提升打磨《孔雀树》，推出新版云南精品歌舞集《七彩云南》，与云南大德正智传媒联合出品音乐剧《阿诗玛》。昆明聂耳交响乐团组队参加2016年第八届国际华人艺术节暨新加坡国际管弦乐大赛，获小号独奏、小提琴独奏、铜管五重奏，弦乐四重奏4项金奖。参加云南省第十三届新剧目展演，儿童剧《战德和他的藏獒》荣获戏类银奖以及编剧、表演二等奖，导演、舞台美术、音乐创作三等奖；音乐剧《阿诗玛》荣获音乐、舞蹈类金奖以及编导、音乐创作、表演二等奖，表演、舞台美术三等奖；交响乐《家园》荣获音乐、舞蹈类银奖。在“第十一届中国艺术节‘欢跃四季’全国广场舞大赛”中，广场舞《马铃儿响来玉鸟唱》获得优秀节目奖，并前往西安参加展演。参加2016年上海国际“龙腾杯”青少年艺术大赛暨国际音乐舞蹈艺术节活动，《花之韵》荣获银奖，《天鹅之死》荣获金奖，《丑小鸭》荣获最高奖，《啦啦操》荣获金奖，昆明市红领巾艺术团荣获组织金奖。创编少儿舞蹈节目《水精灵》，赴韩国参加比赛，获得金奖。昆明市创作的声乐作品《新大河涨水》，花灯小戏《山村趣事》，群口快板《长征二万五千里》，美术作品《故园金梦》获得云南省群众文化“彩云奖”5个单项最高奖，昆明市文广体局获得云南省文化厅颁发的优秀组织奖，位列全省第一。开展对外交流活动，实施昆明市与苏黎世互派艺术家对外文化交流项目；赴澳门参加第八届中国—葡语国家文化周；昆明市民族歌舞剧院赴新西兰南岛参加“欢乐春节”庆祝活动、赴英国利物浦和伦敦参加昆明推荐周演出活动、赴美国丹佛进行“友好城市”演出、赴韩国进行“透过舞蹈看亚洲”交流演出活动、赴香港进行“云南旅港同乡会”演出，为昆明对外文化交流增添靓丽的光彩。

昆明聂耳交响乐团走进基层演出

（市文广体局　供稿）

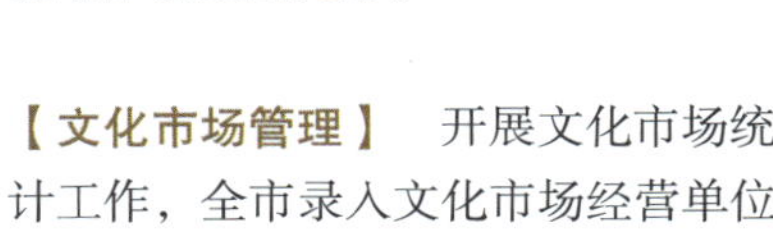

【文化市场管理】 开展文化市场统计工作，全市录入文化市场经营单位

非遗传承人培训

（市文广体局　供稿）

2 916 家，其中，娱乐场所经营单位 1 747 个，互联网上网服务营业场所 1 104 个，演出场所经营单位 16 个，文艺表演团体 31 个，艺术品经营机构 18 个。开展网吧转型升级先进单位和示范企业评选工作，31家试点场所全部完成转型升级工作。强化演出市场监管，贯彻落实《营业性演出管理条例》，加强演出市场的监管，对营业性演出单位的资格、演出节目实行严格的审查，严格对外来演出团队的管理，严格执行现场抽查、检查制度，及时发现违法违规演出活动；取缔无证演出，打击和查处色情淫秽和格调低下的演出活动。加强对城郊结合部及农村物资交流会、庙会等节庆期间的演出活动的监控，培养信息员，掌握市场动态，及时制止和查处城郊接合部、农村乡（镇）的非法演出活动。加强市场监管，规范市场秩序，开展全市文化市场日常检查行动，规范全市文化经营单位的经营行为和经营秩序；开展元旦、春节及省“两会”期间、南博会期间的文化市场集中整治行动；开展校园及周边治安综合治理专项工作；配合做好预防青少年违法犯罪专项工作；高度重视演出市场的监管工作，查处违法违规演出活动。加强和改进网络文化市场监管；加强对文化经营业主的宣传教育，开展文化市场“3·18”法制活动宣传。引导经营者规范经营行为。加强文化市场安全生产工作，防范和遏制重大事故发生，在全市范围内组织开展冬春消防安全大检查、“两会”期间社会面火灾防控工作以及夏季消防安全大检查。在“6·26”国际禁毒日当天，组织全市文化娱乐服务场所200人参与在云南警官学院举行的以“无毒青春，健康生活”为主题的大型禁毒宣传教育活动，参观云南禁毒教育基地，提高从业人员的禁毒防艾意识。制定下发《昆明市文化广播电视体育局 昆明市公安局关于进一步加强游戏游艺场所监管促进行业健康发展的通知》，促进昆明市游戏游艺行业健康有序发展。2016年，出动执法人员3.02万次，执法检查文化经营单位1.12万家次，受理12318举报件186件，立案78起，结案40起，其中，查办“3·13”督办案等大（要）案件4起，确保全市文化市场的健康有序。

（市文化广播电视体育局）

文学艺术

【学习《关于繁荣发展社会主义文艺事业的意见》】　召开“2016年昆明市文联工作会”，组织各文艺家协会、各基层文联进行学习，引导广大文艺工作者领会习近平总书记在文艺工作座谈会上的重要讲话和中共中央《关于繁荣发展社会主义文艺事业的意见》的重大意义、精神内涵，准确把握中央推动文艺繁荣发展的指导思想和方针原则，认识文艺工作发展的新形势、新任务、新思路、新要求，坚持以人民为中心的创作导向，坚持以社会主义核心价值观为内核，坚持文艺创作为人民抒写、为人民抒情、为人民抒怀，追求真善美，传播正能量。各协会、基层文联把学习习近平总书记在文艺工作座谈会上的重要讲话和中共中央《关于繁荣发展社会主义文艺事业的意见》精神与推动工作创新发展紧密结合起来，开展形式多样的学习活动，深入调研、把握规律，制定措施、积极行动，提高主动作为、积极作为的能力和水平。

【合作交流】　组织文联机关及文艺家代表赴广州、兰州考察学习，与全国文联负责人、全国组联干部、兰州市文联等进行交流，走访广州几个成绩突出的基层文联和典型文艺示范点，对发达地区文艺工作和文艺发展战略有了更为直观的体验和多方位的思考，极大地开阔了视野。与北京市朝阳区文联艺术家进行合作意向交流，对提升文联工作格局起到积极作用。与玉溪、楚雄、曲靖联合举办“滇中州市艺术年展·2016书法展”，为共同推动“滇中一体化”区域性的发展助力。

【“春城文艺”网站正式上线】　借力“昆明信息港”的专业平台，建设“春城文艺”网站。2016年2月，市文联官方网站正式上线运营，网站开设文艺动态、春城文艺家、文艺作品、线上艺术、线上互动、党建工作、信息公开等多个栏目，集纳昆明作家协会、昆明摄影家协会、昆明书法家协会等13个协会会员的子站，通过“跨屏阅读”等技术实现“多频合一”，打造成繁荣昆明文艺、发展先进文化的重要信息发布、文艺欣赏、互动交流平台。建立“春城文艺”微信公众平台，探索新形势下文艺工作的创新之路。

【第二届“滇云网络文学大赛”】 贯彻落实中共中央《关于推动网络文学健康发展的指导意见》的相关精神，举办2016年第二届“滇云网络文学大赛”，大赛面向社会公开征集中国故事，昆明故事，征集以昆滇文化为题材的优秀作品，这是继2015年成功举办首届滇云网络文学奖大赛后，举办的第二届网络文学赛事。两届赛事的举办，引起激烈的反响，是云南面向海内外广大网络文学爱好者的首次大型网络文学有奖征文活动，成为云南最具规模和影响力的网络文学赛事。

【“深入生活、扎根人民”活动】 各文艺家协会、各基层文联开展“深入生活、扎根人民”主题实践活动，坚持以人民为中心的工作导向，深入基层，深入群众，开展文艺实践活动。作协组织作家赴昆钢深入生活，开展课题调研和采风创作活动；市文联组织作家、儿童文学家深入学校、救助站，举办“快乐阅读会”；美协、书协、曲协、剧协等协会的文艺家们，分别到倘甸、轿子山两区、呈贡区、嵩明县，进部队、进社区、进学校，开展文艺进基层活动。影协组织摄影家赴禄劝、东川等地开展“为贫困山区群众拍摄全家福”活动，受到当地群众欢迎。

【文艺活动】 举办“我的中国梦—昆明市第九届民间文艺调演”“颂党恩.跟党走—庆祝中国共产党成立95周年纪念书画展”“中国共产党成立95周年书画展”“昆明—藤泽结谊35周年书画展”“我们的中国梦”第十届“笑咪乐呵”曲艺、小品、小戏大赛、“我的中国梦”第六届蓝丝带（东盟）少儿模特电视大赛、“纪念红军长征胜利80周年专题书画展”。与玉溪市文联和昆明市文广体局等单位联合开展“我们的中国梦”文化进万家活动；参与承办中国作家协会、云南省作家协会主办的“中国作家重走长征路”主题采风活动。

【人才培养】 举办“昆明地区少数民族作家创作培训班”，邀请全国知名文艺刊物主编等授课；举办“昆明市2016年戏剧创作培训班”“昆明市首届影视创作培训班”。召开“助推云南原创儿童文学精品力作研讨会”，邀请省外专家、云南儿童文学作家、评论家、媒体记者等参加会议。举办“第十二届滇池文学奖颁奖典礼”，全国和省内多位知名作家出席颁奖活动，推动昆明文学创作发展；举办以小说写作局势与前景为主题的“滇池论坛”，就小说的发展、内容和写作等方面进行深入的探讨。

【刊物创办】 创刊《昆明文艺》，发掘和培养昆明地区青年文学艺术人才，传承昆明本土文化，为广大文艺家和文学艺术爱好者搭建交流和展示的平台。完成“滇池文学丛书”第十三辑编辑出版，4部具有时代意义、本土特征鲜明、生活气息浓厚的作品入选出版，发挥发现、培养、扶持昆明地区写作者的平台作用。《滇池》文学杂志仍然坚持以“挖掘昆明本土新人”为目标，完善、探索和创新，建立“滇池文学”网站，刊发电子版本，开展相关文学活动。内部发行的《春城少年》和昆明作家协会主办的《昆明作家》，担负着挖掘和培养文艺新人的重任。

（李妍慧）

档案

【法制建设】 2016年6月9日，省市联动开展纪念“国际档案日”宣传活动。昆明市档案局组织盘龙区、五华区、官渡区、西山区档案局以“档案与民生”为主题，分别在昆明市新工人文化宫广场、盘龙区政务服务局广场、莲花池公园广场、官渡古镇广场举办第四届“国家档案日”宣传活动，发放2万份宣传材料。昆明市档案局向全市下发《昆明市档案局关于开展2016年度档案行政执法检查的通知》《昆明市档案局关于迎接省档案局联合执法检查组对全市进行档案行政执法检查的通知》，7月21~22日对市司法局、盘龙区档案馆等10家单位进行实地检查，对检查中发现的问题敦促及时整改，市政府秘书长胡炜彤代表市政府就昆明市2016年贯彻落实档案法规及配套法规工作情况向省档案局检查组作工作汇报。按照市政府2016年立法计划的要求，昆明市档案局制订《昆明市档案中介机构管理办法（送审稿）》，并上报市政府。形成《昆明市国家综合档案馆重要档案异质异地备份管理办法》《昆明市国家综合档案馆重点档案抢救保护实施办法》初稿，报分管领导审阅。

【档案工作规范化认定】 开展党政机关、企事业单位和社会团体的档案管理规范化示范认定工作。全年全市完成2个国家综合档案馆、148家机关事业单位、9家企业档案工作规范化管理示范认定，完成64家机关事业单位规范化管理复查。

【信息化建设】 建立健全数字档案馆各项工作制度，开展电子档案接收管理工作和馆藏档案数字化转换工作，确保移交进馆的档案同步数字化，准确录入档案信息管理系统。全年全市累计完成馆藏档案原文数字化转换量865.2万页，转换的数据量15.14T，全市档案数字化目录累计1 425.01万条，档案数字化量累计3 302.66万页，数据量累计38.89T。全市各国家综合档案馆均按要求开展电子档案数据的异质异地备份工作，确保档案万无一失。

【档案查阅利用】 做好昆明市档案、政府信息和现行公开文件的查阅利用工作。2016年，全市各级档案馆查阅利用中心接待档案查阅利用人员3.38万人次，6.53万件次。加强爱国主义教育基地建设，爱国主义教育基地展厅接待1.03万人次参观。

【档案接收】 2016年，全市各级档案馆接收征集进馆的文书档案6.08万卷，48.08万件，特色档案征集1 454卷，611件。全市档案资源总量共计116.57万卷，220.5万件，特色档案总量6.76万卷，10.31万件。

【档案保护】 加强对馆藏国家重点历史档案抢救和保护工作，申报国家或省级重点档案保护与开发项目。申报《2016年国家重点档案目录基础体系建设》和《抗战档案——抗战胜利纪念堂档案专题片》，争取国家重点档案保护与开发中央资金181.71万元，其中，《2016年国家重点档案目录基础体系建设》项目108.71万元、《抗战档案——抗战胜利纪念堂档案专题片》项目73万元。争取昆明市重点档案抢救配套经费12万元，分别下拨至安宁市、东川区、富民、宜良、石林、晋宁各县档案局（馆）。完成国家重点档案39万条文件级著录，抢救国家重点档案为3 669卷，至年末，累计抢救2.25万卷。

【编研工作】 完成《昆明档案》1—4期和《一二·一运动实录》编辑出版工作，完成2015年度《昆明年鉴·档案》编写和报送工作，完成《昆明市档案志（2011~2015）》编写工作；五华区完成《红色经典岁月留痕》编辑出版工作，盘龙区完成《昆明曲剧在盘龙》《红色记忆》编辑出版工作；官渡区完成《幸福的密码》视频制作和《官渡区建区60周年》画册编辑出版工作；宜良县完成《2016年档案典型利用效果实例汇编》整理编辑出版工作；寻甸县完成《红军长征过寻甸》编辑出版工作。

【档案馆建设】 加强对县级国家综合档案馆项目建设力度。安宁市、寻甸、晋宁、石林县档案馆新馆建成并投入使用；宜良县国家综合档案馆通过省档案局功能验收，并批准投入使用；嵩明县新馆建设主体工程已完工；盘龙区新馆建设项目于2016年9月19日开工建设；官渡区国家综合档案馆于12月中旬开工建设；五华区国家综合档案馆建设项目拟于2017年开工建设；西山、东川区和禄劝县新馆通过可研评审；筹备呈贡区、富民县新馆建设。

【档案展览】 纪念中国共产党成立95周年、红军长征胜利80周年，经中央档案馆授权，昆明市档案局联合市委宣传部、市级机关工委承办“红星照耀中国——外国记者眼中的中国共产党人”主题巡回展览。展览于6月27日至7月1日在昆明市级行政中心昆明会堂4楼大厅展出。7月3日至9月30日，分时段“送展六进”（进机关、进学校、进军营、进社区、进农村、进企业），包括主城五华区、盘龙区、西山区、官渡区、市公交集团、滇池投资有限公司、轨道交通有限公司、自来水集团、武警昆明市支队、昆明学院等，共展出20批次，观展人数5万人。

（顾建英）

文物及博物馆

【不可移动文物保护与合理利用】 2016年，昆明市文广体局开展《昆明市市级文物保护单位保护工程管理办法》《昆明市不可移动文物保护利用指导意见》的起草工作。指导各县（市、区）、开发（度假）园区实施22项不可移动文物保护工程，其中，完成朱德旧居整体修缮、廻龙庵一期修缮、安宁文庙消防安全设施建设、私立光德小学旧址修缮、云南天文台历史建筑群修缮、路南州文庙文昌宫修缮、丹桂村中央红军总部驻地旧址消防和防雷工程、升庵祠消防电路改造、筇竹寺消防和防雷设施工程；启动实施周钟岳旧居、西山龙门石刻、宜良文庙大成殿、青龙宫古戏台、龙树庵、尚义街小白楼保护修缮、升庵祠滑坡治理、云南陆军讲武堂盥洗房修缮、文明街欧阳氏宅院、巫家坝机场旧址民国时期候机楼修缮、中央电工器材厂一厂旧址修缮、黄河巷杨氏公馆修缮、小板桥万寿楼修缮、大桥村安顺桥保养维护。完成省级文物保护单位消防安全“一项一策”任务。争取市级财政资金补助相关县（市、区）、开发（度假）园区，对消防安全隐患突出的28项市级文物保护单位文物建筑消防安全设施、设备进行配置、更新。

【讲武堂旧址保护范围资产移交】2016年3月9日，中共云南省委办公厅决定“对云南陆军讲武堂旧址文物保护范围内有关房屋、地块交由昆明市进行统一规划和管理使用，所涉及的省直单位要给予大力支持”。截至12月31日，讲武堂文管所通过协商谈判，以货币补偿的方式收回旧址北侧照壁区域的临时建筑以及旧址内大礼堂、马夫房用于租赁的部分建筑。

【讲武堂文物修缮和白蚁监测防治】 2016年，云南陆军讲武堂文管所先后实施和启动3项文物修缮工程：利用国家文物局补助的340万专项资金，完成主体建筑外立面的保护性修缮工程；与省科技馆共同出资302万元实施讲武堂附属建筑盥洗房的恢复重建工程，至12月31日，完成工程土建施工；启动位于旧址北侧照壁修缮工作，完成设计方案修改审定，以及照壁区域临时建筑的拆除。

年内，按照长、中、短三线防治要求，启动讲武堂旧址主体建筑白蚁虫害防治监测工作，在部分区域安装监测设备，在重点部位集中给药进行灭杀和防治。与翠湖公园管理处联合申报创建“翠湖·讲武堂”国家3A级旅游景区，通过昆明市旅游景区质量等级评定委员会的评审；争创区级“文明单位”，顺利通过五华区文明办的考核。

【文物征集】 昆明市博物馆馆藏文物总号数 8 738件套，实际数量1.85万件，其中，2016年度新增藏品总号236件套，新增实际数量 348件，具体情况如下：化石类文物新增总号155件套，实际数量207件；书画文物新增10件套，实际数量15件；近现代文物新增8件套，实际数量10件；飞虎队文物新增11件套，实际数量39件；民族服饰文物34件套，实际数量50件，及时完成以上文物的整理、除尘、分类、编号、登记、上账、入库、入柜、上架等工作。系统征集云南著名艺术家史一和孙云玲的作品。云南陆军讲武堂历史博物馆从省文物总店征集到23件文物资料，其中，“拥护共和纪念章”“靖国军纪念章”等纪念章4枚、民国老照片10幅及《曾胡治兵语录》等纸质文物资料9本（张）。举办 2 场文物捐赠仪式：接受杨安宁等人捐赠的叶剑英签名照片和6盏马灯；接受抗日名将——国民革命军第五十八军军长鲁道源将军后人鲁以国先生捐赠的鲁道源将军在抗战时期的3张照片、将军生前的1套西服。2016年5~7月，市博物馆保管部按期完成《云南省国有馆藏珍贵文物大系》的撰稿工作，撰稿文字8万字，其中，瓷器文物撰稿1.6万字、青铜文物3万字、书画文物撰稿2万字、杂项文物及陶瓷文物撰稿1万字。

【考古调查、勘探】 实施各级文物保护单位保护工程23项，完成5项建设工程文物考古调勘工作。市博物馆考古部在2016年1月初完成云南武倘寻高速公路建设项目用地文物考古调查勘探工作；2月初，完成长水机场北高速公路改、扩建（延长线）建设用地考古调勘工作；2月16日~3月2日，完成云南滇中新区空港大道中段（文林路至机场北高速）建设用地考古调勘工作；4月27日~5月20日，完成云南省2013~2017年城市棚户区改造省级统贷项目（九期）建设用地考古调勘工作；6月20日至7月9日，完成昆明市东川至格勒高速公路工程项目建设用地考古调勘工作；6月22日至7月11日，完成昆明市宜良至石林高速公路工程项目建设用地考古调勘工作；以上完成项目均提交《文物考古调查调勘评估报告》及《云南省建筑工地文物保护意见书》。7月13日，考古部受昆明市交通运输局委托，对昆明市福德立交至宜良（昆石复线）高速公路工程建设项目用地考古调勘工作，洽谈相关工作事宜，签署协议，9月下旬，开始进行地下文物调查、勘探工作。

【可移动文物普查】 全市第一次全国可移动文物普查工作圆满完成，所辖下级收藏单位收藏文物总数1.3万件（套），其中，一级文物7件（套），二级文物78件（套），三级文物846件（套），一般文物9 051件（套），未定级文物2 983件（套）。

【飞虎队纪念馆修缮及布展工作】 2016年3月，市博物馆与云南特斯泰工程检测鉴定有限公司对尚义街60号进行建筑结构质量综合检测，完成尚义街60号飞虎队纪念馆修缮、安防、展陈设计施工、监理和审计等5个项目的招标工作和相关合同的签订，并对展览大纲及设计方案进行修改、深化和提升，确保12月20日飞虎队昆明首战75周年的纪念日如期开馆。

【展览陈列工作】 2016年，市博物馆举办各类临时展览10个。5月1日，市博物馆改造提升的《滇池地区恐龙化石展》正式对外展出。1~10月，举办《云南典藏20周年艺术品拍卖会预展》《水韵情缘——云南、台湾水彩画家作品联展》《“践行生态文明 畅想绿色生活”环保公益书画摄影展》《青少年爱心公益绘画艺术展》《美丽的地球 我们的家》科普专题展等临时展览。10月，先后举办《红军永远是红军——陈赓大将生平图片展》《万水千山只等闲—昆明市纪念工农红军长征胜利80周年历史题材绘画精品展》《飞虎奇兵：r.t史密斯——一个飞虎队员记录的峥嵘岁月》等展览。5月18日，“中国远征军”主题展在云南陆军讲武堂历史博物馆开展并向公众开放，展出500件实物和从美国国家档案馆收集精选的800张图片、近80分钟的视频资料。该展览是继“百年军校 将帅摇篮”后，云南陆军讲武堂历史博物馆推出的又一个主题展览，也是国内第一个系统性展示“中国远征军”这一主题的固定陈列。年内，云南陆军讲武堂历史博物馆还与有关单位联合举办“《铭记与关爱》——镜头中的抗战老兵图片展”“迎春豫滇书画三人展”，《从文化先锋到革命罗针——“新青年”与中国共产党的创建》《纪念中国工农红军长征胜利80周年书画展》等13个临时展览。完成朱德旧居纪念馆的陈列布展工程，于12月对社会开放。引导社会力量兴办各类博物馆，完成云南精楷明清家具博物馆、朱德旧居纪念馆、云南陶韵博物馆、晋宁县博物馆申报备案工作，新增注册博物馆4个，其中，国有博物馆2个、非国有博物馆2个。

【展览接待】 市博物馆共引进和自办展览24个，接待国内外观众34.79万人次，其中，主馆29.32万人次，流动展览2.91万人次，外展2.48万人次。云南陆军讲武堂历史博物馆2016

年接待观众113.10万人次，免费讲解2 624场次，免费发放宣传资料100万份，观众人次同比增长14.58%。节孝巷中共云南地下党建党旧址的观众突破5万人次。全年先后接待全国人大常委会副委员长向巴平措、中国人民解放军陆军副司令彭勃中将、中央办公厅机要交通局局长郭旭明、最高人民法院咨询委员会主任姜兴长、中央十八届六中全会宣讲团、中国国民党副主席郝龙斌等领导和贵宾，以及国内外近600个参观团队。

【学术研讨和馆际交流】 内蒙古阿拉善博物馆与昆明市博物馆联合主办《阿拉善蒙古族民族民俗文物精品展》4~5月在市博物馆展出。《长空飞虎——飞虎队文物展》于2016年7月15日至8月15日在内蒙古阿拉善博物馆展出。市博物馆与广东东纵博物馆合作，于2016年11月底~12月30日在两地分别展出由美国战地记者罗赛特等人拍摄的《走向胜利——美国战地记者镜头中的抗日战争》。云南陆军讲武堂坚持走出去请进来，分别与广州孙中山大元帅府纪念馆、武汉江汉关博物馆和保定陆军军官学校纪念馆开展馆际间座谈研讨和展览交流活动。

【对外宣传】 2016年，云南陆军讲武堂博物馆利用报纸、电视、网络、自媒体加强对外宣传，对外发表原创稿件共计132篇。通过中央电视台、中国文化报纸、中国新闻网等电视台、报纸、网络媒体刊载，宣传展示云南陆军讲武堂这所百年军校历史文化内涵。市博物馆与致公党昆明市委联合开展民办博物馆的课题研究，其中，高静铮撰写的《阮元督滇政绩及文化贡献》、梁钰珠撰写的《儒宦阮元云南诸事述评》发表于《阮元研究国际学术研讨会论文集》，由文物出版社出版；陈颢发表论文3篇：《青铜文物修复过程中的除锈及缓蚀》[N]. 中国文物报.2015-12-25；《可移动文物普查带来的保护利用启示》[N]. 中国文物报.2016-09-06；《纸质文物保护与修复初探，文物修复研究》[C]. 北京：中国文联出版社，2015-2016；梁银《云南的古代塔林》、贾溪涛《寻甸金源古墓地初探》、李培聪《金沙江中游石器时代墓葬研究》发表于《中国盘古文化暨大王岩画研究》，云南人民出版社，2016.2。开展2016年“国际博物馆日”活动。

【“文化遗产日”系列活动】 公布第四批市级非物质文化遗产名录，新增市级非遗名录25项。组织申报第四批省级非物质文化遗产项目，确定推荐24项参加省级非遗项目申报。举办第六届“中国官渡全国非物质文化遗产联展”“第三届昆明滇剧艺术周等非遗品牌活动”“圆通樱潮”、金殿庙会等非遗产展示活动。加强非遗保护传承基地建设，石林县维则青联希望小学、阳宗海管委会小屯村2个基地被命名为省级非遗产保护传承基地，呈贡滇剧传习基地等14个单位被命名为市级非遗产保护传承基地。加大对非遗产传承人扶持力度，从2016年起将市级传承人传承补助提高至每人每年3 000元。

（市文化广播电视体育局）

2016年6月，“文化遗产日”活动。

（市文广体局　供稿）

新闻媒体

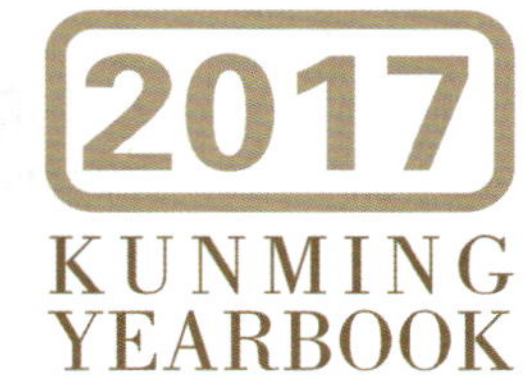

◆责任编辑　林吉旺

广播电视和新闻出版版权

【广播电视监管】　加强广播电视行业监管，狠抓广播电视安全播出，全年未发生任何安全播出事件、事故，实现连续11年无重大安全播出事故。加快推进公共文化服务数字化和应急广播体系建设、农村乡镇广播电视服务中心示范点建设。加强对广播电视播出秩序、传输秩序、广告播出、节目制作、卫星地面接收设施、互联网视听节目和新媒体新业务的管理，全年共出动执法人员1 172人次，车辆320辆次，发出广播电视广告整改通知5份，查处11个频道频率，分别对58条电视广告、12条广播广告进行停播和整改处理，查处拆除接收设施142座，查获非法电台6个。

【基础设施建设】　完成3万套"户户通"建设任务，工程涉及东川区8 033户、寻甸县5 000户、富民县2 877户、禄劝县13 000户、石林县1 090户，于12月6~8日通过省级验收。加强售后服务建设，在全市建设售后服务专营网点89个，负责户户通专营销售和售后服务工作。根据国家、省的统一安排，2015年开始实施高山无线发射台站基础设施建设工作。2016年，帮助东川区、禄劝县、安宁市完成改造项目的立项审批，东川区的改造工程已完成，安宁市、禄劝县已完成主体建设，正在进行设备安装调试，3县（市、区）高山台站涉及尾款184.60万元年内已拨付完成。晋宁、宜良、寻甸、嵩明无线台站基础设施建设报批工作也同时进行，2016年省发改委批准晋宁、嵩明的无线台站基础设施建设项目，并开工建设；宜良、寻甸县无线台站基础设施建设项目可行性研究已通过市发改委审批，正在向省发改委申报。地面数字电视广播覆盖网建设持续推进，9个县级台站升级改造工程设备已基本就位，正在安装建设中。完成中央广播电视节目无线数字化覆盖补点工程规划，全市51个乡镇补点台站中央配套的4 500万元资金已下达，正在准备实施铁塔等配套设施建设。

【公益电影】　实施农村电影放映工程，共有1 296个行政村享受农村电影公益放映，共放映农村公益电影17 901场，受惠观众300多万人次。放映广场社区公益电影820多场，受惠群众25万多人次。为36所学校放映爱国主义公益电影90多场，受教育中小学生2万多人次。

【精品创作】　组织开展2015年度广播电视奖评选活动，共评出获奖作品70件。其中："金孔雀杯"影视作品奖2件，电视新闻奖20件，电视社教奖12件，播音主持奖16件，广播新闻奖6件，广播社教奖3件，广播电视文艺4件，电视十佳栏目2件，影视文艺奖5件。

5月25日，组织开展了云南首次"2016年暑期档云南电影推荐会活动"，18家国内外知名影业公司和发行方介绍了即将上映的近50部电影。

5月28日至6月5日，举办云南首届"金孔雀"昆明大学生电影展映活动，分别在呈贡时光影城、云南九州良黎汇文影城以及市内昆明环银国际电影城、北辰财富中心影城、保利国际影城昆明南亚店等主力影院分单元进行展映，展示来自云南省在昆开设影视相关专业的8所高校的大学生创作的80多部优秀影视作品。展映影片类型包括纪录片、剧情片以及微电影和创意实验短片，其中不乏曾经在国内外电影节影视作品竞赛中的获奖影片，以及部分受邀参与特别展映的云南本土新锐导演最新创作的优秀影片。

【产业发展】　继续做好影院建设，鼓励各类资本投资建设商业影院和社区影院。2016年，共核发新建电影院放映许可证11家，新增银幕67块，放映电影58万多场，观影1 300多万人次，票房达4.50亿元。目前，全市共有城镇数字化电影院65个，率先在全省16个州市完成城镇数字影院建设全覆盖。积极探索"银企合作"模式，牵头成立了"昆明文化银行"，4月22日，市广体局与市政府金融办公室、建行云南省分行营业部在昆明签订《战略合作协议》，建行滇龙支行将成为昆明市首家文化产业金融示范支行。"昆明文化银行"的成立标志着昆明文化产业与金融产业首次进行全方位资源整合。

【版权工作】　完成2016年度计算机软件著作权登记资助工作。2016资助计算机著作权登记的企业与个人共41家，资助件数222件，资助金额为16.20万元。在资助软件中，有152件进入商业应用，年产值9 182.72万元，占比超过68%。巩固政府机关软件正版化工作，推进国企软件正版化工作。组织昆明市各级行政机关单位26人参加2016年云南省州市县级政府机关软件正版化工作培训班，提高相关工作人员业务水平，不断完善软件正版化工作制度。按照《关于做好2016年软件正版化有关工作的通知》要求开展政府机关软件正版化复查工作，更新了《软件使用情况统计表》《软件正版化工作责任部门责任人信息表》，进一步落实政府机关软件正版化工作责任，巩固软件正版化工作成果。

【新闻出版管理】 认真贯彻落实中央和省“扫黄打非”工作部署，不间断地开展集中整治和专项行动。2016年，全市共出动执法人员8 639人次，检查出版物市场、店挡摊点9 084家次，检查印刷复制企业5 019家次，取缔出版物市场、店档、摊点53个，端掉1个非法出版物销售、仓储的黑窝点，查缴各类非法出版物36万余册（片、盒）。加强对印刷复制业的监管，查处了“4·15”特大非法印制销售出版物案件、“7·18”涉嫌销售非法出版物案件、“9·22”涉嫌销售盗版图书案件等一批大案要案。针对淫秽色情活动出现的新情况、新特点，不间断地开展专治整治和集中打击行动，成功侦破了“3·26” 网民利用互联网制作传播淫秽色情信息案。深入开展“护苗”专项行动，在中小学开学之际及六一国际儿童节前后，集中清查校园周边出版物市场，营造有利于青少年健康成长的文化环境。巩固集中行动的成果，举办“4·26”侵权盗版制品及非法出版物集中销毁活动，共计销毁各类非法出版物18万余册（片、盘）、地面卫星接收设备47套、高频头5台、电台发射机9台、天线9套。组织开展了“昆明市‘3·18’全国文化市场法制宣传日暨平安昆明建设系列宣传活动”，发放文化市场法律法规宣传单4 000张，提供群众现场咨询100余人次。

（市文化广播电视体育局）

广播电视播报

【宣传工作】 2016年，昆明广播电视台牢牢把握正确的舆论导向，不断提升舆论引导、内容制作、媒体融合、产业发展、技术支撑、机制创新、党的建设能力和水平，各项工作取得了显著成绩。策划推出《学习贯彻习近平总书记系列重要讲话精神》《学习贯彻习近平总书记考察云南重要讲话》《足迹之光——总书记考察云南一周年》《学习宣传贯彻十八届六中全会精神》《学习贯彻“七一”重要讲话精神》《纪念建党95周年》《学党章党规 学系列讲话 做合格党员》等专栏、系列报道，播发新闻400余条（集），全面反映全市深入贯彻落实习近平总书记系列重要讲话精神的重要举措、重大成就，深入解读十八届六中全会精神，反映全市学习宣传热潮。

【重要报道】 圆满完成省第十次党代会、市第十一次党代会、市委全会、市委常委会、省委省政府推动昆明市改革发展座谈会、省市“两会”等重要会议以及南博会暨昆交会、农交会暨农博会、全国药交会、昆明大健康国际高峰论坛、上合昆明国际马拉松赛、郑和国际文化旅游节、云南文博会等重大展会、活动的报道任务。推出《喜迎党代会》《报告解读》《贯彻落实省党代会精神》《贯彻落实市党代会精神》《贯彻落实市第十一次党代会精神县区委书记访谈》等专栏，播发新闻210余条，为党代会营造良好舆论氛围。开设《喜迎南博》《记者带您逛南博》《聚焦南博会》《客从远方来》《精彩南博 联接中外》《农交会 农博会》等专栏，播发新闻600余条，全面报道南博会暨昆交会、农交会暨农博会情况。

【重大报道】 紧紧围绕全市中心工作，策划推出《纪念红军长征胜利80周年》《加快建设区域性国际中心城市》《当好火车头 实现新跨越》《促进开放型经济发展》《着力推进重点产业发展》《回望“十二五” 展望“十三五”》《谋发展 促跨越 启航“十三五”》《稳增长 调结构 促发展》《加快旅游产业发展 建设旅游强市》《创建文明城市 提升人居环境》《春城文创 蓬勃绽放》《创意昆明 精彩春城》《文化昆明 魅力春城》《发展文化产业 建设创意之都》《幸福昆明》《发现云南之美》《脱贫攻坚进行时》等50余个专栏、系列报道、特别节目、现场直播。其中，6集系列报道《春城无处不飞花》、10集系列报道《昆明工匠》及系列节目《滇池·飞鸟》产生强烈反响，被央视新闻频道、云南电视台、央视网、人民网、搜狐网等权威媒体转载。

【传播能力建设】 着力加强与权威媒体交流、合作，制作25期《“一带一路”看昆明》电视专题节目，在云南台国际频道、昆明台同步播出，全面展示昆明独特魅力、发展优势、发展成就。全年向云南台《云南新闻联播》推送播出新闻近300条，在央视新闻频道发稿10余条。借力中国城市联合网络电视台、蜻蜓FM、喜马拉雅、阿基米德等国内知名平台以及自身新兴媒体平台，实现全台节目的点播、直播，拓展了传播范围。

【热点突发报道】 持续关注民生民意，对环境保护、滇池治理、五网建设、宜居昆明建设、高铁建设、城市交通建设、电动车整治、网约车管理、交通违法整治、市容市貌整治、就医就学就业、看病难看病贵、消费者权益保护、天然气置换、公租房分配、异常天气以及“3·16”建筑工地垮塌事故等热点问题、民生话题、重大突发事件作正面舆论引导。推出《高铁，出发》《高铁动车入昆》《高铁时代倒计时》《巨龙奔腾·昆滇飞越》等多期特别节目、直播节目，持续关注报道云南高铁时代的到来。

【舆论监督报道】 开设《创建文明

城市 提升人居环境》等专栏，对违规排污、垃圾堆积、环境脏乱、户外广告乱象等行为及整改情况进行及时报道。推出《户外广告——走出乱象 净化城市》等系列报道，播发新闻20余条，对户外广告存在的问题、外地经验做法作深入报道。围绕违法建设整治，及时播发140余条新闻。充分发挥《春城热线》节目影响力，持续开展舆论监督、促进政务公开，为民排忧解难，来件办结率达98%，群众对上线单位满意率达90%以上。

【系列大型活动】 制作播出纪录片《海鸥去哪儿》（下部），与“海鸥去哪儿”大型科学探秘活动形成同频共振效应。成功举办昆明市纪念建党95周年大型晚会、“放歌春之城”民歌演唱大赛、“昆明新主播”主持人选拔大赛等大型活动。采取摄制播发11个专题片、90分钟特别直播，立体播发形象片、宣传片800余次，举办职工联欢晚会等形式，隆重纪念昆明广播电视台开播30周年。

【公益广告策划】 围绕重大主题，精心制作播出20种1.50万余条公益广告、宣传片，弘扬主流核心价值，展示昆明美好形象。荣获“广播电视公益广告扶持项目”全国二类优秀传播机构奖，成为全省唯一获此殊荣的广电媒体。“长征魂 中国梦”公益广告大赛及精品展播、“为劳动者点赞”主题公益广告创作及展播等引起较大反响。

【专题片、形象片制作】 拍摄制作《凝心聚力 砥砺前行》《创新春城 众创未来》《春城文创 蓬勃绽放》《依法治市 平安昆明》《红色印记》《平安五华》《西山区互联网+幸福网格》《倘甸两区专题》《金融办专题片》《盘龙区形象片》等专题片、形象片、宣传片70余部，有力提升了昆明美好形象。

【平台建设】 新兴媒体平台用户数、访问量、影响力得到提升。昆明网络广播电视台（CUTV昆明台）每月平均浏览量突破47万，全年总浏览量突破560万，同比增长21.8%，已成为中国城市联合网络电视台重要组成部分。“无线昆明”客户端下载用户突破46万人，全年新增15万。“伙食团”客户端手机下载量突破31万，全年新增突破10万。全台微信集群用户已达1870万。建成昆明主城区14座人行天桥户外新媒体宣传平台（LED）34块。

【媒体融合发展】 新兴媒体平台与节目制作、经营部门相互联动，共同发布重要新闻信息，共同推介节目，共同举办大型活动，参与广告经营。频道频率均已在新兴媒体平台实现了节目同步直播、点播功能，均开通了微信、微博平台。

【广告营销】 积极应对宏观经济持续走低、新兴媒体强烈冲击、省级以上广电媒体挤压等严峻形势，着力提升服务水平，转变营销思路，调整市场策略，完成全年基础性经营目标任务，创收形势好于全国同级同类媒体，在全国27个省会台中名列前茅，在西部11个省会台中排列第2位。全年新增固定资产826.60万元。

【安全播出管理】 完善台领导、中层管理人员带班巡查制度。全台安全播出5.4万小时，无一起安全播出事故。圆满完成重保期安全播出工作。强化技术服务管理，全媒体全数字广播中心投入运行，广播节目制播技术保障水平迈上新台阶。

【获奖节目】 节目评奖工作有序推进，精品创优再上新台阶。遴选报送了“2015年度昆明市广播电视奖·金孔雀杯”“第十八届昆明新闻奖”“第32届云南新闻奖”“第26届中国新闻奖”“第六届全国广播影视‘十佳百优’理论人才推荐”“第28届中国电视金鹰奖”“2014年度广播电视公益广告扶持项目”“2015年度云南广播电视奖”“2016年度昆明市文艺精品创作扶持资金项目”等15项全国及省市新闻奖、广播电视奖的评选，共有29件作品获省级奖，其中5件作品获一等奖；55件作品获市级奖，其中17件作品获一等奖。

【节目收视】 2016年，6个电视频道晚间收视率、市场份额分别为4.99%、17.31%，市场份额同比上涨3.35%。其中，春城频道收视率、市场份额分别为2.83%、9.82%，同比分别上涨6.39%、9.27%，共计236天位列昆明地区所有可收视频道第1位，再创历史新高。影视频道收视率、市场份额分别为1.24%、4.29%，同比分别上涨9.73%、11.89%，收视率多天排列第2位。4个广播频率车上收听率在昆明地区全部进入前10位，汽车广播排第2位。

（蔡　明）

昆广网络运营

【经营业绩】 2016年，公司全数字网共传输数字电视节目223套，其中标清节目157套（含1套3D及13套测试），高清节目66套。主营业务包括：数字电视直播、高（标）清付费数字电视、互动点播电视、企业专线、宽带上网及广告业务。昆广网络在线主机用户数为77.12万户。全年实现收费43 150.58万元，实现收入41 597.29万元，实现利润4 179.56万元。

【完善产品体系】 公司调整产品订购策略，取消单宽带产品、60（70、90）融合套餐及480套餐（含互动）的排程关断，提升在售产品的用户黏合度。抓住营销契机，大力推广双向业务及“爱点云TV”品牌，采用低门槛收费方式，制定预存450元即可开通60（70、90）套餐的优惠策略，很好地拓展了融合类产品，有效地扩大了用户群；对纯电视业务的480套餐进行升级改造，将原套餐内的59套标清付费节目调整后改为29套，同时增入26套高清付费节目及1套3D测试频道，开展新订购480套餐配送高清机顶盒活动，更好地实现了从标清到高清的产品升级；调整配套产品价格，机顶盒销售从年初的299元调整到180元，年底又调整到0元，机顶盒销售退出主力营收范围。

【提升服务管理水平】 2016年，呼叫中心受理来电212万个，电话处理量193.90万个，电话接通率为91.46%，电话处理率为83.47%，通过客服系统派发工单18.76万张。其中，专家现场接听双向网络故障报修电话约5万个，通过电话指导用户排除故障1.11万个，占比22.22%，派发故障工单3.90万张。通过客服回访工作的监督与落实，不满意用户逐渐减少，安装成功率由2015年的97%提升至现在的98.84%。5月，寻甸分公司正式启用96599客服工单系统，公司客户服务部承接寻甸分公司客户服务工作，进一步促进了昆明市与县（市、区）客服标准的统一，为昆明市全区域广播电视网络统一运营、统一管理奠定基础。

【平台建设升级】 5月20日，昆广网络“爱点云TV”平台正式发布，新平台依托于强大的云计算和云储存能力，已容纳超过223个频道（含66个高清频道）的节目资源，可关联推荐专属于个人的节目内容，实现碎片化的海量检索，除了满足用户看电视的基本需求外，还提供各类智能电视应用，真正实现了电视网、互联网与物联网的多网跨界融合，为公司业务升级和转型发展提供了坚实有力的保障。

【提升平台管理能力】 2016年，“爱点云TV”互动平台（含新、老平台）共更新节目28 819期，合计22 681小时，平均每月更新2 401期，点播用户月均在线占比达到29.57%。互动平台内容常换常新，丰富多彩，对提高互动点播率发挥重要作用。

“爱点云TV”平台从电影类、新闻类、热播剧类、综艺类、体育类、记录类、专题类6大板块进行日常更新维护，并加大对国内剧集的更新及海外剧集的集成更新，包括上线集成最新潮的TVB港剧，同步更新美剧、经典英剧等节目。其中，独家策划栏目全年更新和聚焦社会专题22个，包括：“八一专题”“中国梦中国节”“G20峰会”“魔兽世界”“星秀挑战大集结”等专题，受到用户好评。

在线即时支付功能成为业务拓展的有效助力。8月，公司快速充值功能正式上线；9月，快速充值通用支付二维码在昆广网络高、标清导视频道以贴角标的方式上线；12月，高清电视单点支付功能开发完成，已进入测试阶段，预计于2017年2月上线。届时，用户只需通过手机端扫描电视屏幕二维码，即可快速完成缴费充值。

【创新业务发展】 2016年，公司组建了新业务孵化组。新业务孵化组从市场实际情况出发，结合自身资源优势，结合“互联网+”思路，挖掘适合公司发展的ITC市场战略。

一是针对酒店行业制定了酒店租机业务、PBX语音交换系统、无线WiFi技术方案等推向市场，取得了较好的市场反馈。二是通过技术梳理，制定了“平台+网络+运用”的智慧社区建设模式，并在城建股份云南映象城市广场项目中落地实施。三是建立了融合上下游资源的市场拓展渠道，争取了浙江大华、海康威视、海信电视、华三科技等知名企业的省内业务代理资格，为下一步业务拓展找到了新资源。四是建立了智慧酒店、数字病房、智慧社区等项目的标准化技术体系，为公司在智慧业务领域的拓展提供了技术保障。

【推进全市有线广播电视网络整合】 公司始终坚持“一城一网”建设原则，积极稳妥推进昆明市辖区内有线广播电视网络的整合工作。

县（市、区）网络整合工作。2015年8月6日，昆广网络与呈贡区政府签订《广播电视网络整合框架协议》，明确以收购的方式实施整合。2016年3月28日，昆广网络、呈贡区、审计评估机构签订了三方协议，启动实施呈贡区广播电视网络资产的审计评估工作。

2016年4月11日，昆广网络分别与东川区、寻甸县政府签订了《广播电视网络整合框架协议》，拟采用收购方式实施整合。8月15日、9月5日，昆广网络和审计评估机构分别与东川区、寻甸县签订三方协议。

主城区服务站网络整合工作。5月3日，公司成立了服务站整合工作领导小组，下设服务站整合谈判小组，与易能远信息网络有限公司、神通信息网络工程公司分别开展了相关的协商谈判，经双方充分协商，一致同意以货币资金评估补偿的方式实施网络整合工作。8月15日，昆广网络和审计评估机构分别与神通公司、易能远公司签订三方协议。

【落实安全播出保障】 公司始终贯彻“安全第一，预防为主，综合治理”的方针，积极主动做好安全播出方面的工作，认真贯彻落实安全工作目标责任制。定期开展安全播出专项巡检，先后开展了前乡镇机房安全大检查、春季防火防风检查、雨季防雷防汛及安全用电等专项检查，对检查中发现的问题及时整改，提升各安播部门处置突发事件的应急能力。加强“重大活动”“重要节假日”“敏感期”的安全播出任务。截至2016年底，公司模拟前端、数字前端安全播出时间224.56万小时，全年无重大安全播出事故、事件发生。

（张　芸）

报业传媒

【新闻舆论】　2016年，昆明报业集团各媒体坚持新闻舆论工作的正确政治方向，牢记“高举旗帜、引领导向、围绕中心、服务大局，团结人民、鼓舞士气，成风化人、凝心聚力，澄清谬误、明辨是非，联接中外、沟通世界”新闻舆论工作职责和使命，较好地完成了十八届六中全会、纪念建党95周年、纪念红军长征胜利80周年、省第十次党代会、省委省政府推动昆明改革发展座谈会、市第十一次党代会、市委十届七次全会等重要会议的宣传报道和舆论引导任务，不断提高新闻宣传质量和舆论引导水平，为全市经济社会发展营造了良好舆论氛围。

【重要评论】　昆明日报进一步加强评论员队伍建设，结合市委、市政府中心工作和热点问题系列评论，《以三个定位引领昆明跨越发展——写在习近平总书记考察云南一周年之际》《追寻梦想之路——写在纪念中国共产党成立95周年暨昆明党组织建立90周年之际》《共谋新发展 开启新征程——写在市第十一次党代会开幕之际》等署名“昆正平”的重要评论，品牌效应显现。

《昆明日报》庆祝昆明市第十一次党代会召开刊印的《前行》特刊封面

（昆明报业集团　供稿）

【新开专刊】　2016年，昆明日报新开办《平安昆明》《昆明文艺》等专刊，形成政情观察、视点、理论、热议、昆明文艺、平安昆明、图解、融媒等重点栏目和专刊，以及《扶贫周刊》《开发区周刊》《旅游周刊》《教育周刊》《健康周刊》《赢在昆明》《滇池特刊》《滇商观察》等8个常设周刊。

【全媒体走基层】　2016年，集团各媒体把镜头对准一线，把版面留给基层，由昆明日报牵头，连续开展声势浩大、富有特色的“全媒体走基层”活动，走进禄劝、寻甸、石林等县区，推出一批有力度、有深度的重点报道、典型报道、深度报道、主题报道。

【套封特刊】　2016年1月20日，在习近平总书记考察云南一周年之际，昆明日报推出套封特刊《昆明行动》，深入宣传全市上下学习贯彻落实总书记考察云南重要讲话精神，推动全市经济社会跨越发展的生动实践。2016年2月20日，昆明日报在头版头条刊发《习近平在党的新闻舆论工作座谈会上强调——坚持正确方向创新方法手段　提高新闻舆论传播力引导力》报道，并配发人民日报社论《担负起新闻舆论工作的职责和使命》，连续刊发人民日报评论员文章，并开设专栏专题报道。

【媒体融合】　2016年，集团成功打造以昆明信息港为中心，以掌上春城、都市时报“一点关注”、彩龙社区三个移动新媒体及昆明信息港微公号、掌上春城微公号、都市时报网站、都市时报微博及微公号、春城地铁报微公号、春城微视、昆明扶贫开发微公号、“昆明教育”微公号、时报“云南关注”（Yunnan Focus）英文微公号、“昆明服务号”微信服务号、昆明文艺副刊微公号等十余个有影响力的微信公号矩阵为主体的新媒

以三个定位引领昆明跨越发展

——写在习近平总书记考察云南一周年之际

习近平总书记考察云南一周年之际，《昆明日报》套封特刊《昆明行动》封面。
（昆明报业集团　供稿）

体集群。据统计，每天有近300万人次通过集团的各类传播渠道获取新闻内容和生活资讯。

【网络传播】　2016年，昆明信息港品牌影响力名列全国城市新闻网站传播力榜第8名，日均访问（阅读）量300余万人次，平台受众覆盖美国、马来西亚、加拿大、新加坡、缅甸、泰国、澳大利亚、日本、法国、韩国、英国、越南、德国、印度、荷兰、老挝、菲律宾、新西兰、比利时、柬埔寨等数十个国家。彩龙社区注册会员达250余万人，成为云南地区第一互动社区。昆明信息港微公号获评“云南最具影响力微信公众号”，全年持续更新365天，累计阅读量1 243万余人次。

【主流新媒体】　2016年，集团新媒体产品掌上春城入选云南省报业协会新媒体专业委员会主任会员单位，获选中国主流新媒体联盟首批理事单位，获评昆明最具成长潜力小微企业十强，《掌上春城——三分钟读昆明日报》获第十九届昆明新闻奖一等奖（网络类），《掌上春城——视频直播》获选第一届中国报业创新项目三等奖，快速成长为省内乃至西部地区的主流新媒体。目前，掌上春城装机量超过80万，2016年客户端累计阅读量达2 000余万人次，微公号累计阅读量955万余人次。

【城市舆情峰会】　9月3~6日，第三届中国城市舆情峰会暨全国网络媒体总编看盘龙活动在昆明举行，多名国内舆情专家、全国40余家主流网络媒体总编辑与舆情业务骨干，就如何提高昆明市网络舆情工作质量、提升昆明信息港对全市舆情服务品质发表见解，成为宣传昆明近年来舆情工作成果的一个重要契机。

【蓝盾卫士评选】　3月9日，由昆明市公安局、市总工会、共青团昆明市委、市文明办、昆明报业传媒集团、昆明市保安协会联合举办的昆明市第一届“春城蓝盾卫士奖”优秀保安服务集体和优秀保安员评选活动正式启动。历时2个月，云南卫通等10个保安集体及50名保安员分别获得“春城蓝盾卫士奖”优秀集体、个人荣誉。

【荣获新闻奖】　2016年，昆明报业传媒集团21件优秀新闻作品荣获云南新闻奖，4件优秀新闻作品被云南省推荐参评中国新闻奖。其中，昆明日报《滇池蓝藻系列报道》《政府门户网久不更新成“僵尸”》获报纸类一等奖；昆明信息港《彩云桥（昆明信息港缅甸语频道）》获网络类一等奖；都市时报《总书记造访的渔村》、昆明日报《昆明7家医院试点“日间手术”》等5件作品获报纸类二等奖；昆明信息港《中共昆明市委十届六次全体（扩大）会议县区领导访谈》及《昆明信息港作家专栏》2件作品获网络类二等奖；昆明日报、都市时报、昆明信息港另有10件作品分获报纸类、网络类三等奖。

（李　严）

卫生·体育

◆责任编辑 林吉旺

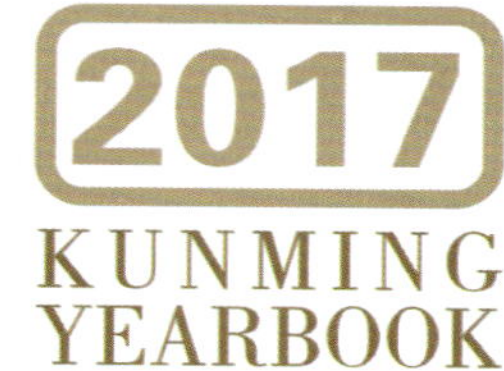

卫 生

【医疗机构】 昆明市4 755个医疗机构中有医院307个（其中综合医院170个、中医医院19个、中西医结合医院5个、专科医院113个），社区卫生服务中心（站）394个，卫生院107个，村卫生室1 285个，门诊部170个，诊所、卫生所、医务室2 395个，专科防治所、站4个，疾病预防控制中心17个，健康教育机构4个，妇幼保健机构17个，急救中心（站）2个，采供血机构1个，卫生监督机构19个，计划生育技术服务机构12个，疗养院5个，医学科研机构5个，临床检验中心（所、站）5个，统计信息中心1个，其他5个。

【床位】 昆明市307所医院有床位49 785张，其中800张以上床位的医院16所，500~799张床位的医院8所，200~499张床位的医院25所，100~199张床位的医院68所，99张床位以下的医院190所。

总床位62 724张，其中医院床位49 785张，占昆明市总床位的79.37%；农村卫生院床位3 986张，占昆明市总床位的 6.35%；疗养院床位788张，占昆明市总床位的1.26%；其他各类机构有8 165张，占昆明市总床位的13.02%。

【医务人员】 昆明市各类卫生机构在岗人数86 883人，有卫生技术人员71 007人，其中执业（助理）医师26 099人、注册护士32 152人、药师（士）3 235人、技师（士）3 923人。卫生技术人员中医院在岗人数61 611人，占昆明市卫生机构在岗人数的70.91%；社区卫生服务中心（站）有5 321人，占总人数的6.12%；村卫生室2 998人，占总人数的3.45%；农村卫生院有2 644人，占昆明市卫生机构总人数的3.04%；，疗养院有421人，占昆明市卫生机构总人数的0.48%；门诊部、诊所、卫生所、医务室6 165人，占昆明市卫生机构总人数的7.10%；妇幼保健机构1 820人，占昆明市卫生机构总人数的2.09%；其他各类机构有5 903人，占昆明市卫生机构总人数的6.79%。

【诊疗情况】 2016年，昆明市医疗机构总诊疗4 849.76万人次（其中门诊4 398.22万人次，急诊273.94万人次，门、急诊人次占总诊疗人次的96.34%），其中307所医院诊疗2 843.21万人次（其中门诊2 463.11万人次，急诊235.63万人次，门、急诊人次占总诊疗人次的94.92%）。全年出院人数162.52万人次，每百门、急诊入院人数为4.45。住院手术61.50万人次。平均开放病床55 096张，平均病床周转29.50次，病床使用率为78.39%，出院者平均住院日9.20天。

107个卫生院全年总诊疗323.79万人次，其中门急诊321.61万人次，占总诊疗人次的99.33%，全年出院人数为11.58万人次，每百门、急诊入院人数为3.62。平均开放病床3 944张，平均病床周转29.40次，病床使用率为57.74%，出院者平均住院日6.30天。

【居民健康水平】 昆明市居民平均期望寿命达78.56岁，孕产妇死亡率为20.99/10万，婴儿死亡率为5.25‰，各项健康指标均有明显改善，并高于全国平均水平。

【医改工作】 2016年，昆明市在以下方面进行医疗改革：履行政府办医职责。对公立综合医院、专科医院分别按照人均2.50万元/年、3.50万元/年的标准予以补助，投入人才培养资金1 500万元、基本药物补助1 980万元、临床重点专科建设490万元；调整充实医改领导小组，成立昆明市公立医院管理委员会。实现省、市医改联动。制订《昆明地区城市公立医院省市联动取消药品加成平移医疗服务价格调整方案》《昆明市城市公立医院取消药品加成试点工作方案》等配套改革文件，25家公立医院取消药品加成。县乡村一体化管理覆盖率85.70%，家庭医生签约服务城市、农村签约率分别为25.98%、63.41%；推进薪酬制度改革。修订市属医院高级专家年薪制管理办法，建立符合医疗行业特点的薪酬制度。加快分级诊疗体系建设；实施县级医院服务能力提升行动计划，建立医疗机构分工协作机制，制定《昆明市分级诊疗考核评价细则（试行）》。市属医院接收首诊医院转诊病人4 646人，向下转诊病人1 953人，县属医院向上转诊病人5 934人；巩固完善基本药物制度。网上集中阳光采购药品24.77亿元（基本药物6.80亿元）、高值医用耗材1.22亿元。制订实施基本药物制度绩效考核及补助资金管理方案，拨付补助资金 1.02亿元；获批国家医养结合试点城市，制定《昆明市医养结合工作实施方案》。申请创建全国健康城市试点。首都优质医疗资源进春城，卫生部中日友好医院、首都医科大学附属北京中医医院和北京安贞医院等8家医院到昆合作办医。制定《关于进一步加强乡村医生队伍建设的实施意见》，落实并提高乡村医生待遇。

【医疗服务能力】 实施改善医疗服务行动计划，加强院内感染控制、护理管理工作。36个科室入选市级临床重点专科、9个入选省级临床重点专科建设项目。完成上合昆明国际马拉松赛等28次重大活动的医疗保障任务，伤亡事故为零。12.20万人次参加无偿献血，采集血液35吨，较上年增长7.81%，输血服务6万余名患者。组织实施万名医师支援农村卫生工程，市属三级医院71名专家对口支援基层医院，150名职称晋升医生到基层服务一年。办理医师多点执业7 944人次。完成白内障复明术18 619例，超额完成520.63%；尿毒症透析治疗1 265例，超额完成26.5%。完成272名全科医师培训，累计招录农村订单定向生149人。官渡区2个社区卫生服务中心被评为全国百强社区卫生服务中心。继续实施“十百千”人才工程，遴选国内知名专家19名、省内知名专家69名、内设研究机构36个。完成干部保健任务。

【公共卫生服务】 在全面两孩政策实施后高危孕产妇增加三成情况下，孕产妇、婴儿死亡率（20.99/10万、5.25‰）创历史最好水平。传染病发病率持续下降，甲乙类传染病发病率199.12/10万，较上年下降11.38%。艾滋病疫情拐点持续巩固，新报告感染者1515例，较上年减少2.60%；感染者死亡率4.28/10万，较上年下降3.40%。完成“3·16”官渡区工地垮塌等35起突发事件的医疗应急救援任务。市第一人民医院从东川空运并成功抢救高危孕产妇事件，开创云南省航空立体急救模式先河。投入基本公共卫生资金2.98亿元，由40元/人提高到45元/人。高血压、糖尿病等慢病管理完成率达90%以上。检出6种严重精神障碍患者24 539人，检出率3.66‰。开展食品安全风险监测，报告食源性疾病病例5 034例。开展群众性爱国卫生活动，禄劝县等9个国家级卫生县城通过国家复审暗访。争取国家和省专项资金7.83亿元。卫生行业投资40.47亿元，超额完成12.40%。加大健康扶贫力度，投入两县两区健康扶贫经费2.20亿元。推进区域人口健康信息平台建设，运行“滇医通”预约挂号平台，34所公立医院实现分时段挂号及挂号费用在线支付等功能。启动电子病历区域信息系统拓展项目，15家公立医院数据实现互联互通。

【爱国卫生】 大力实施市委、市政府关于城乡人居环境五年提升行动计划、推进农村“七改三清”工作的实施意见，深入开展群众性爱国卫生活动、城乡环境卫生整洁行动,接受全国爱卫办督导检查。云南省爱卫会命名2016年度省级卫生村43个、复审的省级卫生镇3个、卫生村44个，申报试点省级健康社区（村）14家，市爱卫会命名市级卫生社区5个、爱国卫生先进单位43个、无吸烟先进单位42个；五华区等14县(市）区通过省级病媒生物先进城区创建工作考核验收；富民县、禄劝县云龙乡等7县乡及新申报创建国家卫生乡镇的晋宁县二街镇、六街镇顺利通过国家暗访调研，待国家统一命名。

【中医药服务】 实施《昆明市加快中医药发展行动计划（2016~2020年）》，97.49%的社区卫生服务中心、94.02%以上的乡镇卫生院、88.64%以上的社区卫生服务站、69.69%以上的村卫生室能够提供中医药服务。富民县、禄劝县、阳宗海开发区及倘甸两区提升中医药服务能力，中医馆建设项目积极推进。组织东川区、禄劝县及寻甸县开展县级中医院急诊急救能力建设。开展6家市级综合医院的中医科建设，提高综合（专科）医院中医药服务能力。组织昆明市全国中药特色技术传承人才培训对象接受2016年项目培训工作。组织开展昆明市中医院3组关于“云南省第四批中医药师带徒工作指导老师和继承人”的工作。对7家县级中医院临床技术骨干进行为期一年的培训。组织12家县（市、区）的350名医生开展乡村医生中医药适宜技术培训。

【人才科技】 加大科研人才培养，课题立项354项，结题124项。获市以上科技进步奖39项，引进新技术24项，向基层推广12项，科研项目较往年有明显增多。拥有28个在研国家自然科学基金项目、4个院士工作站、4个博士后工作扶持站、“小、心、移、肛、传、脊、老、眼、精、产、吸”11个省内一流学科。“云岭名医”6人；正高406人，副高1 014人；博士52人，硕士946人。市一院甘美国际医院创建为昆明学院附属医院，省精神病医院创建成昆明医科大学非直属附属医院，市二院成为昆明学院附属康复医院。7名卫生技术骨干确定为昆明市第十四批中青年学术技术带头人及后备人选培养。开展“十百千”工程，遴选出国内知名专家19名，省内知名专家69名，市级知名专家、学科带头人、后备人选91名，内设研究机构36个。市延安医院、省精神病院、市第一人民医院、市妇幼保健院通过云南省住院医师规范化培训基地建设专家评审。招录住院（含全科）医生规范化培养人员690人。举办国家和省级继续医学教育86项，市级继教204项目，学术活动157项，省、市级继续教育较2015年提升65%、42%。申请昆明市2016年度人才工作扶持项目21个，《昆明市卫生计生委医疗卫生骨干医师和紧缺专业人才培训（培养）项目》获评A类立项扶持项目，直属单位获评4个B类项目、1个C类项目，受市人才办委托指导项目22个。

【综合监督执法】 精简行政审批工作，共受理各类卫生许可收件521件，办结521件，办结率100%。完成《昆明市献血用血管理办法》修订立法的调研工作。大力推进卫生计生监督协管工作，形成市、县（市、区）、乡镇（办事处）三级卫生计生执法监督网络体系。成立卫生监督协管服务机构141个，配置卫生监督协管员534人，其中专职协管员243人，比上年同期增加10.30%，所辖村卫生室或社区卫生服务站设卫生监督协管信息员1 382人，比上年同期增加21%。公共卫生日常监督工作不断加强，在全市范围内开展餐饮具集中消毒拉网式监督检查和集中专项整治，责令8家企业全面整改达标、7家企业搬离原址重新选址新建、4家停产停业。依法依规从严查处各种违法行为，立案查处334件，罚款147万元。做好《人口与计划生育法》（修订）《云南省人口与计划生育条例》（修订）实施后的政策衔接，规范工作流程。继续开展计划生育行政处罚、行政征收案件的整治行动，指导县区做好行政诉讼案件应诉工作。

【宣传和机关建设】 组织开展首届“健康春城——最美妇幼人”评选活动。东川区、晋宁县被列为全省2017~2018年度健康促进县区建设试点。完成门户网站、政务微博、微信三个宣传平台的整合维护工作。制作完成昆明市“十三五”卫生计生工作成就、昆明市“十三五”医改工作概况两个电视专题片。编辑政务信息、新闻稿件285件，及时化解餐消企业舆论危机。政务信息被采用量位列全省卫生计生系统各州市第一名，1条政务信息被国务院办公厅采用并获国办领导批示。办理来文（电）8 567件、市委市政府主要领导批示21件、建议提案43件。成功创建省级党政机关社会团体档案工作规范化管理示范单位。举办首届卫生系统文化体育活动，38家单位、2 600名选手参加。

【党风廉政建设】 履行从严治党的主体责任，把党风廉政建设与卫生计生业务工作和党的建设同部署、同落实、同检查。坚持抓早抓小，实践运用“四种形态”第一种形态，开展任前廉政谈话47人次，提醒谈话6人次，集体廉政谈话11次。开展全员首问服务制，全系统做到“有问必答、态度平和、服务周到、办事高效”，经第三方评估，患者对市属医疗机构满意率较上年提升1.76个百分点。廉洁行医，严格落实医疗卫生行业“九不准”规定，深入治理医药购销和办医行医中的不正之风，退回各类红包礼品累计金额70.48万元。

（宋延宁）

昆明市红十字会

【备灾救灾工作】 修订《昆明市红十字会灾害及突发事件救援应急预案》，制定《昆明市红十字会募捐物资食品安全管理办法》，对全市红十字会系统涉及食品安全的环节、募捐食品的管理做出具体规定。

参与昆明高原国际半程马拉松赛保障工作，组织50余名志愿者参加应急救援复训，培训使用AED自动体外除颤仪。赛事期间，对1名呼吸骤停运动员进行除颤急救，对多名伤员进行应急处置。

在学校、社区、企业、农村开展应急救护知识培训和技能宣传培训，发放《防灾减灾宣传手册》《防灾应急小手册》等宣传资料2万余份。

协助省红十字会在石林县阿着底完成2016年中国红十字供水和大众卫生救援队（云南）演练，选派2名正式队员参加香港红十字会大众卫生救援队卫生知识宣传培训班。

加强备灾仓库管理，建立完善物资安全管理制度，对各县区红十字会备灾仓库、物资储备、急救培训、车辆使用中存在的安全隐患进行排查。

【应急救护培训】 培训初学机动车驾驶员急救员1.40万人、公益性急救员7 560人，开展群众性应急救护知识普及培训590期、5.20万人次。

开展应急救护师资复训、培训班各1期，复训30名师资，培训50名师资。

以“5·8”世界红十字日、世界急救日为契机，在昆明市儿童医院、龙翔小学开展大型应急救知识宣传活动。应邀参加云南省科学博览会，进行红十字会应急救护知识宣传，受益群众5 000多人次。印制《红十字会应急救护知识手册》5 000册，在县区推广“红十字掌上学堂”手机软件，倡导“人人学急救，急救为人人”理念。

通过报刊、广播电台、微信、微博等媒体宣传救护知识，制作应急救护、防灾减灾、自救互救、心肺复苏、卫生健康等教学短片，通过昆明电视台、七彩公交238条线路、3 150辆公交车上滚动播出。

【人道救助工作】 “红十字博爱送万家”活动，筹集117余万元物资救助慰问贫困群众4 577户。发放人道救助项目资金25.15万元，救助38人（户）；根据捐赠人意愿，执行定向捐款13.90万元；发放救助物资价值631.50万元，1.50万个困难家庭受益；转捐赠给迪庆州红十字会物资602万元。

争取中国红十字基金会“小天使基金”“天使阳光基金”审核。上报患儿资料25份，17人获得救助，救助金额达40余万元。

【“三献”工作】 做好无偿献血、造血干细胞和人体器官遗体捐献的宣传动员登记工作。12.30万人次参与无偿献血，造血干细胞登记入库496例、器官捐献登记100人、器官捐献36人；发放造血干细胞和遗体捐献知识宣传手册1 000余册。

开展无偿献血志愿者帮扶救助

项目，救助困难志愿者4名，发放救助金2.85万元。

【宣传筹资工作】 发挥新闻媒体宣传导向作用，官网、微信、微博及时报道工作动态，升级维护红十字会网站，发布工作动态810条，官方微博发布工作动态及宣传知识1 094条，官方微信发布宣传图文消息254条；共发放宣传资料37万余份。在昆明日报刊登宣传报道红十字工作40余篇，在昆明电视台播放公益宣传短片241期1 928条，在广播电台联办“博爱之光”栏目30余期。通过七彩公交238条线路，3 150辆公交车视频开展应急救护知识宣传培训，搭建与市民良好沟通的平台。

加强筹资宣传，拓宽筹资渠道，开展“感恩父母、关爱贫困老人”等募捐活动。全市红十字系统筹集款物5 084.45万元，其中资金2 404.72万元，物资价值2 679.73万元。

【红十字“五进”工作】 一是推进红十字“五进”工作市级示范点申报评比工作，命名12个示范点。二是制定试点工作标准和办法，加强工作指导，提供工作保障。三是召开现场经验交流会，组织各县区工作人员到东川区桥北社区观摩学习。省红十字会董和春常务副会长2次到昆明市调研“五进”工作，给予了充分肯定。

【红十字志愿者管理】 一是做好红十字会新会员和志愿者的发展以及原有会员、志愿者的清理、登记统计工作，2016年发展红十字会员1 892人、志愿者1 816人。二是制定《昆明市红十字会志愿者服务基地管理办法》，搭建志愿服务平台，现已挂牌成立志愿服务基地3个。组织昆明市红十字会心理救援队在颐康缘养老服务中心开展“心连心红十字心理健康关爱行”志愿服务活动。三是加强昆明红十字蓝天救援队、心理救援队建设，筹备成立市红十字会应急救援志愿者队伍。

【特色项目工作】 参与艾滋病宣传与关怀工作。开展阳光家园“老年人防艾培训” 3期，培训300人；在流动人口密集地区开展流动人口防艾培训4期，培训500余人；在昆明周边11所高校开展防艾宣传的延伸活动，以项目的形式对大学生的预防艾滋病知识进行了培训和调查，覆盖大学生4 000余人；在“12·1世界艾滋病日”宣传活动中，组织红十字救援队和志愿者共100人参加了全市红丝带公益健康跑活动。

争取上级80万元的养老设备和物资援助，在度假区颐康缘养老服务中心、五华区慈慧老年公寓、盘龙区安盛护理养老院、嵩明县暖阳阳老年公寓开展失能养老项目。

争取省红十字会应急救护培训示范基地建设项目落地昆明，项目设于五华区龙翔小学，省红十字会安排专项经费100万元，提供应急救护培训与体验活动。

争取香港红十字会援助“博爱家园——社区为本减灾项目”，确定寻甸县六哨乡马鞍山村和五村、五华区西翥街道迤六和瓦恭社区为项目实施点，项目总金额128万元，帮助灾害多发的农村社区提升防灾减灾能力。

【扶贫工作】 发挥优势助力扶贫工作。通过慰问贫困户、下拨物资、开展救助等方式发放670多万元的款物支持东川、禄劝、寻甸3个县区扶贫攻坚，并积极引荐项目和捐赠者。

做好对口帮扶寻甸县海尾村工作，共筹集44.20万元款物支持扶贫工作。其中，建设小水利工程10万元，发放价值20余万元全新“阿依莲”服装，对21户困难家庭、43名贫困老党员进行慰问。争取中国红十字基金会“六个核桃·读书慧”公益基金，在海尾小学和甸沙乡九年一贯制学校各配赠价格3万元的书库。

【自身建设】 一是制定《昆明红十字事业发展规划（2016~2020年）》，对推动昆明红十字事业持续健康发展起到导向和引领作用。二是加强业务培训，组织开展应急救护师资培训、报灾救灾及应急工作管理培训、“三献”工作培训、自然灾害紧急救援业务培训，共培训221人次。三是加强会费收缴工作，延安医院一次性上缴会费10万元，成为市红十字会永久性会员。四是规范红十字冠名医院管理，对冠名红十字医疗机构市第一人民医院和延安医院进行了检查考核。五是组织参加总会举办的红十字知识竞赛，倘甸“两区”、五华区红十字会分获总会颁发的组织一等奖和三等奖。六是编撰《新中国云南人才建设史料—昆明市红十字会卷》，完成3万余字文稿，全面反映红十字会工作历程和人才建设史。

（伍　艳）

计划生育关怀

【计划生育协会组织建设】 加强协会阵地建设。2016年，新建流动人口计划生育协会15个，全市流动人口计划生育协会达732个，团体会员157个，个人会员95 855人，会员小组2 757个。开展省市两级流动人口服务管理项目示范点，各级下拨各项目点资金16万元，走访慰问100余名流动人口，发放帮扶慰问金2万余元。

提升基层群众自治水平。在安宁市青龙街道5个社区和嵩明县小街镇4个社区投入13.70万元，开展计划生育基层群众自治省市两级示范点建设。开展法律法规宣传培训15场次，3 000余人参加；开展医疗咨询服务3次，120余人受益。在寻甸县小荒田村、呈贡区刘家营、安宁市凤仪下村创建“会员之家”市级项目示范点3个，完成30个市级“优秀会员之家”建设，至2016年底，全市有“会员之家”543个，打造各种宣传服务阵地

533个。“会员之家”建设形成多主题宣传、多角度服务、全方位展示人口文化的宣传格局，让会员在家门口就感受到党和政府的关怀和计生协会的温暖。

【生育关怀行动】 开展宣传服务。“5·29”会员日活动期间，开展以“实施全面两孩政策，促进人口均衡发展”为主题的大型宣传服务活动，为150户困难计生家庭赠送计划生育家庭意外伤害保险。开展省级“服务进社区·城乡共发展”项目，组织“农转城”50余名剩余劳动力开展技能培训；为100名 “农转城”老年人和育龄妇女进行健康检查；慰问20户计生特困家庭子女；评选30户“计划生育文明家庭” 。各种生育关怀资金共支出47 300元。提升群众抵御风险能力。2016年，推进计划生育意外伤害保险，承保家庭10.48万户，保费528.58万元，2016年前三季度理赔215.87万元，赔付率40.80%。

组织专家志愿者开展女性生殖健康讲座81场，覆盖全市61个乡镇（街道），9 000余人参加；开展医疗义诊、畜牧养殖、阳台蔬菜种植等知识讲座，1 000余人参加。组建规模为112人的大学生志愿者队伍提供志愿服务。

【计划生育特殊家庭帮扶项目】 市计生协会积极承接中国计生协会“计生特殊家庭帮扶项目”，联合高校、市公交公司、家政公司、保险公司等多部门，围绕计生需求，对五华、盘龙区、晋宁县573户失独家庭，从资金慰问、亲情陪伴、家政服务、健康体检、赠送计生保险、办理公交爱心卡、知识讲座、社区活动等8个方面开展系列帮扶，投入资金103.21万元。通过改革创新计生失独家庭帮扶模式，建立完善计生特殊家庭关爱制度，让更多的群众感受到党和政府的温暖、共享改革成果，重树生活信心，促进社会和谐稳定。制订《昆明市计划生育协会关于进一步深化计生特殊家庭亲情关怀实施方案》。

【人口文化建设】 创作计生文艺精品。开展“纪念昆明市计划生育协会成立30周年”人口文化主题作品（文艺节目）征集活动，征集到花灯、小品、诗歌、散文、快板、三句半等作品82件，评选出25个优秀作品。活动的开展，激发全市文艺爱好者及计生协系统文艺创作热情，提高基层全面二孩政策宣传的准确性，丰富群众性人口计生宣传教育方式，弘扬社会主义核心价值观，推动新时期新形势人口文化建设，增强计生协组织的吸引力、凝聚力和生命力。创新宣传模式，扩大协会影响力。紧跟时代发展，充分利用新兴媒体，注册公众博客、官方微博、微信公众号，及时更新转发博文、微博、微信。2016年，更新转发博文、微博、微信380条，多渠道、多层次、大容量宣传协会工作，计生协良好形象不断深入人心。宣传成效明显。编印《昆明市计划生育协会简报》18期，印制生殖健康宣传册3 000余册。56篇工作信息被省级以上主流媒体、网站刊载。营造浓郁的人口生育文化氛围，满足广大育龄群众和计生家庭获取生殖健康知识、计生政策的需求，受到群众广泛好评。

“5·29”生育关怀活动

（市计生协会　供稿）

【青春健康项目】 在云南新建设国际小学等低年级学生中，开展“少年儿童青春健康启蒙教育”市级项目；开展生命的起源等专题课程教育12场次；开展家长培训及座谈会3次。在盘龙区金实小学等中高年级学生中开展青春健康家长培训市级项目，进行“青春期心理健康教育”讲座培训及亲子活动，开展“写给妈妈或孩子的一封信” “携手宝贝　共同成长”讲座培训。在昆明师专附属中学初高中学生中开展“青春健康——与艾同行”省市两级项目。在嵩明县嵩阳二中初中学生中开展“青春健康示范教育”省级项目，设置心理咨询室。在云南经济管理学院、云南交通职业技术学院等大学生中开展“推套防艾”亲青服务探索、“青春健康进高校”市级项目，进行大学生性心理、性行为与决定、预防意外怀孕及性传播疾病艾滋病的传播宣传教育。通过系列项目开展，探索出从小学到大学，从城市到农村青少年性与生殖健康教育服务模式，形成从多层次、全覆盖的青春健康服务体系。青少年认知行为和家长传统性教育观念明显转变，青春健康教育骨干队伍建设进一步加强，项目管理能力进一步提升，项目工作进一步规范。

动员爱心企业参与精准扶贫

（市计生协会　供稿）

【精准扶贫】　春节前，对挂钩扶贫点——东川区大荒地村73户贫困家庭开展集中慰问，发放73床棉被，40余件棉衣棉裤；开展“羊的科学养殖和疾病防治”知识讲座；在拖布卡镇开展“5·29”生育关怀活动，慰问挂钩扶贫点大荒地村73户困难户和其他村计生困难家庭共120户关怀对象；为挂钩贫困户赠送计划生育协会家庭意外伤害保险；动员市计划生育协会早教基地美吉姆国际儿童教育（昆明）中心和中国人寿昆明分公司参与扶贫帮困；开展女性生殖健康与优生优育知识讲座、送医送药活动、提供生产肥料；开展“扶贫济困·慈善募捐”活动。2016年，共投入扶贫资金12.08万元。

【调查研究】　在全市范围内开展“全面实施二孩政策后昆明市符合二孩政策家庭对计生服务需求调查”，调查对宣传教育、生殖健康咨询服务、优生优育指导、计生家庭帮扶、权益维护和流动人口服务内容进行精心设计问卷，共发出问卷1 400份，回收有效问卷1 216份。召开目标人群服务需求座谈会30场次，3 600余人参加，收集意见建议310条。3次组织对调查报告进行讨论修改，完成调查报告撰写。调查全面掌握符合二孩政策家庭的生育服务需求，及时发现存在的不足和群众意见，为党委、政府及相关部门提供决策参考依据。

（市计划生育协会）

体　育

【公共体育服务】　健全完善基层全民健身组织网络。加大社会体育指导员的培训力度，2016年,培训二级社会体育指导员456人,其中残疾人社会体育指导员95人、健身气功社会体育指导员61人；组织县区培训三级社会体育指导员733人。加强城乡居民体育基础设施建设。实施“七彩云南全民健身工程”，启动“15分钟体育健身圈”建设。加大资金投入，建设足球场1个、农村文体活动广场12个、文体活动广场3个、健身路径10条、农民体育健身工程点150个、健身路径200条，积极开展全民健身活动。认真贯彻落实《全民健身条例》《七彩云南全民健身工程》。组队参加七彩云南全民健身运动会、云南省少数民族传统体育锦标赛、云南省第九届农民运动会，取得较好的成绩。开展昆明市第五届外来务工人员健身运动会、8月8日全民健身运动会等系列健身示范活动。继续挖掘民间体育活动资源，引导县、乡（镇）、村全民健身活动的开展。共组织全民健身示范活动166次，参与人数781 990人次。

创新健身服务方式。积极开拓思路，创新群体工作服务方式，采取政府购买服务的方式，引入地方公司办活动，实行管办分离，走出一条开展全民健身活动的新路子。为解决已安装全民健身设施损毁严重，长期得不到修缮的问题。市文化广电和体育局与昆明市财政局联合制定下发《昆明市全民健身设施建设与管理办法》，采取以奖代补的形式，从体彩公益金中安排约300万元资金，对各县区损坏器材进行维修。拟引入全民健身设施日常巡查维护系统，由相关公司进行巡查和日常维护，行政部门监管的方式，彻底摸清昆明市的全民健身设施状况，建立规范的全民健身设施巡查制度，确保全市全民健身设施的使用。

【竞技体育】　健全完善竞技体育管理机制，以发现、培养和输送高水平体育后备人才为目标，建立健全各县区体育传统项目学校、业余训练联办点、国家青少年体育俱乐部等多层次训练网络，畅通体育后备人才培养输送渠道。举办昆明市30项次中小学生比赛。组队参加部分全国青少年单项锦标赛，获3个第一名、1个第二名、3个第三名、1个第四名、7个第五名、1个第六名、1个第七名。组队参加云南省年度锦标赛，获得金牌215.50枚、银牌149.50枚、铜牌209枚，多个代表队和数十名运动员荣获体育道德风尚奖。赴日本友城藤泽参加马拉松大会，赴西班牙参加“圣母杯”足球比赛，不断扩大体育交流。做好对市级联办训练点检查评估、市级体育传统项目学校检查考核工作，做好省级、市级运动员输送工作。各县（市、区）向市级输送优秀运动员106人，昆明市向省级输送优秀运动员23人。做好国家级、省级青少年俱乐部的申报和管理工作。完成市级体育传统学校的招生体育考试工作，完成中小学校“大课间”体育活动的检查考评工作。做好二级运动员、二级裁判员的审批工作，共审批二级运动员243人、二级裁判员1 323人。

【品牌赛事】 利用昆明得天独厚的自然条件和资源优势，借鉴先进地区赛事运作方法，引进赛事公司策划运营赛事，精心打造“昆明高原国际半程马拉松赛”“昆明环滇池高原自行车邀请赛”等国内独具特色、具有一定影响力、拥有较好美誉度和较强吸引力的品牌赛事，打造昆明城市文化名片。举办2016年中华龙舟大赛（昆明·滇池站），弘扬中华优秀传统文化，为传统节日营造良好的氛围。成功举办2016年“昆明高原国际半程马拉松赛”、2016上合昆明国际马拉松赛、2016年第三届七彩云南格兰芬多国际自行车节（昆明站）、2016年昆明高原自行车邀请赛、2016年中国东川泥石流国际汽车越野赛、2016年宜良“68道拐”山地车爬坡挑战赛等一批群众喜爱、参与性强、影响力大的体育品牌赛事，获得省市领导好评，打造体育爱好者的运动盛会。中国东川泥石流国际汽车越野赛被中国体育旅游博览会组委会列为2016年中国体育旅游精品赛事。

【体育彩票】 制定体育彩票品牌建设规划和管理办法，开展2016年4月“超级大乐透”5亿元大派奖、2016年4月云南“11选5”1 500万元派奖、欧洲杯营销活动等重点体育彩票营销工作，组织开展竞技彩票普及日、竞技彩票单场固定奖推广、“全民彩票”推广活动，积极开拓思路，大力发展体育彩票事业。2011年以来，昆明市场共销售近110亿元，占云南全省总销量的近30%,年平均增幅达20%。其中2016年昆明市场销售达31.28亿元,占全省销售额的42%。

【老年人体育】 认真贯彻《体育法》《老年人权益保障法》《全民健身条例》《全民健身计划》《关于进一步加强新形势下老年人体育工作的意见》精神，积极争取政策支持，市委、市政府办公厅出台《关于进一步加强老年人体育工作意见》及“实施意见”。组织开展2016年“迎新春”老年人文体健身展演活动、健步行活动等活动，深受老年朋友们喜爱,不断提升老年体育工作水平和质量。

【健身气功】 加大健身气功工作规范化力度，定期对健身气功活动站点进行走访、巡查，深入各县区基层了解各站点教学及开展活动情况，分批分期召开站点管理人员和辅导员座谈会，为基层站点解决一些工作及教学中存在的实际困难。完善健身气功社会体育辅导员联系制度，开展健身气功教学经验交流活动。对各站点负责人及辅导员进行审核登记，建立相关信息档案，使健身气功站点管理步入规范化管理的轨道。扩大站点建设力度，对新申报成立的站点严格按照有关规定程序进行审批，截至2016年底，昆明市批准建立的健身气功活动站（点）达到79个。成功举办2016年昆明市健身气功站点联赛，经过激烈角逐共产生3个集体一等奖，4个集体二等奖，7个集体三等奖及32个名次的个人奖项。组队参加云南省健身气功交流比赛，昆明市代表队折桂“健身气功·易筋经、健身气功·六字诀”集体项目，并获得“健身气功·五禽戏、健身气功·八段锦”集体项目二等奖；个人项目则斩获“健身气功·五禽戏”金牌、“健身气功·六字诀”银牌、“健身气功·八段锦”铜牌及“健身气功·易筋经”项目第五名。组织举办“2016年全国百城千村健身气功交流展示系列活动大赛云南预赛启动仪式暨云南省第三届健身气功视频大奖赛昆明赛区展示活动”，展现近年来昆明市在健身气功推广普及工作中取得的丰硕成果。

（市文化广播电视体育局）

2016年昆明市参加全国比赛各队奖牌汇总表

序号	项目	时间	地点	比赛	姓名	级别	比赛成绩								备注
							金	银	铜	4	5	6	7	8	
1	拳击	2016年7月21~29日	辽宁省葫芦岛市	2016年青少年拳击锦标赛	董龙雨	66千克	—	—	1	—	—	—	—		
					顾浩冉	70千克	—	—	—	—	1	—	—		
					胡志飞	48千克	—	—	—	—	1	—	—		
					罗艳迁	48千克	—	—	—	—	1	—	—		
					潘秀东	40~44千克	—	—	—	—	1	—	—		

续表

序号	项目	时间	地点	比赛	姓名	级别	比赛成绩								备注
							金	银	铜	4	5	6	7	8	
2	女子竞走	2016年3月	江西省上饶市	全国竞走大赛	孙娅	女子竞走5千米	—	1	—	—	—	—	—		
		2016年8月	四川省西昌市	第六届田径耐力项目高原地区对抗赛	孙娅	5千米竞走	—	—	—	1	—	—	—		
		2016年4月10日	葡萄牙	葡萄牙国际竞走挑战赛	刘周超	10千米竞走	—	—	1	—	—	—	—		
		2016年8月24日	四川省凉山市	全国竞走高水平运动员训练营		10千米竞走	—	—	1	—	—	—	—		
		2016年		全国竞走锦标赛（基地组）		10千米竞走	1	—	—	—	—	—	—		
		2016年8月24日	四川省凉山市	全国竞走高水平运动员训练营	王琳芝	5千米竞走	1	—	—	—	—	—	—	—	
		2016年		全国竞走锦标赛（基地组）		5千米竞走	1	—	—	—	—	—	—	—	
		2016年8月24日	四川省凉山市	全国竞走高水平运动员训练营	何洁	5千米竞走	—	—	—	—	1	—	—	—	
3	射击	2016年7月26~30日	河南省郑州市		莫淞镳	男子10米气步枪	—	—	—	—	—	1	—	—	
		2016年6月	贵州省贵阳市		徐燕珂	女子10米气步枪	—	—	—	—	—	1	—	—	
4	柔道	2016年8月12~19日	江苏省靖江市	全国少年锦标赛	蒋俊文	–45千克	—	—	—	—	1	—	—	—	
					朱芸慧	–70千克	—	—	—	—	1	—	—	—	
共计奖牌数							3	1	3	1	7	2	0	0	0

社 会

◆责任编辑 方玉红

城乡居民生活综述

【人均可支配收入】 全市城乡居民收入稳步增长，消费水平提升，人民生活水平进一步提高。据国家统计局昆明调查队抽样调查显示：2016年，昆明城镇常住居民人均可支配收入36 739元，同比增长8.2%；昆明市农村常住居民人均可支配收入达12 555元，增长9.7%。

【城乡居民收入增长】 2016年，昆明市城镇常住居民人均可支配收入绝对值高于全国3 123元，高于全省8 128元，增速高于全国0.4个百分点；昆明市农村常住居民人均可支配收入绝对值高于全国192元，高于全省3 535元，增速高于全国平均水平1.5个百分点。城镇和农村常住居民人均可支配收入绝对值及增幅均高于全国平均水平，绝对值高于全省平均水平。城乡常住居民人均可支配收入绝对值位居全省16个州市之首，城镇高于排列第二位的州市4 562元，高于排列末位的州市16 018元；农村高于排列第二位的州市587元，高于排列末位的州市7 256元。昆明市农村常住居民人均可支配收入增速快于城镇常住居民人均可支配收入增速1.5个百分点，全市城乡常住居民可支配收入比由2015年的2.97下降为2.93（以农村为1），城乡居民收入差距在继续缩小，城乡居民收入分配结构持续改善。

【消费状况】 2016年，昆明市城镇居民人均消费性支出23 429.53元，增长13.35%，昆明市农村居民人均消费性支出10 481.05 元，增长4.14%。城乡居民在消费支出平稳增长的同时，消费结构也发生深刻的变化，新的消费亮点及消费热点逐步形成。以汽车和改善型住房为代表的城乡居民消费结构升级，成为需求加快增长的主要动力。全市城乡居民住房、家用轿车、旅游、文化娱乐、医疗保健、交通通信等消费持续升温，不断释放的消费需求，反映出广大人民群众生活水平质量的提高和改善。

2016年昆明市城镇居民消费增长情况

消费项目	金额（元）	同比增长（%）	比重（%）
人均消费性支出	23 429.53	13.5	—
1.食品	6 519.92	14.3	27.8
2.衣着	1 492.61	7.4	6.4
3.居住	5 888.79	14.9	25.1
4.生活用品及服务	1 518.68	17.7	6.5
5.交通通信	2 703.06	4.9	11.5
6.教育文化娱乐服务	3 203.36	18.7	13.7
7. 医疗保健	1 534.79	12.5	6.6
8.其他商品和服务	568.32	8.5	2.4

2016年昆明市农村居民消费增长情况

消费项目	金额（元）	同比增长（%）	比重（%）
人均消费性支出	10 481.05	4.1	—
1.食品	2 952.58	8.8	28.2
2.衣着	497.41	4.5	4.7
3.居住	2 660.88	4.4	25.4
4.生活用品及服务	498.04	-2.1	4.8
5.交通通信	1 767.44	1.6	16.9
6.教育文化娱乐服务	1 114.54	-2.1	10.6
7. 医疗保健	873.44	7.4	8.3
8.其他商品和服务	116.72	-8.9	1.1

2016年昆明市城镇居民八大类消费增长速度

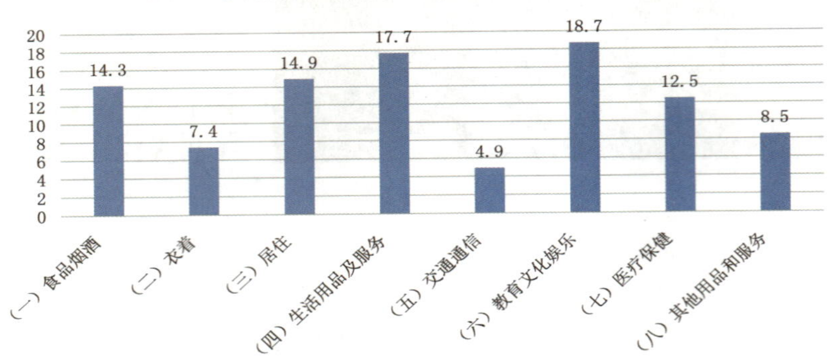

2016年昆明市农村居民八大类消费增长速度

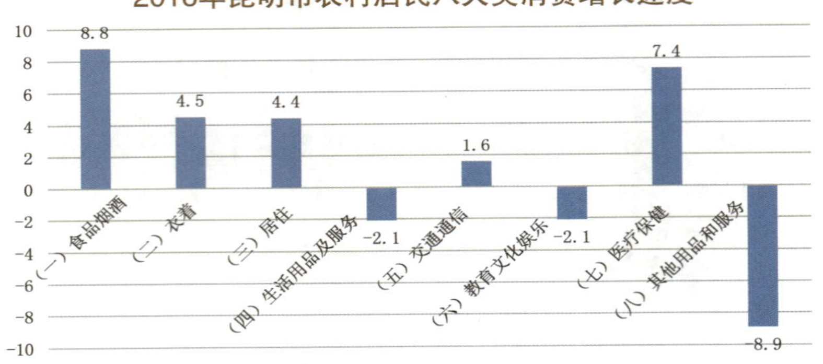

2016年昆明市城镇居民消费构成图

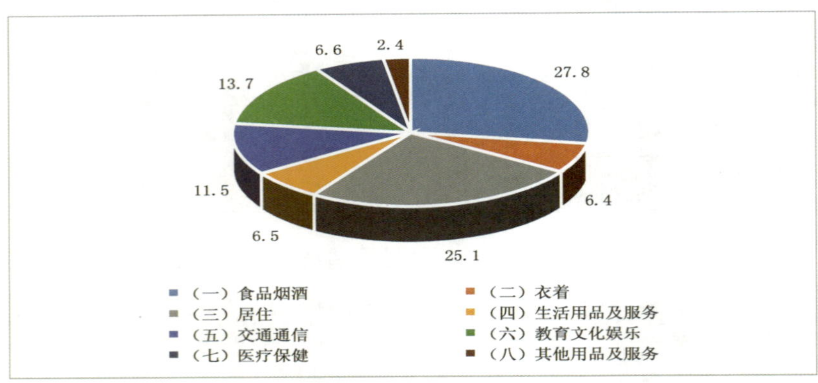

2016年昆明市农村居民消费构成图

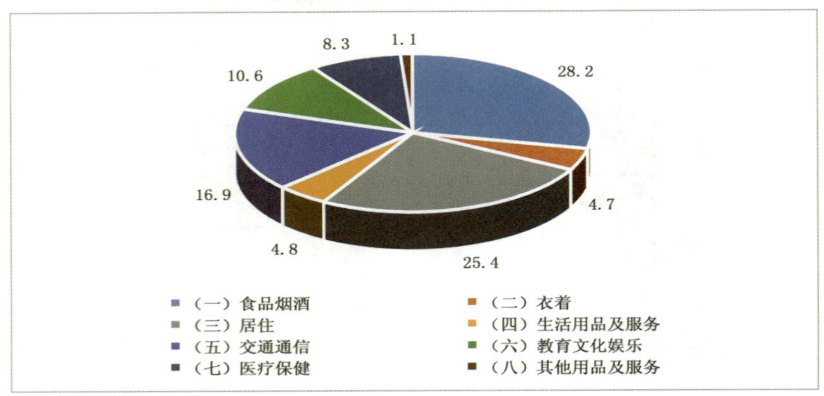

【食品支出】 2016年，食品烟酒支出依然是城乡居民家庭消费的主体，食品支出占城乡居民总体消费支出的比重分别是27.80%、28.20%。昆明市城镇居民人均肉禽蛋水产品类消费支出为1 750.70元，占食品烟酒类支出的比重为26.90%，其中水产品类人均消费219.29元，在肉禽蛋水产品类消费中占比为12.50%，居民食品消费结构在逐渐改善。在保证肉禽蛋类消费的同时，居民坚持对蔬菜等绿色食品的摄入，环保生态的农副产品备受居民青睐。2016年，昆明市城镇居民人均蔬菜和食用菌消费798.33元；昆明市农村居民人均蔬菜和食用菌消费269.78元。随着生活水平的提高，城乡居民越来越注重食品的安全、生态、营养、方便，饮食中肉禽蛋水产品类消费的比重大，兼顾适量绿色食品的摄入，同时干鲜瓜果、糕点、奶及奶制品也有较快增长。随着收入水平的提升，生活节奏的加快，居民饮食消费逐步走向社会化，城镇居民外出就餐已经成为常见的生活方式。昆明市城镇居民人均在外饮食支出达1 394.26元；农村居民人均在外饮食支出达202.46元。

【恩格尔系数】 2016年，城镇居民家庭中食品支出占消费支出的比重（即恩格尔系数）为27.80%。农村居民家庭中食品支出（含自产自用）占消费支出的比重（即恩格尔系数）为32.30%。

【衣着消费】 2016年，昆明市城镇居民人均衣着支出为1 492.61元，增长7.40%，占消费支出的比重6.40%；农村居民人均衣着支出为497.41元，占消费支出的比重4.70%。随着昆明城镇居民生活水平的提高，收入增加和购买力增强，个人在着装上越来越追求个性化、时尚化和品牌化，居民衣着的消费档次不断提高，衣着消费增加。

【居住条件】 2016年，昆明市城镇居民人均住房建筑面积为43.76平方米，水电燃料及其他支出728.59元，人均居住支出5 888.79元，增长14.9%；农村居民人均住房建筑面积为48.18平方米，水电燃料及其他支出299.71元，人均居住支出2 660.88元，增长4.40%。城镇居民多居室的住房配套率大幅提高，单栋住宅、四居室、三居室、二居室住房所占比重已达96.40%。住房配套设施进一步提高，有47%以上的家庭炊用燃料使用管道煤气和罐装液化石油气，有29%以上的家庭选择用电作为主要炊用能源。城乡居民居住环境不断向好，居住条件不断改善。

【生活用品及服务支出】 2016年，昆明市城镇居民人均生活用品及服务类支出为1 518.68元，增长17.70%；农村居民人均生活用品及服务类支出为498.04元，下降2.1%。随着居民对生活品质要求逐渐提高，个人用品讲究品质。随着城镇居民越来越注重形象，个人用品消费需求旺盛，大品牌、高档次、高质量的化妆品受到青睐，个人用品支出增多。同时，居民对耐用消费品，如电冰箱、彩色电视机、全自动洗衣机等电器的需求逐步向品牌化、高档化转变。

【交通和通信支出】 2016年，昆明市城镇居民人均交通和通信支出达2 703.06元，增长4.90%；农村居民人均交通和通信支出达1 767.44元，增长1.60%。至年底，昆明市城镇居民家庭每百户家庭私用汽车拥有量已达53.82辆；农村居民家庭每百户家庭私用汽车拥有量已达34.66辆。城镇居民人均通信支出为1 015.93元，增长4.20%；农村居民人均通信支出为459.39元，增长14.10%。

【教育文化娱乐消费】 2016年，昆明市城镇居民人均教育文化娱乐服务类支出3 203.36元，在总消费中占比13.70%；农村居民人均教育文化娱乐服务类支出1 114.54元，在总消费中占比10.60%。昆明市城镇居民人均教育支出1 251.18元，增长40.60%；农村居民人均教育支为804.08元，下降9.30%。昆明市城乡居民人均文娱耐用消费品支出分别为142.76元和60.82元。昆明市城镇居民家庭每百户拥有彩电、计算机、组合音响、摄像机、照相机、健身器材分别是109.69台、82.84台、22.69 套、14.88架、48.89架、6.63套；农村居民家庭每百户拥有彩电、计算机、组合音响、照相机分别是109.94台、18.94台、12.69套、7.77架。

【医疗保健消费】 2016年，昆明市城镇居民人均医疗保健支出1 534.79元，增长12.50%；农村居民人均医疗保健支出873.44 元，增长7.40%。居民健康保健意识增强，社会保障作用显现。

【网络消费】 随着通讯及信息产业的发展，3G、4G 业务的应用，给城乡居民的生活带来翻天覆地的变化。手机拥有量增加，联网电脑数量增加，带动网络购物快速发展，网购消费已成常态。2016年，昆明市城镇居民家庭每百户接入互联网的电脑数量为70.01台。城镇居民家庭人均通过互联网购买商品或服务的消费已达175.06 元，比上年同期的147.66元增长18.60%。

【居民消费价格变动情况】 2016年，昆明市居民消费价格总水平上涨1.70%。其中，食品价格上涨4.50%，非食品价格上涨1.20%；消费品价格上涨1.40%，服务项目价格上涨2.30%。

从八大类别看，食品烟酒类价格比上年同期上涨3.10%。其中食品价格上涨4.50%，茶及饮料价格上涨0.10%，烟酒价格上涨2.40%，在外餐饮价格上涨0.20%。衣着类价格比上年同期上涨0.60%，其中服装价格下降0.40%，服装材料上涨1%，其他衣着及配件上涨1.10%,衣着加工服务费上涨8.50%,鞋类价格上涨3%。居住类价格比上年同期上涨2.90%。其中房屋租金与上年同期持平，住房保养维修及管理价格下降0.20%，水电燃料价格下降1.60%，自由住房价格上涨6.30%。生活用品及服务价格上涨0.40%。其中家具及室内装饰品价格与上年同期持平，家用器具价格下降2.70%，家用纺织品价格下降0.50%，家庭日用杂品价格上涨1%，个人护理用品上涨3.40%。交通和通信类价格比上年同期下降0.30%。其中，交通价格下降0.70%，通信价格上涨0.40%。教育文化和娱乐价格比上年同期下降0.60%。其中，教育价格与上年同期持平，文化娱乐价格下降1%。医疗保健价格比上年同期上涨1.50%。其中，药品及医疗器具价格上涨3.30%，医疗服务价格与上年同期持平。其他用品和服务价格比上年同期上涨3.90%。其中其他用品类价格上涨5.20%，其他服务类价格上涨2.50%。

2016年居民消费价格指数走势图（与上年同期=100）

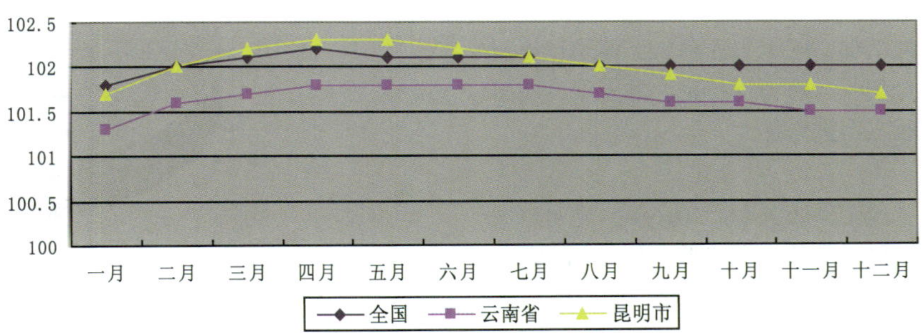

2016年居民消费价格指数走势图（与上年同月＝100）

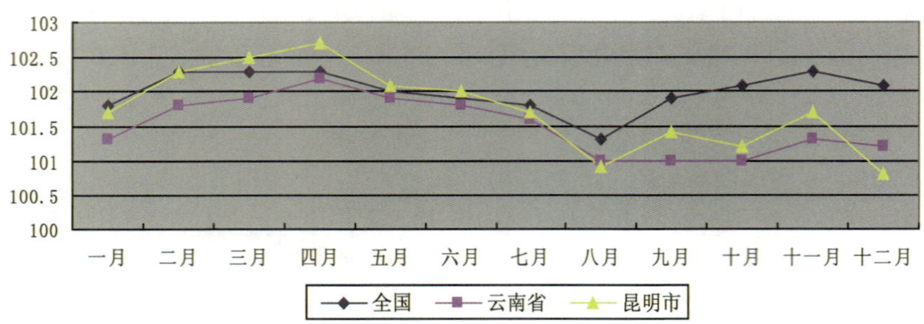

2016年昆明市居民消费价格指数走势图

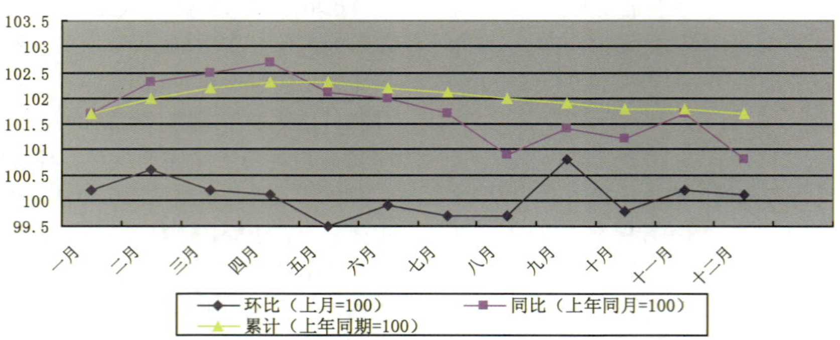

城镇居民收入

【工资性收入】 2016年，昆明市城镇居民人均工资性收入为17 902.43元，增加1 324.38元，增长8%，占城镇居民人均可支配收入的比重达48.70%，拉动可支配收入增长3.60个百分点，在收入中占绝对主导地位，是支撑收入的主力。昆明市委市政府着力促进民生改善，政策性增资因素持续发力，各级政府采取多项措施，稳定工资性收入的增长。各级政府加大扶持力度，扶持企业的发展和产业升级，支持企业的创业创新，加强城乡劳动力培训，有效促进工资性收入的增加。国家去库存去产能及扶持资金到位，有力支持企业的发展，职工收入得到增加。

【经营净收入】 2016年，昆明市城镇居民人均经营净收入2 867.05元，增长4.50%。经营净收入增长主要体现在第三产业的批发零售行业上，增长51%。第三产业的发展为城镇居民提供更多的创业机会，批发零售业具有准入门栏低、资金变现快的优势，促进经营者收入的增长。各级党委政府出台多项措施推进大众创业万众创新，号召全社会大力发展众创空间，夯实载体、培育主体、完善金融和服务体系、强化政策支持，努力营造良好的创新创业生态环境，掀起全民大众创业万众创新热潮，大大激发市场主体活力和企业投资创业热潮，促进经营收入的增长。各级党委、政府加大对中小微型企业的政策扶持力度，优化行政审批和行政服务事项，制定有益于中小微企业经营发展的优惠政策，改善营商环境，最大限度地激发企业的创造力、竞争力，促进中小微型企业从业者的收入增长。

【财产净收入】 财产净收入增长最快，增幅居四项收入之首。2016年，昆明市城镇居民人均财产净收入为8 458.43元，同比增加791.41元，增长10.30%，占城镇居民人均可支配收入的比重为23%，拉动可支配收入增长2.20个百分点。在人均可支配收入中所占比重为第二位。由于城市化的快速发展，城市附近的“城中村”集体经济快速扩张，集体分红成倍增长，发展的红利惠及广大居民。随着国家住房“新政”的颁布和昆明市租房体制的不断完善，租房市场得到较快发展，为居民带来房租收益。此外，随着城镇居民投资理财意识逐渐增强，居民投资多样化，投资股票、基金、字画古玩、保险等的住户增多。投资渠道的多元化，使城镇居民的利息收入、股息与红利收入以及其他投资收入均有不同程度增加，从而拉动财产净收入较快增长。

2016年昆明市城镇居民四项收入比重

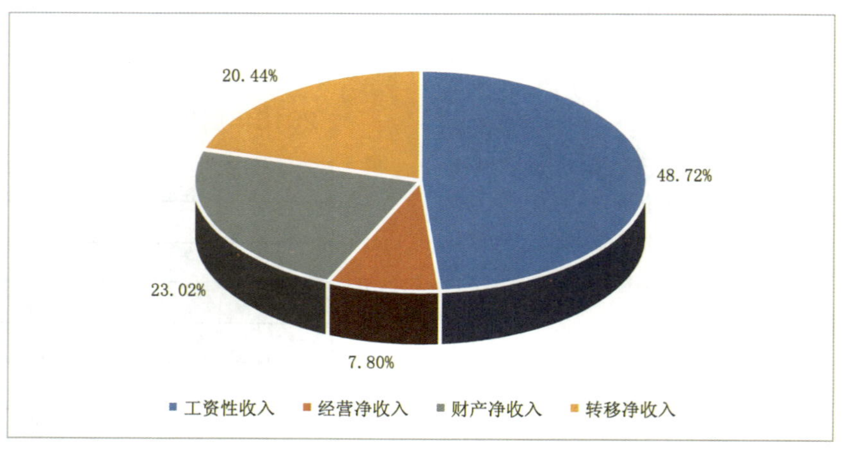

【转移性净收入】　2016年，全市城镇居民人均转移净收入7 511.01元，增加543.93元，增长7.80%，占城镇居民人均可支配收入的比重达20.40%。离退休职工养老金逐年增长，职工养老金已连续12年增长，2016年平均增长6.50%。9月，机关事业单位调资，机关事业单位退休人员月增加560元，离休人员月增加800元，各地足额按时发放城乡居民基本养老保险和被征地人员基本养老保险，退休金及基本养老保险金的上调和政府对各项民生支出的逐年增加，使居民转移性收入总体保持稳定增长。

农村居民收入

【工资性收入】　2016年，昆明市农村居民可支配收入中，工资性收入5 802.03元，相较于上年的5 057.42元增长14.70%。农村居民工资性收入在农村居民可支配收入中占比最高，达46.20%，拉动可支配收入增长6.50个百分点。随着经济起暖回升，逐渐向好，农民外出务工人员有所增加、工资收入有所增长。各级政府采取多项措施，加强就业信息对接与发布，加强农村劳动力培训，有效促进农民工的就业。各类园区都将落地企业吸纳城乡劳动者就业工作放在重要位置，通过提高“就业贡献”奖励标准和下调失业保险，对稳定促进就业，对企业吸纳农民工就业起到积极作用。

【经营净收入】　经营净收入是农村家庭收入的重要来源。与上年相比有小幅增长，增速为1.40%。2016年，昆明市农村农村居民经营净收入为5 100.94元，在农村人均可支配收入中的占比为40.60%，仅次于工资性收入的占比，拉动农村居民可支配收入增长0.62个百分点。猪肉、蔬菜、花卉等价格不同程度上涨。一季度部分县区蔬菜价格涨幅甚至达到近10年来最高水平，农民出售农副产品收入增加。各县区相继引进推广鲜食玫瑰、猕猴桃、万寿菊、红星大桃、蓝莓种植，大棚蔬菜、优质茭瓜、鲜切花、大树杨梅、核桃、板栗、葡萄、苹果等高原特色农业品种的种植面积也不断扩大。农业生产效益不断提高，有力带动家庭经营性收入稳步增长。同时，土地经营流转政策改革、林权改革等一系列政府利好政策的颁布，特色旅游业的部分兴起，加上近年来家庭式农家乐和林下经济带来的红利，都使农民获得更多的经济效益。

【财产净收入】　2016年，农村居民财产净收入为989.91元，较上年同期的714.08元增长38.60%，增速位居农村四项收入之首。拉动农村居民可支配收入增长2.40个百分点。各区县土地流转加快，土地租金收入拉动增收,同时集体分红的增长也是财产性收入快速增长的主要因素，部分农村因城市基础设施建设的加快，占地补偿使收入分红增加。

2016年昆明市农村居民四项收入比重

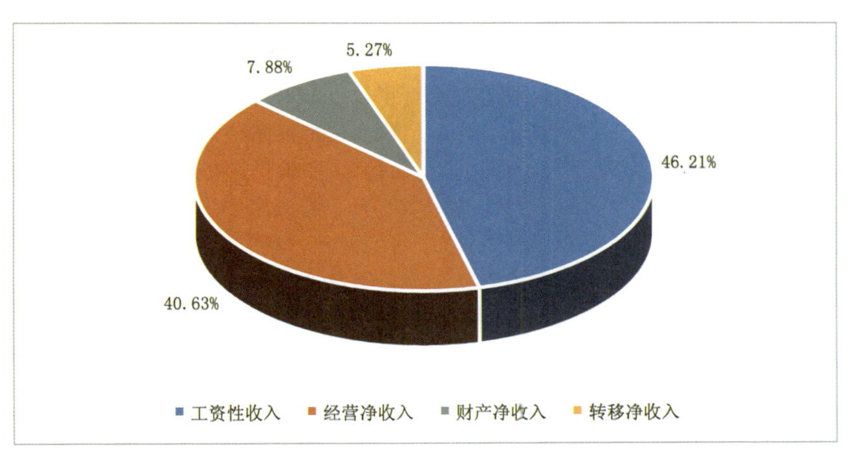

【转移性收入】　2016年，农村居民转移净收入为662.11元，较上年同期的642.27元增长3.10%，拉动农村居民可支配收入增长0.17个百分点。社会保障水平提高，使转移性收入稳定增长；扶贫攻坚政策的落实，有利于农村贫困居民增收脱贫，增加农村贫困地区的转移性收入；惠农政策到位，促进农村居民转移性收入增加。

（王立荣　林　涛）

民　族

【少数民族概况】　2016年，昆明市有3个自治县、4个民族乡、333个少数民族聚居村。至年底，少数民族户籍人口886 904人，较上年增加13 281人，占全市户籍总人口的15.84%，增加0.12个百分点。有54个民族成分（56个民族成分中无塔吉克族、珞巴族），9个世居少数民族（分别是彝族、回族、白族、苗族、傈僳族、壮族、傣族、哈尼族、布依族），人口排序第一是彝族，有463 122人，占少数民族人口的52.22%；第二是回族，有166 204人，占少数民族人口的18.74%；第三是白族，有86 873人，占少数民族人口的9.80%；第四是苗族，有55 960人，占少数民族人口的6.31%；第五是傈僳族，有20 511人，占少数民族人口的2.31%；第六是壮族，有17 354人，占少数民族人口的1.96%；第七是哈尼族，有16 470人，占少数民族人口的1.86%；第八是傣族，有15 968人，占少数民族人口的1.81%；人口最少的依然是布依族，有4 910人，占少数民族人口的0.55%。少数民族地区占全市国土面积的57%，全市少数民族依然呈现分布广、大分散、小聚居的特点。

【2016年民族宗教工作会议】 3月28日，昆明市召开2016年民族宗教工作会议，全市14个县（市、区）5个开发度假区民族宗教工作部门的领导、办公室主任、市民族宗教委全体干部职工参加会议，市委统战部、政法委、市人大民族宗教委员会、市政协民宗委、市公安局、国土安全局、宗教局、信访局应邀参加会议。市民族宗教委员会副主任陈浩传达全省城市民族工作会议和全省民宗委主任会议精神。市民宗委主任李忠德总结2015年工作，分析研判当前团结稳定工作的形势和面临的主要问题，安排部署2016年主要工作任务。

【宣传教育】 多形式开展民族宗教政策及民族宗教工作法律法规的宣传教育活动，以宣传党的民族政策、普及法律知识为主线，提高各族群众、信教群众等对民族宗教工作相关法律法规的知晓率、执行力。6月2日，举行昆明市2016年民族宗教政策法规学习月活动启动仪式，现场发放宣传册和宣传袋。在全省率先开展习总书记重要讲话精神解读学习。5月13日，举行2016年第一期民族宗教政策法规业务培训。6月24日，举行专题授课，为市民宗委干部职工、全市性宗教团体负责人、县区民族宗教干部解读习总书记在全国宗教工作会议上的重要讲话精神。8月28~29日，举办全市天主教教职人员及教友骨干政策法规培训班。来自昆明市区、石林县各堂点40余名教职人员及教友代表参加学习。9月11至14日，举办市基督教、第十一届第四次在职教职人员培训班。10月30日~11月3日，举办昆明市第五期阿訇培训班，来自全市的32名阿訇参加培训。

【民族团结宗教和谐社会稳定】 全面完成《昆明市民族宗教委涉及民族宗教方面群体性事件应急预案》修订工作。遵循“团结、教育、疏导、化解”工作方针，按照“属地管理、分级响应、依法处置”工作原则，加大矛盾纠纷排查调处力度。全力做好2016年度全市民族宗教领域团结稳定工作，分别于全国、省市“两会”期间及南博会期间开展2次影响民族团结的矛盾纠纷隐患排查工作。排查并化解出各类矛盾纠纷12件，涉及人数793人。慎重处理北京路天主教主教府建设中的系列问题，妥善完成五华区“四面金刚像”依法拆除问题，有效化解网络“射鞑子”舆情热点，维护了民族团结宗教和谐社会稳定。2016年度，全市民族宗教领域未发生因排查不深入、调处不细致、化解不及时、方法不得当等原因引发的群体性事件。

【建立健全综合治理维稳（平安建设）工作机制】 在以往工作的基础上，加强维稳工作体制机制创新，不断探索和推进民族宗教领域的综治维稳和平安建设活动。创建昆明市涉及民族宗教因素情报信息协作和研判工作机制。会同市委统战部、市网信办、市公安局建立完善涉及民族宗教因素情报信息协作和定期（每季度一次）研判工作机制；建立昆明市涉及民族宗教因素矛盾纠纷四级同步监管机制。市民族宗教工作部门、县（市）区及各开发（度假）区民族宗教工作部门、乡镇（街道）、村委会（社区）对涉及民族宗教因素的矛盾纠纷实行同步统计、同步监测、同步监管、同步研判的工作机制，充分发挥基层干部队伍、民族工作队伍、民族干部队伍、民族宗教工作助理员队伍、民族关系信息员队伍、民族宗教界人士队伍、民族宗教团体队伍、宗教活动场所管理人员队伍、清真食品义务监督员队伍、在昆少数民族流动人口代表人士队伍等10支队伍的作用，扩大信息源，编制信息网，掌握主动性；建立重大维稳信息奖励制度。市民宗委设立重大维稳信息奖励机制，对民族团结、宗教和谐产生积极作用的重要信息，市民宗委年终进行综合评定，对信息提供人给予奖励，同时对提供人的私人信息作保密处理。对报送及时、处置得当、措施有力、经验突出、启示深刻、有推广价值的典型案例，也予一定奖励；制定《昆明市民族宗教事务委员会处置涉及民族宗教因素突发事件应急预案》，明确涉及民族宗教因素突发事件的处置原则、事件等级、启动相应的分级响应程序和级别，坚持分级负责、属地管理、指导协调、各司其职，及时妥善处置。

【清真食品监督管理】 切实做好元旦、春节和“两会”、南博会、中秋国庆期间清真食品安全，维护社会稳定工作，2016年，在全市组织开展3次清真食品安全专项检查。全市出动执法人员2 826人次，检查清真食品生产企业112家、清真食品经营单位数969家、清真餐饮单位3 761家、清真畜禽屠宰单位365家，查处清真食品违法案件73起、查处无证经营单位276家，责令限期整改232家、停产停业单位26家；检查清真牛羊屠宰企业132家、清真畜禽屠宰单位170家、清真糕点经营店（摊点）163家、清真餐饮服务单位1 155家、清真肉制品加工生产企业62家。以检查活动为契机，开展清真食品安全宣传咨询活动958次。在媒体播发宣传报道12篇。

【少数民族文化抢救保护工作】 2016年，市民宗委向省民宗委申报7个民族文化抢救保护项目和3个云南“双百”人才项目，共申请项目经费184万元。省民宗委安排下达项目经费102万元，其中少数民族抢救保护项目经费52万元、“双百”人才扶持经费50万元。

【民族团结进步示范社区创建】 完成省民宗委批复昆明市盘龙区茨坝街

道花鱼沟社区、官渡区太和街道和平路社区、呈贡区吴家营街道缪家营社区的民族团结进步示范创建任务。截至2016年底，昆明市共创建民族团结进步示范社区29个，其中国家级2个、省级16个、市级11个。

【少数民族服务管理试点工作】为更好地服务在城市工作、生活、学习的少数民族流动群众，2016年，在西山区永昌街道办事处盛高大城社区开展省级城镇少数民族流动人口服务管理工作试点社区工作，在呈贡区吴家营街道缪家营社区开展城市少数民族失地群众可就业持续发展试点工作，在昆明形成“试点先行、典型引路、活动牵引、整体推进”的工作模式。

【支持民族贸易企业和定点生产企业】落实民族贸易财政、金融、税收政策，扶持民族贸易企业和民族特需商品定点生产企业的发展，保障少数民族群众特需用品的生产供应，为民族贸易和民族用品定点生产企业提供多种形式的扶持和帮助。争取到省财政技术改造专项贴息贷款1项，贴息150万元；对3个自治县的民族贸易企业进行重新认定、上报、公示。

2016年，受理完成2家清真食品企业认证，分别是云南摩尔农庄（楚雄）生物科技开发有限公司和安琪酵母（德宏）有限公司。

【争取上级民族专项资金】加强与上级部门对接，及时掌握政策动态和项目审批信息，认真做好项目谋划、申报。2016年，共争取资金2 220万元（包括发展资金、贷款财政贴息、民族团结保障经费、少数民族传统文化推广抢救保护专项经费），安排扶持项目52个。主要用于解决少数民族特殊困难、“十百千万工程”示范创建、云南省人口较少民族学生助学补助等。

【实施“十百千万工程”】按照全省实施示范区建设“十县百乡千村万户示范点创建工程”新一轮行动计划（2016~2018年）工作要求，做好省民宗委批复昆明市2016年创建示范区的各项创建任务。通过实施特色民居保护工程、生态环境保护改善工程、民族文化繁荣发展工程和特色产业发展工程，对传统民居和民族特色建筑进行改造，打造民族文化牌坊、民族文化特色长廊，改善居民生活环境，建盖民族文化小广场、民族文化物品的文化室；根据各示范点的气候土壤、传统风俗和生产技术条件，开展生态立体种养殖，发展家庭果园，开展特色农家乐、民俗客栈旅游服务。及时拨付经费到位，对各项目点工作开展跟踪监查，各示范点均按照编制规划、年度计划和项目申报内容实施。全年完成10个示范点的创建。迎接国家民委组织全国有关省市自治区代表一行42人到昆明市开展民族团结进步示范创建工作互观互检活动，获肯定和好评。

【开办“民族班”“阿诗玛班”民族高中班】2016年秋季学期，会同市教育局在云南民族大学附属中学举办“阿诗玛班”，以昆明市户籍初中毕业优秀少数民族女生为主，同时招收部分优秀汉族女生，2016年计划招收60名。昆一中、昆三中、云南师范大学附属中学呈贡校区、云南民族大学附属中学4所学校开办“民族班”，面向禄劝、寻甸、石林县、东川区、倘甸和轿子山两区，4个民族乡（晋宁县双河彝族乡、夕阳彝族乡、宜良县九乡彝族回族乡、耿家营彝族苗族乡）和其他县（市、区）招收农村户籍的少数民族学生普通高中学生。2016年计划招收210名。其中，昆一中、昆三中、云师大附中呈贡校区各计划招收50名，云南民族大学附中计划招收60名。按照录取标准共录取150名少数民族学生到优质高中读书学习。

【开展“挂帮包　转走访”工作】做好4个扶贫挂钩点的扶贫帮带工作。制订“昆明市民族宗教委挂钩帮扶三年计划”，确定2016年实施的扶贫项目和资金安排计划。2016年，在市级民族专项资金中争取到9个项目，资金295万元，直接投入资金37.80万元，合计资金332.80万元，用于帮扶村的建设，人饮安全工程、村党总支党员活动室修缮、产业扶持的发展、特色村打造。积极协调省民宗委把东川区红土地镇列入省级“十百千万”示范创建的示范乡镇，争取省级专项资金100万元用于示范乡镇建设，项目已实施完成。

按照全市“挂包帮”“转走访”工作部署要求，市民宗委机关和所属事业单位73名干部职工与帮扶点的81户贫困户结成对子，进行回访、捐赠，为困难群众排忧解难。

【人大代表建议、政协提案的办理】2016年，市民宗委接到19件人大代表建议、政协委员提案的办理任务。其中，市政协委员提案13件（省政协提案3件，市政协提案10件，皆为主办件）；市人大代表建议6件（省人大代表建议1件，为省人大确定的重点建议；市人大代表建议5件，皆为主办件）。6件人大代表建议、13件政协提案答复工作已全面完成，1件重点建议已按办理要求完成制定方案、沟通协商、专题调研、专题面商、专题答复。所提问题基本得到解决，均为A类件，按要求在政务网上反馈办理结果，对所有建议提案均进行回访。

（李佳燕）

宗　教

【全市宗教工作会议】2016年12月15日，全市宗教工作会议在昆明召开。市委、市人大、市政府、市政协，市法院、市检察院等有关领导出席会议。会议由市长王喜良主持。市委书记程连元出席会议并讲话。他强调，宗教问题始终是昆明必须重视和处理好的重大问题，要深入推进落实党的宗教工作方针政策，准确把握宗教本质特征、规律和方向，更好地组织和凝聚广大信教群众同全省人民一道，为与全国同步全面建成小康社会而不懈奋斗，努力开创昆明市宗教工作新局面。王喜良指出，要深入学习贯彻好程连元书记的重要讲话精神，把宗教工作重大方针原则政策的要求落到实处，确保昆明市宗教工作正确方向，要依法依规管理宗教事务，积极稳妥处理好宗教领域重点难点问题，要支持宗教界加强自身建设，着力培养爱国爱教教职人员和代表人士，要强化领导和工作责任，为做好全市宗教工作提供坚强保障。市公安局、盘龙区、寻甸县负责同志作会议交流发言。

【爱国宗教团体建设】 昆明市从7个方面加强宗教团体建设：把好宗教团体领导班子选人、用人关；较好地落实省委“6·15”会议精神，妥善解决宗教代表人士的生活补助问题。各级财政对市县两级宗教团体担任秘书长以上的宗教代表人士发放生活困难补助，提高其生活待遇，体现党委、政府的关心和爱护；增加宗教团体办公经费，提高协会自养能力，更好地开展教务指导工作，增强服务基层的能力；出台《昆明市宗教教职人员参加社会保障指导意见（试行）》，妥善解决宗教教职人员的社会保障问题；指导帮助宗教团体建立健全各项规章制度，逐步形成以制度管人、以制度管事的民主办教模式；组织宗教教职人员、宗教活动场所负责人和信教群众开展爱国主义、法制教育等多层次、多形式的教育培训，提高教职人员的综合素质；督促宗教团体下基层、进场所，开展有针对性的调研工作，加强对基层的教务指导，解决教务上的分歧，提高辨别是非能力，增强抵御境外敌对势力利用宗教对中国进行渗透的能力。

【宗教活动场所规划和建设】 进一步帮助宗教团体、宗教活动场所的规划建设工作。除市级财政安排的重点宗教活动场所维修补助经费解决近百个宗教活动场所的实际困难外，积极向上争取经费，2016年，争取省财政补助百万余元。改善宗教活动场所的危房状况，满足信教群众开展宗教活动的要求，保障信教群众的生命财产安全。

【整治借教敛财问题专项工作】 市民族和宗教委员会联合统战、旅游等相关单位，明确目标任务、政策界限和方法措施，按照“积极引导、属地管理、分级负责、依法管理、稳步推进”的工作原则，对辖区内未经审批建设的“寺庙、宫观”私设功德箱等问题进行全面排查整治，对违法违规设立功德箱、雇用假僧假道非法从事宗教活动等借教敛财问题进行专项整治，对群众举报或检查发现的违法违规设立功德箱案例严格程序，严肃纪律，依法依规，严厉查处。

【基督教私设聚会点治理】 为深入贯彻全国全省宗教工作会议精神和中央《关于加强和改进新形势下宗教工作的意见》，进一步落实《宗教事务条例》《云南省宗教事务规定》，省委统战部、省民族宗教委员会在昆明市开展基督教私设聚会点治理试点工作，以有效打击利用基督教进行的违法活动及境外渗透活动，建立基督教私设聚会点治理工作的长效机制。经全面摸底调查，发现昆明市86个基督教私设聚会点，按照“昆明市基督教私设聚会点分类方式及治理办法”，针对各私设聚会点的具体情况，科学分类，依法治理，疏堵结合，以疏为主，做到一点一策，力求实效，有效治理基督教私设聚会点86个，有效治理率100%，全面彻底治理成功71个，彻底治理成功率达83%，较好地完成本次基督教私设聚会点专项治理工作，使昆明市基督教私设聚会点的规模在基数上大幅减少，有效遏制了基督教私设聚会点的蔓延势头，属可控范围。

【举办全市宗教界代表人士培训班】 为全面贯彻党的宗教工作基本方针，认真学习贯彻全国宗教工作会议精神，发挥宗教界人士和信教群众在促进经济社会发展中的积极作用。7月11~14日，与市委统战部、市社会主义学院联合举办昆明市宗教界代表人士培训班。昆明市宗教界代表人士、市属宗教团体班子成员、市委统战部、市民族宗教委、各县（市）区及各开发（度假）园区党工委统战工作人员、宗教干部，宗教团体工作人员、宗教场所民主管理人员，其他相关人员共120人参加培训。

【参加云南省第三届宗教界体育运动会暨文艺汇演】 通过制订工作方案、预算经费、选拔运动员、组织训练等一系列的工作，2016年9月20~22日，由70名宗教界人士组成的昆明市代表团赴玉溪参加云南省第三届宗教界体育运动会暨文艺汇演，参加短跑、中长跑、板鞋竞速等多个体育项目的奖牌角逐，取得较好成绩。

【“和谐寺观教堂”创建活动】 由市政府拨出100万元专项经费推进“和谐寺观教堂”创建和命名工作。经过严格推荐评选、反复比较和层层把关，创建20个市级和谐寺观教堂，评选推荐10所宗教活动场所报省民宗委参评2016年云南省和谐寺观教堂；推荐1名先进个人、1名先进集体参加全国第三届和谐寺观教堂创建工作评选表彰。

【制定出台《昆明市宗教教职人员参加社会保障的指导意见（试行）》】 多年来，昆明市宗教教职人员的社会保障问题是宗教界关心的热点难点问题之一。为贯彻落实好全国、全省宗教工作会议精神，昆明市在全省率先出台《昆明市宗教教职人员参加社会保障的指导意见（试行）》，对宗教教职人员参加社保的一系列问题做出规范。此举对进一步做好全市宗教教职人员参加社会保障工作，消除其后顾之忧，使他们病有所医、老有所养，在维护宗教和睦、促进社会和谐、推动宗教与社会主义社会相适应等方面发挥着重要作用。

【伊斯兰教朝觐组织工作】 2016年，云南省民族宗教事务委员会共安排昆明市朝觐名额143人。为确保整个朝觐组织服务工作正常有序的开展，市民宗委根据各县区报名情况，将全部名额分配到各县区，严格执行朝觐人员网上报名制度，杜绝名额分配上出现拉关系、走人情的现象。市伊斯兰教协会结合多年开展培训的经验，强化对朝觐人员的培训工作。选派3名宗教工作干部和5名伊斯兰教教职人员作为带队干部和随团伊玛目，负责整个朝觐活动的组织服务工作。昆明市的朝觐组织服务保障工作措施有力，整个朝觐活动开展正常有序，向全世界穆斯林展示了中国哈吉的良好形象，得到省朝觐团、国家朝觐团的一致好评。在2016年度全省朝觐工作总结会上，获得“朝觐组织服务工作优秀单位”表彰。

【“宗教慈善周”活动】 在全市宗教界广泛开展以“慈爱人间，五教同行”为主题的“宗教慈善周”活动。组织宗教界学习公益慈善活动相关政策法规，引导宗教界依法依规开展公益慈善活动，依法依规维护自身合法权益。充分发挥宗教界服务社会、利益人群的优良传统，在敬老爱老、扶贫济困、抗震救灾、捐资助学、助残义诊、环境保护、社区服务、心理慰藉等领域广泛开展公益慈善活动。昆明市四城区民宗局局长，全市性宗教团体会长、秘书长、市民宗委相关处室负责人参加在市天主教爱国会驻地的启动仪式。在昆的部分抗战老兵作为受捐赠单位、个人代表参加启动仪式。

【首届佛教文化昆明论坛成功举办】 2016年12月2~4日，由昆明佛学研究会、昆明千佛堂共同举办的“首届佛教文化昆明论坛”在昆明市隆重举行。来自全国18个省市的佛学研究者以及中国社会科学院、中国人民大学、北京大学等高校和研究所的著名专家学者共计百余人参加，云南省委统战部、省民族宗教委、省政协及昆明市委统战部、市民宗委等相关部门领导出席论坛开幕式。此次论坛主题为“佛教文化与生活”，与会专家学者就“一带一路”“扶贫开发”“精神文明建设”“伦理道德建设”等问题展开深入的探讨，多角度、多维度解析佛教文化对现代生活的意义；多层面探讨佛教文化发展的方向和社会功能；倡导佛教文化与社会主义社会相适应、与中国传统文化相适应、与公民思想道德建设基本要求相适应、与社会和谐发展相适应，进一步推动佛教文化的纵深发展。此次论坛社会关注度高、参与度广，彰显昆明独特的人文魅力。

（李佳燕）

人口与计划生育

【人口与计划生育指标】 省政府下达的7大类18项、省卫生和计划生育委员会下达的6项计划生育目标任务，昆明市全部圆满完成。人口自然增长率6.54‰，符合政策生育率达94.76%（省下达指标83%），综合节育率86.57%（省下达指标81%）。

【生育审批】 全面取消一孩、二孩生育审批，实行生育登记备案制度，全年登记办理一孩“生育服务证”24 732本，二孩“生育服务证”20 069本。优化办证流程，压缩办证时间，推行承诺制、代办制、预约制和一次性告知制度。

【奖励经费及政策】 市级投入计划生育事业经费3 553.56万元，同比增长17%。兑现发放计划生育奖励扶助、特别扶助资金1.39亿元，惠及41.30万人（户）次。农业人口独生子女享受高考加分2 508人，中考加分5 141人。

【特殊扶助】 制订《昆明市计划生育特殊家庭扶助工作实施方案》，建立“一对一”联系人制度，实施生活、养老、健康、生育、精神、临终“六关怀”服务。市委市政府首次把计划生育特殊困难家庭纳入春节慰问对象，慰问500户失独家庭和流动人口计生困难家庭。

【优质服务】 2016年，昆明市进行国家免费孕前健康检查20 020对夫妻（省下达指标数20 000对），农村妇女叶酸增补34 072 人（省下达指标数24 950人）。年底，东川区、安宁市、富民县入选全国计划生育优质服务先进单位。国家计划生育药具自助发放机PPP项目覆盖昆明地区所有高校、医院，运转正常，社会反响较好。开展“农民工兄弟姐妹评计生”和“流动人口评计生”活动，满意率达96%以上。

【流动人口服务管理】 启动流动人口基本公共卫生计生服务均等化试点，8个试点县区在儿童预防接种、儿童保健、孕产妇保健、健康档案、计划生育、健康教育等方面实现突破，累计为流动人口办理居民健康档案140.5万份，查孕查环18 980例，放环9 348例，流动人口孕产妇分娩婴儿37 724名，流动人口儿童预防接种571 853针次。巩固“一盘棋”工作机制，与出租房屋单位（个人）、用工单位、物业服务企业签订管理协议书5.7万份。流动人口信息系统入库管理105.07万人，信息反馈核查率居全省前列。创建27个流动人口信息化示范社区。

【整治“两非”专项行动】 积极开展出生人口性别比偏高问题综合治理和整治“两非”专项行动，全市出生人口性别比为107.9，优于全省、全国平均水平。

【全面两孩】 通过《关于全面两孩政策实施后我市人口规模预测及相关应对措施的专题报告》，采取十项措施，顺利实施全面两孩政策。全年，政策惠及11 275户城镇居民，已出生“全面二孩”6 167人，分别占二孩登记数的37.5%，二孩出生数的25.8%，政策效应初步显现，符合预期。

【昆明市入选医养结合试点城市】 近年来，随着老龄化程度的加深和广大群众日益增长的健康需求，各级党委、政府不断加强医疗卫生与养老服务工作。昆明市委、市政府高度重视医养结合工作，2016年《政府工作报告》提出“积极发展养老服务，争创国家医养结合试点示范城市”的目标任务。2016年5月，昆明市卫生计生委员会与市民政局积极会商，制订《昆明市医养结合工作试点方案》，组织开展国家医养结合试点城市的申报工作。8月25日，组建昆明市医养结合协会。9月20日，昆明市入选第二批国家卫计委、民政部公布的医养结合试点城市，12月1日，官渡区、安宁市成为省级医养结合试点县。

昆明市老龄化趋势加快，根据国家、云南省相关政策和昆明市实际情况，昆明市把医养结合工作纳入大健康重点产业发展规划，既要通过医养有机融合，确保人人享有基本健康养老服务，又为昆明市提供新的经济增长点。2016年10月19日，形成方案送审稿，其中提出医疗机构+养老机构的共同体工作模式、医疗机构+养老机构的协作体工作模式、基层医疗机构+社区养老机构+医院“1+1+x”的联合体工作模式、家庭医生团队+居家养老的嵌入式工作模式、医疗服务+休闲养生+健康养老的复合型工作模式。“311”工作模式不是最终的工作方向，随着工作的不断推进，经验的不断积累，还将逐步完善。

（宋延宁）

社会保障

【城乡社会保险参保指标】 按照“全覆盖、保基本、多层次、可持续”的要求，始终兜住民生底线，社会保障网进一步织密扎牢。2016年，全市完成社会保险参保登记632万人，城镇职工养老、医疗、失业、工伤、生育保险参保人数分别达152.13万人、145.88万人、96.82万人、107.10万人、86.88万人，各项社会保险参保率均达96%以上。全市城乡居民养老保险、基本医疗保险参保人数分别达209.07万人和383.10万人。完成全市3 355个机关事业单位养老保险19.05万人参保登记；降低企业职工基本养老保险单位缴费比例2.16亿元、工伤保险费率1 980万元；城镇职工、城乡居民医保政策范围内住院费用统筹平均支付率分别达81.22%和64.71%，最高支付限额分别达25.9万元、15.8万元。截至年底，全市累计发行社会保障卡625.20万张，覆盖全市93%的常住人口，基本实现人手一卡。

【社会保障待遇】 2016年，企业退休职工养老金实现12连增，人均增加168元，平均养老金达到2 362元。昆明市城镇职工、城乡居民大病补充医疗保险分别有275 468人次、67 628人次享受待遇；大病统筹分别支付46 015.41万元、12 048.12万元。生育保险人均享受待遇从2011年的12 000元提高到2016年的21 642元。在全国率先开展全民参保计划登记成果运用和规划研究，推进机关事业单位养老保险制度改革，社会保险待遇稳步提高，覆盖面不断扩大。贯彻落实社会保险降费政策，降低企业职工基本养老保险单位缴费比例，降低工伤保险费率最高1.71%，最低为0.18%，为企业减轻负担1 980万元。深化“六个严禁”专项整治，认真开展社保基金保值增值工作，基金征收、待遇发放步入正轨，昆明市滚存结余社保基金251.20亿元，定期存款比2015年同期增加17.43%。

【城乡居民社会养老保险】 截至2016年12月底，全市城乡居民基本养老保险参保人数达209.07万人,完成年度目标任务208.69万人的100.18%，领取基础养老金50.31万人，发放率达100%。老农保参保人数29.50万人，领取待遇5.46万人，被征地人员参保人数达26.41万，领取待遇14.93万人。强化政策衔接，推进新老农保制度并轨，与财政部门配合拟发《昆明市农村社会养老保险与城乡居民基本养老保险制度衔接工作实施办法》《关于农村社会养老保险与城乡居民基本养老保险制度衔接基金财务有关问题的补充通知》，按照“制度并轨、分账核算、待遇叠加、平稳过渡”的原则，明确业务经办操作具体内容，解决具体经办难题。组织县区业务人员开展稽核生存认证循环交叉检查，实际抽查2 121户、104个村委会、52个乡镇。强化缴费和领取待遇公示制度、推行银行代缴方式、规范经办流程和基金管理使用。探索开展城乡居民基本养老保险网上缴费服务试点，确定盘龙区、宜良县为手机缴费试点县区。坚持服务下沉，提升基层经办人员业务素质。全市各县（市、区）共组织基层经办人员业务培训19期，150个乡镇（街道）办事处，2 622名县、乡、村经办人员接受培训。

【高风险行业参加工伤保险】 全面实施社会保险全民参保登记计划，进一步完善覆盖城乡的社会保障体系。推动建筑等高风险行业参加工伤保险，建筑业按项目参加工伤保险，共计480个项目12万人参加，新开工项目100%参保，参保项目工程总造价达160亿元，参保人数全省第一，保障建筑工地农民工人数全省第一，占全省50%以上。完成社会保险稽核清欠工作，开展欠费清理和待遇支付管理专项检查，清理核实所有欠费单位及具体欠费情况，建立欠费台账，实行社会保险欠费动态监测制度，积极防范社会保险新增欠费发生。2016年，完成清理基本养老保险欠费1.01亿元。按"社会保险视觉识别系统"建设标准对办公服务区进行升级，加大信息化建设。开发自谋职业人员养老保险申报手机APP，实现自谋职业人员手机客户端申报。

【工伤生育保险】 2016年，全市共受理工伤认定案件4 499件，劳动能力鉴定1 754件。1月，在昆明市中医院呈贡分院成立昆明市工伤康复中心，标志着昆明市工伤保险工作朝着完善工伤预防、补偿、康复"三位一体"的架构向前迈进重要的一步，为昆明市工伤康复事业奠定基础。6月，分别在昆明市南坝劳动力市场、昆明市南屏步行街广场、昆明市中医院呈贡分院、建筑工地、昆明市人力资源中心开展工伤保险、工伤预防和建筑业农民工参加工伤保险的集中宣传活动。转发《云南省人力资源和社会保障厅关于调整工伤职工和供养亲属待遇的通知》，对工伤职工伤残津贴、供养亲属抚恤金、生活护理费进行调整提高。结合昆明市生育保险受"全面二孩"和产假延长等政策影响，基金面临不可持续的风险，为确保全市生育保险可持续发展，维持基金收支平衡，"昆明市生育保险基金预警方案"于9月26日经市政府批准执行，向省人社厅申请昆明市作为生育保险和基本医疗保险合并实施试点城市。

【城乡医疗保险】 医疗保险制度不断完善，保障水平逐渐提高。截至2016年底，全市参保人数592.75万人（其中昆明市城镇职工医疗保险参保人数145.87万人，城乡居民医疗保险参保人数383.09万人），省直参保人数61.79万人（其中城镇职工26.96万人，城乡居民34.83万人），昆明市城乡医疗保险参保覆盖率达97.28%。超额完成省人社厅下达的516.46万人的目标任务，比2015年增加10.57万人，超过昆明市户籍人口39万人，城乡医疗保险参保覆盖率达109.65%。出台《昆明市基本医疗保险异地就医服务管理实施办法》，至年底，云南省昆明市实现与西南地区的重庆市、贵州省，泛珠江区域的广西壮族自治区、海南省、广东省异地就医即时结算。昆明地区城镇职工的参保人可以在上述5个省份129家定点医疗机构进行异地就医的住院即时结算。昆明市城镇职工和城乡居民基本医疗保险病种医疗费用的结算，统一按昆明市人力资源和社会保障局等四部门联合印发的《昆明市医疗保险病种结算办法》执行。单病种结算由原来城镇职工44个、城乡居民93个合并增至109种，首次统一城镇职工和城乡居民两个险种的病种以及同病种结算标准。采用"互联网+医保"的模式，于5月率先在全省开展网上申报试点，全年网上申报业务系统办理的参保单位达1 218家。规范昆明市城镇职工医疗保险缴费基数，执行时间由当年7月份至次年6月份调整为当年1月份至当年12月份。完成2015年度昆明市城镇职工和城乡居民大病补充医疗保险投保、理赔、考核工作。与平安养老保险、太平洋人寿保险公司合作，开展长期照护保险、意外伤害保险制度建设课题研究。完善并签订2016年度城镇职工和城乡居民大病补充医疗保险合同。全面启动手机APP缴费工作，全市19个县（市、区）（含开发区）111 037名城乡居民通过手机APP缴费166.56万元。

【医保付费方式改革】 按照积极稳妥、稳步推进的原则，突出抓好基本医疗保险付费总额控制试点工作，实施总额控制结算办法的定点医疗机构从2015年城镇职工25家、城乡居民26家均扩大至108家，全市二级以上定点医疗机构住院医疗费用过快上涨态势得到较好控制。整合城乡医保支付方式，取消城镇职工"总量控制、质信双评、考核付费"结算办法和城乡居民"平均付费"结算方式，出台"总量控制、月预季结、考核付费"结算办法。初步研究制定DRGS-PPS实施方案，对数据源定点医疗机构医疗服务质量进行试评估。探索研究按服务质量付费的新型付费方式，制定出台总额控制试点医院住院费用评估办法。"日间手术"医保支付范围由2015年第一批7家定点医疗机构45个病种，扩大到22家定点医疗机构79个病种。

【医保信息化建设】 在全国首开与大病保险承保公司合作建设智慧医保的先河，与平安保险公司签订"智慧医保"框架合作协议，利用社会资本和力量助推医保事业建设。组织市本级、西山区、"两区"、阳宗海风景名胜区4个医保经办机构及其所属签订服务协议的定点医疗机构，运用第三方医疗知识库开展医疗费用审核试点。配合完成决策支持系统招标工作，规划系统开发框架，推动医疗保险精细化管理转型。加快网上经办平台、手机经办平台、自助服务平台建设步伐，拓展手机APP功能，打通医保数据、医疗保障服务、结算支付三大通道，在全国率先开展社会保障卡医院就医、药店购药线上支付试点。

【医保两定（定点医院和定点零售药店）机构服务管理】 修订完善2017

年两定机构服务协议，明确相关权利、责任、义务。制定出台《关于昆明市城镇职工基本医疗保险定点零售药店行政审批取消后协议管理有关事项的通知》，规范和明确零售药店定点资格申请、评估、开通等事项。充实昆明市医疗保险专家库资源，开展第二批医保专家聘任工作，34家单位527名专家受聘。推动开展试点医疗费用智能审核，提升全市医疗保险费用审核精准性，提高审核效率。加大医保两定服务机构监管，2016年，共审核出不合理费用2 620.33万元，其他扣款1 385.77万元；查处医院、药店违规金额1 975.50万元，扣除服务质量保证金486.78万元，追回金额1 894.15万元。

【医保基金收支运行】 截至2016年12月31日，全市城镇职工基本医疗保险基金收入63.02亿元，完成预算执行进度102.70%，支出50.93亿元，完成年度预算94%，当期结余12.09亿元，基金累计结余78.65亿元（个人账户基金48.62亿元，统筹账户基金30.03亿元）。全市城乡居民基本医疗保险基金收入21.98亿元，完成预算执行进度的103.80%，支出19.54亿元，完成预算执行进度94%，当期结余2.44亿元，基金累计结余6.03亿元。做实医保基金保值增值，全年共计增加利息收入2.94亿元。定期通报全市医疗保险经办机构内部控制和基金财务会计管理工作专项检查情况，开展医保基金专项检查回头看。

（周耀标）

就业创业

【就业服务指标】 2016年，全市共提供有效就业岗位15.48万个，完成目标任务的129%；新增城镇就业13.74万人，完成目标任务的114%；城镇下岗失业人员再就业3.89万人，完成目标任务的114%；就业困难人员就业3.49万人，完成目标任务的107%；农村劳动力转移就业15.75万人次，完成目标任务的131%；农村劳动力转移培训17.15万人次，完成目标任务的114%；城镇下岗失业人员再就业3.89万人，就业困难人员就业3.49万人，开发公益性岗位6 820个，城镇登记失业率3.12%。全市各级公共就业人才服务机构实名登记的应届高校毕业生14 608人，有13 622名高校毕业生实现就业，高校毕业生就业率达96.10%，56名就业困难高校毕业生100%实现就业，全市高校毕业生就业率连续8年保持在90%以上；新增高校毕业生就业见习4 264人，完成年度目标任务数的104.70%。

【高校毕业生就业创业】 实施高校毕业生“千企万岗”计划，统筹实施各类基层服务项目，组织招募41名毕业生到基层从事“三支一扶”服务；补充高校毕业生到村任职240名；组织实施“农村义务教育阶段学校教师特设计划”，招募“特岗教师”754名；实施“大学生志愿服务西部计划”，招募志愿者18人。全市中小微企业和非公企业共吸纳毕业生就业6 471人，有2 784名高校离校未就业毕业生实现灵活就业。积极开展“民营企业招聘周”“就业服务季”“名企HR经理进高校活动”等专项服务活动；与驻昆12所高校合作推进“公共就业人才服务校园工作站”建设。2016年，成功实施“泛海扬帆昆明大学生创业行动”公益项目第五期，累计投入资金1 400万元，累计资助的大学生创业项目262个，带动就业4 000余人。加大高校毕业生扶持创业力度，全市共为458名青年大学生提供创业担保贷款4 386.60万元，为619名青年大学生提供“贷免扶补”创业贷款4 969万元；搭建交流互动平台，举办“春城创业讲堂”、创业大赛、创业沙龙、“帆友汇”社群等交流互动活动；为5 701名在校高年级学生开展技能培训，对4 300名毕业前两年在校大学生开展创业培训。

【创新推进“大众创业、万众创新”】 出台《昆明市人民政府关于进一步做好新形势下就业创业工作的实施意见》，明确36条具体鼓励就业创业政策措施，以市政府1号文下发。探索“互联网+”服务新模式，整合原有昆明人社信息系统数据资源，在全省率先开发使用“昆明人社通”“昆明就业直通车”手机APP软件服务平台，为求职者找工作、用人单位招聘和创业者创业搭建便捷通道。依托昆明理工大学、云南农业大学等5所高校建设昆明创业创新学院，出台《关于昆明创业创新学院开展就业技能培训、创业培训的实施方案》，全面启动“双创”人才培养培训。筛选五华区金鼎科技园、盘龙区电子商务创业园等7家园区（平台），开展“双创”政策先行先试试点工作。全市建成1个国家级创业孵化示范基地，建成省级创业示范园13个、省级园区众创空间12个、省级校园创业平台1个、市级青年大学生创业示范园区10个、市级新型创业创新孵化服务园区（园区众创空间）13个，园区孵化面积59.90万平方米，园区孵化企业3 940个，带动就业3.79万人。全市累计建成“农业创业示范村”95个，创业户数达4 800余户，带动就业3.30万人。落实创业担保贷款、“贷免扶补”和“两个十万元”等政策，全年共发放创业担保贷款14.90亿元，扶持15 566人（户）创业，带动4.40万人就业，完成760户“两个十万元”微型企业培育任务。由市人社局、市科技局共同发起，联合昆明市从事“双创”活动的各类创业园、创意园、众创空间、投融资机构、高校联盟、协会和企业等161家组建“昆明市创业创新联盟”。启动“春城创业荟”创业创新大赛活动，历时3个月，角逐出10个获奖项目和6个获奖平台，分别由市政府给予一

2016年10月，昆明市“双创”活动周招聘工作进行中。
（市人社局 供稿）

定数额的资金奖励并授予“春城创业奖”荣誉奖章和奖杯。

【农村劳动力转移就业】 研究制定《昆明市人民政府办公厅关于支持农民工等人员返乡创业的实施意见》《昆明市人民政府办公厅关于落实支持农民工等人员返乡创业实施意见的通知》《关于贯彻落实进一步做好新形势下就业创业工作实施意见有关问题的通知》等政策措施。全年完成农村劳动力转移就业15.75万人次，其中建档立卡贫困人员转移就业5.49万人。深化与北京朝阳区的就业扶贫合作，全年向北京朝阳区转移输出劳动力593人，向北京周边转移输出1 341人。开展技能培训3.49万人，其中中高端培训1.13万人，培训建档立卡贫困人员1.92万名。加强劳务协作，累计向广东、福建、湖南等省输出劳动力5 883人。成立组织协调保障机构，组织14批次劳务人员向省外转移，规模达5 000人。

【化解过剩产能职工安置】 下发《昆明市人力资源和社会保障局关于印发化解钢铁煤炭行业过剩产能职工安置工作相关方案的通知》《昆明市人力资源和社会保障局化解钢铁煤炭行业过剩产能职工安置工作方案》《昆明市人力资源和社会保障局化解钢铁煤炭行业过剩产能群体性失业应急处置预案》，落实失业保险援企稳岗政策、跨地区帮扶提供就业岗位、组织劳务输出、实行劳务派遣方式安置、实施公益性岗位托底安置。拨付稳岗补贴1.24亿元，涉及企业298户，稳定就业岗位18.95万个。全市经确认的钢铁煤炭化解产能过剩企业5户，涉及职工总人数31 295人，2016年，计划分流安置人数9 705人，实际分流安置人数8 343人。其中，转岗安置1 994人、退养5 061人、解除劳动关系1 288人。

【失业保险促就业】 落实援企稳岗政策，将享受稳岗补贴政策的范围扩大到所有参保企业，共为298家企业拨付稳岗补贴1.24亿元，稳定就业岗位18.95万个。落实降费率政策，先后2次下调失业保险缴费费率，2016年比2015年失业保险缴费减少1.5亿元，其中单位部分为1.2亿元。加大对企业待岗职工的培训，发放一次性转岗培训补贴237万元，涉及职工6 300余人。按时足额为6.81万名失业人员兑现失业保险待遇6.30亿元。

【基层就业服务保障】 帮扶就业困难群体就业，开展就业困难人员入户调查、走访慰问，掌握就业困难人员基本情况，实施再就业政策实效行动、落实社会保险补贴、公益性岗位托底安置等，提供全方位的就业服务，促进3.49万名城镇就业困难人员就业，全市“零就业家庭”保持动态清零。加强基层基础设施建设，争取中央、省安排到昆明市6个县34个乡镇的基层就业和社会保障服务设施项目，总投资达4 481万元。全市建立就业和社会保障事务所135个，建设社区就业和社会保障服务站614个。

2016年3月，昆明市赴北京市朝阳区转移就业暨送岗下乡禄劝县撒营盘镇现场招聘会。
（市人社局 供稿）

深入“两学一做”学习教育，扎实开展“服务群众最后一千米”，加强基层就业和社会保障公共服务体系建设，推出“昆明人社通”APP手机运用服务，群众足不出社区就能享受到高效、方便、快捷的人力资源和社会保障公共服务。积极协调国家、省人力资源和社会保障部门，争取中央财政就业、社会保险等补助资金20.68亿元。

（周耀标）

和谐劳动关系

【和谐劳动关系构建】 在全国率先出台《昆明市协调劳动关系三方机制的若干规定》，经2016年9月23日市政府审议通过，12月1日施行。全面施行劳动合同、集体合同制度，全市城镇各类企业签订劳动合同36 400户，涉及职工549 263人,劳动合同签订率达98%；发布18个行业人工成本信息、635个职位（工种）工资指导价位、企业工资指导线。遵循“依法鉴证、保证质量、体现服务”的原则，做好集体合同审查、劳动合同登记备案等基础性服务工作，全市签订有效集体合同22 842件，涉及职工881 829人，集体合同签订率达92.10%。加强协调劳动关系三方四家机制建设，做好劳资纠纷排查、信访维稳和社会矛盾化解，推动建立工资分配共决机制和职工工资正常增长、支付保障机制。完成1 473户企业工资总额备案工作。依法开展劳务派遣行政许可工作。全市共发放劳务派遣行政许可证322个，劳务派遣行政许可办结率100%。联合昆明市旅游发展委员会对12个县（市、区）的旅行社和导游公司进行实地调研，规范旅游行业签订劳动合同、缴纳社会保险及薪酬发放。对昆明市19个县（市）区及开发（度假）园区的23户国有企业招聘应届毕业生的情况进行实地调研。开展昆明市企业最低工资评估和劳动关系分析研判，组织150多户企业劳资人员开展人力资源和社会保障法律法规培训。

【劳动保障监察】 2016年，全市劳动保障监察机构通过开展法律宣传、日常巡查、受理群众举报投诉、专项检查、劳动保障执法年审以及对各种督办件进行专查等方式，共对72 264户用人单位及职业介绍机构实施劳动监察，涉及劳动者120多万人次。接受群众举报投诉2 185件，主动检查用人单位9 394户，涉及劳动者28.72万人次；发动和组织辖区6.04万户用人单位参加劳动保障执法网上年审，涉及劳动者89.64万人；接听劳动保障维权政策咨询和举报投诉电话20 000余个；处理突发事件278起，立案查处违法案件2 155件，清退童工22名；清退557名劳动者被收取的风险抵押金38.08万元；追发3.80万名劳动者工资4.07亿元；督促用人单位与5 216名劳动者补签劳动合同；督促21户用人单位为2 062名劳动者依法缴纳社会保险费116.50万元；实施行政处罚658件，处罚款155.81万元。发放宣传资料4.78万份，培训用人单位2 382户，在《春城晚报》刊登“劳动监察每周谈”专栏34期；向司法机关移送拒不支付劳动报酬类案件26件，公安机关立案查处拒不支付劳动报酬犯罪案件8件。据统计，全市农民工讨薪案件总案件数由2015年2 324件下降至2016年2 155件，下降169件，同比下降7%，其中，支付工资类案件下降143件，同比下降6%。突发案件减少167件，发案率减少37.50%；涉及人数减少1.32万人，减少44%。劳动合同补签人数由4 200人上升至5 200人，补签率同比上升120%。全市农民工工资保证金账户余额由2015年底的12.60亿增长至2016年底的15.40亿，净增长2.80亿，动用农民工工资保证金支付工资额增长37.50%。全市应急周转金由2015年2 020万元增长至2016年4 820万元，增长138%。加大劳动监察信息化管理系统建设，动态监管建设领域劳动用工情况和工资支付情况。2016年，全市累计录入922个工程项目和935户用工企业相关信息，有229户用工单位安装信息化管理系统，占2016年新开工建设项目（达到安装系统要求）的92%，系统录入79 500名农民工，有29 500名农民工打卡上下班，每天产生考勤数据超过3 000条。

2016年7月，“世界青年技能日”宣传活动现场。

（市人社局 供稿）

【劳动争议调解仲裁】 2016年，全市处理劳动人事争议案件5 076件，结案5 027件，调裁金额12 738.09万元，结案率达99%。审理市本级劳动人事争议案件1 084件，结案1 084件，调裁金额3 258.35万元，结案率达100%。坚持“快受、快立、快审、快结”原则，缩短处理期限，坚持“预防为先、调解优先”工作方法，通过快调快处程序成功处理6起，共涉及292人的劳动争议案件，调处金额1 446.56万元，维护劳动争议案件当事人合法权益。完善案件预防预警及集体争议调处机制,编制“处置突发性事件应急预案”，做好劳动人事争议群体性突发事件超前防范、隐患排查、现场处置和事后善后工作。建立并完善重大、重要案件专项报告制度，处理两起50人以上集体劳动争议案件并进行专项报告。完善争议调解机制，前移化解矛盾工作程序，多方式疏导处理劳动争议案件，其中化解矛盾人数较多的有云南某磷化集团下属4家企业2 000多名员工起诉相关单位的劳资纠纷。坚持阳光仲裁方法，提高仲裁效能，7月，以巡回仲裁庭的方式到晋宁县工业园区处理一起涉案193人案件，调解金额137.42万元。在“两区”成功调解一起劳动争议案件，调解金额19万。健全各级人民法院、仲裁院的裁审衔接会商制度。统一裁审口径，保证案件处理法律效果与社会效果的有机统一。加强与劳动监察、工会、司法、信访等部门的实时对接，强化多方联动作用。

（周耀标）

民 政

【概况】 2016年，昆明市民政事业健康快速发展，基本民生保障水平得到新提升，全市社会救助制度惠及城乡困难群众796 394人次，支出救助金11.12亿元，救助受灾群众37.90万人次、困境儿童1 740人、留守儿童1 687人，困难残疾人38 628人、流浪乞讨人员10 768人次；接受慈善捐赠2 904万元；销售福利彩票14.86亿元；基层社会治理创新呈现新气象，圆满完成村(社区)委员会换届选举工作，创建“村务公开示范点”12个，在15个村、社区开展“五级治理”创新试点工作；社会组织发展规范有序，年内新增社会组织447个，市级社会组织年检率达96.08%；民政公共服务水平新提升，新增各类养老床位3 047张，为13.86万名80岁以上老人发放高龄补助；双拥优抚安置工作取得新成效，昆明市第七次创建为“全国双拥模范城”；划拨抚恤补助资金28 071.07万元、优抚对象医疗补助资金1 569.70万元；接收安置军休干部146人、退役士兵1 647人；联检州市、县、乡级行政区域界线48条；完成地名命名（更名）102个；办理国内外婚姻登记69 492对；火化遗体34 470具。2016年，昆明市老龄工作获云南省一等奖，市民政局在全省第三轮禁毒防艾工作中被评为“先进集体”。

【社会救助】 市民政局先后出台《昆明市社会救助实施办法》《昆明市重特大疾病医疗救助基金管理办法》《关于全面建立临时救助制度的实施意见》《进一步完善城乡医疗救助制度的实施意见》《昆明市民政部门购买社会救助服务管理办法》。全年共支出社会救助金11.12亿元，惠及城乡困难群众796 394人次。其中，城市低保69 448户93 742人、农村低保119 456户169 174人，共支出8.69亿元（城市4.76亿元，农村3.93亿元）；临时救助108 302人，支出5 631万元；医疗救助41.60万人次，支出1.29亿元；救助特困人员供养对象8 727户8 901人（城市特困2 302户2 393人，农村五保6 425户6 508人），支出5 773.40万元（城市1 866.70万元，农村3 906.73万元），保障了城乡困难群众的基本生活。按市委、市政府“社会保障兜底脱贫一批”的要求，对“五个一批”帮扶后仍不能脱贫的困难群众，全部通过社保制度进行兜底脱贫。禄劝县、寻甸县、东川区、倘甸“两区”共有82 556户130 070人纳入低保范围，占全市保障人数的77.60%；实施临时救助18 868人次、医疗救助233 199人次、特困供养4 821人，建档立卡的贫困人口纳入农村低保范围47 809人。通过规范低保程序，精准认定保障对象，实行分类施保、动态管理，做好农村低保标准与贫困标准的有效衔接，加大边缘人群的救助力度。2016年，中央、省、市共投入社会救助金78 410万元，其中投入两县两区50 283万元，通过四项救助制度，对386 958人次实施救助。开展困难群众救急难100多例，平均救助金额8 000元。医疗救助“一站式”结算率达90%以上。五保户集中供养达570元/人·月~636元/人·月，分散供养达475元/人·月~530元/人·月。农村敬老院有3所被评为三星级，二星级2所，一星级7所。

【减灾救灾】 2016年，全市民政部门坚持以防为主，防抗救相结合，以突发自然灾害应急救助和冬春受灾群众生活救助为核心，切实做好救灾救济工作，新采购救灾棉被4 000床、大衣4 000套件及其他救灾应急物资。民政部门加强与农、林、水务、气象等部门的沟通联系，更有针对性地开展抗灾救灾工作。2016年，昆明地区自然灾害频发，先后发生干旱、低温、冷冻、雪灾、风暴、洪涝、滑坡等自然灾害25件次，各县（市、区）不同程度受灾，特别是入汛以来，禄劝、嵩明、富民、东川、盘龙、石林等县区和倘甸“两区”普遍遭受风雹、洪涝、滑坡等自然灾害，损失较重，全市受灾人口37.90万人，农作物受灾22 962公顷、绝收6 319公顷，房屋倒塌236间、严重损坏432间、一般损坏1 667间，因灾死亡8人、伤病20人，紧急转移安置660人。自然灾害共造成直接经济损失26 331.52万元，其中农业损失22 920万元、基础设施损失1 497.70万元、公益设施损失285.39万元、家庭财产损失1 440.58万元。各县（市）区民政部门抽调干部协助乡镇开展灾情调查评估，重点对山区、半山区、重灾区的受灾户、低保户、五保户、优抚对象、留守老人儿童的生活情况进行深入细致调查，不漏一户一人，登记造册，摸清底数。市民政局领导带队组成多个调查组，对全市受灾情况和困难群众冬春生活情况进行核查，全面准确掌握受灾群众基本生活状况，及时救助。全市共下拨救灾资金2 147万元（含中央自然灾害补助金1 800万元、市级补助金250万元、省级补助金97万元），各县（市、区）财政支出自然灾害生活补助金179.60万元，发放衣被5 032套，搭建帐篷176顶，支出生活类物资折款220.38万元，有效促进了社会和谐稳定。

【社会福利】 2016年，困境儿童保障实行城乡同标准发放，及时拨付中央、省级孤儿生活保障金1 553.76万元，惠及全市1 740名困境儿童，机构供养儿童生活费1 749元/人·月，散居孤儿、事实无人抚养儿童和艾滋病感染儿童生活费1 049元/人·月。在市儿童福利院设置永久性类家庭，招募社会爱心家庭11户，养育院内孤残儿童44名。孤残儿童农村家庭寄养构建三级监护网络，实现本土化运作，形成政府出资、社会支持、家庭寄养、统一监护新格局。五华区、安宁市、禄劝县共寄养儿童470余名。市社会福利院民政标准化试点工作成效明显，成为全省养老机构的样板。总投资4.20亿元，总建筑面积8.36万平方米、1 400个床位的市社会福利院医疗养护楼改扩建项目已完成投资1.04亿元。县区社会福利院养老基础服务设施建设加快推进，共投入资金8 895万元，新增养老床位690张。全市共有“三无”（无依无靠无生活来源）人员1 975人，其中集中供养1 568人、分散供养407人；市社会福利院和西郊安置所收养755人，供养标准570元/人·月。市精神病院全年收治“三无”、流浪、低保等民政对象中的精神病患者901人次。昆明市和东川区、宜良县设立未成年人救助保护中心3家。对全市16 871名农村留守儿童在乡镇街道建立信息台账，形成市、县、乡镇（街道）、村（居）委会四级联动监管体系，完善各项救助保护机制，使各项关爱政策和措施落到实处。全年为长期流浪乞讨人员建档229人次，救助流浪乞讨人员16 701人次，其中未成年人1 249人次、残疾人2 406人次。累计录入全国救助系统10 768人次；开展寻亲救助397人次，录入108人次，找到亲属14人次；开展寒冬送温暖活动，共劝导2 122人次，现场救助1 724人次，护送到机构救助380人次，主动到机构求助122人，发放棉衣毛毯1 199件、食品2 144件次，共救助17万余元，充分体现社会主义的人道主义精神。出台《昆明市困难残疾人生活补贴和重度残疾人护理补贴制度实施方案》，全市全年共投入资金5 916万元，惠及困难残疾人38 628人、重度残疾人43 675人，补贴50元/人·月~100元/人·月，补贴标准超过省级10元/人·月~30元/人·月。全年共销售福利彩票18.06亿元（乐透数字型14.93亿元，中福在线2.72亿元，即开型0.41亿元），分配上年度福彩公益金7 376.11万元，支出7 159万元，其中用于养老服务体系建设4 233.40万元，资助项目135个。拟定昆明市《贯彻落实慈善法促进慈善事业健康发展实施意见》，全市64家慈善机构共接受捐赠2 904万元（含物资折价），其中8月举行的“中华慈善日”活动募集善款710万元。实施慈善救助10 280万元（含物资折价），受惠35万余人。结合落实和完善残疾病人两项补贴制度，较好地完成残疾人就业及权益维护工作。全市48家福利企业共招用残疾职工1 321人，参检率、合格率均达98%，固定资产总值108 331万元，销售额达109 067万元，实现利润2 548万元，实退税3 604万元。

【老龄工作】 举办“一法两条例”培训班20期，培训1 120人，发放“一法两条例”宣传资料10余万份，开展老年人法规咨询42次。全面检查落实老年优待政策，办理人大、政协建议、提案12件，满意率达100%。昆明市被民政部、财务部列为全国社区和居家养老改革试点城市，完成《昆明市城乡社区居家养老服务中心运营情况及思考对策》调研报告。组织养老服务体系项目推进培训班，培训50余人。完成居家养老服务中心项目38个。争取省级补助资金1 250万元，启动建设民办养老机构10家，新增各类养老床位3 047张。补助社会力量兴办养老机构1 260万元。与市卫计委拟定“昆明市医养结合建设实施方案”。实施政府购买为老服务600余万元。完成185个居家养老服务中心项目的审计，资金运行稳定。为全市13.8万名80岁以上老人发放高龄补助金9 973万元。命名表彰90家敬老文明单位和孝亲敬老模范个人。昆明市获省老龄工作一等奖。

【基层政权建设】 加强指导培训，下拨经费250万元，圆满完成村（社区）“两委”换届选举工作，选优配强，共选举产生村（社区）党组织委员8 588名（含书记1 644名、副书记827名）、村（居）委会委员5 070名（含主任1 634名、副主任2 001名）、村（居）务监督委员会委员4 273名（含主任1 384名）。培训村（社区）干部8 537人次。下拨县（市）区村级活动场所建设项目资金1.30亿元，加强督导，基本完成374个未达标村级活动场所的达标建设工作。按照中央和省的要求，制定下发《中共昆明市委办公厅昆明市人民政府办公厅印发〈关于加强城乡社区协商的实施意见（试行）〉的通知》《昆明市村务监督委员会工作规程（试行）》，创建“村务公开示范点”12个。

【社区建设】　加快推进“全国社区治理和服务创新实验区”工作，在51个社区、村开展“五级治理”创新试点工作。积极开展民主法制改革、农村工作改革等领域的7项社区深化改革工作，完成征求意见稿并上报审核。结合开展社区减负增效工作，制定《昆明市社区工作准入目录指导意见（征求意见稿）》，对社区工作事项和社区印章使用范围清单进行梳理汇总。

【优待抚恤】　2016年，全市有享受定期生活补助的优抚对象49 261人，其中“三属”864人、伤残人员4 838人、在乡老复员军人4 596人、带病回乡退伍军人1 672人、两参退役人员27 653人、60岁以上农村退役人员9 764人、部分平反人员子女86人。市民政局及时划拨抚恤补助资金28 071.07万元、医疗补助金1 569.70万元，并实行社会化发放，按时足额发到优抚对象手中。在各类优抚对象已享受社会基本医疗保险待遇的基础上，全年共补助优抚对象各类医疗补助821.10万元，其中资助16 046人缴纳医疗保险244.68万元，对546人实施医疗困难救助58.98万元，对262人实施门诊补助75.41万元，对2 492人实施住院医疗补助442.03万元。做好参战退役等重点优抚对象的解困维稳工作，全年共下达解困资金4 497.72万元，8 165名优抚对象得到生活困难补助。同时，对5 555名优抚对象给予城乡居民养老保险补助94.84万元，对2 200名优抚对象给予临时生活困难补助385.53万元，拨付春节、八一慰问金1 209.61万元，为3 323名优抚对象办理城乡低保，组织13 403名优抚对象体检。各县（市、区）民政部门深入一线，入户了解情况，主动解决优抚对象的特殊困难和信访诉求，全年共接访参战退役人员等优抚对象上访200余人次，现场处置规模上访20余次，规模和次数渐小，反映诉求渐由共性转为个案，解困维稳成效显著。零散烈士纪念设施抢救性修缮保护工程基本完成。部分县区组织开展祭扫烈士活动。2016年公祭烈士活动如期在昆明抗战胜利纪念堂人民英雄纪念碑广场隆重举行。完成评调残疾转移关系材料审核187人件、评烈士追任材料7人件。

【军休干部安置管理】　接收安置军休干部146人。全面落实军休干部“两个待遇”，及时足额拨付各类军休资金。组织330名军休干部疗养和86名无工资遗属体检。完成第四、五批军休干部房产证、土地证办理和虹南干休所危房改建搬迁。完成全市无军籍职工信息系统的补充完善工作和军休人员中病故、享受护理费人员增减情况的统计工作。新办干部就诊证135本。完成全市20个军休机构消防隐患排查，整改隐患21处。昆明市军休干部代表云南省参加民政部主办的纪念建党95周年红军长征胜利80周年歌咏比赛，获南部战区二等奖。承办并参加省军休干部第九届“夕阳红杯”文艺体育比赛大会，获优秀组织奖及多个比赛奖。

【复员退伍安置】　全市共接收退役士兵1 647人，其中自主就业1 328人，符合政府安置319人（省、市、县共开发安置岗位694个，安置上岗141人，自谋职业178人，安置率100%）。组织1 564名退役士兵参加职业技能培训，参训率95%，合格率100%。举办退役士兵供需专场洽谈会，115家企业参加并提供就业岗位3 350个，退役士兵参聘2 800余人（昆明地区1 600人），签订意向性协议1 360人（昆明地区780人）。全市发放自主就业补助金1 715万元、自谋职业补助金3 778.20万元，投入教育培训费300余万元。接收安置复员干部10人。完成《退役士兵安置管理实施细则》的调研、修订、论证、听证。认真做好复退员信访稳定工作，无投诉。

【双拥工作】　结合创建全国双拥模范城工作，把国防和双拥宣传纳入全民国防教育体系和大中小学教育，组

昆明市拥军慰问

（市民政局　供稿）

织党政领导干部参加国防军事日活动。军训学生1.30万人次，召开军地座谈会、军民联谊会371次，开展文化、教育、法律进军营活动22次。在报刊发表双拥宣传文章29篇，鼓舞党政军民热爱国防、心系双拥的政治热情。各级各部门春节走访慰问部队，赠慰问金2 217.70万元；召开军地协调会13次，大力协助61747部队搬迁和77223部队高压线路改迁，妥善解决军地遗留问题10余件、涉驻昆部队搬迁及房产证办理等问题57项；调动安置随军家属56人；走访慰问“昆明舰”并赠送25万元慰问品，签订“城舰共建协议”，增选舰长为市党代表并参加市党代会；投入270万元，改扩建95220部队营区进出道路；完成77200部队中美联合军演使用松茂水库的协调对接及20余千米路面修复；援建军营图书室66个，赠送科教文化书籍72 600余册、电脑43台、体育用品400多件；参与协调96201部队“携手彩云南，定情火箭军”百对新人集体婚礼活动，融洽军政军民关系。

驻昆解放军和武警部队官兵积极参与“幸福昆明”“美丽乡村”建设，出动官兵11 000多人次、车辆200多台次，执行抢险救灾任务11起，挽回经济损失1 020万元，转移和抢救群众1 709人；先后出动官兵20 000余人次，参与城乡保洁工程建设、文明城市创建和“南博会暨昆交会”保障工作；32支师（旅）级以上部队参与扶贫工作，在禄劝、寻甸县、东川区等北部山区扶持35所中小学，投入扶贫款772.10万元开展精准扶贫帮困工作；援建敬老院和社区、乡村卫生室28个，免费培训医护人员800多人次，为群众免费义诊5 799人次、发放药品30余万元；建设“双拥林”“国防林”1 300余亩，为支持地方经济发展做出积极贡献。

2016年，全市新结成军地共建队子23对，建立基层双拥工作服务站79个、基层双拥组织队伍238支，有双拥工作志愿者1 323人，“双拥在基层”活动积极开展。各级党委、政府和民政等部门认真落实各项优抚安置政策，协调、指导县（市、区）不断完善优待抚恤补助标准自然增长机制，特别抓好义务兵家庭优待政策的贯彻落实，完善各类双拥工作台账。昆明市第七次荣获全国“双拥模范城”称号，也是争创云南省第十一届“双拥模范城”（县）的启动之年，市长王喜良、警备区司令蒋朝中赴京领取全国“双拥模范城”匾牌。

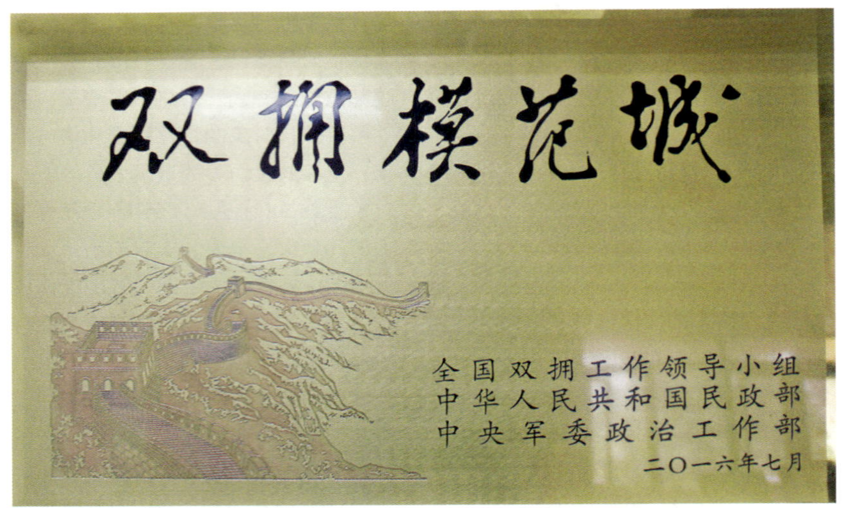

2016年全国双拥工作领导小组颁发昆明市双拥模范城奖牌
（市民政局　供稿）

【社会组织管理】 完成《昆明市社会组织管理办法》文本修订。按照云南省实施方案，稳妥推进全市性行业商会与行政机关脱钩试点部署。从5月1日起，全面实施社会组织统一社会信用代码，完成58个新成立社会组织办证和199个存量社会组织换发新证工作，完善社会组织法人库建设。全市社会组织增长率达10%。按《云南省行业协会条例》规定，取消社会组织的双重管理体制，由民政部门直接登记管理；取消“一业一会”限制，引入竞争机制；取消登记筹备阶段，简化办证程序。为推动社会组织党建工作，在市民政局成立中共昆明市社会组织委员会，指导市民政局所属社会组织建立9个党支部。在社会组织年检中，同步检查党建工作，并作为承接政府购买服务的重要依据。全年培训县（市、区）民政管理人员和市级社会组织负责人400余人，提升管理服务水平。按照“培育扶持、分类指导、完善机制、规范管理”的原则，加大扶持力度，提高社会组织服务社会能力，使之在参与社会治理和促进和谐中发挥积极作用，形成政社分开、权责明确、依法自治的现代社会组织体制。民办非企业单位向养老、家政服务等多领域发展，社会团体向紧贴服务“三农”、社区建设、民生建设（含公益慈善）、招商引资、诚信社会建设等领域发展。2016年，有2个项目获得中央财政购买社会服务资金75万元，2个社会组织获市福彩公益金20万元，用于开展残疾儿童和流浪儿童救助工作。全市有3 923个社会组织进行年检，参检率91.38%。其中市级社会组织应参检816个，参检率96.08%。经过评估，市级社会组织被定为3A以上42个。县（市、区）共评估社会组织42个。

【行政区划管理】 2016年11月24日，经国务院批准，晋宁县撤县设区。自12月13日起，石林县原鹿阜街道办事处析置为鹿阜、石林、板桥3个街道办事处；寻甸县原仁德街道办事处析置为仁德、塘子、金锁3个街道办事处，自此昆明市辖7区1市6县133个乡(镇、街道)。嵩明、宜良撤县设市已正式上报国务院。与玉溪市配合完成昆明—玉溪州市级行政区域界线联检，完成官渡—西山、禄劝—寻甸、官渡—呈贡、富民—寻甸、西山—晋宁、盘龙—富民6条县级行政区域边界及41条乡级行政区域界线联检，实现“横向到边，纵向到底”的管理目标。

【地名管理】　全年审批地名102个。经市政府批准正式命名第二批地铁站及环滇周边4条路名。制定下发《昆明市街路巷地名标准牌设置规范》，确定清理整治标志牌5 079块，已拆除1 419块，规范设置397块。在全国第二次地名普查中，向云南省上报地名普查目录53 163条，已完成实地外业采集51 153条、内业处理44 685条（其中入库率=100%的8 118条）。地名文化建设和区划地名信息系统建设进一步加强。

【婚姻管理】　全市共登记国内结婚49 952对、离婚19 271对；登记涉港澳台婚姻110对（结婚87对，离婚23对）、其他涉外婚姻159对。完成1990~2016年末历史婚姻数据补录，完成率100%。进一步规范婚姻登记窗口工作流程，提高群众满意度。

【殡葬管理】　发放殡葬改革宣传材料60余万份，在新闻媒体上播报殡葬改革专题文章，播放“文明低碳祭扫，节地生态安葬”等公益广告2万余次，全市共发放特殊困难群体火化补助3 212户321.20万元；补助农村居民家庭1万余户，累计发放补助费近2 000万元。各殡仪服务单位坚持对特殊困难群体实行30%的优惠服务。层层落实殡葬管理目标任务，加大监管力度，火葬区范围进一步扩大，全市全年火化遗体34 470具，火化率保持在95%，“3个100%”的质量和水平显著提升。市殡仪馆改扩建一期工程投入使用，年火化量可达2万具。农村公益性公墓管理服务水平大幅提升，提高了农村居民入墓安葬比例。全市公益性公墓植树超过5万株。清明节期间，各殡葬服务单位开展鲜花换纸钱、大型社区公祭等活动，赠送鲜花30万枝。全市126.15万人次、21.58万台次车辆参加祭扫，连续第九年实现祭扫活动安全、文明、有序的目标。全市殡葬服务人员持证上岗率保持在90%以上。

（曾　筹）

住房公积金管理

【住房公积金经济数据】　2016年，全市新增住房公积金111.19亿元，同比增长15.02%，全年新增缴存职工9.77万人。至年底，全市共有1.37万家单位建立住房公积金制度，住房公积金缴存人数达89.47万人，累计归集住房公积金776.53亿元。全市发放住房公积金个人住房贷款69.75亿元，同比增长22.78%。全年提取住房公积金78.44亿元，增长10.49%。至年底，全市累计为169 466户职工家庭发放住房公积金个人贷款380.26亿元，贷款余额为245.96亿元，个人住房贷款逾期率为0.006%，信贷资产质量良好。在确保资金安全运行的前提下，年度实现住房公积金增值收益3.53亿元。

【制度创新】　出台《昆明市住房公积金管理中心调整住房公积金个人住房贷款首付款比例的通知》，申请住房公积金贷款和商业贷款组合购买首套房的，住房公积金贷款和商业贷款的首付款比例均按照20%执行；购房人已有一套住房且商业住房贷款未结清，为改善居住条件申请住房公积金贷款购买住房的，住房公积金贷款首付款比例由40%下调为30%。出台《昆明市住房公积金管理中心关于调整住房公积金个人住房贷款申请条件的通知》，将“缴存职工连续足额缴存个人住房公积金六个月且开户满六个月以上可以申请个人住房公积金贷款”调整为“缴存职工连续足额缴存个人住房公积金三个月且开户满三个月以上可以申请个人住房公积金贷款”。出台《昆明市住房公积金管理中心关于放宽住房公积金个人住房贷款申请条件的通知》，放宽住房公积金个人住房贷款申请条件，对在昆明市行政辖区内缴存个人住房公积金的职工家庭，从未使用过住房公积金个人住房贷款的，购买自住住房时，可向市公积金中心申请住房公积金个人住房贷款一次；取消住房公积金异地贷款户籍地限制，在云南省其他州、市公积金中心缴存住房公积金的职

2016年10月，昆明市住房公积金管理中心正式启用12329公益专用号暨综合服务平台上线新闻发布会。
（市民政局　供稿）

工，在昆明市行政辖区内购买自住住房时可向市公积金中心申请住房公积金个人住房贷款，套数认定按原规定执行。出台《昆明市住房公积金管理中心关于提取住房公积金支付物业管理费相关事项的通知》，缴存职工每人每年可申请提取不超过2 500元的住房公积金支付物管费。

【提升服务】 为进一步提升对昆明地区住房公积金缴存单位及职工的服务质量，实现“智慧型”公积金的目标，积极探索互联网+公积金的现代化服务手段，市公积金管理中心于2016年10月28日起正式启用12329公益专用号及综合服务平台系统，实现部分归集业务、部分提取业务线上自助办理，增加手机APP服务渠道，提供线上线下预约排队服务，为昆明地区广大缴存单位及职工提供功能齐全、使用便捷、服务高效、安全可靠的综合服务。2016年，市公积金中心门户网站共回复客户留言3 981条，云南省政务信息在线解答系统“常见问题”录入有效信息7条，“公众问题”回复20条。全年共接听及受理客服电话84 268人次，回访客户1 309人次，平均每日接听电话342人次。其中市公积金中心客服热线（63132899）接听58039人次，住房公积金热线（12329）接听24 484人次，市长热线（12345）转接599人次，省政务专线（96128）转接1 146人次，受理投诉件6件，办结率100%，答复率100%，满意率100%。

（张　云）

扶贫开发

【脱贫成效】 2016年，昆明市53 977名建档立卡贫困人口达到脱贫标准，贫困发生率由2015年末的5.73%下降到3.75%，66个贫困村、6个贫困乡达到出列标准，禄劝县脱贫攻坚取得阶段性成效。

【扶贫资金投入】 2016年，全市投入各类扶贫资金95.37亿元，是历年投入最多的一年。投入财政资金69.01亿元，其中，中央资金26.06亿元，省级资金7.89亿元，市级资金35.06亿元（预算安排24.16亿元，贷款提款10.90亿元）；易地搬迁资金12.17亿元（地方政府债券1.31亿元，专项建设基金1.16亿元，国家中长期政策性贷款3.20亿元，农发行易地搬迁贷款6.50亿元）；动员社会力量直接投入资金11.03亿元，协调立项投入资金3.16亿元。同时，强化对扶贫资金的监管，确保资金流向清、用途明、效益好。

【扶贫开发政策体系】 针对全市脱贫攻坚工作的实际情况，昆明市提出“两出、两进、两对接、一提升”的扶贫工作思路，开辟“七个一批”精准扶贫路径。制定一个规划、一个基本文件、一个脱贫攻坚三年行动方案的“3+N”政策文件，完善36个配套文件。出台《关于禄劝县脱贫攻坚请求解决事项的答复函》，帮助禄劝县解决12个方面的具体问题。按2016年1.5%的转移支付为基数，每年递减0.1个百分点，支持倘甸轿子山省级扶贫开发试验示范区的发展。每年安排2 000万元专项资金支持东川区转型发展。

围绕基础设施建设、生产生活条件改善、产业发展、基本公共服务、生态建设与环境保护五个方面，编制完成《昆明市扶贫开发规划（2016~2020年）》，制定出台《关于举全市之力打赢扶贫开发攻坚战的实施意见》等配套文件，制定年度工作计划，组织实施“十大工程”，努力实现脱贫、摘帽、增收3个主要目标，确保规划落到实处。

【精准识别贫困数】 按照“五查五看”“三评四定”“两公示一公告”的工作程序，认真开展建档立卡“回头看”，严格识贫、科学校贫、精准定评，把真正贫困人口查清，把贫困程度、贫困原因搞明白，做到信息准确，不错不漏，能进能出，经得起检验作为“回头看”的工作目标。剔除不符合规定的农户5 181户15 402人，新识别补录6 731户21 667人，市县乡对行政村识别贫困人口抽查比例分别不低于5%、10%、20%。同时，完善相关动态管理信息，大数据平台建设获全省第三名。

【贫困区域基础设施建设】 市级每年保底配套资金不低于4亿元用于修建贫困地区自然村公路，实施“两区两县”1 417千米农村公路建设任务。续建轿子山、河底等6件中小型水库，新建罗泊河、甲甸二库等4件小型水库；大力实施农村人饮水巩固提升工程，实施五小水利工程1.60万件，解决农村8.8万人的饮水安全问题；启动16个乡镇集镇饮水项目建设。大力推进“宽带乡村”建设，161个贫困行政村通光缆或宽带，光纤宽带覆盖率达93.60%。实施374个行政村村级活动场所建设。实施1万户宜居农房建设、21 680户农村危房改造和抗震安居工程建设。

【区域扶贫】 实施省级行政村整村推进56个，实施市级整村推进42个，实施市级精准扶贫示范村30个，续建2015年实施的3个整乡推进；新建9个省级整乡推进，启动4个市级整乡推进。

【精准扶贫】 紧紧围绕“一高于、两不愁、三保障”脱贫总标准，突出扶贫到村到户，以一张“昆明市精准脱贫攻坚作战图”为指南，以“昆明市精准扶贫脱贫路线图”“昆明市脱贫攻坚十大工程”“昆明市脱贫摘帽出列年度计划”“昆明市2016年脱贫攻坚目标任务一览表”“昆明市市级‘挂包帮、转走访’工程流程图”等

5份精准扶贫精准脱贫“作战图表”为支撑，全面开启精准扶贫精准脱贫“挂图作战”1+5模式，切实抓好“七个一批”精准扶贫精准脱贫措施，确保贫困人口真受益，增收致富可持续。坚持因贫定策、因户施策，以“七个一批”措施为抓手，实现精准扶贫、精准脱贫：抓发展生产脱贫一批。创建粮食高产样板田15万亩；发展烤烟种植23.50万亩；与云南白药等企业合作，组织农户种植中药材15万亩，着力打造生物制药产业的第一车间。抓务工增收脱贫一批。贫困地区建档立卡农村劳动力转移就业3.15万人，实现转移收入3.65亿元，取得“培训一人、转移一人、脱贫一户、带动一片”的良好效果。抓易地搬迁脱贫一批。针对全市8.69万户贫困户中有5.90万户、68%的贫困户住房为危房这一短板，计划投入24亿元，3年内解决贫困户住房安全问题。已启动5 652户易地扶贫搬迁计划，覆盖建档立卡贫困户3 435户。抓生态补偿脱贫一批。实施林业生态补偿脱贫八大项目建设工程，覆盖建档立卡贫困户4.90万户，增收6 000多万元。抓发展教育脱贫一批。实现贫困地区农村义务教育阶段学校学生全覆盖，贫困地区更多学生进入城区优质学校就读。抓健康救助脱贫一批。针对3.70万因病致贫、因病返贫人员，加强部门联动，推进实行基本医疗、大病保险、医疗救助“三重医疗保障”。抓社会保障兜底脱贫一批。实现农村低保与扶贫开发相衔接，贫困地区农村低保标准由每年2 580元提高到3 120元。同时，始终坚持脱贫路上“决不让一个兄弟民族掉队”，在政策、项目、资金上向民族地区倾斜，不断加大民族地区交通、水利、教育等方面投入力度，全力推进民族团结进步示范区建设。

【精准帮扶】 市委、市政府先后拜访中国航天科工集团公司、南光（集团）有限公司、华东理工大学，与挂钩单位开展多层次合作，切实加强与5个省级定点帮扶单位对接，派出挂职干部10名、第一书记3名，直接投入资金883.85万元、引进资金290万元，实施帮扶项目29个。协调动员北京市朝阳区广泛参与昆明市脱贫攻坚，北京市朝阳区与昆明市开展领导互访，在多个领域开展合作，在多个方面给予昆明市支持，派出3名干部担任市委副秘书长；协调联系3个重点县，投入东川区帮扶资金1.11亿元，投入寻甸县帮扶资金3 180万元。切实加强精准帮扶力量，实现精准帮扶全覆盖。全市选派1 802名队员，组建390支驻村工作队，选派3名干部任贫困县区副总队长，选派1名县处级干部到倘甸“两区”任总队长，选派28名优秀青年干部到18个贫困乡镇和2016年年内要脱贫摘帽的禄劝县相关乡镇挂职担任副书记、副镇长。动员38 666名干部包扶贫困户，召回队员80名。动员32个驻昆部队帮扶东川区、禄劝县、寻甸县29个贫困村。出台昆明市“百企（商）帮百村”精准扶贫行动方案，动员64家企业（商会）对贫困村进行帮扶。全市144个对口帮扶单位帮扶51个乡镇239个贫困村，动员安宁市、晋宁县、石林县对口帮扶3个贫困乡镇，协调中烟公司对口帮扶金源乡。

【禄劝县脱贫摘帽】 2016年，市委市政府全力支持禄劝县脱贫攻坚，先后多次召开专题会议和现场会研究部署，出台《关于禄劝县脱贫攻坚请求解决事项的答复函》为支撑的一系列政策措施，形成2个会议纪要，市级各部门项目资金向禄劝县重点倾斜，动员安宁市、盘龙区、西山区帮扶禄劝县，累计投入禄劝县各类扶贫资金42.73亿元，脱贫攻坚力度之大前所未有。禄劝县围绕全市的总体部署，抢抓机遇，决战决胜，以“三个百日会战”为抓手，建立“七大机制”，实施全面帮扶，全面推进特色产业发展、易地扶贫搬迁、基础设施建设、生态保护、教育扶贫、医疗保险救助、社保政策兜底、外出务工增收、扶贫党建双推进、社会结对帮扶“十大工程”。落实“五个一批”，整合投入扶贫资金42.73亿元，实施农房建设9 154户、易地扶贫搬迁59个重点村2 820户（其中苗族村19个、彝族村7个、傈僳族村2个、傣族村1个）、兜底建房1 239户；硬化通村道路1595.18千米、新（改扩）建通村道路693.36千米，实施村内道路硬化157.80万平方米，农村公路安保工程覆盖1 199.25千米；解决12.63万人饮水安全问题；实施不达标村级活动场所建设78个、村民小组活动场地建设74个，转移就业8 036人，发展专业合作社43个，4 341户14 451人建档立卡贫困户实现脱贫销号。

【扶贫责任制落实】 市委、市政府历来高度重视脱贫工作，特别是2016年以来，脱贫攻坚为市委市政府研究频率最高、次数最多的事项。市委先后在禄劝、寻甸县、东川区召开精准扶贫精准脱贫工作推进会，市级四班子领导分别到挂钩联系的县、乡、村、户进行实地调研，与群众面对面交流，真心实意为群众解决问题和困难。此外，还建立扶贫开发双组长制，强化脱贫攻坚党政同责、党政共抓。市委市政府与14个县（市、区）签订脱贫攻坚责任书，与16个包乡对口单位签订《扶贫攻坚包乡对口帮扶责任书》，与10个牵头单位签订《扶贫攻坚对口帮扶牵头工作责任书》。对《关于举全市之力打赢扶贫开发攻坚战的实施意见》涉及的53项工作进行立项督查，纳入全市年度目标管理考核。把脱贫攻坚纳入市委市政府目标考核重要内容，实行差别化设置分值，提高脱贫攻坚考核比重。加强执纪问效，76人受到问责处理。

【扶贫宣传】 以《昆明日报》《春城晚报》、昆明电视台、云南广播电视台和新华网“两报两台一网”为主宣传，《昆明日报》编印扶贫开发周刊38期，《春城晚报》刊发10版70多篇，新华网开通“决战昆明、精准脱贫”栏目，2家电视台进行全方位、多角度的报道，构建电台有声音、报纸有文字、网站有文章、电视有图像的立体化、宽领域宣传格局。切实做好《云南省农村扶贫开发条例》宣传，编印昆明市精准扶贫、精准脱贫惠民政策“口袋书”5万多册，贫困户一户一册；各县区分别制定宣传册、明白卡，分至每一户贫困户，确保政策宣传到位，做到家喻户晓、人人皆知，形成强大的脱贫攻坚凝聚力和向心力。

（张进松）

移民开发

【**移民指标**】 2007年，国家核定昆明市大中型水利水电移民指标数为50 271人。截至2016年底，昆明市实有大中型水利水电移民53 575人，涉及19座水库和4座水电站，分布在全市15个县（市、区）及开发区。

【**常规移民搬迁安置报告审批**】 严格按照《大中型水利水电工程建设征地补偿和移民安置条例》做好水利工程项目建设征地移民安置规划工作。完成大型水利项目《柴石滩灌区工程可行性研究阶段建设征地移民安置规划报告》的审查批复工作；组织完成中型水利项目《安宁市箐门口水库工程初步设计阶段建设征地移民安置规划报告》《石林县鱼龙水库工程初步设计阶段建设征地移民安置规划报告》《倘甸罗泊河水库工程建设征地移民安置社会稳定风险评估报告》《倘甸罗泊河水库工程建设征地移民安置规划可研报告》的审查批复工作；组织开展小型水利项目《禄劝县大河边水库初步设计阶段移民安置规划专题设计报告》《晋宁县杨柳冲水库工程初步设计阶段建设征地与移民安置规划专题报告》的技术审查和批复工作。

【**重大水电工程移民搬迁安置**】 乌东德水电站涉及昆明市禄劝县乌东德镇、皎平渡镇、汤郎乡3个乡（镇）7个村委会30个村民小组，需搬迁安置移民3 800人，生产安置人口4 498人。2016年，重点组织完成乌东德水电站新村移民安置点规划设计变更报告，申请报省移民开发局审查核定；为加快项目进程，协调新村移民安置点工程施工总承包，获省政府同意批复；着手启动乌东德水电站新村移民安置点建设用地征地工作。

白鹤滩水电站涉及昆明市东川区、禄劝县、倘甸两区7个乡（镇）23个村委会、88个村民小组，需搬迁安置移民2 128人，生产安置5 341人。2016年，配合省移民局、三峡公司、河海大学稳评中心开展白鹤滩水电站工程建设征地补偿和移民安置社会稳定和风险评估（东川区、倘甸两区、禄劝县）相关工作，配合完成风险评估报告的编制及地方政府出具意见工作；积极配合省移民局及白鹤滩水电站业主三峡公司开展移民前期工作，全面完成实物指标调查公示、复核、核实工作；完成库周线上耕园地和人口资源调查、生产安置人口计算分析、移民安置区选择、移民环境容量调查分析等工作；协调配合完善《移民安置规划大纲》，参与大纲编制阶段各个专项报告和大纲的审查，完成规划大纲地方行政确认意见的上报工作；参与《金沙江白鹤滩水电站移民安置规划报告》及6个专题规划报告的审查；配合做好《移民安置社会稳定风险评估报告》编制，征求县区意见，协调各级地方政府出具行政确认意见等工作；库周交通建设项目金东大桥建设进展顺利，资金拨付已完成1.50亿元。

【**移民后期扶持工作**】 后期扶持直补资金兑付方面，截至2016年11月30日，共下达各县（市、区）2016年后期扶持资金预算指标四个季度共2 927.36万元，要求县（市、区）移民部门严格按照政策，按季度足额兑现到每一个移民手中；全面实施移民安置区基础设施建设项目方面，先后组织三次市级项目评审会，共争取到2016年四批大中型库区基金4 796.58万元，下达安排用于69个各类移民后期扶持基础设施项目和少量产业扶持

乌东德水电站

（市移民局 供稿）

建设项目。研究安排下达2016年度大中型水电移民应急维稳工作经费410万元，为改善库区、移民区基础设施状况、促进移民增收致富、维护移民稳定发挥积极作用；移民后期扶持项目“十三五”规划修编工作方面，组织各县（市、区）在广泛征求库区和移民安置区群众意见建议并多方论证的基础上，开展后期扶持项目“十三五”规划修编的前期工作。全市后期扶持项目“十三五”规划共涉及12个县（市、区）443个项目，总投资58 035.69万元，其中移民专项资金48 617.22万元、其他专项资金1 423.40万元、自筹资金6 825.34万元；为全面打赢全市脱贫攻坚战，围绕大中型水库移民特殊困难群体脱贫解困的目标，历经多次实地调研踏勘选点、组织县区认真组件申报、积极与省移民局沟通面商等协调与努力，最终将昆明市禄劝县汤郎乡新建上、下两个村组申报成功，纳入云南省第三批大中型水库移民避险解困试点项目。该项目争取国家资金近2 000万元，解决水库移民特殊困难问题，帮助水库移民脱贫致富，惠及禄劝县汤郎乡新建上、下两个村组1978年封过水库集中安置农村移民121户478人；先后组织开展盘龙区、东川区后期扶持项目稽查工作，及时发现移民后期扶持政策中的突出问题，提出问题整改的措施和意见，督促盘龙区、东川区整改和纠正，加强和规范全市的移民管理工作；牵头组织成立验收专家组，通过聘请水利工程、市政工程、交通工程等行业领域的五位专家，到项目现场实地踏勘、查阅项目实施资料等方式，完成寻甸县大中型水库移民后期扶持大沙地村道路工程等8个项目的市级验收工作；组织开展完成新建宜良县海马箐水库搬迁人口237人移民的核实及登记上报工作。

【饮用水源保护区移民长效补助及信访维稳工作】 2016年，市移民局严格执行有关政策和财务管理制度，经市政府批准，与市财政局联合下文，完成禄劝县云龙水库移民8 031人5 312.51万元、盘龙区松华坝水库3 089人1 297.38万元，共计6 609.89万元的长效补助下达工作，保障水源区移民基本生活，维护社会稳定。认真落实省、市关于综治维稳（平安建设）工作的各项指示要求，把移民库区和安置区综治维稳（平安建设）工作作为市移民局党组的一项重要工作来抓，加强组织领导，不断强化各级责任意识，定期不定期地开展大中型水库移民上访隐患排查；及时有效地处理移民来信来访，局领导分批多次组织并带队到相关县区实地调研，着力解决移民群众的实际困难，形成针对性的稳定风险分析调研报告上报市政府研究；与市司法局加强配合协作，扎实开展移民法律服务工作。截至11月30日，共办理移民法律援助案件14件，开展专项法律宣传咨询服务活动9场次，接待法律咨询119余人次，发放各类宣传资料（书籍）24 000余份（册）；开展接待移民群众来信来访9件，全市未出现大规模移民越级上访事件，确保库区和移民安置区的稳定。

【扶贫帮困】 市移民局扶贫包村为禄劝县马鹿塘乡麻科作村和东川区乌龙镇半坡村，年内完成麻科作村贫困户45户208人、半坡村贫困户57户304人的建档立卡工作；逐一入户访问贫困户，与户主座谈，实地了解每一户贫困户家庭真实情况，填写遍访贫困户访谈问卷；全年共投入163.24万元帮助两个村实施道路硬化、波菱瓜种植、教育扶贫等项目；全局干部职工开展“扶贫济困·送温暖献爱心”慈善一日捐活动，共捐款1 790元。

（韩小艳）

残疾人事业

【《昆明市困难残疾人生活补贴和重度残疾人护理补贴制度实施方案》出台】 2016年11月16日，昆明市人民政府印发《昆明市困难残疾人生活补贴和重度残疾人护理补贴制度实施方案》，明确困难残疾人生活补贴按照每人每月50元发放；重度残疾人护理补贴按照一级每人每月100元、二级每人每月50元发放，并根据经济社会发展水平适时调整。

【涉残惠民实事】 开展云南省政府2016年10件惠民实事涉及昆明市残疾人工作，免费发放残疾人适配辅具706件。投入经费94.80万，为1 080名智力、精神和重度残疾人开展托养服务，其中居家托养960人，政府购买托养服务120人。

【涉残社会保障】 2016年10月12日，市残联、市人社会局和市财政局联合印发《昆明市三、四级残疾人参加城乡居民社会养老保险个人缴费补助办法(试行)》，对已按年度缴纳城乡居民社会养老保险费的三、四级残疾人，按每人每年最低参保缴费档次标准给予补助；印发《昆明市三、四级残疾人参加城乡居民基本医疗保险个人缴费补助办法(试行)》，按城乡居民基本医疗保险每人每年个人参保缴费部分给予全额补助；投入172.80万元经费，对1 293人智力、精神和重度残疾人开展托养服务工作，其中机构托养294人，按每人每年1 800元补助，居家托养999人，按每人每年1 200元补助；2016年元旦春节期间，走访慰问4 235户残疾人家庭，1 437名村级（社区）联络员，559名优秀残疾人代表、优秀残疾人工作者及扶残助残先进个人；发放困难救助金72万元，对455名（户）临时困难残疾人家庭发放救助金。

【涉残扶贫】 2016年6月6日，市残联和市扶贫办联合印发《昆明市贫困残疾人脱贫攻坚三年（2016~2018）行动计划》。投入225万元用于纳入市扶贫办建档立卡系统贫困残疾人（户）到户扶持，扶持残疾人及其家庭发展生产，项目由石林、宜良、富民、嵩明、寻甸、禄劝县和东川区、倘甸两区组织实施。

投入581.4万元对570户残疾人进行危房改造。其中，市级预算投入275.40万元，对270户贫困残疾人实施危房改造；市本级彩票公益金投入306万元，对306户贫困残疾人实施危房改造。投入200万元，对400户残疾人家庭进行无障碍环境改造。

开展残疾人康复扶贫贷款贴息。全市对67户残疾人帮扶贷款额度233.50万元，贴息15.23万元。其中，安宁市残联安排资金帮扶4户，帮扶贷款额度19万元，贴息0.97万元；嵩明县残联安排资金帮扶63户，帮扶贷款额度214.50万元，贴息14.26万元。

【助盲脱贫】 7月，启动“助盲脱贫”项目，为40名低视力残疾人举办初级按摩师培训。开展全市“助盲脱贫”摸底调查。全市辖区内持证视力残疾人数为16 045人，其中534人属市扶贫办建档立卡视力残疾人，有按摩培训需求的视力残疾人数为367人。对全市登记备案的130家盲人保健按摩机构及盲人医疗按摩师79人进行科学化规范化管理。组织昆明市盲人参加全省首届盲人按摩技能竞赛，荣获团体总分第二名、个人一等奖一名、三等奖二名。组织11位盲人参加云南省盲人按摩学会第四次会员代表大会暨学术交流会，提交论文11篇，其中市就业中心获行政管理类论文一等奖，周兴松等盲人分别获个人论文一等奖一名，二等奖四名，三等奖四名。邱光林当选为执行副会长，王经慧和周兴松当选为副会长。

【教育帮扶】 完成2016年省级彩票公益金10万元助学项目，对67人（其中66人在校残疾高中生1 500元/人，1人在校残疾人子女高中生1 000元/人）进行资助。市级投入补助经费117万元，对2016年650名考取大、中专的残疾学生和残疾人子女进行资助；开展免除普通高中家庭经济困难学生学杂费对象认定工作。

【培训就业】 投入177万元，为3 000人次各类残疾人举办实用技术培训和职业技能培训，其中市本级培训残疾人130人。全市开展残疾人就业服务，新增就业人数2 000人次（含按比例就业、集中就业、自主创业、灵活居家就业、辅助性就业和社区基层公益性岗位就业等）。对204名残疾人自主创业补助金额55.05万元。投入省级彩票公益金36万元，安排100名农村贫困残疾人，担任农家书屋管理员工作，补助标准3 600元/年·人。对96名残疾人学习机动车驾驶补贴12.64万元。9月18日，印发《昆明市残疾人创业扶持管理办法（试行）》，新办法提高了残疾人自主创业扶持补助标准，由原来最高扶持补助5 000元提高到最高扶持补助15 000元的标准，并新增加残疾人创业就业示范点扶持补助50 000元的项目。

【康复】 为2 000名残疾人免费配发基本型辅助器具；对400名0~7岁智障、脑瘫、听障、孤独症儿童开展康复训练；为贫困肢体残疾人免费制作106例大小腿假肢；对80名贫困重度精神障碍患者实施住院补助；完成30名残疾儿童的康复转介；在禄劝县新开展盲人定向行走训练。

【关爱残疾人】 培训县（市）区、街道、社区残疾人干部2 213人次。为1 016名基层残联专职委员、联络员发放补贴182.88万元。3月31日，市交通运输局和市残联出台《昆明市残疾人免费乘坐城市公共汽车和轨道交通工具规定》，明确本市户籍残疾人以及在本市居住并持有本市“居住证”的外地户籍残疾人、在本市就学的外地残疾学生，凭残疾人爱心卡免费乘坐本市城市公共汽车和轨道交通工具。6月28日，市残联和市统计局等12个部门联发《关于做好昆明市全国残疾人基本服务状况和需求信息数据动态更新工作的实施意见》，投入155.70万元专项经费，对1 734个社区123 979名持证残疾人进行入户调查、信息采集，入户率达到90%以上。8月9日，市残联、市卫生和计划生育委员会联合印发《关于进一步做好残疾人残疾鉴定工作的通知》，明确昆明市户籍人口视力残疾鉴定、听力残疾鉴定、言语残疾鉴定和肢体残疾鉴定由户籍所在地的县（市、区）人民医院承担。对不方便的残疾人按就近、就便的原则，自行选择到临近的县（市、区）人民医院申请残疾鉴定；加强市级法律维权工作站建设，聘请云南会凌律师事务所为市残联法律顾问。

【体育】 选送6名运动员参加2016年巴西里约残奥会，取得一金两银、两个第四名、两个第七名，打破一项世界纪录。深入县区选拔残疾人运动员，对235名肢残、脑瘫、视力、听力残疾青少年进行体能等测试，初步选拔34名体育苗子。

【宣传工作】 编辑刊出《昆明残疾人》6期，与昆明广播电视台合作播出“双语新闻”节目52期，“星星点灯”专题节目52期，在《昆明日报》“同一片蓝天”刊出专版6期，组织“助残日”“国际残疾人日”“国际志愿者”等系列活动并进行宣传报道。完成《新中国云南人才建设史料》昆明（残联）卷的编撰工作。9月7日，与昆明广播电视台《阳光频率》联合举办《普法零距离》广播节目，对昆明市保障残疾人合法权益相关内容开展宣传直播。

（李向松）

县（市、区）概况

◆责任编辑 吴焰红

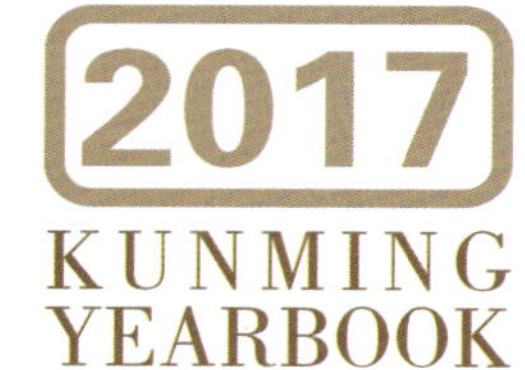

五华区

【年内大事】 1月6日 五华区深化机构改革，将区卫生局、计生局合并，组建区卫生和计划生育局；将区工商局、食药监局、市质监五华分局合并，组建区市场监督管理局；同时组建区市场监督管理综合执法大队。

1月10日 省委书记李纪恒到昆明国家广告产业试点园调研，实地查看微想智森科技有限公司、众创空间等企业。

1月19日 市委书记程连元到五华区参加和指导区委常委班子“三严三实”专题民主生活会。

1月27日 国家科技部公布第二批362家众创空间名单，云南省有10家企业上榜。辖区北理工五华众创空间、昆理工众创空间、金鼎众创空间3家企业名列其中。

2月4日 五华区获“全国科普示范县（市、区）”称号。

3月31日 五华区与重庆猪八戒网络有限公司签订项目合作协议，全国最大的网络众包服务平台正式入驻金鼎文创产业园区。

4月1日 云南省公布首批25家离境退税商店，五华辖区有王府井百货、美辰百货、金鹰百货、苏宁电器、国美电器等16家门店，是数量最多的县区。

4月20日 昆明国家广告产业园在园区新媒体演示中心举行揭牌仪式。

5月17日 首创奥特莱斯项目正式落户五华海源寺片区，项目总建筑面积13.5万平方米。

5月20日 2016年“中国（昆明）·印度瑜伽大会”五华区瑜伽进社区启动仪式在翠湖公园举行。全区10个街道89个社区的400余名瑜伽爱好者参加展示。

6月28日 缅甸全国民主同盟中央委员、马圭省委员会主席率党政干部考察团到五华观摩区委十一届一次常委会，并就地方党组织建设、党委工作方法、议事规则、帮扶企业进行座谈交流。

7月5日 民盟中央和民盟省委在云师大“一二·一”广场联合举办纪念李公朴、闻一多殉难70周年大会。

7月17日 “南侨机工历史文化社区”揭牌仪式暨罗开瑚百岁寿诞活动在大观街道办事处新闻里社区举行。

8月1日 五华区在昆明剧院召开建区60周年暨第二届“五华榜样”表彰会。授予李一飞等10人“五华榜样”称号，表彰秦本辉等10 名提名奖获得者。

8月8日 第二届全国广告产业发展联盟大会在昆明国家广告产业园召开。32个国家广告园区及南亚、东南亚广告互联网企业的200多名代表参会。昆明广告产业园与北京、上海广告产业园，泰国摩诺文化集团等签订战略合作协议。

10月28日 突尼斯宗教部部长阿卜杜杰里勒·本·萨勒姆，率阿拉伯国家知名伊斯兰教人士代表团一行9人到五华，访问顺城清真寺，进行文化交流。

12月1日 纪念朱德诞辰130周年暨朱德旧居纪念馆开馆仪式在华山西路水晶宫社区红花巷4号举行。

【区划、人口】 五华区位于昆明市主城核心区西北部,辖区面积381.6平方千米，其中，建成区面积40.86平方千米。地势西北高、东南低，地形地貌复杂多样，海拔1 670～2 527千米之间，平均海拔1 887千米。区内

为惟一幸存的南侨机工——罗开湖老人祝寿

（五华区史志办 供稿）

有玉带河、沙朗河、西北沙河、迤六瓦恭河等主要河流。2016年平均气温15.8℃，年降水量1 150毫米。下辖护国、大观、华山、龙翔、丰宁、莲华、红云、黑林铺、普吉、西翥10个街道办事处，88个社区居民委员会，214个村（居）民小组。区机关驻华山西路1号。

主要风景名胜及旅游景点有云南陆军讲武堂、朱德旧居、节孝巷中共云南地下党建党旧址、抗战胜利纪念堂、翠湖公园、昆明动物园、圆通寺、筇竹寺、虚宁寺、文庙、郊野公园、西游洞、莲花池公园、月牙潭公园、篆塘公园、五华园博园以及长虫山、荷叶山、眠山、石盆寺等多处生态公园和西翥乡村旅游点。

五华区是云南省人民政府的所在地，驻区中央和省市机关、企事业单位众多，科教、文卫、商贸、金融、通讯等机构云集。辖区有11所高校、20多个科研机构，汇集了云南铜业、云南冶金、云南煤化工、红云红河、昆明联想、昆明广告产业园、王府井、金鹰、沃尔玛、家乐福、百盛、国美、苏宁等一大批国内外知名企业，形成商务楼宇集中的都市经济、昆明泛亚科技新区以及园西IT电子产品市场。

2016年底，全区常住人口87.27万人，户籍人口63.35万人。在户籍人口中，城镇人口598 939人，占94.1%；乡村人口34 593人，占5.5%，少数民族87 368人，占13.8%。人口密度每平方千米2 287人，户籍人口自然增长率为6.1‰。

【经济综述】 2016年，全区实现地区生产总值985.47亿元，同比增长7%，占全市GDP比重的22.9%；人均地区生产总值达到11.3万元。一、二、三产业的结构比例分别为0.2%、51.8%和48%。实现规模以上工业总产值731.06亿元，同比增长0.8%；实现第三产业增加值473.46亿元，同比增长8.5%。完成规模以上固定资产投资（不含高新区）276.64亿元，同比下降13.5%。单位GDP能耗下降3.2%。

全区累计实现财政总收入129.15亿元，同比下降4.1%。其中，地方公共财政预算收入完成36.83亿元，同比增长8.6%；地方公共财政预算支出完成35.13亿元，同比增长9.5%。实现社会消费品零售总额496.68亿元，同比增长11.7%。实现城镇常住居民人均可支配收入37 509元，同比增长8%；农村常住居民人均可支配收入16 217元，同比增长9.4%。

【调结构促发展】 面对经济下行压力，知难而进，奋力拼搏。大力推进97个重点投资项目建设，首创奥特莱斯等项目完成土地整理，昆明吾悦广场、云南韩国城等项目实现土地供应，云南高原特色农产品交易中心完成选址，桃园现代物流中心、厂口生物科技园等项目建设稳步推进。全年收储土地601亩，供应949亩。新引进猪八戒网、东道设计、天津大学创业园等实力型创业孵化载体，新增6家区域企业总部。落实稳增长促发展政策措施，加大房地产去库存力度。完善环节跟踪、部门合作、信息共享的财政机制，有力促进经济企稳回升。招商引资进展顺利，全年引进内资74.1亿元，实际利用外资3 587.67万美元。建成昆明国家广告产业园，聚集了一批互联网、大数据、文化创意等新兴产业。东方柏丰首座商务中心、中铁云时代广场、绿地云都会等重点项目建成启用。新型工业化进程提速，生物医药、电子信息等新型工业向园区集中，微想智森、网星大数据、七〇五所昆明分部等一批名牌项目落地五华。庄园经济和高原特色农业持续壮大，培养市级以上农业龙头企业20家，农村专业合作社18家，打造市级以上都市农庄7个。生态农业科技示范园区建设速度加快，引进企业28家，其中，9家获得云南省优质基地、农业科技示范园、农产品深加工科技型企业认证。观光、休闲、体验型农业成效显现。

【现代服务业】 大力发展总部经济、楼宇经济，全区有商务楼宇186幢，其中，税收超亿元楼宇9幢、超千万元楼宇45幢。全区总部企业达到48家。世界500强企业中有32家在五华设立区域性总部或分支机构。“金融特色楼宇”建设初具规模，辖区有银行类金融机构总部18家，金融服务机构在全市的比重保持在50%以上。招商银行昆明分行、武汉长江村镇银行、马来亚银行、恒生银行等高品质金融企业入驻发展。电子商务产业呈现聚集势头，五华区和金鼎科技园分别被认定为昆明市电子商务示范县和电子商务示范区；苏宁易购等4家企业被认定为昆明市电子商务示范企业。大力做好境外旅客购物离境退税工作，全区16家企业门店获批“云南省首批离境退税商店”。大力发展非公经济，2016年新发展私营、内资企业4 676户，新发展个体工商户3 298户，使辖区民营企业户数达到70 511户，有民营企业从业人员34.71万人，民营经济增加值达到418.18亿元，同比增长9.2%。民营经济占全区GDP的比重达42.4%。

【城市建设管理】 实施“五网”建设工程，完成核桃箐变电站电力通道建设；打通陈家营断头路，完成五华57号、65号、93号等7条市政道路建设；对西翥片区16条村级道路进行硬化；加快五华101号、112号等9条道路建设步伐，推进三市街、华山南路、西昌路等8条道路U型断面整治。全面启动轨道交通1号线西北延长线、4号线、5号线工程的征地拆迁工作。城市更新改造有序推进，浪口村、后所村、上中马村、岗头村一期改造全面竣工，赵家堆顺利交房，潘家湾小村完成货币安置，小屯村一期、黄土坡二期城市更新改造完成土地供应346亩。完成高山铺荣城地块、岗头村城中村改选A10地块、龙院上峰村A6地块等土地供应，全区供应土地949亩。完成500套城市棚户区改造安置房建设分配，1 956套工矿棚户区安置房建设已封顶断水，2 000套公租房建设已基本完成。做好五华区主城12万户居民的天然气置换工作，启动3个城市社区居家养老服务中心建设，新增养老床位320张。

全面实施城乡人居环境提升行动，进一步理顺条块结合、以块为主、重心下移的城市管理统合执法机制。在潘家湾大村等10个点开展环境卫生“微整治”试点，促进城中村环境卫生面貌发生实质性改观。推动“厕所革命”建设，新建城乡公厕56座，提升改造60座，203座厕所免费开放。加大城市垃圾处置投入，垃圾清运率及无害化处理率均达到100%。拆除违法违章建筑124宗、15.61万平方米，全区市容环境有效提升。

【生态文明建设】 加快西翥自来水厂、西翥引调水工程项目建设。实施农村改路、改房、改水、改电、改圈、改厕、改灶和清洁水源、田庄、家园工作。实施饮水安全工程，建成13个村庄污水收集处理设施，村庄污水处理率达到87.5%。

开展滇池流域水环境综合理治，建造1 500亩水源保护林地。完成新、老运粮河、西北沙河、海源河补水工程建设，七亩沟水质提升工程建成使用，辖区4条入湖河道、22条支流沟渠的水质逐年好转。

大力推进生态修复工程，开展“省市联动·绿化昆明·共建春城”义务植树活动。推进石岔寺、老青山等“五采区”植被修复，封山育林1.11万亩，人工造林1 285亩。种植乔木1.13万株，新增绿地514.8亩，恢复“五采区”植被130亩。辖区绿地率达42%，绿化覆盖率46%，森林覆盖率56.29%，人均公共绿化率达到12.5平方米。

编制实施《五华生态区建设规划（2014~2020年）》，创建省市级绿色学校56所，绿色社区30家，市级宁静小区27个。国家卫生城市、节水型城市通过考核验收。

【扶贫攻坚】 全面启动扶贫攻坚计划，实施精准扶贫。对西翥街道办事处所属11个社区、117个居民小组进行全面核查，筛选出生活较为困难的贫困户362户1 156人，进行建档立卡。统筹安排区内精准扶贫专项经费200万元，用于建档立卡贫困人口生产生活补贴。全年完成2个省级重点村、3个区级示范村的美丽家居乡村建设。

开展对口帮扶禄劝县乌东德镇脱贫摘帽。拨付对口帮扶专项资金7 802万元，开展道路硬化建设16条、60.4千米；建设“五小”水利工程20件。8个村委会、77个村民小组受益。捐赠、募集资金160余万元，继续对昭通市鲁甸县进行帮扶。动员辖区19所中小学，与东川区相关学校结对，从学校管理、教育教学、教师队伍建设、校园文化等方面实施“一对一”“一对多”对口帮扶。

【科技产业园】 科学编制园区发展规划。完成泛亚片区、园博园周边、昆武高速沿线、西北沙河、金鼎文化创意园等重点地域的控制性规划修编、环评、报批，确保规划科学性、针对性和操作性。

打造创新创业高地。园区新增孵化企业78家，有规模以上工业企业23家，限上商业企业76家，广告文化创意企业14家。其中，国家级高新技术企业5家、省级科技型中小企业5家、省级成长型中小企业6家。4家众创空间认定为省首批众创空间，金鼎众创空间、北理工孵化器被认定为国家级众创空间。

加大政策扶持力度。出台扶持园区产业发展政策规定，为七〇五科技发展总公司、克林轻工制造公司等28家企业兑现扶持资金195.35万元。对入驻园区的文创企业，从资金、土地、财税、人才等方面给予大力支持，扶持企业21家、项目40个。

加强基础设施建设。完成土地收储354亩，实现固定资产投资50.26亿元，完成基础设施投资9.26亿元。

加大投融资服务体系建设。开展“财园助企贷”融资试点，安排保证金500万元，筛选28家企业推荐给银行，为科技型企业解决融资难、资金短缺问题。设立云南省第一支产业引导基金1 000万元，支持广告、文化、创意、高新技术产业发展。做好“两个10万元”贷款扶持工作，42家小微企业受益。

加强国家广告产业园建设。2016年3月3日，园区被国家工商总局正式认定为“昆明国家广告产业园区”。入驻企业有微软创新中心、新浪乐居、网易、拉卡拉等430余家，物业使用面积15.2万平方米，实现广告年产值15亿元。

2016年，五华科技产业园完成主营业务收入1 000亿元，实现规模以上工业总产值337.33亿元，规模以上工业主营业务收入323.88亿元；实现规模以上工业增加值256.39亿元，规模以上工业利税总额234.61亿元。

【就业创业】 制订新形势下就业创业工作实施方案及配套措施，统筹推进城乡就业。收集提供有效就业岗位2.84万个，帮助下岗失业人员再就业8 092人，就业困难人员实现就业6 773人。开发公益性岗位590个。全年新增城镇就业人员2.48万人，城镇登记失业率为3.82%。

加强就业创业培训，举办职业技能培训班20期，含手绣制作、养老护理、家畜饲养、果树种植等10个专业。开展农村技能培训1 029人，进行中高端技能培训307人。实现农村劳动力转移就业1 358人，新增转移就业收入2 375.15万元。向北京朝阳区输出413人。

设立高校毕业生就业服务窗口84个，为1 673名高校毕业生提供免费就业服务。加大金融支持力度，完成“贷免扶补”115户，发放贷款779万元；完成创业担保贷款200户，发放担保贷款1 965.3万元；进行“两个10万元”微型企业培育55户；完成劳动密集型小企业贷款10户。

做好就业服务工作，举办各类招聘会22场，2.9万余人次参加应聘，1 351人达成就业意向。为禄劝、东川提供对口帮扶岗位4 100个。取消“就业失业登记证”办理户籍限制，办理“就业创业证”46 511人次，为27 653人办理招工录用手续。

【民生保障】 加强社保基础建设，采集录入154个单位的1.24万条个人信息。实施医疗付费方式改革，在9家医院开展试点。完成新老农保衔接，清理原农村养老保险参保2.33万人。制订《被征地农民基本养老保障试点方案》，进一步完善被征地人员社会保障制度。

扩大社会保险覆盖面，全区基本社会保险参保人数达到135.65万人。其中，养老保险23.47万人、工伤保险16.02万人、生育保险12.88万人、失业保险23.25万人、基本医疗保险54.18万人、城乡居民社会养老保险5.84万人。在建筑等高风险行业开展“同舟计划”，6 020户企业参加工伤保险，参保农民工3.6万余人。

社会保障待遇稳步提高，按时足额发放养老保险金12.28亿元，为辖区离退休人员调整基本养老金，人均月增207.32元。清缴社保基金欠费7 446.76万元。开展医保专项检查，查处7家违规定点医疗机构，确保医疗保险基金健康、良性运行。

【教育】 强化学校科技、体育、美育等工作，促进学生全面发展。着力解决学前教育“公办入园难、民办入园贵”问题，户籍适龄儿童入园率达96.5%。完成9所现代教育示范幼儿园评估认定，公办幼儿园和普惠性民办幼儿园的占比为69.8%。

启动学校品质提升计划，提升义务教育阶段学校的教学水平，促进义务教育均衡发展，顺利通过国家检查验收。实行外来人员随迁子女网络预登记制度，方便外来务工人员子女入学。辖区小学一年级招生8 593人，初中一年级招生7 671人，小学适龄儿童毛入学率100%，初中毛入学率113.21%。小学、初中巩固率保持在99%以上。

重新开放的朱德旧居

（五华区史志办　供稿）

提高普通高中办学质量，完成昆二十四中晋升省一级三等高级完中终评，开展昆十四中晋升省一级一等高级完中创建。发展现代职业教育，全力加强一职中建设，稳步推进迁建工作。

规范发展民办教育，审批小学1所、幼儿园8所、培训机构11所。重视特殊教育，切实保障三类残疾适龄儿童和青少年接受教育的权利。继续推进“医教结合”项目，成立“学前教育康复指导中心”，“五华区特殊教育资源中心”在新萌学校挂牌成立。

加快重点项目和校安工程建设，推进昆二中、五华区实验学校选址新建。深化平安校园创建，健全应急救援体系，全力维护中小学、幼儿园安全、和谐、稳定。

继续实施“51336教育人才培养计划”，提升校长、教师两支队伍整体素质。开展五华区第七届“教坛新秀”评选。扎实做好营养改善计划和学生资助工作，投入334.72万元，7 441名学生受惠。

【科技】 出台《深化科技体制改革推进创新驱动发展实施方案》和《科技计划项目管理办法》，推进科技体制改革。加强国家知识产权强县工程示范区和国家智慧城市试点区建设，引进微软创新、俊邦科技、云南智慧城市联盟等一批机构落户五华。启动智慧政务、智慧医疗、智慧教育、智慧节能等项目建设。加大科研经费投入，占GDP比重的2.4%。

实施《知识产权专项资金管理办法》，资助专利和计算机软件著作权200项。新增专利申请5 533件，授权专利2 866件，发明专利授权834件。

加强科技人才培养，推荐3人申报为第十四批学术技术带头人及候选人。推荐有突出贡献优秀专业技术人才，其中“省突”1人、“市突”4

人、“区突”2人。全区有省级创业导师4人、市级创业导师61人，创新创业孵化基地10个。

投资10亿元改善基础网络，4G网络覆盖率达90%以上，无线网络热点区域全覆盖，涉农社区光纤覆盖100%，电信业务总量比去年增长48.7%。完成电信高清视频会议系统建设，为130余次视频会议提供保障。“两会”期间在网上发布图片新闻106条，进行会议播报26条，发送稿件158篇，图片信息110余张。

【文化】 区属10个街道办事处，有8个建立共享工程基层站点，83个社区建立社区文化服务点，电子阅览室共接待读者10 434人次。确定翠湖西路、黄土坡等5个试点社区，开展“零距离”服务。全区各级文化站共举办展览273次，参观15 412人次；举办文艺活动263次，参加40 844人次；举办培训班117期，参训3 978人次。

组织开展海鸥文化节开闭幕式、百姓欢歌大舞台、春城文化节、“科技、卫生、文化”三下乡等演出。春节期间，组织花灯团、龙狮队、红土情艺术团等16支分别在西山、呈贡、安宁、寻甸、民族村等地演出240场，观众达30万人。组织开展惠民演出297场，放映电影30场。区图书馆全天免费开放，接待读者13.15万人次，提供图书资料3.9万册，外借图书3.44万册。

打造文艺精品，创作歌曲《我的五华》、情景剧《小巷总理》、苗族舞蹈《柜子上的新娘》、诗文《时光见证·岁月流金》等剧目，多次获奖。《五华讲坛》全年举办50讲，听众3 554人次。

加强历史文化名城保护，对昆明老街、南强街片区、沙朗大村开展重点普查，梳理、普查出133项保护性建筑，新增47项。加强文物保护，将潘光旦旧居、司家大院等5处建筑申报为区第五批文物保护单位。提升聂耳故居档次，修缮提升朱德旧居，并在纪念朱德诞辰130周年时重新开放。与陆军讲武堂合作，举办《中国远征军》展览。完成李广田殉难处和顾品珍故居纪念碑竖立。做好陈圆圆博物馆、大观摄影博物馆、翡翠博物馆等私有博物馆的申报指导工作。

加大非物质文化遗产保护力度，开办“非遗”、民族民间扬琴等知识培训班；对“圆通樱潮”、福林堂传统医药炮制进行省级项目申报；将“五华区沙朗白族民间歌舞之乡”“红石岩歌会”申报为市级“非遗”项目。辖区现有“非遗”项目63项，传承人33名。

整顿和规范文化市场秩序。出动2 200余人次，检查网吧380余家次，检查歌舞厅、娱乐场所190余家次，对2家违规者进行处罚。

【体育】 加强青少年体育训练。在持续抓好田径、网球、游泳、足球、武术等11个项目的基础上，新增自行车、摔跤等4个项目，为2019年全市石林运动会和2020年开远全省青少年运动会做准备。

重视竞技体育。在省第一届青少年运动会上，五华代表团获12金、12银、7铜好成绩，并获“体育道德风尚奖”。在屏边全省青少年乒乓球锦标赛中，获18金9银15铜。在芒市全省田径运动会中，获3金4银2铜。在全省青少年篮球锦标赛中，获冠军称号。在全市中小学生游泳总决赛中，取得9金11银12铜的好成绩。

发展群众体育。组织开展昆明海鸥文化节迎新千人环翠湖健身跑、全区健身路径赛、女职工“三八”节登山赛、昆明印度瑜伽大会进社区等系列活动。组织800人参加昆明半程马拉松健身跑，开展“五华跑团·悦跑五华”等活动。

开展老年体育。举办区第五十五、五十六届松鹤杯门球赛，开展农村老年人迎国庆重阳棋牌比赛。组队参加省市老年人乒乓球赛、网球邀请赛、气排球赛、羽毛球赛，均取得较好成绩。组队参加全国门球云南赛区决赛，全国老年人气排球交流等活动，展现五华老年人风范。

【旅游】 推进五华区世界知名旅游城市先行区建设。继续推进翠湖—讲武堂、昆明老街、长虫山—虚宁寺、陡坡—西游洞、圆通山、同景108等景点申报A级景区，翠湖—讲武堂3A级景区创建完成申报，长虫山旅游开发建设加紧进行。

加快乡村旅游设施建设，向省市申请补助经费80万元，加强乡村旅

第十六届春城桃花节

（五华区史志办 供稿）

游示范点建设，建立陡坡游客中心。依托南博会宣传平台，拓展国内外客源市场，提升昆明五华知名度。

加强旅游监管，保障旅游者合法权益，确保辖区旅游市场秩序良好。对辖区星级宾馆、旅行社、度假山庄、农家乐企业负责人进行专业培训，签订安全责任书。春节、“十一”等节假日及“两会”前夕，对星级宾馆、旅行社、西游洞公园进行安全生产大检查，规范服务程序，提升服务质量，消除安全隐患。

2016年，辖区共有星级宾馆饭店18家，旅行社（分社）68家，服务网点85家，质量兴区示范单位2家。全区旅游接待1 682万人次，同比增长11%；旅游业总收入170.1亿，增速27%。

【卫生、计生】 制定实施公立医院薪酬制度改革方案，规范区属公立医院薪酬制度。建立公立医院总会计师制度，协助院长做好预算管理、会计核算和财务工作。开展分级诊疗和双向转诊工作，推进三级医院—二级医院—基层医疗机构双向转诊。

全区46个基层医疗卫生服务机构执行国家基本药物制度，实行零差率销售。区医院的基本药物使用率达50%，社区卫生服务中心（卫生院）达90%，社区卫生服务站（村卫生室）为100%。

组织开展14类国家基本公共卫生服务，累计建立居民电子健康档案76.88万份，建档率达89%。开展慢性病（高血压、糖尿病）管理7.74万人，重症精神病管理2 416例。开展全科医生签约服务，辖区84个社区、19个村卫生站（室）签约覆盖率达100%。

加强重大传染病防治，为辖区3.98万名常住儿童、3.54万名流动儿童提供免疫服务。加强儿童脊灰免疫和疫苗查漏补种，累计接种脊灰疫苗1.84万人，接种含麻疹成分的疫苗3 185人。全区无人间鼠疫、霍乱发生。

做好妇幼保健工作，控制产妇和婴儿两个死亡率，预防出生缺陷。全区孕妇住院分娩率99.98%，剖宫产率34.58%，婚检率86.60%。孕产妇建卡率99.64%，户籍孕产妇死亡率为零，婴儿死亡率3.08‰。

扩大中医药覆盖面，社区卫生服务中心、卫生院、村卫生室中医药服务率达100%，社区卫生服务站达97%。投入“防艾”专项经费130万元，全面开展禁毒防艾宣传，举办知识讲座12期，受教育650人次。

贯彻落实人口与计划生育法规，办理二孩登记1 923人，新审批计划生育家庭特别扶助95人，审批新增农村计划生育奖励扶助183人，为独生子女中、高考加分245人，批准289人享受奖学金。

开展爱国卫生运动，组织周五爱国卫生义务劳动22次，3.46万人次参加。发动沿街商户12 520户次，清扫街路565条次，清扫河道沿岸4.37万米，清掏沟渠5.12万米，清除卫生死角538个，清扫居民小区392个次，清扫理治城中村56个，清理农村“五堆”54个。

严格行政执法，组织专项卫生检查6次，打击非法行医2次，取缔非法行医点4个。新办理、变更、校验医疗执业许可证369户，复核、换发卫生许可证524户。对辖区医疗机构、公共场所及生活饮用水等单位开展卫生监督3 492户次，覆盖率100%。进行行政处罚8例，罚款1.85万元。

【法治政府建设】 严格依法行政，做到区政府和街道办事处法律顾问制度全覆盖。推进政府行政审批制度改革，优化办事流程91项，减少审批环节16项，压缩办理时限39项。开展行政责权清理，29个部门公开权责清单。19个区级部门的57项行政许可和27项管理事务实现网上办理，与市行政审批网上大厅同步。实施“一照一码”登记模式，“三证合一、一照三号”登记制度全面推进。148项工商登记前置审批改为后置备案，企业登记注册的材料减少85%。认真贯彻中央“八项规定”，突出整治“四风”，会议、文件、评比表彰大幅减少，“三公”经费下降11.6%。强化政务公开，发布财政预算、重大建设项目、公益事业等政务信息10 062条。在省政务信息网上公示重要事项1 120项，进行重点通报2 705项，实施听证167次。

【平安五华创建】 完成“六五”普法，全区法治环境质量有效提升。司法体制改革持续推进，公平正义不断显现。完善“四级联动”机制，“平安五华”建设深入推进，网格化服务平台不断完善，应急处突机制逐步健全，群防群治网络和社会治安防控体系持续强化。落实信访案件包保责任和矛盾纠纷调处制度，健全完善多元化矛盾纠纷解决机制，信访维稳工作成效明显。开展社区矫正工作，社会治安形势持续向好。顺利完成社区选举，基层政权建设进一步加强。深入开展安全生产专项整治和“打非治违”专项行动，生产、交通、消防、食品药品、森林防火形势总体向好，社会大局和谐稳定。

（杨连国）

盘龙区

【年内大事】 2月3日 辖区云南省计算机软件技术开发研究中心建设的“云科圈子汇众创空间”和云南省农业科学院花卉研究所建设的“云科爱园艺众创空间”被认定为国家级众创空间。

2月5日 市委书记程连元率队到盘龙辖区东华新迎农贸市场进行实地检查，重点察看节日期间市场和生活必需品供应、食品安全、民生保障及安全生产等情况。

3月9日　盘龙区首家启动商业服务“智慧社区”建设。

4月13日　中国铝业公司旗下铜板块的重要平台——中国铜业有限公司在盘龙辖区人民东路111号云南铜业所在地落户并揭牌。该公司成立于2008年，已成为资产总额和营业收入近千亿元的特大型铜业集团，是云南首家“中字头”央企总部。

4月20日　区委书记夏俊松，区委副书记、区长梁崑，区委常委、区委办主任吴凡，区政府副区长钱宏俊一行走访盘龙区农村信用合作联社、中国邮政储蓄银行及中国建设银行云南省分行，与3家银行相关负责人进行座谈，并分别签署银政合作协议。

4月27日　中央电视台13套新闻频道推出“劳动者之歌”系列报道，首期节目着重报道盘龙辖区云南冶金昆明重工有限公司车工耿家盛“工匠”精神。

5月11日　区委书记夏俊松，区委副书记、区长梁崑，区政府副区长钱宏俊一行走访中国银行昆明市盘龙支行、中国工商银行云南省分行营业部及富滇银行总行，与3家银行签署银政合作协议。

5月12日　2016昆明泰国文化节开幕式在同德广场举行。此次活动由泰王国驻昆明总领事馆主办，盘龙区政府、昆明市外事侨务办公室为支持单位。

5月17日　奥地利、比利时、克罗地亚、芬兰、希腊、西班牙、瑞典7国联合签证申请中心落户昆明市盘龙区欣都龙城，并正式对外开放。

5月20日　日本高山市市长国岛芳明及政府代表团一行到盘龙区考察教育、旅游发展情况。

6月16日　捷克驻昆明签证申请中心落户盘龙区欣都龙城15楼，并正式对外开放。

7月3日　省委常委、省委组织部部长李小三到金星社区调研“两学一做”教育活动开展情况。

7月5 日　全球最大的灵活办公空间提供商“雷格斯”入驻盘龙，并在昆明广场中心举行新闻发布会。

7月22日　市委书记程连元调研盘龙区重点文化产业项目“871文化创意工场”。

7月25日　区委副书记、区长梁崑代表盘龙区政府和上海华信证券有限责任公司签署战略合作框架协议。

8月27日　阿子营果东村农村电子商务服务站正式开业，这是盘龙区首家农村电商服务站。

8月31日　茨坝中学和昆三十四中资源整合项目开工建设,项目位于茨坝街道办事处龙泉路与白杨路交叉口，占地129.5亩，新建筑面积为50 888平方米，项目总投资约3.5亿元。项目完成后将使学校办学规模达到72个教学班，容纳学生3 600人，可改善茨坝片区以及水源保护区义务教育资源现状。

9月5日　“盘龙区文化创意产业专题培训班”在北京大学开班。来自全区各单位、部门从事文化产业工作的40余名干部参加培训。

9月8日　拓东二小被确立为首批昆明市非遗传承基地。

11月1日　盘龙区举办第三十六届盘龙江文化艺术节暨建区60周年文艺汇演，庆祝盘龙区60岁生日。

11月8日　盘龙区纪委官方微信公众号“盘龙清风”正式开通运行。

11月15日　盘龙区鼓楼街道桃源社区建成省内第一个微型党史博物馆。微型党史馆占地面积70多平方米，展出约120幅图片、3 500字的党史知识，配备专门的讲解员，内容分为“伟大号角”“革命火种”“先烈谱”等10个板块。

12月6日　市级文物保护单位——文明街11号欧氏宅院文物维修工作正式启动。欧氏宅院位于昆明市文明街11号，为民国将领欧阳永昌私宅，始建于1928年，是昆明市不可多得的民国时期中西合璧典型建筑，具有极高的文物价值，2011年被昆明市人民政府公布为第五批市级文物保护单位。

12月30日　以“让昆明更精彩”为主题的世博园“昆明故事”项目暨“世博乐泉都”项目开工仪式在世博园举行。“昆明故事”项目和“世博乐泉都”项目被省委、省政府列为“四个一百”重点工程建设项目。

同日　盘龙区推进义务教育均衡发展工作达到国家规定的评估认定标准，并通过国家验收。

【行政区划、人口】　盘龙区位于昆明市主城区东北部，东、南面与官渡区相连，北接嵩明和富民两县，西临五华区。2009年7月以前辖区面积345.83平方千米，建成区面积45.79平方千米，山区面积约292平方千米。2009年8月，盘龙区对嵩明县阿子营镇和滇源镇行使管理权。管理面积从345.8平方千米扩大到886.9平方千米。2016年，全区共辖拓东、鼓楼、东华、联盟、金辰、青云、龙泉、茨坝、松华、双龙、滇源和阿子营12个街道办事处，共68个社区、32个村委会。

截至2016年12月31日，盘龙区总人口547 690人，其中，男性274 524人、女性273 166人，18岁以下91 451人，18~34岁110 562人，35~59岁225 177人，60岁以上120 500人。2016年，盘龙区人口出生率5.43‰，死亡率2.7‰，人口自然增长率2.73‰。全区城镇化率达99.86%。阿子营镇和滇源镇由盘龙区托管后，全区人口密度有所下降，为每平方千米920人。

【经济发展】　2016年，盘龙区积极应对经济下行压力加大等严峻挑战，认真落实中央和省、市关于稳增长工作部署，及时出台加快楼宇（总部）经济、文化创意产业、旅游产业发展等系列政策措施，启动“商贸服务业再创业三年行动计划”，金融服务、汽车服务等支撑性产业规划编制取得阶段性成果，雷格斯、百胜餐饮集团、11国签证中心等一批知名企业和机构落户盘龙区，服务业占GDP比重达70%。2016年，盘龙区地区生产总值完成572.52亿元，同比增长9%，完成市下达全年增长9%的目标任务，增速在全市一板块位列第二位，在全市各县（市、区）中位列第三位；规模以上工业增加值同比增长10.2%，超全年增长9%的目标任务1.2个百分点，增速在全市一板块位列第一位，在全市各县（市、区）中位列第七位；规模以上固定资产投资完成445.07亿元，同比增长8.5%，完成市下达全年445亿元的目标任务，总量在全市一板块位列第二位，在全市各县（市、区）中也位列第二位，增速在全市一板块位列第三位，在全市各县（市、区）中位列十七位；社会消费品零售总额实现443.77亿元，同比增长11.8%，增速在全市一板块位列第二位，在全市各县（市、区）中位列第十五位。城镇常住居民人均可支配收入完成37 528元，同比增长8.1%，增速在全市一板块位列第二位，在全市各县（市、区）中位列第八位；农村常住居民人均可支配收入完成16 386元，同比增长9.6%，完成市下达全年增长9.5%的目标任务，增速在全市一板块位列第一位，在全市各县（市、区）中位列第九位。

【重点项目】 2016年度全区计划实施重点建设项目共153项，计划投资141.94亿元。截至12月，有117项开工及在建，开工率为76.47%，1~12月累计完成投资165.5亿元，完成投资计划的116.6%。其中，2016年，盘龙区计划实施政府投资重点建设项目74项（其中，续建项目22项、新建项目52项），计划投资11.05亿元。截至12月，有62项开工及在建，开工率为83.78%，全年累计完成投资7.9亿元，完成投资计划的71.49%；社会投资重点基础设施项目42项（其中，续建22项、新建20项），计划投资57.18亿元。截至12月，有24项开工及在建，开工率为57.14%，全年累计完成投资76.13亿元，占投资计划的133.12%；产业类建设项目37项，计划完成投资73.71亿元。截至12月，有31项开工在建，开工率为83.78%，全年累计完成投资81.47亿元，完成年度计划投资的110.53%。

【招商引资】 2016年，全区考核认定市外资金项目32个，完成内资工作实绩75.22亿元,完成市政府下达任务68亿元的110.62%，超进度10.62%，完成进度位列一板块第一名，综合评分位列一板块第二名。完成省外到位资金86.86亿元，完成市下达目标任务86亿元的101%，超进度1%，位列一板块第一名；实际利用外资到位资金项目2个，完成工作实绩6 480.71万美元，完成市下达任务4 300万美元的150.71%，超进度50.71%，位列一板块第一名。在考核认定的32个项目中，总认定工作实绩75.22亿元，其中3 000万元以上项目29个占总项目考核总数90.63%，考核认定总额74.58亿元，占总考核认定总额99.15%；3 000万元以下项目3个占总项目考核总数9.37%，考核认定总额0.65亿元，占总考核认定总额0.85%。在32个内资项目中，二产项目有24个，实际利用市外资金67.88亿元，占总数的90.24%；三产项目有8个，实际利用市外资金7.34亿元，占总数的9.76%。

【城乡建设】 2016年，盘龙区投入9 285万元用于市政道路建设与维护、110千伏电力通道等城市基础设施建设；投入7 900万元用于环卫清扫保洁；投入4 500万元用于重点建设工程前期工作；投入2 000万元用于白邑寺文化公园建设；投入1 928万元用于盘龙江景观示范带绿化工程建设；投入1 650万元用于城市景观提升及市容环境综合整治；投入1 200万元用于盘龙区第三轮园林绿化博览园——银杏公园绿化项目建设。

年内，盘龙区着眼拓展发展空间，加快东风广场中央商务区、北部山水新区、世博新区等功能性板块开发，完善基础配套，推进项目建设，夯实发展承载。着眼提升城市品质，加快城市管理综合改革，建成盘龙区社会治理与公共服务一体化平台，率先完成环卫PPP模式改革试点工作并投入运营。

“多规合一”取得进展，全区控制性详细规划梳理成果通过市政府审批，《松华坝水源区保护专项规划暨村庄布局布点规划》通过市规委会审议。以“五网”为重点的基础设施建设深入推进，14条城市道路和2座盘龙江跨江桥建成通车，机场高速、绕城高速与寺瓦路实现快速连接；3条农村公路完成改造，15条“村村通”道路实现硬化。建成一批防汛排涝、水库除险加固、农田水利和“五小水利”工程，城乡水利基础设施进一步完善。完成2个省级美丽宜居乡村、9个新农村示范村建设，果东、三转弯2个省级建档立卡贫困村脱贫出列、1 857名建档立卡贫困人口全面脱贫。城中村改造拆除地上建（构）筑物9.4万平方米，小坝东西村、中坝片区2个项目回迁安置房交付使用，全年收储土地1 021.4亩。做好中央环境保护督察整改工作，松华坝和入滇河道水环境综合治理取得实效，鼠街等5个片区村庄生活污水处理站、金汁河除险加固等工程建设完成。建成盘龙江3千米景观示范带等3个公园，冻害植物灾后恢复、“五采区”植被修复全面完成，省级生态文明区创建通过考核验收。“四治三改一拆一增”和“七改三清”环境整治行动深入开展，城中村“微改造”试点及“三线入地”工作取得积极进展，城市综合执法和数字城管工作进一步加强，全区城市管理综合考核位列主城区第一，“清洁指数”位列全市第一。

【农林】 2016年，全区农林水事务支出43 635万元，其中，农业3 709万元、林业10 774万元、水利11 027万元、扶贫5 515万元、农村综合改革12 162万元。

盘龙区一直以滇池流域水环境治理、减少农业面源污染，保护松华坝水源区为前提，紧扣都市型现代农业发展目标，贯彻落实市委、市政府关于滇池流域水环境治理和松华坝水源保护区的要求，统筹兼顾生态保护和经济发展，以市场为导向，以农民增收为目标，充分利用区位、生态和科技、人才优势，在水源保护区大力发展经济林果、绿化苗木、中药材等绿色生态产业，着力推动农、林业发展。2016年，全区实现农业总产值66 286万元，同比增长1.3%；实现农业增加值41 105万元，增长1.2%；实现农村常住居民人均可支配收入16 386元，增速为9.6%。

【教育、科技】 2016年，教育支出84 656万元，与2015年同比增加3 285万元。按照《云南省县级人民政府教育工作督导评估标准》的要求，教育经费投入实现“三个增长”，以全省最高分通过国家义教均衡综合评估复核。年内，盘龙区（含托管两镇）有各级各类学校205所，其中，普通中学30所、中职教育学校13所、普通小学63所、幼儿园97所、特殊教育学校1所、工读学校1所。各级学校的各级专任教师达6 691人。全区所有在校、在园学生共114 495人。其中，普通中学在校学生24 741人、中职教育学校在校学生20 197人、普通小学在校学生49 193人、在园幼儿20 196人、特殊教育学校在校学生110人、工读58人。

全年科学技术支出9 650万元，与2015年同比增加2 045万元。支持科技创新项目、专利资助扶持、科技计划管理、科技三下乡等工作，有力推进盘龙区科技工作再上新台阶。盘龙区培育建设科技众创空间13个，累计获国家、省、市级认定18家次，其中，获国家级2个、省级4个，31名创新创业导师被选聘为市级创新创业梦想导师，累计培育服务创新创业团队120余个。10月14日，盘龙区政府在盘龙区电子商务创业园举办2016年“大众创业万众创新”主题活动。5月27日开展2014~2015年度科学技术奖评审，最终推荐获奖项目共17项，其中，一等奖候选项目2项、二等奖候选项目5项、三等奖候选项目10项。立项扶持盘龙区第一批科技计划项目，共安排科技创新资金451万元，立项扶持6个科技项目和补助10个科技众创空间。建成一支总人数突破100名的优秀专业人才队伍。

【文化、体育、旅游】 2016年，全区文化体育与传媒支出4 928万元。保障基层公共文化服务资金，足额安排基层公共文化服务运行资金，为各街道文化站、社区（村）文化室公共电子阅览室的建设运转以及群众文艺活动的开展提供保障。投入专项资金用于第一次全区可移动文物普查、文物抢救保护、第六批区级文物“四有”分批次工作、文物保护单位“四防”安全管理及保护巡查等。

年内，做好第三十六届盘龙江文化艺术节暨建区60周年系列活动。《霸王别姬》获2016年在昆明举办的“第三届西南地区四城市‘风·雅·颂’国学经典诵读活动”赛区第一名。创作完成《霸王别姬》《红楼梦》《松华坝水源地影像系列画册》《新家里》《贴心人》《大河涨水小河满》等一批作品。建成街道综合文化站12个，总面积3 600多平方米，拥有图书5.5万余册。完成100个社区文化室中的84个资金配套建设（标准是每家3万元），84%的社区拥有达标文化活动阵地。区级财政按照人均9元（市级补助人均1元共80.98万元）安排公共文化服务项目年度经费728.89万元（总计809.87万元）全部到位。

2016年，盘龙区有各类体育场地713个，其中，篮球场137个、排球场12个、田径场28个、体操房8个、羽毛球场36个、乒乓球场73个、游泳池13个、足球场25个、健身小广场83个、晨晚练点142个、健身路径81条、农民健身工程点75个。年内，全区有全民健身站点数99个，社会体育指导员665名。每年接受体质测试人数300人。定期举办区级以上全民健身运动会5次。

2016年，参加在德宏州芒市举行的云南省第一届青少年运动会，共夺得金牌25枚、银牌10枚、铜牌13枚，获得本届青运会金牌总数第二名的优异成绩。同时，代表团还获体育道德风尚奖。

2016年，云南野生动物园成功申报国家4A级景区，世博园申报国家5A级景区已通过国家旅游局评审，推进野鸭湖旅游小镇建设。按照国家级健身步道标准，将野鸭湖健身步道打造成西南片区第一条具备国家登山健身步道标准的户外休闲健身步道。打造联盟路“百年滇越法式风情”街，以“百年滇越法式风情”为联盟路街区主题，集纳米轨火车、风情牌坊、铁路博物馆等特色元素，在对街区建筑外立面进行统一整治、街区主题文化旅游风貌进行包装后，形成文化特点突出，旅游功能较为完备的文化旅游特色街区。

2016年7月，世博园获得国家5A级景区称号，黑龙潭申报3A级景区工作已进入复审阶段。

【社会保障】 2016年，社会保障支出65 067万元，与上年同比增加15 523万元。其中，投入4 993万元，完善城乡居民（被征地人员）养老保险制度，惠及10.8万人；做好城（乡）居民最低生活保障工作，筹集财政资金10 924万元，将全区19 816人纳入城乡最低生活保障范围。争取上级资金，共投入就业专项资金2 355万元做好创业创新工作，主要用于职业培训、社会保险补贴、公益性岗位补贴、小额担保贷款贴息、高校毕业生就业见习补贴等。

2016年，医疗卫生与计划生育支出25 396万元，与上年同比减少527万元。其中，投入3 467万元用于基本公共卫生服务；投入1 566.9万元加大对城乡居民基本医疗保险财政补助力度，惠及参保人数27.4万人。

全年全区共提供有效就业岗位37 645个，完成目标任务25 000个的151%；新增城镇就业30 200人，完成目标任务24 000人的126%。其中，安置城镇下岗失业人员实现再就业7 944人，完成目标任务6 600人的120%；帮助7 415名就业困难人员实现就业，完成目标任务6 400人的116%。开发公益性岗位646个，完成目标任务570个的113%。城镇登记失业率控制在3.05%以内。

（曾艳萍）

官渡区

【年内大事】 1月11日　云南省首个“云南环保·绿色书屋”在昆明市官渡区关上实验学校落成。在授牌仪式上，云南省环境保护宣教中心为“云南环保·绿色书屋”提供桌椅、书架、图书等学习用具，共计投入5 000多册价值7 000多元的环保类书籍以及学习用品。

1月14日　官渡区博物馆会同云南省第一次全国可移动文物普查办鉴定专家鉴定认为，人民音乐家聂耳1927~1928年在原省立第一师范学校学习期间使用过的钢琴收藏在昆明学院，这是一架民国时期德国制造的钢琴。

1月15日　官渡区国税局作为全国首批“电子税务局”试点单位正式启动“电子税务局”试点工作。

3月7日　官渡区与万科集团万科企业股份有限公司签订《昆明市官渡区城中村土地一级开发整理项目合作协议》，万科集团土地一级开发资金70亿元投入区城中村土地一级开发项目。

4月11日　2016年度官渡区道德讲堂开讲。受邀参会的太和街道王娅、区教育局周金红等5个“最美家庭”讲述了自己的家庭故事。

5月13日　昆明市官渡区文化馆被文化部评估定级为国家一级文化馆。

5月中旬　昆明滇池国际会展中心入选《2016全国优选旅游项目名录》。

5月26日　官渡区吴井街道董家湾北段社区“臻彩儿童之家”正式挂牌成立，全区已建成17个“儿童之家”。

6月13日下午　“第四届中国—南亚博览会暨第二十四届中国昆明进出口商品交易会官渡区项目签约仪式”在昆明国际会展中心举行。共有15个项目参加签约，签约总额达849亿元人民币。其中，内资项目14个，协议投资金额达839亿元人民币；外资项目1个，协议投资金额达15 000万美元。

6月23日　官渡区作为昆明市带金融功能社会保障卡试点县（区）正式启动“金融社保卡”全面发卡工作。

6月30日　举行不动产权证书首发仪式。发出4本“不动产权证书”，标志着不动产统一登记制度在官渡区正式实施。

7月1日　在中共中央庆祝中国共产党成立95周年大会上，官渡街道季官社区党总支被授予“全国先进基层党组织”称号，成为昆明市唯一获此殊荣的集体。

7月15日　官渡区与昆明空港经济区召开融合发展动员大会。会议明确双方今后融合发展的组织架构，成立经济工作、社会事业、农业农村工作、社会维稳、党的建设5个专项协调小组。

8月20日　云南省首届青少年运动会降下帷幕。经过7天奋战，官渡代表团最终以22枚金牌、18枚银牌、24枚铜牌的优异成绩位列奖牌总数第二。此次青少年运动会，官渡区174名运动员参加了11个大项、180个小项上的激烈角逐，并在体操、自行车、游泳、田径等实力项目上斩获22枚金牌。

9月5日　昆明市经济社会发展回顾与展望主题展——官渡展区在昆明市博物馆开展。官渡展区分为5个板块，分别是“开放之都”“会展新城”“宜居福地”“绿色家园”“党建引领”，全面展示官渡的发展成果和美好前景。

9月6日　官渡区荣获2015年度“全省教育工作先进县”称号。

9月11日　市委书记程连元率领新一届班子成员到昆明市博物馆参观昆明市经济社会发展回顾与展望主题展。

9月19日　启动巫家坝核心区改造工程，以150亿元推进土桥片区一级开发。

9月19~20日　香港工业总会环境工业协会代表团到官渡区开展经贸交流活动。

9月20日　新西兰林菲尔德学校校长鲍威德莅临昆九中交流访问，两校签约结为友好学校。

9月28日　官渡区非遗传承人金永才荣获云南省“十大最具影响力手工艺老年传承人”称号。

9月30日　全面启动公务用车制度改革。对区属110个单位的860辆公务用车进行集中封存停驶，全区公务用车从860辆减少至498辆，其中执法执勤用车366辆。

9月　官渡区被列入省级生态文明县（市、区）。

10月16日　在云南省基层卫生岗位练兵和技能竞赛省级总决赛中，官渡区小板桥社区卫生服务中心李永莉获得全科医疗城市组一等奖，并被授予“2016年云南省基层卫生技术状元”称号。

10月19日　官渡区产业经济发展论

坛暨招商引资推介会在官渡大酒店举行。会上，有6个项目签约，总签约额达28.5亿元，其中内资项目5个，协议投资金额达18.5亿元，外资项目1个，协议投资金额1.6亿美元。

10月22日　中宣部到昆督查与调研“基层工作加强年”工作。督查调研组先后到官渡古镇、季官社区综合文化服务中心了解昆明市“基层工作加强年”开展情况。

10月27日　在第十一届中国社区卫生服务发展论坛“2016年全国百强社区卫生服务中心”发布会上，官渡社区卫生服务中心、小板桥社区卫生服务中心被授予“2016年全国百强社区卫生服务中心”荣誉称号，是云南省仅有的两所入围社区卫生服务中心。

10月30日　首次面向全国招考专业社会工作者。笔试在云秀书院开考，来自全国各地的194名考生参加考试。考试后将择优选拔出89人，为全区每一个社区配备一名专业的社会工作者，其余人员进入正在筹建的官渡区社会组织孵化基地工作。

同日　“2016年滇池保护治理宣传月系列活动之滇池骑士到我家活动”在官渡区启动，成立昆明首支滇池保护志愿者骑行队，60余名骑行志愿者开展环滇骑行活动。

10月末　官渡区完成楼宇总部经济“三查一核对”工作。全区有5 000平方米以上商务楼宇共45幢，楼宇面积约519万平方米；经市商务局认定的总部企业19户，其中本地企业15户，招商引资总部企业4户。

11月5~8日　第十四届中国国际农产品交易会暨第十二届昆明国际农业博览会在昆明国际会展中心举办，这是农交会首次落户云南。官渡区共组织7家企业进行集中展示，涉及蔬菜、鲜花、茶文化、农副产品等100多种产品。

11月9~14日　中共官渡区委书记和丽川带队赴上海、杭州等地招商引资。在上海、杭州各举办一次招商引资推介会。会上，与英国VTP公司签订VTP立体主题公园项目招商引资投资服务协议，与绿地香港云南区域公司签订全面战略合作协议。

11月11日　党的十八届六中全会精神中央宣讲团成员、全国人大常委会副秘书长沈春耀一行到官渡街道季官社区考察调研。

11月18日　德国巴伐利亚州法官代表团到官渡区法院参观访问，中德双方就庭审程序、调解制度等开展交流。

12月5日　“全国职业院校电子商务工学结合高峰论坛”在官渡区职业高级中学隆重召开。全国50余所职业院校主要领导和教师代表共计200余人参加此次论坛。

12月8日　区法院课题组做的调研课题《解构与重塑——探索突破民事送达制度的“蜀道难”》荣获2015年云南省法院重点调研课题一等奖。

12月9日　全省首次“两岸一家亲·共圆中国梦”涉台教育进校园宣传、交流、推广活动在昆明市外国语学校举办。

12月24日　官渡区举行2017年一季度“开门红”百亿元投资项目集中开工仪式。本次开工项目均为公共基础设施项目，包括1项水环境治理工程——大清河改道工程，15项道路新建项目，4个社会公共事务服务项目。项目估算总投资近100亿元。

12月28日　官渡区选举产生第十六届人大代表271 人，全区共有181个选区、选民490 497人。通过差额选举，产生官渡区第十六届人大代表 271 人。

12月30日　在云南省义务教育均衡发展国家督导检查反馈会上，官渡区顺利通过评估认定。官渡区被省人民政府授予“教育工作先进县”荣誉称号；被国家教育部评为全国教育系统关心下一代工作先进集体。

12月末　官渡区社区居家养老服务中心建设量名列全省第一，共建成35个社区居家养老服务中心，总建筑面积达42 005平方米，数量居全省之首。

【区划、人口】　官渡区位于昆明主城东南、滇池北岸，东接滇中产业新区，南接呈贡区，西南濒临滇池，西北与盘龙区相接，西与西山区相连。2016年末，全区面积有637.63平方千米（其中，滇池水域面积35.18平方千米）。全区辖10个街道办事处（含经开区和空港区），119个社区居民委员会。截至2016年12月，官渡区（不包括经开区）常住人口524 200人、暂住人口743 337人；常住人口中，汉族471 632人、少数民族52 568人；新生儿落户5 884人。

【惠民实事】　根据市委办公厅、市政府办公厅《关于印发〈昆明市2016年10件惠民实事任务分解〉的通知》要求，官渡区结合实际进行任务分解，有效落实10件惠民实事。

实施棚户区改造和回迁安置房建设。全区共建成回迁安置房46.22万平方米，交付5 359套、安置回迁户3 020户，完成回迁安置房建设、分配及交付任务。共分配5 451套城市棚户区保障性住房（其中，关坡片区项目分配并交付使用2 578套、方旺片区分配并交付使用1 934套、佴家湾项目分配939套）。

实施道路综合整治和交通体系建设。全区共实施道路建设项目37个（其中续建13个、新建24个）以及断头路、综合整治及节点改造项目19个（其中，续建8个、新建11个），推进56条道路项目的前期工作，全年建成先锋路、子泰路等7条道路，完成星耀路与广福路节点等5个节点改造和断头路项目、广居路等7条道路综合整治，新启动项目中30个项目实现开工建设。新增云南德兰牛街庄临时立体车库、大都摩天购物中心停车场和海公馆花园、盛惠园小区、鑫都韵城、春溪大厦、云南省博物馆地下停车场等7个停车场（库），新增停车泊位13 503个。

关爱残疾人行动。2016年，对165名处于就业年龄阶段，但不在就业岗位的智力、精神和重度肢体残疾人开展托养服务工作，按照每人每月200元的标准发放托养补助金，共计拨付39.6万元；对官渡区残疾人托养服务机构书林托养所和宜良安康医院现有21名托养人员（动态管理）按每人每月托养补助200元拨付托养服务费，共计拨付约5万元；发放困难残疾人生活补贴和重度残疾人护理补贴263.17万元。

实施城市公厕和旅游厕所建设。新建公厕90座，提升改造公厕67座，免费开放社会公厕247座；在凤凰山天文台科普片区接待中心、滇池国际会展旅游中心、官渡古镇二期G区、环湖东路海东湿地、螺蛳湾国际商贸城共建设和改造国家A级旅游厕所5座。

加大就业再就业工作力度。全区提供有效就业岗位23 675个，新增城镇就业26 040人，城镇下岗失业人员再就业5 699人，就业困难人员实现就业4 855人，全区城乡劳动者职业技能培训1 778人，新建市级新型创业创新孵化服务平台1个（昆明滇创铭泰科技孵化园）；实名登记的离校未就业高校毕业生559人，实现就业558人，就业率为99.8%。

提升社会保障水平。全区城乡基本医疗保险新增参保人数已超过1.5万人，大病医疗保险与基本医疗保险实行捆绑，全区城乡基本医疗保险参保人数达47.32万人。

实施绿色昆明建设工程。对城市公共绿地实施“绿化昆明·共建春城”义务植树。创建地球村星云园幼儿园、民航路第二小学、香樟俊园幼儿园及昆明艺卓中学等4所绿色学校，创建关上街道办事处石油小区、小板桥街道办事处路馨、橙郡小区等3家绿色小区。

加快教育基础设施建设。方旺片区配套48班小学和63班中学建设项目已签订代建协议，完成规划选址、项目立项等前期工作，取得建设用地规划许可证和建设工程规划许可证并进行主体施工；广卫片区配套48班小学和36班中学等13所中小学及幼儿园完成建设并交付使用；官六中、东站小学改扩建工程竣工；昆三十一中改扩建工程进场进行主体施工。完成金马中心学校教室及过道墙面粉刷、佴家湾小学房屋防水、昆十二中围墙排危等校舍修缮、昆九中食堂改造和关锁中心学校综合楼教室贴瓷砖、董家湾小学室外厕所修缮改造工程等30余项校舍修缮改造项目，累计完成校舍修缮26 000余平方米。全区共有教育优秀专业人才225人，新增公办幼儿园4所，普惠性民办幼儿园达55所，全区在园幼儿数32 978人，学前教育三年毛入园率为111.01%。已建成1所特殊教育学校——昆明市官渡区培智学校。

加强民生保障工作力度。新增金马街道牛街社区居家养老服务中心、矣六街道自卫社区居家养老服务中心、官渡街道官渡社区居家养老服务中心、大板桥街道一朵云社区居家养老服务中心、大板桥街道小哨社区居家养老服务中心等5个居家养老服务中心，新增养老床位330张。为全区60岁以上老年人免费健康体检30 132人。

实施“七彩云南全民健身工程”。正在建设太和街道文化站，已经建成矣六街道云翔社区、矣六街道映华社区、官渡街道季官社区等3个基层综合文化服务中心。完成在官渡古镇举办的昆明官渡第六届全国非物质文化遗产联展活动。新建11条全民健身路径，新建金马街道建工社区建工三村、小板桥街道小板桥社区四组、小板桥街道中闸赵家村等3个农村文体活动广场；新建官渡区居民体质监测中心，不断巩固“十五分钟健身圈”。完成省第一届青少年运动会的参赛组织工作。

【经济综述】 2016年，全区地区生产总值达1 002.07亿元，增长10.1%，成为全省率先突破千亿元大关的县区，占全市经济总量约四分之一、占全省十五分之一。全区第一、二、三产业分别实现增加值8.46亿元、360.52亿元、633.09亿元，分别增长0.5%、10.9%、9.8%。稳步推进供给侧结构性改革，制定《昆明市官渡区推进供给侧结构性改革的实施方案》。围绕全市“188”重点产业发展计划，结合官渡实际制定“9+1”重点产业发展目标，着力推进产业转型升级，努力构建现代产业体系。推动商贸物流、房地产、装备制造等产业提质增效，清溪渡、海伦国际、大都等城市综合体投入运营。全年投入8 677万元开展163个项目前期工作，实施重点建设项目184个，完成投资231亿元，为年度计划的116.03%，投入资金和工作力度为历年之最。在国家、省、市系列稳增长政策基础上，制定出台区级37条稳增长措施，实现经济逆势上扬。全区实现财政总收入107.15亿元，地方一般公共预算收入38.83亿元，分别增长21.46%、9.74%；完成规模以上固定资产投资419.22亿元，增长7.5%；完成社会消费品零售总额445.13亿元，增长11.7%。城镇和农村常住居民人均可支配收入分别达37 540元、17 166元，均位居全省第一，分别增长8.2%、9.5%。各项主要经济指标完成或超额完成年初人代会确定的目标任务，均居全市前列，代表昆明市圆满完成国务院稳增长第三次大督查迎检工作。

【创新经济发展】 创新投融资模式，与富滇银行、建设银行、中国银行等6家金融机构和万科等企业合作，签订战略合作协议，共获得融资授信额度440亿元，到位资金101亿元；实践政府与社会资本合作模式，总投资51.13亿元的首个PPP项目“古滇大道（官渡段）及五甲塘分区市政道路工程”开工建设；探索政府购买服务方式进行融资，道路、河道整治、回迁安置房等15个项目成功融资44.56亿元。借势借智借力，与泛华集团、武汉大学深圳研究院等机构（院校）开展深度合作，优化顶层设计，主动谋划“十三五”发展。实施大众创业万众创新战略，支持云南北理工（官渡）、昆明滇创铭泰两个科技企业孵化器发展壮大，入孵企业达79家。加快众创示范基地建设，云科北理工官渡众创空间获得科技部国家级众创空间认定。不断激发创新活力，投入科技扶持资金900万元鼓励创新发展，全年专利申请3 454件、授权1 603件，通过“国家知识产权强县工程试点区”验收。

全区以招商引资促进产业转型升级，组织驻区重点企业参加“南博会”等展会、“英国·昆明周”等涉外经贸活动，举办慕尼黑啤酒节等大型活动，助推企业“走出去”和“引进来”。利用建区60周年活动以及赴上海、杭州、深圳举办招商引资推介会，与中交疏浚、绿地香港等28家企业签订合作协议，签约金额达1 113亿元。2016年，全区实际利用外资4 320.5万美元，完成市下达目标任务的144%；到位市外内资58.3亿元，完成市下达目标任务的110%；实现外贸进出口额8.95亿美元，增长14%，位列全市一板块第一名。第四届南博会期间，与15家企业签订协议，签约额849亿元。切实落实各级促进非公经济发展政策措施，着力强化“两个10万元”微型企业培育，扶持企业1 130户。全区实现非公经济增加值510.1亿元，同比增长10.6%，占地区生产总值的50.9%。

推进供给侧结构性改革，探索以购代建、货币化补偿等方式去库存，货币化安置比重达18%，新建商品房累计库存面积同比下降7.5%；通过奖励补助、推行“营改增”、减免9项涉企行政事业收费等方式降低成本，大幅降低企业经营运行费用。同时，深入开展“放管服”改革，推进投资审批制度改革，投资审批中介超市上线运营，累计清理非行政许可审批事项63项，承接行政审批事项49项、取消和调整111项。全面完成公务用车制度改革工作。建立政府债务风险预警机制，出台《官渡区政府性债务风险应急预案（试行）》。严格控制一般性支出，全区“三公”经费逐步下降，公务接待支出较上年减少13.14万元，公务用车运行经费支出较上年减少335.13万元，因公出国（境）支出较上年减少33.42万元。

【商贸旅游】 围绕全市“188”重点产业发展部署，制定出台官渡区推进重点产业发展若干意见。紧扣巫家坝城市新中心、昆明滇池国际会展中心片区等重点片区开发，依托昆明滇池国际会展中心和昆明国际会展中心，大力发展会展产业。着力推动商贸业提质增效，华润集团“万象城”入驻五里中央商务区，喜玛特超市、大润发广福路店建成投入使用。依托螺蛳湾国际商贸城等综合类大型市场，推进电子商务示范基地和示范企业建设，继续扶持鼓励滇创铭泰电商创业园发展。探索跨境电子商务，与阿里巴巴合作建设的电商产业园投入运营。持续推进楼宇总部经济发展，中交建、中铁建、云南景成集团（瑞丽航空）落地巫家坝片区。促进旅游业提质发展，全年接待游客2 497.5万人次，同比增长11.36%，实现旅游总收入283.5亿元，同比增长26.21%。2016年，第三产业实现增加值633.09亿元，增长9.8%，拉动地区生产总值增长6.1个百分点。此外，继续深化商事登记制度改革，办理“三证合一”“五证合一”共18 854份。全区税收千万元楼宇4幢、亿元楼宇3幢，总部企业入库税金增长7.95%。利用现有资源、产业基础，培育发展新兴产业，以阿里巴巴“实力产业群”为核心的电商产业园投入运营。出台政策措施，投入512.47万元促进商贸服务业持续健康发展。

【工业】 2016年，云南建筑机械厂获得12万元省、市工业企业扩销促产补助。在支持企业技术改造中，官渡区企业获得市级75万元技术改造资金扶持。组织企业申报工业发展引导基金借款，昆明华安美洁卫生用品有限公司获得市级200万元工业发展引导基金借款支持。按市政府办公厅开展工业稳增长停减产企业结对帮扶工作要求，同停减产企业一起认真分析研究，找出产生困难和问题的原因，帮助企业走出困境。通过技术进步，培育新兴产业，运用高新技术改造提升传统产业。提升企业科技创新能力，鼓励企业建立技术研发中心。进一步提高技术中心建设水平，更好地发挥其在企业技术创新中的主导作用。官渡区有4家企业技术中心被认定为2016年昆明市企业技术中心，并获得40万元企业技术中心建设补助。截至10月，规模以上工业增加值同比增长7.5%，比上半年提高1.9个百分点，增速在全市第一板块排名第二。

【农业、林业】 落实耕地保护政策，完成基本农田划定1.02万亩。全区蔬菜、花卉生产集中在矣六街道。2016年度完成蔬菜播种面积0.6432万亩，产量2.116万吨。花卉种植面积3 700亩，上市量1.591亿枝。全区共有各级农业、林业龙头企业31家，其中，云南京滇种业有限公司被认定为第十一批农业产业化省级重点龙头企业。组织开展2016年区级农业产业化重点龙头企业项目申报工作，共收到“铁皮石斛菌根化种苗开发和生产线建设”“优秀西兰花选种及产业化推广”“蔬菜批发市场升级改造和农产品质量监测建设”等14家（个）农业产业化项目。鼓励和引导农业龙头企业加快开展农产品认证工作，并对企业的生产基地建设、农产品生产及质量认证等给予指导帮助和服务，云南盐化股份有限公司获得1个绿色食品

（海藻碘盐）认证证书。全区共取得绿色食品认证6个。

2016年，官渡区林业生态建设主要包括滇池面山绿化、义务植树、滇池流域面山植被修复未成林造林地补植和幼林抚育3项任务。年内，完成滇池面山绿化260亩（续建220亩、新增任务40亩），完成义务植树63.2万株，完成滇池流域面山植被修复未成林造林地补植和幼林抚育500亩（其中，未成林造林地补植180亩、幼林抚育320亩）。加强对昆明新机场高速路空港段两侧50米范围内绿化景观工程管养，实施重点地区、重要节点整治提升工作。对枯死树木进行更换，累计更换苗木共8 000余株。年内，官渡区共有林产品生产加工企业65户，其中，持证在经营企业21户、无证照企业44户。在官渡区现有林产品生产加工企业中，绝大部分为以木材及木材制品为主要原料的家具生产企业。1~11月，全区共办理木材运输证1 137件，核发木材运输证1 137份，对外运输木材、林木28396.81立方米，其中绝大部分是苗木运输及部分木材经营企业自外地调入官渡区后，销往外地的木材。

【城市建设与管理】 年内，投资项目信息管理平台投入试运行。全年实施重点建设项目184项，完成投资231亿元。围绕打好“五网”建设5年大会战，做好巫家坝、滇池国际会展中心周边控详规梳理、编制及优化，有序推进重点片区开发建设；全力推进滇池国际会展中心、巫家坝等重点片区开发建设，龙马、中闸片区等14个项目实现土地交易，年内完成土地供应3 254亩，占5个主城区供应总量的25%。有力配合地铁2号线（二期）、3号线、4号线、6号线（二期）以及飞虎大道（北段）等市级重大基础设施项目建设，征收土地522.9亩、拆除建（构）筑物29.6万平方米。加快推进公共配套设施建设，除新建和提升改造公厕、新增公共停车场外，还完成前卫营村巷道等6条路段的有路无灯补建工作，修补破损路面5.22万平方米，检修人行道6.57万平方米。扎实推进城市更新改造工作，塔密、小街一组等项目的遗留问题得到有效化解，五里片区一期、关坡片区二期回迁安置房等项目实现土地交易；开展综合整治试点，投入4 383万元实施织布营村等4个城中村、旧住宅区微改造。加快推进城市路网建设，建成子泰路等7条道路，完成星耀路与广福路、广居路等12个道路节点改造及综合整治项目建设，完成投资17.7亿元，是近年来投资规模最大、开工和完成情况最好的一年。以智慧官渡建设为抓手，扩大“数字城管”覆盖面，探索“五个一”城市网格化综合运行模式。落实不动产权证登记制度，全年颁发“不动产权证书”3 093本、开具“不动产登记证明”2 363份。成立官渡区城市管理委员会，推行“五个一”城市综合治理模式，开展市容环境综合整治工作，拆除违规违法建筑692宗、面积214.2万平方米。完成77件中央第七环保督察组督察整改任务。

【水利建设】 持续推进滇池流域水环境综合整治工作，抓好河道整治及截污工程，完成海河黑臭水体工程整治。实施王官等湿地建设，启动矣六生态隔离带建设规划，金汁河、盘龙江等4条河道水质分别提升到Ⅲ类、Ⅳ类，在全市各县区首家开展滇池水环境综合治理“十三五”规划编制。全面完成海河（铁路段）、五甲宝象河、六甲宝象河、虾坝河、姚安河水环境综合整治工程和盘龙江（官渡区）绿色廊道改造提升示范段一期工程建设。大清河改道工程、生态湿地建设抓紧推进，海东湿地三期、星海半岛滨湖生态湿地一期（盘龙江东岸入湖口湿地）等4个项目全面实施。着力抓好污水处理设施及管网配套建设，广普大沟污水提升泵站投入运营，环湖截污东岸配套收集系统管网建设稳步推进。完成省级生态文明区创建工作。

【环境保护】 完成《官渡区全面深化生态文明体制改革总体实施方案》的编制和审定，抓好“省市联动·绿化昆明·共建春城”工程。完成绿化种植面积2 780.73亩。以冻害绿化植物恢复为重点，推进城市绿化美化工作，完成更换以及新种植乔木2.9万株、地被36万平方米，滇池面山植树造林220亩，新增城市绿地84.79公顷，绿化覆盖率增至45.35%。加强环境污染监管，严查重处河道排污、工地扬尘等违法行为，完成77件中央第七环保督察组交办举报件的查处整改。创建绿色小区3个、绿色学校4个，全面完成市政府下达的年度节能减排目标任务。新建8个空气自动监测站，在全省率先实现区域全覆盖，全年空气质量优良率达97.5%。顺利通过创建“全国文明城市”年度指标测评。

【教育】 深化教育综合改革，制订《官渡区教育系统人事管理工作改革方案》。加快中小学幼儿园布局规划落实，完成20所学校（幼儿园）建设，其中，13所投入使用；全面提升义务教育阶段各学校软硬件设施水平，顺利通过义务教育均衡发展国家级督导检查，被省政府授予“教育工作先进县”。全面实施学前教育“春风化雨”三年行动计划，学前教育三年毛入园率达111.01%，基本解决“入公办园难，入民办园贵”问题。依法保障外来务工随迁子女依法就学，义务教育均衡发展顺利通过国家级督导检查。与德国迪岑巴赫市政府建立职业教育合作关系。建成1所特殊教育学校并投入使用。新批准成立民办幼儿园12所、中小学4所、培训机构7个，成立昆明蓝天教育集团。推进校舍提升改造，修缮改造26 000平方米校舍。持续开展“平安校园”创建，全区教育系统保持和谐稳定。2016年，官渡区被省政府授予“教育工作先进县”称号。

【科技】 知识产权优势企业培育有序进行，中国水利水电十四工程局、云南路桥股份有限公司、云南围棋厂等5家企业启动贯标工作，通过“国家知识产权强县工程试点区”考核验收。加强高新技术企业培育工作，16家企业通过国家高新技术企业认定。全力推进科技计划项目，实施科技计划项目28项。加大科技服务平台建设，不断提升科技孵化服务能力，云南北理工（官渡）和昆明滇创铭泰科技孵化园累计入孵企业79家。云科北理工官渡众创空间获得国家科技部国家级众创空间认定。实施创新型县（市）区建设工作，顺利通过昆明市考核验收。

【文化】 开展文化惠民工程，实施构建现代公共文化服务体系“零距离”工程、“基层公共文化服务包”完善提升工程，完善公共文体基础设施，建成健身路径11条、文化活动广场3个、基层综合文化服务中心3个。举办“中国梦·春舞大地”2016年春城文化节系列活动、纪念建党95周年“魅力春城幸福官渡红歌献给党”合唱比赛、昆明市广场舞比赛、全区文化站长和文化专干培训，参加昆明地区“风雅颂”国学经典诵读选拔赛。成功举办庆祝建区60周年等系列活动，并配合省、市办好“上合昆明国际马拉松赛”等重大赛事。文化遗产保护和传承进一步加强，在全省率先建立“十馆十基地”非遗公益设施，挂牌成立五腊花灯传承基地。全年免费开放文化馆、博物馆、非物质文化遗产传承基地。

【卫生】 不断提升公共卫生服务水平，家庭医生签约服务、双向转诊逐步推进，基本公共卫生服务信息平台一期建成投入使用，小板桥、官渡2个街道社区卫生服务中心成为全省仅有的两家受国家卫计委表彰的“全国百强社区卫生服务中心”。落实分级诊疗、双向转诊制度，区人民医院与5家省市级三甲医院及辖区街道社区卫生服务中心签订双向转诊协议。继续组织医疗专家到社区卫生服务中心开展诊疗坐诊查房、带教，助推医疗质量提升。健全完善区、街道、社区妇幼保健和计划生育管理服务体系，建立危急孕产妇及新生儿抢救转诊绿色通道。疾病预防控制、健康教育、爱国卫生工作顺利开展。官渡区基本公共卫生信息化完成一期建设。区人民医院迁建工程有序推进。依法落实“全面二孩”政策，人口自然增长率控制在6.8‰以内。

【社会保障】 加大财政投入，民生支出占一般公共预算比重达67.84%。城乡社会保障体系不断完善，各类社会保险新增参保1.5万人。机关事业单位养老保险制度改革稳步推进。不断加大社会救助力度，累计为61 981人次发放最低生活保障金3 124万元；分散供养特困对象48人，发放供养金32.36万元；“一站式”医疗救助结算网络覆盖市区级及街道10家定点医疗机构和2家定点药店。加强“菜篮子”“米袋子”工程建设，新增标准化菜市场（生鲜超市）4个。区储备粮食仓库一期主体工程基本完工，部分投入使用。投入资金2 984万元对口帮扶倘甸“两区”雪山乡、宣威西泽乡马戛村。

推进创业就业工作，全年新增城镇就业2.6万人，城镇登记失业率为2.43%。城镇和农村常住居民人均可支配收入分别达到37 540元、17 166元，均居全省第一，农村常住居民人均可支配收入提前四年实现倍增目标，人民群众获得感不断增强。抓好以高校毕业生为重点的就业创业工作，深入推进官渡区青年（大学生）创业园平台建设，做好职业技能培训和创业培训，2016年，全区提供有效就业岗位2.37万个，新增城镇就业2.6万人，完成年度目标任务的118.4%，城镇登记失业率为2.43%，就业形势总体保持稳定。

【平安建设】 完善“三社联动”机制，加强基层民主自治组织规范建设，全面完成社区换届工作。开展“村改居”社区改革发展行动，科学合理划分社区，落实社会治理网格化管理。启动实施“村改居”社区改革发展行动，新设立城市社区7个。加强安全生产工作，安全生产分类分级管理有序推进。加强信访维稳，搭建“四级联动”工作系统网络平台，区、街道、社区建立“群众诉求中心”。食品药品市场监管体制改革顺利完成，基层监管力量进一步强化。防灾减灾能力建设进一步加强，建立区、街道、社区三级汛期值带班工作制度和灾害信息员队伍。推进社会治安防控体系建设，建立180人骑警队，建立“备中巡、巡中备”先期快反处置机制，不断强化反恐、涉暴处置能力。严厉打击各类违法犯罪活动，破案数居全省各县区之首，群众安全感满意度大幅提升。深入推进社会治安综合防控体系建设，公共安全视频监控系统建设扎实推进，建立“春城治安志愿者”队伍。妥善处理民族、宗教及特殊人群的社会问题，开展禁毒、防艾工作，被省委、省政府分别授予云南省第三轮禁毒、防治艾滋病“人民战争先进集体”。化解矛盾纠纷，有力处置公共突发事件，强化安全隐患排查整治，社会治安形势总体稳定。

【精神文明建设】 全面推进社会主义核心价值观宣传教育。全年累计播出各类视频2.2万余次，设立大型公益广告牌25块，制作“讲文明树新风”公益广告宣传600余幅；悬挂宣传横幅105条，橱窗板报50块；在官渡古镇、官渡广场等人员密集场所，集中悬挂“中国梦·我的梦”灯笼1 000余个。完成官渡森林公园社会主义核心价值观“主题公园”建设及

8个街道宣传示范点创建工作；完成辖区90余个文明单位社会主义核心价值观的固化、亮化工作。广泛深入开展“我们的节日”主题活动。努力挖掘传统节日文化内涵，先后开展元旦全民健身长跑活动、文化科技卫生“三下乡”暨“六进社区”活动、清明祭英烈活动、2016年端午诗会、风雅颂国学经典诵读、社区金秋文化大舞台、和谐社区中秋联欢等活动，营造浓厚的传统节日氛围。推进志愿工作常态化。围绕学雷锋活动月、迎南博、滇池治理、市容环境整治、文明旅游、“三关爱”等主题开展志愿服务活动，组织机关公职人员志愿者到挂钩社区开展城乡清洁、共建联评、扶贫帮困等工作，利用官方微博、微信、新华社发布党政客户端等新媒体开展网络文明传播，组织开展第二批学雷锋活动示范点和岗位学雷锋标兵评选表彰活动，按照“四个100”工作要求，推荐叶品等2人、“官渡区润土青少年事务服务中心”等6个项目参加宣传推选活动。关上中心区社区、“七彩小屋”分别被市文明委表彰命名为最美志愿服务社区、最佳志愿服务项目。进一步加强精神文明创建工作。制订下发《昆明市创建全国文明城市官渡区工作方案》，全面推进全国文明城市创建工作；做好市级、区级文明单位创建培训、指导、检查工作，2016年共创建市级文明单位65个、市级文明社区11个，区级文明单位22个、区级文明社区5个。深化“文明交通行动计划”实施工作，申报文明交通示范社区1个、企业1个、学校1个、文明交通示范志愿者1人、中小学生1人。组织街道开展文明楼院创建工作，进一步提升市民文明素质。抓好道德模范、昆明好人评选表彰和学习宣传。广泛开展第三届道德模范推荐评选工作，评选出道德模范9人，道德模范提名奖4人；组织“昆明好人”暨“最美昆明人”推荐评选活动，吴家力等6人被评为2016年度“昆明好人”；做好道德模范慰问帮扶活动；广泛开展寻找“最美家庭”活动暨好家风好家训征集展示活动，评选表彰“最美家庭”26个；开展“最美家庭”巡讲暨道德讲堂共6讲，好家风好家训、先进模范巡讲活动43场；继续做好“善行义举榜”立榜工作，发布善行义举榜4期；开展市民学校培训48期，参加人数3 600余人。抓好未成年人思想道德建设。深化“做一个有道德的人”主题实践活动，组织开展童心向党歌咏活动、“向国旗敬礼、学雷锋做美德少年”“学长征精神、做红色传人”等活动。组织开展第三届“官渡美德少年”评选表彰活动，李维等10名学生被授予“官渡美德少年”称号，孙玮等43名学生被授予“官渡美德少年”提名奖。李维被昆明市文明委授予第四届“昆明美德少年”称号。开展“四点半学校”、快乐青帆、未成年人心理健康辅导等活动，完成关锁中心学校少年宫建设。向市文明办推荐27首优秀童谣，推荐双桥中心学校参加2017年中国未成年人网络春晚预选节目报送。开通“唯美官渡”官方微信、官渡手机报，扎实做好昆明信息港官渡网页、官渡区门户网站、“新华社发布·官渡区”党政客户端平台、“@昆明官渡发布”党务政务微博平台更新维护工作。“@昆明官渡发布”党务政务微博粉丝数已达9 500余人，发博9 400余条，日均阅读量10 000余人次，帮助网民解决问题近百次；发布官渡手机报15期；“两微一端一报”已经成为宣传报道官渡经济社会发展的重要新媒体平台。

（文继承）

西山区

【年内大事】 2月6日 西山区被中国科协命名为首批“2016～2020年度全国科普示范县（市、区）”。

2月16日 前卫街道世纪半岛社区被中央宣传部和中央文明办授予“全国最美志愿服务社区”称号。社区针对儿童、老人、弱势群体等5类人群，以社区志愿者、社区卫生服务站等7家单位为服务主体，提供便民措施8项。

3月30日 祖氏滇绣画创始人祖玉兰被第三届云南省工艺美术大师评审会授予“云南省工艺美术大师”称号。

4月 石龙坝水电站被国家发展改革委列入国家“十三五”文化和自然遗产保护利用设施建设项目库。

5月30日 西山区在碧鸡广场承办2016年全国百城千村健身气功交流展示系列活动大赛云南预赛启动仪式暨云南省第三届健身气功视频大赛昆明赛区展示活动，来自西山区的200余名气功爱好者展示了国家体育总局颁布并大力普及推广的9种健身气功普及功法。

5月 昆明中药厂有限公司的“云昆及图”商标和昆明普尔顿环保科技有限公司的“普顿及图”商标被国家工商总局认定为2015年“中国驰名商标”。

7月2~4日 2016年世界生态城市与屋顶绿化大会在昆明召开，大会评选出5个获奖项目，其中，昆明碧鸡汽车文化博览园屋顶花园获世界屋顶绿化项目示范大奖。

7月 云南光谷光机电科技孵化器管理有限公司被国家科技部入选国家级众创空间。该公司是云南省首家也是唯一的光机电专业孵化机构，有孵化场地1.93万平方米，并通过ISO9001：2008质量管理体系认证。

8月25日 西山区公布第一批区级非物质文化遗产展示馆、传习馆（所），云南葫芦雕刻传习馆、祖氏滇绣传习馆、管氏针灸疗法传习馆和雨田陶艺传习馆4家非遗项目传习馆入选。

10月11日 西山区召开2016年质量强区工作会议，表彰43家荣获2015年“云南名牌”“云南省著名商标”等荣誉称号的企业，并对昆明中药厂有限公司、昆明大观酒店有限公司等16家企业代表进行现场授牌。

【区划、人口】 西山区位于昆明市主城区西南部。东与五华区、官渡区毗邻，与呈贡区隔水相望；南连晋宁县；西邻昆明市属安宁市、楚雄州禄丰县；北接富民县、五华区。国土总面积881.32平方千米，其中山区面积660.49平方千米，占74.94%；坝区面积220.83平方千米，占25.06%。

2016年，全区辖马街、金碧、永昌、前卫、福海、棕树营、西苑、碧鸡、海口、团结10个街道办事处和西山风景区管委会。下辖社区居委会108个、居民小组393个。年末，西山区常住人口为78.4万人，其中户籍人口54.05万人。户籍人口中男性26.86万人，女性27.19万人，男女性别比例：100：101（男/女）。汉族人口45.47万人，少数民族人口8.58万人，汉族与少数民族人口比例5.35：1（汉族/少数民族）。少数民族中人口最多的是彝族，有3.31万人，其次为白族，有2.14万人，第三为回族，有1.57万人，第四为苗族，有2 302人，其他民族人口合计1.23万人。人口出生率为11.89‰，死亡率6.2‰，人口自然增长率5.69‰。

【经济综述】 2016年，全区实现地区生产总值499.04亿元，同比增长8.5%。一般公共预算收入完成38.43亿元，增长7.87%；一般公共预算实际支出37.28亿元，增长13.15%。区属规模以上固定资产投资完成447亿元，增长9%；社会消费品零售总额完成532.64亿元，增长11.1%；规模以上工业增加值完成34.2亿元，增长5.5%。第一产业完成增加值3.6亿元，增长2.2%；第二产业完成增加值129.03亿元，增长7%；第三产业完成增加值366.42亿元，增长9.1%。三次产业结构比由上年末的0.8：27：72.2调整为0.7：25.9：73.4。民营经济增加值完成290.53亿元，增长9.05%；民营经济从业人员28.51万人，增长8.14%。

【商贸、旅游】 2016年，西山区累计完成社会消费品零售总额532.64亿元，同比增长11.1%。批发业完成868.99亿元，增长15.8%；零售业完成435.53亿元，增长7.1%；住宿业完成7.94亿元，增长5.5%；餐饮业完成48.79亿元，增长18.1%；服务业完成22.4亿元，增长21.9%。外贸进出口总额1.933亿美元。招商引资市外内资完成364.6亿元，实际利用外资4.4亿美元。

2016年新增税收千万元楼宇5幢（云石商贸城、云南东骏医药物流中心、云纺国际商厦、云津大厦、爱琴海商务大厦），亿元楼宇4幢（南亚风情第壹城、中国移动大厦、云南省公投大厦、万达商务楼）。在第四届中国—南亚博览会暨第二十四届中国昆明进出口商品交易会昆明项目签约仪式上，西山区与云南华滨投资有限公司、云南经贸外事职业学院、昆明金碧海房地产开发有限公司3家企业就文化体育产业集群项目、云南经贸外事职业学院本科新校区建设项目、碧桂园紫台项目进行签约，签约金额共418亿元。

年内，中国500强企业、云南省能源产业龙头企业云南能投集团入驻前卫街道办事处润城第一大道。新加坡第三大生鲜超市——昇菘超市（中国）有限公司与绿地集团签约入驻绿地·大城天地。实现新增总部企业7户：昆明鼎康医疗投资集团有限公司、上海红星美凯龙商业管理股份有限公司云南分公司、昆明万达广场商业管理有限公司、中国石油天然气股份有限公司云南昆明销售分公司、广发银行股份有限公司昆明分行、理想科技集团有限公司、昆明西山旅游投资开发有限责任公司。各类总部企业总量达32户，形成以房地产、医药、建材、商业、旅游、化工等行业为主，经营以加工、批发、零售方式，发展辐射全省及地州的总部经济。

全区电子商务初步发展，云南东骏集团公司、云南鸿翔一心堂药业公司、云南云安集团公司等企业，已开通中国国际电子商务平台，或通过第三方电子商务平台，采取B2B和B2C两种电商模式，开展电子商务业务，营销产品主要为农副土特产品、药品等方面。全区共有“云南名牌企业”67家、“昆明名牌企业”82家；“中国驰名商标”6件、“云南省著名商标”102件、“昆明市知名商标”111件。

2016年，全区监测范围内的旅游企业共接待游客1 271.41万人次，增长15.55%；实现旅游收入147.18亿元，增长26.02%。

【工业、信息化、乡镇企业】 2016年，西山区规模以上工业增加值完成34.2亿元，同比增长5.5%；规模以上工业主营业务收入154.93亿元，增长0.12%；规模以上工业利税总额0.26亿元，增长-95.17%；工业固定资产投资18.6亿元。全区规模以上工业企业户数新增5户，分别是昆明客车制造有限公司、云南滇凯节能科技有限公司、云南能投化工有限责任公司、云南方富建材有限公司和云南竣建建材有限公司。截至12月底，全区共有规模以上工业企业66户。

工业发展提质增效，形成以云南三环化工有限公司等3家龙头企业为代表的磷化工传统产业，辅以先进装备制造业、生物医药等多个新兴产业共同发展的格局。大力实施“工业入园”战略，玻璃深加工、新能源客车等重点项目建成投产；团结生物医药片区云南明镜亨利制药有限公司等4家生物医药类企业、昆明牧声饲料有限公司等9家加工类企业效益显现。转型升级步伐加快，实施工业转型升级重点项目6个；鼓励传统工业企业进行技术改造和技术创新，累计建成省级企业技术中心11个、市级技术中心17个。产业聚集效应显现，亿元以上工业项目落地开工3个、竣工4个，共有省级成长型中小企业20户。

2016年，海口工业园区主营业务收入完成165.05亿元，规模以上工业增加值23.58亿元，规模以上工业主营业务收入122.12亿元，工业固定资产投资17.03亿元，基础设施投资5.04亿元。完成土地收储面积21.63公顷。

年内，完成信息化项目建设35个，项目资金累计2 670万元，建设与区域经济社会发展相适应、适度领先的信息化基础设施。加快构建城乡一体的宽带网络，全区实现固定宽带家庭普及率70%，3G/4G用户普及率75%以上，行政村通宽带比例80%，城市和涉农地区家庭宽带接入能力达50M，建成覆盖城乡、高速畅通、接入便捷的互联网基础设施，信息通信网络保障能力明显提升。

2016年，西山区共有乡镇企业2.65万个，增长0.79%；从业人员26.52万人，增长3.09%；完成总产值614.75亿元，增长4.09%；实交税金27.48亿元，增长2.33%；完成营业收入738.76亿元，增长1.76%；完成农产品加工业总产值68.26亿元，增长8.29%。

【农业农村农民工作】 2016年，西山区完成农林牧渔业增加值3.798亿元，增长2.2%；农林牧渔业总产值6.137亿元，增长2.4%。全区农作物播种面积5 541.65公顷，其中，粮食作物播种面积2 910公顷、经济作物播种面积2 686.25公顷。实现粮食总产量1 397.97万千克。

调整农业种植结构，完成花卉、园艺种植面积840.52公顷。完成蔬菜种植面积1 664.1公顷，实现产量5.5万吨，产值1.32亿元。引进中药材示范种植31.27公顷。“一县一示范”苹果栽培示范基地建设引进烟富1号、华硕、fubrax、fujinr.1、mitchgla等苹果新品种10个，新建苹果种植基地133.33公顷。实施老果园提质增效示范266.67公顷，平均亩产量2 144千克，亩产值1.72万元。草莓优质高效栽培技术示范，引进草京藏香、小白、圣诞红、太空2008等草莓新品种5个；推广草莓优质高效栽培技术示范72.33公顷，平均亩产810.45千克，亩产值2.08万元。黄梨提质增效技术示范和红梨种植分别完成66.67公顷、16.67公顷。

团结小村现代农业产业园区建设完成项目共8个，完成投资400万元。截至2016年底，西山区都市农庄建设项目企业累计到位资金4.49亿元，共投入资金4.41亿元，其中2016年完成投资5 199.39万元。在团结、碧鸡、海口3个街道办事处及西山风景区管委会推广安装太阳能热水器435套；完成节柴灶示范推广2176眼；完成养殖小区沼气工程建设2个。完成生猪定点屠宰检疫8.12万头，生猪定点屠宰检疫率100%；检测蔬菜样品2 256个，蔬菜样品检测合格率为99.38%。

全年出栏肉猪11.06万头、肉牛1 012头、肉羊1.3万只、肉禽49.96万羽，肉类总产1.09万吨、蛋类总产364.6吨、奶类（羊奶）总产70万千克。共有农业龙头企业54户，其中，省级龙头企业5户、市级龙头企业8户、区级龙头企业41户。全年农业龙头企业总产值80.266亿元，完成销售收入80.211亿元，带动农户29.56万户（含区内外）。

【城市建设与管理】 2016年，完成道路前期工作19条，正在开展前期工作5条，开工建设16条。实现西福路延长线、西山119号路、西山368号路等共12条主路通车或部分路段通车，通车里程达4.18千米。完成5期天然气置换工作，置换用户7.65万户。

城中村改造项目土地交易共完成项目5个，总用地面积35.76万平方米。完成拆迁29.8万平方米，征地41.33万平方米。全年共有1 764套17.67万平方米回迁安置房交付使用，7 533套75.86万平方米封顶断水。城市棚户区建设：6 357套65.92万平方米封顶断水，1 332套13.51万平方米正在建设中。23个项目中已有17个项目完成建设。

年内，完成5条重要城市道路景观提升，维修亮化建筑设施22幢。整治拆除临违建筑375宗，共179.2万平方米。共处置数字城管案件15.32万件。修复车行道2.6万平方米、人行道9 699.95平方米。新建公厕59座，提升改造公厕60座，免费开放公厕254座。垃圾袋装率、清运率、无害化处理率100%。

实施以福海船房社区为代表的9个城中村及老旧小区“提升人居环境工程—宜居微改造”试点工作，惠及居民3.7万人。实施建成美丽宜居乡村12个（省级重点村4个、苗族示范村2个、区级试点村6个），共惠及12个村3 132名村民。创新打造以永昌街道永顺里社区为代表的“互联网+幸福网格”社会治理综合体系统，以盛高大城为代表的“五位一体”新型社区治理模式，以船房社区为代表的城中村社区“1+1围院式管理”服务模式，以望江路为代表的保障房社区“四级联动”为民服务综合体，逐步构建多层次、全覆盖、立体化的城市社会治理新格局。

【财政、税务、金融】 2016年，西山区一般公共预算收入38.43亿元，比上年35.63亿元增收2.8亿元，增长7.87%。一般公共预算支出42.19亿元，扣除专项转移支付支出4.92亿元，实际支出37.28亿元，比上年32.95亿元增支4.33亿元，增长13.15%。

西山区国税局全年共组织税收收入30.17亿元，增长67.9%，增收12.2亿元。西山区地方税务局共组织税费收入47.87亿元，组织地方各税收入29.6亿元，其中区级收入15.07亿元。

截至12月末，西山区金融机构

人民币各项存款余额881.12亿元，比年初增加39亿元，同比增长12.39%；各项贷款585.28亿元，比年初增加47亿元，增长11.05%。

【生态环境保护治理】 2016年，西山区投入城市环境基础设施建设资金12.06亿元、工业污染防治5.12亿元、各种污染治理设施运行费用1 255.13万元、环境管理能力建设742.18万元，共投资17.38亿元。昆明市第一水质净化厂全年共削减化学需氧量1.85万吨，削减氨氮878.573吨；昆明市第三水质净化厂全年共削减化学需氧量1.43万吨，削减氨氮1 539.56吨。完成滇池流域面山植树造林104.47公顷、市级低效林改造66.67公顷、廊道面山绿化造林33.33公顷。石漠化综合治理工程完成封山育林3 933.33公顷，完成人工造林168.73公顷。冻害植物灾后恢复工作对约80条道路进行景观恢复，更换乔木（行道树）滇朴、复羽叶栾树等共5 679株；更换灌木地被7. 65万平方米。水土流失治理面积为45.15平方千米。车家壁岔沟截污管工程、正大河污水收集支次管网建设工程完工。滇池流域及补水区测土配方施肥技术推广工程完成测土配方施肥1 416.9公顷。滇池流域及补水区农村生态生产生活升级工程已成太阳能热水器安装435套，完成节柴灶发放2 176眼。截至年底，累计投入资金31.58亿元，实施滇池治理项目106个，埋设排水管网94.6千米，完成精准治污项目11个，建成生态湿地93.33公顷，主要入湖河道水质基本消除劣V类，草海水质稳定达到V类。

【教育】 2016年，全区共有各级各类学校247所（民办学校194所），其中，完全中学12所、普通中学7所、高级中学1所、九年一贯制15所、十二年一贯制2所；小学71所，幼儿园129所；中等职业教育学校9所(含教育科研信息培训中心1个)，特殊教育学校1所。在职教职工1.03万人（民办2 648人），其中，专任教师7 759人。在校（园）学生12.37万人，其中，教办学校6.98万人、民办学校5.39万人。区域人均受教育年限11年。

2016年，国家财政性教育经费投入8.44亿元，同比增长27.3%；预算内教育经费投入7.08亿元，增长31.84%。完成明朗中心学校、依兰中心学校等8所D级危房学校校舍排危建设9.89万平方米，其中，5所小学已竣工投入使用。完成西山实验中学等B、C级加固校舍共24所，建筑面积8.9万平方米。实施全面改善贫困地区义务教育薄弱学校基本办学条件项目，投入资金145万元，完成9所学校食堂设备采购及饮水设备安装、1所学校图书购置。

补助城乡义务教育公用经费3 292.14万元；发放义务教育阶段寄宿生生活费补助308.13万元。区级预算投入生均公用经费共1 812.19万元。投入资金939.12万元，在39个校点推进农村义务教育营养改善计划，实际受益学生1.21万人，覆盖率100%。

全区教师国培、省培、市培等参训率和合格率均达100%。教育普及率及教学水平不断提高，学前三年毛入园率101%，高中阶段毛入学率96.8%以上，高考总上线率97.6%。新增省一级幼儿园1所、省级现代教育示范幼儿园2所，引入名校创办云南衡水实验中学西山学校、昆三中西山学校、昆一中附属小学，全区优质教育资源进一步增加。加快发展特殊教育，义务教育阶段残疾儿童少年入学率保持在95%以上。

【科技】 2016年，区本级财政科技支出3 960万元，占区本级财政一般预算支出的2.12%。实施科技项目84个，其中，科技计划项目26个、公共科技项目17个、知识产权专项项目20个。带动企业研发投入6 253.1万元，项目为企业实现产值14.358亿元。专利申请932件，授权504件。

评选出“苹果矮化自根砧木繁育技术研究”“Smac及Caspase-9蛋白表达水平对预测直肠癌术前放化疗敏感性的临床研究”“西山区动物卫生执法监督防伪建设项目”“微量泵入蒽环类药物在肿瘤化疗中的应用”“西山区慢性病流行现状及防控对策研究”“磁共振胰胆管成像（MRCP）技术研究及临床应用”“努比山羊高效扩繁技术研究与示范”“小潮气量通气及控制补液救治小儿持续性低氧性呼吸衰竭的临床研究”“经纤支镜取材肺癌细胞培养”和“废水治理及资源化利用示范项目”10项科学技术进步奖；评选出“一种中药组合物及其制备方法、制剂与应用”和“一种紫红外变像管的应用”2项专利奖；选出国家、省级重点新品认定等40项创新认定奖。投入科技奖励资金共482万元。

培育认定各级各类创新型主体及平台63家。其中，国家高新技术企业16家、云南省科技创新团队4家、云南省重点实验室5个、云南省农业科技示范园1个、云南省农产品深加工科技型企业3家、云南省公共科技服务平台2个、云南省科技型中小企业5家、云南省重点新产品9个。

年内，云南光谷机电科技孵化器管理有限公司被认定为国家级众创空间，引入中小企业10家，培育市场潜力中小企业9家。组织云南彩立方数据科技有限公司联合光谷孵化器成功申报昆明市区域创新驱动示范工程，入驻企业31家。区首个“太阳能光伏取水”科技示范工程在团结妥吉社区建成并通过验收，年提水量达7.3万立方米。

【文化、卫生】 2016年，建设完成街道文化站2个、社区综合性文化服务中心6个。开发投入推广使用“西山掌上文化”手机APP，利用现有的微信平台提升公共文化服务的现代传播能力。投入基层公共文化服务资金630万元，基层公共文化服务项目资金到位率超过100%。全区文化站（室）共开展11类54项文化服务。文化站均衡配置文化资源5类29项，社区综合文化服务中心6类25项，全年基层公共文化服务项目落实率80%。评审公布西山区第一批非遗展示馆、传习馆，包括管氏针灸疗法传习馆、祖氏滇绣画传习馆、云南葫芦雕刻传习馆和雨田陶艺传习馆4家非遗传习馆。

区图书馆采编新书9 650册，新增图书流通点8个，全年馆外流通点流动图书3.16万册次；开展全民阅读、图书“五进”、中小学生读书演讲等10余次系列活动；开展智慧图书馆和总分馆制三级服务体系建设，提供西山区图书馆在线信息服务，达到数字化服务要求。为推动全区公共文化服务体系建设，3月28日，开展全区30套全民电子借阅平台终端机发放活动。

2016年，西山区有省级医院5家、市级医院3家、部队医院3家、区属公立医院（含企业主办）3家；基层公共卫生服务机构118家，其中，社区卫生服务中心28家（含街道办事处卫生院）、社区卫生服务站54家、居委会卫生室36家；民营医院34家；个体医疗机构564家。西山区辖区各级医疗机构核准床位1.24万张，各类专业技术人员1.55万人（医生5 538人、护士6 777人、医技3 199人），每千人拥有床位17.08张，每千人拥有医护人员15.89人。65岁及以上老年人健康管理率75.18%，重性精神疾病患者管理率97.27%，孕产妇系统管理率99.19%，结婚登记自愿进行免费婚前医学检查率99.66%。全辖区居民健康电子档案建档率89.98%。全区中医医疗机构164家。初步形成区级、街道社区中心、村卫生室三级中医药健康服务发展网络。

【社会保障】 2016年，全区实现城镇新增就业2.25万人，城镇登记失业率控制在3.5%以内；开发公益性岗位560个，组织农村劳动力转移培训2 031人，完成农村劳动力转移就业5 446人。为2 818名就业困难人员落实社会保险补贴842.5万元。全年共发放小额担保贷款263户2 628万元，带动就业526人；发放贷免扶补创业小额贷款115人977万元，带动就业285人；大学生创业园孵化项目48个，累计带动就业733人。

西山区基本社会保险参保94.63万人次，其中，城镇职工养老保险17.16万人，城乡居民养老保险9.42万人；城镇职工医疗保险18.35万人，城乡居民医疗保险21.61万人；失业、工伤和生育保险参保人数分别为10.1万人、9.64万人和8.34万人。西山区被征地人员社会养老保险待遇领取人数1.34万人，发放养老金共6 257.51万元；城乡居民社会养老保险待遇领取人数2.32万人，发放养老金共2 485.94万元。

全年对2 334名参加城乡居民医疗保险的三、四级残疾人给予补助28万元；对1 700名参加城乡居民基本养老保险的三、四级残疾人补助17万元。为143名残疾人办理临时困难救助发放17.22万元。3个城乡社区居家养老中心建设项目启动。民政社会救助标准大幅提高。 在区设置的5家定点医疗机构开通“一站式”医疗救助平台，共救助困难群众1 459人，救助资金329.18万元；临时救助513人，救助资金98.64万元；医疗救助161人，救助资金59.85万。对35名孤儿发放基本生活费44.07万元，对165名“三无”人员、55名集中供养人员发放保障金171.6万元。发放学前教育、义务教育、大学新生入学“扶危济困工程”资助金400万余元。精准帮扶工作投入5 511万元，惠及3个涉农街道15个社区、60个居民小组的相对贫困群体。

2016年，西山区财政支出社会保障和就业资金3.687亿元，住房保障支出1.422亿元。城镇常住居民人均可支配收入3.75万元，增长8%；农村常住居民人均可支配收入1.68万元，增长9.3%。

（刀培凤）

东川区

【年内大事】 1月9日 云南省委书记李纪恒带队，副省长李江，昆明市委书记程连元、市长王喜良等省市领导及相关部门负责人赴东川调研。李纪恒一行深入到阿旺镇菌产业扶贫创业孵化基地、泥石流荒漠生态修复基地和碧谷四方地工业园区调研，对东川区扶贫攻坚、生态修复、园区建设等工作提出要求。

1月10日 东川举办“东山再起 川流不息”东川区十大歌曲、道德模范、最美家庭、文明单位颁奖晚会，600余位观众观看演出。

1月20日 副省长刘慧晏到东川调研。在实地调研东川太阳谷扶贫产业园，现场听取东川区矿山转型升级、矿业权整合、土地利用总体规划调整情况汇报后，刘慧晏对东川工作中取得的成绩给予充分肯定，对下步工作提出要求。

1月22日 “水墨绘东川”画展开幕仪式在昆明市博物馆举行。展出著名画家寇子皓、蒋丽萍以东川的山水为创作灵感的60多幅中国画。

1月28~29日 《云南日报》《春城晚报》《昆明日报》《都市时报》、云南广播电台、昆明电视台等省市新闻媒体到东川区开展东川生态修复建设及转型发展走可持续道路主题宣传报道采访。

2月16日 证监会按法定程序核准9家企业的首发申请，昆明川金诺化工股份有限公司名列其中，成为东川首家上市企业。该公司（300505）于3月15日登陆深交所创业板上市交易。

5月4日 东川区创业者施东正获得“云南省优秀农民工”荣誉称号。

5月6日 国家发改委、国务院扶贫开发领导小组办公室、国家能源局、国开行以及中国农业发展银行联合下发关于光伏发电扶贫工作的意见，并划定16省471县的重点实施范围，东川区入列。

7月29日 东川区拖布卡镇新店房村茶花箐小组村民舒文清荣登中央文明办发布的2016年7月份“中国好人榜”。

9月12日 中国东川泥石流国际汽车越野赛成功入选全国体育旅游精品赛事。

9月18日 东川区杨德辉家庭荣获国家新闻出版广电总局举办的第二届全国“书香之家”称号。

9月28日 《中国政府网》发布《国务院关于同意新增部分县（市、区、旗）纳入国家重点生态功能区的批复》，东川区入列国家重点生态功能区。

10月1~7日 东川红土地在央视《江山多娇》色彩篇中播放，东川牯牛山、石板房吸引众多媒体、文人前往采风、报道；美食节、音乐节、摩托车越野赛吸引无数观众和旅游者。

12月30日 东川区2016年迎新春“昆广网络”杯第二届泥石流徒步穿越挑战赛落幕。来自昆明、寻甸等区内外116支队伍600余人参加比赛。

同日 东川区组织申报的2017年省级10个村集体经济项目通过市级审定，获省级评审立项扶持。

【区划、人口】 东川区国土面积1 858.79平方千米，地处东经102°47′~103°18′，北纬25°57′~26°32′之间，东邻曲靖市会泽县，南倚昆明市寻甸县，西与昆明市禄劝县毗邻，北连昭通市巧家县并与四川省会东县隔金沙江相望，是昆明市最北端。区政府所在地铜都街道办事处，海拔1 254米，距昆明市区公路距离150千米。2016年末，全区辖铜都街道办事处、汤丹镇、拖布卡镇、因民镇、阿旺镇、乌龙镇、红土地镇和舍块乡，下设130个村民委员会、35个社区居民委员会。其中，红土地镇和舍块乡于2010年成建制委托倘甸产业园区管理委员会和轿子山旅游开发区管理委员会管理。2016年年平均气温20.6℃，年总日照数为2136.4小时，年总降水量为729.5毫米。

2016年底，全区户籍总人口32.02万人，其中，城镇人口12.39万人，乡村人口19.63万人。少数民族2.53万人，占户籍人口总数的7.9%，人口自然增长率5.6‰。

【经济综述】 2016年，全区实现生产总值81.1亿元，同比增长8.7%。其中，第一产业增加值完成6.0亿元，同比增长6.1%；第二产业增加值完成41.6亿元，同比增长9.9%；第三产业增加值完成33.5亿元，同比增长7.3%。三次产业结构为7.4：51.3：41.3。规模以上固定资产投资完成115.1亿元，同比增长11.7%。一般公共预算收入6.1亿元，同比增长11.0%。一般公共预算支出25.27亿元，同比增长2%。年末金融机构各项存款余额127.5亿元，比年初增长14.86%，各项贷款余额70.82亿元，比年初增长8.52%。

【农业】 2016年，全区农作物种植面积37.38万亩，其中，粮食作物播种面积25.07万亩，蔬菜及其他经济作物完成12.31万亩。全年粮食作物总产量达7.0万吨。全区完成农林牧渔业总产值13.67亿元，比上年增长6.5%。农村经济总收入完成17.43亿元，同比增长10.4%。

【工业】 2016年，全区完成工业总产值130.2亿元，下降2.2%，其中，规模以上工业总产值119.2亿元，下降2.6%，规模以下工业总产值11亿元，增长2.5%，全部工业增加值29.7亿元，增长6.1%。

【招商引资】 2016年，全区实现社会消费品零售总额22.6亿元，增长14.3%。外贸进出口额1 610万美元。引进市外资金34.1亿元，省外资金39.8亿元，外资120万美元，争取国家和省项目资金22.16亿元（其中国家9.53亿元、省级12.63亿元）。165项重点项目累计完成投资55.3亿元。接待游客78.34万人次，同比增长40.86%；实现旅游收入2.42亿元，同比增长37.73%。

【扶贫工作】 2016年，投入各类扶贫资金6.72亿元（其中社会帮扶资金1.397亿元），实施易地搬迁2 348户8 484人（其中，建档立卡1 543户5 049人），启动2016年2 000户宜居农户建设和精准扶贫示范村建设5个，全年实现17 111人贫困人口脱贫，11个贫困村出列，阿旺镇脱贫摘帽。

【基础设施建设】 至2016年末，轿子山水库完成投资3.7亿元，占总投资的55.72%，水井山水库完成投资5 720.3万元，占总投资的35.37%，小型农田水利第八批重点县东川区2016年建设项目完成投资2 278.73万元，占总投资的100%，团结渠中段加固整治完成投资2 620万元，占总投资的80.51%。全区绿地率36.97%，绿化覆盖率41.62%，人均公共绿地10.7平方米。拥有城市道路37.88千米，公园2个，农贸市场5个，公厕12座，城镇化率39.5%。人均住房建筑面积27平方米。全区主次干道共安装路灯6 394盏，公园景观照明2 581盏，路灯亮灯率达98%以上。东格高速公路开工建设。功东高速公路累计完成投资36.57亿元，占概算投资的43.34%；东倘公路（乌龙段）累计完成投资4.8亿元，占概算投资的63%。金东大桥累计完成投资4.09亿元，行政村路面硬化率达100%。东川港项目被列入《云南省金沙江黄金水道综合交通规划2014~2020年》和云南省“十三五”规划。

【生态建设】 2016年，完成市级下达东川区营造林任务5.6万亩，完成荒山造林4.6万亩，全区绿地率36.97%，绿化覆盖率41.62%，人均公共绿地10.7平方米，森林覆盖率33%。投资4 579万元治理水土流失面积35.41平方千米，主城区空气二级以上天数达187天以上，空气环境质量日均值达标率100%，水质达标率100%，完成省级下达二氧化碳控制量1.13万吨，氮氧化物287.08吨，废水污染物化学需氧量控制3454.91吨，氨氮253.29吨，垃圾清运率100%，无害化处理率85%。

【社会治安综合治理】 2016年，成功创建法治文化示范点2家，法律六进示范点3家，建成主题法治1个，命名主题法治广场2个。东川区公安局新村派出所被命名为“昆明市2016年法治创建示范单位”，东川区人民法院被命名为“2016年昆明市法治机关创建活动先进单位”，选送执法类案件2件、司法类案件1件获评“昆明市双十佳案件”，组队代表东川区参加昆明市首届普法与依法治市网络、电视大赛取得全市第二名的好成绩。全年共排查矛盾纠纷7 838件，化解7 694件，成功率98.2%。接收社区矫正人员1 148人，解除社区矫正人员878人，刑释解教安置帮教131人，帮教率100%，重新违法犯罪率为0。处理各类道路交通事故3 335起，同比事故死亡人数减少16人，下降34.8%，受伤人数减少92人，下降14%。破案率50.6%，同比立案数下降143起，群众安全感和满意度测评位列全省第40名，同比名次上升27名。

【教育、文化】 2016年，全区小学入学率99.4%，初中入学率99.1%，高中阶段毛入学率69%。城乡居民健康档案电子建档率97.75%，卫生监督协管覆盖率100%。阿旺镇彝族传统文化传承基地获批为昆明市第一批传承基地，东川区传统音乐彝族口弦列入第四批市级非物质文化遗产名录；东川泥石流车赛成功申报为昆明市十大文化旅游体育（节庆）活动品牌和全国体育旅游精品赛事，被列为云南省面向东南亚“桥头堡”3个重点体育赛事之一。全区广播电视覆盖率达100%。

【劳动保障】 2016年，全区城镇常住居民人均可支配27 843元，增长8.5%；农村常住居民人均可支配7 078元，增长10.5%。实施劳动力转移培训1 500人，发放小额扶贫到户贷款2 525万元，提供有效就业岗位4 552个，城镇新增就业4 436人，农村劳动力转移就业10 871人（其中新增转移就业4 939人），转移就业新增收入1.49亿元，基本社会保险参保51.91万人次，城乡低保对象33 153户54 019人，累计发放保障金1.6亿元。实施医疗救助22 811人次，救助金额1 161.4万元。资助城乡困难群众参加城乡居民基本医疗保险52 802人次，资助金额633.6万元。

（聂东丽）

呈贡区

【年内大事】 1月7日　浪潮昆明云计算产业园项目（一期）、云南省政务信息中心、呈贡信息产业科技创新孵化中心、云南移动云计算中心、中国电信云南公司“全光网省”等9个入驻昆明呈贡信息产业园区的首批“云上云”行动计划项目在项目现场举行集中开工奠基仪式。项目总投资约153亿元。

2月16日　省纪委常委、省监察厅副厅长、省预防腐败局专职副局长和正兴率省委第五考核组一行6人到呈贡，延伸检查考核呈贡区2015年度党风廉政建设责任制工作。

2月18日　呈贡区人民政府决定成立云南云上云大数据产业发展有限公司。该公司由昆明呈贡信息产业园区管委会出资300万元成立，代表昆明呈贡信息产业园区管委会行使资产经营管理和园区创业创新基地开发建设职责，履行园区规划范围内公共资源开发权利。

2月29日　呈贡区组织开展全区第一届公务员无偿献血月活动。在启动仪式当天，有31人进行无偿献血。

3月1日　在市委、市政府，滇中新区党工委、管委会于北京市新云南皇冠假日酒店联合举办的“云南省昆明市滇中新区开放合作推介会”上，昆明呈贡信息产业园区管委会分别与中关村数字电视产业园管理委员会、北京电子城投资开发股份有限公司、北京中关村信息资产管理有限责任公司签署战略合作框架协议。

3月30~31日　昆明呈贡新区暨昆明呈贡信息产业园区举行招商推介会。在为期2天的推介会上，先后有138户国内外企业的300余名嘉宾参会，共签约项目15个，总金额446亿元。

4月26日　省委副书记、省长陈豪，省委常委、省高校工委书记李培一行到呈贡区仕林街云大启迪K栈众创空间视察。云大启迪K栈众创空间由云南大学与清华控股旗下企业启迪控股股份有限公司合作共建，3月19日正式启动运行，现已进驻创业团队及企业40余个。

4月28日　沪昆高铁云南段位于呈贡区境内的大新册大桥与黄连山二号隧道接轨点的最后一组长钢轨由中铁三局铺轨机牵引落地并被拧紧扣件螺栓，标志着沪昆高铁云南段正线全线铺通。

5月11日　省委常委、省纪委书记张硕辅率省纪委第一检查组到呈贡，对全区“五网”建设进行专项检查。张硕辅一行实地查看地铁1号线白龙潭站、高铁昆明南站、呈贡联大立交、呈贡信息产业园等项目建设情况，要求统筹好项目进度、质量、安全和廉政的关系，进一步健全完善质量保障、安全生产、监督管理等方面的规章制度，严格规范工程建设“四制”要求。

5月26日　由市政府主办、昆明呈贡信息产业园区管委会承办的招商推介会在北京中关村国家自主创新示范区会展中心举行。百度、联想、中国电子科技集团、云南南天、北大方正等150余户知名企业参会。国家工信部电子信息司副司长乔跃山出席推介会并讲话。

6月18日　由昆明诺仕达集团主办的“点亮呈贡·兑现新城”——“166联盟”兑现仪式暨呈贡新区首个城市商业中心七彩云南·第壹城开城仪式在七彩云南·第壹城购物中心举行。300余个国际、国内知名品牌首次携手进驻呈贡新区。

6月29日　呈贡区纪念中国共产党成立95周年暨第十六届“云岭先锋颂”合唱比赛在云南师范大学艺术学院演播厅举行。全区52个单位组成的23支队伍参加比赛。

7月1日　“省市联动·绿化昆明·共建春城”城市公共绿地义务植树暨省市区共建“圆梦林”活动在斗南湿地举行。在活动启动仪式上，省扶贫办与呈贡区签订“省市联动·绿化昆明·共建春城”呈贡斗南湿地公园共建协议，省扶贫办将安排300万元义务植树专项资金拨付至呈贡区，与呈贡区共建绿地面积165亩。

7月5日　呈贡区民营企业投诉中心成立。

7月18日　呈贡区人民政府与中国银行云南省分行举行《政银战略合作协议》签约仪式。《协议》双方约定在授信、投行、中小企业服务、国际结算等领域开展合作，中国银行云南省分行将在未来5年内向呈贡区提供融资金额约50亿元人民币，重点支持呈贡信息产业园、区安置房及保障性住房、路网等基础设施投资项目、“云上云”云南省信息化中心等重点产业项目及滇池水环境综合治理项目、高原特色农业项目和重点企业发展。

8月1日　呈贡新区综合办公室正式撤销。从8月1日零时起，区委办公室、区政府办公室正式按“三定”方案履行职能职责。

8月2日　共青团中央书记处第一书记秦宜智到呈贡大学城青年创新创业服务中心视察。

8月23日　全国政协常委、全国政协经济委员会副主任陈锡文，全国政协经济委员会副主任岳福洪率调研组到呈贡区进行“健全现代农业科技推广体系”专题调研。

9月19日　省司法厅组织来自全国各省市的“全国司法行政基层工作培训班”百余名参训人员到洛龙司法所、呈贡区社区矫正和刑释人员帮教暨青少年法治教育基地参观考察。

9月21日　呈贡区在区政务服务中心举行“五证合一、一照一码”登记制度改革工作启动仪式。改革工作启动后，申请人在办理企业注册、变更登记时将获得由工商部门统一核发的加载统一社会信用代码的营业执照，不再发放组织机构代码证、税务登记证、社会保险登记证。在当天的启动仪式上，昆明有业房地产经纪有限公司、云南泽宇建筑工程有限公司等3家企业获颁呈贡区首批“五证合一”营业执照。

10月18日　“昆明市创业创新联盟”在呈贡区云大启迪K栈众创空间成立。驻昆高校、创业园区、众创空间、科技孵化器、投融资机构、协会组织和企业等161个单位报名加入，云南农业大学、昆明理工大学、昆明市人力资源和社会保障协会等单位为联盟理事单位。

11月3日　呈贡区委组织开展首轮巡察工作。在动员部署会上，区委对巡察工作进行了安排部署。

11月4日　昆明市人民政府、呈贡区人民政府在呈贡举行昆明呈贡信息产业园项目签约仪式。微软、中兴通讯、大唐电信等31户企业参与签约，签约协议金额60余亿元。

11月7日　新加坡汉德公司企业家代表团到昆明呈贡信息产业园区考察园区规划及项目推进情况。新加坡汉德公司表示，希望在今后的工作中与昆明呈贡信息产业园在招商推介等方面展开合作，重点发展电子信息、大数据、电子商务等产业。

11月11日　民革昆明市委“中

高铁昆明南站候车大厅

（唐荣华　摄）

山文化园”项目奠基暨孙中山先生雕像落成仪式在洛龙公园举行。在落成仪式上，民革广州市委为“中山文化园”建设捐赠2万元。

11月30日　呈贡区人民政府与江苏省建筑工程集团有限公司签署《昆明市呈贡区人民政府与江苏省建筑工程集团有限公司投资建设合作框架协议》。根据《框架协议》，计划投资约300亿元，在呈贡区基础设施建设、旧城改造、一级土地整理等方面开展合作。

12月28日　高铁昆明南站建成投入使用，沪昆客专昆明至贵阳段、云桂铁路昆明至百色段建成通车。在昆明南站举行的通车运营仪式上，省委副书记、代省长阮成发在致辞中指出，沪昆客专、云桂铁路正式通车运营，标志着云南高铁从无到有，进入全国高铁大通道、大网络。副省长刘慧宴主持仪式，省委书记陈豪宣布通车运营。

【区划、人口】　呈贡区位于昆明主城区东南面的滇池东岸，距昆明主城老城区12千米，于2011年5月由呈贡县撤县设区设立。全区面积510.2平方千米，辖10个街道65个社区。2008年5月1日，区辖马金铺、大渔、洛羊3个街道由县人民政府分别委托昆明高新区、旅游度假区、经开区管委会管理，托管面积分别为86．88、24．99、71．44平方千米。2010年7月1日，区辖七甸街道由县人民政府委托阳宗海管委会管理，托管面积126平方千米。2016年末，全区辖区面积510.2平方千米。其中，呈贡区委、区政府实际管理龙城、斗南、吴家营、洛龙、乌龙、雨花6个街道29个社区203个居民小组，实管面积200.89平方千米；托管4个街道36个社区190个居民小组，托管面积309.31平方千米。全区户籍人口66 513户192 611人（含托管30 904户86 351人），其中，男94 999人、女97 612人，分别占户籍总人口的49.32％、50.68％；乡村人口56 719人、城镇人口135 892人，分别占户籍总人口的29.45％、70.55％；少数民族人口12 597人，占户籍总人口的6.54％；全年出生人口2 765人，死亡人口926人，人口自然增长率为4.83‰。全区常住人口约33.63万人，常住人口密度为每平方千米659人，其中户籍人口密度为每平方千米378人。

【经济综述】　2016年，呈贡区全面深化全区财税金融、投资融资等领域改革，顺畅城市开发建设管理体制，规范职能职责；坚持以质量和效益为中心，落实稳增长系列措施，把大数据、大健康、大文创等战略性新兴产业和现代服务业作为主攻方向，强力推进园区经济发展，“云上云”大数据双创基地、云大启迪K栈众创空间建成运营；充分发挥南博会、昆交会、农博会等平台作用，深入北京、深圳等地开展招商推介，加速构建现代产业体系，引进浪潮昆明云计算产业园、中交云南总部基地、中国中铁西南总部基地等一批大项目，中关村e谷（昆明）孵化器、中关村牡丹数字产业园等企业在呈贡设立项目机构，全区科技创新能力不断增强。

年内，全区地区生产总值完成195.95亿元，比上一年增长9%，人均生产总值达到8 400美元；地方一般公共预算收入完成20.49亿元，比上一年增长17.14%；引进内资47.24亿元，外资2 300万美元，规模以上固定资产投资完成233.41亿元，比上一年增长10.7%；三次产业结构由上一年的2.7：54.82：42.48调整为2.6：53.0：44.4；城镇常住居民人均可支配收入为3.71万元，比上一年增长8.0%；农村常住居民人均可支配收入为16 605元，比上一年增长9.5%；实现社会消费品零售总额44.26亿元，比上一年增长15.6%；万元GDP能耗下降3.5%；城镇登记失业率为3.4%。年末，全区金融机构各项存款余额429.67亿元，比上一年末增加78.33亿元，增长22.3%，其中个人储蓄存款余额189.58亿元，比上一年末增加19.38亿元，增长11.39%；各项贷款余额212.99亿元，比上一年末增加10.54亿元，增长5.21%。

【改革工作】　围绕《2016年度呈贡区全面深化改革工作要点》中的142项改革任务，提出以中小城市综合改革、供给侧结构改革和创新办学模式3个重点，修订完善《昆明市呈贡区全面深化改革决策制度（修订）》和《昆明市呈贡区全面深化改革督察督办制度（修订）》，调整充实区委深化改革领导小组及10个改革专项小组组成人员，审议通过16 个改革方案和配套文件，安排年度改革经费120万元，确保改革工作有序推进。

【城市建设】　将全区城市建设主要工作目标进行细化分解，全力推进项目建设。年内，全区组织实施14个安置房项目、6个其他项目建设，共完成固定资产投资62亿元。七星山地块项目规划净用地面积424亩，总建筑面积58万平方米，其中，地上建筑面积45万平方米、地下建筑面积13万平方米，主体工程于5月封顶断水，已进入土建工程收尾和主体装修及水、电、气、弱电、路网、绿化等配套设施施工。雨花一地块项目规划净用面积地128亩，总建筑面积32.5万平方米，其中，地上建筑面积23.8万平方米、地下建筑面积8.7万平方米；项目南区已全部封顶断水，完成建筑面积约24万平方米，完成投资3.9亿元，正开展市政、内外装饰、绿化工程施工。雨花二地块项目规划净用地面积169亩，总建筑面积约45万平方米，其中，地上建筑面积32万平方米、地下建筑面积13万平方米，大部分主体工程已封顶断水，完成建筑面积约41.5万平方米，完成投资5.2亿元现开展水、电、气、道路及绿化等配套设施施工。彩龙村安置房项目规划净用地面积22亩，建筑面积约3万平方米，其中，地上建筑面积2万平方米，主体工程封顶断水。龙斗一号地块一期项目规划净用地面积约716亩，安置房用地面积239亩，建筑面积62万平方米，其中，地上建筑面积48万平方米、地下建筑面积14万平方米，39号地块主体工程全部封顶断水，进入外墙装饰、水、电、气、消防设施的施工，配置的区幼儿园、小学7月份开始招生办学，安置区部分建筑已达正负零，完成投资5亿元。龙斗三号地块一期项目规划净用地面积约90亩，总建筑面积约33万平方米，其中，地上建筑面积25万平方米、地下建筑面积8万平方米，前期工作完成，已开展基础施工。雨花一号三期项目规划净用地面积约448.5亩，安置房建筑面积34万平方米，一标段4栋已封顶断水，其余栋号均全部出正负零。回回营地块项目规划净用地面积96亩，总建筑面积23万平方米，项目可研、修建性详细规划、地勘等前期工作完成，正开展试桩工程。龙四地块一期项目规划净用地面积约160亩，安置房建筑面积约45万平方米，其中，地上建筑面积32万平方米、地下建筑面积13万平方米，项目可研、修建性详细规划、试桩等前期工作已完成，正进行土方开挖施工。龙四地块白龙潭安置区项目规划净用地面积约133亩，安置区土地面积44.3亩，安置房建筑面积13.56万平方米，已完成地勘工作。雨花五号地块一期项目规划净用地面积约211亩，安置区土地面积71亩，安置房建筑面积25.3万平方米，其中，地上建筑面积19.6万平方米、地下建筑面积5.7万平方米，安置房地块主体工程已封顶断水，二次砌体施工已基本完成，已开展安置区配套道路、绿化、水、电、气、弱电施工和配置地块的试桩、基坑开挖等工程。雨花四号地块一期估算总投资14亿元，已支付12亿元，尚欠2亿元，待完成审计工作后拨付剩余工程款。雨花二号地块二期项目规划用地面积约464亩，安置区面积145亩，安置房建筑面积34.2万平方米，其中，地上建筑面积23万平方米、地下建筑面积11.2万平方米，约12万平方米安置房封顶断水。龙斗二号地块项目规划净用地面积1 673.77亩，安置区土地面积约557亩，分三期开发建设，意向由昆发展集团按照国家棚户区政策争取资金实施建设。雨花四号地块项目规划净用地39亩，安置房建筑面积约10万平方米，已完成招标代理公司的招标。斗南村安置房完成原址改造的编制。

加大交通基础设施建设力度。年内，投资91 407万元，完成联大立交建设。该项目位于联大街与昆玉高速公路交汇处，建设用地为541.3亩，2015年9月底开工建设，2016年9月25日正式通车。概算投资3.34亿元，完成国道213线呈贡境内段提升改造。213国道区境内段全长13.36千米，起于呈贡与官渡交界，止于呈贡与度假区交界三板桥。其中，第一段（官渡区交界至马料河段）700米道路于3月1日开工建设，7月30日正式通车；第四段锦辉酒店至呈贡与度假区分界叒提升改造工程已完成工程结算审计及交工验收工作。投资480万元，完成昆玉高速公路吴家营出口收费站改扩建工程。该项目在原有收费站出口匝道的基础上进行提升改造，项目占地约3.5亩，由原来3条收费通道变为2个收费广场共5条收费通道（包含新建1个ETC），3月11日正式开工，4月29日正式通车。投资3 200万元，完成昆玉高速公路王家营收费站改扩建工程。该工程位于老王家营收费站与南绕城高速杜家营立交之间，新建昆明至王家营方向出口匝道和收费站与国道213线连接，收费站设置3个整车式计重收费车道、1个ETC车道、1个普通收费车道，保留原王家营立交至玉溪方向入口匝道，新增1个ETC车道，3月1日开工建设，8月10日正式通车运营。基本完成呈贡区超限运输检测站建设，总投资约1 500万元。该项目位于三铝公路K7+350公路南面，建设内容主要包括超限运输检测室、检测车道、值班室、卸货区、停车场、供电、给排水等配套设施，项目总占地面积4 000平方米，累计完成投资约1 409.61万元。开展呈贡42号路（黄马高速呈贡南立交连接线）前期工作，已完成规划方案审批、项目可研、环评、水保、地灾、矿压等可研报告编制和评审及勘测定界单位、设计单位公开招投标工作。开展昆玉高速公路呈贡境内王家营立交、呈贡立交、春融街与昆玉高速连接匝道、锦绣大街与昆玉高速连接匝道、吴家营立交、105号路与昆玉高速连接匝道6个交通节点规划控制工作。

【城市管理】 持续抓好市容市貌综合整治，加大对门前三包落实不到位、环境脏乱差及不文明行为的宣传教育、整改。签订街道门前三包责任书7 120份，补发责任牌1 110块，查处违反门前三包责任行为5 711件，现场整改5 384件。全面整治占道经营，派专人坚守老街口、广场、晨光街路口等重点地段。安排机动巡查组每天对老城区、米兰园、惠兰园周边道路沿线的商铺进行无缝隙管理，杜绝占道经营、店外经营、漫店经营等行为。规范、整治“车辆乱停”行为，针对老城区街道狭窄，银行、商场门口人行道上电动车、机动车乱停乱放情况，组织机动巡查人员对事主耐心劝导教育，全年说服教育乱停乱放机动车驾驶人员2.84万人次。规范建筑工地管理，严格按照《昆明市建设工程文明施工管理办法》等规定要求，每周对辖区白龙潭俊园地铁站、七彩云南·第壹城等54个建筑施工工地及37个调拨回填点进行安全检查，督促施工企业加强工地出入口的清扫保洁工作。强化渣土管理运输管理，办理《建筑垃圾车辆排放、处置备案卡》1.34万张，对在建工地及渣土消纳场安全检查中发现的问题督促施工企业和车主及时整改。

开展违法建设整治工作，层层签订责任状，社区干部签订承诺书567份，公开社区干部承租集体土地24.23万平方米，地上建筑面积20 573平方米。开展农村宅基地、产业用地及地上建筑物统计工作，查明全区共1.9万余户，宅基地面积179.61万平方米，宅基地地上建筑面积389.2万平方米；农村产业用地面积38.28万平方米，产业用地上建筑面积27.29万平方米。开展辖区违法建筑摸底调查和整治工作，共普查违法建设95宗，面积66 596平方米，整治拆除并上报市指挥部办公室销案违法建设92宗，面积5.88万平方米；对昆明置信广场3宗未批先建行为罚款590.54万元。持续提升数字城管工作。年内，区数字化城市管理指挥中心平台共受理数字案件190 577件，结案189 884件，案件处置率达到99.46%，先行处置结案1 573件。加大违法违章案件处罚力度。年内，共查获各类违法违规案件315件，结案310件，结案率98.1%。

推进环卫作业市场化运作，与新中标的深圳龙吉顺实业发展有限公司、重庆塞通环卫有限公司、深圳洁亚清洁服务有限公司、重庆滨南城市综合服务股份有限公司签订城市道路清扫保洁市场化服务承包合同书，实现全区10 67.8 万平方米城市道路、绿化带和社区道路的清扫保洁作业市场化外包。全年收集、清运生活垃圾10.84万吨，并全部运送到区垃圾焚烧发电厂进行无害化处置；新建公厕47座，改建提升公厕59座，开放内厕86座。年内，投资379万元，完成石龙路春融东路路口至洛羊派出所门口、致远路与龙潭街交叉口、呈黄立交桥下层由南向北辅道等破损道路的修缮；投资33万元对彩云南路地铁轨道沿线路面10个点位进行专项检测；投资32万元，完成石龙路洛龙河桥修缮维护；投资50万元，完成辖区内锦绣大街沐春湖桥、雨花路捞鱼河桥、春融街桥、春融西路泛春湖桥、月华街桥、宜和路桥、朝云街洛龙河桥、碧潭街桥、梁王路捞鱼河桥、春融东路新开河桥的检测工作；完成100个公共自行车租赁站点的选址，其中，86个站点完成基础开挖，35个站点完成安装。

【生态建设】 年内，全区完成水利建设投资8 018.64万元，其中，水利基础设施建设投资2 306.07万元、农田水利投资5 712.57万元。投资1 413.1万元，完成除险水库加固工程3件及1件水库除险加固工程安全评价工作。其中，大坝箐水库除险加固主体工程于9月9日完成，总投资350万元；卫星水库除险加固工程于6月20日完成，总投资135万元；马鞍山水库加固扩建工程于12月28日完成，概算总投资866.03万元；完成关山水库除险加固工程大坝安全评价工作。河道、管网整治取得新成效，完成概算投资6 598.76万元。其中，高铁昆明南站配套市政排水工程站场外排水项目总投资6 564.2万元，已经完成投资5 186万元；5月15日完成洛龙河木碗桥危桥改造工程，概算投资230万元；完成捞鱼河彩云南路桥下旧河堤拆除工程，概算投资49.2万元；投资93万元，完成马料河呈贡段河道景观绿化枯死树木更换工作，种植乔木肋果632株、云南樱花1 226株、广玉兰1 226株、地被12 072平方米；投资165.61万元，完成马料河呈贡段清淤及景观提升改造；投资146.4万元，完成市政雨、污水管网清淤维护202.43千米，清除淤泥2 499.5立方米。水土保持工作有序推进。年内，完成水土保持绿化供水工程项目2件，概算投资2 056.76万元。其中，概算投资713.69万元，完成缪家营社区李凹山水土保持绿化供水工程；概算投资1 343.07万元，实施白龙潭山水土保持绿化供水工程。滇池治理成效明显。年内，区政府与辖区各街道办事处、各职能部门签订《滇池流域水环境综合治理目标责任书》《滇池流域“河道三包”目标责任书》；建立巡查制度，对辖区河道、沟渠巡查检查进行领导责任划分，保证辖区主要入滇河道、沟渠巡查工作落到实处。强化河道、沟渠保洁、管护工作，区政府每年从财政预算中安排专项资金280.32万元，从主要入湖河道、沟渠打捞出河道漂浮物、水葫芦2 879.8吨，清除垃圾、杂草247.1吨；呈贡污水处理厂收集处理污水468.62万立方米，日均处理污水1.28万立方米。落实最严格水资源管理制度，严格区域用水总量、用水效率及水功能区划限制纳污“三条红线”指标控制。年内，全区用水总量完成3 488万立方米，规模以上万元工业增加值用水量为16.7吨。严格取水许可审批管理，对辖区内20个地下水自备水源和17个地表水取用水户实施计划用水和用水定额管理，征收水资源费75.97万元。开展水库建设移民后期扶持直补资金发放工作，全年发放大中型水库移民3 442人的后期扶持直补资金103.05万元。加大蓄水力度，保障农业灌溉用水。年内，全区实现蓄水1 255万立方米，比上一年1 330.88万立方米减少75.88万立方米。

牢固树立绿色发展理念，以改善生态环境质量为核心，落实最严格的环境保护制度，着力推进生态建设。严格落实环境保护“一岗双责”，与区属17个部门、6个街道分别签订《2016年度环境保护“一岗双责”责任状》并纳入年度工作目标考核，形成区委、区政府统一领导，各责任单位分工协作、目标明确、齐抓共管的环境保护工作格局。不断拓展宣传教育的深度和广度，充分利用新闻媒体和各种宣传渠道进行全方位宣传，做到重大环境节日有活动，新闻报道有声音，报刊专栏有文章，在全区营造加强环境保护的氛围，增强群众和社会各界的参与意识。积极组织开展绿色学校、宁静小区等创建活动，提高学校师生、居民的绿色理念，改变陋习，养成健康文明的生活习惯。年内，区第一幼儿园和云南白药厂完成市级“绿色创建”工作，沐春园小区完成“宁静小区”创建工作。加大环保投入，各部门、各街道、各企事业单位多渠道筹措资金，深入开展市政环保基础设施建设和滇池湿地、石漠化荒山、滇池面山等生态修复治理及废水、废气、噪声等污染防治。年内，投入环境治理和生态建设资金4.33亿元，环保投资指数达2.24%。严格环保准入，狠抓源头控制。年内，收接建设项目申请221件，否决21件；审批建设项目168件，备案32件；验收项目99件。严格落实排污费征收政策，全年征收排污费12.6万元。狠抓工业固废和危险废物管理，对工业固废尤其是危险废物实行全过程管理和危险废物转移联单制管理，区境涉及医废、危废的89户企事业单位分别与市医疗废物处置中心及危废处置中心签订处置协议，做到定期清运处置，处置利用率达100%。大力开展大气、水、土壤污染治理，全区环境质量进一步改善。

【教育、科技】 坚持教育优先发展战略，全面落实教育规划纲要，以解放思想为先导，以改革创新为动力，以提高教育教学质量为中心，狠抓“教育改革、扩大优质、提高质量、提升队伍、完善机制”五项任务，努力把呈贡建成名师聚集、名校云集的优质教育资源高地。加大教学基础设施建设力度，区财政安排专项资金89.29万元，完成斗南学校、实验学校、新区一小、新区二小、文笔小学、回回营小学食堂筹建所需的场地租赁、设施设备采购、监控安装、食品检测设备购置等。解决6所学校8个校点近7 000余名师生中餐就餐问题，保证学生吃上质量高、成本低、数量足、营养够的中餐。争取国家和省资金8 510.38万元，其中中央资金1 989.38万元、省级资金6 521万元，国家和省安排的中小学校舍改造、教学设备仪器专项资金补助 6 135.34万元，全面实施BC级校舍排危改造工程和新校舍建设工程。年内，启动呈贡一中改扩建和文笔小学、新区四小、新区五小、古城小学排危重建校安工程，启动洛龙学校、特殊学校、滇池明珠广场学校、沐春园幼儿园、斗南中心幼儿园、昆明市外国语学校呈贡校区学校建设项目前期工作，青苗国际双语小学、幼儿园完成室内装修改造，区第一幼儿园、万溪冲幼儿园完成室内外装修改造，区第二幼儿园完成食堂改造，云大附中呈贡校区完成排污管道建设。学前教育加快普及。年内，呈贡区中科启稚幼儿园创建为省一级三等示范幼儿园，区第一幼儿园创建为云南省一级二等示范幼儿园。推进“名园融园”工作。年内，区第二幼儿园派出骨干教师，举办区二幼海岸城分园；区第三幼儿园领办雨花街道中心幼儿园。大力增加公办幼儿园和普惠性民办幼儿园占比，与云南师范大学基础教育集团合作举办云南师范大学附属呈贡幼儿园，下庄新晨幼儿园转变为公办幼儿园，引导和支持民办幼儿园提供普惠性服务。年末，全区有普惠性民办幼儿园34所，公办幼儿园和普惠性民办幼儿园在园幼儿7 349名，占全区在园幼儿的85.73%。义务教育均衡发展。以义务教育基本均衡发展督导评估为契机，通过优化校点布局，均衡师资配置，加强教学设施设备添置，促进全区公办中小学高水平、高标准均衡发展。年内，全区义务教育阶段在校学生22 238人，小学学龄儿童毛入学率为103.85%，巩固率为100%，初中阶段毛入学率为112.94%，巩固率为99.90%。普通高中教育多样化发展。区先后与昆三中、云大附中、民大附中、衡水中学签订合作办学协议，选送学生到合作办学学校学习，选派优秀教师到这些学校进修培训，全面提高全区高中教育质量。年内，全区九年级总学籍人数为1 472人，高中阶段录取人数为1 407人，高中阶段毛入学率为96%；区域内学校中考实考考生1 086人，中考一级高（完）中上线185人，上线率为17%；高考实考考生共972人，一本上线472人，上线率为48%。实施全区民办教育发展专项资金保障机制，核拨民办教育发展专项资金396万元扶持奖励社会资本办学，促进民办教育的健康持续发展。年内，全区共审批民办中小学4所，民办幼儿园4所，短期培训学校2所。教育交流与合作取得突破。3月1日，云南外国语学校从安宁市整体搬迁至雨花片区天润康园小区配套学校同呈贡区合作办学；3月，呈贡青苗国际双语学校实现招生办学；9月1日，昆明世青国际学校、四川师范大学附属昆明实验学校（天娇校区）、昆明师专附属小呈贡海岸城分校、云南师范大学附属呈贡幼儿园顺利实现招生办学；10月20日，区教育局与云南启迪长水教育科技有限公司签订合作办学协议，合作举办呈贡区启迪小学。年末，全区共有合作办学学校（幼儿园）20所，有效提升了全区教育现代化、国际化水平。申报成立呈贡区教育合作交流服务中心，按照《昆明市呈贡区创新合作办学学校服务和管理的意见（试行）》，引进的各合作学校均按协议提供公费学位2 806个，优质教育资源惠及面逐年扩大。及时拨付义务教育阶段学校专项资金。年内，向各学校拨付公用经费987.28万元，下拨农村义务教育阶段学生营养改善计划补助资金506.64万元，安排公共基础设施重点项目建设资金15 995.34万元，核拨区级项目预算批准资金97 617 629.52元，极大地改善了全区校舍基础设施和教学设施设备等办学条件。深入推进全区中小学幼儿园教育信息化建设，投资110万元新建录播室3个，对870名中小学幼儿园教师进行4场电子白板教学应用技术培训。贯彻落实学生资助各项政策，共资助各类经济困难学生694名、259.67万元，确保全区没有一名学生因家庭经济困难而失学。年末，区境内共有幼儿园48所（含市属2所，民办41所），小学17所（含市直属2所，民办5所），初级中学1所，九年一贯制学校 2 所（含民办1所），完全中学5所（含市直属2所，民办3所），十二年一贯制学校5所（均为民办学校，其中国际学校2所、市属1所）；在职教职工3 574人，其中专任教师2 603人；在校学生36 303人，其中高中阶段5 493人、初中阶段7 322人、小学阶段14 916人、幼儿园阶段8 572人。

开展知识产权宣传活动，加大知识产权保护力度，依法处理知识产权纠纷和查处假冒专利等行为。年内，全区完成专利申请和授权1 211件，其中专利申请900件、授权311件，发明专利授权量为41件，全社会研究与发展（R&D）经费投入与GDP的比重为3.38%，单位GDP能耗同比下降3.5%；完成高新技术企业认定1户，组织区内企业云南滇中恒达科技有限公司、云南康州生物科技有限公司、云南特安特起重机械有限公司、昆明科灵生物科技有限公司、昆明国际花卉拍卖交易中心有限公司参加高新技术企业认定培训；云南晨鸣电器有限公司和昆明科灵生物科技有限公司通过清洁生产审核评估；完成云南霖成花卉公司、昆明呈瑞泽农产品有限责任公司科技示范园高原特色农业“三个认定”工作；石城220千伏变电站39座塔基、南牵引站外线引入7座塔基的线路建设和斗南110千伏变电站10千伏电力通关建设工作完成；完成430户“两个10万元”微型企业创业扶持工作。开展创新驱动示范项目遴选工作，推荐云南启迪实业发展有限公司组织实施的云大启迪K栈众创空间项目为全市区域创新驱动发展示范工程项目。开展科技众创科技空间建设工作，支持呈贡新区联大兴滇科技孵化器的发展并成为昆明市“十佳”公共服务平台之一，推荐云南启迪实业发展有限公司《云大启迪K栈众创空间项目》为全市区域创新驱动发展示范工程项目。

【卫生、计生】 坚持“保基本、强基层、建机制”的基本原则，围绕解决群众看病难、看病贵问题，以改革为动力，努力破解全区卫生事业发展体制、机制、制度、体系等方面的矛盾和问题。加强疾病预防控制工作，认真贯彻落实“预防为主”的卫生工作方针，全面落实鼠疫、霍乱、结核病等重大传染病防控措施，加强不明原因肺炎及各种新发传染病监测力度。年内，开展A类项目107项，达到国家标准的90.7%；开展B类项目46项，达到标准的75.4%；开展常规水质监测项目40项；全区无重大传染病疫情发生。扎实开展妇幼保健工作，全面推进“关爱妇女儿童健康”行动，落实各项妇幼保健措施，提高孕产妇、儿童系统管理率及管理质量，强化高危孕产妇和高危儿童的筛出和管理，努力降低孕产妇和儿童死亡率。年内，全区孕产妇系统管理率为95.20%，0~3岁儿童系统管理率为97.85%，孕产妇住院分娩率为100%，孕产妇死亡率为0，婴儿死亡率为1.85‰，5岁以下儿童死亡率为1.85‰。继续实施免费婚检及新生儿疾病筛查工作。年内，对2 431对结婚登记人群进行医学检查，婚检率为97.5%；对2 325名新生儿进行代谢性病筛查，筛查率为93.9%；对2 030名新生儿实施听力筛查，筛查率为85.6%；完成孕前优生健康检查709对。逐步推进基本公共卫生服务均等化。年内，全区累计建立居民健康档案141 047人份，对辖区8 130名65岁以上老年人、5 335名高血压患者、1 797名糖尿病患者及257例重性精神病患者进行专案管理；完成0~3岁儿童中医药健康管理服务2 433人，完成65岁以上老年人中医药健康管理服务5 949人；辖区适龄儿童计划免疫规划疫苗接种率、儿童系统管理率、孕产妇系统管理率均在95%以上。全区医疗资源进一步优化，云大医院呈贡医院、昆明市中医医院呈贡医院相继入驻后，全区形成集三级甲等、二级甲等及一级基层医疗机构于一区的医疗卫生服务新格局。年末，全区拥有各级各类医疗卫生机构118个，其中，综合医院8所、专科医院1所、基层医疗卫生机构42个，床位总数1 449张，每千人拥有床位数为4.83张。继续巩固政府办基层医疗卫生机构基本药物制度，全区42个政府举办的基层医疗机构100%执行基本药物制度，各基层医疗卫生机构在省平台采购基本药物518种、362万元；区人民医院优先配备和使用基本药物并严格执行药品零差率销售，全年网上采购药品金额1 302万元，让利群众423.5万元。加强基层医疗卫生机构能力建设，投入经费6.44万元为各基层医疗机构统一配置预防接种一类疫苗专用储存冰箱；调整结余资金89万元为斗南、吴家营等4个社区卫生服务中心购置五分类血液分析仪、生化分析仪、中药熏蒸机等大件医疗设备；投入经费10万元对雨花街道下庄卫生室、乌龙街道下可乐卫生室房屋进行装修改造，改善基层医疗卫生机构服务环境。组织开展全区大型无偿献血活动4次，2 562人次无偿献血10.14万毫升。大力发展中医药事业，投入经费25.5万元为辖区各社区卫生服务中心（站）、社区卫生室进行中药房装修改造和增加中医诊疗基本设备，以提高基层医疗机构中医药服务能力和水平。加快推进公立医院综合改革，制订《昆明市呈贡区城市公立医院综合改革实施方案》并认真组织实施。年内，区级财政投入公立医院改革补助资金200万元。继续推进基层医疗卫生机构综合改革，各基层医疗卫生机构全面推行聘用制和岗位管理制度；为进一步提高基层卫生人员工作积极性，对《呈贡区基层医疗卫生机构绩效分配实施方案》进行进一步修改完善，形成

《呈贡区基层医疗卫生机构绩效分配指导意见（初稿）》，积极探索和尝试绩效改革的新办法，取消职工收入与医院收入挂钩的分配方案，建立起将医院公益性质、运行效率及群众满意度等作为重要考核指标的绩效考核体系。全面推进分级诊疗制度，辖区各社区卫生服务中心均与区人民医院及部分市级医院签订双向转诊协议，进一步规范分级诊疗工作程序，建立医疗机构分工协作联系。

稳步推进计划生育工作。坚持“围绕中心、服务大局、突出重点、正面引导”的原则，充分发挥宣传教育先行先导作用，利用各种节假日、纪念日、人口日、赶集日、“三下乡”活动等进行广泛宣传教育。进一步落实计划生育奖优免补政策。年内，全区先后完成奖励扶助对象2 310人、235.09万元，新增奖励扶助对象502人，特别扶助对象87人、34.32万元，符合享受奖励资金对象143人、12.5万元，符合享受一次性抚慰金对象9人、1.25万元，农业人口独生子女家庭“教育奖学金”享受对象2 022人、104.03万元，伤残死亡补助对象87人、5.22万元，低保对象41人、4.92万元，中考、高考对象554人资格认定及录入工作，独生子女家庭保健费审核1 744户、19.99万元。全区人口自然增长率为4.83‰。

【民生保障】 坚持就业优先战略，以促进创业和提高劳动者素质为抓手，进一步稳定和扩大就业。年内，先后组织开展“春风行动”“就业援助月”“民营企业招聘周”等专项活动，举办专场招聘会5场，提供有效就业岗位1 773个，新增城镇就业1 732人、城镇下岗失业人员再就业637人、困难人员就业数达525人，开发公益性岗位608个，办理就业失业登记证3 026本，城镇登记失业率为3.4%。重点做好失地农民、高校毕业生等群体就业工作，实施“岗位进村、政策进村、培训进村、服务进村”活动，实现农村劳动力转移就业3 937人，其中新增转移2 060人，新增转移就业收入8 657.3万元。继续推进呈贡新区创业园区建设，实现60个项目入驻，带动就业350人。全力以赴提升社会保障水平。年内，全区城镇职工养老、失业、工伤、生育保险参保人数分别达到1.79万人、10 023人、1.26万人和1.17万人。稳步推进全区机关事业单位养老保险制度改革工作，完成全区204 个区属机关事业单位人员信息的收集整理、系统录入、检查校验及人员变动信息补录工作，涉及干部职工4 855人，其中，在职3 530人、退休1 325 人。积极推进全区城镇居民社会养老保险参保工作，完成参保53 598人，其中参保续保41 670人。继续巩固城乡一体化医疗保障体系建设及“全民医保”成果，全区城镇基本医疗保险参保90 694人，全区基本社会保险参保19.65万人。积极开展工资支付检查、清理整顿人力资源市场秩序等监察活动，维护劳动者合法权益。年内，受理信访件99件、104人次，接听“96128”“12345”政务服务热线191个，全部按政策给予直接答复或调查核实后给予答复；检审用人单位5 059户，涉及劳动者11 845人；受理132件农民工讨要工资纠纷案件，为2 775名务工人员追讨劳动报酬3 034.5万元；指导用人单位签订劳动合同4 140人次，续订劳动合同2 537人次，解除劳动合同2 556人次，涉及职工9 094人。切实畅通维权之路，对75件申请的劳动人事争议案件，受理72件，为劳动者落实各种待遇377.5万元。

社会救助工作力度持续加大。规范实施城市低保提标核发工作，健全低保标准动态调整机制和救助标准与物价上涨挂钩联动机制，逐步缩小城乡差距、区域差距，确保最低生活保障标准与经济社会发展水平相适应，从7月1日起，城市低保标准在530元/人·月的基础上提高8%（月人均补助提高25元），并于每月15日前拨付兑现到低保账户，全年累计发放城市低保资金70.29万元。扩大医疗救助范围，通过“一站式”医疗救助网络结算系统救助发放城市医疗救助金17.05万元，救助725人。积极开展特殊困难群众救助，救助20世纪60年代初精减退职工25人次，临时救助困难群众9户10人次，发放救助金8.45万元，解决低保边缘群体（城乡困难群众）突发性、临时性生活困难问题。全力开展救灾救济工作，先后购置、发放救灾粮40吨，解决2 225户2 440人的缺粮困难；购置、发放衣被1 200套件，解决851户、1 040人的缺衣少被困难；做好物资储备，储备粮食51吨、价值28.94万元，物资1 200套件、价值19.95万元；坚持春节走访慰问困难群众257人，发放慰问金10.62万元。养老服务体系建设加快推进。年内，建成王家营、段家营社区居家养老服务中心，下庄、雨花社区居家养老服务中心试运营。年末，全区已建成居家养老服务中心18个，投入运营9个，并通过政府购买服务方式搭建社区服务，对已运营和试运营的11个社区居家养老服务中心给予政府购买服务补助60.87万元及运营补助73.95万元，服务老年群众近万人。加强对老年人的社会救助工作，向全区80岁以上高龄老年人发放高龄保健补助金2 170人次、144.74万元；按每人300元的标准救助60岁以上特困老年人130人，发放慰问金3.9万元；办理老年优待证1 123本。城市社区建设取得突破，批复成立洛龙湖、碧潭、星浦3个城市社区，完成6个街道29个社区“两委”换届选举工作。贯彻落实优抚政策，向1 217名各类优抚对象发放抚恤和生活补助784.08万元，按8%标准发放重点优抚对象自然增长生活补助经费60.67万元，向全区215户（外籍大学生148名）现役义务兵家庭发放优待金175.93万元。研究解决优抚对象“三难”问题49人次，发放补助金20.6万元；审核发放优抚对象住院期间医疗补助210人次，发放补助金30.26万元；接收退役士兵50人。全面启动第二次地名普查工作并取得阶段性成果。加强殡葬改革，全年火化遗体578具，发放火化补助奖励金50.55万元。

【平安建设】 深入贯彻中央和省、市政法工作会议精神，主动适应新形势新变化，坚持法治引领，深入推进平安呈贡、法治呈贡、过硬队伍建设，维护社会大局稳定，促进社会公平正义，保障人民安居乐业，为加快建设现代化新城区营造良好社会环境。把综治维稳工作纳入区委、区政府工作报告与经济社会发展总体安排部署，各层级参照区级架构及要求不断强化综治维稳组织体系建设，切实做到“一岗双责”。将6个街道和29个社区的包保责任逐一明确到35名区级领导；对平安校园、平安社区等16个行业系统平安建设项目实行政法系统领导挂钩联系，建立全区52个单位挂钩联系社区综治维稳工作制度。将辖区88个涉及部门全部纳入平安建设责任范围。突出四级联动平台建设，投入资金318万余元，为全区各街道、各社区配备“四级联动”系统平台设备。以“6995”信息平台、综治信息系统、微信平台等建设为抓手，配备综治手机终端227台。突出视频监控平台建设，从组织和经费上进行全方位保障，以公安专用高清公共区域视频监控系统、社区视频监控系统和单位内部视频监控建设为重点，将技术防范设施建设纳入全区城乡基础设施建设总体规划，投入1 600余万元完成25个社区视频监控系统，社区视频监控系统安装使用率达到87%，在全省率先实现城市报警监控探头全高清。建成单位内部监控探头1万余路，构建“节点支撑、环网封闭”的视频监控体系。强化对固定目标报警系统的推广和使用，在辖区各企事业单位，特别是沿街铺面商户安装200余户，为整体防控体系建设提供有力支持。持续强化政法干部队伍建设，深入开展政治纪律、组织纪律教育，按照中央“四个决不允许”的要求，不断加强党性修养和党性锻炼，让全体政法干警始终做到在思想行动上与党中央保持高度一致。强化群防群治队伍建设，切实保障每年120万元的平安志愿者经费，社区综治服务站专职副站长工资待遇按社区副职2 090元每月发放和纳入财政预算，落实188名网格管理员每月500元的补助经费，全区29个社区均建立不少于20人的综治维稳群防群治队伍，区公安机关与43个重点单位签订安全责任书。强化43支1 800人的重点单位内保队伍建设，组建6个街道共180人的应急力量和10 288人的春城治安志愿者队伍，建成47个警务室（亭），配备专职社区民警92名、专职辅警及流动人员专管员184人。

加大对突出矛盾纠纷的排查化解力度，制定并落实《呈贡区关于建立维护社会稳定预警工作机制的规定》，强化对各类不稳定因素的排查、分析和预警，对易引发不稳定因素的征地、拆迁、重大项目建设实行区级领导牵头调研评估，并将稳评工作纳入综治维稳（平安建设）“一票否决”项。年内，下发风险隐患预警通知书6份，对排查、梳理出的重大矛盾纠纷制定包案化解方案，有效防止矛盾纠纷的升级转化。严格落实《关于深入推进全区矛盾纠纷大调解工作的实施意见》，成立区医患、劳资纠纷等专业性、行业性调解组织7个，地方与高校矛盾纠纷联合调处中心9个，人民调解组织67个，实现人民调解组织网络区域内全覆盖。持续开展区每月、街道每半月的矛盾纠纷排查化解工作会议制度，排查出各类纠纷8 157件，调解率100%，调解成功8 148件，调解成功率99.89%，涉及20 758人、10 224.65万元，未发生因民事纠纷化解不力而导致矛盾升级或转化为刑事案件。严格落实领导干部信访工作“一岗双责”等机制，大力推进干部下访，加强和改进初信初访办理和积案化解力度。年内，全区党政机关信访总量2 036件次，比上一年下降32%。其中，来访676批1 576人次，比上一年分别下降8%、33%；来信460件，比上一年下降28%。区信访局共接待和办理人民群众来信来访551件次，比上一年下降56%。到省集体上访2批12人次，到市集体上访4批74人次，无到京非正常上访。

严格落实维护社会政治大局稳定各项措施，进一步健全情报信息搜集、预警和分析研判机制，对相关工作对象开展深入排查摸底，做到底数清、情况明。牢固树立反恐优先意识，层层签订反恐责任书，落实区属各成员单位主体责任，大力开展情报搜集、基础防范、隐患整治、演练培训和宣传教育；优化勤务指挥机制，设立高效合战运转体系；以建立“快反队”为核心，形成以指挥中心为枢纽，PTU及处突车管面，巡逻车管线，移动警务亭、社区警务室、校园警务室管点的全方位、立体化叠加覆盖的反恐巡防应急处置网络。继续深化同邪教组织的斗争，铲除其滋生土壤，积极推进无邪教社区创建工作。全力开展安全保卫工作，对各类违法犯罪及突出治安问题开展集中打击整治，积极开展敏感节点和重要活动等安保维稳工作。常态化开展矛盾纠纷排查化解，建立健全风险评估、情报预警、重点人员包保稳控、应急处置机制，最大限度从源头化解涉稳隐患，成功化解涉稳隐患56件、矛盾纠纷1 982件。按照“呈贡区高铁沿线治安综合整治行动”“高铁开通安全专项整治”等工作方案，统筹兼顾，及时组织对涉及征地补偿、群众出行以及影响高铁安全的各类安全隐患进行摸排处理，确保高铁的按期开通运行。以“平安网络”创建为载体，健全和完善信息网络管理体系，牢牢把握网上斗争主动权，及时发现删除、过滤封堵有害信息。加大犯罪严打整治工作，以常态化严打、深化打击“盗抢骗”犯罪系列专项行动为载体，聚力侦破“两抢一盗”、街面诈骗等群众反映强烈的案件，严查严治“黄赌毒”问题。年内，区公安机关共接报刑事警情4 430件，比上一年上升7%；破获刑事案件1 171件，刑拘965人，行政拘留2 070人，收戒579人。区检察机关受理提请批捕各类刑事犯罪案件494件893人，分别比上一年上升1.65%和2.64%，审查后批准逮捕394件673人，不批准逮捕214人，不捕率23.96%，未出现捕后撤案，捕后绝对不诉、判无罪的案件；受理移送审查起诉案件568件910人，分别比上一年下降0.18%和上升1.22%，审查后提起公诉510件828人，移送市检察院45件75人，不起诉17件24人，附条件不起诉未成年人案件4件8人，未出现起诉后法院判无罪和撤回起诉的情况。区审判机关受理各类案件6 708件，比上一年增长18.96%；审结各类案件5 074件，结案率为75.64%。其中，受理刑事案件513件，审结503件，结案率为89.34%；受理民商事案件3 875件，审结2 963件，结案率为76.46%；受理行政案件157件，审结128件，结案率为81.53%；受理执行案件2 039件，执结1 434件，结案率为70.33%，结案标的金额为32 156.55万元，并集中兑付1 000万余元。

（呈贡区史志办）

安宁市

【年内大事】 1月18日　安宁市扶贫攻坚“挂包帮”“转走访”工作推进暨精准扶贫财政兜底保障工作动员会召开。设立1 000万元财政兜底保障资金，用于低保政策兜底、住房帮扶保障、医疗救助和教育脱贫，打通扶贫开发“到户到人”最后一千米。这一举措在全省各县（市、区）中尚属首家。

2月2日　安宁市召开2016年第一次市域经济运行分析暨表彰奖励大会，对在2015年全市经济工作中取得突出成绩的216家企业进行表彰，奖金总额高达2 059万元，创历年之最。

3月15日　昆明市委书记、滇中新区党工委书记、管委会主任程连元与昆明市、滇中新区领导何刚、柳文炜、陈小男一行到安宁调研工业企业发展情况。

4月　上海市城市规划行业协会会长毛佳樑率专家顾问组到安宁，就太平新城昆华医院项目、砂之船奥特莱斯项目、始甸妥睦安置小区、安宁主城区旧城改造核心区永安广场就滇中新区规划建设、重点片区规划、产业园区规划、城镇化推进等情况进行调研。

5月2日　中央电视台财经频道《中国大能手之汽修先锋》节目播出，云南交通技师学院教师杨洋晋级前三强，荣获中国大能手“汽修先锋”三强称号。

5月19~20日　安宁市义务教育基本均衡发展工作通过由省政府教育督导委员会办公室组成的评估组的评估。

5月26日　安宁市首个云南省批准设立的专家基层科研工作站——光雪峰工作站在安宁市人民医院揭牌，标志着安宁市在推进产学研合作、引进和培养高层次人才方面迈出了新的步伐。

5月28日　中国研究型医院学会冲击波专业委员会云南省首届冲击波学术论坛在昆钢医院举行，昆钢医院成为云南省冲击波教学示范基地。

5月　安宁市通过省级慢性病综合防控示范区评估验收，创建为省级慢性病综合防控示范区。

6月20日　昆明市长王喜良带领昆明市县乡换届指导督察组领导到安宁市进行党代会筹备工作检查。督察组对安宁市所做的工作给予充分肯定，并就做好换届工作提出具体要求。

7月　“安宁弯葱”荣获地理标志证明商标，这是继“安宁红梨”“八街食用玫瑰”后安宁市获得的又一地理标志证明商标。

7月7日　安宁市基础设施建设工作专题新闻通报会召开，确定昆明西收费站外移选址至18.5千米外的草铺街道麒麟村。

7月14日　安宁举办“情系职工、真情关爱”安宁市职工“爱心驿站”启用暨揭牌仪式。安宁市在全省首批建成并启用52个职工“爱心驿站”。

8月2日　安徽省全国人大代表视察组到安宁市视察指导检察工作，对安宁市进一步加大检察工作，协调推进“四个全面”战略目标提出意见和建议。

8月9日　安宁市检察院荣获第六届“全国先进基层检察院”授牌仪式举行。民盟中央副主席、省政协副主席、云南省检察院副检察长倪慧芳向安宁市检察院授牌。

8月13日　参加第四届云南文博会暨第三届中国国际（云南）文化旅游投资洽谈会的近40名专家、学者、企业家到安宁市考察，为安宁市文化旅游发展献计献策。

8月15日　省政府稳增长调研督查组第一组组长、省统计局副局长胡利人率队对安宁市稳增长工作进行调研督查。

8月23日　安宁市政府、中国邮政集团昆明分公司农村电子商务综合服务战略合作签约仪式暨安宁红梨推广展示会在中国邮政集团公司云南分公司举行。自此，安宁红梨作为农副产品代表正式打入邮政农村电商“线上线下”销售平台。

8月　由工信部中国电子信息产业发展研究院直属的赛迪顾问发布“2016年县域经济100强”榜单，安宁市排名100位，成为云南省惟一上榜县（市）。

同月　安宁市太平妥睦村委会在全省首家创新探索“农户+合作社+公司”，村股份经济合作社把农户的股份资源打包交由专业化公司运作，年底按所持股份参与盈利分红。这一模式壮大了村集体经济，让全村农户人人持股、人人受益、人人有事做，村集体资产也将得到保值、增值，从根本上解决了村民的后顾之忧。

9月19日　水利部长江水利委员会副主任胡甲均带队的长江经济带“共抓大保护”检查组到安宁市做专项检查。检查组在实地检查天安化工有限公司环保处理后，要求安宁市继续巩固在长江流域“共抓大保护”工作中所取得的成效，进一步明确任务责任，创新政策机制，抓住突出问题，把“长江大保护”和环境保护工作推向前进。

10月13~16日　安宁市举办第一届运动会，共有89支代表队、4 152名运动员参加田径、游泳、篮球、足球（五人制）、乒乓球、羽毛球、网球、桥牌、第九套广播体操等项目的比赛。比赛分为成年组、青少年组和残疾人组，是安宁历年来参与人数最多、参与面最广、规模最大的一次大型体育盛会。

11月7日　《人民日报》发布2016年中国中小城市科学发展指数研究成果，安宁跻身2016年度中国中小城市综合实力百强县市（全国科学发展百强县市）和中国最具投资潜力中小城市百强县市榜单，分别位列78位、28位，两项排名均较去年上升2位。作为云南省唯一入选的县市，安宁已连续8年蝉联“中国中小城市综合实力百强县市”。

11月20日　云南云天化梅塞尔气体产品有限公司党支部成立，这是安宁工业园区成立的第一家非公企业党支部，也是第一家合资企业党支部，对开展园区党建工作具有开创性意义。

11月21日　云南省委常委、省委高校工委书记李培一行到太平新城实地调研云南财经大学新校区拓展拟选址工作。李培一行实地踏勘位于太平新城普河片区的云南财经大学新校区拟选址地块，详细了解土地资源现状、拟建项目推进情况，并就调研情况进行座谈。

同日　北京召开的第四十四届世界技能大赛参赛集训动员会上，云南交通技师学院正式确定成为车身修理项目国家集训基地，并承担世界技能大赛车身修理项目集训工作，这是云南省第一个国家集训基地。

11月26日　云南省副省长、省政协副主席丁绍祥率队到安宁调研中石油云南炼油项目。

12月31日　云南省首个燃气下乡试点项目在草铺街道架良山村顺利点火，架良山村成为全省第一个用上中缅管道天然气的村小组，35户村民用上清洁、安全、环保的天然气。

12月　国家科技部公布第三批国家级众创空间名单，云南经济管理学院众创空间榜上有名，成为安宁市首家荣获国家级“金字招牌”的众创空间。

【地理位置、气候】　安宁市位于昆明市西南32千米处，是通往滇西8个地州，并经畹町直接与缅甸相连的交通重镇。东北与西山区相连，东南接晋宁区，西邻易门、禄丰县，总面积1 301平方千米，平均海拔1 800米。2016年，年平均气温15.9℃，比上年下降0.5℃；年降雨量901.9毫米，比上年减少96.4毫米，下降9.7%；日照时间2157.2小时，比上年减少81.8小时，下降3.7%。

【区划、人口】　2016年末，安宁市辖9个街道办事处，有63个村民委员会，339个村民小组，34个社区居民委员会，159个居民小组。全市常住人口37.23万人，比上年末增长1.44%，少数民族人口5.44万人，城镇人口27.77万人，乡村人口9.46万人，全市人口出生率为12.51‰；人口死亡率为5.57‰，人口自然增长率为6.94‰，城镇化率74.6%。全市户籍人口27.41万人，比上年末增长0.9%，其中，乡村人口8.99万人，占总人口的32.8%；城镇人口18.42万人，占总人口的67.2%。在户籍人口中，男性为13.85万人，女性为13.56万人，所占比重分别为50.5%和49.5%。0~14岁人口3.41万人，15~64岁人口20.22万人．65岁以上人口 3.78万人，占总人口的比重分别为12.5%、73.7%和13.8%。户籍人口中有少数民族人口40 059人，占总人口的14.6%。世居少数民族人口主要有白族11 682人、彝族15 119人、苗族4 159人、回族3 240人。

【经济发展】　2016年，安宁面对经济下行的巨大压力，以“五大发展理念”为统领，深入践行“1458”发展战略，积极适应新常态，在全省率先进入全国百强县（市）行列。

2016年，全年实现地区生产总值(GDP)272.87亿元，比上年增长8.0%。人均生产总值(按常住人口计算)7.38万元，比上年增长6.4%。

在地区生产总值中，第一产业实现增加值13.31亿元，比上年增长5.9%，拉动GDP增长0.3个百分点；第二产业实现增加值109.38亿元，比上年增长0.9%，拉动GDP增长0.4个百分点，其中，工业实现增加值90.5亿元，比上年下降1.1%；第三产业实现增加值150.18亿元，比上年增长14.8%，拉动GDP增长7.3个百分点；一、二、三产业增加值比重分别为4.9%、40.1 %和55.0%。非公经济实现增加值110.11亿元，增长8.9%，占全市地区生产总值的40.4%。

2016年，安宁市创新招商引资机制，组建4个产业招商组，实施精准招商和专业招商。全年共引进内资项目123个、外资项目2个，协议引进内资753.21亿元，引进外资

9 494.71万美元，实际到位内资210亿元，外资9 494.71万美元。全年争取中央、省和昆明市项目183个，项目资金6.68亿元。

【农业、林业】 2016年，全市实现农林牧渔业总产值24.02亿元，比上年增长6.5%，其中，农、林、牧、渔业及农林牧渔业服务业分别完成总产值9.87亿元、0.53亿元、12.81亿元、0.16亿元和0.66亿元。实现农林牧渔业增加值13.59亿元，比上年增长6.2%。粮食产量达44 503吨，比上年下降0.01%；平均亩产量达460千克，比上年增长2.9%。烤烟产量达1 249吨，比上年下降26.8%。蔬菜总产量298 002吨，比上年增长2.0%，水果总产量为32 874吨，比上年增长5.4%；油料总产量2 547吨，比上年增长37.3%。

2016年，全市畜牧业产值达12.84亿元，占农林牧渔业总产值的53.3%，所占比重比上年上升0.3个百分点。肉类总产量5.51万吨，比上年下降17.1%，其中，猪肉产量3.54万吨，比上年下降16.0%；全年出栏生猪48.79万头，比上年增长10.2%；家禽出栏1 173.66万只，比上年增长5.7%；禽蛋产量2.1万吨，比上年增长5..7%；牛奶产量433吨，比上年增长29.5%。2016年末大牲畜存栏1.1万头，比上年末下降6.8%；生猪存栏25.95万头，比上年末下降6.8%；羊存栏43 519只，比上年末下降5.7%。

2016年，全市完成造林面积2 316亩，比上年下降65.5%；护林防火工作不断加强和完善。全市森林覆盖率达51.29%。

【工业】 2016年，全市完成工业总产值412.51亿元，比上年下降5.4%，实现工业增加值90.5亿元，比上年下降1.1%。规模以上工业企业完成总产值397.3亿元，比上年下降6.0%，实现增加值78.34亿元，比上年下降1.6%，其中，轻工业增加值5.63亿元，下降5.3%，重工业增加值72.71亿元，下降1.3%。在规模以上工业中，黑色金属冶炼及压延加工业实现增加值12.43亿元，比上年下降2.5%；化学原料及化学制品制造业实现增加值23.35亿元，下降6.8%；电力生产和供应业实现增加值9.13亿元，下降1.3%；非金属矿物采掘业实现增加值7.21亿元，下降9.8%。

安宁全市主要工业产品产量：钢391.76万吨，比上年下降15.3%；钢材399.21万吨，比上年下降11.0%；生铁389.79万吨，比上年下降14.0%；化肥(折纯量)62.29万吨，比上年下降15.4%；煤气728 663万立方米，比上年下降18.2%；磷矿石697.12万吨，比上年增长2.7%；水泥306.54万吨，比上年增长17.9%；自来水供应1 845万吨，比上年下降0.3%，发电量354452万千瓦时，比上年下降5.1%。

【交通、邮电】 2016年，全市新修公路46千米，公路通车里程1 362千米，交通运输邮政业增加值达17.71亿元，比上年增长7.3%，全市货运周转量92 371万吨千米，比上年增长4.2%；客运量周转量为3 819万人千米，比上年增长8.7%。

年内，全市实现邮电业务总量3.08亿元，比上年增长8.9%。2016年末，全市拥有固定电话67103部，比上年下降2.6%；在网移动电话用户370 823户；比上年增长0.3%，宽带互联网在网用户80 226户，比上年增长12.4%。

【财政、金融】 2016年，全市地方财政总收入达39.39亿元，比上年增长3.9%。其中，公共财政预算收入29.13亿元，比上年增长10.1%；上划中央“四税”收入10.26亿元，比上年下降10.5%；全年地方财政支出35.02亿元，比上年下降23.2%，其中，公共财政预算支出30.74亿元，比上年增长5.3%。

2016年末，全市金融机构年末存款余额为340.9亿元，比年初增长8.2%；其中，非金融单位存款余额81.39亿元，比年初下降2.6%，住户储蓄存款余额为174.54亿元，比年初增长7.1%。金融机构年末各项贷款余额为286.58亿元，比年初增长10.9%，其中，非金融单位贷款余额238.41亿元，比年初增长11.3%，住户贷款余额48.15亿元，比年初增长8.8%。全市保险机构保费收入达2.44亿元，比上年增长了9.2%。

【商贸、旅游】 2016年，全市批发零售贸易业商品销售总额达891.83亿元，比上年增长22.78%；其中，批发业实现销售额762.10亿元，比上年增长23.5%；零售业实现销售额110.28亿元，比上年增长18.0%；住宿业实现营业额3.16亿元，比上年增长21.1%；餐饮业实现营业额16.3亿元，比上年增长22.0%。全市社会消费品零售总额达95.84亿元，比上年增长14.7%。

2016年，商品零售价格指数为101.0%，比上年上升0.2个百分点；居民消费价格指数为101.5%，比上年下降0.4个百分点。

2016年，安宁全市完成进出口总额69 684万美元，比上年下降20.0%，其中，出口50 822万美元，比上年下降12.8%，进口18 861万美元。全年共接待游客483.96万人次，比上年增长17.9%，旅游综合收入达26.03亿元，比上年增长26.1%。

【固定资产投资】 2016年，安宁全市完成规模以上固定资产投资359.12亿元，比上年增长31.1%，其中，工业性固定资产投资129.56亿元，比上年增长5.7%，房地产投资70.7亿元，比上年增长17.0%。农林牧渔业及水利投资13.22亿元，比上年下降470.0%；交通运输业投资30.69亿元，比上年增长11.3%；教育投资19.23亿元，比上年增长225.3%。

2016年，安宁全市房地产开发投资完成70.7亿元，比上年增长17.0%，其中，商品住宅投资47.98亿元，比上年增长38.8%。全市商品房施工面积463.6万平方米，下降29.21%；竣工面积8.3万平方米，下降87.4%。商品房销售面积73.22万平方米，增长77.4%；商品房销售额34.40亿元，增长77.1%。

【环境保护】 2016年，安宁市推进重点环保设施建设，以生态建设促和谐，实现集镇污水处理厂全覆盖，建成污水收集配套管网117.6千米。市域水质达标率增至95%以上。城市生活污水处理率达94.5%。城镇生活垃圾无害化处理率达100%，城市绿化覆盖率达41.91%，人均绿地面积达15.42平方米。

【科技、教育】 2016年，全市用于科学技术支出的财政资金达5 086万元，比上年增长35.8%，完成专利申请和授权717项，认定高新技术企业3户。

继续推进教育优先发展，新建学校、幼儿园11所，建设校舍21.7万平方米，教育软硬件环境全面提升，安宁中学成功晋升一级一等完中，义务教育均衡发展工作走在全省前列。学前教育、民办教育、职业教育、成人教育蓬勃发展，教育教学质量稳步提高。2016年，全市学龄儿童毛入学率109.9%，初中学龄人口毛入学率117.51%，初中毕业升学率96.5%，普通高中录取率50.3%，高考综合上线率99.5%，高考录取率92.9%。2016年末，全市幼儿在园人数9 915人，小学在校学生23 492人，初中在校学生11 960人，高中在校学生5 104人，职教基地入驻职业教育院校8所，专任教师4 012人，在校学生65 802人。

【文化、卫生】 2016年，全市公共文化服务体系日趋完善，群众性文化体育活动蓬勃开展。2016年，报纸出版70.6万份、公共图书馆藏书19.3万册，文物保护47处。有线电视入户6.2万余户，入户率达80%。全市广播人口覆盖率达100%，电视人口覆盖率100%。

2016年，安宁继续完善城乡医疗卫生服务体系，基层医疗卫生服务体系不断健全。2016年，常驻儿童疫苗接种覆盖率达100%，食品卫生监督覆盖率100%。全市共有卫生机构191个，卫生机构床位达3 829张，专业卫生技术人员3 384人，5岁以下儿童死亡率4.93‰，新生儿死亡率4.17‰，农村卫生厕所普及率96%。全市共创建国家级卫生镇4个，省级卫生镇1个，卫生村41个。

【人民生活】 2016年末，全市在岗职工年末人数为50 578人，比上年下降6.69%；工资总额为31.56亿元，比上年下降8.3%；在岗职工年平均工资为61 170元，比上年增长13.0%；城镇居民人均可支配收入36 798元，比上年增长7.8%。农民人均纯收入15 215元，比上年增长9.6%。

2016年，社会保障和福利事业进一步发展，社会保障覆盖面不断扩大，城乡低保标准不断提高。2016年，社会保障和就业财政资金支出1.08亿元，城乡居民基本养老保险覆盖率达97.7%，全市享受城镇居民最低生活保障的人数达39 045人次，全年共发放保障金1 647.24万元；享受农村居民最低生活保障的人数达36 821人次，全年共发放保障金892.4万元；参加城乡居民医疗保险人数达17.63万人。全市兴办社会福利院4个，床位460张。

（俞学云）

晋宁县

【年内大事】 2月29日 驻滇全国政协委员在省政协副主席罗黎辉、喻顶成的带领下到晋宁，就古滇文化旅游名城项目有关工作进行调研考察。

3月8日 “相约古滇 春暖花开”七彩云南·古滇名城首届樱花艺术节开幕。

3月31日 晋宁县市场监督管理局向食品经营户签发首张食品经营许可证，标志着晋宁县“两证合一”工作全面展开。

4月2日 云南省首个殡仪馆公众开放日活动在晋宁县殡仪馆举行，30余名市民全程参观殡葬流程。此举旨在消除市民对殡葬“消费贵”的误解，了解入殓文化，懂得尊重生命、理解生命。

4月7日 晋宁县工商联陆良工作站挂牌成立。这是晋宁县异地挂牌，精准助农，帮助外出租地群众搭建服务平台的新创举。

4月18日 北京市朝阳区党政代表团在省委常委、市委书记程连元，市人大常委会主任拉马·兴高，市政协主席熊瑞丽等领导陪同下，到晋宁参观考察古滇项目建设情况。

5月5日 晋宁县荣登“2016中国避暑休闲百佳县榜”榜首。

5月19日 中国残联党组书记、理事长鲁勇一行到晋宁调研残疾人工作。

5月26日 市人大常委会主任拉玛·兴高率市第二督查组到晋宁县开展转方式调结构稳增长专题调研督查。

5月27日 省委常委、省委宣传部部长、省旅游文化产业推进组组长赵金，省政府资政、省旅游文化产业推进组副组长刘平一行到晋宁，就“七彩云南·古滇名城”项目建设召开现场推进会。

6月24日 晋宁县在云南日报报业集团二楼报告厅举行“中国梦·晋宁美”长联征集活动暨2016中国·昆明郑和国际文化旅游节新闻发布会。中新社等20余家中央省市媒体参加发布会。

6月26日 东盟国家新闻官员和

记者研修班学员到晋宁参观七彩云南·古滇名城项目，中宣部、省委宣传部、晋宁县委宣传部相关人员陪同参观。

7月1日　昆明市政府与云南省城投集团、昆明诺仕达集团共同签署“七彩云南·古滇文化旅游名城服务区战略合作协议”，三方将共同合作助推七彩云南·古滇文化旅游名城2018年全面建成。

7月11日　“2016中国·昆明郑和国际文化旅游节”在郑和故里晋宁县举行。来自柬埔寨、孟加拉、缅甸驻昆使领馆及上海、南京郑和研究会嘉宾，郑和后裔及知名艺术家参加开幕式 。

7月11~12日　人民日报社、中央电视台、新华社、中新社、云南电视台等27家中央及省市媒体组成采访团到晋宁采访，感受晋宁的山水、美食、人文之美，了解晋宁发展变化。

7月12日　晋宁编撰出版郑和研究志书《通俗郑和志》首发仪式在郑和故里晋宁举行。《通俗郑和志》编纂历时4年，是中国郑和研究史上第一部以人物志体例撰写的郑和研究志书。

同日　“郑和精神与一带一路建设”论坛活动在晋宁县城昆阳举办，郑和文化研究领域的省内外专家学者就如何更好地将郑和文化融入“一带一路”发展进行交流发言。

7月14日　以老挝外交部党委委员、领事司司长西沙瓦·因帕占为班长的2016~2020年第一期领导干部培训班一行35人到晋宁考察交流。

7月16日　《求是》杂志社社长李捷，省委常委、省委宣传部部长赵金，市委常委、市委宣传部部长金幼和一行到“七彩云南·古滇名城”了解项目建设情况及“2016中国·昆明郑和国际文化旅游节”相关活动开展情况。

7月17日　第二届大益·晋宁“大航海诗歌艺术汇”开幕暨当代著名诗人主题演讲在晋宁会堂开幕。中国文联副主席、中国作协荣誉副主席、中国笔会中心会长丹增，中国作协副主席、书记处书记、鲁迅文学院院长吉狄马加，以及于坚、王家新等当代著名诗人在开幕式上发表主题演讲。

7月19日　省委副书记钟勉率省委相关委办局领导，到二街山大王公司及鲁黑村调研晋宁高原特色农业发展工作。

8月17日　省政协常委、省政协人口资源环境委员会主任高旭升率领由省政协人口资源环境委员会、致公党云南省委、台盟云南省委组成的联合调研组到晋宁，就土壤污染防治工作进行调研。

9月1日　经过省级专家复核组的严格考评，晋宁县创建省级慢性非传染性疾病综合防控示范区工作综合评分达到标准，通过省级复核验收。

10月12日　晋宁11个亿元以上重大项目在晋城工业园区集中开工。11个项目预计总投资42.99亿元，计划用地1 074.62亩。

10月26日　《中国日报》美籍记者艾瑞克及《中国日报》驻云南记者站站长李映青一行到晋宁，就晋宁滇池治理、“七彩云南·古滇文化旅游名城”建设等内容进行专题采访。

10月28日　晋宁县公务员及参工管理单位公车封存。此次公务用车制度改革的机构范围涵盖晋宁全县各级党政机关共计88家。

11月5日　日本藤泽市市长铃木恒夫率领议员代表团一行23人到晋宁参观考察古滇项目。

11月24日　晋宁撤县设区获国务院批复，国务院同意撤销晋宁县，设立昆明市晋宁区，以原晋宁县的行政区域为晋宁区的行政区域。

11月30日　晋宁县夕阳民族小学教师毕加云荣登“中国好人榜”，荣获“中国好人”称号。

12月1日　安邦智库创始人、首席研究员陈功应邀到晋宁就旅游文化产业发展情况进行调研，并就推进晋宁旅游文化产业发展，提升旅游品牌形象，创新旅游宣传营销模式，做好旅游发展策划等支招。

12月16日　以叙利亚阿拉伯复兴社会党哈马省省委书记穆斯塔法·苏克里·穆斯塔法为团长的叙利亚国内政治力量干部考察团一行15人到晋城沙堤村，就基层党建和新农村建设等情况进行参观考察。

12月26日　国家义务教育均衡发展工作督导检查组第一组组长、全国中小学教育督导评估专家、湖南省教育督导与评估协会会长罗春晖率督导检查组到晋宁，对晋宁义务教育基本均衡发展工作进行全面评估考核。

12月28日　副省长陈舜率省、市相关部门领导到晋宁，现场协调会办解决“七彩云南·欢乐世界”主题公园立项审批、资金筹措等问题，大力推动古滇文化旅游名城项目建设。

【区划、人口】　晋宁县位于昆明市西南部，东邻玉溪市澄江县,南连江川县、红塔区,西与峨山县、易门县、安宁市交界，北与西山区、呈贡区接壤。县政府驻地昆阳，距省会城市昆明50千米。县境东西横距66千米，南北纵距33千米，全县国土面积1336.66平方千米，其中山区、半山区占70.7%，坝子、谷地、湖泊占29.3%。最高海拔2 648米，最低海拔1 340米。县城建成区面积扩大至12.01平方千米。

截至2016年末，晋宁县辖昆阳街道办事处、二街、晋城、上蒜、六街4个镇、双河、夕阳2个彝族乡，共129个村委会，7个居民委员会。其中昆阳街道办事处设38个村委会、4个居民委员会；二街镇设9个村委会；晋城镇设42个村委会、3个居民委员会；上蒜镇设15个村委会；六街镇设9个村委会；双河彝族乡设6个村委会；夕阳彝族乡设10个村委会。年末晋宁县常住人口30.33万人，其中，城镇人口12.83万人，占42.3%；乡村人口17.5万人，占57.7%。户籍总人口28.48万人，其中，城镇人口10.18万人，占35.7%；乡村人口18.30万人，占64.3%。少数民族人口3.34万人，占总人口的11.7%。世居少数民族主要有彝族、回族、哈尼族等。人口自然增长率为5.47‰。

【经济综述】 全县实现地区生产总值116.37亿元，同比增3.0%。其中，第一产业完成增加值21.26亿元，同比增长6.3%；第二产业完成增加值40.91亿元，同比下降3.6%；第三产业完成增加值54.20亿元，同比增长7.6%。三次产业结构调整为18.3∶35.1∶46.6。非公经济增加值占GDP的比重达45.7%。人均GDP达38 662元，同比增长2.1%。完成地方财政总收入22.04亿元，同比增4.7%，一般公共预算收入完成16.93亿元，同比增长7.0%。一般公共预算支出25.14亿元，同比增长8.0%。规模以上固定资产投资完成133.21亿元，同比下降8.3%。规模以上工业现价增加值同比增长2.8%。社会消费品零售总额完成36.44亿元，同比增长14.8%。城镇居民人均可支配收入达33 880元，同比增长8.1 %；农村常住居民人均可支配收入达13 253元，同比增长9.7%。城乡居民收入比由2015年的2.59下降到2016年的2.54，差距逐步缩小。全县金融机构各项存款余额152.53亿元，比年初增长5.3%；其中储蓄存款余额107.44亿元，比年初增长9.1%。年末金融机构各项贷款余额83.90亿元，比年初增长1.46%。

【工业】 全县规模以上工业企业户数达106户，其中，2016年新建投产并达到规模标准纳入统计的7户，10亿元以上工业企业3户，亿元以上工业企业24户。全县工业总产值完成152.38亿元，同比增长6.9%；规模以上工业企业总产值完成138.91亿元，同比增长6.7%。其中，轻工业完成工业总产值32.77亿元，同比增长84.4%，占规模以上工业总产值比重23.6%；重工业完成工业总产值106.14亿元，同比下降6.2%，占规模以上工业总产值比重76.4%。规模以上工业固定资产投资完成21.57亿元；规模以上工业主营业务收入完成131.42亿元，同比下降6.5%；利税总额完成1.5亿元，同比下降90.1%；利润总额完成-3 031亿元，同比下降137.6%。主要工业产品产量磷矿石1 254.06万吨，同比下降24.2%；铁矿石16.50万吨，同比增长14.9；磷肥19.18万吨，同比下降15.8%；硫酸13.06万吨，同比下降21.7%；焊接钢管23.11万吨，同比增长2.5%；磷酸一铵12.37万吨，同比下降12.8%；光学仪器1 205.58万台（件），同比下降1.1%。

【园区建设】 坚持“一园六基地”差异化、集聚化发展思路，逐步理顺园区管理体制。园区建成区面积25.5平方千米，入园项目449个，建成投产318个，跻身于云南省级重点发展工业园区之列，工业园区管委会实现提档升格。以开展“多规合一”“七位一体”工作为契机，做好项目审批、规划、用地、融资、信息等方面的服务工作。重点抓好腾俊等新开工和在建支撑性项目及土地手续办理为重点的各项审批服务工作，保障项目顺利开工建设。对百威及中国中车等投产的重点企业加大协调力度，年内顺利将百威、益海嘉里纳入新增规模以上企业。2016年，园区地方一般预算收入完成15 012万元，园区规模以上固定资产投资完成32亿元，工业固定资产投资21.56亿元。园区规模以上工业总产值完成127.12亿元。园区主营业收入完成160.33亿元，园区规模以上工业主营业务收入完成118亿元。园区规模以上企业利税总额完成3.71亿元。完成亿元以上开工项目4个，亿元以上竣工项目4个。新增规模以上工业企业户14户，园区规模以上工业企业总数达到97户。园区土地2个批次获批，批准征收土地1 082.16亩。完成19宗土地出让工作，面积1 034.81亩，供地比率95.62%。完成招商引资外资1073.7美元，争取上级资金10 120万元。

【招商引资】 全年引进外资项目3个，到位资金1 100万美元，占市下达晋宁县900万美元外资任务的122.2%；市外内资引资项目41个，到位资金52.82亿元，占市下达47亿市外内资任务的112.38%；省外内资引进项目46个，到位资金50.08亿，占市下达50亿省外内资任务的100.16%。签约项目30个，协议总投资228.67亿元，其中南博会签约项目4个，协议投资25亿元；其他入园项目23个，协议投资3.7亿元；攻坚会战签约项目5个，协议投资160.97亿元；农博会签约项目1个，计划总投资40亿元。组织项目评审3次，其中，会签评审2次。评审工业园区内项目2个、园区外项目1个，评审通过项目3个。全年完成15个重大产业项目招商项目书编制、上报工作，其中，上报市局产业项目3个、大健康类2个、“十三五”规划项目10个。

【农林水】 全年实现农林牧渔业总产值35.98亿元，同比增长6.7%；实现增加值21.5亿元，同比增长6.3%。粮食播种面积12.17万亩，粮食总产量4.06万吨。蔬菜播种面积23.05万亩，产量45.08万吨。花卉园艺种植面积4.41万亩，其中，鲜切花种植面积4.23万亩、产切花30.58亿枝。年末生猪存栏11.06万头（能繁母猪0.75万头），牛存栏2.20万头（奶牛1.17万头），奶类产量3.11万吨。羊存栏3.90万只，家禽存栏255.03万只。

完成营造林项目9 240亩，开展“省市联动·绿化昆明”义务植树、天保工程、样板林、城乡园林绿化工作，有效管护119.3万亩林业资源。森林覆盖率达52.2%。

水源工程建设。年内完成酸水

塘水库工程，概算总投资10 123.84万元；完成大场新塘水库工程，概算总投资4 626.24万元的。杨柳冲水库工程于2016年9月1日开工建设，完成征占地236.78亩，工程投资进度61.1%。投资3 154.53万元完成10座小（二）型病险水库除险加固。投资533.3万元，完成“五小水利”工程412件，新增和改善灌溉面积约850亩。

【生态建设】 推进晋宁南滇池国家湿地公园（试点）项目建设，滇池湿地生态修复功能及沿湖、河口湿地景观品质实现提升。投资3 382万元，完成17.31千米环湖南岸截污管网，白鱼河、古城河河口湿地布水系统优化提升工程，滇池面山植被修复2 500亩和IPM项目6万亩次。3个集中式饮用水源地和8条入滇河道水质年度考核达标。农村“七改三清”工作在市级考核评比中位列第一，乡村人居环境明显改善。投入1 200万元，新建、改造公厕78座，完成县城兴安生活垃圾中转站建设并投入运行，县城生活垃圾无害化处置率达100%，顺利通过国家卫生县城创建成果巩固检查验收。以“绿化昆明、共建春城”为契机，投入绿化建设资金4 573.6万，公共绿地建设涉及3个公园，建设总面积为2 160亩。全年有效管护119.3万亩林业资源，县城绿地率达34.48%，绿化覆盖率达40.3%，人均公园绿地面积达13.01平方米，森林覆盖率达52.2%，单位GDP能耗下降0.54%，县城空气质量优良天数超过300天。

【城乡基础设施建设】 加大城市交通基础设施建设投入力度，基本形成“六纵六横”的路网格局。完成永乐大街北延长线、和璟路北延长线、和璟路南延长线及兴安路、晋城西南环路、西北环路等6条道路建设，推进新昆明东城至南城连接道路一、二标段、龙潭路二期、武装部西侧道路和宝垄路西段5条在建道路建设。县城建成区面积扩大至12.01平方千米。完成5条97千米县乡公路改造和40条132千米农村道路硬化工程，全县建制村通畅率达100%。建成各类保障性住房5 354套，有效解决2 290户中低收入群众的住房问题。古滇文化旅游名城项目“幸福里”安置房983户村民顺利回迁。继续推进农村危房改造和抗震安居工程建设，年内有754户开工建设，646户竣工，完成投资6 453万元。开展市容环境和道路综合整治提升及实施破损道路修复整治工作。推进由市滇投公司委托建设的环湖截污南岸配套收集系统完善项目污水管网建设任务。推进城乡人居环境提升工程，违法建设整治拆除81宗，面积58 203平方米。完成昆阳和晋城4个标准化一类公厕建设，开通环湖南路上蒜段公交车专线。城市功能更加完善，城市管理水平显著提升。

扶贫攻坚与推进美丽乡村实施项目56个，投入资金8 000万元，完成夕阳乡高粱地村、双河乡荒川村、晋城镇火石坡村3个省级建档立卡贫困村和县级贫困村晋城镇南山村的脱贫出列。打造传统村落、省级示范村，宜居村镇成效明显。晋宁县有11个村庄被列入中国传统村落保护名录，有六街镇新寨村等10个村庄的《传统村落保护规划》通过专家评审，下运环境保护补助资金及传统村落保护一事一议财政奖补资金，相关项目正在建设中。六街镇新寨村和三印村列为省级规划建设示范村，每村200万元基础设施建设项目专项贷款资金已到位，正在开展项目建设前期工作，乡村环境明显改善，晋宁县的城市品质得到提升。

【科技】 全年科技研发（R&D）投入完成2.61万元，与上年相比增长0.74亿元。全县GDP预计为118亿，占GDP的2.2%，与上年相比增长0.54%。全县国家、省、市批准立项项目共计42个，获得资助资金1 554万元，其中，6个创新项目获省科技型中小企业技术创新资金列项支持，获得无偿资助220万元。完成专利申请授权221件，占任务数55件的402%，其中，云南磷化集团科工贸有限公司申报的《一种用地沟油制备浮选捕收剂的方法》获2016年昆明市专利二等奖。晋宁工业园区年内被认定为云南省高新技术产业开发区；昆明云仁轮胎制造有限公司、晋宁腾众新能源科技有限公司、云南麦瑞科生物科技有限公司、昆明晋宁红三宝食品有限公司、昆明邦泰绿色农产经贸有限公司五家企业被认定为“云南省科技型中小企业”。列入省级太阳能光伏取水科技抗旱示范点的晋宁县双河乡田坝村科技抗旱光伏取水示范项目通过省级验收。

开展“科技活动周”“科普日”大型科普宣传活动。向公众赠送各种图书 2 500余册，24个种类图书资料3 000余份，发放各种宣传资料4.3万余份，科普挂图513张，展出各类宣传展板97块，发放各类宣传物品3 100份。

配合省地震局专家新建地震预测基准站1个，并完成昆阳地震监测预报台的搬迁工作。在各乡（镇、街道）举办地震应急救援志愿者队伍培训7期480人次；晋宁七中、晋城五小、双河彝族乡幼儿园成功创建为2016年度市级防震减灾科普示范学校。

全年县政府门户网共发布各类信息7 665条（篇），昆明信息港转载晋宁正面信息297条。完成70场省、市级视频会议，为县委、县政府招商引资、接待来宾等播放PPT计68场。完成党政机关电子政务“OA”系统运行维护管理，年内使用OA系统单位113家，有用户名404个。

【教育】 2016年，晋宁县义务教育基本均衡发展顺利通过国家督导检查。全县共有各级各类学校（幼儿园）86所。其中，幼儿园52所（公办

6所、民办46所）、小学18所、初中9所（公办8所）、九年一贯制学校2所（公办1所、民办1所）、普通高中2所、职业高中2所（公办1所、民办1所）、教师进修学校1所。优质学校（园）11所。全县有教职工3 647人。其中，幼儿园教职工1 014人，专任教师457人；小学教职工1 235人，专任教师1 147人；初中教职工944人，专任教师831人；高中教职工296人，专任教师242人；中职教职工158人，专任教师116人。学龄儿童毛入学率102.56%，初中学龄人口毛入学率113.72%，高中阶段毛入学率95.1%，高考上线率达97.39%；学年初普通中学在校学生13 112人，小学19 327人，职业中学1 302人，年末在园幼儿8 803人。全年教育支出4.66亿元，同比增长11.0%。

投入资金2 844万元完成23所农村薄弱学校食堂改扩建。投入资金2 468万元对36所义务教育学校实行一校一策整改，改善办学条件。义务教育学生营养改善计划实现全覆盖，受益学校38所，受益学生28 792人。寄宿制中小学校住校生生活费补助实现全覆盖，补助中小学寄宿学生11 715人次，发放补助资金678.18万元。免除农民工随迁子女学费，进城务工人员随迁子女平等接受义务教育，全年共安排6 557名外来务工子女就近入学。发放普通高中国家助学金1 212人211.25万元。发放中等职业学校免学费补助2 544人次254.4万元；发放中等职业学校国家助学金681人次50.93万元。发放大学生新生政府资助103人17万元。发放云南省优秀贫困学子奖学金36人18万元。受理大学生“贷免扶补”“创业贷款”12人109万元。受理生源地助学贷款598人521.71万元，生源地贷款管理水平位于全省第63位。

建设高素质专业化的教师队伍。组织相关教师参与全国“一师一优课、一课一名师”活动，其中，有2节获省优课、3节获市优课、8节获县优课。组织开展昆明市第十届小学、幼儿学科带头人、骨干教师评选活动。评出市级学科带头人6人，骨干教师4人；评出县级学科带头人21人，骨干教师41人。组织开展普通中学和中等职业学校县级学科带头人、骨干教师评选活动。评出县级学科带头人15人，骨干教师27人。开展晋宁县2016年中小学教师教坛新秀评选活动，评出县级教坛新秀36人，推荐30人参加市级评选认定。

利用各类教育资源，抓好教育教学质量提升及学生德育教育。2016年，高考成绩上线率97.39%，一本上线率8.49%。初中学业水平考试成绩总平均分398.92分、及格率67.03%，优秀率23.39%，居全市中等水平。组织参加昆明市第二届中小学生语言才艺大赛、昆明市第四届汉字听写大赛等活动，昆阳一小学生李佳在汉字听写大赛中获得二等奖并代表云南省参加全国听写大赛。组织参加昆明市第二十六届中小学生艺术节活动，获舞蹈一等奖、合唱二等奖。

开展“平安校园”创建工作，创建省级“平安校园”2所（复评通过1所）、市级“平安校园”3所、县级“平安校园”12所。开展“无烟学校”“绿色学校”创建工作。晋宁职业中学完成申报省级绿色教育基地创建工作。

【医疗卫生】 截至2016年末，晋宁县共有各级各类医疗卫生机构231家，其中，县属综合性医院2所、厂矿职工医院3所、乡（镇）卫生院9所、社区卫生服务中心2所、社区卫生服务站2个、村卫生所(室)129所、民营医院7所、卫生监督机构1个、妇幼保健计划生育服务中心1所、医务室9所、门诊部7所、个体诊所52所、云南省第一女子医院1所、其他卫生机构3所、其他卫生室3所。县域病床总数1 802张，有在职职工1 168人（含聘用编外人员506）。全年政府卫生投入总支出6 495.70万元，与上年同期相比增长28.94%。

实施重性精神病、高血压病、糖尿病健康管理等14类公共卫生服务。建立居民健康纸质档案269 566份，录入电子档案264 368份。累计管理高血压病患者17 042人，糖尿病患者2 868人，重性精神病患者1 032人。0~6岁儿童健康管理17 299人，孕产妇健康管理2 464人，65岁以上老年人健康管理25 658人。全年开展健康知识讲座734期22 948人次。健全完善县乡村级妇幼项目，全苗接种率99%以上，开展新生儿代谢性疾病筛查2 626人，听力筛查2 531人。县域内医疗机构剖宫产率32.12%。农村孕产妇住院分娩人数2 621人，住院分娩率100%。全年无孕产妇死亡，婴儿死亡率6.12‰，人口自然增长率3.31‰。开展免费婚前医学检查4 511人，婚检率92.74%。发现管理活动性肺结核患者72例，传染病发病率211.96/10万。完成白内障手术111例。

继续巩固和扩大卫生县城创建成果，年内顺利通过国家卫生县城复审。全面开展卫生乡镇、村创建活动，二街镇、六街镇被正式命名为国家卫生乡镇。夕阳彝族乡绿溪村委会水井村等6个村被命名为云南省卫生村。昆阳街道办普达村委会普达村等4个村顺利通过云南省卫生村复查。晋城镇益州社区被命名为昆明市卫生社区，晋宁县城市管理综合执法局、晋宁县幼儿园2个单位被命名为昆明市爱国卫生先进单位。晋宁县昆阳街道办第二小学、二街镇中心幼儿园2个单位被命名为昆明市无吸烟先进单位。

【文体、广电、旅游】 争取省市级“基层体育设施建设项目”七彩云南全民健身工程点建设项目，完成6个村级文化体育活动广场建设，10个七彩云南全民健身工程点建设。举办各类群众文化活动76场次，举办各类展览22次，参观人数6 380人次；举办各类文艺辅导培训及指导文艺活动54

期次6 200人次。全年放电影1 068场次，电影观众21.36万人次；公共图书馆藏书8.2万册。全县7个乡（镇、街道）的行政村、居委会（社区）广播电视实现互联，传输有线模拟电视节目38套，数字电视节目80余套。全县有线电视用户总数达86 104户，已完成数字电视整体转换71 417户，其中标清数字电视用户53 266户，高清数字电视用户18 151户。继续做好非物质文化遗产保护工作。在双河乡田坝村、六街镇新寨村建设2个传习所，完成"宝峰调子会"县级传承人李文仙市级传承人的申报工作，成功申报"米线节"为昆明市非物质文化遗产项目。完成晋宁县全国第一次可移动文物298件(套)文物数据的采集、审核、登录、上报工作，其中上级别文物68件（套）、国家一级文物1件（套）、二级文物2件（套）、三级文物65件（套）。打造世界知名旅游城市。成功举办"2016中国·昆明郑和国际文化旅游节"、2016首届滇池开渔节暨古滇渔文化旅游节等活动。古滇文化旅游名城项目建设推进顺利，企业累计投资逾107亿元，其中，古滇艺海大码头、古滇湿地公园、滇池湿地管理中心、景观服务基地、樱花谷等项目已建成开放，20余个子项目正在加紧建设，首次建成4A级旅游景区，升格申报5A级旅游景区。晋宁南滇池国家湿地公园，通过国家林业局专家考察论证和初步审查，正式命名为"云南晋宁南滇池国家湿地公园试点"，公园规划总面积1220.0公顷，湿地率达91.43%。全年实现接待旅游人数364.06万人次，实现旅游收入5 008.81万元，同比增长30.47%、31.95%。6月，晋宁县以"古滇宫阙美"美名荣登"2016年中国最美丽县"排行榜，同时荣登"2016中国避暑休闲十佳县"榜首。

【社会保障】 全年提供有效就业岗位3 177个，实现新增城镇就业2 641人。开发公益性岗位372个。组织农村劳动力转移培训5 200人，农村劳动力转移5 432人，农村劳动力转移就业新增收入7 283万元。城镇登记失业率为2.5%，控制在3.5%以内。城镇居民人均可支配收入33 880元，农村常住居民人均可支配收入13 253元，城乡居民收入比差距逐步缩小。落实"贷免扶补"和小额担保贷款政策，发放贷款4 232万元。城乡居民社会养老保险参保率100.24%，医疗保险参保率98.66%，城乡居民最低生活保障覆盖率和医疗救助率均达100%。落实城乡低保政策，农村低保实现分类施保。全县享受农村低保1 434户1 904人，月人均保障水平为205元，年发放农村低保金461.75万元；享受城市低保待遇241户301人，月人均保障水平为439元，年发放城市低保金163.17万元。累计退出农村低保对象176户229人,新增纳入农村低保对象100户131人;累计退出城市保对象46户48人,新增纳入城市低保对象22户27人。实现"按标施保、分类施保、应保尽保、应退尽退、精准施保"的工作目标。贯彻落实五保供养政策，五保供养率100%，年发放五保供养生活补助374人193.97万元。救助城乡医疗困难群众（含住院、门诊救助、资助参保）6 881人次672.41万元。城乡临时救助。救助农村困难群众706户1 795人38.79万元；救助城市困难群众18户41人1.04万元。救灾工作。拨救灾粮27吨，棉衣100件，棉被100床，救助灾民4 000余人；临时救助灾民2 500余人。发放3 563名优抚对象定期定量抚恤金、生活补助费等资金1 619.99万元。

【维稳平安创建】 围绕"平安晋宁"建设，建立"四级联动"工作网络平台，解决群众访求，落实信访案件包保责任制和矛盾纠纷调处机制。落实安全生产企业主体责任，政府监管责任，确保生产、交通、消防、食品药品、校园、森林防火等重点行业领域的安全运转。应急处置机制完善，能有效应对和妥善处置突发事件，公共安全保障能力进一步提升。社会治安持续好转，全县接报刑事、盗抢骗警情同比下降19.19%、19.93%。人民群众安全感不断提高。

【精神文明建设】 培育和践行社会主义核心价值观，将核心价值观宣传教育融入基层。选址和璟苑，完成晋宁县社会主义核心价值观主题公园建设。开展学雷锋示范点创建和岗位学雷锋标兵评选活动，表彰命名3个学雷锋示范点，5个学雷锋标兵。结合善行义举榜建设工作，持续开展"发现晋宁正能量——寻找宣介'幸福晋宁事、美丽晋宁人'公益活动"，全县共建有100余块善行义举榜。2016年，全县有2人获"中国好人"荣誉称号、1人获"云南好人"荣誉称号、8人获"昆明好人"荣誉称号、1人获"昆明市美德少年"荣誉称号，4人入选"中国好人"候选人名单，表彰1件"幸福晋宁事"、10名"美丽晋宁人"。筹集捐款19.8万元支持贫困地区开展农村书屋、民俗活动、科技培训等。投入10万元，开展六街镇乡贤文化示范点建设，晋宁县名人名贤堂建设工作。组织开展市级文明单位（村镇、社区）创建活动，全县40家单位（村、社区）创建成市级文明单位。

（王　俪）

富民县

【年内大事】 1月16日 富民县武昆高速匝道联络线30米干线工程建成通车。该项目起于武昆高速匝道出口富民大道，止于环城南路，全长687.39米，路宽30米，总投资约2 300万元。

2月16日 县城辖区内临时公共停车泊位三年经营权向社会进行公开拍卖。

3月4日　省林业厅厅长冷华一行到富民县调研森林防火及林产业发展工作。

3月4日　省新闻出版广电局局长梁宗华、昆明市文化广播电视体育局局长戴彬等一行8人到赤鹫镇赤鹫村委会实地了解农家书屋建设管理使用情况。

4月21日　富民县老年活动中心建设工程完工，该项目选址于西二环瓦窑段，用地面积5.8亩，总建筑面积6517.22平方米，工程投资概算约1 595万元。

5月15日　小水井村龙光元家庭获得全国"最美家庭"称号。

6月21日　中共中央政治局委员、全国人大常委会副委员长李建国一行对富民县水窖建设情况进行调研。

6月30日　富民县举行不动产权证书首发仪式。

8月24日　由全国政协经济委员会副主任陈锡文、岳洪福带队的"健全现代农业科技推广体系"赴云南专题调研组一行18人到富民县实地考察。

9月22日　出征第十五届里约残奥会的云南省运动员载誉归来，富民籍运动员苏立梅所参加的坐式排球队获得亚军。

9月29日　富民县完成公务用车制度改革，改革后，全县将取消公务用车110辆，保留机要通信应急车辆、执法执勤车辆、特种专业技术车辆、综合服务平台车辆等211辆。

10月14日　省卫计委命名富民县为云南省慢性非传染性疾病综合防控示范区。

10月26日　富民县小水井村、平地村纳入全省第二批民族特色旅游村建设项目。

11月9日　富民县民族文化广场（五馆）项目动工建设。该项目新建图书馆、博物馆、科技馆、文化馆、体育馆等主体机构及相关附属设施。

12月22~23日　由省卫计委组织的专家组一行9人，到富民县进行2016年基本公共卫生服务项目复核。

12月29日　省公安厅、省教育厅、省社会管理综合治理委员会办公室等相关上级部门联合组成考核工作组，到富民县款庄镇马街小学检查考核省级"平安校园"创建工作。

【区划、人口】　富民县位于昆明西北部，隶属昆明市管辖，总面积993.76平方千米，地跨东经102°21′~102°47′、北纬25°08′~23°36′。南靠五华区、西山区，东与盘龙区、寻甸县相邻，北和禄劝县山水相连，西连楚雄州禄丰、武定两县。县城永定街道办事处距昆明23千米，海拔1 683米，螳螂川河穿城而过，将县城一分为二。地势南高北低，东坡缓，西坡陡，县境中部的望海山脉把县域分为东部龙泉河和西部螳螂川流域，自古为四川入滇中重镇昆明之要津，素有"滇北锁钥"之称。2016年，全县年均气温16.5℃，比上年下降0.6℃；年降雨量1072.1毫米，比上年增72.5毫米。年末全县辖永镇街道办事处及罗免、赤鹫、款庄、东村、散旦5镇，全县有75个村（居）委会494个自然村673个村民小组93个居民小组。户籍总户数53 658户，比上年增17户；户籍总人口152 860人，比上年增691人，其中，男性75 795人，占总人口的49.58%，女性77 065人，占总人口的50.42%；城镇人口45 119人，占总人口的29.52%；乡村人口107 741人，占总人口的70.48%；少数民族24 910人，占总人口的16.3%；其中，彝族13 429人，苗族8 302人，回族598人，白族1 116人，其他少数民族1 465人。全年出生人口1 355人，出生率8.75‰，死亡800人，死亡率5.25‰，人口自然增长率3.5‰。县境内居住着汉、彝、苗、回、白等民族，人口密度154人/平方千米。

【经济综述】　2016年，初步核算，全县实现地区生产总值64.49亿元，同比增长10%。财政总收入完成8.04亿元，同比增长17.1%；一般公共预算收入5.18亿元，增长7.9%；全县一般公共财政预算支出11.38亿元，同比增长8 894万元，增长8.5%。社会消费品零售总额16.81亿元，同比增14.1%。规模以上固定资产投资67亿元，同比增长16.1%。人均生产总值41 636元，比上年增长9.0%。实现农林牧渔业增加值10.52亿元，同比增长6%。农村常住居民人均可支配收入12 346元，同比增长9.8%；城镇居民人均可支配收入33 521元，同比增长8.3%。实现规模以上工业增加值14.8亿元，同比增长16.0%。全县民营经济增加值占GDP的比重达56%。三次产业结构比重为15.7∶49.9∶34.4。

【工业】　年末全县工业总产值57.78亿元，同比增长16.8%。完成工业固定资产投资32亿元，与上年持平。全年招商引资实际到位内资29.4亿元，外资240万美元。规模以上工业企业累计46家，中石油昆仑燃气富民支线等7个亿元项目开工建设，金星啤酒、国电三期2个亿元项目竣工投产，石楼梯、猫跳河、乐在3座水电站完成增效扩容改造。实现园区规模以上企业主营业务收入44.26亿元，同比增长16.8%。加大工业企业扶持力度，争取工业发展引导基金6 400万元，激活停产、半停产企业11家，新增规模以上工业企业10户，规模以上工业增加值同比增长16%。规模以上工业主要产品产量：水泥207.02 万吨，较上年增长24.4%。发电量7.31亿度，增长25.4%，其中，风力发电4.77亿千瓦时，增长30.3%，水力发电2.11亿千瓦时，增长13.7 %。

【农业】　全年实现农林牧渔业总产值16.84 亿元，同比增6.4 %；实现农林牧渔业增加值10.52亿元，同比增长6%。播种粮食作物22.18 万亩，粮食总产7.5万吨。肉类总产量2.67 万吨，比上年增长15.5 %，禽蛋产量0.67万吨，下降4.6%、奶总产量74吨，增长 20.1%。烤烟收购5万担，烟农收入8 245.7万元。农旅融合发展实施杨梅标准化示范推广3 100亩，种植葛根1 500亩，引进农业产业化项目5个，建成梦园农庄，三江并流都市农庄、永定特色产业园区等项目加快推进。完成土地流转3 799亩，实施土地整治项目2个，改造中低产田1.78万亩。年内举办“2016年中国·富民国际杨梅节”和“云南省第二届滇菜暨第三届农家农庄菜烹饪厨艺大赛”。

【城乡基础设施建设】 投资1.53亿元，实施水利工程3 067件，治理水土流失面积40平方千米，新增和改善灌溉面积2.11万亩。建成宝石洞水库，完成松包园、丹乌等7座小（二）型病险水库除险加固工程和赤鹫、百花山庄、罗免3个片区高效节水灌溉项目。35千伏散旦双电源完善工程、者北变电站扩建工程、商贸中心区10千伏、35千伏电力线迁改项目竣工投入使用。完成自然村公路硬化51千米，实施罗赤公路公路和35千米农村公路建设。完成农村危房改造和抗震安居工程934户、异地扶贫搬迁76户。完成数字城管监控平台升级改造和230个占道摊位引摊入市工作，垃圾集中收集处理率100%。年内，城市人均公共绿地面积12.14平方米，全县集中式饮水100%达三类水标准。

【三产服务业】 实现第三产业增加值22.18亿元，同比增长8.6%，批发零售业商品销售额同比增长18.8%和14%，住宿餐饮业营业额同比增长33%和13.5%。投资3.68亿元的昆明市烟草物流配送中心项目落户富民，举办“名特小吃节”“山地自行车富民站比赛” “正己民族射箭公开赛”等活动。全年接待游客177.71万人次，实现旅游营业收入2.8亿元，分别增长11%和26%。

【生态建设】 完成4个美丽乡村省、市级重点村建设，实施国家退耕还林、石漠化综合治理、省级陡坡地生态治理和轿子山旅游专线（富民段）沿线绿化造林2.6万亩，国家森林抚育5 000亩，义务植树39万株，森林覆盖率57.7%。城乡清洁工程和城乡环境综合整治工作有序开展，农村“五堆”清理、村庄绿化美化和水资源地保护工程稳步推进，城乡环境卫生持续改善。全县集中式饮用水100%达到三类水标准，环境空气质量优良率100%。创建国家园林县城通过省级评审，国家卫生县城通过新一轮复审，成功创建云南省生态文明县。

【财政、金融】 全年实现财政总收入80 417万元，为年初预算数72 026万元的111.6%，为调整预算数76 669万元的104.9%，同比增11 737万元，增17.1%。其中，一般公共预算收入51 793万元，为年初预算数50 419万元的102.7%，为调整预算数50 419万元的102%，同比增3 775万元，增7.9%；上划“中央五税”收入完成24 892万元，为年初预算数18 491万元的134.6%，为调整预算数22 849万元的108.9%，同比增8 066万元，增长47.9%；上划省级收入完成3 732万元，为年初预算数3 116万元的119.8 %，为调整预算数3 401万元的109.7%，同比减104万元，减2.7%。全县一般公共预算支出113 825万元，为年度预算数113 825万元的100%,同比增8 894万元，增8.5%。年末全县金融机构存款余额60.26亿元，较上年增3.24亿元，较年初增5.68%；年末全县金融机构贷款余额46.05亿元，较上年增1.3亿元，较年初增3%。

【交通、邮电】 年末，全县有营运客车140辆，减81辆，其中公交车80辆，减13车辆，出租汽车60辆，与上年持平，农村客运车辆68车辆至年末全部淘汰完毕；货运汽车2 646辆，增46辆。年末完成邮政业务收入1 120万元，比上年增35.41%，全县固定电话装机10576部，比上年增加464部，增4.59%;宽带用户9 243户，比上年增长0.14 %。年末全县移动电话用户达107 802户，比上年增802户，增0.78%，其中，中国移动通信集团云南有限公司富民分公司104 002户比上年增4 002户，增4%，宽带用户10 607户，中国联合网络通信有限公司分富民公司3 800户，增加600户，增18.75%。

【社会事业】 全年民生支出占财政一般公共预算支出76%。加快推进分级诊疗、县乡医疗服务一体化，与昆明市儿童医院、昆明市第一人民医院合作办医，款庄、永定卫生院由县医院托管，完成8个村级卫生室建设，实施全面二孩政策。提高乡村教师待遇，完成东村中学改扩建，东村幼儿园建成投入使用，罗免中学等9个校安工程项目有序推进。建成县民政综合福利中心救助站、县老年活动中心和2个村（社区）居家养老服务中心。实施村级办公及活动场所标准化建设34个，建成农民体育健身工程8个。实施农村危房改造和抗震安居工程934户，易地扶贫搬迁76户，扶贫开发整村推进项目6个、革命老区产业扶贫项目2个，实现赤鹫阿纳宰、东村中民2个贫困行政村脱贫摘帽。城乡居民基本医疗保险和养老保险参保率分别为96%和97%。

【社会治安综合治理】 深化平安富民建设，持续巩固无毒县创建成果，社会治安防控体系“365”工程扎实推进，组建86支群防群治队伍，加强流动人口管理服务。全年受理各类民间纠纷5 138件，调解成功率98.5%。

抓好非煤矿山转型升级和危险化学品、消防、道路交通、建筑施工、校园等领域安全监管，社会和谐稳定。

【人民生活】 全年新增城镇就业357人，转移农村劳动力3 195人。农村常住居民人均可支配收入12 346元，比上年增长14.3%；城镇居民可支配收入33 521元，同比增10.3%。年末，城镇居民户均居住面积53.47平方米，农村居民户均居住面积34.99平方米，住房面积及质量明显改善。全县城镇居民人均拥有洗衣机0.29台、电冰箱0.28台、微波炉0.29台、太阳能热水器0.28台、助力车0.17辆、摩托车0.11辆、生活用汽车0.18 辆、固定电话0.03部、移动电话0.82部、彩电0.36台、摄像机0.01台、家用计算机0.21台。全县农村居民人均拥有洗衣机0.28台、电冰箱0.2台、微波炉0.08台、热水器0.19台、助力车0.26辆、摩托车0.09辆、生活用汽车0.03辆、固定电话机0.01部、移动电话0.01部、彩色电视机0.35台、家用计算机0.05台。

（李志宝）

宜良县

【年内大事】 2月24日 全省“五网”建设集中开工项目之一的昆明柴石滩水库灌区连通工程试验段工程在石林灌片开工。

3月22日 省委“三农”综合发展考评组考评宜良县城乡统筹工作和美丽乡村建设。

4月6日 昆明警备区司令员蒋朝忠调研宜良县武装部工作。

4月26日 宜良县与云南长水教育集团举行合作办学项目——云南衡水宜良实验中学签约仪式。7月15日，云南衡水宜良实验中学揭牌仪式。

5月18日 省委常委、省纪委书记张硕辅，市委常委、市纪委书记杨金莹率调研组调研宜良县基层党风廉政建设工作。

同日 省水利厅厅长陈坚、副厅长陈明率厅直机关领导考察柴石滩灌区建设工作。

同日 县长李绍俊代表县人民政府与阿里巴巴集团签订电子商务战略合作协议。

6月5日 2016“九乡杯”云南宜良“68道拐”山地自行车爬坡挑战赛在宜良举行，来自全国16个省区市及国外友人共468名自行车运动爱好者参赛。

6月8日 宜良县在新世纪大酒店召开2016年花街节招商引资推介会，副市长孟庆红参会，县长李绍俊代表县人民政府与中车株洲电力机车研究所有限公司等12家企业签订投资合作协议，投资总额达57亿元人民币。

6月13日 宜良县举办第三届中国昆明国际观赏苗木展览会暨2016宜良花街节闭幕式。节会期间，全县旅游综合收入超6 000万元，接待游客68万余人次，签约12个招商引资项目协议书，协议投资额57亿元；举办首届文化产业展览会和林下经济、三角梅、云南乡土苗木三大高峰论坛以及花卉苗木招商引资推介会等高水平交流活动。

7月13日 经过国家卫生县城省级复审评估检查专家组全体成员严格复审，宜良县国家卫生县城通过省级复审评估。

7月27日 宜良县召开旅游产业发展大会。会上，县长李绍俊、云南世博旅游集团总经理葛宝荣、九乡风景名胜区旅游开发公司负责人蒋俊共同签订三方合作开发大九乡旅游区面积范围336.16平方千米项目协议，总投资逾30亿元。

7月28日 昆明柴石滩水库灌区附属工程举行开工仪式。市人大常委会副主任马凤伦、副市长赵学农、市政协常务副主席张建伟及市级相关部门领导，宜良县四班子主要领导及相关部门领导，设计、监理、施工单位代表共150余人参加开工仪式。

8月6日 泰国清迈府农业考察团一行18人考察宜良马街镇万亩蔬菜基地建设发展情况。

8月21日 2016年“振兴杯”云南省大众跆拳道公开赛暨云南省跆拳道优秀社会体育指导项目展演在县体育馆开幕，来自海南、广西、四川、贵州、重庆、云南等6省共54支代表队850名运动员参赛。

8月24日 宜良县在昆明召开项目投资推介会，推介项目144项，预计总投资约800亿元，涉及产业转型升级、全域旅游发展等“五大百亿投资”项目。

同日 深圳市蕾奥城市规划设计咨询有限公司董事长、国家级首席规划师王富海一行调研宜良工业园区规划发展情况。

8月26日 印度巴拉戈帕尔喀拉拉邦委委员、克拉姆县委书记一行15人组成的印度共产党（马克思主义）干部考察团到宜良匡远街道办金星社区西山营村考察新农村建设及精准扶贫工作。

9月1日 中国再生资源开发有限公司与宜良县政府签订在宜良工业园区投资1.2亿元建设年拆解120万台废家电生产线项目协议。

9月13日 缅甸副总统吴敏瑞率队考察宜良九乡风景名胜区旅游业发展情况。

10月13日 全省“水网”建设推进会在昆明柴石滩水库大型灌区设主会场。副省长张祖林，水利部建管司司长刘伟平，副市长赵学农，省发展改革委、扶贫、财政、环保、农业、林业、水利、烟草、省建投集团等部门领导，各州市水利局长及柴石滩水库灌区工程管理局领导，共300余人参会。

10月14日 云南省第十次（中小学）用延安精神办学育人工作经验交流会在宜良召开，省研究会、省教育厅，各州市县研究会领导160余人参会。与会人员参观宜良一中、清远小学、匡山小学延安精神进校园活动成果。

10月18日　宜良县与昆明产业开发投资有限责任公司签订《战略合作框架协议》和《宜良工业园区、物流园区合作协议》，宜良县物流园区建设拉开序幕，工业园区建设进入新阶段。

11月6日　第十四届中国国际农产品交易会暨第十二届昆明国际农业博览会合作项目签约仪式在昆明国际会展中心举行。宜良县签订“宜良现代农业产业园项目”和“宜良七夕都市特色休闲农业产业园项目”，项目总投资82亿元。

11月7日　宜良县2016年“健康杯”职工运动会在县体育场开幕。运动会以“参与、健身、团结、奋进”为宗旨，设置9个比赛项目，全县各机关企事业单位及驻宜企业共63支代表队的2 300余名运动员参赛。

11月20日　昆明市2016中小学生冬季摔跤、自行车比赛两个赛事在宜良落幕。比赛分为田径场、公路、山地车3个项目，全市县区摔跤12个学校代表队，264名运动员参加摔跤比赛；10支学校代表队，184名运动员参加自行车比赛。

12月26~27日　“一带一路”文化艺术盛典暨宜良九乡风景区采风活动在九乡风景名胜区举行，来自全国的50余名书画艺术家参加活动，现场创作80余件书画艺术精品。

12月30日　宜良县“新华杯”迎新春“68道拐”登山比赛在靖安哨“68道拐”举行，57支参赛队、682名人员参赛。

【区划、人口】　2016年全县设2个街道办事处(含已托管的汤池街道办)和4镇2乡，下辖88个居民委员会和50个村民委员会，906个自然村。土地面积1913.53平方千米。年末户籍人口141 895户，434 192人（含汤池街道办事处57 419人），其中，男性215 379人、女性218 813人，比上年增加1 657人，增长0.35%。全年出生人口4 218人，死亡人数2 623人，常住人口43.69万人。人口自然增长率5.57‰，城镇化率43.3%。

【经济综述】　2016年，宜良县地区生产总值164.47亿元，比上年增8.7%，其中，第一产业46.51亿元，比上年增6.5%；第二产业46.32亿元，比上年增9.4%；第三产业71.64亿元，比上年增9.6%。三次产业结构比为28.3：28.2：43.5。人均GDP 37 773元，比上年增8.4%。非公经济增加值完成78.81亿元，占GDP比重达47.9%。

【农业和扶贫】　2016年农林牧渔业总产值73.98亿元,比上年增6.5%(可比价)，增加值49.57亿元，比上年增6.5%(可比价)。粮食播种面积35 645公顷,比上年增1.67%，粮食总产17.86万吨，比上年增0.33%，其中，水稻3.39万吨，比上年减2.56%；苞谷10.11万吨，比上年减1.2%；小麦1.52万吨，比上年增8.6%；蚕豆0.78万吨，比上年减2.0%。全县烤烟种植面积7.08万亩，收购烟叶19万担、1万吨，比上年增0.69%。蔬菜产量43.17万吨，比上年减2.140%。花卉种植面积4939.5公顷，比上年增1.18%。水果产量1.01万吨，比上年增6.87%。启动柴石滩大型灌区进场公路、高线公路主隧洞出入口征地拆迁工作，组织全省水网建设开工仪式；海马箐水库建设投资4 000万元，完成拦河坝、溢洪道、导流洞封堵、右岸灌浆和灌区洞顶砼浇筑及管道安装；大平滩水库建设复工，投资1 975万元完成16件小（二）型病险水库加固工程；投资1 040万元完成竹山乌旧、耿家营尼龙、大水河、九乡集镇和箐水塘村小组抗旱引得调工程。投资331万元完成农村人饮提质增效工程；投资完成治理水土流失30平方千米，完成蓄水3 462万立方米。柴石滩、海马箐移民分别为4 426人和488人，投资227万元完成移民后扶持工程4件。全年灌溉供水2 700万立方米。

年末，在册管理各型拖拉机3 260台，农机总动力33万千瓦；全年发放农机购置补贴235.1万元，受益1 983户；全年机耕机耙面积32.4万亩，机收4.5万亩。农业综合机械化水平达74%。

年末，生猪存栏30.39万头，比上年增0.79%，肉猪出栏65.4万头，比上年减3.18%；大牲畜存栏6.78万头，比上年减1.44%；出栏大牲畜2.06万头，比上年增9.11%；羊存栏13.05万只，比上年增6.16%，羊出栏6.98万只，比上年增2.07%。肉用鸭出栏1835万只，比上年增0.03%；乳牛存栏1.58万头，比上年减2.69%；牛奶产量4.47万吨，比上年增0.03%。水产品产量0.31万吨，比上年减0.08%；禽蛋产量0.72万吨，比上年增4.39%。水产养殖面积3.2万亩，产量1.4万吨，捕捞量800吨，产值3.6亿元；观赏鱼养殖800余亩，产量800余万条（约320吨），是云南省水产养殖大县和观赏鱼养殖县。

全年完成营造林9.79万亩，其中，市级营造林4.29万亩，退耕还林1.5万亩，石漠化综合治理、防护林工程、速生林培育、森林抚育等2.79万亩，高速公路绿色廊道补植补造1.2万亩。义务植树90万株。全县板栗种植面积达20万亩，核桃种植面积5.4万亩；板栗交易3.2万吨，交易额2.9亿元；建成年加工500吨栗仁深加工企1家，产值5 000万元。观赏苗木产业集散地和消费市场重点县初步形成，花卉苗木种植面积达15万亩，产值38亿元，培育花卉苗木企业及个体经营户4 000余户，解决农村6万劳动力就业。林下经济面积达15.76万亩（含野生菌采集加工面积12.81万亩），产值4亿元；发展林家乐67个。发展野猪、梅花鹿、驼鸟等野生动物驯养企业8家，产值400万元。2月，创建苗木花卉电商交易平台。开展在线服务和在线交易，至年末线上交易1 200余万元。

脱贫攻坚取得阶段性成果。全县82个村（居）委会565个村小组1 185户3 901名建档立卡贫困人口全面脱贫,做到帮扶责任人、脱贫需求、帮扶措施、扶持项目“四落实”，全年累计投入扶贫攻坚资金3.67亿元，其中，市级投入专项扶贫资金0.1亿元，整合上级涉农专项资金2.18亿元，县级投入资金0.67亿元，乡镇投入资金0.22亿元，村组投入资金0.3亿元，社会及个人帮扶0.03亿元，群众自筹0.17亿元。3 901名贫困人口均达到“两不愁、三保障”脱贫要求和“贫困户年人均纯收入稳定超过3 600元（高于国家标准3 050元）目标，县、乡两级干部职工1 375人挂包帮扶1185贫困户，每个建档立卡贫困村均有6家以上县级部门帮扶、建档立卡贫困行政村均有1家以上县级部门包村。全县干部职工走访帮扶贫困户9 263次，直接投入生活困难救助金174.4万元、救助物资价值109.5万元，办实事1 976件，户均帮扶2项以上措施。超额完成省市下达年度脱贫任务，脱贫攻坚首战告捷。

【工业、建筑、民营经济】 全年新开工亿元以上工业项目5项，竣工4项，新增规模以上工业企业11户，规模以上工业企业达到85户。全年完成工业总产值131.78亿元，比上年增5.38%（现价），其中，规模以上工业企业完成116.7亿元，比上年增4.73%（现价）。全县完成工业增加值31.7亿元，比上年增3.9%（可比价），其中，规模以上工业企业完成增加值比上年增3.1%，规模以下工业增加值同比增长8.1%。全年规模以上固定资产投资124.29亿元(不含汤池)，比上年增17.6%，其中，工业投资31.24亿元，比上年减21.9%。建筑业完成总产值50.11亿元（不含汤池），比上年减22%；实现增加值16.2亿元，比上年增21.8%；全年完成房屋建筑面积196.6万平方米，比上年减27%，其中，新开工面积179.84万平方米，比上年减32%。全县民营经济增加值完成78.81亿元，占全县比重达47.9%，比上年增9.1%；乡镇企业总产值达147亿元，比上年增5.4%；乡镇企业农产品加工总产值18.61亿元，比上年增8.2%。全年完成210户“两个10万”小微企业培育扶持目标。

【交通运输、邮电通信】 全年投资1.6亿元，完成农村公路路面硬化工程项目227.7千米，投资1 400万元，完成九乡至马龙9.4千米、北古城至汇东大桥3千米路段大修项目；全县公路通车里程1 926千米，行政村路面硬化率和通车率均达100%。完成云桂铁路、昆明东南绕城高速路两条路宜良段征地拆迁安置工作。年末道路运输户6 031户，货运车辆6 399辆；客运企业2户，公交线路67条，城乡公交车361辆，出租汽车140辆，出租汽车从业人员450余人，城乡公交覆盖率97.8%，二级客运站1个，四级客运站3个，城区公交站77个；驾驶员培训机构4家，教练车220辆，教练员240人；二类以上机动车维修企业28户，三类256户，全县道路运输从业人员1.98万人。

全年邮政业务总量2 014万元，邮政件79万件、报刊期发数2.3万份。电信业务总量3.01亿元，投资3亿元推进全县通信基础设施建设，实施“宽带中国”“光网城市”战略，提升接入宽带水平，促进县域信息化水平的提高，促进“互联网+”产业发展。县城区、乡镇及行政村有线宽带和3G网络覆盖达到100%，4G网络已实现县城范围和乡镇中心集镇和大部分行政村覆盖。通信光纤已铺设到全县所有乡镇和96%的行政村，县城95%的区域具备50M以上接入能力，乡镇具备20M接入能力，新建小区光纤到户具有100M以上的能力。电信投资3 600万元，实施移动网和宽带网（光网）能力提升工程。年末末级光端口8.4万个，基本实现全县光网全覆盖；无线网络覆盖进一步提升，3G基站数量117个，扇区数量349个，3G总覆盖率达99.75%，4G基站数量142个，扇区数量417个，县城主要道路及重点场所4G FDD网络覆盖率达99.65%。

【城市建设与管理】 《宜良县城北片区控制性详细规划》通过专家和县规委会评审。旧城改造稳步推进，东城新区初具规模。县医院住院楼24层、门诊楼6层及地下室、垃圾处理站配套工作投资4.71亿元主体工程完成投入使用，县清远小学异地建设工程9月投入使用；投资524万元异地新建县气象局办公楼及观测附属设施完工；投资8.2亿元的全域城镇化暨土桥村城市棚户区改造项目11层15栋主体工程封顶，全面启动匡山棚户区改造项目；沃尔玛、麦当劳、苏宁等商业主体入住，宜居宜良品质实现跨越式提升，完成城区第二污水处理厂主体工程建设，宜石垃圾处理厂恢复运营；县城区绿地面积达6 793.5亩，人均公园绿地面积10.2平方米，新建公交车站台99座，新建和改造公共卫生间73个，县城区66条道路3 919盏路灯更换为LED节能灯，县城兴建公交站点77个，其中雨棚式候车亭站点52个，招呼站25个。县城面貌得到改观，城市品位得到提升。生态环境全面改善。淘汰造纸、化工制酸落后产能7万吨，5家企业通过清洁生产审核，完成减排任务，环境污染得到有效治理。完成营造林4.29万亩，义务植树90万株，昆石高速公路两侧面山1.2万亩退耕还林补植补种工作，空气质量优良达标率100%，饮用水源水质达标率100 %，氮氧化物排放量12 767.4吨。城市生活垃圾无害化处理率达85%，污水集中处理率82.77%，化学需氧量排放量1 214.22吨。

全年完成农村危房改造1 500

户、2 104套公租房和864套廉租房投入使用，工业园区内建设的保障性住房328套进行供电和室外道路工程；年末房地产开发企业29家，已开发建设小区53个，售完楼盘的小区32个，在售21个，房屋中介13家；全年办理房屋登记6 486件，其中，初始登记2 245件，变更登记3 075件，转移登记1 159件，更正登记7件；全年二手房交易614套。年内县城10层以上建筑85幢。全年供自来水603.3万立方米，比上年减0.3%；污水处理厂处理污水611.2万吨。

全年城市空气质量优良达标率100%，地表水环境功能区水质达标率100%，集中式饮用水源地水质达标率100%，重点工业企业污染物排放口自动监控率100%，重点工业企业废水、烟尘、二氧化硫、粉尘排放达标率100%。城市生活垃圾无害化处理率89%，污水集中处理率75%。全县7个乡镇全部创建成省级生态乡镇，111个行政村命名为市级生态村，耿家营、九乡、马街、竹山、狗街5个乡镇创建为国家级生态乡镇。

【商贸、旅游】 全县实现商品销售(营业)额141.8亿元，比上年增18.8%，其中，批发商品销售额77.5亿元，比上年增18.8%，零售商品销售额43.1亿元，比上年增18.1%;住宿营业额2.5亿元，比上年增22.8%，餐饮业营业额18.7亿元，比上年增20.4%。社会消费品零售总额42.66亿元，比上年增14.8%。新建和改建标准化菜市场和农贸市场5个，沃尔玛、苏宁、国美等一批商业巨头和愿景城市综合体等大型零售商圈相继入驻，打造愿景城市广场税收千万元楼宇经济实现成效，实现楼宇经济零的突破。与阿里巴巴集团签订农村淘宝项目，建成占地1 000平方米的县级电子商务服务中心1个、农村淘宝服务中心1个、物流仓储配送中心1个，72个村级服务站，与浙江颐高智慧科技发展有限公司合作，建成占地2 000平方米，包含117个开放式工位、21个办公室和微集学院1个的互联网+创业园，已入驻小微企业14家及各类创客。

全力推进全域旅游发展，与云南世博旅游控股集团有限公司签署大九乡旅游区项目合作协议，启动10个乡村旅游示范点创建，全年接待游客263.1万人次，比上年增12%，旅游总收入3.19亿元，比上年增26%。

【财政、金融】 全年财政总收入11.66亿元（不含汤池），比上年增14.2%。其中，地方一般预算收入7.43亿元，比上年增8.8%。全年税收4.9亿元，占地方公共财政预算收入的65.7%；全年县级地方财政预算支出18.82亿元，比上年增9%。金融机构年末各项存款余额177.1亿元，比上年增16.7%，其中，储蓄存款124.6亿元，比上年增10.1%；金融机构各项贷款余额84.5亿元，比上年增2.5%。全年招商引资签约25个项目，协议投资额13.64亿元；全年实际利用外资406.7万美元，到位内资45.7亿元（不含汤池）。重构县开发公司、工业及物流开发运营公司、医疗资产经营管理公司等县一级融资平台，着手组建专业产业板块的二级投资公司，全年争取上级资金12.2亿元，争取地方政府债券置换资金10.5亿元，补发两年乡镇岗位补贴，兑现改革性补贴、乡村教师补贴、车改补贴等1.21亿元。全县有各类保险机构18家，保费总收入3.06亿元，理赔支出0.68亿元。全县住房公积金新增归集单位317个，比上年增19个，归集人数1.61万人，归集金额2.2亿元；全年向555户职工家庭发放公积金贷款1.43亿元，回收本金7 440.89万元，回收利息2 144.75万元，收息率99.83%，逾期率为0.17%，控制逾期率和收息率在标准之内。

【科技、教育、卫生】 全年组织53家规模以上工业企业，实施完成77项研发项目，研发经费投入占当年GDP的1.7%，上年度省市研发经费补助2 661.64万元；组织企业参加全省创新创业大赛，有7家企业获奖，1家企业还作为全省13家参赛队之一，代表云南参加全国创新创业总决赛；获国家高新技术企业认定9家，超过前5年认定总和；完成专利申请授权180件，其中，发明专利38件、实用新型专利132件、外观设计专利10件；全年申报省市科技项目8项，获扶持资金320万元，同时获省市科技认定补助经费53万元；获云南省农业科技园区1个，云南省创新型试点企业认定2家，云南省优秀科技型中小企业认定2家，云南省农产品深加工科技型企业认定3家，云南省优质种业基地认定1家，云南省重点新产品认定2个；2项科技成果获昆明市科技进步奖，7名企事业单位科技人员被评聘为昆明市科技特派员。全年开展优质稻、板栗、蔬菜、生猪养殖等技术培训90期，培训创新型农民6 670人。

全县各类学校（不含汤池）202所，其中，普通高中3所、普通初中12所、小学74所、职业高中3所、幼儿园109所、特殊教育学校1所。在校学生人数65 148人，普通高中5 784人，初中13 715人，小学24 722人，幼儿园在园人数11 402人。适龄儿童入学率99.99%，初中学龄人口入学率99.01%，初中巩固率99.84%。投资1.27亿元完成教育信息化二期工程，投资9 500万元异地新建县清远小学9月乔迁，云南衡水宜良实验中学建设竣工，9月招生。

全县各类卫生医疗机构256个，拥有病床位2 066张，各类卫生技术人员2 015人。全年诊疗159.6万人次，入院人数5.58万人，出院人数5.6万人。投资4.7亿元新建第一人民医院投入使用。建立居民健康电子档案34.8万人，设置健康教育宣传栏150块，更换847期。播放健康音像资料888种，举办健康知识讲座687次，参加人员3.78万人次。举办公众健康咨询活动131次，参加人员4.15万人次。开展个性化健康教育4.38万人次，发放健康宣传资料24.75万份。免费婚前医学检查5 032人，农村孕产妇住院分娩补助3 709人，免费妇科病普查2.4万人次，免费孕妇普查2 067人，孕期保健3 462人，产后新生儿访视4 506人。0~6岁儿童免疫接种7.98万人次。卫生督查食品经营单位2 292户次，督查公共场所经营单位2 880户次。

【文化、体育】 全年基层公共文化服务运行机制配套资金到位率100%，公共文化服务项目考核指标完成率81%；建成13个村（社区）基层综合性文化服务中心、11条健身路径、18个七彩云南体育健身工程点；完成4个省级非遗项目及4个市级非遗传承人申报；完成私立光德小学旧址的修缮、文庙法明寺消防安全工程，启动文庙大成殿修缮工程；组织文化惠民演出203场，农村放映公益电影1 332场。承办云南省2016青少年射箭冠军赛、云南省大众跆拳道公开赛、昆明市2016老年人气排球比赛、昆明市2016中小学生冬季摔跤赛和自行车赛，举办元旦长跑、登山、春节文艺汇演、舞龙舞狮展演、健身广场舞赛、“68道”拐山地自行车爬坡挑战赛、“健康杯”职工运动会等活动。

【广播、电视、网络宣传】 加强广播电视“村村通”“户户通”电视网络建设，完成中央节目无线数字化覆盖工程中心台建设及设备接收、安装、调试工作，完成小白龙发射台无线台站基础设施建设项目，全年新增电视用户3 253户，共整转数字电视用户2 789户，全县广播人口覆盖率99 %，电视人口覆盖率99%，有线电视入户率72%，有线电视用户达7万余户。全年在中央级媒体（含报刊）刊播宣传宜良稿件60余条，省级媒体刊播400条，市级媒体刊播341条；拍摄专题片6部。编发手机报237期，宜良信息30期，宜良微信264期。《宜良之窗》网站发布各类宜良新闻资讯504篇，专题报道23个，图片188幅，点击率651万人次；“花香水城美丽宜良”发布微博3 256条，“宜良发布”发布微博9 852条，“宜居宜良”微信推送信息264条，订阅数2 276人，“云南通・宜良”手机客户端微信下载量4 852人，推送信息187条。

【人民生活和社会保障】 全年城镇常住居民人均可支配收入34 223元，比上年增2 531元，增8.6%（现价），农村常住居民人均可支配收入12 598元，比上年增1 145元，增10%(现价)。年末全县就业人员27.84万人，其中，第一产业就业人员14.84万人、第二产业6.18万人、第三产业6.82万人。年末城镇登记失业人口1 357人，城镇失业率为2.82%。全县基本养老保险累计参保23.46万人；城镇职工社会养老保险参保2.9万人，收保费1.1亿元，支付6 400离退休人员养老金1.57亿元。职工和城乡居民医疗保险人数34.01万人，其中，城镇职工参保2.26万人，城乡居民参保31.76万人，累计收取保费1.23亿元，累计支付1.29亿元。城镇失业保险参保344户1.2万人，发放失业保险金453.92万元；生育保险参保470户1.47万人，收取保费491万元，支付531万元。工伤保险累计参保536户2.26万人（其中，农民工0.49万人），收取保费588万元，支付538万元；城乡居民基本医疗保险参保33.6万人，其中，城镇职工参保险2.18万人，支付8 136.08万元，城乡居民参保31.42万人，支付1.2亿元。农村劳动力转移培训1.26万人，转移就业1.5万人，转移就业收入2.31亿元。社会福利收养性单位3个，定期抚恤人数55人，定期补助人数3 088人，城市居民最低生活保障家庭数2 834户、3 279人，农村特困户救济人数8 165人，五保户供养人数628人。登记结婚3 294对，登记离婚1187对。年末全县享受高龄保健补助老人7 668人，发放保健费514.96万元。全年火化县内户籍遗体2 864具，发放火化补助96.7万元；农村公益性公墓建设达38个，实现农村公益性公墓城乡全覆盖。

【精神文明建设】 以巩固全国文明县城创建成果和省市县三级文明单位创建为依托，大力开展平安创建、巾帼文明岗、青年文明号、文明单位(村)、文明集市、文明街、军警民共建、交通示范单位、示范村、示范学校、示范窗口、志愿者服务、文明餐桌和“讲文明树新风”等系列创建活动，利用电视、网站、信息、手机报、公交车、出租车、活动日、海报等宣传媒体宣传文明价值观和文明行为。全年创建市级文明单位（村）20个，市级文明学校5所，县级文明单位（村）25个。成功申报省级非遗项目4个，市级非遗传承人4个、县级传承人6个。

【社会治安综合治理】 全年累计发生各类安全事故3起，死亡 4人，直接经济损失335万元。全县127个调委会全年调处各类纠纷2 652件，调解成功2 640件；法律援助案件185件，办结163件，办理公证1 080件，接受法律咨询692人次。结合脱贫攻坚，创新开展司法扶贫，帮助贫困群众解决赡养老人纠纷120人次。公安局依托警用系统、网上作战平台、视频监控平台、地理信息平台、办公自动化平台和旅店、网吧监控系统预防查处各类案件。全年刑事案件立案1 513件，破案1 219件，抓获刑事作案425人，逃犯47人，打掉犯罪团伙38个；立命案6件，破5件(含积案1件)。立经济案件53件，破案43件，抓获嫌疑人33人，刑拘16人，挽回经济损失318.1万元；收缴假人民币10.98万元；侦办毒品案件59件，抓获贩毒嫌疑人64人，缴获毒品26.6千克，收戒吸毒人员265人；查处治安行政案件

983件，行政拘留855人；办理外国人非法居留案5件，遣送出境7人。全年发生道路交通事故2 316起，死亡46人，伤1 017人；查处各类交通违法3.3万起，侦办交通肇事案39起，肇事逃逸案5起，逮捕11人，吊销驾证10本，终身禁驾3人。全年发生各类火灾198起，无人员伤亡，直接财产损失99.04万元。县纪检部门受理信访举报468件次，立案35件，处理40人，移送司法机关3人，党纪、政纪处分37人，挽回经济损失170余万元。检察院依法准逮捕各类犯罪嫌疑人424人，提起公诉659人，批准逮捕259人。反贪污贿赂、渎职侵权等职务犯罪立案11件14人，挽回经济损失243.9万元；开展预防职务犯罪宣传教育83次，受教育3 200余人次，实现村级“三委”预防职务犯罪全覆盖。法院共受理各类案件4 144件，审执结案4 016件，结案率96.9%。其中，受理刑事案件500件，审结490件625人，结案率98%，民商事纠纷案件2 240件，审结2 161件，审结率96.7%，行政案件6件，审结6件，受理执行案件1 398件，执结1 359件，执行到位资金6 270万元。

（徐守云）

嵩明县

【年内大事】 1月16日 经过省级检查组检查验收，嵩明县被正式命名为第二批省级药品安全示范县。

2月5日 由嵩明县委宣传部、嵩明县兰茂研究会历时近两年整理汇编的《兰茂文集》由云南人民出版社正式出版发行。该文集分为3卷、共150余万字，收集汇编了兰茂所著《滇南本草》《医门览要》《声律发蒙》《韵略易通》《性天风月通玄记》《玄壶集》《续西游记》及部分诗词作品。

2月15日 北京银行总行绿色金融部总经理王燕平一行到嵩明县考察融资工作。

同月 嵩明县国税局工会委员会被中华全国总工会授予“全国模范职工之家”称号。

3月4日 北京林达集团代表一行到嵩明职教园区考察。县委书记杨相来、县委副书记王秀江，分管副县长以及职教园区、县教育局主要领导陪同考察。

3月8~14日 央视7套《乡土》栏目组到嵩明拍摄传统美食节目。先后对枸杞尖烤鸡、乳饼、骨头糁、木瓜水、粉团等嵩明传统美食的制作方法进行拍摄。

3月25日 云南省副省长刘慧晏带队到杨林经开区调研现代物流产业发展情况。

4月9日 由云南中石油昆仑燃气有限公司投资建设的昆明嵩明车用CNG（压缩天然气）加气母站建成竣工，成为全市第一座车用CNG加气母站。

4月14日 云南省副省长、省政协副主席丁绍祥率队到嵩明县调研综合交通建设工作。

4月26日 嵩明县杨林蔬菜协会会长牛姚枝被中国农村专业技术协会表彰为“中国农技协优秀乡土人才”。

5月13日 县委书记杨相来率队到湖南长沙考察。考察组对湖南五星重工有限公司生产基地进行实地考察，并与五星重工集团签订智能环卫车改装项目战略合作协议。

5月14日 国家农业部副部长余欣荣率队到省花卉园区调研特色产业扶贫落实情况。省政府党组成员高树勋、省农业厅厅长张玉明等省、市相关领导参加调研。

5月25日 中国电子商务专家服务中心——云南电子商务应用人才培养基地授牌仪式暨电子商务人才培养论坛在嵩明职教基地举行，标志着云南电子商务应用人才培训基地正式落户职教园区。

5月27日 云南省省级林木种苗示范基地搬迁重建项目在嵩明省花卉示范园区正式签约。该项目是国家良种繁育生产体系的重要组成部分，规划占地140 亩，一期、二期分别计划投资3 060.8万元、5 000万元，用于建设培育工程、繁育生产工程、试验区、办公区及培训用房。

6月7日 普洛斯名永仓储基地项目在嵩明杨林经开区开工建设。该项目占地面积509亩，总建筑面积20万平方米，预计投资6亿元人民币。

6月17日 嵩明县2016年南博会招商引资项目开工仪式在杨林经开区举行。集中开工的项目为云南呈达玻璃科技产业园、杨林国际企业孵化园、兰茂药业保健品生产基地、昆明缤纷园艺、润土环保科技、职教基地公安大楼6个项目。

7月28日 沪昆高铁嵩明站站前广场及连接道路顺利竣工，并通过初步验收。该项目占地约33亩，分为站前广场及连接道路两部分。

7月30日 中央第七环境保护督察组在环保部西南督察中心主任张迅带领下莅嵩开展环境保护督察工作。

8月8日 嵩明县举行2016年“8·8”全民健身系列活动启动仪式暨县全民健身中心和县图书馆新馆开馆仪式。全民健身中心和图书馆位于县城明湖南路园博园内。全民健身中心内设500个座席活动看台，可开展篮球、羽毛球等体育活动和文艺演出活动。新图书馆建筑面积3 722平方米，设有阅览大厅、综合借阅室、少儿借阅室、报刊阅览室等，设有400个座椅，有各类图书20万册。

8月12日 中科院副院长、院士张亚平率队莅嵩调研中科院西南特色生物资源科技开发示范基地建设情况。

8月23日 云南省委副书记、省长陈豪率队莅嵩视察沪昆高铁嵩明站建设情况。程连元、丁绍祥、何刚等省、市领导及滇中新区领导参加调研。县领导杨相来、王秀江陪同调研。

9月5日　嵩明县开展“全媒体走基层，聚焦嵩明综合交通建设”活动。中央人民广播电台、工人日报、人民网等19家中央和省、市主流媒体记者40余人参加本次活动。全媒体报道组到小龙高速嵩明隧道、沪昆高铁嵩明站等项目点，对项目概况、工程进度及施工情况进行实地采访，对嵩明县道路交通设施建设进行全方位、多角度集中报道。

9月25日　嵩明县在晨农农博园举办“共享发展·收获金秋”招商引资推介签约仪式。共有来自云南省浙江商会等驻滇异地商会及国际文化旅游投资协会单位的近200名企业家参加推介会。会上，集中签约项目30个，累计总投资预计达1 308亿元。其中，正式协议项目18个，协议投资总额489亿元；意向协议项目12个，协议投资总额819亿元。

9月25日　嵩明县在杨林经开区举行“共享发展·收获金秋”冲刺三季度项目集中开工仪式。共有沈机集团昆明机床有限公司、云南省省级林木种苗示范基地等18个项目集中开工，总投资约50亿元。

同日　“2016中国·嵩明首届花卉博览会”在省花卉示范园区正式开幕。本次花博会展期：9月25日至10月25日。活动期间共布置6大景观展区：虹之华切花菊品种展区、蓝蜻蜓特色植物（干花）展区、花仙子林下花园展区、中丹远缘室内垂吊花卉展区、真善美多肉植物展区和千景树美国红枫展区。展区面积860亩。

10月10日　嵩明县举行“我们的价值观 我们的中国梦”好家风好家训巡讲首场报告会。全县各级妇联干部共430余人参加会议。本次活动历时一个月，共举办40场次。

同月　嵩明县档案馆通过省级规范化管理示范档案馆认定。

11月3日　嵩明县举行《山高日月明》《我在嵩明等你来》《古滇医圣兰茂传奇》3本书籍首发仪式暨新闻发布会。

11月17日　嵩明县农村信用合作联社召开创立大会暨股东大会第一次会议，正式改制组建为云南嵩明农村商业银行股份有限公司。

11月18日　嵩明县举行纪念红军长征胜利80周年暨第三届“中国梦·劳动美”职工演讲比赛。此次演讲比赛共有30名选手进入决赛，设一等奖2名，二等奖4名，三等奖6名及优秀奖若干，来自牛栏江镇的村官王雪琴与来自县医院的李建交荣获一等奖。

11月26日　在“2016中国最美村镇”颁奖典礼上，嵩阳街道大庄社区荣获“2016中国最美村镇人文奖”。

11月28日　台湾工会交流参访团一行29人到嵩明县参观考察。台湾工会交流参访团在实地参观考察了中信嘉丽泽、农业园区等地后，对嵩明园区建设和产业发展取得的成效给予赞誉。

11月29日　杨林经开区非公企业党委成立，此为嵩明县成立的首家非公企业党委。

12月26日　东风云汽整体搬迁升级改造项目奠基仪式在嵩明杨林经开区空港大道东风云汽项目地块举行。昆明市委书记程连元、市长王喜良、市委副书记刘智、东风汽车公司总经理李绍烛出席奠基仪式。东风云汽整体搬迁升级改造项目将按照“一次规划，分步实施、滚动发展”的原则，拟规划分2期用10年时间建设15万辆/年整车产销基地，项目规划总投资拟30亿元。

12月27日　小铺至乌龙高速公路（简称小龙高速）通车仪式在嵩明服务区举行。小龙高速公路起于小铺立交西侧，止于杭瑞高速与东连接线的乌龙互通南侧（昆明北收费站）。主线全长约42千米，为省内首条双向8车道高速公路。嵩明境内长约21千米，设计时速每小时100千米。在嵩明县境内设有3个收费站（嵩明收费站、嵩明西收费站、军马场收费站）及1个服务区（嵩明服务区）。

12月27日　云南滇中新区汽车产业园暨昆明新能源汽车工程技术中心项目在嵩明杨林经开区举行奠基仪式。昆明市委书记程连元出席奠基仪式，并为两个项目揭牌。

12月29日　昆明市轨道交通嵩明线试验段开工仪式在嵩明县军长立交东南侧举行。嵩明线起于巫家坝，止于嵩明，出巫家坝中心站后经东三环、汽车东部客运站、金马村、长水机场、小哨、凤溪寺后，引入嵩明县城。全长约59.07千米，共设车站15个。

【区划、人口】　2016年，全县辖3镇、1街道、75个村（居）委会，575个村民小组，441个自然村。年末户籍总人口305 703人，比上年增2 314人。其中，男性152 597人、女性153 106人；乡村人口245 443人、城镇业人口60 260人；汉族281 057人、少数民族人口24 646人。少数民族人口中，回族16 429人，彝族4 276人。全年人口出生率14.2‰，死亡率8.66‰，人口自然增长率5.54‰。

【经济综述】　2016年，全县经济形势呈现稳中有进、稳中向好的良好发展态势。全年完成生产总值107.33亿元，比上一年增长8.79%。其中，第一产业完成15.14亿元，比上年增长8.22%；第二产业完成51.38亿元，比上年增长5.76%；第三产业完成40.81亿元，比上年增长13.08%。三次产业结构比由14.18∶49.24∶36.58转变为14.11∶47.87∶38.02。2016年末，全县地方财政总收入完成174 221万元，比上年同期增长21.7%。其中，地方公共财政预算收入15 295万元，同比增长10%；地方公共财政预算支出220 724万元，同比增长4.1%。社会消费品零售总额30.22亿元，增长14.73%。规模以上固定资产投资167.43亿元，增长30.14%。规模以上固定资产投资128.62亿元，增长21.2%。农村常住人口人均可支配收

云南建投钢结构有限公司

（嵩明县史志办　供稿）

入达12 236元，比上年增长10 %；城镇常住居民人均可支配收入达34 060元，比上年增长8.30%。

【产业发展】　2016年，加快推进工业化进程。全年规模以上工业固定资产投资达24.1亿元，增长98.6%，规模以上工业增加值增长7.1%。丰超亿食品、五星重工、协鑫分布式能源等一批重大项目签约落地；东风云汽、北汽新能源汽车项目开工建设；呈达玻璃、广田衡器等项目加快推进；燕京啤酒二期、杨林实业、金利马设备等续建项目建成投产；规模以上工业企业达84家；云南建投钢结构等30户企业获稳增长奖补资金2 572万元，萌泰汽配等18户企业争取市工业发展引导基金9 600万元。杨林经开区顺利通过国家商务部考核，被确定为云南省汽车产业基地、省级拟培育的十个千亿园区之一。高原特色农业发展步伐加快，全县农业总产值完成26.52亿元，增长6.3%，成功创建为全省首批农产品质量安全示范县。中科院西南特色生物基地、省林木种苗基地落户农业园区；中农联农产品电商物流园、省级林木种苗示范基地等项目加快推进；省农科院研发基地、缤纷花卉园等项目全面竣工；农业园区辐射、引领、带动作用显著增强。现代服务业发展迅速，第三产业增加值完成40.81亿元，增长10.2%。杨林铁路物流园区完成初步规划，普洛斯、中云东港等物流项目稳步推进，成功举办花博会、兰茂文化美食节、“桃花节”“马缨花节”等文旅活动。职教基地入驻院校达14所，聚集各类行业企业100余家、人口近10万人；教师小区、500套公租房主体工程顺利完工，幼儿园、小学建成投入使用；成功创建为中国电子商务专家服务中心云南应用人才培养基地。

【对外开放】　年内，成立县委全面深化改革领导小组及10个专项小组，11个方面52项重点改革取得实质性进展。供给侧结构性改革成效初显，135户次企业参与电力市场化交易，累计退费2 738万元。政府行政效能明显提升，清理公布行政职权6 282项，精简141项，建成行政审批网上服务大厅和中介服务超市，推行“双随机一公开”监管；挂牌成立不动产登记中心，32家单位入驻政务服务网上大厅，服务事项达148项。“先证后照”登记制度改革取得突破，各类市场主体达2.16万户。“营改增”“五证合一”“一照一码”全面实施，新发展企业933户，减免企业税负1.95亿元。投融资体制改革取得显著成果，泰佳鑫公司首次在资本市场直接融资15亿元，全县完成融资104亿元。县农村信用社成功改制为农村商业银行。成立9大产业招商和服务企业工作组，举办“共享发展·收获金秋”招商引资推介签约仪式，各类协议投资总额达1 308亿元。推出首届花博会，全县旅游综合收入达1.76亿元，同比增长30%。实施“信息化改造示范工程”，培育省级众创空间2家。实现外贸进出口总额5180万美元。党政机关公务用车制度改革有序推进，机关事业单位收入分配制度改革全面完成。

【城乡建设】　2016年，大力推进城乡建设。交通路网建设取得重大突破，沪昆高铁、小龙高速、黄龙街延长线建成通车；国道213改扩建、兰茂路南段、石场路、四煤公路、杨嵩

建成于2016年10月的沪昆高铁嵩明站

（嵩明县史志办　供稿）

大道全面推进；哨关路、新昆嵩高速、东南绕高速建设进展顺利，地铁嵩明线正式开工。城市基础配套逐步完善，彩云路雨水收集系统、县城亮化提升工程、秀嵩街环岛改造、黄龙山古柏保护等项目全面完工。补植补种冻害植物2 166株，打造“一街一景”街道8条，县城新增绿地面积5.4万平方米。美丽宜居乡村建设有序推进，硬化农村道路23.3千米；建成540路高清探头，实现建制村视频监控全覆盖。实施“一事一议”财政奖补项目106个，完成重点村建设8个、“五小”水利工程2 067件。新建龙王庙水库，完成嵩明灌区节水改造、7件水库除险加固。220千伏余屯输变电工程完工，农村电网升级改造率达97%。深入开展城乡环境综合治理，启动农村居民建房管理试行方案，开展土地例行督察，清缴土地规费2.8亿元，供地率提高15个百分点；清理闲置土地，拆除违法建设113宗，“治脏、治堵、治污、治乱”取得阶段性成效，城乡人居环境持续改善。

【生态建设】 严格执行环保“一票否决制”，项目环境影响评价执行率达100%。按时办结中央环保督查组交办事项21件。关闭马宗岭煤矿，淘汰四营水泥厂、银立化工等4条落后产能生产线，规模以上工业万元增加值能耗下降3.1%，万元GDP能耗下降3.2%。实施北片区排污主干管、上游水库引水、金山水厂、果蔬废弃物资源化利用等8个项目，完成七里湾大龙潭水源地综合整治，果马河、对龙河治理工程竣工验收，清淤河道沟渠276.1千米。“一山一水”生态修复治理成效突显，建成防护林280亩，义务植树86.9万株、石漠化治理5万亩、退耕还林3 000亩、面山补植1 000亩、森林抚育5 000亩，森林覆盖率达49.6%。牛栏江（嵩明段）出境断面水质8个月稳定在III类以上。成功创建为省级生态文明县。

【社会事业】 2016年，社会事业全面进步，社会保障水平不断提高。新增城镇就业1 500人，农村劳动力转移就业1.09万人。社会保障覆盖面进一步扩大，养老保险、医疗保险参保率达95%和96%。保障性住房建设、棚户区改造全面推进，公租房竣工2 501套，棚户区改造主体完工2 500套，农村危房改造571户，新分配保障性住房8 000套，新建改造公厕81座。深入开展“挂包帮”“转走访”，完成整村推进项目26个，新建集中安置新村3个，易地扶贫搬迁176户，云林、东村等10个贫困村出列，2 424名建档立卡户全部脱贫。完成3个学校综合楼、4个校安工程建设；小学毕业平均分提高16%，中考500分以上558人，高考上线率提升至98.83%，本科上线率达66%。贯彻落实全面两孩政策，深化县级公立医院综合改革，启动县镇村医疗卫生服务一体化管理，开工建设县人民医院内儿科大楼，完成县中医医院建设，创建为“省级慢性病综合防控示范区”。县图书馆新馆、全民健身中心投入使用，实现文化活动场所、体育设施行政村全覆盖。全县纳入享受城镇居民最低生活保障5 223户5 664人，农村低保对象8 738户8 939人。累计发放城乡低保金3 884.7万元；临时救助636人，发放救助金350.2万元。

【精神文明建设】 年内，培育社会主义核心价值观，在城镇、乡村固化或粉刷社会主义核心价值观24字。其中，单位41处、乡村53处。全县各单位利用宣传栏、楼道文化进行“讲文明树新风”及“中国梦”等主题的公益广告宣传；县城临街商家、出租车等LED电子显示屏，全时段滚动播出文明礼仪标语及“我的中国梦”系列宣传标语；嵩明新闻、广告时段、通告时段滚动播出“践行社会主义核心价值观”、中国梦、节约惜福、文明出行等公益广告，共计16条5 000余次。清明节期间，发出文明祭祀倡议书6 000余份；端午节期间共组织“爱心端午、爱国端午、卫生端午、节俭端午”活动25场次；七夕节组织59对新人举办“七七相惜 爱情久久”主题活动；中秋节开展慰问模范、困难群体等千余人，开展各类诗词朗诵20余场；建党节期间，组织“永远跟党走，共筑中国梦”歌咏比赛，全县65家单位组成的45支队伍近2 100人参加； 39家单位参与诵读党章。年内，考评验收通过2016年24个市级文明单位、2个文明社区、12个文明村、1个文明小城镇的创建，巩固届内国家级、省级、县级文明单位（村、社区）创建成果；开展2016年昆明市文明家庭创建活动，评选出10户市级文明家庭；开展“嵩明好人”暨“最美嵩明人”推荐评选活动，3人被评选为2016年上半年“昆明好人”。开展寻找“最美家庭”暨“我爱我家”活动，评选出5户“最美家庭”；组织“最美家庭”成员和“昆明好人”“道德模范”宣讲团，开展进乡镇、进村（社区）、进学校40场次巡讲。开展2016年度“嵩明县美德少年”评选活动，评选出“美德少年”8名。

（杨加祥）

石林彝族自治县

【年内大事】 1月26日 全国爱卫会发布《全国爱卫会关于2015年国家卫生城市（区）和国家卫生县城（乡镇）复审结果的通报》，石林县被再次确认为“国家卫生县城”。

2月5日 中国科协下发《关于命名首批2016~2020年度全国科普示范县（市、区）的决定》，石林县被命名为“首批2016~2020年度全国科普示范县（市、区）”，示范期5年。

3月3~7日 由香港贸发局主办的2016香港国际珠宝展上，石林彩玉系列产品登场亮相，日趋成熟的石林彩玉系列产品首次登上国际主流珠宝玉石展销平台。

3月12日 第三十一届全省青少年科技创新大赛在石林县鹿阜中学正式拉开帷幕，共有来自全省16个州（市）的近千名参赛学生、科技教师带来1 879项作品参赛。

3月13日 县法院审理一起赡养老人的法律援助案件。该案例在央视一套《今日说法》全国“两会”特别节目“小撒探会——维权最后一千米”栏目中播出。

3月27日 国务院批准颁布第五批《国家珍贵古籍名录》，石林县图书馆馆藏彝文古籍《纳多库瑟》（圣经问答）在列，是继2008年清代彝文手抄本《指路经》申报列入第一批《国家珍贵古籍名录》后再次申报成功。至此，石林县图书馆有两部古籍被列入《国家珍贵古籍名录》。

3月31日 云南省第十二届人大常委会第二十六次会议表决通过关于批准《云南省石林彝族自治县石林喀斯特世界自然遗产地保护条例》（以下简称《条例》）的决议。《条例》填补了昆明市民族自治地方单行条例制定工作的空白，也是昆明市3个自治县的第一件单行条例。《条例》突出了对石林喀斯特世界自然遗产的保护，系统地考虑解决遗产地保护与当地居民生产生活发展的矛盾，是依法保障少数民族合法权益的重要举措。

4月1日 国家统计局云南调查总队发布《关于2015年云南省分州（市）县农村贫困状况分解测量结果的通报》。审核确认石林县2015年末贫困人口为0人，年度减贫1 187人，贫困发生率为0，减贫率100%，实现脱贫。

4月8~11日 全国政协常委、民革中央专职副主席郑建邦携台湾农业专家考察团一行28人到石林县考察两岸农业合作项目。

5月16日 国家旅游局印发《关于2016全国优选旅游项目名录的通知》，747个旅游项目入选《2016全国优选旅游项目名录》。中国·石林冰雪海洋世界项目榜上有名。

6月5日 石林县阿乌村委会主任杨金富荣获首届“中国生态文明奖”先进个人，成为全国33名先进个人之一。

6月13日 石林锦苑花卉科技示范园被命名为“全国农村科普示范基地”称号。至此，石林县共有4个全国农村科普示范基地。

6月22日 全国人大常委会副委员长李建国率全国人大常委会水法执法检查组到石林县开展水法执法检查。

6月27日 石林县被国家教育部认定为云南省的两个全国青少年足球试点县之一。同时，石林县第一中学、县民族中学、鹿阜小学、民族小学等10所中小学先后被国家教育部评为全国青少年校园足球特色学校。

7月1日 西南林业大学校长蒋兆岗与石林县政府县长张勤勋共同签署《西南林业大学—石林县人民政府战略合作协议》《西南林业大学石林校区项目建设合作协议》等5个协议。西南林业大学将在石林县建设“西南林业大学石林校区”项目。项目计划总投资20亿元，首期计划投资11.215亿元。项目占地面积约为1 379.4亩，按照高等教育相关指标建设教学楼、实训楼、学生公寓、学生食堂、多功能报告厅、图书馆、附属中小学、幼儿园及相关基础配套设施。项目建设周期为5年，首期投资项目3年内完成。争取2017年秋季5 000名新生进入新校区。

8月18日 经过3年多的建设，作为云南省“四个一百”工程、云南省重点项目的石林冰雪海洋世界举行开业典礼，标志着云南首家“冰雪海洋公园”正式对外营业。自8月13日试营业，5天时间冰雪海洋世界接待游客超过3万人次。正式开业运营后，远古海洋、热带雨林、深海传奇、珊瑚王国、梦幻水母、海底隧道、海豚剧场、白鲸歌剧院8大主题游览项目全面开启。

9月26~30日 第七届教科文组织世界地质公园国际会议通过再评估地质公园名单，石林世界地质公园名列其中。该评估每4年举行一次，此前石林地质公园已2次成功通过中评估。

9月30日 石林县正式封停公务车。此次党政机关公务用车制度改革工作涉及全县92个单位（含41个参公管理事业单位），参改车辆550余辆。

2016年8月，云南首家“冰雪海洋公园”在石林县举行开业典礼。
（石林县史志办　供稿）

10月13日　昆明芳新养殖有限公司在深圳前海股交中心挂牌上市（股权代码：668596），成为石林县首家取得股权定向增发融资合法依据的本地民营企业。

11月2日　云南省交通运输厅下发《关于授予鹤庆等5县区创建四好农村公路示范县荣誉称号的决定》，石林县成为荣获云南省首批创建“四好农村路”示范县（区）荣誉称号的5县（区）之一。

11月27日　云南省委书记、省长陈豪率队检查云桂铁路石林西站“保开通”工作，实地察看了石林西站的建设和周边综合治理情况，对石林西站建设做出重要指示。

12月18日　石林县召开庆祝石林彝族自治县成立60周年大会。全国人大民委、国家民委祝贺团团长，国家民委办公厅巡视员兼副主任普永生以及省祝贺团团长，省民族宗教委副主任马开能分别致辞，市委副书记、市长王喜良致辞并向石林县赠送锦旗。

【区划、人口】　石林彝族自治县位于昆明市东南部，县域面积1 719平方千米，属昆明市所辖的远郊县，距省会昆明78.07千米。全县辖鹿阜街道办事处、圭山镇、长湖镇、西街口镇、大可乡，有4个社区居委会和89个村委会，50个居民小组和454个村民小组，389个自然村。2016年末，常住人口26.04万人。户籍人口250 994人，其中，男性126 057人、女性124 937人，总户数97 823户；城镇人口89 031人，占总人口的35.5%；少数民族人口90 190人，占总人口的35.9%；彝族人口86 750人，占总人口的34.6%，占少数民族人口的96.2%。人口出生率12.58‰，死亡率6.01‰，自然增长率6.57‰。

【主要经济指标】　2016年，石林县实现地区生产总值77.4亿元，同比增长8.8%，其中，第一产业19.24亿元，同比增长6.4%；第二产业20.91亿元，同比增长16.3%；第三产业37.25亿元，同比增长6%。三次产业结构为24.9∶27∶48.1。完成地方一般公共预算收入6.13亿元，同比增长9.5%；完成规模以上固定资产投资144.04亿元，同比增长12.5%；规模以上工业增加值同比增长11.3%。社会消费品零售总额39.59亿元，同比增长15%。城镇居民人均可支配收入34 678元，同比增长8.1%；农村居民人均可支配收入12 443元，同比增长9.7%。城镇登记失业率控制在2.16%以内。万元GDP能耗上升2.5%。

【财税、金融】　全县地方财政总收入87 615万元，同比增11%。其中，上划中央和省级税收收入26 294万元，同比增长14.7%；全县地方一般公共预算收入61 321万元，同比增长9.5%。全县地方一般公共预算支出162 552万元，同比增长6.2%。全县地方一般公共预算收支平衡情况：各项收入合计197 641万元，各项支出合计196 640万元。

2016年，全县金融运行总体基本平稳，经济下行对金融业造成一定的影响，金融机构各项存、贷款双双回落。年末，全县金融机构各项存款余额90.11亿元，比上年末减少2.08亿元，减幅2.26%；各项贷款余额63.07亿元，比上年末减少8.13亿元，减幅为11.42%。

【农业】　年内，石林台湾农民创业园入驻企业49户，被评为全国休闲农业与乡村旅游示范点、全国农村科普示范基地，杏林大观园被命名为云南省文化创意产业园。石林台湾农民创业园完成土地流转1 100亩，培训劳动力120人，中低产田改造1 980亩，新建园区道路4.3千米、供水管网6.2千米，园区开发面积达1.65万亩。春喜枇杷庄园、石海温泉、石斛庄园开园运营，杏林古镇一期、养老公寓一期完成主体建设，新增入园项目6个、开工2个、竣工4个、投产2个。园区接待游客48万人次，实现总产值1.8亿元。

粮食生产进入先进县行列，烤烟均价提高40.8%。大可枇杷、西街口人参果、万家欢蓝莓等特色农产品知名度逐步提高，禾泽蔬菜、大汉园景等龙头带动作用逐步彰显，锦苑康乃馨、圣火药业、万家欢荣获2015年度云南名牌产品称号。全县农业总产值提高13.8%。划定基本农田70.8万亩，完成土地开发整理5.3万亩，建设高标准农田1.79万亩，新增千亿斤粮食田间工程1万亩，改造中低产田地2 000亩，实施粮食高稳产创建8万亩、耕地休耕试点1万亩。矣马伴水库、小白龙潭水库竣工，完成11件病险水库除险加固工程，新建爱心水窖2 000件，解决1.1万人农村饮水安全问题。

全县种植粮食51.82万亩，总产量15.41万吨；种植烤烟10.93万亩、收购1395万千克，均价31.94元。禽畜出栏2 063.4万头（羽），水果产量6.37万吨、蔬菜产量30.07万吨、花卉产量4.08亿枝，实现农业总产值36.5亿元。新增农民专业合作社18个，培养新型职业农民430人，培育省级农业龙头企业9个、市级32个。发展农村电子商务，乐村淘入驻石林，农业产业化水平不断提高。

【工业】　2016年，全县实现工业总产值53.35亿元，同比增长7.1%；工业主营业务收入30.7亿元，同比增长7.5%；规模以上工业企业利税总额3.7亿元，同比增长20.9%。全县非公经济从业人员达7.21万人，非公经济增加值占GDP 比重达44%。园区完成规模以上工业增加值8.5亿元，同比增长17.9%；工业主营业务收入25亿元，规模以上工业企业利税总额3.1亿元。

石林生态工业集中区完成110千伏线路迁改工程，34号道路和云南三七生物技术与制药工程研究中心、废旧轮胎再回收生产项目有序推进。

石林生态工业集中区被评为省级重点特色产业园区、全省新能源产业示范基地。

石林县工业实体化逐步形成。双汇食品、美佳食品等农特产品加工企业建成投产，雨生红球藻、圣火药业等生物科技企业发展壮大，太阳能光伏、风力发电等新能源产业形成规模，煤炭、石材等生产工艺逐步提升。规模以上工业企业新增22户，产值从28亿元增加到36亿元，增长28.6%。

强化企业服务帮扶，落实7户企业“财园助企贷”2 400万元、3户企业“工业发展引导基金”1 300万元，完成135户微型企业创业扶持405万元。宏熙水泥完成技改，云电投、华能等5个太阳能发电项目实现并网发电。推进煤矿转型升级，将16对矿井整合为10对，完成2对矿井转型升级方案审批。非煤矿山转型和烟草技改项目有序推进。成立节能监察大队，完成2户企业清洁生产验收。新增规模以上工业企业4户。

【旅游业】 推进旅游全域化。实施老景区改造提升工程，喀斯特地质博物馆、银瑞林国际大酒店、水上石林、冰雪海洋世界等一批配套项目建成运营；以彝族第一村、糯黑等为代表的特色旅游村寨和以万家欢、杏林大观园为代表的都市农庄初具规模。

颁布实施《石林喀斯特世界自然遗产地保护条例》，《乃古石林景区详细规划》报国家住建部审批，启动国家全域旅游示范区创建。完成石林环岛及周边改扩建、大小石林景前区配套设施改造等项目建设，新建旅游厕所6座。长湖景区提升改造、全域旅游标识系统等项目有序推进。加强招商引客工作，开展高铁旅游宣传营销、客源地营销等活动。成功举办2016年中国石林国际火把狂欢节、国际阿诗玛文化节、七夕情歌大汇等大型节庆活动。承办云南省首届原野射箭公开赛、第二十五届“中华杯”足球赛，人参果节、密枝节、花山节等节庆活动，节庆文化、体育休闲与特色旅游融合发展。2016年，大、小石林风景区接待游客402.2万人次，实现旅游直接收入7.1亿元。全县接待游客650万人次，实现旅游综合收入42.7亿元；文化产业增加值达6.42亿元，占GDP比重达8.3%。

【生态文明建设】 实施城市规划区绿地系统建设和县城环境生态系统建设三年达标工程，完成桃源湖公园二期、巴江河滨补绿增绿等工程，新增城市绿地10万平方米，绿地率35.64%，人均公共绿地面积19.32平方米。污水管网完善工程二期、污水处理厂二期和宜石垃圾收运项目竣工，污水集中收集处理率达89%，城乡垃圾收运实现全覆盖。万人拥有公厕5.7座。启动圭山产煤区生态修复工作，高速公路沿线及面山绿化1 433亩，石漠化综合治理3万亩，速生林培育1 000亩，义务植树72万株，苗木基地建设3 000亩，矿山复绿50亩，全县森林覆盖率达48%，创建为全省首批国家级生态县。

持续开展城乡环境综合整治，完善污水和生活垃圾处理设施建设，推进巴江河、大可河等重点水域治理，城镇生活垃圾、污水处理率分别达100%、85%。创建为云南省第一批生态县，国家卫生县城通过复审，国家生态县通过考核验收，宜人、宜居的美丽石林生态环境基础更加巩固。

2016年11月，昆明高铁旅游上海推介活动在上海东方明珠广场举行。
（石林县史志办　供稿）

【城乡一体化建设】 “五网”（路网、航空网、能源网、水网、互联网）建设加快推进，建立项目会办、项目投资奖惩等机制，加大项目开工，县级80个重点项目完成投资35.78亿元。路网：云桂高铁、长湖旅游专线一期和大叠水旅游专线一期建成通车，石林西站站前广场一期建成投入使用，环城南路、G326和G324国道石林段提升工程有序推进，宜石、石泸高速公路石林段开工建设。硬化乡村道路150余千米。航空网：初步完成通用机场选址。能源网：风电、太阳能光伏装机规模达410兆瓦，年发电4.7亿度。金中直流和永仁至富宁50千伏直流输电工程、北山（路美邑）变电站竣工，有序推进西街口、大可、黄家庄输变电站和月湖Ⅱ回线新建工程。实施新一轮农村电网升级改造。昆明至石林天然气管道铺设加快推进，新增天然气管道6千米。水网：柴石滩水库石林提水灌区、鱼龙水库工程有序推进。互联网：“中国石林网”改版升级，县城网速大幅提升，行政村实现光纤全覆盖。

石林县城市总体规划修编和“多规合一”取得阶段性成果，审查项目规划29个。争取上级资金10.5亿元、债券资金14.49亿元、中央专项建设基金1.2亿元。处置闲置土地47宗3 460余亩，供应土地460.54亩。西北片区棚户区改造签订拆迁协议2 043户，签订率达96%，兑现补偿款3.2亿元。完成石林中路、石林南路、石林大酒店环岛升级改造，建成春源天景等5条市政道路，新增市政道路4千米，新增建成区面积0.5平方千米、达15.8平方千米，城镇化率达41%。新（改）建公厕63座、垃圾中转站8座、安装路灯及景观灯160组。强化数字城管，受理案件6 139件，拆除违法建筑8.67万平方米。实施小集镇建设项目7个，“九个一”工程成效显著，新增集镇面积0.07平方千米。实施11个新农村建设项目，民族团结进步示范县通过第一轮创建考评。城市功能日趋完善。实施扩城、修路三年行动，开发建设西城区、南城区、文体中心等片区，旧城改造进展顺利，建成凯旋城、颐林尚都等10余个小区。完成15条市政道路改扩建工程，环城东路、环城南路、环城北路实现连通，西石高速、云桂铁路建成通车，县域交通网络逐步完善。县城建成区面积从13.1平方千米扩展到15.8平方千米，城镇化率从35.76%提高到41%。

农村基础不断夯实。整合各类资金2.37亿元，实施新农村建设项目59个，完成小集镇建设项目25个，新增集镇面积0.8万平方米。建成小白龙潭、矣马伴水库等一批水利工程，实施农村危房改造、易地搬迁等项目，100%的行政村、95%的自然村公路实现硬化，创建为云南省首批“四好农村公路”示范县。

【改革创新】 完成新一轮政府机构改革，鹿阜街道析置为鹿阜、石林、板桥3个街道。深入实施教育、卫生、科技、文化等领域改革，农村土地承包经营权、林权制度改革有序推进。机关事业单位养老保险等制度全面落实，公车改革全面推进。完成供销企业改制，商事制度改革顺利实施，市场主体由1万户增加到1.5万多户，国家高新技术企业从无到有，大众创业、万众创新活力逐步释放。

推进70项改革工作，完成市场监管、卫计、农业、林业、不动产登记中心等行政机构改革。建立投资审批中介超市，实施部门预决算和“三公”经费公开、“营改增”、机关事业单位养老保险制度、党政机关公务用车制度等改革。开展农村土地承包经营权确权登记，完成农田水利市级改革试点工作。制定石林县物业管理办法，实施“两房”并轨。深化县级公立医院综合改革，实施医疗、医保、医药“三医联动”，推进县乡医疗一体化管理。实施生态文明体制改革，建立统一监管的污染物排放环境管理制度，建成石林县数字环保平台。

成立招商引资工作委员会，组建以投促局+管委会+乡镇（街道）为主的招商格局，围绕旅游文化、生态工业、特色农业、商贸服务、城镇建设、社会事业六大产业，实施专业、精准招商、会展招商。策划包装项目52个，印制招商项目册1万本，洽谈项目201个，签约26个，协议总投资89.63亿元；引进内资46亿元，外资460万美元。

【社会事业】 实施议教工程，加强中小学领导干部选拔任用、教职工公开选聘交流轮岗，义务教育基本均衡发展通过国家督导评估。投入资金1.62亿元，新建大可中心幼儿园，完成路美邑小学、长湖镇小学、豆黑小学“全面改善贫困地区义务教育薄弱学校基本办学条件”工作，新增校舍4 183平方米，加固修缮B、C级校舍7 772.8平方米。小学入学率达99.8%，初中、高中阶段毛入学率分别达107%和93.1%，全县高考一本上线105人。石林县被列为全国青少年校园足球试点县。县级公立医院综合改革稳步推进，乡镇卫生院实行托管，县人民医院创建为“二级甲等”综合医院，石林县被评为全国计划生育优质服务先进县。县中医院搬迁新建项目有序推进，医疗卫生服务水平不断提高。落实全面两孩政策，人口自然增长率6.57‰。保护修缮文昌宫、文笔塔等一批文物，建成非遗展示中心，文体中心一期投入使用。新增直播卫星“户户通”1 090户、有线电视730户。建成县综合档案馆，村（社区）文化室、农家书屋实现全覆盖，公共文体服务设施免费开放。石林县再次创建为全国文化先进县，被评为全国群众体育先进县。连续获得全国科普示范县、云南省实施妇女儿童发展规划示范县等称号，创建为国家传统知识产权保护试点县。

开展“双创”活动，建成县级就业和社会保障服务中心。新增城镇就业1 700多人，农村转移就业1.24万人，扶持创业“贷免扶补”312人、创业担保贷款673人。城镇职工基本养老、失业、工伤、生育保险参保率分别达99.8%、98.5%、98%和97.07%，城乡居民社会养老保险和城镇基本医疗保险参保率分别达98.5%和98%。发放城乡低保金2 882.99万元。补贴65岁以上老年人和部分残疾人免费乘坐城乡公交车200万元。改造农村地震安居工程1 000户，建成保障性住房1 743套，分配1 670套。投入资金5 800余万元，实施110个项目，实现3个省级建档立卡贫困村、442户1 187人脱贫出列。

（刘世生　鲁建宏）

禄劝彝族苗族自治县

【年内大事】 2月15日 省司法厅厅长商小云，副厅长吉志勇、李瑾到

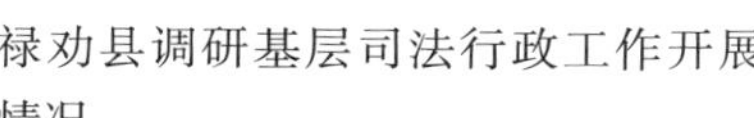

禄劝县调研基层司法行政工作开展情况。

2月21日　市人大常委会主任拉玛·兴高、市人大常委会副主任金志伟到团街镇马初村委会调研指导扶贫攻坚、脱贫摘帽工作。

2月26日　市人大常委会主任拉玛·兴高到则黑乡、马鹿塘乡调研脱贫摘帽推进情况并听取全市扶贫工作汇报。

3月3日　省林业厅党组书记、厅长冷华到禄劝县调研森林防火暨国有林场改革工作。

3月9日　省民政厅厅长段丽元到茂山镇调研低保工作。

3月15日　昆明市农村劳动力赴北京市朝阳区转移就业暨送岗下乡禄劝现场招聘会在撒营盘镇举行。

同日　禄劝彝族苗族自治县第一届公务员无偿献血月活动在县城民族文化广场举行，参加献血的公务员400余人。活动持续到3月17日。

3月20日　在重庆举行的国际马拉松赛上，禄劝籍运动员董国建以2小时11分43秒的成绩获得第二名，取得代表中国参加2016年在巴西举行的第三十一届夏季奥林匹克运动会的资格。

4月8日　市委书记程连元、市长王喜良到禄劝撒营盘镇、中屏镇调研脱贫攻坚工作开展情况，并了解禄劝扶贫信息化系统建设及运行情况。市人大常委会主任拉玛·兴高，市政协主席熊瑞丽，市委常委、常务副市长何刚，市委常委、市委秘书长柳文炜，副市长阮凤斌，市政府秘书长胡炜彤，县委书记焦林，县长李开德等市、县领导参加活动。

4月15日　中国农业发展银行董事长解学智，市人大常委会主任拉玛·兴高，副市长阮凤斌到屏山街道地多村委会洗马塘村小组调研易地搬迁扶贫工作。

4月24~26日　九三学社云南省委主委、省政协副主席曾华，上海市人民政府驻昆明办事处主任、省扶贫办副主任罗晓平，九三学社云南省委专职副主委解丽平到禄劝开展“精准扶贫　沪滇合作——百名专家科技下乡”活动。

4月25日　省政府党组成员、省移民二作领导小组组长张登亮，省移民开发局局长韩梅，副市长阮凤斌到乌东德镇新村移民安置点调研乌东德电站移民安置工作。

4月29日　禄劝首届“邮储杯”自行车公路赛暨庆祝青年节活动在禄劝工业园区开赛，132名骑行爱好者参加比赛。比赛设立冠军、亚军、季军各一名。

5月9日　省委副书记钟勉到中屏镇书多村委会芹菜塘村小组调研建档立卡、易地扶贫搬迁等工作。

5月11日　李汉章家庭获第三届昆明市“最美家庭”荣誉称号，成为禄劝首个昆明市“最美家庭”。同时，黄维金、孙显才2户家庭获第三届昆明市“最美家庭”提名奖。

5月15日　中国作家协会“重走长征路”主题采风团到禄劝开展采风走访活动。中国文联副主席、中国作家协会名誉副主席、中国作协少数民族文学委员会主任丹增率领中国作家协会及部分著名作家共30人参加活动。

5月17~18日　市人大常委会主任拉玛·兴高，副主任金志伟、戚永宏到禄劝调研脱贫摘帽工作情况。

5月27日　省卫计委主任李玛琳到县人民医院、县中医院、屏山卫生院调研卫生事业补短板工作。

6月7日　省人大常委会副主任赵立雄、昆明市人大常委会原主任杨远翔，市人大常委会副主任马凤伦，副市长王道兴到禄劝检查脱贫摘帽工作。

6月21日　中共中央政治局委员、全国人大常委会副委员长、中华全国总工会主席李建国，省委书记、省人大常委会主任李纪恒到禄劝农业园区绿槐核心区实地检查调研。

7月8~12日　全国大型医疗公益活动“凝心聚力十三五·同心共铸中国心”在禄劝举行。活动期间，主办方开展义诊巡诊、爱心捐赠、调研培训、健康讲座、救助救治等为核心内容的众多公益活动，“同心·共铸中国心”秘书长赵超代表共铸中国心组委会，向禄劝捐赠价值50.6万元的药品、医疗器械、慰问品。

7月11日　省委常委、省委组织部部长李小三，市委常委、市委组织部部长鲁斌到屏山街道调研扶贫开发与基层党建“双推进”及“两学一做”学习教育开展情况。

7月12日　市委书记程连元、市委副书记刘智到则黑乡开展扶贫调研工作，实地走访贫困村，慰问贫困户。

7月13日　省民政厅厅长段丽元、副市长赵学农到禄劝对农村低保制度和扶贫开发政策落实情况进行督查。

8月26日　省委组织部副部长、省人社厅党组书记、厅长崔茂虎到禄劝调研医疗保险工作。

9月4日　司法部副部长刘振宇、省司法厅党委书记、厅长商小云到禄劝调研指导司法行政工作。

9月13日　省政协主席罗正富到翠华镇调研脱贫摘帽相关工作。

9月30日　禄劝县“五证合一、一照一码”暨企业简易注销登记制度改革正式启动。禄劝武盛养殖专业合作社获得首份“五证合一、一照一码”营业执照。

10月17日　县委、县政府在民族文化广场举行“扶贫日”活动启动仪式暨“扶贫济困·慈善募捐”活动。

10月25日　开国大将陈赓之子陈知庶少将到皎平渡镇皎平渡口开展调研工作。

10月25~26日　省纪委常委、秘书长杨军到禄劝调研基层党风廉政建设和脱贫摘帽专项纪律检查工作。

10月27日　市委常委、市纪委书记杨金莹到翠华镇调研党风廉政建设和脱贫攻坚工作。

2016年建成的美丽宜居乡村——中屏镇植桂村

（禄劝县志办　供稿）

11月4日　市人大常委会主任拉玛·兴高、市人大常委会副主任马凤伦到中屏镇检查指导脱贫摘帽工作。

12月9日　市委书记程连元率队到撒营盘镇调研脱贫攻坚和基层党建扶贫双推进工作。

12月25日　中央、省、市主要媒体组织人员到九龙镇文林小学和教务营村委会三七种植基地开展脱贫摘帽采访活动。

【区划、人口】　禄劝彝族苗族自治县位于滇中北部，是昆明市远郊县，东与寻甸、东川相连，南与富民接壤，西与楚雄州武定县毗邻，北接金沙江与四川省会理、会东两县相望。2016年，全县共有15个乡（镇），1个街道办事处，189个村（居）委会，2 605个村民小组，2 450个自然村。国土面积4 234.78平方千米，耕地面积23 936.4公顷。2016年有人口147 576户、487 238人；非农业人口69 712人、农业人口417 526人；男性251 224人、女性236 014人。全年出生4 764人、死亡2 541人；迁入2 046人、迁出2 477人。人口自然增长率6.24‰。

【经济综述】　2016年，实现地区生产总值81.96亿元，增长8.7%。一、二、三产业分别完成增加值22.31亿元、22.89亿元和36.77亿元，分别比上年增长6.8%、9.9%和9.1%。三次产业结构调整为27∶28∶45。规模以上固定资产投资完成152.28亿元，增长23.2%；地方公共财政预算收入完成6.4亿元，增长8.5%；社会消费品零售总额完成31.91亿元，增长14.3%；规模以上工业增加值完成8.59亿元，增长8.1%。城镇居民人均可支配收入28 137元，增长8.7%；农村居民人均可支配收入7 301元，增长10.7%。

【农林水牧】　全年完成粮食作物种植73.88万亩，粮食总产量20.57万吨（不含“两区”管委会托管的转龙镇、雪山乡、乌蒙乡）。重点科技措施完成高产创建9片9.89万亩，间套种19.5万亩；玉米地膜覆盖15.1万亩。完成蔬菜播种10.67万亩，完成马铃薯种植14.8万亩，完成花卉园艺种植5 626亩。推广以脐橙、甜杏、葡萄、冬桃等为主的温带水果，新植水果4 021亩。完成烟叶种植8.18万亩（含转龙、乌蒙），收购烤烟1 085.95万千克。全县出栏生猪79.3万头、肉牛9.3万头、肉羊29.3万只、肉禽236.9万羽。

完成岁修工程630件，修复水毁工程20处，清淤渠道14.5千米，衬砌三面光支渠5千米，新增有效灌溉面积0.3万亩、改善灌溉面积2.5万亩、恢复灌溉面积3.2万亩，治理水土流失面积35平方千米。全县库塘蓄水量3 805.7万立方米。改造和提升饮水工程215件。完成则黑乡等9件集镇供水改扩建项目，建成水处理厂9座，改善集镇及周边村组48 796人的饮水安全。购买安置家庭净水设备1 388套解决1 388户水窖饮水安全。建设提水泵站11座，解决11个村小组、780户3 447人的饮水安全。解决12个乡（镇、街道）45个易地搬迁安置点1 941户7 318人的饮水问题，其中，建档立卡贫困户363户1 305人。

造林19.64万亩，其中，人工造林12.26万亩、封山育林2.88万亩、森林抚育及改造提升4.5万亩。市级速生林培育（杨树等）0.3万亩，廊道面山造林0.55万亩，木本油料产业10.1万亩，国家石漠化综合治理2.09万亩，国家新一轮退耕还林1.2万亩，省级陡坡地治理任务0.3万亩，天保工程封山育林1万亩，国家森林抚育任务3万亩，市级低效林改造1万亩，国有林场火烧迹地更新0.1万亩，义务植树95.8万株。

【工业】　2016年，完成工业总产值36.1亿元，增长7.7%；完成工业增加值11.88亿元，增长6.7%。完成规模以上工业总产值24.5亿元，增长5.8%；完成规模以上工业增加值8.58亿元，增长8.1%。完成工业投资82.4亿元，同比增长-15.66%。规模以上工业企业5户“下规”，新增5户，年末保持24户。

新开工亿元工业项目3个，竣工亿元工业项目3个。完成企业投资项目备案18件。8户企业获昆明市工业发展引导基金贷款3 200万元。培育小微企业115户，发放扶持资金276万元。非公经济完成增加值40.7亿元，增长9%，占GDP比重48.4%。2016年，有非公企业2 320户，个体工商户17 108户，专业合作社873户；非公经济从业人员4.35万人，增长8%。乡镇企业完成总产值42.28亿元，增长6.6%；完成农产品加工产值3.68亿元，增长8%。

【招商引资】 全年实际到位市外内资39.23亿元，实际利用外资110万美元。签订外来投资项目36个，协议投资37.57亿元。6月13日，组织参加第四届南博会，成功签约冷冻饮品生产、中草药种植4个项目，协议总投资5.5亿元。11月6日，第十四届中国国际农产品交易会暨第十二届昆明国际农业博览会签约仪式上成功签约云南熙熙集团野生菌主体公园开发项目，协议总投资2.6亿元。

【交通、邮电】 完成2014年、2015年建制村公路尾留工程建设，实现全县160个建制村的进村公路路面硬化100%全覆盖。完成529.3千米的自然村公路通畅工程，全县自然村公路硬化覆盖率62.4%，全县2个重点贫困乡、20个省级贫困村所辖自然村公路硬化覆盖率85.2%。完成国道G245禄屏线33.53千米、县道19条的养护管理工作任务和乡道156条的养护管理工作。

完成武倘寻高速公路禄劝县城连接线征地拆迁工作任务，完成征地面积438亩。完成禄劝“1号隧道”进场公路征地54亩，进场公路毛路开挖5千米。完成禄劝2号隧道、崇德隧道、掌鸠河大桥、普渡河大桥等控制性工程的进场道路、弃土场、炸药库等300亩用地协调和征用，开挖进场道路12千米。

对全县13道渡口进行安全检查240人次，举办渡口渡船安全员培训班3期，培训108人次。完成13艘机动船的年检任务，启动渡口改造项目3个。

全县完成邮政业务收入924.08万元。电信完成C网站建设5个， 4G基站建设 12 个，新建800M基站77个。实现3G/4G网络县城区100%、行政村99%、自然村90%、公路沿线99%的覆盖率。移动扩容集团32条专线，新建WLAN（无线宽带）2集团单位。

【财税、金融、保险】 全县地方财政总收入91 637万元，完成预算88 051万元的104.1%，比上年增收10 376万元，同比增长12.8%，其中，地方公共财政预算收入63 668万元，完成预算62 188万元的102.38%，比上年增收5 000万元，同比增长8.5%。全县地方财政总支出312 923万元，比上年增支61 466万元，同比增长24.4%，地方公共财政预算支出278 736万元，比上年增支35 203万元，同比增长14.5%。完成国税收入33 768.36万元，同比增长51.19%，增收11 433.01万元。地税组织税费收入总计63 992万元，同比增长1.54%，增收969万元。

全县金融机构各项存款余额1092 367万元，各项贷款余额750 334万元。中国人民财产保险股份有限公司禄劝支公司全年保费收入3 602.53万元。中国人寿保险股份有限公司禄劝支公司全年保费收入4 513.24万元。

2016年，全县51个扶贫易地搬迁点完成电力设施建设全部通电，助推“脱贫摘帽”工作。 （龙振江　摄）

【城乡建设】 受理工程报建10项。审批发放施工许可证9项。补办遗失施工许可证1项，监督签订廉政合同和施工合同 20项。完成固定资产投资入库项目13个。新办理质量监督手续工程9项，督促已完工建设项目补签法人授权书、质量终身承诺书的工程15项，设立永久性标牌的工程10项。组织开展多部门综合监督执法检查16次，下发整改通知单12份。完成建筑工程和脱贫摘帽工程质量安全专项监督检查53项。办理建设工程竣工验收备案10项。办理验收备案市政道路工程1项。

凤家古镇完成核心区24栋房屋建筑主体施工，进入装饰装修阶段。三溪温泉小镇云水桥移交政府管理，体育馆移交裕农公司管理。党校和国防动员指挥中心项目完成施工用水用电架设，正进行单幢地基开挖。县城入口景观提升改造建设项目已开展规划设计方案报审及拆迁动员等工作。

【环境保护】 编制《禄劝彝族苗族自治县水污染防治工作实施细则》和《禄劝彝族苗族自治县关于加强环境

监管执法的实施意见》。制订《禄劝彝族苗族自治县环境安全隐患排查整治工作方案》。重点企业禄劝污水处理厂1~11月污水处理累计219.17万吨，完成COD削减量518吨，氨氮削减量118吨。5月15日完成禄劝环境空气自动监测站站房建设、仪器配置等相关工作，8月正式投入运营。根据GB 3095-2012《空气质量标准》中的评价方法，禄劝二氧化氮浓度值均在一类浓度限值以下，二氧化硫平均浓度在一类浓度限值以下；PM10平均浓度在一类浓度限值以下，空气达标率100%。开展地表水、集中式饮用水水质和湖库水质监测，2016年获1 732个监测数据，禄劝水环境质量总体良好，集中式饮用水源地水质达标率100%，河流水质达标率100%；云龙水库中心水域水质达到Ⅱ类和Ⅲ类。全县有区域噪声监测点115个、交通噪声监测点17个，县城区环境区域昼间噪声平均等效升级为56.3dB，达到《声环境质量标准》（GB3096-2008）Ⅱ类；交通噪声平均等效声级为65.2 dB，达到《声环境质量标准》（GB3096-2008）Ⅳ类。完成禄劝污水处理厂1~12月污染源监督性监测和4个季度的对比监测，编写禄劝污水处理厂监测报告书16份，上报监测数据312个。2016年4月新增高安小河、芝兰小河、书西小河、石板河桥监测4个监测点，获得数据181个，4条河流水质均Ⅱ类水质。

【科技】 组织企事业单位申报国家、省、市科技计划项目27项，已立项20项，争取资金1 003.2万元。组织10家企业申报省级高原特色农业“三个认证”，其中，农业科技示范园认证6个、优质种业基地认定4个。完成专利申请和授权127件，并为获得专利授权的企业、法人和公民申报省市专利资助。禄劝撒坝火腿研究会被列为2016年昆明市知识产权示范企业。完成科技带头人培训1 400人次。推荐30名种植及养殖培训专家进入昆明市科技人才库。

【教育】 全县有幼儿园61所，户籍适龄幼儿入园率89.81%；小学170所，小学入学率99.67%，毛入学率107.1%，巩固率99.99%；初中入学率99.6%，毛入学率113.29%，巩固率99.41%；有完全中学2所，毛入学率86.86 %。

义务教育阶段春季学期40 866人享受“两免一补”政策，其中，小学 26 094人、初中14 772人。秋季学期38 643人享受政策，其中，小学24 255人、初中14 388人。义务教育阶段学生享受国家贫困寄宿制学生生活补助春季学期24 817名，补助资金1 384.74万元。秋季学期 24 200名，补助资金 1 358.8万元。享受农村义务教育营养改善计划学生秋季学期37 358人，补助标准为400元/生·学期，补助资金1 494.32万元。

D级危房拆除66所中小学152个单体25 409平方米，重建110个单体18 137平方米；加固修缮B、C级危房45个单体25 705平方米。投入资金17 989.96万元，实施103所257个单体工程，开工面积298 095平方米，其中，校舍建设项目开工面积62 904平

2016年火把节

（禄劝县志办　供稿）

方米，运动场建设开工面积235 191平方米，竣工面积244 088平方米。新建幼儿园9所，改建1所。

【文化、体育】 组织业余文艺队开展扶贫宣传演出50场次，到13个乡镇（街道）巡回演出。辅导业余文艺队伍29支，辅导85次。开展文艺骨干、公益性文化免费培训5次。开展啦啦操、器乐、化妆、非物质文化遗产“鼓舞”培训班各1期，培训850人。完成文化惠民演出活动30场，广场文化活动36场次。组织春节文化系列活动、“花山节”活动和“火把节”祈福仪式活动。举办纪念中国共产党成立95周年歌咏比赛。举办“服务宣传周”系列活动，赠送书刊1 000册、宣传资料500份。参与“元旦、春节文化下乡”系列活动，赠送书刊、年画共3 000册。精准扶贫送书到13个乡（镇、街道）1万册，“4·23”世界读书日送书、宣传活动，送书1 500册。茂龙苗族农民合唱团在贵州黔东南州凯里市第三届中国民歌合唱节大赛上获大赛金奖。彝族《罗婺神鼓舞》进入省级非遗项目审批阶段。皎平渡戴家村羊毛花毡印染被命名为市级非物质文化遗产传承基地。组织非遗传承人参加省、市组织的展示活动4次。整理非物质文化遗产项目46项，传承人33人。非物质文化遗产名录彝族《土司府礼仪乐》、彝族《罗婺神鼓舞》《彝族刺绣》等参加创意云南2016年文化产业博览会。落实全县21名县级非物质文化遗产代表性传承人补贴（1 000元/人·年）。行政审批受理网吧2家，KTV歌舞娱乐1家，咨询件15件，满意率100%。受理举报案件2件，对违法违规经营活动立案查处2件。依法取缔移民小区、体育场非法演出2件。开展全民健身活动20余次，参加运动员5 000余人，观众8万余人。健身活动培训5次，开展“美在禄劝”庆“三八”女子趣味运动会，全县32支代表队500余人参赛。

【广播、影视】 采编播出《禄劝新闻》118组610条稿件。开设子栏目《精准扶贫 共赴小康》《脱贫攻坚 跨越发展》，播出扶贫类新闻136条。制作播出《脱贫摘帽第一个百日会战先进典型事迹》10期50个典型人物的宣传报道；播出《创卫复审、人人参与》子栏目新闻76条；录制彝语、苗语扶贫攻坚宣传节目11期。制作播出广播栏目《卫生与健康》《法制园地》《绿色原野》等专栏节目103组。录制脱贫攻坚专题访谈节目，对26家单位和乡（镇、街道）主要领导进行访谈。采访播出百姓关注稿件56条。完成“户户通”13 000户，其中，建档立卡贫困户5 600户，边缘贫困户3 274户，其他4 126户。实现贫困村广播电视覆盖率100%。更换定时器720个、喇叭40支、话筒40支、喇叭线4 000米，U盘80个，保证2个省级贫困乡、20个省级贫困村正常使用。下拨“村村通”维修维护经费25万元，投入资金24.56万元购置“村村通”维修维护器材。

【旅游】 2016年，全县接待游客22.62万人次，县内旅游综合收入6 624.1万元。推进皎平渡镇、翠华镇、九龙镇红色文化的传承与保护，编制翠华片区红色旅游发展规划。对翠华界牌毛主席路居旧址、普渡河铁索桥红军烈士墓2个红色旅游景点进行修缮布展。启动皎平渡渡江纪念馆重建工作。全年到红色旅游片区（九龙、翠华、皎平渡）景点参观的有8万余人，综合经济收入2 400余万元。全年接待自驾车露营、农业生态观光等游客7万余人，旅游经济综合收入2 000余万元。推进民族特色旅游村寨、旅游古村落、旅游扶贫村、都市农庄等项目建设。成立市级民族文化保护区2个。

【卫生、计生】 全县有医疗卫生计生服务机构224个，医疗卫生计生机构从业人员2 082人。有执业医师（含助理医师）575人，千人拥有执业医师1.4人。注册护士717人，千人拥有注册护士1.75人，乡村医生351名。编制床位数2 137张，实际开放病床2 643张，千人拥有病床6.4张。开展无偿献血6次，1 081人次参加无偿献血。光明工程完成715例。孕产妇死亡率47.78/10万，婴儿死亡率8.12‰，住院分娩率100%。全年无甲类传染病发生，传染病发病率327.49/10万，传染病报告率100%，及时报告率100%。完成计划免疫工作，适龄儿童建卡、建证率95%以上，麻疹疫苗常规接种率95%以上。开展公共场所卫生监督检查1 128户次，公共场所卫生监督覆盖率90.48%。加强公共场所量化分级管理，评定A级单位4户、B级单位41户、C级单位427户，不予评级、未评级42户。取缔无证照黑诊所10家，没收药品器械400千克，没收违法所得1.3万元。加强基础设施建设，县人民医院医技楼改扩建项目及云龙卫生院业务用房改扩建项目开工建设。巩固落实国家基本药物制度。县人民医院、县中医院按比例使用基本药物，乡镇卫生院及村卫生室全部使用基本药物，并实行零差率销售。

【扶贫】 2016年，实施市级乡整乡推进项目2个。汤郎乡完成投资12 862.69万元，中屏镇完成投资16 722.6万元。实施精准扶贫示范村项目5个，每村投入财政专项资金50万元。实施省级行政村整进项目10个，总投资3 491.69万元。截至12月31日，各项目均已全面完工。整合市级资金2 000万元用于扶持建档立卡贫困农户产业发展。整合县级部门资金9 126.25万元，以人均2 500元的标准对全县9 696户32 865人实施产业扶贫。投入资金2 320万元，实施皎平渡镇红色乡村幸福家园革命老区建设项目。完成红色遗迹保护开发2处，旅

2016年3月，由昆明市人社局、北京市朝阳区人社局、禄劝县政府主办的“北京朝阳区转移就业暨‘送岗下乡’禄劝招聘会”在撒营盘镇举行。

（禄劝县志办　供稿）

游小景点开发2处，初步形成皎平渡镇红色旅游雏形。打造红色乡村民居房125户。完善易地搬迁规划区域基本生活设施建设。完成红色广场2 000平方米，安装太阳能路灯22盏，建设红色文化活动室。完成宜居农房建设8 476户，建房补助30 016万元已全部拨付到各项目乡镇。完成易地扶贫搬迁1 822户。完成劳动力就业培训1 763人。发放省级扶贫到户贷款2 500万元，发放市级扶贫到户贷款2 000万元，帮助农民，发展产业，增加收入。

2016年，争取各级各部门投入专项扶贫资金、对口帮扶资金、行业扶贫资金、“挂包帮”“转走访”资金共42.73亿元，全县9 696户32 865人全部达到脱贫标准，对收入稳定的4 341户14 451人进行脱贫销号，贫困发生率从年初的5.78%降低到1.82%。20个省级贫困村、2个贫困乡脱贫通过市级复审抽查。

【社会保障】　2016年，基本医疗保险参保374 054人，城镇职工参保16 543人，合计参保390 597人，办理城镇职工医疗保险新参保768人，办理城镇职工医疗保险退保895人。养老保险参保175 624人，缴养老保险费2 179.72万元，待遇领取56 091人。新增被征地参保人数340人，收缴保费975.96万元，待遇领取6 550人，养老金累计发放2 652.41万元。完成机关事业单位养老保险及职业年金基金征收工作，征收基金1.43亿元。失业保险参保9 565人，缴费金额144万元，基金支出84万元。工伤保险参保企业188户、机关事业单位145家，参保18 874人，征收工伤保险费474.14万元。生育保险参保5 940人，征收生育保险费269.73万元。围绕扶贫工作，全县建档立卡贫困户32 865人100%参加城乡居民医疗保险，22 257人100%参加城乡居民社会养老保险，60周岁以上贫困户5 456人100%领取城乡居民养老保险金。

实现城镇新增就业1 025人，城镇下岗失业人员再就业412人，帮助就业困难人员就业302人，实现农村劳动力转移就业33 634人，劳动力转移就业新增收入31 369.77万元。发放农业人口独生子女家庭“奖优免补”资金486.85万元。

瑞雪兆丰年

（鲁文学　供稿）

【人民生活】　年内，居民人均可支配收入28 137元，比上年增长8.7%，人均消费支出16 551元，比上年增长3.8%，其中，食品类支出6 002元、衣着类支出1 107元、居住类支出3 158元，家庭设备、用品及服务类支出1 336元、医疗保健类支出1 644元、交通和通信类支出1 921元、文教娱乐用品及服务类支出1 173元、其他商品和服务类支出209元。

农村常住居民人均可支配收入7 301元，增长10.7%；人均消费支出4 567元，其中，食品烟酒类支出2 370元、衣着类支出186元、居住类支出518元、生活用品及服务支出199元、医疗保健类支出266元、交通和通讯类支出566元、文教文化娱乐用品及服务支出498元、其他用品和服务类支出1元。

（孟舒毅）

寻甸回族彝族自治县

【年内大事】　1月9日　省委书记李纪恒、市委书记程连元一行到寻甸县调研扶贫攻坚、特色产业园区工业发展与建设、武定—倘甸—寻甸高速公路寻甸连接线建设情况。

1月23~24日　受强冷空气影响，县境普降小到中雪，局部地区大雪，积雪1~7厘米，最低气温-5.6℃，是2000年以来气象记录最低气温。持续雨雪天气，造成部分农作物、牲畜、水利设施等不同程度受灾、受损，经济损失约1 422万元。

2月5日　寻甸县精准扶贫工作推进会在县政府会议室召开，市领导应永生、夏静及省市相关部门、企业领导、其他县区领导，寻甸县四班子负责人参加会议。

2月17日　市第一人民医院常务副院长李兰一行到寻甸县第一人民医院就双向诊疗工作进行调研，并签订《昆明市第一人民医院与县区医院合作协议书》。

3月2~3日　市人大常委会主任拉玛·兴高率队到寻甸县七星、河口、功山等7个乡（镇）调研扶贫开发工作。

3月14日　市政府和市属挂钩帮扶单位领导在寻甸县先锋镇召开扶贫工作现场推进会，副市长王道兴、市第一人民医院党委书记许勇刚及市级有关部门领导出席会议。

3月15日　市人大常委会召开市人大常委会联系市属47家对口帮扶寻甸县单位座谈会，市人大常委会主任拉玛·兴高、副主任郭子贞、秘书长吴庆昆及47家市属对口帮扶单位分管领导参加会议。

4月9日~14日　县委书记何健升率队赴北京市朝阳区东风地区学习考察，并举办两地对口帮扶暨招商引资推介活动，签署友好合作协议书。

5月14日　中国作家协会名誉副会长丹增一行到寻甸开展重走长征路主题采风活动，省文联常务副主席黄玲，市政协副主席汪叶菊、市文联主席王蓉参加活动。

5月24日　省政府稳增长第一工作组组长胡利人一行到寻甸调研督查稳增长工作。

5月25日　中央信访工作联合督察组组长孙宽平一行到寻甸对信访制度改革措施落实情况开展实地联合督查。

6月22日　中共中央党史研究室主任曲青山一行赴寻甸调研红军长征柯渡纪念馆建设。

6月29日　寻甸县不动产权证书首发仪式在县政务服务中心国土分中心不动产登记服务大厅举行。

7月8日　市卫生县城复审评估组领导主持召开复审评估反馈会，复审评估组认定寻甸巩固国家卫生县城工作各项指标达到国家卫生县城的标准，同意通过省市复审评估。

8月5日　浙商总会执行会长沈国军一行到寻甸考察脱贫攻坚工作，省委常委、市委书记程连元，省政府副秘书长、省扶贫办主任黄云波出席活动。

9月22~23日　市人大常委会主任拉玛·兴高，副主任金志伟、马凤伦，副市长赵学农到寻甸调研扶贫工作，并召开寻甸县2016年扶贫工作推进会。

9月28日　昆明市与云南农业大学到寻甸县开展“三农”工作联合实地调研，副市长赵学农，云南农业大学校长、云南高原特色农业产业研究院院长盛军参加调研。

10月22日　寻甸县在红军长征柯渡纪念馆组织开展纪念中国工农红军长征胜利80周年主题活动。

10月25日　市“一湖两江”专家督导组组长、市人大常委会原主任李培山一行到寻甸县调研督导水污染防治情况。

11月11日　寻甸县举行朝阳区人大、昆明市人大帮扶寻甸县决战脱贫摘帽启动仪式，北京市朝阳区人大常委会、昆明市人大常委会、昆明市政府领导，昆明市对口帮扶寻甸县的47家市级单位、西山区政府、北京市有关企业单位、与寻甸县签订合作项目企业单位领导出席启动仪式。

12月12日　“重走长征路”红色旅游主题活动首发团云南昆明交接仪式在寻甸县柯渡镇丹桂村举行，国家旅游局机关党委常务副书记刘志江，省级有关部门领导，市委宣传部部长金幼和、市人大常委会副主任夏静、市政府副市长王建颖、市政协副主席张建伟参加仪式。

12月13日　昆明市人民政府批复《寻甸回族彝族自治县人民政府关于对仁德街道进行析置的请示》，同意将仁德街道析置为仁德、塘子、金所3个街道。

12月27日　寻甸县农村信用合作联社改制组建的农村商业银行股份有限公司正式挂牌。

【区划、人口】　寻甸回族彝族自治县位于云南省东北部、昆明市北部，属昆明市郊县，县城驻仁德街道，距昆明市区90千米。全县国土面积3588.38平方千米（市国土资源局2011年6月提供2005~2010年数据作更正），最高海拔3294.8米，最低海拔1 445米。全县辖13个乡（镇)（含托管4乡镇）及仁德、塘子、金所3个街道。2016年末全县户籍总人口56.28万人，其中，非农业人口8.86万人，占总人口的15.74%，农业人口47.42万人，占总人口的84.26%；少数民族人口13.3万人，占总人口的23.63%。其中，回族7.03万人，占总人口的12.5%；彝族5.29万人，占总人口的9.39%；苗族7 044人，占总人口的1.25%。常住人口47.01万人，城镇化率27.2%。全县人口出生率9.34‰，死亡率5.43‰，自然增长率3.91‰。

不含托管4乡镇的基本情况：12个乡镇（街道）下辖132个村委会，国土面积2 809平方千米；2016年户籍总人口42.9万人，其中，农业人口35.36万人，占总人口的82.43%，非农业人口7.54万人，占总人口的17.57%；少数民族人口10.86万人，占总人口的25.31%。少数民族人口中，回族6.4万人，占总人口的14.92%；

彝族3.55万人，占人口的8.27%；苗族6 961人，占总人口的1.62%。

【经济综述】 2016年，完成地区生产总值（GDP）82.23亿元，比上年增长8%。其中，第一产业完成增加值22.36亿元，比上年增长6.4%；第二产业完成增加值24.98亿元，比上年增长6.5%，其中工业完成增加值20.64亿元，比上年增长5.5%；第三产业完成增加值34.9亿元，比上年增长10.2%。三次产业结构由上年的27.5：31.9：40.6调整为27.2：30.4：42.4。人均GDP达17 532元（按常住平均人口计算），比上年增长7.6%。非公经济创造增加值40.48亿元，占全县生产总值的比重为49.2%。

全年实现社会消费品零售总额31.55亿元，比上年增长14.3%。其中，限额以上企业完成3.16亿元，比上年增长11.6%；限额以下企业完成28.39亿元。

2016年，全县完成地方财政总收入9.94亿元，比上年增长3.58%。其中，一般公共财政预算收入6.77亿元，比上年增长9.59%；地方财政支出27.4亿元，比上年增长1.27%，其中，一般公共财政预算支出26.55亿元，比上年增长1.08%。

年末全县金融机构人民币存款余额138.17亿元，比上年增长7.83%，其中，储蓄存款76.46亿元，比上年增长12.25%。全县金融机构人民币贷款余额84.98亿元，比上年增长21.01%。其中，短期住户贷款余额34.05亿元，比上年增长3.77%；中长期住户贷款余额17.77亿元，比上年增长12.76%。

全年完成500万元以上固定资产投资105.97亿元（含房地产投资,不含托管4乡镇），比上年增长25.9%。其中：工业投资完成23.1亿元，比上年下降33.5%。

全县资质内建筑企业实现产值9.24亿元，比上年增长46.16%。实现增加值4.35亿元，比上年增长12.1%。

招商引资实际到位内资37.46亿元，外资777.82万美元。

【农业】 全县实现农林牧渔总产值40.06亿元，比上年增长6.6 %。其中，农业总产值19.05亿元，比上年增长5.4%；林业总产值1.17亿元，比上年增长21.1 %；畜牧业总产值18.27亿元，比上年增长6.4%；渔业总产值1.12亿元，比上年增长31.3%。实现农林牧渔增加值22.58亿元，比上年增长6.4%，其中，牧业增加值10.51亿元，占农林牧渔业增加值的比重为46.5%。全年农作物播种面积143.97万亩，比上年增长1.07%，其中，粮食播种面积92.72万亩，比上年增长1.23%。粮食总产量24.64万吨，比上年增长0.76%。肉类总产量 8.9万吨，比上年增长3.71%，其中，猪牛羊肉8.55万吨，比上年增长3.4%。

【林业】 2016年，完成天保工程封山育林8 000亩，国家石漠化治理封山育林17 928亩、人工造林6 500亩，国家级退耕还林5 000亩，木本油料产业核桃提质增效5 000亩、核桃基地建设2 000亩，新育苗木297.9亩；完成农村能源建设节能灶2000眼、太阳能热水器3 200套；完成轿子山旅游专线面山绿化600亩，异地造林5 100亩，义务植树4 294亩，速生林培育3 000亩，巩固国家退耕还林成果补植补造2万亩，森林覆盖率达47.65%。依法办理林权流转4宗，流转面积973.9亩，流转金额120.41万元；办理林权抵押贷款登记4宗，抵押登记面积1 610.6亩、抵押贷款金额20万元；办理林权初始登记4宗，登记面积2 959亩；办理林权证遗失补证4宗，面积1 380亩；办理林权赠予变更4宗，面积1 673.6亩。

【工业】 全县工业完成总产值75亿元，比上年增长4.97%（现价）；完成工业增加值20.64亿元，比上年增长5.5%。其中，规模以上工业完成总产值64.32亿元，比上年增长4.3%（现价），占全县工业总产值的85.75%。

【水务】 根据《云南省水资源综合规划水资源调查评价专题报告》，全县多年平均水资源总量为16.69亿立方米（不含过境水量5.15亿立方米），其中，地下水资源量为4.47亿立方米。按照流域划分，普渡河流域5.36亿立方米，小江流域5.52亿立方米，牛栏江流域5.81亿立方米（不含干流过境水量2.4亿立方米，支流马龙河过境水量2.75亿立方米）。至2016年底，全县共建成各类库塘蓄水设施239座，其中，大（二）型水库1座，中型水库1座，小（一）型水库13座，小（二）型水库62座，小坝塘162座。建成小水窖33 772件、小水池1 700件、小型引水堰闸65件、小型泵站59件、小型渠系工程1 452件、小型机电井4件、小型排水沟道477件、高效节水灌溉工程2件、地下机井10眼，工程覆盖全县所有乡镇（街道）。全县水资源开发利用率11.3%，水利化程度达63%。

【文体、旅游】 2016年，拨付基层公共文化服务运行机制建设县级配套资金65.44万元，县级配套率资金到位率100%。全年开展大型文化活动34场，承办大中型会议近70场次。年内，完成全国第一次可移动文物普查的主要工作；建设市级文物保护单位钟灵山塔林保护站，并将木密关守御千户所（明代城址）、五尺道遗址寻甸段、烽火台遗址、哨卡、关索岭营盘遗址、钟灵山塔林、羊街磨盘寺谈判旧址、六甲之战纪念碑等具有较高保护价值的文物保护单位加以挂牌保护；完成第四批省级非物质文化遗产项目申报和市级非遗传承人申报。截至2016年底，全县共有非物质文化遗产保护名录50项，其中，省级名录3项、市级名录18项、县级名录29项。

全年争取上级资金200万元，建成“七彩云南”农民体育健身工程篮球场地13块，安装体育健身路径10条，更换破损篮球架等体育器材8套，参与省、市各级业务培训12次。在2016年春城体育节“龙腾狮跃闹元宵”全国龙狮大联动昆明市舞龙舞狮比赛中获二等奖。

全县共有旅游基本单位90余家，投入运营旅游景区(点)、乡村旅游点30个，创成3A级景区1家、2A级景区1家。打造旅游住宿设施35家，规模以上酒店20余家，星级饭店4家；发展各种类型旅游餐饮企业36家、旅游购物企业16家、各种类型旅游餐饮企业36家、旅行社2家。12月12日，成功举办“重走长征路”红色旅游主题活动首发团云南昆明交接仪式,获国家旅游局“优秀组织奖”。全年共接待游客182.68万人次，同比增长16.29%；实现旅游综合收入2.75亿元，同比增长33.38%。

【教育、卫生】 全县共有普通中学21所，其中，普通高中4所、初级中学17所，小学155所，幼儿园107所，中等职业学校3所，特殊学校1所。年末普通中学在校学生3.19万人（其中，高中在校生1.23万人、初中在校生1.96万人），小学在校学生3.73万人，幼儿园在园幼儿1.5万人，职业中学在校学生387人，特殊学校在校学生47人。小学学龄儿童净入学率99.7%，初中学龄人口毛入学率108.03%，高中毛入学率85.2%。全县共有专任教师5 624人，其中，高中专任教师914人、初中专任教师1 599人、小学专任教师2 549人、幼儿园专任教师444人、职业中学专任教师104人、特殊学校专任教师14人。

年末全县共有卫生机构32个（含11个民营医院），其中，医院、卫生院29个，妇幼保健院1个，疾病预防控制中心1个。实有病床床位2 646张。卫生技术人员1 493人，其中，执业医师和执业助理医师510人，注册护士595人。婴儿死亡率9.15‰，孕产妇死亡率56.77 /10万。

【城镇非私营单位从业人员及劳动报酬】 全县城镇非私营单位从业人员2.17万人，比上年下降2.85%；在岗职工2.07万人，比上年下降3.05%。从业人员劳动报酬13.41亿元，比上年增长7.25%，其中，在岗职工劳动报酬13.11亿元，比上年增长8.11%；从业人员年平均工资6.21万元，比上年增长10.8%，其中，在岗职工年平均工资6.34万元，比上年增长12.12%。

【人民生活和社会保障】 据抽样调查资料显示，城镇常住居民人均可支配收入2.94万元，比上年增长8.6%（现价），人均消费支出1.77万元，比上年下降14.53 %。农村常住居民人均可支配收入为7 524元，比上年增长10.6%（现价）；农村人均生活消费支出6 386.2元，比上年增长7.3%。

年末全县城镇职工基本养老保险参保2.38万人，城乡居民社会养老保险参保21.84万人，失业保险参保1.68万人，城镇职工基本医疗保险参保2.19万人，城乡居民基本医疗保险参保 37.85万人，工伤保险参保2.1万人，生育保险参保1.95万人。

【扶贫】 2016年，重点实施整乡推进、省市级行政村整村推进、省级自然村整村推进、精准扶贫示范村等扶贫工作。实施整乡推进7个，项目规划总投资13.01亿元；实施省级行政村整村推进20个，投入财政扶贫资金2 600万元；实施市级行政村整村推进8个，投入财政扶贫资金1 600万元；实施省级自然村整村推进8个，投入财政扶贫资金424.6万元；实施精准扶贫示范村项目5个，投入财政专项扶贫资金250万元；实施农村贫困户宜居农房建设2 000户，投入扶助资金8 000万元。年内，投入省级(中央)、市级财政专项资金1 137.4万元，建设七星镇“红色乡村幸福家园示范区”、先锋镇鲁土村委会发多箐村革命老区开发建设、功山镇八岔哨村委会革命老区开发建设、功山镇杨柳村委会河北村革命老区开发建设项目，受益2 601户1.12万人，其中，建档立卡1 174户4 128人。

全年共发放小额信贷资金5 871万元，贷款投放在12个乡镇（街道）的95个行政村231个自然村,扶持种植业3 874万元、养殖业1 027万元、其他行业970万元；组建中心组67个、小组356个，受益农户1 202户5 206人，其中，建档立卡贫困农户1 135户3 986人，户均增收3 600~8 000元不等，到期还款率100%。

（李巧梅）

人　物

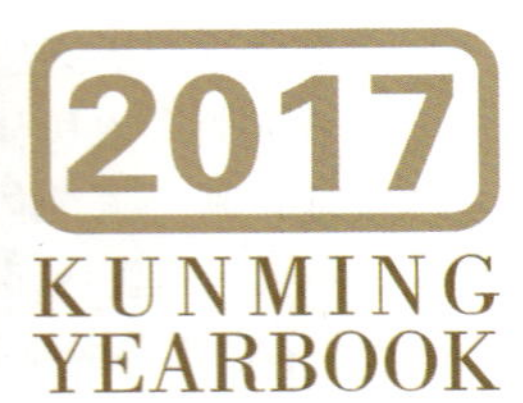

◆责任编辑　李　震

道德模范

全国“五好文明家庭”

王兰兰家庭　昆明市五华区幸福家园廉租房小区“爱心食堂“负责人
杨金山家庭　宜良县九乡乡大兑冲护林员
李永洪家庭　富民县疾病预防控制中心麻防科医师

（市妇联）

全国“最美家庭”

龙光元家庭　富民县永定街道办事处束刻村委会小水井村村民
杨洪彬家庭　宜良县第一中学副校长
李东升家庭　官渡区官渡街道办事处季官社区居民

（市妇联）

2016年第三届昆明市“最美家庭”

（排名不分先后）

龙光元家庭　富民县永定街道办事处束刻村委会小水井村村民
杨洪彬家庭　宜良县第一中学副校长
李东升家庭　官渡区官渡街道办事处季官社区居民
李汉章家庭　禄劝县团街镇龙海村委会杨家村村民
吴文笛家庭　昆明市中医医院医生
解玉红家庭　石林石得利地质科技有限公司副董事长
芮自强家庭　石林县委老干局离休干部
马景波家庭　寻甸县柯渡镇甸尾村委会梳山村村民
纪琼珍家庭　富民县电影公司职工
袁继芬家庭　安宁市金方街道办事处洛阳池社区党总支书记、主任

（市妇联）

2016年第三届昆明市“最美家庭”提名奖

（排名不分先后）

李溢蕊家庭　东川区铜都街道办事处集义社区居民
黄维金家庭　禄劝县教育局退休职工
李新民家庭　昆明润兴建筑有限公司法人代表
孙显才家庭　禄劝县地方税务局干部
龙正学家庭　寻甸县国家税务局干部
杨　袭家庭　宜良县国家税务局干部
吴胤虹家庭　昆明市公安局干警
张小伍家庭　倘甸和轿子山两区凤合镇小书米丹村委会村民
杨刘珍家庭　晋宁县双河彝族乡老江河村委会村民
李淑龄家庭　西山区棕树营街道办事处棕树营南区社区居民

（市妇联）

劳动模范

获2016年全国五一劳动奖章人物

肖曙芳，女，汉族，1962年8月生。昆明市儿童医院PICU科主任、主任医师、硕士生导师，从事儿内科临床30年。爱岗敬业、廉洁行医。获2011年“昆明市特等劳动模范”、2014年“云南省先进工作者”“昆明好人”等称号。

瞿志刚，男，彝族，1971年8月生。安宁力新磷化工有限公司擦洗车间主任。先后获云南省“劳动模范”、昆明市“十大杰出农民工”“劳动模范”等称号。

（市总工会）

获2016年云南省五一劳动奖章人物

李勇，男，汉族，1977年11月生，大专文化，中共党员，昆明滇池国家旅游度假区海洁环卫服务有限公司道路清扫清运部经理。工作中始终保持着退伍军人的优良传

统，自觉遵守国家法律法规和企业规章制度，努力践行社会主义核心价值观，无私奉献着自己青春和汗水，谱写自己对环卫事业执着追求。

马天文，男，满族，1971年2月生，本科，中共党员，教授级高级工程师，昆明轨道交通集团有限公司副总经理，兼任昆明地铁建设管理有限公司执行董事、总经理、法人代表。2011年被评为地下与隧道工程正高级工程师职称，2012年被评为第十批昆明市中青年学术和技术带头人。

陆凤光，女，汉族，1955年9月生，本科，中共党员，云南鸿翔一心堂药业股份有限公司人力资源总监。陆凤光始终将“人”字放在心上，从热心帮带同柜台新同事，到一步一步耐心培养下属，再到心怀全集团员工，对“人”重视，伴着她走过从一个站在药柜之后热情工作的小姑娘到一名资深零售人力资源管理者道路。

陈德明，男，汉族，1962年2月生，初中，五华区环境卫生管理处粪便中转处置中心驾驶员。他在环卫一线工作岗位上已经奉献三十六个春秋，他的人生价值给环卫职工树起光辉典范。

纪建国，男，汉族，1964年10月生，大专，中共党员，富民县总工会办公室主任。连续多年被评为优秀共产党员、年度考核优秀人员、先进工会工作者。2006年6月，分别被省总工会、市总工会授予“优秀财务人员”“优秀工会工作者”称号；2009~2011年，先后被市人民政府授予“文明市民”“双文明家庭”和“孝老敬亲”模范等称号；2013年，被授予“昆明市五一劳动奖章”，2014年，荣立“三等功”一次；2016年，被授予“昆明市最美职工”称号。

李明飞，男，汉族，1965年6月生，大专，昆明创建房屋拆迁有限公司总经理。个人被授予“杰出民营企业家”“昆明市特等劳动模范”“五华区综治维稳先进个人”“全国自强模范”“诚实守信昆明好人”“最美昆明人”等荣誉称号；公司被授予“热心公益事业”“昆明市劳动关系和谐企业”“昆明市关爱农民工十佳企业”“昆明市五一劳动奖状”等称号。

卢治仁，男，汉族，1977年4月生，本科，中共党员，中国中铁四局城轨分公司昆明地铁1号线支线和昆明地铁4号线项目经理。先后参加神延线、西康线、青藏线、昆明地铁3号线、昆明地铁1号线等重点工程建设，多次被业主评为先进个人、优秀项目经理。

易展秀，女，汉族，1990年7月生，高中，云南华帝王朝酒店有限公司餐饮厅面领班。2015年4月，参加“昆明市名匠杯”餐饮职工技能竞赛，获得餐厅服务员技术状元称号，并被授予“昆明市五一劳动奖章”。

李玉明，男，汉族，1969年8月生，云南凯旋和工贸集团有限公司董事长。企业先后被省党委、政府和行业管理部门授予优秀企业、纳税大户和治安模范单位以及“重合同、守信用”等荣誉称号，连续几年被市委、市政府评为“文明单位”。其本人，亦被省委、省党委授予西山区人大代表，被省纪委评为民营经济发展环境监督员。

郭瑜，女，彝族，1970年4月生，本科，中共党员，高级经济师，云南中石油昆仑燃气有限公司董事会秘书、人力资源部经理。曾多次被评为公司先进工作者，先后荣获中石油昆仑燃气公司优秀党务工作者、中石油昆仑燃气公司股权管理先进个人、中石油集团公司直属机关优秀党务工作者、中国石油集团公司“十二五”员工培训先进工作者荣誉称号。

（市总工会）

2016年昆明市“劳模创新工作室”

1.刘丽萍劳模创新工作室　昆明市环境监测中心
2.毕首金劳模创新工作室　白汉场中心学校
3.马学云劳模创新工作室　寻甸鹏远牧业有限公司
4.周昌炯劳模创新工作室　寻甸县民族中学

（市总工会）

巾帼人物

云南省三八红旗手

韦东梅　昆明师范专科学校附属中学年级组长
杨文文　昆明市公安局治安管理支队五大队大队长
陈　静　昆明市财政局副局长
张　梅　昆明美林科技有限公司总经理
苏亚江　云南长宇清真食品有限公司董事长

（市妇联）

云南省三八红旗集体

昆明市儿童医院
昆明市看守所
昆明市呈贡区国家税务局
昆明市安宁市人民检察院职务犯罪预防科

（市妇联）

专业技术人才

2016年入选云南省科技领军人才

（全省6人，昆明地区6人）

何　黎　昆明医科大学第一附属医院
余正涛　昆明理工大学
谢　刚　云南冶金集团股份有限公司
杜官本　西南林业大学
李德铢　中国科学院昆明植物研究所
盛　军　云南农业大学

（市科技局）

2016年入选云南省中青年学术和技术带头人及云南省技术创新人才

省中青年学术和技术带头人名单（全省52人，昆明地区46人）

云南大学　李铭刚　张俊华　岳　昆　卢光盛　何　垚
　杨汉春　梁双陆　方盛举　李志农
昆明理工大学　李　玮　许　敏　牛昱宇　贺建峰
　左小清　吴建德　张利波　卿　山
　刘殿文　杨　波
云南师范大学　邓书康　赵富坤　杨顺清　魏　红
云南农业大学　冷　静　蔡　红
西南林业大学　雷　洪　陈奇伯
云南民族大学　杨丽娟　赵世林
云南中医学院　王睿睿
云南省科学技术院　尚朝秋
云南省农业科学院　刘　丽　刘宏程
云南省社会科学院　李永祥
云南省畜牧兽医科学院　信爱国
中国医学科学院医学生物学研究所　杨昭庆
中国科学院昆明动物所　王瑞武
中国科学院云南天文台　张奉辉
昆明物理研究所　姚立斌
云南省第二人民医院　杨　莹
昆明医科大学第二附属医院　李永霞
昆明医科大学第一附属医院　曾　仲　孟照辉　李玉叶
成都军区昆明总医院　张文云　庞荣清

省技术创新人才名单（全省57人，昆明地区46人）

昆明理工大学　胡旭佳
云南农业大学　赵自仙
云南林业科学院　李贵祥　杨德军
云南省农业科学院　董云松　杨树明　杨　久　顾　坚
　杨从党　杨长楷　龙会英　刘光华
　刘本英　符明联　黄家雄
昆明物理研究所　李泽民　李　煜
昆明冶金研究院　张旭东　包崇军　简　胜
云南省计量测试技术研究院　陈万才
云南省教育科学研究院　杨志军
云南省食品药品监督检查研究院　张赟华
云南省水利水电勘测设计研究院　顾世祥
中国医学科学院医学生物学研究所　孙强明
中国林业科学研究院资源昆虫研究所　苏建荣　陈又清
贵研铂业股份有限公司　方　卫
昆明钢铁控股有限公司　张卫强　陈　伟
云南白药集团股份有限公司　任永福　李　文
云南省能源投资集团有限公司　杨建军
北方夜视科技集团有限公司　李晓峰
沈机集团昆明机床股份有限公司　朱　祥　赵建华
　寸花英　张　韬
云南西仪工业股份有限公司　董绍杰
云南冶金新立钛业有限公司　汪云华
云南云铜锌业股份有限公司　戴兴征
云南植物药业有限公司　周　敏
中国铁建高新装备股份有限公司　郭关柱
云南解化清洁能源开发有限公司　王　磊
昆明铂玺金属材料有限公司　李　军
云南省公路开发投资有限责任公司　周应新

（市科技局）

昆明市有突出贡献优秀专业技术人员

（第九批，共50名，排名不分先后）

何　佳　昆明市环境科学研究院
何江龙　昆明市城市地下空间规划管理办公室
苏镜荣　昆明市城市交通研究所
宋国富　昆明云内动力股份有限公司
岳开国　昆明云内动力股份有限公司
段　瑜　云南北方奥雷德光电科技股份有限公司
王长录　云南省建设投资控股集团有限公司
房晟忠　昆明市环境监测中心
赵世民　昆明绿岛环境科技有限公司
何　锋　昆明市滇池生态研究所

马天文　昆明轨道交通集团有限公司
窦艳波　昆明师范高等专科学校附属小学
李志坚　昆明市教育科学研究院
王杨斌　昆明市人民政府机关幼儿园
袁　蕾　昆明市第十一中学
范　源　昆明市五华区瑞和实验学校
李秋璇　昆明市五华区江滨幼儿园
魏　晴　五华区春城小学
于　雷　昆明市第八中学
熊亚林　官渡区第一中学
王　梅　官渡区南站小学
罗晓玲　安宁中学
王琪荣　寻甸县第一中学
李　红　富民县散旦中学
吴　瑛　昆明学院
李　晶　昆明学院
牛兆仪　昆明市延安医院
邢西迁　昆明市延安医院
王文举　昆明市延安医院
宋沧桑　昆明市第一人民医院
王祖红　昆明市中医医院
陈　刚　昆明市第一人民医院
陈　煜　官渡区人民医院
陈雪松　昆钢医院
普俊学　昆药集团股份有限公司
钱　雯　云南沃森生物技术股份有限公司
张树宾　云南盖丰农业科技有限公司
李云波　安宁市农业技术推广所
张莉萍　昆明市动物疫病预防控制中心
何银忠　昆明市海口林场
杨志杰　昆明市园林科学研究所
西　宇　昆明市人力资源和社会保障信息中心
周　立　昆明信飞科技有限公司
任兴平　云南安防科技有限公司
黄文荣　云南创新生物产业孵化器管理有限公司
李晓帆　昆明市博物馆
刘建坤　昆明市官渡区博物馆
周文琳　昆明市文化馆
王向方　石林县民族研究所
李石武　嵩明县文化馆

第十四批昆明市中青年学术和技术带头人及后备人选

（共59人）

带头人（22人）

王　宏　云南中科灵长类生物医学重点实验室
邢西迁　昆明市延安医院
朱　权　昆明市城市交通研究所
刘　馨　云南沃森生物技术股份有限公司
刘六生　云南师范大学
吴海鹰　昆明医科大学第一附属医院
何　佳　昆明市环境科学研究院
余　晶　昆明市官渡区第五中学
张艺萍　云南云科花卉有限公司
张承明　云南烟草科学研究院
陆　声　成都军区昆明总医院(43医院)
邵宗凯　昆明联诚科技股份有限公司
赵荣浩　昆明电器科学研究所
高传柱　昆明理工大学
常仕英　贵研铂业股份有限公司
马　静　昆明市儿童医院
邓林华　中国科学院云南天文台
李文峰　云南农业大学
陈　剑　昆明市延安医院
赵　卉　云南大学
洪　昆　昆明市科学技术情报研究所
徐　帆　成都军区昆明总医院（43医院）

后备人选（37人）

丁志周　昆明中铁大型养路机械集团有限公司
马　磊　中国医学科学院医学生物学研究所
王玉超　云南师范大学
王白娟　云南农业大学
王丽花　云南省农业科学院花卉研究所
王丽丽　云南沃森生物技术股份有限公司
王海峰　昆明医科大学第二附属医院
毕保良　云南农业大学
朱维贤　昆明市农业科学研究院
刘　益　昆明信诺莱伯科技有限公司
闫晓理　中国科学院云南天文台
江书安　云南冶金新立钛业有限公司

许彦艳　云南省气象台
孙永科　云南农业大学
李　鹏　云南神农农业产业集团股份有限公司
李　鹏　昆明市延安医院
杨　洋　昆明雪兰牛奶有限责任公司
杨　谨　云南省农业科学院经济作物研究所
杨青松　云南民族大学
何　燕　昆明市延安医院
张俊敏　贵研铂业股份有限公司
张嵘梅　昆明市园林科学研究所
陈友才　昆明云内动力股份有限公司
武记超　沈机集团昆明机床股份有限公司
尚善斋　云南烟草科学研究院
周　立　昆明信飞科技有限公司
孟明耀　昆明市延安医院
胡宗强　昆明市第一人民医院
胡南南　云南电力试验研究院(集团)有限公司电力研究院
闻　平　中国电建集团昆明勘测设计研究院有限公司
夏洪应　昆明理工大学
黄惟巍　中国医学科学院医学生物学研究所
曹　梅　昆明贵信凯科技有限公司
梁俊宇　云南电力试验研究院(集团)有限公司电力研究院
彭云珠　昆明医科大学第一附属医院
曾晓锋　昆明市司法鉴定协会
魏保峰　昆明市测绘研究院

（市科技局）

杰出园丁、优秀园丁

昆明市第十二届　“杰出园丁”

（10名）

李碧松　女　官渡区教师进修学校
高云飞　男　云南大学附属中学
袁　蕾　女　昆明市第十一中学
朱志刚　男　昆明市第一中学西山学校
关义雄　男　富民县散旦中学
孙道朝　男　昆明市第三中学
陈燕玲　女　昆明市人民政府机关第三幼儿园
李国军　男　安宁中学
王树华　男　昆明铁路机械学校
韩志华　男　宜良县第二中学

（市教育局）

昆明市第十二届　“优秀园丁”

（100名）

五华区（7名）
刘　宾　男　云南师范大学昆明市五华区实验中学
潘　云　女　昆明市第八中学
王春雷　男　昆明市第二十四中学
张海笑　男　昆明市五华区基础教育科学研究中心
魏　晴　女　昆明市五华区春城小学
张永昆　男　昆明市五华区红云小学
范　源　女　昆明市五华区瑞和实验学校

盘龙区（8名）
段祖军　男　昆明市第十中学
王　彬　男　昆明市实验中学
龚新春　女　昆明市盘龙区盘龙小学
吴晓云　女　昆明市盘龙区金康园小学
马迎春　女　滇源镇中心学校白邑小学
卢湘萍　女　昆明市盘龙区明通小学
刘敏玲　女　昆明市盘龙区新迎第一幼儿园
杨　洋　女　昆明市盘龙区茨坝幼儿园

西山区（6名）
纳瑞芬　女　昆明市第十八幼儿园
杨春燕　女　昆明市西山区书林第二小学
栗亚莉　女　昆明市西山区棕树营小学
蔺春艳　女　昆明市西山区福海中学
吴　军　男　昆明市西山区实验中学
马思敏　女　昆明市西山区粤秀中学

官渡区（8名）
徐九林　男　昆明市第三十一中学
晏　英　男　昆明市官渡区第一中学
邓　雁　女　昆明市第十二中学
张建红　女　昆明市官渡区董家湾小学
张　倩　女　昆明市官渡区东华二小
吴丽霞　女　昆明市官渡区晓东小学
王爱华　女　昆明市官渡区南站幼儿园
段建军　男　昆明光华学校

东川区（5名）
魏成芬　女　昆明市东川区第一中学
赵会仙　女　昆明市东川区拖布卡中学
杨高懿　女　昆明市东川区第三小学
李冬艳　女　昆明市东川区铜都中心学校

张正德　男　昆明市东川区乌龙镇中心学校

呈贡区（2名）
郭丽红　女　昆明呈贡新区第一小学
吴翠仙　女　昆明市呈贡区第一中学

安宁市（4名）
党为群　女　安宁市第一幼儿园
冯　蓉　女　安宁市昆钢实验学校
王　夔　男　安宁市实验学校
余兴泽　男　安宁市鸣矣河小学

晋宁县（5名）
陈　娟　女　晋宁第二中学
高丽华　女　晋宁县昆阳九年一贯制学校
张莉华　女　晋宁县双河民族中学
高　敏　男　晋宁县晋城第二小学
梁克能　男　晋宁第一中学

富民县（3名）
完培荣　男　富民县第一中学
王有才　男　富民县赤鹫中学
石　黎　女　富民县永定中心小学西邑小学

宜良县（5名）
刘志辉　男　宜良县第一中学
邓道芳　男　宜良县狗街镇中心学校中营小学
时育敏　男　宜良县第三中学
杜美芬　女　宜良县匡山小学
马自凤　女　宜良县第五中学

石林县（6名）
杨启才　男　石林彝族自治县民族中学
李志美　女　石林彝族自治县第一中学
陈立忠　男　石林彝族自治县巴江中学
陈艳红　女　石林彝族自治县鹿阜小学
王晓义　男　石林彝族自治县西街口镇中心学校
李　波　女　石林彝族自治县幼儿园

嵩明县（6名）
熊艳飞　男　嵩明县嵩阳一中
段正云　男　嵩明县第一中学
李富兵　男　嵩明县嵩阳街道中心学校东村小学
段　云　男　嵩明县杨林镇官渡小学
王文斌　男　嵩明县小街镇中心学校哈前小学
蔡正友　男　嵩明县牛栏江镇中心学校

禄劝县（7名）
田文梅　女　禄劝彝族苗族自治县马鹿塘乡中心学校
保永生　男　禄劝彝族苗族自治县民族实验中学
卢正茳　男　禄劝彝族苗族自治县屏山中学
伊绍贞　男　禄劝彝族苗族自治县乌东德中学
杨文华　女　禄劝彝族苗族自治县民族小学
杨大学　男　禄劝彝族苗族自治县第一中学
张继宽　男　禄劝彝族苗族自治县则黑乡中心学校

寻甸县（8名）
方德彦　男　寻甸回族彝族自治县民族中学
张琪良　男　寻甸回族彝族自治县仁德第四完全小学
李丽琼　女　寻甸回族彝族自治县七星镇七星小学
张　萍　女　寻甸回族彝族自治县金所乡中心学校多姑小学
马雁鸿　女　寻甸回族彝族自治县甸沙乡中心学校九年一贯制学校
郭有芬　女　寻甸回族彝族自治县六哨乡中心学校
朱晓标　男　寻甸回族彝族自治县功山镇纲纪寄宿制完小
刘　闯　男　寻甸回族彝族自治县柯渡镇中心学校初级中学

国家级、省级开发（度假）园区（10名）
王　翼　女　昆明高新技术产业开发区第一小学
李坤祥　男　高新区第三中学
刘丽英　女　昆明经济技术开发区第三小学
敖艳妮　女　昆明滇池国家旅游度假区大渔小学
晋　明　男　昆明阳宗海风景名胜区七甸乡中心学校野竹小学
杨腊翠　女　倘甸镇中心学校启航幼儿园
山　艳　女　倘甸镇初级中学
孙　斌　男　转龙镇中学
马力高　男　风合镇中心学校发来古小学
杨旭柔　女　昆明市东川区舍块乡中心学校

市属学校、在昆高校附属学校（10名）
张　强　男　昆明市化工技工学校
谢增归　男　云南师范大学附属中学
王　珺　女　云南师范大学附属小学
屈　勇　男　云南师范大学实验中学
金　珊　女　云南民族中学
李东焰　女　昆明市中华小学
朱跃利　女　昆明师范专科学校附属中学
李　燕　女　昆明市第一中学
张立新　男　昆明市外国语学校
李林泽　男　云南省邮电学校

（市教育局）

技能人才

2016年“昆明市技师工作站”

1.完宏杰技师工作站　昆明市中金科教文卫职业培训学校
2.陈宝德技师工作站　昆明地铁运营有限公司
3.张志谋技师工作站　宜良县职业技能培训学校
4.陈永云技师工作站　石林供电有限公司
5.王胤宏技师工作站　晋宁供电有限公司
6.袁卫东技师工作站　云南懒得餐饮娱乐管理有限公司
7.王黔生技师工作站　云南玺尊龙婚礼文化有限公司

（市总工会）

2016年“昆明市创新能手”

1.马　超　昆明市盘龙区明通小学
2.严艾艾（女）　昆明市盘龙区明通小学
3.陈　军　石林供电有限公司
4.朱　辉（女）　昆明同仁医院
5.刘景田　晋宁供电有限公司
6.李永辉　昆明尔康科技有限公司
7.李　佳（女）　昆明市东川区金苹果幼儿园

（市总工会）

2016年昆明职工技术技能大赛状元

1.王　婷（女）　医疗和传染病防治监督技术状元
2.刘　芳（女）　公共卫生监督技术状元
3.于颂霞（女）　放射诊疗和职业卫生监督技术状元
4.陈　锐　计划生育监督技术状元
5.王景耀　插花员技术状元
6.纳　希（女）　调酒师技术状元
7.张建成　咖啡师技术状元
8.陈　臻（女）　保育员技术状元
9.皇甫玉恩　保密知识技术状元
10.李　佳　中式烹调师技术状元
11.邓启仙（女）　餐厅服务员技术状元
12.谭明青（女）　语文教学技术状元
13.张福娥（女）　数学教学技术状元
14.李剑南　大堂经理技术状元
15.赵鹏昌　理财师技术状元
16.郭开师　叉车司机技术状元
17.杨春林　挖掘机驾驶员技术状元
18.丁正祥　装载机司机技术状元
19.付　萌　交通警察警种技术状元
20.狄加刘　特警警种技术状元
21.马卫民　刑事技术岗位技术状元
22.沈　军　刑事技术岗位技术状元
23.罗剑春　警务实战教官岗位技术状元
24.王晋坤　信息化应用技能岗位技术状元
25.祝崇淋　车站客运服务员技术状元
26.郎旭阳　车站值班员技术状元
27.李　智　维修电工技术状元
28.杨兴泉　铁路机车电气装修工技术状元
29.耿　杰　电动列车驾驶员技术状元
30.付天恩　列车运转乘务员技术状元
31.戴建明　机械设备安装工（AFC）技术状元
32.何晓伟　变电设备检修工技术状元
33.徐金辉　铁路信号工技术状元
34.袁　涛　铁路通信工技术状元
35.娄胜林　铁道线路工技术状元
36.李永飞　机械式变速器检修技术
37.王　忠　自动变速器检修技术状元
38.普玉春　发动机油电路检修及故障排除技术状元
39.侯田波　车身钣金修复技术状元
40.林火保　焊接技能技术状元
41.朱　祥　车身涂装技术状元
42.陈耀琳（女）　水质化验技术状元
43.包广帅　洗衣机维修工技术状元
44.张　建　电视机维修工技术状元
45.黄佑鑫　空调设备维修工技术状元
46.秦庆凯　电子产品营业员技术状元
47.简隆恩（女）　泵站操作工技术状元
48.周　洪　下水道养护工技术状元
49.王琼珍（女）　收银员技术状元
50.张　伟　营业员技术状元
51.袁家林　物业安保人员技术状元
52.李杏田（女）　餐厅服务员技术状元
53.王天英（女）　客房服务员技术状元
54.沈俊波（女）　会议会展设计技术状元
55.杨　飞　燃气具安装维修工技术状元
56.周广平　天然气管道焊工技术状元
57.豆嵩华　家用燃气灶具维修工技术状元
58.徐李辉　液化天然气气瓶充装工技术状元
59.王琳娜（女）　燃气设备巡检工技术状元
60.向　曦（女）　计算机应用技术状元
61.白　琳（女）　市公安局交警支队
62.魏则文（女）　云南昆钢医院

说明：此62名状元被授予“昆明市五一劳动奖章”

第三届昆明市有突出贡献高技能人才

（共10人，按姓氏笔画排名）

史清林　昆明公交集团有限责任公司　技师
刘忠明　云南春风阁餐饮服务有限公司　高级技师
朵　丛　云南机电职业技术学院　高级技师
张学品　云南航天工业有限公司　高级技师
武泽庭　云南无线电有限公司　高级技师
罗　华　云南昆船第二机械有限公司　高级技师
金发敏　十四冶建设集团云南安装工程有限公司　技师
洪　云　云铜冶炼加工总厂　高级技师
郭　旭　中国铁建高新装备股份有限公司　高级技师
董　伟　云南电网有限责任公司昆明供电局　高级技师

第三届昆明市优秀技术能手

（共30人，按姓氏笔画排名）

马　坤　云南中石油昆仑燃气有限公司　高级技师
王　宁　昆明翠湖宾馆有限公司　高级技师
王成斌　云南建工安装股份有限公司　高级技师
刘　伟　昆明地铁运营有限公司　技师
刘洪平　昆明云内动力股份有限公司　技师
汤仕贤　十四冶建设集团云南安装工程有限公司　高级技师
何　森　昆明谊众汽车销售有限公司　技师
余诗文　昆明公交集团有限责任公司　高级工
吴昆华　昆明电缆集团股份有限公司　高级技师
张　强　云南机电职业技术学院　高级技师
李世雄　中国铁建高新装备股份有限公司　技师
李彦敏　云南西仪工业股份有限公司　高级技师
李树美　富民树美果蔬产销专业合作社　高级工
李家宇　昆明地铁运营有限公司　高级工
杨水艳　云南省粮油科学研究院　技师
杨庆文　中国水利水电第十四工程局有限公司　高级技师
杨自红　十四冶建设集团云南第二建筑安装工程公司　高级技师
杨俊伟　昆明城市污水处理运营有限责任公司　技师
杨家兴　云南俊田汽车有限公司　高级工
杨　祥　云南冶金昆明重工有限公司　高级技师
沐俊涛　昆明高级技工学校　高级技师
肖明亮　红云红河烟草集团有限责任公司　技师
陈明坤　中铝昆明铜业有限公司　技师
林　云　云南电网有限责任公司昆明供电局　技师
欧云川　云南西仪工业股份有限公司　高级技师
郑　霖　云南先锋化工有限公司　技师
胡永平　云南北方光电仪器有限公司　高级工
郜邦富　中铝昆明铜业有限公司　高级技师
黄佑琴　昆明高级技工学校　高级技师
蒲　花　红云红河烟草集团有限责任公司　技师

首届“昆明工匠”

曹帅军　1981年2月生，汉族，昆明滇池国家旅游度假区国投置业有限公司高级技师。2003年10月，设计安装BOPP生产线送料系统罗茨风机采用变频控制改造，把现代变频技术运用于实际；2004年，凭借对国内UNIX系统终端先进科学技术的了解情况，大胆提出国产化改造，迅速将这一成果转化为生产力，用3千元国产配件就取代10多万元进口配件；2013年，提出物业小区和写字楼公共照明LED灯节能降耗改造项目，年节电100多万元。2005—2015年，先后进行“空压机无人值守技术改造”“自制可控硅调压装置在线处理550千瓦大功率直流电机绝缘不够”“中水节能改造”“喷灌系统节能改造”“LED灯节能改造”等，各种技术革新50多项。

陈永　1976年6月生，汉族，昆明云内动力股份有限公司技术中心试验试制及设备组组长。其设计的“一种双顶置凸轮轴正时定位工装”有效解决发动机正时机构安装困难问题，大大提高发动机装配效率与准确率，在新型柴油机大批量生产装配中得应用。在发动机试验台架上实现模拟打气泵、空调、助力转向泵等附件在汽车上的实际运转工况。提早发现发动机潜在缺陷与故障，极大缩短开发时间，节省试验开发成本；编制企业《试验样机装配作业指导书》《试验样机拆检作业指导书》《发动机试验岗位安全作业指导书》《发动机故障迅速诊断方法》，在实际操作中广泛使用，提高企业作业标准化。

陈玉龙　1963年4月生，汉族，昆明市斑铜厂有限公司斑铜精珍品制作组指定精珍品制作人。自1979年招入昆明市工艺美术厂斑铜车间，37年一直致力“云南斑铜”工艺精品制作和传统技艺整理传承发扬。擅长“云南斑铜”和“乌铜走银”传统工艺，能独立完成“云南斑铜”整个工艺流程，其三十多年对“云南斑铜”继承、实践与及对传统金属制作技艺探索融合，他在传统“云南斑铜”工艺的加工技术基础上，结合贵重金属工艺品镂、鉴、镶、错等加工技术，探索创新“云南斑铜”精加工制作技术，同时将云南另一项传统手工艺“乌铜走银”应用到斑铜制作当中，使制作“云南斑铜”工艺品更加“精美”，从工艺技术含量和应用材质上提升“云南斑铜”工艺品的价值空间。

方秀丽（女） 1963年10月生，汉族，云南三环中化化肥有限公司质检部技术经济组组长，化工分析工程师。具有高超职业技能，积极投身于企业的技术改进与创新，在“磷酸二铵产品外观质量体系的建立和运用”“藻类、泥沙混合水体净化技术的开发和应用”“低品位磷矿在大型湿法磷酸生产中的优化运用”、大型磷铵装置NPS工业生产等项目创新中，获得一项发明专利、一项实用新型专利，上述项目的生产化应用为企业创造显著经济效益和社会效益。其个人研究成果——磷肥行业低品矿的运用、磷肥产品外观质量的控制、新型产品的NPS的工业化生产技术应用，对昆明市、云南省乃至化工行业的发展具有重要影响。作为主要起草人，参与编写国家标准《肥料级商品磷酸》（HG/T3826-2006）、云南省地方标准《磷矿石磷、镁、铁、铝、硅、钙、钾、钠、氧化物含量的测定波长色散X射线荧光光谱法》(DB53/T 574—2014)，上述标准的建立，满足国内、国际市场和使用要求，同时填补国内相关领域空白。

刘廷举 1965年5月生，汉族，云南围棋厂生产车间主管。其本人作为省级非物质文化遗产云子传统制作技艺的传承人，热衷于围棋生产工艺，经过多年对围棋生产工艺研究和实践，凭借着对生产工艺知识深入研究和积累，他点制的云子质地细腻玉润，色泽晶莹柔和，坚而不脆，沉而不滑。有着二十多年云子点制经验的他通过着娴熟滴子工艺手法，能滴制云子所有产品，目前要滴制高档精品子。他同时还是企业研发小组成员，通过钻研攻克A型单面凸云子色泽差异、有纹理等工艺难题，参与开发双面凸云子成型模具项目获得国家专利。

牛犇 1954年6月生，汉族，昆明锅炉有限责任公司焊培中心主任，高级技师。曾荣获“全国优秀焊接能手”、云南省技术创新能手，首届“春城人才奖”及第一届“昆明市名匠”称号获得者。精通焊接中所有方法及操作技能，在实际工作中能解决所有焊接技术方面问题。参与编制“单面焊双面成型操作技术”、独立完成企业内焊接工艺及作业指导书编制，在焊接这一门传统而又现代加工方法上，不断推陈出新，其在试制产品过程中根据产品焊接结构不同特点，同时把有关工装夹具设计并制作出来，为以后投入批量生产打下良好基础并提高工效和操作性。共完成焊丝自动装盘机、焊剂回收器、埋弧自动焊光电指示器、Φ219大管封头组装夹、新型油炉环型大管对接组装夹及平面焊接架、小管对接焊接夹，并根据焊工考试对焊接试板空间位置要求的不同设计并制作移动可调式万能焊接架。

唐天明 1980年4月生，汉族，中建商品混凝土云南有限公司总工程师。其参与的《预拌混凝土绿色集成技术》研究，该技术经鉴定达国际先进水平，部分成果为国际首创，指引国内混凝土行业由传统资源消耗型产业向绿色环保型产业升级；参与武汉火车站高速铁路站房高性能混凝土关键技术研究，完成第一个百年耐久性设计的铁路混凝土施工浇筑任务；主持并完成昆明西山万达广场C80低粘自密实机制砂混凝土的研制与工程应用，该技术经云南省科技厅鉴定达国际先进水平；针对云南地区掺合料品质差，积极探索新材料推广应用，如磷渣粉、增效剂、石灰石粉、钢渣粉等，目前完成磷渣粉和增效剂应用。

祖玉兰（女） 1964年11月生，汉族，昆明祖玉兰刺绣艺术中心负责人，昆明市巾帼创新带头人。她创办“刺绣艺术中心”，致力于创新刺绣艺术，探索云南特色刺绣技法和各地特色刺绣技法融合，传承并发展“滇绣”艺术，使其发扬光大。通过不断求学，她创新性地将“中国四大名绣”技法与云南少数民族传统刺绣工艺及民族文化元素有机融合，率先开拓出自成一体“祖氏滇绣画”，其绣品精美升华、独具一格刷新刺绣艺术新的种类。尤以双面异样异色绣、人物绣和美术、摄影作品仿真绣著称，被誉为“刺绣界混血儿”。

郑淮和 1952年9月生，汉族，昆明昆开专用数控设备有限责任公司总经理，高级工程师，2005年全国劳模。他长期从事机械加工和母线加工机研发设计工作，多次带领研发团队承担国家级、省级创新基金项目，并高质量完成验收指标，顺利通过相关专家组验收。他怀着将工作干好的信念用心在工作，在不同工作岗位都能对生产设备运行状态进行思考，琢磨办法、琢磨材料、琢磨工时、琢磨工艺，不断地完善现在技术和产品。1989年，全国第一台三工位母线工机械——液压母线折弯机在昆明开关厂研制成功，郑淮和同志获得第一项专利授权——《母线折弯机》专利。该项发明实现，经云南省机械厅鉴定得出结论：开创一个新产业，填补中国母线加工无专用机械空白。以昆明开关厂技协为主体成立昆开数控公司，在郑淮和带领下，较好地实现发展目标。他个人获得国家专利授权23项，其中在保护期内的授权实用新型17项。

张松 1977年9月生，汉族，云南CY集团有限公司大件制造单元数控龙门铣床操作工，加工中心组组长，公司首席技师，第22届昆明市劳动模范。从业20年来，他一直严守着质量意识、超群技能技术水平和工作责任心，严格坚持“三自三检”工作原则，由其负责加工零件合格率始终保持100%；生产中斜床身二次装夹难以复位，不能保证加工精度，凭借20年经验积累，他能够把精度精准复位在0.005mm内，保证二次装夹加工精度；他提出增加工艺面方法，有效解决沈阳西斯3.5米立车横滑板、竖滑板、滑枕和刀库转盘加工困难问题，保证整机精度；通常孔加工以钻、扩、镗、铰等工序为主，经其转变加工理念，钻完之后，直接用铣刀，“以铣代镗”，把孔加工到半精加工0.03mm左右，直接就可以精镗到位，节约换刀时间，极大地提升了效率。

附　录

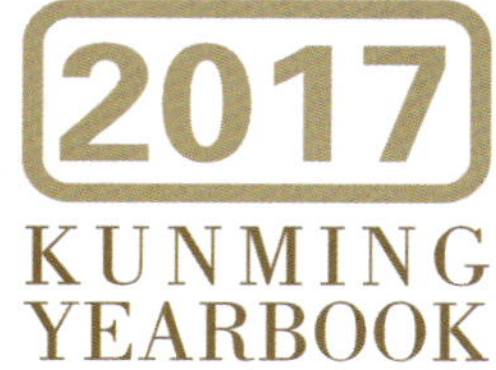

地方性法规

昆明市河道管理条例

（2016年11月1日昆明市第十三届人民代表大会常务委员会第四十次会议通过 2016年12月15日云南省第十二届人民代表大会常务委员会第三十一次会议批准）

第一章　总　则

第一条　为了加强河道管理，保护和改善水环境，保障防洪安全，发挥河道综合效益，根据《中华人民共和国水法》《中华人民共和国水污染防治法》《中华人民共和国防洪法》《中华人民共和国河道管理条例》《云南省滇池保护条例》等法律、法规，结合本市实际，制定本条例。

第二条　本条例适用于本市行政区域内河道（包括干渠、支流、河槽、滩涂、湿地、堤防、护堤地）及其配套设施的保护与管理。法律、法规已有规定的，从其规定。

第三条　河道管理遵循科学规划、综合治理、严格保护、合理利用的原则。

第四条　市、县（市、区）人民政府、国家级开发（度假）区管理委员会应当加强对河道管理工作的领导，将河道管理纳入国民经济和社会发展计划，所需资金纳入财政预算，对所属区域内的河道防洪安全和水环境质量负责。

河道治理可以按照政府投入与受益者合理承担相结合的原则，依法多渠道筹集资金。

第五条　水行政主管部门负责河道的统一管理、协调和监督；其中，出入滇池河道的管理、协调和监督由滇池行政管理部门负责。

发展改革、规划、环境保护、住房城乡建设、国土资源、城管综合执法、农业、林业、园林绿化、工业和信息化、交通运输等行政管理部门按照各自职责做好河道管理工作。

第六条　任何单位和个人有权对破坏河道及其配套设施、危害河道生态环境的行为进行劝阻、制止和举报。

各级人民政府应当对在河道的保护和管理中做出突出贡献的单位和个人，给予表彰和奖励。

第二章　制度与职责

第七条　建立市、县（市、区）、乡（镇）及街道办事处三级管理和统一、分级、分类相结合的河道管理体系。

第八条　本市行政区域内河道实行河（段）长责任制。其主要职责是：

（一）巡查河道的保护和管理工作；

（二）监督河道治理计划和方案的落实；

（三）协调河道治理中的有关问题。

第九条　水行政主管部门和滇池行政管理部门按照各自职责，组织、指导河道的规划编制、治理、开发和利用工作，对水利开发、河道治理工程及修建跨河、穿河、穿堤、临河的桥梁、道路、缆线、管道等建筑物及设施进行审查、批准和验收。

第十条　市、县（市、区）有关行政管理部门的主要职责是：

（一）发展改革行政管理部门负责河道治理工程项目的立项审批工作；

（二）规划行政管理部门负责组织、参与水系规划等河道规划的编制工作，并依据规划对河道综合治理工程设计方案进行审批；

（三）环境保护行政管理部门负责对河道水污染防

治实施统一监督，监测河道的水质状况，将监测结果及时报送相关部门，定期向社会公布；

（四）住房城乡建设行政管理部门负责河道综合治理中市政建设工程的审批及监督管理；

（五）城管综合执法行政管理部门负责组织实施流经城市区域内河堤两岸道路的保洁及垃圾清运，河道保护范围内公厕、垃圾收集点合理布局和垃圾无害化、资源化处置；

（六）农业行政管理部门负责组织实施农业面源污染防治及河道周边畜禽禁养区域内的禁养工作；

（七）林业、园林绿化行政管理部门参与河道保护区域内绿化规划的编制，河道护堤林、护岸林的建设和管理；

（八）工业和信息化行政管理部门在产业布局、设立工业园区时应当符合河道保护要求；

（九）交通运输行政管理部门负责河道保护范围内道路及其附属设施的管理和维护。

第十一条 乡（镇）人民政府、街道办事处负责河道的日常保洁管护和巡查检查，制止和协助查处污染河道的违法行为，并接受县（市、区）水行政主管部门、滇池行政管理部门的业务指导和监督。

第三章 规划与治理

第十二条 水行政主管部门、滇池行政管理部门、城乡规划行政管理部门应当组织编制流域综合规划、区域综合规划、防洪规划、水系规划等河道规划，报同级人民政府批准后公布实施。

河道的治理、保护以及涉及河道的各类工程方案应当符合河道规划控制线要求。

有关部门编制或者修改其他规划涉及河道的，应当事先征求同级水行政主管部门或者滇池行政管理部门的意见。

第十三条 河道规划控制线范围内的土地，经国土资源、城乡规划和水行政主管部门核定，报经县级以上人民政府批准后，划定为规划控制区，并予以公告。

第十四条 水行政主管部门或者滇池行政管理部门根据河道的功能定位，按照河道规划和国家规定的防洪、排涝、环境保护标准以及有关技术规范，制定河道治理计划，经同级人民政府批准后实施。经批准的河道治理计划需要修改的，应当按照编制程序报经原批准机关批准。

跨行政区域的河道治理，由上一级水行政主管部门或者滇池行政管理部门按照河道治理的统一标准，做好有关组织、协调和指导工作。

第十五条 河道治理计划应当包括雨污分流、截污导流、防洪排涝、清淤保洁、工程防护、生态修复及保护等基本内容，明确责任单位和任务分工。

出入滇池河道的治理计划，除前款规定内容外，还应当包括再生水利用、两岸拆迁、临河空间开辟、架桥修路、道路通达、绿化美化、湿地建设、环境净化、配套设施建设等内容。

第十六条 河道治理过程中应当注重保护、恢复河道及其周边的生态环境和历史人文景观。河道治理选用的材料应当符合国家环保标准。

出入滇池河道的治理，除遵守前款规定外，还应当符合下列要求：

（一）建设沿岸片区和城乡干渠的截污、污水处理、再生水利用等基础设施，做到污水无害化，再生水资源化；

（二）建设滨水游憩林荫带，做到因地制宜、适地适树；

（三）河道两侧管、线入地；

（四）禁止在河道两侧各200米范围内规模化养殖畜禽。

第十七条 河道治理需要占用土地的，由当地人民政府协调解决，并依法办理用地手续。河道治理完成后所增加的土地，除依法办理用地手续外，还应当按照有关规划安排使用。

第十八条 水行政主管部门或者滇池行政管理部门应当根据保障生活、生产和生态环境用水的需要，制定和实施水量调度方案，调节河道生态所需要的水量，提高自然净化能力，改善水环境。

第十九条 水行政主管部门或者滇池行政管理部门应当对责任单位治理情况进行考核，并向社会公布；责任单位未按照要求落实的，向社会公开承诺定期整改。

第四章 保护与管理

第二十条 河道的管理范围为：已划定规划控制线的为河道绿化带外缘以内的范围；尚未划定河道规划控制线的为两岸堤防之间的水域、湿地、滩涂（含可耕地）、两岸堤防及护堤地。护堤地的宽度为堤防背水坡脚线水平外延不少于2米的区域，无背水坡脚线的为堤防上口线水平外延不少于5米的区域。其中，主要出入滇池河道的管理范围为河道两岸堤防上口外侧边缘线沿地表向外水平延伸50米以内的区域。

河道的保护范围为河道管理范围以外100米以内的区域。

第二十一条 河道的具体管理和保护范围，由水行政主管部门或者滇池行政管理部门根据河道管理的需要，会同同级城乡规划、国土资源、环境保护等行政管理部门划定，经同级人民政府批准并公布。

河道管理和保护范围划定后，由水行政主管部门或者滇池行政管理部门设立标志。

第二十二条 在河道保护范围内禁止下列行为：

（一）建设排放氮、磷等污染物的工业项目以及污染环境、破坏生态平衡和自然景观的其他项目；

（二）倾倒、扔弃、堆放、储存、掩埋废弃物和其他污染物；

（三）向河道排放污水；

（四）毁林开垦或者违法占用林地资源，盗伐、滥伐护堤林、护岸林；

（五）爆破、打井、采石、取土等影响河势稳定、危害河岸堤防安全和妨碍行洪的活动。

第二十三条 在河道管理范围内，除遵守第二十二条规定外，还禁止下列行为：

（一）清洗装贮过油类、有毒污染物的车辆、容器及包装物品；

（二）设置拦河渔具，或者炸鱼、电鱼、毒鱼等活动；

（三）围垦河道，或者建设阻碍行洪的建筑物、构筑物；

（四）擅自填堵、覆盖河道，侵占河床、河堤，改变河道流向。

第二十四条 在出入滇池河道管理范围内，除遵守第二十三条规定外，还禁止下列行为：

（一）洗浴，清洗车辆、衣物、卫生器具、容器以及其他污染水体的物品；

（二）在非指定区域游泳；

（三）设置排污口；

（四）倾倒污水、污物；

（五）堆放、抛洒、焚烧物品；

（六）擅自捕捞水生动植物和猎捕野生水禽；

（七）利用船舶、船坞等水上设施从事餐饮、娱乐、住宿等活动；

（八）悬挂、晾晒有碍景观的物品。

第二十五条 禁止侵占和毁坏堤防、护岸、涵闸、泵站、水利工程管理用房、水文、水质监测站房设备和工程监测等河道配套设施设备。

因公共利益需要占用或者拆除河道配套设施设备的，按照有关法律法规的规定进行迁建、改建或者补偿，其费用由占用或者拆除单位承担。

第二十六条 在城乡截污管网已覆盖的区域，不得设置入河排污口；未覆盖的区域，应当达标排放。

第二十七条 建设单位确需在河道管理范围内建设以下工程项目的，工程建设项目应当符合河道规划，其建设方案应当经水行政主管部门或者滇池行政管理部门审查同意并按照基本建设程序办理审批手续：

（一）水利开发、水害防治、河道治理的各类工程；

（二）修建跨河、穿河、穿堤、临河的桥梁、码头、道路、渡口、管道、缆线、取水口、排水口等工程设施。

第二十八条 施工围堰或者临时阻水设施在影响防洪安全时，建设单位应当按照防汛指挥机构的紧急处理决定，限期清除或者采取其他紧急补救措施；施工结束后，应当及时清理现场和清除施工围堰等遗留物。

第五章 法律责任

第二十九条 国家机关及其工作人员在河道管理活动中有下列行为之一的，应当予以问责，依法给予行政处分；构成犯罪的，依法追究刑事责任：

（一）未完成河道管理目标责任的；

（二）未按要求编制流域综合规划、区域综合规划、防洪规划、水系规划等河道规划的；

（三）未按要求制定河道治理计划或者未按河道治理计划实施治理工作的；

（四）对不符合法定条件的单位和个人实施行政许可的；

（五）不履行巡查、检查职责，或者发现违法行为和接到举报后不及时查处的；

（六）发现重大环境污染事故或者生态破坏事故，不按照规定报告或者不依法采取必要措施处理的；

（七）其他玩忽职守、滥用职权、徇私舞弊的。

第三十条 违反本条例第二十二条第（一）项规定的，由滇池行政管理部门或者环境保护行政管理部门责令停止违法行为，处以10万元以上50万元以下罚款，并报有批准权的人民政府批准，责令拆除或者关闭。

第三十一条 违反本条例第二十二条第（二）项规定的，由滇池行政管理部门或者环境保护行政管理部门处以5 000元以上2万元以下罚款。

第三十二条 违反本条例第二十二条第（五）项规定的，由水行政主管部门或者滇池行政管理部门责令改正，并处1万元以上5万元以下罚款。

第三十三条 违反本条例第二十三条第（四）项规定的，由水行政主管部门或者滇池行政管理部门责令停止违法行为，限期恢复原状或者采取其他补救措施，并处1万元以上5万元以下罚款。

第三十四条 违反本例第二十四条第（一）、（二）、（八）项规定的，由滇池行政管理部门处以50元以上500元以下罚款。

第三十五条 违反本条例第二十四条第（四）项规定的，由滇池行政管理部门对非经营性的单位和个人处以

200元以上1 000元以下罚款；对经营性的单位和个人处以1万元以上5万元以下罚款。

第三十六条 违反本条例第二十四条第（五）项规定的，由滇池行政管理部门责令改正，并处200元以上1 000元以下罚款。

第三十七条 违反本例第二十四条第（七）项规定的，由滇池行政管理部门责令改正，处以1万元以上5万元以下罚款，并没收违法所得。

第三十八条 违反本条例规定的其他行为，由有关部门依照相关法律、法规予以处罚。

第三十九条 本条例第三十条、第三十一条、第三十二条、第三十三条规定的处罚权，属出入滇池河道的，由滇池行政管理部门负责行使；其他河道的，由环境保护或者水行政主管部门负责行使。

第六章 附 则

第四十条 本条例所称主要出入滇池河道是指滇池保护范围内的螳螂川、盘龙江、新运粮河、老运粮河、乌龙河、大观河、西坝河、船房河、采莲河、金家河、大清河（含明通河、枧槽河）、金汁河、海河（东白沙河）、宝象河（新宝象河）、老宝象河、六甲宝象河、小清河、五甲宝象河、虾坝河（织布营河）、马料河、洛龙河、捞鱼河（含梁王河）、南冲河、大河（淤泥河）、柴河、白鱼河、茨巷河、东大河、中河（护城河）、古城河、牧羊河、冷水河等河道及其支流。

第四十一条 本条例自2017年3月1日起施行，2010年2月24日昆明市第十二届人民代表大会常务委员会第三十一次会议通过，2010年3月26日云南省第十一届人民代表大会常务委员会第十六次会议批准的《昆明市河道管理条例》同时废止。

昆明市户外广告管理条例

（2016年8月31日昆明市第十三届人民代表大会常务委员会第三十九次会议通过 2016年9月29日云南省第十二届人民代表大会常务委员会第二十九次会议批准）

第一章 总 则

第一条 为了加强户外广告管理，规范户外广告活动，维护消费者合法权益，改善市容市貌，依据《中华人民共和国广告法》、国务院《城市市容和环境卫生管理条例》等有关法律、法规，结合本市实际，制定本条例。

第二条 本条例所称户外广告，是指利用建筑物、构筑物和户外的场所、空间、设施发布的商业广告和公益广告。包括：

（一）利用展示牌、电子显示装置、电子翻板装置、投影、灯箱、橱窗、霓虹灯、地名牌、墙体等发布的广告；

（二）利用交通工具、水上漂浮物、升空器具、充气物、模型等绘制、张贴、悬挂发布的广告；

（三）利用车站、码头、机场候机楼内外等交通设施发布的广告；

（四）以其他形式在户外发布的广告。

第三条 在本市行政区域内从事户外广告活动的广告主、广告经营者、广告发布者和其他广告参与者，应当遵守本条例。

第四条 户外广告应当真实、合法，符合社会主义精神文明建设的要求。

第五条 户外广告设施的设置，应当根据城乡的风貌、格局和区域功能、道路特点等，统一规划、整体设计、分区控制、合理布局、确保安全。

第六条 工商行政管理部门是户外广告的监督管理部门。

城市管理行政部门负责户外广告设施的设置审批及其监督管理。

其他相关行政管理部门按照各自职责实施监督管理。

第二章 发布登记

第七条 发布户外广告，应当向所在地县级以上工商行政管理部门申请登记，取得“户外广告登记证”。

在经营者的合法经营场所，发布经营者的名称、经营范围等自设性户外广告，不需要申请登记。

第八条 申请户外广告发布登记，应当提交下列材料：

（一）户外广告登记申请表；

（二）广告主、广告发布者、广告经营者的营业执照或者具有同等法律效力的经营资格证明文件；

（三）户外广告设施设置许可或者批准证明文件；

（四）户外广告样件；

（五）医疗、药品、医疗器械、保健食品、农药和兽药等相关行政管理部门的审批文件；

（六）法律、法规、规章规定提交的其他文件。

第九条 利用公共交通工具以及经营者自有车辆发布车身广告的，应当经工商行政管理部门登记，并报公安部门备案。

其他车辆禁止发布车身广告。

第十条 举办各类展销会、订货会、交易会和大型文化体育活动及庆典等，设置临时性户外广告的，应当经城市管理行政部门批准，向工商行政管理部门申请登记。

第十一条 发布户外广告，应当符合登记的地点、形式、时限、内容，并在户外广告的右下角清晰标明“户外广告登记证”证号。

第十二条 户外广告发布者需要改变户外广告发布内容、期限、形式、数量、规格的，应当向原登记机关申请变更登记。

第三章 设施设置

第十三条 本市城市规划区内户外广告设施设置专项规划，由市城市管理行政部门会同规划、工商行政管理等部门，依据《昆明城市总体规划》编制，经市人民政府批准后实施。

县（市、区）户外广告设施设置详细规划由县级城市管理行政部门依据市户外广告设施设置专项规划编制，经同级人民政府批准后实施，并报市级城市管理、规划部门备案。

经批准实施的户外广告设施设置专项规划和详细规划确需调整的，应当按规定审核批准。

第十四条 建设、改造城市道路和建筑物、构筑物时需设置户外广告设施的，应当将户外广告设施列入建设工程设计方案。

第十五条 本市户外广告设施设置的安全技术标准，由市城市管理行政部门会同安全生产监督管理、质量技术监督等部门根据有关法律、法规制定。

第十六条 设置户外广告设施的，应当向所在地县级以上城市管理行政部门申请，取得“昆明市户外广告设施设置许可证”。

申请设置户外广告设施，应当提交下列材料：

（一）户外广告设施设置许可申请书；

（二）营业执照、广告经营许可证或者广告单位资质等级证书；

（三）场地使用权属证明；

（四）具有设计、安检、质检资质的单位出具的户外广告设施设计施工图、技术资料；

（五）法律、法规、规章规定需要提交的其他文件。

第十七条 下列区域或者情形，禁止设置户外广告设施：

（一）国家机关、学校、医院、文物保护单位的建筑物、构筑物及其规划控制地带和风景名胜区核心景区；

（二）市、县（市、区）城市规划区范围内设立立柱式户外广告；

（三）占用城市绿地、遮挡绿化景观；

（四）利用交通安全设施、交通标志等市政设施；

（五）妨碍市政公共设施、交通安全设施、交通标志、消防设施、消防安全标志使用，损害公共利益，影响市容市貌或者他人生产生活；

（六）法律、法规、规章禁止设置的其他区域或者情形。

第十八条 在道路沿线设置户外广告设施，不得妨碍安全视距、影响通行，不得遮挡路灯、交通标志、交通信号灯。

第十九条 利用建筑物、构筑物设置户外广告设施，不得破坏建筑物、构筑物的立面形式和轮廓线，不得影响建筑物、构筑物功能。

第二十条 利用市政公共设施、城市道路、广场等公共区域或者占用公共空间的户外广告实行特许经营。具体实施办法由昆明市人民政府制定。

第二十一条 户外广告设施的经营者应当建立健全安全生产管理制度，加强户外广告设施的安全管理和日常维护。

第四章　监督管理

第二十二条　依法设置的户外广告设施和发布的户外广告受法律保护，任何单位和个人不得非法占用、擅自拆除、迁移、遮盖、损坏。因城市建设或者公共利益需要拆除户外广告设施的，应当提前三十日通知户外广告设施的经营者，并依法补偿。

第二十三条　工商行政管理、城市管理行政部门在查处涉嫌违法户外广告时，可以采取下列措施：

（一）对涉嫌违法广告活动的场所实施现场检查；

（二）对涉嫌违法当事人和其他有关人员进行询问和调查；

（三）要求涉嫌违法当事人限期提供相关材料；

（四）查阅、复制与涉嫌违法广告活动有关的合同、票据、账簿、广告作品和其他有关资料；

（五）查封、扣押与涉嫌违法广告直接相关的广告物品、经营工具、设备等财物；

（六）责令当事人限期整改、停止发布。

第二十四条　户外广告行政管理部门应当建立健全户外广告信用管理制度，引导企业加强信用管理。

第二十五条　广告主、广告经营者、广告发布者、其他广告参与者应当接受工商行政管理、城市管理等行政部门的监督检查，如实提供有关情况和资料，不得弄虚作假，拒绝或者逃避检查。

第二十六条　任何单位和个人不得伪造、涂改、出租、出借、倒卖或者以其他形式转让“户外广告登记证”和“昆明市户外广告设施设置许可证”。

第二十七条　禁止在公共场所、建筑物、构筑物、公共设施上乱发、乱贴、乱涂、乱挂各类信息。

第二十八条　任何单位和个人对违法广告活动有权向工商行政管理等部门举报，受理部门应当按照规定做出处理。

第五章　法律责任

第二十九条　有下列行为之一的，由工商行政管理部门予以处罚：

（一）违反本条例第七条第一款、第九条、第十条规定，未取得户外广告登记证发布户外广告的，责令限期改正，没收非法所得，可并处5 000元以上2万元以下罚款；

（二）违反本条例第十一条、第十二条规定的，责令限期改正，处以1 000元以上5 000元以下罚款；逾期不改正的，吊销“户外广告登记证”。

第三十条　有下列行为之一的，由城市管理行政部门予以处罚：

（一）违反本条例第十六条第一款、第十七条、第十八条、第十九条规定的，责令限期改正；逾期不改正的，处以1万元以上3万元以下罚款，并依法拆除广告设施，费用由责任人承担；

（二）违反本条例第二十一条规定的，责令限期改正；逾期不改正的，处以1 000元以上5 000元以下的罚款；

（三）违反本条例第二十七条规定的，责令清除，没收其物品和相关工具，对行为人并处300元以上1 000元以下的罚款；对制作者、经营者处1万元以上3万元以下的罚款，并可采取限制通讯服务的措施。

第三十一条　违反本条例第二十五条规定的，由工商行政管理部门或者城市管理行政部门责令限期改正；逾期不改正的，处以1 000元以上5 000元以下的罚款。

第三十二条　违反本条例第二十六条规定的，由工商行政管理或者城市管理行政部门吊销“户外广告登记证”或者“昆明市户外广告设施设置许可证”，并处1万元以上3万元以下的罚款。

第三十三条　因户外广告设施倒塌、坠落等造成他人财产损失、人身伤亡安全事故的，由安全生产监督管理部门依法处理；相关责任人依法承担法律责任。

第三十四条　户外广告监督管理部门及其工作人员有下列行为之一的，由所在单位或者上级主管部门责令改正；情节严重的，给予行政处分；构成犯罪的，依法追究刑事责任：

（一）不履行职责，玩忽职守，造成损失的；

（二）利用职权索取财物，徇私舞弊，贪污受贿的；

（三）违反规定收费、罚款的。

第六章　附　则

第三十五条　本条例自2011年1月1日起施行。

昆明市学校安全条例

（2016年11月1日昆明市第十三届人民代表大会常务委员会第四十次会议通过
2016年12月15日云南省第十二届人民代表大会常务委员会第三十一次会议批准）

第一条 为了加强学校安全管理，预防和处理学校安全事故，保障学生和教职工的安全，维护学校正常的教育教学秩序，根据《中华人民共和国教育法》《云南省学校安全条例》等法律、法规，结合本市实际，制定本条例。

第二条 本市行政区域内的幼儿园（班）、普通中小学、中等职业学校、特殊教育学校（以下简称学校）的安全工作，适用本条例。

学校安全属于公共安全，主要包括学校及其周边和学校组织校外活动中的学生、教职工生命健康安全、财产安全以及学校的正常教育教学秩序。

第三条 学校安全工作应当遵循以人为本、预防为主、属地管理、各负其责、社会参与、综合治理的原则。

第四条 市、县（市、区）人民政府领导本行政区域内学校安全工作，建立学校安全工作协调机制，督促相关部门依法开展学校安全管理工作，并将学校安全工作经费纳入同级财政预算。

乡（镇）人民政府、街道办事处，按照各自职责开展学校安全相关工作。

第五条 教育行政部门根据对学校管理的权限履行下列职责：

（一）制定并组织实施学校安全管理工作责任制和考核办法，督促学校建立并落实安全管理制度；

（二）指导学校制定突发事件应急预案，督促学校定期演练；

（三）联合相关部门定期对学校开展安全检查，督促学校及时消除安全隐患，落实整改措施；

（四）建立学校安全事故责任追究制，指导、协助学校处理安全事故；

（五）指导学校对学生进行安全教育，将安全教育、心理健康教育列入教育教学计划；

（六）定期组织学校负责人、学校安全管理人员进行安全管理培训；

（七）法律、法规和规章规定的其他职责。

第六条 公安机关履行下列学校安全工作职责：

（一）维护学校及其周边的治安和交通安全秩序；

（二）建立定期联系学校制度，指导学校做好治安防范工作，及时消除治安隐患；

（三）及时制止和查处危害校园安全的行为，处理学校治安突发事件及群体性事件；

（四）开展消防宣传教育，监督管理学校及其周边的消防安全工作，提出整改意见，消除火灾隐患；

（五）法律、法规和规章规定的其他职责。

第七条 住房城乡建设行政部门应当按照建设程序对新建、改建、扩建学校工程类建设项目的质量和安全进行监督管理；指导学校开展校舍安全排查、安全鉴定、安全隐患排除工作。

卫生计生行政部门应当指导、监督学校改进卫生工作，依法对为学校、学生及教职工提供服务的生产经营者的卫生进行监督管理，处置学校突发公共卫生事件。

食品药品监管行政部门应当对学校食品药品安全进行监督管理，处置食品药品突发事件。

安全监管行政部门应当对学校安全实施综合监督管理，依法开展学校危险化学品的综合监管工作。

质监行政部门应当对学校特种设备设施的安全状况进行监督检查，指导、督促有关单位按照相关规定进行整改落实。

城管综合执法行政部门应当对学校周边占道经营、摆摊设点、堆放杂物等行为进行查处。

文化广电体育、工商等行政部门应当对学校周边200米范围内设置互联网上网服务营业场所、电子游戏场所等不适宜未成年人活动场所的行为进行查处。

水行政部门应当在其管理的水库、河道等周边设置危险警示牌，预防安全事故的发生；汛期加强对学校周边巡查，采取措施避免重大险情的发生。

国土资源、防震减灾等行政部门应当对学校区域以及学校周边区域的山体等存在影响学校建筑物、活动场所、通道等安全隐患进行依法测评检查，并根据测评检查结果向有关部门或者学校发出禁止使用、通行或者限期整改、设置防护设施的通知；有关部门或者学校应当按照通知设置有效防护设施，并相应设置禁用或者禁行、禁止靠近等警示标志。

其他相关行政部门应当按照法律、法规和规章规定的职责开展学校安全工作。

第八条 学校应当履行下列职责：

（一）制定并落实安全管理工作岗位责任制；

（二）建立健全门卫、食堂、宿舍、危化品、学生请销假、小学四年级以下学生和幼儿上下学交接、学生定期健康体检、校园欺凌事件预防和处理、校园网络等管理制度；

（三）设立安全保卫机构，配备必要的安保人员和安全防护器材；

（四）制定突发事件应急预案，定期组织师生开展多种形式的应急培训和演练，提高应急处置能力；

（五）开展学生安全教育、心理健康教育，提高学生自我防护和自救互救能力；

（六）在容易发生人员拥挤的通道、场所，合理安排疏散时间和通行顺序，防止拥挤踩踏；

（七）定期开展校园安全检查，维护校舍、场地、设施设备，及时消除安全隐患；

（八）建立安全工作台账，记录日常安全工作、安全责任落实、安全检查、安全隐患消除等情况；

（九）组织学生参加实习、考察、劳动、军训、文化娱乐和其他集体活动，应当与学生生理、心理特点相适应，采取必要的安全防护措施，并落实专人负责；

（十）按照有关规定投保校方责任保险，鼓励、引导学生投保学生人身意外伤害保险；

（十一）法律、法规和规章规定的其他职责。

第九条 教职工应当依法履行教育、管理和保护学生的职责，不得有侮辱、伤害学生的行为；在教育教学活动中发现学生生理或者心理异常，应当给予帮助并及时通知学生监护人和向学校报告；涉及学生隐私的，应当保密。

第十条 学生应当遵守法律、法规、规章和学校管理制度，不得有危及他人和自身安全的行为；发现有危害学生和教职工安全行为的，及时向学校报告；需要提前离开学校或者学校组织的校外活动，应当说明理由并经监护人和班主任或者学校指定人员的同意。

学校发现学生应当到校而未到校或者擅自离开学校组织的校外活动，应当及时通知其监护人。

第十一条 学生监护人应当依法履行监护义务，加强对学生的安全教育，采取有效措施，保障未成年学生上学、放学途中的人身安全，向学校提供有效的联系方式；发现学生有危及他人或者自身安全的行为，应当予以教育并及时与学校沟通；学生有特异体质、特殊疾病、其他异常生理心理情况的，应当及时告知学校；发现学校存在安全隐患时，可以向学校提出意见和建议。

第十二条 为学校提供教育教学和生活设施设备、物品、场地、服务的单位和个人，应当落实各项安全措施，保障所提供的设施设备、物品、场地和服务应当符合国家、行业的质量标准或者安全要求。

在学校内施工作业或者开展其他活动的单位和个人，应当遵守学校的安全制度，服从学校的安全管理，设置安全警示标志和防护设施。

第十三条 发生安全事故，学校应当采取以下措施：

（一）立即启动相应的应急预案，采取措施救治伤员，减少人员伤亡和财产损失，保护事故现场，保全相关证据，防止事故扩大；

（二）根据事故类型，及时将安全事故信息向教育、公安等相关部门报告，不得隐瞒不报、谎报或者拖延报告；

（三）将学生受伤害和救治情况通知其监护人；

（四）配合有关部门开展事故调查和处理工作。

第十四条 教育、公安等相关部门接到安全事故报告后应当根据事故类型启动相应的应急预案，开展事故原因调查，适时通报事故调查和处置情况，恢复正常的教育教学秩序。

第十五条 发生学生人身伤害事故纠纷，当事人可以选择协商、调解、诉讼等途径解决；经双方自愿，可以书面申请教育主管行政部门调解，也可向人民调解委员会申请调解。司法行政部门应当指导有关人民调解委员会建立学生人身伤害事故纠纷调处中心，依法开展调解工作。

第十六条 学校发生安全事故，学生及其监护人应当配合相关部门依法进行安全事故调查处理。任何单位和个人不得干扰学校安全事故的调查处理，有下列扰乱教育教学秩序行为之一的，公安机关应当依法处理：

（一）侮辱、威胁、恐吓、故意伤害学生、教职工、事故处理人员或者非法限制学生、教职工、事故处理人员人身自由；

（二）侵占、破坏学校校舍、场地、设施设备；

（三）携带易燃易爆等危险物品和管制器具进入学校；

（四）围堵学校或者在学校及其周边喧闹、拉条幅、散发传单、张贴大字报、设灵堂、焚香烧纸、摆花圈；

（五）在学校停放遗体；

（六）其他扰乱学校教育教学的行为。

第十七条 因下列情形之一造成的人身伤害事故，学校应当依法承担相应责任：

（一）学校提供的饮用水、食品、药品、生活用品等不符合国家、行业的质量标准或者安全要求的；

（二）学校的校舍、场地、设施设备不符合国家安全标准的以及对其隐瞒、拖延向主管部门报告的;维护管理不当的；存在重大安全隐患未及时采取措施的；

（三）学校违反有关规定，组织未成年学生从事不宜参加的劳动、体育运动或者其他活动的；

（四）学校组织学生参加教育教学活动或者校外活动，未采取必要的安全措施的；

（五）学校在管理职责范围内，发现学生行为具有危险性，未进行必要的告诫或者制止的；

（六）学校发现学生擅自离校或者与学生人身安全直接相关的信息，未及时告知学生监护人的；

（七）法律、法规和规章规定学校应当承担责任的其他情形。

第十八条 因下列情形之一造成的人身伤害事故，学校行为有过错的，应当依法承担相应责任；学校行为无过错的，依法不承担责任：

（一）学生自杀、自伤的；

（二）学生自行上学、放学、返校、离校途中发生的；

（三）学生擅自离校、自行外出、自行组织活动期间发生的；

（四）学生在放学后、节假日或者假期等学校工作时间以外，自行滞留学校或者自行到校发生的；

（五）学生在对抗性或者具有风险性的体育竞赛活动中发生意外伤害的。

第十九条 因下列情形之一造成的人身伤害事故，学校已履行了相应职责，行为并无不当的，不承担责任，法律、法规另有规

定的除外：

（一）地震、雷击、风灾、洪水、泥石流等不可抗力；

（二）学生有特异体质、特殊疾病、其他异常生理心理情况，学校不知道或者难以知道的；

（三）学生在学校突发疾病，学校已根据实际情况采取了相应的紧急救护措施的；

（四）来自学校外部的突发性、偶发性侵害及其他意外因素。

第二十条 相关行政部门及其工作人员违反法律、法规和规章规定，未履行学校安全管理职责或者未及时处理安全事故的，由同级人民政府或者上级行政部门给予通报批评、责令限期改正；情节严重的，对直接负责的主管人员和其他直接责任人员依法给予处分；构成犯罪的，依法追究刑事责任。

第二十一条 学校违反本条例规定，未履行安全管理职责的，由学校主管部门或者其他有关部门予以警告；存在重大安全隐患的，责令其限期整改，逾期不改的，依法予以处罚；造成重大伤亡事故的，对公办学校负责人、学校安全责任人员和其他直接责任人员给予相应处分，对民办学校按照《中华人民共和国民办教育促进法》等相关规定予以处罚；构成犯罪的，依法追究刑事责任。

第二十二条 本条例自2017年3月1日起施行。

昆明市旅游业监察条例

（2016年8月31日昆明市第十三届人民代表大会常务委员会第三十九次会议通过 2016年9月29日云南省第十二届人民代表大会常务委员会第二十九次会议批准）

第一章 总 则

第一条 为了加强旅游业管理，规范旅游市场秩序，保障旅游者、旅游经营者和旅游从业人员的合法权益，促进旅游业的持续健康发展，根据《中华人民共和国旅游法》《云南省旅游条例》等有关法律、法规，结合本市实际，制定本条例。

第二条 凡在本市行政区域内从事旅游业监察和经营活动的单位、个人，应当遵守本条例。

第三条 市旅游行政主管部门负责全市旅游业监察工作的管理，县（市、区）旅游行政主管部门按照管理权限负责本行政区域内旅游业监察工作的管理。

旅游行政主管部门所属的旅游监察机构具体负责本行政区域内的旅游业监察业务工作，其经费纳入同级财政预算。

其他相关部门，在各自的职责范围内做好旅游业监察工作。公安旅游警察机构负责维护旅游市场治安秩序，依法开展旅游市场监管综合执法等工作。

第四条 旅游业监察实行行政执法监察与社会监督相结合、监察与指导相结合、教育与处罚相结合的原则。

第五条 任何单位和个人对违反有关旅游法律、法规、规章的行为，均有权举报和投诉。

第二章 监察职责和程序

第六条 旅游行政主管部门履行下列监察职责：

（一）宣传旅游法律、法规、规章，倡导文明旅游；

（二）检查旅游法律、法规、规章的执行情况；

（三）会同有关部门督促、检查旅游经营者的安全生产工作，指导旅游行业协会自主建立旅游安全风险金救助机制；

（四）实行旅游经营诚信公告制度；

（五）管理和监督旅游监察机构及其工作人员。

第七条 旅游监察机构行使下列职权：

（一）受理对违反有关旅游法律、法规、规章行为的举报和投诉；

（二）向有关单位和个人调查了解案情，制作笔录；

（三）对旅游经营活动及场所进行检查；

（四）扣押用于涉嫌违法活动的财物、旅行社业务经营许可证、导游证、领队证，并依法予以处理；

（五）查阅、复制与涉嫌违法经营活动有关的合同、发票、账册、单据、记录、文件、业务函电和其他相关资料；

（六）其他旅游业监察职责。

未成立旅游监察机构的县（市、区），由旅游行政主管部门行使前款职权。

第八条 旅游业监察采用年度审查、日常检查、联合检查、电子信息检查和案件专查等方式。

第九条 旅游监察机构可以向旅游经营者和旅游从业人员发出《旅游监察询问通知书》《旅游监察协查通知书》《旅游投诉配合处理通知书》，接到通知书的单位和个人应当按照要求办理。

第十条 旅游业监察人员应当经过培训考核，取得行政执法证后，方可从事旅游业监察工作。

第十一条 旅游业监察机构及其工作人员应当遵守下列规定：

（一）忠于职守、秉公执法、文明监察；

（二）提供旅游法律、法规、规章的咨询服务；

（三）保守工作秘密和行政相对人的商业秘密和信息；

（四）不得参与任何形式的旅游经营活动；

（五）接受旅游行政主管部门监督和社会监督。

第十二条 旅游业监察人员进行监察时，应当两人以上共同进行，并出示有效执法证件；违者，当事人有权拒绝监察。

第十三条 查处违反有关旅游法律、法规、规章的行为，依照下列程序进行：

（一）登记立案；

（二）调查取证；

（三）听取申辩，符合听证规定的，举行听证；

（四）依法做出处理决定；

（五）送达处理决定文书。

第十四条 对违法行为的处罚决定，应当自立案之日起45日内做出；案情复杂的，经旅游行政主管部门负责人批准，可以延期，延长期限不得超过45日。

第十五条 旅游业监察人员办理旅游监察案件，有下列情形之一的，应当回避；当事人也有权要求其回避：

（一）本人或者其近亲属是本案当事人；

（二）本人或者其近亲属与本案有利害关系；

（三）与本案当事人有其他关系，可能影响案件公正处理。

旅游监察机构人员的回避，由旅游监察机构负责人决定；旅游监察机构负责人的回避，由旅游行政主管部门负责人决定。

第三章 经营行为规范

第十六条 旅游经营者和旅游从业人员应当依照国家标准、行业标准、地方标准和行业规范提供旅游服务。

第十七条 旅游经营者应当接受旅游行政主管部门及其旅游监察机构的监督管理，遵守下列规定：

（一）建立健全旅游服务质量管理机制，加强对旅游从业人员的法制教育、职业道德教育和职业技能培训；

（二）制定旅游者安全保护制度和应急预案；

（三）以书面或者电子填报等方式如实向旅游行政主管部门及其旅游监察机构提供旅游经营情况、从业人员信息、团队信息、财务报表等相关资料；

（四）通过网络宣传和经营旅行社业务的，应当向市旅游行政主管部门备案；

（五）通过网络销售的旅行社产品应当载明包价旅游合同规定的内容。

第十八条 旅游经营者和旅游从业人员应当接受旅游监察机构对旅游市场、旅游安全和旅游服务质量的检查，配合对旅游案件的调查处理。

第十九条 旅行社使用的法人印章、合同专用章及电子签章应当向市旅游行政主管部门备案。

旅行社应当在旅游合同、旅游行程单和转并旅游团队合同上加盖法人印章或者合同专用章、电子签章。

旅行社应当填写统一格式的旅游团队运行计划表,并加盖法人印章或者电子签章，由导游、领队人员携带备查。

第二十条 旅行社和导游服务公司不得以质量保证金、押金等形式向导游、领队人员收取费用。

旅行社不得接受未经许可经营旅行社业务的单位或者个人委托的转并团业务。

第二十一条 旅游经营者或者旅游从业人员不得有下列行为：

（一）出租、出借旅游等级标志、领队证、导游证等有关证件；

（二）利用宗教、民俗活动或者其他方式误导、欺骗、胁迫旅游者消费；

（三）向旅游者索取合同约定之外的费用；

（四）未经旅游者书面同意转并旅游团队；

（五）降低旅游服务质量标准或者提供的旅游服务不符合规范要求；

（六）旅行社以不合理的低价组织旅游活动，诱骗旅游者，并通过安排购物或者另行付费旅游项目，强迫或者变相强迫旅游者消费的；

（七）不按旅游合同的约定或者旅游团队运行计划表提供服务，擅自改变或者误导、欺骗旅游者改变合同内容；

（八）对旅游服务范围、内容、标准等作虚假或者使人误解的宣传；

（九）强行滞留旅游团队、甩团或者甩客；

（十）搭载与旅游团队无关的人员；

（十一）将行业管理信息平台的授权账号转借他人使用;

（十二）其他扰乱旅游市场秩序或者侵害旅游者合法权益的行为。

第二十二条 旅游客运经营者和驾驶人员在承运旅游团队时，不得有下列行为：

（一）未经车船所在公司委派承揽旅游客运业务；

（二）无故变更旅游客运线路或者更换客运车辆、船舶。

第二十三条 任何单位和个人不得非法销售从景区、景点团购的优惠门票或者相关凭证。

第二十四条 旅游景区、景点应当设立旅游服务质量管理和旅游投诉机构，并在明显位置公示旅游咨询、投诉和救助电话。

第二十五条 景区、景点旅游经营者应当根据景区规划设置地域界限、服务设施和游览导向的标志；对可能给旅游者造成危险的旅游设施和游览地，应当采取必要的防护措施，设立明显提示或者警示标志。

第二十六条 发生突发事件或者旅游安全事故时，旅游经营者和旅游从业人员应当立即采取必要的救助和处置措施，依法履行报告义务，并对旅游者做出妥善安排，配合有关部门做好善后处理工作。

第四章 法律责任

第二十七条 旅游经营者或者旅游从业人员不按照本条例第九条规定的通知书要求办理的，由旅游监察机构对旅游经营者处以2 000元罚款，对旅游从业人员处以1 000元罚款。

第二十八条 违反本条例第十七条、第十八条规定的，由旅游监察机构责令限期改正；逾期不改的，对旅游经营者处以5 000元以上2万元以下罚款，对旅游从业人员处以1 000元以上5 000元以下罚款。

第二十九条 违反本条例第十九条规定的，由旅游监察机构对旅行社处以2 000元以上1万元以下罚款。

第三十条 违反本条例第二十条第一款规定的，由人力资源和社会保障部门依法处理。

违反本条例第二十条第二款规定的，由旅游监察机构对旅行社处以1万元以上5万元以下罚款。

第三十一条 违反本条例第二十一条第（一）项、第（二）项、第（三）项、第（五）项、第（九）项、第（十一）项规定的，由旅游监察机构没收违法所得，对旅游经营者并处1万元以上5万元以下罚款，对旅游从业人员并处2 000元以上1万元以下罚款。

违反本条例第二十一条第（六）项规定的，由旅游监察机构对旅游经营者处以3万元以上15万元以下罚款；对旅游从业人员处以2 000元以上1万元以下罚款。

违反本条例第二十一条第（四）项、第（七）项、第（八）项、第（十）项、第（十二）项规定的，由旅游监察机构对旅游经营者处以3 000元以上1万元以下罚款；对旅游从业人员处以1 000元以上5 000元以下罚款。

第三十二条 违反本条例第二十二条规定情形之一的，由旅游监察机构处以3 000元以上1万元以下罚款。

第三十三条 违反本条例第二十三条规定的，由旅游监察机构没收违法所得，对单位并处5 000元以上1万元以下罚款；对个人并处1 000元罚款。

第三十四条 违反本条例第二十四条、第二十五条规定的，由旅游监察机构责令限期改正；逾期不改的，处以2 000元以上1万元以下罚款。

第三十五条 违反本条例第二十六条规定的，由旅游监察机构处以3 000元以上1万元以下罚款；违反有关法律、法规规定的，依法承担相应的法律责任。

第三十六条 旅游业监察人员有下列行为之一的，由旅游行政主管部门给予行政处分；构成犯罪的，依法追究刑事责任：

（一）玩忽职守或者滥用职权；

（二）利用职权徇私舞弊、谋取私利；

（三）违反本条例第十一条第（三）项、第（四）项规定；

（四）违反法律、法规、规章罚款、收费。

第三十七条 旅游行政主管部门及其旅游监察机构、旅游业监察人员违法行使职权，给行政相对人的合法权益造成损害的，依法承担赔偿责任。

第五章 附 则

第三十八条 本条例所称旅游业监察，是指市、县（市、区）旅游行政主管部门及其旅游监察机构，依法对旅游经营者和旅游从业人员的经营行为、旅游综合服务质量、旅游安全进行监督管理。

第三十九条 本条例自2017年1月1日起施行。2007年10月31日昆明市第十二届人民代表大会常务委员会第十四次会议修订，2007年11月29日云南省第十届人民代表大会

常务委员会第三十二次会议批准的《昆明市旅游业监察条例》同时废止。

昆明市人民代表大会常务委员会
关于废止《昆明市执法责任制条例》的决定

（2016年4月27日昆明市第十三届人民代表大会常务委员会第三十七次会议通过
2016年5月27日云南省第十二届人民代表大会常务委员会第二十七次会议批准）

昆明市第十三届人民代表大会常务委员会第三十七次会议，审议了昆明市人民政府关于提请市人大常委会审议废止《昆明市执法责任制条例》的议案。会议经过审议，决定废止《昆明市执法责任制条例》，并依照法定程序报云南省人民代表大会常务委员会批准。

市区地名变动

自然地理实体地名

命　名

南滇池湿地：位于晋宁区昆阳街道办事处辖区内，东临渠东里村委会，南临环湖南路，西临太史村委会，北临滇池，占地面积3 381 000平方米。

南滇池沙滩：位于晋宁区昆阳街道办事处辖区内，东临山体，南临环湖南路，西临渠东里村委会，北临滇池，占地面积238 000平方米。

住宅区地名命名、更名及调整

命　名

誉河锦苑：位于西山区棕树营街道办事处辖区内，东临昆湖小学，南临成昆铁路，西临白马小区，北临近华浦路，占地面积14 879.95平方米。

碧桂凤凰湾小区：位于盘龙区青云街道办事处辖区内，东临黄土坡村，南临规划道路，西临苏家营，北临金瓦路，占地面积40 173.5平方米。

凤栖苑：位于碧桂凤凰湾小区内，东临黄土坡村，南临规划道路，西临规划道路，北临金瓦路，占地面积14 135.82平方米。

水蓝苑：位于碧桂凤凰湾小区内，东临规划道路，南临规划道路，西临苏家营，北临金瓦路，占地面积26 037.68平方米。

蓝光悦彩城：位于盘龙区龙泉街道办事处辖区内，东临昆曲高速公路，南临中洲阳光小区，西临规划道路，北临规划道路，占地面积120 480.25平方米。

悦云苑：位于蓝光悦彩城内，东临昆曲高速公路，南临悦山苑，西临规划道路，北临规划道路，占地面积21 906.9平方米。

悦山苑：位于蓝光悦彩城内，东临昆曲高速公路，南临悦林苑，西临规划道路，北临悦云苑，占地面积33 570.97平方米。

悦林苑：位于蓝光悦彩城内，东临昆曲高速公路，南临悦心苑，西临规划道路，北临悦山苑，占地面积37 637.73平方米。

悦心苑：位于蓝光悦彩城内，东临昆曲高速公路，南临中洲阳光小区，西临规划道路，北临悦林苑，占地面积27 364.65平方米。

合心园：位于五华区普吉街道办事处辖区内，东临规划道路，南临林家院村用地，西临王家桥路，北临规划道路，占地面积33 333.35平方米。

花开香郡花园：位于五华区普吉街道办事处辖区内，东临普吉路，南临二环北路，西临规划道路，北临中坝路，占地面积92 462.77平方米。

童梦园：位于花开香郡花园内，东临普吉路，南临规划道路，西临规划道路，北临中坝路，占地面积43 526.95平方米。

童香园：位于花开香郡花园内，东临规划道路，南临二环北路，西临规划道路，北临规划道路，占地面积32 251.77平方米。

童心园：位于花开香郡花园内，东临普吉路，南临童秀园，西临规划道路，北临规划道路，占地面积8 569.05平方米。

童秀园：位于花开香郡花园内，东临普吉路，南临二环北路，西临规划道路，北临童心园，占地面积8 115平方米。

碧桂紫台小区：位于西山区福海街道办事处辖区内，东临南苑小区，南临福龙路，西临嘉和小区，北临南苑小路（暂用名），占地面积25 712.65平方米。

林语雅郡苑：位于五华区普吉街道办事处和黑林铺街道办事处辖区内，东临规划道路，南临规划道路，西临规划道路，北临陈家营路，占地面积29 424.8平方米。

林语华郡苑：位于五华区普吉街道办事处和黑林铺街道办事处辖区内，东临规划道路，南临王筇路，西临规划道路，北临规划道路，占地面积46 921平方米。

林语斓郡苑：位于五华区普吉街道办事处和黑林铺街道办事处辖区内，东临林语华郡苑，南临王筇路，西临云冶铁路专用线，北临云舞西锦小区，占地面积43 155.21平方米。

海文乐业小区：位于西山区海口街道办事处辖区内，东临海口磷肥厂专线铁路，南临拟建二期工程项目，西临未命名磷肥厂生活小区，北临中宝村和中庄村，占地面积36 244.94平方米。

万科城市之光小区：位于盘龙区青云街道办事处和黑林铺街道办事处辖区内，东临神龙饲料厂，南临金色交响家园，西临市电信局仓库，北临金瓦路，占地面积37 970.36平方米。

空港佳苑：位于官渡区大板桥街道办事处辖区内，东临规划道路，南临规划道路，西临规划道路，北临新320国道（规划暂用名），占地面积71 586.43平方米。

蓝光天悦城：位于官渡区大板桥街道办事处辖区内，东临规划道路，南临规划道路，西临枧槽河，北临广福路，占地面积53 134.44平方米。

悦秀苑：位于蓝光天悦城内，东临规划道路，南临悦水苑，西临枧槽河，北临广福路，占地面积24 276.84平方米。

悦水苑：位于蓝光天悦城内，东临规划道路，南临规划道路，西临枧槽河，北临悦秀苑，占地面积28 857.6平方米。

域雅苑：位于五华区丰宁街道办事处辖区内，东临苏家塘股份合作社，南临中国电建集团昆明勘测设计院，北临学府路，占地面积8 383.59平方米。

听水苑：位于盘龙区青云街道办事处辖区内，东临规划道路，南临规划道路，西临规划道路，北临规划道路，占地面积122 655.79平方米。

龙泽苑：位于五华区红云街道办事处辖区内，东临火电建设公司住宅区，南临久皓大院，西临岗头村城中村改造项目地块，北临山林地，占地面积60 095.29平方米。

华润悦府小区：位于官渡区吴井街道办事处辖区内，东临东郊路，南临规划道路，西临规划道路，北临规划道路，占地面积53 627.58平方米。

含章苑：位于西山区金碧街道办事处辖区融城优郡花园内，东临气象路，南临华海小区，西临光明园公寓，北临西园南路，占地面积24 436.57平方米。

秀璟苑：位于呈贡区乌龙街道办事处辖区内，东临谊康北路，南临锦绣大街，西临晨璟苑，北临禧璟苑，占地面积31 661.49平方米。

吾悦华府小区：位于五华区普吉街道办事处辖区内，东临规划道路，南临王筇路，西临沙河路，北临规划道路，占地面积22 600平方米。

吾悦花园：位于五华区普吉街道办事处辖区内，东临金川路，南临王筇路，西临规划道路，北临规划道路，占地面积25 205平方米。

恒大玖珑湾小区：位于官渡区官渡街道办事处辖区内，东临绿化用地，南临规划道路，西临规划道路，北临昌宏西路，占地面积290 118.38平方米。

更 名

书香林语苑：西山区金碧街道办事处辖区内的尚麟苑更名为书香林语苑，原四至范围不变。书香林语苑东临书林街，南临昆明市第三中学，西临盘龙区房管局，北临高地巷，占地面积7 064.11平方米。

调 整

医大馨苑：西山区医大馨苑根据需要进行扩大。四至范围扩大后，东临环城西路，南临西山区政府宿舍，西临棕树营小区翠峰里，北临规划道路，扩大部分占地面积17 754.52平方米，扩大后总占地面积317 128.47平方米。

融城优郡花园：因规划和建设需要，西山区金碧街道办事处辖区内的融城优郡花园扩大后的四至为：东临滇池书城，南临华海小区及昆明市公安局宿舍，西临光明园公寓，北临西园南路，扩大部分占地面积24 436.57平方米，扩大后总占地面积为60 872.83平方米。

城市道路命名及调整

命　名

银沙路：位于盘龙区青云街道办事处辖区内，东起清裕路，西至景润路，长400米，宽20米。

紫沙路：位于盘龙区青云街道办事处辖区内，东起清裕路，西至景润路，长820米，宽25米。

青沙路：位于盘龙区青云街道办事处辖区内，东起清裕路，西至景润路，长350米，宽10米。

宝云路：位于盘龙区青云街道办事处辖区内，南起规划道路（规划名：盘龙7号路），北至规划道路（规划名：盘龙10号路），长2 005.5米，宽30米。

梁王路隧道：位于呈贡区吴家营街道办事处辖区内，南起宁远街与梁王路交会口往北200米处，北至祥园街与梁王路交会口，长2 040米，宽13米。

联大街隧道：位于呈贡区洛龙街道办事处与吴家营街道办事处交界处，东起于昆明火车南路东广场（规划暂用名），西至联大街与梁王路交会口，长370米，宽9米。

丰江路：位于盘龙区龙泉街道办事处辖区内，北起规划道路（规划暂用名：盘龙9号路），南至盘江东路，长1 400米，宽15米。

盘井街：位于盘龙区龙泉街道办事处辖区内，东起规划道路（规划暂用名：盘龙104号路），西至盘江东路，长1 353米，宽20米。

三台龙井步行街：位于呈贡区龙城街道办事处辖区内，东临东门街，南临未命名居民区，西临兴城路，北临规划空地，占地面积23 325.45平方米。

清波路：位于盘龙区龙泉街道办事处辖区内，南起宝云路，北至规划道路（规划暂用名：新龙路），长1 280米，宽15米。

源清路：位于盘龙区龙泉街道办事处辖区内，南起宝云路，北至规划道路（规划暂用名：龙溪路），长640米，宽20米。

大波街：位于盘龙区龙泉街道办事处辖区内，东起清波路，西至源清路，长270米，宽15米。

清谷街：位于盘龙区龙泉街道办事处辖区内，东起清波路，西至源清路，长350米，宽15米。

茂荣街：位于盘龙区龙泉街道办事处辖区内，东起清波路，西至规划道路（规划暂用名：龙溪路），长630米，宽15米。

盛清街：位于盘龙区龙泉街道办事处辖区内，东起清波路，西至源清路，长270米，宽15米。

荟源路：位于盘龙区龙泉街道办事处辖区内，南起宝云路，北至规划道路（规划暂用名：龙溪路），长850米，宽15米。

昆澜街：位于盘龙区龙泉街道办事处辖区内，东起北京路，西至规划道路（规划暂用名：中坝路），长1 188米，宽30米。

竹源街：位于盘龙区龙泉街道办事处辖区内，东起北京路，西至规划道路（规划暂用名：中坝路），长1 094米，宽25米。

龙川路：位于盘龙区龙泉街道办事处辖区内，南起宝云路，北至昆澜街，长1 182米，宽30米。

清和路隧道：位于呈贡区洛龙街道办事处辖区内，南起驼峰街与清和路交叉口，北至锦绣大街与清和路交叉口，长550米，宽40米。

研科路：位于五华区普吉街道办事处辖区昆明泛亚科技新区内，东起普吉路，西止金川路，长1 822米，宽15米。

时新路：位于五华区普吉街道办事处辖区昆明泛亚科技新区内，东起普吉路，西止规划101号路，长1 535米，宽15米。

协创路：位于五华区普吉街道办事处辖区昆明泛亚科技新区内，南起规划108号路，西止规划101号路，长1 381米，宽20米。

科港路：位于五华区普吉街道办事处辖区昆明泛亚科技新区内，东起规划137号路，西止沙河路，长492米，宽12米。

香花路：位于五华区普吉街道办事处辖区昆明泛亚科技新区内，南起陈家营路，北止时新路，长258米，宽15米。

安庆路：位于西山区前卫街道办事处辖区内，南起河宏路，北至日新中路，长1 000米，宽15米。

曹家场路：位于西山区前卫街道办事处辖区内，南起前旺路，北至日新中路，长420米，宽15米。

前卫营路：位于西山区前卫街道办事处辖区内，东起前兴路，西至前卫西路，长1 352米，宽25米。

夏日花街：位于西山区前卫街道办事处辖区内，东起前兴路，西至曹家场路，长300米，宽10米。

上锦路：位于西山区马街街道办事处辖区内，东起昆洲路，西至春雨路，长530米，宽25米。

云昌路：位于西山区棕树营街道办事处辖区内，南起鱼翅路，北至人民西路，长232米，宽10米。

云祥路：位于西山区棕树营街道办事处辖区内，南起云山路，北至鱼翅路，长254米，宽15米。

金航路：位于官渡区关上街道办事处辖区内，南起民航路，北至金汁路，长660米，宽30米。

宏源路：位于官渡区小板桥街道办事处辖区内，南起金源大道，北至昌宏西路，长1 300米，宽30米。

长亭路：位于官渡区金马街道办事处辖区内，东起十里铺路，西至东三环路（暂定名），长270米，宽15米。

桃园坝路：位于官渡区金马街道办事处辖区内，东南起十里铺路，西北至规划道路，长840米，宽30米。

广卫路：位于官渡区矣六街道办事处辖区内，南起福居路，北至子泰路，长1 300米，宽25米。

商福路：位于官渡区矣六街道办事处辖区内，南起云福街，北至商博路，长270米，宽15米。

商络路：位于官渡区矣六街道办事处辖区内，西南起商城大道，东北至杜家营路，长470米，宽15米。

调 整

沙河路：位于五华区普吉街道办事处辖区内，长353米，宽30米，是原沙河路向北延长部分，现统一使用沙河路名称，调整后的沙河路全长2 380米。

城镇桥梁地名

命 名

联大立交桥：位于呈贡区乌龙街道办事处辖区内，连接昆玉高速公路和联大街，为全互通式立交桥，红线宽60米，双向8车道，占地面积266 664平方米。

高层建筑物或综合性大型建筑群地名

命 名

悦动时代商务中心：位于官渡区小板桥街道办事处辖区内，东临市政绿化，南临规划道路，西临巫家坝路，北临市政绿化，占地面积30 015.94平方米。

昆明瀑布公园：位于盘龙区龙泉街道办事处辖区内，东临北京路，南临农科路，西临盘龙区，北临太乙路，占地面积307 933.52平方米。

云报传媒广场：位于西山区福海街道办事处辖区内，东临清水河，南临日新路，西临陆广路，北临恒大云报华府，占地面积18 381.43平方米。

景成大厦：位于官渡区关上街道办事处辖区内，东临绿化用地，南临规划道路，西临巫家坝路，北临规划道路，占地面积21 079.69平方米。

凯晟商业中心：位于官渡区六甲街道办事处辖区内，东临规划道路，南临规划道路，西临规划学校用地，北临规划学校用地，占地面积14 887.88平方米。

锦冠商务中心：位于官渡区大板桥长水航城内，东临规划道路，南临航惠苑，西临绿地，北临石斛苑，占地面积4 198.44平方米。

锦瑞商务中心：位于官渡区大板桥长水航城内，东临规划道路，南临航惠苑，西临石斛苑，北临锦葵苑，占地面积9 106.22平方米。

航立商务中心：位于官渡区大板桥长水航城内，东临凌霄苑，南临规划道路，西临绿地，北临茉莉苑，占地面积12 218.78平方米。

汇都盛锦中心：位于盘龙区拓东街道办事处辖区内，东临汇都中心，南临汇都国际购物中心，西临云南省地质矿产勘查开发局，北临建业商务中心，占地面积13 514.71平方米。

吾悦广场：位于五华区普吉街道办事处辖区内，东临沙河路，南临王筇路，西临金川路，北临规划道路，占地面积54 051.78平方米。

昆明南站西广场：位于呈贡区洛龙街道办事处辖区内，东临昆明南站站房，南临联大街，西临清和路，北临祥园街，占地面积101 718.82平方米。

更 名

招银大厦：由于“东方柏丰首座商务中心”部分产权变更，将“东方柏丰首座商务中心”更名为“招银大厦”。招银大厦位于五华区大观街道办事处辖区内，东临南通街，南临金碧路，西临崇仁街，北临顺城豪庭（暂用名），占地面积5 653.03平方米。

海航大厦：由于业务和管理的需要，将原“海航御景公寓”更名为“海航大厦”。海航大厦位于西山区金碧街道办事处辖区内，东临白药厂，南临中民合众公司大楼，西临环城西路，北临西坝路，占地面积10 971.1平方米。

（市民政局 供稿）

其他资料

2016年昆明市云南名牌产品企业

81家企业113个产品

编号	申报企业名称	注册商标名称	产品名称
1	云南瑞升烟草技术（集团）有限公司		烟用香精
2	云南绿A生物工程有限公司	绿A	绿A天然螺旋藻精片
3	云南白药集团股份有限公司	养元青	养元青头皮护理洗发乳
		云丰	蒲地蓝消炎片
			复方丹参片
			妇炎康片
			参苓健脾胃颗粒
4	昆明中药厂有限公司	昆中药、如意花、昆中、云昆	香砂平胃颗粒
			参苓健脾胃颗粒
			感冒疏风片
5	云南植物药业有限公司	云植	血塞通注射液
			灯盏细辛颗粒
			小柴胡颗粒
6	昆明积大制药股份有限公司	积大本特	盐酸坦洛新缓释片
		素可立	硫糖铝混悬凝胶
		时士太	注射用生长抑素
		可莫优AMOYORK	阿莫西林胶囊
		积华固松	利塞膦酸钠片
7	云南明镜亨利制药有限公司	昆鹰	复方黄连素片
8	云南云龙制药股份有限公司	云龙	鼻渊软胶囊
			黄藤素软胶囊
9	昆明南疆制药有限公司		葡萄糖注射液
10	云南生物谷药业股份有限公司	BIOVALLEY生物谷	灯盏生脉胶囊
11	昆明圣火药业（集团）有限公司	神火	黄藤素软胶囊
12	云南理想药业有限公司		血尿安胶囊
13	云南名扬药业有限公司	名扬	康力欣胶囊

续表

编号	申报企业名称	注册商标名称	产品名称
14	云南希陶绿色药业股份有限公司	色唒乐	龙金通淋胶囊
15	昆明邦宇制药有限公司	金丐	醋酸钙胶囊
16	云南中科胚胎工程生物技术有限公司		良种动物胚胎
17	武钢集团昆明钢铁股份有限公司	昆钢	一般冲压用冷轧钢板和钢带
			碳素结构钢热轧钢带
			钢筋混凝土用热轧光圆钢筋
			热轧型钢
18	云南铝业股份有限公司	云铝	重熔用铝锭
19	云南铜业股份有限公司	铁峰	阴极铜
20	云南南天电子信息产业股份有限公司	Nantian、南天Nantian	南天PR高级专业存折打印机
			南天居民身份证阅读机具
			南天BST系列银行自助服务终端
21	云南冶金新立钛业有限公司	新翎XINLING	钛白粉
22	云南大互通工贸有限公司	互通	钛白粉
23	昆明红海磷肥有限责任公司	上进	过磷酸钙
24	云南兴昆化工有限公司	兴昆	重过磷酸钙
25	云南金色田野企业集团有限公司	云磷	富过磷酸钙
26	云南云天化股份有限公司	云天化	磷酸二铵
		红磷	磷酸一铵
		金沙江	复合肥料
27	云南天耀化工有限公司	TYPHOS	多聚磷酸
28	云南能源投资股份有限公司	白象	工业无水硫酸钠
		红云	氢氧化钠
29	云南晋宁黄磷有限公司	倚阳	工业黄磷
30	昆明嵩意磷化工有限公司	YunPhos	工业赤磷
31	昆明青上化工有限公司	合美	家用硝酸钾
32	云南省昆阳磷都钙镁磷肥厂	乌龙	钙镁磷肥
33	云南英茂农化科技有限公司	云肥旺	复混肥料
34	昆明国松特种涂料有限公司	国松	富锌底漆
35	昆明农药有限公司	金浪	敌敌畏乳油
36	云南神农农业产业集团股份有限公司	东方红	“东方红”牌饲料

续表

编号	申报企业名称	注册商标名称	产品名称
37	昆明电器科学研究所	KEARI	户内金属铠装移开式中压开关设备
38	昆明东控电器成套设备有限公司		户内金属铠装移开式中压开关设备
			箱型固定式金属环网开关设备
39	昆明华奥航星电气有限公司	华奥航星	智能低压成套开关设备
40	云南西泰电线电缆有限公司	云泰	聚氯乙烯绝缘电线
			聚乙烯绝缘聚氯乙烯护套电力电缆
41	中铝昆明铜业有限公司	昆铜	电工圆铜线
			铜排及制品
42	云南西仪工业股份有限公司	西仪XIYI	汽车发动机连杆总成
43	云南华尔贝光电技术有限公司	华尔贝	LB40C增强型迷你灯
44	中国铁建高新装备股份有限公司	铁工	大型铁路养路机械
45	云南欣城防水科技有限公司	欣城	建筑防水卷材
46	昆明特瑞特塑胶有限公司	特瑞	塑料管材
47	云南云健体育用品有限公司	云健	篮球架
48	云南奥斯迪实业有限公司	OSD	西服
49	昆明奥斯腾木业有限公司	奥斯腾	实木复合地板
			实木地板
50	昆明福海门窗有限公司	坤福海	防火（盗）门
51	云南省建设投资控股集团有限公司商品混凝土部	YNJG	商品混凝土
52	石林石材有限公司	石金天玉	大理石板材
53	云南呈达企业集团有限公司	呈达	防弹复合玻璃
54	云南明泰玻璃股份有限公司		建筑节能安全玻璃
55	云南万达纸业有限公司	笨精灵	笨精灵生活用纸
56	昆明市国强包装印刷有限公司	国强包装	纸制食品包装盒
57	昆明珍茗食品有限责任公司	珍茗、珍茗金龙	饮用天然净化山泉水、饮用天然矿泉水、饮用纯净水
58	云南林山实业有限公司	新林山	瓶（桶）装饮用水
59	昆明七彩云南庆沣祥茶业股份有限公司	七彩云南茗悦红	“茗悦红”红茶系列产品
		庆沣祥	“茉莉”花茶系列产品
60	云南逸神生态茶业有限公司	逸神	绿茶
			普洱茶
61	云南金丰汇油脂有限公司	金菜花	食用植物油

续表

编号	申报企业名称	注册商标名称	产品名称
62	云南信威食品有限公司	信威	松子仁
63	云南云澳达坚果开发有限公司	云澳达	澳洲坚果仁
64	昆明冠生园食品有限公司	梅花	鲜花云腿月饼
65	云南天使食品有限责任公司	天使	土豆片
66	昆明芊卉园艺有限公司	芊卉	大花蕙兰盆花
			蝴蝶兰盆花
67	云南英茂花卉产业有限公司	英茂YINMORE	仙客来盆花
			康乃馨种苗
			铁皮石斛和齿瓣石斛种苗
			大花蕙兰盆花
68	云南春天农产品有限公司	SPRING	西生菜
69	云南凯普农业投资有限公司	鲜为	净菜
70	云南天齐绿色食品开发有限公司	天齐	野生鸡枞菌
			云耳
71	昆明新南亚风情园商贸有限公司	怡心园	住宿和餐饮服务
72	云南民族村有限责任公司		旅游景点管理服务
73	云南石林旅游集团有限公司	阿诗玛、石林	旅游景点管理服务
74	云南健之佳健康连锁店股份有限公司	健之佳	药品批发零售服务
75	云南鸿翔一心堂药业（集团）股份有限公司	一心堂	药品零售服务
76	昆明斗南国际花卉产业园区开发有限公司	斗南	花卉批发零售服务
77	昆明百货大楼（集团）珠宝经营有限公司	昆百大	珠宝首饰零售服务
78	昆明国际花卉拍卖交易中心有限公司		花卉拍卖服务
79	科海电子股份有限公司	SS	视频监控服务
80	云南云花联合运销股份有限公司	云花	云花冷储物流服务
81	昆明晨力商贸有限公司	KIND	茶叶市场管理服务

昆明市地理标志保护产品目录

（昆明市已获批国家地理标志保护产品简介）

一、呈贡宝珠梨

呈贡宝珠梨产于昆明呈贡区，是中秋节期间的应节佳果。有滇中梨王的美称。

“呈贡宝珠梨”在呈贡已有900多年的栽培历史。相传为宋代高僧宝珠和尚到鄯阐（今昆明）讲经，带来了产于洱海一带的大理雪梨树苗，与呈贡所产的一种优质本土梨树嫁接，在呈贡特有的低纬高原、“冬无严寒、夏无酷暑、干湿分明、四季如春”的自然气候和玄武岩红壤等特别适宜种植水果的环境滋润下，经过当地百姓精心培育而成。人们感恩宝珠和尚的善心，为了纪念他的功德，就把这种梨称为“宝珠梨”。这种翠绿滚圆的梨子个大把粗，果肉雪白细腻，汁多而渣少，咬一口既脆又甜，满口流汁，凉沁心脾，味之甘美令人回味无穷，是集“天地之精华，大自然的馈赠”的瑰宝，是梨中精品。据说元朝初年，云南地方官员把宝珠梨进贡给朝廷，皇帝吃了赞不绝口，便要年年进贡，并赐名出产宝珠梨的地方为“呈贡”，“呈贡县”因此得名。

呈贡宝珠梨果实近圆形，果梗短粗，皮色青翠，采后果实表面出现蜡质，具光泽，果点明显，单果重200g~500g，果肉雪白、肉质脆、细嫩、多汁无渣、甜度适口。

保护范围：云南省呈贡区吴家营街道、马金铺街道共2个街道现辖行政区域。

二、寻甸牛干巴

寻甸以独特的喂养方法和腌制工艺，使牛干巴色鲜味美、便于保存。寻甸牛干巴以肉壮、形佳、色鲜、味美而享誉四方。《中国回族大词典》“牛干巴”条目中明确指出：“牛干巴——云南回族风味食品，以寻甸所产品质最佳。”

寻甸牛干巴是寻甸回民的传统食品，据史料记载迄今已有700多年的生产历史。寻甸县志记载寻甸牛干巴自清末以来就开始风靡省内外。寻甸牛干巴具有独特的民族制作工艺，每年进入寒露节令后，将精细饲料喂养的黄牛经阿訇下刀，选用腿部精肉加工而成。寻甸回族群众素有饲养菜牛腌制清真牛干巴的传统手工艺，由于牛干巴味道鲜美可口，易保存携带，食用方便，因而，颇爱广大消费者的青睐。

寻甸牛干巴，呈肉体组织紧密的片状或者块状，大小、厚薄均匀，肌肉切片呈紫红色，脂肪呈乳白色或者金黄色。具有特有的香气，无异味。无肉眼可见的外来杂质。

保护范围：云南省寻甸回族彝族自治县仁德街道办事处、七星镇、河口镇、羊街镇、功山镇、先锋镇、柯渡镇、甸沙乡、六哨乡、鸡街镇共10个乡镇街道办事处现辖行政区域。

三、富民杨梅

富民杨梅种植、生产历史悠久，是本地传统名特优产品。

富民杨梅成熟期比浙江、福建等地提前20天到40天，具有果大核小、色泽艳丽、汁液丰富、果肉质地嫩脆、酸甜适度、有香气，成熟早，较耐贮运，营养价值高等特点。因其树大，故当地人称之为“大树杨梅”。

2004年7月，富民杨梅获国家农业部无公害产品、产地认证；2005年8月获国家农业部绿色食品中心绿色产品、产地认证；2005年9月获首届昆明国际农业博览会优质产品金奖；2006年9月获第二届昆明国际农业博览会优质产品金奖；2007年9月获第三届昆明国际农业博览会优质产品银奖；2009年11月在陕西省西安市召开的中国果蔬产业品牌论坛暨名优果蔬宣传推介表彰大会上富民县被授予“中国杨梅之乡”称号。

保护范围：云南省富民县现辖行政区域。

四、撒坝火腿

撒坝火腿使用当地原生态养殖的撒坝猪为原料，辅以当地独特的加工工艺，肉香馥郁，口感纯美，品质独特。

撒坝火腿通过了云南省无公害食品认证，荣获第三届国际（天津）新发明、新技术及新产品博览会金奖，云南省第七届消费者最喜爱商品称号，荣获云南省科技进步三等奖和昆明市科技进步二等奖。撒坝火腿已成为云腿新秀。

保护范围：云南省禄劝彝族苗族自治县屏山街道办事处、撒营盘镇、茂山镇、团街镇、中屏镇、皎平渡镇、乌东德镇、翠华镇、九龙镇、云龙乡、汤郎乡、马鹿塘乡、则黑乡共13个乡镇街道办事处现辖行政区域。

五、东川面条（东川挂面）

东川面条（东川挂面）加工、生产历史悠久，是当地传统名特优产品，被誉为“东川三宝”之一。

东川从50年前开始，就是云南省最大的面条生产地。1959年，国家在当时还是“东川市”的东川地区投资建设了东川市粮油加工厂，成为东川最早的面条工厂。东川与会泽接壤的牯牛寨山，山上终年流出山泉水，自古以来东川人就有采集牯牛寨山泉水食用的习惯。采用天然的“牯牛”清泉水，配以纯小麦粉精制而成东川面条，下锅不浑汤、不断条，口感柔软细腻，是当地闻名的美食。

东川面条因其独特的制作工艺、生产环境及水资源的特殊性，具有筋骨好、久煮不烂、面汤清亮的特点。

保护范围：云南省昆明市东川区现辖行政区域。

（市商务局　供稿）

残疾军人、伤残人民警察、伤残国家机关工作人员、伤残民兵民工残疾抚恤金标准

单位：元/年

残疾等级	残疾性质	抚恤金标准	
		2016年1~9月	2016年10月1日起
一级	因战	60 210	66 230
	因公	58 310	64 140
	因病	56 400	62 040
二级	因战	54 490	59 940
	因公	51 620	56 780
	因病	49 690	54 660
三级	因战	47 810	52 590
	因公	44 930	49 420
	因病	42 080	46 290
四级	因战	39 180	43 100
	因公	35 370	38 910
	因病	32 500	35 750
五级	因战	30 610	33 670
	因公	26 760	29 440
	因病	24 850	27 340
六级	因战	23 920	26 310
	因公	22 630	24 890
	因病	19 120	21 030
七级	因战	18 170	19 990
	因公	16 260	17 890
八级	因战	11 470	12 620
	因公	10 500	11 550
九级	因战	9 530	10 480
	因公	7 650	8 420
十级	因战	6 690	7 360
	因公	5 730	6 300

昆明市优抚对象定期抚恤金执行标准（元）

优抚对象类别		原年标（2016年9月30日前）	现年标（2016年10月1日后）	原月标（2016年9月30日前）	现月标（2016）年10月日后）
烈属	城镇	19 120	21 030	—	—
	农村	14 510	21 030	—	—
因公牺牲军人遗属	城镇	16 410	18 050	—	—
	农村	13 850	18 050	—	—
病故军人遗属	城镇	15 440	16 980	—	—
	农村	13 270	16 980	—	—
在乡老复员军人	抗日时期	—	10 622.4	785.2	885.2
	其他时期	—	10 262.4	755.2	855.2
两参人员	执行标准	—	6 000	460	500
年满60岁烈属子女	执行标准	—	4 080	300	340
年满60周岁农村籍退役士兵	执行标准	—	300	20	25
带病回乡退伍军人	执行标准	—	5 400	410	450

（市民政局　供稿）

2016年昆明市国民经济和社会发展统计公报

昆明市统计局

2016年，在市委、市政府的坚强领导下，全市上下深入贯彻习近平总书记系列重要讲话和考察云南重要讲话精神，坚持稳中求进工作总基调，深入贯彻落实新发展理念，主动把握和引领经济发展新常态，扎实推进供给侧结构性改革，落实“三去一降一补”五大任务，着力稳增长、促改革、调结构、惠民生、防风险，经济社会保持平稳健康发展，实现了“十三五”发展良好开局。

一、综合

年末全市常住人口672.80万人。其中，城镇常住人口478.02万人，占常住人口比重为71.05%。人口自然增长率6.21‰。

年末全市户籍总人口559.79万人。其中，城镇人口319.26万人，占户籍人口比重为57.03%。

初步核算，全年地区生产总值4 300.43亿元，按可比价格计算，比上年增长8.5%。其中，第一产业增加值200.51亿元，增长6.0%；第二产业增加值1 660.46亿元，增长7.6%；第三产业增加值2 439.46亿元，增长9.3%。三次产业结构为4.7:38.6:56.7。

常住人口人均地区生产总值64 162元，增长7.6%。按2016年人民币兑美元平均汇率折算合9 660美元。

全年非公有制经济增加值2 014.15亿元，增长8.9%，占GDP比重为46.8%。

2011—2016年地区生产总值及其增长速度（亿元，%）

全年居民消费价格比上年上涨1.7%。其中，食品烟酒类上涨3.1%，衣着类上涨0.6%，生活用品及服务类上涨0.4%，医疗保健类上涨1.5%，交通和通信类下降0.3%，教育文化和娱乐类下降0.6%，居住类上涨2.9%，其他用品和服务类上涨3.9%。

全年商品零售价格比上年上涨0.8%；工业生产者出厂价格下降2.2%；工业生产者购进价格下降2.4%。

2016年居民消费价格月度涨跌幅度（%）

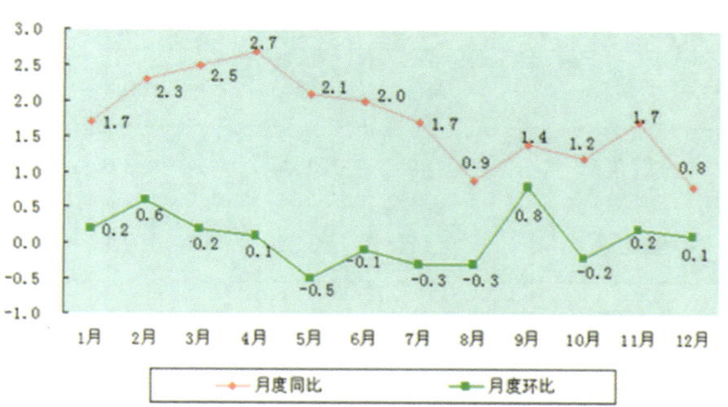

全年一般公共预算收入530.00亿元，比上年增长5.5%。其中，税收收入377.38亿元，下降5.6%。一般公共预算支出689.14亿元，增长9.1%。

全年城镇新增就业13.50万人，年末城镇登记失业率为3.11%。

二、农业

全年农林牧渔业及农林牧渔服务业总产值349.69亿元，比上年增长6.0%。其中，农业产值189.88亿元，增长5.8%；林业产值13.66亿元，增长29.4%；牧业产值125.08亿元，增长4.5%；渔业产值8.54亿元，增长7.9%；农林牧渔服务业产值12.53亿元，增长3.8%。

2011—2016年农林牧渔业及农林牧渔服务业总产值（亿元）

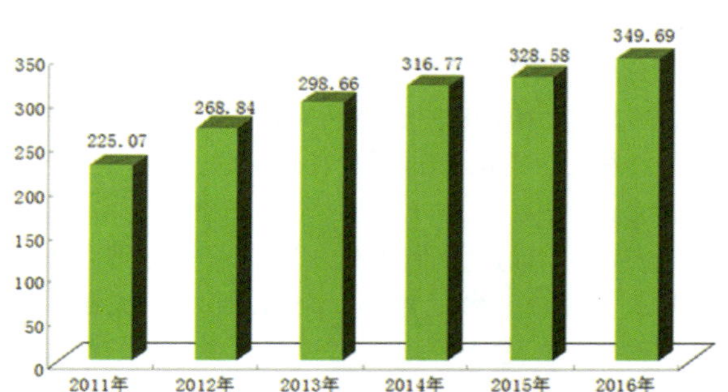

全年粮食种植面积27.45万公顷，产量124.84万吨；蔬菜种植面积10.04万公顷，产量281.44万吨；鲜切花种植面积0.78万公顷，产量50.72亿枝。

主要农产品产量

	单位	2015年	比上年（±%）
粮食	万吨	124.84	1.0
#稻谷	万吨	17.63	-7.4
油料作物	万吨	1.46	-4.2
烤烟	万吨	7.14	0.8
蔬菜	万吨	281.44	3.6
鲜切花	亿枝	50.72	2.1
水果	万吨	20.71	5.8

全年猪出栏465.92万头，增长1.8%；牛出栏33.19万头，增长6.7%；羊出栏96.18万只，增长1.9%。牛年末存栏62.48万头，增长0.9%；猪年末存栏276.89万头，增长0.5%；羊年末存栏156.49万头，增长2.1%。

全年肉类总产量52.13万吨，增长2.0%；禽蛋产量9.59万吨，增长3.9%；牛奶产量10.54万吨，增长0.1%。

全年农村用电量10.96亿千瓦时，增长1.1%。年末农业机械总动力32.3亿瓦特，增长1.9%。大中型拖拉机17 206台，增长2.0%。农村自来水普及率88.14%，农村卫生厕所普及率83.03%。

三、工业和建筑业

全年全部工业增加值1 039.41亿元，比上年增长4.5%。其中，规模以上工业增加值增长4.5%。

规模以上工业中，轻工业增长3.5%，重工业增长5.5%。国有及国有控股企业增长1.9%，股份制企业增长4.3%，外商及港澳台商投资企业下降0.5%，集体企业增长73.5%，股份合作企业下降22.5%。

从主要行业看，烟草制品业下降4.2%，化学原料及化学制品制造业增长1.0%，冶金工业增长3.3%，装备制造业增长11.6%，医药制造业增长18.6%，电力、热力生产和供应业增长14.7%。

全年高技术制造业增加值比上年增长17.8%。其中，医药制造业增长18.6%，铁路、船舶、航空航天和其他运输设备制造业增长10.7%，仪器仪表制造业增长3.2%，计算机、通信和其他电子设备制造业增长0.7%。

主要工业产品产量

	单位	2016年	比上年（±%）
粗钢	万吨	391.76	-15.3
钢材	万吨	442.83	-10.1
生铁	万吨	390.82	-14.0
金属切削机床	台	11 545	-53.6
汽车	辆	1 945	-21.8
水泥	万吨	1 889.37	3.7
商品混凝土	万立方米	1 565.84	22.0
磷矿石	万吨	2 253.53	-14.5
化肥	万吨	154.5	-11.9
卷烟	亿支	846.04	-4.3
复烤烟叶	万吨	35.12	-4.2
十种有色金属	万吨	85.66	3.6
软饮料	万吨	235.93	-1.8
饮料酒	万吨	50.76	6.6
饲料	万吨	226.86	14.3
自来水生产量	万立方米	34 801.55	4.7
原盐	万吨	106.08	4.4
乳制品	万吨	23.04	22.9
中成药	吨	30 392.16	8.7
光学仪器	万台	1 348.17	-0.7
电力电缆	千米	151 354.42	31.8
发电量	亿千瓦时	196.99	10.4
原煤	万吨	268.98	-37.5

全年规模以上工业企业主营业务收入3 242.56亿元，比上年增长2.6%；销售产值2 934.23亿元，增长1.1%；产品销售率96.4%。

全年建筑业总产值2 446.49亿元，比上年增长18.1%。其中，建筑工程产值2 186.32亿元，增长19.2%；安装工程产值193.78亿元，增长10.2%。

全市总承包和专业承包建筑业企业房屋建筑施工面积10 160.39万平方米，增长8.3%。其中，本年新开工面积4 111.22万平方米，下降0.9%；房屋建筑竣工面积3 223.77万平方米，下降3.4%。

全年建筑业增加值621.65亿元，比上年增长13.5%。

2011—2016年建筑业增加值（亿元）

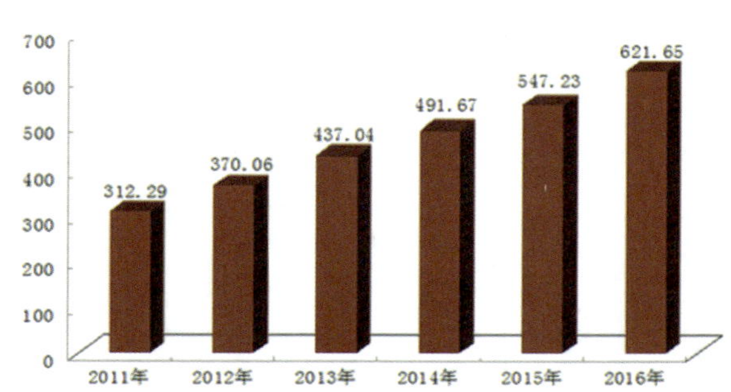

四、固定资产投资

全年固定资产投资（不含农户）3 920.07亿元，比上年增长12.1%。在固定资产投资（不含农户）中，第一产业投资53.63亿元，增长50.7%；第二产业投资630.11亿元，下降2.5%；第三产业投资3 236.33亿元，增长14.9%。

2012—2016年固定资产投资（不含农户）（亿元）

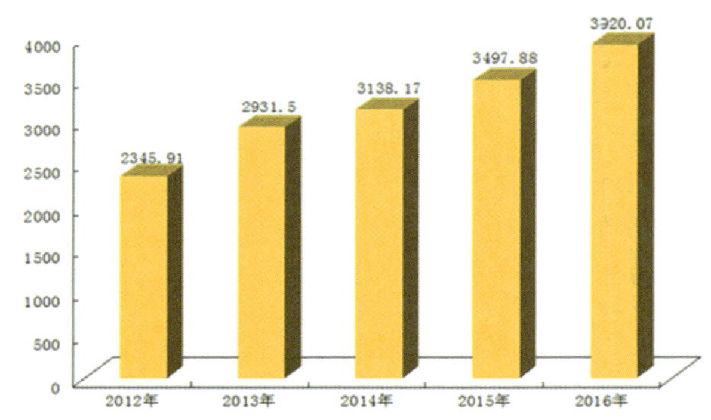

全年完成房地产开发投资1 530.50亿元，比上年增长5.5%。其中，住宅投资931.82亿元，增长6.4%；办公楼投资130.32亿元，下降3.9%；商业营业用房投资222.68亿元，下降10.7%。

五、国内贸易和对外经济

全年社会消费品零售总额2 310.09亿元，比上年增长12.1%。其中，限额以上企业（单位）消费品零售额1 233.63亿元，增长11.8%。按经营地统计，城镇消费品零售额2 201.42亿元，增长11.8%；乡村消费品零售额108.66亿元，增长18.0%。按消费类型统计，商品零售1 976.70亿元，增长11.9%；餐饮收入333.39亿元，增长13.0%。

2011—2016年社会消费品零售总额（亿元）

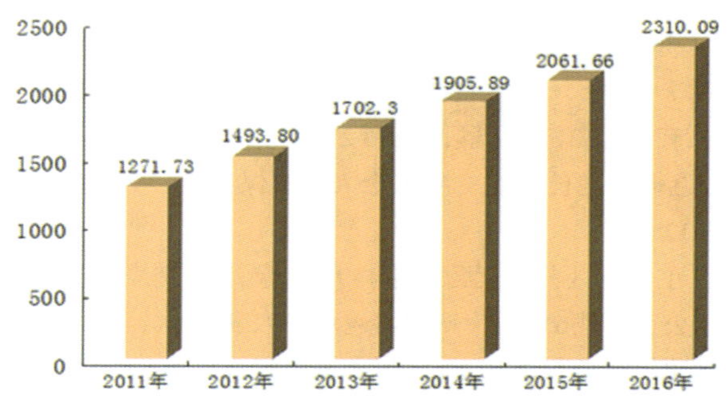

在限额以上商品零售中，粮油、食品类80.96亿元，增长12.6%；服装、鞋帽、针纺织品类68.00亿元，下降5.8%；中西药品类94.92亿元，增长14.2%；石油及制品类196.15亿元，增长4.4%；汽车类410.73亿元，增长8.1%。

全年海关进出口总额66.81亿美元，比上年下降45.8%。其中，出口41.33亿美元，下降56.2%；进口25.48亿美元，下降11.7%。

全年新批外商投资企业70户，比上年下降6.7%；实际利用外资7.40亿美元，增长54.7%。

2011—2016年海关进出口总额（亿美元）

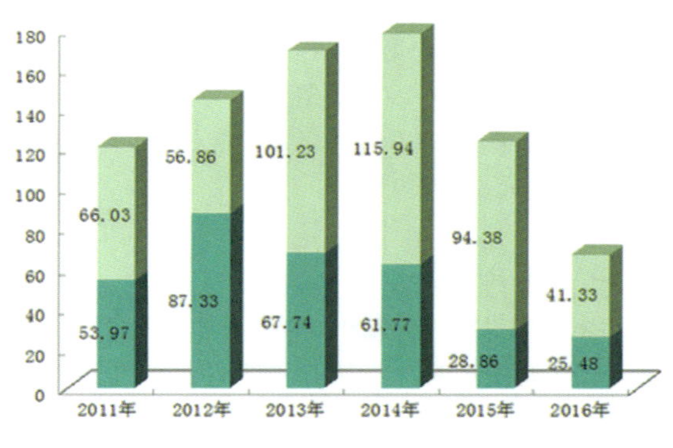

六、交通运输、邮政电信和旅游业

全年公路货物运输量26 565万吨，比上年增长0.1%；公路旅客运输量7 376万人次，下降8.1%；公路货物周转量160.37亿吨千米，增长2.1%；公路旅客周转量73.69亿人千米，下降10.7%。

全年铁路货物运输量1 893万吨，比上年下降0.5%；铁路旅客运输量1 818万人次，增长0.1%；铁路货物周转量151.88亿吨公里，增长2.0%；铁路旅客周转量39.47亿人千米，下降1.3%。

昆明机场全年运输起降32.48万架次，比上年增长

8.5%；旅客吞吐量4 198.05万人，增长11.9%，货邮吞吐量38.29万吨，增长7.7%。全年共开通航线308条。其中，国际航线68条。

年末全市机动车保有量230.4万辆，比上年增长5.5%。其中，本年新注册26.88万辆，增长7.3%。汽车保有量193.77万辆,增长12.1%。其中，本年新注册20.9万辆，增长6.1%。年末个人汽车保有量175.17万辆，增长13.5%。

主城五区公交运营线路459条，新增公交线路64条，新增公交车辆617辆；日均客运量239.2万人次，公共交通机动化出行分担率56.1%。年末全市实有出租车8 940辆。其中，主城区实有出租汽车8 037辆。

地铁1、2号线首期运营里程46.29千米，含支线全年客运量8 821.07万人次，旅客周转量93 493.13万人千米，日均客运量24.10万人次。

全年邮政业累计完成业务收入25.64亿元，比上年增长27.6%。其中，快递业务收入18.48亿元，增长36.1%。全市完成邮政函件业务2 414.73万件，包裹业务14.86万件，快递业务量11 775.41万件。

全年电信业务收入95.30亿元。年末拥有固定电话用户118.40万户。拥有移动电话用户960.60万户。4G网络用户621万户，3G网络用户107.10万户。年末拥有有线宽带用户185.40万户。

全年接待国内外游客10 113.61万人次，比上年增长46.3%。其中，国内游客9 990.14万人次，增长47.0%，海外游客123.47万人次，增长7.8%；

全年旅游总收入1 073.53亿元，比上年增长48.4%。其中，国内旅游收入1 043.79亿元，增长49.9%；旅游外汇收入4.82亿美元，增长9.5%。

七、金融

年末金融机构（不含外资）人民币存款余额12 655.68亿元，比年初增长6.8%。其中，住户存款余额4 124.21亿元，比年初增长7.6%；非金融企业存款余额5 209.16亿元，比年初增长10.3%。

2011—2016年金融机构人民币存款余额（亿元）

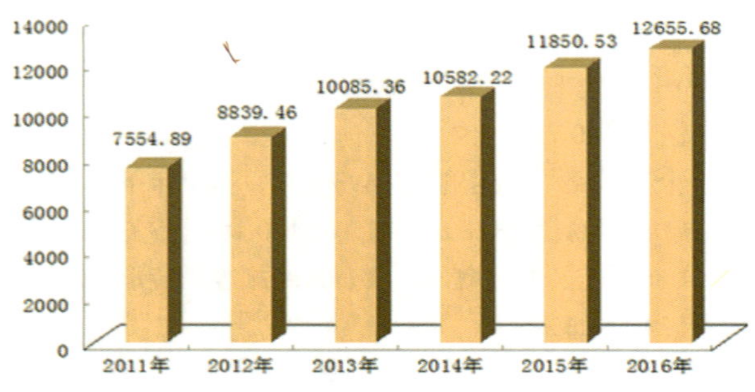

年末金融机构（不含外资）人民币贷款余额13 520.32亿元，比年初增长13.2%。其中，住户贷款2 325.29亿元，比年初增长4.2%；非金融企业及机关团体贷款11 129.69亿元，比年初增长15.5%。

2011—2016年金融机构人民币贷款余额（亿元）

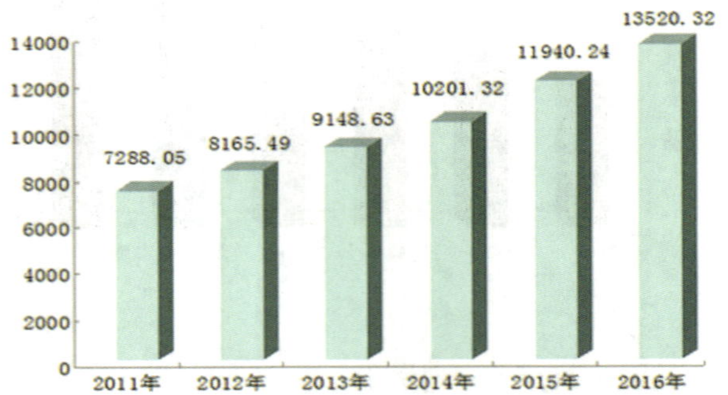

全年保险公司原保险保费收入213.48亿元，比上年增长24.5%。其中，财产险原保险保费收入88.90亿元，增长11.0%；人身险原保险保费收入124.58亿元，增长36.2%。

全年赔款与给付支出80.41亿元，比上年增长17.1%。其中，财产险赔款支出44.21亿元，增长10.2%；人身险赔款支出36.20亿元，增长26.8%。

八、教育、科学技术和文化体育

年末全市共有普通高等院校45所，在校生46.55万人，专任教师2.87万人；中等职业教育学校78所，在校生17.34万人，专任教师0.56万人；普通中学300所，在校生31.73万人，专任教师2.47万人；普通小学937所，在校生48.56万人，专任教师2.79万人；幼儿园1 200所，在园幼儿21.57万人，专任教师1.31万人；特殊教育学校6所，在校学生608人，专任教师202人；工读学校1所，在校学生58人，专任教师41人。

高中阶段毛入学率93.2%，普通初中毛入学率115.5%，小学学龄儿童毛入学率104.84%，学前教育三年毛入园率99.04%，残疾儿童入学率98.03%。

全年实施科技计划项目206项（市本级），其中，重大科技计划项目12项。全年受理专利申请14 290件，获专利授权7 268件，有效发明专利拥有量6 356件。

全市博物馆32个，公共图书馆15个，文化馆15个，文化站135个。专业文化艺术表演团体2个，登记在册的业余文化艺术表演团体2 895个。

年末全市有线电视用户75.80万户，有线广播电视入户率100%。全市电视综合覆盖率99.87%，广播综合覆盖率99.92%。

全年昆明运动员在国家级比赛中获金牌3枚，银牌1枚，铜牌3枚。

九、人民生活和社会保障

全年城镇常住居民人均可支配收入36 739元，比上年增长8.2%；农村常住居民人均可支配收入12 555元，增长9.7%。

2011—2016年居民人均可支配收入（元）

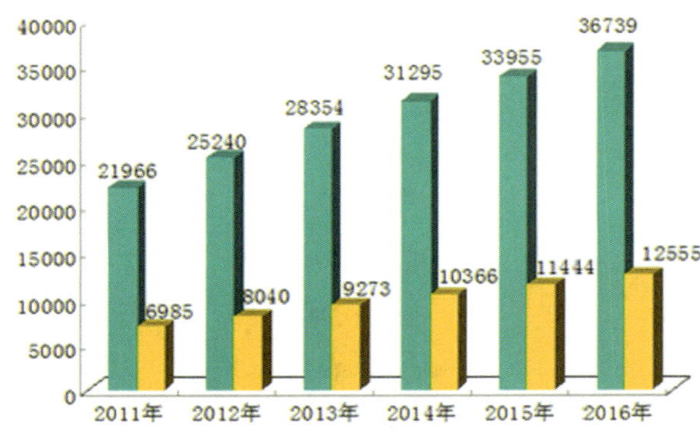

年末全市城镇职工基本养老保险参保人数152.04万人，城乡居民养老保险参保人数209.07万人，原农村养老保险参保人数28.58万人，城镇职工医疗保险参保人数145.87万人，城乡居民医疗保险参保人数383.1万人，城镇失业保险参保人数96.82万人，工伤保险参保人数107.27万人，城镇职工生育保险参保人数86.88万人。

年末享受城市居民最低生活保障人数9.37万人，农村居民最低生活保障人数16.92万人，农村五保供养0.65万人。全年资助城乡困难群众28.26万人参加医疗保险。

十、卫生和社会服务

全市共有卫生机构4 755个。其中，医院307个，乡镇卫生院107个，社区卫生服务中心（站）394个，诊所（卫生所、医务室）2 395个，村卫生室1 285个。卫生技术人员7.10万人。其中，执业医师和执业助理医师2.60万人，注册护士3.21万人。医疗卫生机构实有病床5.78万张。

年末共有社区服务中心130个，社区服务站702个。基层民主参选率为93.9%。

全市拥有农村养老院48个，床位0.41万张。公办城市养老机构7所，床位0.20万张；民办老年养老机构68所，床位2.15万张；居家养老床位0.42万张。

十一、资源环境和安全生产

全年昆明地区年平均降雨量1150.2毫米，较历史平均值偏多171.4毫米；年平均气温15.8℃，较历史平均值偏高0.3℃；年平均日照时数2128.4小时，较历史平均值偏多10.1小时。

全市森林覆盖率50.55%。建成区绿地总量15 901公顷。全年完成营造林5.35万公顷，其中，人工造林1.96万公顷，封山育林及补植1.68万公顷；义务植树1 251万株。

全年主城区空气质量优良天数达到362天，空气质量优良率达到98.9%。主城区区域环境噪声昼间平均值53.5分贝。国家考核地表水达标率91.3%。

各污染物年平均浓度中，二氧化硫17微克/米^3、二氧化氮28微克/米^3、可吸入颗粒物（PM10）55微克/米^3、细颗粒物（PM2.5）28微克/米^3。

全年主城五区取水总量38 630.19万立方米。其中，工业取水量6 446万立方米。万元地区生产总值取水量11.96立方米/万元，万元工业增加值取水量8.49立方米/万元。

初步核算，全市能源消费总量2 351.89万吨标准煤，比上年下降2.72%。万元地区生产总值能耗下降10.34%。其中，规模以上工业能源消费量1 395.96万吨标准煤，下降7.0%；规模以上工业单位增加值能耗下降11.0%。

全市亿元GDP生产安全事故死亡人数0.09人，道路交通万车死亡人数1.44人。各类生产安全事故死亡人数388人，交通事故死亡人数326人，火灾事故死亡人数8人。

注释：

1.本公报数据为初步统计数，正式统计数据以《昆明统计年鉴》和各部门正式公布数据为准。

2.地区生产总值（GDP）、人均地区生产总值、分产业增加值、产值绝对数按现价计算，增长速度按不变价格计算。

3.部分数据因四舍五入的原因，存在总计与分项合计不等的情况。

资料来源：本公报中，价格指数、居民收入数据来自国家统计局昆明调查队；财政数据来自市财政局；林业数据来自市林业局；农机数据来自市农业局；进出口数据来自昆明海关；公路运输数据来自市交通运输局；铁路运输数据来自昆明铁路局；民航运输数据来自云南机场集团；地铁运输数据来自昆明轨道公司；机动车数据来自市车管所；邮政数据来自市邮政管理局；电信数据来自市工业和信息化委；旅游数据来自市旅游发展委；金融数据来自人民银行昆明中心支行；保险数据来自保监会云南监管局；教育数据来自市教育局；科技数据来自市科技局；文化、体育数据来自市文化广电体育局；卫生数据来自市卫生计生委；社会保障和就业数据来自市人力资源社会保障局；社会福利数据来自市民政局；环保数据来自市环保局；取水量用水量数据来自市节水办；安全生产数据来自市安全监管局；外资数据来自市商务局；气象数据来自市气象局；户籍人口数据来自市公安局；建成区绿地面积来自市园林局；其余数据均来自市统计局。

索 引

本索引采用主题分析法，按主题词首字的汉语拼音字母A～Z音序排列。主题词后面的数字表示内容所在的页码，a、b、c表示左中右三栏。

A

B

C

H

J

K

L

M

N

P

Q

R

S

T

W

X

Y

Z

2017
KUNMING
YEARBOOK